Felix Römer

DER KOMMISSARBEFEHL

Felix Römer

Der

KOMMISSARBEFEHL

Wehrmacht und NS-Verbrechen
an der Ostfront
1941/42

Ferdinand Schöningh
Paderborn · München · Wien · Zürich

Gedruckt mit Unterstützung der Gerda Henkel Stiftung, Düsseldorf

Titelbild:
Oben: Kommissarbefehl (Bundesarchiv-Militärarchiv, Freiburg/Br.).
Unten: Sommer 1941, Heeresgruppe Nord: Sowjetische Gefangene werden eingebracht (Bundesarchiv Koblenz, Bildsign. 1011-010-0919-39)

Der Autor:
Felix Römer, Dr. phil., geb. 1978, Studium in Kiel und Lyon, 2004-2007 Stipendiat der Gerda-Henkel-Stiftung, seit 2008 Forschungsstipendiat der Fritz-Thyssen-Stiftung an der Universität Mainz. Die vorliegende Studie wurde mit dem Fakultätspreis der Philosophischen Fakultät der Christian-Albrechts-Universität zu Kiel des Jahres 2008 ausgezeichnet.

Bibliografische Information der Deutschen Nationalbibliothek

Die Deutsche Nationalbibliothek verzeichnet diese Publikation in der Deutschen Nationalbibliografie; detaillierte bibliografische Daten sind im Internet über http://dnb.d-nb.de abrufbar.

Alle Rechte vorbehalten. Dieses Werk sowie einzelne Teile sind urheberrechtlich geschützt. Jede Verwertung in anderen als den gesetzlich zugelassenen Fällen ist ohne vorherige schriftliche Zustimmung des Verlages nicht zulässig.

© 2008 Ferdinand Schöningh, Paderborn
(Verlag Ferdinand Schöningh GmbH & Co. KG, Jühenplatz 1, D-33098 Paderborn)

Internet: www.schoeningh.de

Einbandgestaltung: Evelyn Ziegler, München
Printed in Germany.
Herstellung: Ferdinand Schöningh GmbH & Co. KG, Paderborn

ISBN 978-3-506-76595-6

INHALTSVERZEICHNIS

Vorwort 9

I. Einleitung.. 11
   1. Forschungsstand und Fragestellung 12
   2. Das Ostheer und seine Akten 25

II. Die Vorbereitung des Vernichtungskrieges........................ 52
   1. Die Kriegsbereitschaft von Generalität und Truppe 52
   2. Die Befehlslage: Der Komplex um den Kommissarbefehl 66

III. Die Weitergabe der Kommissarrichtlinien vor dem Feldzug 89
   1. Grundlagen 89
   2. Die Befehlsübermittlung 105
      1. Heeresgruppenkommandos................................. 105
      2. Armeeoberkommandos..................................... 111
      3. Panzergruppenkommandos................................. 129
      4. Generalkommandos....................................... 133
      5. Divisionskommandos..................................... 138
      6. Regimenter, Bataillone und Kompanien................... 146
   3. Handlungsspielräume... 159
      1. Konformes Verhalten.................................... 159
      2. Abweichendes Verhalten 172

IV. Der Kontext des Krieges: Blitzfeldzug und Vernichtungskampf
    1941/42 202
   1. Das Scheitern des Blitzkriegs................................ 202
   2. Die Barbarisierung des Krieges 226
      1. Die gegenseitigen Gefangenenerschießungen 226
      2. Die Verstetigung der Gewalteskalation 251
   3. Die Wahrnehmung der Kriegswirklichkeit 275
      1. Das Feindbild »Kommissar«.............................. 275
      2. Die Kultivierung des Feindbilds 306

   Exkurs: Ic-Dienst und Alltag im Vernichtungskrieg 318

V. Die Umsetzung der Kommissarrichtlinien während des Feldzugs 333

1. Grundlagen 333
1. Das Meldesystem 333
2. Die Vollzugsmeldungen 338

2. Dimensionen und Strukturen 358
1. Opferzahlen 358
2. Chronologie 367
3. Voraussetzungen 376
4. Tatorte 387
5. Brennpunkte 390
6. Basis 398

3. Relationen und Reaktionen 408

4. Handlungsspielräume 428
1. Konformes Verhalten 429
2. Abweichendes Verhalten 466

5. Motive 499

VI. Die Abkehr von der Vernichtungspolitik 526

VII. Der Kommissarbefehl: Mythos und Wirklichkeit – eine Bilanz 551

Anhang: Tafeln 1-11 569

Abkürzungsverzeichnis 630

Quellen- und Literaturverzeichnis 633
1. Archivalien 633
2. Gedruckte Quellen und Literatur 647

Personenregister 659

Register der Kommandobehörden und Verbände 661

Bildquellenverzeichnis 667

Meinen Eltern

Michaela und Helmut Römer

VORWORT

Bei dem vorliegenden Buch handelt es sich um die geringfügig überarbeitete Fassung meiner Dissertationsschrift, die im Herbst des vergangenen Jahres von der Philosophischen Fakultät meiner Alma Mater, der Christian-Albrechts-Universität zu Kiel, angenommen wurde. Entstanden ist dieses Buch in Freiburg im Breisgau, bedingt durch den Standort des Bundesarchiv-Militärarchivs, auf dessen Beständen meine Untersuchung hauptsächlich beruht. Für die vielfältige Unterstützung, die ich bei der Arbeit an meiner Studie erfahren habe, möchte ich an dieser Stelle Dank sagen.

Zunächst sind jene Institutionen zu nennen, die mir durch die Gewährung von Stipendien die ungestörte Realisierung meines Vorhabens ermöglicht haben. Im ersten halben Jahr meiner Promotion kam ich in den Vorzug der Graduiertenförderung des Landes Schleswig-Holstein, im Sommer 2004 erhielt ich das Privileg, Stipendiat der Gerda Henkel Stiftung zu werden. Der Gerda Henkel Stiftung, die mich bis zum Abschluss meines Dissertationsprojekts über fast drei Jahre in großzügiger Weise gefördert und mir damit nahezu ideale Arbeitsbedingungen geschaffen hat, fühle ich mich besonders tief verbunden. Zudem hat die Gerda Henkel Stiftung dieses Buch mit einem umfangreichen Druckkostenzuschuss bedacht.

Von den Gelehrten, die meine Arbeit gefördert haben, gebührt der größte Dank meinem Doktorvater, Prof. Dr. Uwe Liszkowski. Nicht nur sein fachlicher Rat als mein Lehrer, auch seine freundschaftliche Art, seine bekräftigenden Ermunterungen, sein Vertrauen in mich und mein Projekt waren und bleiben für mich von unschätzbarem Wert. Für die Übernahme des Zweitgutachtens und darüber hinaus für seine wertvolle Betreuung während Studium und Magisterexamen danke ich Prof. Dr. Hain Rebas. Für die Anfertigung des Drittgutachtens bin ich Prof. Dr. Karl Heinrich Pohl zu Dank verpflichtet. Mein besonderer Dank gilt daneben Prof. Dr. Peter Weiß für seine Förderung während meiner Studienzeit und die Freude an der Geschichtswissenschaft, die er vermittelt hat.

Die Reihe der Kollegen, die außerhalb der Kieler Universität meine Arbeit unterstützt und inspiriert haben, beginnt mit Dr. Jürgen Förster, meinem Freiburger Mentor. Er öffnete mir manche Türen in die Militärgeschichte und half mir mit seinem Wissen, auf seiner Arbeit aufzubauen. Besondere Bedeutung gewann für mich auch die Zusammenarbeit mit PD Dr. Johannes Hürter, dem ich neben der kritischen Durchsicht mehrerer Buchkapitel vor allem für seine zahlreichen Anregungen, viele ergiebige Gespräche und seine stetigen Ermutigungen zutiefst dankbar bin. Förderung, Unterstützung und wichtige Hinweise für meine Arbeit habe ich nicht zuletzt auch von Prof. Dr. Sönke Neitzel erhalten. Für die kritische Lektüre einzelner Manuskriptteile und hilfreiche Anregungen danke ich PD Dr. Christoph Rass, Dr. Andreas Hilger sowie Dr. Rüdiger Overmans. Fruchtbare Diskussionen habe ich außerdem mit Prof. Dr. Wolfram Wette, Dr. Christian Hartmann, Dr. Jörn Hasenclever, Dr. Peter Lieb, Dr. Reinhard Otto, Dr. Timm C. Richter, Dr. René Rohrkamp, Dr. Ben Shepherd, Dr. Peter Steinkamp, Dr. Christian Streit sowie Dr. Joachim Tauber geführt. Dem Verlag Ferdinand Schöningh danke ich für die Aufnahme meiner Studie in sein Programm, seinem Lektor Michael Werner für die Betreuung des Manuskripts.

Großer Dank gebührt nicht zuletzt Ricarda Berthold, M.A., die mir beim Lektorat und der Vorbereitung der Veröffentlichung unschätzbare Hilfe leistete.

Meine Angehörigen und Mitmenschen angemessen zu würdigen, die meine Arbeit begleitet haben, ist hier weder der Raum noch der Ort. Unerwähnt bleiben dürfen sie jedoch nicht. Meine wichtigsten Stützen hatte ich in meiner Freundin Setare Namazi, meinem Zwillingsbruder Florian, meinem Kieler Studienfreund Dr. Torsten Fischer, meinem ältesten Hamburger Freund Nils Harder sowie meinen Freiburger Freunden Axel Block, Lukas Gramm und Ivo Höster.

Gewidmet ist dieses Buch meinen Eltern, Michaela und Helmut Römer.

Freiburg im Breisgau, im Frühjahr 2008 *Felix Römer*

I. EINLEITUNG

Verbrecherische Befehle sind unter der nationalsozialistischen Herrschaft in großer Zahl ergangen. Die folgenschwersten lösten millionenfaches Morden und schier unvorstellbare Verbrechen aus, welche die Gewalttaten, von denen in diesem Buch die Rede sein wird, weit in den Schatten stellten. Der so genannte Kommissarbefehl brachte jedoch nicht nur zahlreichen sowjetischen Kriegsgefangenen den Tod, sondern forderte auch von der Wehrmacht, der die Vollstreckung der Morde auferlegt war, seinen Tribut. Kaum ein Befehl stellte das Selbstverständnis dieser traditionsbewussten Institution so sehr auf die Probe wie jener »Führererlass«, der den Truppen des Ostheeres für den bevorstehenden Feldzug gegen die Sowjetunion die sofortige, verfahrenslose Exekution aller gefangen genommenen Politoffiziere der Roten Armee zur Pflicht machte. Noch nie waren deutschen Streitkräften so offen und in einem solchen Umfang von Staats wegen Kriegsverbrechen befohlen worden. Nun musste sich zeigen, ob die Wehrmacht von den nationalsozialistischen Machthabern zu Recht als »grauer Fels in der braunen Flut« beargwöhnt wurde oder nicht.

Das OKW hatte die »Richtlinien für die Behandlung politischer Kommissare« am 6. Juni 1941 an die drei Wehrmachtsteile herausgegeben. Mit einigen kurzen, wenig ändernden Zusätzen versehen, reichte der Oberbefehlshaber des Heeres den Erlass zwei Tage später an die Oberkommandos seiner Heeresgruppen, Armeen und Panzergruppen weiter, die bereits im Aufmarschgebiet an der Ostfront versammelt waren. Eines der für den Angriff am »B-Tag« vorgesehenen Armeeoberkommandos, das AOK 16, instruierte die Vertreter der unterstellten Armeekorps und Divisionen während einer Einsatzbesprechung am 17. Juni 1941 über die »besondere[n] Maßnahmen« gegen die »Träger des Kommunismus«, die der »Führer« angeordnet hatte.[1] Nachdem der Erlass auf der Divisionsebene der Armee angelangt war, übernahmen es die Divisionskommandeure, die Führer ihrer Regimenter und Bataillone über die erhaltenen Weisungen zu unterrichten, die ihrerseits dafür sorgten, dass der Befehl bis zum Vortag des Angriffstermins in den Einheiten an der Basis der Hierarchie bekannt gegeben wurde. Damit waren die Kommissarrichtlinien innerhalb von rund zwei Wochen auf dem Dienstweg vom OKW über die Frontstäbe bis zu den Landsern der 16. Armee übermittelt worden, ohne dass sich Widerspruch geregt hatte. Folgerichtig dauerte es nach dem Beginn des »Unternehmens Barbarossa« nicht lange, bis der Befehl auch zur Ausführung gelangte. Bereits am ersten Tag des deutsch-sowjetischen Krieges begannen an der Ostfront die Exekutionen an sowjetischen Politoffizieren, die deutschen Truppen in die Hände gefallen waren. In einer der Divisionen der 16. Armee, der 123. Infanteriedivision, krachten noch am Abend des 22. Juni 1941, um 20.35 Uhr, die Schüsse eines Erschießungspelotons, unter denen ein gefangen genommener Politkommissar der Roten Armee namens Kusma Sarjin den Tod fand.[2] Dieser Politoffizier war allerdings nicht das erste und erst recht nicht das letzte Opfer der deutschen Ver-

---
[1] Vgl. das Protokoll von der Ic-Besprechung beim AOK 16 am 17.6.1941; BA-MA, RH 26-126/114, Anl. 7.
[2] Vgl. den Eintrag im TB (Ic) der 123. Inf.Div. v. 22.6.1941; BA-MA, RH 26-123/143, Bl. 6.

nichtungspolitik an der Ostfront. Bis zur Aufhebung des Kommissarbefehls im Mai 1942 starben vor Exekutionskommandos des Ostheeres noch viele weitere sowjetische Kommissare und Politruks, deren Zahl weit in die Tausende geht.

Dabei konnte an der Rechtswidrigkeit der Kommissarrichtlinien schon aus zeitgenössischer Perspektive kaum ein Zweifel bestehen. Schließlich war es unübersehbar, dass die sowjetischen Politoffiziere einwandfrei alle Anforderungen erfüllten, die in der Haager Landkriegsordnung an reguläre Kombattanten gestellt wurden, wodurch sie im Falle einer Gefangennahme genauso wie alle übrigen Angehörigen der Roten Armee Anspruch auf die Rechte von Kriegsgefangenen besessen hätten. Der Kommissarbefehl war somit nichts anderes als ein planmäßiges, ideologisch motiviertes Mordprogramm gegen eine eng umgrenzte Gruppe von Angehörigen der gegnerischen Streitkräfte. Obwohl es offenkundig war, dass der Kommissarbefehl einen krassen Bruch mit Recht, Moral und Tradition bedeutete, gaben hohe Kommandobehörden wie das AOK 16 den Erlass vorbehaltlos an ihre Truppen weiter und setzten damit seine Durchführung ins Werk. Aus der Rückschau wirkt es frappierend, wie reibungslos sich die Übermittlung dieses ›verbrecherischen Befehls‹ in Verbänden wie der 16. Armee vollzog und wie bürokratisch und routiniert auch die Realisierung der Vernichtungspolitik abgewickelt wurde, was sich mustergültig im geschäftsmäßigen Tonfall der obligatorischen Vollzugsmeldung artikulierte, die die 123. Infanteriedivision nach der Exekution am Abend des 22. Juni 1941 erstattete.[3] Doch waren die 16. Armee und ihre 123. Infanteriedivision, die hier exemplarisch für die gehorsame Befolgung des Kommissarbefehls stehen, wirklich repräsentativ für die Mehrheit des Ostheeres? Wirkten die übrigen Verbände, die neben den dreizehn Armeeoberkommandos und Panzergruppenkommandos über vierzig Armeekorps und beinahe 150 Divisionen umfassten, genauso bereitwillig an der Umsetzung des Mordbefehls mit oder gab es auch Stäbe, die sich der Durchführung des Vernichtungsprogramms versagten? Diese Fragen stehen im Mittelpunkt der vorliegenden Untersuchung, die das Ziel verfolgt, die Weitergabe und Ausführung der Kommissarrichtlinien auf allen hierarchischen Ebenen des Ostheeres, bei sämtlichen Verbänden, die während der Geltungsdauer des Kommissarbefehls 1941/42 an der Ostfront eingesetzt waren, flächendeckend zu erforschen.

1. Forschungsstand und Fragestellung

Die Relevanz des Themas ist hinlänglich bekannt. In Hitlers Konzept des Weltanschauungskrieges spielten die Kommissarrichtlinien eine elementare Rolle und trugen dadurch maßgeblich zur Entgrenzung der Kriegführung im »Unternehmen Barbarossa« bei. Zusammen mit dem Kriegsgerichtsbarkeitserlass, den »Richtlinien für das Verhalten der Truppe in Russland« und weiteren Erlassen, Merkblättern und Direktiven bildeten die Kommissarrichtlinien einen Befehlskomplex, der geschaffen worden

---

[3] Vgl. die Ic-Meldung der 123. Inf.Div. an das XXVIII. AK v. 22.6.1941, 22.50 Uhr; BA-MA, RH 24-28/12.

war, um den bevorstehenden deutsch-sowjetischen Krieg planmäßig in einen ideologisierten »Vernichtungskampf« zu transformieren, wie es Hitler seinen Heerführern schon während der wegweisenden Besprechung in der Berliner Reichskanzlei am 30. März 1941 angekündigt hatte.[4] Der einschneidende Charakter des Kommissarbefehls rührte außerdem daher, dass das Heer nun erstmals systematisch in das Vernichtungsprogramm des NS-Regimes eingebunden und seinen Kampftruppen eigene Tötungsarbeit abverlangt wurde. Die Kommissarrichtlinien stellen daher geradezu ein »Symbol für die Einbeziehung der Wehrmacht in die nationalsozialistische Ausrottungspolitik« dar.[5] Da von der Frage, wie das Heer seine Rolle als Handlungsträger in Hitlers Vernichtungskrieg an der Ostfront ausgefüllt hatte und wie es dabei mit den ›verbrecherischen Befehlen‹ umgegangen war, nichts weniger als die Standortbestimmung der Wehrmacht im NS-Staat abzuhängen schien, entbrannten in der Nachkriegszeit heftige Debatten um die Deutung der Geschichte der Kommissarrichtlinien, die bis in die Gegenwart andauern. Obwohl seit Ende der siebziger Jahre fundierte Forschungsergebnisse vorliegen, die den Interpretationsspielraum im Diskurs über den Kommissarbefehl und seine Umsetzung im Ostheer stark eingeschränkt haben, finden sich selbst in der seriösen geschichtswissenschaftlichen Literatur immer noch kontroverse, teilweise unbeirrte Auffassungen, die den erreichten Forschungsstand zum Teil nur unzureichend berücksichtigen oder gar ignorieren. Die Geschichte der Kommissarrichtlinien ist somit nicht nur ein wichtiges Kapitel deutscher Militär- und Gesellschaftsgeschichte, sondern zugleich ein Stück Wissenschafts- und Kulturgeschichte, das auch über die zwiespältige Erinnerung an den Zweiten Weltkrieg in der deutschen Nachkriegsgesellschaft Auskunft gibt.

Forschungsstand

Die Beschäftigung mit den Kriegsverbrechen des Ostheeres begann bereits in der unmittelbaren Nachkriegszeit im Zuge der Nürnberger Prozesse.[6] Das zusammengetragene Beweismaterial und die Vernehmungen von Angeklagten und Zeugen bildeten eine erste Grundlage für die Auseinandersetzung mit den Geschehnissen an der Ostfront und dem Anteil des Heeres an der Realisierung der nationalsozialistischen Mordpläne. Zugleich begann in Nürnberg allerdings die Verklärung dieser Ereignisse, denn die exkulpierenden Schutzbehauptungen der Generäle auf den Anklagebänken und in den Zeugenständen konnten auf der Grundlage des damaligen Wissensstandes nicht immer richtig gestellt werden und wurden zum Teil sogar von den Richtern und Anklägern übernommen.[7] Nicht zuletzt die Entscheidung des Gerichts, die Gruppe »Generalstab und OKW« nicht zu einer verbrecherischen Organisation im Sinne der

---

[4] Vgl. HÜRTER, Heerführer, S. 5-13.
[5] STREIT, Kameraden, S. 45.
[6] Vgl. STEINBACH, Prozess. Das IMT tagte vom 14.11.1945 bis zum 1.10.1946.
[7] Vgl. z. B. das Plädoyer des Anklagevertreters Taylor am 30.8.1946; IMT, Bd. 22, S. 328. Taylor hielt zwar die Vorstellung, dass der Kommissarbefehl nicht befolgt worden sei, für »vollkommen unglaubhaft«, räumte aber ein, dass »einige Befehlshaber [...] sich geweigert haben, den Befehl an die Truppe weiterzuleiten« und »niemals persönlich von einem Fall gehört hätten, in dem ein gefangener Kommissar erschossen wurde«.

Satzung des Tribunals zu erklären, wertete man in der interessierten Öffentlichkeit vielfach als inhaltlichen Freispruch, so dass die Nürnberger Prozesse ungewollt zur Entstehung der Legende von der »sauberen Wehrmacht« beitrugen.[8] Die Mitwirkung an der Umsetzung der Kommissarrichtlinien wurde schon im Nürnberger Hauptkriegsverbrecherprozess von allen Generälen kategorisch abgestritten.[9] Auch im so genannten OKW-Prozess[10], dem letzten der Nürnberger Nachfolgeprozesse, blieb die Verteidigung dabei, die Beteiligung der Generäle an der Umsetzung des Befehls strikt zu leugnen.[11] Da die Alliierten inzwischen neues Beweismaterial ermittelt hatten, auf das die Anwälte der Generäle reagieren mussten, wurde der »OKW-Prozess« allerdings zur Geburtsstunde neuer Verteidigungsstrategien, die bis in die Gegenwart nachhallen. Um die in beträchtlicher Anzahl vorliegenden Erschießungsmeldungen aus den Akten des Ostheeres zu entkräften, gaben die ehemaligen Truppenführer an, dass es sich hierbei lediglich um fiktive Meldungen gehandelt habe, die dazu dienen sollten, den höheren Stäben die Befolgung des Kommissarbefehls vorzutäuschen.[12] Als Beweis dafür, dass ihre Fronttruppen den Kommissarbefehl nicht ausgeführt, sondern bewusst umgangen hätten, führten die Generäle außerdem die Tatsache an, dass eine erhebliche Zahl von gefangenen Kommissaren im Verlauf des Feldzugs in die rückwärtigen Gefangenenlager gelangt sei.[13] Die Apologetik der Generäle, die in Nürnberg vielfach unwiderlegt blieb und in der Memoirenliteratur ihre Fortsetzung fand[14], gewann auf das Geschichtsbild und die Historiographie der jungen Bundesrepublik bedeutenden Einfluss, was sich vor allem daran zeigte, dass viele der Argumente, die die Generäle in den Prozessen vorgetragen hatten, in der späteren Geschichtsschreibung wieder aufgegriffen wurden.[15]

---

[8] WETTE, Wehrmacht, S. 204 ff.
[9] Vgl. exemplarisch die Aussage Mansteins; IMT, Bd. 20, S. 633; von Rundstedts, IMT, Bd. 21, S. 33; Paulus', IMT, Bd. 7, S. 330; Hausers, IMT, Bd. 20, S. 445; Buschenhagens, IMT, Bd. 7, S. 348. Wie die stereotypen Unschuldsbeteuerungen der Generäle lauteten, veranschaulicht das Schlussplädoyer ihres Verteidigers, Dr. Hans Laternser: »Der Befehl stammte nicht von ihnen, sie haben ihn nicht weitergegeben, nicht ausgeführt, und sie haben seine Aufhebung betrieben und erreicht.« Plädoyer Laternsers am 27.8.1946; IMT, Bd. 22, S. 91 f.
[10] Vgl. WETTE, Fall 12. Der Prozess fand statt vom 30.12.1947 bis zum 29.10.1948. Die übliche Bezeichnung »OKW-Prozess« ist allerdings irreführend, da nur drei der insgesamt 14 Angeklagten dem OKW angehört hatten.
[11] Vgl. exemplarisch zu den Aussagen der Generäle im »Fall 12« die Aussage Leebs; Trials, Vol. 10, S. 1095-1099.
[12] Vgl. exemplarisch hierzu die Aussage General Reinhardts; Trials, Vol. 10, S. 1105. Die Anklage lehnte dieses Argument zwar kategorisch ab; Trials, Vol. 11, S. 336. Das Gericht konzedierte in seinem Urteil allerdings: »It may be that in some instances the figures were fictitious or exaggerated.« Trials, Vol. 11, S. 557.
[13] Vgl. hierzu exemplarisch die Aussage von Leebs; Trials, Vol. 10, S. 1098.
[14] Im Großteil der Erinnerungsliteratur wurde das Thema schlicht übergangen und der Krieg auf seine operative Dimension reduziert. Vgl. exemplarisch die folgenden Divisionsgeschichten: LOHSE, 126. Infanteriedivision; BUXA, 11. Infanteriedivision; HUBATSCH, 61. Infanteriedivision; ZYDOWITZ, 58. Infanteriedivision. Sofern der Kommissarbefehl in den Memoiren höherer Truppenführer zur Sprache kam, blieb es bei den Beteuerungen, den Kommissarbefehl gar nicht erst weitergegeben und erst recht nicht ausgeführt zu haben. Vgl. exemplarisch GUDERIAN, Erinnerungen, S. 138; vgl. MANSTEIN, Siege, S. 176 f.
[15] Vgl. zur älteren Literatur DALLIN, Herrschaft, S. 45; JACOBSEN, Kommissarbefehl, S. 176, 182; UHLIG, Befehl, S. 321; NOLTE, Faschismus, S. 436 f.; HILLGRUBER, Strategie, S. 527 f., Anm. 52; MESSERSCHMIDT, Wehrmacht, S. 405; KRAUSNICK, Kommissarbefehl, S. 734 ff. Vgl. zur jüngeren Literatur

1. Forschungsstand und Fragestellung

In der Nachkriegszeit waren der Erforschung der Kriegsverbrechen der Wehrmacht zunächst enge Grenzen gesetzt; zu einhellig war die Ablehnung der alliierten »Siegerjustiz«, zu groß war das allgemeine »Bedürfnis nach Selbst-Rehabilitierung« und einem »Schlussstrich«.[16] Die wissenschaftliche Beschäftigung mit der Geschichte der ›verbrecherischen Befehle‹ begann in Westdeutschland daher erst im Laufe der sechziger Jahre.[17] Die grundlegenden, kurzen Beiträge von Jacobsen[18], Uhlig[19] und Messerschmidt[20] konzentrierten sich allerdings noch weitgehend auf die Entstehungsgeschichte der Kommissarrichtlinien und die Verantwortung der obersten Führungsebenen in OKW und OKH, während der Anteil der kämpfenden Truppe an der Realisierung der Vernichtungspolitik weitgehend ausgeblendet oder relativiert wurde. Obwohl kaum schlüssige Belege dafür angeführt werden konnten und bereits stichhaltige Gegenbeweise vorlagen[21], die allerdings vielfach unberücksichtigt blieben, dominierte in dieser Zeit noch die Vorstellung, dass »die Truppe die Ausführung des Kommissarbefehls meist zu sabotieren« gewusst hätte.[22] Zwar hatte die westdeutsche »Vergangenheitspolitik« der frühen fünfziger Jahre bereits in der zweiten Hälfte des Jahrzehnts deutliche Risse erhalten.[23] Was den Umgang der Truppen mit dem Kommissarbefehl anbelangte, blieb es jedoch noch in den sechziger Jahren überwiegend bei

---

    u. a. ROHDE, Indoktrination, der sich explizit auf die Prozessaussagen beruft, sowie ARNOLD, Wehrmacht, S. 209-213, und HARTMANN, Krieg, S. 48 f., die ebenfalls Argumente aus Nürnberg aufgreifen.

16 Vgl. FREI, Vergangenheitspolitik, S. 401 f., 135.
17 Vgl. zur Geschichte der Forschung zum Zweiten Weltkrieg den Überblick bei KÜHNE, Vernichtungskrieg, hier v. a. S. 620-624 und S. 649-662.
18 Vgl. JACOBSEN, Kommissarbefehl, hier v. a. S. 176, 182. Jacobsen suggerierte, dass nur ein geringer Teil der Fronttruppen den Kommissarbefehl befolgt hätten und berief sich hierbei u. a. auf Aussagen von Truppenführern aus den Nürnberger Prozessen und auf die zweifelhaften Engel-Aufzeichnungen; vgl. hierzu STREIT, Kameraden, S. 317, Anm. 126; GERLACH, Morde, S. 1118 f., Anm. 74. Bezeichnend ist auch, dass Jacobsen den Auszug aus dem TB (Ic) der Pz.Gr. 3 zum Kommissarbefehl abdruckte, den Satz »Die Durchführung bildete kein Problem für die Truppe« aber fortließ; vgl. das Dokument 19 bei JACOBSEN, Kommissarbefehl, S. 234, und hierzu den TB (Ic) der Pz.Gr. 3 v. 1.1.-11.8.1941; BA-MA, RH 21-3/423, S. 30. Auch UHLIG, Befehl, S. 381, übernahm die Kürzung in seinen eigenen Dokumentenanhang. Hierauf machte 1977 indirekt schon Krausnick aufmerksam, vgl. KRAUSNICK, Kommissarbefehl, S. 734, Anm. 258, später auch UEBERSCHÄR, WETTE, Überfall, S. 284.
19 Vgl. UHLIG, Befehl, hier v. a. S. 301 f., 321 ff. Uhlig sah die Verantwortung für den ›verbrecherischen Befehl‹ v. a. bei den vom nationalsozialistischen Regime korrumpierten Funktionären in OKH und OKW, während die meisten Frontverbände und Truppenoffiziere »ihrer alten soldatisch-ritterlichen Tradition treu« geblieben seien: »Viele Kommandeure haben den ›Kommissar-Befehl‹ nicht nur stillschweigend, sondern offen sabotiert, und die Truppe ignorierte ihn in den meisten Fällen.«
20 Vgl. MESSERSCHMIDT, Wehrmacht, hier v. a. S. 405 f. Messerschmidt konzedierte zwar, dass »in manchen Armeebereichen mit dem Kommissarbefehl ernst gemacht wurde«, ging aber letztlich davon aus, dass »die Truppe« den Befehl »vielfach« von sich aus umgangen und »einzelne Befehlshaber« ihn »ganz offen« sabotiert hätten. Später revidierte Messerschmidt sein Urteil: »Mit wenigen Ausnahmen ist der Kommissarbefehl vollzogen worden.« MESSERSCHMIDT, Völkerrecht, S. 266.
21 In der Dokumentation der Nürnberger Nachfolgeprozesse waren seit Anfang der fünfziger Jahre eine ganze Reihe von Vollzugsmeldungen zugänglich, u. a. auch aus dem Bereich des XXXIX. Panzerkorps, dessen KG 1941 jener General Schmidt war, den Uhlig als wichtigen Gewährsmann für die Nichtdurchführung des Kommissarbefehls anführte, vgl. UHLIG, Befehl, S. 321; Trials, Vol. 11, S. 582. Hierauf hat bereits STREIT, Kameraden, S. 335, Anm. 8, aufmerksam gemacht.
22 NOLTE, Faschismus, S. 436 f.
23 Vgl. SEARLE, Revising the ›Myth‹.

dem Konsens, dass die »Verantwortung für die Schandtaten des ›Dritten Reiches‹ allein Hitler und einer kleinen Clique von ›Hauptkriegsverbrechern‹« zuzuschreiben sei[24], während die große Mehrheit der ehemaligen Soldaten von jeglichem Verdacht pauschal freigesprochen wurde.

Erst in den siebziger und achtziger Jahren konnte die Forschung über die Verbrechen der Wehrmacht an der Ostfront weitere Fortschritte erzielen, wobei die Geschichtswissenschaft davon profitierte, dass die Rückführung des deutschen Aktenmaterials seit dem Ende der sechziger Jahre weitgehend abgeschlossen war. Als erster Autor zitierte Helmut Krausnick Ende 1977 weitere Erschießungsmeldungen aus den zurückgegebenen Unterlagen der deutschen Frontstäbe, konzentrierte sich ansonsten allerdings vornehmlich darauf, weitere Details der Entstehungsgeschichte der ›verbrecherischen Befehle‹ zu klären.[25] Sehr viel dezidierter räumte Christian Streit in seinem 1978 erschienenen Standardwerk über das Massensterben der sowjetischen Kriegsgefangenen mit den Legenden über die angebliche Nichtbefolgung der Kommissarrichtlinien an der Ostfront auf.[26] Einen weiteren Meilenstein setzte wenige Jahre später Jürgen Förster mit seinem Anfang der achtziger Jahre publizierten Beitrag, der auf der Auswertung hunderter Akten deutscher Frontverbände basierte und nahezu alle Aspekte der Umsetzung der Kommissarrichtlinien im Ostheer detailliert und quellengesättigt beleuchtete.[27] Streit und Förster waren die ersten westdeutschen Historiker, die nachhaltig mit dem Mythos von der »sauberen Wehrmacht« brachen und keinen Zweifel daran ließen, dass »nichts weniger verfehlt wäre, als die Bedeutung des Kommissarerlasses zu unterschätzen oder weiter anzunehmen, daß nur einige Truppenteile ihn ausgeführt, die meisten ihn zu sabotieren gewußt hätten«.[28]

In der so genannten Wehrmachtsausstellung Mitte der neunziger Jahre spielte der Kommissarbefehl nur eine untergeordnete Rolle[29], auch wenn er zumindest in der

---

[24] Hierzu und zum Folgenden FREI, Vergangenheitspolitik, S. 405.

[25] Vgl. hierzu und zum Folgenden KRAUSNICK, Kommissarbefehl. Krausnicks Urteil zur Durchführung des Kommissarbefehls blieb indes geteilt. Zwar stellte er fest, dass es »verfehlt« sei, »Bedeutung und Vollzug des Kommissarbefehls zu unterschätzen«. Auf der anderen Seite äußerte er Zweifel an der »sachliche[n] Richtigkeit der erhalten gebliebenen Meldungen« und pflichtete Uhlig bei, dass »in vielen Fällen Truppenkommandeure von sich aus den Befehl ignoriert oder umgangen« hätten; ebd., S. 733 ff.

[26] Vgl. STREIT, Kameraden, hier v. a. S. 83-89 sowie S. 100-105. Streit kam zu dem Schluss, »daß der Befehl in der Mehrzahl der Divisionen des Ostheeres durchgeführt worden ist, was natürlich nicht heißt, daß er innerhalb der Divisionen, die seine Durchführung meldeten, konsequent bis in die letzte Kompanie befolgt wurde.« Wie sehr Streit den Forschungsstand erweitert hatte, zeigt seine tabellarische Auflistung von Vollzugsmeldungen aus den Akten des Ostheeres, in der sich Meldungen von fast allen Armeen und Panzergruppen in Höhe von insgesamt annähernd achthundert Exekutionen finden.

[27] Vgl. FÖRSTER, Sicherung; FÖRSTER, Unternehmen, hier v. a. S. 1062-1070. Förster untersuchte die Entstehung, die Weitergabe und die Umsetzung der ›verbrecherischen Befehle‹ auf der Grundlage einer Vielzahl neuer Quellen aus den Akten des Ostheeres, so dass sein Beitrag den Forschungsstand erneut erheblich erweiterte.

[28] Ebd., S. 1062. Ähnlich kritisch wie Förster äußerte sich einige Jahre später auch Hans-Heinrich Wilhelm zum Thema; WILHELM, Rassenpolitik, S. 18 f. Eine weitere wichtige Arbeit aus dieser Zeit, die die Rolle des Heeres im Vernichtungskrieg an der Ostfront in einem neuen Licht erscheinen ließ, war die Studie von Krausnick und Wilhelm zu den Einsatzgruppen des SD; vgl. KRAUSNICK, WILHELM, Truppe, hier v. a. S. 209-216, 232-243.

[29] Vgl. allerdings den Beitrag von BOLL, SAFRIAN, Weg, S. 263-269, sowie den kurzen Abschnitt im zweiten Ausstellungskatalog, ebenfalls mit neuen Belegen und Zeugenaussagen; Verbrechen der Wehrmacht, S. 234-238.

öffentlichen Debatte immer wieder zur Sprache kam.³⁰ Gleichwohl stieß die Kontroverse neue Forschungsarbeiten zu den »Verbrechen der Wehrmacht« an, die auch das Wissen über die Handhabung des Kommissarbefehls im Ostheer erweiterten. Ende der neunziger Jahre präsentierte Christian Gerlach eine Reihe von neuen Quellen zur Umsetzung der Kommissarrichtlinien bei der Heeresgruppe Mitte und verwies die Behauptungen, dass der Befehl nur von einer Minderheit der Verbände befolgt worden sei, erneut »ins Reich der Fabel«.³¹ Die Berechtigung dieser Schlussfolgerung führte im Jahre 2001 ein bilanzierender Beitrag von Detlef Siebert vor, der nach Auswertung der bis dahin erschienenen Forschungsliteratur zu dem Ergebnis kam, dass der Kommissarbefehl bei sämtlichen Armeen und Panzergruppen, mindestens 80 % der Armeekorps und knapp der Hälfte aller Divisionen, also »von der Mehrheit der Frontverbände durchgeführt« worden sei.³² Wenige Jahre später zeigte Johannes Hürter in seiner grundlegenden Studie, wie »die deutschen Oberbefehlshaber im Krieg gegen die Sowjetunion« sich »alles in allem sehr leicht von der Notwendigkeit besonderer Maßnahmen gegen die Kommissare überzeugen« ließen.³³ Im Vergleich zu den früheren Arbeiten, die sich kritisch mit dem Thema auseinandergesetzt hatten, betonte Hürter den diachronen Wandel der Akzeptanz des Kommissarbefehls im Ostheer deutlich prononcierter und integrierte dabei auch die vereinzelt belegten Bedenken in das Gesamtbild, ohne aber einen Zweifel daran zu lassen, dass die große Mehrheit der deutschen Verbände an der Vernichtung der Kommissare befehlsgemäß mitgewirkt hatte.³⁴

Obwohl somit spätestens seit dem Ende der siebziger Jahre fundierte Forschungsergebnisse und eine wachsende Zahl von Quellenfunden über die mehrheitliche Befolgung des Kommissarbefehls im Ostheer vorlagen³⁵, fiel die Diskussion immer wie-

---

30 Vgl. zur Debatte NAUMANN, Tabu; PRANTL, Wehrmachtsverbrechen. Dass in der öffentlichen Debatte auch die Vorstellung wieder aufgegriffen wurde, dass die ›verbrecherischen Befehle‹ von den Fronttruppen z. T. verweigert wurden, exemplifiziert der apologetische Beitrag von GILLESSEN, Ausstellung, S. 167.
31 Vgl. GERLACH, Morde, hier v. a. S. 834-839: »In Wirklichkeit gab es kaum ein Dulag oder Stalag, kaum eine Armee, kaum eine Sicherungsdivision, die diese Morde nicht beging.«
32 SIEBERT, Durchführung, S. 13 f. In die Diskussion eingebracht wurde dieses unveröffentlichte Manuskript von FÖRSTER, Befehle.
33 Vgl. hierzu und zum Folgenden HÜRTER, Heerführer, v. a. S. 393-404. Zu Hürters ebenfalls sehr gelungenen Darstellung der Entstehungsgeschichte der ›verbrecherischen Befehle‹ vgl. ebd., S. 247-265.
34 Schon für die Vorbereitungsphase des Feldzugs schließt Hürter nicht aus, dass bei einigen »wenigen Generalen [...] vielleicht sogar Empörung angesichts dieser ›Zumutung‹« aufgekommen sei; ebd., S. 260. Nach dem Scheitern des Blitzkriegs seien diese Skrupel vielfach zurückgekehrt, so dass sich hinter den Bemühungen zur Aufhebung des Kommissarbefehls im Herbst 1941 möglicherweise »auch ein zunehmendes Unbehagen über den offensichtlichen Unrechtscharakter« des Mordbefehls verbarg; ebd., S. 398 f. Alle Bedenken seien jedoch vor allem in der »Hoffnung auf einen heftigen, aber kurzen und siegreichen Feldzug« zurückgestellt worden, so dass der Befehl fast überall befolgt wurde: »Dass der ›Kommissarbefehl‹ an der gesamten Ostfront von den meisten Verbänden nicht nur vorgelegt, sondern tatsächlich durchgeführt wurde, kann nicht mehr ernsthaft bezweifelt werden.« Ebd., S. 404, 395.
35 Zu weiteren Stellungnahmen in dieser Richtung vgl. MÜLLER, UEBERSCHÄR, Krieg, S. 227; POHL, Schauplatz, S. 138; OVERMANS, Kriegsgefangenenpolitik, S. 813: »Ohne an dieser Stelle in extenso zu diskutieren, inwieweit dieser Tötungsbefehl ausgeführt wurde, besteht aber kein Zweifel, daß man ihn in der Regel befolgte.«

der hinter den erreichten Wissensstand zurück. Alfred Streim ignorierte in seiner 1981 veröffentlichten Studie die nur drei Jahre zuvor publizierten Ergebnisse von Streit zur Durchführung des Kommissarbefehls.[36] Die Arbeiten Jürgen Försters lösten Anfang der achtziger Jahre neue Richtungskämpfe innerhalb des Militärgeschichtlichen Forschungsamts aus[37] und veranlassten Joachim Hoffmann, in seinem Beitrag zur »Kriegführung aus der Sicht der Sowjetunion«, die Kriegsverbrechen der Roten Armee und den Anteil der sowjetischen Kommissare daran umso deutlicher hervorzuheben.[38] Im Zuge der Debatte um die so genannte Wehrmachtsausstellung erhielt Manfred Rohde Mitte der neunziger Jahre die Gelegenheit, sein methodisch defizitäres, apologetisches Manuskript zu veröffentlichen, das darauf angelegt war, »am Beispiel des Kommissarbefehls« die vermeintlich geringfügige »politische Indoktrination in höheren Stäben und in der Truppe« aufzuzeigen.[39] Im Jahre 2004 bilanzierte Rolf-Dieter Müller, man müsse »davon ausgehen, daß bis zur Aufhebung der Richtlinien 1942 mehrere hundert Gefangene auf Befehl einzelner Offiziere erschossen wurden«, obwohl in der bis dahin erschienenen Forschungsliteratur zur Umsetzung der Kommissarrichtlinien bereits Exekutionsmeldungen in einer Gesamthöhe von rund Tausend Erschießungen zitiert worden waren und auf Grund des oft beklagten Fehlens einer abschließenden, quantifizierenden Untersuchung kein Zweifel daran bestehen konnte, dass diese Zahlen längst nicht das ganze Ausmaß der Morde abbildeten.[40]

Auch unter Militärhistorikern der jüngeren Generation wurden noch zu Beginn des neuen Jahrtausends erhebliche Zweifel am Forschungsstand zur Umsetzung der Kommissarrichtlinien im Ostheer laut. So gab Klaus Jochen Arnold im Jahre 2005 an, dass die Frontverbände »die Ermordung der Kommissare [...] lieber an die Dulags und den SD delegiert« hätten, obwohl er hierfür kaum Belege vorweisen konnte.[41] Dass den-

---

[36] Vgl. STREIM, Behandlung, hier v. a. S. 52 f., 94 f. Streim gab an, »daß Truppenführer teilweise den ›Kommissarbefehl‹ an die ihnen unterstellten Einheiten nicht weitergegeben hatten, und daß in vielen Fällen die gefangengenommenen Kommissare nicht befehlsgemäß erschossen worden waren, sondern von der Truppe als Kriegsgefangene angesehen und in ein Kriegsgefangenenlager eingewiesen wurden«. Als Beleg verwies Streim u. a. auf eidesstattliche Erklärungen und Prozessaussagen von ehemaligen Truppenführern, deren Zuverlässigkeit Streit zuvor überzeugend in Zweifel gezogen hatte.

[37] Die »teilweise sehr unterschiedlichen Positionen und Ansätze« der Mitarbeiter des MGFA schlugen sich im Band 4 des Reihenwerks DRZW nieder und ergaben dementsprechend »kein ›einheitliches‹ Bild des Rußlandkrieges«; FÖRSTER, Ortsbestimmung, S. 1079.

[38] HOFFMANN, Kriegführung, S. 778-790, hier v. a. S. 785.

[39] Vgl. ROHDE, Indoktrination. In Rohdes angeblich »in vollem Umfang zitiert[er]« Zusammenstellung »aller derjenigen« Vollzugsmeldungen, die er in den Akten der Divisionen und Korps mit den Verbandsnummern 1-10 sowie 20-30 ermittelt haben will, fehlt der größte Teil der tatsächlich in den Akten enthaltenen Erschießungsmeldungen, wie der Abgleich mit der Tafel 10 im Anhang dieser Studie zeigt. Von den methodischen Mängeln ist hervorzuheben, dass Rohdes Ansatz bei der Auswahl der zu untersuchenden Stäbe dazu führt, dass die Unterstellungsverhältnisse zwischen den Kommandobehörden nicht berücksichtigt werden und das Potential der Parallelüberlieferung unterstellter und übergeordneter Stäbe somit ungenutzt bleibt, wodurch sich Rohde weitere unliebsame Quellenfunde erspart hat. Rohdes Argumentation beschränkt sich im Wesentlichen auf das Referat von Prozessaussagen und Memoiren ehemaliger Truppenführer.

[40] MÜLLER, Weltkrieg, v. a. S. 125-137.

[41] Vgl. ARNOLD, Wehrmacht, v. a. S. 209-213. Unhaltbar ist außerdem, dass Arnold auf der Grundlage der wenigen, ihm bekannten Vollzugsmeldungen von der Heeresgruppe Nord ex silentio folgert: »Trotz hoher Meldungen der PzGr. 4 scheint der Befehl bei der Heeresgruppe somit nicht umfassend ausgeführt worden zu sein.«

noch »viele deutsche Verbände« gefangene »Kommissare am Rande erbitterter Kampfhandlungen unverzüglich« erschossen hätten, führte Arnold weniger auf einen intentionalen Vorsatz, sondern in erster Linie auf situative Faktoren zurück, vor allem auf die allgemeine Brutalisierung des Ostkriegs und die vorgekommenen Kriegsgräuel der Roten Armee. Christian Hartmanns problematische »These von dem umgekehrt reziproken Verhältnis von Aufmarsch- und Verbrechensdichte«[42] betraf die Umsetzung des Kommissarbefehls im Frontbereich zwar nur bedingt, denn auch für Hartmann stand die »Schuld der Fronteinheiten bei der Ermordung der sowjetischen Kommissare und Funktionäre« außer Frage.[43] Allerdings machte Hartmann eine Reihe von »Einschränkungen« am bisher vorherrschenden Bild geltend, wobei er auf ein traditionelles Verteidigungsargument zurückgriff, indem er hervorhob, dass ein Teil der gefangenen sowjetischen Politoffiziere erst in den rückwärtigen Gefangenenlagern festgestellt und exekutiert worden sei und nicht dort, »wo dies eigentlich geschehen sollte«, nämlich auf dem Gefechtsfeld durch die kämpfende Truppe.[44] Neben solchen Einwänden aus der seriösen Geschichtswissenschaft existierte zu jedem Zeitpunkt ein breites Spektrum von Wehrmachtsapologetik, die mehr über den anhaltenden Widerwillen gegen die Erkenntnisse über die »Verbrechen der Wehrmacht« aussagt, als sie historiographischen Wert besitzt.[45] Nachdem die ehemaligen Truppenführer in Nürnberg ihre Eide über die Verweigerung der ›verbrecherischen Befehle‹ abgelegt hatten und ein gewisses Bedürfnis nach Lichtblicken in der düsteren Geschichte des »Dritten Reiches« und seiner Wehrmacht stets erhalten blieb, bewahrten sich beträchtliche, freilich immer kleiner werdende Kreise der Öffentlichkeit und der Geschichtswissenschaft bis in die Gegenwart hinein die Vorstellung, dass Teile des Heeres an der Ostfront »anständig« geblieben seien und auch den Kommissarbefehl nicht ausgeführt hätten.

---

[42] Zusammengefasst ist Hartmanns These in dem 2005 erschienenen Aufsatz HARTMANN, Wehrmacht, hier S. 79. So unstrittig die »Dominanz des Militärischen« im Frontbereich auch ist, so war es doch gerade das Kennzeichen des Ostfeldzugs, dass die militärische Kriegführung mit der verbrecherischen Kriegführung unauflöslich verbunden war, so dass jede Trennung dieser Sphären im Nachhinein künstlich wäre.

[43] Vgl. HARTMANN, Krieg, hier v. a. S. 47 ff. Hartmann stimmte auch Förster zu, dass der Kommissarbefehl »in einem größeren Umfang durchgeführt worden [ist]«, als Truppenführer nach dem Krieg zugeben wollten«. Zugleich ging er freilich davon aus, dass der Befehl bei manchen Truppenführern »Unbehagen, ja Unruhe ausgelöst« habe, wobei er den Fehler beging, sich auf die retrospektiven Aussagen Beteiligter zu stützen. So beruft sich Hartmann auf die Memoiren Gersdorffs, obwohl Christian Gerlach erst 1999 überzeugend nachgewiesen hatte, wie unzuverlässig Gersdorffs Angaben in diesem Zusammenhang sind, vgl. GERLACH, Morde, S. 1104-1126, zu den ›verbrecherischen Befehlen‹ v. a. S. 1115-1120.

[44] »Konnten oder wollten sie die Fronteinheiten nicht als solche identifizieren – und dies, obwohl ein Abschieben nach hinten doch ausdrücklich verboten war?« HARTMANN, Krieg, S. 48 f.

[45] Vgl. exemplarisch NEUGEBAUER, Grundzüge, der in seinem MGFA-Handbuch für die historisch-politische Bildung in den Streitkräften 1993 eine Neuauflage der Legende von der »sauberen Wehrmacht« präsentierte. Verbrechen durch Truppen des Heeres kamen in seiner Darstellung grundsätzlich nicht vor, während der Hinweis auf »die zu erwartenden Greueltaten der Roten Armee« nicht fehlen durfte; vgl. ebd., v. a. S. 415, 397 ff. In der Neuauflage des Handbuchs 2007 konnte Neugebauer nicht mehr umhin, einen Abschnitt über »Besatzungsherrschaft und verbrecherische Kriegführung« aufzunehmen, lehnte sich aber in seinen Ausführungen zum Kommissarbefehl an das Minimalzugeständnis von Rolf-Dieter Müller an; vgl. NEUGEBAUER, Grundkurs, v. a. S. 338-349. Zu noch unverhohlenerer, geradezu skandalöser Wehrmachtsapologetik vgl. RAUH, Geschichte, S. 404 f.

Fragestellung

Trotz des mittlerweile erreichten Forschungsstandes zur Geschichte der Kommissarrichtlinien blieben bestimmte Defizite immer bestehen. Zum einen sticht ins Auge, dass es sich bei sämtlichen Studien zum Thema nur um vergleichsweise kurze Beiträge handelt, die im Rahmen von Sammelbänden und Zeitschriften erschienen sind oder Teilabschnitte von Monographien bildeten; als wichtiger, aber untergeordneter Nebenaspekt konnte die Umsetzung des Kommissarbefehls in diesen Arbeiten trotz beträchtlicher Fortschritte nicht abschließend erforscht werden. Das Fehlen einer Monographie hatte außerdem zur Folge, dass eine Reihe von Fragen weiterhin offen blieb und der Konsens, der sich seit den achtziger Jahren herausgebildet hatte, zu keinem Zeitpunkt unangefochten war. Zwar kann kein Zweifel daran bestehen, dass die Sichtweise, die zuletzt Johannes Hürter in seiner Studie über die Oberbefehlshaber des Ostheeres präsentiert hat, in der kritischen Geschichtswissenschaft die Mehrheit hinter sich weiß. Dennoch werden bis in die Gegenwart selbst von seriösen Historikern Einwände gegen den erreichten Forschungsstand erhoben. Da die Entstehungsgeschichte des Kommissarbefehls bereits frühzeitig detailliert erforscht war und die maßgebliche Verantwortung von OKW und OKH außer Frage stand, kreiste die Kontroverse stets in erster Linie um die Implementierung des Mordbefehls im Frontbereich. Strittig blieb vor allem das Ausmaß der Beteiligung der Kampfverbände des Heeres an dem Verbrechen. Dass kaum ausreichendes Datenmaterial und verlässliche Zahlen vorlagen, auf deren Grundlage man diese Fragen zu klären vermocht hätte, verweist auf die eigentliche Ursache dafür, dass die Debatte um die Umsetzung des Kommissarbefehls im Ostheer nie zu einem Abschluss kam. Denn obwohl die deutschen Militärakten seit Ende der sechziger Jahre zurückgegeben und der westdeutschen Forschung zugänglich geworden waren, blieb eine systematische Erschließung dieses wichtigen Quellenmaterials und die von Jürgen Förster bereits in den frühen achtziger Jahren geforderte »quantifizierende Untersuchung« bis heute aus.[46]

Die vorliegende Untersuchung soll diese Forschungslücke schließen. Um die Umsetzung der Kommissarrichtlinien im Ostheer flächendeckend zu erforschen, wurden sämtliche verfügbaren und für die Fragestellung relevanten Archivalien systematisch erschlossen und ausgewertet. Hierzu wurden erstmals die Aktenbestände aller deutschen Frontverbände gesichtet, die während der Geltungsdauer des Kommissarbefehls 1941/42 an der Ostfront eingesetzt waren. Neben den Unterlagen aller Heeresgruppen, Armeen, Panzergruppen, Armeekorps und Divisionen wurden auch die vereinzelt erhaltenen Überlieferungsfragmente der Ebene der Regimenter, Bataillone und Kompanien berücksichtigt, so dass die Militärakten des Ostheeres auf allen hierarchischen Stufen vollständig in die Untersuchung einbezogen wurden. Durch diesen Ansatz vollzieht die Studie den Schritt von der bisher üblichen stichprobenartigen, exemplarischen Herangehensweise zur lückenlosen Erfassung der zur Verfügung stehenden Quellen und basiert damit auf einer in der Forschung zur Kriegführung an der Ostfront bislang einzigartigen Materialgrundlage. Der Beobachtungszeitraum der Untersuchung deckt sich mit dem gut einjährigen Zeitraum der Entstehung und Geltung des Kommissarbefehls. Dieser beginnt mit dem denkwürdigen Datum des 30. März

---

[46] Vgl. FÖRSTER, Sicherung, S. 1062.

1941, als Hitler seinen Oberbefehlshabern in der Reichskanzlei den Kommissarbefehl angekündigt hatte und seine Zuhörer in der Folge damit begannen, die erhaltenen Weisungen in ihren Verbänden bekannt zu geben. Das Ende des Untersuchungszeitraums markiert die im Mai und Juni 1942 vollzogene Aufhebung des Kommissarbefehls.

Bei der Auswahl der Akten lag der Schwerpunkt auf der Überlieferung der so genannten Ic-Abteilungen, die in den Kommandobehörden von der Divisionsebene aufwärts für die Umsetzung der Kommissarrichtlinien fachlich zuständig waren. Die Akten der Ic-Abteilungen, die Tätigkeitsberichte und Anlagenbände, wurden bei jeder Kommandobehörde über den gesamten Untersuchungszeitraum vollständig ausgewertet. Für die Vorbereitungsphase und zumindest die Anfangswochen des Feldzugs wurden daneben auch die Akten der Ia-Abteilungen herangezogen, in denen sich vor allem zur Weitergabe und Rezeption der Kommissarrichtlinien häufig Hinweise fanden. Genauso wurde die Sichtung des Schriftguts der Quartiermeisterabteilungen weitgehend auf die Vorbereitungszeit und unmittelbare Anfangsphase des Feldzugs beschränkt. Umfangreiche, immer wieder eingestreute Stichproben haben erwiesen, dass die Akten der Ia- und Ib-Abteilungen ansonsten für die vorliegende Fragestellung nur einen geringen Quellenwert besitzen und eine vollständige Auswertung über den gesamten Untersuchungszeitraum kaum Ertrag brächte. Neben den Unterlagen der genannten Abteilungen wurden die Akten weiterer Stabsgliederungen herangezogen, vor allem die Tätigkeitsberichte der Adjutanten, der Heeresrichter, der Feldgeistlichen, der Feldgendarmerie und der Geheimen Feldpolizei. Von den Verbänden der unteren Führungsebenen, den Regimentern, Bataillonen und Kompanien, wurden, soweit vorhanden, die Kriegstagebücher mit Anlagen sowie gegebenenfalls auch Selbstzeugnisse von Angehörigen der betreffenden Verbände ausgewertet. Insgesamt erforderte dieser Ansatz die Auswertung mehrerer Tausend Archivalien aus den Akten des Ostheeres.

Angelehnt an hermeneutische als auch quantifizierende Analyseansätze[47], strebt die Untersuchung auf dieser Basis das Ziel an, die Forschung zur Umsetzung der Kommissarrichtlinien erstmals auf eine komplette empirische Grundlage zu stellen und neu aufzurollen. Im Fokus des ersten Schwerpunkts der Studie steht der bislang in der Forschung stark vernachlässigte Vorgang der Weitergabe des Kommissarbefehls innerhalb der Armeen des Ostheeres während der Vorbereitungsphase des Feldzugs. Weil die Weitergabe der Kommissarrichtlinien bereits Teil der Umsetzung des Befehls war, verdient dieser Komplex besondere Beachtung. Da aus dem gleichen Grund fast alle Truppenführer in der Nachkriegszeit vehement bestritten haben, den Erlass überhaupt an ihre Verbände bekannt gegeben zu haben, und manche Historiker diesen Beteuerungen durchaus Glauben zu schenken geneigt waren, gilt es zudem, diese zum Teil bis in die Gegenwart nachwirkenden Geschichtsbilder einer kritischen Revision zu unterziehen. Hierzu wurde für jede einzelne Kommandobehörde des Ostheeres untersucht, ob sich die Weitergabe der ›verbrecherischen Befehle‹ im Vorfeld des »Unternehmens Barbarossa« nachweisen lässt. Dieses geschlossene Vorgehen ermög-

---

[47] Vgl. zur historischen Verlaufsdatenanalyse ANDRESS, Einführung; OHLER, Methoden; SENSCH, Modelle; JARAUSCH, ARMINGER, THALLER, Methoden. Zur praktischen Anwendung solcher Analysemethoden in der Militärgeschichte vgl. v. a. RASS, Menschenmaterial.

licht es, die Befunde aus den einzelnen Befehlsbereichen zu quantifizieren und zu einem empirisch abgestützten Gesamtbild zusammenzufügen, das gesicherte Aussagen über das mehrheitliche Verhalten der Frontstäbe bei der Vorbereitung des Vernichtungskrieges zulässt.

Komplementär zum ersten Schwerpunkt wendet sich die Untersuchung im zweiten Schwerpunkt der praktischen Umsetzung der Kommissarrichtlinien während des laufenden Feldzugs zu. Hierzu wurden sämtliche in den Akten ermittelten Vollzugsmeldungen erfasst und in einer Datenbank katalogisiert, um eine umfassende quantifizierende Analyse der überlieferten Erschießungszahlen zu ermöglichen.[48] Bei der Auswertung des erhaltenen Datenmaterials stellt sich eine ganze Reihe von elementaren Fragen. Zunächst einmal liegt es nahe, zu prüfen, wie hoch der Anteil der Frontverbände auf den verschiedenen Hierarchieebenen war, die nachweislich Kommissarerschießungen durchgeführt haben. Auf diese Weise nähert sich die Untersuchung auf direktem Wege der zentralen Frage an, in welchem Umfang die Verbände des Ostheeres die Kommissarrichtlinien befolgt haben und welchen Verbreitungsgrad das befehlskonforme Verhalten tatsächlich besaß. Ähnlich nahe liegend ist die Frage, wie viele Opfer der Kommissarbefehl insgesamt gefordert hat und wie hoch der Anteil der einzelnen Großverbände an der Vernichtungspolitik war. Die Rekonstruktion der Verteilung der Erschießungszahlen in institutioneller, regionaler und chronologischer Hinsicht verspricht grundlegende Erkenntnisse über die Anatomie dieses Verbrechens, den Verlauf, die Charakteristika und das Ausmaß des Mordprogramms. Zeigen die Exekutionsstatistiken irgendwelche Anomalien, die auf Unregelmäßigkeiten bei der Realisierung der Vernichtungspolitik schließen lassen, oder offenbart die Entwicklung der Erschießungszahlen eher Tendenzen, die bei gehorsamer Befolgung des Befehls als »normal« zu bezeichnen und auch zu erwarten gewesen wären?

Neben der quantifizierenden Auswertung ermöglicht das zusammengetragene Quellenmaterial auch einen hermeneutischen Zugang, der umso ergiebiger ist, als durch den breiten Ansatz die Interdependenzen zwischen den verschiedenen hierarchischen Ebenen sichtbar werden und sich nicht zuletzt auch komparative Perspektiven eröffnen. In Hinblick auf den ersten Untersuchungsschwerpunkt zur Weitergabe der Kommissarrichtlinien gilt das Interesse vor allem der Frage, wie sich die Rezeption der verbrecherischen Weisungen in den Stäben des Ostheeres gestaltete. Wie nahmen die Kommandobehörden den einschneidenden »Führererlass« auf, der ihren Truppen ganz offensichtlich schwerwiegende, planmäßige Völkerrechtsbrüche zur Pflicht machte? Reagierten die traditionsbewussten Truppenführer und ihre Entourage in den Stäben eher mit Zustimmung, opportunistischem Konformismus oder regten sich möglicherweise auch Ablehnung und Widerspruch gegen die ›verbrecherischen Befehle‹? Welche Alternativen und Handlungsspielräume bestanden überhaupt bei der Weitergabe der Kommissarrichtlinien während der Vorbereitungsphase des Feldzugs und in welche Richtung und von wie vielen Stäben wurden sie ausgeschöpft? Die Beschäftigung mit diesen Aspekten verspricht offen zu legen, welche Sichtweise auf die Kommissarrichtlinien im Ostheer vor Beginn der Operationen vorherrschte, wie weit die Bereitschaft der Truppenführer und Frontstäbe zur Mitwirkung an der Ver-

---

[48] Im Anhang dieser Studie ist auf Tafel 10 eine Druckfassung dieser Datenbank zugänglich.

nichtungspolitik reichte und welche Motive und Überlegungen im Einzelnen dahinter standen.

Komplementär hierzu liegt das Hauptaugenmerk im zweiten Untersuchungsschwerpunkt zur Durchführung der Kommissarrichtlinien während des Feldzugs vor allem auf der praktischen Handhabung des Mordbefehls in den Truppenverbänden. Wie verfuhren die Einheiten des Ostheeres, wenn ihnen im Operationsgebiet militärische Politoffiziere der Roten Armee oder zivile sowjetische Funktionäre in die Hände fielen? Kam es dabei zu Abweichungen von den Vorgaben der Kommissarrichtlinien und wenn ja, bewegten sich die Truppen dabei noch im Rahmen dessen, was als befehlskonform gelten konnte? Wie viel Wahrheitsgehalt verbirgt sich hinter den stereotypen Beteuerungen der ehemaligen Generäle und Veteranen aus der Nachkriegszeit, die stets behaupteten, dass sie den Kommissarbefehl nicht durchgeführt hätten? Gab es tatsächlich Einheiten, die den Mordbefehl umgingen oder sich der Beteiligung an dem Verbrechen gänzlich versagten? Welche Freiräume bestanden überhaupt bei der Auslegung und Umsetzung des Kommissarbefehls an der Ostfront? Zur Freilegung der Anatomie dieses Staatsverbrechens dient daneben auch die Frage nach den Motiven, die bei der Realisierung der Vernichtungspolitik im Ostheer handlungsrelevant waren. Welche Rolle spielten die totalisierten antibolschewistischen Feindbilder und die ideologische Indoktrination in der Wehrmacht bei der Durchführung der Kommissarrichtlinien in den Verbänden des Ostheeres? Welche Auswirkungen hatten der rasante Brutalisierungsprozess und der allgemeine Kontext der Kampfhandlungen an der Ostfront auf die Bereitschaft der deutschen Truppen zur Befolgung des Mordbefehls? Wie gestaltete sich also das Verhältnis von intentionalen und situativen Faktoren, Vorsatz und Affekt, Aktion und Reaktion, wenn die Truppen die Entscheidung trafen, den Kommissarerlass zur Anwendung zu bringen? War die Befolgung des Kommissarbefehls schlicht das Ergebnis einer verabsolutierten Gehorsamspflicht oder wirkten die Führer und Soldaten des Ostheeres auch aus eigenem Antrieb an der Vernichtung der Kommissare mit? In beiden Untersuchungsschwerpunkten orientiert sich die Analyse an der übergeordneten Leitfrage, welches Maß an Akzeptanz die Kommissarrichtlinien im Ostheer gefunden haben.

Aufbau der Untersuchung

Die Gliederung ist um die beiden Untersuchungsschwerpunkte zur Weitergabe und zur Durchführung der Kommissarrichtlinien herum angeordnet. Die Erforschung dieser Komplexe erfordert es daneben, auch den weiteren Kontext und die Grundlagen der Vernichtungspolitik auszuleuchten. Zunächst ist es jedoch unabdingbar, die Entstehungsbedingungen und den Quellenwert des Aktenmaterials darzulegen, auf dem die Untersuchung basiert (Kap. I.2.). Die eingehende Beschäftigung mit dem Quellenmaterial dient nicht zuletzt dazu, die Zuverlässigkeit und den Informationsgehalt der überlieferten Unterlagen des Ostheeres angemessen einschätzen zu können. Die Beschäftigung mit den Ereignissen an der Ostfront beginnt anschließend mit dem Schwenk auf die Situation im Ostheer am Vorabend des Überfalls auf die Sowjetunion (Kap. II.1.). Wie Hitlers Entschluss und seine Kriegsgründe in den Kommandobehörden des Ostheeres aufgenommen wurden und wie die Truppen darauf reagierten, als ihnen kurz vor Beginn der Operationen der Angriffsbefehl bekannt gegeben wurde, gibt Aufschluss darüber, mit welchen Überzeugungen die Heerführer und ihre Soldaten in den Kampf gegen die Sowjetunion zogen und wie weit ihre Zustimmung zum »Kreuzzug gegen den Bolschewismus« reichte. Bei der Schilderung der Vorbereitung des Vernichtungskrieges ist es außerdem unverzichtbar, die geltende Befehlslage zu rekapitulieren und die Bestimmungen der ›verbrecherischen Befehle‹ zu erläutern, um den normativen Rahmen zu skizzieren, in dem die Truppen während der späteren Operationen an der Ostfront agierten (Kap. II.2.). Auf diesen Grundlagen wendet sich die Untersuchung sodann ihrem ersten Schwerpunkt zu, der Weitergabe der Kommissarrichtlinien innerhalb der Armeen und Panzergruppen vor Beginn des Feldzugs (Kap. III.). Nach einer kurzen Darstellung des methodischen Vorgehens (III.1.) wird zunächst rekonstruiert, wie die Bekanntgabe der ›verbrecherischen Befehle‹ auf den einzelnen hierarchischen Stufen des Ostheeres abgewickelt wurde (Kap. III.2.). Den Abschluss dieses Komplexes bildet die Analyse der verschiedenen konformen und devianten Verhaltensweisen, die sich bei der Kommunizierung der Kommissarrichtlinien beobachten lassen, was nicht zuletzt zur Auslotung der Handlungsspielräume dient, die bei der Weitergabe der ›verbrecherischen Befehle‹ im Ostheer bestanden (Kap. III.3.).

Bevor die Durchführung des Kommissarbefehls in den Blick genommen wird, ist es notwendig, den Kontext des Krieges darzustellen, in dessen Rahmen sich die Vernichtungspolitik vollzog (Kap. IV.). Hierbei gilt das Interesse nicht nur den besonderen Konditionen und der Eigenart der Kämpfe auf dem östlichen Kriegsschauplatz sowie ihrer Wahrnehmung in den deutschen Reihen (Kap. IV.1.), sondern auch und gerade dem Brutalisierungsprozess der Auseinandersetzung, ohne dessen Berücksichtigung die Befolgung des Kommissarbefehls im Ostheer nur unzureichend zu erfassen und zu verstehen wäre (Kap. IV.2.). Der Prozess der Barbarisierung des Krieges wies zahlreiche Berührungspunkte mit dem Mordprogramm gegen die sowjetischen Kommissare auf, so dass sich hier bereits erhellende Parallelen zum Umgang der Kommandobehörden mit den Kommissarrichtlinien abzeichnen. Zur Analyse des Kontextes der Vernichtungspolitik gehört auch die Rekonstruktion des Feindbilds, das die deutschen Truppen von den sowjetischen Kommissaren verinnerlicht hatten (Kap. IV.3.). Den im Ostheer kursierenden, dämonisierenden Vorstellungen von den gegnerischen Politoffizieren kam bei der Realisierung des Mordprogramms entscheidende Bedeutung zu, standen sie doch im Zentrum seiner Legitimationsstrategien. Ein Exkurs in diesem Teil widmet sich der Organisation und dem Alltag der Kommandobehörden und ihrer Ic-Abteilungen im Weltanschauungskrieg an der Ostfront. Der Blick auf die Tätigkeitsfelder der Feindnachrichtenoffiziere zeigt, dass die Umsetzung der Kommissarrichtlinien keineswegs der einzige Bereich war, in dem sie an der völkerrechtswidrigen Kriegführung mitwirkten.

Anschließend rückt der zweite Schwerpunkt der Studie in den Mittelpunkt, die Untersuchung der Ausmaße, Formen und Bedingungen der Durchführung des Kommissarbefehls während des »Unternehmens Barbarossa« (Kap. V.). Auch in diesem Teil kann angesichts der Brisanz des Themas nicht darauf verzichtet werden, vorab das methodische Vorgehen darzulegen, um die Transparenz der Ergebnisse zu gewährleisten (Kap. V.1.). Im zentralen Kapitel V.2. werden sodann die Resultate der quantifizierenden Analyse der überlieferten Erschießungszahlen präsentiert; in systematischen

Schritten, die alle Aspekte der Dimensionen und Strukturen der Vernichtungspolitik offen legen. Bei der Untersuchung der Umsetzung des Kommissarbefehls im Ostheer ist es außerdem erforderlich, die Reaktionen der Gegenseite auf das rasche Durchdringen der Erschießungen und die Folgen für die weitere Realisierbarkeit des Mordprogramms in Rechnung zu stellen (Kap. V.3.). Im vierten Teil des Komplexes werden die Verfahrensweisen der Verbände bei der Durchführung des Kommissarbefehls in den Blick genommen (Kap. V.4.). Die Beschäftigung mit der Praxis der Truppen bei der Umsetzung der Kommissarrichtlinien offenbart zugleich die Handlungsspielräume und Alternativen, die sich den Einheiten boten, wenn sie in die Situation kamen, den Befehl anwenden zu müssen. Zuletzt wird untersucht, was die Truppen antrieb, als sie die Vernichtungspolitik gegen die sowjetischen Kommissare vollstreckten (Kap. V.5.). Die Rekonstruktion der Motive und Legitimationsstrategien, die den Truppen die Berechtigung der Exekutionen vorspiegelten, hilft nachzuvollziehen, wie diese Verbrechen zustande kommen konnten. Den Abschluss der Studie bildet ein Kapitel über die Hintergründe der Aufhebung der Kommissarrichtlinien im Frühjahr 1942, mit der das Mordprogramm zumindest im vordersten Frontbereich offiziell endete (Kap. VI.).

2. Das Ostheer und seine Akten

Als das Ostheer im Morgengrauen des 22. Juni 1941 zum Angriff auf die Sowjetunion antrat, gehörten ihm weit über drei Millionen deutsche und verbündete Soldaten an. Dieses gewaltige Aufgebot gliederte sich in die drei Heeresgruppen Nord, Mitte und Süd, die auf einer Frontlänge eingesetzt waren, die sich vom Baltikum über Weißrussland bis zur Ukraine an die Schwarzmeerküste erstreckte. Nördlich dieser Hauptfronten kämpfte an der finnisch-sowjetischen Grenze unter dem Befehl des AOK Norwegen eine weitere Armee, die allerdings mit zwei schwachen Generalkommandos und den finnischen Verbündeten nur über vergleichsweise geringe Kräfte verfügte und auch nur einen Nebenkriegsschauplatz besetzte. Die Hauptkräfte der drei Heeresgruppen umfassten insgesamt zwölf Armeen und Panzergruppen, mehr als vierzig Armeekorps und fast 150 Divisionen.[49] Die Kampftruppen einer gewöhnlichen Infanteriedivision, die den im Ostheer bei weitem häufigsten Divisionstypus repräsentierte, bestanden zum Zeitpunkt des Angriffsbeginns aus drei Infanterieregimentern zu jeweils drei Infanteriebataillonen, die sich wiederum aus vier Kompanien zusammensetzten.[50] Neben ihren Regimentern verfügten die Verbände über zusätzliche Divisionstruppen, die unmittelbar dem Divisionsstab unterstanden, nämlich die

---

[49] Vgl. die Kriegsgliederung des Ostheeres v. 22.6.1941, siehe Abb. 1; Beiheft DRZW, Bd. 4, Tafel 2.
[50] Nach der bei Kriegsbeginn gültigen Kriegsstärkenachweisung bestand ein Infanterieregiment neben den Regimentseinheiten (u. a. eine Infanteriegeschützkompanie und eine Panzerabwehrkompanie) aus drei Infanteriebataillonen. Die Bataillone setzten sich jeweils aus drei Schützenkompanien und einer Maschinengewehrkompanie zusammen. Die Stärke einer Schützenkompanie belief sich auf 186 Mann, die eines Infanterieregiments auf insgesamt 3059 Mann; vgl. Tessin, Verbände, Bd. 15, S. 151.

Schematische Kriegsgliederung
Stand: B-Tag 1941 (22.6.) "Barbarossa"
mit zahlenmäßiger Übersicht über die Verteilung der Heerestruppen

Oberkommando Heer	Heeresgruppen	Armeen	Korps	Div.
OKH noch nicht verfügte Reserven: **AOK 2** a) bis 4.7. im WK VIII eingetroffen: XXXX. mot Antransp. ab 26.6. 60. mot " ab 22.6. b) nach dem 4.7. in der Zuführung: 46. 93. 96. 98. 260. 94. 183. 73. 5. Pz 294. 2. Pz c) z.V. OKH in der Heimat: 707. 713. d) z.V. stehende Heerestruppen: 2 Art. Kdr. 1 Art. Rgt. Stab mot 1 Wetterpeilzug mot 1 Ve MeBtrupp mot 6 H-Brüko-B. mot 1 " aus Div. genomm. 4 " Geräteeinheiten 2 Brüko-B. mot v. Pz. u. SS-Div. 1 Ober Bau Stab 2 Bau Btl. 1 Fla. Btl. 1 Fla. Kp. 1 Propaganda Kp. 1 Vermess. Abt. 6 HGr u. A.-Nachr. Rgt. 1 Ko-Luft 1 Aufklär. Staffeln 1 Kurier-Staffel Flak-Abt. lei	**H.Gr. Nord** Res: XXIII. 254. 251. 206. OKH Reserven b.H.Gr. Nord L. 86. Antransp. 19.-26.6 Pol. " 24.6.-1.7	**18.**	XXVI. XXXVIII. I. z.V. AOK 18	291. 61. 217. 58. 11. 1. 21.
		Pz.Gr. 4 Res: SS"T"	XXXXI. mot LVI. mot z.V. Pz.Gr. 4	1. Pz 269. 6. Pz 36. mot 290. 8. Pz 3. mot
		16. Res: 253.	X. XXVIII. II. z.V. AOK 16	30. 126. 122. 123. 121. 12. 32.
	Befehlshaber rückwärtiges Heeresgebiet 101	z.V. H.Gr. Nord		207. Sich. 285. Sich. 281. Sich.
	H.Gr. Mitte Res: LIII. 293. OKH Reserven b.H.Gr. Mitte Höh.Kdo. 52. Antransp. 20.-26.6. XXXV 197. " 20.-26.6. 15. " 26.6.-3.7. 112. " 25.6.-1.7. zunächst zu AOK 9 XXXXII. 110. Antransp. 21.-26.6. 106. " 25.6.-1.7. Lehr Brig. mot 900 ab 22.6	**Pz.Gr. 3**	VI. XXXIX. mot V. LVII. mot z.V. Pz.Gr. 3	26. 6. 14. mot 20. mot 20. Pz 7. Pz 35. 5. 18. mot 19. Pz 12. Pz
		9.	VIII. XX. XXXXII. z.V. AOK 9	161. 28. 8. 256. 162. 129. 102. 87.
		4.	VII. XIII. IX. XXXXIII. z.V. AOK 4	258. 23. 7. 268. 17. 78. 263. 137. 292. 252. 134. 131.
		Pz.Gr. 2 Res.: 255.	XXXXVI. mot XXXXVII. mot XII. XXIV. mot z.V. Pz.Gr. 2	I.R."Gr.D." 10. Pz SS"R" 29. mot 167. 17. Pz 18. Pz 31. 45. 34. 10. mot 3. Pz 4. Pz 1. KD 267.
	Befehlshaber rückwärtiges Heeresgebiet 102	z.V. H.Gr. Mitte		403. Sich. 221. Sich. 286. Sich.
	H.Gr. Süd Res: 99. lei. OKH Reserven b. H.Gr. Süd Höh.Kdo 4. Geb. XXXIV. 125. 113. Antransp. 23.-29.6. 132. " 28.6.-4.7. LI Antransp. 79. Antransp. 22.-27.6. ab 20.6. 95. " 27.6.-3.7.	**Pz.Gr. 1** Res: 16. Pz. 25. mot 13. Pz SS"A.H."	XIV. mot III. mot XXIX. XXXXVIII. mot z.V. Pz.Gr. 1	SS"W" 16. Pz 9. Pz 14. Pz 298. 44. 299. 111. 11. Pz 75. 57.
		6. Res:LV., 168.	XVII. XXXXIV. z.V. AOK 6	56. 62. 297. 9.
		17. Res.: 100. lei 97. lei	IV. XXXIX. Geb. LII. z.V. AOK 17	262. 24. 295. 296. 71. 1. Geb. 68. 257. 101. lei
		11. Res: Gen Kdo rumän. Kav.Korps 22.	Heeresmiss.Rumänien rum.Geb.Korps XI. XXX. LIV. z.V. AOK 11	72. 4.rum.Geb.Brig. 1.rum.Geb.Brig. 2.rum.Geb.Brig. 8.rum.Kav.Brig. 7.rum.Inf.Div. 239. 76. 6.rum.Inf.Div. 6.rum.Inf.Div. 6.rum.Kav.Brig. 5.rum.Inf.Brig. 14.rum.Inf.Div. 198. 170. 50.
	Befehlshaber rückwärtiges Heeresgebiet 103	z.V. H.Gr. Süd		213. Sich. 444. Sich. 454. Sich.

1 | Das Ostheer: Die Gliederung der deutschen Truppen am ersten Tag der Invasion (22. Juni 1941)

Kampfunterstützungseinheiten, in denen Artillerie, Versorgungstruppen und andere Spezialisten organisiert waren.[51] Der Personalumfang einer aufgefüllten Division belief sich nach den 1941 gültigen Kriegsstärkenachweisungen auf etwa 17.000 Soldaten, wovon etwa zwei Drittel zur »fechtenden Truppe« zählten.

Die Division war die elementare Gliederungseinheit des Heeres, die aufgrund ihrer strukturellen Kontinuität für die Soldaten neben ihrer Kompaniezugehörigkeit den wichtigsten identitätsstiftenden Bezugsrahmen innerhalb der Militärorganisation bildete.[52] Bis auf interne Umgliederungen blieb die Zusammensetzung einer Division zumindest im ersten Jahr des Russlandfeldzuges weitgehend intakt, während ihre Zugehörigkeit zu einem Armeekorps einem dauernden Wechsel unterlag.[53] Die Gestalt der übergeordneten Armeekorps, Armeen und Heeresgruppen war dagegen ständig im Fluss. Von den spezialisierten Heerestruppen, die den höheren Stäben direkt unterstellt waren, einmal abgesehen, bestanden diese Gliederungen im Grunde lediglich aus einem Torso von Kommandobehörden.[54] Erst durch die Unterstellung von Divisionen erwuchsen daraus Großverbände. Ein Armeekorps wurde durch die Zusammenfassung von zumeist drei bis vier Divisionen unter der Führung eines Generalkommandos gebildet, eine Armee wiederum setzte sich für gewöhnlich aus drei bis vier Korps zusammen, die einem Armeeoberkommando unterstellt waren. Die Kommandobehörden waren die Schaltzentralen des Ostheeres.

Die Kommandobehörden

Auch wenn die Kommandobehörden wie alle anderen Gliederungen und Angehörigen des Ostheeres in Befehlsketten eingebunden waren und dem Gehorsamsprinzip unterworfen blieben, verfügten sie bei der Führung der unterstellten Truppenverbände im Geiste der preußisch-deutschen Militärtradition über weit reichende systemimmanente Befugnisse zu eigenständigem Handeln. Wenn in der Wehrmacht schon auf niedrigeren Stufen der Hierarchie durchaus ein kooperativer Führungsstil angestrebt wurde, der darauf abzielte, »den Mann mitdenken [zu] lassen, damit er nicht stur handelt, sondern mit Herz und Verstand dabei ist«, galt dies in besonderem Maße für

---

51 Zu den Divisionstruppen einer Infanteriedivision zählten ein Artillerieregiment, ein Pionierbataillon, eine Panzerabwehrabteilung, eine Aufklärungsabteilung, eine Nachrichtenabteilung, Nachschubdienste, Verwaltungsdienste, Sanitätsdienste, eine Veterinärkompanie, der Feldgendarmerietrupp und das Feldpostamt; vgl. Tessin, Verbände, Bd. 15, S. 151 ff. Auch die Divisionstruppen nahmen z. T. Kampfaufgaben wahr, so etwa die Panzerjägerabteilung oder das Pionierbataillon, wurden aber in der Regel nicht geschlossen eingesetzt.
52 Vgl. das Kapitel zur Organisationsgeschichte der 253. Inf.Div. bei Rass, Menschenmaterial, S. 48-62.
53 Das Unterstellungsverhältnis der Divisionen der 11. Armee beispielsweise wechselte im Verlauf des ersten halben Jahres des Feldzugs durchschnittlich über sechs Mal. Die Unterstellungsverhältnisse der Divisionen ergeben sich aus den Dienstakten des jeweiligen Divisionskommandos, in der Regel aus den Kriegstagebüchern der Ia-Abteilungen. Die Angaben bei Tessin sind dagegen unvollständig.
54 Kommandobehörden waren definiert als »militärische Dienststellen vom Divisionskommando aufwärts, die über Truppen befehlen«. Vgl. die H.Dv. 300/1, Truppenführung; BA-MA, RHD 4/300/1, S. 7 f. Die Kommandobehörden der Divisionen, Korps, Armeen und Heeresgruppen bildeten die Ebene der »oberen Führung«, während die Regiments- und Bataillonsstäbe zur Ebene der »unteren Führung« zählten.

das Dienstverhältnis zwischen den höheren Stäben.[55] Grundlegend war dabei das Führungsprinzip der Auftragstaktik, das als Erfolgsgeheimnis des preußisch-deutschen Militärwesens betrachtet wurde. Man gab den Befehlsempfängern zwar ein Ziel vor, stellte es ihnen aber weitestgehend frei, den Weg dorthin selbst zu bestimmen, getreu der Devise: »Der Führer muß den Unterführern Freiheit des Handelns lassen, soweit dies nicht seine Absicht gefährdet.«[56] Wenn es also galt, für die Durchführung erhaltener Aufträge konkrete Regelungen zu treffen, eröffneten sich den Stäben der oberen Truppenführung beträchtliche Spielräume. Die Gestaltungsmöglichkeiten der Kommandobehörden offenbarten sich nicht zuletzt darin, dass sie das Privileg besaßen, Befehlen der übergeordneten Führung Zusätze hinzuzufügen.[57] Die Stäbe gaben solche Befehlszusätze heraus, um sich die zuvor erhaltenen Befehle zu Eigen zu machen und ihnen Nachdruck zu verleihen, erließen darin zum Teil aber auch Modifikationen und Durchführungsbestimmungen, die von den Anordnungen der vorgesetzten Stäbe abweichen konnten.[58] Hieran zeigte sich besonders deutlich, wie groß die institutionellen Handlungsspielräume der Kommandobehörden und ihre Verfügungsgewalt über die eigenen Befehlsbereiche tatsächlich waren. Gerade auf dem Gebiet der Repressionspolitik, die zu den sekundären Führungsaufgaben zählte, konnten die höheren Stäbe somit zu eigenständigen Einflussfaktoren werden.

Die räumliche Nähe eines Stabes zur Front nahm ab, je größer sein Befehlsbereich war. Die Gefechtsstände der Divisionen und Korps befanden sich mit ihren Truppen im vordersten und gleichzeitig schmalsten Abschnitt des Operationsgebietes, im Gefechtsgebiet. Die Armeeoberkommandos schlugen ihre Hauptquartiere im dahinter liegenden rückwärtigen Armeegebiet auf. Die Oberkommandos der Heeresgruppen standen weit hinter der Hauptkampflinie im rückwärtigen Heeresgebiet, dessen hintere Begrenzung mit der Westgrenze des Operationsgebietes zusammenfiel. Trotz ihrer zunehmenden geographischen Distanz zum Brennpunkt des Kampfgeschehens waren die Stäbe hinter dem Gefechtsgebiet aber der Front keineswegs entrückt. Neben der geregelten täglichen Kommunikation über Fernmeldeeinrichtungen und Kurierdienste gehörte es zu ihrem Führungsstil, dass sich zumindest die Befehlshaber und ihre engsten Mitarbeiter immer wieder zu Frontbesichtigungen und Besprechungen in die vorderen Linien begaben, um sich ein eigenes Bild von der Lage zu verschaffen, den Ablauf der Operationen zu überwachen und den »Pulsschlag der Truppe [zu] fühlen«.[59] Umso mehr galt dies für die Divisionskommandeure, die ihre Verbände häufig »von vorne« führten.[60] Die Kommandobehörden im Gefechtsgebiet befanden

---

[55] Mit dieser Formulierung umschrieb der Ia der 20. Inf.Div. den Führungsstil in der Division, Eintrag im KTB der 20. Inf.Div. zum Zeitraum 25.5.-12.6.1941; BA-MA, RH 26-20/11, S. 4.
[56] H.Dv. 300/1, S. 11.
[57] Vgl. H.Dv. 300/1, S. 26.
[58] Vgl. z. B. Römer, ›Im alten Deutschland‹, S. 69, 92 f.
[59] H.Dv. 92, S. 2. Zu Kriegsalltag und Führungspraxis eines »oberen Führers« vgl. exemplarisch das Tagebuch des KG des LII. AK, Gen. d. Inf. von Briesen, a. d. J. 1941; BA-MA, RH 24-52/9. Den Alltag dieses Generals prägte ein ständiger Wechsel zwischen Frontreisen, auf denen er nicht selten die Kampfhandlungen persönlich leitete, und Aufenthalten im Korpsgefechtsstand, während derer er »regierte«. Zum Alltag der Oberbefehlshaber vgl. auch Hürter, Heerführer, 266-278.
[60] Die Dienstvorschrift über die Truppenführung bestimmte, dass der Divisionskommandeur »zu seinen Truppen« gehörte und seinen Gefechtsstand »möglichst weit vorn« einzurichten hatte; H.Dv. 300/1, S. 34 f.

sich am nächsten am Geschehen, die höheren Stäbe behielten dafür einen umfassenderen Gesamtüberblick. Die enge Vernetzung zwischen den Kommandobehörden und ihr ständiger Informationsaustausch gewährleisteten aber, dass alle Stäbe über einen hohen Kenntnisstand verfügten.

Die Kommandobehörden wiesen auf allen hierarchischen Ebenen eine weitgehend identische Gliederung auf. An der Spitze der Hierarchie der Heeresgruppen, Armeen, Korps und Divisionen standen die »oberen Führer«: die Oberbefehlshaber der Heeresgruppen, die Armeeoberbefehlshaber, Kommandierenden Generale und Divisionskommandeure.[61] Bei diesen Kommandeuren lag die unteilbare Verantwortung für alles, was in ihren Befehlsbereichen geschah. Das wichtigste Führungsinstrument des »oberen Führers« war die Kommandobehörde seines Truppenverbandes, in der ihm ein Stab von wissenschaftlich ausgebildeten Generalstabsoffizieren und weiteren »Gehilfen« zur Verfügung stand.[62] Die Leitung des Stabes oblag dem Chef des Generalstabes, der auf allen Sachgebieten der »erste Berater des oberen Führers« war.[63] Auf der Ebene unterhalb des Generalstabschefs waren die Kommandobehörden in drei Ressortkomplexe gegliedert: die Abteilungen Ia, Ib sowie die Adjutantur, die neben dem Geschäftsbetrieb vor allem die Personalangelegenheiten des Stabes regelte.[64] Die ersten beiden Stabsabteilungen waren zugleich die wichtigsten.[65] Die Ia-Abteilung unter dem Ersten Generalstabsoffizier, die auch als Führungsabteilung bezeichnet wurde, war für alle Belange der operativen Truppenführung zuständig, also in erster Linie für die Leitung der Truppenbewegungen und Kampfhandlungen.[66] In allen Kommandobehörden war der Führungsabteilung außerdem eine Unterabteilung eingegliedert, die dem Ia vor allem bei der Lagebeurteilung zuarbeitete: die Abteilung Ic, die auch als Feindnachrichtenabteilung bezeichnet wurde und neben der Beschaffung aller verfügbaren »Feindnachrichten« auch den Abwehrdienst zu ihren Aufgaben

---

61 Die folgenden organisationsgeschichtlichen Ausführungen beruhen auf der Dienstvorschrift »Handbuch für den Generalstabsdienst im Kriege« der H.Dv. 92 vom 1.8.1939. Zur Organisation und Arbeitsweise der Kommandobehörden vgl. auch die Darstellung bei HÜRTER, Wehrmacht, S. 378-385.
62 Die personelle Ausstattung einer Kommandobehörde stieg mit ihrem Rang. Die Personalstärke eines Div.Kdos. betrug etwa 170 Mann, die eines AOK war beinahe drei Mal so hoch; vgl. die Kriegsstärkenachweisungen für die Kommandobehörden; BA-MA, RHD 10. Allerdings waren die H.Gr.Kdos. kleiner als die AOK, vor allem wegen der fehlenden Versorgungskomponente.
63 Lediglich in den Divisionsstäben war kein Generalstabschef vorgesehen; seine Funktion erfüllte hier der Ia-Offizier.
64 Die Adjutantur leitete der IIa-Offizier. Ab Ebene der AOK verfügten die Stäbe über zwei Adjutanten, den IIa für die Offizierspersonalien sowie den IIb für die Personalangelegenheiten der Unteroffiziere und Mannschaften. Dem IIa unterstand außerdem der Kdt.St.Qu., der für Unterkunft, Betrieb und Sicherung des Stabes zuständig war. Daneben zählten auch die Kriegspfarrer (IVd) und die Heeresrichter (Abt. III) zur Adjutantur, obwohl sie sich im Operationsgebiet in der Regel mit der Ib-Staffel bewegten, während die IIa zur Ia-Staffel gehörte, und zumindest der Kriegsrichter dem IIa auch nicht unterstellt war.
65 In den Divisionsstäben unterstand die Ib-Abteilung der Ia-Abteilung, während in den höheren Stäben beide Abteilungen auf einer Stufe rangierten und dem Generalstabschef unterstanden.
66 In den Div.Kdos. übernahm der Ia außerdem die Funktion eines Generalstabschefs. Zum Personal der Ia-Abteilungen gehörte daneben der O 1, der u. a. das KTB führte. In den AOK gab es außerdem den Id und 4. Gen.St.Offz. sowie weitere Ord.Offz., Waffenoffiziere und Verbindungsdienststellen.

zählte. Die Ib- oder Quartiermeisterabteilung[67] war für die Versorgung der unterstellten Truppenverbände und alle Fragen des Nachschubs und Transports verantwortlich.[68] Daneben oblagen dem Quartiermeister, der zugleich Zweiter Generalstabsoffizier war, zentrale Besatzungsaufgaben wie die Sicherung des Befehlsbereichs, die kriegswirtschaftliche Ausnutzung der besetzten Gebiete sowie das Gefangenenwesen. Nicht zuletzt befahlen die Quartiermeister auch über die Feldgendarmerieeinheiten, die jeder Kommandobehörde zugeteilt waren.[69] Entsprechend der Arbeitsteilung innerhalb der Stäbe bewegten sich die Kommandobehörden nicht geschlossen durch das Operationsgebiet, sondern teilten sich für gewöhnlich in zwei Staffeln auf. In der Ia-Staffel marschierten der Befehlshaber und sein Generalstabschef zusammen mit der Führungsabteilung und ihrer Ic-Abteilung vorneweg, während der Quartiermeister mit seinen Einheiten die Ib-Staffel bildete und in den rückwärtigen Gebieten den Versorgungsbetrieb organisierte.

Der Dienstbetrieb innerhalb der Kommandobehörden ähnelte der Funktionsweise einer zivilen Ministerialbürokratie.[70] Zwar wickelten die Stäbe einen wesentlichen Teil der Arbeitsprozesse in mündlicher Form ab, um möglichst »viel Schreibarbeit entbehrlich« zu machen.[71] Die täglichen Besprechungen und Vorträge vor dem Befehlshaber und in den Stabsabteilungen trugen auch durchaus dazu bei, die Bearbeitungszeiten zu minimieren, änderten jedoch nichts daran, dass der Alltag der Stäbe stets vom typischen behördlichen »Hochdruck im Papierkrieg«[72] geprägt blieb. Die Kommandobehörden des Ostheeres produzierten Tag für Tag beträchtliche Mengen an Geschäftsschriftgut und hinterließen schließlich gewaltige Aktenberge, die nunmehr die wichtigste Grundlage für die Erforschung der deutschen Kriegführung an der Ostfront bilden. Eine nähere Beschäftigung mit den Entstehungsbedingungen und der Typologie dieses Quellenmaterials ist in der Forschungsliteratur zum deutsch-sowjetischen Krieg allerdings bislang unterblieben. Dies ist jedoch eine zwingende Voraussetzung dafür, zu einer realistischen Einschätzung der Zuverlässigkeit und des Quellenwerts des Aktenmaterials zu gelangen, auch und gerade was seine Aussagefähigkeit über die deutschen Kriegsverbrechen an der Ostfront anbelangt.

---

[67] In den AOK hieß dieses Ressort Oberquartiermeisterabteilung, in den Gen.Kdos. Quartiermeisterabteilung, in den Div.Kdos. sprach man schlicht von der Abt. Ib. In den H.Gr.Kdos. gab es zunächst nur einen Ib-Offizier, der nicht in den Befehlsweg der H.Gr. eingeschaltet war und dessen Funktion sich darauf beschränkte, den Generalstabschef laufend über die Versorgungslage zu informieren.

[68] Zur Abt. Ib zählte außerdem der Nachschubführer und der O 2, sowie verschiedene Unterabteilungen: der Intendant (IVa), der Arzt (IVb), der Veterinär (IVc) und bei den Divisionen und Armeen auch das FPA. Außerdem verfügten die Ib-Offiziere über Fachbearbeiter für einzelne Sachgebiete, u. a. für Munition und Gerät (WuG), Kraftfahrzeugwesen (V); vgl. H.Dv. 92, S. 43 ff. In den AOK gab es daneben v. a. zwei weitere Gen.St.Offz., den Qu. 1 (Versorgung, Transport) sowie den Qu. 2 (Besatzungsaufgaben, Gefangenenwesen).

[69] Die Feldgendarmerietrupps waren zwar der Abt. Ib unterstellt, im Kriegsalltag teilte sich der Trupp jedoch in der Regel auf verschiedene Kommandos auf, so dass nicht nur die Ib-Staffel, sondern auch die Ia-Staffel über Feldgendarmerie verfügte. Vgl. hierzu exemplarisch den Eintrag v. 3.7.1941 im TB des Feldgend.Tr. 172 der 72. Inf.Div.; BA-MA, RH 26-72/164.

[70] Dieser treffende Vergleich stammt von Hürter, Wehrmacht, S. 380 f.

[71] Dieses Verfahren legte bereits das Handbuch für den Generalstabsdienst nahe; H.Dv. 92, S. 16.

[72] Die Formulierung stammt aus dem Tagebuch eines Uffz., der bei Beginn des Russlandfeldzuges in der Ic-Abteilung der 167. Inf.Div. eingesetzt war, Eintrag v. 14.6.1941; BA-MA, RH 26-167/83.

2. Das Ostheer und seine Akten

2 | Die Akten entstehen: »Ic bei der Arbeit« in der 217. Inf.Div. (Sommer 1941, Zitat aus der Bildbeschriftung des Originals)

In der *Typologie des deutschen Aktenmaterials* lassen sich vier übergeordnete Quellenkategorien unterscheiden: Kriegstagebücher und Tätigkeitsberichte, Meldungen und Befehle. Diese Textgattungen lassen sich analytisch in zwei Quellengruppen unterteilen, die sich in ihrer Funktion, ihrer zeitlichen Perspektive und ihren Adressaten grundlegend voneinander unterschieden. Während die Kriegstagebücher und Tätigkeitsberichte einen langfristigen, dokumentarischen Zweck erfüllten, zählten die Meldungen und Befehle zu den Mitteln der täglichen Kommunikation zwischen den Kommandobehörden im Operationsgebiet. Die Quellen der Dokumentation entstanden mit größerer zeitlicher Distanz zum Geschehen und blieben die Angelegenheit ihrer Urheber. Wenn sie abgeschlossen wurden, übersandte sie die jeweilige Kommandobehörde direkt an das Heeresarchiv in Potsdam; von den vorgesetzten Stäben an der Front wurden sie nicht eingesehen. Die Quellen der Kommunikation hingegen entstanden kurzfristig, in unmittelbarem zeitlichen Zusammenhang mit ihrem Verwendungszweck. Sie dienten der Verständigung, Koordination und dem Informationsaustausch zwischen den Kommandobehörden an der Front. Nachdem sie diese Funktion erfüllt hatten, wurden sie für gewöhnlich zu den Akten genommen und gingen dann ebenfalls in die Dokumentation ein. Ein näherer Blick zeigt die wichtigsten Charakteristika der einzelnen Quellentypen dieser beiden Kategorien.

Meldungen und Befehle

Dienstliche Meldungen stellten auf allen Hierarchieebenen des Militärapparates das elementare Kommunikationsmittel dar und bildeten in den Stäben eine wesentliche Grundlage für die Lagebeurteilung und die Führungsentschlüsse. Auf der Ebene der Kommandobehörden gliederte sich das Meldewesen in die drei elementaren Fachressorts. Die Ia-Abteilungen, die Quartiermeisterabteilungen und auch die Ic-Abteilungen des Ostheeres hielten die Verbindung untereinander auf eigenen, separaten Meldewegen aufrecht, die unmittelbar zwischen den jeweiligen Fachabteilungen der verschiedenen Ebenen, in vertikaler Richtung von den Divisionen bis an die Spitze der Kommandohierarchie verliefen. Auf diesen Meldewegen fand täglich eine präzise geregelte, routinemäßige Kommunikation statt, die in der Regel fernmündlich, telefonisch oder über Funk, zum Teil über Fernschreiber, seltener über Kurierverbindungen erfolgte. Die Übermittlung der Meldungen übernahmen zumeist die Ordonnanzoffiziere. Bei den überlieferten, schriftlichen Nachweisen der mündlichen Meldungen handelt es sich entweder um die Entwürfe der Absender, die sie bei der Durchgabe der Meldungen verlasen, oder aber um die Mitschriften der Empfänger, denen die Meldungen am Fernsprecher diktiert wurden. Auf dem Ic-Meldeweg wurde in der Regel zwei Mal am Tag gemeldet, in einer Morgenmeldung und einer Abendmeldung. Die Meldetermine, die auf den verschiedenen Kommandoebenen galten, waren zeitlich gestaffelt, so dass eine Meldekette entstand. Das OKH ließ sich die Ic-Morgenmeldungen der drei Heeresgruppen um sieben Uhr morgens, die Abendmeldungen um achtzehn Uhr erstatten.[73] Dementsprechend begannen die Meldewege an der Basis der Heeresgruppen planmäßig bereits mehr als zwei Stunden vor diesen Terminen.[74] Die Ic-Abteilungen erstellten ihre Meldetexte, indem sie die Meldungen, die sie zuvor von den unterstellten Stäben erhalten hatten, bündelten und komprimierten. Der Ic-Offizier strich diejenigen Inhalte, die ihm nebensächlich erschienen, hob hervor, was er für wesentlich hielt, und ergänzte die Nachrichten auch mit eigenen Werturteilen. Der Formulierung der täglichen Meldungen ging also stets ein inhaltlicher Selektionsvorgang voraus.

Wenn viele Kommandobehörden ihren routinemäßigen Meldeverkehr auch sorgfältig archivierten, gingen aber bei weitem nicht alle diese Tagesmeldungen in die Überlieferung ein. Während die überlieferten Aktenbestände mancher Ic-Abteilungen außerordentlich umfangreich sind und die täglichen, ein- und ausgehenden Meldungen darin nahezu vollständig enthalten sind – vielfach in akribischer Ordnung und maschinenschriftlich aufbereitet[75] –, weisen die Bestände vieler anderer Kommandobehörden mehr oder weniger große, oftmals unregelmäßige Überlieferungslücken auf.[76]

---

[73] Vgl. den Befehl der Operationsabteilung des OKH über das Meldewesen v. 6.6.1941; BA-MA, RH 20-16/33.

[74] Zur Regelung des Meldewesens in einer Infanteriearmee vgl. exemplarisch den TB (Ic) der 126. Inf. Div.; BA-MA, RH 26-126/114.

[75] Von der Ic-Abteilung des AOK 11 z. B. sind aus dem ersten Jahr des Russlandfeldzuges weit über dreihundert Anlagenbände überliefert, die u. a. die täglichen Ic-Meldungen des AOK und der unterstellten AK, in maschineller Abschrift, enthalten; BA-MA, RH 20-11/37 ff.

[76] In den Ic-Akten der Pz.Gr. 1 etwa fehlen immer wieder Morgen- und Abendmeldungen der unterstellten Korps, vgl. z. B. den Anlagenband mit den Meldungen der unterstellten Truppen v. 22.2.-31.3.42; BA-MA, RH 21-1/479.

In manchen Beständen fehlen die Ic-Meldungen auch ganz.[77] Die Ursachen für diese Überlieferungsschwankungen lagen nicht nur in kriegsbedingten Aktenverlusten, unterschiedlichen Standards und Arbeitsweisen bei der Aktenführung, sondern auch in den laufenden Aktenaussonderungen, die angesichts der Masse des täglich anfallenden Schriftgutes ein zwingendes technisches Erfordernis waren. In der Divisionsvermittlung der 68. Infanteriedivision beispielsweise gingen während der Winterkrise 1941/42 an den Hauptkampftagen mehrere Tausend Anrufe ein – nur ein Bruchteil davon ist in der Aktenüberlieferung des Divisionsverbandes dokumentiert.[78]

Wie in jeder Armee bildeten mündliche oder schriftliche Befehle auch im deutschen Ostheer das grundlegende Führungsmittel auf allen hierarchischen Ebenen des Militärapparates. Die erste Frage, die sich bei der analytischen Einordnung dieser Texte stellt, ist ihre Urheberschaft. Die Kommandobehörde, die einen Befehl herausgab, war entweder selbst sein Initiator oder wirkte dabei nur als Glied einer Befehlskette an der Weiterleitung und Umsetzung eines Befehls mit, den sie zuvor von der übergeordneten Führungsebene erhalten hatte. Die Realisierung von Führungsanordnungen und ihre Weitergabe über mehrere Kommandoebenen war das Tagesgeschäft der höheren Stäbe. Auch wenn es sich, wie etwa bei Armeebefehlen[79], um Anordnungen handelte, die sich an den gesamten Befehlsbereich richteten, erfolgte die Befehlsweitergabe stufenweise: von Kommandobehörde zu Kommandobehörde, die Befehlshierarchie hinab.[80] Wenn die Befehle nicht zur wörtlichen Bekanntgabe vorgesehen waren, durchliefen sie auf den einzelnen Ebenen in der Regel zunächst eine Auswertungs- und Bearbeitungsphase, die in der fachlich zuständigen Generalstabsabteilung abgewickelt wurde. Die Stäbe schnitten die erhaltenen Befehle dabei auf ihre eigenen Kommandobereiche zu und formulierten Durchführungsbestimmungen; ein Verfahren, das die zentrale Dienstvorschrift über die Truppenführung ausdrücklich empfahl und das vor allem bei der Umsetzung von Operationsbefehlen unabdingbar war.[81] Je nach Sachlage gaben die Stäbe die Befehle auch einfach im Wortlaut weiter, nicht selten fügten sie ihnen dann aber noch eigene Befehlszusätze hinzu. In der Regel machten sich die Kommandobehörden die Befehle der vorgesetzten Stäbe außerdem dadurch zu Eigen, dass sie sie vor der Weitergabe mit ihrem eigenen Briefkopf und einem eigenen Aktenzeichen

---

[77] Zu den wenig umfangreichen Anlagen zum TB (Ic) der 1. Pz.Div. z. B. sind keine Ic-Meldungen genommen worden, offenbar aber ganz bewusst, vgl. die Vorbemerkung zum TB v. 20.6.-17.9.41; BA-MA, RH 27-1/135.
[78] Vgl. den Bericht »Wintereinsatz der 68. Inf.Div.« v. 9.4.1942; BA-MA, RH 26-68/40, Anl 27.
[79] Ein solcher Befehl, dessen Verteiler Ausfertigungen für alle Hierarchieebenen vorsah und bis zu den Kompanien bekannt gegeben werden sollte, war z. B. Reichenaus berüchtigter Armeebefehl v. 10.10.1941, vgl. UEBERSCHÄR, WETTE, Überfall, S. 285 f. Die unterstellten Kommandobehörden konnten allerdings auch derartigen Armeebefehlen Zusätze hinzufügen, vgl. den Eintrag im TB (Ic) des XXXXVII. AK v. 7.11.1941; BA-MA, RH 24-47/113.
[80] Ein Beispiel dafür bietet der Vorgang der Weitergabe des Armeebefehls Nr. 3 des AOK 4 v. 29.6.1941, in dem u. a. angeordnet wurde, dass gefangen genommene »Frauen in Uniform« grundsätzlich »zu erschießen« waren. Das VII. AK z. B. nahm die Bestimmungen in den Korpsbefehl vom selben Tag auf; BA-MA, RH 26-23/23, Anl. 154. Die 267. Inf.Div. gab die entsprechenden Auszüge aus dem Armeebefehl im Divisionsbefehl v. 1.7.1941 bekannt; BA-MA, RH 26-267/11, Anl. 15. Die 10. Pz.Div. nahm die Bestimmungen in das FNBl. v. 2.7.1941 auf; BA-MA, RH 39/99, Anl. 9.
[81] Vgl. H.Dv. 300/1, S. 26.

versahen.⁸² Zur Klärung der bei der Quellenexegese unausweichlichen Frage, auf welche Dienststelle ein überlieferter Befehl ursprünglich zurückging, tragen die Angaben in seinem Briefkopf daher nur bedingt bei. Wenn der Urheber eines Befehls nicht aus seinem Inhalt hervorgeht, kann häufig nur die Parallelüberlieferung Aufschluss darüber geben. Dagegen ist die Urheberschaft von Befehlszusätzen in den Befehlstexten zumeist explizit gekennzeichnet.⁸³ Diese Zusatzbestimmungen repräsentieren den Eigenanteil der jeweiligen Kommandobehörde an der Gestaltung der Befehlslage und spiegeln ihre Positionierung zu den zuvor erhaltenen Anordnungen der übergeordneten Führung wider. Durchführungsbestimmungen, Befehlszusätze und anderweitige, eigenständige Modifizierungen der Befehlslage durch nachgeordnete Stäbe stellen daher bei der Analyse von Befehlen, insbesondere für die Rekonstruktion ihrer Rezeption und Adaption bei den Adressaten, besonders wertvolle Quellen dar. Bei der quellenkritischen Würdigung eines überlieferten Befehls ist also nicht nur zu klären, welche Dienststelle ihn initiiert hatte, sondern auch zu berücksichtigen, dass in seinem Befehlstext Direktiven verschiedener Kommandobehörden zusammenfließen konnten. Dass es sich bei Befehlen stets um normative Quellen handelt, die zwar die Intentionen ihrer Verfasser ausdrücken, aber noch nichts über ihre Umsetzung durch die Befehlsempfänger aussagen, bedarf keiner Erläuterung.⁸⁴

Der Textgattung der Befehle kann im weiteren Sinne auch der Quellentypus der Besprechungsnotizen zugerechnet werden. Dienstbesprechungen von Generalstabsoffizieren oder Kommandeuren mit ihren Untergebenen dienten zwar auch der gegenseitigen Abstimmung und dem Informationsaustausch, waren für gewöhnlich aber zugleich mit Befehlsausgaben verbunden. Die Protokolle von diesen Unterredungen waren daher nichts anderes als die Verschriftlichung von mündlich erteilten Weisungen; ganz gleich, ob es sich dabei um die Mitschrift eines Zuhörers, ein Ergebnisprotokoll oder um vorgefertigte Listen von Tagesordnungspunkten handelte, die den Vorgesetzten während der Besprechung als Leitfaden dienten. Da mündliche Anweisungen prinzipiell die gleiche Geltung besaßen wie schriftliche Befehle, erfolgte die Protokollierung der Besprechungen nicht nur aus bürokratischem Eifer. Die No-

---

[82] Das OKH hatte z. B. am 10.5.1942 die »Richtlinien für die Behandlung der einheimischen Bevölkerung im Osten« herausgegeben, vgl. OKH/Gen.St.d.H./Gen.Qu./Abt. Kriegsverwaltung Nr. II/3033/42 geh.; BA-MA, RH 23/341, Bl. 86. Bevor der Befehl an die Truppe gelangte, durchlief er zunächst die Hierarchie der Kommandobehörden. Die 95. Inf.Div. z. B. stellte dem Befehl einen ausführlichen Zusatz voran, gab ihn aber ansonsten wortgetreu, unter dem eigenen Briefkopf, am 2.6.1942 an ihre Verbände weiter, vgl. 95. Inf.Div./Abt. Ic Nr. 656/42 geh.; BA-MA, RH 26-95/43.

[83] Das XXIII. AK z. B. kennzeichnete seine Zusätze, die es einem Befehl des AOK 9 zur Partisanenbekämpfung hinzugefügt hatte, unter Verweis auf die Bezugszeile mit der Überschrift »Zusätze des Generalkommandos zu o.a. Verfg.«, vgl. den Befehl XXIII. AK/Abt. Ic Nr. 404/41 geh. v. 20.8.1941; BA-MA, RH 24-23/239, Bl. 71.

[84] Eine Mittelstellung zwischen den Quellengattungen nehmen die so genannten Feindnachrichtenblätter ein, da sie sowohl Meldungen als auch Befehle enthalten konnten. Hierbei handelte es sich um eine Art Mitteilungsorgan des Ic-Dienstes, das die Ic-Abteilungen der AOK und Pz.Gr.Kdos. in kurzen, regelmäßigen Abständen auf der Basis der Nachrichtenblätter des OKH herausgaben. Die Kommandobehörden versahen die Feindnachrichtenblätter der vorgesetzten Stäbe in der Regel mit dem eigenen Briefkopf und fungierten dann als nominelle Herausgeber. Zum Teil gaben die Stäbe die Blätter ansonsten weitgehend unverändert an die darunter liegenden Ebenen weiter, zum Teil fügten sie ihnen aber auch eigene Ergänzungen und Kommentare hinzu.

tizen bildeten häufig die Arbeitsgrundlage für die spätere Umsetzung der Anweisungen und ihre Weiterleitung in den Befehlsbereichen der Besprechungsteilnehmer.[85] Form, Stil und Informationsgehalt der überlieferten Besprechungsprotokolle divergieren zum Teil beträchtlich. Sie liegen in handschriftlicher Fassung oder in maschineller Abschrift vor, waren ausformuliert oder nur stichwortartig notiert und gaben die jeweiligen Besprechungsinhalte mit mehr oder weniger großer Vollständigkeit wieder. Wie selektiv und summarisch viele dieser Protokolle geführt wurden, belegen exemplarische Vergleiche zwischen den Notizen verschiedener Teilnehmer aus der gleichen Besprechung.[86] Derartige Beispiele warnen davor, an diesen Quellentypus falsche Ansprüche zu stellen. Längst nicht jedes Wort, das in den Besprechungen gefallen ist, nahmen die Zuhörer in ihre Notizen auf. Wenn in einem Besprechungsprotokoll bestimmte Sachfragen nicht verzeichnet sind, bedeutet dies nicht zwingend, dass sie nicht Gegenstand der Besprechung waren.

Kriegstagebücher und Tätigkeitsberichte

Im Gegensatz zu den Quellen der Kommunikation vollzog sich der Entstehungsprozess der dokumentarischen Quellen, also der Kriegstagebücher und Tätigkeitsberichte, sukzessive über einen längeren Zeitraum. Die Vorschriftengrundlage für die Abfassung dieser Texte bildeten die knappen »Bestimmungen für die Führung von Kriegstagebüchern und Tätigkeitsberichten«, die in jedem KTB-Vordruck eingeheftet waren.[87] Diesen Richtlinien zufolge bestand die Funktion der Kriegstagebücher und Tätigkeitsberichte zunächst einmal darin, einen Nachweis über die Tätigkeit der jeweiligen Dienststelle zu liefern. Mindestens ebenso wichtig war aber ihr langfristiger Verwendungszweck. Die Akten sollten dem »Sammeln von Erfahrungen für Ausbildung und Führung«, also letztlich der Optimierung des eigenen Know-hows im Kriegshandwerk dienen. Darüber hinaus wurden sie auch als »unentbehrliche Unterlage für die Geschichtsschreibung« verstanden. Dementsprechend waren sie »sorgfältig zu bearbeiten und zu sichern«. Kriegstagebücher wurden in den Truppenverbänden der unteren Führung nur von den Stäben, erst ab der Ebene der Bataillone geführt. In den Kommandobehörden auf der Ebene der oberen Führung wurden Kriegstagebücher ausschließlich in den ersten beiden Generalstabsabteilungen geführt: von der Abtei-

---

[85] Generaloberst Hoth etwa nutzte seine Notizen zu Hitlers Rede in der Berliner Reichskanzlei am 30.3.1941, um wenig später die KG seiner Korps über die Inhalte der Besprechung zu unterrichten, wie ein Vermerk Hoths am Ende seiner Aufzeichnungen zeigt; BA-MA, RH 21-3/40, Bl. 33.
[86] Ein anschauliches Beispiel hierfür bietet die Überlieferung zu der Chefbesprechung beim OKH am 4./5.6.1941, von der Besprechungsnotizen verschiedener Teilnehmer überliefert sind. Aus den meisten dieser Protokolle geht eindeutig hervor, dass während der Besprechung u. a. auch der Gerichtsbarkeitserlass ausführlich zur Sprache kam, vgl. z. B. die hs. Notizen des Stabschefs der Pz.Gr. 4; BA-MA, RH 21-4/8, Bl. 83 f. In dem zehnseitigen ms. Protokoll der Pz.Gr. 3 von der gleichen Besprechung wird dieser Tagesordnungspunkt dagegen mit keinem Wort erwähnt, vgl. das Protokoll Pz.Gr. 3/Abt. Ia Nr. 190/41 g.Kdos. v. 6.6.1941; BA-MA, RH 24-6/6, Bl. 2-11. Besonders lehrreich ist in dieser Hinsicht auch der Vergleich zwischen den Aufzeichnungen Halders und Hoths zu Hitlers Rede in der Reichskanzlei vom 30.3.1941; vgl. Förster, Mawdsley, Perspective.
[87] Vgl. hierzu und zum Folgenden die Bestimmungen des OKH/Gen.St.d.H./Kriegswiss.Abt. Nr. 1500/40 v. 23.4.1940 in jedem dienstlichen KTB-Vordruck.

lung Ia sowie der Quartiermeisterabteilung. Alle anderen Stabsgliederungen, die Abteilung Ic eingeschlossen, gaben lediglich Tätigkeitsberichte ab, die sie nach der Fertigstellung der jeweils vorgesetzten Stabsabteilung einreichten. Während die Tätigkeitsberichte den zuständigen Generalstabsoffizieren vorgelegt wurden, blieb es dem »oberen Führer« vorbehalten, in regelmäßigen Abständen die Inhalte der Kriegstagebücher zu überprüfen und abzuzeichnen, für die er die formale Verantwortung trug. Mit der Abfassung der Kriegstagebücher und Tätigkeitsberichte waren in den höheren Stäben die Ordonnanzoffiziere betraut. Die Leitlinien dafür bestimmten allerdings ihre Vorgesetzten, die Abteilungsleiter; in letzter Instanz übten auch die Stabschefs und Befehlshaber Einfluss auf die Aktenführung aus.

Im Unterschied zu den Tätigkeitsberichten waren die Kriegstagebücher grundsätzlich täglich und streng chronologisch zu führen. Einzig die Spalte, die für die Formulierung der »Erfahrungen« vorgesehen war, durfte auch nachträglich ausgefüllt werden. Dass dieser Grundsatz in den Stäben wirklich beachtet wurde, offenbart bereits das Erscheinungsbild mancher Kriegstagebücher. Ein handschriftliches, mitunter schwer leserliches Schriftbild, eine merkliche orthographische und grammatikalische Fehlerquote, Streichungen und Einfügungen weisen darauf hin, dass die »Darstellung der Ereignisse« tatsächlich, wie vorgeschrieben, in unmittelbarer zeitlicher Nähe erfolgte und, wenn überhaupt, nur noch eine geringfügige Überarbeitung stattfand.[88] Ein beträchtlicher Teil der Kriegstagebücher entstand jedoch auf andere Weise, worauf wiederum schon ihre äußere Form hinweist. Viele der überlieferten Kriegstagebücher liegen in einer maschinenschriftlichen, weitgehend fehlerlosen und sorgfältig ausformulierten Fassung vor. Dabei handelt es sich in der Regel keineswegs nur um die maschinelle Reinschrift einer gleich lautenden Urfassung, sondern um das Endprodukt eines prozesshaften Verfahrens der Aktenausarbeitung, das in vielen Stäben praktiziert wurde. In zahlreichen Stäben war es gängige Praxis, dass die Ordonnanzoffiziere die Eintragungen in das Kriegstagebuch nicht täglich vornahmen, sondern zunächst nur vorläufige Entwurfsnotizen anfertigten. Erst später, mit gewachsener zeitlicher Distanz zum Geschehen erstellte man dann auf der Grundlage der angesammelten Unterlagen die Endfassung des Kriegstagebuchs.[89] Dem ersten Ordonnanzoffizier der 95. Infanteriedivision etwa stand diese Arbeit Ende September 1941 bevor, kurz nach dem Abschlusstermin für das erste Kriegstagebuch der Division auf dem östlichen Kriegsschauplatz. Unter dem 30. September notierte der O 1 in seinem persönlichen Tagebuch: »Meine Arbeit ist jetzt, das Kriegstagebuch in Ordnung zu bringen. Aus den zahllosen einzelnen Tagesnotizen, die ich, oft unter mühsamer Überwindung des faulen Fleisches aufgezeichnet habe, soll nun eine vernünftige, zusammenhängende Darstellung werden.«[90] Dort, wo die Kriegstagebücher auf diese Weise entstanden,

---

[88] Ein anschauliches Beispiel dafür bietet das nur schwer lesbare KTB der 22. Inf.Div. v. 10.6.1941-1.1.1942; BA-MA, RH 26-22/17.

[89] Manchmal weisen auch Vorgriffe auf spätere Ereignisse auf die nachträgliche Entstehung von Kriegstagebüchern hin. Im Falle des KTB der 111. Inf.Div. etwa wurde unter dem 29.6.1941 der Artilleriekommandeur 134 namentlich erwähnt, mit der Erläuterung »gefallen bei der Einnahme von Kiew«; BA-MA, RH 26-111/6, S. 103. Vgl. auch den Eintrag im KTB der 73. Inf.Div. v. 10.8.1941 über einen erfolgreichen Handstreich; BA-MA, RH 26-73/7, Bl. 77: »Die Erfolge des XXX. und LIV.A.K. während der nächsten Tage sind ohne das Gelingen des Handstreichs nicht denkbar.«

[90] Tgb. Oblt. Hans W., O 1 per 95. Inf.Div., Eintrag v. 30.9.1941; BA-MA, MSg 1/1633, Bd. 2, S. 7. Das KTB Nr. 1 der Abt. Ia der 95. Inf.Div. umfasste den Zeitraum 25.6.-27.9.1941; BA-MA, RH 26-95/11.

2. Das Ostheer und seine Akten

durchliefen sie einen zusätzlichen inhaltlichen Selektionsprozess. Eine erste Auswahl der Informationen, die Eingang in das Kriegstagebuch finden sollten, fand bereits bei der Formulierung der Entwurfsnotizen statt. In einem zweiten Schritt, bei der späteren Verarbeitung der Entwürfe zur endgültigen Fassung des Kriegstagebuchs, selektierte man erneut und übernahm nur ein Konzentrat der Inhalte in die Endfassung. In jedem Stadium dieses Prozesses wurde der Informationsgehalt des entstehenden Kriegstagebuchs weiter reduziert. Diese Entwicklung prägte beispielsweise auch die Entstehungsgeschichte des Kriegstagebuchs der 29. Infanteriedivision. Die handschriftlichen Entwürfe für den Eintrag zu einem der ersten Kriegstage des Ostfeldzuges etwa umfassten ganze sieben Seiten; in der maschinenschriftlichen Endfassung des Kriegstagebuchs nahm die Darstellung dieses Tages dagegen noch nicht einmal ein halbes Blatt ein.[91] Die KTB-Entwürfe sind in den Akten der deutschen Kommandobehörden in der Regel nicht überliefert. Zusammen mit ihnen ging ein beträchtliches Reservoir an zusätzlichen Informationen verloren.

Ähnlich wie viele Kriegstagebücher entstanden die Tätigkeitsberichte in der Retrospektive auf der Basis des dienstlichen Schriftguts, das im zurückliegenden Berichtszeitraum angefallen war, wenn auch zumeist mit noch größerem zeitlichen Abstand zum Geschehen. Im Falle der Tätigkeitsberichte entsprach dieses Verfahren aber auch den geltenden Vorschriften und genügte den Ansprüchen, die an sie gestellt wurden: »Im Gegensatz zu den K.T.B. sollen die Tätigkeitsberichte einen zusammenfassenden Überblick im großen über Tätigkeit, Ereignisse und Maßnahmen geben.«[92] Da Formalia und Darstellungsweise der Tätigkeitsberichte in den Bestimmungen über die Aktenführung ausdrücklich freigestellt waren, findet sich innerhalb dieser Quellengattung ein breites Spektrum an Formen. Es variierten zunächst einmal die Länge der Berichtszeiträume und der Umfang der Texte: zwei Variablen, deren Verhältnis in der Narratologie als Erzähltempo bezeichnet wird und das einen entscheidenden Faktor für die Informationsdichte der Berichte bildete.[93] Auch der äußere Aufbau und die inhaltliche Gliederung der Tätigkeitsberichte divergierten. Entweder wurden die Texte chronologisch angelegt oder systematisch nach Sachbereichen, teilweise wurde auch eine Kombination aus beiden Ordnungsprinzipien gewählt. Nicht zuletzt unterschieden sich die Berichte auch in sprachlicher und stilistischer Hinsicht, waren knapp und nüchtern gehalten oder enthielten ausführlichere, atmosphärische Schilderungen und nicht selten auch ideologisch eingefärbte Kommentierungen. Wie unterschiedlich die Texte, ihre Aussagekraft und ihr Quellenwert ausfallen konnten, zeigt ein exemplarischer Vergleich zwischen den Tätigkeitsberichten zweier Ic-Abteilungen des Ostheeres aus dem ersten Kriegsjahr. Der Tätigkeitsbericht der Abteilung Ic im Generalkommando des I. Armeekorps deckte bei einem Umfang von nur sieben Seiten einen Zeitraum von dreizehn Monaten ab. Der stark gedrängte, kursorische Text bewegt sich

---

[91] Vgl. die Anlagen und hs. Entwurfsnotizen zum KTB der 29. Inf.Div. (mot.) v. 30.6.1941; BA-MA, RH 26-29/7, Anl. 453 ff. Vgl. dazu den Eintrag v. 30.6.1941 im KTB Ia der 29. Inf.Div. (mot.); BA-MA, RH 26-29/6.
[92] Vgl. OKH/Gen.St.d.H./Kriegswiss.Abt. Nr. 1500/40 v. 23.4.1940 in jedem dienstlichen KTB-Vordruck.
[93] Vgl. Martinez, Scheffel, Einführung. Gemäß der Erzählforschung konstituiert das Verhältnis von Erzählzeit und erzählter Zeit das Erzähltempo, von dem der Informationsgehalt eines Textes maßgeblich abhängt.

daher zwangsläufig nur an der Oberfläche und besitzt für die vorliegende Untersuchung kaum einen Quellenwert.[94] Der Ic-Tätigkeitsbericht der 36. Infanteriedivision wies dagegen einen deutlich höheren Umfang auf und war folglich auch wesentlich gehaltvoller. Während der Ic des I. Armeekorps in seinem Bericht auf einer Seite die Ereignisse von durchschnittlich knapp zwei Monaten zusammenfasste, widmete der Ic der 36. Infanteriedivision das gleiche Textvolumen einem Zeitraum von drei, vier Tagen.[95] Dementsprechend handelt es sich dabei um einen anschaulichen, sorgfältig ausformulierten Text mit stellenweise beinahe erzählerischen Ambitionen. Vor dem Hintergrund dieser disparaten Textgestaltung überrascht es nicht, dass sich Belege über die Befolgung des Kommissarbefehls lediglich im Tätigkeitsbericht der Ic-Abteilung der 36. Infanteriedivision finden, nicht aber im Ic-Tätigkeitsbericht des I. Armeekorps, obwohl Exekutionen an sowjetischen Kommissaren nachweislich in beiden Verbänden stattgefunden haben.

Die Quantität der Textmasse bot allerdings noch keine Gewähr für die Qualität der Berichte. Textumfang und Quellenwert waren nicht korreliert. Der Ic der 73. Infanteriedivision etwa schilderte in seinem chronologischen Tätigkeitsbericht auf insgesamt 65 Seiten ausführlich die Ereignisse der vier Monate zwischen Juli und November 1941, konzentrierte sich dabei aber fast ausschließlich auf die Darstellung der Kampfhandlungen und die Entwicklung der Feindlage.[96] Der Aufgabenbereich der militärischen Abwehr und die übrigen Nebengebiete des Ic-Dienstes wurden darin ausgeblendet. Der interessengeleitete Blickwinkel des Ic-Offiziers verengte sich auf das primäre Arbeitsgebiet des Feindnachrichtendienstes; eine thematische Fixierung, die auch zahlreiche weitere Ic-Tätigkeitsberichte kennzeichnet. Eine ähnlich einseitige Fokussierung auf das originäre Fachgebiet war ebenfalls für einen großen Teil der Ia-Kriegstagebücher charakteristisch. Viele Kriegstagebücher beschränkten sich auf die Dokumentation der Ereignisse, die den Komplex der Truppenführung betrafen. Vielfach handelt es sich dabei um eher farblose, faktographische Schilderungen der Gefechtshandlungen und Marschbewegungen. Fundstellen in Kriegstagebüchern, die über den engeren Themenkreis der Operationsführung hinausreichen und auch die übrigen Facetten des Krieges beleuchten und reflektieren, sind eher die Ausnahme. Es ist evident, dass insbesondere solche fachthematisch begrenzten Darstellungen nur einen beschränkten, perspektivischen Ausschnitt aus der Realität des Krieges widerspiegeln. Die perzeptive Selektivität, die allen historischen Quellen grundsätzlich inhärent ist, prägte naturgemäß auch die Akten des Ostheeres. Wie selektiv die Dienstakten die Wirklichkeit des Krieges mitunter wiedergaben, verdeutlicht das folgende Beispiel von der Überlieferung zu einem Infanteriegefecht des Sommers 1941, über das zwei deutsche Quellen aus unterschiedlicher Perspektive vorliegen: das Selbstzeugnis eines überlebenden Teilnehmers sowie der offizielle Gefechtsbericht seines Regiments. Am 27. August 1941 berichtete ein Leutnant des Infanterieregiments 37 in einem Feldpostbrief an seine Ehefrau in drastischen Worten von den Kämpfen des zurückliegenden Tages.[97] Im Zuge dieser

---

[94] Vgl. den TB (Ic) des I. AK v. 1.2.1941-31.3.1942; BA-MA, RH 24-1/259.
[95] Vgl. den TB (Ic) der 36. Inf.Div. (mot.) v. 25.5.1941-31.5.1942; BA-MA, RH 26-36/40. Der TB enthielt zusätzlich zu dem chronologischen Teil auch einen systematischen Teil.
[96] Vgl. den TB (Ic) der 73. Inf.Div. v. 16.7.-16.11.1941; BA-MA, RH 26-73/30.
[97] Feldpostbrief des Leutnants Heinz S. an seine Ehefrau v. 27.8.1941; BA-MA, RH 37/6732, Bl. 88 f.

überaus verlustreichen Gefechte war es auf beiden Seiten zu Gewaltexzessen und Gefangenentötungen gekommen. Nur mit Glück, schrieb der Offizier, sei er »diesem Hexenkessel und grausamen Abschlachten durch die Russen« unverwundet entkommen. Über das gleiche Gefecht arbeitete der Stab des Infanterieregiments 37 einen ausführlichen, mehr als zwanzig Maschinenseiten umfassenden Bericht aus.[98] Der Gefechtsbericht zeichnete detailreich, aber nüchtern die taktischen Abläufe der Kämpfe nach. Die gegenseitigen Gewaltausbrüche und massiven Völkerrechtsverletzungen, die sich ereignet hatten, wurden dabei mit keinem Wort erwähnt.

Die Authentizität der Akten

Wenngleich die Entstehungsbedingungen, formalen Merkmale und der Informationsgehalt der deutschen Aktenüberlieferung auch divergierten, war den weitaus meisten Quellen sämtlicher oben skizzierten Kategorien doch eines gemeinsam: ihr hohes Maß an Authentizität. Die militärischen Dienstakten waren nicht das Forum für die propagandistische Verklärung der Kriegswirklichkeit, sondern der Ort der Bestandsaufnahme. Bereits ihre Funktion bürgte für ihren authentischen Charakter. Die Akten dienten der internen Berichterstattung und waren funktionale Medien der dienstlichen Verständigung innerhalb des Militärapparates. Ihre Wahrhaftigkeit war ein militärisches Gebot, insbesondere galt dies für die Korrespondenz zwischen den Kommandobehörden. Dass »Übertreibung und Schönfärberei« für die Operationsführung geradezu »gefährlich« werden konnten und die Truppen dazu erzogen werden mussten, selbst »unerfüllte Forderungen und eigene Fehler wahrheitsgetreu zu melden«, gehörte zu den selbstverständlichen, wenn auch gewiss nicht immer beherzigten Grundsätzen des Meldewesens in der Wehrmacht, auf deren Einhaltung auch der Oberste Befehlshaber drängte.[99] Gewiss zeugen solche mahnenden Befehle zugleich davon, dass häufig genug eine gegenteilige Praxis herrschte und die Stäbe in ihrer Berichterstattung zum Teil tatsächlich die beanstandete »Schönfärberei« betrieben. Die Stäbe bemühten sich auch in ihren Akten unverkennbar um eine positive Selbstdarstellung, die mitunter dazu führte, dass manche Geschehnisse ausgelassen oder zum eigenen Vorteil ausgelegt wurden.[100] Solche kosmetischen Eingriffe betrafen allerdings häufig nur Details und änderten meist nichts am Kern der Berichte. Überdies legten nicht alle Stäbe dieselbe Eitelkeit an den Tag, sondern bewiesen häufig genug, dass sie

---

[98] Gefechtsbericht des verstärkten IR 37 v. 27.8.1941; BA-MA, RH 37/6896.
[99] Zitate aus Hitlers Grundsatzbefehl über das Meldewesen in der Wehrmacht v. 26.12.1941; BA-MA, RH 26-444/10, S. 11.
[100] Vgl. zu einem anschaulichen Beispiel die verschiedenen, im Detail mitunter voneinander abweichenden Berichte zu einem Gefecht, das am 25.7.1941 bei der 269. Inf.Div. stattfand. Vgl. den Bericht aus der Sicht des Kdr. des III./IR 490; BA-MA, RH 26-269/24, Anl. 11. Vgl. den Bericht der 3./Pz.Jg. Abt. 269; BA-MA, RH 26-269/24, Anl. 12. Vgl. auch die Studie des Kdr. des III./IR 490 a.d.J. 1950 für die Historical Division, Project 48 (Small Unit Tactics); BA-MA, ZA-1/1959, S. 93-98. Die Verfasser der beiden Gefechtsberichte nahmen zum Teil die gleichen Erfolge für sich in Anspruch. In dem Gefechtsbericht des Kdr. des III./IR 490 wird außerdem verschwiegen, dass der einzige eigene Tote bei dem Gefecht nicht durch Feindeinwirkung, sondern durch »friendly fire« fiel, was erst aus der Studie für die Historical Division hervorgeht. Im Kern weisen jedoch alle drei Berichte große Überschneidungen auf.

die Maxime einer offenen und authentischen Berichterstattung beachteten. Sachliche, dienstliche Meldungen über eigene Misserfolge sind daher in den deutschen Akten durchaus keine Seltenheit.[101] Auch das Bewusstsein, dass die Akten in der Zukunft eine wesentliche »Unterlage für die Geschichtsschreibung« bilden würden, hat viele Kommandobehörden nicht davon abgehalten, selbst kritische Ereignisse in ungeschönter Form zu dokumentieren. Die Quellen berichten mit teilweise frappierender und schonungsloser Offenheit davon und enthalten mitunter Einlassungen, die nach den Maßstäben der damaligen Informationspolitik nicht gerade dazu geeignet waren, über den engeren Kreis der dienstlich zuständigen Leser hinaus bekannt zu werden.

Neben unverblümten Lageeinschätzungen[102], anerkennenden Werturteilen über die Kampfkraft des militärischen Gegners[103] und dem Eingeständnis eigener Schwächen, Irrtümer und Fehlleistungen finden sich in den Dienstakten mancher Stäbe auch unverhüllte kritische Äußerungen über die oberste deutsche Führung. Der Ic-Offizier der 4. Armee etwa nahm in seinen Tätigkeitsbericht im Jahr 1942 den schwerwiegenden Vorwurf auf, dass seinem Eindruck nach während der Winterkrise »führende Stellen über die Wirklichkeit nicht orientiert« waren, »insbesondere nicht über die Stärke des Gegners, die Schwierigkeiten des Kampfes usw.«[104] Einen knappen Monat später verzeichnet der Tätigkeitsbericht erneut die Vorhaltung, dass das »OKH wieder in Unterschätzung des Gegners befangen ist. Er nützt sich weniger ab, als wir denken, seine Verluste ersetzt er laufend. Dadurch wird sein Übergewicht immer stärker und drückender.«[105] Im Kriegstagebuch der Heeresgruppe Mitte wurde die Dramatik der Winterkämpfe Ende 1941 realistisch wiedergegeben, ohne dass der Versuch gemacht wurde, über das eigene Scheitern hinwegzutäuschen. Der Niedergang der eigenen Kampfkraft, die vielen Rückzüge unterstellter Verbände, die offene Verstöße gegen die geltenden Befehle darstellten, und der desolate Zustand der Truppen wurden ungeschminkt dargestellt. Im Dezember 1941 wurde überdies eine recht despektierliche Äußerung des Oberbefehlshabers, Generalfeldmarschall v. Kluge, festgehalten, dem am Ende einer energischen telefonischen Diskussion mit Halder entfahren war, dass

---

[101] Vgl. exemplarisch den Eintrag im TB (Ic) des III. AK v. 12.8.1941: »Weitere Partisanengruppen werden gemeldet. Ein Zug 60. (mot) wird zur Säuberung eines Waldstückes angesetzt und erhält von einer Gruppe von 30 Mann Feuer. Dabei ein Toter von 60. (mot) Div. Säuberung bringt keinen Erfolg.«; BA-MA, RH 24-3/133, S. 10. Vgl. auch den Eintrag im KTB der Waffen-SS-Div. »Nord« über das Versagen der eigenen Truppe am 4.7.1941; BA-MA, RS 3-6/2a, Bl. 69-71.

[102] So z. B. der Eintrag im KTB der 95. Inf.Div. v. 13.8.1941: »Die Kampfmoral ist gesunken, der Mann hat das Gefühl der eigenen Überlegenheit über den Gegner verloren. Eine Kp. des J.R. 279 hat noch eine Gefechtsstärke von 1/3/39. Die Offiziere müssen schon mit den äußersten Mitteln die Mannschaften zum Bleiben in den Stellungen veranlassen. Die Nerven sind bis aufs äußerste angespannt, Nervenzusammenbrüche nehmen zu.«; BA-MA, RH 26-95/11, S. 83. Vgl. auch den Eintrag im TB (Ic) der 169. Inf.Div. v. 7.7.1941; BA-MA, RH 26-169/94, S. 38: »Der von der K[ampf]'gr[upppe]. Rübel geführte Angriff scheitert wiederum an dem starken Widerstand des Gegners, der über ein gut ausgebautes Stellungssystem mit starken und mit vielen MG-Waffen bestückten Bunkern verfügt.«

[103] So z. B. der Eintrag im KTB des AOK 9 v. 4.7.1941: »Die dritte Überraschung dieses Feldzuges: Auch die russische Truppenführung ist teilweise recht gut. So gelang es ihr z. B., durch wuchtige Stöße in die rechte Flanke der 9. Armee deren Vormarsch eine zeitlang zum Stocken zu bringen.«; BA-MA, RH 20-9/14, S. 51 f. Vgl. auch den Eintrag im TB (Ic) der 11. Pz.Div. v. 24.7.1941: »Feind kämpft tadellos. Gut ausgebildet. Tapfer. Diszipliniert.«; BA-MA, RH 27-11/85.

[104] Eintrag im TB (Ic) des AOK 4 v. 5.12.1941; BA-MA, RH 20-4/693, Bl. 5.

[105] Ebd., Eintrag v. 2.1.1942, Bl. 9.

»der Führer [...] jetzt aus seinem Wolkenkuckucksheim raus und mit beiden Beinen auf die Erde gestellt werden« müsse.[106] Bei der Auslegung der deutschen Akten muss freilich auch beachtet werden, dass sie nicht nur bewusste, sondern auch unbewusste Verzerrungen enthalten konnten, bedingt durch autosuggestive oder von außen beeinflusste Wahrnehmungsmuster.[107] Durch die Berücksichtigung der dichten Parallelüberlieferung können aber sogar solche Verfärbungen identifiziert und in Rechnung gestellt werden. Überdies besitzen derartige perzeptive Verzerrungen selbst einen erheblichen Quellenwert für die Art der Wahrnehmung und die mentalitätsgeschichtlichen und ideologischen Dispositionen der Berichterstatter.[108]

Der Vernichtungskrieg in den Akten

In der Summe kann an der hochgradigen Verlässlichkeit und Aussagefähigkeit der Dienstakten des Ostheeres kein Zweifel bestehen. Der authentische Charakter des deutschen Geschäftsschriftgutes offenbarte sich selbst bei der dienstlichen Berichterstattung über die deutsche Vernichtungspolitik an der Ostfront, wenngleich auch Tendenzen zur Unterdrückung der Nachrichten über die Durchführung der ›verbrecherischen Befehle‹ festzustellen sind. Zahlreiche Kommandobehörden berichteten in ihren Akten mit erstaunlicher Offenheit, Selbstgewissheit und bürokratischer Routine von den eigenen, völkerrechtswidrigen Gewaltmaßnahmen. Nicht wenige andere Stäbe hingegen dokumentierten diese Vorgänge entweder nur in verschlüsselter Form oder sparten sie in ihren Akten auch vollständig aus. Das Spektrum des divergierenden Informationsmaßes in den Akten beginnt auf der einen Seite mit einer großen Zahl von unverschleierten Nachweisen über die Umsetzung des Kommissarbefehls. Viele Stäbe hielten schon die Bekanntgabe der Kommissarrichtlinien in ihren Akten explizit und unverfälscht fest, wie das Beispiel der Befehlsausgabe bei der 78. Infanteriedivision veranschaulicht: »Der Divisionskommandeur informierte die Regimentskommandeure persönlich über die Behandlung der Kommissare gemäss Führerbefehl.«[109] Die Sprache der zahlreich überlieferten, unverhohlenen Meldungen über den Vollzug des Kommissarbefehls war eindeutig, lakonisch und stereotyp. In knapper Form meldeten die Stäbe, dass gefangene Kommissare »erschossen«, »erledigt«, »liquidiert« oder auch »umgelegt« worden waren. So gab die Ic-Abteilung des I. Armeekorps am 20. Juli 1941 an die Panzergruppe 4 durch: »Gestern und heute je 1 politischer Kommissar gefangen und erschossen.«[110] Derartig unzweideutige Quellentexte lassen nicht viel Raum für Interpretation und sind auch in quellenkritischer Hinsicht weitgehend unproblematisch.[111] In anderen Fällen wird die Beweisführung hingegen durch eine bewusste, euphemistische Entstellung der Berichterstattung erschwert. Nicht wenige Komman-

---

[106] Eintrag im KTB der H.Gr. Mitte v. 26.12.1941; BA-MA, RH 19-II/122, Bl. 214.
[107] Vgl. beispielhaft die Darstellung bei BÖHLER, Auftakt, der überzeugend beschreibt, wie die Chimäre eines flächendeckenden Freischärlerkrieges im Polenfeldzug 1939 in den Augen der Soldaten und der Berichterstattung der Stäbe autosuggestiv zur Gewissheit wurde.
[108] Dies zeigt sich u. a. im Kap. IV.3. dieser Arbeit.
[109] Eintrag im TB (Ic) der 78. Inf.Div. v. 1.6.-22.6.1941; BA-MA, RH 26-78/64.
[110] Ic-Tagesmeldung des I. AK an die Pz.Gr. 4 v. 20.7.1941; BA-MA, RH 24-1/260, Bl. 60.
[111] Eine Definition dessen, was als Vollzugsmeldung aufgefasst wird, folgt im Kap. V.1. dieser Arbeit.

dobehörden vermieden es, in diesem Zusammenhang eine allzu offene Sprache zu sprechen, und machten von den vielfältigen Möglichkeiten Gebrauch, die Mitteilungen über die Realisierung der Vernichtungspolitik gegen die Kommissare in ihren Akten zu kodieren. Schon die Weitergabe des Kommissarbefehls wurde dabei unter Verwendung camouflierender Sprachregelungen häufig nur andeutungsweise dokumentiert.

Eine Möglichkeit, den Vorgang der Befehlsübermittlung in den eigenen Akten zu bemänteln, bestand zunächst einmal darin, Umschreibungen dafür zu wählen, die abstrakt genug waren, um unverdächtig zu wirken. Ein anschauliches Beispiel dafür bietet die Quellenüberlieferung zur Bekanntgabe der Kommissarrichtlinien und des Kriegsgerichtsbarkeitserlasses bei der 10. Infanteriedivision. Dort erfolgte die Weitergabe der ›verbrecherischen Befehle‹ im Verlauf einer Kommandeurbesprechung am 17. Juni 1941. Ein ausführliches Besprechungsprotokoll in den Akten des Divisionskommandos belegt zwar eindeutig, dass der Divisionskommandeur die unterstellten Truppenführer bei dieser Gelegenheit persönlich »über den Führer-Erlaß betr. Behandlung der Zivilbevölkerung und der Polit.Kommissare« unterrichtete.[112] Das Kriegstagebuch des Infanterieregiments 41 aber, das zu den Verbänden der Division gehörte und dessen Kommandeur an der Einsatzbesprechung im Divisionsgefechtsstand teilgenommen hatte, umschrieb die Instruktionen des Divisionskommandeurs nur vage als »Richtlinien für den bevorstehenden Einsatz, für das Verhalten gegenüber der russischen Armee [und] der Bevölkerung«.[113] Das Kriegstagebuch enthält auch sonst nur wenige, kaum bedeutsame Quellen zur Umsetzung des Kommissarbefehls. Noch kryptischere Formulierungen wählte die Führungsabteilung der 6. Panzerdivision, um die Befehlsweitergabe in den Akten zu verschleiern. Die nebulösen Hinweise im Kriegstagebuch der Division erweisen sich erst durch die Kombination mit der Parallelüberlieferung als verschlüsselte Nachweise über die Bekanntgabe der ›verbrecherischen Befehle‹. Das Kriegstagebuch der Ia-Abteilung verzeichnete nämlich unter dem 14. Juni 1941 als einen der Tagesordnungspunkte der Kommandeurbesprechung, die an diesem Tag bei der Division stattgefunden hatte, die »Verteilung von Einweisungen (nur mündlich) für Sondermaßnahmen im Falle des Einsatzes«.[114] Aus dem Tätigkeitsbericht der Feindnachrichtenabteilung der Division geht indes eindeutig hervor, dass auf der Tagesordnung dieser Einsatzbesprechung auch ein Vortrag des Ic-Offiziers über die »Führermassnahmen« stand[115], die zwei Tage zuvor Gegenstand einer Ic-Besprechung bei der Panzergruppe 4 gewesen waren: der Kriegsgerichtsbarkeitserlass und der Kommissarbefehl.[116]

Zur Kodierung der dienstlichen Vollzugsmeldungen über Exekutionen an sowjetischen Politoffizieren konnten die Stäbe auf ein ganzes Repertoire von Sprachregelungen zurückgreifen. Die Bandbreite reichte von verhüllenden, sprachlichen Verkürzungen bis hin zur Verwendung veritablen Tarnvokabulars. Wenn es die Stäbe vermeiden wollten, explizite Erschießungsmeldungen abzugeben, ließen sie vielfach die üblichen, verräterischen Prädikate in den Meldetexten einfach wegfallen und be-

---

[112] Besprechungsprotokoll zur »Einweisung der Kdre. durch Div.Kdr., 17.6. 17.00-19.00 Uhr« bei der 10. Inf.Div. (mot.) v. 17.6.1941; BA-MA, RH 26-10/10, Anl. 8.
[113] Eintrag im KTB des IR 41 (mot.) v. 17.6.1941, 17.00 Uhr; BA-MA, RH 37/6906, S. 10.
[114] Eintrag im KTB der 6. Pz.Div. v. 14.6.1941; BA-MA, RH 27-6/17, S. 26.
[115] Eintrag im TB (Ic) der 6. Pz.Div. v. 10.6.-16.6.1941; BA-MA, RH 27-6/112, S. 10.
[116] Vgl. hierzu den Eintrag im TB (Ic) der 36. Inf.Div. (mot.) v. 12.6.1941; BA-MA, RH 26-36/40, S. 3.

schränkten sich darauf, lediglich Zahlenangaben zu machen. Die Ic-Abteilung des VII. Armeekorps meldete beispielsweise in ihrer Morgenmeldung vom 3. Juli 1941 unter einer separaten Meldeziffer schlicht: »1 polit[ischer]. Kommissar«.[117] Dass es sich bei dieser knappen Mitteilung tatsächlich um eine Erschießungsmeldung handelte, geht aus den Akten der unterstellten 23. Infanteriedivision eindeutig hervor.[118] Das Divisionskommando hatte die Exekution am Nachmittag des 2. Juli 1941 vollstrecken lassen und am darauf folgenden Morgen an das VII. Armeekorps gemeldet, und zwar in der gleichen Diktion, in der auch die spätere Meldung des Generalkommandos abgefasst wurde: »f) 1 polit. Kommissar.«[119] Dass das VII. Armeekorps offenbar Wert darauf legte, die Formulierung der eingegangenen Erschießungsmeldungen vor der Weiterleitung ein Stück weit zu entschärfen, zeigt ein weiterer Meldevorgang aus dem gleichen Zeitraum mit besonderer Deutlichkeit. Die 221. Sicherungsdivision hatte dem Korps am 30. Juni 1941 die folgende Meldung erstattet: »Erschossen wurden bis zum 29. 6. 41 insgesamt rund 320 Freischärler und 5 Kommissare«.[120] Die Ic-Abteilung des Generalkommandos nahm diese Nachricht am darauf folgenden Tag unter der üblichen Meldeziffer in ihre Abendmeldung an das Armeeoberkommando auf, hatte sie allerdings vorher umformuliert und die entscheidende Verbform aus dem Text der Meldung gestrichen: »Bis zum 29. 6. sind nachzumelden: 5 Kommissare, 323 Freischärler.«[121] Nur wenige Tage darauf setzte das VII. Armeekorps erneut eine ähnlich verkürzte Meldung ab, dieses Mal jedoch unter ausdrücklicher Bezugnahme auf die Aktensignatur des Kommissarbefehls: »Zu OKH. Nr. 90/41 g. Kdos. wird gemeldet: 2 polit[ische]. Komm[issare].«[122]

Die Vollzugsmeldungen in dieser Form zu entfremden, war ein ganz üblicher Verfahren, das auch in vielen anderen Stäben praktiziert wurde. Die 73. Infanteriedivision etwa erstattete dem LIV. Armeekorps Anfang Oktober 1941 die folgende Terminmeldung: »Kommissare: 15. – 30.9.: 4 erschossen.« Das Generalkommando leitete diese Meldung noch am selben Tag beinahe gleich lautend an das Armeeoberkommando 11 weiter; einzig das entscheidende Prädikat fehlte nun darin: »Kommissare vom 15. – 30.9.: 4«.[123] Was diese Meldungen mit ihren eindeutigen Bezügen zu besagen hatten, musste für die Empfänger im vorgesetzten Armeeoberkommando vollkommen unzweifelhaft sein. Wenn die Absender die impliziten Vollzugsmeldungen an den hierfür vorgegebenen Meldeterminen erstatteten und sie die Zahlenangaben unter einer zuvor vereinbarten, gesonderten Meldeziffer auflisteten, konnten die Adressaten mühelos den Bezug der Mitteilungen herstellen. Über die Bedeutung der verkürzten Exekutionsmeldungen konnten somit keinerlei Missverständnisse aufkommen. Der gemeinsame Wissensstand über die Abläufe der Vernichtungspolitik und die Verständigung

---

117 Ic-Morgenmeldung des VII. AK an das AOK 2 v. 3.7.1941; BA-MA, RH 24-7/138, Bl. 322.
118 Eintrag im TB (Ic) der 23. Inf.Div. v. 2.7.1941; BA-MA, RH 26-23/46: »Unter den Gefangenen wurde bei der Vernehmung ein politischer Kommissar im Range eines Feldwebels festgestellt, der befehlsgemäß erschossen wurde.«
119 Ic-Morgenmeldung der 23. Inf.Div. an das VII. AK v. 3.7.1941; BA-MA, RH 26-23/47, Bl. 83.
120 Ic-Tagesmeldung der 221. Sich.Div. an das VII. AK v. 30.6.1941; BA-MA, RH 24-7/139, Bl. 320.
121 Ic-Abendmeldung des VII. AK an das AOK 4 v. 1.7.1941; BA-MA, RH 24-7/138, Bl. 326.
122 Ic-Abendmeldung des VII. AK an das AOK 2 v. 8.7.1941; BA-MA, RH 24-7/138, Bl. 307.
123 Vgl. die Ic-Abendmeldung der 73. Inf.Div. an das LIV. AK und die darauf folgende Ic-Abendmeldung des LIV. AK an das AOK 11, beide v. 1.10.1941; BA-MA, RH 24-54/182.

über die Sprachregelungen gewährleisteten, dass der Sinn dieser Meldungen von den Adressaten richtig erfasst wurde und die Absender dies auch voraussetzen konnten.

Auch die meisten Meldungen, die besagten, dass sowjetische Kommissare »auf der Flucht« erschossen worden waren, sind wohl als verschlüsselte Botschaften über Exekutionen zu verstehen. Wenn diese Nachrichten in manchen Fällen auch durchaus glaubhaft wirken und es sicherlich vorgekommen ist, dass gefangene Kommissare im Angesicht ihres drohenden Schicksals Fluchtversuche unternahmen und dabei durch den Beschuss ihrer Bewacher getötet wurden[124], weisen nicht wenige Quellen doch darauf hin, dass es sich bei einem beträchtlichen Teil dieser Meldungen tatsächlich nur um verklärende Umschreibungen von regelrechten Exekutionen handelte. Schon für die Zeitgenossen war die Bedeutung dieser Rhetorik ein offenes Geheimnis. So untersagte der Oberbefehlshaber der 2. Panzerarmee im Frühjahr 1942 in einem Grundsatzbefehl »ungerechtfertigte Erschiessungen von Gefangenen« und verbot ausdrücklich auch die »heimliche[n]«, die »unter dem Vorwand ›auf der Flucht erschossen‹« vollzogen wurden.[125] Dass manche Kommandobehörden die Exekutionen, die ihnen von unterstellten Stäben gemeldet wurden, in ihren eigenen Meldungen nachträglich zu Zwangsmaßnahmen stilisierten, die durch angebliche Fluchtversuche provoziert worden waren, ist mitunter sogar eindeutig nachzuweisen. Die Ic-Abteilung der 268. Infanteriedivision etwa meldete im August 1941 dem vorgesetzten XX. Armeekorps unumwunden, dass die »folgende[n] Erschiessungen [...] vorgenommen« worden waren: »Ein Polit-Kommissar[,] ein Zivilist wegen aufrührerischer Reden[,] ein Zivilist wegen Spionageverdacht«.[126] Bevor der Ic des XX. Armeekorps diese Vollzugsmeldung zum darauf folgenden Meldetermin an die Panzergruppe 2 weitergab, hatte er ihren Wortlaut bedeutend verändert: »1 Kommissar auf der Flucht erschossen bei 268. I.D.«[127] Es ist evident, dass die gescheiterte Flucht des Erschießungsopfers frei erfunden war und der Ic damit nur auf eine geläufige Rechtfertigungsfloskel zurückgriff, um die Exekution euphemistisch zu bemänteln.

Manche Kommandobehörden verwendeten bei der Kommunizierung der Vollzugsmeldungen auch eine regelrechte Tarnsprache. Relativ deutlich waren noch Meldungen, die besagten, dass mit gefangenen Kommissaren »gemäß Führererlaß«[128], »gemäß Sonderanweisung«[129], »entsprechend den einschlägigen Verfügungen«[130] oder »nach

---

[124] Es ist z. B. ein Fall überliefert, in dem der Fluchtversuch eines gefangenen Kommissars unmittelbar vor der Exekution auch gelang. Die 268. Inf.Div. meldete dem XVII. AK in ihrer Ic-Abendmeldung v. 23.9.1941, dass zwei Kommissare exekutiert worden waren und »ein dritter bei der Behandlung unter Niederschlagung eines deutsch. Offz. entwichen« war. Eintrag im TB (Ic) der 268. Inf.Div. v. 23.9.1941; BA-MA, RH 26-268/43.

[125] Armeebefehl Pz.AOK 2/Abt. Ic/AO Nr. 83/42 v. 3.3.1942; BA-MA, RH 21-2/867a, Bl. 302.

[126] Ic-Morgenmeldung der 268. Inf.Div. an das XX. AK v. 10.8.1941; BA-MA, RH 26-268/79.

[127] Ic-Meldung des XX. AK an die Pz.Gr. 2 v. 15.8.1941; BA-MA, RH 21-2/652, Bl. 200. Der 15.8.1941 war bei der Pz.Gr. 2 der Meldetermin für die Kommissarerschießungen, die im Zeitraum 9.8.-15.8.41 stattgefunden hatten, vgl. die entsprechende Übersicht in den Akten der Pz.Gr. 2; BA-MA, RH 21-2/637a, Bl. 172.

[128] Vgl. z. B. den TB (Ic) der 269. Inf.Div. v. 29.3.1941-9.5.1942, Teil II; BA-MA, RH 26-269/41, S. 10.

[129] Vgl. den Bericht des Kgf.Bez.Kdt. J über die Besichtigungsfahrten in die Gefangenenlager seines Verantwortungsbereichs v. 13.8.1941; BA-MA, RH 22/251, Bl. 99.

[130] Vgl. den Eintrag im TB (Ic) der 57. Inf.Div. v. 1.9.-31.10.1941; BA-MA, RH 26-57/57, S. 6.

2. Das Ostheer und seine Akten   45

den gegebenen Richtlinien verfahren«[131] worden war, oder dass man sie »als Freischärler«[132], »befehlsgemäß«[133], oder »vorschriftsmäßig behandelt«[134] hatte. In einer weiteren Verkürzung dieser Formeln wurde häufig auch nur gemeldet, dass gefangene Kommissare »behandelt« worden waren.[135] Einige Stäbe griffen bei der Formulierung der Vollzugsmeldungen auf noch vieldeutigeres, zum Teil geradezu zynisches Vokabular zurück. Besonders höhnisch war die Sprachregelung, auf die man in der Ic-Abteilung des XXXXVIII. Panzerkorps verfallen war. Der Ic-Offizier des Generalkommandos, Hauptmann i.G. Mittermaier, ließ Mitte Juli 1941 der Panzergruppe 1 einen Feindlagebericht zukommen, in dem unter anderem zu lesen war: »Bezüglich der durch die Truppe ›besonders gut zu behandelnden Personen‹ werden bisher etwa 20 Fälle gemeldet.«[136] Was hiermit gemeint war, geht aus der Aktenüberlieferung des Generalkommandos eindeutig hervor: Es handelte sich um eine Sammelmeldung über die Anzahl der sowjetischen Politoffiziere, die in den ersten zwei Wochen des Krieges nach ihrer Gefangennahme im Befehlsbereich des Korps exekutiert worden waren.[137] Auch im weiteren Verlauf des Feldzugs blieb das Generalkommando bei dieser hämischen Ausdrucksweise, aus der nicht gerade moralische Bedenken sprachen. Noch im Januar des Jahres 1942 meldete das Korps an zwei verschiedenen Terminen, dass jeweils »ein Kommissar ›gut behandelt‹« worden war.[138]

Von der euphemistischen Verklärung oder sprachlichen Verschlüsselung der Berichterstattung über die Vernichtungspolitik war es kein weiter Weg mehr zur vollständigen Unterdrückung solcher Nachrichten in den Akten. Manche Kommandobehörden scheinen das Thema in ihrer Aktendokumentation bewusst ausgespart zu haben. Schon die Weitergabe der ›verbrecherischen Befehle‹ wurde in den Akten vieler Stäbe nicht dokumentiert oder zumindest nicht ausdrücklich erwähnt. Die Konstellation ist durchaus nicht selten, dass in den Aktenbeständen einer Kommandobe-

---

[131] Vgl. die Ic-Meldung des VI. AK an das AOK 9 v. 30.6.1941; BA-MA, RH 20-9/251.
[132] Vgl. z. B. die Ic-Morgenmeldung des LV. AK an das AOK 17 v. 15.9.1941; BA-MA, RH 20-17/278.
[133] Vgl. z. B. die Ic-Tagesmeldung der 161. Inf.Div. an das VI. AK v. 11.10.1941; BA-MA, RH 24-6/242, Bl. 36.
[134] Vgl. z. B. die Ic-Abendmeldung des XXXXVIII. AK an das AOK 2 v. 26.2.1942; BA-MA, RH 24-48/207, Anl. 66.
[135] Vgl. z. B. die Ic-Morgenmeldung der 79. Inf.Div. an das XVII. AK v. 16.1.1942: »3 Kommissare behandelt.«; BA-MA, RH 24-17/182, Bl. 27.
[136] Bericht des XXXXVIII. AK/Abt. Ic, »Besondere Einzelheiten aus Gefangenenvernehmungen und festgestellte Verbände«, v. 16.7.1941; BA-MA, RH 21-1/471, Bl. 58.
[137] Die Ic-Abteilung der Pz.Gr. 1 hatte das Generalkommando am 7.7.1941 schriftlich zu der »Meldung über bisherigen Verlauf der Aktion gemäss Ob.d.H., Az. General z.b.V. bei Ob.d.H. Nr. 91/41 g. Kdos. vom 8.6.41 mit Zahlenangaben für Zeitraum bis 5.7.« aufgefordert; BA-MA, RH 24-48/198, Anl. 37. Die hs. Vermerke »erledigt 16.7.41« und »20 gemeldet«, die auf dem eingegangenen Schriftstück notiert wurden, belegen, dass es sich bei der oben zitierten Passage aus dem Bericht v. 16.7.1941 um die geforderte Sammelmeldung des Korps handelte.
[138] Ic-Morgenmeldung des XXXXVIII. AK v. 28.1.1942; BA-MA, RH 24-48/206, Anl. 104. Vgl. auch die Ic-Morgenmeldung des XXXXVIII. AK v. 11.1.1942; BA-MA, RH 24-48/205, Anl. 131. Auch bei diesen Meldungen ist erwiesen, dass es sich um Erschießungsmeldungen handelte. Am Morgen des 11.1.1942 hatte die Ic-Abteilung der 9. Pz.Div. dem Korps gemeldet, dass »2 Kommissare erledigt« worden waren und davon »1 im Kampf gefallen« war; vgl. ebd. Das Generalkommando verarbeitete diese Informationen in seiner Morgenmeldung vom gleichen Tag wie folgt: »1 Kommissar gut beh[andelt]., 1 im Kampf gefallen«; vgl. ebd.

hörde trotz günstiger Überlieferungssituation keine Hinweise auf die Bekanntgabe des Kommissarbefehls zu finden sind, obwohl in der Parallelüberlieferung sicher belegt ist, dass sie stattgefunden hat. In den weitgehend vollständigen Akten des Kommandos der 10. Panzerdivision etwa sind diese Vorgänge nicht nachzuweisen, weder im Kriegstagebuch der Führungsabteilung noch im Tätigkeitsbericht der Abteilung Ic, auch nicht in den dazugehörigen Anlagenbänden.[139] Einzig die Aufzeichnungen eines der Schützenbataillone der Division verraten, dass die Befehlsausgabe tatsächlich stattgefunden hat. Aus dem Kriegstagebuch des II. Bataillons des Schützenregiments 69 geht hervor, dass die Weitergabe der ›verbrecherischen Befehle‹ im Rahmen einer Kommandeurbesprechung erfolgt ist, die der Divisionskommandeur am Nachmittag des 19. Juni 1941 abgehalten hat. Am darauf folgenden Tag, nach seiner Rückkehr vom Divisionsgefechtsstand, unterrichtete nämlich der Bataillonskommandeur des II./69 seine Kompaniechefs über die Inhalte der Besprechung und eröffnete ihnen in diesem Zusammenhang »die Befehle über die Behandlung von russ. Freischärlern, polit. Kommissaren u. Saboteuren«.[140] Die Einsatzbesprechung beim Divisionskommando vom Vortag, in deren Verlauf der Bataillonskommandeur diese Instruktionen erhalten haben muss, ist zwar auch im Kriegstagebuch der Division belegt.[141] Dort finden sich sogar ausführliche Angaben über den Ablauf und die Themen der Kommandeurbesprechung, aus denen hervorgeht, dass über den Operationsplan, die taktischen Aufgaben der Division und Weisungen zur Fliegerabwehr, Marschdisziplin und Verkehrsregelung gesprochen wurde. Dass daneben auch die Bekanntgabe der ›verbrecherischen Befehle‹ auf der Tagesordnung stand, wurde allerdings mit keinem Wort erwähnt. Die Vermutung liegt nahe, dass dieser wichtige, aber brisante Besprechungspunkt bei der Abfassung des Kriegstagebuchs bewusst übergangen wurde.

Manche Stäbe haben es außerdem konsequent vermieden, in ihren Akten zu dokumentieren, dass sie den Kommissarbefehl auch in der Praxis umgesetzt haben. Obwohl dies beispielsweise bei der 25. Infanteriedivision nachweislich der Fall war, sind in der vollständigen Aktenüberlieferung sowohl der Führungsabteilung als auch ihrer Ic-Abteilung keinerlei Anhaltspunkte dafür enthalten. Die Tatsache, dass im Befehlsbereich der Division Exekutionen von gefangenen sowjetischen Kommissaren stattgefunden haben, ist eher zufällig in die Überlieferung eingegangen, und zwar in die Akten des vorgesetzten III. Panzerkorps. Als der Ic-Offizier dieses Generalkommandos nämlich gegen Ende Juli 1941 eine Sammelmeldung an die Panzergruppe 1 über die bis dahin erfolgten Kommissarerschießungen zusammenstellte, notierte er auf dem Meldebogen die zuvor eingegangenen Exekutionsmeldungen der unterstellten Divisionen, unter anderem also auch die Zahlen der 25. Infanteriedivision. Dem Kommando der Panzergruppe meldete er anschließend aber nur die Gesamtsumme der Exeku-

---

[139] Vgl. das KTB der 10. Pz.Div. v. 22.5.-7.10.1941; BA-MA, RH 27-10/26. Vgl. auch die Anlagen zum KTB v. 28.5.-30.6.1941; BA-MA, RH 27-10/27. Vgl. den TB (Ic) der 10. Pz.Div. v. 20.6.-21.11.1941 mit Anlagen; BA-MA, RH 27-10/49. In diesen Akten ist allenfalls ein einzelner, bezeichnenderweise äußerst vager Hinweis auf die Befehlsweitergabe zu finden. In den Anlagen zum TB (Ic) ist ein undatiertes Protokoll über eine Besprechung überliefert, die kurz vor Beginn des Feldzuges in Deblin stattgefunden hat. Der letzte Besprechungspunkt lautete schlicht: »Sonderbefehl«; vgl. ebd.
[140] Einträge im KTB des II./SR 69 v. 19.6.1941 und 20.6.1941; BA-MA, RH 37/7264, S. 4.
[141] Vgl. den Eintrag im KTB der 10. Pz.Div. v. 19.6.1941, 15.00 Uhr; BA-MA, RH 27-10/26.

tionen. Die Meldungen der Divisionen hatte er lediglich zu dem Zweck aufgelistet, die Erschießungsziffern addieren zu können.[142] Auf diese Weise entstand der einzige überlieferte Nachweis darüber, dass die Truppen der 25. Infanteriedivision den Kommissarbefehl befolgt haben und bis zu diesem Zeitpunkt bereits über zwanzig gefangene Kommissare hingerichtet hatten.[143]

Wenn man auch die Nachrichten über die Erschießungen aus den eigenen Unterlagen heraushalten konnte, war man eben nicht in der Lage, die Aktenführung der vorgesetzten Stäbe zu beeinflussen, denen man die Vollzugsmeldungen erstattete. Man hatte es daher letztlich nicht in der eigenen Hand, zu verhindern, dass die Meldungen möglicherweise doch noch Eingang in die Überlieferung finden würden. Dass alles Bemühen um das Verwischen der Spuren vergeblich war, wenn die Adressaten der Vollzugsmeldungen keinen Wert darauf legten und die Erschießungen stattdessen in ihren Akten offen dokumentierten, zeigt das Beispiel der 12. Panzerdivision. Auch in den Akten dieser Division sind keinerlei Hinweise auf die Umsetzung des Kommissarbefehls zu finden, trotz günstiger Überlieferungslage.[144] Die Kommissarerschießungen, die Einheiten der Division während des Feldzuges vollstreckt haben, sind ausschließlich in den Unterlagen vorgesetzter Stäbe belegt. Dass dies kein Zufall war, veranschaulicht die Überlieferung zu zwei Meldevorgängen aus dem September 1941. Am späten Abend des 20. September 1941 gab der O 3 der 12. Panzerdivision die Ic-Morgenmeldung für den kommenden Tag an das XXXIX. Panzerkorps durch. Der Unteroffizier, der die Meldung im Generalkommando entgegennahm, notierte unter der letzten Ziffer die folgenden Mitteilungen: »Bei Unternehmungsversuchen gegen frisch gemeldete Partisanen in Kirsino wurde bisher nur 1 versprengter Soldat gefangen. Die Unternehmungen werden am 21. 9. früh fortgesetzt. Ebenfalls am 21. 9. früh wird ein Spähtrupp gegen die in Woikolowo gemeldeten Partisanen entsandt. 1 erledigter Kommissar.«[145] Diese Meldung ist nicht nur in den Unterlagen des XXXIX. Panzerkorps überliefert, sondern liegt auch in den Akten der 12. Panzerdivision vor, hier jedoch mit einem signifikanten Unterschied. Die Meldung, die das Stabspersonal der 12. Panzerdivision zu ihren Ic-Akten nahm, endet mit den folgenden Sätzen: »Bei einer Unternehmung gegen gemeldete Partisanen in Kirsino wurde bisher ein versprengter Soldat eingebracht. Die Unternehmung[en] werden am 21. 9. früh fortgesetzt. Ebenfalls am 21. 9. früh wird ein Stosstrupp gegen die in Woitolowo gemeldeten Partisanen entsandt.«[146]

---

[142] Dass der Ic des III. AK ausschließlich die Gesamtsumme meldete, zeigt der Text der Meldung, die im Kommando der Pz.Gr. 1 eingegangen ist, vgl. das Fernschreiben des Korps v. 24.7.1941 in den Akten der Pz.Gr. 1; BA-MA, RH 21-1/149, Bl. 47.
[143] Vgl. die Meldung des III. AK/Abt. Ic an die Pz.Gr. 1 v. 24.7.1941, 22.40 Uhr; BA-MA, RH 24-3/134, Anl. 76. Das Korps meldete hierin die Erschießung von insgesamt 82 Kommissaren, davon entfielen 23 auf die 25. Inf.Div. (mot.). Von dieser Division sind ansonsten keine weiteren Vollzugsmeldungen überliefert. Vgl. allerdings die Erinnerungen eines Veteranen der Division, die KÜHNE, Kameradschaft, S. 237, aus einem Interview zitiert. Mitteilung von Thomas Kühne an den Vf. v. 25.4.2007 über die Divisionszugehörigkeit des Zeugen.
[144] Aus dem ersten Kriegsjahr liegen sowohl die KTB der Abt. Ia als auch die TB der Abt. Ic vor, jeweils mit Anlagenbänden; BA-MA, RH 27-12/2, 4, 49-55.
[145] Ic-Morgenmeldung der 12. Pz.Div. an das XXXIX. AK für den 21.9.1941, aufgenommen am 20.9.1941, 22.15 Uhr; BA-MA, RH 24-39/187, Bl. 99.
[146] Ic-Morgenmeldung der 12. Pz.Div. an das XXXIX. AK für den 21.9.1941, fernmündlich aufgegeben am 20.9.1941, 22.00 Uhr, BA-MA, RH 27-12/51.

Wie es zu den Differenzen zwischen diesen beiden Versionen derselben Ic-Meldung gekommen war, ist evident. Die Nachricht, dass »1 erledigter Kommissar« zu verzeichnen war, hatte der Ordonnanzoffizier der Division zwar an das Generalkommando durchgegeben, aber nicht in den Text der Meldung aufgenommen, die für die eigenen Akten bestimmt war. Dass dies kein Versehen war, unterstreicht ein äquivalenter Vorgang aus dem gleichen Zeitraum. Als die Ic-Abteilung der 12. Panzerdivision dem XXXIX. Panzerkorps zum 14. September 1941 die wöchentliche »Sonntagmorgenmeldung«[147] über die Zahl der in der vergangenen Woche exekutierten Partisanen und Kommissare erstattete, fiel die Meldung den Unterlagen der Division zufolge leer aus: »Partisanen Fehlanzeige.«[148] Wie der Wortlaut der Meldung zeigt, die man in der Ic-Abteilung des XXXIX. Panzerkorps aufgenommen hatte, war dies aber nur die halbe Wahrheit. Tatsächlich hatte die Division eine andere Meldung aufgegeben: »Sonntagsmorgenmeldung: Partisanen Fehlanzeige, 2 erledigte Kommissare.«[149] Auch in diesem Fall haben es die Verantwortlichen im Kommando der 12. Panzerdivision offensichtlich absichtsvoll vermieden, in ihren Akten zu dokumentieren, dass sie dem vorgesetzten Generalkommando Exekutionen von sowjetischen Kommissaren gemeldet hatten.

Wenn die Vollzugsmeldungen in den Akten nicht, wie in den geschilderten Fällen, verschwiegen, sondern festgehalten wurden, bestand immer noch die Möglichkeit, sie nachträglich aus der Überlieferung wieder zu entfernen. Aus ähnlichen Gründen, die das OKH Ende Juli 1941 dazu bewog, die im Ostheer noch vorhandenen Ausfertigungen der ›verbrecherischen Befehle‹ vernichten zu lassen[150], dürfte ein beträchtlicher Teil der Vollzugsmeldungen den laufenden Aktenaussonderungen zum Opfer gefallen sein. Die kontinuierlichen, routinemäßigen Aktenaussonderungen dienten in erster Linie der Entlastung des Geschäftszimmergepäcks. Außerdem beugte man auf diese Weise der Gefahr vor, dass ohnehin überflüssiges Aktenmaterial verloren ging und dem Gegner in die Hände fiel.[151] Die Stäbe waren daher angehalten, ihre Akten regelmäßig zu überprüfen und alle entbehrlichen Schriftstücke auszusortieren. In diesem zusätzlichen Selektionsprozess bot sich erneut die Gelegenheit, neben den Unterlagen, die nicht mehr benötigt wurden, auch die Nachweise über den Vollzug des Kommissarbefehls aus der Überlieferung zu tilgen. Dass Tendenzen dazu vorhanden waren, ist mitunter sogar nachweisbar, wie ein Vorgang in den Akten der 17. Infanteriedivision veranschaulicht. In einem Vernehmungsbericht der Ic-Abteilung der Division aus dem Februar 1942 konnte man die Aussagen eines gefangenen Politruks lesen, mit dem Vermerk, dass der Gefangene nach seinem Verhör »erledigt« worden war. Diese In-

---

[147] »Mit der Sonntagmorgenmeldung ist die Zahl der erschossenen Kommissare[,] der Partisanen und der vollzogenen kollektiven Gewaltmassnahmen für die vergangene Woche anzugeben.« Fernschreiben des XXXIX. AK, betr. Ic-Meldungen, an die 8. Inf.Div. v. 15.9.1941; BA-MA, RH 24-39/187, Bl. 47.
[148] Ic-Morgenmeldung der 12. Pz.Div. an das XXXIX. AK v. 14.9.1941, unter Ziffer 8, »Sonntagmorgenmeldung«; BA-MA, RH 27-12/51.
[149] Ic-Morgenmeldung der 12. Pz.Div. an das XXXIX. AK v. 14.9.1941; BA-MA, RH 24-39/185, Bl. 35.
[150] Vgl. den Befehl OKH/Gen. z.b.V. b. Ob.d.H. (Gr.R.Wes) Nr. 361/41 g.Kdos. v. 31.7.1941; BA-MA, WF-03/9121.
[151] Vgl. den Befehl über Aktenaussonderungen OKH/Gen.St.d.H/H.Wes.Abt. (Abw.), Nr. 46/8.41 geh. v. 5.8.1941; BA-MA, RH 26-24/77. Vgl. auch den Befehl des XXX. AK/Abt. Ic, v. 16.3.1942; BA-MA, RH 24-30/119.

formation war nicht zur Überlieferung bestimmt, denn am Ende des Protokolls wurde der Leser ausdrücklich dazu aufgefordert, den Bericht »nach Durchsicht [zu] vernichten!«[152] Nur weil dieser Vorsichtsmaßnahme offensichtlich zuwidergehandelt wurde, ist das Protokoll in die Aktenüberlieferung eingegangen. Die Tatsache, dass es sich bei dieser Quelle um den einzigen Beleg für die Befolgung des Kommissarbefehls bei der 17. Infanteriedivision handelt, legt die Vermutung nahe, dass seine glückliche Überlieferungsgeschichte eher die Ausnahme als die Regel war. Es ist anzunehmen, dass das spürbare Bemühen mancher Stäbe, die entstandenen Nachweise über Kommissarerschießungen aus ihren Akten verschwinden zu lassen, in vielen Fällen größeren Erfolg hatte.

Dass die Meldungen über den Vollzug des Kommissarbefehls, die Truppen und Stäbe an die vorgesetzten Kommandobehörden erstatteten, wenn sie Exekutionen an gefangenen sowjetischen Kommissaren vorgenommen hatten, nur unvollständig überliefert sind, steht außer Frage. Im Idealfall sind diese Vollzugsmeldungen mehrfach belegt und sowohl in der Aktenüberlieferung des Stabes vorhanden, der sie abgab, als auch in den Akten der Kommandobehörde, in der sie eingingen.[153] Häufig sind diese Meldungen aber entweder nur beim Adressaten[154] oder ausschließlich in den Akten des Absenders[155] belegt. Nicht selten fehlt der betreffende Meldevorgang in den Akten beider beteiligten Stäbe. Die Erschießungsmeldungen gingen dann vielfach in die summarischen Sammelmeldungen derjenigen Kommandobehörde ein, die sie empfangen hatte, ohne dass die Dienststelle, von der sie ursprünglich stammten, noch zu identifizieren wäre.[156] Zum Teil haben die Exekutionen aber auch gar keine Spuren in der dienstlichen Aktenüberlieferung hinterlassen und sind, wenn überhaupt, nur in privaten Selbstzeugnissen von Augenzeugen nachweisbar.[157] Der Umstand, dass an der Kommunizierung dieser Vorgänge grundsätzlich mehrere Dienststellen, Adressaten und Absender, beteiligt waren, die Akten führten, erhöhte zwar die Wahrschein-

---

[152] Vgl. den Vernehmungsbericht der 17. Inf.Div. v. 28.2.1942; BA-MA, RH 26-17/70. In den übrigen Vernehmungsberichten der Division, in denen keine Erschießungen vermerkt sind, fehlt auch die Aufforderung zur Vernichtung der Berichte.

[153] Der Ic der 267. Inf.Div. z. B. meldete dem LIII. AK am 14.7.1941, dass »3 Kommissare erledigt« worden waren; BA-MA, RH 26-267/26, Anl. 29. Der Anruf ist nicht nur in den Akten der Division, sondern auch im Fernsprechbuch der Ic-Abteilung des LIII. AK belegt; BA-MA, RH 24-53/144. Am 25.7.1941 meldete das Korps u. a. auch diese drei Kommissarerschießungen an das AOK 2 weiter, aufgeschlüsselt nach den Divisionen, die die Exekutionen gemeldet hatten; BA-MA, RH 24-53/146.

[154] Der Anruf des Ic der 1. Inf.Div. beim XXXXI. AK v. 2.8.1941 und seine Meldung, dass am Vortag »ein Politruk [...] erledigt« worden war, ist z. B. ausschließlich in den Akten des Korps überliefert; BA-MA, RH 24-41/70.

[155] So ist z. B. die Ic-Morgenmeldung der 100. Inf.Div. v. 3.9.1941, in der die Exekution eines Kommissars verzeichnet war, nur in den Akten der Division überliefert und nicht in den Akten des LII. AK enthalten, an das sie gerichtet war; BA-MA, RH 26-100/38, S. 61. Vgl. auch den entsprechenden Aktenband, in dem das LII. AK die ein- und ausgehenden Ic-Meldungen aus diesem Zeitraum gesammelt hat; BA-MA, RH 24-52/221.

[156] So ist z. B. den überlieferten Akten nicht zu entnehmen, auf welche Kommandobehörden die vier Kommissarerschießungen zurückgingen, die Mansteins LVI. Panzerkorps am 9.7.1941 an die Pz. Gr. 4 gemeldet hat; BA-MA, RH 21-4/272.

[157] Vgl. z. B. den Feldpostbrief eines Leutnants der 6. Inf.Div. v. 27.8.1941, in dem er von Kommissarerschießungen in seinem Regiment berichtet; BA-MA, RH 37/6732, Bl. 88 f. Von der 6. Inf.Div. sind aus diesem Zeitraum keine Vollzugsmeldungen überliefert.

lichkeit, dass die Meldungen Eingang in die Überlieferung fanden, bot aber keine Gewähr dafür. Vor dem Hintergrund ihrer mitunter eher zufälligen Überlieferungsgeschichte steht zu vermuten, dass ein unbestimmbarer Teil der Vollzugsmeldungen in den deutschen Akten nicht dokumentiert ist. In manchen Fällen ist dies eindeutig erwiesen.[158]

Die Gründe dafür, dass die Umsetzung des Kommissarbefehls in den deutschen Dienstakten nicht immer vollständig dokumentiert und offen gelegt wurde, waren mitunter ganz banal. In manchen Fällen scheint einfache Nachlässigkeit oder Inkonsequenz bei der Aktenführung die Ursache gewesen zu sein. Ein plastisches Beispiel dafür bietet der Ic-Tätigkeitsbericht des LIII. Armeekorps aus dem Jahr 1941. In den täglichen Einträgen dieses streng chronologisch angelegten Tätigkeitsberichts wurde der Großteil der Vollzugsmeldungen, die das Generalkommando dem vorgesetzten Armeeoberkommando erstattete, sorgfältig nachgewiesen. Selbst diese unverhüllten Aufzeichnungen waren aber nicht vollständig. In den überlieferten Ic-Meldungen des LIII. Armeekorps, die aus der gleichen Provenienz stammen, sind noch weitere Kommissarerschießungen verzeichnet, die nicht im Tätigkeitsbericht erwähnt wurden.[159] Diese inhaltlichen Diskrepanzen innerhalb desselben Aktenbestandes – das Fehlen einiger, aber nicht aller Nachweise – lassen sich nur mit mangelnder Konsequenz bei der Abfassung des Tätigkeitsberichts erklären. Wesentlich ausschlaggebender dafür, dass Nachrichten über die Umsetzung des Kommissarbefehls in den Akten verschlüsselt, unterdrückt oder auch nachträglich getilgt worden sind, dürfte allerdings das Unrechtsbewusstsein gewesen sein, das mitunter offenbar vorhanden war. Nach der Bandbreite der Formen der Berichterstattung in den Dienstakten zu urteilen, war dieses Bewusstsein aber keineswegs in allen Stäben in gleichem Maße ausgeprägt. Nicht in allen Stäben hielt man es für nötig, die eigenen Völkerrechtsbrüche zu kaschieren. Während es manche Kommandobehörden konsequent vermieden, Hinweise auf die Umsetzung des Kommissarbefehls in ihre Akten aufzunehmen, wurden diese Vorgänge in vielen anderen Stäben ohne Bedenken, akribisch und unverhohlen dokumentiert.[160] Der unterschiedliche Umgang mit diesen heiklen Informationen, der sich in den Akten der deutschen Kommandobehörden abzeichnet, spiegelt die verschiedenartige Rezeption der ›verbrecherischen Befehle‹ in den Stäben des Ostheeres wider.

Das Verwischen der Spuren dieser Verbrechen, das sich mitunter beobachten lässt, dürfte indes nicht selten erfolgreich gewesen sein. Zwar ist es in den geschilderten Fallbeispielen gelungen, einige dieser Verdunkelungsversuche nachzuvollziehen und

---

[158] Der Ic der 6. Inf.Div. z. B. vermerkte in seinem TB über den Juli 1941, dass er in der Berichtszeit die »Erledigung der Angelegenheit polit. Kommissare« überwacht und das Ergebnis »am 18.7. zahlenmäßig dem Korps gemeldet« hatte; BA-MA, RH 26-6/63, S. 3. Diese Meldung ist nicht überliefert.

[159] So wurden z. B. in der Ic-Morgenmeldung v. 9.7.1941, der Ic-Morgenmeldung v. 15.11.1941 und der Ic-Abendmeldung v. 21.11.1941 Kommissarerschießungen gemeldet; BA-MA, RH 24-53/141. Diese Erschießungen wurden nicht im TB (Ic) erwähnt, obwohl dort ansonsten offen über Erschießungen von Kommissaren berichtet wurde, vgl. die Einträge v. 25.7., 10.8., 25.8., 10.9. und 23.9.1941; BA-MA, RH 24-53/136, Bl. 36-51.

[160] Im Bereich der 4. Armee wurde im April 1942 die Exekution eines gefangenen sowjetischen Kommissars sogar in einem Feindnachrichtenblatt bekannt gegeben; vgl. das FNBl. Nr. 24 der 10. Inf. Div. (mot) v. 21.4.1942; BA-MA, RH 26-31/43. Vgl. hierzu den Vernehmungsbericht des XXXX. AK/Abt. Ic an das AOK 4 v. 17.4.1942; BA-MA, RH 24-40/96.

2. Das Ostheer und seine Akten 51

damit letztlich zu vereiteln. Wenn in diesen Fällen der Nachweis darüber geführt werden konnte, dass die betreffenden Stäbe die Weitergabe und Umsetzung der ›verbrecherischen Befehle‹ in ihrer Aktendokumentation gezielt ausgespart haben, war dies allerdings nur über aussagekräftige Parallelüberlieferung unterstellter oder vorgesetzter Kommandobehörden möglich, setzte also eine besonders günstige Quellenlage voraus. Solche Korrektive stehen in der Überlieferung des Ostheeres aber längst nicht immer zur Verfügung. Es ist daher anzunehmen, dass die Bemühungen zur Verheimlichung der Gewaltmaßnahmen vielfach ihr Ziel nicht verfehlt haben, und ein beträchtlicher Teil der Nachrichten über die Umsetzung des Kommissarbefehls nicht in die Überlieferung eingegangen ist oder nachträglich wieder daraus entfernt wurde.

Was in den Akten tradiert werden sollte und wie weit auch die Vernichtungspolitik darin offen gelegt wurde, war eine bewusste Entscheidung der Generalstabsoffiziere und Befehlshaber, die die Richtlinien für die Führung des Geschäftsschriftgutes ihrer Kommandobehörden und Stabsabteilungen vorgaben. Diese Richtungsentscheidung war konstitutiv für den Informationswert der Akten und beeinflusste die vielfältigen Selektionsprozesse, die sie während und nach ihrer Entstehung durchliefen, maßgeblich. Wenn sich die Verantwortlichen in den Stäben auf eine restriktive Informationspolitik festgelegt hatten, konnte dies zu einer scheinbar paradoxen Konstellation führen. In den Aktenbeständen mancher Stäbe herrscht bei einer günstigen Überlieferungssituation eine außerordentlich mangelhafte Quellenlage.[161] Wie der Blick auf die Entstehungsbedingungen der Akten gezeigt hat, darf dieser Befund keinesfalls zu nahe liegenden Fehlschlüssen ex silentio verleiten. Wenn in den Aktenbeständen einer Kommandobehörde keine Hinweise auf die Umsetzung des Kommissarbefehls enthalten sind, bedeutet dies keinesfalls, dass sie nicht erfolgt ist. Die irrige Grundannahme ›quod non est in actis, non est in mundo‹, die die Selektivität historischer Quellen verkennt, trifft auch auf das Aktenmaterial des Ostheeres nicht zu. Trotz der skizzierten Einschränkungen sind die Akten des Ostheeres auf Grund ihrer Überlieferungsdichte, Authentizität und ihres Informationsgehalts konkurrenzlos in ihrem Quellenwert für die Erforschung der Kriegführung des Ostheeres. Zwar ist nicht alles, was sich ereignet hat, in den Akten dokumentiert worden. Wenn etwas nicht in den Akten berichtet wird, bedeutet dies somit nicht zwingend, dass es nicht geschehen ist. Alles, was in den Akten geschildert wird, hat aber mit an Sicherheit grenzender Wahrscheinlichkeit auch stattgefunden.

---

[161] D. h. in Hinblick auf die vorliegende Untersuchung. Ein anschauliches Beispiel hierfür bietet der Aktenbestand der 299. Inf.Div. Die Ic-Akten der Div. aus dem ersten Kriegsjahr umfassen vierzehn, z. T. recht umfangreiche Bände, der Anlagenband zum Mai/Juni 1942 enthält z. B. beinahe 300 Schriftstücke. Trotzdem sind in dem Bestand kaum Quellen über die Umsetzung des Kommissarbefehls überliefert; BA-MA, RH 26-299/117-130.

II. DIE VORBEREITUNG DES VERNICHTUNGSKRIEGES

1. Die Kriegsbereitschaft von Generalität und Truppe

Im Sommer 1940, nach dem überwältigenden Erfolg des Westfeldzuges, fasste Hitler, im Zenit seiner Macht, den Entschluss zum Angriff auf die Sowjetunion. Die Gründe, die den Diktator zu dieser folgenschweren Entscheidung bewogen, waren vielschichtig. Hitlers Entschluss entsprach nicht nur zentralen Zielsetzungen seiner Programmatik, sondern beruhte auch auf kriegswirtschaftlichen und strategischen Erwägungen.[1] In der verfahrenen Situation nach dem Sieg im Westen schien die Wendung nach Osten den strategischen Ausweg zu eröffnen, um die Voraussetzungen für eine siegreiche Beendigung des Krieges gegen die Westmächte herzustellen, und zugleich die Gelegenheit zu schaffen, das monströse »Kernstück des rassenideologischen Programms des Nationalsozialismus«[2] zu realisieren. Das »Unternehmen Barbarossa« zielte darauf ab, mit dem russischen Machtfaktor »Englands letzte Hoffnung« zu zerschlagen und die deutsche Herrschaft über den Kontinent zu zementieren.[3] Zur gleichen Zeit wurde der Krieg als »Kreuzzug gegen den Bolschewismus« aufgefasst, sollte als weltanschaulicher »Vernichtungskampf« geführt werden und der Verwirklichung der wahnwitzigen Kolonisationspläne zur Eroberung von »Lebensraum« dienen, die die Unterjochung, Versklavung und Dezimierung der indigenen Bevölkerung des »Ostraums« vorsahen. Strategie und Ideologie, »Kalkül und Dogma« standen einander nicht entgegen, sondern waren untrennbar verwoben.[4]

Wenn auch von einzelnen Heerführern leise Bedenken belegt sind, die sich vor allem auf die Größe der Aufgabe bezogen[5], regte sich doch anders als vor dem Westfeldzug gegen Hitlers Angriffspläne in der Wehrmachtsführung kein grundsätzlicher Widerspruch, im Gegenteil. Dies war nicht nur eine Folge der Hochstimmung und hybriden Selbstüberschätzung, die nach dem berauschenden Triumph über Frankreich allenthalben herrschten. Die Zustimmung zu dem geplanten Russlandfeldzug beruhte auch auf der »weitgehende[n] Ziele- und Interessengleichheit für ein grundsätzliches Ausgreifen nach Osten«, die zwischen Hitler und seinen Generälen bestand.[6] In den Augen der Heerführer hatten schon Hitlers strategische und wirtschaftliche Kalkulationen einiges für sich. Noch entscheidender waren allerdings die verbreiteten antislawischen und russophoben Ressentiments sowie die Übereinstimmung mit den

---

[1] Vgl. hierzu HILLGRUBER, Strategie, S. 564 f.; FÖRSTER, Entscheidung, S. 13, sowie FÖRSTER, Wendung, S. 118-120.
[2] Vgl. HILLGRUBER, ›Endlösung‹.
[3] Vgl. HALDER, KTB, S. 49 (31.7.1940).
[4] Vgl. HÜRTER, Heerführer, S. 205; FÖRSTER, Entscheidung, S. 13; mit stärkerem Akzent auf den programmatischen Zielsetzungen: UEBERSCHÄR, Entschluss, S. 43.
[5] Vgl. HILLGRUBER, Rußland-Bild, S. 136; HÜRTER, Heerführer, S. 213 f.
[6] Vgl. UEBERSCHÄR, Entschluss, S. 34.

ideologischen Implikationen des geplanten Angriffs. Die größten Überschneidungen bot der tief ausgeprägte Antibolschewismus, den die meisten Truppenführer teilten.[7] Selbst ausgesprochene Regimegegner befürworteten den Krieg gegen die Sowjetunion.[8] Hellmuth Stieff etwa war noch im Herbst 1941 der festen »Überzeugung, daß die Auseinandersetzung mit dem Bolschewismus kommen mußte«[9] und es »höchste Zeit war, diese ganz Europa bedrohende Gefahr auszuräumen«.[10]

Generäle und Stäbe

Die Truppenführer des Ostheeres, denen Hitler die »Notwendigkeit des Angriffs auf Rußl[and].«[11] in seiner Rede in der Reichskanzlei am 30. März 1941 ausführlich dargelegt hatte, kostete es daher keine Überwindung, sich die Kriegsgründe des obersten Befehlshabers zu Eigen zu machen, zumal auch das OKH diese Linie vertrat. Der Generalstabschef des Heeres, Generaloberst Halder, kündigte im Frühjahr 1941 vor Truppenführern des Ostheeres an, »es werde notwendig werden, Rußland anzugreifen, um zu verhindern, daß Rußland über Deutschland herfalle«.[12] Auf den Chefbesprechungen, die Halder Anfang Juni 1941 in Zossen abhielt, bekräftigte er diese Auffassung nochmals. Als die Führung der 4. Armee die Generalstabschefs der unterstellten Korps am 10. Juni 1941 über die Ergebnisse der Besprechungen im OKH unterrichtete, gab der Generalstabschef, Oberst i.G. Blumentritt, Halders Ausführungen über die Kriegsgründe wie folgt wieder: »Die Sphinx Rußl[an]d. muß ausgeschaltet werden! Darf nicht plötzlich auftauchen.«[13] Einer der Teilnehmer der Besprechung notierte sich, dass die Sowjetunion »als ausgerüstete Macht ausgeschaltet werden« müsse, »um später im Kampf gegen England rückenfrei zu sein«.[14] Wie der Oberquartiermeister des AOK 4 zuvor erklärt hatte, gab es allerdings noch einen weiteren »Grund der Aktion«, nämlich das Ziel einer endgültigen »Zerschlagung des Bolschewismus, der sich noch immer ausbreitet«.[15] Auf den ideologischen und existentiellen Charakter des kommenden Krieges wies auch der anwesende Armeeoberbefehlshaber, Generalfeldmarschall v. Kluge, in seiner Schlussansprache noch einmal eindringlich hin. Kluge bezeichnete den bevorstehenden Krieg als »Schicksalskampf«, als »ungeh[euren]. Kampf«, der zur »Zerschlag[ung]. Rußl[an]d[s]. [und des] Bolsch[ewismus].« geführt

---

[7] Vgl. Förster, Rußlandbild; Hillgruber, Rußland-Bild. Vgl. auch Koenen, Russland-Komplex, der die Zeit des Zweiten Weltkriegs allerdings nur kursorisch abhandelt und zudem den Einfluss der ideologischen Feindbilder unterschätzt.
[8] Vgl. Heinemann, Widerstand, S. 780 ff.
[9] Stieff, Briefe, S. 134 (11.11.1941).
[10] Ebd., S. 124 (29.8.1941).
[11] Vgl. die Aufzeichnungen des Befehlshabers der Pz.Gr. 3, Generaloberst Hoth, von Hitlers Rede in der Reichskanzlei am 30.3.1941; BA-MA, RH 21-3/40, Bl. 32.
[12] Eintrag im KTB des XXXXIX. AK zur Besprechung beim AOK 17 am 24.5.1941; BA-MA, RH 24-49/7, Bl. 61.
[13] Hs. Notizen zur Chefbesprechung am 10.6.1941 beim AOK 4; BA-MA, RH 20-4/171, Bl. 74-93. Die Besprechung im AOK 4 diente hauptsächlich zur Unterrichtung der Korpschefs über die Chefbesprechungen im OKH v. 4.6./5.6.1941.
[14] Hs. Notizen des Vertreters des XIII. AK zur Besprechung beim AOK 4 am 10.6.1941; BA-MA, RH 24-13/39, Bl. 107-109.
[15] Vgl. hierzu und zum Folgenden Anm. 13.

werden müsse. Die operativen Ziele seien »weit gesteckt«, die Eroberung Moskaus »selbstverständlich«. Daher verlange der Kampf »letzten Einsatz«. Dafür winke als Lohn am Ende ein »Riesenreich für uns«.

Der Oberbefehlshaber der 18. Armee, Generaloberst von Küchler, hatte seine Divisionskommandeure und Kommandierenden Generale bereits im April 1941 über den bevorstehenden Feldzug unterrichtet und Hitlers Argumentation dabei teilweise bis ins Detail übernommen. »Von Rußland trennt uns weltanschaulich u. rassisch ein tiefer Abgrund«, leitete Küchler den Teil seiner Rede ein, in dem er Hitlers strategische Richtungsentscheidung rechtfertigte.[16] Küchler ging davon aus, dass ein »dauerhafter Friede mit dem jetzigen Rußland« ausgeschlossen sei, weil die sowjetische Führung von ihren Zielen, der »Expansion nach Westen« und der »Weltrevolution«, niemals abgehen werde. »Auch in Friedenszeiten wird es stets wie eine drohende schwarze Wolke im Osten Europas stehen; die sich stets, dann wenn es ihr beliebt über Deutschland entladen kann.«[17] Da die Auseinandersetzung mit der bolschewistischen Sowjetunion auf lange Sicht unvermeidlich sei, müsse jetzt die »Gunst des Augenblicks« genutzt werden, in dem das deutsche Reich »mit ganzer Kraft u. überlegener Wehrmacht gegen R[ussland]. antreten kann«. Wenn dieser Augenblick verpasst werden sollte, »können Zeiten kommen, in denen Deutschland mit Unterlegenheit seine Grenzen verteidigen muß«.[18]

Generaloberst Ritter von Schobert, der Oberbefehlshaber der 11. Armee, argumentierte ganz ähnlich, als er wenige Tage vor Beginn des Angriffs seinen Divisionskommandeuren den Sinn des bevorstehenden Krieges darlegte. Schobert erklärte, dass die Sowjetunion nur auf den Moment warte, in dem »das [deutsche] Reich geschwächt sei«, um dann ihre »eigenen imperialistischen und bolschewistischen Pläne durchzusetzen«.[19] Mit dem Angriff auf die Sowjetunion sollte allerdings nicht nur diesen Plänen »vorgebeugt« werden. Zugleich »wolle der Führer den Bolschewismus, der der Todfeind des Nationalsozialismus geblieben sei, vernichten«. Generalfeldmarschall von Reichenau, der Oberbefehlshaber der 6. Armee, hatte seinen Truppenführern diese Gedankengänge schon frühzeitig nahe gebracht. Auf einer Besprechung am 28. April 1941 erklärte er seinen Kommandierenden Generälen, warum das Reich zum Handeln geradezu gezwungen sei: »Rußland will den Krieg, wenn auch vielleicht nicht jetzt. Bei Abschluß des Bündnisses wollte es, daß die kapitalistischen Mächte sich zerfleischen sollten [sic], um dann über sie herfallen zu können. ›Der Russe hält es im geheimen mit dem Engländer. Er hat, während wir im Westen gebunden waren, genommen, was er kriegen konnte. Je länger wir warten, desto stärker wird er.‹«[20]

---

[16] Vgl. hierzu und zum Folgenden die Aufzeichnungen Küchlers zu seiner Rede vor den Div.Kdren. und KG am 25.4.1941; BA-MA, RH 20-18/71, Bl. 20-34, hier Bl. 21.
[17] Ebd. Hoth notierte sich am 30.3.1941 hierzu die folgenden Äußerungen Hitlers: »Für alle Zukunft russ.-asiatische Gefahr (Schatten!) beseitigen. Erst dadurch erhält Deutschl. Handlungsfreiheit. Rußl. Koloß belastet uns.« Vgl. Anm. 11.
[18] Ähnlich äußerte sich auch GFM v. Reichenau, der OB der 6. Armee, während einer Besprechung mit seinen Div.Kdren. am 21.5.1941: »Rußl[an]d. will die Auseinandersetzung. F[ü]h[re]r. will Rußl[an]d. nicht die Bestimmung des Zeitpunktes überlassen.« BA-MA, RH 26-298/19, Anl. 210.
[19] Eintrag im KTB der 239. Inf.Div. zur Besprechung des OB der 11. Armee mit seinen Div.Kdren. am 18.6.1941; BA-MA, RH 26-239/17.
[20] Hs. Notizen von der Besprechung mit dem OB der 6. Armee am 28.4.1941; BA-MA, RH 24-17/41, Bl. 26.

1. Die Kriegsbereitschaft

Auch die Befehlshaber und Generalstabsoffiziere in den Generalkommandos und Divisionsstäben übernahmen die verschiedenen, ideologischen, strategischen und kriegswirtschaftlichen Begründungen für den Angriff gegen die Sowjetunion, als sie die Kriegsplanungen an die nachgeordneten Führungsebenen kommunizierten. Am 18. Juni 1941 versammelte der Generalstabschef des XXXXVI. Panzerkorps den Korpsstab und Vertreter der unterstellten Divisionen, um sie über die Inhalte der Besprechungen zu informieren, die der Oberbefehlshaber des Heeres, von Brauchitsch, und der Befehlshaber der Panzergruppe 2, Guderian, wenige Tage zuvor in Warschau abgehalten hatten.[21] Dabei referierte der Generalstabschef »wirtschaftliche«, »politische« und »militärische Gründe« für den Krieg gegen die Sowjetunion. Zugrunde gelegt wurde auch hier, dass der Ausbruch eines kriegerischen Konflikts mit der bolschewistischen Sowjetunion langfristig unausweichlich sei: »2 derart in ihrer politischen Auffassung entgegengesetzte Staaten wie Deutschland und UdSSR können auf die Dauer nicht nebeneinander bestehen.« In Anbetracht des derzeitigen Leistungsstandes und der Verfügbarkeit des deutschen Heeres sei es »notwendig«, sich jetzt in dem »doch einmal ausbrechenden Konflikt […] die Vorhand zu sichern«. Nicht zuletzt würde der Krieg außerdem zur »Beschaffung landwirtschaftlicher Überschussgebiete und Erdölgebiete« geführt.

Wenn in einzelnen Kommandobehörden noch im Mai 1941 die Ansicht vertreten wurde, dass die »nächste Maßnahme«, die dem »Endziel [der] Vernichtung Englands« diene, ausschließlich »politische Ziele und nicht wirtschaftliche« verfolge, war diese monokausale Sichtweise eher die Ausnahme.[22] Die »Parole«, die etwa der Kommandierende General des VIII. Armeekorps drei Tage vor Beginn des Feldzugs an seine Divisionskommandeure ausgab, war deutlich komplexer und sehr viel typischer für den üblichen Rechtfertigungsdiskurs in den Stäben des Ostheeres.[23] General der Artillerie Walther Heitz unterstrich zunächst die »Bedeutung des russ. Raums für den Kontinent hinsichtlich der Wirtschaftsblockade, Nahrungsmittel u. Rohstoffe«. Anschließend verwies er auf die »ununterbrochene Bedrohung Deutschlands durch Rußland« und rechtfertige damit den bevorstehenden Angriff. Für den »Entscheidungskampf zwischen konstruktiver u. destruktiver Weltanschauung« sei jetzt der ideale Zeitpunkt gekommen, weil »z. Zt. Deutschland besser geführt, gerüstet u. kriegserfahren« sei als sein Gegner. Schließlich gab Heitz noch eine weitere, ganz selbstverständliche Begründung für den Angriff: »Der Führer hält es für nötig, u. seine Befehle sind richtig.«

Der Kommandeur der 10. Infanteriedivision erklärte seinen unterstellten Kommandeuren auf einer Einsatzbesprechung am 17. Juni 1941, dass der »Kampf gegen Rußland« notwendig sei, um einer zukünftigen Aggression der »heimtückischen, bolsche-

---

21 Vgl. den Eintrag im KTB des XXXXVI. AK v. 18.6.1941, 16.30 Uhr; BA-MA, RH 24-46/7, Bl. 44 f. Mit den erwähnten Besprechungen dürfte Brauchitschs Besprechung v. 12.6.1941 in Warschau gemeint gewesen sein, an der auch Guderian teilnahm und im Anschluss daran eine eigene Besprechung mit den Generälen seiner Korps und Divisionen abhielt, vgl. den Eintrag im KTB des XXXXVII. AK v. 12.6.1941, 09.00-14.00 Uhr, BA-MA, RH 24-47/2.
22 Punkte für die Kdr.-Besprechung bei der 9. Inf.Div. am 18.5.1941; BA-MA, RH 26-9/24, Anl. C7.
23 Protokoll zu der Besprechung des KG des VIII. AK mit seinen Div.Kdren. am 19.6.1941; BA-MA, RH 26-8/21, Anl. 106.

wistischen Machthaber« zuvorzukommen.²⁴ »Gleichzeitig ist die Einbeziehung der russischen landwirtschaftlichen Produktion notwendig, um die Ernährung Europas während der Blockade sicherzustellen.« Auch die Führung der 403. Sicherungsdivision argumentierte gleichermaßen ideologisch, strategisch und wirtschaftlich. Anfang November 1941 erinnerte sie ihre Soldaten daran, »daß der Kampf gegen Räterußland nicht ausschließlich weltanschaulich bedingt ist, sondern uns gleichzeitig die Versorgungsräume sichern soll, die Großdeutschland – als für den europäischen Kontinent verantwortlich – in der Endauseinandersetzung mit England (USA) besitzen muß«.²⁵

Das strategische Ziel, durch den Kampf gegen die Sowjetunion »den Rücken frei zu machen zum Endkampf gegen England«²⁶, und das ideologische Postulat, die bolschewistische Herrschaft zu beseitigen, von der angeblich die Bedrohung der deutschen Ostflanke letztlich ausging, waren eng miteinander verbunden. Wer Hitlers Ansicht teilte, dass der Krieg geführt werden musste, um »für alle Zukunft [die] russ[isch].-asiatische Gefahr«²⁷ auszuräumen, musste ihm schließlich konsequenterweise auch darin folgen, dass die eigentliche Ursache der Auseinandersetzung der Bolschewismus selbst war, in dessen aggressivem Wesen man den Ursprung dieser Bedrohung sah. Hitlers Forderung, den Krieg als »Kampf zweier Weltanschauungen« zu begreifen und die Vernichtung des Bolschewismus auf seine Fahnen zu schreiben²⁸, fand bei den konservativen Generälen aber ohnehin Gehör. Kaum ein Truppenführer vergaß, gegenüber seinen Untergeben zu betonen, dass mit dem Angriff auf die Sowjetunion ein »weltanschaulicher Kampf gegen den Bolschewismus«²⁹ aufgenommen werde. Die ausgeprägte antibolschewistische Haltung der meisten Truppenführer wurzelte nicht nur in ihrer soziokulturellen Prägung, sondern auch in ihren generationellen Erfahrungen, vor allem in der traumatischen Erinnerung an den deutschen Zusammenbruch am Ende des Ersten Weltkriegs. Denn für den »Dolchstoß« im Jahre 1918 machte man gemeinhin »eine Clique von Juden und Sozialisten«, letztlich den Bolschewismus selbst verantwortlich.³⁰ Nicht zufällig griffen daher manche Heerführer diesen Vorwurf wieder auf, als sie ihren Truppen am Vorabend des Krieges gegen die Sowjetunion die Berechtigung des Angriffs vor Augen führten. Die Führung der 257. Infanteriedivision etwa erinnerte ihre Soldaten daran, dass »Deutschland bereits im Jahre 1918 der von Rußland ausgehenden Revolution zum Opfer gefallen« sei.³¹ Dass man allen »bolschewistischen Zersetzungsversuchen« nun entgegentrat, verstand sich von selbst.

Der Kommandierende General des XXXXVII. Panzerkorps, Lemelsen, prägte seinen Soldaten am 21. Juni 1941 ein, es gelte, »den Bolschewismus, den Todfeind des

---

24 Protokoll zur Kdr.-Besprechung bei der 10. Inf.Div. (mot.) am 17.6.1941; BA-MA, RH 26-10/10, Anl. 8.
25 Divisionsbefehl der 403. Sich.Div./Abt. Ia Nr. 26 v. 7.11.1941; BA-MA, RH 26-403/4a.
26 Tagesbefehl des Div.Kdr. der 134. Inf.Div. v. 21.6.1941; BA-MA, RH 26-134/5, Anl. 8b.
27 Notizen Hoths von Hitlers Rede v. 30.3.1941, vgl. Anm. 11.
28 Vgl. HALDER, KTB, Bd. 2, S. 335 (30.3.1941).
29 Eintrag im KTB des III. AK zur Besprechung des KG mit seinen Div.Kdren. am 17.6.1941; BA-MA, RH 24-3/37, Bl. 16.
30 Zitate aus Selbstzeugnissen des Generals Heinrici, vgl. HÜRTER, General, S. 329-403, hier S. 335 ff.
31 Hierzu und zum Folgenden die Notizen der 257. Inf.Div. zur Bekanntgabe der Kriegsgründe an die Truppe, o.D.; BA-MA, RH 26-257/9, Anl. 27.

1. Die Kriegsbereitschaft   57

Nationalsozialismus für alle Zeiten auszurotten«.[32] Als Begründung fügte er hinzu: »Wir haben nie vergessen, dass der Bolschewismus es war, der unserem Heere des Weltkrieges den Dolchstoß von hinten versetzte und der schuld war an allem Unglück, das über unser Volk in der Nachkriegszeit kam. Daran wollen wir immer denken!« Dass dieser eindringliche Appell Lemelsens aufrichtige Überzeugung wiedergab und der General damit nicht nur in die offizielle »propagandistische Begleitmusik«[33] des Angriffs einstimmen wollte, belegt sein persönliches Tagebuch, aus dem Lemelsens tief verinnerlichte antibolschewistische Grundeinstellung deutlich hervorgeht. Darüber hinaus exemplifizieren Lemelsens Aufzeichnungen, wie eng das antibolschewistische Feindbild mit dem Glauben an die Notwendigkeit des Krieges gegen die Sowjetunion verknüpft war. Anfang Dezember 1941 notierte er: »Dieser schwere Kampf auf Tod und Leben zwischen zwei Weltanschauungen kostet auf beiden Seiten sehr viele Opfer; sie sind nötig, um die Welt vom Bolschewismus zu befreien, dieser Gefahr, die gar nicht groß genug eingeschätzt werden kann. Es ist gar nicht auszudenken, was geschehen wäre, wenn über kurz oder lang diese Horden in unser liebes deutsches Vaterland eingefallen u. dort wie die Bestien gehaust hätten. Davor hat uns der Führer bewahrt.«[34]

Genauso ernst wie die strategischen und ideologischen Motive für die Wendung nach Osten nahmen die Truppenführer auch die ökonomischen Kriegsgründe. Den kriegswirtschaftlichen Nutzen eines Sieges über die Sowjetunion hatte schon der Generalstabschef des Heeres Anfang Juni 1941 in Zossen angedeutet. Halder hatte die Ernährungslage in Europa als »schwierig« eingeschätzt und als »Hauptsorge« des Reichs bezeichnet.[35] Welche Bedeutung die Verfügungsgewalt über die Rohstoffressourcen eines »Riesenreich[s]«[36] für die Fortführung des Krieges haben würde, musste man den höheren Truppenführern des Ostheeres, die sich an das Schwanken der »Heimatfront« während des Ersten Weltkriegs lebhaft erinnern konnten, nicht lange erklären. Wie sehr die Erfahrung der Kriegsniederlage das Denken der Generäle in diesem Zusammenhang beherrschte, veranschaulicht eine Rede, die der Kommandeur der 134. Infanteriedivision am 16. Juni 1941 vor seinen Regimentskommandeuren hielt. Generalleutnant v. Cochenhausen sah in der »Ernährungsfrage« einen Kriegsgrund, der ihm mindestens ebenso wichtig erschien wie das strategische Ziel, zu verhindern, »daß Rußland uns in den Rücken fallen kann«.[37] Er unterstrich seine Einschätzung mit einem Rekurs auf die Situation im Ersten Weltkrieg. In der damaligen Lebensmittelnot erblickte er eine der Ursachen dafür, dass »es [19]18 schief ging«. Als das Reich »fast am verhungern« war, habe sich zudem »die Armee den Bolschewismus in Rußland geholt«. Dieses Mal müsse »rechtzeitig vorgebaut« werden. Die Folgerung aus alledem lag für Cochenhausen auf der Hand: »Wir brauchen Räume des europäischen Rußlands zur Ernährung.«

---

[32] Tagesbefehl des KG des XXXXVII. AK v. 21.6.1941; BA-MA, RH 26-167/10, Anl. 36.
[33] Vgl. WETTE, Begleitmusik.
[34] Tgb. des Gen. d. Pz.Tr. Joachim Lemelsen, Eintrag v. 2.12.1941; BA-MA, MSg 1/1148.
[35] Hs. Notizen zur Chefbesprechung am 10.6.1941 beim AOK 4; BA-MA, RH 20-4/171, Bl. 74-93.
[36] Ebd.
[37] Schlussansprache des Div.Kdr. der 134. Inf.Div. vor den Rgt.Kdren. am 16.6.1941; BA-MA, RH 26-134/5, Anl. 7.

Der Diskurs in den Stäben über die Entscheidung zum Schlag gegen die Sowjetunion belegt, wie ernst Hitlers Kriegsgründe in den Kommandobehörden des Ostheeres genommen wurden. Die Truppenführer und Generalstabsoffiziere, die ihren Untergebenen »Sinn und Notwendigkeit des Kampfes gegen Russland«[38] auseinandersetzten, wiederholten dabei nicht nur die Phraseologie ihres obersten Befehlshabers. Die verschiedenen Akzentuierungen, die eigenständige Gedankenführung und nachdrückliche Diktion dieser Erklärungen offenbaren, dass man Hitlers Entschluss reflektiert, verarbeitet und verinnerlicht hatte. Das zentrale Argument, das in den meisten dieser Besprechungen im Vordergrund stand, war die Überzeugung, dass die Auseinandersetzung mit der Sowjetunion langfristig unausweichlich sei. Diese Einschätzung basierte auf dem tiefen, durch den ideologischen Antagonismus bestimmten Misstrauen gegenüber dem »gefährlichen bolschewistischen Feind«[39] im Kreml. Den Beweis dafür, dass die expansionistischen »Bestrebungen der Ud.SSR auf eine Weltrevolution«[40] ungebrochen waren, sah man in den sowjetischen Annexionen des zurückliegenden Jahres, mit denen die Sowjetunion ihren Einflussbereich nach Westen erweitert hatte.[41] Dass die Machthaber in Moskau ihre Eroberungspläne früher oder später in die Tat umsetzen würden, galt vielen deutschen Truppenführern als sicher. Ebenso sicher war man sich im Frühjahr 1941 allerdings darin, dass ein sowjetischer Angriff auf das Deutsche Reich nicht unmittelbar bevorstand. Nicht nur im OKH war man davon überzeugt, dass der Aufmarsch der Roten Armee an der Westgrenze des sowjetischen Machtbereichs lediglich »defensiven Charakter« hatte.[42] Als Präventivschlag im strengen Sinne wurde der bevorstehende Angriff daher in den Stäben des Ostheeres nicht aufgefasst. Man war sich darüber im Klaren, dass es sich um einen strategisch kalkulierten Angriffskrieg handelte, der aus eigener Initiative angestrebt wurde und dessen Zeitpunkt selbst gewählt war. Hitler hatte daraus gegenüber seinen Generälen auch gar keinen Hehl gemacht. Hitlers Argumentation, dass man »Rußl[an]d. nicht die Bestimmung des Zeitpunktes überlassen«[43] dürfe und die ohnehin unvermeidliche Auseinandersetzung jetzt erzwingen müsse, da man »auf allen Gebieten gewaltigen Vorsprung«[44] besitze, konnten seine Heerführer nachvollziehen.[45]

---

[38] Protokoll zur Kdr.-Besprechung bei der 162. Inf.Div. am 31.5.1941; BA-MA, RH 26-162/9, Anl. 10.
[39] Notizen der 257. Inf.Div. zur Bekanntgabe der Kriegsgründe an die Truppe, o.D.; BA-MA, RH 26-257/9, Anl. 27.
[40] Ebd.
[41] Vgl. z. B. den Eintrag im KTB des III. AK zur Besprechung des KG mit seinen Div.Kdren. am 17.6.1941; BA-MA, RH 24-3/37, Bl. 16. Vgl. auch Anm. 20.
[42] Vgl. den Eintrag im KTB des AOK 18 über eine Besprechung beim OKH/FHO am 22.4.1941; BA-MA, RH 20-18/53, Bl. 157. Vgl. auch den Eintrag im KTB des XXXXIX. AK v. 28.5.1941; BA-MA, RH 24-49/7, Bl. 75.
[43] Mitteilung Reichenaus v. 21.5.1941 über Hitlers Äußerungen, vgl. Anm. 18.
[44] Notizen Hoths von Hitlers Rede v. 30.3.1941, vgl. Anm. 11.
[45] Der Kdr. der 18. Inf.Div. (mot.) z. B. sprach während der Kdr.-Besprechungen am 18.6./19.6.1941 von der »Zerschlagung des Bolschewismus, der russischen Landmacht unter Ausnutzung der augenblicklich so überaus günstigen Situation«; BA-MA, RH 26-18/11, Anl. 8. Der Kdr. der 102. Inf. Div. sprach während einer Kdr.-Besprechung am 10.6.1941 in diesem Sinne davon, dass »jetzt [die] deutsche Wehrmacht so stark, wie so bald nicht wieder« sei; BA-MA, RH 26-102/6, Anl. 21.

Die Truppe

Während diese Kriegsgründe den meisten Truppenführern einleuchteten und vertretbar erschienen, nahm die Truppe selbst die Entscheidung über ihren Einsatz gegen die Sowjetunion zunächst mit gemischten Gefühlen auf, bevor sich auch hier die Überzeugung von der Notwendigkeit des Krieges durchsetzte. Dass die Soldaten und selbst das mittlere Offizierskorps »innerlich auf die sich anbahnende Auseinandersetzung nicht vorbereitet« waren, lag in erster Linie an den strengen Geheimhaltungsmaßnahmen, die getroffen worden waren, um den Überraschungseffekt des Überfalls nicht zu gefährden.[46] Die Mannschaften des Ostheeres wurden für gewöhnlich erst im Laufe des Vortags des Überfalls über den bevorstehenden Angriff instruiert, indem ihre Einheitsführer ihnen den Angriffsbefehl bekannt gaben und Hitlers Proklamation an die »Soldaten der Ostfront« verlasen. Bis zu diesem Zeitpunkt hatte die Führung des Ostheeres die Truppen in völliger »Ungewissheit« über ihre zukünftige Verwendung gelassen, so dass sich in den Einheiten großes »Rätselraten über den zu erwartenden Einsatz«[47] entspann und die »widersprüchlichsten Gerüchte«[48] kursierten. Noch wenige Tage vor Kriegsbeginn spekulierte man über eine »Einigung mit Rußland« und einen »friedlichen Einmarsch in die Ukraine«.[49] Einige wollten gar von einer »Abtretung der Ukraine auf 99 Jahre« gehört haben.[50] In anderen Verbänden richteten sich »alle Blicke auf den vorderen Orient«.[51] In einem Infanterieregiment wurde »davon gesprochen, dass Sowjet-Russland dem Deutschen Reich die Erlaubnis erteilt habe, durch einen Korridor in der Ukraine Truppen zu transportieren, um auf dem Weg Palästina, Suez-Kanal, Ägypten, die englische Afrika-Armee vernichtend zu treffen«.[52]

Der nahe liegenden Schlussfolgerung, dass der unübersehbare, gewaltige Aufmarsch auf eine »Auseinandersetzung mit Rußland« hindeutete, steuerte die deutsche Führung mit gezielt gestreuten Falschmeldungen entgegen.[53] Zu diesen Täuschungsmanövern gehörte sogar die Ausgabe von »spanischen und portugiesischen Taschenbücher[n] und eines Merkblattes über das Verhalten der Truppe in England« noch im Juni 1941.[54] Diese Informationspolitik verfehlte ihre Wirkung nicht. In einer Panzerdivision, in der sich Mitte Mai 1941 bereits eine »sichere Auffassung von einer militärischen Auseinandersetzung mit Rußland« verfestigt hatte, kehrten daraufhin »erhebliche Zweifel« zurück. Bei den Diskussionen unter den Soldaten überwogen schließlich »zahlenmäßig die Anhänger der Auffassung, daß es nicht zum Einsatz in östlicher Richtung kommt«.[55] Auch im mittleren und unteren Offizierskorps bestand bis zuletzt keine Klarheit darüber, ob es zum Krieg gegen die Sowjetunion kommen würde. In einer

---

46 Vgl. den TB (Ic) des X. AK v. 26.5.-20.7.1941; BA-MA, RH 24-10/278, Bl. 2.
47 Vgl. hierzu und zum Vorherigen den Eintrag im KTB der 20. Inf.Div. (mot.) über die Zeit v. 25.5.-12.6.1941; BA-MA, RH 26-20/11, Bl. 3.
48 Eintrag im Tgb. des Lt. Fritz R., Zugführer im I./SR 394, v. 16.6.1941; BA-MA, MSg 2/5353.
49 TB (IVd/kath.) der 62. Inf.Div. v. 1.1.1942; BA-MA, RH 26-62/118.
50 Eintrag in KTB des AR 29 v. 9.6.1941; BA-MA, RH 41/1016, S. 10.
51 Bericht des AR 7, »Der Kampf im Osten«, v. 31.12.1941; BA-MA, RH 41/703.
52 Vorbemerkung im KTB des III./IR 119 v. 20.6.1941-23.12.1942; BA-MA, RH 37/7118.
53 Vgl. den Eintrag im KTB der 6. Pz.Div. v. 21.5.1941; BA-MA, RH 27-6/17, S. 14.
54 TB (Ic) der 6. Pz.Div. v. 10.6.-16.6.1941; BA-MA, RH 27-6/112, S. 10.
55 Eintrag in KTB der 6. Pz.Div. v. 21.5.1941; BA-MA, RH 27-6/17, S. 14.

Infanteriedivision gingen »auch bei den Offizieren die Meinungen – trotz aller sichtbaren Angriffsvorbereitungen – zu 50 % nach der einen, zu 50 % nach der anderen Seite«.[56] Bei der 21. Infanteriedivision standen Mitte Juni 1941 die »Wetten und Meinungen 90 : 10« – hier glaubte »der größte Teil d[er] Offiz[iere]« nicht an einen Krieg mit der Sowjetunion.[57] Der Ia-Offizier der Division war als einer der wenigen besser orientiert und wettete nicht zuletzt auch deswegen dagegen, weil er davon überzeugt war, dass der »Angriff auf Russland [...] eine politische Notwendigkeit« sei. Die Soldaten des Ostheeres waren somit bis zum Vorabend des »Barbarossa«-Tages »völlig ahnungslos«, wohin sie ihr nächster Einsatz führen würde; viele glaubten »keinesfalls an einen Krieg mit Russland«.[58] Ihre Einheitsführer und die Subalternoffiziere hatten nur wenig vorher von dem Angriff Kenntnis erhalten. Selbst die meisten Bataillonskommandeure wurden erst kurzfristig, in der letzten Woche vor dem Angriffsbeginn informiert.[59] Das Ostheer verharrte in den letzten Tagen vor dem Überfall daher in »größter Spannung und Erwartung«.[60]

In nicht wenigen Stäben sah man ein Problem darin, dass die »geistige Einstellung der Truppe« auf den Waffengang mit der Roten Armee »nicht genügend vorbereitet« war, obwohl ein »ganz schwerer Krieg« bevorstand.[61] Der Befehlshaber der Panzergruppe 3, Generaloberst Hoth, hatte deshalb schon im März 1941 im OKW anfragen lassen, um die Genehmigung für eine »vorbereitende Propaganda innerhalb der Truppe oder des Offizierkorps« zu erhalten.[62] Das OKW aber untersagte »jede Stimmungsvorbereitung für einen Rußlandkrieg«. Auch im OKW war man sich zwar darüber im Klaren, dass die nötige »Aufklärung der Truppe und das Gebot der Geheimhaltung im Gegensatz« zueinander standen. Es war aber vollkommen unstrittig, dass der Geheimhaltung eindeutig Vorrang eingeräumt werden musste, da das Gelingen der strategischen Überraschung zu den Grundlagen des Blitzkriegs gezählt wurde, die oberste Priorität hatten. Dass man sich in den Kommandobehörden des Heeres dennoch eine propagandistische Vorbereitung des Krieges gewünscht hätte, war nicht nur eine Frage der Routine.[63] Die Klagen beruhten auch auf leisen Zweifeln an der Popularität des Krieges gegen die Sowjetunion, vor deren Hintergrund die Zurückhaltung der Propagandamaschine umso stärker ins Gewicht fallen musste. Im Oberkommando der 6. Armee etwa bestand schon im Mai 1941 »kein Zweifel« daran, dass zumindest im Heimatgebiet »rein stimmungsmässig nicht die gleichen Vorausset-

---

56 Eintrag im KTB der 257. Inf.Div. v. 21.6.1941; BA-MA, RH 26-257/8.
57 Eintrag im KTB der 21. Inf.Div. v. 14.6.1941; BA-MA, RH 26-21/23, Bl. 37.
58 Eintrag im KTB der 20. Inf.Div. (mot.) über die Zeit 25.5.-12.6.1941; BA-MA, RH 26-20/11, Bl. 3.
59 In der 101. lei. Inf.Div. z. B. durften die Btl.Kdre. »erst in den letzten Tagen« vor dem Angriff in ihre Aufgaben eingewiesen werden, vgl. den Eintrag im KTB des IR 228 v. 14.6.-22.6.1941; BA-MA, RH 37/4906. Das AOK 17 hatte die Einweisung der Rgt.- und Btl.Kdre. erst am 16.6.1941 freigegeben, vgl. den Befehl AOK 17/Abt. Ia Nr. 1409/41 v. 16.6.1941; BA-MA, RH 20-17/81.
60 Eintrag im KTB der I./SR 64 v. 19.6.1941; BA-MA, RH 37/6249, S. 2.
61 Schlussansprache des Div.Kdr. der 134. Inf.Div. vor den Rgt.Kdren. am 16.6.1941; BA-MA, RH 26-134/5, Anl. 7.
62 TB (Ic) der Pz.Gr. 3 v. 1.1.-11.8.1941; BA-MA, RH 21-3/423, S. 99.
63 Vgl. den Eintrag im KTB des XXVI. AK v. 21.6.1941; BA-MA, RH 24-26/62, S. 9: »Alle Kommandeure sind der Ansicht, daß der Mangel an propagandistischer Vorbereitung des ›Unternehmens Barbarossa‹ zu bedauern, aber naturgemäß nicht zu ändern sei.«

zungen vorliegen wie vor dem Westfeldzug«.[64] Im Stab der 239. Infanteriedivision hatte man die Befürchtung, dass »dem einfachen Mann der Ausbruch des Krieges mit Rußland vielfach unverständlich bleiben wird«, und begrüßte daher Hitlers »sehr eindrucksvolle[n] Aufruf« an die Soldaten der Ostfront umso mehr.[65] Der Kommandeur des Artillerieregiments 293 hatte Mitte Juni 1941 den Eindruck, dass seine Truppe »von der Notwendigkeit eines evtl. Kampfes gegen Rußland [...] z. Zt. noch nicht voll überzeugt« sei. Diese Überzeugung fehle auch bei den Offizieren, die dies selbst als »Mangel« empfänden und darin eine Folge der fehlenden propagandistischen Vorbereitung sähen.[66] Der Stab des Artillerieregiments 29 musste Anfang Juni 1941 sogar der »Meinung« entgegentreten, »ein Krieg gegen Russland sei unpopulär«.[67] Zu dieser Auffassung war allerdings selbst ein Divisionskommandeur wie Generalleutnant v. Cochenhausen gelangt: »Der Krieg ist noch nicht populär und auch schwer einzusehen, weil noch keine Propaganda erfolgte.«[68]

Als die Soldaten des Ostheeres nach monatelanger Ungewissheit am 21. Juni 1941 endlich »restlose Klarheit«[69] erhielten, fielen ihre Reaktionen tatsächlich durchaus unterschiedlich aus. In die »Freude«[70], das »Aufatmen«[71] und die »gewaltige Begeisterung«[72], die der Angriffsbefehl in vielen Einheiten auslöste, mischten sich auch »zwiespältige Empfindungen«.[73] Aus den zurückhaltenden und skeptischen Kommentaren, die in manchen Truppenteilen geäußert wurden, sprachen allerdings in den seltensten Fällen politische Bedenken. Stärker als grundsätzliche Erwägungen bewegte die Soldaten die begreifliche Sorge vor den Risiken des Einsatzes gegen einen Gegner von der Größenordnung der Sowjetunion. Die akademischen Einwände, die ein Bataillonskommandeur in seinem Tagebuch gegen die Angriffspläne erhob, waren demgegenüber für die einfachen Soldaten eher zweitrangig: »Als das Regiment 1939 an die polnische Grenze zog, war damals nicht der große Triumph der deutschen Diplomatie die Schaffung des Freundschafts-Paktes mit Rußland? Hat Rußland nicht seine

---

64   Protokoll von der Chefbesprechung beim AOK 6 am 21.5.1941; BA-MA, RH 24-48/5, Anl. 12.
65   Eintrag im KTB der 239. Inf.Div. v. 21.6.1941; BA-MA, RH 26-239/17.
66   Werturteil des Kdr. zum Zustandsbericht des AR 293 v. 15.6.1941; BA-MA, RH 26-293/7, Anl. 257.
67   Eintrag im KTB des AR 29 v. 9.6.1941; BA-MA, RH 41/1016, S. 10.
68   Schlussansprache des Div.Kdr. der 134. Inf.Div. vor den Rgt.Kdren. am 16.6.1941; BA-MA, RH 26-134/5, Anl. 7.
69   TB (IVd/kath.) der 62. Inf.Div. v. 1.1.1942; BA-MA, RH 26-62/118.
70   Vgl. den Eintrag im KTB der 35. Inf.Div. v. 21.6.1941: »Die Bekanntgabe [der Angriffsbefehle] löst in der ganzen Div. Freude aus.« BA-MA, RH 26-35/35, Bl. 21.
71   Die Bekanntgabe des Kriegsbeginns in der 110. Inf.Div. »löste allgemeines Aufatmen und Freude über den bevorstehenden Einsatz aus«. TB (Ic) der 110. Inf.Div. v. 20.6.-25.6.1941; BA-MA, RH 26-110/38.
72   Eintrag im KTB des AR 131 v. 21.6.1941; BA-MA, RH 41/1160, Bl. 52. Vgl. auch den Eintrag im KTB des II./IR 482 v. 21.6.1941: »Begeisterung bei der Truppe. ›Sieg Heil‹ auf den Führer.« BA-MA, RH 37/7542, S. 3. Vgl. auch den Eintrag im Tgb. eines Zugführers des IR »Großdeutschland« v. 19.6.-22.6.1941: »Am Sonntag Morgen hören wir die Proklamation des Führers. Alles ist begeistert.« BA-MA, RH 37/6330, S. 15.
73   Eintrag im KTB der 5./SR 69 v. 21.6.1941; BA-MA, RH 37/7263, S. 66. Der Kompaniechef kommentierte diese Reaktionen wie folgt: »Wir sind Soldaten und gehorchen und fragen nicht nach dem Warum!?« Vgl. zu den skeptischen Reaktionen auch den von Wolfram Wette mitgeteilten Erinnerungsbericht eines Veteranen der 18. Pz.Div., in den allerdings auch spätere Eindrücke eingeflossen zu sein scheinen; WETTE, Zeitzeugenbericht.

Lieferungen an Rohstoffen und Getreide prompt durchgeführt? Und jetzt Krieg??«[74] Irgendeine persönliche Feindschaft gegen die Russen, so der Hauptmann, empfinde niemand, er am allerwenigsten.[75] Nicht zuletzt befielen den Kommandeur auch Zweifel an der Richtigkeit der strategischen Entscheidung: »Wohl muß es einmal zu einer Generalabrechnung mit dem Bolschewismus kommen; aber jetzt? Ausgerechnet jetzt, wo wir im Entscheidungskampf gegen das britische Imperium stehen, wo jeden Augenblick Amerika zugunsten Englands in den Krieg eingreifen kann?«[76]

Häufiger als auf derartigen politisch-strategischen Bedenken beruhten die besorgten Reaktionen auf einer dunklen Vorahnung von der Schwere des bevorstehenden Krieges und dem Respekt vor dem »Koloß Rußland«.[77] Die Angehörigen des Artillerieregiments 29 etwa erfüllte am Vorabend des Angriffs zwar ein »freudiger Stolz«, »bei den ersten Schüssen dabei« zu sein. Gleichzeitig spürte man aber »die unfaßbare, ungewisse Grösse des kommenden Kampfes«.[78] Eine ähnliche Stimmung beobachtete auch die Führung der 257. Infanteriedivision in ihren Einheiten. Dort herrschten Stolz und Zuversicht, »trotz der Erkenntnis, daß uns ein weiterer starker Gegner erwachsen ist und sich die Auswirkungen auf unsere übrigen Feinde nicht überblicken lassen«.[79] Im Panzerregiment 6 war sich »niemand über die Schwierigkeiten des bevorstehenden Unternehmens im Unklaren«, dennoch bewahrte man auch hier »Ruhe und Zuversicht«.[80] In einer Kompanie des Infanterieregiments 529 machte sich tiefer »Ernst« breit, als ihr Chef am 21. Juni 1941 Hitlers Proklamation verlas: »Es ist eine eigenartige Stimmung, die über der Truppe liegt, weiß doch jeder, daß der Kampf gegen Sowjet-Rußland nicht leicht sein wird, aber alles ist voller Zuversicht und Vertrauen auf die Führung, das eigene Können und die Güte der Waffen.«[81] Während der Bekanntgabe der Angriffsbefehle bei einem Bataillon der 61. Infanteriedivision spiegelte sich »auf allen Gesichtern [...] der Ernst der Lage«.[82]

Neben diesen zwiespältigen Gefühlsäußerungen wurden aber noch ganz andere Stimmen laut. Viele Berichte verzeichneten geradezu euphorische Reaktionen auf den Kriegsausbruch. In zahlreichen Verbänden war die Truppe »in bester Stimmung«.[83] Die »großen Fragen«, um die ihre Gedanken jetzt kreisten, waren verständlicherweise aber ganz profan: »Welche Wirkung wird der erste große Feuerschlag auf die Russen haben? Ist der Angriff überraschend oder sind die riesigen Bewegungen des Auf-

---

[74] Eintrag im Tgb. des Hptm. K., Btl.Kdr. des I./IR 1, v. 17.6.1941; BA-MA, MSg 2/2728, Bl. 31.
[75] Ebd., Bl. 32. Ende Juli 1941 sprach er allerdings ganz anders von seinem militärischen Gegner: »Ausgerechnet dieses Untermenschentum will die Kultur retten!« Ebd., Eintrag v. 30.7.1941, Bl. 47.
[76] Ebd., Eintrag v. 17.6.1941, Bl. 31. Eine Protesthaltung resultierte aus diesen Bedenken allerdings nicht: »Doch über diese mehr ins Politische greifenden Fragen entscheidet der Führer, und er hat seine Fähigkeit zu führen unter Beweis gestellt.« Als Offizier sah er dem Krieg trotzdem »mit großer Freude« entgegen; vgl. ebd., Bl. 32.
[77] Ein Infanterist notierte sich sehr viel später in seinem Tagebuch: »Es ist ein Wahn zu glauben, diesen Koloß Rußland in wenigen Wochen besiegen zu können.« Eintrag im Tgb. Karl Heinz v. B. v. 20.10.1941; BA-MA, MSg 2/5782.
[78] Eintrag im KTB des AR 29 v. 21.6.1941; BA-MA, RH 41/1016, S. 18.
[79] Eintrag im KTB der 257. Inf.Div. v. 21.6.1941; BA-MA, RH 26-257/8.
[80] Eintrag im KTB des Pz.Rgt. 6 v. 20.6.1941; BA-MA, RH 39/708, S. 5.
[81] Eintrag im KTB der 4./IR 529 v. 21.6.1941; BA-MA, RH 37/6323, S. 23.
[82] Eintrag im KTB des I./IR 162 v. 21.6.1941; BA-MA, RH 37/7531, Bl. 2.
[83] Eintrag im KTB der 14. Pz.Div. v. 21.6.1941; BA-MA, RH 27-14/1, S. 4.

marsches vom Gegner erkannt?«[84] Ebenso wie die Skepsis mancher Soldaten scheint auch die Begeisterung, die in vielen Einheiten ausbrach, zum großen Teil eher unpolitisch motiviert gewesen zu sein. Häufig speiste sich der Enthusiasmus vor allem aus einer professionalistischen Einsatzfreude, dem Bedürfnis, an den geschichtsträchtigen militärischen Erfolgen des Reichs teilzuhaben, und der Siegeserwartung, die auf den bisherigen, beispiellosen Triumphen der Wehrmacht beruhte.[85] In den Verbänden des XXXXIII. Armeekorps etwa war die »Stimmung der Truppe angriffsfreudig, siegesgewiß«.[86] Für die Soldaten der 113. Infanteriedivision kam der Kriegsbeginn zunächst »zwar völlig überraschend«, dann aber stellte sich Kampfeslust ein: »Die Stimmung ist ausgezeichnet, die Truppe drängt auf Einsatz.«[87] Der Ic der 36. Infanteriedivision berichtete davon, dass die Soldaten nun keinen Gedanken mehr an Urlaub verschwendeten: Die Truppe brenne darauf, eingesetzt zu werden »und an den Feind zu kommen«.[88] Auch in der 20. Infanteriedivision war man sich seiner Sache sicher: »Führer und Truppe sind von der Notwendigkeit dieses Einsatzes überzeugt und gehen mit Schwung an die Aufgabe heran. Allgemeine Meinung ›Ran, es wird in wenigen Wochen geschafft sein.‹«[89]

Bei der 78. Infanteriedivision reagierte man enttäuscht auf die Entscheidung, dass die Division zunächst nicht in vorderster Linie zum Einsatz kommen sollte, und befürchtete, dass der Krieg beendet sein würde, ehe man selbst eingreifen könnte. In den Einheiten hoffte man inständig, dass »die Division nicht ebenso wie in Frankreich, auch hier wieder zu spät käme. Die Division litt eben unter der Tatsache, dass ihr in Frankreich der Einsatz versagt geblieben war.«[90] Auch in einem Infanterieregiment der 11. Armee hatten die Soldaten die Angriffsbefehle am 21. Juni 1941 »voller Freude« entgegengenommen und waren ernüchtert, als sie am ersten Kriegstag nicht an den Angriffshandlungen teilnehmen durften: »Der historische Augenblick ist da doch in unserem Abschnitt ist Ruhe. Vorerst Verteidigung. Das ist wieder bitter aber wir kommen auch noch dran.«[91] Die Bejahung des Kriegseinsatzes war weit mehr als nur eine autosuggestive Parole. Sie findet sich nicht nur in den Dienstakten der Führungsstäbe, sondern auch in den Selbstzeugnissen der Soldaten. Ein deutscher Infanterieleutnant etwa beschrieb in seinem Tagebuch, wie sehr man in seiner Einheit darauf hoffte, die Gelegenheit zu erhalten, sein Können unter Beweis stellen: »Für uns wünschen wir dringend den Einsatz, weil, ja weil es der letzte sein könnte, weil wir alle

---

84 Ebd.
85 Der Div.Kdr. der 299. Inf.Div. z. B. stellte in einer Rede vor einem seiner Bataillone am 21.6.1941 »3 Faktoren besonders heraus, die uns dem Russen haushoch überlegen sein lassen: Die ausgezeichnete Ausbildung, die überlegene Führung und das Bewusstsein der sieghaften deutschen Wehrmacht anzugehören.« Eintrag im KTB des I./IR 530 v. 21.6.1941; BA-MA, RH 37/7341. Auch in den höheren Kommandobehörden sprach man vom »Nimbus der deutschen Wehrmacht«, vgl. die Notizen von der Besprechung beim KG des XXXXIV. AK v. 28.4.1941; BA-MA, RH 24-44/32. Vgl. auch das Protokoll von einer Besprechung im AOK 4 v. 9.5.1941; BA-MA, RH 20-4/169, Bl. 216 ff.
86 Eintrag im KTB des XXXXIII. AK v. 21.6.1941; BA-MA, RH 24-43/8, S. 12.
87 Eintrag im KTB der 113. Inf.Div. v. 21.6.1941; BA-MA, RH 26-113/4.
88 Vgl. den Eintrag im TB (Ic) der 36. Inf.Div. (mot.) v. 12.6.1941; BA-MA, RH 26-36/40, S. 3.
89 Eintrag im KTB der 20. Inf.Div. (mot.) v. 21.6.1941; BA-MA, RH 26-20/11, S. 1.
90 TB (Ic) der 78. Inf.Div. v. 1.6.-22.6.1941; BA-MA, RH 26-78/64.
91 Eintrag im KTB des IR 308 v. 22.6.1941; BA-MA, RH 37/7402.

nicht wieder zurück wollen, ohne einen Schuss, in die Heimat«.[92] Nachdem die Würfel gefallen waren, erlebte er dementsprechend eine »schöne Stimmung vorm Einsatz, ernst und doch ganz unbefangen, sorgenlos, heiter.«[93]

Dass der Krieg gegen die Sowjetunion allerdings mehr als nur eine militärische Bewährungsprobe darstellte, wurde jedem Soldaten noch am 21. Juni 1941 eindringlich vor Augen geführt. Mit der Bekanntgabe des Angriffsbefehls konnte die deutsche Wehrmachtpropaganda die bis dahin geübte Zurückhaltung aufgeben und das nachholen, was zuvor hatte unterbleiben müssen. Der erste Vorbote der nun schlagartig einsetzenden, massiven Propagandawelle war Hitlers weitschweifige Proklamation an die »Soldaten der Ostfront«, die dazu dienen sollte, den Truppen den Sinn und die Berechtigung des Krieges zu vermitteln. Anders als gegenüber seinen Generälen, rechtfertigte Hitler den Angriff vor seinen Truppen als Präventivschlag zur Abwehr einer angeblich kurz bevorstehenden sowjetischen Invasion.[94] Zum Beweis verwies er auf den »gewaltigen Kräfteaufmarsch bolschewistischer Divisionen« und »dauernde Grenzverletzungen« an der deutschen Ostgrenze, die sich jüngst dramatisch zugespitzt hätten. In der Nacht vom 17. zum 18. Juni hätten »zum erstenmal russische Patrouillen auf deutsches Reichsgebiet vorgefühlt« und seien »erst nach längerem Feuergefecht zurückgetrieben« worden. Die »größte Front der Weltgeschichte« trete daher an, um eine unmittelbar drohende Gefahr abzuwenden und damit »die ganze europäische Zivilisation und Kultur zu retten«.

Die vereinzelt überlieferten Kommentare aus der Truppe zeigen schlaglichtartig, welchen tiefen Eindruck Hitlers Aufruf in den angetretenen Einheiten hinterließ. Den Offizier einer Aufklärungsabteilung etwa hatte die Proklamation vollkommen überzeugt. Zwei Tage nach Kriegsausbruch schrieb er mit Blick auf den »Aufruf des Führers« an seine Ehefrau: »Man muß staunen, wie der Führer wieder jahrelang diese Entwicklung erkannt und diese Sorgen allein getragen hat, ohne das deutsche Volk zu beunruhigen.« Nach seiner Auffassung werde »das, was durch diesen unausweichlichen Kampf gewonnen wird, alle Risiken und Opfer lohnen«.[95] Auch im Gebirgsartillerieregiment 94 regten sich keinerlei Zweifel an Hitlers Behauptungen. Die Soldaten waren »tiefergriffen« von dem, »was der Fuehrer seinem Volk zu sagen hatte. Auch wenn sie sich schon oft Gedanken über das Verhaeltnis zu Sowjet-Russland gemacht hatten, mit dem was der Fuehrer ihnen da sagte, hatten sie nicht gerechnet. Aber nun wurde ja alles klar, und je laenger man darueber nachdachte, desto ueberwaeltigter war man von den Enthuellungen des Fuehrers, ueber die scheinheilige und verlogene Politik des Kremls, aber auch von der Groesse der Schlussfolgerungen des Fuehrers, seines Willens und seiner Persoenlichkeit, die jeden in ihren Bann schlug.«[96] Auch im Infanterieregiment 179 hatte man nach Hitlers Aufruf das Gefühl, für eine gerechte Sache zu kämpfen: »Die Gründe sind einleuchtend, sie machen uns ruhig und zufrie-

---

[92] Eintrag im Tgb. des Lt. Fritz R., Zugführer im I./SR 394, v. 17.6.1941; BA-MA, MSg 2/5353.
[93] Ebd., Eintrag v. 23.6.1941.
[94] Vgl. Hitlers Proklamation an die »Soldaten der Ostfront«, ediert bei UEBERSCHÄR, WETTE, Überfall, S. 265-269.
[95] Feldpostbrief des Majors P. an seine Ehefrau v. 24.6.1941; BA-MA, MSg 2/5438.
[96] Bericht des Batteriechefs der 9./GAR 94 über »Kämpfe in Sowjetrussland« 1941/42; BA-MA, RH 41/260.

den.«⁹⁷ Ein Obergefreiter einer Nachrichtenabteilung kam noch im November 1941 in einem Brief an seine Mutter auf Hitlers Kriegsgründe zurück und sinnierte darüber, »wie unendlich grausam es uns ergangen wäre, hätte der Führer [nicht] zur rechten Zeit zugeschlagen.« Deshalb könne »der Dank unserem Führer gegenüber nicht groß genug sein«.⁹⁸ Die Einschätzung eines Divisionskommandos, dass »der sehr eindrucksvolle Aufruf« bei den desinformierten Soldaten »seine Wirkung nicht verfehlen« werde, war also nicht unbegründet.⁹⁹

In dieser Situation offenbarte sich, dass die langfristig angelegte Ideologisierung der Wehrmacht in der »Zeit der Indoktrination« seit 1933 Früchte getragen hatte.¹⁰⁰ Obwohl die Truppen an der Ostfront im Frühjahr 1941 lange in Ungewissheit über den nächsten Einsatz gelassen worden waren und keine vorbereitende Propaganda hatte erfolgen können, zeigten sie sich für die am Vorabend der Invasion unvermittelt einsetzende Propaganda schnell empfänglich. Da die Verlautbarungen Hitlers und seiner Generäle über die Gründe für den bevorstehenden »Kreuzzug gegen den Bolschewismus« in der Wehrmacht an jahrelange antisowjetische Kampagnen anknüpfen und auf einer breiten antikommunistischen Grundströmung aufbauen konnten, reagierten die meisten Soldaten mit Verständnis auf die Entscheidung zum Angriff auf die Sowjetunion. Ein Veteran der 262. Infanteriedivision erinnerte sich noch Jahrzehnte später daran, wie er und seine Kameraden den Feldzug angetreten hatten, um sich der »Gefahr des Weltbolschewismus« entgegenzustellen: »Wir taten das aus Überzeugung, im Glauben an eine gute und gerechte Sache!«¹⁰¹ Auch bei Vinzenz Griesemer, einem weiteren Veteranen des Ostheeres, war die Kriegshetze auf fruchtbaren Boden gefallen: »Die Russen waren für uns Bestien. Sie wurden gleichgesetzt mit Kommunismus. Kommunismus war das schlimmste Übel dieser Zeit. Es wollte die ganze Welt beherrschen.«¹⁰² Der Konsens über die Notwendigkeit des Feldzugs war zugleich eine wichtige Voraussetzung dafür, dass die Truppen auch die besondere Form der Kriegführung gegen den Bolschewismus akzeptieren konnten.

Denn die Appelle am 21. Juni 1941, in deren Verlauf den Einheiten der Angriffsbeginn, Hitlers Proklamation und die Tagesbefehle ihrer Truppenführer bekannt gegeben wurden, waren damit noch nicht beendet. Bei der gleichen Gelegenheit wurden die Truppen durch zusätzliche Erklärungen, Merkblätter und Befehle auf die ideologische Kehrseite des Feldzugs ausgerichtet. Die Kommandeure und Einheitsführer schworen ihre Soldaten auf den Vernichtungskrieg ein und machten ihnen klar, dass es in dem bevorstehenden Krieg um nichts weniger als die »Zerschlagung des Bolschewismus«¹⁰³

---

[97] Bericht des OGefr. Matthias S. v. 21.6.-27.10.1941, Eintrag v. 18.7.1941; BA-MA, MSg 2/5431, S. 20.
[98] Feldpostbrief des OGefr. Hans Z. an seine Mutter v. 3.11.1941; BA-MA, MSg 2/5807.
[99] Eintrag im KTB der 239. Inf.Div. v. 21.6.1941; BA-MA, RH 26-239/17.
[100] Vgl. MESSERSCHMIDT, Wehrmacht.
[101] Erinnerungen Hans S., ehemals IR 462, a.d.J. 1990; BA-MA, MSg 2/5520.
[102] Zit. nach: KNOPP, Wehrmacht, S. 84. Vgl. auch die Aussage von Hans Schönbeck, ebenfalls Veteran des Ostheeres, ebd., S. 86: »Es war uns gesagt worden: Wir haben ganz klare Unterlagen, dass der Russe Deutschland überrollen will. Die Angriffsziele des Russen gehen sogar weiter wie Deutschland, deswegen müssen wir den Präventivschlag führen, damit er sich nicht aufbauen kann. Das leuchtete uns ein.«
[103] Divisionsbefehl Nr. 1 der 296. Inf.Div./Abt. Ia Nr. 1309/41 geh. v. 21.6.1941; BA-MA, RH 26-296/14.

ging. Neben der Stigmatisierung des Bolschewismus als »Todfeind des nationalsozialistischen deutschen Volkes« schlossen die Aufrufe auch rassistische Hetze gegen den Kriegsgegner ein. Der Kommandeur der 12. Panzerdivision etwa ließ seinen Soldaten vor dem Einsatz einimpfen, dass es sich bei dem »Kampf mit dem bolschewistischen Russland [um] eine völkische Lebensentscheidung gegen eine feindliche Rasse und einen Kulturträger minderer Art« handle.[104] Neben solchen Instruktionen gehörten auch die verschiedenen Merkblätter über die angeblich heimtückische Kampfweise der Roten Armee und die »Richtlinien für das Verhalten der Truppe in Russland« zur Einstimmung auf den Weltanschauungskrieg. Diese Merkblätter und Richtlinien wurden während der Appelle am Vorabend des Feldzugs verlesen. Nicht zuletzt standen bei dieser Befehlsausgabe auch die ›verbrecherischen Befehle‹ auf der Tagesordnung. In ihren Ansprachen schärften die Einheitsführer ihren Soldaten die besonderen, auf den »Führererlasse[n]« beruhenden »Grundsätze für die Kriegführung gegen Rußland« ein.[105] Die erfolgsverwöhnten Truppen des Heeres traten den Angriff auf die Sowjetunion somit überwiegend in großer Siegesgewissheit, aber auch in der Erwartung an, dass der Feldzug »kein normaler Krieg« würde, »sondern ein Weltanschauungskrieg«, für den »andere Regeln« galten.[106] Nachdem die Wehrmachtpropaganda und ihre Truppenführer die Soldaten darauf eingestellt hatten, dass »von einem schnellen vernichtenden Siege« nichts weniger als »die Existenz unserer Familien, unseres Volkes und Reiches« abhänge[107], machten sich die Truppen in dem Glauben zum Angriff bereit, einen Präventivschlag gegen einen sprungbereiten, skrupellosen Feind auszuführen, um Europa vor der drohenden Invasion einer zerstörerischen Macht zu schützen, koste es, was es wolle.

2. Die Befehlslage: Der Komplex um den Kommissarbefehl

Die veränderten Regeln dieses Krieges hatte die oberste deutsche Führung schon mehrere Monate vor Beginn des Ostfeldzugs festgelegt. Um die Kampagne gegen die Sowjetunion als »Vernichtungskampf« zu führen, so wie Hitler es angeordnet hatte, arbeiteten die Dienststellen des OKW und des OKH ein ganzes Bündel von ›verbrecherischen Befehlen‹ aus, die gezielt mit dem geltenden Kriegsvölkerrecht brachen. Die Konzipierung dieses Befehlskomplexes begann im Frühjahr 1941 und ist bereits detailliert erforscht worden.[108] Zwar hatte Hitler der Wehrmachtsführung bereits vor

---

[104] Befehl 12. Pz.Div./Kdr. Nr. 8/41 g.Kdos. v. 15.6.1941; BA-MA, RH 27-12/49. Über diesen Befehl hatten die Einheitsführer ihre Soldaten vor dem Einsatz »persönlich eingehend zu unterrichten«, vgl. den Befehl 12. Pz.Div./Abt. IIa Nr. 293/41 geh. v. 18.6.1941; BA-MA, RH 27-12/4, Bl. 80.
[105] Eintrag im TB (IVb) der 298. Inf.Div. zur Besprechung aller Sanitätsdienstoffiziere beim Divisionsarzt der 298. Inf.Div. am 20.6.1941; BA-MA, RH 26-298/78. Zur Bekanntgabe der ›verbrecherischen Befehle‹ bei den Verbänden und Einheiten des Ostheeres vgl. ausführlich Kap. III.2.
[106] Erinnerungen Horst K., ehemals Angehöriger der N.Abt. 28; Brief an den Vf. v. 27.7.2005.
[107] Befehl der 162. Inf.Div./Abt. Ia Nr. 87/41 g.Kdos. v. 9.6.1941 zur Belehrung der Divisionsangehörigen; BA-MA, RH 26-162/9, Anl. 14.
[108] Die Entstehungsgeschichte der ›verbrecherischen Befehle‹ ist hinreichend erforscht und wird aus diesem Grund hier nur noch zusammenfassend referiert. Vgl. ausführlich dazu Förster, Unterneh-

der Entfesselung des Weltkriegs im Jahre 1939 angekündigt, dass der nächste Krieg ein »reiner Weltanschauungskrieg, d. h. bewußt ein Volks- und Rassenkrieg sein« werde.[109] Dennoch hatten sich die Vorbereitungen für das »Unternehmen Barbarossa« im Jahre 1940 und über den Jahreswechsel hinaus zunächst ganz auf die operativen und rüstungswirtschaftlichen Weichenstellungen beschränkt. Erst Anfang März 1941 initiierte Hitler die Planung des Vernichtungskrieges. Am 3. März 1941 stellte Hitler das OKW darauf ein, dass der kommende Krieg »mehr als nur ein Kampf der Waffen« sei und auch zur »Auseinandersetzung zweier Weltanschauungen« führe.[110] Hitlers Weisungen, die Jodl an diesem Tag der Abteilung Landesverteidigung zur Bearbeitung weiterreichte, umfassten bereits alle Postulate, die später in die ›verbrecherischen Befehle‹ einmündeten: die Vernichtung der »jüdisch-bolschewistische[n] Intelligenz«, die Einschränkung der Kriegsgerichtsbarkeit, der Einsatz von Kräften des RSHA im Operationsgebiet des Heeres und nicht zuletzt auch die Forderung, »alle Bolschewistenhäuptlinge und Kommissare sofort unschädlich zu machen«.[111] Auch den Generalstab des Heeres bereitete Hitler wenig später darauf vor, dass im bevorstehenden Feldzug die »Anwendung brutalster Gewalt notwendig« sei.[112] Am 17. März 1941 erklärte er der Führungsspitze des OKH unumwunden, dass »die von Stalin eingesetzte Intelligenz [...] vernichtet« und die »Führermaschinerie des russischen Reiches [...] zerschlagen« werden müsse. Als Folge dieses radikalen Vorgehens werde der gegnerische Widerstand rasch zusammenbrechen: »Weltanschauliche Bande halten das russische Volk noch nicht fest genug zusammen. Es wird mit dem Beseitigen der Funktionäre zerreißen.«

Nachdem OKW und OKH bereits Anfang März 1941 über den besonderen Charakter des Ostfeldzuges unterrichtet worden waren und daraufhin schon die Arbeit an einzelnen Befehlsentwürfen aufgenommen hatten, wurden am Ende des Monats auch die höheren Truppenführer des Ostheeres darauf eingeschworen, den »weltanschaulichen Kampf mit durchfechten«[113] zu lassen. In seiner richtungweisenden Rede in der Berliner Reichskanzlei am 30. März 1941, an der unter anderem alle Heeresgruppen- und Armeeführer des Ostheeres teilnahmen, legte Hitler zugrunde, dass der Krieg gegen die Sowjetunion ein »Kampf um unser Dasein«[114] sei. Den Bolschewismus bezeichnete er als »asoziales Verbrechertum« und »ungeheure Gefahr für die Zukunft«.[115] Durch den bevorstehenden »Kampf gegen [den] Bolschewismus« müsse diese Gefahr »für alle Zukunft« beseitigt werden.[116] Dieser »Vernichtungskampf« verlange nicht nur die »Vernichtung der bolschewistischen Kommissare und der kommunistischen Intelligenz«.[117] Die »Kriegführung gegen Rußl[and].« müsse überhaupt

---

men, S. 426-440; HÜRTER, Heerführer, S. 247-265; KRAUSNICK, Kommissarbefehl; MESSERSCHMIDT, Wehrmacht, S. 402-411; UHLIG, Befehl; JACOBSEN, Kommissarbefehl; ARNOLD, Wehrmacht, S. 133-145.
[109] Zit. nach: FÖRSTER, Unternehmen, S. 152.
[110] KTB des OKW, Bd. I, S. 340 ff. (3.3.1941).
[111] Ebd.
[112] Hierzu und zum Folgenden HALDER, KTB, Bd. 2, S. 320 (17.3.1941).
[113] HALDER, KTB, Bd. 2, S. 399 (6.5.1941).
[114] Notizen Hoths von Hitlers Rede v. 30.3.1941, vgl. Anm. 11.
[115] HALDER, KTB, Bd. 2, S. 336 f. (30.3.1941).
[116] Notizen Hoths von Hitlers Rede v. 30.3.1941, vgl. Anm. 11.
[117] HALDER, KTB, Bd. 2, S. 336 f. (30.3.1941).

vom bisherigen »Schema« abweichen; gegen Polen müsse man eben anders Krieg führen als gegen Norweger.[118] Im Kampf gegen die Sowjetunion müsse das Heer »vom Standpunkt des soldatischen Kameradentums abrücken« – selbst der militärische Gegner sei »vorher kein Kamerad und nachher kein Kamerad«.[119] Auch die schwebende Frage der Kriegsgerichtsbarkeit bei den Operationen brachte Hitler zur Sprache. In den bisherigen Feldzügen der Wehrmacht sei die Militärjustiz gegenüber allen »Verbrecher[n]« in den besetzten Gebieten »zu human« gewesen und »behütete sie, statt sie zu töten«.[120] Im Kampf gegen die Sowjetunion müsse sich dies alles grundlegend ändern, wie der Generalstabschef des Heeres in seinen Notizen festhielt: »Der Kampf muß geführt werden gegen das Gift der Zersetzung. Das ist keine Frage der Kriegsgerichte. Die Führer der Truppe müssen wissen, worum es geht. Sie müssen in dem Kampf führen. Die Truppe muß sich mit den Mitteln verteidigen, mit denen sie angegriffen wird. Kommissare und GPU-Leute sind Verbrecher und müssen als solche behandelt werden.«[121] Auf die geplante Ermordung der sowjetischen Kommissare ging Hitler besonders ausführlich ein. Zur Rechtfertigung dieser radikalen Maßnahme führte der oberste Befehlshaber seinen Generälen die »Verbrechen der russ[ischen]. Kommissare« vor Augen: »Überall, wo sie hinkamen, Lettl[and]., Galizien, Litt[auen]. haben sie asiatisch gehaust.«[122] Daher, folgerte Hitler, »verdienen [sie] keine Schonung«. Das Verfahren mit ihnen, das Hitler jetzt befahl, entsprach schon weitgehend dem, was später im Kommissarbefehl festgelegt wurde. Die Frontverbände des Heeres hatten die »Vernichtung der bolschewistischen Kommissare«[123] selbst in die Hand zu nehmen: »Nicht an Kriegsgericht, sondern sofort durch die Truppe beseitigen. Nicht nach hinten abschieben.«[124]

Von den Truppenführern verlangte Hitler nichts weniger, als in diesem existentiellen »Vernichtungskampf« alle »ihre Bedenken zu überwinden«.[125] Die in der Reichskanzlei versammelten Heerführer machten dabei den Anfang: Generaloberst Hoth etwa gab Hitlers Weisungen kurz darauf an seine Kommandierenden Generäle weiter.[126] Einwände gegen die völkerrechtswidrige Kriegführung, die Hitler hier ankündigte, sind nicht belegt. Die Glaubwürdigkeit der nachträglichen Zeugenaussage von Brauchitschs, der vor dem Nürnberger Tribunal von stürmischen Protesten seiner Generäle berichtete, erscheint denkbar zweifelhaft. Wenn überhaupt, bezogen sich die Bedenken auf die Einschränkung der Kriegsgerichtsbarkeit, von der man negative Rückwirkungen auf die militärische Disziplin erwartete, richteten sich aber nicht grundsätzlich gegen das Gesamtkonzept der Kriegführung. Zumindest die höheren Truppenführer des Ostheeres waren also darauf vorbereitet und hatten bereits mehr oder weniger stillschweigend ihre Billigung zum Ausdruck gebracht, als einige Wochen später in ihren Hauptquartieren die Ausfertigungen der ›verbrecherischen Be-

---

[118] Notizen Hoths von Hitlers Rede v. 30.3.1941, vgl. Anm. 11.
[119] HALDER, KTB, Bd. 2, S. 336 f. (30.3.1941).
[120] Notizen Hoths von Hitlers Rede v. 30.3.1941, vgl. Anm. 11.
[121] HALDER, KTB, Bd. 2, S. 336 f. (30.3.1941).
[122] Hierzu und zum Folgenden Notizen Hoths von Hitlers Rede v. 30.3.1941, vgl. Anm. 11.
[123] HALDER, KTB, Bd. 2, S. 336 f. (30.3.1941).
[124] Notizen Hoths von Hitlers Rede v. 30.3.1941, vgl. Anm. 11.
[125] HALDER, KTB, Bd. 2, S. 336 f. (30.3.1941).
[126] Vgl. die Notiz am Ende von Hoths Aufzeichnungen zu Hitlers Rede: »Am 12.4. u. 16.4. an Gen. Schmidt u. Gen. Kuntzen bekannt gegeben«, vgl. Anm. 11.

fehle‹ eintrafen, die bis Anfang Juni 1941 von den Juristen und Generalstäblern in OKW und OKH routinemäßig ausgearbeitet worden waren.

Das »Wagner-Heydrich-Abkommen«

Der erste dieser Erlasse, der nach den wegweisenden »Richtlinien auf Sondergebieten« ausgefertigt wurde, war der fatale Befehl, der den Einsatzgruppen des RSHA den Weg in das Operationsgebiet des Heeres ebnete. Schon in den »Richtlinien auf Sondergebieten« vom 5. März 1941 war festgelegt worden, dass das RSHA eigene Kräfte ins Operationsgebiet entsenden werde, um dort »Sonderaufgaben im Auftrage des Führers« wahrzunehmen, »die sich aus dem endgültig auszutragenden Kampf zweier entgegengesetzter politischer Systeme ergeben«, wie die viel sagende Umschreibung ihres Auftrags lautete.[127] Bereits am 13. März trafen daher Reinhard Heydrich, der Chef des RSHA, und Eduard Wagner, der Generalquartiermeister des OKH, zusammen, um die Modalitäten der Kooperation zu vereinbaren.[128] Bis zum 26. März 1941 hatten sie ein Konzept erarbeitet, das die Billigung des Oberbefehlshabers des Heeres fand.[129] Schon am folgenden Tag, nachdem Brauchitsch den Entwurf erhalten hatte, unterrichtete er auf der Besprechung am 27. März 1941 die Vertreter seiner Armeeverbände davon: »Das Niederhalten aufständischer Elemente übernimmt der Chef der Polizei Minister Himmler.«[130] Hier klang bereits an, welchen Nutzen man sich in den Kommandobehörden des Heeres vom Einsatz der SD-Kommandos erhoffte und warum man sich einer Zusammenarbeit mit ihnen nicht verschloss: Die Einsatzgruppen versprachen, das Heer von ungeliebten Befriedungsaufgaben zu entlasten. Am 28. April 1941 wurde die *»Regelung des Einsatzes der Sicherheitspolizei und des SD im Verbande des Heeres«* schließlich vom OKH besiegelt.[131]

Durch den Erlass erhielten die Kommandos der Einsatzgruppen Zugang zum rückwärtigen Heeresgebiet und zum rückwärtigen Armeegebiet. Lediglich im Gefechtsgebiet durften sie nicht operieren. Im Unterschied zu den bisherigen Feldzügen, in denen die Einsatzgruppen aufgetreten waren, wurden sie den Kommandobehörden des Heeres nur noch »hinsichtlich Marsch, Unterkunft und Versorgung unterstellt«.[132] Die Oberbefehlshaber behielten allerdings das Recht, Aktionen der Einsatzgruppen zu untersagen; hierzu reichte es aus, sich auf eine etwaige Störung der militärischen Operationen zu berufen. Von entscheidender Bedeutung war, dass den Einsatzgruppen die weit reichende Befugnis eingeräumt wurde, »im Rahmen ihres Auftrages in eigener Verantwortung Exekutivmaßnahmen gegenüber der Zivilbevölkerung zu treffen«. Was das bedeuten musste, darüber konnte man sich in den Kommandobehörden des

---

[127] Die »Richtlinien auf Sondergebieten« v. 5.3.1941 sind ediert bei UEBERSCHÄR, WETTE, Überfall, S. 246 ff.
[128] Eintrag im KTB Halders vom 13.3.1941: »Besprechung Wagner-Heydrich: Polizeifragen, Grenzzoll.«; vgl. HALDER, KTB, Bd. 2, S. 311 (13.3.1941).
[129] Vgl. FÖRSTER, Unternehmen, S. 422.
[130] Besprechung beim Generalstabschef des AOK 4 am 1.4.1941 über Brauchitschs Rede v. 27.3.1941, vgl. die Notizen des Ia-Offiziers der 4. Armee; BA-MA, RH 20-4/114, Bl. 50.
[131] Der Erlass ist ediert bei UEBERSCHÄR, WETTE, Überfall, S. 249 f.
[132] Zur Abstimmung mit den Oberkommandos der Heeresgruppen und Armeen hatten die SD-Kommandos allerdings mit den Ic-Offizieren dieser Stäbe ständig Verbindung zu halten; vgl. ebd.

Heeres nach den erschreckenden Erfahrungen, die man mit den Einsatzgruppen in Polen gemacht hatte, keinen Illusionen hingeben. Auch die vorbereitenden Besprechungen auf den höheren Führungsebenen der Wehrmacht, in deren Verlauf der geplante Einsatz des SD zur Sprache kam, ließen nicht den Gedanken aufkommen, dass sich an den Aufgaben und dem Vorgehen der Einsatzgruppen etwas geändert hätte. Die »Zusammenarbeit Heer – SD im rückw. Armee- und Heeresgebiet« war unter anderem Gegenstand einer Besprechung im OKH am 6. Juni 1941, an der auch Vertreter des Ostheeres teilnahmen.[133] Nachdem ein Mitarbeiter des Generalquartiermeisters erneut erklärt hatte, dass Himmlers Kommandos mit der »politisch-polizeil[ichen]. Bekämpfung des Feindes« beauftragt seien, schloss sich ein Vortrag eines SD-Offiziers über die »Aufgaben des SD und der Polizei« an. Die Aufgabe der Kommandos sei die »politische Sicherung des besetzten Gebietes«, so der SD-Führer. Die Einsatzgruppen würden »so arbeiten, dass die Grundlagen für die endgültige Beseitigung des Bolschewismus geschaffen werden«. Hierzu gehöre die »Erfassung des f[ein]dl[ichen]. politischen Materials und der polit[isch]. gefährlichen Persönlichkeiten«. Welche Personengruppen als »politisch gefährlich« angesehen wurden und auf der Fahndungsliste der Kommandos standen, verheimlichte der SD-Offizier nicht: »Juden, Emigranten, Terroristen, polit. Kirchen usw.« Selbst die Vertreter des SD hielten es offenbar nicht für nötig, die Führung des Heeres über ihre Absichten in die Irre zu führen. In der Besprechung im OKH am 6. Juni 1941 kündigte der SD-Offizier den Vertretern des Heeres unverhohlen an, dass die SS-Kommandos von vornherein zu einem radikalen Vorgehen angehalten waren: »Laut vorliegendem Befehl ist mit äußerster Härte und Schärfe aufzutreten.«[134] In den Kommandobehörden des Heeres konnte man sich also kaum darüber täuschen, worauf man sich einließ und was zu erwarten stand.

Im OKH gab man sich damit zufrieden, von der unmittelbaren Zuständigkeit für die Tätigkeit der SD-Kommandos entbunden zu sein. Für dieses Minimalziel war eine »echte Unterstellung aller dieser Verbände« vom »Ob[erbefehlshaber] d[es] H[eeres] abgelehnt« worden, weil »damit [die] Durchführung politischer Aufträge« direkt unter die Federführung des Heeres gefallen wäre.[135] Der Generalquartiermeister rechnete es sich als Verdienst an, in den Verhandlungen über das so genannte Wagner-Heydrich-Abkommen »erreicht« zu haben, dass »die Durchführung politischer Aufträge des Führers […] nicht Sache des Heeres sein« würde.[136] Alles, was man erreicht hatte, war allerdings, dass man sich der formalen Verantwortung für die Aktionen der Einsatzgruppen entledigt hatte. Nachdem im Mai 1941 der Konflikt zwischen Heer und SS über die Vorgänge in Polen offiziell beigelegt worden war und die Heeresführung angeordnet hatte, ihn zukünftig nicht wieder aufkommen zu lassen[137], übte man sich

---

[133] Hierzu und zum Folgenden Protokoll von der »Besprechung OKW/Abw. u. OKH am 5./6.6.41 in Berlin«; BA-MA, RH 19-III/722, Bl. 83 ff.

[134] Aktennotiz über die Besprechung beim OKW v. 5.6.-6.6.1941, AOK Norwegen/Abt. Ic Nr. 110/41 g.Kdos.; BA-MA, RW 39/9a, Bl. 21 ff.

[135] Protokoll von der Besprechung beim Gen.Qu. in Wünsdorf am 16.5.1941; BA-MA, RH 20-11/334.

[136] Protokoll des Qu. 2 des AOK 16 von der Besprechung beim Gen.Qu. am 16.5.1941; BA-MA, RH 20-16/1012, Bl. 66-73, hier Bl. 70 f.

[137] Vgl. das Protokoll von der Besprechung beim Gen.Qu. am 26.5.1941, abgedruckt bei HALDER, KTB, Bd. 2, S. 482.

schon vor dem Feldzug darin ein, vor der Tätigkeit der SD-Kommandos die Augen zu verschließen: »Deren ›Politischer Einsatz‹ soll das Heer nicht weiter interessieren.«[138]

Der Kriegsgerichtsbarkeitserlass

Ebenso wie der Einsatz des SD im Operationsgebiet des Heeres war auch die Modifikation der Kriegsgerichtsbarkeit bereits in den »Richtlinien auf Sondergebieten« angekündigt worden.[139] Die Arbeiten am Kriegsgerichtsbarkeitserlass begannen dann offenbar in der zweiten Aprilhälfte 1941.[140] Nachdem die Rechtsabteilungen in OKW und OKH verschiedene Befehlsentwürfe erarbeitet und gegeneinander abgewogen hatten, gab das OKW den »*Erlaß über die Ausübung der Kriegsgerichtsbarkeit im Gebiet ›Barbarossa‹ und über besondere Maßnahmen der Truppe*« schließlich am 13. Mai 1941 heraus.[141] Der gut erforschte Entstehungsprozess dieses folgenschweren Befehls war von einer fortlaufenden Radikalisierung gekennzeichnet. Schrittweise gelangte man in den Entwurfsstadien von der anfänglichen Beschränkung der Kriegsgerichtsbarkeit letztlich bis zu ihrer vollständigen Aussetzung.[142]

An die Stelle der nunmehr ausgehebelten, traditionellen Militärjustiz über die Zivilbevölkerung in den besetzten Gebieten setzte der Kriegsgerichtsbarkeitserlass die sofortige »Selbsthilfe der Truppe«, wie der General z.b.V. den Kerngedanken des »Barbarossa«-Erlasses treffend auf den Punkt brachte.[143] Die grundlegende Bestimmung besagte, dass »Straftaten feindlicher Zivilpersonen« der »Zuständigkeit der Kriegsgerichte und der Standgerichte bis auf weiteres entzogen« seien. Gefangen genommene ›tatverdächtige Elemente‹ sollten dem nächsten Offizier vorgeführt werden, der umgehend darüber zu entscheiden hatte, »ob sie zu erschießen« seien. Die Festnahme und Verwahrung »verdächtige[r] Täter [!]« wurde »ausdrücklich verboten«. Das Vorgehen der Truppe gegen irreguläre Widerstände sollte im Allgemeinen wesentlich verschärft werden. »Freischärler« waren »durch die Truppe im Kampf oder auf der Flucht schonungslos zu erledigen«. Und »auch alle anderen Angriffe feindlicher Zivilpersonen« waren »von der Truppe auf der Stelle mit den äußersten Mitteln bis zur Vernichtung des Angreifers niederzukämpfen«. Für den Fall, dass nach Angriffen aus Ortschaften die Täter nicht festzustellen waren, gestand der Gerichtsbarkeitserlass außerdem allen Truppenführern vom Bataillonskommandeur aufwärts das Recht zu, »kollektive Gewaltmaßnahmen« zu ergreifen. Für die praktische Durchführung dieser Repressalien empfahl das OKH, in der betreffenden Ortschaft sofort »30

---

[138] Protokoll von der Besprechung im OKH v. 4.6./5.6.1941, vgl. die »Besprechungspunkte Zossen«, Abschnittsstab Ostpreußen/Abt. Ia Nr. 588/41 g.Kdos. Chefs. v. 9.6.1941; BA-MA, RH 21-4/8, Bl. 67-81, hier Bl. 71.
[139] Vgl. Anm. 127.
[140] Vgl. KRAUSNICK, Kommissarbefehl, S. 689 f.
[141] Der Erlass ist ediert bei UEBERSCHÄR, WETTE, Überfall, S. 252 f. Vgl. zum Kriegsgerichtsbarkeitserlass, seiner Rezeption und Umsetzung im Ostheer RÖMER, ›Im alten Deutschland‹.
[142] Vgl. die verschiedenen Entwurfsstadien bei KRAUSNICK, Kommissarbefehl, S. 697 ff.
[143] Protokoll von der Besprechung des Gen.z.b.V. in Allenstein am 10.6.1941; BA-MA, RH 19-III/722, Bl. 87.

Mann erschießen« zu lassen.¹⁴⁴ Im zweiten Abschnitt des Gerichtsbarkeitserlasses wurde der sowjetischen Zivilbevölkerung der Rechtsschutz vor »Straftaten von Angehörigen der Wehrmacht« abgesprochen. Sofern es sich nicht um Taten handelte, die auf »geschlechtlicher Hemmungslosigkeit« oder »einer verbrecherischen Veranlagung« beruhten, sollte für Vergehen deutscher Soldaten gegen sowjetische Zivilisten kein Strafverfolgungszwang mehr bestehen. An Stelle des fälligen Kriegsgerichtsverfahrens konnte es der zuständige Gerichtsherr, also in der Regel der Divisionskommandeur, der diese Fälle nach wie vor zu entscheiden hatte, bei einer disziplinaren Ahndung belassen. Straftaten, die in Einklang mit »den politischen Absichten der Führung« standen, waren entschuldbar – so die Implikation des Kriegsgerichtsbarkeitserlasses.

Bevor der Erlass an das Ostheer weitergegeben wurde, fügte der Oberbefehlshaber des Heeres am 24. Mai 1941 Befehlszusätze hinzu, die vor allem der verbreiteten Sorge Rechnung trugen, dass der Befehl »willkürliche[n] Ausschreitungen *einzelner* Heeresangehöriger« Vorschub leisten und letztlich zu einer »Verwilderung der Truppe« führen könnte.¹⁴⁵ Um derartige Auswüchse zu verhindern, nahm Brauchitsch die Truppenoffiziere in die Verantwortung, rührte aber nicht an die Bestimmungen des Erlasses. Mehr als an einer Mäßigung der eingeschlagenen harten Linie war Brauchitsch, wie den meisten Truppenführern, daran gelegen, »die Manneszucht, die Grundlage unserer Erfolge, zu erhalten«. Dass seine Befehlszusätze den Gerichtsbarkeitserlass daher kaum abmilderten, beurteilten schon manche prominente Zeitgenossen, wie Generalfeldmarschall von Bock, so: »Brauchitsch hat zwar eine Ergänzung zu dieser Verfügung gegeben, die wohl abschwächen soll, was aber nur unvollkommen gelingt.«¹⁴⁶ Ein Oppositioneller wie Ulrich von Hassell kritisierte den Disziplinarerlass als »an sich gar nichts ändernde, aber den Schein wahrende Zusätze«.¹⁴⁷

Nachdem die Ausarbeitung des Befehls abgeschlossen war, ließ das OKH den Kriegsgerichtsbarkeitserlass auf verschiedenen Besprechungen mit Vertretern des Ostheeres zusätzlich erläutern. Auf einer Besprechung beim Generalquartiermeister in Wünsdorf am 16. Mai 1941 unterrichtete Oberstkriegsgerichtsrat Lattmann, der an der Ausarbeitung des Befehls maßgeblich mitgewirkt hatte, unter anderem Repräsentanten der Heeresgruppen, Armeen und Panzergruppen über die Bestimmungen des Erlasses und bereitete sie darauf vor, dass »ein Kriegsbrauch mit östlichen Mitteln angewandt« werden müsse.¹⁴⁸ Auf der Chefbesprechung im OKH am 4. Juni 1941 hielt der General z.b.V, Generalleutnant Müller, einen Vortrag und erläuterte den Befehl ein weiteres Mal. Was er zu sagen hatte, konnte man dem Erlass allerdings schon selbst entnehmen: »Gegenüber Landeseinwohnern treten Kriegsgerichte und Stand-

---

¹⁴⁴ Protokoll von der Besprechung beim Gen.Qu. in Wünsdorf am 16.5.1941; BA-MA, RH 20-11/334.
¹⁴⁵ Vgl. hierzu und zum Folgenden Brauchitschs Befehlszusätze v. 24.5.1941, ediert bei UEBERSCHÄR, WETTE, Überfall, S. 253 f. Hervorhebungen im Original. Vgl. zu den Sorgen um die Disziplin z. B. das Tagebuch von Bocks; GERBET, Generalfeldmarschall, S. 191 (7.6.1941).
¹⁴⁶ Eintrag im Tgb. von Bocks v. 4.6.1941; ebd., S. 190. Nach einem klärenden Telefonat mit Brauchitsch waren von Bocks Bedenken allerdings ausgeräumt: »Nun bin ich einverstanden!« Eintrag im Tgb. von Bocks v. 7.6.1941; ebd., S. 191.
¹⁴⁷ HASSELL, Deutschland, S. 187 (16.6.1941).
¹⁴⁸ Protokoll des Qu. 2 des AOK 16 von der Besprechung beim Gen.Qu. am 16.5.1941; BA-MA, RH 20-16/1012, Bl. 66-73, hier Bl. 72.

gerichte *nicht* in Kraft! *Selbst*erledigung durch Truppe! 3 Möglichkeiten: Erledigung beim Angriff, auf Flucht, durch Entscheid eines Off[i]z[iers].«[149]

Auf den Besprechungen in Warschau und Allenstein am 10. und 11. Juni 1941, die der General z.b.V. zusammen mit Oberstkriegsgerichtsrat Lattmann abhielt, wurden die Bestimmungen des Gerichtsbarkeitserlasses dagegen mit zusätzlichen Direktiven ergänzt, um die »Rückkehr zum alten Kriegsbrauch« zu untermauern.[150] Hierzu zählte zum einen die willkürliche Erweiterung des völkerrechtlich definierten irregulären Kombattantenstatus. Das AOK 6 umschrieb den nunmehr geltenden, ausgedehnten Freischärlerbegriff treffend als »Freischärlerei im erweiterten Sinne«.[151] Neu war daran, »dass auch Zivilpersonen als Freischärler zu behandeln sind, die mit andern Mitteln, als mit den Waffen (z. B. Sabotage an Autoreifen, Lochschlagen in den Benzintank, hetzerische Reden, Herstellung und Verbreitung von Flugblättern, Plakatanschläge, Flüsterpropaganda) ihre feindselige Einstellung gegen die deutsche Wehrmacht bekunden und auf diese Weise am Kampf teilnehmen«. Genauso rechtswidrig wie diese selbstherrliche Modifikation der Haager Landkriegsordnung war die einseitige Außerkraftsetzung des Rechts zum Waffengreifen, welches das OKH der sowjetischen Zivilbevölkerung kategorisch aberkannte: »§ 2 der Haager Landkriegsordnung kommt nicht in Frage.«[152] Besonders fatal sollte sich später eine Maßgabe auswirken, die im Text des Gerichtsbarkeitserlasses zwar schon angelegt war, von Müller und Lattmann aber auf den Besprechungen im Juni 1941 noch einmal ausdrücklich bekräftigt wurde. Für den häufig anzunehmenden Fall, dass sich für die Überführung von tatverdächtigen sowjetischen Zivilisten keine »klare[n] Beweise« erbringen lassen würden, sollten zur Anordnung von Exekutionen bloße Verdachtsmomente ausreichen: »In Zweifelsfällen über Täterschaft wird häufig der Verdacht genügen müssen«.[153] Die Weisungen, die das OKH in Warschau und Allenstein nachtragen ließ, stellten allesamt eindeutige Völkerrechtsbrüche dar. Sie entsprachen dem erklärten Ziel, dass »im kommenden

---

149 Vgl. die hs. Notizen des Gen.St.Ch. der Pz.Gr. 4 zur Chefbesprechung im OKH v. 6.6.1941; BA-MA, RH 21-4/8, Bl. 82-86, hier Bl. 85. Hervorhebungen im Original. Vgl. außerdem die hs. Notizen den Akten des AOK 18 zur Chefbesprechung im OKH am 4.6.1941; BA-MA, RH 20-18/71, Bl. 68-82, hier Bl. 74. Vgl. das Protokoll des H.Gr.Kdos. Süd, H.Gr. Süd/Gen.St.Ch./Abt. Ia Nr. 299/41 g.Kdos. Chefs., über die »Besprechung beim OKH am 4./5.6.41« v. 6.6.41; BA-MA, RH 19-I/276, Anl. 235. Vgl. die Notizen zu der Chefbesprechung beim AOK 4 am 10.6.1941 über die Zossener Besprechung v. 4.6./5.6.1941; BA-MA, RH 20-4/171, Bl. 74-93. Nicht erwähnt wird der Gerichtsbarkeitserlass in dem Protokoll der Pz.Gr. 3 zur Chefbesprechung beim OKH am 4.6.1941, vgl. Pz.Gr. 3/Abt. Ia Nr. 190/41 g.Kdos. v. 6.6.1941; BA-MA, RH 24-6/6, Bl. 2-11. Ebenso wenig im Protokoll des Gen.St.Ch. der H.Gr. Nord, vgl. die »Besprechungspunkte Zossen«, Abschnittsstab Ostpreußen/Abt. Ia Nr. 588/41 g.Kdos. Chefs. v. 9.6.1941; BA-MA, RH 21-4/8, Bl. 67-81, hier Bl. 78.
150 Besprechung des Gen.z.b.V. in Warschau am 11.6.1941, vgl. den TB der Abt. Ic der Pz.Gr. 3 v. 1.1.-11.8.1941; BA-MA, RH 21-3/423, S. 29 f.
151 Vgl. hierzu vom Folgenden die Ausführungsbestimmungen des AOK 6/Abt. Ic/AO Nr. 209/41 g.Kdos. v. 16.6.1941; BA-MA, RH 20-6/96, Bl. 153-156. Die Formulierung hatte das AOK 6 vom Gen.z.b.V. übernommen, der von Freischärlern »im erweiterten Sinne« gesprochen hatte, vgl. das Protokoll von der Besprechung des Gen.z.b.V. in Allenstein am 10.6.1941; BA-MA, RH 19-III/722, Bl. 87.
152 Protokoll von der Besprechung des Gen.z.b.V. in Allenstein am 10.6.1941; BA-MA, RH 19-III/722, Bl. 88.
153 Besprechung des Gen.z.b.V. in Warschau am 11.6.1941, vgl. den TB (Ic) der Pz.Gr. 3 v. 1.1.-11.8.1941; BA-MA, RH 21-3/423, S. 29.

Einsatz *Rechtsempfinden u[nter]. U[mständen]. hinter Kriegsnotwendigkeit* zu treten habe«.[154]

Zur Rechtfertigung dieser beispiellosen Rechtsbeugung wurde in der Präambel des Kriegsgerichtsbarkeitserlasses auf die »weite Ausdehnung der Operationsräume im Osten« und die »Besonderheit des Gegners« verwiesen. Da man fest mit regem Widerstand sowjetischer Zivilisten rechnete und die Wehrmachtsgerichte mit ihrem »geringen Personalbestand« auf diesem weiträumigen Kriegsschauplatz nicht als wirksames Gegenmittel ansah, erschien die »Selbsthilfe der Truppe« als einzig mögliche Lösung. Diese Begründung war noch nicht einmal vorgeschoben, sondern entsprach durchaus den Überlegungen, die hinter dem radikalen Gesamtkonzept des Erlasses standen. Denn das, was der deutschen Führung vorschwebte, konnten die wenigen Kriegsgerichte kaum leisten. Die übergeordnete Zielsetzung, der »alle Abwehrmaßnahmen der Truppe« verpflichtet waren, bestand in der »schnellen Befriedung [des] gewonnenen Gebiets«, wie Brauchitsch in seinen Befehlszusätzen erklärte.[155] Dass der Erlass genau diesen Zweck hatte, betonte auch der General z.b.V. auf den Besprechungen in Allenstein und Warschau nachdrücklich.[156] Jeder »Blutrausch« und »unnötiges Scharfmachen« der Truppe sei unerwünscht, beziehungsweise »nur soweit, als zur Sicherung der Truppe und raschen Befriedung des Landes erforderlich«. Dass das OKH besonderen Wert auf die Schnelligkeit der Widerstandsbekämpfung legte, war ein zentrales Postulat des deutschen Befriedungskonzepts, das auf die Blitzkriegsstrategie ausgerichtet war. Je radikaler man vorging, so lautete das Kalkül, desto eher würde sich der Widerstand in den besetzten Gebieten legen. Abschreckung durch Terror war die Devise. Mit dem Ziel jede Beeinträchtigung der Operationen auszuschließen, sollte mit aller Gewalt und auf schnellstem Wege der angestrebte Zustand »vorn Kampf, hinten Ruhe« hergestellt werden.[157]

An der Radikalität und Rechtswidrigkeit des Kriegsgerichtsbarkeitserlasses konnte indes schon aus zeitgenössischer Perspektive kaum ein Zweifel bestehen. Zwar verstieß der Befehl streng genommen nur in Teilen gegen das Völkerrecht, denn die Verhängung der Todesstrafe gegen Irreguläre stand mit den zeitgenössischen Konventionen durchaus in Einklang, und selbst kollektive Repressalien in Gestalt von Geiselnahmen waren unter bestimmten Umständen durch das gewachsene Gewohnheitsrecht gedeckt.[158] Allerdings war für die Aburteilung von »Freischärlern« ein kriegsgerichtliches Verfahren vorgeschrieben, was durch den Kriegsgerichtsbarkeitserlass rigoros missachtet wurde.[159] Dies war weit mehr als nur eine Formalie. Wie einschneidend sich diese fatale Verallgemeinerung der exekutiven Gewalt auswirkte, zeigte sich daran, welche

---

[154] Ebd. Hervorhebung im Original.
[155] Vgl. Brauchitschs Befehlszusätze v. 24.5.1941, ediert bei UEBERSCHÄR, WETTE, Überfall, S. 253 f.
[156] Hierzu und zum Folgenden Besprechung des Gen.z.b.V. in Warschau am 11.6.1941, vgl. den TB (Ic) der Pz.Gr. 3 v. 1.1.-11.8.1941; BA-MA, RH 21-3/423, S. 29 f.
[157] Protokoll von der Besprechung beim Gen.Qu. in Wünsdorf am 16.5.1941; BA-MA, RH 20-11/334.
[158] Einen Überblick über die geltenden völkerrechtlichen Bestimmungen bietet: Verbrechen der Wehrmacht, S. 15–33. Vgl. zur Rechtslage außerdem die instruktive Darstellung bei LIEB, Krieg, S. 233–258.
[159] Dies war zwar nicht explizit im kodifizierten Völkerrecht verankert, entsprach aber der juristischen Mehrheitsmeinung im nationalen und internationalen völkerrechtlichen Diskurs und nicht zuletzt auch den geltenden deutschen Vorschriften und Gesetzen; vgl. LIEB, Krieg, S. 240 ff.

Konsequenzen sich daraus für die Rechtspraxis in den Divisionen ergaben. Während in einer gewöhnlichen Infanteriedivision nach der früheren Regelung[160] neben dem Divisionsgericht nur noch die etwa ein Dutzend Standgerichte der Regimenter dazu berechtigt waren, Todesurteile auszusprechen, waren nach dem Inkrafttreten des Kriegsgerichtsbarkeitserlasses fortan sämtliche Offiziere zu Herren über Leben und Tod erhoben, deren Zahl sich in einer aufgefüllten Division auf über fünfhundert Mann belief. Neben der Außerkraftsetzung der Kriegsgerichte sprachen außerdem die anvisierten Repressalien auf Verdacht, die willkürliche Erweiterung des Tatbestands der »Freischärlerei« und auch die Aufhebung des Strafverfolgungszwanges allen Rechtsgrundsätzen Hohn.

Der Kommissarbefehl

Der Kriegsgerichtsbarkeitserlass war nicht nur die Grundlage der deutschen Repressionspolitik an der Ostfront, sondern auch der Rahmenbefehl für die kurze Zeit später erlassenen »*Richtlinien für die Behandlung politischer Kommissare*«.[161] Die schriftliche Ausarbeitung des Kommissarbefehls wurde offenbar nach Hitlers Rede in der Berliner Reichskanzlei, wahrscheinlich auf Anordnung des Generalstabschefs des Heeres ins Werk gesetzt.[162] Der erste überlieferte Entwurf stammte aus dem OKH und datiert vom 6. Mai 1941.[163] Wiederum waren sowohl das OKH als auch das OKW an der Konzipierung des Befehls beteiligt, wobei die Vorschläge der Heeresleitung die der Wehrmachtführung an Radikalität sogar noch übertrafen. Nachdem man sich über

---

160 Nach § 2 Abs. 4 b) der Kriegsstrafverfahrensordnung (KStVO) v. 17.8.1938 unterstanden »Freischärler« der Kriegsgerichtsbarkeit und konnten somit entweder von den Feldgerichten der Gerichtsherren oder von den nach § 13 a) der KStVO zulässigen Standgerichten der Regimentskommandeure verurteilt werden. Vgl. die Bestimmungen in der H.Dv. 3/13; BA-MA, RHD 4/3/13.

161 Dass der Gerichtsbarkeitserlass der Rahmenbefehl für die Kommissarrichtlinien war, ging aus dem Begleitschreiben des OKW v. 6.6.1941 ausdrücklich hervor. Dort hieß es: »Im Nachgang zum Führererlaß vom 13.5. über die Ausübung der Kriegsgerichtsbarkeit im Gebiet ›Barbarossa‹ (OKW/ WFSt/Abt. L. (IV/Qu.) Nr. 44718/41 g.Kdos.Chefs.) werden anliegend ›Richtlinien für die Behandlung politischer Kommissare‹ übersandt.« Siehe den Erlass auf Abb. 3. Der Erlass ist ediert bei UEBERSCHÄR, WETTE, Überfall, S. 259f.

162 Hierfür sprechen deutlich v. a. Halders Tagebucheinträge vom 30.3.1941 und 6.5.1941 und der Umstand, dass der erste Befehlsentwurf von seinen Untergebenen, Müller und Lattmann, stammte. Nach Förster stand Halder »im Zentrum der Vorbereitungen der Heeresführung für den Kampf gegen den weltanschaulichen Gegner«; FÖRSTER, Unternehmen, S. 429. Hierauf hatte schon STREIT, Kameraden, S. 44 ff., hingewiesen. Auch HARTMANN, Halder, S. 248-251, stellt klar, dass die Initiative zur Ausarbeitung der Kommissarrichtlinien vom OKH und seinem Generalstabschef ausging und die Heeresleitung gegen den Befehl »nichts mehr einzuwenden« hatte. Die Gegenargumente, die ARNOLD, Wehrmacht, S. 137-145, anführt, erscheinen wenig stichhaltig. Die Tatsache, dass die Konzipierung des schriftlichen Kommissarbefehls in Halders Befehlsbereich begann, heißt bei ARNOLD, Wehrmacht, S. 145, man habe im OKH »die Ausarbeitung in eigenen Abteilungen toleriert«. Unhaltbar sind auch unbelegte Behauptungen wie jene, dass das Verbot der schriftlichen Weitergabe des Kommissarbefehls ergangen sei, damit »Befehlshabern, die die Durchführung ablehnten, ein entsprechendes Verhalten ermöglicht« würde; ebd., S. 142. Überdies verschweigt Arnold, dass die Befehlsentwürfe des OKH diejenigen des OKW an Radikalität noch übertrafen. Reichlich überholt ist außerdem, dass Arnold eine Prozessaussage von Leebs aus der Nachkriegszeit anführt, um zu belegen, dass viele Befehlshaber »gegen den Befehl eingestellt« gewesen seien, ebd.

163 Vgl. den Entwurf bei WARLIMONT, Hauptquartier, S. 178 f.

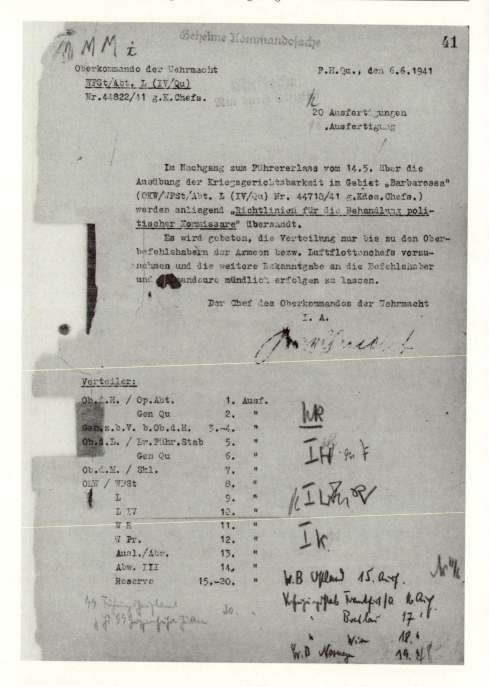

3 | Der Kommissarbefehl: die »Richtlinien für die Behandlung politischer Kommissare« vom 6. Juni 1941

Geheime Kommandosache

Anlage zu OKW/ WFSt/ Abt.L IV/Qu
Nr. 44822/41 g.K.Chefs.

Chefsache!
Nur durch Offizier!

Richtlinien für die Behandlung
politischer Kommissare.

Im Kampf gegen den Bolschewismus ist mit einem Verhalten des Feindes nach den Grundsätzen der Menschlichkeit oder des Völkerrechts <u>nicht</u> zu rechnen. Insbesondere ist von den <u>politischen Kommissaren aller Art</u> als den eigentlichen Trägern des Widerstandes eine hassaerfüllte, grausame und unmenschliche Behandlung unserer Gefangenen zu erwarten.
Die Truppe muss sich bewusst sein:

1.) In diesem Kampfe ist Schonung und völkerrechtliche Rücksichtnahme diesen Elementen gegenüber falsch. Sie sind eine Gefahr für die eigene Sicherheit und die schnelle Befriedung der eroberten Gebiete.

2.) Die Urheber barbarisch asiatischer Kampfmethoden sind die politischen Kommissare. Gegen diese muss daher <u>sofort</u> und ohne Weiteres mit aller Schärfe vorgegangen werden.
Sie sind daher, wenn im Kampf oder Widerstand ergriffen, grundsätzlich sofort mit der Waffe zu erledigen.

Im Übrigen gelten folgende Bestimmungen:

I. <u>Operationsgebiet.</u>
1.) Politische Kommissare, die sich <u>gegen unsere Truppe</u> wenden, sind entsprechend dem "Erlass über Ausübung der Gerichtsbarkeit im Gebiet Barbarossa" zu behandeln. Dies gilt für Kommissare jeder Art und Stellung, auch wenn sie nur des Widerstandes, der Sabotage oder der Anstiftung hierzu verdächtig sind.
Auf die "Richtlinien über das Verhalten der Truppe in Russland" wird verwiesen.

/ 2.)

- 2 -

2.) Politische Kommissare **als Organe der feindlichen Truppe** sind kenntlich an besonderem Abzeichen – roter Stern mit goldenem eingewebtem Hammer und Sichel auf den Aermeln – (Einzelheiten siehe "Die Kriegswehrmacht der UdSSR." OKH/ Gen St d H O Qu IV Abt.Fremde Heere Ost (II) Nr. 100/41 g. vom 15. 1. 1941 unter Anlage 9 d).Sie sind aus den Kriegsgefangenen **sofort**, d.h. noch auf dem Gefechtsfelde, abzusondern. Dies ist notwendig, um ihnen jede Einflussmöglichkeit auf die gefangenen Soldaten zu nehmen. Diese Kommissare werden nicht als Soldaten anerkannt; der für Kriegsgefangene völkerrechtlich geltende Schutz findet auf sie keine Anwendung. Sie sind nach durchgeführter Absonderung zu erledigen.

3.) **Politische Kommissare, die sich keiner feindlichen Handlung schuldig machen oder einer solchen verdächtig sind**, werden zunächst unbehelligt bleiben. Erst bei der weiteren Durchdringung des Landes wird es möglich sein, zu entscheiden, ob verbliebene Funktionäre an Ort und Stelle belassen werden können oder an die Sonderkommandos abzugeben sind. Es ist anzustreben, dass diese selbst die Ueberprüfung vornehmen.

Bei der Beurteilung der Frage, ob "schuldig oder nicht schuldig", hat grundsätzlich der persönliche Eindruck von der Gesinnung und Haltung des Kommissars höher zu gelten, als der vielleicht nicht zu beweisende Tatbestand.

4.) In den Fällen 1.) und 2.) ist eine kurze Meldung (Meldezettel) über den Vorfall zu richten :
    a) von den einer Division unterstellten Truppen an die Division (Ic),
    b) von den Truppen, die einem Korps-, Armeeober- oder Heeresgruppenkommando oder einer Panzergruppe unmittelbar unterstellt sind, an das Korps- usw. Kommando (Ic).

/ 5.)

- 3 -

1600/40

5.) Alle oben genannten Massnahmen dürfen die Durchführung der Operationen nicht aufhalten. Planmässige Such- und Säuberungsaktionen durch die Kampftruppe haben daher zu unterbleiben.

II.) <u>Im rückwärtigen Heeresgebiet.</u>

Kommissare, die im rückwärtigen Heeresgebiet wegen zweifelhaften Verhaltens ergriffen werden, sind an die Einsatzgruppe bezw. Einsatzkommandos der Sicherheitspolizei (SD) abzugeben.

III.) <u>Beschränkung der Kriegs- und Standgerichte.</u>

Die Kriegsgerichte und die Standgerichte der Regiments- usw. Kommandeure dürfen mit der Durchführung der Massnahmen nach I und II nicht betraut werden.

die Bestimmungen verständigt hatte, gab das OKW die Endfassung des Erlasses am 6. Juni 1941 an die drei Wehrmachtteile heraus. Im Befehlstext der Kommissarrichtlinien wurde zwischen verschiedenen Verfahrensweisen für die »Behandlung« gefangen genommener politischer Kommissare differenziert. Zunächst einmal wurde nach Einsatzorten im Operationsgebiet getrennt. Für das rückwärtige Heeresgebiet und das Armeegebiet galten jeweils unterschiedliche Vorschriften. In den rückwärtigen Heeresgebieten waren alle aufgegriffenen politischen Kommissare schlicht »an die Einsatzgruppe bezw. Einsatzkommandos der Sicherheitspolizei (SD) abzugeben«.[164]

In den vorderen beiden Abschnitten des Operationsgebietes, im rückwärtigen Armeegebiet und im Gefechtsgebiet, waren die Fronttruppen des Heeres für die »Behandlung« gefangener Kommissare selbst zuständig. Hierbei unterschied man wiederum zwischen militärischen Kommissaren und zivilen Funktionären. Die Regelung für das Vorgehen gegen die militärischen Politoffiziere war einfach und unmissverständlich. In deutsche Gefangenschaft geratene sowjetische Truppenkommissare waren anhand ihrer Abzeichen, »roter Stern mit goldenem eingewebtem Hammer und Sichel auf den Ärmeln«, zu identifizieren und »noch auf dem Gefechtsfelde« von den übrigen Kriegsgefangenen abzusondern. Im Anschluss daran hatte umgehend ihre Exekution zu erfolgen: »Diese Kommissare werden nicht als Soldaten anerkannt; der für Kriegsgefangene völkerrechtlich geltende Schutz findet auf sie keine Anwendung. Sie sind nach durchgeführter Absonderung zu erledigen.«[165] Da die sowjetischen Truppenkommissare alle Kriterien von regulären Kombattanten erfüllten, die in der Haager Landkriegsordnung festgelegt worden waren, stellte die willkürliche Aberkennung ihres Kombattantenstatus einen eindeutigen Völkerrechtsbruch dar. Im Unterschied zum Gerichtsbarkeitserlass, der zumindest teilweise durch das Völkerrecht gedeckt war, waren die Kommissarrichtlinien daher ohne jede Einschränkung rechtswidrig. Sie schrieben den Truppen den systematischen Mord an völkerrechtlich geschützten Kriegsgefangenen vor.

Für die nichtmilitärischen »Kommissare«, also die zivilen sowjetischen Funktionäre, war dagegen nicht zwangsläufig das gleiche Schicksal wie für die Truppenkommissare vorgesehen.[166] Zunächst sollte geprüft werden, ob sie sich einer »feindlichen Handlung schuldig« gemacht hatten »oder einer solchen verdächtig« waren. Stärker »als der vielleicht nicht zu beweisende Tatbestand« sollte dabei der »persönliche Eindruck von der Gesinnung und Haltung des Kommissars« wiegen. Das Verfahren mit den zivilen Funktionären blieb damit letztlich der Willkür der Truppenoffiziere überlassen, denen die Entscheidung der »Frage, ob ›schuldig oder nicht schuldig‹« oblag. Der Grundsatz der deutschen Repressionspolitik, dass schon der bloße Verdacht eine Exekution rechtfertigen konnte, galt für die sowjetischen Funktionäre in besonderem Maße, die schon bei geringem Anlass der Todesstrafe verfallen sollten. Wenn das Urteil des deutschen Offiziers allerdings »nicht schuldig« lautete, sollten die zivilen Funktionäre »zunächst unbehelligt« bleiben und dort belassen werden, wo sie angetroffen worden waren. Erst im späteren Verlauf des Feldzugs sollte, wenn möglich durch die Sonderkommandos des SD, eine nähere Überprüfung der »verbliebene[n] Funktionäre« erfolgen.

---

[164] Ziffer II. des Kommissarbefehls.
[165] Ziffer I.2. des Kommissarbefehls.
[166] Vgl. hierzu und zum Folgenden Ziffer I.1. und I.3. des Kommissarbefehls.

2. Die Befehlslage

Neben den Vorschriften über die unterschiedlichen Vorgehensweisen gegen die militärischen Kommissare und die zivilen Funktionäre enthielt der Kommissarbefehl noch einige allgemeine Regelungen, die das Verfahren mit beiden Gruppen gleichermaßen betrafen. Die Aufhebung der Kriegs- und Standgerichte, die im Kriegsgerichtsbarkeitserlass bereits für das Vorgehen gegen »feindliche Zivilpersonen« verfügt worden war, galt nun auch für die Aburteilung von Kommissaren.[167] Wenn Erschießungen von politischen Kommissaren vorgenommen worden waren, hatte der jeweilige Truppenteil darüber auf einem »Meldezettel« eine »kurze Meldung« an die Ic-Abteilung der nächsten vorgesetzten Kommandobehörde zu erstatten.[168] Damit die Bekämpfung der politischen Kommissare die »Durchführung der Operationen nicht aufhalten« würde, enthielt der Befehl außerdem ein ausdrückliches Verbot von »planmäßige[n] Such- und Säuberungsaktionen durch die Kampftruppe«.[169]

Eine ausführliche Begründung dafür, dass alle politischen Kommissare, die »im Kampf oder Widerstand ergriffen« wurden, »grundsätzlich sofort mit der Waffe zu erledigen« waren, schickte die Präambel des Kommissarbefehls vorweg.[170] Hierin wurden die politischen Kommissare »aller Art« a priori für die prognostizierten Völkerrechtsverletzungen der Roten Armee verantwortlich gemacht und ihnen von vornherein eine »haßerfüllte, grausame und unmenschliche Behandlung« der deutschen Gefangenen unterstellt. Als »Urheber barbarisch asiatischer Kampfmethoden« hätten die politischen Kommissare daher selbst genauso wenig »Schonung und völkerrechtliche Rücksichtnahme« zu erwarten. Die Folgerung, dass gegen die Kommissare »sofort und ohne Weiteres mit aller Schärfe vorgegangen werden« müsse, erschien unter diesen Prämissen nur legitim. Dieser Rechtfertigungsversuch ging zu einem guten Teil auf einen entlarvenden Vorschlag von Jodl zurück, der im Mai 1941 dafür plädiert hatte, »die ganze Aktion am besten als Vergeltung« aufzuziehen.[171] Zugleich entsprach die Beweisführung der Präambel aber auch Hitlers ureigener Argumentation und seinem Verdikt über die Kommissare als straffällige »Verbrecher«. Daneben klang in der Präambel noch eine weitere Begründung an, in der sich ebenfalls die Gedankengänge des obersten Befehlshabers wieder fanden. Die Vorstellung von den Kommissaren »als den eigentlichen Trägern des Widerstandes« lag schon Hitlers Erklärungen zugrunde, die er den Spitzen des OKH am 17. März 1941 gegeben hatte. Der sowjetische Widerstand, so Hitler, werde mit dem »Beseitigen der Funktionäre« zusammenbrechen.[172] Es war schlicht der Umkehrschluss aus dieser Prognose, wenn die Kommissare in der Befehlspräambel als »Gefahr für die eigene Sicherheit und die schnelle Befriedung der eroberten Gebiete« bezeichnet wurden. Das »Beseitigen der Funktionäre« diente demnach der »schnelle[n] Befriedung« des besetzten Gebiets und konnte damit ebenfalls zum Maßnahmenkatalog der Blitzkriegsstrategie gerechnet werden.

Während die Heeresführung dem Kriegsgerichtsbarkeitserlass nach dessen Ausfertigung umfangreiche mündliche Unterrichtungen folgen ließ, waren die zusätzlichen

---
167 Ziffer III. des Kommissarbefehls.
168 Ziffer I.4. des Kommissarbefehls.
169 Ziffer I.5. des Kommissarbefehls.
170 Vgl. hierzu und zum Folgenden die Präambel des Kommissarbefehls.
171 Vgl. FÖRSTER, Unternehmen, S. 437. Vgl. KRAUSNICK, Kommissarbefehl, S. 725.
172 Vgl. HALDER, KTB, Bd. 2, S. 320 (17.3.1941).

Erklärungen des OKH zum Kommissarbefehl eher spärlich und unbedeutend. Bei den Besprechungen, die das OKH in der letzten Vorbereitungsphase vor dem Feldzug mit Vertretern des Ostheeres abhalten ließ, kam der Kommissarbefehl im Vergleich zum Kriegsgerichtsbarkeitserlass deutlich seltener und dann auch noch wesentlich kürzer zur Sprache.[173] Von den beiden inhaltsgleichen Besprechungen des Generals z.b.V. am 10. und 11. Juni 1941 in Allenstein und Warschau abgesehen, hatte der Kommissarbefehl offenbar nur noch bei zwei Terminen im Mai 1941 auf der Tagungsordnung gestanden.[174] Dagegen scheint der Befehl bei den zentralen Besprechungen im OKH beim Generalstabschef des Heeres am 4. und 5. Juni 1941[175], im Amt Ausland/Abwehr des OKW am 5. Juni 1941[176] und beim Generalquartiermeister am 6. Juni 1941[177] nicht Thema gewesen zu sein. Auch der Oberbefehlshaber des Heeres äußerte sich während der Besprechungen, die er in den letzten beiden Wochen vor dem Angriff mit Befehlshabern des bereitstehenden Ostheeres abhielt, offenbar nicht mehr zum Kommissarbefehl[178]; bei den Frontbesichtigungen, die Vertreter des OKH in dieser späten

---

[173] Vgl. z. B. das Protokoll von der Besprechung des Gen.z.b.V. am 10.6.1941 in Allenstein in den Akten der H.Gr. Nord; BA-MA, RH 19-III/722, Bl. 87 f. Fast das gesamte Textvolumen dieses ausführlichen, eineinhalbseitigen Protokolls bezieht sich auf den Punkt »1.) Erlass des Führers über Behandlung fdl. Zivilpersonen und Straftaten Wehrmachtangehöriger gegen fdl. Zivilpersonen«. Zum Punkt »2.) Erlass des Führers über Behandlung polit. Kommissare« sind dagegen lediglich drei kurze Sätze festgehalten. Im TB (Ic) der Pz.Gr. 3, in dem eine ausführliche Zusammenfassung der Besprechung des Gen.z.b.V. in Warschau am 11.6.1941 enthalten ist, werden selbst diese knappen Maßgaben nicht erwähnt, die Erklärungen zum Gerichtsbarkeitserlass dafür umso ausführlicher; BA-MA, RH 21-3/423, Bl. 29 f. Eine ähnliche Gewichtung hatte schon die Besprechung beim Gen. Qu. am 16.5.1941 gekennzeichnet, vgl. das ausführliche Protokoll des Qu. 2 des AOK 16; BA-MA, RH 20-16/1012, Bl. 66-73, hier Bl. 72 f.

[174] Reine Formsache war eine Änderungsverfügung des Gen.Qu. v. 13.6.1941, die sich auf die Anordnung in den bisherigen Versorgungsbefehlen bezog, dass »das kriegsgefangene Führerpersonal (Offiziere, politische Kommissare, Unteroffiziere) [...] vordringlich abzusondern und in die Heimatorganisation abzuschieben« sei, vgl. OKH/Gen.St.d.H./Gen.Qu. Az. Abt. K.Verw. Nr. II/0315/41 g.Kdos. Chefs. v. 3.4.1941. Der Gen.Qu. ließ nun die Wörter »politische Kommissare« aus diesem Passus streichen und befahl: »Die Regelung über die Behandlung der politischen Kommissare ist durch Verfg. des Ob d H Az. Gen.z.b.V. Ob d H (Gr.R.Wes.) Nr. 91/41 g.Kdos. Chefs. v. 8.6.41 – nicht an alle Dienststellen ergangen – bekanntzugeben.« OKH/Gen.St.d.H./Gen.Qu. Az. Abt. Kr.Verw. Qu 4 B Nr. II/802/41 g.Kdos., v. 13.6.1941; BA-MA, RH 21-4/336, Bl. 65.

[175] Vgl. Anm. 149. In keinem dieser Protokolle sind Anhaltspunkte dafür enthalten, dass bei den Besprechungen im OKH am 4.6./5.6.1941 auch der Kommissarbefehl zur Sprache kam.

[176] Im Amt Abwehr des OKW wurde am 5.6.1941 »über vollziehende Gewalt, Abwehrarbeit und Exekution im besetzten Gebiet« informiert. »Nichts Neues, vgl. Besprechung bei Gen.Qu. Ende Mai«, notierte sich ein Zuhörer, vgl. das Protokoll von der »Besprechung OKW/Abw. u. OKH am 5./6.6.41 in Berlin«; BA-MA, RH 19-III/722, Bl. 83. Vgl. hierzu auch den Eintrag im TB (Ic) des AOK 6 v. 9.6.1941, der keinen Hinweis darauf enthält, dass der Kommissarbefehl Gegenstand der »Besprechung Berlin am 5.6.41« war; BA-MA, RH 20-6/488, Bl. 45 f.

[177] Am 6.6.1941 begann um 9.00 Uhr eine Besprechung beim Gen.Qu. im OKH, vgl. das Protokoll von der »Besprechung OKW/Abw. u. OKH am 5./6.6.41 in Berlin«; BA-MA, RH 19-III/722, Bl. 83 ff. Vgl. hierzu auch den »Bericht Ic über Berliner Besprechungen bei Gen.Qu.« im TB (Ic) des AOK 6 v. 9.6.1941, der ebenfalls keinen Hinweis auf eine Thematisierung des Kommissarbefehls enthält; BA-MA, RH 20-6/488, Bl. 45 f.

[178] Vgl. hierzu z. B. die ausführlichen hs. Notizen von der Besprechung des Ob.d.H. am 12.6.1941 in den Akten des AOK 4; BA-MA, RH 20-4/171, Bl. 103-123. Vgl. die hs. Notizen von der Besprechung mit dem Ob.d.H. am 12.6.1941 in den Akten des XIII. AK; BA-MA, RH 24-13/39, Bl. 105 f. Vgl. den Eintrag im KTB des VI. AK v. 12.6.1941; BA-MA, RH 24-6/26, Bl. 17. Vgl. den Eintrag im KTB des XXIV. AK v. 12.6.41; BA-MA, RH 24-24/72, S. 13. Zur Besprechung des Ob.d.H. am

Phase noch unternahmen, waren ohnehin bereits sehr viel dringlichere, operative und organisatorische Fragen auf die Agenda gerückt.[179] Der Kriegsgerichtsbarkeitserlass kam dagegen sogar noch bei der Chefbesprechung im OKH von Anfang Juni 1941 zur Sprache.[180] Das Ungleichgewicht in der Beschäftigung der Heeresführung mit den ›verbrecherischen Befehlen‹ beruhte auf der weitsichtigen Einschätzung, dass der Kriegsgerichtsbarkeitserlass der wesentlich tiefer greifende und folgenschwerere der beiden »Führerbefehle« war. Um zu vermitteln, wie der »Barbarossa«-Erlass auszulegen war, bedurfte es daher umso eingehenderer Erklärungen. Dass der Kriegsgerichtsbarkeitserlass offensichtlich deutlich mehr Gesprächsbedarf weckte, weist darauf hin, dass der Kommissarbefehl demgegenüber nicht in gleichem Maße als problematisch empfunden wurde und weit weniger umstritten war.

Die erste Gelegenheit, bei der das OKH den Kommissarbefehl gegenüber den unterstellten Kommandobehörden zur Sprache brachte, war die Unterweisung beim Generalquartiermeister am 16. Mai 1941, an der unter anderem Vertreter aller Heeresgruppen, Armeen und Panzergruppen des Ostheeres teilnahmen.[181] Im Mittelpunkt der Zusammenkunft standen Fragen der Versorgung und der vollziehenden Gewalt im Operationsgebiet, der Gerichtsbarkeitserlass und das »Wagner-Heydrich-Abkommen«, während der Kommissarbefehl nur am Rande kurz Erwähnung fand. In seinem Vortrag über die »Behandlung der Landeseinwohner« beließ es Oberstkriegsgerichtsrat Lattmann dabei, die künftige Regelung für das rückwärtige Heeresgebiet bekannt zu geben: Dort seien »politische Kommissare an SS ab[zu]schieben«.[182] Mit dem Hinweis, dass »bezüglich Kommissare im rückw. Armeegebiet […] noch nähere Weisungen« ergehen würden, war dieser Besprechungspunkt auch schon abgeschlossen.[183]

Viel mehr war auch auf einer Besprechung bei der Abteilung Fremde Heere Ost im OKH am 26. Mai 1941 nicht zu erfahren: Die Direktive »Kommissare sollen dem S.D. übergeben werden« war bereits bekannt.[184] Neu war allerdings die Anweisung, die Kommissare vor der Auslieferung an den SD noch zu verhören, um sich ihre Kenntnisse zunutze zu machen: »Hierbei aber zunächst diese oft klugen Leute (häufig klüger als Offz.!) ausnutzen. Viele der nichtjüdischen Kommissare sind zweifellos nur Mitläufer und nicht von der kommunistischen Idee überzeugt.« Diese Überlegungen offenbarten beiläufig, wie tief nationalsozialistische Ideologeme hier bereits Eingang

---

Folgetag, die eine ähnliche Funktion hatte, vgl. den Eintrag im KTB des LVII. AK v. 13.6.1941; BA-MA, RH 24-57/2, S. 37.

[179] Nach dem zusammenfassenden Eintrag im KTB des XXXXVII. AK v. 12.6.1941 ging es bei der Besprechung des Ob.d.H. am 12.6.1941 um »Fragen des Einsatzes der Korps, Stand des Aufmarsches, Ausbildung und Materialfragen«; BA-MA, RH 24-47/2. Auch in den Besprechungen, die Halder während der letzten Frontbesuche abhielt, standen die bevorstehenden Operationen ganz im Vordergrund. Vgl. z. B. das Besprechungsprotokoll von einer Besichtigung Halders im Abschnitt der 45. Inf.Div. am 12.6.1941; BA-MA, RH 26-45/19.

[180] Vgl. Anm. 149.

[181] Zu Programm und Teilnehmern der Besprechung vgl. das Ankündigungsschreiben des Gen.Qu., OKH/Gen.St.d.H./Gen.Qu Nr. I/2665/41 g.Kdos. v. 2.5.1941; BA-MA, RH 26-454/6a, Anl. 6.

[182] Protokoll von der Besprechung beim Gen.Qu. in Wünsdorf am 16.5.1941; BA-MA, RH 20-11/334.

[183] Protokoll des Qu. 2 des AOK 16 von der Besprechung beim Gen.Qu. am 16.5.1941; BA-MA, RH 20-16/1012, Bl. 66-73, hier Bl. 72.

[184] Hierzu und zum Folgenden Protokoll der Abt. Ic der H.Gr. Nord von der Besprechung beim OKH/FHO am 26.5.1941; BA-MA, RH 19-III/722, Bl. 67.

in das Denken gefunden hatten. Die vorauszusetzende Kooperationsbereitschaft glaubte man von jüdischen Politoffizieren, die das gängige Feindbild des »jüdischen Bolschewismus« schlechthin verkörperten, nicht erwarten zu können. Unabhängig davon konnte der Vorschlag, gefangene Kommissare zunächst einer Vernehmung zu unterziehen, den bei dieser Unterredung versammelten Nachrichtenoffizieren im Grunde nur vorteilhaft erscheinen.

Die beiden Besprechungen des Generals z.b.V. in Allenstein und Warschau, an der die Ic-Offiziere und Heeresrichter der Heeresgruppenkommandos, Armeeoberkommandos und Panzergruppenkommandos teilnahmen, dienten wiederum in erster Linie der Erläuterung des Kriegsgerichtsbarkeitserlasses. Zum Kommissarbefehl äußerte sich Generalleutnant Müller nur knapp. Bei der Durchführung des Befehls stehe die »Sicherheit der Truppe« ganz im Vordergrund.[185] Ebenso wie bei der Umsetzung des Gerichtsbarkeitserlasses dürfe es »auch hier keine Metzeleien« geben. Ergänzend zu dem Meldeverfahren, das in den Kommissarrichtlinien festgelegt worden war, verfügte Müller außerdem, dass über die Durchführung des Befehls »alle 10 Tage« gesammelt »an [das] OKH zu berichten« sei. Mehr hatte Müller über die Auslegung des Kommissarbefehls nicht zu sagen. In dem umfassenden Bericht, den der Ic-Offizier der Panzergruppe 3 über die Besprechung des Generals z.b.V. in Warschau anfertigte, wurden diese Äußerungen noch nicht einmal erwähnt.[186]

Auch die Befehlszusätze des Oberbefehlshabers des Heeres vom 8. Juni 1941 brachten keine wesentliche Modifikation der Befehlslage mehr.[187] Brauchitschs kurze Durchführungsbestimmungen betrafen lediglich zwei Details. Zum einen betonte Brauchitsch, dass für die Verhängung der Todesstrafe gegen zivile Funktionäre die Voraussetzung vorliegen müsse, »daß der Betreffende durch eine *besonders erkennbare Handlung oder Haltung* sich gegen die deutsche Wehrmacht stellt oder stellen will«. Selbst wenn Brauchitsch hiermit die Absicht verfolgt haben sollte, das Vorgehen gegen die zivilen Funktionäre ein Stück weit zu mäßigen, war dieser Zusatz wenig geeignet, an dem willkürlichen Charakter der ursprünglichen Regelung etwas zu ändern. Denn für den Fall, dass dem Gefangenen in der gegenwärtigen Situation keine Widerstandshandlung nachzuweisen war, konnte man seine Exekution immer noch mit der unbelegbaren Unterstellung rechtfertigen, dass er sich in der Zukunft »gegen die deutsche Wehrmacht« stellen wolle. Ausschlaggebend blieb also nach wie vor nicht die Beweislage, sondern der »persönliche Eindruck von der Gesinnung und Haltung des Kommissars«.[188] Den großen Ermessensspielraum der Truppenoffiziere, die über das Schicksal der zivilen Funktionäre zu richten hatten, engte diese unbestimmte Maßgabe daher kaum ein.

Der zweite Zusatz des Oberbefehlshabers des Heeres reglementierte den technischen Ablauf der Exekutionen an den militärischen Kommissaren: »Die Erledigung der politischen Kommissare bei der Truppe hat nach ihrer Absonderung *außerhalb*

---

[185] Hierzu und zum Folgenden Protokoll von der Besprechung des Gen. z.b.V. am 10.6.1941 in Allenstein in den Akten der H.Gr. Nord; BA-MA, RH 19-III/722, Bl. 87 f.
[186] Vgl. den TB (Ic) der Pz.Gr. 3 v. 1.1.-11.8.1941; BA-MA, RH 21-3/423, S. 29 f.
[187] Ob.d.H./Gen. z.b.V. b. Ob.d.H. (Gr.R.Wes.) Nr. 91/41 g.Kdos. Chefs. v. 8.6.1941. Die Befehlszusätze v. Brauchitschs sind ediert bei UEBERSCHÄR, WETTE, Überfall, S. 259. Hervorhebungen im Original.
[188] Ziffer I.3. des Kommissarbefehls.

der eigentlichen Kampfzone unauffällig *auf Befehl eines Offiziers* zu erfolgen.« Der Hinweis auf die Prärogative der Offiziere war im Grunde nichts Neues, schließlich war dieser eherne Grundsatz schon den zuvor ergangenen Befehlen zu entnehmen gewesen. Zumindest in Hinsicht auf die zivilen Funktionäre schrieben selbst die Kommissarrichtlinien ausdrücklich vor, »entsprechend dem ›Erlaß über Ausübung der Gerichtsbarkeit im Gebiet Barbarossa‹« zu verfahren, also Erschießungen ausschließlich nach Entscheidung eines Offiziers durchzuführen.[189] Dass dieser Grundsatz auch für das Verfahren mit militärischen Politoffizieren galt, war somit nicht mehr als eine Klarstellung, die verdeutlichte, dass es »keine Metzeleien« geben sollte, aber keine Korrektur der Befehlslage. Welche Überlegungen Brauchitschs Anordnung zugrunde lagen, dass die Hinrichtung der Truppenkommissare abgeschieden und unauffällig zu erfolgen habe, wurde offenbar in keiner der erwähnten Besprechungen näher begründet. Vermutlich stand auch hinter dieser Anweisung die Sorge vor einer »Verwilderung der Truppe« oder negativen Rückwirkungen auf die Kampfmoral. Möglicherweise wollte man auch vermeiden, dass die völkerrechtswidrigen Exekutionen frühzeitig auf der Gegenseite bekannt würden, um sowjetischen Repressalien vorzubeugen.[190] Warum diese Regelung nur für das Vorgehen gegen die militärischen Kommissare galt und die zivilen Funktionäre davon ausgenommen blieben, ist dagegen evident, denn ohne die Publizität der Exekutionen konnten Repressalien gegen Zivilisten nicht den gewünschten Abschreckungseffekt erzielen. In jedem Fall stellte auch Brauchitschs zweiter Befehlszusatz im Endergebnis keine veritable Einschränkung der ursprünglichen Befehlslage dar. Schließlich war der Mehraufwand, der damit verbunden war, die Exekutionen abseits der eigentlichen Kampfzone, etwa in einem nahe gelegenen Waldstück, auf Befehl des nächsten Offiziers durchzuführen, denkbar gering.[191]

Richtlinien und Merkblätter

Neben dem »Wagner-Heydrich-Abkommen«, dem Kriegsgerichtsbarkeitserlass und dem Kommissarbefehl zählten auch die »*Richtlinien für das Verhalten der Truppe in Russland*« zu dem Befehlskomplex, der auf die Transformation des Ostfeldzugs in einen ideologisch aufgeladenen »Vernichtungskampf« abzielte. Die erste Ziffer dieser Richtlinien, die am 19. Mai 1941 vom OKW herausgegeben wurden, lautete: »Der Bolschewismus ist der Todfeind des nationalsozialistischen deutschen Volkes. Dieser zersetzenden Weltanschauung und ihren Trägern gilt Deutschlands Kampf. Dieser Kampf verlangt rücksichtsloses und energisches Durchgreifen gegen bolschewistische Hetzer, Freischärler, Saboteure, Juden und restlose Beseitigung jedes aktiven oder passiven Widerstandes.«[192] Diese Parolen untermauerten nicht nur die Grundsätze des

---
189 Ziffer I.1. des Kommissarbefehls.
190 Im Handbuch für den Generalstabsdienst im Kriege wurde ausdrücklich vor den negativen Auswirkungen einer Eskalation gewarnt, auf die gegenseitige Repressalien zwischen den Kriegsparteien hinauslaufen würden; H.Dv. g. 92, S. 103.
191 Es kann keine Rede davon sein, dass die Durchführung der Exekutionen nun mit »erheblichem Aufwand« verbunden war, wie ARNOLD, Wehrmacht, S. 142, Anm. 570, behauptet.
192 Vgl. die »Richtlinien für das Verhalten der Truppe in Russland«, ediert bei UEBERSCHÄR, WETTE, Überfall, S. 258. Hervorhebungen im Original.

Kriegsgerichtsbarkeitserlasses, sondern verliehen auch den Kommissarrichtlinien Nachdruck. Es verstand sich schließlich von selbst, dass mit den »Trägern« der gegnerischen »Weltanschauung« nicht zuletzt die politischen Kommissare und Funktionäre gemeint waren. Nicht von ungefähr wurde daher schon in der ersten Ziffer des Kommissarbefehls ausdrücklich auf die »Richtlinien für das Verhalten der Truppe in Russland« verwiesen.[193] Neben der Bekräftigung der ›verbrecherischen Befehle‹ dienten die Richtlinien auch dazu, den Truppen Misstrauen und Härte gegenüber ihren regulären militärischen Gegnern einzuimpfen. Hierzu enthielt das Merkblatt eine eindringliche Warnung vor der »heimtückischen Kampfweise« der Roten Armee: »Besonders die *asiatischen* Soldaten der Roten Armee sind undurchsichtig, unberechenbar, hinterhältig und gefühllos.« Gegenüber allen Angehörigen der Roten Armee sei daher »äußerste Zurückhaltung und schärfste Achtsamkeit« geboten. Die »Richtlinien für das Verhalten der Truppe in Russland« drangen nicht nur auf die Einhaltung der ›verbrecherischen Befehle‹, sondern zielten zugleich darauf ab, den Duktus der Kriegführung ganz allgemein zu verschärfen.

Der Dämonisierung des Kriegsgegners dienten auch die verschiedenen Merkblätter über die angeblich »heimtückische« Kriegführung der Roten Armee, die auf Initiative Hitlers von den Armeeoberkommandos ausgearbeitet worden waren.[194] Die Merkblätter »Sieh' Dich vor«, »Kennt Ihr den Feind?« oder das »Merkblatt über Abwehr von heimtückischer Kriegführung« bereiteten die deutschen Truppen darauf vor, dass »mit der Anwendung völkerrechtswidriger und hinterlistiger Kampfmittel«[195] gerechnet werden müsse, weil die Rote Armee schon immer »heimtückische und unvorstellbar grausame Methoden angewandt [habe], wie sie dem Charakter des Bolschewismus entsprechen«.[196] Beim sowjetischen Gegenüber könne man »die Handlungsweise anständiger Soldaten und ritterlicher Gegner nicht voraussetzen«.[197] Alle Merkblätter stimmten auch in dem Grundtenor überein, Gleiches mit Gleichem zu vergelten: »Darum aufpassen! Seid hart und unerbittlich, wo ihr auf solche Kampfmittel trefft«.[198]

Sowohl die »Richtlinien für das Verhalten der Truppe in Russland« als auch die Merkblätter über die angebliche Heimtücke der Rotarmisten wurden in den Kommandobehörden des Ostheeres ohne ersichtliche Bedenken und Vorbehalte an die unteren Kommandostufen weitergeleitet.[199] Die Merkblätter waren sogar von den Oberkommandos selbst verfasst worden. Hieran zeigte sich, wie tief auch bei vielen Truppenführern das Misstrauen gegenüber dem östlichen Kontrahenten wurzelte.

---

[193] Ziffer I.1. des Kommissarbefehls.
[194] Vgl. Hürter, Heerführer, S. 232, Anm. 145.
[195] »Merkblatt über Abwehr von heimtückischer Kriegführung«, offenbar vom AOK 9; BA-MA, RH 24-23/52.
[196] Merkblatt »Sieh' Dich vor« des AOK 6; BA-MA, RH 20-6/489, Bl. 326.
[197] Merkblatt »Kennt Ihr den Feind?« aus dem Bereich der H.Gr. Mitte; BA-MA, RH 21-3/746.
[198] Ebd.
[199] Die Weiterleitung der »Richtlinien« und der Merkblätter ist bei einer großen Zahl der Kommandobehörden nachweisbar. Vgl. exemplarisch das Begleitschreiben der 7. Pz.Div. zu den »Richtlinien« an die unterstellten Verbände v. 18.6.1941: »Über anliegendes Merkblatt, das *sofort* zu verteilen ist, ist die Truppe *eingehend* zu belehren.«; BA-MA, RH 27-7/156. Hervorhebungen im Original. Die »Richtlinien« waren zur Verlesung bei den Kompanien vorgesehen und wurden daher in Tausenden von Exemplaren gedruckt und kurz vor Feldzugsbeginn an die Einheiten ausgegeben. Die Pz.Gr. 4 z. B. übersandte allein an das XXXXI. AK 900 Ausfertigungen, vgl. das Begleitschreiben Pz.Gr. 4/Abt. Ia Nr. 274/41 g.Kdos. v. 17.6.1941; BA-MA, RH 24-41/69.

2. Die Befehlslage

Generaloberst von Küchler etwa hatte bereits am 25. April 1941 seinen Kommandierenden Generälen und Divisionskommandeuren zu bedenken gegeben, »daß wir gegen rassisch fremde Soldaten kämpfen«, denen gegenüber »keine Schonung am Platz« sei, falls sie, wie erwartet, Hinterlisten anwenden würden.[200] Das Armeeoberkommando 4 ließ – zusätzlich zu den einschlägigen Merkblättern und Befehlen – den Soldaten kurz vor dem Feldzug einprägen, dass ihnen die Truppen der Roten Armee »nicht nur als militärische sondern auch als politische Gegner« gegenüberstünden, die sich »entsprechend der jüdisch-bolschewistischen Lehre [...] nicht nur soldatischer Kampfmittel bedienen« würden.[201] Falls notwendig, sei dagegen »mit entsprechender Härte und Rücksichtslosigkeit durchzugreifen«. Das rücksichtslose Vorgehen gegen den militärischen Gegner entsprach nicht zuletzt auch dem Willen der obersten Führung. Der Oberbefehlshaber des Heeres hatte schon am 27. März 1941 während einer Besprechung im OKH eine harte »Behandlung des Gegners« angeordnet: »Die Truppe muß sich darüber klar sein, daß der Kampf von Rasse gegen Rasse geführt wird und mit nötiger Schärfe vorgehen.«[202]

Neben traditionellen Vorurteilen und antislawischen, rassistischen Vorbehalten lag dieser Direktive aber auch ein nüchternes militärisches Kalkül zugrunde. In den höheren Kommandobehörden war die Vorstellung verbreitet, dass der »Russe [...] als Halbasiate zäh« kämpfen werde und geradezu »unempfindlich gegen Verluste« sei.[203] Um seinen Widerstand zu brechen, sei daher umso größere Angriffskraft erforderlich, die angreifende Infanterie müsse hierfür »zu großer Härte auch im Nahkampf erzogen« werden. Wenn schon die Eigenart des Gegners nach den gängigen Klischeevorstellungen eine Verschärfung der Gangart geboten erscheinen ließ, verlangte das Blitzkriegskonzept dies umso mehr. Von einem schnellen Durchbruch durch die Grenzverteidigung und dem zügigen Abschluss der vorgesehenen, großen Umfassungsbewegungen hing der Erfolg des gesamten Feldzugsplans ab. Um das hohe Tempo der geplanten Operationen einhalten zu können, musste die Wucht der Angriffe verstärkt werden, zumal man von den sowjetischen Verteidigern durchaus heftigen Widerstand erwartete. Der Oberbefehlshaber des Heeres hatte daher noch kurz vor Beginn der Operationen auf einer Besprechung mit hohen Truppenführern angeordnet, gleich in der Anfangsphase des Feldzugs mit großer Rücksichtslosigkeit vorzugehen: »Der Russe wird sich hart schlagen, er muß vor allem in den ersten Tagen einfach totgeschlagen werden.«[204]

Die Truppenführer des Ostheeres, die ein vitales Interesse am Gelingen der Operationen hatten, machten sich diese Devise zu Eigen. Der Kommandierende General des XXVI. Armeekorps befahl am Vortag des Angriffs, »allen Soldaten den für [die] siegreiche Beendigung der grossen Aufgabe nötigen ›Furor Teutonicus‹ einzuhämmern«.[205]

---

[200] Hierzu und zum Folgenden Aufzeichnungen Küchlers zu seiner Rede vor den Div.Kdren. und KG am 25.4.1941; BA-MA, RH 20-18/71, Bl. 20-34, hier Bl. 31.
[201] FNBl. Nr. 50 des AOK 4/Abt. Ic Nr. 267/41 geh. v. 18.6.1941; BA-MA, RH 20-4/687, Anl. 4.
[202] Protokoll von der Besprechung beim Ob.d.H. am 27.3.1941; BA-MA, RH 20-18/71, Bl. 10.
[203] Vgl. hierzu und im Folgenden die Punkte für die Besprechung des OB der 4. Armee mit seinen KG am 21.3.1941, AOK 4/Abt. Ia Nr. 090/41 g.Kdos. v. 20.3.1941; BA-MA, RH 24-44/32.
[204] Besprechung des Ob.d.H. mit den Stäben des AOK 4 und der Pz.Gr. 2 am 12.6.1941, zit. nach: Hürter, Heerführer, S. 229, Anm. 129.
[205] Eintrag im KTB des XXVI. AK v. 21.6.1941; BA-MA, RH 24-26/62, S. 9.

Auch Generalleutnant von Loeper, der die 10. Infanteriedivision befehligte, vertrat die Auffassung, dass eine Verschärfung der Kriegführung zum Erfolg führen werde: »Wenn der Russe am Anfang überall geschlagen wird, ist durchaus anzunehmen, daß ein moralischer Zusammenbruch eintritt. Es kommt daher darauf an, daß gerade am Anfang mit äusserster Härte gekämpft und rücksichtslos vorgestossen wird.«[206] Die Aufhetzung der deutschen Truppen gegen ihre sowjetischen Gegner verfolgte demnach auch ein genuin militärisches Ziel. Die Merkblätter über die angebliche Heimtücke der Roten Armee konnten hierbei nur von Nutzen sein. Denn für die verordnete radikale Kriegführung lieferten sie vorab eine plausible Rechtfertigung.

Nicht nur die Rücksichtslosigkeit der Kampftaktik, sondern auch die Radikalität der Repressionspolitik war eng mit dem Blitzkriegskonzept verbunden, das unbestrittenen Vorrang gegenüber allem anderen besaß. An der Front sollte ein gewaltiger, unaufhaltsamer Angriffsschwung in Bewegung gebracht werden. Um den vorgesehenen, störungsfreien Ablauf der Operationen zu gewährleisten, erschien es notwendig, das Hinterland rasch unter Kontrolle zu bringen. Der Zustand »vorne Kampf, hinten Ruhe« sollte schnellstmöglich und mit aller Gewalt hergestellt werden.[207] Das Mittel hierzu sah man in drakonischen, abschreckenden Repressalien. Aufgrund ihres funktionalen Stellenwerts für den Erfolg der Operationen galten diese Gewaltmaßnahmen als legitime Kriegsnotwendigkeiten, denen das geltende Völkerrecht bewusst untergeordnet werden musste. Zumindest die harte Linie gegen die »feindliche Zivilbevölkerung« konnte aber schon deshalb auf weite Zustimmung rechnen, weil sie im deutschen Militär in einer längeren Kontinuität stand und im Frühjahr 1941 nichts grundsätzlich Neues war. Dass es sich bei den Leidtragenden dieser Terrorpolitik um Slawen handelte, die weithin als »minderwertig« galten, erleichterte es vielen Generälen, etwaige Bedenken gegen die geplanten Maßnahmen zurückzustellen. Eine entscheidende Rolle spielte der verbreitete Konsens über die Notwendigkeit des Feldzugs gegen die Sowjetunion, der nicht nur in den oberen Führungsetagen der Wehrmacht herrschte. Die weithin verinnerlichte Grundannahme, dass in der bevorstehenden Auseinandersetzung die Zukunft der Nation auf dem Spiel stünde, ließ kaum einen Zweifel daran zu, dass es gerechtfertigt und geradezu geboten war, sich zumindest zeitweilig über alle Rechtsnormen hinwegzusetzen, um diesen existentiellen Kampf bestehen zu können. Die überlieferten Stellungnahmen von Befehlshabern und Soldaten zu ihrem bevorstehenden Einsatz weisen darauf hin, dass die Zustimmung zum »Kreuzzug gegen den Bolschewismus« auch auf den mittleren und unteren Stufen des Ostheeres denkbar weit reichend war; nicht zuletzt deshalb, weil sie auch auf eigenen Überzeugungen, vor allem dem jahrelang kultivierten, militanten Antibolschewismus beruhte. Dies war eine wesentliche Voraussetzung dafür, dass die Kommandeure und ihre Truppen auch die ideologische Kehrseite des »Unternehmens Barbarossa« und die ›verbrecherischen Befehle‹, die mit dem Konzept des Feldzugs untrennbar verbunden waren, bereitwillig mit tragen konnten.

---

[206] Protokoll von der Kdr.-Besprechung bei der 10. Inf.Div. (mot.) am 17.6.1941; BA-MA, RH 26-10/10, Anl. 8.
[207] Vgl. hierzu und zum Folgenden Römer, ›Im alten Deutschland‹, S. 75-81.

III. DIE WEITERGABE DER KOMMISSARRICHTLINIEN VOR DEM FELDZUG

Nachdem der Oberbefehlshaber des Heeres den Kommissarrichtlinien am 8. Juni 1941 eigene Befehlszusätze hinzugefügt hatte, gelangte der Befehl zur Ausgabe an das Ostheer. Von den insgesamt dreißig angefertigten Exemplaren des Befehls wurden aber lediglich sechzehn in das Aufmarschgebiet an der Ostfront verschickt. Diese wenigen Ausfertigungen der Kommissarrichtlinien waren ausschließlich für die Oberbefehlshaber der Heeresgruppen und Armeen sowie die Befehlshaber der Panzergruppen vorgesehen. Wie das OKW in seinem Begleitschreiben anordnete, hatte die Bekanntgabe des Befehls auf den darunter liegenden Führungsebenen ausschließlich in mündlicher Form zu erfolgen.[1] Nach dem Eingang der Kommissarrichtlinien in den höheren Frontstäben verblieben hierfür weniger als zwei Wochen Zeit bis zum Beginn des Feldzugs. In dieser knapp zweiwöchigen Zeitspanne gehörte es zu den letzten Einsatzvorbereitungen der Armeeoberkommandos und Panzergruppenkommandos, die unterstellten Verbände über den Kommissarbefehl in Kenntnis zu setzen. Als die Weitergabe der Kommissarrichtlinien auf die Agenda rückte, entstand die erste Situation, in der sich die Truppenführer eindeutig zu dem Mordbefehl positionieren mussten.

1. Grundlagen

Die empirische Grundlage für die Rekonstruktion der Weitergabe der Kommissarrichtlinien innerhalb des Ostheeres bildet das Aktenmaterial der drei Heeresgruppen, neun Infanteriearmeen, vier Panzergruppen, 44 Armeekorps und 139 Divisionen, die am 22. Juni 1941 den Angriff auf die Sowjetunion eröffneten.[2] Die Akten dieser insgesamt 199 Frontstäbe wurden unter der Fragestellung ausgewertet, ob sie Hinweise auf die Weitergabe der Kommissarrichtlinien enthalten.[3] Die Adressaten dieser

---

[1] Vgl. das Begleitschreiben OKW/WFSt/Abt. L (IV/Qu.) Nr. 44822/41 g.Kdos. Chefs. v. 6.6.1941, siehe Abb. 3; UEBERSCHÄR, WETTE, Überfall, S. 259.

[2] Dieses Sample wurde auf der Grundlage der Kriegsgliederung des Ostheeres vom 22.6.1941 definiert, siehe Abb. 1; Beiheft zu DRZW, Bd. 4, Tafel 2. Auf Grund der Fokussierung der Untersuchung auf die Frontverbände wurden die Besatzungsbehörden, Berücks und Korücks, nicht in das Sample aufgenommen. Neben den elf AOK und vier Pz.Gr., die am 22.6.1941 den Angriff in den drei H.Gr. eröffneten, wurden auch das AOK 2 und das AOK Norwegen einbezogen, außerdem auch die zwei Generalkommandos und vier Divisionen des AOK Norwegen. Zusätzlich wurden auch die verfügbaren Überlieferungsfragmente der Regimenter und Bataillone berücksichtigt. Die am 22.6.1941 noch nicht verfügten OKH-Reserven (siehe äußerst linke Spalte auf Tafel 2 im Beiheft zu DRZW, Bd. 4), die ein Generalkommando und vierzehn Divisionen umfassten, wurden dagegen nicht in das Sample aufgenommen, da bei diesen nach Angriffsbeginn an der Front eintreffenden Verbänden nicht die gleichen Voraussetzungen gegeben waren wie bei den Verbänden, die sich während der Vorbereitungsphase des Feldzugs schon im Aufmarschgebiet befanden.

[3] Sämtliche ermittelten Belege über die Weitergabe der Kommissarrichtlinien sind in den Tafeln 1 und 2 im Anhang aufgeführt. Als Befehlsweitergabe wurde aufgefasst, wenn die Befehlskette fortgesetzt wurde, indem die zuvor empfangenen Kommissarrichtlinien auf dem Dienstwege einem Dritten

Befehlsausgaben waren Truppenführer oder andere Vertreter der unterstellten Verbände sowie das Personal der jeweiligen Kommandobehörde. Die Ergebnisse dieser Untersuchung wurden zum Zwecke ihrer Operationalisierung in drei Kategorien klassifiziert. Die erste Kategorie umfasst diejenigen Fälle, in denen eindeutige, gesicherte Nachweise über die Bekanntgabe des Kommissarbefehls bei einer Kommandobehörde vorliegen. Wenn sich in den Akten Hinweise auf die Weitergabe der Kommissarrichtlinien fanden, die zwar deutlich erschienen, aber die Kriterien, die für die Einstufung als Nachweise vorausgesetzt wurden, nicht einwandfrei erfüllten, wurden sie als Indizien in die zweite Kategorie eingeordnet. Unter die dritte Kategorie fallen alle Stäbe, für die in den Akten des Ostheeres weder entsprechende Nachweise noch Indizien zu ermitteln waren.

Die Nachweise

Um die Aussagefähigkeit der Auswertungsergebnisse nicht zu beeinträchtigen, galt es, bei der Bewertung der Quellenbelege einen strengen Maßstab anzulegen. Die Einstufung in die Kategorie der Nachweise erfolgte ausschließlich auf der Grundlage von Fundstellen, die keinen Zweifel daran zulassen, dass es sich dabei um Belege über die Bekanntgabe des Kommissarbefehls handelt. Hierzu zählen zunächst einmal Besprechungsprotokolle, in denen die Weitergabe des Befehls ausdrücklich vermerkt ist und ausführlich Bestimmungen der Kommissarrichtlinien referiert werden.[4] Nicht minder eindeutig sind ausformulierte Beschreibungen der Befehlsausgabe, die in knapper Form so lauten konnten wie im Kriegstagebuch der 17. Infanteriedivision: »Bekanntgabe der Verfügungen über Gerichtsbarkeit und Behandlung politischer Kommissare.«[5] In der gleichen Weise sind auch verkürzte Umschreibungen des Kommissarbefehls aufzufassen, die ohne weitere Kommentierung in Auflistungen von Besprechungspunkten aufgeführt sind. So lautete ein Tagesordnungspunkt auf der Kommandeurbesprechung bei der 30. Infanteriedivision am 16. Juni 1941: »Maßnahmen gegen polit. Kommissare, Zivil- u. Mil.Kommissare«.[6] In einzelnen Fällen wurde die Befehlsausgabe in den Besprechungsnotizen sogar noch abgekürzter, lediglich stichwortartig wiedergegeben: »Kommissare[,] Religionskrieg« stand auf der Agenda einer Kommandeurbesprechung bei der 7. Infanteriedivision am 21. Juni 1941.[7] Das vorgefertigte Protokoll für die letzte Einsatzbesprechung bei der 18. Infanteriedivision sah die »Bekanntgabe des ge-

---

bekannt gegeben wurden, der in der militärischen Hierarchie tiefer stand. Wenn z. B. ein Ic-Offizier oder ein Heeresrichter dem »oberen Führer« über die Kommissarrichtlinien vortrug, wurde dies nicht als Befehlsweitergabe gewertet.

[4] Vgl. exemplarisch das Protokoll von der Besprechung des KG des IV. AK mit seinen Div.Kdren. am 19.6.1941; BA-MA, RH 24-4/34a, Anl. 186. Vgl. hierzu auch die Fälle im folgenden Kap. III.2.

[5] Eintrag im KTB der 17. Inf.Div. v. 21.6.1941; BA-MA, RH 26-17/4, S. 12.

[6] Eintrag im KTB der 30. Inf.Div. v. 16.6.1941; BA-MA, RH 26-30/19.

[7] Punkte für die Kdr.-Besprechung bei der 7. Inf.Div. am 21.6.1941; BA-MA, RH 26-7/13, Bl. 192. Ähnlich auch der Eintrag im KTB der 14. Inf.Div. (mot.) v. 21.6.1941; BA-MA, RH 26-14/10, S. 6.

heimen Führererlasses« und Weisungen zum Thema »Kommissare« vor.[8] Im Laufe einer Besprechung bei der 121. Infanteriedivision am 18. Juni 1941 hielt der Ic-Offizier einen Vortrag über das »Verhalten in Feindesland« und kam dabei unter anderem auf »kollektive Maßnahmen gegen Überfälle, strafbare Taten der Soldaten gegen Zivilisten, rote Kommissare (politische und militärische)« zu sprechen.[9] Auch solche knappen Stichworte in den Protokollen belegen eindeutig, dass die Kommissarrichtlinien Gegenstand der betreffenden Besprechungen waren, und können daher nur als Nachweise für die Bekanntgabe des Befehls gewertet werden.

Derartig eindeutige Quellentexte, in denen die Weitergabe der Kommissarrichtlinien ausführlich geschildert, zusammenfassend beschrieben oder als Besprechungspunkt verzeichnet wurde, aus denen aber zumindest ausdrücklich hervorgeht, dass der Begriff »Kommissare« oder ein äquivalentes Synonym bei der betreffenden Unterredung in einem entsprechenden Zusammenhang gefallen ist, stellen innerhalb der Kategorie der Nachweise den häufigsten Fall dar. Über 80 % der Nachweise erfüllen diese Kriterien. Beim restlichen Fünftel handelt es sich um Fälle, in denen sich die Beweislage zwar etwas diffiziler darstellt, eine Einordnung in die Kategorie der Nachweise aber dennoch unbedingt gerechtfertigt erscheint. Dies gilt zunächst einmal für weitgehend eindeutige Umschreibungen der Kommissarrichtlinien, die lediglich den Begriff »Kommissare« nicht enthalten. So ist in manchen Quellen von »Führererlassen« die Rede, ohne dass die exakten Bezeichnungen dieser Befehle genannt werden. Mit dieser recht geläufigen Formulierung waren in der Regel der Kriegsgerichtsbarkeitserlass und die Kommissarrichtlinien gemeint. Häufig ist die Bedeutung dieses Sprachgebrauchs auch eindeutig nachzuweisen. So sprach man von den »beiden Führererlasse[n] vom 13.5. und 6.6.1941«[10], den »zwei Führererlasse[n] über die Behandlung von Freischärlern und politischen Kommissaren«[11] oder den »Führererlasse[n] über ›Behandlung feindlicher Zivilpersonen und Kommissare‹«.[12]

Wenn derartige Erklärungen in den Quellen fehlen und ohne weitere Spezifizierung von »Führererlassen« gesprochen wird, ist allerdings nicht mit Sicherheit auszuschließen, dass sich die Umschreibung auch auf Hitlers Aufruf an die »Soldaten der Ostfront« bezog, für den ebenfalls das Synonym »Führererlass« gebräuchlich war.[13] Die gleiche Verwechslungsgefahr bergen Quellen, in denen lediglich ein »Führererlass« oder »Führerbefehl« im Singular erwähnt wird. In diesen Fällen ist außerdem der Einwand denkbar, dass der Ausdruck möglicherweise nur den Kriegsgerichtsbarkeitserlass, nicht aber den Kommissarbefehl bezeichnete. Wenn also in Quellentexten die

---

[8] Besprechungspunkte für die Kdr.-Besprechungen bei der 18. Inf.Div. (mot.) am 18./19.6.1941 v. 17.6.1941; BA-MA, RH 26-18/11, Anl. 8.
[9] Eintrag im KTB der 121. Inf.Div. v. 18.6.1941; BA-MA, RH 26-121/3.
[10] Eintrag im TB (III) der 10. Pz.Div. v. 1.3.1941-30.4.1942; BA-MA, RH 27-10/104.
[11] Eintrag im KTB des XXXXVI. AK v. 19.6.1941; BA-MA, RH 24-46/7, Bl. 51.
[12] Eintrag im TB (Ic) des AOK 6 v. 12.6.1941; BA-MA, RH 20-6/488, Bl. 13 f. Auf diesen beiden Blättern findet sich diese Formulierung gleich drei Mal.
[13] Das KTB des III. AK z. B. verzeichnete unter dem 21.6.1941 den »Eingang des Führererlasses an die Soldaten der Ostfront«; BA-MA, RH 24-3/37, Bl. 19. Vgl. auch das Protokoll von der Besprechung des KG des IV. AK mit seinen Div.Kdren. am 19.6.1941, in dem Hitlers Proklamation als »Führererlass über den Sinn des kommenden Krieges« bezeichnet wurde; BA-MA, RH 24-4/34a, Anl. 186.

»Bekanntgabe von Erlassen des Führers«[14] kommentarlos vermerkt ist und nicht ausgeschlossen werden kann, dass damit auch Hitlers Proklamation gemeint war, konnten sie nur in die Kategorie der Indizien eingeordnet werden. Genauso wurde mit Belegstellen verfahren, in denen zwar nähere Angaben über die Inhalte der genannten Weisungen gemacht werden, jedoch nur im Singular von einem »Befehl des Führers über Verhalten der deutschen Soldaten in Rußland« gesprochen wird.[15] Um als Nachweise für die Bekanntgabe der Kommissarrichtlinien gelten zu können, mussten die Quellentexte die Voraussetzung erfüllen, dass darin zum einen von »Führererlassen« im Plural die Rede ist und zum anderen zusätzliche Spezifizierungen enthalten sind, die die Schlussfolgerung rechtfertigen, dass es sich dabei um eine zusammenfassende Umschreibung des Kriegsgerichtsbarkeitserlasses und der Kommissarrichtlinien handelt. In den Akten der 298. Infanteriedivision beispielsweise findet sich ein Beleg, der besagt, dass auf einer Besprechung am 20. Juni 1941 die »Bekanntgabe der Grundsätze für die Kriegführung gegen Rußland (Führererlasse.)« erfolgt ist.[16] Die Qualifizierung der erwähnten »Führererlasse« als »Grundsätze für die Kriegführung gegen Rußland« lässt keine begründeten Zweifel mehr daran zu, dass hiermit die ›verbrecherischen Befehle‹ gemeint waren, auf deren Inhalte diese Beschreibung zutrifft. Die Anzahl der Kommandobehörden, für die der Nachweis über die Befehlsweitergabe auf diese Weise erbracht wurde, ist indes gering.[17]

In einigen Fällen liegen zwar keine Nachrichten von den abschließenden Einsatzbesprechungen und Befehlsausgaben vor, dafür aber eine Reihe von anderen Quellen, aus denen ebenso deutlich hervorgeht, dass die Weitergabe der Kommissarrichtlinien erfolgt sein muss. Zum einen gilt dies für einen Typ von Befehlen, die eigentlich das Meldewesen betrafen, aber Berührungspunkte mit den Kommissarrichtlinien aufwiesen. Vor Beginn des Feldzugs erließen die Kommandobehörden in ihren Befehlsbereichen Leitlinien über die Bestandteile und die Gliederung der täglichen Meldungen. Manche Stäbe setzten in solchen Meldekatalogen auch Ziffern für die Erstattung von Meldungen über die Ausführung des Kommissarbefehls fest. Die 268. Infanteriedivision etwa befahl ihren Regimentern und Divisionstruppen am 20. Juni 1941, in den laufenden Meldungen unter dem letzten Punkt die »Anzahl der Erschießungen getrennt nach Zivilpersonen und Politischen Kommissaren« aufzuführen.[18] Die schriftliche Fixierung einer solchen Meldeziffer war durchaus keine Selbstverständlichkeit, denn viele andere Kommandobehörden verzichteten darauf.[19] Vielmehr war es bereits

---

[14] Eintrag im KTB der 29. Inf.Div. (mot.) v. 21.6.1941; BA-MA, RH 26-29/6.
[15] Eintrag im KTB des XX. AK v. 14.6.1941; BA-MA, RH 24-20/8, Bl. 7.
[16] Eintrag im TB (IVb) der 298. Inf.Div. v. 20.6.1941; BA-MA, RH 26-298/78.
[17] Außer dem genannten Beispiel liegen derartige Nachweise für fünf weitere Kommandobehörden vor: das XVII. AK, die 1. Geb.Div., 12. Inf.Div., 129. Inf.Div. und 255. Inf.Div. Vgl. den Eintrag im TB (IIa) des XVII. AK v. 20.6.1941; BA-MA, RH 24-17/226, S. 77. Vgl. den Eintrag im KTB der 1. Geb.Div. v. 20.6.1941; BA-MA, RH 28-1/20, Bl. 17. Vgl. den TB (Ic) der 12. Inf.Div., Teil I v. 1.6.-21.6.1941; BA-MA, RH 26-12/82, Bl. 2 f. Vgl. den Eintrag im KTB der 129. Inf.Div. v. 16.6.1941; BA-MA, RH 26-129/3. Vgl. den TB (Ic) der 255. Inf.Div., Abschnitt »Abwehr«; BA-MA, RH 26-255/135, Bl. 7.
[18] Divisionsbefehl 268. Inf.Div./Abt. Ia Nr. 502/41 geh. v. 20.6.1941; BA-MA, RH 26-268/12, Anl. 54.
[19] Vgl. z. B. das Merkblatt »Anhalt für Feindmeldungen« des XXXIX. AK/Abt. Ic v. 2.7.1941; BA-MA, RH 24-39/173, Bl. 66. Das AOK 6 ordnete an, in den Ic-Meldungen Angaben über »Auftreten und Behandlung feindlicher Freischärler und Kommissare« zu machen, AOK 6/Abt. Ia Az. 3 Nr. 226/41 g.Kdos. Chefs. v. 16.6.1941, betr. Meldungen ab B-Tag, 0.00 Uhr; BA-MA, RH 24-14/63, Bl. 96-99. In dem entsprechenden Meldeschema der Ic-Abteilung der 298. Inf.Div. v. 18.6.1941, die

1. Grundlagen 93

Teil der Umsetzung der Kommissarrichtlinien und zeugt von einem befehlskonformen Verhalten, wenn Stäbe in ihre Melderichtlinien eine Erinnerung an die Erstattung von Vollzugsmeldungen aufnahmen. Erst recht gilt dies für diejenigen Fälle, in denen solche Anweisungen aus eigener Initiative erfolgten. Das Generalkommando des XXXIII. Armeekorps etwa verlangte von seinen Divisionen sowohl »Meldungen über Auftreten von Freischärlertum in grösserem Umfang und die Zahl der erfolgten Erschiessungen« als auch »Meldungen über Zahl der erfolgten Erschießungen wegen politischer Belange«[20], obwohl das unmittelbar vorgesetzte AOK 4 dies in seinen kurz zuvor ergangenen Richtlinien über das Meldewesen gar nicht verlangt hatte.[21] In jedem Fall ergaben derartige Anordnungen nur einen Sinn, wenn die unterstellten Verbände zuvor über den Kommissarbefehl unterrichtet worden waren. Solche Quellenbelege müssen daher als Nachweise über die Weitergabe der Kommissarrichtlinien aufgefasst werden. Außer den beiden bereits angeführten Beispielen ist dieser Nachweis noch bei zwei weiteren Kommandobehörden ausschließlich auf der Grundlage ihrer Meldebefehle geführt worden.[22]

In einer Reihe von weiteren Fällen konnte die Bekanntgabe der Kommissarrichtlinien erst in Quellen nachgewiesen werden, die aus der Zeit des laufenden Feldzugs stammen. Dabei handelt es sich durchweg um Befehle, die Rekurse auf die Befehlsausgabe vor dem Feldzug und Rückgriffe auf die dabei erteilten Weisungen enthalten. Ein bekanntes Beispiel dafür bieten die Korpsbefehle des Kommandierenden Generals des XXXXVII. Panzerkorps, Lemelsen, vom 25. und 30. Juni 1941, in denen der General ausdrücklich an die Bestimmungen der Kommissarrichtlinien und des Kriegsgerichtsbarkeitserlasses erinnerte: »Der Erlass des Führers befiehlt ein rücksichtsloses Vorgehen gegen den Bolschewismus (polit. Kommissare) und jedes Freischärlertum! Einwandfrei als hierzu gehörig festgestellte Leute sind abseits zu führen und *ausschliesslich auf Befehl eines Offiziers* zu erschiessen.«[23] Die Führung der 1. Kavalleriedivision erließ am 11. Juli 1941 einen Divisionsbefehl, dem ebenfalls zu entnehmen ist, dass die unterstellen Verbände zu diesem Zeitpunkt über die Kommissarrichtlinien bereits orientiert waren: »Werden Zivilisten durch Landeseinwohner als Kommunisten oder Kommissare bezeichnet, so sind diese nach eingehender Prüfung der Verhältnisse durch einen Off[i]z[ier]. nach den gegebenen Bestimmungen zu behandeln.«[24] In diesem Befehl wiederholte das Divisionskommando Inhalte der Kommissarrichtlinien und verwies in diesem Zusammenhang auf Anweisungen, die es schon bei einer

---

zu diesem Zeitpunkt zu den Verbänden der 6. Armee zählte, lautete dieser Punkt dagegen nur »Auftreten und Behandlung von Freischärlern«; BA-MA, RH 26-298/44, Anl. 9.

[20] Befehl des XXXXIII. AK/Abt. Ic Nr. 2512/41 g.Kdos. v. 20.6.1941, betr. Meldungen und Befehlsübermittlung; BA-MA, RH 24-43/11, Anl. 56.

[21] Vgl. die Richtlinien für die Inhalte von Meldungen des AOK 4/Abt. Ia Nr. 040/41 g.Kdos., Anl. 4, v. 14.6.1941; BA-MA, RH 24-9/48, Bl. 66 ff. In diesem Meldeschema wurden Vollzugsmeldungen nicht ausdrücklich verlangt. Sie fielen implizit unter den summarischen Punkt »Alle Meldungen aus dem Arbeitsgebiet Abwehr«.

[22] Nämlich beim XX. AK und der 113. Inf.Div. Vgl. XX. AK/Abt. Ia Nr. 066/41 g.Kdos. v. 18.6.1941; BA-MA, RH 24-20/3, Bl. 376. Vgl. die Führungsanordnungen Nr. 2 der 113. Inf.Div./Abt. Ia Nr. 1425/41 geh. v. 1.7.1941; BA-MA, RH 26-113/5.

[23] Korpsbefehl des XXXXVII. AK/Abt. Ic Nr. 80/41 geh. v. 30.6.1941; BA-MA, RH 24-47/4, Anl. 154. Hervorhebung im Original. Einen äquivalenten Hinweis enthielt auch Lemelsens Befehl v. 25.6.1941; BA-MA, RH 26-29/60, Anl. 19.

[24] Divisionsbefehl der 1. Kav.Div./Abt. Ic v. 11.7.1941, BA-MA, RH 29-1/5, Anl. 537.

früheren Gelegenheit gegeben hatte, rekurrierte also auf die Bekanntgabe des Befehls vor Beginn des Feldzugs. In einem ähnlichen Fall ordnete die 162. Infanteriedivision am 3. Juli 1941 in einem Divisionsbefehl an, dass bei der Fahndung nach Versprengten alle »Parteiführer [...] zu erfassen und nach den gegebenen Bestimmungen zu behandeln« seien.[25] Auch hier kam die Führung der Division auf Anweisungen zurück, die sie als bekannt voraussetzen konnte, weil sie sie ganz offensichtlich zu einem früheren Zeitpunkt selbst erteilt hatte. Alle diese Rekurse auf eine vormalige Befehlsausgabe sind ohne Zweifel als Nachweise über die Bekanntgabe der Kommissarrichtlinien zu werten.[26]

Die Indizien

In die Kategorie der Indizien wurden Quellentexte eingeordnet, die zwar keine expliziten Belegstellen, dafür aber deutliche Hinweise darauf enthalten, dass bei den betreffenden Stäben die Weitergabe der Kommissarrichtlinien erfolgt ist. Ebenso wie in der Kategorie der Nachweise handelt es sich bei dem Großteil der Quellen, die in die Kategorie der Indizien eingestuft wurden, um Nachrichten von Einsatzbesprechungen, die kurz vor Beginn des Feldzugs in den Kommandobehörden stattgefunden haben. Aus den weitaus meisten dieser Quellen geht zumindest hervor, dass bei den Befehlsausgaben vor dem Einsatz der Kriegsgerichtsbarkeitserlass bekannt gegeben wurde. Im Kriegstagebuch der 45. Infanteriedivision etwa wurde festgehalten, dass auf einer Kommandeurbesprechung am 17. Juni 1941 »der Erlaß des Führers vom 13. Mai (betr. Ausübung der Kriegsgerichtsbarkeit und besondere Maßnahmen der Truppe) bekanntgegeben« wurde.[27] Am gleichen Tag erhielten die Regiments- und Bataillonskommandeure der 296. Infanteriedivision im Stabsquartier des Divisionskommandos »eine Einweisung über das Merkblatt des O.K.H. über Verhalten der Truppe in Russland und den Erlass des Führers über Behandlung feindl. Zivilpersonen«.[28] Die »Bekanntgabe der Verfügung des Führers und Obersten Befehlshabers der Wehrmacht über Behandlung feindlicher Zivilpersonen und Straftaten Wehrmachtangehöriger gegen feindliche Zivilpersonen« erfolgte bei der 20. Panzerdivision am 18. Juni 1941, ebenfalls im Rahmen einer Einsatzbesprechung mit den unterstellten Kommandeuren.[29] Auch bei der 57. Infanteriedivision fand die »Bekanntgabe der Geheimverfügung des Führers über die Behandlung von Straftaten der feindlichen Zivilbevölkerung an die Truppe [...] durch den Gerichtsherrn anläßlich einer Kommandeurbesprechung statt.«[30] Der Generalstabschef des XXIII. Armeekorps versammelte am 22. Juni 1941 die Abteilungsleiter des Generalkommandos sowie die Kommandeure der Korpstruppen und gab ihnen »die Grundsätze des Führers über die Behandlung feindl. Zivilpersonen bekannt«.[31] Der Kommandierende General des XXXXIX. Gebirgskorps unterrichtete

---

25 Divisionsbefehl der 162. Inf.Div./Abt. Ia/Ib v. 3.7.1941; BA-MA, RH 26-162/9, Anl. 43.
26 Außer den zitierten Beispielen war dies noch bei zwei weiteren Divisionen der Fall. Vgl. den Divisionsbefehl der 126. Inf.Div./Abt. Ic v. 2.7.1941; BA-MA, RH 26-126/116, Anl. 14. Vgl. den Eintrag im TB (Ic) der Waffen-SS-Div. »Nord« v. 18.6.-9.11.1941; BA-MA, RS 3-6/29, Bl. 11.
27 Eintrag im KTB der 45. Inf.Div. v. 17.6.1941; BA-MA, RH 26-45/16, S. 21.
28 Eintrag im KTB der 296. Inf.Div. v. 17.6.1941; BA-MA, RH 26-296/12.
29 Eintrag im KTB der 20. Pz.Div. v. 18.6.1941; BA-MA, RH 27-20/2, S. 7.
30 Eintrag im TB (III) der 57. Inf.Div. v. 1.6.-30.6.1941; BA-MA, RH 26-57/112.
31 Eintrag im KTB des XXIII. AK v. 22.6.1941; BA-MA, RH 24-23/46, Bl. 22.

1. Grundlagen

Vertreter seiner Divisionen drei Tage vor Kriegsbeginn über die »vom Führer befohlene Handhabung der Gerichtsbarkeit«.[32]

In abgewandelter Form bezeichnete man den »Barbarossa«-Befehl in diesem Zusammenhang auch als »Erlaß über Mil. Gerichtsbarkeit«[33], »Weisung für die Kriegsgerichtsbarkeit«[34], »kriegsgerichtliche Bestimmungen für den Einsatz«[35] oder sprach schlicht von »Gerichtsfragen«.[36] In den Schilderungen über die Befehlsausgaben vor dem Feldzug wurden für den Gerichtsbarkeitserlass außerdem häufig metonymische Umschreibungen verwendet, die Bezüge auf den Zweck, die Inhalte oder konkrete Bestimmungen des Befehls enthielten. So war es durchaus üblich, den Gerichtsbarkeitserlass als »Führerbefehl« über das »Verhalten der Truppe in Rußland« zu charakterisieren.[37] Im Generalkommando des XX. Armeekorps war von einem »Befehl des Führers über Verhalten der deutschen Soldaten in Rußland« die Rede.[38] Der Kommandierende General des XVII. Armeekorps gab den Kommandeuren seiner Korpstruppen am 20. Juni 1941 »Verfügungen des Führers, O.K.W. und Ob.d.H., über Verhalten der Truppe in Rußland bekannt«.[39] Vor dem Hintergrund dieses Sprachgebrauchs sind auch abstraktere und verkürzte Ausdrucksweisen zu verstehen, die Variationen dieser Umschreibungsform darstellten.[40] Wenn es etwa hieß, dass auf der abschließenden Kommandeurbesprechung bei einer Infanteriedivision das »Verhalten zur feindlichen Zivilbevölkerung« geregelt wurde, konnte damit nichts anderes als die Bekanntgabe des Kriegsgerichtsbarkeitserlasses gemeint sein, zumal in diesem speziellen Fall eine Formulierung aus dem Erlasstext aufgegriffen wurde.[41] Auch wenn die Akten in noch allgemeineren Wendungen die Erteilung von »Befehle[n] über Verhalten im Feindesland«[42], »mündliche[n] Anweisungen über Verhalten der Offiziere gegenüber dem Feind beim bevorstehenden Kampf gegen Sowjetrußland«[43] oder Annordnungen für das »Verhalten in Russland«[44] festhielten, war dabei mit großer Wahrscheinlichkeit vom Kriegsgerichtsbarkeitserlass die Rede.[45] Ebenso gebräuchlich wie treffend war es daneben, den »Barbarossa«-Befehl als »grundsätzliche[n] Erlass

---

32 Eintrag im KTB der 97. Inf.Div. v. 19.6.1941; BA-MA, RH 26-97/3, S. 14. Vgl. hierzu auch den Eintrag im KTB der 1. Geb.Div. v. 19./20.6.1941; BA-MA, RH 28-1/20, S. 17.
33 Notizen des Div.Kdr. der 123. Inf.Div. für die Kdr.-Besprechung am 20.6.1941; BA-MA, RH 26-123/8, Bl. 46.
34 Eintrag im KTB der 76. Inf.Div. v. 19.6.1941; BA-MA, RH 26-76/6.
35 Protokoll von der Kdr.-Besprechung bei der 97. lei. Inf.Div. am 19.6.1941; BA-MA, RH 26-97/6.
36 Eintrag im TB (Ic) des XXXVIII. AK v. 13.6.1941; BA-MA, RH 24-38/162.
37 Eintrag im KTB der 7. Pz.Div. v. 17.6.1941; BA-MA, RH 27-7/46, Bl. 6.
38 Eintrag im KTB des XX. AK v. 14.6.1941; BA-MA, RH 24-20/8, S. 7. Die »Richtlinien für das Verhalten der Truppe in Russland« konnten hiermit nicht gemeint sein, da sie nicht den Status eines »Führerbefehls« besaßen.
39 Eintrag im TB (IIa) des XVII. AK v. 20.6.1941; BA-MA, RH 24-17/226, S. 77.
40 Vgl. den Eintrag im KTB der 257. Inf.Div. v. 19.6.1941; BA-MA, RH 26-257/8: »Es werden u.a. bekanntgegeben Richtlinien für das Verhalten gegenüber der feindlichen Bevölkerung, Führererlaß über Kriegsgerichtswesen«. Vgl. hierzu auch den Eintrag im KTB der 3. Pz.Div. v. 16.6.1941; BA-MA, RH 27-3/14, S. 31.
41 Eintrag im KTB der Gruppe Schmidt (253. Inf.Div.) v. 20.6.1941; BA-MA, RH 26-253/20, S. 7.
42 Eintrag im KTB der 221. Sich.Div. v. 19.6.1941; BA-MA, RH 26-221/10, Bl. 58.
43 Eintrag im KTB (Ib) der 213. Sich.Div. v. 21.6.1941; BA-MA, RH 26-213/21, S. 18.
44 Eintrag im KTB des II./IR 82 v. 21.6.1941; BA-MA, RH 37/2143.
45 Ähnlich auch im Falle der 5. Inf.Div., 19. Pz.Div. und 99. Inf.Div. Vgl. den Eintrag im KTB des Pi.Btl. 5 (5. Inf.Div.) v. 21.6.1941; BA-MA, RH 46/824. Vgl. den Eintrag im KTB des I./Pz.Rgt. 27

des Führers betreff[end] Behandlung von Freischärlern«[46] zu bezeichnen. Wenn auf Einsatzbesprechungen in der Vorbereitungsphase des Feldzugs das Thema »Freischärlerbehandlung«[47] oder die »Behandlung von Freischärlern«[48] auf der Tagesordnung stand, sind solche Stichworte dementsprechend ebenfalls als Metonymien zu verstehen, die die Bekanntgabe des Gerichtsbarkeitserlasses zum Ausdruck brachten. Derartige, weitgehend eindeutige Belege über die Weitergabe des »Barbarossa«-Befehls bilden innerhalb der Kategorie der Indizien die große Mehrheit. In den wenigen verbleibenden Fällen wurden in den entsprechenden Quellentexten nicht näher spezifizierte »Führermaßnahmen«[49], »verschiedene grundlegende Befehle des Führers«[50] oder die »Bekanntgabe von Erlassen des Führers«[51] genannt.[52] Auch wenn hiermit nach allem Dafürhalten die ›verbrecherischen Befehle‹ gemeint waren, lassen die bereits dargelegten Bewertungskriterien nur eine Einstufung dieser Quellenbelege als Indizien zu.[53]

Die Beweiskraft der Indizien

Selbst die Belege, die lediglich als Indizien kategorisiert wurden, besitzen einen hohen Aussagewert in Hinblick auf die Frage nach der Weitergabe der Kommissarrichtlinien. Der weitaus größte Teil dieser Indizien belegt zumindest die Bekanntgabe des Kriegsgerichtsbarkeitserlasses bei den betreffenden Stäben. Dieser Befund gewinnt seine Bedeutung dadurch, dass der »Barbarossa«-Befehl im Sprachgebrauch vieler Kommandobehörden die Kommissarrichtlinien terminologisch mit einschloss. In genügend Fällen ist nachzuweisen, dass die Bekanntgabe des Kriegsgerichtsbarkeitserlasses die Erteilung des Kommissarbefehls implizierte, ohne dass dies in den Akten gesondert vermerkt werden musste. Selbst wenn in den Akten lediglich die Besprechung des »Barbarossa«-Befehls festgehalten wurde, ist daher mit hoher Wahrscheinlichkeit davon auszugehen, dass bei der gleichen Befehlsausgabe auch die Kommissarrichtlinien bekannt gegeben wurden.

(19. Pz.Div.) v. 21.6.1941; BA-MA, RH 39/588, S. 3. Vgl. den Eintrag im KTB der 99. lei. Inf.Div. v. 20.6.1941; BA-MA, RH 26-99/2, S. 18.

[46] Divisionsbefehl 99. lei. Inf.Div./Abt. Ic Nr. 1661/41 geh., betr. Behandlung von Freischärlern, v. 26.9.1941; BA-MA, RH 26-99/21, Anl. 85.

[47] Protokoll von der Kdr.-Besprechung bei der 62. Inf.Div. am 18.6.1941; BA-MA, RH 26-62/40, Anl. 17. Der Besprechungspunkt hierzu lautete: »Zusatzverfügung zu Führererlaß«.

[48] Eintrag im KTB der 44. Inf.Div. v. 19.6.1941; BA-MA, RH 26-44/18. Gleich lautend auch die Formulierung im KTB der 21. Inf.Div. zu einer Kdr.-Besprechung am 20.6.1941: »Behandlung von Freischärlern usw.«; BA-MA, RH 26-21/137a, Bl. 3 f.

[49] Eintrag im TB (Ic) der 6. Pz.Div. v. 10.6.-16.6.1941; BA-MA, RH 27-6/112, S. 10.

[50] Eintrag im KTB der 122. Inf.Div. v. 21.6.1941; BA-MA, RH 26-122/2.

[51] Eintrag im KTB der 29. Inf.Div. (mot.) v. 21.6.1941; BA-MA, RH 26-29/6.

[52] Ähnlich liegt auch der Fall der 18. Pz.Div., vgl. die Einträge im TB (Ic) v. 14.6.-19.6.1941; BA-MA, RH 27-18/167, S. 2 f. Nachdem der Ic von der Besprechung beim XXXXVII. AK zurückgekehrt war, auf der am 14.6.1941 der »Führererlaß« erörtert worden war, besprach er den »Führererlaß« am 18.6.1941 mit dem Kriegsgerichtsrat der Division. Der »Führererlaß« war dann auch ein Besprechungspunkt auf der Kommandeurbesprechung am 19.6.1941.

[53] Bei einem weiteren Indizienfall handelt es sich um einen späteren Rekurs auf die Befehlsausgabe. Der Kommandeur der 132. Inf.Div. erließ am 5.8.1941 einen Divisionsbefehl, in dem er an Bestimmungen erinnerte, die eindeutig dem »Barbarossa«-Befehl entsprachen, und verwies dabei u. a. auf »meine Kdr.-Besprechungen«; BA-MA, RH 26-132/36, Anl. 70.

Die begriffliche Subsumtion der Kommissarrichtlinien unter den Gerichtsbarkeitserlass beruhte auf der ebenso verbreiteten wie begründeten Einschätzung, dass die verschiedenen ›verbrecherischen Befehle‹, Merkblätter und Richtlinien über das Verhalten der deutschen Truppen in der Sowjetunion einen zusammenhängenden Komplex darstellten, dessen Grundlage der »Barbarossa«-Befehl bildete.[54] Die Vorrangstellung des Gerichtsbarkeitserlasses ergab sich vor allem daraus, dass er die erforderlichen Rahmenbedingungen für alles Weitere geschaffen hatte, unter anderem durch die Legalisierung verfahrensloser Exekutionen und das Amnestieversprechen für die Vollstrecker der Gewaltmaßnahmen. Die Auffassung, dass der Kriegsgerichtsbarkeitserlass der übergeordnete Grundsatzbefehl war, auf dem das gesamte Maßnahmenbündel aufbaute, entsprach aber nicht nur dem unterschiedlichen materiellen Gewicht der Erlasse, sondern auch den formalen Beziehungen, die zwischen ihnen bestanden. Bei den Kommissarrichtlinien handelte es sich schließlich um einen Zusatzbefehl, der »im Nachgang« zum Gerichtsbarkeitserlass herausgegeben worden war.[55] Für den größten Teil der Kommandobehörden ergaben sich diese Bedeutungsunterschiede im Übrigen schon daraus, dass sie den Kommissarbefehl nur mündlich erhielten, während ihnen der Gerichtsbarkeitserlass in schriftlicher Fassung vorlag.

Dieses paradox anmutende, gleichermaßen hierarchisierende wie nivellierende Verständnis von dem Befehlskomplex kommt in den Akten der Kommandobehörden immer wieder deutlich zum Ausdruck. Als beispielsweise der Generalstabschef des XXVI. Armeekorps am 17. Juni 1941 die Offiziere des Korpsstabes zusammenrief, um sie über die »Einschränkung der Wehrmachtsgerichtsbarkeit im Falle eines Krieges mit Rußland« zu unterrichten, besprach er unter diesem Thema insgesamt drei verschiedene Gesichtspunkte: »1) Behandlung von Freischä[r]lern, 2) Behandlung polit. Kommissare in Uniform und Zivil, 3) Strafmaßnahmen kollektiver Art.«[56] Demzufolge wurden die Kommissarrichtlinien in diesem Generalkommando als Teilaspekt der »Einschränkung der Wehrmachtsgerichtsbarkeit« aufgefasst, also ganz offensichtlich zum Kriegsgerichtsbarkeitserlass hinzu gerechnet. Zugleich veranschaulicht die Quelle, dass diese Betrachtungsweise eine Verwischung der formalen und terminologischen Unterscheidungen zwischen den einzelnen Erlassen und ihren Inhalten bedingte. Die Bekanntgabe des Kommissarbefehls folgte inmitten der Besprechung an zweiter Stelle, ohne erkennbare Abgrenzung zu den zwei übrigen Tagesordnungspunkten, die sich beide auf den ersten Abschnitt des Kriegsgerichtsbarkeitserlasses bezogen.

Die Ansicht, dass der Gerichtsbarkeitserlass den entscheidenden Grundsatzbefehl darstellte, zu dem die Kommissarrichtlinien nur eine Ergänzung bildeten, war in vielen Stäben anzutreffen. Auf einer Kommandeurbesprechung bei der 112. Infanteriedivision leitete der Divisionskommandeur die anschließende Erörterung der beiden Erlasse ein, indem er vorweg die erste, einschneidende Bestimmung des »Barbarossa«-

---

[54] Bei einer Stabsbesprechung beim AOK 6 am 17.6.1941 etwa sprach der Ic/A.O. u. a. über die »Haltung Zivilbewohnern gegenüber«. Unter diesem Besprechungspunkt wurden vier gleichrangige Stichworte verzeichnet: das Merkblatt »Sieh Dich vor!«, die »Behandlung feindlicher Zivilpersonen«, »Politische Kommissare« und die Richtlinien für das »Verhalten der Truppe in Rußland«. Eintrag im TB (Ic) des AOK 6 v. 17.6.1941; BA-MA, RH 20-6/487, Bl. 69 ff.

[55] Vgl. das Begleitschreiben des OKW zu den Kommissarrichtlinien, OKW/WFSt/Abt. L (IV/Qu.) Nr. 44822/41 g.Kdos. Chefs. v. 6.6.1941, siehe Abb. 3.

[56] Eintrag im KTB des XXVI. AK v. 17.6.1941; BA-MA, RH 24-26/62, Bl. 7 f.

Befehls referierte: »Auf Grund eines besonderen Führererlasses ist die militärische Gerichtsbarkeit gegenüber der Bevölkerung im feindlichen Lande aufgehoben.«[57] Die Bestimmungen über das Vorgehen gegen die politischen Kommissare, auf die er etwas später zu sprechen kam, zählte er wie Bestandteile des Gerichtsbarkeitserlasses auf, so dass sie kaum wie ein eigenständiger Befehl wirkten. Welche engen Zusammenhänge zwischen »Barbarossa«-Erlass und Kommissarrichtlinien schon nach zeitgenössischer Auffassung bestanden und wie die Gewichte zwischen beiden Befehlen verteilt waren, veranschaulicht auch das Protokoll von einer Besprechung, die der Heeresrichter des Panzergruppenkommandos 4 am 12. Juni 1941 in Allenstein abhielt.[58] Um die Befehle plastisch zu erläutern, konstruierte der Oberstkriegsgerichtsrat eine Reihe von Beispielfällen. »Freischärler wird nach Kampf mit Waffe angetroffen«, »Zivilist wird im Besitze deutschen Heereseigentums angetroffen«, »Zivilist wird Sabotage verdächtigt« waren einige der Szenarien, die mit verfahrenslosen Exekutionen beantwortet werden sollten. Acht von zehn Beispielfällen betrafen dabei das Vorgehen gegen Freischärler und Zivilisten. Nur zwei Beispiele, jeweils eines für das Verfahren mit zivilen Funktionären und militärischen Politkommissaren, reichten zur Veranschaulichung der Kommissarrichtlinien aus. Eine Unterscheidung zwischen den verschiedenen Fallgruppen nahm der Militärjurist indes gar nicht erst vor. Eine ähnliche Verquickung der beiden Befehle ist auch beim VIII. Armeekorps zu beobachten. Der Kommandierende General unterrichtete seine Divisionskommandeure während einer Zusammenkunft am 19. Juni 1941 über den Kommissarbefehl und machte bei der gleichen Gelegenheit noch einige kurze Bemerkungen zum Kriegsgerichtsbarkeitserlass. Der Tagesordnungspunkt, unter dem im Besprechungsprotokoll sowohl die Erläuterungen zum Gerichtsbarkeitserlass als auch die Bekanntgabe der Kommissarrichtlinien zusammengefasst wurden, lautete: »Erlaß des Führers vom 13. 5. [1941]«.[59] Auch in dieser Kommandobehörde hatte man also richtig erkannt, dass die Kommissarrichtlinien nicht mehr und nicht weniger als ein nachgeordneter Zusatzbefehl zum Kriegsgerichtsbarkeitserlass waren.

Dass Gerichtsbarkeitserlass und Kommissarbefehl als organische Einheit aufgefasst wurden, äußerte sich auch im Sprachgebrauch vieler Kommandobehörden. Häufig fasste man beide Befehle begrifflich zusammen, indem man dafür kollektive Umschreibungen in Singularform wählte. So war bei der 239. Infanteriedivision von einem »Führererlaß über Behandlung von Freischärlern, Saboteuren, politischen Kommissaren und die Aburteilung sonstiger Vergehen der Zivilbevölkerung« die Rede.[60] Im Stab der 10. Infanteriedivision war eine ähnliche Formulierung gebräuchlich. Ein Besprechungsprotokoll aus der Führungsabteilung erwähnte »den Führer-Erlaß betr. Behandlung der Zivilbevölkerung und der Polit.Kommissare«[61], der Ic-Offizier no-

---

57 Protokoll zur Kdr.-Besprechung bei der 112. Inf.Div. am 30.6.1941; BA-MA, RH 26-112/8, Anl. 18.
58 Vgl. die Notizen von der Besprechung beim Oberstkriegsgerichtsrat der Pz.Gr. 4 in Allenstein am 12.6.1941; BA-MA, RH 26-36/55, Bl. 22-24.
59 Protokoll von der Besprechung des KG des VIII. AK mit seinen Div.Kdren. am 19.6.1941; BA-MA, RH 26-8/21, Anl. 106.
60 Eintrag im KTB der 239. Inf.Div. v. 20.6.1941; BA-MA, RH 26-239/17.
61 Protokoll von der Kdr.-Besprechung bei der 10. Inf.Div. (mot.) am 17.6.1941; BA-MA, RH 26-10/10, Anl. 8.

1. Grundlagen

tierte in seinem Tätigkeitsbericht den Besprechungspunkt »Freischärler und politische Kommissare, deren Behandlung gemäss Sonderbefehls«.[62] Der Kommandierende General des XXXXVII. Panzerkorps bekräftigte in seinem Befehl vom 25. Juni 1941 den »Befehl des Führers über rücksichtsloses Vorgehen gegen Freischärler und bolschewistische Kommissare«.[63] Auch in dem kurz darauf erlassenen Korpsbefehl vom 30. Juni 1941 sprach er im Singular von Kommissarbefehl und Gerichtsbarkeitserlass. Im AOK 18 bezeichnete man die ›verbrecherischen Befehle‹ zusammenfassend als »Erlaß des Führers nebst Zusätzen des Oberbefehlshabers des Heeres über Behandlung von politischen Kommissaren in der Truppe der Roten Armee, ferner Verhalten gegenüber der Bevölkerung, Plündern pp.«.[64]

Da man die ›verbrecherischen Befehle‹ als Einheit betrachtete und die Kommissarrichtlinien als Bestandteil des »Barbarossa«-Erlasses auffasste, war es nur folgerichtig, wenn man sich bei der Umschreibung des Befehlskomplexes darauf beschränkte, ausschließlich vom Kriegsgerichtsbarkeitserlass als dem Rahmenbefehl zu sprechen. Dieser Sprachgebrauch war einer der Gründe dafür, warum in den Akten in vielen Fällen nur die Bekanntgabe des Gerichtsbarkeitserlasses dokumentiert wurde, während die Kommissarrichtlinien unerwähnt blieben, obwohl ihre Weitergabe bei der gleichen Gelegenheit erfolgt war. So ist erwiesen, dass eine Unterweisung, die am 13. und 14. Juni 1941 beim AOK 17 stattfand, sowohl den Gerichtsbarkeitserlass als auch den Kommissarbefehl zum Gegenstand hatte.[65] Einer der Teilnehmer dieser Besprechung umschrieb die Bekanntgabe der beiden Befehle in seinen Notizen allerdings nur als »Unterrichtung über Massnahmen gegen Freischärler und Saboteure«.[66] Während einer Zusammenkunft, die das AOK 6 am 15. Juni 1941 einberufen hatte, wurden ebenfalls beide ›verbrecherischen Befehle‹ besprochen. Einer der Zuhörer berichtete nach seiner Rückkehr von den »Führererläße[n] hinsichtlich Mil. Gerichtsbarkeit und Behandlung politischer Kommissare«.[67] Ein anderer Teilnehmer hielt dagegen in seinen Akten fest, dass man sich in der Besprechung »in erster Linie mit dem Geheimerlaß des Führers über die Behandlung von strafbaren Handlungen der feindlichen Zivilbevölkerung« befasst hatte, und erwähnte die Kommissarrichtlinien mit keinem Wort.[68] Ein dritter Gewährsmann bezeichnete die Sitzung schlicht als »Einweisung in die Bestimmungen über die Gerichtsbarkeit im Ostfeldzug«.[69] Die be-

---

62 Eintrag im TB (Ic) der 10. Inf.Div. (mot.) v. 20.6.1941; BA-MA, RH 26-10/68, S. 2.
63 Befehlszusätze Lemelsens v. 25.6.1941 zu einem Befehl der Pz.Gr. 2 v. 24.6.1941; BA-MA, RH 26-29/60, Anl. 19. Vgl. den Korpsbefehl XXXXVII. AK/Abt. Ic Nr. 80/41 geh. v. 30.6.1941; BA-MA, RH 24-47/4, Anl. 154.
64 Eintrag im TB (IIa) des AOK 18 v. 17.6.-22.6.1941; BA-MA, RH 20-18/1153, Bl. 64. Ähnlich auch die Formulierung im TB (Ic) der 269. Inf.Div.; BA-MA, RH 26-269/41, S. 6. Vgl. auch den Eintrag im TB (Ic) des XXXXVI. AK v. 19.6.1941; BA-MA, RH 24-46/122. Vgl. auch die Formulierung »Bekanntgabe des Führererlasses 1 und 2; betrifft Behandlung russischer Kriegsgefangener, politischer Kommissare, Zivilpersonen und Kollektivmassnahmen, Übergang der militärischen Gerichtsbarkeit in Feindesland auf die Offiziere«, Eintrag im TB (Ic) der 36. Inf.Div. (mot.) v. 12.6.1941; BA-MA, RH 26-36/40, S. 3. In der Ic-Abteilung des H.Gr.Kdo. Süd sprach man sowohl im Singular als auch im Plural von den beiden Befehlen; BA-MA, RH 22/169, S. 63-65.
65 Eintrag im TB (Ic) der 262. Inf.Div. v. 1.6.-30.6.1941; BA-MA, RH 26-262/49.
66 Eintrag im TB (Ic) des LII. AK v. 13.6./14.6.1941; BA-MA, RH 24-52/217, S. 2 f.
67 Eintrag im KTB des XXXIV. AK v. 16.6.1941; BA-MA, RH 24-44/33, S. 28.
68 Eintrag im TB (III) des 57. Inf.Div. v. 1.6.-30.6.1941; BA-MA, RH 26-57/112.
69 Eintrag im TB (III) des XXXXVIII. AK v. 15.5.-23.8.41; BA-MA, RH 24-48/323, S. 52.

griffliche Reduktion der ›verbrecherischen Befehle‹ auf den Kriegsgerichtsbarkeitserlass findet sich auch in den Akten der 17. Infanteriedivision. Der Ic-Offizier vermerkte in seinem Tätigkeitsbericht, dass der Divisionskommandeur die unterstellten Truppenführer auf einer Zusammenkunft am 21. Juni 1941 mündlich über die »Verfügung ›Der Ob.d.H. – Az. Gen.z.b.V. Ob.d.H. (Gr.R.Wes.) Nr. 80/41 g. Kdos.‹ mit Anlage«, also über den Gerichtsbarkeitserlass und Brauchitschs Ausführungsbestimmungen informiert hatte.[70] Aus dem Kriegstagebuch der Führungsabteilung geht indes eindeutig hervor, dass der Divisionskommandeur bei dieser Befehlsausgabe tatsächlich auch die Bestimmungen über die »Behandlung politischer Kommissare« bekannt gegeben hatte.[71] Auch dieses Beispiel illustriert, dass die Kommissarrichtlinien häufig terminologisch unter den »Barbarossa«-Befehl subsumiert wurden und in der Aktenüberlieferung dann hinter diesem Rahmenbefehl verborgen blieben. Die Bekanntgabe des Gerichtsbarkeitserlasses schloss die Unterrichtung über den Kommissarbefehl in der Regel mit ein, sowohl begrifflich als auch inhaltlich. Aktenbelege über die Erteilung des »Barbarossa«-Befehls stellen daher bereits deutliche Indizien für die Bekanntgabe der Kommissarrichtlinien dar, auch wenn dies nicht explizit in den Quellen vermerkt ist.

Auch die verschiedenen abstrakteren Umschreibungen, die in der Sprache der deutschen Militärbürokratie für die ›verbrecherischen Befehle‹ gebräuchlich waren, erscheinen nur auf den ersten Blick wenig beweiskräftig. Immer wieder erweist der Abgleich paralleler Überlieferung, dass Gerichtsbarkeitserlass und Kommissarrichtlinien gemeint waren, wenn in einem entsprechenden Zusammenhang von »Führererlassen« oder Befehlen über das »Verhalten der deutschen Soldaten in Rußland« die Rede war. Eine derartige Formulierung findet sich beispielsweise im Kriegstagebuch der 8. Infanteriedivision. Mit den Stichworten »Erlaß des Führers: Verhalten der Truppe in Rußland, Behandlung f[ein[dl[icher]. Zivilpersonen« wurde darin ein Themenkomplex umrissen, den der Divisionskommandeur auf einer Kommandeurbesprechung am 19. Juni 1941 durchging.[72] Aus einem ebenfalls in den Akten des Divisionsstabes überlieferten Protokoll von der Besprechung geht indes hervor, dass unter diesem Tagesordnungspunkt der Gerichtsbarkeitserlass und die Kommissarrichtlinien behandelt wurden.[73] Eine ähnliche Konstellation liegt auch in den Akten des LVII. Armeekorps vor. Während im Protokoll zu einer Kommandeurbesprechung die Bekanntgabe der Kommissarrichtlinien und des »Barbarossa«-Erlasses nachweisbar ist[74], heißt es im Kriegstagebuch des Korps dazu nur lakonisch, dass auf dem Treffen »verschiedene Punkte hinsichtlich Disciplin [und] Verhalten im Feindesland« erörtert wurden.[75] Wie sich in den Akten immer wieder zeigt, war es ein geläufiger Allgemeinplatz für die ›verbrecherischen Befehle‹, von der Regelung des »Verhaltens im Feindesland« oder Ähnlichem zu sprechen. So referierte der Ic-Offizier

---

[70] Eintrag im TB (Ic) der 17. Inf.Div. v. 29.5.1941-23.5.1942, Abschnitt »A. Vorbereitung des Feldzuges gegen Sowjetrußland«; BA-MA, RH 26-17/31.
[71] Eintrag im KTB der 17. Inf.Div. v. 21.6.1941; BA-MA, RH 26-17/4, S. 12.
[72] Eintrag im KTB der 8. Inf.Div. v. 19.6.1941; BA-MA, RH 26-8/17, Bl. 19 f.
[73] Vgl. das Protokoll zu der Kdr.-Besprechung bei der 8. Inf.Div. am 19.6.1941; BA-MA, RH 26-8/21, Anl. 106.
[74] Protokoll von der Kdr.-Besprechung beim LVII. AK v. 17.6.1941; BA-MA, RH 24-57/6, Bl. 136.
[75] Eintrag im KTB des LVII. AK v. 17.6.1941; BA-MA, RH 24-57/2, S. 39.

der 121. Infanteriedivision auf einer Besprechung vor dem Feldzug unter dem Thema »Verhalten in Feindesland« die Bestimmungen des Kriegsgerichtsbarkeitserlasses und der Kommissarrichtlinien.[76] Der gleiche Sprachgebrauch ist in der 131. Infanteriedivision zu beobachten. Während einer Kommandeurbesprechung beim Artillerieregiment 131 wurden »Verhaltungsmassregeln, beruhend auf Führerbefehlen, für den vorauszusehenden Einsatz in Russland gegeben«.[77] Was dies für Verhaltensregeln waren, zeigte sich an den darauf folgenden Tagen, als bei einigen Einheiten des Regiments »Unterricht über Gefangenenbehandlung, Verhalten Kommissaren gegenüber, Verhalten gegen die Zivilbevölkerung« stattfand. Auch in den Akten der 251. Infanteriedivision finden sich vergleichbare Umschreibungen für diesen Befehlskomplex. Auf einer vierstündigen Einsatzbesprechung, die der Divisionskommandeur am 19. Juni 1941 mit den unterstellten Truppenführern abhielt, wurden laut Kriegstagebuch der Quartiermeisterabteilung »grundlegende Hinweise für die Kriegführung gegen die Sowjet-Union bekanntgegeben«.[78] Wie ein Besprechungsprotokoll aus der Führungsabteilung der Division zeigt, war hiermit nichts anderes als die ›verbrecherischen Befehle‹ gemeint. Der Ia der Division, der spätere Gründungsvater des Militärgeschichtlichen Forschungsamtes, Hans Meier-Welcker, hatte diesen Tagesordnungspunkt persönlich vorbereitet. Neben dem »Befehl über Aufhebung der Militärgerichtsbarkeit gegenüber Zivilpersonen und Ersatz durch Offizierentscheidung« gehörte hierzu auch die Anweisung, »pol. Kommissare des Heeres [...] bei Gefangennahme aus der Truppe herauszunehmen u. außerhalb der Kampfzone unauffällig zu erschießen.[79]

Von den ›verbrecherischen Befehlen‹ war zumeist auch dann die Rede, wenn in den Quellen nicht näher spezifizierte »Führererlasse« erwähnt wurden. Ein Beispiel hierfür bieten die Notizen, die ein Generalstabsoffizier des XXIX. Armeekorps über eine Besprechung beim AOK 6 anfertigte, auf der Gerichtsbarkeitserlass und Kommissarbefehl nachweislich auf der Tagesordnung standen.[80] Ohne auf diese Befehle näher einzugehen, vermerkte der Vertreter des XXIX. Armeekorps in seiner Mitschrift hierzu nur knapp: »Bekanntgabe verschiedener Fuehrererlasse«.[81] Ähnlich abstrakt umschrieb auch der Ic-Offizier der 10. Infanteriedivision den Gerichtsbarkeitserlass und die Kommissarrichtlinien, über die er am 17. Juni 1941 im Panzergruppenkommando 2 unterrichtet worden war. Nach seiner Rückkehr von der Besprechung gab er die Bekanntgabe dieser Befehle in seinem Tätigkeitsbericht wieder, indem er das Stichwort

---

76 Eintrag im KTB der 121. Inf.Div. v. 18.6.1941; BA-MA, RH 26-121/3. Vgl. Anm. 9.
77 Vgl. hierzu und zum Folgenden die Einträge im KTB der III./AR 131 v. 14.6.-16.6.1941; BA-MA, RH 41/881, Bl. 18.
78 Eintrag im KTB (Ib) der 251. Inf.Div. v. 19.6.1941; BA-MA, RH 26-251/104, Bl. 21.
79 Die zur Vorbereitung der Befehlsausgabe angefertigten Notizen in Meier-Welckers Handschrift fahren fort: »Sorgfältige Prüfung, damit keine Verwechselungen mit Offizieren vorkommen!! Disziplin der Truppe darf unter diesen Maßnahmen auf keinen Fall leiden. Das deutsche Heer muß anständig bleiben.« Besprechungspunkte für die Kdr.-Besprechung bei der 251. Inf. Div. am 19.6.1941; BA-MA, RH 26-251/17, Anl. 25.
80 Zu den tatsächlichen Inhalten dieser Besprechung vgl. u. a. die Anlage zum Eintrag im TB der Abt. Ic/A.O. des AOK 6 v. 16.6.1941; BA-MA, RH 20-6/487, Bl. 83 f.
81 Eintrag im TB der Abt. Ic des XXIX. AK v. 16.6.1941; BA-MA, RH 24-29/76.

»Führererlass I u. II« festhielt.⁸² Auch wenn nicht immer ergänzende Parallelüberlieferung vorliegt, die es ermöglicht, die Bedeutung derartiger Formulierungen zweifelsfrei aufzuklären, ist es doch vor dem Hintergrund des Sprachgebrauchs, der in den Kommandobehörden herrschte, evident, dass solche topischen Umschreibungen in aller Regel die Bekanntgabe der ›verbrecherischen Befehle‹ ausdrückten. Der Aussagewert derartiger Indizien für die Frage nach der Weitergabe der Kommissarrichtlinien ist daher keinesfalls zu unterschätzen. Überhaupt unterscheiden sich viele der Quellenbelege, die in die Kategorie der Indizien eingestuft wurden, von den als Nachweise klassifizierten Quellen häufig nur durch ein geringeres Maß an Explizität. Auch bei den Indizien handelt es sich aus den genannten Gründen mit hoher Wahrscheinlichkeit um Belege über die Bekanntgabe des Kommissarbefehls.

Das Fehlen von Hinweisen

Dass von einer Anzahl von Kommandobehörden weder Nachweise noch Indizien über die Weitergabe der ›verbrecherischen Befehle‹ vorliegen, konnte verschiedene Gründe haben. Häufig war das Fehlen solcher Nachrichten schlicht durch eine defizitäre Überlieferungssituation bedingt. Die Überlieferungslage, die man zu einer bestimmten Kommandobehörde vorfindet, wurde zuallererst dadurch determiniert, in welchem Umfang und mit welcher Vollständigkeit die von ihr selbst angefertigten Aktenbestände erhalten geblieben sind. Daneben war auch die Aktenüberlieferung bei den jeweils unterstellten Stäben ein entscheidender Faktor, sofern es sich dabei um Stäbe handelte, die den Status von Kommandobehörden besaßen und somit Akten führten und hinterließen. Vor allem bei den Armeeoberkommandos und Generalkommandos gelang daher die Rekonstruktion der Weitergabe der ›verbrecherischen Befehle‹ häufig erst über die Überlieferung nachgeordneter Stäbe. Bei der mit Abstand größten Gruppe der Kommandobehörden des Ostheeres, den Divisionskommandos, war es dagegen eher die Ausnahme, dass solche Quellen den Akten unterstellter Verbände entnommen werden konnten. Aufgrund des weitgehenden Verlusts der Aktenbestände der darunter liegenden Führungsebenen war für die Divisionsstäbe die Dichte ihrer eigenen Überlieferung ausschlaggebend für die Qualität der Quellenlage. Bei einem großen Teil der Kommandobehörden waren die relevanten Fundstellen somit im eigenen Schriftgut enthalten. Innerhalb der Kommandobehörden war die Aktenüberlieferung der Ia-Abteilungen und der Ic-Abteilungen aus der letzten Vorbereitungsphase vor dem Feldzug von entscheidender Bedeutung, denn aus diesen beiden Provenienzen stammten insgesamt die weitaus meisten Quellen über die Weitergabe der Kommissarrichtlinien. Der Einfluss der Überlieferungssituation auf die Quellenlage zur Frage nach der Weiterleitung der ›verbrecherischen Befehle‹ wird sichtbar, wenn man die Häufigkeit bemisst, mit der Ia-Kriegstagebücher und Ic-Tätigkeitsberichte in der Überlieferung derjenigen Kommandobehörden fehlen, für die keine Nachweise oder Indizien über die Weitergabe des Kommissarbefehls ermittelt werden konnten. Es ergibt sich, dass bei einem guten Viertel dieser Stäbe aus den letzten beiden Wochen vor Kriegsbeginn lediglich die Kriegstagebücher überliefert sind, während die Ic-Tätigkeitsberichte nicht mehr vor-

---

82 Eintrag im TB der Abt. Ic der 10. Inf.Div. v. 16.6.1941; BA-MA, RH 26-10/68, S. 2. Hier fälschlicherweise auf den 16.6.1941 datiert. Zu dieser Besprechung vgl. u. a. den TB der Abt. Ic der 255. Inf.Div., Abschnitt »Abwehr«; BA-MA, RH 26-255/135, Bl. 7.

liegen. Bei einem weiteren knappen Viertel fehlen sowohl die Ic-Tätigkeitsberichte als auch die Kriegstagebücher.[83] Demnach sind bei etwa der Hälfte dieser Stäbe die maßgeblichen Aktenbestände entweder nur bruchstückhaft überliefert oder vollständig verloren. Diese Überlieferungslücken trugen naturgemäß entscheidend dazu bei, dass in nicht wenigen Fällen keine Quellen über die letzten Einsatzvorbereitungen und Befehlsausgaben der betreffenden Stäbe vorliegen. Sie können aber nicht die einzige Ursache gewesen sein, denn schließlich sind bei der Hälfte der Kommandobehörden, von denen keine Indizien oder Nachweise über die Weitergabe der Kommissarrichtlinien vorliegen, sowohl das Kriegstagebuch der Führungsabteilung als auch der Ic-Tätigkeitsbericht aus dem fraglichen Zeitraum überliefert.

Dass zahlreiche Kommandobehörden die Weitergabe der ›verbrecherischen Befehle‹ in ihren Kriegstagebüchern und Tätigkeitsberichten nicht dokumentierten, lag wohl in erster Linie in der Willkür und Selektivität der Aktenführung begründet, schließlich bestanden bei der Abfassung der Dienstakten weit reichende Gestaltungsfreiräume.[84] Wie ausführlich und eingehend eine Kommandobehörde die »Darstellung der Ereignisse« in ihren Akten betrieb, lag zum großen Teil in ihrem eigenen Ermessen. Der Informationsgehalt der Akten variierte daher zum Teil erheblich. Neben umfangreichen und detaillierten Texten fiel die Berichterstattung anderer Stäbe eher knapp und oberflächlich aus. Bei der Schilderung der Vorbereitungsphase vor Beginn des Feldzugs überwog allerdings die Tendenz zu einer gerafften, komprimierten Darstellungsweise. Denn das Interesse der militärischen Dienstakten war vor allem auf die späteren Kampfhandlungen gerichtet. Mit Beginn des Feldzugs nahm daher vor allem in den Kriegstagebüchern das Erzähltempo zumeist deutlich ab. Die Darstellung der Kriegsereignisse wurde breiter und tiefer, nachdem die Vorbereitungsphase des Feldzugs häufig recht kursorisch behandelt worden war. Dementsprechend knapp wurde in vielen Kriegstagebüchern und Tätigkeitsberichten von den Einsatzbesprechungen vor Beginn des Feldzugs berichtet. In manchen Akten wurden sie noch nicht einmal erwähnt, obwohl sie weitaus mehr und wichtigere Themenfelder umfassten als nur die ›verbrecherischen Befehle‹.[85] Im Tätigkeitsbericht der Ic-Abteilung des XXXXVIII. Panzerkorps etwa wurde den Ereignissen der letzten vier Wochen vor dem Angriff lediglich ein kurzer, allgemein gehaltener Abschnitt gewidmet, der nicht mehr als vier Sätze umfasste. Es ist kaum überraschend, dass in diesem äußerst gedrängten Überblick keine Informationen über die Weitergabe der ›verbrecherischen Befehle‹ enthalten sind.[86]

---

[83] Bei 26,5 % der betreffenden Stäbe fehlen entweder der TB (Ic) oder das KTB (Ia), wobei in der Regel der TB (Ic) und nur in einem Fall das KTB (Ia) fehlt. Bei 22,9 % fehlen sowohl KTB (Ia) als auch TB (Ic). In der übrigen Hälfte der Fälle war sowohl KTB (Ia) als auch TB (Ic) überliefert. Die Prozentangaben wurden auf der Grundlage der entsprechenden Bestände des BA-MA errechnet, vgl. die Findbücher zu den einzelnen Beständen. Vgl. zum Einfluss der Überlieferungssituation auf die Untersuchungsergebnisse die Tafel 4 im Anhang.

[84] Vgl. hierzu das Kap. I.2.

[85] Im Kriegstagebuch der 78. Inf.Div. z. B. ist die Zeit vor Feldzugsbeginn stark gerafft und nur zusammenfassend dargestellt. Kommandeurbesprechungen werden darin überhaupt nicht erwähnt, obwohl sie stattgefunden haben, wie aus dem TB (Ic) hervorgeht. Vgl. das KTB der 78. Inf.Div. v. 15.6.-11.12.1941; BA-MA, RH 26-78/26. Vgl. dazu den TB (Ic) der 78. Inf.Div. v. 1.6.-22.6.1941; BA-MA, RH 26-78/64.

[86] Vgl. den TB (Ic) des XXXXVIII. AK v. 16.5.-31.12.1941; BA-MA, RH 24-48/196.

Doch nicht in allen Dienstakten wurden die Einsatzvorbereitungen in gleichem Maße vernachlässigt oder sogar übergangen. Gerade die Kriegstagebücher fokussierten dann allerdings häufig nur auf die genuin militärischen Vorarbeiten, die den Aufmarsch und die vorgesehene Operationsführung betrafen, und blendeten viele der parallel laufenden Nebentätigkeiten, darunter auch die Beschäftigung mit den »Führerbefehlen«, weitgehend aus. Diese Akzentuierung entsprach dem Stellenwert, den die verschiedenen Aufgabengebiete während der Planungsarbeiten vor dem Feldzug besaßen, und auch dem Zeitaufwand, den sie dabei beanspruchten. Denn den operativen und organisatorischen Vorbereitungen maßen die Stäbe naturgemäß erheblich mehr Bedeutung bei als den ›verbrecherischen Befehlen‹, die zwar nicht unwichtig erschienen, aber gegenüber dem operativen Geschäft doch zweifellos zweitrangig waren. In besonderem Maße galt dies für diejenigen Befehlsbereiche, in denen es im Vorfeld zu teilweise lebhaften Auseinandersetzungen zwischen höheren Truppenführern um den taktischen Ansatz ihrer Verbände gekommen war.[87] Gerade in diesen Stäben wurde viel Energie und Zeit darauf verwendet, die möglichen Lösungen für die anstehenden operativen Aufgaben gegeneinander abzuwägen und über diese besonders vital erscheinenden Fragen, von denen der Erfolg des Unternehmens abhängen konnte, zu einer Entscheidung zu gelangen. Doch auch in den übrigen Aufmarschgebieten standen kurz vor dem Feldzug aus begreiflichen Gründen die taktischen und organisatorischen Angriffsvorbereitungen eindeutig im Vordergrund. Es wurde daher der Sache nur gerecht, wenn sich diese Schwerpunktsetzung auch in der Aktendokumentation der Kommandobehörden widerspiegelte. Dementsprechend nimmt die Darstellung der operativen Planungen und organisatorischen Maßnahmen in den meisten Akten aus den letzten Wochen vor Kriegsbeginn den weitaus größten Raum ein, während die ›verbrecherischen Befehle‹ darin nur eine untergeordnete Rolle spielen und teilweise auch gar keine Erwähnung finden.

Neben dieser militärisch-professionell orientierten Themengewichtung scheint auch das mitunter hervor scheinende Unrechtsbewusstsein die Ausblendung der ›verbrecherischen Befehle‹ aus der Aktendokumentation bedingt zu haben. Zumindest in Hinblick auf die Kommissarrichtlinien dürften die außergewöhnlich strengen Geheimhaltungsmaßnahmen dieses Bewusstsein noch weiter geschärft haben. Bis auf die wenigen Stäbe der Heeresgruppen, Armeen und Panzergruppen erhielten die Kommandobehörden den Befehl schließlich nur in mündlicher Form und wurden überdies auch auf das Verbot der schriftlichen Weitergabe hingewiesen.[88] Der Kriegsgerichtsbarkeitserlass wurde demgegenüber deutlich offener behandelt und bis zu den Divisionsstäben in schriftlicher Fassung verteilt. Der unterschiedliche Umgang mit den Befehlen unterstrich, dass der Kommissarbefehl einen krasseren Rechtsbruch darstell-

---

[87] Vgl. z. B. die z. T. ungehaltenen Auseinandersetzungen zwischen Generaloberst v. Kleist, dem Bfh. der Pz.Gr. 1, und dem OB der 6. Armee über den Ansatz der Pz.Gr. 1. Vgl. hierzu die KTB der Pz.Gr. 1 und des AOK 6 aus der Vorbereitungszeit des Feldzugs, in denen die Erörterung dieser operativen Fragen großen Raum einnimmt; BA-MA, RH 21-1/463, BA-MA, RH 20-6/87.

[88] Vgl. z. B. die Weitergabe der Kommissarrichtlinien an die 221. Sich. Div. durch den Berück Mitte am 10.7.1941, bei der Schenckendorff ausdrücklich darauf hinwies, dass »schriftliche Bekanntgabe verboten« sei. Das Verbot wurde dann auch beherzigt: »Abt. Ic wurde mit der mündlichen Weitergabe dieser Richtlinien beauftragt.« Eintrag im KTB der 221. Sich.Div. v. 10.7.1941; BA-MA, RH 26-221/10, Bl. 90. Vgl. hierzu Anm. 101.

te als der Gerichtsbarkeitserlass, der zumindest in Teilen durch das Völkerrecht gedeckt war und zudem Kontinuitäten zur bisherigen Praxis aufwies. Überdies war man sich in den Stäben bewusst, dass der Kriegsgerichtsbarkeitserlass zugleich der wichtigere der beiden »Führererlasse« war. Diese differenzierte Auffassung von den ›verbrecherischen Befehlen‹ dürfte zu den maßgeblichen Gründen dafür zählen, dass die Weitergabe des »Barbarossa«-Befehls in den deutschen Akten wesentlich häufiger belegt ist als die der Kommissarrichtlinien. Nicht selten wurden aber auch beide Befehle in den Akten übergangen. Es handelte sich vielfach wohl um ein bewusstes, beredtes Schweigen, wenn manche Kommandobehörden in ihren Unterlagen zwar die Zusammenkünfte dokumentierten, auf denen die ›verbrecherischen Befehle‹ bekannt gegeben wurden, diesen Besprechungspunkt dabei aber nicht erwähnten.[89] Derartige Berichte drücken allerdings mehr über die Art der Aktenführung der betreffenden Stäbe aus als über die Inhalte der darin geschilderten Besprechungen und dürfen nicht zu Fehlschlüssen ex silentio verleiten. Wenn die Bekanntgabe der Kommissarrichtlinien in den Akten einer Kommandobehörde nicht explizit verzeichnet ist, bedeutet dies nicht zwingend, dass sie nicht erfolgt ist. Wie viele der angeführten Beispiele gezeigt haben, erweist die Parallelüberlieferung häufig genug, dass das Gegenteil der Fall war.

2. DIE BEFEHLSÜBERMITTLUNG

1. HEERESGRUPPENKOMMANDOS

Zur Rolle der Oberkommandos der drei Heeresgruppen bei der Weitergabe der Kommissarrichtlinien liegen nur vereinzelte Quellenbelege vor. Diese Quellenarmut ist aber erklärlich. Zum einen ist sie eine unausweichliche Folge der außerordentlich rudimentären Überlieferungssituation, die auf dieser Hierarchieebene herrscht.[90] Zum anderen spiegelt sich in der Begrenztheit der Quellenlage wider, dass insgesamt nur eine verschwindend geringe Anzahl von Kommandobehörden den Kommissarbefehl

---

[89] Vgl. z. B. den knappen Eintrag im KTB der 269. Inf.Div. zu der Rede des OB der 18. Armee v. 25.4.1941, in der Küchler u. a. ausführlich über Hitlers Kriegsgründe und die Kommissarrichtlinien sprach: »Teilnahme des Div.-Kommandeurs an einem Kriegsspiel beim A.O.K.18 in Königsberg, bei dem der Oberbefehlshaber (Generaloberst von Küchler) Weisungen für eine mögliche Verwendung der Korps und Divisionen gab.« BA-MA, RH 26-269/11, S. 5. Auch im übrigen KTB sind die ›verbrecherischen Befehle‹ nicht erwähnt, auch nicht bei der Schilderung der zentralen Kommandeurbesprechungen, vgl. den Eintrag v. 14.6.1941; ebd., S. 11.

[90] Von den Oberkommandos der H.Gr. Nord und der H.Gr. Mitte fehlen sowohl das KTB (Ia) als auch der TB (Ic) aus den letzten Wochen vor dem Feldzug. Vom H.Gr.Kdo. Süd liegt aus dem fraglichen Zeitraum nur das KTB (Ia) vor, während der TB (Ic) fehlt. Auch die Überlieferung der direkt unterstellten Befehlshaber der rückwärtigen Heeresgebiete ist nur bruchstückhaft. Vom Berück 101 (H.Gr. Nord) fehlen sowohl das KTB (Ia) als auch der TB (Ic). Vom Berück 102 (H.Gr. Mitte) fehlt das KTB, dafür liegt aber ein TB (Ic) vor. Vom Berück 103 (H.Gr. Süd) fehlt ebenfalls das KTB (Ia), während der TB (Ic) überliefert ist. Vgl. die Findbücher des BA-MA zu den Beständen RH 22 und RH 19-I, RH 19-II, RH 19-III.

direkt von den Heeresgruppenkommandos erhielt und somit ohnehin nur einige wenige Aktenbestände als potentielle Fundstellen überhaupt in Frage kamen. Denn die Heeresgruppenkommandos waren in die Befehlskette bei der Weitergabe der Kommissarrichtlinien an die Truppenverbände des Ostheeres nicht eingeschaltet. Der Verteiler des Befehls umfasste nämlich neben den Heeresgruppenkommandos auch schon die Armeeoberkommandos und Panzergruppenkommandos.[91] Das OKH hatte damit den Dienstweg, der über die Heeresgruppen verlief, übersprungen. Die Weitergabe der Kommissarrichtlinien an die darunter liegenden Führungsebenen fiel direkt in die Verantwortung der Armeen und Panzergruppen.

Dies galt auch für die Instruierung der Verbände, die zu den Reserven der Heeresgruppen zählten. Das jeweilige Heeresgruppenkommando besaß zwar die Verfügungsgewalt über diese Verbände, unterstellte sie sich aber nicht unmittelbar, sondern fügte sie stattdessen in die Hierarchie der Heeresgruppe ein. Die Einweisung in ihre Aufgaben und die Bekanntgabe der ›verbrecherischen Befehle‹ veranlassten deshalb die Armeeoberkommandos, denen die Reserveverbände zugeordnet worden waren. Dass die Heeresgruppenkommandos nicht unmittelbar mit Generalkommandos oder gar Divisionsstäben verkehrten, die ihnen nicht direkt unterstellt waren, entsprach den selbstverständlichen Prinzipien der dienstlichen Kommunikation zwischen militärischen Behörden. Zudem hatte die Heeresleitung dieses Verfahren zumindest in Hinblick auf die so genannten OKH-Reserven sogar ausdrücklich vorgeschrieben. So legte das OKH am 16. Juni 1941 in zwei äquivalenten Befehlen fest, wie die Bekanntgabe des Gerichtsbarkeitserlasses und der Kommissarrichtlinien an die OKH-Reserven zu erfolgen hatte, die der Heeresgruppe Mitte zugeteilt worden waren. Die OKH-Reserven bei der Heeresgruppe Mitte, bestehend aus einem Generalkommando, einem Höheren Kommando und insgesamt sechs Infanteriedivisionen, waren zu unterschiedlichen Teilen der 4. und 9. Armee zugewiesen worden, in deren Verband ihr späterer Einsatz geplant war. Auf Grund des zukünftigen Unterstellungsverhältnisses wurden die Oberkommandos dieser beiden Armeen vom OKH damit beauftragt, den jeweiligen Reserveverbänden nach ihrem Eintreffen im Aufmarschgebiet den Gerichtsbarkeitserlass »auszuhändigen und die Verfügung des Oberkommandos der Wehrmacht betr. Behandlung politischer Kommissare – weitergeleitet durch Erlaß Ob d H vom 8.6.1941 Az. Gen z b V b. Ob d H (Gr.R Wes) Nr. 91/41 g Kdos Chefs – bekannt zu geben«.[92] Das Oberkommando der Heeresgruppe Mitte wurde vom OKH von dieser Anordnung benachrichtigt, indem es eine Abschrift von den beiden Befehlen erhielt, wurde aber nicht in den Befehlsweg eingeschaltet. Es ist anzunehmen, dass die Heeresleitung für die Unterweisung der OKH-Reserven, die für die anderen beiden Heeresgruppen vorgesehen waren, eine ähnliche Regelung getroffen hat, auch wenn die entsprechenden Befehle nicht überliefert sind.

---

[91] Im H.Gr.Kdo. Mitte trafen die Kommissarrichtlinien erst am 13.6.1941 ein, vgl. den Eingangsstempel auf der Ausfertigung in den Akten des H.Gr.Kdo.; BA-MA, WF-03/9121, Bl. 16. Wann der Befehl in den anderen beiden H.Gr.Kdos. eintraf, ist nicht bekannt, weil die Exemplare dieser Stäbe nicht überliefert sind.

[92] Vgl. die Befehle OKH/Gen. z.b.V. b. Ob.d.H. Nr. 98/41 g.Kdos. Chefs. an das AOK 4 und OKH/Gen. z.b.V. b. Ob.d.H. Nr. 99/41 g.Kdos. Chefs. an das AOK 9, beide v. 16.6.1941; BA-MA, WF-03/9121.

2. Die Befehlsübermittlung

Auch diejenigen Reserveverbände der Heeresgruppen, die nicht den Status von OKH-Reserven besaßen und ohne Einschränkung den Heeresgruppenkommandos zur Verfügung standen, wurden auf die gleiche Weise über die ›verbrecherischen Befehle‹ unterrichtet. Diese Verbände erhielten ihre Befehle ebenfalls direkt von den Armeeoberkommandos und Generalkommandos, denen sie an der Front unmittelbar unterstellt waren. Diese Verfahrensweise ist in einer ganzen Reihe von Fällen, bei allen drei Heeresgruppen belegt.[93] Auch das Heeresgruppenkommando Mitte organisierte die Weitergabe des Kommissarbefehls also auf diese Weise. Die Bekanntgabe der Kommissarrichtlinien an das LIII. Armeekorps, das zu den Reserven der Heeresgruppe Mitte zählte, »erfolgt[e] durch [das] A.O.K. 4«, wie eine Notiz auf der Ausfertigung des Befehls in den Akten des Heeresgruppenkommandos verrät.[94] Entsprechend dem üblichen Dienstweg und den bestehenden Unterstellungsverhältnissen übernahm das LIII. Armeekorps wiederum die Unterrichtung der 293. Infanteriedivision, die ebenfalls Teil der Heeresgruppenreserve und dem Generalkommando direkt unterstellt war. Am 19. Juni 1941 fand in der Ic-Abteilung des LIII. Armeekorps eine Besprechung mit den Ic-Offizieren der 293. Infanteriedivision und der 286. Sicherungsdivision statt[95], auf der offenbar auch die Kommissarrichtlinien weitergegeben wurden.[96] Auf solchen Nebenwegen wurden auch bei den anderen beiden Heeresgruppen die sukzessive nachrückenden Reserveverbände über die ›verbrecherischen Befehle‹ instruiert. Dass die Armeeoberkommandos, denen diese Verbände zugeführt wurden, für die Einweisung in die Befehlslage Sorge trugen, verstand sich im Prinzip von selbst und war offenbar auch die Regel. In manchen Fällen wurde dies aber auch von den Heeresgruppenkommandos selbst initiiert. So erteilte der Ic-Offizier der Heeresgruppe Mitte dem Ic des AOK 9 am 8. Juli 1941 den Befehl, der in diesen Tagen an der Front eintreffenden »96. Division [die] Verfuegung [des] OKW betr. Behandlung politischer Kommissare – weitergegeben durch Erlass Ob.d.H. vom 8.6.41, Az. Gen. z.b.V. b. Ob.d.H. (Gr.R.Wes.) Nr. 91/41 g.Kdos. – bekannt zu geben«.[97] Der Ic-Offizier der 9. Armee kam dieser Aufforderung nach, indem er den Ic der 96. Infanterie-

---

[93] Vgl. hierzu das folgende Kap. III.2.2.
[94] Vgl. die hs. Notizen auf dem Exemplar der Kommissarrichtlinien in den Akten des H.Gr.Kdo. Mitte; BA-MA, WF-03/9121, Bl. 16. Der Ic des LIII. AK nahm dann auch an der Besprechung beim AOK 4 teil, auf der die Kommissarrichtlinien bekannt gegeben wurden, vgl. den Eintrag im TB (Ic) des LIII. AK v. 18.6.1941; BA-MA, RH 24-53/136, Bl. 21.
[95] Vgl. den Eintrag im TB (Ic) des LIII. AK v. 19.6.1941; BA-MA, RH 24-53/136, Bl. 21. Die Inhalte der Besprechung werden hierin nicht genannt. Stattdessen wird auf eine Liste von Besprechungspunkten in den Anlagen verwiesen, die aber nicht überliefert ist. Die 286. Sich.Div. war zu diesem Zeitpunkt eigentlich direkt dem AOK 4 unterstellt. Der Teilnehmerkreis der Unterweisung beim AOK 4 war jedoch auf die Ebene der Generalkommandos beschränkt.
[96] Der TB (Ic) der 293. Inf.Div. aus dieser Zeit ist nicht überliefert. Im TB (Ic) der 286. Sich.Div. ist zumindest vermerkt, dass die Divisionsführung die Kommissarrichtlinien nach unten weitergab, sie also zuvor erhalten haben musste: »Am 21.6.41 vormittags bei Kdr.-Besprechung Bekanntgabe mündlicher Zusätze zum Führererlass betr. politische Kommissare der russ. Wehrmacht durch Ic.« Eintrag im TB (Ic) der 286. Sich.Div. v. 15.3.–31.12.41; BA-MA, RH 26-286/5, Bl. 5. Die Division konnte den Befehl nur vom LIII. AK erhalten haben, denn an der entsprechenden Befehlsausgabe beim AOK 4 hatten ausschließlich Vertreter der Generalkommandos teilgenommen, vgl. hierzu das folgende Kap. III.2.2.
[97] Fernschreiben der H.Gr. Mitte/Abt. Ic/AO Nr. 67/41 geh. v. 8.7.1941, 16.00 Uhr an das AOK 9/Abt. Ic; BA-MA, RH 20-9/251.

division am darauf folgenden Tag über die Kommissarrichtlinien instruierte.[98] Auch bei den Reserven, die erst nach Kriegsbeginn an der Ostfront eintrafen, war immer sichergestellt, dass sie auf den gewohnten Kanälen durch die vorgesetzten Stäbe über alle grundlegenden Befehle rechtzeitig ins Bild gesetzt wurden. Das OKH und die drei Heeresgruppenkommandos sorgten in engem Zusammenwirken mit den unterstellten Armeeoberkommandos dafür, dass die nachgeführten Reserveverbände bis zu ihrem Einsatz an der Front auch die ›verbrecherischen Befehle‹ erhielten.

Die drei Heeresgruppenkommandos wirkten also in bestimmten Situationen daran mit, die Weitergabe der Kommissarrichtlinien in ihren Befehlsbereichen zu organisieren, überließen die praktische Durchführung aber den zuständigen, nachgeordneten Kommandobehörden. Die alleinige Federführung behielten die Heeresgruppenkommandos lediglich bei der Unterweisung derjenigen Stäbe, die ihnen unmittelbar unterstellt waren, wobei sich die Bekanntgabe der Kommissarrichtlinien an die Armeeoberkommandos und Panzergruppenkommandos, die den Befehl vom OKH in schriftlicher Fassung erhalten hatten, erübrigte. Es blieben also nur die Befehlshaber der rückwärtigen Heeresgebiete und die wenigen Heerestruppen[99], die den Heeresgruppenkommandos direkt unterstanden und noch über die Kommissarrichtlinien unterrichtet werden mussten. Dass dies auch geschah, ist bei allen drei Heeresgruppen belegt. Zumindest ist erwiesen, dass alle drei Heeresgruppenkommandos die Kommissarrichtlinien an die jeweiligen Befehlshaber der rückwärtigen Heeresgebiete weitergegeben haben. Der Ic-Offizier der Heeresgruppe Mitte, Major i.G. Freiherr von Gersdorff, merkte die »mündl[iche]. Bekanntgabe an [den] Mil[itärischen]. Bef[ehls]. H[aber]. i[m]. r[ückwärtigen]. H[eeres].G[ebiet].« gleich auf dem Exemplar der Kommissarrichtlinien an.[100] Der Befehlshaber des rückwärtigen Heeresgebiets Mitte, General der Infanterie von Schenckendorff, übernahm es in der Folge persönlich, die erhaltenen Instruktionen an seine Verbände weiterzugeben. Im Zuge einer Besprechung im Quartier der 221. Sicherungsdivision am 10. Juli 1941 »gab der Befehlshaber die Richtlinien für die Behandlung der politischen Kommissare, Hetzer und Aufwiegler bekannt mit dem Hinweis, daß schriftliche Bekanntgabe verboten ist«.[101] Der Führung der 221. Sicherungsdivision dürfte dies jedoch kaum neu erschienen sein, da die Division die ›verbrecherischen Befehle‹ nach allem Dafürhalten bereits vor Beginn des Feldzugs über das VII. Armeekorps erhalten hatte, dem sie zu dieser Zeit und noch bis Anfang Juli 1941 unterstellt war.[102] Nachdem die Befehlsketten in der Vorberei-

---

[98] Hs. Notiz auf dem Fernschreiben: »Wurde an Ic 96.ID. 9.7. bekanntgegeben«; ebd.
[99] Auf die Bekanntgabe der ›verbrecherischen Befehle‹ an die Heerestruppen hatte schon das OKH gedrängt. Anfang Juni 1941, bevor die Kommissarrichtlinien erlassen wurden, hatte das OKH den drei Heeresgruppen befohlen, den Gerichtsbarkeitserlass auch ihren jeweiligen Nachrichtenregimentern bekannt zu geben, vgl. den Befehl des OKH/Gen.St.d.H./Chef HNW Ia Nr. 1411/41 g. Kdos. v. 4.6.1941; BA-MA, WF-03/9121, Bl. 38.
[100] Vgl. die hs. Notiz auf dem Exemplar des Befehls in den Akten der H.Gr. Mitte mit der Paraphe von Gersdorff; BA-MA, WF-03/9121, Bl. 16.
[101] Eintrag im KTB der 221. Sich.Div. v. 10.7.1941; BA-MA, RH 26-221/10, Bl. 90.
[102] Der Ic der Division hatte am 19.6.1941 an einer Ic-Besprechung beim VII. AK teilgenommen, vgl. den TB (Ic) der 221. Sich.Div. v. 1.11.40-14.12.41, Abschnitt »G. Sonstiges«; BA-MA, RH 26-221/70. Die Inhalte dieser Unterweisung sind nicht näher überliefert, es ist aber anzunehmen, dass auch der Kommissarbefehl Besprechungsgegenstand war. Vom VII. AK ist immerhin belegt, dass die Kommissarrichtlinien auf einer Stabsbesprechung im Generalkommando am 15.6.1941 bekannt gegeben wurden, vgl. den Eintrag im TB (IVa) des VII. AK v. 15.6.1941; BA-MA, RH 24-7/217, Bl. 21.

tungsphase des Angriffs funktioniert hatten und in der Division schon an den ersten Tagen des Feldzugs eine Reihe von Kommissarerschießungen durchgeführt worden waren, brauchte man sich dort nach Schenckendorffs verspätetem Befehl nicht mehr umzustellen.[103] Auch die anderen beiden Sicherungsdivisionen, über die Schenckendorff ebenfalls erst im Juli 1941, im Zuge der Bildung des rückwärtigen Heeresgebiets Mitte das Kommando übernahm, waren zuvor schon durch die damaligen vorgesetzten Dienststellen über die Kommissarrichtlinien unterrichtet worden, lange bevor Schenckendorff ihnen den Befehl zu Beginn des Unterstellungsverhältnisses ein weiteres Mal erteilte.[104]

Ähnlich routiniert gab auch das Heeresgruppenkommando Süd die Kommissarrichtlinien an den Befehlshaber des rückwärtigen Heeresgebiets bekannt. Der Stab des Berück Süd war offenbar bis zum 16. Juni 1941 schon über die Inhalte der ›verbrecherischen Befehle‹ unterrichtet worden, denn an diesem Tag klärte der Ic der Heeresgruppe, Oberstleutnant i.G. Kleikamp, mit dem Ic-Offizier des Berück, Hauptmann Dr. Pertzborn, nur noch die Detailfrage, zu welchem Zeitpunkt die »Bekanntgabe des Führererlasses, Behandlung feindlicher Zivilbevölkerung und politischer Kommissare«, an die Sicherungsdivisionen erfolgen sollte.[105] Nachdem Kleikamp hierüber zunächst Rücksprache mit seinem Vorgesetzten, dem Ia der Heeresgruppe, Oberstleutnant i.G. Winter, gehalten hatte, teilte er mit, dass die Wahl des Zeitpunktes im Ermessen des Berück liege und von Seiten des Heeresgruppenkommandos in dieser Angelegenheit keine Weisungen mehr ergehen würden.[106] Es blieb Kleikamp dennoch unbenommen, seinem Untergeben hiefür eine richtungsweisende Empfehlung zu geben. Er legte Pertzborn nahe, zumindest diejenigen Verbände alsbald über die Befehle zu belehren, die bereits am ersten Kriegstag zum Einsatz kommen sollten, »da das Beispiel Jugoslawien gezeigt hat, daß bei zu später Unterrichtung die gegebenen Richtlinien nicht mehr bis nach unten durchdringen«. Da dem Heeresgruppenkommando ganz offensichtlich daran gelegen war, dies zu vermeiden, schlug Kleikamp vor, »daß der Ic des Bef.rückw.Heeresgebietes die Ic's der Sich.

Nachdem der Ic der 221. Sich.Div. aus dem Generalkommando des VII. AK zurückgekehrt war, fand am gleichen Tag eine Kdr.-Besprechung bei der Division statt, auf der der Ic einen Vortrag über »die neu eingegangenen Befehle über Verhalten im Feindesland« hielt, vgl. den Eintrag im KTB der 221. Sich.Div. v. 19.6.1941; BA-MA, RH 26-221/10, Bl. 58. Es spricht also alles dafür, dass die 221. Sich.Div. schon vor Feldzugsbeginn über die Kommissarrichtlinien unterrichtet war.

103 Am 30.6.1941 meldete der Ic der 221. Sich.Div. an das VII. AK: »Erschossen wurden bis zum 29.6.41 insgesamt rund 320 Freischärler und 5 Kommissare«; BA-MA, RH 24-7/139, Bl. 320. Der Zeitpunkt der Weitergabe der Kommissarrichtlinien durch den Berück Mitte war offensichtlich nur deswegen so spät, weil die Division ihm erst kurz zuvor unterstellt worden war, nachdem sie den Feldzug im Verband des VII. AK angetreten hatte.

104 Die 286. Sich.Div. wurde durch das LIII. AK eingewiesen, vgl. Anm. 96/97. Die 403. Sich.Div. war bis zum 11.7.1941 der 9. Armee unterstellt. Der Ic der Division nahm daher an der Besprechung beim AOK 9 am 12.6.1941 teil, auf der die Kommissarrichtlinien bekannt gegeben wurden, vgl. den TB (Ic) der 403. Sich.Div. über den Juni 1941; BA-MA, RH 26-403/4a. Schenckendorff hat offenbar auch der 403. Sich.Div. gegenüber den Kommissarbefehl wiederholt, denn die ersten Kommissarerschießungen der Division wurden »gemäß dem Befehl des Befehlshabers« gemeldet, vgl. den TB (Ic) der 403. Sich.Div. über den Juli 1941; ebd.

105 TB (Ic) des Berück Süd v. 15.6.-21.6.41; BA-MA, RH 22/169, S. 65.

106 Hierzu und zum Folgenden Bericht von der »Besprechung bei Abt. Ic Abschnittstab Winter« (H.Gr. Kdo. Süd) am 16.6.1941; BA-MA, RH 22/169, S. 63.

Divisionen baldigst zusammennimmt«, um sie ins Bild zu setzen. Wenn Pertzborn aus diesen Anweisungen schloss, dass »eine Unterrichtung der Ic der Sich.Divisionen über die Führererlasse durch ihre derzeitigen taktischen vorgesetzten Dienststellen [...] nicht zu erfolgen« scheine, war er allerdings schlecht informiert. So wie bei der Heeresgruppe Mitte war auch bei der Heeresgruppe Süd gewährleistet, dass alle Befehle auch die Sicherungsdivisionen erreichten, selbst wenn sie in der Vorbereitungsphase des Feldzugs noch anderen Dienststellen als dem Berück Süd unterstanden. Die 454. Sicherungsdivision etwa marschierte während der letzten Wochen vor dem Feldzug im Verband der 17. Armee und erhielt auch von dort, rechtzeitig vor Kriegsbeginn, die ›verbrecherischen Befehle‹.[107]

Auch vom Heeresgruppenkommando Nord ist die gehorsame Weitergabe der Kommissarrichtlinien an die unmittelbar unterstellten Stäbe belegt. Am 16. Juni 1941 fand in der Ic-Abteilung des Heeresgruppenkommandos Nord eine Dienstbesprechung statt, an der neben den Ic-Offizieren der Sicherungsdivisionen und den GFP-Direktoren des rückwärtigen Heeresgebietes Nord auch der Ic des Berück Nord teilnahm.[108] Im Laufe der Besprechung übernahm es einer der Abwehroffiziere des Heeresgruppenkommandos, Hauptmann Dr. Keune, die Versammlung über die Behandlung der Kommissare zu instruieren: »Die Kommissare der Russen sind bekannt, diese schnell unschädlich machen.«[109] Möglicherweise kam auch der Befehlshaber im rückwärtigen Heeresgebiet Nord, General der Infanterie von Roques, bei der abschließenden Einsatzbesprechung mit den Kommandeuren seiner Sicherungsdivisionen am 20. Juni 1941 noch einmal auf die besonderen Weisungen zu sprechen.[110] Dass zumindest sein Stab nicht vergaß, die unterstellten Verbände über die ›verbrecherischen Befehle‹ rechtzeitig in Kenntnis zu setzen, ist aus der Folgezeit belegt. Noch während des laufenden Feldzugs gab der Ic-Offizier des Berück die »Fuehrererlasse« bei verschiedenen An-

---

[107] Aus dem TB (Ic) der Division geht hervor, dass der Ic an der Besprechung beim AOK 17 teilnahm, auf der u. a. die Kommissarrichtlinien bekannt gegeben wurden; vgl. den TB (Ic) der 454. Sich.Div. v. 11.-20.6.1941; BA-MA, RH 26-454/10, S. 3. Der Div.Kdr. gab die Kommissarrichtlinien dann persönlich am 20.6.1941 an die unterstellten Truppenführer weiter, vgl. den Eintrag im KTB der 454. Sich.Div. v. 20.6.1941; BA-MA, RH 26-454/5, Bl. 17 f. Von der 444. Sich.Div. sind die Akten der Abt. Ia, Ib und Ic aus der Vorbereitungszeit des Feldzugs und auch aus dem weiteren Jahr 1941 nicht überliefert. Da sie zu Beginn des Feldzugs ebenfalls dem AOK 17 (LII. AK) unterstellt war, hat sie den Befehl sicherlich auf dem gleichen Wege wie die 454. Sich.Div. erhalten. Die 213. Sich. Div. unterstand bis zum Beginn des Krieges dem XVII. AK und hat daher aller Wahrscheinlichkeit nach auch einen Vertreter zu der Besprechung beim AOK 6 am 16.6.1941 entsandt, auf der die Kommissarrichtlinien bekannt gegeben wurden. Dafür spricht auch, dass der Div.Kdr. am Vortag des Angriffs seinen Untergebenen »mündliche Anweisungen über Verhalten der Offiziere gegenüber dem Feind beim bevorstehenden Kampf gegen Sowjetrußland« erteilte. Vgl. den Eintrag im KTB (Ib) der 213. Sich.Div. v. 21.6.1941; BA-MA, RH 26-213/21, S. 18.
[108] Die Besprechung ist im TB (Ic) der 281. Sich.Div. und bei der 285. Sich.Div. belegt, in beiden Fällen allerdings ohne Mitteilung ihrer Inhalte, vgl. den TB (Ic) der 281. Sich.Div. v. 16.6.-30.6.1941; BA-MA, RH 26-281/13. Vgl. auch den Eintrag im TB (Ic) der 285. Sich.Div. v. 16.6.-30.6.1941; BA-MA, RH 26-285/17. Von der 207. Sich.Div. sind a. d. J. 1941 keine Akten überliefert. Sie unterstand zu dieser Zeit der 18. Armee und hier dem XXXVIII. AK, von dem sie auch eingewiesen wurde, vgl. den Eintrag im TB (Ic) des XXXVIII. AK v. 17.6.1941; BA-MA, RH 24-38/162.
[109] TB (Ic) des Berück Nord v. 16.6.-20.6.1941; BA-MA, RH 22/253.
[110] Vgl. den Eintrag im KTB der 281. Sich.Div. v. 20.6.1941; BA-MA, RH 26-281/2, Bl. 76. Vgl. den Eintrag im KTB der 285. Sich.Div. v. 20.6.1941; BA-MA, RH 26-285/3, Bl. 11.

lassen an weitere, später eintreffende Dienststellen bekannt.[111] So wie die Oberkommandos der südlicheren beiden Heeresgruppen, wickelte also auch das Heeresgruppenkommando Nord die Übermittlung der Kommissarrichtlinien mit gewohnter Routine ab. Die Heeresgruppenkommandos wirkten bei der Weitergabe des Kommissarbefehls an die Verbände des Ostheeres zwar nur am Rande mit. Ihr Zutun war darauf beschränkt, die direkt unterstellten Stäbe zu unterrichten und für die Einweisung der nachrückenden Reserveverbände mit Sorge zu tragen. Wenn ihre Rolle auch marginal war, füllten die Heeresgruppenkommandos sie nichtsdestoweniger vollständig aus.

2. Armeeoberkommandos

Wie es das OKH bereits für die Weiterverbreitung des Kriegsgerichtsbarkeitserlasses verfügt hatte[112], fiel auch die »weitere Bekanntgabe«[113] der Kommissarrichtlinien direkt in die Zuständigkeit der Armeen und Panzergruppen, in deren Stäben der Befehl in den Tagen nach seiner Versendung am 8. Juni 1941 aufgelaufen war. Da die Panzergruppen zum Beginn des »Unternehmens Barbarossa« bis auf eine Ausnahme den Infanteriearmeen unterstellt waren, lag die Federführung aber in erster Linie bei den Armeeoberkommandos.[114] Nachdem der Kommissarbefehl bei ihnen eingetroffen war, wurden die Armeestäbe tätig. Die Bekanntgabe des Befehls an die Truppenverbände verlief dann in allen Armeebereichen in etwa nach dem gleichen Schema, nur mit geringfügiger zeitlicher Verschiebung. In der Regel wurden dazu verschiedene, parallele Dienstwege genutzt, so dass der Befehl gleich über mehrere Kanäle nach unten weitergeleitet wurde. Bei allen Armeen erfolgte die Bekanntgabe der Kommissarrichtlinien auf zentralen Ic-Besprechungen in den Armeeoberkommandos, zu denen die Ic-Offiziere der unterstellten Verbände kommandiert wurden. Auch die Heeresrichter, die in den Oberkommandos tätig waren, beriefen Zusammenkünfte mit den Kriegsgerichtsräten der Korps und Divisionen ein, um sie über die ›verbrecherischen Befehle‹ zu unterrichten. Nicht zuletzt nahmen es außerdem manche Oberbefehlshaber persönlich in die Hand, ihre untergebenen Truppenführer über die Kommissarrichtlinien zu instruieren. Bis zum Beginn des Feldzugs hatten alle Armeeoberkommandos ihre unterstellten Verbände routinemäßig über den Befehl in Kenntnis gesetzt.

Zumindest was die Platzierung der ›verbrecherischen Befehle‹ auf den Tagesordnungen der zentralen Dienstbesprechungen der Ic-Offiziere und Heeresrichter anbelangte, dürfte die einheitliche Vorgehensweise bei der Übermittlung der Befehle auch

---

111 Vgl. den Eintrag im TB (Ic) des Berück Nord v. 2.8.1941; BA-MA, RH 22/254, Bl. 13. Vgl. auch den Eintrag v. 9.10.1941; BA-MA, RH 22/255, Bl. 87. Beides in Verbindung mit dem Eintrag v. 25.10.1941; ebd., Bl. 176.
112 Vgl. den Befehl des OKH/Gen. z.b.V. b. Ob.d.H. g.Kdos. Chefs. (Aktenzeichen unkenntlich) v. 31.5.1941; BA-MA, WF-03/9121, Bl. 29.
113 Vgl. das Begleitschreiben des OKW/WFSt/Abt. L (IV/Qu.) Nr. 44822/41 g.Kdos. Chefs. v. 6.6.1941, siehe Abb. 3.
114 Aus diesem Grund konzentriert sich dieses Kapitel zunächst auf die Oberkommandos der Infanteriearmeen, während die vier Panzergruppen im nachfolgenden Abschnitt, Kap. III.2.3., gesondert behandelt werden.

auf Vorgaben des OKH zurückzuführen sein. Es spricht vieles dafür, dass das Prozedere bei der weiteren Bekanntgabe der ›verbrecherischen Befehle‹ Gegenstand der Einweisungen war, die der General z.b.V. Müller zusammen mit Oberstkriegsgerichtsrat Dr. Lattmann am 10. und 11. Juni 1941 in Warschau und Allenstein abhielt, um die Handhabung des Kriegsgerichtsbarkeitserlasses und der Kommissarrichtlinien zu erläutern. Schon der Teilnehmerkreis dieser Zusammenkünfte, zu denen das OKH die Feindnachrichtenoffiziere und Heeresrichter der Heeresgruppen-, Armee- und Panzergruppenstäbe kommandiert hatte, verdeutlichte, dass die Zuständigkeiten in dieser Angelegenheit bei den Ic-Abteilungen und Rechtsabteilungen lagen. Dass die Ic-Offiziere und Heeresrichter bald nach ihrer Rückkehr aus Warschau und Allenstein die dort erhaltenen Weisungen auf ihren separaten Dienstwegen weitergaben, indem sie die zuständigen Abteilungsleiter der nachgeordneten Stäbe zu Ressortbesprechungen einbestellten, entsprach zwar auch der Routine. Dennoch ist anzunehmen, dass Müller und Lattmann ihren Zuhörern diese Verfahrensweise ausdrücklich nahe gelegt haben. Anders ist es kaum zu erklären, dass sämtliche Armeeoberkommandos und Panzergruppenkommandos in der Folge nach beinahe identischem Muster vorgingen.

Interne Vorbereitungen

Wann genau die Kommissarrichtlinien in den einzelnen Oberkommandos eingingen, ist nicht mehr festzustellen. Keines der Armeeoberkommandos hat den Eingang der Kommissarrichtlinien in seinen Akten vermerkt. Die Exemplare des Befehls mussten auf Anordnung des OKH Anfang August 1941 aus Geheimhaltungsgründen vernichtet werden, so dass auch die Eingangsstempel nicht überliefert sind.[115] Ein, zwei Tage nach seiner Versendung dürfte der Befehl allerdings in allen Armeeoberkommandos angekommen sein. Nachdem der Befehl nunmehr in schriftlicher Fassung vorlag, setzte in den Stäben zunächst eine interne Beschäftigung mit seinen Inhalten ein. Diese Vorgänge sind lediglich bei der 6. Armee noch rekonstruierbar, dafür aber recht detailliert. Beim AOK 6 begann man am 12. Juni 1941 damit, sich eingehend mit den Kommissarrichtlinien zu befassen und ihre Weitergabe in die Wege zu leiten.[116] Nachdem der Ic-Offizier, Major i.G. Paltzo, am Vortag aus Warschau von der Besprechung beim General z.b.V. zurückgekehrt war, trug er am 12. Juni 1941 dem Armeeoberbefehlshaber, Generalfeldmarschall v. Reichenau, die »Richtlinien für Behandlung politischer Kommissare« vor. Später am gleichen Tag hielt er auch vor seinen unmittelbaren Vorgesetzten, dem Ia-Offizier und dem Chef des Generalstabes, Vortrag und teilte ihnen das »Ergebnis der Besprechung beim General z.b.V. des O.K.H. über Führerer-

---

[115] Vgl. den Befehl des OKH/Gen. z.b.V. b. Ob.d.H. Nr. 361/41 g.Kdos. v. 31.7.1941 an die AOK, Pz.Gr. und Berücks des Ostheeres; BA-MA, WF-03/9121. Demnach waren bei allen Kommandobehörden außer den H.Gr.Kdos. die Kommissarrichtlinien umgehend zu vernichten. Das gleiche galt für den Gerichtsbarkeitserlass, mit Ausnahme der Armeestäbe, die den Befehl nur »im Falle der Gefahr des Verlustes« vernichten sollten. Ausdrücklich wurde betont, dass die Geltung der Erlasse durch ihre Vernichtung »nicht berührt« wurde.

[116] Vgl. hierzu und zum Folgenden den Eintrag im TB (Ic) des AOK 6 v. 12.6.1941; BA-MA, RH 20-6/488, Bl. 13 f.

lasse ›Behandlung feindlicher Zivilpersonen und Kommissare‹« mit. Zu diesem Zeitpunkt war es bereits entschieden worden, dass die weitere Bekanntgabe der Befehle im Rahmen der Besprechung mit den Ic-Offizieren der unterstellten Verbände erfolgen sollte, die für den 16. Juni 1941 anberaumt worden war.[117] Denn Paltzo arbeitete schon an einem entsprechenden »Vortragsentwurf«. Noch am Abend des 12. Juni 1941 lieferte Paltzo dem Generalstabschef, Oberst i.G. Heim, eine Vorlage für den Teil der »Ic-Besprechung über [die] Führererlasse über ›Behandlung feindlicher Zivilpersonen und Kommissare‹«, den Heim persönlich übernehmen wollte.[118] Am darauf folgenden Tag, dem 13. Juni 1941, ließ sich auch der Erste Generalstabsoffizier von Paltzo nochmals detailliert über die »Führer-Befehle« und die Anweisungen des Generals z.b.V. informieren.[119]

All diese Besprechungen dienten aber nicht nur der Planung der Weitergabe der Befehle, sondern auch dazu, sich über ihre Auslegung zu verständigen. Die mehrseitigen Ausführungsbestimmungen, die das Armeeoberkommando am 16. Juni 1941 erließ und am gleichen Tag an die versammelten Ic-Offiziere ausgab, waren das sichtbare Ergebnis dieser Beratungen.[120] Was dabei herausgekommen war, zeigte aber, dass man keine ernsthaften Bedenken hatte und sich mit dem Ziel, »den militärischen Zweck der Niederkämpfung der feindlichen Wehrmacht mit dem politischen Zweck der Ausrottung des Bolschewismus zu verbinden«, identifizieren konnte. Denn die Ausführungsbestimmungen des AOK 6 enthielten lediglich zusätzliche Erläuterungen, Begründungen und die Ergänzungen, die der General z.b.V. in Warschau nachgetragen hatte, und bekräftigten die Befehlslage eher, als dass sie sie änderten. Die elementaren Bestimmungen des »Barbarossa«-Befehls wurden nur wiederholt und erklärt, aber kaum modifiziert. Die Betonung der Priorität der militärischen Disziplin gehörte zu den wenigen eigenen, wenn auch nicht originellen Akzentuierungen, die das AOK einfließen ließ: »Wenn *nach* dem Kampf der Offizier die Entscheidung über Leben und Tod des Freischärlers trifft, der Soldat ihn lediglich vorführt, bleibt die Disziplin am besten gewahrt. Nur *im* Kampf und auf der Flucht entscheidet der Soldat selbstverständlich allein. Bei dieser Handhabung wird einer Verwilderung der Truppe und einer zu weiten Auslegung des Begriffes ›Freischärlerei‹ am besten vorgebeugt.« Die Durchführungsbestimmungen bezogen sich im Übrigen fast ausschließlich auf den

---

[117] Die Ic-Besprechung war bereits zwei Tage zuvor für den 16.6.1941 anberaumt worden, vgl. den Befehl des Abschnittstab Staufen/Abt. Ic/AO Nr. 1895/41 geh. v. 10.6.41, betr. Besprechung der Ic-Bearbeiter; BA-MA, RH 20-6/488, Bl. 44. Die Besprechung war nicht extra für die Weitergabe der ›verbrecherischen Befehle‹ einberufen worden, sondern hätte ohnehin stattgefunden. Der Termin war bereits am 9.6.1941 auf Vorschlag von Paltzo bestimmt worden, nachdem Heim sich damit einverstanden erklärt hatte, vgl. den Eintrag im TB (Ic) des AOK 6 v. 9.6.1941; ebd., Bl. 45 f.

[118] Wie geplant, eröffnete Heim die Ic-Besprechung am 16.6.1941 dann, indem er u. a. »Erläuterungen zu den Erlassen des Führers über ›Behandlung feindlicher Zivilbevölkerung, Handlungen deutscher Soldaten gegen Zivilbevölkerung, und Behandlung russ. Kommissare.‹« gab. Vgl. das Protokoll AOK 6/Abt. Ic/AO Nr. 1185/41 geh. v. 16.6.1941, betr. Ic-Besprechung; BA-MA, RH 20-6/487, Bl. 85.

[119] Vgl. den Eintrag im TB (Ic) des AOK 6 v. 13.6.1941; BA-MA, 20-6/488, Bl. 7. In dem Vortrag beim Ia referierte Paltzo die »Führer-Befehle« über »a) Verhalten der Truppe in Rußland, b) Verhalten gegenüber feindlicher Zivilbevölkerung, c) Behandlung roter Kommissare«.

[120] Vgl. hierzu und zum Folgenden AOK 6/Abt. Ic/AO Nr. 209/41 g.Kdos. Chefs. v. 16.6.1941, betr. Behandlung feindlicher Zivilpersonen und Straftaten Wehrmachtangehöriger gegen feindliche Zivilpersonen; BA-MA, RH 20-6/96, Bl. 153-156.

Kriegsgerichtsbarkeitserlass. Der Grund dafür lag zum einen sicherlich in dem bekannten Verbot, die Kommissarrichtlinien in schriftlicher Form weiterzugeben. Zum anderen spiegelte sich darin aber wohl auch wider, dass in Hinblick auf den Kommissarbefehl kaum Klärungsbedarf bestand und man schlichtweg nicht die Absicht hatte, dem Befehl noch etwas hinzuzufügen. Immerhin ließ das AOK es sich nicht nehmen, die Kommissarrichtlinien in der Einleitung der Ausführungsbestimmungen zumindest andeutungsweise zur Sprache zu bringen: »Der Erlass bedeutet die Einstellung auf östliche Kampfmethoden, er bedingt für uns eine Erweiterung des Kriegsbrauches. Die Truppe muss lernen, feindselige Zivilisten und Kommissare selbst niederzukämpfen, nicht gefangen zu nehmen.«

Nachdem diese Durchführungsbestimmungen ausgearbeitet worden waren und die Befehlsausgabe auf der Ic-Besprechung am 16. Juni 1941 stattgefunden hatte, war die Beschäftigung mit den Kommissarrichtlinien im AOK 6 aber noch nicht abgeschlossen. Einen Tag später wurde das Offizierskorps des Armeeoberkommandos versammelt und geschlossen über die ›verbrecherischen Befehle‹ unterrichtet. Auf der Stabsbesprechung am 17. Juni 1941, die der Generalstabschef leitete, übernahm diese Aufgabe der Ic-Offizier, der einen Vortrag über die »Haltung Zivilbewohnern gegenüber« hielt und dabei die Inhalte des Merkblatts »Sieh Dich vor«, der »Richtlinien für das Verhalten der Truppe in Russland« und die Bestimmungen des Gerichtsbarkeitserlasses und der Kommissarrichtlinien referierte.[121] Zwei Tage darauf, am 19. Juni 1941, waren diese Befehle erneut das Thema eines Vortrags, den der Ic-Offizier in Anwesenheit des Generalstabschefs vor dem Armeeoberbefehlshaber hielt. An diesem Tag scheint Paltzo aber nur noch den Vollzug der Weitergabe der Befehle gemeldet zu haben.[122] Im Stab der 6. Armee war das Thema damit vorerst von der Tagesordnung, auch wenn Paltzo in dieser Angelegenheit noch wiederholt tätig wurde, als der Armee in der Folgezeit neue Reserveverbände zugeführt wurden, die in die Befehlslage eingewiesen werden mussten.[123] Bis dahin hatten im Armeeoberkommando während der letzten beiden Wochen vor Beginn des Feldzugs mindestens fünf interne Dienstbesprechungen stattgefunden, die dazu dienten, die Weitergabe der ›verbrecherischen Befehle‹ zu regeln. Zunächst erstattete der Ic-Offizier seinen Vorgesetzten Bericht über die Inhalte der erhaltenen Weisungen, darauf folgten umgehend die organisatorischen Vorbereitungen und die inhaltliche Abstimmung für die Weitergabe der Befehle an die unterstellten Verbände und die Angehörigen des übrigen Stabes. Die gesamte Führungsspitze des Oberkommandos war daran beteiligt: der Oberbefehlshaber genauso wie sein Generalstabschef, der Ia und nicht zuletzt der Ic, der fachlich zuständig war und die Abwicklung übernahm. Es ist anzunehmen, dass die interne Beschäftigung mit den ›verbrecherischen Befehlen‹ in den übrigen Armeeoberkommandos ähnlich verlaufen ist, so wie sich auch die Maßnahmen glichen, die in allen Armeestä-

---

[121] Vgl. den Eintrag im TB (Ic) des AOK 6 v. 17.6.1941; BA-MA, RH 20-6/487, Bl. 69 ff.
[122] Vgl. den Eintrag im TB (Ic) des AOK 6 v. 19.6.1941; BA-MA, RH 20-6/487, Bl. 38 f. Der Besprechungspunkt lautete: »b) Ausgegebene Erlasse und Merkblätter über: 1.) Verhalten deutscher Soldaten in Rußland, 2.) Sieh Dich vor!, 3.) Behandlung feindlicher Zivilbevölkerung und Maßnahmen gegen deutsche Soldaten wegen Handlungen gegen Zivilpersonen, 4.) Behandlung politischer Kommissare (Ic/z.b.V.).«
[123] Vgl. den Eintrag im TB (Ic) des AOK 6 v. 21.6.1941; BA-MA, RH 20-6/489, Bl. 323. Vgl. auch den Eintrag im TB (Ic) des AOK 6 v. 26.7.1941; BA-MA, RH 20-6/490, Bl. 169.

ben zur Weitergabe der Befehle ergriffen wurden und genauso vorbereitet worden sein mussten.

Die Ic-Besprechungen

Wie beim AOK 6 wurden auch bei sämtlichen übrigen Armeeoberkommandos in den letzten zehn Tagen vor dem Feldzug zentrale Ic-Besprechungen abgehalten, die dazu genutzt wurden, die ›verbrecherischen Befehle‹ bekannt zu geben und zu erläutern. In der Woche zwischen dem 12. Juni und dem 19. Juni 1941 hatten diese Zusammenkünfte in allen Armeen, die am 22. Juni 1941 zum Angriff antreten sollten, stattgefunden.[124] Zu den Besprechungen wurden in der Mehrzahl der Fälle nicht nur die Ic-Offiziere der direkt unterstellten Armeekorps, sondern auch die Feindnachrichtenbearbeiter der Divisionen kommandiert. Nur bei der 4. Armee, der 18. Armee und der 2. Armee blieb der Teilnehmerkreis auf die Ic-Offiziere der Korps beschränkt, die in der Folge die Einweisung der Divisionen selbst übernahmen. Geleitet wurden die Besprechungen von den Ic-Offizieren der Armeeoberkommandos, teilweise waren auch die Generalstabschefs zugegen. Da das Programm der Sitzungen umfangreich war, gestalteten sie sich recht zeitaufwändig. Der Ic der 6. Armee veranschlagte für den Termin am 16. Juni 1941 eine Zeitdauer von bis zu sechs Stunden[125], die Ic-Besprechung bei der Panzergruppe 4 beanspruchte den gesamten Arbeitstag[126], im AOK 17 fanden sich die Ic-Offiziere der unterstellten Stäbe sogar an zwei aufeinander folgenden Tagen ein.[127] Alle diese Besprechungen glichen sich in Ablauf und Inhalten weitgehend, da sie überall dieselbe Funktion erfüllten. Sie waren Teil der letzten Einsatzvorbereitungen und dienten dazu, den Ic-Dienst in dem jeweiligen Armeebereich einheitlich auszurichten, die Ic-Offiziere mit aktuellen Informationen zu versorgen und neu ergangene Befehle an sie zu übermitteln. Auf allen diesen Ressorttreffen standen daher in etwa die gleichen Themen auf der Tagesordnung. Es wurden Regelungen bekannt gegeben und Absprachen getroffen, die sämtliche Gebiete des Ic-Dienstes berührten.

Zu den festen Bestandteilen der Besprechungen gehörte es zunächst einmal, dass die versammelten Ic-Offiziere über »die vermutliche Feindlage« informiert und auf den

---

[124] Beim AOK 9 hatte die Ic-Besprechung am 12.6.1941 stattgefunden, vgl. u. a. den Eintrag im TB (Ic) des XX. AK v. 12.6.1941; BA-MA, RH 24-20/74. Beim AOK 18 war der Termin am 13.6.1941, vgl. den Eintrag im TB (Ic) des XXXVIII. AK v. 13.6.1941; BA-MA, RH 24-38/162. Beim AOK 17 fanden sich die Ic-Offiziere am 13./14.6.1941 zusammen, vgl. den TB (Ic) der 262. Inf.Div. v. 1.6.-30.6.1941; BA-MA, RH 26-262/49. Beim AOK 6 war dies am 16.6.1941, vgl. Anm. 117. Beim AOK 16 am 17.6.1941, vgl. das Protokoll des Ic der 126. Inf.Div. von der Besprechung; BA-MA, RH 26-126/114, Anl. 7. Beim AOK 4 am 18.6.1941; vgl. den Eintrag im TB (Ic) des AOK 4 v. 18.6.1941; BA-MA, RH 20-4/671, Bl. 4. Beim AOK 11 am 19.6.1941, vgl. den TB (Ic) des XXX. AK v. 19.5.-21.6.1941; BA-MA, RH 24-30/115. Beim AOK Norwegen, dessen Verbände erst am 29.6. bzw. 1.7.1941 zum Angriff antraten, fand die Ic-Besprechung offenbar am 23.6.1941 statt, vgl. den Eintrag im TB (Ic) der 169. Inf.Div.; BA-MA, RH 26-169/94, S. 15. Beim AOK 2, das zunächst Reserve war, folgte eine Ic-Besprechung am 6.7.1941, vgl. die Besprechungspunkte des O7 des AOK 2 v. 5.7.1941; BA-MA, RH 20-2/1090, Anl. 186.
[125] Vgl. den Befehl des Abschnittsstab Staufen/Abt. Ic/AO Nr. 1895/41 geh. v. 10.6.1941, betr. Besprechung der Ic-Bearbeiter; BA-MA, RH 20-6/488, Bl. 44.
[126] Vgl. den TB (Ic) der 6. Pz.Div. v. 10.6.-16.6.1941; BA-MA, RH 27-6/112, S. 10.
[127] Vgl. den Eintrag im TB (Ic) der 71. Inf.Div. v. 13./14.6.1941; BA-MA, RH 26-71/33.

letzten Kenntnisstand über »Gliederung, Stärke und Kampfwert der Roten Armee« gebracht wurden.[128] Daneben erhielten sie grundlegende Anweisungen für die Handhabung des Ic-Dienstes, für die Beschaffung und Auswertung von Feindnachrichten, die Erstattung der täglichen Ic-Meldungen, die Vernehmung und Behandlung von Gefangenen und andere technische Einzelfragen. Recht ausführlich kamen außerdem die Propagandastrategien zur Sprache, die in der Sowjetunion verfolgt werden sollten.[129] Das Tätigkeitsfeld der militärischen Abwehr war ebenfalls Gegenstand der Besprechungen. Hierbei ging man zum einen die Grundsätze für die »Spionage- und Sabotage-Abwehr«[130] durch. Unabdingbar war es außerdem, den Ic-Offizieren die verschiedenen Sonderformationen anzukündigen, die im Operationsgebiet eingesetzt und dort mit ihnen in Verbindung treten würden: die Kommandos des »Sicherheitsdienst[es,] Trupps der Abwehr III[,] Wirtschaftstrupps im Auftrage des Beauftragten für den Vierjahresplan und Trupps des Auswärtigen Amtes«.[131] Die Ic-Offiziere wurden über »die Aufgaben dieser Sonderk[omman]dos.« orientiert und instruiert, wie »das Verhalten der Truppe ihnen gegenüber« einzustellen sei.[132] Dabei stellte sich der geplante Einsatz der SS-Kommandos in den Ausführungen mancher Ic-Offiziere durchaus als nutzbringend dar. Der Ic der 6. Armee etwa bezeichnete es als ihre Aufgabe, »alles Material der bolschew. Bewegung zu sammeln und die Vertreter grob durchzukämmen«, mit dem »Endziel« der »Vernichtung und Ausrottung der bolschew. Weltanschauung«.[133] Nach Ansicht der Armee arbeiteten die Sonderkommandos auf diese Weise der Wehrmacht zu: »Durch Ausschaltung der feindlichen Agitation unterstuetzen sie die Truppe.«[134]

Der Komplex der ›verbrecherischen Befehle‹, Merkblätter und Richtlinien für die besondere Form der Kriegführung in der Sowjetunion war also nur einer von vielen Tagesordnungspunkten auf den Ic-Besprechungen, auch wenn er durchaus breiten Raum darin einnahm. Um zu diesem gewichtigen Thema überzuleiten, lag es nahe, zunächst die einschlägigen Begründungen vorwegzuschicken und auf den besonderen Charakter des bevorstehenden Krieges zu verweisen. Der Ic der 16. Armee griff dazu auf Hitlers richtungweisenden Äußerungen vom 30. März 1941 zurück: »Der Führer hat vor den Oberbefehlshabern ausgeführt: Im Kampf gegen den Bolschewismus ist

---

[128] Vgl. den Eintrag im TB (Ic) des XXX. AK über die Ic-Besprechung beim AOK 11 am 19.6.1941; BA-MA, RH 24-30/115.

[129] Vgl. z. B. das Protokoll des Ic des VI. AK von der Ic-Besprechung beim AOK 9 am 12.6.1941; BA-MA, RH 24-6/235, Bl. 43. Hier wurden u. a. die folgenden »Richtlinien für die politische Haltung« gegeben: »Zerschlagung des bolschew./jüd. Elements, jedoch sind auch Anschauungen aus der Zeit des Zarismus energisch abzulehnen. *Die Juden sind die Hauptschuldigen.* Der Kreml ist die Zentrale der jüd./bolschew. ›Ausbeuter‹.«

[130] Vgl. das Protokoll des Ic des III. AK von der Ic-Besprechung beim AOK 6 am 16.6.1941; BA-MA, RH 24-3/134, Anl. 9.

[131] Vgl. den Eintrag im TB (Ic) der 269. Inf.Div. über die Ic-Besprechung bei der Pz.Gr. 4 am 12.6.1941; BA-MA, RH 26-269/41, S. 6.

[132] Vgl. den Eintrag im TB (Ic) des AOK 4 über die Ic-Besprechung am 18.6.1941; BA-MA, RH 20-4/671, S. 3 f.

[133] Vgl. das Protokoll des Ic der 111. Inf.Div. von der Ic-Besprechung beim AOK 6 am 16.6.1941; BA-MA, RH 26-111/28, Anl. 13.

[134] Eintrag im TB (Ic) des XXIX. AK über die Ic-Besprechung beim AOK 6 am 16.6.1941; BA-MA, RH 24-29/76.

mit Menschlichkeit nicht zu rechnen.«[135] Dann wurden die einzelnen Befehle nacheinander bekannt gegeben und durchgesprochen. Auch auf den Sinn und Zweck der verschiedenen Merkblätter, die bei dieser Gelegenheit verteilt wurden, ging man kurz ein. So erklärte der Ic-Offizier der 6. Armee in knapper Form, wozu das Merkblatt »Sieh Dich vor« dienen sollte: »Hierin sollen die Scheußlichkeiten der russ. Kriegführung dem Soldaten vor Augen geführt werden.«[136] Das Hauptaugenmerk galt jedoch den beiden »Führererlassen«, wobei man sich in der Regel mit dem Kriegsgerichtsbarkeitserlass eingehender befasste als mit den Kommissarrichtlinien. Die Bemerkungen, die man zum »Barbarossa«-Erlass zu machen hatte, bestanden vor allem in der Mahnung, Gewaltexzesse und willkürliche Ausschreitungen von vornherein zu verhindern, um jede Beeinträchtigung der militärischen Disziplin auszuschließen.[137] Auch wenn diese Maßgaben häufig wohl zugleich für den Kommissarbefehl galten, fällt auf, dass er gegenüber dem Gerichtsbarkeitserlass in den Besprechungen eher eine untergeordnete Rolle spielte. Während man betont viel Wert darauf legte, klarzustellen, wie der Kriegsgerichtsbarkeitserlass auszulegen sei, hielt man entsprechende Einlassungen und zusätzliche Direktiven für die Umsetzung der Kommissarrichtlinien offenbar nicht in gleichem Maße für erforderlich. Während man den Gerichtsbarkeitserlass ausführlich erörterte, beschränkte man sich bei der Bekanntgabe des Kommissarbefehls häufig darauf, seine Inhalte zu referieren, und verzichtete auf eigene Ausführungsbestimmungen. So handhabte es auch der Ic der 4. Armee, Major i.G. Helmdach, auf der Besprechung, die er am 18. Juni 1941 mit den Ic-Offizieren der unterstellten Korps im AOK 4 abhielt.[138] Dort ging zunächst eine »Einweisung in den Führererlaß v. 14. 5. [sic] über die Kriegsgerichtsbarkeit im ›Fall Barbarossa‹« voraus. Hierbei konnte es sich nur noch um ergänzende Erläuterungen handeln, denn die Bekanntgabe des Befehls war bereits in der Vorwoche erfolgt, als das AOK 4 den Erlasstext an die Generalkommandos und Divisionsstäbe übermittelt hatte.[139] Jetzt belehrte Helmdach die »Korps Ic's« darüber, wie der Befehl nach dem Willen des Armeeoberkommandos aufzufassen und umzusetzen war. Diese Mühe machte man sich mit dem Kommissarbefehl dagegen offenbar nicht mehr. Der »Erlaß über das Verhalten gegenüber polit. Kommissare[n]« wurde schlicht »im Wortlaut verlesen«, ohne dass Helmdach hierzu noch weitere Erklärungen folgen ließ.[140] Alles, was er hinzuzufügen hatte, war seine Anweisung, die Befehle nun an die unterstellten Verbände weiterzu-

---

[135] Protokoll des Ic der 126. Inf.Div. von der Ic-Besprechung beim AOK 16 am 17.6.1941; BA-MA, RH 26-126/114, Anl. 7.
[136] Protokoll des Ic der 111. Inf.Div. von der Ic-Besprechung beim AOK 6 am 16.6.1941; BA-MA, RH 26-111/28, Anl. 13.
[137] Zur Rezeption und Adaption des Kriegsgerichtsbarkeitserlasses in den Kommandobehörden des Ostheeres vgl. ausführlich RÖMER, ›Im alten Deutschland‹.
[138] Vgl. hierzu und zum Folgenden den Eintrag im TB (Ic) des AOK 4 über die Ic-Besprechung am 18.6.1941; BA-MA, RH 20-4/671, S. 3 f.
[139] Dies war entweder am 13. oder 14.6.1941. Laut KTB der 258. Inf.Div. wurde der Kriegsgerichtsbarkeitserlass den Heeresrichtern der Korps und Divisionen am 14.6.1941 im AOK 4 ausgehändigt, vgl. den Eintrag v. 16.6.1941; BA-MA, RH 26-258/35. Dem TB (III) der 45. Inf.Div. zufolge hat diese Zusammenkunft einen Tag früher, am 13.6.1941 stattgefunden; BA-MA, RH 26-45/119. Da keine weiteren Quellen darüber vorliegen, kann das exakte Datum nicht mehr geklärt werden.
[140] Vgl. hierzu und zum Folgenden den Eintrag im TB (Ic) des AOK 4 v. 18.6.1941; BA-MA, RH 20-4/671, Bl. 3 f. Helmdach merkte lediglich an: »Diese bisher an die Gerichte der Korps u. Divisionen ergangenen Erlasse sind Truppensache und gehören zu den Ic's.«

geben: »Die Truppe ist zu belehren.« Damit war der Besprechungspunkt abgeschlossen.

Auf der Ic-Besprechung im AOK 9, die am 12. Juni 1941 stattfand, wurden die Themen ähnlich gewichtet. Einer der Teilnehmer, der Ic-Offizier der 102. Infanteriedivision, hielt in seinem Tätigkeitsbericht fest, dass auf der Besprechung zunächst »die Feindlage, die Behandlung von Gefangenen, insbesondere von Kommissaren und Parteiangehörigen, und Fragen der Vernehmungstechnik erörtert« wurden.[141] Die »Erläuterungen zum Führerbefehl vom 13. 5. 1941 über ›Ausübung der Kriegsgerichtsbarkeit und über besondere Maßnahmen der Truppe‹«, die dann folgten, waren demgegenüber wesentlich umfangreicher oder hatten zumindest bei diesem Zuhörer die meiste Aufmerksamkeit auf sich gezogen: »Die russische Zivilbevölkerung, von der zum Teil eine feindselige Haltung zu erwarten sein wird, muß scharf angefaßt werden. Besondere Gerichte werden nicht eingeführt, die ganze Verantwortung wird dem nächsten Offizier, bei Kollektivmaßnahmen einem Offizier im Range mindestens eines Btl.-Kdr., übertragen. Entsprechend dieser Verantwortung wird jedem Offizier zur Pflicht gemacht, Willkürakte in jedem Fall durch schärfste Aufsicht zu verhindern.« Wie aus den Aufzeichnungen anderer Besprechungsteilnehmer hervorgeht, hatten aber auch die Kommissarrichtlinien die Beachtung gefunden, die ihnen gebührte. So ging der Ic der 8. Infanteriedivision, anders als sein Pendant bei der 102. Infanteriedivision, in seinem Bericht auf die erhaltenen Direktiven über die Auslegung des Gerichtsbarkeitserlasses kaum ein, hob dafür aber den Kommissarbefehl umso deutlicher hervor. Als »Besprechungsthemen« notierte er: »Grosse Lage; Vernehmung von Gefangenen; Behandlung von gefangenen politischen Kommissaren; Abwehrfragen; Feindlage im Angriffsstreifen der Armee.«[142] Der Ic-Offizier des XX. Armeekorps fasste die Inhalte der Besprechung in seinen Akten noch knapper zusammen. Zu den wenigen Themen, die er für bemerkenswert hielt, zählten aber auch der Gerichtsbarkeitserlass und die Kommissarrichtlinien. In seinem Tätigkeitsbericht dokumentierte er die Besprechungspunkte: »aussenpolitische Übersicht, Dolmetscherfragen, Behandlungen von Zivilisten und politischen Kommissaren.«[143] Dass die ›verbrecherischen Befehle‹ selbst in derartig gedrängten Berichten Erwähnung fanden, spiegelt wider, dass sie auf den Ic-Besprechungen gebührend zur Geltung gekommen waren und die Teilnehmer begriffen hatten, welche Bedeutung ihnen beigemessen werden musste. Der Gerichtsbarkeitserlass besaß den höheren Stellenwert und kam ausführlicher zur Sprache. Nichtsdestoweniger hatte man auch dem Kommissarbefehl den nötigen Nachdruck verliehen.

Nachdem die zentralen Ic-Besprechungen in den Armeeoberkommandos stattgefunden hatten, waren zumindest alle Generalkommandos des Ostheeres über die Kommissarrichtlinien im Bilde, in den meisten Armeebereichen auch schon die Divisionsstäbe.[144] Denn lediglich bei der 4. und 18. Armee wurden zunächst nur die Ic-

---

[141] Eintrag im TB (Ic) der 102. Inf.Div. v. 12.6.1941; BA-MA, RH 26-102/60, S. 3.
[142] Eintrag im TB (Ic) der 8. Inf.Div. v. 1.6.-15.6.1941; BA-MA, RH 26-8/17.
[143] Eintrag im TB (Ic) des XX. AK v. 12.6.1941; BA-MA, RH 24-20/74.
[144] Mit Ausnahme des AOK Norwegen ist von allen AOK nachgewiesen, dass die Kommissarrichtlinien Gegenstand der jeweiligen Ic-Besprechungen waren, vgl. die einzelnen Nachweise in Anm. 124. Einzig beim AOK 18 war der Nachweis dafür letztlich erst durch eine Quelle aus der Zeit des laufenden Feldzugs möglich. Aus der Zeit vor dem Feldzug liegt lediglich ein Bericht über die Ic-

Offiziere der Korps unterrichtet, die die erhaltenen Befehle in der Folge selbst an die unterstellten Divisionskommandos weiterleiteten.¹⁴⁵ In allen übrigen Armeen hatten die Oberkommandos den Kommissarbefehl auf einen Schlag bis zur Ebene der Divisionen bekannt gegeben. Die Ic-Offiziere fungierten dabei als Befehlsempfänger und Mittler. Nach ihrer Rückkehr aus den Armeehauptquartieren berichteten sie ihren unmittelbaren Vorgesetzten von den erhaltenen Weisungen, so dass die ›verbrecherischen Befehle‹ kurz nach den Ic-Besprechungen bei allen höheren Truppenführern des Ostheeres angelangten. Der Ic-Offizier des XX. Armeekorps etwa hielt am folgenden Tag, nachdem er von der Ic-Besprechung beim AOK 9 zurückgekehrt war, dem Generalstabschef und dem Ia-Offizier Vortrag darüber, was er dort erfahren hatte: die »allgemeine außenpolitische und Feindlage, Behandlung der politischen Kommissare Rußlands und der Zivilpersonen im Einsatz, Handhabung der Gerichtsbarkeit, Dolmetscherwesen.«¹⁴⁶

Die Heeresrichterbesprechungen

Neben den Ic-Offizieren wirkten in den Kommandobehörden aber noch weitere Stabsangehörige als Multiplikatoren der ›verbrecherischen Befehle‹: die Heeresrichter. Analog und parallel zu den Ic-Besprechungen fanden in den Armeeoberkommandos vor dem Feldzug zentrale Zusammenkünfte statt, zu denen die Kriegsgerichtsräte der unterstellten Generalkommandos und Divisionskommandos einbestellt wurden, um sie unter anderem über die »Führerbefehle« zu unterrichten. Die Heeresrichterbesprechungen standen unter dem Vorsitz der Oberstkriegsgerichtsräte, die die Rechtsabteilungen in den Armeestäben leiteten. Ihre Ansetzung erfolgte kurz nachdem die Heeresrichter der Armeeoberkommandos aus Allenstein und Warschau, von den Besprechungen mit Oberstkriegsgerichtsrat Lattmann und dem General z.b.V. zurückgekehrt waren. Die Heeresrichter der 9. Armee wurden schon am 11. Juni 1941 zusammengerufen, nur einen Tag nach der Allensteiner Besprechung, an der der Oberstkriegsgerichtsrat des AOK 9, Dr. Dehrmann, teilgenommen hatte.¹⁴⁷ Bei den

---

Besprechung beim AOK 18 am 13.6.1941 vor, in dem die ›verbrecherischen Befehle‹ nicht ausdrücklich genannt werden. Laut TB (Ic) des XXXVIII. AK wurde auf der »Besprechung bei AOK 18 über Aufgaben und Gewaltenteilung zwischen Wehrmacht, SS, Reichsmarschall und Stab Rosenberg. Einteilung des Operationsgebietes, Abwehr und Gerichtsfragen« gesprochen; BA-MA, RH 24-38/162. Aus dem KTB (Ib) des AOK 18 geht indes eindeutig hervor, dass bei dieser Gelegenheit auch die Kommissarrichtlinien bekannt gegeben worden sein müssen, vgl. den Eintrag v. 25.6.1941, 11.30 Uhr; BA-MA, RH 20-18/1202. Aus der Quartiermeisterabteilung des XXVI. AK ging nämlich im AOK 18 am 25.6.1941 eine telefonische Anfrage »nach Behandlung der pol.Kommissare« ein. Der Anrufer bekam daraufhin prompt die »Antwort: Aburteilung entsprechend den Weisungen Ic.« Dieser Verweis auf die Befehle, die der Ic-Offizier der 18. Armee erteilt hatte, konnte sich nur auf die Ic-Besprechung im AOK 18 am 13.6.1941 beziehen.
[145] Der Ic des XXXVIII. AK etwa setzte am 17.6.1941 eine Besprechung mit den Ic-Offizieren der unterstellten Divisionen an, um sie über die Weisungen zu unterrichten, die er beim AOK 18 am 13.6.1941 erhalten hatte, vgl. den Eintrag im TB (Ic) v. 17.6.1941; BA-MA, RH 24-38/162.
[146] Eintrag im KTB des XX. AK v. 13.6.1941; BA-MA, RH 24-20/8, S. 7.
[147] Vgl. den TB (III) des AOK 9 v. 1.4.-15.10.1941; BA-MA, RH 20-9/323. Vgl. auch den TB (III) des Korück 582 v. 1.10.1940-30.6.1942; BA-MA, RH 23/265, S. 4.

anderen Armeen wurden die Besprechungen nur wenig später anberaumt.[148] Diese Terminierung war kein Zufall. Die Treffen dienten zwar auch ganz allgemein dazu, die Grundsätze für die Arbeit der unterstellten Kriegsgerichte festzulegen und deren Rechtsprechung auf die Linie der jeweiligen Armeeführung auszurichten. Ressortspezifische Fragen wie die Handhabung des Strafvollzugs innerhalb der Wehrmacht[149] und fachliche »Richtlinien für die gerichtliche Tätigkeit während des bevorstehenden Einsatzes«[150] nahmen aber nur einen Teil der Sitzung in Anspruch. Im Vordergrund der Besprechungen standen die ›verbrecherischen Befehle‹ und die Anweisungen, die Müller und Lattmann kurz zuvor in Allenstein und Warschau erteilt hatten.[151] Dass die richterlichen Beamten der Kommandobehörden darüber unterrichtet wurden, war unabdingbar, um sie »mit den jetzt an sie herantretenden Aufgaben vertraut«[152] zu machen. Denn die Heeresrichter fungierten in den Stäben als Rechtsberater der Befehlshaber, die die Gerichtsherren waren. Damit sie diese Funktion erfüllen konnten, mussten sie darüber im Bilde sein, wie die ›verbrecherischen Befehle‹ auszulegen waren, die schließlich elementare »Rechtsfragen«[153] berührten. Es zählte zu den Zielen, die auf den Heeresrichterbesprechungen verfolgt wurden, dass über die Auslegung dieser Befehle in den unterstellten Stäben einheitliche Auffassungen bestanden. Letztlich ging es darum, zu gewährleisten, dass die Befehle so umgesetzt würden, wie es dem Willen der jeweiligen Armeeführung entsprach.

Dementsprechend widmete man diesem Thema breiten Raum. Es scheint beispielsweise die Richterzusammenkunft im AOK 6 am 15. Juni 1941 so sehr bestimmt zu haben, dass sich in den Berichten mancher Teilnehmer keinerlei anderweitige Besprechungspunkte niederschlugen. So wurde das Treffen im Kriegstagebuch des XXXXIV.

---

[148] Von allen sieben AOK, die am 22.6.1941 zum Angriff in den drei H.Gr. antraten, sind entsprechende Heeresrichterbesprechungen belegt. Beim AOK 16 fand die Heeresrichterbesprechung am 12.6.1941 statt, vgl. den Eintrag im TB (III) des XXIII. AK v. 12.6.1941; BA-MA, RH 24-23/456. Vgl. auch den TB (III) des AOK 16 v. 22.4.-21.6.1941; BA-MA, RH 20-16/1024. Bei der 4. Armee war der Termin entweder am 13. oder 14.6.1941, vgl. Anm. 139. Beim AOK 18 am 14.6.1941, vgl. den Eintrag im TB (III) der 21. Inf.Div. v. 14.6.1941; BA-MA, RH 26-21/137b, S. 2. Beim AOK 6 am 15.6.1941, vgl. den Eintrag im KTB des XXXXIV. AK v. 16.6.1941; BA-MA, RH 24-44/33, S. 28. Das Datum der Besprechung beim AOK 17 ist nicht mehr feststellbar. In den Akten des Höh.Kdo. XXXIV wird die Besprechung erwähnt, ohne dass der Termin genannt wird, vgl. den TB (III) des Höh.Kdo. XXXIV v. 15.-30.6.1941; BA-MA, RH 24-34/61, S. 4. Auch in den Akten der 11. Armee ist diese Frage nicht mehr zu klären. Dass eine Heeresrichterbesprechung beim AOK 11 stattgefunden hat, ist nicht nachweisbar, aber mit großer Sicherheit anzunehmen, da im TB (III) des AOK 11 von »der Unterrichtung der der Armee unterstellten Gerichtsherrn« über Gerichtsbarkeitserlass und Kommissarrichtlinien die Rede ist, auch wenn mit den »Gerichtsherrn« die Truppenführer und nicht die Heeresrichter gemeint waren; BA-MA, RH 20-11/386.

[149] Vgl. z. B. die Notizen von der Besprechung beim Oberstkriegsgerichtsrat der Pz.Gr. 4 in Allenstein am 12.6.1941; BA-MA, RH 26-36/55, Bl. 22-24.

[150] TB (III) der 454. Sich.Div. v. 15.5.-30.6.1941; BA-MA, RH 26-454/27.

[151] So auch auf der Richterbesprechung bei der 16. Armee, vgl. den TB (III) des AOK 16; BA-MA, RH 20-16/1024, Bl. 8: »Gegenstand der Besprechung [in Warschau am 11.6.1941] bildeten Richtlinien für den bevorstehenden Einsatz. Das Ergebnis dieser Besprechung vermittelte der Oberstkriegsgerichtsrat den seiner Dienstaufsicht unterstellten Heeresrichtern in einer am 12. Juni in Gumbinnen abgehaltenen Dienstversammlung.« Ähnlich auch der entsprechende Eintrag im TB (III) des AOK 9 v. 1.4.-15.10.1941; BA-MA, RH 20-9/323.

[152] TB (III) des AOK 9 v. 1.4.-15.10.1941; BA-MA, RH 20-9/323.

[153] So die Überschrift des Abschnitts im TB (Ic) der Pz.Gr. 3, in dem über den Kriegsgerichtsbarkeitserlass und die Anweisungen des Gen. z.b.V. berichtet wird; BA-MA, RH 21-3/423, S. 29.

Armeekorps schlicht als »Besprechung der richterlichen Beamten über die Führererlässe hinsichtlich Mil. Gerichtsbarkeit und Behandlung politischer Kommissare« bezeichnet.[154] Ein anderer Zuhörer berichtete, dass man sich »in erster Linie mit dem Geheimerlaß des Führers über die Behandlung von strafbaren Handlungen der feindlichen Zivilbevölkerung« befasst hatte.[155] Auch die Dienstversammlung der Heeresrichter im AOK 16 am 12. Juni 1941 konzentrierte sich auf dieses Thema. Der Vertreter des XXIII. Armeekorps vermerkte in seinen Akten, dass hierbei »insbesondere die neuen Verfügungen betreffend Behandlung der Zivilbevölkerung in den zu besetzenden russischen Gebieten und Behandlung von Straftaten Wehrmachtangehöriger gegen Landeseinwohner bekannt gegeben« worden waren, und erwähnte die weiteren Themen erst gar nicht.[156] In den übrigen Armeeoberkommandos stand dieser Befehlskomplex ebenfalls im Mittelpunkt der Heeresrichterbesprechungen. Zumindest ist belegt, dass auf allen diesen Treffen der Kriegsgerichtsbarkeitserlass auf der Tagesordnung stand.[157] Dass die Kommissarrichtlinien genauso Gegenstand der Besprechungen waren, kann nicht bezweifelt werden, selbst wenn dies nur in zwei Fällen ausdrücklich in den Akten festgehalten wurde.[158] Dies war notwendig, um die Heeresrichter auf ihre Aufgaben im bevorstehenden Einsatz vorzubereiten, und entsprach schließlich auch der Linie, die die Armeeoberkommandos auf den Ic-Besprechungen vertraten. Von den Heeresrichterbesprechungen gingen somit ebenfalls Impulse zur Weitergabe der ›verbrecherischen Befehle‹ aus. Es war selbstverständlicher Teil der Routine in den Kommandobehörden, dass die Heeresrichter die vorgesetzten Gerichtsherren im Anschluss über die Ergebnisse der Besprechungen unterrichteten. So informierte auch der Kriegsgerichtsrat der 21. Infanteriedivision die Führungsriege des Divisionskommandos umgehend über die erhaltenen Befehle. Am Nachmittag des 15. Juni 1941, bald nach der Dienstversammlung der Heeresrichter im AOK 18, hielt er einen Vortrag »vor dem Div.Kdr. über die im Falle ›Barbarossa‹ bekanntzugebenden einschneidenden Bestimmungen über Rechtspflege usw.«.[159] Auf diese Weise hatten die ›verbrecherischen Befehle‹ eine knappe Woche vor dem Angriffstermin über den Dienstweg der Heeresrichter sämtliche Kommandobehörden des Ostheeres erreicht.

Befehlsausgaben durch Armeeoberbefehlshaber

Dass die Kommissarrichtlinien rechtzeitig bei allen Adressaten angelangten, wurde aber nicht allein durch die Arbeit der fachlich zuständigen Generalstabsoffiziere und

---

154 Eintrag im KTB des XXXXIV. AK v. 16.6.1941; BA-MA, RH 24-44/33, S. 28.
155 TB (III) der 57. Inf.Div. v. 1.6.-30.6.1941; BA-MA, RH 26-57/112.
156 Eintrag im TB (III) des XXIII. AK v. 12.6.1941; BA-MA, RH 24-23/456.
157 Mit einer Ausnahme: Zur Richterbesprechung beim AOK 18 liegen keine Quellen vor, aus denen ihre Inhalte hervorgehen. Zu den einzelnen Nachweisen vgl. Anm. 148.
158 Nämlich im Falle des AOK 11 und des AOK 6, vgl. Anm. 148. Hierfür spricht auch, dass für zwei weitere Besprechungen nachgewiesen ist, dass dort die Anweisungen des Gen. z.b.V. weitergegeben wurden, die schließlich auch den Kommissarbefehl betrafen. Nachgewiesen ist dies beim AOK 9 und AOK 16, vgl. Anm. 151. Es ist mit großer Sicherheit anzunehmen, dass diese Weisungen auch Gegenstand der übrigen Besprechungen waren.
159 Eintrag im KTB der 21. Inf.Div. v. 15.6.1941; BA-MA, RH 26-21/19, S. 52. Er fügte hinzu, dass die »Befehle hierüber an die Truppe erst auf besondere Anordnung« ergehen durften.

Wehrmachtsbeamten gewährleistet. Darüber hinaus schalteten sich auch die Armeeoberbefehlshaber aktiv in die Weitergabe des Kommissarbefehls ein. Mit zwei Ausnahmen ist von allen Oberbefehlshabern nachgewiesen, dass sie den Befehl entweder persönlich an die unterstellten Truppenführer weitergegeben haben oder in ihrem Beisein durch Mitarbeiter bekannt geben ließen. Ein Teil der Oberbefehlshaber tat dies sogar schon im April und Mai 1941, lange bevor der schriftliche Befehl überhaupt existierte, einzig auf der Grundlage von Hitlers wegweisenden Äußerungen in der Berliner Reichskanzlei vom 30. März 1941.[160] Umso mehr bestand in der zweiten und dritten Juniwoche Anlass dazu, nachdem die Oberbefehlshaber die Kommissarrichtlinien erhalten hatten, der Angriffstermin mit jedem Tag näher rückte und die letzten Einsatzvorbereitungen getroffen werden mussten. Form und Rahmen dieser Befehlsausgaben glichen sich in allen Armeen. Es handelte sich durchweg um Besprechungen, die sich direkt an die »oberen Führer« der unterstellten Verbände richteten.

Im Oberkommando der 17. Armee wurden einige Tage vor Angriffsbeginn die Kommandierenden Generäle der Armeekorps versammelt, um sie über die Kommissarrichtlinien zu unterrichten. Ähnlich war man dort schon verfahren, als die Bekanntgabe des Kriegsgerichtsbarkeitserlasses anstand. Am 10. Juni 1941, als die Kommandierenden Generäle anlässlich eines Besichtigungsbesuchs des Oberbefehlshabers des Heeres zusammengekommen waren, hatte man im Anschluss daran die Gelegenheit genutzt, um diesen »Führerbefehl« mit ihnen durchzugehen.[161] Ganz offensichtlich legte die Armeeführung Wert darauf, die ›verbrecherischen Befehle‹ mit den untergebenen Truppenführern persönlich zu erörtern. Am 18. Juni 1941 wurden die Korpsgeneräle eigens einbestellt, um ihnen auch den »›Führerbefehl‹ betr. Behandlung der roten Kommissare« zu erteilen.[162] Auf der Besprechung, die unter dem Vorsitz des Armeeoberbefehlshabers, General der Infanterie von Stülpnagel, stand, wurden zwar auch einige offene taktische und organisatorische Fragen geklärt.[163] Ihr »Hauptzweck« bestand jedoch in der »mündliche[n] Unterrichtung über [den] Führerbefehl betr. ›Kommissare‹«, die Stülpnagel offenbar persönlich übernahm. Dem Besprechungsprotokoll zufolge hatte Stülpnagel dem Befehl kaum etwas hinzuzufügen. Die einzige zusätzliche Bemerkung, die das Protokoll festhielt, war seine Anweisung, den Befehl »nur mündlich weiter[zu]geben«. Diese Direktive entsprach nicht nur den Vorgaben des OKW, sondern implizierte zugleich die Aufforderung an die Kommandierenden Generäle, die Kommissarrichtlinien nun in ihren eigenen Befehlsbereichen bekannt zu geben. Ganz offensichtlich gab Stülpnagel den Befehl genau so weiter, wie er ihn erhalten hatte.

Auch der Oberbefehlshaber der 18. Armee, Generaloberst von Küchler, unterrichtete kurz vor dem Feldzug seine Korpsgeneräle und Divisionskommandeure nochmals persönlich über die ›verbrecherischen Befehle‹. Am 18. Juni 1941 berief er hierzu zwei gesonderte Zusammenkünfte ein. Am Vormittag besprach er sich zunächst in Tilsit mit den Kommandierenden Generälen des I. und XXVI. Armeekorps, zusammen mit den jeweils unterstellten Divisionskommandeuren. Am Nachmittag fanden sich auf

---

160 Diese Fälle werden im Kap. III.3.1. gesondert behandelt.
161 Vgl. die Einträge im KTB des AOK 17 v. 10.6.1941 und 18.6.1941; BA-MA, RH 20-17/774.
162 Vgl. den Eintrag im KTB des AOK 17 v. 18.6.1941; BA-MA, RH 20-17/774.
163 Vgl. hierzu und zum Folgenden das Protokoll von der Besprechung, AOK 17/Gen.St.Ch./Abt. Ia Nr. 360/41 g.Kdos. Chefs. v. 18.6.1941; BA-MA, RH 20-17/51, Anl. 33.

2. Die Befehlsübermittlung 123

seinem Dienstzimmer in Königsberg dann der Kommandant rückwärtiges Armeegebiet 583 und der Kommandierende General des XXXVIII. Armeekorps mit den Kommandeuren seiner Divisionen ein. Beide Besprechungen dienten dem Zweck, den Generälen »den Erlaß des Führers nebst Zusätzen des Oberbefehlshabers des Heeres über Behandlung von politischen Kommissaren in der Truppe der Roten Armee, ferner Verhalten gegenüber der Bevölkerung, Plünde[re]rn pp. bekannt« zu geben.[164] Wie Küchlers Ausführungen im Einzelnen lauteten, ist nur zu erahnen, da hierzu keine weiteren Quellen überliefert sind. Wie aber schon in der zusammenfassenden Schilderung der Besprechung anklingt, spricht alles dafür, dass die Anweisungen des Armeeoberbefehlshabers ganz auf der Linie der in Rede stehenden Erlasse lagen, so wie Küchler es schon bei einer früheren Gelegenheit gehalten hatte.[165]

Der Oberbefehlshaber der 11. Armee, Generaloberst Ritter von Schobert, hatte gegen die geplante Vernichtung der politischen Kommissare genauso wenig einzuwenden und brachte dies wenige Tage vor dem Feldzug auch gegenüber seinen Generälen zum Ausdruck. Am 18. Juni 1941 versammelten sich im AOK 11 die Kommandierenden Generäle und Divisionskommandeure der 11. Armee, mitsamt ihren engsten Mitarbeitern.[166] Als Repräsentant und Oberbefehlshaber der verbündeten Streitkräfte, die der Armee unterstanden, war außerdem der rumänische Diktator Antonescu eingetroffen. Anders als die geschilderten Besprechungen bei der 17. und 18. Armee, war dieses Treffen nicht allein zu dem Zweck angesetzt worden, die unterstellten Heerführer über die Kommissarrichtlinien zu unterrichten. Funktion und Inhalte der Zusammenkunft im Hauptquartier der 11. Armee waren sehr viel weiter gespannt. Sie war als umfassende, abschließende Einsatzbesprechung angelegt und betraf nahezu alle Tätigkeitsfelder der Kommandobehörden. Neben einer Ansprache des Armeeoberbefehlshabers, Ritter von Schobert, standen daher auch Vorträge der Generalstabsoffiziere des AOK 11 auf der Tagesordnung, die die einzelnen Fachbereiche abdeckten.[167]

Ritter von Schobert eröffnete die Sitzung mit einer Rede zur politischen und militärischen Lage und gab seinen Generälen bekannt, »der Führer habe beschlossen, die Sowjet-Union anzugreifen«.[168] Nachdem Schobert die strategischen und ideologischen Kriegsgründe dargelegt hatte, wandte sich die Versammlung praktischen Fragen zu. »Hauptgegenstand der Besprechungen ist dann die Durchführung der Operation ›Barbarossa‹, wie sie genannt wird.« Hierbei ging man zunächst den Operationsplan durch und kam anschließend auf die »mannigfachen Schwierigkeiten organisatorischer, politischer und versorgungsmäßiger Art, die die deutschen Truppen in Rußland erwarten«, zu sprechen. In diesem Zusammenhang wurden auch die Kommissarrichtlinien und der Gerichtsbarkeitserlass eingehend erörtert. Die Haltung der Armeeführung in dieser Frage war eindeutig. Getreu den Bestimmungen der Erlasse wurde befohlen,

---

[164] Eintrag im TB (IIa) des AOK 18 v. 17.6.-22.6.1941; BA-MA, RH 20-18/1153, Bl. 64.
[165] Vgl. hierzu Kap. III.3.1.
[166] Vgl. den Eintrag im KTB der 239. Inf.Div. v. 18.6.1941; BA-MA, RH 26-239/17. In keiner der hierzu überlieferten Quellen wird zwar erwähnt, dass die KG teilgenommen haben. Alles andere wäre aber vollkommen unüblich gewesen und hätte dem Sinn und Zweck des Treffens widersprochen. Die Div.Kdre. erschienen mit ihren Ia-Offizieren, die KG wahrscheinlich mit ihren Stabschefs.
[167] Vgl. den Eintrag im KTB der 76. Inf.Div. v. 18.6.1941; BA-MA, RH 26-76/6.
[168] Vgl. hierzu und zum Folgenden den Eintrag im KTB der 239. Inf.Div. v. 18.6.1941; BA-MA, RH 26-239/17.

»Freischärler« und »Saboteure« sowie alle gefangen genommenen politischen Kommissare »kurzerhand zu erschießen«. Ob es der Armeeoberbefehlshaber selbst war, der den versammelten Generälen diese Befehle erteilte, geht aus den überlieferten Quellen nicht zweifelsfrei hervor. Doch auch wenn er die Anordnungen nicht selbst aussprach, sondern durch einen seiner Gehilfen bekannt geben ließ, signalisierte er damit bereits seine Zustimmung. Seine Truppenführer konnten mit Recht davon ausgehen, dass alles, was während der Besprechung in Anwesenheit des Oberbefehlshabers vorgetragen wurde, zuvor seine Billigung gefunden hatte.

Vergleichbare Vorgänge sind auch bei der 6., 9. und 20. Armee belegt, insgesamt also bei nahezu allen Armeeoberkommandos des Ostheeres.[169] Lediglich von der 4. und 16. Armee sind keine entsprechenden Nachweise überliefert. Zumindest im Falle des AOK 16 liegen aber immerhin deutliche Indizien dafür vor, dass die Kommissarrichtlinien dort ebenfalls durch den Armeeoberbefehlshaber persönlich weitergegeben wurden. Der Oberbefehlshaber der 16. Armee, der als besonders hitlertreu geltende Generaloberst Busch, hatte für den 13. Juni 1941 eine Besprechung mit seinen Kommandierenden Generälen und Divisionskommandeuren einberufen.[170] Ebenso wie bei der 11. Armee am 18. Juni, wurden auf dieser Versammlung grundlegende, operative und organisatorische »Fragen des Einsatzes«[171] geklärt. Zur Einweisung in ihre Aufgaben gehörte es jedoch genauso, dass Busch, ähnlich wie Schobert, seine Generäle über Hitlers Idee von dem bevorstehenden Krieg unterrichtete und dessen wegweisenden Direktiven wiedergab. Als Busch »den Willen und die grundlegenden Richtlinien des Führers bekannt« gab[172], dürfte die Rede auch auf dessen Weisungen über die besondere Form der Kriegführung in der Sowjetunion gekommen sein, die schließlich fester Bestandteil dieses Diskurses waren. Busch zählte somit wohl ebenfalls zu der großen Mehrheit der Oberbefehlshaber, die die Weitergabe der ›verbrecherischen Befehle‹ zur Chefsache erhoben.

So wie Busch griffen sicherlich die übrigen Armeeoberbefehlshaber des Ostheeres in ihren Schlussansprachen vor dem Einsatz genauso auf Hitlers Ausführungen und seine »grundlegenden Richtlinien« zurück, als sie ihre Untergebenen auf den Weltanschauungskrieg einstimmten und die ›verbrecherischen Befehle‹ wiederholten. Die

---

[169] Zur 6. und 9. Armee vgl. Kap. III.3.1. Zum AOK Norwegen vgl. den Eintrag im KTB der 3. Geb. Div. v. 21.6.1941; BA-MA, RH 28-3/6. Dort wohnte der OB, Generaloberst v. Falkenhorst, am Morgen des 21.6.1941 einer Kdr.-Besprechung im Kdo. der 3. Geb.Div. bei, auf der u. a. auch der Kriegsgerichtsbarkeitserlass und die Kommissarrichtlinien bekannt gegeben wurden. Das AOK 2 wurde in dieser Rechnung nicht berücksichtigt, weil es erst nach Kriegsbeginn das Kommando über Truppen übernahm. Zu einem weiteren Fall, der von der Luftwaffe belegt ist, vgl. das ausführliche Protokoll zu der Kdr.-Besprechung bei der Deutschen Luftwaffenmission in Rumänien v. 18.6.1941; BA-MA, RL 9/85, Bl. 28-41. Auf der Besprechung gab der Befehlshaber die folgenden Weisungen aus: »Bei Gefangennahme von Russen hat der Reichsmarschall eindeutig befohlen, daß jeder bolschewistische Hoheitsträger ohne jedes gerichtliche Verfahren sofort zu erschießen ist. Das Recht hierzu hat jeder Offizier!« Für den Hinweis auf diese Quelle danke ich Dr. Jürgen Förster, Freiburg.

[170] Vgl. den Eintrag im KTB der 123. Inf.Div. v. 13.6.1941, 11.00 Uhr; BA-MA, RH 26-123/8, Bl. 37. Vgl. auch den Eintrag im KTB des X. AK v. 13.6.1941, 11.00 Uhr; BA-MA, RH 24-10/74, Bl. 8. An der Besprechung nahmen außerdem die Ia-Offiziere der Divisionen und die Stabschefs der Korps teil.

[171] Vgl. den Eintrag im KTB der 126. Inf.Div. v. 13.6.1941; BA-MA, RH 26-126/4, Bl. 21.

[172] Vgl. den Eintrag im KTB der 123. Inf.Div. v. 15.6.1941, 14.30 Uhr; BA-MA, RH 26-123/8, Bl. 39.

Oberbefehlshaber brachten damit aber nur zu Ende, was sie schon längst begonnen hatten. Denn schließlich hatten sie die Weitergabe dieser Befehle an ihre Truppen bereits gebilligt und veranlasst, kurz nachdem die Erlasse bei ihnen eingetroffen waren, wie sich in allen Armeen spätestens auf den Ic-Besprechungen herausstellte. Es ist dennoch bemerkenswert, dass die Oberbefehlshaber in der Angelegenheit auch selbst das Wort ergriffen, zumal dies zum Teil noch zu einem Zeitpunkt geschah, als die Befehle in den Kommandobehörden längst bekannt waren, nachdem die Ic-Besprechungen und Heeresrichterversammlungen schon stattgefunden hatten. Dass die Armeeoberbefehlshaber ihre Autorität dazu einsetzten und die Kommissarrichtlinien gegenüber ihren unterstellten Truppenführern persönlich vertraten, zeugt davon, mit welchem Nachdruck sie Hitlers Befehlen Geltung verschafften und wie fern es ihnen lag, dagegen Einwände zu erheben.

Die Einweisung der Reserveverbände

Mit dem Plazet der Armeeoberbefehlshaber war der Kommissarbefehl rechtzeitig vor Beginn des Feldzuges gleich über mehrere Kanäle bei den Generalkommandos und Divisionsstäben angelangt. Die Bekanntgabe der ›verbrecherischen Befehle‹ an die Kommandobehörden des Ostheeres war damit zu einem vorläufigen Abschluss gebracht worden. Was jetzt noch zu tun blieb, war die Einweisung der Reserveverbände, sofern dies noch nicht geschehen war. Denn die erste Welle der Reserven hatte die Befehle bereits erhalten. Diejenigen Verbände, die als Reserven eingeteilt worden waren, aber in der zweiten und dritten Juniwoche schon im Aufmarschgebiet bereitstanden, waren im Bilde. Da diese Verbände, selbst wenn sie zu den Heeresgruppenreserven oder OKH-Reserven zählten, Infanteriearmeen unterstellt waren, hatten sie Vertreter zu den zentralen Befehlsausgaben entsandt, die in den Armeeoberkommandos stattfanden, und wurden auf diese Weise über alles unterrichtet. So nahm der Ic-Offizier des XXIII. Armeekorps, das zu den Reserven der Heeresgruppe Nord gehörte, am 17. Juni 1941 an der Ic-Besprechung im Oberkommando der 16. Armee teil, der das Korps zu diesem Zeitpunkt eingegliedert war.[173] Genauso handhabte man es auch bei der Heeresgruppe Mitte. Wie das Heeresgruppenkommando gleich nach dem Eingang der Kommissarrichtlinien festgelegt hatte, sollte das LIII. Armeekorps, das Heeresgruppenreserve war, den Befehl über das AOK 4 erhalten.[174] Der Ic-Offizier des Korps befand sich daher unter den Zuhörern, als der Ic der 4. Armee auf der Besprechung am 18. Juni 1941 die Kommissarrichtlinien verlas.[175]

Bei der Heeresgruppe Süd erhielten die Reserveverbände die Befehle auf die gleiche Weise über die vorgesetzten Armeeoberkommandos. Das Höhere Kommando XXIV etwa war als OKH-Reserve bei der Heeresgruppe Süd eingeteilt, aber zunächst der 17. Armee unterstellt worden. Aus diesem Grund war es selbstverständlich, dass der Befehlshaber des Höheren Kommandos zu der Unterredung beim Oberbefehlshaber der 17. Armee am 18. Juni 1941 erschien, die der Bekanntgabe der Kommissar-

---

[173] Vgl. den Eintrag im TB (Ic) des XXIII. AK v. 17.6.1941; BA-MA, RH 24-23/238, Bl. 11.
[174] Vgl. Anm. 94.
[175] Vgl. den Eintrag im TB (Ic) des LIII. AK v. 18.6.1941; BA-MA, RH 24-53/136, Bl. 21.

richtlinien diente.[176] Genauso nahm der Heeresrichter des Höheren Kommandos XXXIV an der Richterversammlung im AOK 17 teil. Die Anweisungen, die er dort erhalten hatte, gab er wiederum an den Stab, die Korpstruppen, die Kriegsgerichtsräte der unterstellten Divisionen und später noch an alle die Kommandobehörden weiter, die in der Folgezeit im Frontabschnitt eintrafen.[177] Auch die 99. leichte Infanteriedivision, die zur Heeresgruppenreserve zählte, wurde schon vor Beginn des Feldzugs einer Infanteriearmee, dem AOK 6 unterstellt. Selbst wenn es in den Akten nicht nachweisbar ist, ist doch mit großer Sicherheit davon auszugehen, dass die zuständigen Generalstabsoffiziere und Beamten der Division auf den betreffenden Besprechungen bei der Armee zugegen waren und dort die ›verbrecherischen Befehle‹ entgegennahmen. Als der Feldzug begann, verhielt man sich in der Division jedenfalls danach.[178]

Soweit die OKH-Reserven und Heeresgruppenreserven in den letzten zehn Tagen vor dem Feldzug bereits an der Front standen, wurden diese Truppen auf den gleichen Wegen wie alle anderen Verbände erreicht, da sie in die Strukturen der Infanteriearmeen eingebunden waren. Anders verhielt es sich mit den Reserveverbänden, die der Front erst später zugeführt wurden und sich noch im Heimatgebiet oder auf dem Transport befanden, als im Aufmarschgebiet an der Ostfront die letzten Vorbereitungen für den Feldzug liefen. Diese Stäbe trafen zum überwiegenden Teil erst nach Kriegsbeginn, in jedem Fall aber zu einem Zeitpunkt an der Front ein, als die zentralen Befehlsausgaben in den Armeehauptquartieren längst stattgefunden hatten. Um auch diese Kommandobehörden mit den ›verbrecherischen Befehlen‹ vertraut zu machen, bedurfte es daher zusätzlichen Aufwands. Die Einweisung in die Befehlslage wurde nachgeholt, als die Stäbe in ihren Einsatzräumen angelangten, und erfolgte zumeist im Rahmen von Einzelbesprechungen, zu denen ihre Vertreter in den Armeeoberkommandos vorstellig wurden. Gelegenheit dazu bot sich schnell. Denn in der Regel nahmen die Stäbe, nachdem sie an der Front ausgeladen worden waren, ohnehin umgehend Verbindung mit den vorgesetzten Kommandobehörden auf, um ihre Aufträge entgegenzunehmen und die nötigen Informationen und Instruktionen für das weitere Vorgehen zu erhalten. Im Oberkommando der 6. Armee fand sich zu diesem Zweck am 21. Juni 1941 der Ia des LI. Armeekorps, Major i.G. von Cölln, ein. Das LI. Armeekorps zählte zu den OKH-Reserven bei der Heeresgruppe Süd und war zunächst der 6. Armee unterstellt worden. Der Antransport der ersten Teile des Generalkommandos lag unmittelbar zurück, als sich Cölln im AOK 6 meldete. Dort führte er Gespräche mit den wichtigsten Generalstabsoffizieren des Armeeoberkommandos. Mit Oberstleutnant i.G. Voelter, dem Ia, besprach er die Ausladung und Marschwege der Infanteriedivisionen, die dem Korps unterstellt werden sollten, vom Oberquartiermeister erfuhr er die Regelung der »Versorgung des Gen.Kdo. und der

---

[176] Vgl. den Eintrag im KTB des AOK 17 v. 18.6.1941; BA-MA, RH 20-17/774.
[177] Vgl. den TB (III) des Höh.Kdo. XXXIV v. 15.-30.6.1941 sowie den TB v. 1.-15.7.1941; BA-MA, RH 24-34/61, S. 4-6. Anfang Juli 1941 unterrichtete der Heeresrichter des Höh.Kdo. XXXIV die Kriegsgerichte des neu eingetroffenen XXXX. AK und der 94. Inf.Div. über »den Erlaß des Führers betr. Behandlung feindlicher Zivilpersonen und Straftaten Wehrmachtsangehöriger gegen feindliche Zivilpersonen im Sinne der Anweisung durch den Oberstkriegsgerichtsrat der 17. Armee«.
[178] Vgl. z. B. die Einträge im KTB der 99. Inf.Div. v. 20.6.1941 und 26.6.1941; BA-MA, RH 26-99/2, S. 18, 30. Im TB (Ic) der 99. Inf.Div. ist der Zeitraum v. 14.6.-20.6.1941 ausgespart. Vgl. aber den Eintrag v. 27.6.1941; BA-MA, RH 26-99/20.

Divisionen«.¹⁷⁹ Daneben traf er auch mit dem Ic-Offizier, Major i.G. Paltzo, zusammen. Im Zentrum dieser Unterredung stand eine »Belehrung über [die] Führererlasse«: Hierbei erhielt Cölln die Befehle über die »Behandlung von Zivilpersonen und Kommissaren«.¹⁸⁰

Im Bereich der Heeresgruppe Mitte verfuhr man ähnlich. Die 110. Infanteriedivision, die sich als OKH-Reserve bei der Heeresgruppe Mitte seit dem 21. Juni 1941 auf dem Weg an die Front befand, wurde ebenfalls schon kurz nach der Ankunft in ihrem Versammlungsraum über die ›verbrecherischen Befehle‹ in Kenntnis gesetzt. Das OKH hatte eine knappe Woche zuvor angeordnet, dass das Oberkommando der 9. Armee, in deren Verband die Division eingesetzt wurde, hierfür Sorge zu tragen hatte.¹⁸¹ Tatsächlich übernahm diese Aufgabe dann aber wohl das unmittelbar vorgesetzte Generalkommando des XXXXII. Armeekorps, von dem der Divisionsstab die Befehle offenbar im Rahmen der ersten, allgemeinen Einweisungen erhielt. Der Ic der 110. Infanteriedivision meldete sich unmittelbar nach seinem Eintreffen im Abschnitt der 9. Armee beim Ic-Offizier des XXXXII. Armeekorps zu einer Besprechung.¹⁸² Hierbei empfing er grundlegende Befehle und Materialien, Weisungen für die fachliche Zusammenarbeit und wurde daneben anscheinend auch über die »Führererlasse« unterrichtet. Dass die Führung der Division die Befehle in jedem Fall in diesen Tagen erhalten haben musste, zeigte sich kurz darauf, als die »Regiments- und selbstständigen Abteilungskommandeure […] durch den Divisionskommandeur eingehend über den Tagesbefehl des Armeeführers, das Merkblatt ›Kennt Ihr den Feind‹ und insbesondere über das Verhalten gegenüber Russen, vor allem politischen Kommissaren, aufgeklärt« wurden. Allerdings scheint es zu Unstimmigkeiten oder Missverständnissen gekommen sein, als der Division die Weisungen über das Verhalten gegenüber den politischen Kommissaren übermittelt worden waren. Denn als das AOK 9 die Division, wie alle anderen Kommandobehörden der Armee, nur wenige Tage später dazu aufforderte, in der Ic-Tagesmeldung am 30. Juni 1941 »kurz überschlägig über die Erledigung der Angelegenheit ›Politische Kommissare‹ zu berichten«¹⁸³, musste sie nachfragen lassen. Am Vormittag des 30. Juni 1941 rief der Ic der 110. Infanteriedivision, Hauptmann Dr. Vogler, hierzu in der Ic-Abteilung des Armeeoberkommandos an. Wenn auch noch Unklarheiten bestanden, wusste Vogler im Großen und Ganzen aber doch, worum es ging. Er schickte vorweg, dass »politische Kommissare von der eigenen russischen Truppe erschossen oder sonst erledigt vorgefunden« worden seien, aber bislang »noch keiner gefangen« genommen werden konnte.¹⁸⁴ Was mit der »Erledigung der Angelegenheit ›Politische Kommissare‹« gemeint sein konnte, war ihm

---

179 Vgl. hierzu und zum Folgenden die chronologische Übersicht der Abt. Ia des LI. AK über die Zeit v. 17.6.-22.6.1941; BA-MA, RH 24-51/18, Anl. 18a.
180 Eintrag im TB (Ic) des AOK 6 v. 21.6.1941; BA-MA, RH 20-6/489, Bl. 323. Vgl. hierzu auch den entsprechenden Vermerk in den Unterlagen des Ia des LI. AK: »Führer-Erlasse betr. Polit.Kommissare werden mdl. mitgeteilt.«, vgl. Anm. 179.
181 Vgl. Anm. 92.
182 Vgl. hierzu und zum Folgenden den TB (Ic) der 110. Inf.Div. v. 20.6.-25.6.1941; BA-MA, RH 26-110/38.
183 Schreiben des AOK 9/Abt. Ic an den Armeenachrichtenführer v. 28.6.1941; BA-MA, RH 20-9/251.
184 Notiz über den Anruf des Ic der 110. Inf.Div. im AOK 9 am 30.6.1941, 10.50 Uhr; BA-MA, RH 20-9/251.

dennoch ganz offensichtlich etwas schleierhaft, denn er bat das AOK nun um Aufklärung und »weitere Weisung«.[185] Zur Erklärung verwies er darauf, dass die Division bis dahin nur eine Art Vorbefehl erhalten hatte: »Im ersten Befehl wurden in Angelegenheit polit. Kom. weitere Weisungen angekündigt. Derartige Weisungen sind bisher nicht bei der Div. eingegangen.«[186] Dies wurde nun zügig nachgeholt. Auf Veranlassung des Armeeoberkommandos erhielt Vogler die fehlenden Informationen am späten Nachmittag des 30. Juni 1941 durch »m[ün]dl[iche]. Mitteilung« des Ic-Offiziers des XXXXII. Armeekorps. Durch den Diensteifer der Befehlsempfänger war damit der Kommunikationsfehler, der in der Befehlskette aufgetreten war, behoben.

Dass sich, wie in diesem Fall, Vertreter der Reserveverbände nach ihrer Ankunft an der Front bei den vorgesetzten Stäben meldeten, um neue Anweisungen zu empfangen, war unabdingbar. Es lag nahe, diesen Anlass zu nutzen, auch die ›verbrecherischen Befehle‹ an sie weiterzugeben. Genauso kam es aber vor, dass die Armeeoberkommandos hierzu gesonderte Termine anberaumten. Der Ic des AOK 16 etwa bestellte Anfang Juli 1941 den Ic-Offizier des L. Armeekorps, das OKH-Reserve bei der Heeresgruppe Nord war und der 16. Armee unterstand, eigens zu diesem Zweck ins Armeehauptquartier ein. Die erste Gelegenheit dazu hatte der Ic der Armee, Major i.G. Freiherr von Uckermann, ungenutzt verstreichen lassen. Denn als der Ic des L. Armeekorps, Hauptmann Binder-Krieglstein, am 24. Juni 1941 zur ersten »Verbindungsaufnahme« bei ihm erschien, versäumte Uckermann es offenbar, ihm die Kommissarrichtlinien bekannt zu geben.[187] Erst eine Woche später holte er dies nach. Nachdem Binder-Krieglstein am 1. Juli 1941 das Armeehauptquartier in Kowno bereits einmal in Routineangelegenheiten aufgesucht hatte, wurde er später am gleichen Tag erneut dorthin zitiert. Uckermann hatte die »nochmalige Fahrt des Ic zum Ic der Armee« angeordnet, um ihm die Weisungen über die »Behandlung von Kommissaren« zu erteilen.[188] Binder-Krieglstein gab den erhaltenen Befehl kurz darauf an die Verbände des L. Armeekorps weiter. Zwei Tage später, am 3. Juli 1941, unterrichtete er die unterstellten Korpstruppen, den Artilleriekommandeur 31 und die Nachrichtenabteilung 450 darüber und unternahm auch eine Fahrt »zur 251. Div. wegen Behandlung der Kommissare«.[189] Als Binder mit dem Ic der 251. Infanteriedivision die »Kommissarfrage« durchsprach, lieferte er gleich die Begründung für die radikalen Maßnahmen mit: »Die politischen Kommissare sind die Träger des Widerstandes. Von ihnen ist nur Hass zu erwarten; hier besteht Gefahr für die Sicherheit der Truppe.«[190] Uckermann hatte Binder zwar spät, dafür aber gründlich instruiert. Überdies kam selbst dieser Befehl noch rechtzeitig, zumindest was das Vorgehen gegen die Truppenkommissare anbelangte. Denn das L. Armeekorps war bis zu diesem Zeitpunkt in den Kämpfen an der Front noch nicht eingesetzt worden.

Bei der 18. Armee traten solche Verzögerungen bei der Weitergabe der Kommissarrichtlinien an die Reserveverbände erst gar nicht ein. Die 254. Infanteriedivision, die

---

[185] TB (Ic) der 110. Inf.Div. v. 30.6.1941; BA-MA, RH 26-110/38.
[186] Vgl. hierzu und zum Folgenden die Notiz über den Anruf des Ic der 110. Inf.Div. im AOK 9 am 30.6.1941, 10.50 Uhr; BA-MA, RH 20-9/251.
[187] Vgl. den Eintrag im TB (Ic) des L. AK v. 24.6.1941; BA-MA, RH 24-50/142, S. 2.
[188] Eintrag im TB (Ic) des L. AK v. 1.7.1941; BA-MA, RH 24-50/142, S. 3.
[189] Eintrag im TB (Ic) des L. AK v. 3.7.1941; BA-MA, RH 24-50/142, S. 4.
[190] Eintrag im TB (Ic) der 251. Inf.Div. v. 3.7.1941; BA-MA, RH 26-251/81.

Heeresgruppenreserve war, erhielt den Befehl pünktlich zum Kriegsbeginn direkt vom Armeeoberkommando: Der »Befehl des A.O.K. über Behandlung gefangener u. pol. Kommissare« ging am Mittag des 22. Juni 1941 im Divisionskommando ein.[191] Dass das XXXVIII. Armeekorps, dem die Division unmittelbar unterstand, dabei übergangen wurde, belegt, welche Bedeutung man der Sache im Armeeoberkommando 18 nach wie vor beimaß. Im AOK 6 legte man ebenfalls unverändert Wert darauf, dass der Befehl bei allen Truppenteilen bekannt wurde. Dort vergaß man auch nach mehr als vier Wochen Feldzugsdauer nicht, die Kommissarrichtlinien an die neu eintreffenden Reserveverbände weiterzugeben. Am 26. Juli 1941 wiederholte der Ic-Offizier des AOK 6 »die Bekanntgabe der Verfügung über Behandlung von Polit-Kom.« gegenüber dem Ic der 98. Infanteriedivision, die kurz zuvor antransportiert worden war.[192] Auch die Besatzungsbehörden des Ostheeres achteten im späteren Verlauf des Feldzugs weiterhin darauf, die ›verbrecherischen Befehle‹ an neu eintreffende Einheiten bekannt zu geben. Der Befehlshaber rückwärtiges Heeresgebiet Süd ließ noch im September 1941 »eine Unterrichtung noch nicht eingesetzter F[eld].K[ommandanturen]. u. O[rts].K[ommandanturen]. durch den Ic über die Führererlasse« abhalten.[193] Der Quartiermeister des Kommandanten rückwärtiges Armeegebiet 553, der unmittelbar dem AOK 11 unterstand, belehrte den Adjutanten einer Ortskommandantur am 9. August 1941 über die »Behandlung von Kommissaren, Hetzern und Saboteuren«.[194] Auch wenn es in manchen Befehlsbereichen offenbar in der Hektik des Kriegsalltags zu Verspätungen kam, wurde in der Regel doch sorgsam darauf geachtet, dass die nachrückenden Reserveverbände rechtzeitig vor ihrem Einsatz an der Front über die Kommissarrichtlinien in Kenntnis gesetzt wurden. Die Armeeoberkommandos führten damit konsequent die Politik fort, die sie bereits in der Vorbereitungsphase des Feldzugs mit Entschiedenheit verfolgt hatten.

3. Panzergruppenkommandos

Da drei der vier Panzergruppen im Vorfeld des Krieges den benachbarten Infanteriearmeen unterstellt wurden, deren Oberkommandos die Gesamtleitung bei der Weitergabe der Kommissarrichtlinien übernommen hatten, bestand für die Panzergruppenkommandos in dieser Angelegenheit nur noch bedingt Handlungsbedarf. Lediglich die Panzergruppe 4 bildete hierbei eine Ausnahme, da sie als einzige der vier Panzergruppen ihre Selbstständigkeit bewahrte und gleichrangig neben der 16. und 18. Armee unmittelbar der Heeresgruppe Nord unterstand. Das Panzergruppenkommando 4 stand damit in derselben Verantwortung wie die Oberkommandos der Infanteriearmeen und hatte selbst dafür Sorge zu tragen, dass die ›verbrecherischen Befehle‹ in den

---

[191] Eintrag im KTB der 254. Inf.Div. v. 22.6.1941, 13.00 Uhr; BA-MA, RH 26-254/6, Bl. 25. Hierbei handelte es sich offenbar um einen schriftlichen Befehl, denn zu dem betreffenden Eintrag wurde eine Anlage verzeichnet, die allerdings nicht überliefert ist.
[192] Eintrag im TB (Ic) des AOK 6 v. 26.7.1941; BA-MA, RH 20-6/490, Bl. 169.
[193] TB (Ic) des Berück Süd v. 1.9.-30.9.1941; BA-MA, RH 22/171, S. 3.
[194] Vgl. die hs. Notizen auf der Rückseite des Befehls des Korück 553 an die OK II/915 v. 8.8.1941; BA-MA, RH 23/68. Der Ic des Korück hatte an der Ic-Besprechung im AOK 11 am 19.6.1941 teilgenommen, vgl. den Eintrag im KTB des Korück 553 v. 19.6.1941; BA-MA, RH 23/62.

unterstellten Verbänden bekannt wurden. Das Kommando der Panzergruppe 4 unternahm hierzu die gleichen Schritte wie die Armeeoberkommandos. Die Weichen waren schon frühzeitig gestellt worden. Der Befehlshaber der Panzergruppe, der spätere Verschwörer Generaloberst Hoepner, hatte seine Verbände bereits Anfang Mai 1941 auf Hitlers Linie eingeschworen und sie darauf eingestellt, den bevorstehenden Krieg »mit unerhörter Härte« zu führen und den Vertretern des »jüdischen Bolschewismus« keine Gnade zu gewähren.[195] Mitte Juni 1941 wurden dann in Hoepners Panzergruppe ebenso wie in den Nachbarabschnitten der Infanteriearmeen Ic-Besprechungen und Heeresrichterversammlungen abgehalten, um die mittlerweile vorliegenden ›verbrecherischen Befehle‹ weiterzugeben. Am 12. Juni 1941 veranstaltete das Panzergruppenkommando eine »ganztägige Ic-Besprechung in Allenstein«[196], zu der sich die Ic-Offiziere der unterstellten Generalkommandos mitsamt ihren Ordonnanzoffizieren sowie die Feindnachrichtenbearbeiter der Divisionen einfanden.[197] Neben den üblichen Besprechungspunkten stand die »Bekanntgabe des Führererlasses 1 und 2«[198] auf der Tagesordnung, der Kriegsgerichtsbarkeitserlass und die Kommissarrichtlinien. Hauptmann i.G. Bruns, der Ic der Panzergruppe 4, referierte die Bestimmungen über die »Behandlung russischer Kriegsgefangener, politischer Kommissare, Zivilpersonen und Kollektivmassnahmen«, die den »Übergang der militärischen Gerichtsbarkeit in Feindesland auf die Offiziere« bedeuteten. Parallel zu dieser Ic-Besprechung versammelten sich am gleichen Tag in Allenstein unter dem Vorsitz des Oberstkriegsgerichtsrats der Panzergruppe, Dr. Kleist, die Kriegsgerichtsräte der unterstellten Korps und Divisionen. Auch sie wurden eingehend über die ›verbrecherischen Befehle‹ unterrichtet.[199] Auf dem gleichen Wege wie die Armeeoberkommandos hatte das Panzergruppenkommando 4 damit erreicht, dass der Kommissarbefehl zehn Tage vor dem Angriffstermin allen Kommandobehörden der Panzergruppe zur Kenntnis gelangt war.

Die Panzergruppen 1, 2 und 3 waren für den Angriff auf die Sowjetunion in die 6., 4. und 9. Armee eingereiht worden. Aufgrund der herrschenden Unterstellungsverhältnisse gestaltete sich die Befehlsübermittlung zumindest in den Panzergruppen 1 und 3 anders als bei der selbständigen Panzergruppe 4. Die Ic-Offiziere der Korps und Divisionen der Panzergruppe 1 nahmen an der zentralen Ic-Besprechung im AOK 6 am 16. Juni 1941 teil.[200] Von der Panzergruppe 3 erschienen zumindest die Feindnachrichtenoffiziere der Korps im AOK 9, als dort am 12. Juni 1941 die Tagung der Ic-Offiziere stattfand.[201] Dadurch wurden die Korps und Divisionen dieser beiden

---

[195] Anlage 2 zur »Aufmarsch- und Kampfanweisung ›Barbarossa‹ (Studie)«, Pz.Gr. 4/Abt. Ia Nr. 20/41 g.Kdos. Chefs. v. 2.5.1941; BA-MA, RH 21-4/10, Bl. 20. Vgl. hierzu ausführlich das Kap. III.3.1.
[196] Eintrag im TB (Ic) der 6. Pz.Div. v. 10.6.-16.6.1941; BA-MA, RH 27-6/112, S. 10.
[197] Eintrag im TB (Ic) der Pz.Gr. 4 v. 12.6.1941; BA-MA, RH 21-4/261, Bl. 28.
[198] Vgl. hierzu und zum Folgenden den Eintrag im TB (Ic) der 36. Inf.Div. (mot.) v. 12.6.1941; BA-MA, RH 26-36/40, S. 3.
[199] Vgl. die Notizen des KGR der 36. Inf.Div. (mot.) von der Besprechung bei der Pz.Gr. 4 am 12.6.1941; BA-MA, RH 26-36/55, Bl. 22-24.
[200] Vgl. den Eintrag im TB (Ic) der 111. Inf.Div. v. 16.6.1941; BA-MA, RH 26-111/28, S. 5.
[201] Zumindest war der Ic des VI. AK bei der Besprechung zugegen. Vgl. den Eintrag v. 4.6.-19.6.1941 und die Anl. 7 zum TB (Ic) des VI. AK; BA-MA, RH 24-6/235, Bl. 13, Bl. 43. Offenbar entsandten nur die Korps der Pz.Gr. 3 ihre Ic-Offiziere zu der Besprechung beim AOK 9 und gaben die Weisungen dann in eigenen Ic-Besprechungen an die Divisionen weiter. Im TB (Ic) der 20. Pz.Div. etwa, der recht akribisch geführt worden zu sein scheint, ist von einer Teilnahme an der Besprechung nicht die Rede. Dafür ist unter dem 18.6.1941 eine Ic-Besprechung beim unmittelbar vorgesetzten

2. Die Befehlsübermittlung 131

Panzergruppen über die ›verbrecherischen Befehle‹ unterrichtet, ohne dass die Panzergruppenkommandos selbst tätig zu werden brauchten. Die Panzergruppenkommandos 1 und 3 verzichteten in der Folge darauf, eigene Ic-Besprechungen abzuhalten, da die unterstellten Kommandobehörden die nötigen Informationen und Einweisungen bereits in den Armeehauptquartieren erhalten hatten.[202] Dagegen bestand die Panzergruppe 2 offenbar darauf, die Ic-Offiziere ihrer Verbände vor dem Feldzug selbst zu instruieren. Trotz ihrer Unterstellung unter die 4. Armee unterschied sich die Weitergabe der Kommissarrichtlinien in der Panzergruppe 2 damit in organisatorischer Hinsicht kaum von den entsprechenden Vorgängen in den Armeeoberkommandos.

Die zentrale, »ganztägige Ic-Besprechung bei der Pz.Gr. 2«[203] fand am 17. Juni 1941 in Warschau statt. Sowohl die Korps als auch die Divisionen entsandten ihre Ic-Offiziere dorthin. Auf der Agenda standen die üblichen Themen, »Allgemeines zur Ic-Tätigkeit (Meldeweg)«, die »propagandistische Vorbereitung des evtl. kommenden Einsatzes«[204] und »eingehende Informationen über Propaganda und Abwehr«.[205] Nicht zuletzt wurde der »Führererlass I u. II« bekannt gegeben.[206] Offenbar wurde dieser Besprechungspunkt durch den Heeresrichter des Panzergruppenkommandos vorgetragen. Denn zu nichts anderem konnte die »Hinzuziehung der Abt. III«[207] zu der Besprechung dienen, die der Ic-Offizier der Panzergruppe, Hauptmann i.G. von Heuduck, veranlasst hatte. Es war nicht das einzige Mal an diesem Tag, dass der Heeresrichter der Panzergruppe 2 in Erscheinung trat, um den Kriegsgerichtsbarkeitserlass und die Kommissarrichtlinien zu erläutern. Denn für 9.30 Uhr am gleichen Tag war eine »wichtige Dienstbesprechung der Heeresrichter beim Oberstkriegsgerichtsrat der Panzer-Gruppe 2 in Warschau über die beiden Führererlasse vom 13. 5. und 6. 6. 1941« angesetzt worden.[208] Die Korps und Divisionen der Panzergruppe 2 erhielten den Kommissarbefehl aber nicht nur auf den üblichen Dienstwegen über die Ic-Offiziere und Kriegsgerichtsräte. Darüber hinaus wurden die Weisungen über die Behandlung der Kommissare sogar in schriftlicher Form an die Kommandobehörden verteilt. Bei dieser »Anordnung der Panzergruppe über [den] Führererlass II«[209], die nicht überlie-

---

XXXIX. AK verzeichnet; BA-MA, RH 27-20/22. Vom XXXIX. AK existiert aus dieser Zeit kein TB (Ic).

[202] In keinem der TB (Ic) der unterstellten Korps und Divisionen finden sich Hinweise darauf, dass auch bei den Kommandos der Pz.Gr. 1 und 3 zentrale Ic-Besprechungen stattgefunden hätten.
[203] Eintrag im TB (Ic) des XXXXVII. AK v. 17.6.1941; BA-MA, RH 24-47/108. An der Ic-Besprechung im AOK 4 am 18.6.1941 nahmen dann offenbar keine Ic-Offiziere der Pz.Gr. 2 teil, jedenfalls ist dies in keinem der überlieferten TB (Ic) von den Stäben der Pz.Gr. 2 belegt.
[204] Eintrag im TB (Ic) der 10. Inf.Div. (mot.) v. 16.6.1941; BA-MA, RH 26-10/68, S. 2. Die Ic-Besprechung ist hier fälschlicherweise auf den 16.6.1941 datiert worden. Aus allen anderen Quellen geht aber hervor, dass das tatsächliche Datum der 17.6.1941 war, vgl. auch den TB (Ic) der Pz.Gr. 2; BA-MA, RH 21-2/640, S. 6.
[205] Eintrag im TB (Ic) des XXXXVII. AK v. 17.6.1941; BA-MA, RH 24-47/108.
[206] Eintrag im TB (Ic) der 10. Inf.Div. (mot.) v. 16.6.1941; BA-MA, RH 26-10/68, S. 2.
[207] Eintrag im TB (Ic) der Pz.Gr. 2 v. 15.6.-20.6.1941; BA-MA, RH 21-2/640, S. 6.
[208] Eintrag im TB (III) der 10. Pz.Div. v. 17.6.1941; BA-MA, RH 27-10/104. Zur Uhrzeit vgl. den Eintrag im KTB der 29. Inf.Div. (mot.) v. 15.6.1941; BA-MA, RH 26-29/6. Die Ic-Besprechung bei der Pz.Gr. 2 begann ebenfalls vormittags, die genaue Uhrzeit ist aber nicht zu ermitteln. Vgl. den Eintrag im TB (Ic) des XXXXVI. AK v. 17.6.1941; BA-MA, RH 24-46/122.
[209] Der Befehl wurde allein dadurch aktenkundig, dass das Kdo. der Pz.Gr. 2 Anfang Juli 1941 eine geringfügige Änderung für das Verfahren mit den politischen Kommissaren erließ und sich dabei auf die undatierte »Anordnung der Panzergruppe über Führererlass II (Nr. 273/41) Abschnitt 2«

fert ist, handelte es sich offenbar nicht um eine wortgetreue Abschrift der Kommissarrichtlinien, sondern eher um einen sinngemäßen, erläuternden Befehl. Wenn überhaupt, dürfte diese Anordnung die Befehlslage nur geringfügig modifiziert, im Kern aber bestätigt haben, so wie der Befehlshaber der Panzergruppe, Generaloberst Guderian, schon mit dem Kriegsgerichtsbarkeitserlass verfahren war.[210] Dass man sich dabei über das Verbot des OKW hinwegsetzte, den Befehl schriftlich weiterzugeben, zeugt in jedem Fall davon, dass man im Panzergruppenkommando 2 gesteigerten Wert darauf legte, dass die Kommissarrichtlinien in den unterstellten Verbänden bekannt waren und so umgesetzt würden, wie es der Führung der Panzergruppe vorschwebte.[211]

Abgesehen von der unterschiedlichen Kompetenzverteilung bei der Durchführung der zentralen Ic-Besprechungen verlief die Weitergabe der Kommissarrichtlinien in den Panzergruppen ähnlich wie in den Armeeoberkommandos. In allen vier Panzergruppenkommandos, auch in den Panzergruppen 1 und 3[212], wurden vor dem Feldzug Heeresrichterversammlungen anberaumt, um »die Richtlinien für die gerichtliche Tätigkeit im kommenden Einsatz«[213] festzulegen. Auf Grund der bestehenden Unterstellungsverhältnisse ergab sich hierbei die Konstellation, dass manche Kriegsgerichtsräte zu zwei verschiedenen, aber nahezu inhaltsgleichen Besprechungen erschienen, sowohl im vorgesetzten Armeeoberkommando als auch im jeweiligen Panzergruppenkommando. So nahm der Feldkriegsgerichtsrat des XXXXVIII. Panzerkorps nicht nur an der Heeresrichterbesprechung im AOK 6 am 15. Juni 1941 teil, sondern auch an der Richterversammlung im Panzergruppenkommando 1 am 20. Juni 1941. »In beiden Fällen erfolgte die Einweisung in die Bestimmungen über die Gerichtsbarkeit im Ostfeldzug.«[214] Dass diese Treffen wie bei den Infanteriearmeen auch dazu dienten,

---

bezog. Die Tatsache, dass sich diese Anordnung ausdrücklich auf das Verfahren mit den politischen Kommissaren bezog, ein Aktenzeichen hatte und ihre einzelnen Inhalte bei den Adressaten der Änderungsverfügung als bekannt vorausgesetzt wurden, kann einzig bedeuten, dass es sich dabei um einen schriftlichen Befehl über die Behandlung der Kommissare handelte, den das Kdo. der Pz.Gr. 2 im Vorfeld des Krieges bis zu den Divisionsstäben herausgegeben hatte. Vgl. die Verfügung der Pz.Gr. 2/Abt. Ic v. 5.7.1941 in den Akten der 4. Pz.Div.; BA-MA, RH 27-4/114, Anl. 79.

[210] Vgl. hierzu RÖMER, ›Im alten Deutschland‹, S. 71 f. Guderian hatte sich dagegen gewandt, dass Erschießungen von Zivilisten auch durch Subalternoffiziere wie Zugführer angeordnet werden durften. Es ist denkbar, dass in der Anordnung der Pz.Gr. 2 über die Umsetzung des Kommissarbefehls eine äquivalente Klausel enthalten war, die möglicherweise besagte, dass erst Offiziere in der Stellung von Kompaniechefs dazu berechtigt seien, Exekutionen von gefangenen Kommissaren zu befehlen.

[211] Offenbar hatte das Kdo. der Pz.Gr. 2 diese Anordnung schon vor der Ic-Besprechung am 17.6.1941 verteilt, denn an diesem Tag gab der Kdr. der unterstellten 10. Inf.Div. die Kommissarrichtlinien bereits an seine eigenen Truppenführer weiter, während der Ic der Division noch in Warschau bei der Ic-Besprechung der Pz.Gr. 2 weilte, vgl. Anm. 244. Möglicherweise hat Guderian den Kommissarbefehl aber auch schon auf der Besprechung mit seinen KG und Div.Kdren. am 12.6.1941 bekannt gegeben, als er über »grundsätzliche Fragen des Einsatzes« sprach, vgl. den Eintrag im KTB des XXXXVII. AK v. 12.6.1941, 09.00-14.00 Uhr; BA-MA, RH 24-47/2.

[212] Die Heeresrichterbesprechung bei der Pz.Gr. 3 fand laut TB (III) der 7. Pz.Div. am 20.6.1941 statt; BA-MA, RH 27-7/204. Der TB (III) des LVII. AK datiert die Besprechung »sämtlicher Heeresrichter« dagegen auf den 19.6.1941; BA-MA, RH 24-57/94, Bl. 332. Die Richterbesprechung bei der Pz.Gr. 1 fand am 20.6.1941 in Rudka statt, vgl. den Eintrag im TB (III) v. 20.6.1941 des XIV. AK; BA-MA, RH 24-14/193, S. 2.

[213] Eintrag im TB (III) der 7. Pz.Div. v. 20.6.1941; BA-MA, BA-MA, RH 27-7/204.

[214] Eintrag im TB (III) des XXXXVIII. AK v. 15.5.-23.8.1941; BA-MA, RH 24-48/323, S. 52. Wenn demnach die Inhalte der Richterbesprechung bei der Pz.Gr. 1 mit denen der Besprechung im AOK

die ›verbrecherischen Befehle‹ zu erläutern, ist zumindest bei zwei der vier Panzergruppen eindeutig nachgewiesen, in den übrigen beiden Fällen mit großer Sicherheit anzunehmen. Genauso wie in den Armeeoberkommandos wurden in den Panzergruppenkommandos überdies auch die Angehörigen des Stabes über die Befehle unterrichtet. So rief der Generalstabschef der Panzergruppe 3 zwei Tage vor Kriegsbeginn sämtliche Offiziere und Beamte des Stabes zusammen und gab ihnen »den Befehl des Führers über Vorgehen gegen Freischärler bekannt.«[215] Im Panzergruppenkommando 4 konnte der Quartiermeister »die Befehle des Führers bezüglich Behandlung von polit. Kommissaren und das Verhalten der Truppe gegen feindl. Zivilbevölkerung« schon am 18. Juni 1941 an seine Fachreferenten weitergeben.[216] Auch das Verhalten der »oberen Führer« glich sich. So wie die Armeeoberbefehlshaber unterrichteten die Befehlshaber der Panzergruppen die Truppenführer ihrer Verbände auch persönlich über Hitlers Weisungen. Generaloberst Hoth, der Befehlshaber der Panzergruppe 3, tat dies schon im April 1941, als er Hitlers Rede vom 30. März 1941 anhand seiner Mitschrift in Einzelgesprächen mit seinen Kommandierenden Generälen wiedergab.[217] Anlass dazu, auf Hitlers richtungsweisende Äußerungen zurückzukommen, bestand erneut, als der Angriffstermin Mitte Juni 1941 in greifbare Nähe gerückt war und die Befehlshaber ihre Abschlussbesprechungen abhielten. Im Panzergruppenkommando 1 fanden sich hierzu am 18. Juni 1941 die Kommandierenden Generäle und Divisionskommandeure der Panzergruppe ein.[218] Bevor die »Angriffsführung durchgesprochen« wurde, gab der Befehlshaber der Panzergruppe, Generaloberst von Kleist, die »Ausführungen des Führers über den Kriegszweck bekannt« und rekurrierte dabei sicherlich ebenfalls auf Hitlers Rede in der Berliner Reichskanzlei, zu deren Teilnehmerkreis er gehört hatte.[219] Hitlers Wille und seine ›verbrecherischen Befehle‹ drangen in den vier Panzergruppen ebenso wie in den Armeeoberkommandos während der letzten beiden Wochen vor dem Überfall auf die Sowjetunion zu allen unterstellten Kommandobehörden durch. In den Panzergruppen 1, 2 und 4 waren spätestens am 17. Juni 1941 alle Generalkommandos und Divisionsstäbe darüber ins Bild gesetzt. In der Panzergruppe 3 gelangte der Kommissarbefehl offenbar zunächst nur bis zur Ebene der Armeekorps. Stockungen in der Befehlskette ergaben sich dadurch allerdings nicht. Denn die Generalkommandos spielten ihren Part, so wie die vorgesetzten Stäbe es ihnen vorgemacht hatten.

4. Generalkommandos

Nachdem die Ic-Offiziere und Kriegsgerichtsräte der Armeekorps von den zentralen Ic-Besprechungen und Heeresrichterversammlungen zurückgekehrt waren, infor-

---

6 übereinstimmten, ergibt sich daraus zwingend, dass die Kommissarrichtlinien auch bei der Pz.Gr. 1 am 20.6.1941 Besprechungsgegenstand waren.
[215] Eintrag im KTB (Ib) der Pz.Gr. 3 v. 20.6.1941; BA-MA, RH 21-3/611, Bl. 10.
[216] Eintrag im KTB (Ib) der Pz.Gr. 4 v. 18.6.1941; BA-MA, RH 21-4/334, S. 25.
[217] Vgl. die Notiz am Ende von Hoths Aufzeichnungen zu Hitlers Rede v. 30.3.1941: »Am 12.4. u. 16.4. an Gen. Schmidt u. Gen. Kuntzen bekannt gegeben«; BA-MA, RH 21-3/40, Bl. 32.
[218] Vgl. den Eintrag im KTB des XXXXVIII. AK v. 18.6.1941; BA-MA, RH 24-48/4, S. 9.
[219] Protokoll zu der Besprechung des Bfh. der Pz.Gr. 1 am 18.6.1941; BA-MA, RH 24-48/5, Anl. 29.

mierten sie ihre Vorgesetzten in den Korpsstäben über die Inhalte der Unterweisungen.[220] Kurz nach den Befehlsausgaben in den Armeehauptquartieren und Panzergruppenkommandos waren die Kommissarrichtlinien damit in allen Generalkommandos bekannt. Obwohl der Befehl in den meisten Armeen zur gleichen Zeit und über dieselben Kanäle auch schon in den Divisionskommandos angelangt war und man die Generalkommandos in der Befehlskette somit übersprungen hatte, unternahmen die Korpsstäbe zum Teil jetzt noch eigene Schritte in dieser Angelegenheit. Das Forum hierfür boten zum einen die Ressortbesprechungen mit den Ic-Offizieren der unterstellten Divisionen, die, ähnlich wie in den vorgesetzten Stäben, bei vielen Generalkommandos vor dem Einsatz stattfanden. Gerade in denjenigen Armeen, in denen der Teilnehmerkreis der zentralen Ic-Besprechungen auf die Ic-Offiziere der Armeekorps beschränkt geblieben war, wurden entsprechende Zusammenkünfte auf der Ebene der Generalkommandos erforderlich, damit auch die Ic-Offiziere der Divisionen in ihre Aufgaben im bevorstehenden Einsatz eingewiesen werden konnten.[221] Doch selbst in den übrigen Armeen ließen viele »Korps Ic's« noch zusätzliche Besprechungen mit den Ic-Offizieren der unterstellten Divisionen folgen, auch wenn sie bereits auf den Ic-Tagungen in den Armeeoberkommandos mit ihnen zusammen in den Zuhörerreihen gesessen hatten.[222] Auf den Ic-Besprechungen in den Generalkommandos bestand noch einmal ausführlich Gelegenheit, die Feindnachrichtenbearbeiter der Divisionsebene über die ›verbrecherischen Befehle‹ aufzuklären.

Nicht selten nahmen dies aber auch die »oberen Führer« selbst in die Hand. Analog zu den Armeeoberbefehlshabern und den Befehlshabern der Panzergruppen hielten die Kommandierenden Generäle vor Beginn des Feldzugs Einsatzbesprechungen mit ihren Divisionskommandeuren ab. Vielfach nutzten die Korpsgeneräle diesen Anlass, um ihre Untergebenen über die Kommissarrichtlinien zu unterrichten. So handhabe es auch der Kommandierende General des LVII. Panzerkorps, General der Panzertruppe Kuntzen, der bereits im April 1941 von Generaloberst Hoth über Hitlers Weisungen unterrichtet worden war und erneut im Juni durch seinen Ic-Offizier und den Heeresrichter des Korps davon erfahren haben dürfte.[223] Am Vormittag des 17. Juni 1941 bestellte er seine Divisionskommandeure und die Kommandeure der Korpstruppen zu sich, um mit ihnen »offene Fragen« zum Einsatz sowie »verschiedene

---

[220] Vgl. hierzu exemplarisch Anm. 146.
[221] Der Teilnehmerkreis der Ic-Besprechungen im AOK 4 und AOK 18 war auf die Ic-Offiziere der Armeekorps beschränkt. Wahrscheinlich nahmen auch von der Pz.Gr. 3 nur die Ic-Offiziere der Korps an der Ic-Besprechung im AOK 9 teil. Die Ic-Offiziere dieser Korps hielten in der Folge eigene Besprechungen mit den Ic-Offizieren der unterstellten Divisionen ab, um die erhaltenen Instruktionen an sie weiterzugeben. Beim VII. AK (AOK 4) z. B. fand eine solche Ic-Besprechung noch am 18.6.1941 statt, vgl. den TB (Ic) des VII. AK v. 1.5.-22.6.1941; BA-MA, RH 24-7/136, S. 1. Beim XXXVIII. AK (AOK 18) am 17.6.1941, vgl. Anm. 145. Beim XXXIX. AK (Pz.Gr. 3) am 18.6.1941, vgl. Anm. 201.
[222] Der Ic des XXXXII. AK z. B. hielt drei Tage nach der zentralen Ic-Besprechung im AOK 9 eine eigene Ic-Besprechung mit den Ic-Offizieren der unterstellten Divisionen ab, vgl. den Eintrag im TB (Ic) der 102. Inf.Div. v. 15.6.1941; BA-MA, RH 26-102/60, S. 3. Der Ic des XXXXVII. AK (Pz.Gr. 2) hielt am 20.6.1941 eine zusätzliche Besprechung mit den Ic-Offizieren der Divisionen ab, vgl. den Eintrag im TB (Ic) des XXXXVII. AK v. 20.6.1941; BA-MA, RH 24-47/108. Der Ic des II. AK (AOK 16) hielt am 19.6.1941 eine zusätzliche Besprechung mit den Ic-Offizieren der Divisionen ab, vgl. den Eintrag im TB (Ic) des II. AK v. 19.6.1941; BA-MA, RH 24-2/303, S. 7.
[223] Vgl. Anm. 212 und Anm. 201.

Punkte hinsichtlich Disciplin [und] Verhalten im Feindesland« zu erörtern.²²⁴ Unter dem letzten Besprechungspunkt verlas man zunächst den Kriegsgerichtsbarkeitserlass, um ihn den Kommandeuren der Korps- und Heerestruppen bekannt zu geben, denen er nicht schriftlich vorlag. Im Anschluss instruierte Kuntzen seine Untergebenen über den Kommissarbefehl: »Der Führer hat angeordnet, dass russische Politische Kommissare zu ›liquidieren‹ sind. Dieser Befehl darf nur mündlich weitergegeben werden.«²²⁵

Eine ähnliche Besprechung fand am 18. Juni 1941 auf dem Gefechtsstand des V. Armeekorps statt, das ebenfalls zur Panzergruppe 3 gehörte. Der Kommandierende General, General der Infanterie Ruoff, eröffnete die Sitzung, indem er seinen Divisionskommandeuren die exakte Angriffszeit mitteilte und »politische, militärische und wirtschaftliche Gründe für den Feldzug gegen Rußland« aufzählte.²²⁶ Anschließend folgten Vorträge der Ia-Offiziere der Divisionen über die »Aufmarschbewegungen, Absichten, Beurteilung der Lage und Zeitbedarf«. Nachdem die operativen Fragen geklärt waren, ergriff Ruoff wieder das Wort: »Der Kommandierende General gibt die Anordnungen über das Verhalten gegen die politischen Kommissare bekannt. Darnach sind die politischen Kommissare bei der Truppe (kenntlich durch goldgestickte Sowjetsterne, Hammer und Sichel auf roter Unterlage auf dem linken Ärmel) sofort mit der Waffe zu erledigen. Für Innehaltung der Durchführung ist jeder Offizier verpflichtet. Die anderen politischen Kommissare sind zu erschießen, sofern sie Widerstand leisten, die Bewohner aufwiegeln oder sonst verdächtig erscheinen.« Diese Anordnungen, deren »Innehaltung« Ruoff mit Nachdruck einforderte, entsprachen voll und ganz den Bestimmungen des Kommissarbefehls. Dies traf auch auf die Weisungen zu, die der Kommandierende General des IV. Armeekorps, Schwedler, seinen Divisionskommandeuren kurz vor dem Feldzug erteilte. Am 19. Juni 1941, einen Tag nachdem er selbst vom Oberbefehlshaber der 17. Armee, Stülpnagel, über die Kommissarrichtlinien belehrt worden war, gab Schwedler die erhaltenen Instruktionen über die »Behandlung der russischen politischen Kommissare« an seine Untergebenen weiter.²²⁷ Zunächst erklärte Schwedler seinen Divisionskommandeuren das Verfahren mit den »Kommissare[n] in der Truppe«. Diese trügen zwar Uniform, würden aber trotzdem nicht als Soldaten anerkannt. Zu erkennen seien sie an ihren Abzeichen, der »goldene[n] Sichel mit Hammer am Aermel«. Sie seien sofort »ab[zu]sondern von den übrigen Gefangenen« und anschließend »an Ort und Stelle auf Befehl eines Offiziers [zu] erschiessen«. Jeder Fall müsse gemeldet werden. Das Vorgehen gegen die »Kommissare in der Zivilverwaltung« fasste Schwedler folgendermaßen zusammen: »Sind zu erschiessen, wenn sie sich an Kampfhandlungen, Sabotage usw. beteiligen, gehen aber sonst die Truppe nichts an.«

Hier wie auch in den anderen Befehlsbereichen, in denen die Kommandierenden Generäle Wert darauf legten, ihre Truppenführer während der Abschlussbesprechungen persönlich über die ›verbrecherischen Befehle‹ zu unterrichten, hörten die Divisions-

---

[224] Eintrag im KTB des LVII. AK v. 17.6.1941, 09.30 Uhr; BA-MA, RH 24-57/2, S. 39.
[225] Protokoll zur Kdr.-Besprechung beim LVII. AK am 17.6.1941; BA-MA, RH 24-57/6, Bl. 136.
[226] Vgl. hierzu und zum Folgenden den Eintrag im KTB des V. AK v. 18.6.1941, 10.00 Uhr; BA-MA, RH 24-5/19, Bl. 16-18.
[227] Vgl. hierzu und zum Folgenden das Protokoll von der Besprechung des KG des IV. AK mit seinen Div.Kdren. v. 19.6.1941; BA-MA, RH 24-4/34a, Anl. 186.

kommandeure diese Weisungen nun schon zum wiederholten Male, nachdem sie zuvor bereits von ihren Ic-Offizieren und den Kriegsgerichtsräten darüber informiert worden waren.[228] Anders verhielt es sich mit den Kommandeuren der Korpstruppen. Bei den Korpstruppen handelte es sich um Verbände, die den Generalkommandos direkt unterstellt waren, aber zur Ebene der unteren Führung zählten. Dementsprechend hatten sie keine Vertreter zu den Befehlsausgaben auf der Ebene der oberen Führung entsandt und waren noch nicht über die Befehle im Bilde. Ihre Kommandeure nahmen dafür an den abschließenden Einsatzbesprechungen der Kommandierenden Generäle teil und wurden bei dieser Gelegenheit instruiert. Vielfach wurden in den Generalkommandos aber auch gesonderte Termine anberaumt, um die ›verbrecherischen Befehle‹ an die Korpstruppen weiterzugeben. Der Kommandierende General des XXVI. Armeekorps beispielsweise, General der Artillerie Wodrig, ließ am 19. Juni 1941 die Kommandeure seiner Korpstruppen eigens zu diesem Zweck im Generalkommando zusammentreten. Die »Erläuterungen zur Einschränkung der Kriegsgerichtsbarkeit«[229], die Wodrig ihnen gab, betrafen die »Behandlung von Freischä[r]lern«[230], die »Behandlung polit. Kommissare in Uniform und Zivil« und »Strafmaßnahmen kollektiver Art«. Eine ähnliche Besprechung, die am 20. Juni 1941 beim XVII. Armeekorps stattfand, hatte der Kommandierende General einberufen, um »den Kommandeuren der unterstellten Korps- und Heerestruppen Verfügungen des Führers, O.K.W. und Ob.d.H., über Verhalten der Truppe in Rußland bekannt« zu geben.[231]

Genauso wie man es in den vorgesetzten Kommandobehörden handhabe, wurden in den Generalkommandos schließlich auch die Angehörigen des Stabes über die ›verbrecherischen Befehle‹ unterrichtet. Sofern die Offiziere und Beamten des Stabes nicht schon an einem der vorangegangenen Treffen teilgenommen hatten, auf denen das Thema behandelt worden war, setzte man die Befehle auf die Tagesordnung der internen Stabsbesprechungen, die in den Generalkommandos kurz vor dem Einsatz abgehalten wurden.[232] Beim XXXXVI. Panzerkorps fanden sich hierzu am frühen Abend des 19. Juni 1941 sämtliche Offiziere des Generalkommandos im Kasino ein.[233] Der Chef des

---

[228] Ein weiteres Beispiel dafür stellt das VIII. AK dar. Der KG belehrte seine Div.Kdre. am 19.6.1941 über den Gerichtsbarkeitserlass und die Kommissarrichtlinien, obwohl die Ic-Offiziere der Korps und Divisionen der 9. Armee bereits auf der zentralen Ic-Besprechung im AOK 9 am 12.6.1941 darüber unterrichtet worden waren und dem KG dies bekannt sein musste. Vgl. das Protokoll von der Besprechung des KG des VIII. AK mit seinen Div.Kdren. am 19.6.1941; BA-MA, RH 26-8/21, Anl. 106.

[229] Eintrag im KTB des XXVI. AK v. 19.6.1941; BA-MA, RH 24-26/62, S. 8.

[230] Mit diesem und den folgenden beiden Stichworten wurde im KTB des XXVI. AK unter dem 17.6.1941 konkretisiert, was die »Einschränkung der Wehrmachtsgerichtsbarkeit« bedeutete, vgl. Anm. 56.

[231] Eintrag im TB (IIa/IIb) des XVII. AK v. 20.6.1941; BA-MA, RH 24-17/226, S. 77. Vgl. zu den gesonderten Besprechungen mit den Kdren. der Korpstruppen über die ›verbrecherischen Befehle‹ auch den Eintrag im KTB des XXXXI. AK v. 20.6.1941; BA-MA, RH 24-41/6, Bl. 30.

[232] Beim XXIII. AK etwa erübrigte sich eine eigene Stabsbesprechung, weil die wichtigsten Abteilungsleiter und Beamten des Stabes zusammen mit den Kdren. der Korpstruppen am Morgen des 22.6.1941 an der Besprechung teilnahmen, auf der der Generalstabschef u. a. die »Grundsätze des Führers über die Behandlung feindl. Zivilpersonen bekannt« gab. Vgl. den Eintrag im KTB des XXIII. AK v. 22.6.1941; BA-MA, RH 24-23/46, Bl. 22.

[233] Vgl. hierzu und zum Folgenden den Eintrag im KTB des XXXXVI. AK v. 19.6.1941, 18.30 Uhr; BA-MA, RH 24-46/7, Bl. 50 f.

Generalstabes leitete die Unterredung und machte zunächst einige allgemeine Bemerkungen, mahnte ein »genaues und pünktliches Führen der Kriegstagebücher« an und riet zur »Herabsetzung persönlicher Ansprüche«. Nachdem der Verantwortliche der Kartenstelle seine »Ausführungen über das vorhandene Kartenmaterial« beendet hatte, erhielt schließlich der Ic-Offizier das Wort, um die »zwei Führererlasse über die Behandlung von Freischärlern und politischen Kommissaren bekannt« zu geben. Die Befehlsausgabe wurde offenbar zügig und ohne große Worte abgewickelt, denn die gesamte Besprechung dauerte lediglich zwanzig Minuten. In anderen Generalkommandos übernahmen es dagegen die Generalstabschefs selbst, die ›verbrecherischen Befehle‹ an ihre Mitarbeiter auszugeben, so auch im Stab des VII. Armeekorps. Dort versammelten sich am 18. Juni 1941 die Offiziere und Beamten des Korpsstabes, um die Ansprache des Generalstabschefs zu hören, der sie unter anderem über »das Verhalten im Feindesland« belehrte.[234] Oberst i.G. Krebs eröffnete ihnen, dass jeder einzelne Offizier und Beamter das Recht habe, »in besonderen Fällen« die »Anordnung zur Erschiessung von Kommissaren, Freischärlern usw.« zu geben. Als Begründung und Mahnung zugleich verwies er darauf, dass »auf Grund der besonderen Verhältnisse in Sowjetrussland« ein besonders »energisches Auftreten« notwendig sei. Mit der gleichen Routine richtete Krebs zum Abschluss einen »Appell an alle Offiziere und Beamte, alle Kräfte für das Gelingen des Unternehmens« einzusetzen, und dankte ihnen »für die bisher geleistete Arbeit und die gezeigten Leistungen«.

Auch bei der Weitergabe der Kommissarrichtlinien hatten die Generalkommandos ihre Arbeit getan. Sie sorgten dafür, dass alle Dienststellen in ihren Verantwortungsbereichen, die die Verfügung noch nicht erhalten hatten, rechtzeitig davon in Kenntnis gesetzt wurden. Hierzu gehörte es, die Richtlinien den Korpstruppen und den eigenen Stabsangehörigen bekannt zu geben. Daneben instruierten sie auch die unterstellten Divisionen darüber, selbst wenn man in den Generalkommandos wusste, dass diese die Kommissarrichtlinien zuvor bereits von höheren Dienststellen erhalten hatten. Neben den zuständigen Ic-Offizieren schalteten sich dabei häufig die Kommandierenden Generäle ein und verliehen den Befehlen dadurch Nachdruck. Diese Vorgehensweise war offenbar der Regelfall, auch wenn von einer beträchtlichen Anzahl der insgesamt 44 Generalkommandos keine entsprechenden Quellenbelege überliefert sind. Von 19 Korps ist nicht bekannt, wie dort in dieser Angelegenheit verfahren wurde, obwohl von immerhin 14 dieser Stäbe sowohl das Kriegstagebuch als auch der Ic-Tätigkeitsbericht aus dem fraglichen Zeitraum vorliegen und nur bei fünf Korpsstäben Überlieferungslücken bestehen. Von 20 der 44 Generalkommandos liegen dagegen eindeutige Nachweise über die Weitergabe der Kommissarrichtlinien vor, von weiteren 5 Korpsstäben sind deutliche Indizien dafür vorhanden. Demnach ist bei fast 57 %, also der knappen Mehrheit der Generalkommandos aktenkundig geworden, dass sie die ›verbrecherischen Befehle‹, wie vorgesehen, weitergegeben haben.[235]

---

[234] Vgl. hierzu und zum Folgenden den Eintrag im TB (IVa) des VII. AK v. 15.6.1941; BA-MA, RH 24-7/217, Bl. 21.
[235] Vgl. hierzu die Tafel 3 im Anhang. Vgl. zur Überlieferungssituation auf der Korpsebene die Tafel 4 im Anhang.

5. DIVISIONSKOMMANDOS

Die Divisionsstäbe bildeten die Nahtstellen zwischen den Ebenen der oberen und der unteren Führung. Sie waren die Instanzen, die dafür sorgten, dass die Weisungen der höheren Kommandobehörden in den Truppenverbänden, den Regimentern und ihren Bataillonen und Kompanien, umgesetzt wurden. Damit waren sie auch dafür verantwortlich, dass die ›verbrecherischen Befehle‹, die bei ihnen aufgelaufen waren, in den Einheiten an der Basis des Ostheeres angelangten und dort danach gehandelt wurde. Denn die Kommissarrichtlinien und der Kriegsgerichtsbarkeitserlass waren zunächst nur auf der Ebene der oberen Führung, bis zu den Divisionen weitergegeben worden.[236] Der Kriegsgerichtsbarkeitserlass war bis zu den Divisionskommandos in schriftlicher Ausfertigung verteilt worden. Der Kommissarbefehl war in der Folge der zentralen Befehlsausgaben bei den Armeen und Panzergruppen in der Woche vom 12. bis 19. Juni 1941 allen Divisionsstäben zur Kenntnis gelangt. Ebenso wie in den Generalkommandos erstatteten die Ic-Offiziere und Heeresrichter nach ihrer Rückkehr von den Besprechungen ihren Vorgesetzten, den Divisionskommandeuren und Ia-Offizieren über die erhaltenen Instruktionen Bericht. So hielt der Ic der 44. Infanteriedivision am 17. Juni 1941 einen »Vortrag bei[m] Kommandeur über [die] Ic-Besprechung bei[m] AOK 6«, die am Vortag stattgefunden hatte. Einen Tag später referierte er die Inhalte der Zusammenkunft auch vor seinem unmittelbaren Vorgesetzten, dem Ia.[237] Bei der 18. Panzerdivision verständigten sich der Ic und der Kriegsgerichtsrat zunächst noch untereinander über die Befehle, die sie unabhängig voneinander empfangen hatten. Hierzu trafen sie am Morgen des 18. Juni 1941 im Stabsquartier der Division zusammen, nachdem sie am Vortag an der Ic-Besprechung bzw. der Heeresrichterversammlung im Panzergruppenkommando 2 in Warschau teilgenommen hatten. Beide scheinen die erhaltenen Weisungen nicht als besonders problematisch empfunden zu haben, denn der Gesprächsbedarf hielt sich in Grenzen. Der Gedankenaustausch über den »Führererlass« nahm nämlich nicht mehr als eine Viertelstunde in Anspruch.[238] Der Ic und der Heeresrichter klärten offenbar nur noch Verständnisfragen und glichen ihre Auffassungen von den Befehlen ab, bevor sie ihre Vorgesetzten darüber informierten.

Nachdem die Divisionsführungen von den Kommissarrichtlinien Kenntnis erhalten hatten, leiteten sie die Weitergabe der Verfügung an die unterstellten Truppen in die Wege. In nahezu allen Divisionen, von denen Nachrichten über diese Vorgänge vorliegen, geschah dies auf ähnliche Weise. Die Bekanntgabe des Kommissarbefehls an die unterstellten Verbände erfolgte auf den abschließenden Kommandeurbesprechungen, die alle Divisionskommandeure kurz vor dem Feldzug einberiefen, um die letzten Vorbereitungen

---

[236] In manchen Fällen waren allerdings zu den Kdr.-Besprechungen in den Gen.Kdos. neben den Div. Kdren. auch schon die Kdre. der Regimenter, Bataillone und Divisionstruppen hinzugezogen worden, vgl. Anm. 267.

[237] Vgl. die Einträge im TB (Ic) der 44. Inf.Div. v. 17.6.1941 und 18.6.1941; BA-MA, RH 26-44/31, S. 8. Bei der 111. Inf.Div. wurde ganz ähnlich verfahren. Der Ic hatte ebenfalls am 16.6.1941 an der Ic-Tagung im AOK 6 teilgenommen und hielt am folgenden Tag »Vortrag beim Div.-Kdr. über die Ic-Besprechung bei der Armee«. Eintrag im TB (Ic) der 111. Inf.Div. v. 17.6.1941; BA-MA, RH 26-111/29, S. 1.

[238] Eintrag im TB (Ic) der 18. Pz.Div. v. 18.6.1941, 08.45 Uhr; BA-MA, RH 27-18/167, S. 3.

und Absprachen für den bevorstehenden Einsatz zu treffen. Zu diesen Besprechungen fanden sich in den Stabsquartieren der Divisionen die Kommandeure der Divisionstruppen sowie die Kommandeure der Regimenter ein, häufig waren daneben auch die Bataillonskommandeure anwesend.[239] Der Zeitpunkt dieser Treffen richtete sich danach, wann die Divisionskommandos selbst in die Befehle eingeweiht worden waren. Die meisten Kommandeurbesprechungen folgten mit kurzem Abstand auf die Ic-Tagungen bei den Armeeoberkommandos und die Unterredungen bei den Kommandierenden Generälen. Die spätesten Kommandeurbesprechungen fanden noch am Vortag des Angriffs statt. Da es sich um die letzten Zusammenkünfte vor dem Angriffstermin handelte, mussten sie dazu genutzt werden, die versammelten Kommandeure umfassend in ihre Aufgaben einzuweisen und »ihnen ›die letzte Ölung‹ zu geben«.[240] Die Themenpalette war dementsprechend breit und umfangreich, so dass es nicht selten mehrere Stunden brauchte, um sie abzuarbeiten.[241] Die Divisionskommandeure teilten ihren Truppenführern die bislang geheim gehaltene Angriffszeit mit, sprachen über den Sinn des Krieges, gingen die Operationspläne nochmals durch und erteilten Anweisungen zu diversen Einzelfragen. Teilweise ließen sie die einzelnen Sachgebiete auch durch Vorträge der zuständigen Generalstabsoffiziere abhandeln. Die Bekanntgabe der ›verbrecherischen Befehle‹ war ein durchaus wichtiger Tagesordnungspunkt, aber bei weitem nicht der einzige. Überdies besprach man nicht nur den Kriegsgerichtsbarkeitserlass und die Kommissarrichtlinien, sondern ging auch auf die »Richtlinien für das Verhalten der Truppe in Russland« und die einschlägigen Merkblätter ein, die teilweise bei dieser Gelegenheit erst verteilt wurden.[242] Nicht zuletzt orientierte man die Truppenführer über den geplanten Einsatz der SD-Kommandos.[243]

Bei der 10. Infanteriedivision etwa begann die letzte Kommandeurbesprechung vor dem Einsatz am späten Nachmittag des 17. Juni 1941 und zog sich über zwei Stunden hin.[244] Sämtliche Kommandeure des Divisionsverbandes mitsamt ihren Adjutanten waren dazu erschienen, außerdem nahmen einige Offiziere des Divisionsstabes an der Sitzung teil.[245] Der Divisionskommandeur, Generalleutnant von Loeper, bestritt die

---

[239] Der Teilnehmerkreis wurde unterschiedlich weit gefasst. Bei der 10. Inf.Div. (mot.) z. B. nahmen an der Kdr.-Besprechung am 17.6.1941 die Kdre. der Divisionstruppen, Regimenter und Bataillone teil, vgl. Anm. 244. Bei der 8. Inf.Div. etwa wurden die Btl.Kdre. dagegen nicht zu der Kdr.-Besprechung am 19.6.1941 hinzugezogen, vgl. Anm. 242.

[240] So beschrieb der KG des XXXXVII. AK in seinem persönlichen Tgb. den Zweck der letzten Besprechung mit seinen Div.Kdren. vor dem Einsatz, die am 14.6.1941 stattfand. Vgl. den Eintrag im Tgb. Lemelsen v. 15.6.1941; BA-MA, MSg 1/1147, S. 3.

[241] Die Kdr.-Besprechung bei der 251. Inf.Div. am 19.6.1941 etwa dauerte ganze vier Stunden, vgl. den Eintrag im KTB (Ib) der 251. Inf.Div. v. 19.6.1941; BA-MA, RH 26-251/104, Bl. 21.

[242] Vgl. z. B. das Protokoll von der Kdr.-Besprechung bei der 8. Inf.Div. v. 19.6.1941; BA-MA, RH 26-8/21, Anl. 106: »Richtlinien für Verhalten der Truppe. Erlaß verteilen u. vorlesen«.

[243] Vgl. z. B. das Protokoll der Kdr.-Besprechung bei der 97. lei. Inf.Div. v. 19.6.1941; BA-MA, RH 26-97/6: »Im Gefechtsgebiet sollen sie ausgeschaltet bleiben.« Vgl. auch den Eintrag im KTB der 30. Inf.Div. zur Kdr.-Besprechung am 16.6.1941, auf der u. a. das »Verhältnis zum S.D.« geregelt wurde; BA-MA, RH 26-30/19.

[244] Vgl. hierzu und zum Folgenden den Eintrag im KTB der 10. Inf.Div. (mot.) v. 17.6.1941, 17.00-19.00 Uhr; BA-MA, RH 26-10/9, S. 11 f., v. a. aber das ausführliche Protokoll zu der Besprechung v. 17.6.1941; BA-MA, RH 26-10/10, Anl. 8.

[245] Vom Divisionsstab nahmen der Ia, Ib, IVa, IVb und O 1 teil. Der Ic war nicht anwesend, offenbar war er zu diesem Zeitpunkt noch nicht von der Ic-Besprechung im Kdo. der Pz.Gr. 2 zurückgekehrt.

4 | Befehlsausgabe: »Offz.-Besprechung« bei der 217. Inf.Div. am 20. Juni 1941 (Zitat aus der Bildbeschriftung des Originals)

Besprechung dennoch über weite Strecken allein. Einzig die Orientierung über die taktische Lage und die Aufträge der Division überließ er seinem Ia-Offizier. Die Liste der Besprechungspunkte war lang. Über zwanzig verschiedene Themen und Detailfragen wurden zur Sprache gebracht. Zu Beginn schickte Loeper die Anweisung vorweg, seine nachfolgenden Ausführungen umgehend an alle Offiziere und zwei Tage später, am 19. Juni 1941, auch an die Truppe weiterzugeben.[246] Im Mittelpunkt des ersten Teils der Besprechung stand die »russische Kampfart«. Detailliert bereitete Loeper die Truppenführer auf die Kampfverfahren der gegnerischen Streitkräfte vor und erörterte, wie ihnen zu begegnen sei. Gegen die »überlegene Anzahl feindlicher Flieger« etwa sollte »akt[iver]. Luftschutz« helfen. Zur Abwehr sowjetischer Panzer, mit denen »täglich und stündlich zu rechnen« sei, habe die Truppe ständig »Panzerschutz« zu organisieren. Da »hinter der eigentlichen Front« gegnerische Luftlandetruppen zu erwarten seien, habe jede Einheit außerdem »stets ein Abwehrkommando sofort einsatzfähig« zu halten. Auch auf den »Einsatz von Giftgas und Absprühen von Kampfstoffen« stellte Loeper die Kommandeure ein. Nicht zuletzt warnte er vor Kriegslisten, vor »Baumschützen« und »einzelnen deutschsprechenden Russen«.

Für den Kampf auf dem weiträumigen Kriegsschauplatz in der Sowjetunion mahnte Loeper zu besonderer Kraftanstrengung und Konzentration. Er betonte nachdrücklich, dass die »Mannszucht« die »Erfolgsgrundlage für diesen Feldzug« sei, und un-

---

[246] Damit gehörte die 10. Inf.Div. (mot.) zu den wenigen Divisionen, in denen die Truppen bereits einige Tage vor dem Angriff und nicht erst am Vortag darüber informiert wurden, vgl. Kap. II.

terstrich seinen Appell mit einem warnenden Beispiel aus der Geschichte. Er »erinnert[e] an den Feldzug Napoleons, der durch Disziplinlosigkeit der vorrückenden Truppen bereits vor Smolensk die entscheidenden Verluste erlitten hatte«. Besonderen Wert legte Loeper auf Disziplin und »kriegsmäßig[es]« Verhalten während des Marsches und einen schonenden Umgang mit den schwer ersetzbaren Fahrzeugen. Außerdem hielt er seine Truppenführer dazu an, jegliches »unnötige Brandstiften« zu verhindern, das er als »besonders verwerflich« empfand, weil es in seinen Augen nicht nur eine Form der Disziplinlosigkeit war, sondern obendrein dadurch Unterkunftsmöglichkeiten »und wertvolle Versorgungsmittel zerstört« würden. Dass Loeper damit rechnete, dass auch seine Truppen sich dazu hinreißen lassen würden, beruhte auf Erfahrungen und Vorstellungen, die mit diesem speziellen Kriegsschauplatz verbunden waren: »Immer ist das Anstecken der Häuser die Sünde des Ostkrieges gewesen!« Daher befahl er schon jetzt, von vornherein »dagegen energisch front [zu] machen«. So wie die meisten Truppenführer sah auch Loeper in der Disziplin die Grundvoraussetzung für das Funktionieren der Militärmaschine und zugleich ihren neuralgischen Punkt, der nicht angetastet werden durfte.

Nachdem Loeper noch einige Einzelfragen angesprochen hatte, wandte er sich den Kriegsgründen zu. So wie es ihm selbst vermittelt worden war, referierte er ein ganzes Bündel von strategischen, ideologischen und ökonomischen Motiven. Der »Krieg gegen Rußland« sei notwendig, weil alle bisherigen Beobachtungen gezeigt hätten, »daß auf die heimtückischen, bolschewistischen Machthaber durchaus kein Verlass« sei. Die militärischen Vorbereitungen der Sowjets zwängen zu der Annahme, »daß sie nur darauf warten, bis Deutschland im Kampf mit den Westmächten genügend geschwächt« sei, um dann loszuschlagen. »Dem muss zuvorgekommen werden.« Daneben zählte Loeper auch die Gewinnung der sowjetischen Agrarressourcen zu den deutschen Kriegszielen. Den Truppen der Division sollte der Angriff am übernächsten Tag, dem 19. Juni 1941 angekündigt werden. »Auf Befehl des Generaloberst Guderian ist den Soldaten zu sagen, unser Ziel ist Moskau.« Bei der gleichen Gelegenheit, befahl Loeper, seien den Einheiten die »Richtlinien für das Verhalten der Truppe in Russland« bekannt zu geben, die zuvor in versiegelten Umschlägen verteilt worden waren. Man blieb bei einem verwandten Thema, denn »anschließend unterrichte[e] [der] Div.Kdr. die Kdre. über den Führer-Erlaß betr. Behandlung der Zivilbevölkerung und der Polit. Kommissare« und erläuterte die Befehlszusätze, die das Panzergruppenkommando 2 dem Kriegsgerichtsbarkeitserlass hinzugefügt hatte.[247] Dann ging die Besprechung zum nächsten Tagesordnungspunkt über.

Unmittelbar darauf folgte ein Vortrag des Ia-Offiziers, der die Kommandeure über die Gliederung der Panzergruppe 2, die Feindlage in ihrem Frontabschnitt, die »operativen Absichten im Großen« und die Aufgaben der Division und des vorgesetzten Korps informierte. Nachdem der Ia die geplanten Operationen erläutert hatte, unterbrach der Divisionskommandeur seinen Vortrag, um dazu Stellung zu nehmen und weitere Direktiven auszugeben. Er beurteilte die Erfolgsaussichten des Unternehmens sehr günstig. Zahlenmäßig seien die feindlichen Streitkräfte zwar überlegen. Loeper erwartete allerdings nicht, »daß sie sich so gut schlagen werden, wie im [I.] Weltkrieg«. Die entscheidende Schwachstelle erblickte er in der gegnerischen Führung, der er noch

---

[247] Vgl. RÖMER, ›Im alten Deutschland‹, S. 71 f.

nicht einmal eine zweckmäßige »Verwendung der modernen Nachr[ichten].Mittel« zutraute. Er ging fest davon aus, dass sie sich ihren Aufgaben nicht gewachsen zeigen werde. Nicht zuletzt zweifelte Loeper auch ganz allgemein an der Kohäsion und Widerstandsfähigkeit der Roten Armee: »Wieweit ihr innerer Zusammenhalt geht, ist sehr fraglich.« Es könne daher damit gerechnet werden, dass ein baldiger »moralischer Zusammenbruch« eintrete, »wenn der Russe am Anfang überall geschlagen wird«. Um das Auseinanderfallen der Roten Armee zu beschleunigen, müssten die eigenen Truppen dazu gebracht werden, »gerade am Anfang mit äusserster Härte« zu kämpfen und »rücksichtslos« vorzustoßen. »Unseren Leuten muss gesagt werden, daß die Überlegenheit des deutschen Soldaten als Kämpfer ausser jedem Zweifel steht.« Genauso wie viele seiner Vorgesetzten und Kameraden, war ganz offensichtlich auch Loeper in der Unterschätzung des Gegners befangen. Im Anschluss an Loepers ausführlichen Einwurf setzte der Ia-Offizier seinen Vortrag fort, um den Kommandeuren die erkundeten Bereitstellungsräume zuzuweisen und letzte Einzelheiten zu klären. Dann sprach der Divisionskommandeur einige Schlussworte. Er betonte nochmals, »daß alles darauf ankommt, gleich zu Beginn durchschlagende Erfolge zu erzielen«. Allen Soldaten müsse klar sein, »daß es deshalb auf Härte des Kampfes und Entbehrungen aller Art in den ersten Zeiten nicht ankommen darf«. Die Botschaft war deutlich: Für das Erreichen der Ziele waren alle Bedenken zurückzustellen und jede Mühe in Kauf zu nehmen. Zum Abschied wünschte Loeper »seinen Kommandeuren Soldatenfreude und Soldatenglück«.

Die ›verbrecherischen Befehle‹ waren in dieser typischen Kommandeurbesprechung also nur eines von vielen Themenfeldern. Der Divisionskommandeur hatte es persönlich übernommen, die Befehle bekannt zu geben, kurz bevor er das Wort für den Lagevortrag an seinen ersten Generalstabsoffizier übergab. Nicht lange nachdem die Division die Kommissarrichtlinien selbst entgegengenommen hatte, war die Verfügung damit bereits bei den Kommandeuren der Regimenter und Bataillone angelangt. Die Divisionsführung unternahm allerdings noch weitere Schritte, um dem Befehl in ihrem Verantwortungsbereich Geltung zu verschaffen. Zwei Tage vor dem Feldzug ergriff auch der Ic-Offizier, Hauptmann d.R. Dr. Altstötter, die Gelegenheit dazu. Am 20. Juni 1941 hielt er eine Besprechung mit den Feindnachrichtenbearbeitern der unterstellten Verbände ab, die in den Regimentern und Bataillonen für die Belange des Ic-Dienstes zuständig waren.[248] Altstötter unterrichtete sie zunächst »über den allgemeinen Ic-Dienst« und kam dann auf das »Verhalten der Truppe im Sowjetstaat« zu sprechen. Dabei belehrte er sie auch über das Verhalten gegenüber »Freischärler[n] und politische[n] Kommissare[n]« und »deren Behandlung gemäss Sonderbefehls«. Bald nach Beginn des Feldzugs erinnerte die Divisionsführung die unterstellten Verbände erneut an die Kommissarrichtlinien. Der Divisionsbefehl vom 4. Juli 1941, in dem unter anderem neue Regelungen für das Gefangenenwesen erlassen wurden, endete mit einem Hinweis »auf die besondere Behandlung von pol. Kommissaren,

---

[248] Vgl. hierzu und zum Folgenden den Eintrag im TB (Ic) der 10. Inf.Div. (mot.) v. 20.6.1941; BA-MA, RH 26-10/68, S. 2. Zur Organisation des Ic-Dienstes in der 10. Inf.Div. vgl. den Eintrag v. 4.6.1941. Die Anweisung, »bei den Rgts.- und Btls.-Stäben geeignete Offiziere als Ic-Sachbearbeiter zu bestimmen«, ging auf einen Befehl des XXIV. AK v. 4.6.1941 zurück, vgl. den TB (Ic) der 255. Inf.Div. v. 1.6.-21.6.1941, Abschnitt »Abwehr«; BA-MA, RH 26-255/135, S. 5.

Abtrennung von Offizieren und deren Vernehmung«.²⁴⁹ Bis zu diesem Zeitpunkt hatte das Divisionskommando den Kommissarbefehl gegenüber den unterstellten Verbänden bei mindestens drei verschiedenen Gelegenheiten zur Sprache gebracht. In den Stäben der Regimenter und Bataillone konnte kein Zweifel daran aufkommen, dass es der Divisionsführung mit dem Befehl ernst war.

Zumindest was die Befehlsausgabe auf der abschließenden Kommandeurbesprechung anbelangte, war das Prozedere in dieser Kommandobehörde typisch für das Vorgehen der Divisionen bei der Weitergabe des Kommissarbefehls an die Regimenter und Bataillone. Auch in den übrigen Divisionsverbänden des Ostheeres verlief die Übermittlung der Verfügung an die unterstellten Stäbe ähnlich. Die Unterschiede in der Verfahrensweise waren geringfügig. So gaben manche Divisionskommandeure, anders als bei der 10. Infanteriedivision und zahlreichen weiteren Divisionen²⁵⁰, die ›verbrecherischen Befehle‹ in den Besprechungen nicht selbst bekannt, sondern überließen diese Aufgabe einem ihrer Gehilfen. In der Regel wurden dann die fachlich zuständigen Ic-Offiziere damit betraut, die Befehle vorzutragen. So handhabte man es beispielsweise bei der 255. Infanteriedivision, die zur Panzergruppe 2 gehörte. »Bei der letzten Kommandeurbesprechung vor dem Einsatz am 19. 6. in D. Adampol gab [der] Ic die beiden Erlasse des Führers betr. Barbarossa mit den in Warschau erhaltenen Weisungen bekannt.«²⁵¹ Bei der 269. Infanteriedivision war es ebenfalls der Ic-Offizier, der auf der Einsatzbesprechung am 14. Juni 1941 einen Vortrag über jene Befehle hielt, die er zwei Tage zuvor auf der Ic-Tagung bei der Panzergruppe 4 empfangen hatte.²⁵² In der 286. Sicherungsdivision, die für den Einsatz im rückwärtigen Heeresgebiet Mitte vorgesehen war, fand die abschließende Kommandeurbesprechung erst am 21. Juni 1941 statt. Auch hier erfolgte die »Bekanntgabe mündlicher Zusätze zum Führererlass betr. politische Kommissare der russ. Wehrmacht durch [den] Ic«.²⁵³

In anderen Divisionsstäben wiederum übernahmen die Ia-Offiziere diese Aufgabe. Bei der 14. Infanteriedivision etwa wurden die versammelten Kommandeure während einer vierstündigen Besprechung am 21. Juni 1941 durch den Ia eingewiesen. Seine Ausführungen betrafen »insbes[ondere]. [die] Kommissare usw.«²⁵⁴ Auch bei der 97. Infanteriedivision erhielt der Ia das Wort, um die »kriegsgerichtliche[n] Bestimmungen für den Einsatz« zu referieren, als die Kommandeure am 19. Juni 1941 zusammenge-

---

249 Divisionsbefehl 10. Inf.Div. (mot.)/Abt. Ia v. 4.7.1941; BA-MA, RH 26-10/69a, Anl. 77. Die 10. Inf. Div. (mot.) war zu diesem Zeitpunkt Verfügungsverband des XXIV. AK und wartete noch auf den eigentlichen Fronteinsatz.
250 Vgl. z. B. den Eintrag im KTB der 129. Inf.Div. v. 16.6.1941; BA-MA, RH 26-129/3. Vgl. den TB (Ic) der 78. Inf.Div. v. 1.6.-22.6.1941; BA-MA, RH 26-78/64. Vgl. den Eintrag im KTB der 8. Pz. Div. v. 21.6.1941; BA-MA, RH 27-8/9. Vgl. den Eintrag im KTB der 20. Inf.Div. (mot.) v. 21.6.1941; BA-MA, RH 26-20/11, S. 11.
251 Eintrag im TB (Ic) der 255. Inf.Div. v. 1.6.-21.6.1941, Abschnitt »Abwehr«, BA-MA, RH 26-255/135, S. 7.
252 Vgl. den TB (Ic) der 269. Inf.Div. v. 29.3.1941-9.5.1942, Abschnitt »Vorbereitungen für den Angriff der Division«; BA-MA, RH 26-269/41, S. 6.
253 Eintrag im TB (Ic) der 286. Inf.Div. v. 15.3.-31.12.1941; BA-MA, RH 26-286/5, Bl. 5. Vgl. auch den TB (Ic) der 6. Pz.Div. v. 10.6.-16.6.1941; BA-MA, RH 27-6/112, S. 10. Vgl. den Eintrag im KTB der 221. Sich.Div. v. 19.6.1941; BA-MA, RH 26-221/10, Bl. 57 f. Vgl. den Eintrag im KTB der 3. Pz. Div. v. 18.6.1941; BA-MA, RH 27-3/14, S. 32.
254 Eintrag im KTB der 14. Inf.Div. (mot.) v. 21.6.1941. 10.00-14.00 Uhr; BA-MA, RH 26-14/10, S. 6.

kommen waren.²⁵⁵ Teilweise wurden für die Erörterung dieser Fragen auch die Heeresrichter hinzugezogen. Bei der 22. Infanteriedivision wurde auf der abschließenden Kommandeurbesprechung am 20. Juni 1941 ein »Vortrag [des] Kriegsgerichtsrat[s]« eingeschoben, der die Truppenführer über die »Richtlinien für Gerichtsbarkeit gegenüber russischer Soldateska und Bevölkerung« aufklärte.²⁵⁶ Nachdem der Kriegsgerichtsrat die Bestimmungen dargelegt hatte, äußerte sich auch der Divisionskommandeur dazu und mahnte zur »Erhaltung der Manneszucht«. So wie in diesem Fall blieb es den Divisionskommandeuren selbstverständlich unbenommen, die Befehle zu kommentieren, die ihre Mitarbeiter in ihrem Auftrag und Beisein bekannt gaben. Und wenn auch die Personen wechselten, die die Befehle aussprachen, blieb das Forum dafür doch in aller Regel das gleiche.

In den weitaus meisten Fällen erfolgte die Bekanntgabe des Kommissarbefehls an die Verbände der unteren Führung im Rahmen der letzten Kommandeurbesprechungen in den Divisionsgefechtsständen. In einigen Divisionen geschah dies allerdings auch auf gesonderten Besprechungen, zu denen die Adjutanten der Regimenter und Bataillone als Befehlsempfänger einbestellt wurden. Die Adjutantenbesprechungen fanden häufig im Umfeld der Kommandeurbesprechungen statt und dienten offenbar dazu, sie etwas zu entlasten. Bei der 22. Infanteriedivision etwa nahmen die Adjutanten am Morgen des 20. Juni 1941 zunächst an der Kommandeurbesprechung teil. Im Anschluss daran versammelten sie sich beim Ic-Offizier der Division, Rittmeister von Gustedt. Dort wurden sie »über [die] Behandlung von polit. Kommissaren, Juden und sonstigen Gefangenen« belehrt.²⁵⁷ Auch bei der 12. Infanteriedivision wurden am selben Tag sowohl die unterstellten Kommandeure durch den Divisionskommandeur als auch die Adjutanten durch den Ic-Offizier über die »Erlasse des Führers und des O.K.W. über Art der Kriegführung in Russland«²⁵⁸ unterrichtet.²⁵⁹ Die Befehlsausgaben an die Adjutanten ergänzten die Kommandeurbesprechungen, erübrigten sie aber nicht. Es stellte nur eine geringfügige Abwandlung der üblichen Verfahrensweise dar, wenn man die Bekanntgabe der Kommissarrichtlinien in die Adjutantenbesprechungen verlegte oder sie dort wiederholte.²⁶⁰

Analog zu den Vorgängen in den höheren Kommandobehörden, wurden schließlich auch die Angehörigen der Divisionsstäbe über diese besonderen Befehle ins Bild ge-

---

255 Vgl. das Protokoll von der Kdr.-Besprechung bei der 97. lei. Inf.Div. v. 19.6.1941, 17.00 Uhr; BA-MA, RH 26-97/6. Der Ia war am Vormittag desselben Tages durch den KG des vorgesetzten XXXXIX. AK in einer Einzelbesprechung instruiert worden, vgl. den Eintrag im KTB der 97. lei. Inf.Div. v. 19.6.1941, 10.00 Uhr; BA-MA, RH 26-97/3, S. 14.
256 Vgl. die ms. Liste der Tagesordnungspunkte, die hs. Notizen des Div.Kdrs. und die hs. Mitschrift zu der Besprechung bei der 22. Inf.Div. am 20.6.1941, 09.00 Uhr; BA-MA, RH 26-22/18.
257 Eintrag im TB (Ic) der 22. Inf.Div. v. 20.6.1941; BA-MA, RH 26-22/66.
258 Vgl. den TB (Ic) der 12. Inf.Div. v. 1.6.-21.6.1941; BA-MA, RH 26-12/82, S. 2 f. Vgl. dazu den Eintrag im KTB der 12. Inf.Div. v. 19.6.1941; BA-MA, RH 26-12/22, Bl. 8.
259 Eine vergleichbare Adjutantenbesprechung hat offenbar auch bei der 17. Pz.Div. stattgefunden, vgl. den Eintrag im KTB des Pz.Pi.Btl. 49 v. 19.6.1941; BA-MA, RH 46/745, S. 16.
260 Zu einem weiteren Beispiel vgl. den TB (Ic) der 126. Inf.Div. v. 1.6.-21.6.1941; BA-MA, RH 26-126/114, sowie den Eintrag im KTB der 126. Inf.Div. v. 21.6.1941; BA-MA, RH 26-126/4, Bl. 27. Um 10.00 Uhr am 21.6.1941 informierte der Ic der Div. die Adj. der unterstellten Verbände über die Weisungen aus der Ic-Besprechung beim AOK 16, um 11.30 Uhr fand eine Kdr.-Besprechung statt, auf welcher der Div.Kdr. »Fragen des Verhaltens gegenüber der feindl. Bevölkerung« erörterte.

setzt. Zum Teil hatten sie bereits an den Kommandeurbesprechungen teilgenommen und auf diesem Wege davon Kenntnis erhalten.[261] In der Regel aber hielten die Divisionskommandeure kurz vor dem Feldzug mit ihren Mitarbeitern eigene Stabsbesprechungen ab, um sie auf den Krieg einzustimmen und letzte »Richtlinien für den kommenden Einsatz« zu geben.[262] Ähnlich wie in den Kommandeurbesprechungen übernahmen sie es dabei häufig persönlich, die »Führererlasse« zu erörtern. Der Kommandeur der 26. Infanteriedivision etwa ließ die Offiziere des Stabes hierzu am frühen Abend des 20. Juni 1941 zusammentreten. Zu der anschließenden »Unterweisung für den bevorstehenden Einsatz« gehörte auch die »Bekanntgabe zweier Führererlasse«, wobei es sich nur um die ›verbrecherischen Befehle‹ handeln konnte.[263] In anderen Divisionen wurden die Stabsbesprechungen mit Vorträgen der für die einzelnen Fachgebiete zuständigen Generalstabsoffiziere und Abteilungsleiter ausgefüllt. Hierbei fiel es in der Regel den Ic-Offizieren zu, den Gerichtsbarkeitserlass und den Kommissarbefehl vorzustellen. Bei der 121. Infanteriedivision etwa ging der Ic in seinem Vortrag, den er während einer internen Stabsbesprechung am 18. Juni 1941 hielt, auch auf das »Verhalten in Feindesland« ein und referierte unter anderem über das »Auftreten von litauischen Aktivisten-Gruppen, Freischärlern, Behandlung von Gefangenen, aufgefundene Feldpostbriefe, Beutewaffen, Agenten, kollektive Maßnahmen gegen Überfälle, strafbare Taten der Soldaten gegen Zivilisten, rote Kommissare (politische und militärische)«.[264]

Nachdem die Divisionskommandos die ›verbrecherischen Befehle‹ an ihre unterstellten Verbände weitergeleitet hatten, war es nur konsequent, auch die eigenen Stabsangehörigen darüber zu unterrichten. Dieses Vorgehen war in den insgesamt 139 deutschen Divisionen offenbar der Regelfall.[265] Zwar ist von immerhin 64, also rund 46 % der Divisionen, nicht bekannt, wie diese Vorgänge abgelaufen sind, da keine Quellen darüber vorliegen. Dieser Befund wird allerdings dadurch relativiert, dass das Fehlen von Spuren in der Mehrzahl dieser Fälle durch eine defizitäre Überlieferungssituation bedingt ist. Denn von nur 28 dieser 64 Divisionen ist sowohl das Kriegstagebuch der Führungsabteilung als auch der Tätigkeitsbericht der Ic-Abteilung aus dem fraglichen Zeitraum überliefert. Von 20 der 64 Divisionen ist ausschließlich das Kriegstagebuch überliefert, von weiteren 16 Divisionen, also immerhin einem guten Viertel, fehlen die maßgeblichen Aktenbestände vollständig. Damit ist bei über 56 % der Divisionen, von denen keine Nachrichten über die Weitergabe der ›verbrecherischen Befehle‹ vorliegen, die Voraussetzung einer intakten Aktenüberlieferung nicht gegeben. Nur bei einem Fünftel der 139 deutschen Divisionen besteht also die Konstellation, dass ihre Aktenüberlieferung zwar komplett ist, darin aber keine Hinweise auf die in Rede stehenden Vorgänge enthalten sind. Deutlich häufiger ist dagegen belegt,

---

[261] An der Kdr.-Besprechung bei der 22. Inf.Div. am 20.6.1941 z. B. nahm der gesamte Divisionsstab teil, vgl. Anm. 256. Vgl. hierzu u. a. auch den Eintrag im KTB (Ib) der 213. Sich.Div. v. 21.6.1941; BA-MA, RH 26-213/21, S. 18.
[262] Bei der 13. Pz.Div. wurden hierzu am Vorabend des Krieges, um 20.00 Uhr, sämtliche Offiziere und Beamten des Div.Stabes zum Div.Kdr. gerufen, vgl. den Eintrag im TB der Abt. IVb v. 21.6.1941; BA-MA, RH 27-13/130.
[263] Eintrag im KTB der 26. Inf.Div. v. 20.6.1941, 18.30 Uhr; BA-MA, RH 26-26/3, S. 5.
[264] Eintrag im KTB der 121. Inf.Div. v. 18.6.1941, 16.00 Uhr; BA-MA, RH 26-121/3.
[265] Vgl. hierzu und zum Folgenden die Tafel 3 im Anhang. Zum Einfluss der Überlieferungssituation auf die Untersuchungsergebnisse auf der Divisionsebene vgl. Tafel 4 im Anhang.

dass die Divisionskommandos in dieser Angelegenheit so verfuhren, wie die vorgesetzten Kommandobehörden es angeordnet hatten. Von 41 Divisionsstäben, also beinahe 30 %, sind eindeutige Nachweise darüber vorhanden, dass sie die Kommissarrichtlinien weitergegeben haben. Von weiteren 34 Divisionen liegen deutliche Indizien dafür vor. Damit ist von fast 54 %, also der knappen Mehrheit der deutschen Divisionsstäben belegt, dass sie die ›verbrecherischen Befehle‹, die sie von den Armeeoberkommandos, Panzergruppenkommandos und Generalkommandos erhalten hatten, in der Folge in ihren eigenen Verantwortungsbereichen bekannt gegeben haben, wie es ihnen befohlen worden war.

6. REGIMENTER, BATAILLONE UND KOMPANIEN

Das letzte Glied in der Befehlskette waren die Truppenverbände und Einheiten der unteren Führung. Auch wenn die äußerst fragmentarische Überlieferungssituation auf dieser Führungsebene keine quantifizierende Untersuchung zulässt, erlauben es die vereinzelt überlieferten Quellen dennoch, die typischen Verfahrensweisen bei der Befehlsübermittlung in diesen Verbänden zu rekonstruieren. Ihrem Platz in der Hierarchie entsprechend, erfuhren die Regimenter, Bataillone und Kompanien als Letzte von dem bevorstehenden Angriff und den hierzu ergangenen Befehlen. Im Zuge der allgemeinen Geheimhaltungsmaßnahmen hatten die höheren Kommandobehörden ihre Planungen darauf abgestellt, dass die Kommissarrichtlinien zusammen mit den übrigen Weisungen nicht früher als in den letzten Tagen vor dem Überfall auf diesen Hierarchiestufen an der Basis des Ostheeres angelangten. Nachdem sie die Regiments- und Bataillonsstäbe erreicht hatten, wurde ihre Weitergabe an die Truppen für gewöhnlich noch hinausgezögert und erfolgte zumeist erst im Laufe des Vortages, teilweise nur wenige Stunden vor dem Beginn des Angriffs. Wie es die höheren Stäbe vorgesehen hatten, erhielten zunächst nur die Kommandeure der Regimenter und Bataillone davon Kenntnis.[266] In einzelnen Fällen waren die Kommandeure hierfür zu den Einsatzbesprechungen bei den Kommandierenden Generälen hinzugezogen worden und hatten auf diesem Wege von den Kommissarrichtlinien erfahren. Eine solche Kommandeurbesprechung fand am 18. Juni 1941 im Generalkommando des VI. Armeekorps statt. Neben den Divisionskommandeuren nahmen hieran auch die Kommandeure der Divisionstruppen sowie die Kommandeure der Regimenter und Bataillone teil und wurden geschlossen durch den Kommandierenden General über den Kommissarbefehl und den Gerichtsbarkeitserlass unterrichtet.[267] General der Infanterie Heinrici, der Kommandierende General des XXXXIII. Armeekorps, scheint die Kommissarrichtlinien während eines Planspiels im Hauptquartier des Korps in Siedlce am 13. Juni 1941 ebenfalls gleich über die Divisionsebene hinaus bekannt gegeben zu haben. Denn außer den Divisionskommandeuren waren unter anderem auch die

---

[266] Vgl. die Anordnung des Ic des AOK 16 auf der Ic-Besprechung am 17.6.1941 zur Weitergabe der Kommissarrichtlinien: »Zunächst hat die Bekanntgabe an die Kommandeure zu erfolgen.« Protokoll des Ic der 126. Inf.Div.; BA-MA, RH 26-126/114, Anl. 7.
[267] Vgl. den Eintrag im KTB der 26. Inf.Div. v. 18.6.1941; BA-MA, RH 26-26/3, S. 3, und das Protokoll zu der Besprechung; BA-MA, RH 24-6/27b, Anl. 151a.

2. Die Befehlsübermittlung

Kommandeure der Divisionstruppen und die Regimentskommandeure zugegen.[268] Einer der Teilnehmer aus diesem Personenkreis, der Kommandeur des Artillerieregiments 131, hielt daraufhin am Vormittag des nächsten Tages Besprechungen mit den Kommandeuren seiner Abteilungen ab und teilte ihnen dabei neue »Verhaltungsmassregeln, beruhend auf Führerbefehlen, für den vorauszusehenden Einsatz in Russland« mit, die er offenbar in Siedlce erhalten hatte.[269] Kurz darauf begann in den Batterien des Regiments bereits der »Unterricht über Gefangenenbehandlung, Verhalten Kommissaren gegenüber, Verhalten gegen die Zivilbevölkerung, Fliegerabwehr, Gaskrieg, Fährbetrieb usw.«[270] Dass sich die Befehlsausgaben bei den Kommandierenden Generälen nicht nur an die Divisionskommandeure, sondern zugleich an die unteren Truppenführer richteten, scheint allerdings eher die Ausnahme gewesen zu sein. In aller Regel empfingen die Kommandeure der Regimenter und Bataillone die Befehle von den unmittelbar vorgesetzten Divisionskommandos, auf den Kommandeurbesprechungen in der Vorwoche des Feldzuges.

Die weitere Verbreitung der Weisungen vollzog sich von hier ab in zwei Schritten. Vorerst wurden nur die Kommandeure und Kompaniechefs informiert, mit der Unterrichtung der Mannschaften wurde zunächst gewartet. Denn die Ankündigung des Angriffs und die Bekanntgabe der einschlägigen Befehle an die Truppe waren in den meisten Befehlsbereichen zu diesem Zeitpunkt noch nicht freigegeben. Die höheren Stäbe hatten in der Regel hierfür eine Sperrfrist verhängt, die bis kurz vor dem Angriffstermin galt. Die Kommandobehörden hatten sich überdies vorbehalten, die Einweisung der Truppe durch einen gesonderten Befehl selbst auszulösen. Bis dahin hatte sich die Weitergabe der ›verbrecherischen Befehle‹ innerhalb der Regimenter und Bataillone auf das Führungspersonal zu beschränken. Dies geschah in den Regimentern im Rahmen der allgemeinen Einsatzvorbereitungen, bald nach den Besprechungen in den Divisionskommandos. In der Regel vollzog sich die Einweisung des Truppenoffizierskorps stufenweise, über die Kommandeure und Kompaniechefs bis zu den übrigen Subalternoffizieren. Als Erste erfuhren die Bataillonskommandeure von den Plänen und Befehlen, sofern sie nicht schon im Bilde waren. Falls sie nicht an den Treffen in den Divisionsstäben teilgenommen hatten, wurden sie von den Regimentskommandeuren alsbald in eigenen Unterredungen davon in Kenntnis gesetzt.[271] In manchen Regimentern wurde dieser Schritt übersprungen, indem man zu den Besprechungen zugleich die Kompaniechefs oder auch schon das gesamte Offizierskorps

---

[268] Vgl. das vorgefertigte Protokoll zu der Besprechung am 13.6.1941 v. 12.6.1941; BA-MA, RH 24-43/11, Anl. 45: »Anwesend: alle Regts.-Kdre. u. Kdre. von Sonderunternehmen«.
[269] Eintrag im KTB der III./AR 131 (131. Inf.Div.) v. 14.6.1941; BA-MA, RH 41/881, Bl. 18. Vgl. hierzu auch die Einträge im KTB des AR 131 v. 13.6./14.6.1941; BA-MA, RH 41/1160, Bl. 46. Der Eintrag im KTB des XXXXIII. AK v. 13.6.1941 gibt dagegen kaum Aufschluss; BA-MA, RH 24-43/8, S. 10. In der Liste der Besprechungspunkte für den 13.6.1941, die die Führung des XXXXIII. AK schon am Vortag angefertigt hatte, ist allerdings kein entsprechender Hinweis vorhanden, vgl. das vorgefertigte Protokoll v. 12.6.1941; BA-MA, RH 24-43/11, Anl. 45. Vgl. hingegen den Beleg in Anm. 20.
[270] Eintrag im KTB der III./AR 131 v. 15.6./16.6.1941; BA-MA, RH 41/881, Bl. 18.
[271] Vgl. z. B. den Eintrag im KTB des IR 26 (30. Inf.Div.) v. 17.6.1941; BA-MA, RH 37/7502, S. 13. Dort erfolgte am 17.6.1941 die »Weitergabe der Besprechungspunkte der Div.Besprechung« vom Vortag zunächst an die Btl.Kdre. und die Chefs der Regimentseinheiten. Vgl. auch den Eintrag im KTB des SR 4 (6. Pz.Div.) v. 20.6.1941; BA-MA, RH 37/12, S. 6.

hinzuzog. So wurde es etwa beim Infanterieregiment 41 gehandhabt, das zu den Verbänden der 10. Infanteriedivision zählte. Nachdem der Regimentskommandeur am 17. Juni 1941 den Ausführungen des Divisionskommandeurs beigewohnt hatte, ließ er am darauf folgenden Tag sämtliche Offiziere des Regiments zusammenkommen, um ihnen »die vom Div.-Kdeur gegebenen Richtlinien« mitzuteilen und zu erläutern.[272]

So wie in dieser Elitedivision des Heeres verfuhr man auch in der Totenkopfdivision der Waffen-SS, die den Feldzug im Verband der Panzergruppe 4 antrat. Im Quartier der Division hatte am Nachmittag des 14. Juni 1941 eine Besprechung mit den Kommandeuren der Truppenverbände stattgefunden, in deren Verlauf der Divisionskommandeur, Theodor Eicke, seine Unterführer darauf eingeschworen hatte, dass der kommende Krieg eine weltanschauliche Auseinandersetzung werde und eine vollkommen rücksichtslose und kompromisslose Kriegführung erfordere.[273] In diesem Zusammenhang hatte Eicke seine Kommandeure auch über Hitlers Befehl instruiert, die sowjetischen Truppenkommissare im Falle der Gefangennahme umgehend zu töten. Der Kommandeur des unterstellten Infanterieregiments 3, SS-Standartenführer Kleinheisterkamp, gab die erhaltenen Weisungen schon am nächsten Tag an sämtliche Offiziere seines Verbandes weiter. Am Vormittag des 15. Juni 1941 versammelte sich hierzu »das gesamte Führerkorps« des Regiments in den Räumlichkeiten der Napola im ostpreußischen Stuhm. Im Mittelpunkt dieser »Führerbesprechung« standen die neuen Richtlinien für die »zu erwartende Auseinandersetzung« mit der Sowjetunion. »Ganz besonders« hob Kleinheisterkamp hervor, dass es sich dabei um einen »Kampf zweier Weltanschauungen« handle, der »keine Kompromisse« zulasse. In den Ausführungen des Kommandeurs erschien die Vernichtung der Kommissare nur folgerichtig. »Es soll mit unerbittlicher Härte gegen die Träger der feindlichen Weltanschauung, die Kommissare, vorgegangen werden.« Dass »keine Kompromisse« gemacht werden sollten, ergab sich schließlich auch aus dem existentiellen Charakter der Auseinandersetzung, den Kleinheisterkamp eindringlich beschwor: »Es wird kein leichter Kampf, aber ein Kampf, der das Schicksal des Volkes auf Jahrhunderte bestimmen wird.« Selbst das kriegserfahrene Führerkorps der Totenkopfdivision, das einiges gewohnt war, zeigte sich von den Worten seines Kommandeurs »stark beeindruckt«, war aber gleichwohl nicht erschüttert. »Die allgemeine Tendenz ist die: ›Na', denn man los, an uns soll es nicht liegen‹!«

Im Infanterieregiment 27, das der 12. Infanteriedivision unterstand und im Verband der 16. Armee kämpfen sollte, bildete ebenfalls eine Offizierbesprechung beim Regimentskommandeur den Rahmen für die Bekanntgabe der ›verbrecherischen Befehle‹ an die Truppenoffiziere. Die Führung der 12. Infanteriedivision hatte die Befehle auf der Ic-Besprechung im AOK 16 am 17. Juni 1941 empfangen und zwei Tage später, am 19. Juni, auf einer Kommandeurbesprechung weitergegeben.[274] Am darauf folgenden Tag, dem 20. Juni 1941, ließ der Kommandeur des Infanterieregiments 27 die

---

[272] Vgl. den Eintrag im KTB des IR 41 (mot.) (10. Inf.Div. (mot.)) v. 18.6.1941, 15.00 Uhr; BA-MA, RH 37/6906, S. 10. Vgl. hierzu auch den Eintrag v. 17.6.1941, 17.00 Uhr; ebd.
[273] Vgl. hierzu und zum Folgenden die Einträge im KTB des IR 3 (SS-Totenkopfdivision) v. 14.6./15.6.1941; BA-MA, RS 4/1295, S. 2 f. Zu den Inhalten der Besprechung von Eicke am 14.6.1941 vgl. SYDNOR, Soldaten, S. 130 f.
[274] Vgl. Anm. 258.

Offiziere seiner Truppen zusammenrufen, um sie über die erhaltenen Weisungen zu unterrichten. Der Chef der 4. Kompanie, der Reserveoberleutnant und prominente Nationalsozialist Theodor Habicht, schilderte in seinem persönlichen Tagebuch ausführlich, wie sich alles zutrug.[275] Nachdem die Offiziere des Regiments am Morgen des 20. Juni 1941 in ihren verstreut liegenden Quartieren von Meldern aus dem »schönsten Schlaf« gerissen und von dem Treffen benachrichtigt worden waren, versammelten sie sich um 9.00 Uhr auf einer Wiese im Bereich des Regimentsgefechtsstandes. Man begrüßte sich wortreich, bei strahlendem Wetter war »alles in grossartiger Laune«. Dann erschien der Regimentskommandeur und ließ sich Meldung machen. »Heil, meine Herren! Bitte alles hinsetzen, bezw. legen.« Der »Alte«, ein »Könner von idealer Auffassung des Soldatentums«, »dazu ein überzeugter Nationalsozialist«, verkörperte in Habichts Augen schlichtweg »das Ideal eines Kommandeurs«. Zuallererst teilte er seinen Offizieren die wichtigste Neuigkeit mit, dass die unumstößliche Entscheidung zum Angriff endlich gefallen war: »Es ist nun wirklich soweit! X-Tag und Stunde sind festgesetzt, werden aber noch nicht bekanntgegeben«. Dann kam er schnell auf den besonderen Charakter des Unternehmens zu sprechen. »Dieser Krieg ist – im Gegensatz zu den bisherigen Feldzügen – als ausgesprochenster Weltanschauungskrieg zu betrachten, als Zusammenprall der äussersten Extreme: Nationalsozialismus – Bolschewismus«. Es sei zu erwarten, dass der Kampf »von den Russen (Juden)« dementsprechend »mit der äussersten Grausamkeit und Hinterhältigkeit« geführt werde, wobei in den Ausführungen des Kommandeurs ganz selbstverständlich der nationalsozialistische Topos vom »jüdischen Bolschewismus« mitschwang. Er warnte die Offiziere vor vergifteten Brunnen und Lebensmitteln, »vor Weibern und Geschlechtskrankheiten« und stellte sie darauf ein, dass es in dem bevorstehenden Feldzug »keine Etappe und keine rückwärtige Sicherheit im althergebrachten Sinne geben« werde. Es sei überall und jederzeit »mit Auftauchen und Überfall von Feindseite zu rechnen«. Jede Einheit habe sich daher ständig gefechtsbereit zu halten. Dörfer und Gehöfte seien während des Gefechts zu meiden und auch später »nur mit äusserster Vorsicht« zu betreten und zu belegen.

Zu den Schutzmaßnahmen vor der prognostizierten Kriegführung der Gegenseite zählte der Kommandeur auch den Kriegsgerichtsbarkeitserlass und die Kommissarrichtlinien. Er bezeichnete die Befehle als »aussergewöhnliche Vorsichtsmaßnahmen und Vollmachten« und rechtfertigte sie mit »der zu erwartenden Kampfweise der Russen«. Nachdem er vorab die Begründung geliefert hatte, erörterte der Kommandeur die einzelnen Bestimmungen und Grundsätze. »Jeder Zivilist, der eine Waffe führt, wird sofort erschossen. Jeder Offz. ist berechtigt, ohne Verhandlung Erschiessungen vornehmen zu lassen«. Er sei lediglich dazu verpflichtet, dem Bataillonsstab anschließend eine kurze Meldung darüber zu erstatten. Als kollektive »Strafmaßnahme« sei die »Dezimierung« und das »Niederbrennen von Ortschaften« vorgesehen, was allerdings »nur auf Befehl von B[a]t[ai]l[lons].K[omman]d[eu]r[en]. aufwärts« angewendet werden dürfe. In Litauen, das das Regiment als Erstes durchqueren würde, sei die Bevölkerung »prodeutsch« eingestellt, »jenseits der Düna« aber stoße man

---

[275] Vgl. hierzu und zum Folgenden den Eintrag im Tgb. des Oblt. Theodor Habicht, Chef 4./IR 27 v. 20.6.1941; BA-MA, MSg 1/2311, Bl. 7. Den Hinweis auf diese Quelle verdanke ich Dr. Jürgen Förster, Freiburg.

auf »Russen«. Spätestens dort, suggerierte der Kommandeur, werde man einer feindlichen gesinnten Zivilbevölkerung begegnen, die »Kollektivmaßnahmen« herausfordere. Zu den »Vorsichtsmaßnahmen«, die in der Sowjetunion ergriffen werden sollten, gehörte daneben auch eine entsprechende Gefangenenbehandlung. Hierbei hob der Kommandeur vor allem den Grundsatz hervor, gefangene Offiziere und Unteroffiziere umgehend von den Mannschaften zu trennen und gesondert nach hinten abzuschieben. Was sein Vorgesetzter in diesem Zusammenhang über die Behandlung gefangener Kommissare mitzuteilen hatte, deutete Habicht in seinem Tagebuch nur an, indem er das Stichwort »Politische Kommissare« notierte, es kräftig unterstrich und mit einem viel sagenden Ausrufezeichen versah. Unter den versammelten Offizieren scheinen die radikalen »Vollmachten«, die ihnen hier erteilt wurden, allerdings kein größeres Aufsehen erregt zu haben. Weder bei Habicht selbst noch bei seinen Offizierskameraden sind irgendwelche besonderen Reaktionen erkennbar, obwohl Habichts dichter, lebendiger Bericht sie sicherlich registriert hätte. Man verstand zwar, dass es sich um »aussergewöhnliche« Befehle handelte, die einen Bruch mit der bisherigen Praxis bedeuteten, nahm sie aber mit selbstverständlicher Ruhe und Routine entgegen, so wie man es gewohnt war. Die Ankündigung des Regimentskommandeurs, dass die Division während des Vormarschs eventuell als Luftlandetruppe eingesetzt würde, löste in der Runde bezeichnenderweise ein sehr viel stärkeres Echo aus: »Allgemeines Hallo und Hurra!« Anschließend sprach der Kommandeur nur noch ein Schlusswort und appellierte an seine Offiziere, dafür zu sorgen, dass das Regiment »seinem alten Ruf wieder Ehre macht«, worin Habicht sofort einstimmte: »Worauf er sich verlassen kann.« Dann, nach einer guten Stunde, beendete der Kommandeur die Besprechung: »Und nun, meine Herren, Heil und Soldatenglück!«

Auf der darunter liegenden Stufe der Kommandohierarchie, bei den Bataillonen, war eine grundlegende Einweisung nur noch insoweit erforderlich, als die Subalternoffiziere in den Bataillonen nicht schon geschlossen durch den Regimentskommandeur unterrichtet worden waren. Soweit dies nicht geschehen war, standen nunmehr die Kommandeure der Bataillone in der Verantwortung, die Befehlskette fortzusetzen. Sie gingen dabei ähnlich vor wie ihre Vorgesetzten in den Regimentsstäben. Die Bataillonskommandeure gaben die empfangenen Weisungen zunächst einmal an ihre Kompaniechefs[276] weiter, bezogen aber teilweise auch schon die übrigen Truppenoffiziere in die Befehlsausgaben mit ein.[277] Der Kommandeur des II. Bataillons des Infanterieregiments 75 etwa wurde am 19. Juni 1941 während einer Kommandeurbesprechung im Regimentsstab in die »kommenden Operationen« eingewiesen. Am nächsten Morgen rief er seine Kompaniechefs zu sich, um »die Bemerkungen des Rgt. Kommandeurs« und den bevorstehenden Einsatz mit ihnen durchzugehen.[278] Auch

---

[276] Vgl. z. B. den Eintrag im KTB der Gruppe Schmidt (253. Inf.Div.) v. 20.6.1941; BA-MA, RH 26-253/20, S. 8. Nachdem am Vormittag die Kdr.-Besprechung bei der Div. stattgefunden hatte, hielt der Btl.Kdr. am Nachmittag eine Besprechung mit seinen Kp.Chefs ab: »Die Hauptpunkte der Kdr.-Besprechung bei der Division werden bekannt gegeben. Der Einsatz gegen Sowjet-Russland steht kurz bevor.«

[277] Vgl. z. B. den Eintrag im KTB der A.Abt. 297 (297. Inf.Div.) v. 19.6.1941; BA-MA, MSg 2/2934, S. 4: »16.00 – 18.00 denkwürdige Offz.-Besprechung. Der Krieg mit Sowjet-Russland ist unvermeidlich.«

[278] Vgl. die Einträge im KTB des II./IR 75 (5. Inf.Div.) v. 19.6./20.6.1941; BA-MA, RH 37/2140, Bl. 9 f.

2. Die Befehlsübermittlung

der Bataillonskommandeur des II./Schützenregiment 69 setzte umgehend eine »Kp.-Chef-Besprechung« an, nachdem er am 19. Juni 1941 zusammen mit den übrigen Kommandeuren im Quartier der vorgesetzten 10. Panzerdivision mit der Befehlslage vertraut gemacht worden war.[279] In der Unterredung am 20. Juni 1941 weihte er seine Chefs in die Angriffsplanungen ein und erörterte die Anordnungen der Division. Dabei legte der Bataillonskommandeur Wert darauf, dass die Einheitsführer über die elementaren Bestimmungen des Gerichtsbarkeitserlasses und der Kommissarrichtlinien genau im Bilde waren: »Besondere Beachtung verdienen die Befehle über die Behandlung von russ. Freischärlern, polit. Kommissaren u. Saboteuren.« Dort, wo die Bataillonskommandeure so verfuhren, oblag es den Kompaniechefs, die übrigen Subalternoffiziere in ihren Einheiten über die Befehle zu belehren. In anderen Bataillonen wiederum gaben die Kommandeure die Weisungen der übergeordneten Führung nicht nur den Chefs, sondern gleich an alle ihre Offiziere bekannt. Der Kommandeur der Panzerjägerabteilung 30 etwa ließ am frühen Nachmittag des 19. Juni 1941 das Offizierskorps seiner Abteilung zusammentreten und orientierte es über die »von der Div. in der letzten Kdr.Besprechung ausgegebenen Richtlinien«.[280]

In manchen Regimentern fanden diese Besprechungen erst kurz vor dem Angriffstermin statt, nicht selten noch am Vortag. Der Kommandeur des Infanterieregiments 82 etwa, Oberst Hossbach, hielt am Mittag des 21. Juni 1941 auf seinem Gefechtsstand eine Offiziersbesprechung ab, um »letzte Richtlinien für den Angriff über den Bug und das Verhalten in Russland« zu geben.[281] Am selben Tag kam auch das Offizierskorps des Infanterieregiments 26 noch einmal zusammen.[282] Der Regimentskommandeur, der wenige Tage zuvor schon die Bataillonskommandeure eingewiesen hatte, erörterte zunächst die Lage und den Regimentsbefehl für den Angriff. Zum Schluss erläuterte er seinen Offizieren die »Verfügungen und Befehle über Verhalten der Truppe im Feindesland, gegen Gefangene, Überläufer, Zivilbevölkerung usw.« Auch in den Bataillonen wurden am Vortag des Kriegsbeginns solche abschließenden Einsatzbesprechungen einberufen. Viele Bataillonskommandeure gingen bei diesen Gelegenheiten ebenfalls auf das »Verhalten der Truppe in Feindesland« ein.[283] Die Kommandeure der Regimenter und Bataillone nutzten die Schlussansprachen dazu, ihre Offiziere auf den speziellen Charakter des Krieges einzustellen und auf die besonderen Befehle für die Kriegführung in der Sowjetunion hinzuweisen. Manche von ihnen wiederholten sich dabei, andere gaben die entsprechenden Weisungen aber auch erst jetzt bekannt, je nachdem, wann sie bei ihnen selbst eingetroffen waren. Sofern die Truppenoffiziere nicht schon bei einer der früheren Besprechungen eingewiesen worden waren, geschah dies spätestens am Vortag des Angriffs. In jedem Fall war gewähr-

---

279 Vgl. hierzu und zum Folgenden die Einträge im KTB des II./SR 69 (10. Pz.Div.) v. 19.6./20.6.1941; BA-MA, RH 37/7264, S. 4.
280 Vgl. den Eintrag im KTB der Pz.Jg.Abt. 30 (30. Inf.Div.) v. 19.6.1941, 14.30 Uhr; BA-MA, RH 39/559. Am Vortag des Angriffs fand dann noch eine abschließende Kompaniechefbesprechung statt. Vgl. auch den Eintrag im KTB des I./IR 134 (44. Inf.Div.) v. 20.6.1941; BA-MA, RH 37/7159, S. 5.
281 Eintrag im KTB des II./IR 82 (31. Inf.Div.) v. 21.6.1941; BA-MA, RH 37/2143. Vgl. hierzu auch den Eintrag im KTB eines Btl. des IR 107 (34. Inf.Div.) v. 20.6.1941; BA-MA, RH 37/6271, S. 2.
282 Vgl. hierzu und zum Folgenden die Einträge im KTB des IR 26 (30. Inf.Div.) v. 17.6./21.6.1941; BA-MA, RH 37/7502, S. 13-15.
283 Eintrag im KTB der I./Pz.Rgt. 27 (19. Pz.Div.) v. 21.6.1941; BA-MA, RH 39/588, S. 3.

leistet, dass zumindest sämtliche Kompaniechefs rechtzeitig vor Beginn der Operationen über alle relevanten Befehle in Kenntnis gesetzt wurden und ausreichend Zeit dafür blieb, die Direktiven an die Soldaten in ihren Einheiten weiterzugeben.

Kurz vor dem »B-Tag« waren die Kommissarrichtlinien über die Kommandeure der Regimenter und Bataillone bei den Kompaniechefs angelangt. Ihnen fiel es nun zu, den letzten Schritt in der Befehlskette zu tun. Es war die Aufgabe der Kompaniechefs, die übrigen Subalternoffiziere und schließlich auch die Unteroffiziere und Mannschaften in ihren Einheiten auf den Einsatz vorzubereiten und sie über die ›verbrecherischen Befehle‹ zu instruieren. Den Zeitpunkt dafür bestimmten allerdings nicht sie, sondern die übergeordneten Kommandobehörden. In manchen Befehlsbereichen wurde die Unterrichtung der Truppe schon wenige Tage vor dem Angriffstermin freigegeben, in den meisten Verbänden aber erst am Vortag des Überfalls. Die höheren Kommandobehörden hatten in der Regel verfügt, dass die Einweisung erst nach Eingang des endgültigen Angriffsbefehls vorgenommen werden durfte, oder erteilten die Freigabe durch gesonderte Befehle, wenn die Zeit dafür gekommen war. Erst dann konnten die Stäbe damit beginnen, die zuvor unter strenger Geheimhaltung verteilten, zum Teil in verschlossenen Umschlägen bereitliegenden »Ostunterlagen« weiterzugeben, und die Kompaniechefs anweisen, ihre Soldaten über den Einsatz zu orientieren. Im Bereich der 18. Armee etwa galt die Regelung, dass die »Unterweisung der Truppe über die bevorstehenden Aufgaben und grundlegenden Befehle« von den Stäben der unteren Führung zunächst gründlich vorzubereiten war, aber erst nach der Übermittlung des definitiven Angriffstermins, auf das vereinbarte Stichwort »Düsseldorf« zu erfolgen hatte.[284] Auf Befehl der Panzergruppe 4[285] wies das Kommando der 6. Panzerdivision die unterstellten Stäbe an, mit der Weiterverteilung der »Richtlinien für das Verhalten der Truppe in Russland« und der übrigen Merkblätter und Befehle zu warten, bis das Stichwort »Dortmund« ergangen sei, das den Angriff zur vorbestimmten Zeit bedeutete.[286] Die Losung »Dortmund« erreichte die Regimenter der Panzergruppe dann am Nachmittag des 21. Juni 1941.[287] Auch die Führung der 16. Armee hatte befohlen, die Truppen erst auf ihr Zeichen einzuweihen. Es dauerte bis zum späten Nachmittag des 21. Juni 1941, bis das AOK 16 schließlich die Parole »Führererlass« ausgab. Dies war nicht nur die Aufforderung, nun mit der Verlesung von Hitlers Aufruf an die »Soldaten der Ostfront« zu beginnen.[288] Zugleich war es das Signal dafür, in den Verbänden der Armee das »Merkblatt für das Verhalten der Truppe in

---

[284] Vgl. den Div.Befehl Nr. 9 der 11. Inf.Div./Abt. Ia Nr. 60/41 g.Kdos. Chefs. v. 19.6.1941; BA-MA, RH 26-11/11.

[285] Vgl. den Befehl der Pz.Gr. 4/Abt. Ia Nr. 274/41 g.Kdos. Chefs., betr. Ostunterlagen, an das XXXXI. AK v. 17.6.1941; BA-MA, RH 24-41/69.

[286] Zusatz der 6. Pz.Div./Abt. Ic auf dem FNBl. Nr. 4 v. 21.6.1941; BA-MA, RH 27-6/23b. »Dortmund« war das eigentliche Stichwort, das vom OKH festgelegt worden war, um am Vortag des Überfalls die definitive Angriffszeit zu bestätigen. Die Stichworte wurden aber in den Kommandobehörden z. T. variiert. Die Pz.Gr. 1 etwa übermittelte die Angriffszeit am 21.6.1941 mit der Durchsage »Heldensage, Wotan, Neckar 15«, was den »Beginn des Kampfes gegen den Bolschewismus für den 22.6., 03.15 Uhr« bedeutete, vgl. den Eintrag im KTB des XXXXVIII. AK v. 21.6.1941; BA-MA, RH 24-48/4, S. 10.

[287] Vgl. den Eintrag im KTB des SR 4 (6. Pz.Div.) v. 21.6.1941; BA-MA, RH 37/12, S. 6.

[288] Vgl. den Eintrag im KTB der Gruppe Schmidt (253. Inf.Div.) v. 21.6.1941; BA-MA, RH 26-253/20, S. 9.

Russland« zu verbreiten.²⁸⁹ Im Generalkommando des X. Armeekorps ging der Hinweis des AOK 16, dass der »Führererlass freigegeben« sei, erst um 17.40 Uhr ein, mit dem Zusatz, dass »möglichst beide Erlasse gleichzeitig der Truppe bekannt[zu]geben« seien.²⁹⁰ In einem der Regimenter des X. Armeekorps konnte man schließlich um 19.00 Uhr damit beginnen, »die Kundgebung des Führers an die Soldaten der Ostfront [...] zugleich mit den übrigen Verfügungen und Befehlen für den Einsatz [vor] den Angehörigen der Einheiten [zu] verlesen«.²⁹¹ Die 16. Armee zählte somit zu den Großverbänden, in denen die Unterrichtung der Mannschaften bis zuletzt hinausgezögert wurde.

Das Oberkommando der 6. Armee hatte die Einweisung der Truppen schon am Abend des 19. Juni 1941 eingeleitet, als es an die unterstellten Kommandobehörden das Stichwort »Sommerreise« durchgab.²⁹² Dieses Codewort bedeutete ursprünglich nur, dass die Genehmigung dazu erteilt war, die in den Stäben lagernden, versiegelten Umschläge zu öffnen und die darin enthaltenen »Richtlinien für das Verhalten der Truppe in Russland« an die Einheiten bekannt zu geben.²⁹³ Schon auf der Ic-Besprechung im AOK 6 am 16. Juni 1941 war aber hinzugefügt worden, dass die Truppen bei der gleichen Gelegenheit auch über das Merkblatt »Sieh Dich vor« belehrt werden sollten.²⁹⁴ Letztlich erwies sich die Parole »Sommerreise« als Initialzündung für die allgemeine Einweisung, die in den unterstellten Verbänden daraufhin ins Rollen kam. Im Kommando der 297. Infanteriedivision etwa, die zum Verband der 6. Armee gehörte, arbeitete man nach dem Eingang des Stichwortes am 20. Juni 1941 umgehend einen entsprechenden Befehl aus, in dem die Unterrichtung der Soldaten geregelt wurde.²⁹⁵ Darin konstatierte die Divisionsführung, dass das Stichwort »Sommerreise« ergangen sei, und listete eine Reihe von Maßnahmen auf, die dadurch auf die Agenda gerückt waren. Hierzu zählte zunächst einmal das »Öffnen der Briefumschläge mit dem Stichwort Sommerreise und [die] Bekanntgabe des Inhaltes an die Truppe«. Darüber hinaus habe die »Einweisung der Truppe« in das bevorstehende Unternehmen zu erfolgen, wobei lediglich »Angriffstag und Angriffszeit« vorerst noch geheim bleiben sollten. Außerdem ordnete das Divisionskommando an, die Soldaten mit den Bestimmungen des Kriegsgerichtsbarkeitserlasses und der Kommissarrichtlinien vertraut zu machen: Den Abschluss der Einweisungen sollte eine »Belehrung über Behandlung von Freischärlern und politischen Kommissaren« bilden. Alle diese Maßnahmen durften nach dem ausdrücklichen Befehl der Division erst im Laufe des Vortags des Angriffes getroffen werden, dann aber mit der gebotenen Konsequenz. Die Mannschaften seien noch am 21. Juni 1941 »möglichst spät« zu unterrichten,

---

289 Vgl. den Eintrag im TB (Ic) des XXIII. AK v. 22.6.1941; BA-MA, RH 24-23/238, S. 12. Vgl. hierzu auch den Eintrag im TB (Ic) der 251. Inf.Div. v. 21.6.1941; BA-MA, RH 26-251/81.
290 Anruf des AOK 16 beim X. AK v. 21.6.1941, 17.40 Uhr; BA-MA, RH 24-10/279, Bl. 2.
291 Eintrag im KTB des IR 26 (30. Inf.Div.) v. 21.6.1941; BA-MA, RH 37/7502, S. 15.
292 Vgl. den Eintrag im TB (Ic) des AOK 6 v. 19.6.1941, 20.00 Uhr; BA-MA, RH 20-6/487, Bl. 38 f.
293 Vgl. den Befehl AOK 6/Abt. Ic/AO z.b.V. Nr. 1926/41 g.Kdos. Chefs. v. 13.6.1941; BA-MA, RH 20-6/489, Bl. 327.
294 Vgl. die Notizen des Ic der 111. Inf.Div. von der Besprechung im AOK 16 am 16.6.1941; BA-MA, RH 26-111/28, Anl. 13. Vgl. den Eintrag im TB (Ic) der 298. Inf.Div. v. 16.6.1941; BA-MA, RH 26-298/43, S. 3. Vgl. den Eintrag im KTB des III. AK v. 20.6.1941; BA-MA, RH 24-3/37, S. 18.
295 Vgl. hierzu und zum Folgenden den Befehl der 297. Inf.Div./Abt. Ia Nr. 602/41 geh. v. 20.6.1941; BA-MA, RH 26-297/31.

dennoch müsse »die Bekanntgabe bis zum letzten Mann bis 21.6. 21.00 Uhr sichergestellt sein«.[296]

Im Nachbarabschnitt, bei den Einheiten der 9. Infanteriedivision, offenbarte sich den Soldaten ebenfalls erst am 21. Juni 1941, wohin die »Sommerreise« führte. Wie ihre Kameraden in der 297. Infanteriedivision sollten auch sie am Vortag des Kriegsbeginns unter anderem über die ›verbrecherischen Befehle‹ in Kenntnis gesetzt werden. So bestimmte es zumindest der Nachschubführer der Division, Hauptmann Prange, für die Versorgungsdienste und Nachschubeinheiten, die ihm unterstellt waren. Am 21. Juni 1941 verfügte er in einem Marschbefehl, dass die Einweisung der Unteroffiziere und Mannschaften umgehend durchzuführen sei: »Die beiliegenden Merkblätter sowie der Aufruf des Obersten Befehlshabers der Wehrmacht sind sofort der Truppe durch Verlesen bekannt zu geben, ebenso die Richtlinien über die Behandlung politischer Kommissare gem[äß]. Offizier-Besprechung.«[297] Die Offiziere der unterstellten Truppenteile waren zu diesem Zeitpunkt also schon darüber im Bilde, wie die sowjetischen Kommissare zu behandeln waren. Die Weitergabe der Kommissarrichtlinien hatte hier ganz offensichtlich den üblichen Gang genommen. Nachdem die Einheitsführer von den vorgesetzten Stellen instruiert worden waren, oblag es ihnen, die Verfügung an ihre Soldaten weiterzugeben. Dieses Verfahren wurde von den Stäben ausdrücklich vorgegeben, entsprach allerdings auch dem gewöhnlichen Führungsprozess.

Erst als die Kompaniechefs die Befehle selbst empfangen hatten und von den höheren Stäben das Signal zur Einweisung der Truppe ergangen war, konnten sie ihre Soldaten aufklären. Innerhalb der Kompanien erfolgte die Bekanntgabe des Kommissarbefehls dann im Rahmen der allgemeinen Unterweisungen kurz vor dem Einsatz, als der Schleier der Geheimhaltung gelüftet war und die bislang in Ungewissheit verharrenden Einheiten endlich auf den Angriff vorbereitet werden konnten. Da die Truppe in den meisten Befehlsbereichen erst am Vortag des Feldzugsbeginns eingeweiht werden durfte, blieb häufig nur noch Gelegenheit zu einer einzigen Befehlsausgabe, die dafür umso erschöpfender sein musste. Für gewöhnlich setzten die Einheitsführer hierfür Kompanieappelle an. Die angetretenen Kompanieangehörigen wurden nun mit einer Fülle von Befehlen, Verlautbarungen und Instruktionen konfrontiert. Die Kompaniechefs hielten kurze Reden, gaben die Lage und den Angriffstermin bekannt, verlasen Hitlers Proklamation, die Tagesbefehle der »oberen Führer«, die »Richtlinien für das Verhalten der Truppe in Russland«, die Merkblätter über die Kampfweise des Gegners, unterrichteten die Soldaten über die für sie bestimmten Abschnitte der ›verbrecherischen Befehle‹ und erteilten nicht zuletzt auch taktische und organisatorische Anweisungen.

Die 2. Kompanie des Pionierbataillons 5 etwa versammelte sich hierfür am Nachmittag des 21. Juni 1941.[298] Um 16.45 Uhr trat der Kompaniechef vor seine Soldaten.

---

[296] Bei der 168. Inf.Div. dagegen, die ebenfalls zur 6. Armee gehörte, wurde nach dem Eingang des Stichworts schon am 20.6.1941 angeordnet, die Truppe »sofort« zu belehren, vgl. den Befehl 168. Inf.Div./Abt. Ic Nr. 164a/41 g.Kdos. v. 20.6.1941; BA-MA, RH 44/354.

[297] Befehl des Di.Na.Fü. 9 Nr. 216/41 geh. v. 21.6.1941, »Marschbefehl für die Einheiten des Div. Nachschub Führers 9«; BA-MA, RH 52/615.

[298] Vgl. hierzu und zum Folgenden das KTB/Kompaniezeitung der 2./Pi.Btl. 5 (5. Inf.Div.) v. 21.6.1941; BA-MA, RH 46/824.

2. Die Befehlsübermittlung

Er informierte die Mannschaften »über den am nächsten Tag beginnenden Angriff gegen die Sowjet-Union« und verlas den »Aufruf des Führers«. Darüber hinaus legte er den Soldaten in eigenen Worten »die Notwendigkeit des Krieges Deutschland – Sowjetunion« dar. Im Anschluss folgten »weitere Belehrungen über die Armee des Gegners, über Verhalten der K[om]p[anie]. im Feindesland, Leuchtzeichen, Flugzeugerkennungssignalen [sic], Devisenbestimmungen und Verkehrsregelung«. Nachdem alles besprochen war, machte sich die Kompanie marschbereit und nutzte die verbleibende Zeit bis zum Angriff zur Ruhe. Ähnlich verlief das letzte Antreten vor dem Einsatz auch in einer Kompanie der Nachrichtenabteilung 28, die zu den Divisionstruppen der 28. Infanteriedivision zählte. Hier zeigte sich, wie umfassend und zuverlässig die vorgesetzten Stäbe die Weisungen der obersten Führung übermittelt hatten. In seiner Ansprache am Abend des 21. Juni 1941 stellte der Einheitsführer, Oberleutnant Gulich, seine Soldaten auf den besonderen Charakter des bevorstehenden Unternehmens ein und breitete die gleichen ideologischen Begründungen aus, die auch auf den höheren Führungsebenen kursierten. Er kündigte an, dass der Feldzug gegen die Sowjetunion »kein normaler Krieg« werde, »sondern ein Weltanschauungskrieg«, für den »andere Regeln« gälten.[299] Zu den veränderten Regeln zählte auch der Kommissarbefehl. Die politischen Kommissare seien die »Träger dieses Weltanschauungskampfes auf der Gegenseite«. Wenn ein solcher Kommissar gefangen genommen würde, habe jeder Offizier das Recht dazu, ihn ohne Kriegsgerichtsverfahren sofort erschießen zu lassen. »Ja, er müsse dies sogar tun.«[300] In den Einheiten der 251. Infanteriedivision drängte die Zeit nicht in gleichem Maße, da die Division als Reserve eingeteilt war und am »B-Tag« noch nicht eingesetzt wurde. In einer der Kompanien des unterstellten Infanterieregiments 471 beschränkte sich der Einheitsführer, Oberleutnant Lißel, am Abend des 21. Juni 1941 daher zunächst darauf, den »Führerbefehl an das Ostheer« zu verlesen.[301] Erst am Vormittag des folgenden Tages, als in der Ferne schon der Donner der Artillerie ertönt war, setzte Lißel einen ausführlichen »Unterricht über [den] Krieg mit Russland« an. In diesem Krieg, erfuhren die Soldaten, dürfe es »keine gefangene[n] Kommissare, kein Pardon im allgemeinen, kein Kontakt mit Zivilbevölkerung« geben. Auch in dieser Einheit waren die ›verbrecherischen Befehle‹ damit bis zum letzten Mann durchgedrungen.

In der MG-Kompanie des I. Bataillons des Infanterieregiments 27, die Oberleutnant d.R. Habicht führte, erfuhren die Soldaten schon am 20. Juni 1941 von den ›verbrecherischen Befehlen‹.[302] Auf dem Rückweg von der Offiziersbesprechung beim Regimentskommandeur, auf der Habicht die Befehle am Morgen dieses Tages erhalten hatte, ritt er die Quartiere seiner Züge ab und bestellte sie für den Nachmittag zu einem Kompanieappell ein. Um 16.00 Uhr ließ sich Habicht dann im Garten eines Gehöfts die angetretene Kompanie melden. Da er »den Kerls viel zu erzählen« hatte, befahl er »Alles hinlegen!« und erlaubte seinen Soldaten sogar das Rauchen, was sie ihm mit

---

[299] Erinnerungen Horst K., seinerzeit Angehöriger der 2./N.Abt. 28; Brief an den Verfasser v. 27.7.2005.
[300] Ebd. K. berichtet zugleich davon, dass der Kompaniechef den Befehl wie folgt kommentierte: »Ich habe das pflichtgemäß der Kompanie bekannt gegeben; wie sich der Einzelne dazu zu verhalten habe, müsse er aber mit seinem eigenen Gewissen ausmachen!«
[301] Erinnerungen Fritz S., Eintrag v. 21.6./22.6.1941; BA-MA, MSg 2/3829, S. 5.
[302] Vgl. hierzu und zum Folgenden Anm. 275.

»behaglichem Brummen« dankten. Ihr »wohlgefälliges Gemurmel« verstummte allerdings schnell, denn die nun folgenden Ausführungen ihres Chefs schlugen sie in den Bann. Zunächst redete Habicht über die politische Lage und entwarf das übliche Bedrohungsszenario. Nur die »Haltung Russlands [sei] daran schuld«, dass der »Führer« seine Truppen »nun hier aufmarschieren lassen« müsse. Ursprünglich habe Russland den Plan verfolgt, abzuwarten, bis »Deutschland und England sich in einem jahrelangen Krieg gegenseitig aufreiben würden und Russland dann als einzige noch intakte Gross- und Militärmacht Europa beherrschen könne«. Diesem Endziel habe auch der deutsch-russische Pakt gedient, der nur ein »psychologisch-taktisches Mittel« gewesen sei, um Deutschland in Sicherheit zu wiegen und »damit in den Weltkrieg zu treiben«. Nachdem diese Rechnung nicht aufgegangen sei, habe Russland nun die Absicht, »einen deutschen Sieg zu verhindern«, was eine akute Bedrohung bedeute. Es kostete Habicht keine Mühe, seine Soldaten von den offiziellen Kriegsgründen zu überzeugen. In den Mienen las er nur Zustimmung: »Das leuchtet den Kerls ein, die gespannt zuhören.«

Anschließend gab Habicht seiner Kompanie »dann noch die besonderen Anweisungen über [das] Verhalten im Einsatz und in Feindesland bekannt«, die er am Vormittag auf der »R[e]g[imen]ts.besprechung« erhalten hatte – die Kernbestimmungen des Kriegsgerichtsbarkeitserlasses und der Kommissarrichtlinien. Die Reaktionen seiner Soldaten fielen ähnlich aus wie die der Offiziere vom Morgen. Die meiste Aufmerksamkeit zog die Nachricht auf sich, »dass es nun wieder einen wirklichen Krieg« geben sollte. Dies sorgte naturgemäß für Aufsehen, weckte aber mehr freudiges Erwarten als Bedenken. Die ›verbrecherischen Befehle‹ und die Ankündigung der besonderen Form der Kriegführung in der Sowjetunion nahm man dagegen offenbar recht ungerührt entgegen. Die Atmosphäre war gespannt, die Haltung der Truppe aber positiv. Die Soldaten gingen in »lebhafter Unterhaltung« auseinander und befanden sich nichtsdestoweniger in »hervorragend[er]« Stimmung. Damit waren die Kommissarrichtlinien in diesem Frontabschnitt innerhalb von vier Tagen schrittweise vom Armeeoberkommando über das vorgesetzte Divisionskommando, den Regimentskommandeur und den Kompaniechef bis zu den einfachen Soldaten gelangt. Am Vorabend des Krieges brauchte der Kompaniechef dann nur noch die bislang geheim gehaltenen Inhalte der versiegelten Umschläge nachzureichen, die »Richtlinien für das Verhalten der Truppe in Russland« und Hitlers Proklamation zu verlesen. So oder ähnlich dürften die letzten Befehlsausgaben auch in den zahllosen übrigen Kompanien des Ostheeres abgelaufen sein. Auch wenn über die Bekanntgabe der Kommissarrichtlinien in den Kompanien nur sehr vereinzelte Nachrichten vorliegen, da von dieser niedrigen Führungsebene kaum Überlieferung vorhanden ist, steht zu vermuten, dass sie ebenso routiniert und planmäßig abgewickelt wurde wie in den vorgesetzten Stäben. Die wenigen überlieferten Quellenbelege sprechen jedenfalls dafür.

Die Mannschaften an der Basis des Ostheeres erhielten von den ›verbrecherischen Befehlen‹ dennoch nur mit gewissen Einschränkungen Kenntnis. Über die vollständigen Inhalte und alle Einzelheiten der Befehle waren nur die Kommandobehörden orientiert. Der Kriegsgerichtsbarkeitserlass war bis zu den Divisionsstäben in schriftlicher Fassung verteilt worden. Der Kommissarbefehl wurde den Generalkommandos und Divisionsstäben zwar nur in mündlicher Form erteilt, dafür aber recht detailliert und teilweise sogar im Wortlaut. Unterhalb der Divisionsebene wurden die Befehle allerdings nur in Auszügen und nicht an alle Soldaten in vollem Umfang bekannt gegeben. Eine solche Restriktion hatte das OKW schon im Kriegsgerichtsbarkeitserlass selbst festgeschrieben. Darin war verfügt worden, dass die Truppenbefehlshaber »sämtliche Offiziere der ihnen unterstellten Einheiten« lediglich über die Grundsätze des ersten Abschnitts zu belehren hätten, dafür aber »in der eindringlichsten Form«.[303] Dies implizierte, dass die übrigen Abschnitte nicht zur Bekanntgabe an die Truppe vorgesehen waren. Darüber hinaus war die weitere Verbreitung der Befehle in den Erlasstexten aber nicht näher geregelt, auch der Kommissarbefehl enthielt keine entsprechenden Vorgaben, von dem Verbot der schriftlichen Weitergabe einmal abgesehen. In Brauchitschs Ausführungsbestimmungen zum Gerichtsbarkeitserlass hieß es lediglich, dass »seine Grundsätze« unterhalb der Divisionsebene »mündlich bekanntzugeben« seien.[304] Da außer solchen allgemeinen Anweisungen keine konkreteren Vorschriften ergangen waren, lief es darauf hinaus, dass die Kommandobehörden über das weitere Vorgehen selbst entschieden. Richtungweisend blieb dabei aber die Direktive des OKW, den Befehl an die unteren Stäbe nur auszugsweise weiterzuleiten. Daran hielt sich auch das Heeresgruppenkommando Mitte in seinen Befehlszusätzen zum Kriegsgerichtsbarkeitserlass. Darin wurde präzise festgelegt, bis zu welcher Ebene die einzelnen Bestimmungen gelangen sollten.[305] Die Kommandeure der Regimenter und Bataillone durften ausschließlich über den Abschnitt I in Kenntnis gesetzt werden. Die Abschnitte II bis IV, die unter anderem die Aufhebung des Strafverfolgungszwanges betrafen, blieben Sache der oberen Führung. Der Passus über die Ermächtigung der Bataillonskommandeure zur Durchführung kollektiver Gewaltmaßnahmen sollte auch nicht über den Kreis der Bataillonskommandeure hinaus bekannt gegeben werden. Analog dazu sollten nur Offiziere über die Bestimmung informiert werden, die es ihnen erlaubte, verfahrenslose Exekutionen anzuordnen. Die Unteroffiziere und Mannschaften durften lediglich über die ersten drei Ziffern belehrt werden, die besagten, dass »Straftaten feindlicher Zivilpersonen« der Zuständigkeit der Kriegs- und Standgerichte entzogen, Freischärler stattdessen »durch die Truppe im Kampf oder auf der Flucht schonungslos zu erledigen« und »auch alle anderen Angriffe feindlicher Zivilpersonen […] auf der Stelle mit den äußersten Mitteln bis zur Vernichtung des Angreifers niederzukämpfen« seien.

Auch wenn die Einschränkungen der Heeresgruppe Mitte nicht in allen ihren Divisionen beachtet wurden[306], führten sie doch dazu, dass den Mannschaften in den meisten Einheiten nur ein Substrat des Gerichtsbarkeitserlasses mitgeteilt wurde.[307] Sie wurden vor allem auf ein rücksichtsloses Vorgehen gegen alle irregulären Wider-

---

[303] Bestimmung III.1. des Kriegsgerichtsbarkeitserlasses.
[304] Vgl. Brauchitschs Befehlszusätze v. 24.5.1941; UEBERSCHÄR, WETTE, Überfall, S. 253 f.
[305] Vgl. hierzu und zum Folgenden die Befehlszusätze der H.Gr. B v. 13.6.1941; BA-MA, WF-03/9121, Bl. 31 f.
[306] So scheint der Div.Kdr. der 29. Inf.Div. (mot.) entgegen der Befehlslage auch die Bestimmungen des Abschnitts II weitergegeben zu haben, denn am 16.6.1941 informierte der Kdr. des unterstellten AR 29 das gesamte Offizierskorps des Regiments u. a. über die Aufhebung des Strafverfolgungszwanges. Vgl. den Eintrag im KTB des I./AR 29 v. 16.6.1941; BA-MA, RH 41/1016, S. 12 f.
[307] So gab der Div.Kdr. der 26. Inf.Div., die zur H.Gr. Mitte gehörte, am 14.6.1941 »dem versammelten Offizierkorps der Div. den Erlass des Führers über die teilweise ausser Kraft gesetzte Militärgerichtsbarkeit bei einem Osteinsatz auszugsweise bekannt.« Eintrag im KTB der 26. Inf.Div. v. 14.6.1941; BA-MA, RH 26-26/3, S. 3.

stände eingestellt, ohne in die Einzelheiten des Befehls eingeweiht zu werden. Die beabsichtigte Umsetzung des Befehls wurde dadurch nicht beeinträchtigt, im Gegenteil. Die abgestufte Bekanntgabe des Erlasses versprach dazu beizutragen, eine disziplinierte Exekution der Repressionspolitik zu gewährleisten und Eigenmächtigkeiten und Ausschreitungen der Truppen im Keim zu unterbinden, was oberste Priorität hatte. Es ist anzunehmen, dass man in den anderen beiden Heeresgruppen bei der Weitergabe des »Barbarossa«-Erlasses im Regelfall genauso verfuhr und den Mannschaften nur das mitteilte, was sie unbedingt wissen mussten. Dass man die Weitergabe der einzelnen Befehlsinhalte restriktiv handhabte und nach Rang und Stellung staffelte, war überdies durchaus kein ungewöhnliches Verfahren, das nicht nur im Umgang mit dem Gerichtsbarkeitserlass Anwendung fand, sondern auch bei der Umsetzung vieler anderer Befehle üblich war. Es entsprach den militärischen Gepflogenheiten und Führungsprinzipien, dass die Befehlsempfänger nur diejenigen Anweisungen erhielten, für deren Durchführung sie selbst zuständig waren. Es brauchte nicht jeder Landser zu wissen, über welche Rechte sein Bataillonskommandeur verfügte. Es reichte aus, wenn seine Offiziere die Einzelheiten der Befehle kannten, damit sie zur Ausführung kamen.

Auch die Kommissarrichtlinien gelangten aus ähnlichen Gründen nicht allen Angehörigen des Ostheeres in gleichem Maße zur Kenntnis. Unterhalb der Divisionsebene erfolgte die Bekanntgabe des Befehls wohl ebenfalls nur auszugsweise, in verkürzter Form. Bei den mündlichen Einweisungen gaben die Kommandeure und Kompaniechefs sinngemäß nur die wichtigsten Bestimmungen wieder. Wie weit der Befehl verbreitet werden sollte, war im Text der Kommissarrichtlinien offen geblieben. Im Begleitschreiben des OKW war lediglich von der »weitere[n] Bekanntgabe an die Befehlshaber und Kommandeure«[308] die Rede, aber keine Direktive für die Unterrichtung in den Kompanien enthalten. Die höheren Stäbe an der Front entschieden diese Frage daher in eigener Zuständigkeit. Dabei trafen die Kommandobehörden durchaus unterschiedliche Regelungen. Manche Befehlshaber hielten es für ausreichend, wenn nur die Kompaniechefs über die Verfügung im Bilde waren.[309] Andere Kommandobehörden wiederum bestimmten, dass nicht nur die Chefs, sondern »alle Offiziere« davon in Kenntnis zu setzen seien.[310] In nicht wenigen Befehlsbereichen wurde der Kommissarbefehl dagegen »bis zum letzten Mann« bekannt gegeben.[311] Im Grunde genommen genügte es schon, sämtliche Offiziere zu instruieren, da die Ausführung des Befehls nach dem Buchstaben der Kommissarrichtlinien und Brauchitschs Durchführungsbestimmungen ohnehin allein in ihren Händen lag. Es war dennoch unabdingbar, dass auch die Mannschaften zumindest auf die Selektion und »Absonderung« der Kommissare hingewiesen wurden, da insbesondere hierbei ihre Aufmerksamkeit

---

[308] Vgl. das Begleitschreiben OKW/WFSt/Abt. L (IV/Qu.) Nr. 44822/41 g.Kdos. Chefs. v. 6.6.1941, siehe Abb. 3.
[309] Vgl. das Protokoll zu der Kdr.-Besprechung beim VI. AK v. 18.6.1941; BA-MA, RH 24-6/27b, Anl. 151a.
[310] Vgl. das Protokoll zu der Kdr.-Besprechung bei der 8. Inf.Div. am 19.6.1941; BA-MA, RH 26-8/21, Anl. 106.
[311] Vgl. Anm. 295. Auch das AOK 16 hatte verfügt, dass die »Anordnung« an »die Truppe« bekannt zu geben sei, vgl. das Protokoll von der Ic-Besprechung beim AOK 16 v. 17.6.1941; BA-MA, RH 26-126/114, Anl. 7.

und Mitwirkung erforderlich war. Die Grundvoraussetzung blieb, dass die Kompaniechefs eingeweiht waren. Von ihnen wurde erwartet, dass sie in der Folge alle notwendigen Maßnahmen zur Umsetzung des Befehls in die Wege leiteten. Selbst wenn die Befehlskette bei den Kompaniechefs endete, hatten die Kommissarrichtlinien damit die Befehlsempfänger erreicht, denen es auferlegt worden war, die Vernichtungspolitik zu vollstrecken. Spätestens am Vortag des »Unternehmens Barbarossa« war der Kommissarbefehl damit in den Einheiten an der Basis des Ostheeres angelangt, gute zwei Wochen nachdem die Spitzenbehörden der Wehrmacht ihn erlassen hatten.

3. Handlungsspielräume

1. Konformes Verhalten

Dass sich ein Großteil der Oberbefehlshaber des Ostheeres Hitlers Direktiven über die besondere Form der Kriegführung in der Sowjetunion zu Eigen machte und auch die Kommissarrichtlinien bei ihnen auf Zustimmung stießen, zeichnete sich schon frühzeitig ab, noch bevor die schriftliche Fassung des Kommissarerlasses überhaupt existierte. Von einer ganzen Reihe der Armeeführer und Panzergruppenbefehlshaber ist belegt, dass sie die Anordnung zur Ermordung der politischen Kommissare bereits in der gut zweimonatigen Phase zwischen April und Anfang Juni 1941, nach Hitlers wegweisender Rede vom 30. März 1941 und vor der Ausfertigung des schriftlichen Befehls am 6. Juni 1941, in ihren eigenen Verantwortungsbereichen weitergegeben haben. Die Grundlage dieser vorzeitigen Bekanntgabe des Kommissarbefehls bildeten ausschließlich Hitlers mündliche Weisungen, die er den Heerführern in der Berliner Reichskanzlei erteilt hatte. Ähnlich wie die eilfertigen Bürokraten in OKW und OKH bald damit begannen, Hitlers Direktiven in dienstlichen Befehlen zu fixieren, sahen sich manche Oberbefehlshaber nun dazu veranlasst, ihre unterstellten Truppenführer alsbald über die neuen Order in Kenntnis zu setzen, obwohl ihnen noch gar nichts Schriftliches vorlag. Generaloberst Hermann Hoth, der Befehlshaber der Panzergruppe 3, instruierte seine Kommandierenden Generäle schon Mitte April 1941 über Hitlers Rede in der Reichskanzlei. In zwei Einzelgesprächen mit den Generälen Schmidt und Kuntzen am 12. und 16. April 1941 gab er Hitlers Anordnungen anhand seiner Besprechungsnotizen wieder.[312] Dass Hoth seine Untergebenen dabei auch über Hitlers Befehl orientierte, die Kommissare »sofort durch die Truppe beseitigen« zu lassen, kann nicht bezweifelt werden, zumal Hoth selbst in der Nachkriegszeit gegenüber den alliierten Anklagebehörden nicht bestritten hat, die Kommissarrichtlinien befehlsgemäß weitergegeben zu haben.

Wie Hoth 1948 vor dem Nürnberger Militärtribunal im »Fall 12« aussagte und zwei Jahre später in einer schriftlichen Stellungnahme wiederholte, beruhte sein folgsames Handeln zum einen darauf, dass Hitlers Verdikt über die sowjetischen Kommissare

---

[312] Vgl. die Notiz am Ende von Hoths Aufzeichnungen zu Hitlers Rede v. 30.3.1941: »Am 12.4. u. 16.4. an Gen. Schmidt u. Gen. Kuntzen bekannt gegeben«; BA-MA, RH 21-3/40, Bl. 32.

auch seinen eigenen Auffassungen entsprach.[313] Was von Hitler in der Reichskanzlei über die Kommissare zu erfahren gewesen sei, habe sich weitgehend mit seinem persönlichen Urteil gedeckt, das er sich während einer Russlandreise in der Zwischenkriegszeit gebildet und Büchern »über russische Kämpfe« entnommen hätte. Schon lange vor Hitlers Grundsatzrede waren Hoth Zweifel daran gekommen, »dass die Truppenkommissare als reguläre Soldaten anzusehen seien«. Hoth war sich sicher, dass sie im Kriegseinsatz nicht »kämpfen würden, sondern dass sie irgendwo sitzen würden und hetzen«. Zu dieser Einschätzung war Hoth gelangt, nachdem er »sie in Russland 1928 in Tätigkeit gesehen« hatte: »Sie trugen durchaus politischen Charakter, ihr Fanatismus schreckte vor nichts zurück, wie auch die Schilderungen aus ihrer Tätigkeit im Baltikum bewiesen.« Aufgrund dieser Erfahrungen sei er davon ausgegangen, dass die Kommissare auch in dem bevorstehenden Krieg eine »heimtückische Kampfart« anwenden würden. Er rechnete damit, dass »diese Leute im Kampf oder bei der Gefangennahme, auch vielleicht noch nach der Gefangennahme, die Regeln des Völkerrechts nicht einhalten würden«. Vor diesem Hintergrund erschienen ihm die geplanten Gegenmaßnahmen nur legitim. Er habe es für notwendig gehalten, dass die Truppen auf die völkerrechtswidrige Kampfweise der Kommissare »aufmerksam gemacht« und zugleich »dagegen geschützt würden«. Die gleiche Absicht unterstellte er im Übrigen auch Hitler: »Ich konnte unmöglich annehmen, dass er mit diesem Befehl ein Verbrechen bezweckt.« Diese bemerkenswerte Arglosigkeit basierte nicht nur auf dem großen Vertrauen, das Hoth nach eigener Aussage zu diesem Zeitpunkt noch in Hitler als Staatsoberhaupt hatte, sondern war zugleich die Folge einer frappierenden Indifferenz gegenüber den juristischen Dimensionen des eigenen Handelns, die Hoth in der Rückschau eingestand: »Völkerrechtliche Erwägungen anzustellen, waren nach meiner soldatischen Entwicklung u. Einstellung in meiner damaligen Dienststellung nicht meine Sache.« Die einzigen Bedenken, die Hoth kamen, waren daher nicht rechtlicher Natur, sondern entsprangen vielmehr dem traditionellen Berufsethos und bezogen sich eher auf die heikle praktische Umsetzung, als dass grundsätzliche Zweifel dahinter standen. In der konkreten »Durchführung einer so unbeliebten polizeilichen Maßnahme«, wie es die Exekution des Kommissarbefehls war, erblickte er eine »ungeheure Zumutung an die Truppe«. Aus diesem Unbehagen zog er allerdings keinerlei Konsequenzen, denn Ungehorsam in jedweder Form war für ihn vollkommen indiskutabel. Alles andere als die Befolgung des Befehls »hätte aufs schärfste meiner Auffassung von Disziplin u. Gehorsamspflicht widersprochen, wie ich sie von Jugend an geübt und gelehrt habe«.

Dieses einzigartige retrospektive Eingeständnis lässt trennscharf erkennen, wie ein ranghoher deutscher Truppenführer die Kommissarrichtlinien aufnahm und nach welchen Maßstäben er sie bewertete. Der außergewöhnliche Charakter des Befehls war ihm bewusst und er stieß sich daran, dass diese heikle Aufgabe der fechtenden Truppe aufgebürdet werden sollte. Dass daraus aber keine ernsthafte Opposition gegen den Erlass erwuchs, hatte gleich mehrere Gründe. Das tief verinnerlichte militärische Gehorsamsprinzip ließ den Gedanken gar nicht erst aufkommen, dem Befehl zuwider-

---

[313] Vgl. hierzu und zum Folgenden die Aussage Hoths vor dem Nürnberger Militärtribunal im »Fall 12« v. 30.4.1948 und seine Aufzeichnung für das amerikanische »Advisory Committee on Clemency for War Criminals«, Landsberg 1950. Vgl. beide Quellen bei HÜRTER, Heerführer, S. 259 f.

zuhandeln. Hinzu kam Hoths grundsätzliche Bereitschaft, sich bedenkenlos über das Völkerrecht hinwegzusetzen, wenn es die eigenen Interessen verlangten – eine Haltung, die vor dem Hintergrund seiner pauschalen Vorwürfe an die Kommissare deutliche Züge einer Doppelmoral trug. Die Übereinstimmung mit den Feindbildern und ideologischen Prämissen, die den Kommissarrichtlinien zugrunde lagen, bedingte schließlich, dass Hoth einem radikalen Vorgehen gegen die Kommissare prinzipiell zustimmen konnte. Ein dezidierter Befürworter der Kommissarrichtlinien war auch der Oberbefehlshaber der 18. Armee, Generaloberst Georg von Küchler. Auch er gab den Kommissarbefehl seinen unterstellten Truppenführern bereits im April 1941 bekannt. Am späten Vormittag des 25. April 1941 versammelte er seine Kommandierenden Generäle mitsamt ihren Generalstabschefs sowie sämtliche Divisionskommandeure der Armee in seinem Hauptquartier in Königsberg, um sie über den bevorstehenden Feldzug und Hitlers Weisungen zu unterrichten.[314] Zunächst legte er Hitlers Kriegsgründe dar und erläuterte die strategischen Ziele und operativen Planungen, die dem angestrebten »Blitzsieg« zugrunde lagen.[315] Gegen Ende seiner ausführlichen Rede kam er auf die Verschärfung der Repressionspolitik in dem kommenden Krieg gegen die Sowjetunion zu sprechen.

Er kündigte an, dass die Truppe beim Vormarsch »3 Sorten von Menschen antreffen« werde, nämlich »Landeseinwohner«, »russische Soldaten« und »politische Kommissare, G.P.U.Leute u. Sowjet-Beamte«. Anschließend erklärte er die »Behandlung dieser 3 Kategorien«. »Landeseinwohner« seien grundsätzlich »gut zu behandeln«. Nur wenn sich Zivilisten an den Kämpfen beteiligen sollten, würden »sie als Franktireure behandelt u. der entsprechenden harten Strafe zugeführt«. Sowjetische Soldaten seien, nachdem sie die Waffen gestreckt hätten, wie gewohnt »als Kriegsgefangene zu behandeln«. Einschränkend gab Küchler jedoch zu bedenken, »daß wir gegen rassisch fremde Soldaten kämpfen«, und mahnte zu Vorsicht und Härte. Sollten die Gegner Kriegslisten anwenden, wie das Vortäuschen der Kapitulation, dann sei »keine Schonung am Platz«. Das gleiche gelte für »einzel[n] sich herumtreibende bewaffnete Russen«, bei denen der Verdacht bestehe, dass sie »aus einem Versteck heraus hinterrücks« geschossen oder Anschläge verübt hätten. »Bei jedem Verdacht ist mit Schärfe durchzugreifen.« Als sich Küchler der dritten Kategorie zuwandte und bekannt gab, wie die politischen Kommissare zu behandeln seien, übernahm er Hitlers Argumentation bis ins Detail. Wie Hitler es in der Reichskanzlei vorexerziert hatte, lieferte Küchler vorab eine Begründung für die radikalen Gewaltmaßnahmen, indem er »die politischen Kommissare u. G.P.U.Leute« als »Verbrecher« stigmatisierte und sie als brutale Erfüllungsgehilfen des bolschewistischen Regimes darstellte. »Das sind die Leute, die die Bevölkerung knechten. Lesen Sie od. hören Sie die Berichte, die Volksdeutsche über das Treiben u. Wirken dieser Leute erzählen.« Dies bildete die Rechtfertigung dafür, mit den Kommissaren kurzen Prozess zu machen, wie Küchler anschließend befahl: »Sie sind kurzerhand vor ein Feldgericht zu stellen u. auf Grund der Zeugenaussagen der Einwohner abzuurteilen.«

---

[314] Die Besprechung begann um 11.00 Uhr, vgl. den Eintrag im KTB der 11. Inf.Div. v. 25.4.1941; BA-MA, RH 26-11/8. Zum Teilnehmerkreis vgl. den Eintrag im TB (Ia) des XXVI. AK v. 25.4.1941; BA-MA, RH 24-26/206.
[315] Vgl. hierzu und zum Folgenden Küchlers hs. Manuskript für seine Rede am 25.4.1941; BA-MA, RH 20-18/71, Bl. 20-34.

Nachdem Küchler den Befehl zur Ermordung der Kommissare bekannt gegeben hatte, erklärte er seinen Untergebenen, welchen zusätzlichen Nutzen man sich von »diesen Maßnahmen« versprechen konnte. Mit dem radikalen Vorgehen gegen die Kommissare werde auch bezweckt, »einen Keil zu treiben zwischen die politische Führung u. den an u. für sich wahrscheinlich anständigen russ. Soldaten. Wenn bekannt wird, daß wir die politischen Kommissare u. G.P.U.-Leute sofort vor ein Feldgericht stellen u. aburteilen, so ist zu hoffen, daß sich die russ. Truppe u. die Bevölkerung selbst von dieser Knechtschaft befreien.« So wie Hitler erwartete, dass der Zusammenhalt der bolschewistischen Herrschaft »mit dem Beseitigen der Funktionäre zerreißen« werde[316], erhoffte sich auch Küchler, dass das Mordprogramm den Zusammenbruch des Gegners beschleunigen würde – eine Hoffnung, die kaum rational zu begründen war. Diese utopische Erwartungshaltung baute unverkennbar auf ideologischen Stereotypen auf. Denn in Küchlers Äußerungen schwang die geläufige Vorstellung mit, dass der Bolschewismus in der Sowjetunion eine ungeliebte Fremdherrschaft darstellte, der die indigenen, führungsschwachen Völker von einer kleinen, von außen kommenden Kaste gewaltsam unterworfen worden waren und auf deren Beseitigung sie nur warteten. So verbreitet dieses Russlandbild auch war, hätte Küchler doch gewarnt sein müssen. Schon im Handbuch für den Generalstabsdienst wurde ausdrücklich darauf hingewiesen, dass Repressalien gegen Angehörige der feindlichen Streitkräfte die Gefahr bargen, Vergeltungsmaßnahmen der Gegenseite zu provozieren und in der Folge eine wechselseitige Eskalation heraufzubeschwören, was es zu vermeiden galt, um die damit verbundenen Komplikationen für die Operationen auszuschließen.[317] Dass Küchler dieses Risiko zu vernachlässigen können glaubte und ganz im Gegenteil sogar einen Vorteil darin sah, wenn das radikale Vorgehen gegen die Kommissare bei den gegnerischen Truppen bekannt würde, zeugt davon, wie sehr auch dieser konservative Oberbefehlshaber in irrationalen und ideologisch geprägten Vorstellungen befangen war. Da der Befehl zur Vernichtung der Kommissare in seinen Augen das Gelingen des Blitzkriegsplans begünstigte, stand es für Küchler außer Frage, ihn durchführen zu lassen, was er seinen Generälen zum Abschluss ausdrücklich bekundete: »Wir wollen das Mittel jedenfalls anwenden. Es spart uns deutsches Blut u. wir kommen schnell vorwärts.«

Völkerrechtliche Erwägungen fanden in Küchlers Argumentation dagegen keinen Platz. Der einzige vage Hinweis darauf, dass auch Küchler sich des unerhörten Traditions- und Rechtsbruchs bewusst war, den der Befehl bedeutete, war ausgerechnet seine nachdrückliche Willensbekundung, ihn in jedem Fall »anwenden« zu lassen. Diese Bemerkung konnte schließlich den Eindruck erwecken, dass es überhaupt zur Debatte stand, den Befehl zu befolgen oder nicht. Küchlers Position war nichtsdestoweniger vollkommen eindeutig, etwaige Bedenken spielten in seinen Ausführungen keine Rolle. Küchler befürwortete die »Maßnahmen« gegen die Kommissare nicht nur deswegen, weil er Hitlers Einschätzung teilte, dass es sich bei den sowjetischen Politoffizieren um verbrecherische Repräsentanten des bolschewistischen Unterdrückungs-

---

[316] Vgl. HALDER, KTB, Bd. 2, S. 320 (17.3.1941).
[317] H.Dv. g. 92, S. 103: »Eine gegenseitige Steigerung von Vergeltungsmaßnahmen führt notwendigerweise zu einer Verneinung des Völker- (Kriegs-) Rechts überhaupt. Eine sorgfältige Prüfung der Folgen ihrer Anwendung wie ihre etwaige vorherige Ankündigung sind das Gebot kluger Voraussicht.«

3. Handlungsspielräume   163

apparates handelte. Er sah darin auch ein willkommenes »Mittel«, das dazu beitragen würde, »gegen R[ussland]. einen Blitzsieg zu erreichen«. Eine Mischung aus einem bedenkenlosen, utilitaristischen Kalkül und verinnerlichten ideologischen Feindbildern bildete das Fundament dafür, dass Küchler den Kommissarbefehl entschieden bejahte.

Eine ähnliche Haltung nahm auch Generalfeldmarschall Walter von Reichenau ein, der Oberbefehlshaber der 6. Armee. Ende April 1941 informierte er in zwei kurz aufeinander folgenden Unterredungen die unterstellten Korpsgeneräle über den bevorstehenden Feldzug und den wegweisenden »Vortrag«, den »der Führer vor den Oberbefehlshabern gehalten« hatte.[318] Am 27. April 1941 unterrichtete er in Kielce zunächst die Kommandierenden Generäle des XXIX. und XXXXIV. Armeekorps mitsamt ihren Generalstabschefs.[319] Am darauf folgenden Tag, dem 28. April 1941, versammelte Reichenau im Hauptquartier des III. Armeekorps in Lublin zum gleichen Zweck die Befehlshaber und Stabschefs des III., XVII. und XXXXVIII. Armeekorps.[320]

Beide Besprechungen waren in etwa inhaltsgleich. Zunächst »erläuterte der O.B. kurz die Notwendigkeit des Krieges mit Rußland« und ging anschließend auf den operativen Ansatz der Armee ein.[321] Daneben erörterte er Ausbildungsfragen, taktische und organisatorische Führungsgrundsätze, Feindnachrichten und eine Reihe weiterer Einzelheiten. Nicht zuletzt kam er auch auf Hitlers Weisungen über die besondere Form der Kriegführung in der Sowjetunion zu sprechen. Die Kommandierenden Generäle erfuhren, dass jeglichem »feindl[ichen]. Verhalten der Bevölkerung« mit harten, abschreckenden Repressalien entgegenzutreten sei.[322] Dabei sollte lediglich beachtet werden, »keine Städte und Dörfer an[zu]zünden, weil wir uns dadurch die wenigen Unterkünfte zerstören«.[323] »Falls Strafmaßnahmen notwendig« würden, sollte so rigoros durchgegriffen werden, dass die Bevölkerung aus Furcht vor den Repressalien ihren Widerstand aufgeben würde. Für die Durchführung der Repressalien ordnete Reichenau an, umgehend »männliche Bewohner festnehmen und erschießen [zu] lassen und öffentlich an Bäumen auf[zu]hängen«, um einen hohen Abschreckungseffekt zu erzielen: »Das spricht sich schnell rum.« Neben diesen Anweisungen zu einem radikalen Vorgehen gegen Widerstände aus der Zivilbevölkerung gab Reichenau jetzt auch schon die Order zur Vernichtung der Kommissare bekannt. Genauso wie alle »Heckenschützen« seien die »polit[ischen]. Kommissare, auch [diejenigen] *der Truppe*« grundsätzlich zu erschießen.[324] Dieser Befehl dürfe nur mündlich, aber

---

[318] Protokoll des XXXXVIII. AK zu der Besprechung mit dem OB am 28.4.1941; BA-MA, RH 24-48/5, Anl. 1.

[319] Vgl. den Eintrag im TB (Ia) des XXXXIV. AK v. 27.4.1941; BA-MA, RH 24-44/32. In Vertretung des beurlaubten Chefs des XXXXIV. AK nahm die Ia des Korps teil, außerdem befand sich der Generalstabschef des AOK 6, Oberst i.G. Heim, in Begleitung des OB, vgl. den Eintrag im TB (Ia) des XXIX. AK v. 27.4.1941; BA-MA, RH 24-29/8.

[320] Vgl. den Eintrag im TB (Ia) des III. AK v. 28.4.1941; BA-MA, RH 24-3/35, S. 19. An diesem Tag begleitete ihn der Ia des AOK 6, OTL i.G. Voelter.

[321] Protokoll des XXXXVIII. AK zu der Besprechung mit dem OB am 28.4.1941; BA-MA, RH 24-48/5, Anl. 1.

[322] Protokoll des XVII. AK zu der Besprechung mit dem OB am 28.4.1941; BA-MA, RH 24-17/41, S. 26 f.

[323] Vgl. hierzu und zum Folgenden das Protokoll des XXXXVIII. AK zu der Besprechung mit dem OB am 28.4.1941; BA-MA, RH 24-48/5, Anl. 1.

[324] Vgl. hierzu und zum Folgenden das Protokoll des XVII. AK zu der Besprechung mit dem OB am 28.4.1941; BA-MA, RH 24-17/41, S. 26 f. Hervorhebungen im Original.

»nicht schriftl[ich]. weiter[ge]geben« werden. Dieser Anordnung scheint Reichenau besonderen Nachdruck verliehen zu haben, denn einer seiner Zuhörer hob die Passage in seinen Notizen gleich zweifach hervor, indem er sie unterstrich und obendrein mit einem Ausrufezeichen markierte. Dass die Radikalität der neuen Weisungen Reichenau nicht entgangen war und ihn beschäftigt hatte, konnten die versammelten Generäle auch seinen mahnenden Schlussworten entnehmen. Mit Blick auf die gerade bekannt gegebenen Befehle erklärte Reichenau abschließend, dass die Truppe bei der Durchsetzung der verschärften Repressionspolitik »nicht in [einen] Erschießungstaumel geraten« dürfe, sondern das »Machtmittel der Führer bleiben« müsse.

Reichenau war sich offensichtlich über den einschneidenden Charakter der ›verbrecherischen Befehle‹ vollkommen im Klaren. Doch die einzigen, geringfügigen Bedenken, die sich bei ihm regten, bestanden allein in der Sorge um die militärische Disziplin in seinen Truppenverbänden. Er trug ihnen Rechnung, indem er seine Untergebenen dafür sensibilisierte, dass die Durchführung von Repressalien ausschließlich unter Aufsicht von Offizieren erfolgen dürfe, damit es zu keinen unkontrollierten Auswüchsen kommen könne. Die grundsätzliche Zielrichtung der Befehle fand dagegen offensichtlich Reichenaus Zustimmung. Die rücksichtslose Niederschlagung irregulärer Widerstände beschleunigte in seinen Augen die Befriedung der eroberten Gebiete, die Bekämpfung der Kommissare diente nicht zuletzt dem »Zerschlagen des Bolsch[ewismus]«[325], das Reichenau als eines der Kriegsziele ausgegeben hatte. Gegenüber seinen Untergebenen hatte er jedenfalls keinen Zweifel daran gelassen, dass er die Befehle befürwortete, und wünschte, dass sie befolgt würden. Anders ist es nicht zu erklären, dass seine Kommandierenden Generäle diese Weisungen schon kurz darauf in ihren eigenen Verantwortungsbereichen bekannt gaben.

Der Kommandierende General des XXXXIV. Armeekorps, General der Infanterie Koch, setzte unmittelbar nach dem Treffen mit Reichenau eine Besprechung mit den Kommandeuren der beiden Divisionen an, die ihm für den Feldzug unterstellt werden sollten, um die Direktiven des Armeeoberbefehlshabers an sie weiterzugeben. Am 29. April 1941 erschienen die Kommandeure der 9. und 297. Infanteriedivision zusammen mit ihren Ia-Offizieren und erhielten von Koch und seinem Generalstabschef eine »Einweisung in die zu erwartenden Einsatzaufgaben«, in die sie selbst erst zwei Tage zuvor von Reichenau eingeweiht worden waren.[326] Die Divisionskommandeure erfuhren die »Begründung für ›Barbarossa‹« sowie die »mil[itärischen]. u. polit[ischen]. Ziele« des Unternehmens, wurden auf die »Geheimhaltung« aufmerksam gemacht und in die »große Lage« und den »Angriffsplan« eingewiesen. Großen Raum nahm außerdem die Planung und Gestaltung der weiteren »Ausbildung« ein. Daneben wurden die Divisionskommandeure auch über Reichenaus Weisungen für das »Ver-

---

[325] Protokoll zur der Einweisung der Div.Kdre. beim III. AK v. 20.5.1941; BA-MA, RH 26-298/19, Anl. 204. Den Akten des III. AK zufolge handelte es sich bei dieser Besprechung um eine »Mil[itärisch].polit[ische]. Einweisung entspr[echend]. [der] Einweisung der K[ommandierenden]. G[enerale]. d[ur]ch F[e]ldm[arschall]. v. R[eichenau].« Die Besprechungsinhalte gingen also auf Reichenaus Weisungen v. 28.4.1941 zurück. Vgl. das Protokoll der Ia-Abteilung des III. AK v. 20.5.1941; BA-MA, RH 24-3/40, Anl. C3.

[326] Vgl. hierzu und zum Folgenden das hs. vorgefertigte Protokoll für die Besprechung beim XXXXIV. AK mit den Div.Kdren. und Ia-Offizieren der 9. und 297. Inf.Div. am 29.4.1941, XXXXIV. AK/Abt. Ia Nr. 024/41 g.Kdos. Chefs. v. 28.4.1941; BA-MA, RH 24-44/32.

halten gegen d. Bevölkerung, Kommissare, Heckenschützen« unterrichtet. Der Kommandierende General des III. Armeekorps, General der Kavallerie von Mackensen, gab diese neuen Verhaltensregeln etwa drei Wochen später an seine Truppenführer weiter. Am späten Vormittag des 20. Mai 1941 fanden sich in seinem Hauptquartier in Lublin die unterstellten Divisionskommandeure mit ihren Ia-Offizieren sowie die Kommandeure der Korpstruppen zu einer »mil[itärisch].polit[ischen]. Einweisung« ein, deren Inhalte der »Einweisung der K[ommandierenden].G[enerale]. d[ur]ch F[e]ldm[arschall]. v. R[eichenau].« entsprachen.[327] Mackensen trug daher nicht nur die offiziellen Kriegsgründe und die »Absichten und Aufträge für den Einsatz vor«[328], sondern gab seinen Kommandeuren auch die neuen Befehle über die zu ergreifenden »Sofortmaßnahmen gegen Kommissare u. Heckenschützen«[329] bekannt. In den Generalkommandos und Divisionsstäben der 6. Armee und der unterstellten Panzergruppe 1 waren die Kommissarrichtlinien damit schon mehrere Wochen vor ihrer Ausfertigung in Kraft getreten.

Zu den hohen Truppenführern, die den Befehl zur Vernichtung der politischen Kommissare bereits in dieser frühen Phase in ihren Verbänden verbreiteten, zählte auch Generaloberst Erich Hoepner, der Befehlshaber der Panzergruppe 4. Anfang Mai 1941 machte er sich Hitlers Konzept des »Vernichtungskampfes« zu Eigen, indem er es, in eigene Worte gefasst, seiner grundlegenden »Aufmarsch- und Kampfanweisung« als eine Art Präambel voranstellte.[330] Die Direktiven, die er darin formulierte, galten als »Grundlagen« der »Kampfführung«. Einleitend brachte Hoepner ins Bewusstsein, dass der »Krieg gegen Russland« ein »wesentlicher Abschnitt im Daseinskampf des deutschen Volkes« sei. Die Erklärungen, die er dann folgen ließ, atmeten nationalsozialistische Rassenideologie und standen Hitlers Postulaten aus der Reichskanzlei kaum nach. Bei dem bevorstehenden Krieg handle es sich um den »alte[n] Kampf der Germanen gegen das Slawentum, die Verteidigung europäischer Kultur gegen moskowitisch-asiatische Überschwemmung, die Abwehr des jüdischen Bolschewismus«. Aus dem existentiellen Charakter der Auseinandersetzung leitete Hoepner die Notwendigkeit zu einer allgemeinen Forcierung der Gewaltanwendung ab. Der Kampf müsse »die Zertrümmerung des heutigen Russland zum Ziele haben und deshalb mit unerhörter Härte geführt werden«. Diese rücksichtslose Härte sollte auch und gerade in den eigentlichen Gefechten mit den regulären gegnerischen Truppen zum Tragen kommen: »Jede Kampfhandlung muß in Anlage und Durchführung von dem eisernen Willen zur erbarmungslosen, völligen Vernichtung des Feindes geleitet sein.« Hoepners Gewaltappelle entsprachen Hitlers Aufforderung, im Krieg gegen die Sowjetunion »vom Standpunkt des soldatischen Kameradentums ab[zu]rücken« und »den Feind [nicht] zu konservieren«, sondern ihn zu vernichten.[331] Daneben schloss Hoepners Aufruf zum »Daseinskampf« auch die Anweisung zu einem radikalen Vorgehen gegen die Repräsentanten des sowjetischen Staates ein: »Insbesondere gibt es keine

---

[327] Vgl. das Protokoll der Ia-Abteilung des III. AK v. 20.5.1941; BA-MA, RH 24-3/40, Anl. C3.
[328] Eintrag im KTB der 44. Inf.Div. v. 20.5.1941; BA-MA, RH 26-44/18.
[329] Protokoll zur Einweisung der Div.Kdre. beim III. AK v. 20.5.1941; BA-MA, RH 26-298/19, Anl. 204.
[330] Vgl. hierzu und zum Folgenden die Anlage 2 zur »Aufmarsch- und Kampfanweisung ›Barbarossa‹ (Studie)«, Pz.Gr. 4/Abt. Ia Nr. 20/41 g.Kdos. Chefs. v. 2.5.1941; BA-MA, RH 21-4/10, Bl. 20.
[331] So Hitler in seiner Rede am 30.3.1941; HALDER, KTB, Bd. 2, S. 336 f. (30.3.1941).

Schonung für die Träger des heutigen russisch-bolschewistischen Systems.«[332] Mit dieser Umschreibung konnte niemand sonst als die sowjetischen Funktionäre und die politischen Kommissare gemeint sein.

Diese wortgewaltige Kampfanweisung, die Hoepners Unterschrift trug, ist ein beredtes Zeugnis dafür, wie weit die Internalisierung der ideologischen Prämissen der deutschen Ostexpansion bei einem ranghohen Truppenführer reichen konnte. Ohne die Voraussetzung einer tief greifenden Übereinstimmung mit Hitlers Postulaten ließe sich nicht erklären, dass Hoepner sie aus eigener Initiative zu diesem frühen Zeitpunkt in einem Grundsatzbefehl mit solcher Vehemenz zur Leitlinie erklärte. In dem Befehl klang aber noch ein weiteres Motiv an, das genauso für die Verschärfung der Gangart sprach wie die beschworenen weltanschaulichen und völkischen Gegensätze: nämlich die Verabsolutierung der Blitzkriegsdoktrin, von der Hoepners Kampfanweisung beseelt war. Um die operativen Aufgaben erfüllen zu können, die an die Panzerverbände im kommenden Feldzug gestellt würden, sei ein »*unbändige[r] Vorwärtsdrang in jedem Gedanken, jedem Befehl, jeder Handlung* erforderlich«.[333] Es war wohl kein Zufall, dass die Aufforderung zu »unerhörter Härte« und einem »unbändigen Vorwärtsdrang« in der Kampfanweisung so dicht aufeinander folgten. Hierin äußerten sich die engen Zusammenhänge, die zwischen beiden Forderungen bestanden. Denn für das notwendige stürmische Vorgehen der Truppen konnte sich die Erziehung zu einer rücksichtslosen Kampfführung nach geläufiger Auffassung nur förderlich auswirken. Die Aufhetzung der Truppen gegen ihre zukünftigen Gegner und der Aufruf zum »Vernichtungskampf« entsprachen daher wohl nicht nur ideologischen Intentionen, sondern besaßen daneben offenbar auch einen funktionalen Impetus. Da die unterstellten Kommandobehörden Hoepners wegweisenden Direktiven in den folgenden Wochen bereitwillig in ihre eigene Befehlsgebung übernahmen, drangen seine ideologisch geprägten Gewaltaufrufe bald bis zu den Divisionen der Panzergruppe durch. Der Kommandierende General des XXXXI. Armeekorps, General der Panzertruppe Reinhardt, ließ Hoepners Präambel mit nur unbedeutenden Änderungen in den Operationsbefehl vom 11. Mai 1941 aufnehmen.[334] Die Führung der unterstellten 269. Infanteriedivision fügte den Appell Ende Mai 1941 in ihre »Kampfanweisung für den Angriff der Division« ein.[335] In der Panzergruppe 4 war damit ebenfalls vorzeitig bekannt geworden, dass es im bevorstehenden Krieg für die sowjetischen Kommissare »keine Schonung« geben sollte.

Nur wenig später ließ auch der Oberbefehlshaber der 9. Armee, Generaloberst Adolf Strauß, die unterstellten Kommandobehörden über Hitlers Befehl zur Vernichtung der Kommissare unterrichten. Die Gelegenheit dazu bot ein Planspiel, das an zwei aufeinander folgenden Tagen Ende Mai 1941 im Armeehauptquartier in Arys

---

[332] Pz.Gr. 4/Abt. Ia Nr. 20/41 g.Kdos. Chefs. v. 2.5.1941; BA-MA, RH 21-4/10, Bl. 20.
[333] Ebd. Hervorhebung im Original.
[334] XXXXI. AK/Abt. Ia Nr. 83/41 g.Kdos. Chefs., betr. Kampfanweisung für Operationsbefehl, v. 11.5.1941; BA-MA, RH 24-41/7, Anl. 11a. Nur der erste Satz war etwas abgewandelt worden: »Der Krieg gegen Rußland ist die zwangsläufige Folge des uns aufgedrungenen Kampfes um das Dasein und insbesondere um die wirtschaftliche Selbständigkeit Großdeutschlands und des von ihm beherrschten europäischen Raumes.« Ansonsten wurde Hoepners Präambel wörtlich übernommen.
[335] 269. Inf.Div./Abt. Ia Nr. 19/41 g.Kdos. Chefs., »Kampfanweisung für den Angriff der Division«, v. 28.5.1941; BA-MA, RH 26-269/12, Anl. 7.

stattfand. Am 26. und 27. Mai 1941 fanden sich hierzu Vertreter sämtlicher Kommandobehörden der 9. Armee und der unterstellten Panzergruppe 3 ein. Die Generalkommandos entsandten ihre Stabschefs, Ia-Offiziere und Quartiermeister[336], von den Divisionen erschienen die Kommandeure mitsamt ihren ersten Generalstabsoffizieren.[337] Die Zusammenkunft stand unter der Gesamtleitung des Armeeoberbefehlshabers, der die Sitzungen mit einigen »allgemeine[n] Erklärungen« eröffnete.[338] Die Versammlung erhielt grundlegende Informationen »über den kommenden Einsatz«[339] und widmete sich ausführlich dem Planspiel, »bei dem der erste Teil der bei einem etwaigen Konflikt mit der Sowjet-Union in Betracht kommenden Operationen durchgespielt« wurde.[340] Daneben standen Vorträge verschiedener Generalstabsoffiziere auf der Tagesordnung, die weiterführende Sachfragen erörterten. So referierte der Ic-Offizier des Armeeoberkommandos »über das Feindbild« und der Ia-Offizier des Panzergruppenkommandos 3 »über Ziele und Absichten der P[an]z[er].Gruppe«.[341] Die Bekanntgabe des Befehls über die besondere Behandlung der sowjetischen Kommissare wurde in den »Vortrag des Oberquartiermeisters« des AOK 9 integriert. Nachdem der Oberquartiermeister über den Arbeitseinsatz der Kriegsgefangenen, die Regelung der Versorgung und die Verwendung erbeuteten Kraftstoffs gesprochen hatte, unterrichtete er die Versammlung darüber, wie mit den Kommissaren zu verfahren sei: »Auf Befehl des Führers gelten politische Kommissare nicht als Soldaten, werden nicht gefangengenommen und kommen nicht nach Deutschland.«[342] Die Bekanntgabe dieser Weisungen erfolgte im Beisein und ganz offensichtlich auch im Auftrag des Armeeoberbefehlshabers, Generaloberst Strauß. Die Zuhörer gaben den Befehl in der Folge in ihren eigenen Verantwortungsbereichen weiter. Der Kommandeur der 102. Infanteriedivision etwa, Generalmajor Ansat, informierte seine Untergebenen während einer Kommandeurbesprechung am 10. Juni 1941 darüber: »Politische Kommissare werden nicht zu Gefangenen gemacht!«[343] Damit war der Kommissarbefehl auch in der 9. Armee den Kommandobehörden schon zur Kenntnis gelangt, bevor Mitte Juni 1941 die eigentlichen Befehlsausgaben stattfanden und sich die Kommunizierung der Weisungen wiederholte. Insgesamt betrachtet entstand diese Konstellation, wie dargelegt wurde, bei mindestens fünf der elf Armeen und Panzergruppen, die im Frühjahr 1941 an der Ostfront aufmarschiert waren. Dass ein beträchtlicher Teil der höheren Heerführer Hitlers Weisungen zu einem radikalen Vorgehen gegen die sowjetischen Kommissare in vorauseilendem Gehorsam, auffallend frühzeitig und bereitwillig in ihren eigenen Verantwortungsbereichen verbreiteten, noch bevor der schriftliche Erlass überhaupt existierte, ist ein deutliches Anzeichen für die weit reichende Akzeptanz, die der Befehl bei ihnen ganz offensichtlich gefunden hatte.

---

336 Vgl. den Eintrag im KTB des VI. AK v. 26.5.1941; BA-MA, RH 24-6/26, Bl. 14.
337 Vgl. den Eintrag im KTB der 35. Inf.Div. v. 26.5.1941; BA-MA, RH 26-35/35, Bl. 14.
338 Vgl. den Bericht der Pz.Gr. 3, die Anlage zum Schreiben Pz.Gr. 3/Abt. Ia Nr. 127/41 g.Kdos. Chefs., »Planspiel bei Festungsstab Blaurock am 26./27.5.« v. 27.5.1941; BA-MA, RH 21-3/46, Bl. 2 f.
339 Vgl. den Eintrag im KTB des VI. AK v. 26.5.1941; BA-MA, RH 24-6/26, Bl. 14.
340 Eintrag im KTB der 102. Inf.Div. v. 26.5.1941; BA-MA, RH 26-102/5.
341 Vgl. hierzu und zum Folgenden den Bericht der Pz.Gr. 3 v. 27.5.1941, vgl. Anm. 338.
342 Vgl. ebd. Vgl. hierzu auch den Eintrag im KTB der 87. Inf.Div. v. 28.5.1941 über die Inhalte des Planspiels beim AOK 9; BA-MA, RH 26-87/22: »Verhalten gegen politische Kommissare.«
343 Vgl. die Besprechungspunkte für die Kdr.-Besprechung bei der 102. Inf.Div. am 10.6.1941; BA-MA, RH 26-102/6, Anl. 21. Vgl. zur 102. Inf.Div. aber auch Kap. III.3.2.

III. Die Weitergabe der Kommissarrichtlinien

Die Zustimmung zu den Kommissarrichtlinien kam aber auch auf vielen der Ic-Tagungen, Heeresrichterversammlungen und Einsatzbesprechungen zum Ausdruck, die planmäßig um die Mitte des Monats Juni 1941 abgehalten wurden und diesen »Führererlass« zum Gegenstand hatten. Sie äußerte sich vor allem darin, dass die elementaren Bestimmungen der Kommissarrichtlinien auf den Zusammenkünften weitgehend vollständig und sinngemäß wiedergegeben wurden und die Absicht zu ihrer Durchführung bekundet wurde oder doch zumindest deutlich zu erkennen war. Wie sich das befehlskonforme Verhalten in den Besprechungen während der letzten Vorbereitungsphase des Feldzugs artikulieren konnte, veranschaulicht das Beispiel der Befehlsausgabe beim VI. Armeekorps, die am 18. Juni 1941 erfolgte. Am Vormittag dieses Tages fand im Hauptquartier des Korps in Rominten eine breit angelegte Kommandeurbesprechung statt. Der Teilnehmerkreis war außergewöhnlich weit gefasst. Es erschienen nicht nur die Divisionskommandeure mit ihren beiden Generalstabsoffizieren und die Kommandeure der Korpstruppen, sondern auch die Regimentskommandeure sowie die Kommandeure der selbstständigen Bataillone und Abteilungen.[344] Wie üblich war das Themenspektrum umfassend und wurde teilweise durch Referate der fachlich zuständigen Generalstabsoffiziere und Sachbearbeiter abgedeckt. Der O 3 referierte über die Ic-Besprechung beim AOK 9[345], der IIa besprach neben Personalangelegenheiten unter anderem auch die weitere Bekanntgabe des Kriegsgerichtsbarkeitserlasses gemäß den Ausführungsbestimmungen der Heeresgruppe Mitte.[346] Der Quartiermeister gab in seinem Vortrag detaillierte Anweisungen zum Gefangenenwesen und machte dabei schon auf die »politische[n] Kommissare« aufmerksam.[347] Die ausführliche Erläuterung des Kommissarbefehls behielt sich allerdings der Kommandierende General selbst vor. Nachdem General der Pioniere Förster »noch einmal abschließend auf die Größe der vor uns liegenden Aufgabe« und »den Auftrag des Korps im Rahmen der Panzergruppe« hingewiesen hatte, kam er auf den Kriegsgerichtsbarkeitserlass, »das Verhalten der Truppe in Russland« und »die Behandlung politischer Kommissare« zu sprechen.[348]

Schon seine einleitenden Worte ließen erkennen, dass die radikalen Befehle für Förster durchaus eine heikle Angelegenheit waren. Der »Erlaß über [das] Verhalten gegen [die] russ. Kommissare u. [die] Zivilbevölkerung« sei die »Probe darauf, ob die Truppe in Disziplin ist«.[349] Wenn Förster die versammelten Kommandeure auch für die entstehenden Risiken sensibilisierte, ließ er doch keinen Zweifel daran aufkommen, dass er den Willen hatte, den Erlass befehlsgemäß umsetzen zu lassen. Der Befehl sei zwar »nur *mündlich* weiterzugeben, *muß* aber bis [zu den] K[om]p[anie].Chefs bekannt sein«. Nach dieser eindringlichen Anweisung konnte keine Unklarheit mehr

---

[344] Vgl. den Eintrag im KTB der 26. Inf.Div. v. 18.6.1941; BA-MA, RH 26-26/3, S. 3. Vgl. auch den Eintrag in KTB der 6. Inf.Div. v. 18.6.1941; BA-MA, RH 26-6/2, Bl. 114.
[345] Vgl. den Eintrag im TB (Ic) des VI. AK v. 4.6.-19.6.1941; BA-MA, RH 24-6/235, Bl. 13.
[346] Vgl. die Besprechungspunkte des IIa für die »Kommandeurbesprechung«; BA-MA, RH 24-6/27b, Bl. 136-139.
[347] Vgl. die Besprechungspunkte der Quartiermeisterabteilung für die »Kommandeurbesprechung« v. 15.6.1941; BA-MA, RH 24-6/27b, Bl. 123-125. Der Besprechungspunkt »Politische Kommissare« war doppelt unterstrichen und mit einem Ausrufezeichen versehen.
[348] Eintrag im KTB des VI. AK v. 18.6.1941; BA-MA, RH 24-6/26, Bl. 18.
[349] Vgl. hierzu und zum Folgenden die hs. Notizen zur Kdr.-Besprechung am 18.6.1941; BA-MA, RH 24-6/27b, Bl. 107-119, hier v. a. Bl. 107-109. Hervorhebungen im Original.

darüber bestehen, dass der Kommandierende General die Befolgung des Befehls wünschte. Anschließend begann Förster damit, die einzelnen Bestimmungen zu erklären. Zunächst erläuterte er das Vorgehen gegen die »polit. Kommissare bei [der] Truppe« und beschrieb die Rangabzeichen, die ihre Identifizierung ermöglichten: »roter Stern mit goldenen Hammer u. Sichel auf [dem] Ärmel«. Recht ausführlich ging Förster dann auf die Begründung für die Repressalien ein, die ihm die übergeordnete Führung geliefert hatte. »Ein Verhalten dieser Komm[issare]. nach [dem] Völkerrecht [ist] nicht zu erwarten.« »Sie sind [die] Urheber der barbarisch-asiatischen Kampfmethode.« Insbesondere sei mit der »Mißhandlung von Gefa[ngenen]. u. dgl.« durch die Kommissare zu rechnen. Jegliche »Schonung« sei ihnen gegenüber daher »falsch« und wäre »nur [eine] Gefährdung der eigenen Sicherheit«. Sie seien als »Freischärler« anzusehen, mit allen daraus folgenden Konsequenzen: »Völkerrechtlichen Schutz genießen sie nicht.« Nachdem Förster diese Rechtfertigungen ausgebreitet hatte, legte er dar, wie mit den Kommissaren zu verfahren sei. Im Falle der Gefangennahme seien sie »*sofort* noch auf dem Gef[echts].feld von [den übrigen] Gefa[ngenen]. abzusondern«. Auf Befehl eines Offiziers habe dann ihre Exekution zu erfolgen: »Sie sind – abseits der Sicht durch eig[ene]. Tru[ppe]. u. durch Gefang[ene]. – zu erschießen.« Der verantwortliche Offizier habe die Erschießung anschließend »sofort als ›bes[onderes]. Vorkommniß‹ [sic] zu melden«. Förster gab sogar ein Beispiel dafür, wie eine solche Vollzugsmeldung zu formulieren sei: »Auf m[einen]. Befehl sind 6 russ. Tru[ppen]. Komm[issare]. erschossen worden«. Wenn möglich, sollten dabei auch die Namen der Exekutionsopfer angegeben werden.

Dann wandte sich Förster den zivilen »polit[ischen]. Kommissare[n] im Oper[ations]. Gebiet« zu, die »in Dörfern, Städten u.s.w.« anzutreffen seien. »Wenn sie sich durch Handlungen gegen unsere Truppe vergehen oder deren verdächtig sind oder wenn ihre ganze Haltung gegen uns eingestellt [ist] – dann ebenfalls erschießen.« Als Beispiele für todeswürdige Vergehen nannte Förster »Sabotage« und »pass[iven]. Widerstand«, beeilte sich aber hinzuzufügen, dass Verdachtsmomente für die Aburteilung ziviler Funktionäre ausreichen würden. Die Entscheidung über das Schicksal der Zivilkommissare sei »keine *Schuld*frage«, »sondern [eine] Frage des pers[önlichen]. Eindrucks«. Wenn sie unverdächtig seien, sollten sie unbehelligt bleiben. Abschließend wies Förster noch auf das Verbot von systematischen Fahndungsaktionen hin: Die »Tru[ppe]. darf in Kampf nie aufgehalten werden durch Durchsuchungen nach solchen Leuten.« Nachdem General Förster die Richtlinien in allen Einzelheiten dargelegt hatte, wiederholte er seine schon eingangs ausgesprochene Mahnung zur Aufrechterhaltung der militärischen Disziplin. Er sprach von einer »ungeheure[n] Verantw[ortung]. der K[omman]d[eu]r'e dahin, daß [die] Tru[ppe]. nicht verwildert«. Um jegliche Auswüchse im Keim zu unterbinden, sollte gegen Disziplinverstöße in den eigenen Reihen hart durchgegriffen werden: »Wer plündert, wer vergewaltigt, kommt vor's Kriegsgericht oder Sondergericht.« Die Durchführung der radikalen Befehle sollte kontrolliert vor sich gehen. Trotz aller Schärfe sollten gewisse Formen gewahrt werden, wie Förster von seinen Truppenführern forderte: »Wir bleiben das anständige deutsche Heer.« Vor dem Hintergrund, dass Förster nur kurz zuvor eine Reihe von völkerrechtswidrigen Befehlen erteilt hatte, ließ diese autosuggestive Parole tief blicken. Gewaltakte gegen Kriegsgefangene und Zivilisten waren mit der Rechtsauffassung und dem Moralsystem des Generals grundsätzlich vereinbar. Um »anständig« zu bleiben, reichte es aus, die Radikalmaßnahmen kontrolliert und diszipliniert, unter dem Befehl verantwortlicher Offiziere durchzuführen. Unter diesen Voraussetzungen erschien auch das gezielte Vorgehen gegen die als skrupellose Rechtsbrecher stigmatisierten Kommissare legitim.

Försters Ausführungen stellen ein Musterbeispiel für das befehlskonforme Verhalten bei der Weitergabe der Kommissarrichtlinien dar. Sie enthielten alle wesentlichen Direktiven des Kommissarbefehls, berücksichtigten Brauchitschs Durchführungsbestimmungen und bedienten sich auch der vorgegebenen Legitimationsstrategien. Sie exemplifizieren, wie zuverlässig und exakt die Übermittlung der Befehlsinhalte über die verschiedenen Ebenen der oberen Führung hinweg funktionieren konnte. Die Auflage, dass man die Richtlinien nur mündlich kommunizieren durfte, verursachte keinerlei Reibungsverluste. Darüber hinaus lassen Försters Anweisungen, vor allem seine Kommentierungen und eigenen Zusätze, erkennen, dass der General den Befehl reflektiert hatte, und was dabei herausgekommen war. Er war sich der Radikalität der Maßnahmen wohl bewusst. Seine einzigen Bedenken beruhten allerdings allein auf der verbreiteten Sorge vor einer »Verwilderung« seiner Truppen. Um dies zu vermeiden, nahm er seine Kommandeure in die Pflicht. Unter dem Vorbehalt einer disziplinierten Form der Umsetzung stellte sich Förster ansonsten uneingeschränkt hinter die Kommissarrichtlinien, was er schon mit seiner ausdrücklichen Order, dass alle Kompaniechefs den Befehl unbedingt erhalten müssten, deutlich zum Ausdruck brachte.

Das befehlskonforme Verhalten artikulierte sich nicht nur in den Weisungen der »oberen Führer«, sondern konnte sich auch darin äußern, wie die Teilnehmer dieser Befehlsausgaben die erhaltenen Direktiven aufnahmen und weiterverarbeiteten. Ein besonders illustratives Beispiel für einen solchen Rezeptions- und Adaptionsvorgang bieten die Besprechungen, die im Laufe des 19. Juni 1941 beim VIII. Armeekorps und der unterstellten 8. Infanteriedivision stattfanden. Um 11.00 Uhr am Vormittag des 19. Juni 1941 hielt der Kommandierende General des VIII. Armeekorps, General der Artillerie Walter Heitz, eine Einsatzbesprechung mit den Kommandeuren und Ia-Offizieren seiner unterstellten Divisionen ab und erörterte dabei unter anderem auch die Kommissarrichtlinien und den Kriegsgerichtsbarkeitserlass. Am Nachmittag desselben Tages, um 17.00 Uhr, berief der Kommandeur der 8. Infanteriedivision, die zu Heitz' Verbänden gehörte, dann seinerseits eine Zusammenkunft mit den Kommandeuren der Regimenter und selbständigen Bataillone und Abteilungen ein, um die Weisungen des Kommandierenden Generals an sie weiterzugeben.[350] Zu beiden Besprechungen existieren Protokolle, die umso aufschlussreicher sind, als sie von derselben Hand stammen, nämlich vom Ia-Offizier der 8. Infanteriedivision. Der Ia fertigte zunächst eine Mitschrift oder ein Ergebnisprotokoll zu den Ausführungen des Kommandierenden Generals an. Nur wenig später am gleichen Tag stellte er auf dieser Grundlage auf dem gleichen Papierbogen die Besprechungspunkte für die Kommandeurbesprechung zusammen, die für den Nachmittag im Divisionsgefechtsstand angesetzt worden war.[351] Seine Notizen geben daher nicht nur die Inhalte der Besprechungen wieder. Darüber hinaus offenbart der Abgleich der beiden Protokolle, in

---

[350] Vgl. den Eintrag im KTB der 8. Inf.Div. v. 19.6.1941; BA-MA, RH 26-8/17, Bl. 19 f.
[351] Vgl. die beiden hs. Protokolle des Ia der 8. Inf.Div. zu den Besprechungen beim VIII. AK und bei der 8. Inf.Div. am 19.6.1941; BA-MA, RH 26-8/21, Anl. 106. Hervorhebungen im Original. Dass das Protokoll zu der Kdr.-Besprechung am Nachmittag vorgefertigt war, geht z. T. aus den Formu-

welcher Form die Führung der 8. Infanteriedivision die Anweisungen des Korps verarbeitet, umgesetzt und an die eigenen Verbände weitergegeben hat.

Die Anordnungen, die der Kommandierende General des VIII. Armeekorps am Vormittag des 19. Juni 1941 seinen Divisionskommandeuren im Zusammenhang mit dem »Erlaß des Führers vom 13. 5.« erteilte, entsprachen ganz der Befehlslage.[352] Heitz machte zunächst darauf aufmerksam, dass »alle Gewaltmaßnahmen nur auf Befehl eines Offiziers« ergriffen werden dürften. Der Befehl über die Behandlung der »Kommissare [sei] m[ün]dl[ich]. bis zu den Komp[anie].Chefs bekannt[zu]geben«. Beim Verfahren mit den »Ziv[il].Kommissare[n] im Op[erations].Gebiet« sei der »*Eindruck* entscheidend«. Bevor Heitz das Vorgehen gegen die Truppenkommissare erläuterte, beschrieb er erst einmal die »Kennzeichen der mil[itärischen]. Kommissare«. Sie seien »aus[zu]sondern aus [den] Gefangenen«. Alles Weitere habe dann »abseits der Truppe« zu geschehen. Anschließend sei eine »kurze schriftliche Meldung der unteren Einheit an [die] Div[ision]. (Ic)« zu erstatten. Beim Vorgehen gegen die Kommissare seien aber »keine Suchaktionen« zu veranstalten. Damit war zu diesem Tagesordnungspunkt alles gesagt. Als sich die Truppenführer der 8. Infanteriedivision einige Stunden später zur Kommandeurbesprechung im Quartier der Division versammelten, erhielten sie Weisungen, die sich von denjenigen des Kommandierenden Generals nur geringfügig unterschieden.[353] Zunächst einmal wurde ihnen der »Erlaß des Führers vom 13. 5. [...] vor[ge]lesen«, verbunden mit der Aufforderung, »alle Offiziere [...] *mündlich* über Teil I in eindringlicher Form zu unterrichten«. Die Anweisungen über die »Behandlung der Kommissare«, die dann folgten, entsprachen vollständig den Direktiven, die Heitz gegeben hatte, bis auf ein einziges Detail. In der Frage, wie weit der Befehl über die Behandlung der Kommissare in den Truppenverbänden bekannt gegeben werden sollte, wich die Divisionsführung von den Vorgaben des Kommandierenden Generals eigenständig ab. Während Heitz angeordnet hatte, dass die Richtlinien nur »bis zu den Komp[anie].Chefs bekannt[zu]geben« seien[354], entschied sich die Divisionsführung dafür, den Befehl noch weiter darüber hinaus verbreiten zu lassen. Die versammelten Kommandeure erhielten die Order, dass »*alle* Offiziere m[ün]dl[ich]. zu unterrichten« seien.[355] Demnach sollten statt der überschaubaren Anzahl der Einheitsführer, die es in einer aufgefüllten Infanteriedivision planmäßig gab, auch alle übrigen Offiziere informiert werden, deren Gesamtzahl sich auf über 500 Mann belief. Damit hatte das Divisionskommando den Kreis der Personen, die von dem Befehl Kenntnis erhalten sollten, gegenüber den Maßgaben des Kommandierenden Generals aus eigener Initiative um ein Mehrfaches erweitert. Dies konnte einzig bedeuten, dass die Führung der Division die feste Absicht dazu hatte, den Befehl tatsächlich zur Ausführung gelangen zu lassen. So wie in vielen der Besprechungen,

---

lierungen hervor. Zu den »Richtlinien für Verhalten der Truppe« war z. B. die Aufforderung vermerkt: »Erlaß verteilen u. vorlesen«.
352 Vgl. hierzu und zum Folgenden die Notizen über die Besprechung beim KG des VIII. AK am 19.6.1941, 11.00 Uhr, vgl. Anm. 351.
353 Vgl. hierzu und zum Folgenden die Notizen für die Kdr.-Besprechung bei der 8. Inf.Div. am 19.6.1941, 17.00 Uhr, vgl. Anm. 351.
354 Vgl. die Notizen über die Besprechung beim KG des VIII. AK am 19.6.1941, vgl. Anm. 351.
355 Vgl. die Notizen für die Kdr.-Besprechung bei der 8. Inf.Div. am 19.6.1941, vgl. Anm. 351. Hervorhebung durch den Vf.

die sich bei der Rekonstruktion der Befehlsübermittlung beobachten ließen[356], offenbart sich auch in diesem typischen Fall ein dezidiert befehlskonformes Verhalten. Die entscheidenden Bestimmungen der Kommissarrichtlinien wurden an die nachgeordneten Instanzen sinngemäß weitergegeben, verbunden mit unverkennbaren affirmativen Beiklängen, nicht selten sogar mit ausdrücklichen Willensbekundungen zur buchstabengetreuen Umsetzung des Befehls. Vor diesem Hintergrund hebt sich das abweichende Verhalten bei der Weitergabe der Kommissarrichtlinien umso deutlicher ab.

2. Abweichendes Verhalten

Ablehnung und Reglementierung

Die einhelligen Beteuerungen der ehemaligen Truppenführer aus der Nachkriegszeit, sie hätten die Umsetzung der Kommissarrichtlinien in geradezu konspirativer Abstimmung bereits im Vorfeld des Krieges im Ansatz verhindert, finden in den überlieferten Unterlagen der Frontstäbe keine Bestätigung, ja erweisen sich in den meisten Fällen schlicht als die Unwahrheit. Auf der anderen Seite hat die Auswertung der deutschen Militärakten die ersten zeitgenössischen Belege dafür hervorgebracht, dass der Kommissarbefehl in manchen Kommandobehörden tatsächlich auf skeptische bis ablehnende Reaktionen stieß und einige Kommandeure sich sogar zu reglementierenden Eingriffen in die Befehlslage entschlossen. Sie taten dies jedoch weder heimlich noch konnten sie sich zu einer vollständigen Verweigerung des Mordbefehls durchringen. Den Umgang der Generäle mit dem Kommissarbefehl an diesem Pol des Verhaltensspektrums kennzeichneten partielle Kritik und begrenzte Interventionen, nicht mehr und nicht weniger.

Im Falle der 6. Panzerdivision, die zur Panzergruppe 4 gehörte, ist eine derartige Reaktion zumindest in Ansätzen zu erkennen, wenn auch nur andeutungsweise. Schauplatz dieser Begebenheit war ein taktisches Planspiel im Divisionsquartier am 14. Juni 1941, zu dem die unterstellten Kommandeure zusammengekommen waren.[357] Als der Ic-Offizier der Division im Verlauf des Treffens das Wort erhielt, um die Inhalte der Ic-Besprechung zu referieren, die zwei Tage zuvor bei der Panzergruppe 4 in Allenstein abgehalten worden war und auch die ›verbrecherischen Befehle‹ zum Gegenstand gehabt hatte, erregte sein Vortrag einiges Aufsehen: »Die erörterten Führermassnahmen lassen die ideologischen Grundlagen einer etwaigen Auseinandersetzung erkennen. Sie lösen Überraschungen aus.«[358] Auf den ersten Blick erscheinen diese Reaktionen wie vernehmbare Unmutsbekundungen von Seiten der versammelten Truppenkommandeure. Bei näherem Hinsehen ergeben sich allerdings Einwände gegen diese Interpretation. Zum einen ist zu bedenken, dass selbst Überraschtheit und

---
[356] Vgl. Kap. III.2.
[357] Vgl. den Eintrag im TB (Ic) der 6. Pz.Div. v. 10.6.-16.6.1941; BA-MA, RH 27-6/112, S. 10. Vgl. auch den Eintrag im KTB der 6. Pz.Div. v. 14.6.1941; BA-MA, RH 27-6/17, S. 26: »Verteilung von Einweisungen (nur mündlich) für Sondermaßnahmen im Falle des Einsatzes.«
[358] Eintrag im TB (Ic) der 6. Pz.Div. v. 10.6.-16.6.1941; BA-MA, RH 27-6/112, S. 10.

tiefe Beeindruckung noch nicht zwangsläufig gleichbedeutend mit einer ablehnenden Reaktion sind, wie etwa das Beispiel der Totenkopfdivision gezeigt hat, deren »Führerkorps« von der entsprechenden Befehlsausgabe zwar »stark beeindruckt« war, deswegen aber keinesfalls an Widerspruch dachte.[359] Zudem hatte die Überraschung des Auditoriums möglicherweise noch einen ganz anderen Hintergrund, wie aus dem Tätigkeitsbericht weiter hervorgeht. Denn wie zur Erklärung fährt der Bericht fort: »Trotz der zwingenden Rückschlüsse, die aus dem Umfang der Vorbereitungen geschlossen werden müssen, herrscht immer noch nicht allgemein Gewissheit über den kommenden Einsatz.« Auch wenn die unterstellten Kommandeure bereits Operations- und Bereitstellungsbefehle erhalten hatten[360], stellte sich der Angriff auf die Sowjetunion selbst für sie zu diesem Zeitpunkt noch als Eventualität dar, auf die man sich routinemäßig vorbereiten musste.[361] Es ist daher nicht auszuschließen, dass die Überraschung der Zuhörer auch daher rührte, dass die recht konkreten, »erörterten Führermassnahmen« der »etwaigen Auseinandersetzung« jetzt eine deutlich festere Gestalt gaben, und die Kommandeure daran erkennen zu können glaubten, dass der Einsatz nunmehr beschlossen sei, was durchaus eine spektakuläre Neuigkeit gewesen wäre. Für diese Lesart spricht auch, dass der gleiche Tätigkeitsbericht wenige Tage zuvor in nahezu identischer Diktion ähnliche Reaktionen bei den desinformierten Truppen verzeichnete, nachdem umfangreiche »Russlandunterlagen« an sie herausgegeben worden waren: »Das löst erhebliche Überraschung aus«.[362]

Auf der anderen Seite waren die Truppenkommandeure schon einige Wochen zuvor in großen Zügen über das geplante Unternehmen informiert worden, so dass selbst die endgültige Entscheidung zum Angriff sie nicht völlig unvorbereitet treffen konnte.[363] Auch wenn es nicht mehr mit Gewissheit festzustellen ist, was genau die Truppenkommandeure beim Planspiel am 14. Juni 1941 so frappierte, spricht daher einiges dafür, dass es vor allem der angekündigte ideologische Charakter des Krieges und die außergewöhnlichen Befehle waren, die diese merklichen Reaktionen auslösten. Zumindest ist anzunehmen, dass die Radikalität der »erörterten Führermassnahmen« genauso viel Aufsehen erregte wie der sich immer schärfer abzeichnende Kriegseinsatz. Wie schnell sich die Überraschung wieder legte und ob sich überhaupt Widerspruch regte, der über das Murmeln im Saal hinausging, muss jedoch dahingestellt bleiben. Dass die geäußerten »Überraschungen« jedenfalls nicht dazu führten, dass die Divisionsführung von den erteilten Weisungen abrückte, geht unter anderem aus einem Divisionsbefehl aus der Zeit des laufenden Feldzugs hervor, in dem der Divisionskommandeur Ende Juli 1941 an die »besonderen Befehle für Maßnahmen gegenüber der

---

[359] Vgl. Kap. III.2.6.
[360] Vgl. den Div.Befehl für den Angriff v. 5.6.1941 und den Div.Befehl für die Bereitstellung v. 13.6.1941, die jeweils an die Kdre. der unterstellten Brigade, Div.-Truppen und Regimenter abgingen; BA-MA, RH 27-6/23b.
[361] Am 14.6.1941 stand es für die Kommandeure noch nicht fest, dass der Einsatz wirklich stattfinden würde. Auch jetzt war immer noch vage von den »Möglichkeiten eines Einsatzes« oder dem »Falle des Einsatzes« die Rede, vgl. den Eintrag im KTB der 6. Pz.Div. v. 14.6.1941, RH 27-6/17, S. 26.
[362] Vgl. den Eintrag im TB (Ic) der 6. Pz.Div. v. 1.6.-9.6.1941; BA-MA, RH 27-6/112, S. 9.
[363] Die unterstellten Kdre. waren am 26.5.1941 »über Lage und Stand der Operationsvorbereitungen unterrichtet« worden, vgl. den Eintrag im TB (Ic) der 6. Pz.Div. v. 22.5.-31.5.1941; BA-MA, RH 27-6/112, S. 8.

Zivilbevölkerung« erinnerte, die unter seiner Leitung in der »Kommandeur-Besprechung vor dem Einsatz« ausgegeben worden waren.[364]

Wesentlich deutlicher artikulierten sich die Bedenken gegenüber den Kommissarrichtlinien in der 78. Infanteriedivision, die zu den Verbänden der 4. Armee zählte. Im einleitenden Teil des Ic-Tätigkeitsberichts der Division, der sich auf die Feldzugsvorbereitungen während der ersten drei Juniwochen des Jahres 1941 bezieht, wurde unverhohlene Kritik an dem Befehl laut.[365] Unter dem Abschnitt »Stimmung der Truppe« formulierte der Ic der Division, Oberleutnant d.R. Fürst zu Sayn-Wittgenstein-Berleburg, eine ungewöhnlich freimütige Stellungnahme: »Der Befehl über Behandlung der Kommissare erschien wohl politisch geboten, widersprach aber dem soldatischen Empfinden.« Zu diesem differenzierten, vornehmlich ethisch begründeten Einwand traten noch weitere, ganz pragmatische Vorbehalte: »Auch wurde der Befürchtung Ausdruck gegeben, dass sich infolge der Durchführung dieser Bestimmungen der russische Widerstand wesentlich verstärken würde, da nach Bekanntwerden dieser Massnahmen auf der Feindseite, was trotz grösster Geheimhaltung doch einmal erfolgen könnte, der Kommissar mit viel grösserer Energie seinen Pflichten nachkommen würde.« Bei der Bewertung dieser Gegenstimme sind zunächst zwei quellenkritische Fragen zu bedenken. Zum einen ist fraglich, inwieweit dieser Kommentar wirklich die »Stimmung der Truppe« ausdrückte oder ob die »Truppe« lediglich als rhetorisches Sprachrohr eines elitären Widerspruchs vorgeschickt wurde, der sich im Divisionskommando gebildet hatte. Da der Tätigkeitsbericht nicht datiert ist und möglicherweise erst gegen Ende des Jahres ausgearbeitet wurde[366], kann außerdem nicht ausgeschlossen werden, dass gerade in den letztgenannten Bestandteil der Kritik auch ganz reale, negative Erfahrungen aus dem späteren Feldzug eingeflossen sind und es sich bei dem Einwand folglich um eine anachronistische Rückprojektion von Überlegungen handelte, die in der Vorbereitungsphase des Krieges möglicherweise noch gar nicht angestellt wurden. Genauso ist aber denkbar, dass man in der Division schon vor Kriegsbeginn zu dieser Gegenposition gefunden hatte. Ethische Einwände gegen die Radikalmaßnahmen lagen schließlich nicht fern. Auch die Reaktionen der Betroffenen auf das unausweichliche »Bekanntwerden dieser Massnahmen« waren durchaus voraussehbar, zumal schon im Handbuch für den Generalstabsdienst ausdrücklich vor den nachteiligen Folgen gewarnt worden war, die Repressalien gegen Angehörige der feindlichen Streitkräfte nach sich ziehen würden, sobald sie der Gegenseite zur Kenntnis gelangten.[367]

Neben den pragmatischen Einwänden beruhte der Widerwillen gegen die Kommissarrichtlinien in dieser Division offenbar vor allem auf dem traditionalistischen

---

[364] Vgl. den Befehl 6. Pz.Div./Abt. Ic, betr. »Maßnahmen der Truppe gegen die Zivilbevölkerung«, v. 26.7.1941; BA-MA, RH 27-6/115, Anl. 22. Vgl. auch den Befehl 6. Pz.Div./Abt. Ic, betr. Gefangenenvorführung (gez. Graf Kielmansegg), v. 29.8.1941, in dem ebenfalls auf die »bestehenden besonderen Bestimmungen« im Verfahren mit »verdächtige[n] Zivilisten« rekurriert wurde; BA-MA, RH 27-6/115, Anl. 54.

[365] Vgl. hierzu und zum Folgenden den TB (Ic) der 78. Inf.Div. v. 1.6.-22.6.1941; BA-MA, RH 26-78/64.

[366] Vgl. ebd. Der TB (Ic) v. 1.6.-22.6.1941 ist Teil des TB (Ic) 1.6.-11.12.1941. Das Datum der Fertigstellung der einzelnen Teile wurde nicht angegeben. Es ist möglich, dass der gesamte TB erst nach dem 11.12.1941 ausgearbeitet wurde.

[367] Vgl. H.Dv. g. 92, S. 103, siehe Anm. 317.

Ehrenkodex der Wehrmacht, mit dem überkommene Ritterlichkeitsideale verbunden waren. Die Berufung auf das »soldatische Empfinden« legt nahe, dass sich die Kritik vor allem an der willkürlichen Aberkennung des regulären Kombattantenstatus der sowjetischen Politoffiziere entzündet hatte. Hierfür spricht auch, dass gegen den Kriegsgerichtsbarkeitserlass in der Division allem Anschein nach keine vergleichbaren Gegenstimmen laut wurden; zumindest den Verfassern des Ic-Tätigkeitsberichts schien der Kommissarbefehl offensichtlich der bemerkenswertere der beiden »Führererlasse« zu sein. Während das geplante kompromisslose Vorgehen gegen die erwarteten zivilen Widerstände anscheinend nicht das gleiche Aufsehen erregte, stieß man sich an den befohlenen Gewaltmaßnahmen gegen die Kommissare; offenbar deshalb, weil es sich bei ihnen im Unterschied zu allen Irregulären um vollwertige Angehörige der gegnerischen Streitkräfte handelte. Schwerer als der Bruch mit dem Völkerrecht, der in der Kritik der Division gar nicht zur Sprache kam, scheint dabei der Verstoß gegen die ungeschriebenen Konventionen des Soldatenethos gewogen zu haben. Dabei war es wohl weniger das Mitgefühl mit den Leidtragenden der Vernichtungspolitik, sondern eher die Betrauung der »fechtenden Truppe« mit dieser Aufgabe, die das »soldatische Empfinden« der Fronteinheiten verletzt haben könnte. Die tiefen Vorbehalte, die man in der Wehrmacht gegenüber den politischen Kommissaren als unmilitärische Fremdkörper und Repräsentanten des Bolschewismus empfand, konnte man auch in dieser Division nicht verhehlen; die zustimmende Bemerkung, dass der Kommissarbefehl »wohl politisch geboten« erscheine, war sicherlich weit mehr als nur eine Konzession für die offene Kritik an der anvisierten Form der Durchführung der Gewaltmaßnahmen.

Alle Zweifel, die man im Kommando der 78. Infanteriedivision gehegt hatte, blieben allerdings letztlich folgenlos. Das Divisionskommando setzte sich nicht dem Verdacht aus, dem Befehl zuwiderhandeln zu wollen. Nicht zufällig dokumentierte die Divisionsführung im gleichen Tätigkeitsbericht, in dem ihre kritischen Kommentare enthalten waren, dass sie die Richtlinien rechtzeitig vor Beginn des Feldzugs weisungsgemäß und ohne Einschränkungen an die unterstellten Verbände weitergegeben hatte: »Der Divisionskommandeur informierte die Regimentskommandeure persönlich über die Behandlung der Kommissare gemäss Führerbefehl.«[368] Ungeachtet der Einwände, die man intern ventiliert hatte, wirkte man schließlich an der Umsetzung des Befehls mit. Wenn man auch fundamentale Kritik geübt hatte, schreckte man doch vor der letzten Konsequenz zurück, den »Führerbefehl« zu missachten. Die Gehorsamspflicht hatte oberste Priorität und drängte im entscheidenden Moment alle Bedenken in den Hintergrund. Der Vorgang exemplifiziert, wie hoch die Bedeutung des Befehlsgehorsams bei der Umsetzung der ›verbrecherischen Befehle‹ im deutschen Ostheer veranschlagt werden muss. Dies gilt umso mehr, als nicht alle Kommandobehörden, die sich mit Bedenken gegen die Befehle trugen, dabei blieben, bedingungslosen Gehorsam zu leisten. Trotz der unumschränkten Geltung, die das Gehorsamsprinzip im deutschen Militär besaß, nahmen sich manche Stäbe das Recht dazu, die Befehle eigenständig abzuändern. In der Regel bestanden diese Modifikationen in der Implementierung zusätzlicher Kontrollmechanismen, die die Befehle zwar bis zu einem gewissen Grad

---

[368] Vgl. ebd., den Abschnitt A., »Vorbereitungen für den Ostfeldzug«.

einschränkten und tendenziell abschwächten, aber nicht grundsätzlich aufhoben.[369] Die Eingriffe in die Befehlslage betrafen vor allem die Form der Umsetzung, ohne dass man sich der Mitwirkung an der Realisierung der Vernichtungspolitik vollständig versagte.

So fiel auch die Reaktion im Stab der 102. Infanteriedivision aus, die zu den Verbänden der 9. Armee zählte. In der Form, in der die Divisionsführung den Kommissarbefehl während des Planspiels im Armeehauptquartier am 26./27. Mai 1941 erhalten hatte, konnte sie ihn nicht akzeptieren und erließ daher für ihren eigenen Befehlsbereich eine abgeänderte Regelung. Am 10. Juni 1941, etwa zwei Wochen nach dem Planspiel beim AOK 9, griff der Divisionskommandeur, Generalmajor John Ansat, das Thema auf, als er während einer Kommandeurbesprechung in Thorn »die R[e]g[imen]t[s].-, B[a]t[ai]l[lons].- und Abt[eilungs].-K[omman]d[eu]r[e]. im großen über den voraussichtlich bevorstehenden Einsatz gegen die Sowjet-Union« unterrichtete.[370] An den Grundsatz, dass die sowjetischen Politkommissare »nicht zu Gefangenen gemacht« würden, rührte er dabei nicht.[371] Auch sein Hinweis, die Weisungen »erst bekannt [zu] geben wenn es notwendig wird«, zeigte deutlich, dass er nicht die Absicht hatte, den Befehl zu unterdrücken. Ansat war grundsätzlich bereit, an der Umsetzung des Befehls mitzuwirken, nur nicht in der vorgesehenen Art und Weise. Seine Änderungen bezogen sich daher vor allem auf das praktische Verfahren. Der erste Schritt, die Selektion der gefangenen Kommissare, sollte noch so durchgeführt werden, wie es den Richtlinien der obersten Führung entsprach: »Truppe versucht auf geschickte Art kurz herauszubekommen, wer politischer Kommissar ist. Politische Kommissare dann absondern.« Was mit den Gefangenen nach Ansats Willen im Anschluss an ihre Aussonderung zu geschehen hatte, widersprach den Bestimmungen der Kommissarrichtlinien allerdings grundlegend. Die vorgeschriebene Regelung, nach der nun die sofortige Exekution der Kommissare zu erfolgen hatte, ließ Ansat nicht gelten. Stattdessen seien die »politische[n] Kommaissare [sic] zur Div[ision]. [zu] führen, von wo aus sie an andere Stellen weitergeleitet werden«. Bei den »andere[n] Stellen«, die das weitere Verfahren mit den gefangenen Kommissaren übernehmen sollten, dachte Ansat wahrscheinlich an die Kommandos des SD, die GFP oder auch die eigene Feldgendarmerie. Die Hauptsache für ihn war, dass seine Fronteinheiten von der Bürde befreit würden, die Erschießungen selbst vollstrecken zu müssen. Für diese Abweichung von den erhaltenen Weisungen schickte Ansat sofort eine Begründung hinterher, die deutlich verriet, wie entschieden er die ursprüngliche Regelung ablehnte. Energisch verkündete der Divisionskommandeur: »Die Angehörigen der Truppe sind keine Henkersknechte!«

In dieser außerordentlich pejorativen Kommentierung und der drastischen Wortwahl schwang Erregung, die von Empörung und verletztem Ehrgefühl zeugte. Die ablehnende Haltung, die daraus sprach, gründete wie so oft auf dem traditionellen Selbstverständnis der »fechtenden Truppe«. In der Durchführung der Exekutionen erblickte man eine unangenehme Polizeiaufgabe, für die man sich nicht zuständig fühlte und die

---

[369] Zu den analogen Einschränkungen, die manche Stäbe am Kriegsgerichtsbarkeitserlass vornahmen, vgl. RÖMER, ›Im alten Deutschland‹, S. 69-75.
[370] Eintrag im KTB der 102. Inf.Div. v. 10.6.1941; BA-MA, RH 26-102/5.
[371] Vgl. hierzu und zum Folgenden die Besprechungspunkte für die Kdr.-Besprechung bei der 102. Inf. Div. am 10.6.1941; BA-MA, RH 26-102/6, Anl. 21.

man aus begreiflichen Gründen als Zumutung empfand. Die anschließenden Ausführungen des Divisionskommandeurs ließen allerdings erkennen, dass daneben noch weitere Vorbehalte bestanden. Denn es hatte seine Gründe, dass Ansat die versammelten Kommandeure zum Abschluss des Besprechungspunktes zu einer unauffälligen Durchführung der Selektionen anhielt: »Bei der Feststellung der politischen Kommissare muß sehr geschickt verfahren werden, damit nicht beim Feind und Ausland bekannt wird, daß politische Kommissare nicht zu Gefangene[n] gemacht werden.« In dieser Äußerung kam deutlich zum Ausdruck, dass der Divisionskommandeur den Unrechtscharakter des Befehls erkannt hatte. Ansats offenkundige Befürchtung, dass außenpolitischer Schaden entstehen könnte, wenn die Erschießungen bekannt würden, setzte schließlich die Einsicht voraus, dass die Maßnahmen gegen die geltenden internationalen Konventionen verstießen. Die Reaktionen des Auslands, die kaum vorteilhaft ausfallen konnten, waren aber nicht die einzige Sorge. Mindestens genauso schwer wogen in den Augen des Divisionskommandeurs die Auswirkungen, die die Nachricht von den Exekutionen auf die unmittelbar betroffenen gegnerischen Streitkräfte haben würde. Ansats Drängen auf eine weitmögliche Geheimhaltung der Repressalien zeigte, dass er die Komplikationen, die sich aus der Vernichtungspolitik für die Kriegführung an der Front ergeben konnten, weitsichtig antizipiert hatte. Die militärisch-pragmatisch begründeten Bedenken gegenüber dem Vorgehen gegen die Truppenkommissare in der geplanten Form waren also in dieser Division bereits vor Beginn des Feldzugs aufgekommen, unabhängig von den bestehenden ethischen Vorbehalten.

Trotz aller moralischen, politischen und utilitaristischen Einwände dachte man in der Divisionsführung nicht daran, sich der Umsetzung des Befehls mit letzter Konsequenz entgegenzustellen. Man entschied sich für eine Kompromisslösung, die die Mitwirkung der eigenen Truppen an den Radikalmaßnahmen bis auf ein Mindestmaß beschränkte, gleichwohl aber gewährleistete, dass der Endzweck des Befehls erfüllt würde. Mit der gefundenen Regelung schob man indes nur einen Teil der Verantwortung weiter. Denn mit der Selektion und Auslieferung der gefangenen Kommissare hatten die Truppen nach wie vor einen grundlegenden Beitrag zur Realisierung der Vernichtungspolitik zu leisten, der für den Ablauf des Mordprogramms unverzichtbar war. Das modifizierte Verfahren, das der Divisionskommandeur in seinem Verband angeordnet hatte, war ein arbeitsteiliger Prozess, der in letzter Konsequenz nichts an dem mörderischen Ziel des ursprünglichen Befehls änderte. Ansats Intervention zielte also keineswegs auf den Schutz der Kommissare, sondern vielmehr auf den der eigenen Truppe, deren Degradation und Degeneration zu »Henkersknechten« er verhindern wollte.

Zugleich stand wohl auch die verbreitete Sorge vor einer »Verwilderung« der Truppe hinter den Einwänden des Divisionskommandeurs. Diese Befürchtung bewegte Ansat jedenfalls zu dem Schritt, auch die Statuten des Kriegsgerichtsbarkeitserlasses abzuändern. Die Gelegenheit dazu nutzte Ansat auf der letzten Besprechung mit den unterstellten Truppenkommandeuren, die am Vormittag des 21. Juni 1941 auf seinem Gefechtsstand stattfand. Auf den Kommissarbefehl ging Ansat hierbei offenbar nur noch knapp ein und wiederholte lediglich die alles sagende Kurzformel: »Politische Kommissare werden grundsätzlich nicht gefangengenommen.« Im Mittelpunkt dieser abschließenden Kommandeurbesprechung standen die Weisungen »über das Verhalten gegenüber der Zivilbevölkerung der Sowjet-Union«, also der Kriegsgerichtsbarkeitserlass.[372] Im Kern stimmten Ansats Anordnungen mit den Grundsätzen des »Barbarossa«-Befehls überein. Dort, wo sich die Bevölkerung »nicht loyal verhält«, solle »rücksichtslos durchgegriffen werden«, befahl er. Mit dem erklärten Ziel, die Aufrechterhaltung der Disziplin sicherzustellen, revidierte der Divisionskommandeur allerdings eine der zentralen Bestimmungen des Gerichtsbarkeitserlasses: »Andrerseits ist die Truppe scharf in Zucht zu behalten, notwendige Maßnahmen gegen Zivilisten dürfen nur auf Befehl von Off[i]z[ieren]. in der Stellung von B[a]t[ai]l[lons]. K[omman]d[eu]r[en]. angeordnet werden.«[373] Während der Kriegsgerichtsbarkeitserlass jedem einzelnen Offizier das Recht zubilligte, Exekutionen gegen sowjetische Zivilisten anzuordnen, gestand Ansat diese Befugnis in seiner Division nur den Truppenkommandeuren zu.

Diese Änderung war durchaus einschneidend und versprach, wesentlich mehr Kontrolle über die Repressalien zu gewährleisten. Während nach der ursprünglichen Regelung sämtliche rund 500 Offiziere, die in einer aufgefüllten Infanteriedivision vorhanden waren, nach eigenem Ermessen Erschießungen veranlassen durften, waren nach Ansats Auslegung nur noch die Kommandeure dazu berechtigt, die knapp zwei Dutzend Offiziere zählten. Der Personenkreis, der zur Durchführung von Repressalien ermächtigt war, wurde dadurch erheblich eingeschränkt und war im Vergleich zu den Bestimmungen des »Barbarossa«-Befehls nur wenig größer als in der Zeit vor dem Inkrafttreten des Gerichtsbarkeitserlasses, als die Kriegs- und Standgerichte noch für das Verfahren gegen Zivilisten zuständig waren. Ähnlich wie bei der Modifizierung des Kommissarbefehls dienten Ansats Änderungen am Kriegsgerichtsbarkeitserlass aber mehr dazu, die Truppe vor sich selbst zu schützen als die Bevölkerung vor seiner Truppe. Unabhängig von der Frage, welche Intentionen Ansat verfolgte, offenbaren seine eigenständigen Korrekturen an der Befehlslage, dass im Umgang mit den ›verbrecherischen Befehlen‹ beträchtlicher Handlungsspielraum bestand, der immerhin zu einer weit reichenden Einschränkung der Erlasse genutzt werden konnte. Nach den preußisch-deutschen Führungsprinzipien konnte ein Truppenkommandeur im Range eines »oberen Führers« schließlich das Recht beanspruchen, für die Umsetzung erhaltener Befehle in seinem Verantwortungsbereich eigene Durchführungsbestimmungen zu erlassen, auch wenn sie im Detail von den Vorgaben der höheren Stäbe abweichen mochten. Dieses Vorgehen war durchaus systemkonform und weit von veritabler Befehlsverweigerung entfernt, die auch Ansat sicherlich nicht in Betracht zog, galt das Gehorsamsprinzip doch gerade den elitären Truppenführern als unantastbar. Es blieb aber der Ausweg, den Modus der Durchführung zu ändern. Auch wenn es somit verfehlt wäre, dieses Verhalten als politisch widerständiges Handeln zu überschätzen, bleibt es gleichwohl bemerkenswert, dass es Divisionskommandeure wie Ansat gab, die aus ihren Bedenken wirksame Konsequenzen zogen und höchste Befehle – zumindest partiell – revidierten, die vom Staatsoberhaupt selbst ausgegangen waren. Wer von dieser Möglichkeit Gebrauch machte, ragte damit aus der Masse der Kommandeure und Befehlshaber deutlich hervor, die diesen Schritt nicht wagten oder vielfach auch

---

[372] Vgl. hierzu und zum Folgenden den Eintrag im KTB der 102. Inf.Div. v. 21.6.1941; BA-MA, RH 26-102/5.

[373] Ebd. Ansonsten fügte Ansat nur noch hinzu: »Einrichtung von Verwaltungsgerichten ist erst später vorgesehen, bis dahin muß sich die Truppe selbst helfen. Wo sich die Bevölkerung ruhig und anständig verhält, sind auf jeden Fall Übergriffe zu verhindern.«

gar nicht erst erwogen, weil sie mit den Befehlen aus eigener Überzeugung übereinstimmten. Diese konsequenten Truppenführer bewiesen durch ihr Handeln, dass kritisches Urteilsvermögen und Verantwortungsbewusstsein in der deutschen Militärelite noch nicht restlos der verbreiteten Führergläubigkeit und dem Prinzip des blinden Gehorsams gewichen waren.

Auch der Kommandeur der 111. Infanteriedivision, Generalleutnant Otto Stapf, nahm Änderungen an den ›verbrecherischen Befehlen‹ vor, die mit Ansats Eingriffen nahezu identisch waren. Stapf hatte von den Befehlen detailliert Kenntnis erhalten, als ihn sein Ic am 17. Juni 1941 über die Inhalte der Ic-Besprechung informierte, die am Vortag beim vorgesetzten AOK 6 stattgefunden hatte.[374] Dass Stapf nach dem Vortrag seines Ic-Offiziers den Entschluss gefasst hatte, die Befehle nicht in der vorgesehenen Form weiterzugeben, zeigte sich am Morgen des darauf folgenden Tages, als er eine Besprechung mit den unterstellten Kommandeuren abhielt.[375] Die ›verbrecherischen Befehle‹ kamen erst gegen Ende der ausführlichen Sitzung zur Sprache.[376] Wie der Ia-Offizier der Division in seiner Mitschrift festhielt, machte Stapf bei der »Bek[annt]gabe des Erlasses über Gerichtsbarkeit usw.« eine Reihe von Einschränkungen. Zunächst beschnitt Stapf die kapitalen Vollmachten, mit denen die Truppenoffiziere durch den Kriegsgerichtsbarkeitserlass ausgestattet waren. Genauso wie Ansat es in seiner 102. Infanteriedivision verfügt hatte, aberkannte Stapf den niederen Offiziersrängen das Recht, Exekutionen zu veranlassen. Allein der jeweilige »K[omman]d[eu]r entscheidet über Erschießen«, befahl Stapf kategorisch. Damit war in der 111. Infanteriedivision ausschließlich die überschaubare Gruppe der Bataillons- und Regimentskommandeure zur Anordnung von Repressalien berechtigt und nicht auch noch die große Masse der subalternen Truppenoffiziere, wie es im Kriegsgerichtsbarkeitserlass vorgesehen war.

Zur Handhabung der kollektiven Repressalien befahl Stapf mäßigend, dass das harte »Durchgreifen b[ei]. *schw[eren]*. Fällen« von Widerstand aus der Zivilbevölkerung angezeigt sei, was implizierte, dass in leichteren Fällen nachsichtiger verfahren werden sollte. Die exemplarischen »Kollektivmaßn[ahmen]. gegen Ortschaften« seien dann durchzuführen, »wenn *nachgewiesen*« sei, »dass Gegenwehr der Ziv[il]. Bevölk[erung].« erfolgt war, wobei die Betonung auf dem Wort »nachgewiesen« lag. Alle diese Regelungen würden »nur während der Kampfzeit« gelten, wobei der »*Kampf*« nach wie vor als »eigentl[iche]. Aufg[abe]. der Tr[u]ppe« aufzufassen sei und daher »keine Such[-] u. Säub[erungs]aktionen« stattfinden dürften. Welche Erwägungen hinter Stapfs gemäßigter Auslegung des Kriegsgerichtsbarkeitserlasses standen, war unschwer zu erkennen. Denn gleich mehrfach wiederholte und variierte Stapf die Ermahnung zur Aufrechterhaltung der »Manneszucht!«. Die oberste Devise lautete, dass die »*Disziplin* d[er]. Tr[u]ppe« unverrückbar »im Vordergr[un]d.« stehen müsse und nicht beeinträchtigt werden dürfe. Aus diesem Grund sollte es zu keinen

---

[374] Zur Teilnahme des Ic-Offiziers an der Besprechung im AOK 6 vgl. den Eintrag im TB (Ic) der 111. Inf.Div. v. 16.6.1941 sowie seine Notizen; BA-MA, RH 26-111/28, S. 5 sowie Anl. 13. Zum Vortrag des Ic vor dem Div.Kdr. am darauf folgenden Tag vgl. den Eintrag im TB (Ic) v. 17.6.1941; BA-MA, RH 26-111/29, S. 1.
[375] Vgl. den Eintrag im KTB der 111. Inf.Div. v. 18.6.1941, 09.30 Uhr; BA-MA, RH 26-111/6, S. 5.
[376] Vgl. hierzu und zum Folgenden die hs. Notizen des Ia zur Kdr.-Besprechung bei der 111. Inf.Div. v. 18.6.1941; BA-MA, RH 26-111/7, Anl. 2. Hervorhebungen im Original.

Exzessen kommen dürfen, wie Stapf nachdrücklich betonte: »Willkürl[iche]. Ausschr[ei]t[un]g[en] d[er]. Tr[u]ppe haben zu unterbleiben.« Stapfs Vorkehrungen gegen eine zu extensive Auslegung des Gerichtsbarkeitserlasses beruhten offensichtlich in erster Linie auf der Sorge vor den möglichen Rückwirkungen auf die eigenen Truppen. Die Rücksicht auf die leidtragende Zivilbevölkerung war dabei allenfalls ein Nebenaspekt.

Nachdem Stapf seine Kommandeure über die Aufhebung des Strafverfolgungszwanges und die Handhabung dieser Bestimmung orientiert hatte, kam er schließlich auf die »Behandl[un]g. [der] Pol[itischen]. Kom[m]iss[are].« zu sprechen. Zunächst gab er bekannt, wie mit den zivilen Funktionären zu verfahren sei: »B[ei]. f[ein]dl[icher]. Halt[un]g sind diese zu erledigen.« Während diese Direktive noch ganz auf der Linie des Kommissarbefehls lag, wichen Stapfs Anweisungen für das Vorgehen gegen die militärischen Kommissare entschieden davon ab: »Kommiss[are]. d[er]. rot[en]. Armee werden rückwärts erledigt[,] nicht v[on]. d[er]. Truppe«, befahl der Divisionskommandeur. Das in den Kommissarrichtlinien vorgeschriebene Verfahren, nach dem die Exekution der gefangenen Truppenkommissare im Frontbereich durch die Kampfeinheiten zu erfolgen hatte, ließ Stapf also nicht gelten. Diese Aufgabe sollten nach seinem Willen andere Kräfte im Hinterland der Front übernehmen, wobei er vermutlich an den SD, die GFP oder die Abwehrorgane der Gefangeneneinrichtungen dachte. Ob Stapf seinen Truppen zumindest die Minimalleistung abverlangte, wenigstens die Selektion der Kommissare durchzuführen und damit alles Weitere vorzubereiten, geht aus dem Besprechungsprotokoll zwar nicht hervor, ist aber anzunehmen. Die frühzeitige Abtrennung des kriegsgefangenen Führungspersonals, der Offiziere, Kommissare und Unteroffiziere, von den Mannschaften war ohnehin vorgesehen und entsprach auch den militärischen Gepflogenheiten.[377] Außerdem besteht Grund zu der Annahme, dass Stapf trotz aller Vorbehalte gegen die anvisierte Form der praktischen Umsetzung die besondere Bekämpfung der sowjetischen Kommissare nicht prinzipiell ablehnte. Dafür spricht nicht nur, dass Stapf die Maßnahmen gegen die zivilen Parteifunktionäre ohne Einschränkung unterstützte. Dass es Gründe für ihn gab, der Vernichtung der Kommissare zuzustimmen, konnten die versammelten Kommandeure auch seinen weiteren Ausführungen entnehmen. Denn es dürfte kein Zufall gewesen sein, dass Stapf unmittelbar im Anschluss an die Bekanntgabe seiner Anweisungen zum Vorgehen gegen die Kommissare die »Notwendigkeit der Ausrottung des Bolschewismus als großes Kampfziel« verkündete und sich ereiferte: »Die zugefügten Gemeinheiten durch Bolschew[isten]. sind groß genug.«[378] Wo das Hassgefühl gegen den Bolschewismus und die Überzeugung von der »Notwendigkeit« seiner »Ausrottung« so stark ausgeprägt war wie hier, hätte es geradezu schizophrener Verrenkungen bedurft, um sich der Mitwirkung an der geplanten Vernichtung seiner Repräsentanten vollständig zu versagen, ohne die schließlich die »Ausrottung des Bolschewismus« nicht zu haben war.

Stapfs Eingriffe in die Befehlslage offenbarten, dass es nicht die rigorose Repressionspolitik an sich war, die seinen Widerspruch hervorgerufen hatte. Im Prinzip befür-

---

[377] Die Trennung des kriegsgefangenen Führungspersonals von den Mannschaften war bereits im Befehl des OKH/Gen.St.d.H./Gen.Qu./Abt. K.Verw. Nr. II/0315/41 g.Kdos. Chefs. v. 3.4.1941 verfügt worden; BA-MA, RH 21-1/464, S. 15.
[378] Notizen des Ia zu der Kdr.-Besprechung bei der 111. Inf.Div. v. 18.6.1941; BA-MA, RH 26-111/7, Anl. 2.

wortete auch Stapf die kompromisslose Bekämpfung irregulären Widerstands aus der Zivilbevölkerung; daran änderten selbst seine reglementierenden Auflagen nichts, dienten sie doch einzig dazu, für eine dosierte, zweckgerichtete Anwendung der Gewaltmaßnahmen zu sorgen und eine größere Kontrolle über die Durchführung der Repressalien zu gewährleisten. Am deutlichsten zeigte sich Stapfs Bereitschaft zu einem harten Vorgehen daran, dass er bei der Bekanntgabe der radikalen Maßnahmen gegen die zivilen Funktionäre gänzlich darauf verzichtete, Einschränkungen zu machen. Demgegenüber störte er sich an der geplanten Ermordung der militärischen Kommissare offensichtlich deswegen, weil sie im Gegensatz zu allen aufständischen Zivilisten den Status regulärer Kombattanten besaßen. Wenn Stapf diese Unterscheidung vornahm, bewies dies zwar, dass er sich an jenen völkerrechtlichen Konventionen und traditionellen Normen orientierte, die dem regulären Kämpfer in der Kriegsgefangenschaft Schutz und Rechtssicherheit garantierten. Angesichts der Selektivität seiner Modifikationen an den ›verbrecherischen Befehlen‹ liegt allerdings die Schlussfolgerung nahe, dass die juristische Problematik für Stapf eher nachrangig war, auch wenn er die Widerrechtlichkeit der Maßnahmen wohl erkannt hatte. Dass er ohne erkennbare Distanzierung verkündete, dass die Truppenkommissare nach ihrer Gefangennahme weiter »rückwärts erledigt« würden, verriet ohnehin eine weitgehende Indifferenz gegenüber dem Schicksal der gefangenen Kommissare. Stapfs Intervention zielte eben nicht darauf ab, den sowjetischen Politoffizieren zu ihren Rechten zu verhelfen, auf die sie als reguläre Kombattanten nach der Haager Landkriegsordnung Anspruch gehabt hätten. In erster Linie war ihm wohl daran gelegen, die heikle Angelegenheit von der eigenen Truppe fernzuhalten.

Stapfs Bedenken rührten offenbar vor allem daher, dass die planmäßige Tötung uniformierter Kriegsgefangener nicht mit dem überkommenen Soldatenethos vereinbar schien; daneben sprachen auch die geäußerten Befürchtungen vor einer Beeinträchtigung der »Mannszucht« in den Einheiten dagegen, diese Aufgabe der »fechtenden Truppe« aufzubürden. Dennoch gab es gewichtige Gründe, die Mitwirkung an der Realisierung der radikalen Repressionspolitik nicht vollständig abzulehnen; zu ausgeprägt war die Übereinstimmung mit den ideologischen Zielen des »Kreuzzugs gegen den Bolschewismus«, zu weit reichte die Überzeugung von der Eigenart des bevorstehenden Krieges, der solche »besonderen Maßnahmen« unverzichtbar erscheinen ließ. Zudem erleichterte die Prämisse, dass »alles nur während der Kampfzeit« gelten würde, die Akzeptanz der ›verbrecherischen Befehle‹. Die Aussicht, dass die Erlasse lediglich für einen absehbaren Zeitraum, während der erwarteten kurzen Kampagne in Kraft bleiben würden, ließ sie in jedem Falle erträglicher erscheinen. Nicht zuletzt war es auch ein Gebot des militärischen Gehorsams, die Anordnungen der übergeordneten Führung nicht zu sabotieren. Es blieb allerdings die Möglichkeit, die Befehle eigenverantwortlich zu modifizieren, sofern man dabei nicht so weit ging, dass sie ihren Zweck zu verfehlen drohten. So wie das Kommando der 102. Infanteriedivision nahm auch die Führung der 111. Infanteriedivision diese Modifikationen keineswegs heimlich vor. In beiden Fällen wurde die Abänderung der Erlasse offen in den Dienstakten dokumentiert. Auch dieses selbstbewusste Verhalten zeugt davon, dass die Kommandobehörden ihre begrenzten Eingriffe in die Befehlslage durchaus als systemkonform und legitim ansahen.

Auch den Akten der 112. Infanteriedivision ist zu entnehmen, dass die Divisionsführung vor Beginn des Einsatzes eigenständig Änderungen an den Kommissarrichtlinien vornahm. Die Division war zunächst als Reserveverband vorgesehen und traf daher erst Ende Juni 1941 in ihrem Einsatzraum im Mittelabschnitt der Ostfront ein. Nachdem sich der Divisionskommandeur, Generalleutnant Mieth, am 29. Juni 1941 beim vorgesetzten Höheren Kommando XXXV in Minsk gemeldet und dort Weisungen für den Einsatz empfangen hatte, rief er am darauf folgenden Tag die unterstellten Kommandeure zusammen, um sie in ihre Aufgaben einzuweisen.[379] Während dieser Besprechung am 30. Juni 1941 informierte er seine Truppenführer auch über die ›verbrecherischen Befehle‹, die er in einer abgewandelten Fassung weitergab. Im Unterschied zu den Stäben der 102. und 111. Infanteriedivision machte der Kommandeur der 112. Infanteriedivision dabei allerdings keine Abstriche an den Bestimmungen des Kriegsgerichtsbarkeitserlasses. Mieths Eingriffe betrafen ausschließlich die Kommissarrichtlinien, während seine Erklärungen zum Gerichtsbarkeitserlass weitgehend der herrschenden Befehlslage entsprachen. Einleitend verkündete er, dass »auf Grund eines besonderen Führererlasses [...] die militärische Gerichtsbarkeit gegenüber der Bevölkerung im feindlichen Lande aufgehoben« sei und Standgerichte gegen »feindliche Bevölkerung« nicht mehr eingesetzt würden.[380] Stattdessen gelte der Grundsatz, dass »Freischärler, die mit der Waffe in der Hand angetroffen werden, [...] sofort zu erschiessen« seien, ebenso alle »Saboteure, die feindliche Akte gegenüber Eigentum der Wehrmacht verüben«. Wenn ein Freischärler oder Saboteur auf frischer Tat ertappt würde, sei jeder einfache Soldat dazu »berechtigt, ihn ohne weiteres selbst zu erledigen«. »In Fällen leichterer Art und in Fällen wo es möglich ist, ist der Deli[n]quent einem Offizier vorzuführen, welcher ohne Berufung eines Standgerichtes auf eigene Verantwortung entscheidet, ob der Mann zu erschiessen ist oder nicht.« Genauso wie diese Anweisungen entsprachen auch Mieths Erläuterungen zur Durchführung von Kollektivmaßnahmen exakt den Vorschriften des Kriegsgerichtsbarkeitserlasses. Seine Ausführungen zur Handhabung der gelockerten Strafrechtspflege innerhalb der eigenen Verbände wichen allerdings ein deutliches Stück von den Paragraphen des »Barbarossa«-Befehls ab. Dass er seine Truppenkommandeure überhaupt über die Aufhebung des Strafverfolgungszwanges informierte, stellte bereits eine Missachtung der Durchführungsbestimmungen des Heeresgruppenkommandos Mitte dar.[381] Diese formale Übertretung der erhaltenen Befehle war eine notwendige Konsequenz der inhaltlichen Änderungen, die Mieth verfügt hatte. Seine Erklärung, dass »Vergehen deutscher Soldaten gegenüber der Bevölkerung z. B. Vergewaltigung, Plünderung pp. [...] entsprechend der bisher auch schon bestehenden Bestimmungen in leichteren Fällen disziplinar erledigt werden« könnten, stimmte noch mit den Vorgaben des Gerichtsbarkeitserlasses überein. Was er aber zum praktischen Verfahren anordnete, stellte einen klaren Verstoß dagegen dar: »Die Kommandeure entscheiden, ob der Fall so schwer ist, dass Tatbericht eingereicht werden muss oder ob disziplinare Erledigung genügt.« Gemäß Abschnitt II des Gerichtsbarkeitserlasses und den unmissverständlichen Direktiven der Heeresgruppe Mitte sollte es die alleinige Aufgabe des Gerichtsherrn, also des Divisionskommandeurs, bleiben, zu prüfen, »ob in solchen Fällen eine

---

[379] Vgl. die Einträge im KTB der 112. Inf.Div. v. 26.6.-29.6.1941 und 30.6.1941; BA-MA, RH 26-112/7, S. 5-7.
[380] Vgl. hierzu und zum Folgenden das Protokoll zu der Kdr.-Besprechung bei der 112. Inf.Div. v. 30.6.1941; BA-MA, RH 26-112/8, Anl. 18.
[381] Vgl. Kap. III.2.6.

disziplinare Ahndung angezeigt oder ob ein gerichtliches Einschreiten notwendig ist«.[382] Der Kommandeur der 112. Infanteriedivision aber delegierte diese Entscheidung entgegen den ausdrücklichen Befehlen der übergeordneten Führung an die unterstellten Truppenkommandeure und trat damit die Kontrolle über diesen sensiblen Bereich weitgehend an seine Untergebenen ab.

Während Mieths Anordnungen zur Handhabung des Kriegsgerichtsbarkeitserlasses mit der Befehlslage übereinstimmten und teilweise sogar noch darüber hinausgingen, schränkte der Divisionskommandeur die Umsetzung der Kommissarrichtlinien deutlich ein. Ähnlich wie die Generäle Ansat und Stapf in der 102. und 111. Infanteriedivision bestimmte Mieth für seine 112. Infanteriedivision, dass die Vernichtung der Kommissare nicht von den Fronttruppen durchgeführt werden sollte: »Werden politische Kommissare (Politruks), die bei jeder russischen Einheit vorhanden sind, gefangen genommen, so sind sie abzusondern und direkt dem Ic der Division zuzuführen.« Immerhin ließ Mieth seine Kampftruppen die Selektion der gefangenen Kommissare vornehmen, führte also ein ähnlich arbeitsteiliges Verfahren ein wie der Kommandeur der 102. Infanteriedivision. Auch die Tatsache, dass Mieth die Politoffiziere der Kompanieebene, die so genannten Politruks, von vornherein in den Geltungsbereich des Befehls mit einbezog, obwohl die Kommissarrichtlinien dies gar nicht verlangten, deutet darauf hin, dass er nicht die Absicht hatte, sich der Mitwirkung an der Vernichtungspolitik gänzlich zu verschließen. Anschließend informierte Mieth die versammelten Truppenführer darüber, wie die Betroffenen in den Gefangenenmassen überhaupt zu identifizieren seien: »Diese Politruks tragen als Abzeichen goldgestickte Sowjet-Sterne mit Hammer und Sichel auf den Ärmeln.« Weitsichtig fügte er hinzu: »Haben sie Abzeichen entfernt, werden sie in den meisten Fällen von Soldaten denunziert werden, weil sie nicht beliebt sein sollen.« Zum Abschluss des Besprechungspunktes wies Mieth noch darauf hin, dass diese Maßnahmen »gegenüber den zivilen politischen Kommissaren, die in jeder Ortschaft vorhanden sind«, nicht anzuwenden seien. »Betragen diese sich anständig, so sind sie in Ruhe zu lassen«, befahl Mieth, was allerdings implizierte, dass die zivilen Funktionäre bei widerständigem Verhalten den gleichen Strafen verfallen sollten wie alle anderen Zivilisten auch. Im Gegensatz zu seinen Anordnungen über das Vorgehen gegen die Truppenkommissare entsprachen Mieths Weisungen über das Verfahren mit den zivilen Funktionären also im Wesentlichen den Bestimmungen der Kommissarrichtlinien.

Das Besprechungsprotokoll enthält zwar keine ausdrücklichen Begründungen dafür, warum sich der Divisionskommandeur das Recht dazu nahm, den Kommissarbefehl in dieser Form zu modifizieren. Anhand der Zielrichtung und Selektivität seiner Eingriffe ist aber durchaus zu erkennen, was Mieth zu dem Entschluss bewegte, seine Truppen aus der Vernichtungspolitik gegen die militärischen Kommissare weitgehend herauszuhalten und ihnen nur einen verhältnismäßig geringen, wenn auch unverzichtbaren Beitrag abzuverlangen. Anders als etwa bei der 111. Infanteriedivision scheint die Furcht vor willkürlichen Ausschreitungen der Truppen und einem Verfall der Disziplin in Mieths Überlegungen, wenn überhaupt, nur eine marginale Rolle gespielt zu haben. Denn obwohl Mieth offenkundig dazu bereit war, die »Führererlasse« abzuändern, ließ er den Kriegsgerichtsbarkeitserlass ohne jede Einschränkung gelten

---

[382] Vgl. die Bestimmung II.3. des Kriegsgerichtsbarkeitserlasses.

– ein Verhalten, in dem er sich grundlegend von denjenigen Truppenführern unterschied, bei denen die Sorge um die Disziplin den Anstoß für die Eingriffe in die Befehlslage gegeben hatte. Vor allem seine extensive Auslegung des Abschnitts über die Aufhebung des Strafverfolgungszwanges offenbarte, dass er die diesbezüglichen verbreiteten Befürchtungen kaum teilte. Es ist also mit großer Wahrscheinlichkeit auszuschließen, dass er seine Änderungen an den Kommissarrichtlinien zu dem Zweck anbrachte, um Vorkehrungen gegen einen möglichen Disziplinverfall zu treffen. Näher lässt sich allerdings nicht mit Sicherheit eingrenzen, welche Motive hinter Mieths Entscheidung standen, den Kommissarbefehl nicht in der vorgesehenen Form zu akzeptieren. Es ist denkbar, dass ähnliche Vorbehalte wie in der 102. Infanteriedivision bestanden und es vor allem ethisch-traditionalistische Bedenken waren, die ihn dazu bewegten, die Befehlslage einzuschränken, wobei es wiederum in erster Linie darum ging, die Truppen von der Bürde der Exekutionen zu befreien, als die Kommissare vor ihrem drohenden Schicksal zu bewahren. Genauso ist aber vorstellbar, dass sich das Divisionskommando durch seine Änderungen lediglich die Möglichkeit erhalten wollte, die Politoffiziere vor ihrer Hinrichtung noch zu verhören, so wie es die Abteilung Fremde Heere Ost bereits Ende Mai 1941 nahe gelegt hatte.[383] Die prinzipielle Schonung der Kommissare zählte schließlich gewiss nicht zu den Zielen, die Mieth verfolgte. Indem seine Truppen die Selektion der Kommissare übernahmen, leisteten sie die Vorarbeit für ihre spätere Ermordung. In Anbetracht dessen, wie das Divisionskommando während des laufenden Feldzugs verfuhr, liegt die Vermutung nahe, dass schon vor Beginn des Einsatzes beabsichtigt war, die gefangenen Kommissare nach ihrer Ablieferung im Bereich des Divisionsgefechtsstandes zunächst vernehmen und dann exekutieren zu lassen.[384]

Im Bereich des IX. Armeekorps, das der 4. Armee unterstand, wurde kurz vor Beginn des Feldzugs eine veränderte Regelung für die Umsetzung des Kommissarbefehls getroffen, die im Endeffekt auf ein ähnliches Verfahren hinauslief, wie es in der 102., 111. und 112. Infanteriedivision angestrebt wurde. Die Entscheidung darüber fiel erst am Vortag des Krieges. Am 21. Juni 1941 rief der Generalstabschef des IX. Armeekorps, Oberstleutnant i.G. Hans-Ottfried v. Linstow, in der Ic-Abteilung der unterstellten 292. Infanteriedivision an und teilte den entsprechenden Entschluss des Generalkommandos mit. Der Ic-Offizier der Division, Hauptmann d.R. Paul Hagemann, hielt die fernmündlich erteilten Weisungen in einer kurzen Aktennotiz fest.[385] Wie daraus hervorgeht, stellte es der Stabschef des Korps dem Divisionskommando frei, bei der praktischen Durchführung der Kommissarrichtlinien von den Vorschriften des Befehls in einem nicht unwesentlichen Punkt abzuweichen: »Politische Kommissare, soweit diese, als Organe der feindl[ichen]. Truppe von der eigenen Truppe im Verlauf des Kampfes nicht erledigt wurden, können sie – abgesondert von den übrigen Gefangenen – in die Div[isions].-Gefangenensammelstellen überführt und dort – auch durch Feldgendarmerie – beseitigt werden.« Eine vorherige Vernehmung durch den Ic der Division käme nur dann in Frage, »wenn Aussicht besteht, dadurch wichtige militärische Aussagen zu erhalten«. Die Vorgeschichte dieser Anordnung bleibt im Dunkeln, da keine weiteren

---

[383] Vgl. Kap. II.2.
[384] Vgl. die Ic-Meldung der 112. Inf.Div. an das XII. AK v. 1.8.1941; BA-MA, RH 26-112/75, Anl. 7.
[385] Vgl. hierzu und zum Folgenden die Aktennotiz des Ic der 292. Inf.Div. über die mündlich erteilten Weisungen des Generalstabschefs des IX. AK v. 21.6.1941; BA-MA, RH 26-292/53, Anl. 1.

Quellen über den Vorgang überliefert sind. Der konzessive Tenor dieser Mitteilung deutet aber darauf hin, dass es sich dabei eher nicht um eine allgemeinverbindliche Grundsatzentscheidung mit Befehlscharakter gehandelt hat, die der Initiative des Generalkommandos entsprungen wäre. Vielmehr hat es den Anschein, als ob der Divisionsstab zuvor beim Generalkommando um die Genehmigung dieser Kann-Bestimmung nachgesucht hätte. Dass diese Kommandobehörden auf dem Dienstweg über die Abänderung der Kommissarrichtlinien verhandelten, belegt in jedem Fall ein weiteres Mal, dass die Modifikation der ›verbrecherischen Befehle‹ in den Stäben des Ostheeres keineswegs heimlich im Verborgenen erfolgte, sondern vielmehr als Geschäftsvorgang aufgefasst und behandelt werden konnte, mit dem man sich weiterhin im Rahmen der institutionell gewährten Handlungsmöglichkeiten bewegte.

Auch in inhaltlicher Hinsicht ähnelte die zugestandene Alternativlösung der arbeitsteiligen Vorgehensweise, die in der 102., 111. und 112. Infanteriedivision angebahnt wurde. Die geplante Ermordung der Kommissare sollte nicht verhindert, sondern lediglich institutionell verlagert werden. Die Aufgabe der Fronttruppen beschränkte sich darauf, die gefangenen Politoffiziere zunächst zu selektieren und anschließend an die Gefangeneneinrichtungen der Division auszuliefern. Die Hinrichtung der Gefangenen erfolgte dort zwar ebenfalls durch Kräfte des Heeres, nämlich durch Angehörige der Feldgendarmerie, die zu den Divisionstruppen gehörte. Im Unterschied zu den Kampfeinheiten konnten die Gendarmen aber die Durchführung von Exekutionen durchaus zu ihrem dienstlichen Aufgabenspektrum zählen. Die Vernichtungspolitik wurde also weiterhin innerhalb des Divisionsverbandes und durch das eigene Personal abgewickelt, doch wurde immerhin die »fechtende Truppe« von dieser unangenehmen Pflicht befreit, für die sie nach geläufiger Auffassung nicht zuständig war. Vermutlich waren es wiederum die traditionellen Ehrvorstellungen der Kampftruppen, die hinter dieser Modifikation des Kommissarbefehls standen, möglicherweise spielten aber auch die kursierenden Befürchtungen vor einem Disziplinverfall eine Rolle. Beide Argumentationsmuster schlossen sich ohnehin nicht gegenseitig aus, sondern überschnitten sich zu einem guten Teil. Denn die befürchtete »Verwilderung« der Truppe drohte in den Augen der Befehlshaber nicht nur die Leistungsfähigkeit der Einheiten zu beeinträchtigen und einen Kontrollverlust nach sich zu ziehen, sondern musste zugleich allen Ehrbegriffen und Rollenvorstellungen zuwiderlaufen, die man in der Wehrmacht pflegte.

Ebenso wie dieser Verband der Heeresgruppe Mitte unternahm auch die Führung der 299. Infanteriedivision, die im Südabschnitt der Ostfront eingesetzt werden sollte, keine Anstrengungen, um zu verheimlichen, dass sie die ›verbrecherischen Befehle‹ in einer modifizierten Form durchführen ließ. Das Divisionskommando gab seine Änderungen an den Kommissarrichtlinien und dem Gerichtsbarkeitserlass sogar in einem schriftlichen Befehl bekannt, der am 16. Juni 1941 an die unterstellten Truppenteile herausgegeben wurde. Die »Anordnungen für die rückw[ärtigen].-Dienste Nr.1«, die die Ib-Abteilung der Division ausgearbeitet hatte, enthielten Weisungen zu insgesamt dreizehn verschiedenen Punkten, darunter auch einen Passus über das Verhalten gegenüber der »Zivilbevölkerung in Feindesland«.[386] Die knappen Anweisungen began-

---

[386] Vgl. hierzu und zum Folgenden den Befehl der 299. Inf.Div./Abt. Ib Nr. 14/41 g.Kdos. v. 16.6.1941; BA-MA, RH 26-299/29.

nen mit der Verkündung des Grundsatzes, dass »Widersetzlichkeiten bezw. Sabotageakte sofort im Keime [zu] ersticken« seien. Im Anschluss daran folgten konkrete Durchführungsbestimmungen, die von den Vorschriften der ›verbrecherischen Befehle‹ deutlich abwichen: »Täter schnellstens zur Aburteilung einem Standgericht (K[omman]d[eu]re. mindestens im Range eine[s] B[a]t[ail]l[ons].-K[omman]d[eu]rs.) zuführen. Kommissare sofort Standgerichten übergeben.« Zur Regelung des Vorgehens bei der Durchführung von Repressalien gehörte außerdem noch eine Maxime, auf die der Oberbefehlshaber der übergeordneten 6. Armee, Generalfeldmarschall v. Reichenau, bereits Ende April 1941 aufmerksam gemacht hatte: »Häuser nicht abbrennen, dienen Truppen als Unterkunft.« Die Vorgaben der 299. Infanteriedivision ähnelten in vielem den Einschränkungen, die in der 102. und 111. Infanteriedivision galten. Der Grundsatz, dass harte Repressalien vorgenommen werden sollten, sobald es erforderlich erschien, blieb unbestritten. Dass widerständige Zivilisten und gefangen genommene Kommissare nur ihre sofortige »Aburteilung« erwarten konnten, stand auch für die Führung der 299. Infanteriedivision um ihren Kommandeur, Generalmajor Moser, außer Frage. Der strittige Punkt war die Form der praktischen Anwendung dieser Prinzipien, mit denen man im Kern übereinstimmte. Die Führung der 299. Infanteriedivision entschied sich daher dazu, die Statuten der ›verbrecherischen Befehle‹ einzuschränken, indem sie die Befugnis zur Anordnung von Repressalien an die Dienststellung eines Truppenkommandeurs band.

Dass die Divisionsführung dieses Prozedere, das im Grunde nur darin bestand, die Entscheidung eines Bataillonsführers einzuholen, in ihrem Befehl als standgerichtliches Verfahren bezeichnete, war streng genommen allerdings unzutreffend. Denn gemäß der nach wie vor gültigen Kriegsstrafverfahrensordnung waren erst die Regimentskommandeure dazu befugt, Standgerichte einzuberufen und deren Urteile zu bestätigen.[387] Die modifizierte Regelung, die das Kommando der 299. Infanteriedivision eingeführt hatte, war allerdings von den Vorgaben der KStVO zumindest in einer Hinsicht nicht weit entfernt: Der Divisionsführung schwebte zwar sicherlich kein regelgetreues Standgerichtsverfahren, sondern eher nur ein einfacher Richtspruch vor, doch war der Kreis der Offiziere, die nach ihrer Auslegung zur Anordnung von Repressalien bevollmächtigt waren, nur wenig größer als nach dem Buchstaben der KStVO. Im Vergleich zu den Bestimmungen des Kriegsgerichtsbarkeitserlasses, der diese Vollmacht sämtlichen Offiziersrängen zugestand, fiel der Unterschied zwischen den Vorschriften der KStVO und der Regelung der 299. Infanteriedivision jedenfalls kaum ins Gewicht, was auch die rhetorischen Reminiszenzen an das Standgerichtsverfahren im Divisionsbefehl vom 16. Juni 1941 erklärt.[388] Dem Divisionskommando ging es dabei jedoch kaum um eine Restitution der Prozessordnung der KStVO; in erster Linie war ihm daran gelegen, eine größere Kontrolle über die Anwendung der Repressalien zu erzielen.

---

[387] Vgl. den § 13 a) der Kriegsstrafverfahrensordnung (KStVO) in der H.Dv. 3/13 v. 17.8.1938; BA-MA, RHD 4/3/13. Nach der KStVO hatten die Regimentskommandeure jeweils bis zu drei Standgerichte zu berufen, womit in einer gewöhnlichen Infanteriedivision neben dem Kriegsgericht des Divisionsstabes theoretisch etwa ein Dutzend Feldgerichte tätig werden konnten.

[388] Nach dem Kriegsgerichtsbarkeitserlass waren in einer gewöhnlichen Infanteriedivision alle ca. 500 Offiziere bevollmächtigt, Todesstrafen zu verhängen; nach den Richtlinien der 299. Infanteriedivision erhielten diese Vollmacht nur die insgesamt knapp zwei Dutzend zählenden Regiments-, Abteilungs- und Bataillonskommandeure.

Die Modifikationen dienten vor allem zur Prävention von Auswüchsen und Gewaltexzessen, wobei die Sorge vorrangig den erwarteten negativen Rückwirkungen auf die eigenen Truppen galt. Denn nicht ohne Grund nahm die Divisionsführung in den gleichen Befehl, der das Verhalten gegenüber der »Zivilbevölkerung in Feindesland« regelte, auch eine Ziffer auf, die einen eindringlichen Appell zur Aufrechterhaltung der militärischen Disziplin enthielt. Unter der Überschrift »Disziplin« erinnerte die Division mit Nachdruck daran, dass »Disziplin und Mannszucht [...] unentbehrliche Grundlagen für den Erfolg« seien, und verpflichtete die Vorgesetzten, »gegen Verstösse sofort unnachsichtlich ein[zu]schreiten«.[389] Dies war der Divisionsführung so wichtig, dass sie die Mahnung gleich noch einmal wiederholte: »Bei Plündern, übermässigem Alkoholgenuss, Vergewaltigungen sofortiges schärfstes Eingreifen.« Vor diesem Hintergrund ist die restriktive Auslegung der ›verbrecherischen Befehle‹ bei der 299. Infanteriedivision zu verstehen. Die getroffenen Vorkehrungen waren auf eine Verstärkung der Aufsicht über die Gewaltmaßnahmen ausgerichtet und versprachen eine Verminderung der Risiken, ohne dass der gewünschte Effekt der kompromisslosen Repressionspolitik dadurch ernsthaft beeinträchtigt wurde. Und gegenüber den Bestimmungen der KStVO stellte schließlich auch die Regelung, die in der 299. Infanteriedivision gelten sollte, immer noch eine Verschärfung dar. In der schrittweisen Dezentralisierung der Repressionspolitik erblickte man offensichtlich auch in diesem Divisionsstab ein geeignetes Instrument, auf das man gerade im bevorstehenden Feldzug mit seinen weiten Operationsräumen und der erwarteten Widerstandsbewegung nicht verzichten zu können glaubte. Man wollte dieses Instrument zwar justieren, aber keinesfalls aus der Hand geben.

Vor allem die Beschaffenheit der Änderungen, die die Divisionsführung an den Kommissarrichtlinien anbrachte, offenbart, dass hier kaum weitergehende, prinzipiellere Vorbehalte bestanden. Denn hinter den Eingriffen, die in der 102., 111. oder 112. Infanteriedivision vorgenommen wurden, blieben die Auflagen der 299. Infanteriedivision deutlich zurück. Während etwa in der 102. Infanteriedivision die Regelung galt, gefangene Kommissare nicht zu exekutieren, sondern zunächst zum Divisionsstab zu verbringen, »von wo aus sie an andere Stellen weitergeleitet werden« sollten[390], liefen die Anordnungen der 299. Infanteriedivision darauf hinaus, dass die Kommissare nach ihrer Gefangennahme in den Bataillonsgefechtsständen vorgeführt wurden und dort ihre »Aburteilung« erfolgte. Beide Verfahrensweisen unterschieden sich grundlegend voneinander. Die Fronteinheiten der 102., 111. und 112. Infanteriedivision waren nunmehr höchstens noch mit der Selektion und Überstellung der gefangenen Kommissare befasst, die unangenehme Aufgabe der Durchführung der Exekutionen überließ man »anderen Stellen« im Hinterland der Front. In der 299. Infanteriedivision dagegen blieb die Vernichtung der Kommissare von der Aussonderung bis zur Hinrichtung die Angelegenheit der Truppe, auch wenn die Bataillonsstäbe dabei den wichtigsten Part übernahmen. Die Zielsetzung, die Vernichtungspolitik möglichst von den Kampftruppen fernzuhalten, besaß in der 299. Infanteriedivision ganz offensichtlich nicht den gleichen Stellenwert wie etwa in der 102. Infanteriedivision, wo dieses Motiv erklärtermaßen den Ausschlag für die Entscheidung gab, die Befehlslage ab-

---

[389] Befehl der 299. Inf.Div./Abt. Ib Nr. 14/41 g.Kdos. v. 16.6.1941; BA-MA, RH 26-299/29.
[390] Vgl. Anm. 371.

zuändern. Stärker als das traditionelle Selbstverständnis und die überkommenen Moralvorstellungen der Kampftruppen wog die Sorge um die militärische Disziplin in den Verbänden, die das Leitmotiv bei der Intervention der 299. Infanteriedivision bildete.

In manchen Kommandobehörden des Ostheeres stießen die Kommissarrichtlinien also tatsächlich schon vor Beginn des Feldzugs auf Widerspruch. Ein Teil dieser Stäbe blieb nicht bei der akademischen Kritik stehen, sondern entschloss sich zu Modifikationen an der Befehlslage, die den Kommissarerlass zielgerichtet einschränkten, aber niemals vollständig außer Kraft setzten. Die modifizierten, häufig arbeitsteiligen Verfahrensweisen, die die Stäbe einführten, änderten in letzter Konsequenz nichts am Schicksal der gefangenen Kommissare; im Endeffekt halfen sie sogar, allen Beteiligten die Realisierung der Vernichtungspolitik zu erleichtern. Dass die Stäbe zwar in die Befehlslage eingriffen, letztlich aber doch an der Umsetzung der Kommissarrichtlinien mitwirkten, war nicht nur dem militärischen Gehorsamsprinzip geschuldet, sondern gründete auch auf einer prinzipiellen Überzeugung von der Notwendigkeit einer besonderen Bekämpfung der sowjetischen Politoffiziere, die in den deutschen Stäben als Repräsentanten des Bolschewismus kaum Mitgefühl erwarten konnten. Die Gewähr, dass die Stäbe mit ihren begrenzten Modifikationen die Erfüllung des Endzwecks der Kommissarrichtlinien nicht gefährdeten, trug wesentlich dazu bei, dass sie ihre Durchführungsbestimmungen und Änderungen als systemkonform betrachten und offen behandeln konnten. Dass die Kommandobehörden sich das Recht zu solchen Eingriffen nahmen, zeugt davon, welche beträchtlichen systemimmanenten Handlungsmöglichkeiten ihnen selbst im Umgang mit den scheinbar so sakrosankten »Führerbefehlen« verblieben. Diese institutionellen Handlungsspielräume konnten allerdings auch in die entgegengesetzte Richtung ausgeschöpft werden.

Ausweitung und Radikalisierung

Während die Kommissarrichtlinien in einigen Stäben Widerspruch hervorriefen, lösten sie in anderen Kommandobehörden vollkommen gegensätzliche Reaktionen aus. In einer Reihe von Frontstäben scheint der Befehl ein solches Maß an Zustimmung gefunden zu haben, dass man sich dort eigenständig dazu entschloss, seine Bestimmungen sogar noch auszuweiten. An diesen bemerkenswerten Fällen zeigte sich mit aller Deutlichkeit, dass die Bedenken, die in manchen Stäben ventiliert wurden, im Ostheer längst nicht Allgemeingut waren, ganz im Gegenteil. Dem Oberkommando der 16. Armee etwa waren einige der Bestimmungen der Kommissarrichtlinien schlichtweg nicht kompromisslos genug. Die Armeeführung gab die abgewandelte Fassung des Kommissarbefehls, die in ihrem Verantwortungsbereich gelten sollte, auf der zentralen Ic-Besprechung bekannt, die am 17. Juni 1941 im Armeehauptquartier in Bartenstein stattfand.[391] Unter den Augen des Generalstabschefs, Oberst i.G. Rolf Wuthmann, leitete der Ic-Offizier der 16. Armee die Sitzung. Major i.G. Walter Freiherr von Uckermann ging zunächst die Handhabung des Ic-Dienstes in allen Einzel-

---

[391] Zum Teilnehmerkreis, Datum und Ort der Besprechung vgl. den Eintrag im TB der Abt. Ic/Abwehr-Einsatz-Gruppe des AOK 16 v. 17.6.1941; BA-MA, RH 20-16/473.

heiten durch, bevor er auf die ›verbrecherischen Befehle‹ zu sprechen kam. Er leitete dazu über, indem er wie zur Rechtfertigung auf Hitlers grundsätzliche Weisungen vom 30. März 1941 rekurrierte. »Der Führer hat vor den Oberbefehlshabern ausgeführt: Im Kampf gegen den Bolschewismus ist mit Menschlichkeit nicht zu rechnen«.[392] Auf den Kriegsgerichtsbarkeitserlass ging Uckermann dann offenbar nur noch kurz ein. Anscheinend wurde der Erlass bei dieser Gelegenheit erst an die versammelten Ic-Offiziere verteilt und offenbar verzichtete Uckermann auf weitere Erklärungen. Denn zum Thema »Wehrmachtgerichtsbarkeit im Krieg gegen Russland« verzeichnete das Besprechungsprotokoll nur die Bemerkung: »Hierüber ist ein ausführlicher Befehl ergangen, der umgehend zur Ausgabe gelangt.«

Wesentlich umfangreicher waren die Erläuterungen, die der Ic anschließend zu den Kommissarrichtlinien folgen ließ. Zur Begründung schickte er vorweg: »Gegen die Träger des Kommunismus sind besondere Maßnahmen anzuwenden.« Dann gab Uckermann die Anordnungen zum Vorgehen gegen die zivilen Funktionäre bekannt: »Politische Kommissare (Zivil), die sich gegen die Wehrmacht vergehen, werden sofort erschossen; ebenfalls in den meisten Fällen wo der Verdacht vorliegt.« Diese Anweisung war eine annähernd deckungsgleiche Kurzfassung der Bestimmung I.1. der Kommissarrichtlinien, die die Behandlung von widerständigen oder verdächtigen zivilen Funktionären regelte. Den Abschnitt I.3., der das Verfahren mit sowjetischen Parteifunktionären betraf, »die sich keiner feindlichen Handlung schuldig machen oder einer solchen verdächtig sind«[393], wandelte die Armeeführung hingegen eigenständig ab. Entgegen den klaren Direktiven des Kommissarbefehls verkündete Uckermann: »Verhält sich ein Kommissar nicht feindselig, ist er auf dem Dienstwege abzuführen und durch den Höheren SS- und Polizeiführer beim rückwärtigen Heeresgebiet weiter zu behandeln.« Gegenüber den unmissverständlichen Vorgaben der Kommissarrichtlinien stellte diese Variation des AOK 16 eine eindeutige Verschärfung der Befehlslage dar. Während der Kommissarbefehl vorsah, dass die unverdächtig erscheinenden Funktionäre »zunächst unbehelligt bleiben« und »an Ort und Stelle belassen« werden sollten[394], ordnete das AOK 16 ihre vollständige Erfassung und Entfernung aus dem Armeegebiet an. Mit der Überstellung an den Höheren SS- und Polizeiführer wurde eine Maßnahme vorweggenommen, deren Initialisierung erst zu einem späteren Zeitpunkt vorgesehen war, wie man den Kommissarrichtlinien entnehmen konnte. In Ziffer I.3. war schließlich angekündigt worden, dass die »Überprüfung« der »verbliebene[n] Funktionäre« »erst bei der weiteren Durchdringung des Landes« durch die »Sonderkommandos« des SD vorgenommen werden sollte.[395] Im Oberkommando der 16. Armee wollte man damit aber nicht warten. Die Armeeführung hielt es offenkundig nicht für tragbar, dass sich Funktionäre der bolschewistischen Partei in ihrem Machtbereich unbehelligt aufhalten konnten; zu stark wirkten die ideologisch begründeten Aversionen gegen die »Träger des Kommunismus«, in denen man ein Sicherheitsrisiko erblickte, das es kompromisslos auszuschließen galt.

---

392 Vgl. hierzu und zum Folgenden das ausführliche ms. Protokoll des Ic-Offiziers der 126. Inf.Div. zu der Ic-Besprechung beim AOK 16 v. 17.6.1941; BA-MA, RH 26-126/114, Anl. 7.
393 Vgl. die Bestimmung I.3. der Kommissarrichtlinien.
394 Bestimmung I.3. der Kommissarrichtlinien.
395 Vgl. ebd.

Auch die Anordnungen, die das Armeeoberkommando zum Verfahren mit den militärischen Truppenkommissaren bekannt gab, wichen von den Vorschriften der Kommissarrichtlinien ab. Uckermann erklärte den versammelten Ic-Offizieren, dass zunächst die Aussonderung der Politoffiziere aus den Gefangenen zu erfolgen habe: »Kommissare, politische Leiter und Gehilfen in Uniform sind bei Gefangennahme sofort von der Truppe zu trennen.« Es sticht ins Auge, dass der Personenkreis der Betroffenen von der Armeeführung erheblich weiter gezogen wurde, als dies in den Kommissarrichtlinien vorgesehen war. Nach dem Willen des AOK 16 waren die »besondere[n] Maßnahmen« nicht nur gegen die Politkommissare, sondern auch gegen die Politruks der Kompanien und selbst gegen noch rangniedrigere »Gehilfen« anzuwenden. Die eigenmächtige Einbeziehung weiterer Personengruppen in den Geltungsbereich der Kommissarrichtlinien war ein untrügliches Kennzeichen einer extensiven Befehlsauslegung, denn die Zahl der Todeskandidaten war nunmehr erheblich größer als nach der ursprünglichen Regelung. Uckermanns Anweisungen über das weitere Verfahren mit den ausgesonderten Kommissaren liefen dagegen auf eine graduelle Einschränkung der Befehlslage hinaus. Die gefangenen Politoffiziere seien umgehend zum Gefechtsstand der vorgesetzten Division zu verbringen und »bei der Division zu vernehmen. Die Vernehmung ist von einem Offizier zu bescheinigen.« Im Anschluss an das Verhör sollte jeden gefangenen Kommissar, Politruk oder Gehilfen letztlich aber doch das Schicksal ereilen, das nach dem Kommissarbefehl für ihn vorgesehen war: »Dann ist er nach Weisung der Division zu erledigen. Die Erledigung hat möglichst unauffällig zu geschehen.«

Nach der veränderten Regelung, die das AOK 16 getroffen hatte, durfte die Exekution der gefangenen Kommissare nicht mehr im Frontbereich durch die Kampftruppen erfolgen, wie es die Kommissarrichtlinien vorschrieben. Die Fronteinheiten übernahmen nur noch die Selektion der Kommissare und überstellten sie anschließend an die vorgesetzten Divisionsstäbe. Dort fiel es in die Zuständigkeit der Ic-Abteilungen, die Gefangenen zu vernehmen, bevor das Personal des Divisionsstabes die Exekution der Kommissare durchführte. Dieses Verfahren, das die unterstellten Divisionskommandos kurz darauf in ihren eigenen Verantwortungsbereichen bekannt gaben[396], entsprach den Empfehlungen, die die Nachrichtenabteilung des OKH Ende Mai 1941 ausgesprochen hatte. Nach Einschätzung der Abteilung Fremde Heere Ost erschien eine vorherige Vernehmung lohnenswert, weil die politischen Kommissare als Informations- und Geheimnisträger galten. Dass auch die Armeeführung gesteigerten Wert darauf legte, geht nicht zuletzt aus ihrer ausdrücklichen Anweisung hervor, die Verhöre zu dokumentieren, obwohl dies ohnehin selbstverständlicher Bestandteil der nachrichtendienstlichen Routineverfahren in den Kommandobehörden war. Ob da-

---

[396] Vgl. den Befehl der unterstellten 121. Inf.Div./Abt. Ia, »Besondere Anordnungen zum Div.-Befehl für den Angriff«, v. 20.6.1941; BA-MA, RH 26-121/6, Anl. 31a: »Wichtige Gefangene, Offiziere, politische Kommissare (auf linkem Ärmel einen roten Sowjetstern mit Hammer und Sichel in Gold), Fernsprecher, Funker, Schreiber, Vertreter von Waffen (A.V.O.), Offiziere der Zaristenarmee, Angehörige der Intelligenz auf schnellsten [sic] Wege zur Division.« Vgl. auch den Divisionsbefehl der 126. Inf.Div./Abt. Ic, betr. Gefangenen-Sammelstellen, v. 15.7.1941; BA-MA, RH 26-126/116, Anl. 28: »Der Befehl, gefangene Politruks und Offiziere auf dem schnellsten Wege zum Div[isions]. Gef[echts].St[and]. zu bringen und die Gesamtzahl der Gefangenen der Division in der Tagesmeldung zu melden, bleibt bestehen.«

neben auch das in anderen Befehlsbereichen verschiedentlich nachweisbare, traditionalistisch motivierte Bestreben, die Kampftruppen aus der Vernichtungspolitik herauszuhalten, bei der Entscheidung zu dieser Modifikation der Kommissarrichtlinien eine Rolle spielte, geht aus den überlieferten Quellen nicht hervor, ist aber nicht auszuschließen.

Dass die Betrauung der Fronteinheiten mit dieser Aufgabe für das Armeeoberkommando jedenfalls nicht selbstverständlich war, offenbart eine aufschlussreiche Bemerkung, die Uckermann seinen Ausführungen über das Verfahren mit den Truppenkommissaren folgen ließ: »Der Sinn dieser Anordnung muß richtig an die Truppe herangetragen werden.« Die Äußerung verriet, dass die Armeeführung sich des radikalen Charakters des Befehls durchaus bewusst war und es deshalb für notwendig hielt, den Truppen Legitimationsstrategien zu vermitteln, die ihnen die Mitwirkung an der befohlenen Vernichtungspolitik erleichtern würden. Die gleiche Sichtweise sprach aus der euphemistischen Umschreibung der geplanten Morde als »besondere Maßnahmen«. Indem Uckermann die Vernichtung der Kommissare als etwas Besonderes qualifizierte, sprach er damit beiläufig aus, dass die Armeeführung darin einen exzeptionellen Schritt erblickte, der außerhalb des Gewohnten lag. Die Semantisierung der Erschießungen als »Maßnahmen« hatte wiederum einen sanktionierenden bürokratischen Beiklang, der die anvisierten Tötungen in die Nähe gewöhnlicher institutioneller Handlungen rückte, die staatlich gedeckt waren. In den Augen der Armeeführung erschienen die »besonderen Maßnahmen« gegen die sowjetischen Kommissare zwar radikal und neuartig, zugleich aber gerechtfertigt und notwendig. Die Anweisung, den »Sinn dieser Anordnung« auch den Fronttruppen nahe zu bringen, die nach den Änderungen an dem Befehl schließlich nur noch am Rande an seiner Durchführung mitzuwirken hatten, zeigte zudem, dass man im Oberkommando der 16. Armee die Reichweite seiner Modifikationen durchaus realistisch einschätzte. Zum einen hatte man offensichtlich die Einsicht gewonnen, dass die Repressalien gegen die Kommissare in den eigenen Reihen kaum geheim zu halten waren, auch wenn man die Fronttruppen von der Durchführung der Exekutionen entbunden hatte und auf eine unauffällige Vollstreckung der Hinrichtungen drängte. Zweitens war man sich offenbar bewusst, dass die Truppen selbst mit der Selektion der gefangenen Kommissare weiterhin einen Beitrag zur Realisierung der Vernichtungspolitik leisteten und sie trotz des modifizierten, arbeitsteiligen Vorgehens darin involviert blieben, so dass auch der Rechtfertigungsbedarf bestehen blieb. Zum Abschluss des Besprechungspunktes bekräftigte Uckermann die Geltung der gerade erteilten mündlichen Weisungen implizit noch einmal, indem er darauf hinwies, dass »hierüber kein schriftlicher Befehl« kommen würde und nun zunächst »die Bekanntgabe an die Kommandeure zu erfolgen« habe.

Die Einschränkungen des AOK 16 an den Kommissarrichtlinien berührten ausschließlich Verfahrensfragen und verfolgten in erster Linie das pragmatische Ziel, die Kommissare vor ihrer Hinrichtung nachrichtendienstlich auszunutzen. An der Verschärfung der Repressionspolitik an sich hatte man dagegen offensichtlich keinen Anstoß genommen, denn weder der Kriegsgerichtsbarkeitserlass noch die Bestimmungen über das Verfahren mit den zivilen Funktionären wurden in Frage gestellt, das gleiche galt im Endeffekt auch für die Ermordung der militärischen Kommissare. Wie stark die Bereitschaft zu einem radikalen Vorgehen im Krieg gegen die Sowjetunion auch im AOK 16 ausgeprägt war, zeigte sich überdies auch daran, dass sich die Armeeführung eine der radikalen Maximen zu Eigen machte, die der General z.b.V. Müller eine Woche zuvor in Allenstein nachgetragen hatte, indem Uckermann die Angehörigen der sowjetischen Wehrverbände für vogelfrei erklärte: »Aviachim (Luft- und Gasschutzorganisation) sind als Freischärler zu behandeln.«[397] Letztlich kann kein Zweifel daran bestehen, dass die Armeeführung mit dem Grundsatz, gegen die »Träger des Kommunismus« »besondere Maßnahmen« anzuwenden, nahezu vorbehaltlos übereinstimmte; anders ist ihre extensive Auslegung des Geltungsbereichs des Kommissarbefehls sowie der eigenständige Entschluss zur Ausweitung der Bekämpfung der zivilen Funktionäre nicht zu erklären. Die reglementierenden Auflagen des Armeeoberkommandos für die praktische Umsetzung des Befehls nahmen sich dagegen eher unbedeutend aus, weil sie den gefangenen Kommissaren nur einen Aufschub, aber keine Schonung gewährten, und obendrein nicht verhinderten, dass sich die eigenen Fronttruppen weiterhin an dem Mordprogramm beteiligen mussten.

Ein ähnlicher Radikalisierungsschub wie in der 16. Armee wurde auch in der 454. Sicherungsdivision vollzogen, deren Führung die Kommissarrichtlinien über die Befehlskette der 17. Armee erhalten hatte, der die Division zu Beginn des Einsatzes unterstand.[398] Der Divisionskommandeur, Generalleutnant Krantz, gab die ›verbrecherischen Befehle‹ am 20. Juni 1941 im Rahmen einer Kommandeurbesprechung an die unterstellten Truppenführer weiter, als er neben wichtigen Einsatzfragen »auch die Behandlung von Freischärlern und politischen Kommissaren« erörterte.[399] Seine Weisungen entsprachen im Wesentlichen der Befehlslage und wichen nur in einer Detailfrage davon ab, die zwar nicht entscheidend war, sich aber durchaus folgenschwer auswirken konnte. Zunächst ging Krantz die »Behandlung von Freischärlern usw.« durch, wobei er seine Untergebenen besonders dazu anhielt, für eine kontrollierte Anwendung der Repressalien Sorge zu tragen: »Die Erhaltung der Mannszucht in der Truppe ist Hauptgesichtspunkt. Diziplin darf nicht gelockert werden.«[400] Wie es im Kriegsgerichtsbarkeitserlass und in Brauchitschs Befehlszusätzen vorgeschrieben war, sollte der feste Grundsatz gelten: »Nur der Offizier entscheidet über derartige Maßnahmen.« Genauso dürften »Kollektivmaßnahmen nur von B[a]t[ail]l[on]s. F[ü]hr[ern] an aufwärts« angeordnet werden.

Nachdem der Divisionskommandeur diese Maximen verkündet hatte, kam er auf die Behandlung der »politische[n] Kommissare« zu sprechen. Zur Begründung der

---

[397] Vgl. das Protokoll zu der Ic-Besprechung beim AOK 16 v. 17.6.1941, vgl. Anm. 392. Vgl. hierzu das Protokoll der H.Gr. Nord zu der Besprechung des Gen. z.b.V. in Allenstein am 10.6.1941; BA-MA, RH 19-III/722, Bl. 87 f.: »Organisation Ossiaviachim ist keine Miliz, sondern als Freischärler zu behandeln.«

[398] Der Ic der 454. Sich.Div. hatte an der zentralen Ic-Besprechung beim AOK 17 am 13./14.6.1941 teilgenommen, auf der die Kommissarrichtlinien bekannt gegeben wurden, vgl. den TB (Ic) der 454. Sich.Div. v. 11.-20.6.1941; BA-MA, RH 26-454/10, S. 3. Möglicherweise hat auch der KG des vorgesetzten LII. AK auf einer Besprechung mit den unterstellten Div.Kdren. am 19.6.1941 das Thema angesprochen, vgl. den Eintrag im KTB der 454. Sich.Div. v. 19.6.1941; BA-MA, RH 26-454/5, Bl. 17 f. Die KG der 17. Armee waren am 18.6.1941 durch den OB in die Kommissarrichtlinien eingewiesen worden, vgl. den Eintrag im KTB des AOK 17 v. 18.6.1941; BA-MA, RH 20-17/774.

[399] Vgl. den Eintrag im KTB der 454. Sich.Div. v. 20.6.1941; BA-MA, RH 26-454/5, Bl. 17 f.

[400] Vgl. hierzu und zum Folgenden das Protokoll zur Kdr.-Besprechung bei der 454. Sich.Div. v. 20.6.1941; BA-MA, RH 26-454/6a, Anl. 41.

rigorosen, gegen sie gerichteten Maßnahmen hielt Krantz den Hinweis für ausreichend, dass es sich bei ihnen um Repräsentanten des Bolschewismus handelte: Die Kommissare seien »die eigentlichen Träger des politischen Systems in Rußland und demgemäß zu behandeln«. Anschließend wurde Krantz konkret. »Zu Unterscheiden [seien] Pol[itische]. Kom[missare]. in der Truppe und in der Zivilbevölkerung. Erste gehen uns nur an, sie sind nicht als Soldaten anzusehen und nicht als Soldaten zu behandeln.« »Erkenntlich« seien die militärischen Kommissare an ihren Rangabzeichen: »Roter Stern, goldner Hammer und Sichel«. Im Falle der Gefangennahme seien sie »sofort ab[zu]sondern«, dann habe umgehend ihre Exekution zu erfolgen, so wie es Brauchitschs Durchführungsbestimmungen vorsahen: »Außerhalb der Kampfzone auf Befehl eines Offiziers erschießen.« Ebenso wie diese Direktiven entsprachen auch Krantz' Weisungen für die Behandlung der zivilen Funktionäre exakt den Vorgaben der Kommissarrichtlinien: »Pol[itische]. Kom[missare]. außerhalb der Truppe sind unbehelligt zu lassen; bei feindseligen Handlungen Verfahren wie bei Freischärlern.« Generell gelte, dass »bei Einschreiten gegen Pol[itische]. Kom[missare]. Meldung auf dem Dienstwege« zu erstatten sei und »Kriegsgerichte und Standgerichte […] nicht damit befaßt« werden dürften.

Krantz' Anordnungen orientierten sich eng an der Befehlslage. Seinen Ausführungen über das Vorgehen gegen die Truppenkommissare hatte er allerdings noch eine Bemerkung hinzugefügt, die auf eine extensive Auslegung der Kommissarrichtlinien hinauslief. Denn er erklärte: »Bei jeder K[om]p[anie]. befindet sich 1 Pol[itischer]. Kom[missar].« Durch diesen Hinweis wurden die Politoffiziere der Kompanieebene, die Politruks, von vornherein in den Geltungsbereich der Kommissarrichtlinien miteinbezogen, obwohl im ursprünglichen Befehl davon gar keine Rede war. Die Ausweitung der Vernichtungspolitik auf weitere Personengruppen stellte eine erhebliche Verschärfung der Befehlslage dar und konnte nur bedeuten, dass die Urheber solcher Radikalisierungsschübe mit der besonderen Bekämpfung der »Träger des politischen Systems in Rußland« vollauf übereinstimmten. Es ist allerdings nicht mehr zu rekonstruieren, von welcher Führungsebene die Anweisung zu dieser weit gefassten Handhabung des Kommissarbefehls in letzter Instanz ausgegangen war. Möglicherweise hatte man sich im Kommando der 454. Sicherungsdivision eigenständig dazu entschlossen. Genauso ist aber denkbar, dass der Anstoß vom vorgesetzten LII. Armeekorps kam oder auch vom Oberbefehlshaber der 17. Armee, Stülpnagel, selbst stammte.[401]

In der Panzergruppe 4 wurde ebenfalls eine radikalisierte Fassung der Kommissarrichtlinien eingeführt. In diesem Fall steht es jedoch außer Frage, welcher Stab für die Verschärfung der Befehlslage verantwortlich zeichnete, denn die Initiative zu den Änderungen an den Kommissarrichtlinien ging von der Führung der Panzergruppe selbst aus. Das Panzergruppenkommando verkündete seine radikale Variante der Kommissarrichtlinien im Zuge der Einsatzbesprechungen, die am 12. Juni 1941 in Allenstein stattfanden. Die ›verbrecherischen Befehle‹ standen zum einen auf der Tagesordnung der zentralen Ic-Besprechung, zu der die Feindnachrichtenoffiziere der unterstellten Korps und Divisionen einbestellt worden waren. Die Erklärungen, die der Ic der Panzergruppe, Hauptmann i.G. Rolf Bruns, dabei gab, hoben sich in einem wesentlichen Punkt von der Vorlage der Kommissarrichtlinien ab, wie aus dem Bericht

---
[401] Zur Weitergabe der Kommissarrichtlinien durch Stülpnagel vgl. Kap. III.2.2.

eines Teilnehmers der Zusammenkunft hervorgeht. Der Ic-Offizier der 269. Infanteriedivision beschrieb die erhaltenen Weisungen in seinen Aufzeichnungen zusammenfassend als »Führererlaß über die Erschießung russischer Kommissare in Uniform und über die gleiche Behandlung von Zivilkommissaren sowie derjenigen Zivilpersonen, die in irgendeiner Form sich den Anordnungen der deutschen Wehrmacht widersetzten«.[402] Diesem Bericht zufolge hatte die Führung der Panzergruppe 4 die Unterschiede, die in den Kommissarrichtlinien zwischen dem Verfahren mit zivilen Funktionären und dem Vorgehen gegen die militärischen Kommissare gemacht worden waren, einfach fallengelassen und stattdessen angeordnet, dass für beide Personengruppen »die gleiche Behandlung« gelten sollte. In den Kommissarrichtlinien war eigentlich vorgesehen, die zivilen Funktionäre nicht grundsätzlich exekutieren zu lassen, sondern zunächst zu überprüfen und nur in dem Fall mit der Todesstrafe zu belegen, wenn man zu der Einschätzung gelangt war, »daß der Betreffende durch eine besonders erkennbare Handlung oder Haltung sich gegen die deutsche Wehrmacht stellt oder stellen will«, wie Brauchitsch es in seinen Befehlszusätzen ausgedrückt hatte.[403] Nach dem Willen des Panzergruppenkommandos 4 aber sollten die »Zivilkommissare« genauso wie die Truppenkommissare grundsätzlich nach ihrer Gefangennahme ohne Verfahren exekutiert werden.[404]

Dass sich der Ic-Offizier der 269. Infanteriedivision hier nicht verhört hatte, wird durch eine weitere Quelle bestätigt. Die gleiche radikalisierte Spielart des Kommissarbefehls geht auch aus einem Protokoll von der Heeresrichterversammlung der Panzergruppe 4 hervor, die ebenfalls am 12. Juni 1941 in Allenstein stattfand und die ›verbrecherischen Befehle‹ zum Gegenstand hatte.[405] Als der Heeresrichter der Panzergruppe, Oberstkriegsgerichtsrat Dr. Kleist, den Kriegsgerichtsbarkeitserlass und die Kommissarrichtlinien erläuterte, veranschaulichte er die Bestimmungen der Erlasse, indem er eine Reihe von Beispielfällen durchging, die sich einer seiner Zuhörer, der Kriegsgerichtsrat der 36. Infanteriedivision, sorgfältig notierte. Kleist konstruierte insgesamt zehn Anwendungsbeispiele, in denen die Delinquenten ohne Verfahren der Todesstrafe verfallen sollten, was in dem Protokoll hinter den entsprechenden Szenarien durch ein stilisiertes kruzifixförmiges Todessymbol mit dem Zusatz »nach Gefangennahme« festgehalten wurde. Der Großteil der Fallbeispiele betraf die Anwendung des Kriegsgerichtsbarkeitserlasses, nur zwei der Exempel dienten zur Illustration der Kommissarrichtlinien; jeweils eines zum Vorgehen gegen die Truppen-

---

[402] Eintrag im TB (Ic) der 269. Inf.Div., Teil I; BA-MA, RH 26-269/41, S. 5 f.
[403] Befehlszusätze des Ob.d.H. zu den Kommissarrichtlinien v. 8.6.1941.
[404] Gegen diese Interpretation ist der Einwand denkbar, dass sich der einschränkende Relativsatz, der am Ende der Textpassage das Verfahren mit »Zivilpersonen« präzisierte, »die in irgendeiner Form sich den Anordnungen der deutschen Wehrmacht widersetzten«, zugleich auf die »Behandlung von Zivilkommissaren« bezog. Nach dieser Lesart hätte es als notwendige Vorbedingung für die Hinrichtung von Zivilkommissaren gegolten, dass sie sich zuvor »in irgendeiner Form [...] den Anordnungen der deutschen Wehrmacht« widersetzt haben mussten, was den Vorschriften der Kommissarrichtlinien vollauf entsprochen hätte. Die Verwendung des verstärkenden Relativpronomens »diejenigen« erfüllt im Satzbau der Passage jedoch eindeutig die Funktion, darauf zu verweisen, dass sich der einschränkende Relativsatz ausschließlich auf die in Rede stehenden »Zivilpersonen« bezieht und nicht auf die »Zivilkommissare«.
[405] Vgl. hierzu und zum Folgenden das Protokoll zur Heeresrichterversammlung bei der Pz.Gr. 4 am 12.6.1941 im TB (III) der 36. Inf.Div. (mot.); BA-MA, RH 26-36/55, Bl. 22-24.

kommissare und zum Verfahren mit den zivilen Funktionären. In beiden Fällen war die Ausgangslage identisch. Der Fall »i)« lautete: »mil[itärischer]. Kom[missar]. ist verdächtig«, im Fall »h)« hieß es: »ziv[iler]. Kom[missar]. ist verdächtig«. Die Maßnahmen, die daraufhin ergriffen werden sollten, waren ebenfalls die gleichen. Wie Kleist den versammelten Richtern erklärte, kam in beiden Situationen nur die Exekution der Gefangenen in Frage.

Wenn Kleist in seinen Ausführungen zugrunde legte, dass nicht nur die zivilen Funktionäre, sondern auch die Truppenkommissare »verdächtig« erscheinen mussten, war dies sicherlich nicht als conditio sine qua non für die Hinrichtung der Betroffenen gedacht, sondern kaum mehr als euphemistische Rechtfertigungsrhetorik. Denn wie die Weisungen des Feindnachrichtenoffiziers der Panzergruppe 4 auf der Ic-Tagung am 12. Juni 1941 zeigten, hatte das Panzergruppenkommando zumindest »die Erschießung russischer Kommissare in Uniform« an keinerlei Bedingungen geknüpft. Da davon auszugehen ist, dass Dr. Kleist während der Heeresrichterversammlung die gleichen befehlskonformen Weisungen zum Vorgehen gegen die Truppenkommissare ausgab wie Hauptmann Bruns auf der Ic-Besprechung vom gleichen Tag, konnte es sich bei dem Stichwort »mil[itärischer]. Kom[missar]. ist verdächtig« nur um eine kurz gefasste, schönfärberische Umschreibung der Order handeln, die Truppenkommissare nach der Gefangennahme umgehend exekutieren zu lassen. Da Kleist dem Besprechungsprotokoll zufolge zwischen der Behandlung der militärischen Kommissare und zivilen Funktionäre keinerlei Unterschied machte, konnte dies nur bedeuten, dass die Zivilkommissare nach seinen Anweisungen »die gleiche Behandlung«[406] wie die Truppenkommissare erfahren sollten, nämlich die sofortige Erschießung, so wie es auch der Ic-Offizier der Panzergruppe weitergegeben hatte. Die beiden Berichte von der Ic-Besprechung und der Sitzung der Heeresrichter am 12. Juni 1941 bestätigen sich gegenseitig und stimmen darin überein, dass die Führung der Panzergruppe 4 in ihrem Befehlsbereich eigenständig verfügt hat, die zivilen Funktionäre genauso wie die militärischen Kommissare unterschiedslos und ohne jegliches Prüfungsverfahren exekutieren zu lassen, obwohl im Kommissarbefehl Möglichkeiten dafür offen gelassen worden waren, die sowjetischen Parteifunktionäre zu schonen. Jegliche »Schonung für die Träger des heutigen russisch-bolschewistischen Systems« hatte sich der Befehlshaber der Panzergruppe 4 allerdings schon einen Monat zuvor in deutlichen Worten verbeten.[407]

Eine ähnlich verschärfte Form der Kommissarrichtlinien, wie sie in der Panzergruppe 4 Gültigkeit erlangte, wurde nur wenig später auch in der 11. Armee eingeführt. Die Befehlsausgabe erfolgte auf einer umfassenden Einsatzbesprechung, die unter der Leitung des Oberbefehlshabers, Generaloberst Ritter von Schobert, am 18. Juni 1941 im Armeehauptquartier im rumänischen Piatra Neamt stattfand.[408] Zu der Besprechung waren neben dem rumänischen Staatschef und Oberbefehlshaber Antonescu alle Kommandierenden Generäle und Divisionskommandeure der 11. Armee mitsamt ihren engsten Mitarbeitern erschienen. Nachdem bereits eine ganze Reihe von Tagesordnungspunkten abgehandelt worden war, wandte sich die Versammlung den ›ver-

---

[406] Bericht des Ic der 269. Inf.Div. von der Ic-Besprechung bei der Pz.Gr. 4 am 12.6.1941, vgl. Anm. 402.
[407] Vgl. Anm. 330.
[408] Zum Ablauf und den Inhalten dieser Besprechung vgl. das Kap. III.2.2.

brecherischen Befehlen‹ zu. In der Überleitung zu diesem heiklen Besprechungspunkt verzeichnete das Protokoll gleich eine Begründung für die radikalen Maßnahmen: »Um jede Beeinflussung des deutschen Soldaten, jede Sabotage auszuschließen und die völlige Zerschlagung des Bolschewismus sicherzustellen, soll mit Energie und gegenüber politischen Führern und Saboteuren, Freischärlern usw. mit unnachsichtiger Härte vorgegangen werden.«[409] Generell gelte, dass »Festsetzungen [...] nicht erfolgen« dürften. Prinzipiell sei »die Gerichtsbarkeit über Zivilpersonen [...] den Kriegsgerichten genommen. Sie dürfte in die Hände der Staatspolizei gelegt werden.« Die Kernbestimmungen des Kriegsgerichtsbarkeitserlasses und der Kommissarrichtlinien wurden in die folgende Kurzformel gefasst: »Freischärler, Saboteure, politische Kommissare der Truppe und einwandfrei festgestellte politische Kommissare der Zivilverwaltung sind kurzerhand zu erschießen.« Diese Anweisung ließ an Deutlichkeit nichts vermissen und belegt einwandfrei, dass das Oberkommando der 11. Armee die Vorgaben der Kommissarrichtlinien in einem wesentlichen Punkt erheblich verschärft hatte.

Wie das Panzergruppenkommando 4 hatte die Armeeführung entgegen den klaren Vorschriften des Kommissarbefehls verfügt, dass die zivilen Funktionäre genauso wie die Truppenkommissare zu behandeln seien. Nach dem Willen des AOK 11 sollten sie im Falle der Gefangennahme grundsätzlich unterschiedslos exekutiert werden, womit sich die Armeeführung eigenmächtig über die unmissverständlichen Bestimmungen des Abschnitts I.3. des Kommissarbefehls hinwegsetzte.[410] Das verschärfte Vorgehen gegen die zivilen Funktionäre diente nicht nur dazu, »die völlige Zerschlagung des Bolschewismus sicherzustellen«, sondern stand auch im Zeichen der mit der Blitzkriegsdoktrin verknüpften, gewaltsamen Befriedungspolitik, die darauf abzielte, in den eroberten Gebieten möglichst schnell Sicherheit und Ordnung herzustellen. Beide Zielsetzungen waren im zeitgenössischen Diskurs eng miteinander verbunden, galten die politischen Kommissare gemäß den virulenten antibolschewistischen Feindbildern doch als potentielle Unruhestifter, »Hetzer« und »Träger des Widerstandes«, die der angestrebten raschen Pazifikation der besetzten Territorien entgegenstanden. Diese Vorstellung war schon in die Präambel der Kommissarrichtlinien eingeflossen, in der die politischen Kommissare als »Gefahr für die eigene Sicherheit und die schnelle Befriedung der eroberten Gebiete« bezeichnet wurden.[411] Die Führung der 11. Armee hielt offensichtlich das Sicherheitsrisiko nicht für tragbar, das in ihren Augen damit verbunden war, den Verbleib sowjetischer Funktionäre in ihrem Machtbereich zu dulden, und entschied sich deshalb dafür, die Zivilkommissare kompromisslos in die Vernichtungspolitik mit einzubeziehen. Mit dieser extensiven Auslegung der Kommissarrichtlinien bewies die Armeeführung, dass sie nicht nur die verbreiteten ideologischen Feindbilder teilte, sondern auch prinzipiell mit der Vernichtung der Kommissare übereinstimmte.

Da das Armeeoberkommando 11 genauso wie allen anderen Armee- und Panzergruppenstäben über die ursprüngliche Befehlslage genau im Bilde war, da die Kommissarrichtlinien den Oberkommandos in schriftlicher Fassung vorlagen, konnte es

---

[409] Vgl. hierzu und zum Folgenden den Eintrag im KTB der 239. Inf.Div. zur Besprechung beim AOK 11 v. 18.6.1941; BA-MA, RH 26-239/17.
[410] Vgl. die Bestimmung I.3. der Kommissarrichtlinien.
[411] Vgl. die Präambel der Kommissarrichtlinien.

sich hierbei unmöglich um ein Versehen handeln. Ebenso wie in den übrigen dokumentierten Fällen, in denen sich Kommandobehörden dazu entschlossen, in ihren Befehlsbereichen eine radikalisierte Spielart der Kommissarrichtlinien einzuführen, handelte es sich zweifellos um zielgerichtete, ganz bewusste Eingriffe in die Befehlslage. Die Ansatzpunkte dieser Modifikationen glichen sich weitgehend. Wiederkehrende Momente waren die Forcierung der Bekämpfung der Zivilkommissare und die Einbeziehung weiterer Personengruppen der Roten Armee in die Vernichtungspolitik. Wenn die Anzahl der Fälle, in denen sich derartige Radikalisierungsschübe in den Akten niedergeschlagen haben, auch überschaubar ist, darf die Tragweite dieser Vorgänge doch keinesfalls unterschätzt werden. Denn in mindestens drei der dokumentierten Fälle waren es Armeeoberkommandos oder Panzergruppenkommandos, die solche Änderungen verfügt hatten, wodurch die Eingriffe an Reichweite gewannen und ihre Auswirkungen potenziert wurden: In mindestens zwei Infanteriearmeen und einer Panzergruppe und damit in weit über dreißig deutschen Korps und Divisionen erlangte eine verschärfte Fassung der Kommissarrichtlinien Gültigkeit. Die Tatsache, dass sich manche höheren Frontstäbe aus eigener Initiative zu einer extensiven Auslegung der Kommissarrichtlinien entschlossen, belegt eindrucksvoll, wie weit die Übereinstimmung mit Hitlers Verdikt über die sowjetischen Kommissare und seinem Befehl zu ihrer Vernichtung im Ostheer reichen konnte.

Dass die meisten Kommandobehörden an der Ostfront gehorsam an der Implementierung der Kommissarrichtlinien und des Kriegsgerichtsbarkeitserlasses mitgewirkt haben, daran kann nach der systematischen Auswertung der Akten des Ostheeres aus der Vorbereitungszeit des Feldzuges kein Zweifel mehr bestehen. Von der Mehrheit der insgesamt 199 Kommandobehörden ist belegt, dass sie die »Führererlasse« befehlsgemäß an die unterstellten Stäbe weitergegeben haben. Von über 58 % der Heeresgruppenkommandos, Armeeoberkommandos, Panzergruppenkommandos, Generalkommandos und Divisionskommandos liegen entweder gesicherte Nachweise oder deutliche Indizien dafür vor, dass die betreffenden Stäbe die Kommissarrichtlinien in ihren Verbänden bekannt gegeben haben.[412] Zwar bedeutet dieses Ergebnis im Umkehrschluss, dass von immerhin fast 42 % aller Stäbe keine Nachrichten darüber vorliegen, wie dort in dieser Angelegenheit verfahren wurde. Bei einem Großteil dieser Fälle ist das Fehlen von Hinweisen allerdings schlicht auf eine defizitäre Überlieferungssituation zurückzuführen, wodurch der Befund deutlich relativiert wird. In einem guten Viertel der Fälle fehlt entweder die Überlieferung der Ia-Abteilung oder diejenige der Ic-Abteilung, bei einem weiteren knappen Viertel fehlen die Akten dieser beiden maßgeblichen Provenienzen vollständig. Bei der Hälfte der Stäbe, deren Handeln in dieser Frage nicht rekonstruiert werden konnte, war also die Voraussetzung einer intakten Überlieferung nicht gegeben. Somit besteht nur bei rund einem Fünftel aller Kommandobehörden die Konstellation, dass ihre Aktenüberlieferung zwar komplett ist, darin aber keine Hinweise auf die Weitergabe der Kommissarrichtlinien enthalten sind, wobei selbst dieser Befund noch nicht den Schluss rechtfertigt, dass der Befehl dort unterdrückt wurde. In etwa 80 % aller Fälle bestand also nur die Alternative, dass sich entweder Hinweise auf die Weitergabe der ›verbrecherischen Befehle‹

---

[412] Bei über 37 % dieser Belege handelt es sich um Nachweise über die Weitergabe der Kommissarrichtlinien, bei über 20 % um Indizien, vgl. hierzu und zum Folgenden die Tafel 3 im Anhang.

in den überlieferten Akten fanden oder aber Überlieferungslücken die Möglichkeiten zur Rekonstruktion dieser Vorgänge von vornherein weitgehend ausschlossen. Auch vor dem Hintergrund der Selektivität und Willkür, die die Entstehung und den Gehalt des Quellenmaterials bestimmten, erscheint die Tatsache, dass die Weitergabe der ›verbrecherischen Befehle‹ bei weit mehr als der Hälfte aller Kommandobehörden aktenkundig geworden ist, überaus signifikant. Es ist anzunehmen, dass diese Mehrheit das typische Verhalten repräsentierte, das in der historischen Situation des Frühsommers 1941 den Regelfall bildete, auch wenn sich dies nicht immer in den Dienstakten niederschlug.

Dass der Großteil der Truppenführer die Kommissarrichtlinien akzeptierte und sich an der Vorbereitung dieses planmäßigen Kriegsverbrechens gehorsam beteiligte, hatte verschiedene Gründe. Die Aussicht, dass der Befehl nur für eine begrenzte Geltungsdauer während der kurzen Operationsphase in Kraft bleiben sollte, die man gemeinhin auf wenige Wochen veranschlagte, bot von vornherein die Möglichkeit, die Angelegenheit zu bagatellisieren und sich damit selbst zu beschwichtigen. Hinzu kam, dass man sich in einer historischen Situation vor einem existentiellen Krieg wähnte – eine Lage, die es kaum opportun erscheinen ließ, wegen einer vermeintlichen Marginalie einen grundsätzlichen Konflikt heraufzubeschwören. Die Akzeptanz der Kommissarrichtlinien im Ostheer war aber nicht nur im Negativen begründet, sondern wurzelte noch wesentlich tiefer und beruhte vor allem auf der weit reichenden Übereinstimmung mit den ideologischen Feindbildern, die der Vernichtungspolitik zugrunde lagen. Dass die meisten Truppenführer Hitlers Verdikt über die sowjetischen Kommissare teilen konnten, war bereits in ihren Biographien angelegt, in denen sich eine nationalkonservative Sozialisation spätestens nach der Niederlage im Ersten Weltkrieg mit radikalnationalistischen und antibolschewistischen Tendenzen verband, die die Übernahme der nationalsozialistisch geprägten Feindbilder begünstigten.

Eine entscheidende Rolle spielte hierbei, dass es sich bei den späteren Generälen des Ostheeres fast ausnahmslos um ehemalige Frontoffiziere des Ersten Weltkrieges handelte, bei denen das »Kriegserlebnis« tiefe Spuren hinterlassen hatte. Dass die höheren Truppenführer des Ostheeres zumindest in Hinblick auf ihre Kollektivbiographien eine weitgehend homogene Gruppe darstellten und auf ähnliche Erfahrungen und Lebenswege zurückblicken konnten, veranschaulicht das Beispiel der Panzergruppe 2 schon bei oberflächlicher Betrachtung. In Hinsicht auf ihr Lebensalter, ihren professionellen Werdegang und ihre Erlebnisse im Ersten Weltkrieg wiesen die Angehörigen der Generalität der Panzergruppe 2 weit reichende Gemeinsamkeiten auf. Bis auf eine Ausnahme entstammten die Kommandierenden Generäle und Divisionskommandeure, genauso wie der Befehlshaber der Panzergruppe, der relativ engen Jahrgangsspanne zwischen 1886 und 1892.[413] Mit der generationellen Verbundenheit und der frühen Zugehörigkeit zur Elite des Offizierskorps korrespondierten ihre militärischen Laufbahnen, die sie auf beinahe identischen Wegen durch den Ersten Weltkrieg führten. Alle späteren Truppenführer der Panzergruppe hatten während des Weltkriegs die begehrten Adjutantenstellen in Bataillonen und Regimentern bekleidet oder

---

[413] Die biographischen Angaben über die 4 KG und 15 Div.Kdre. der Pz.Gr. 2 wurden der militärbiographischen Sammlung im BA-MA entnommen; BA-MA, MSg 9.

waren als Ordonnanzoffiziere, zum Teil sogar als Generalstabsoffiziere in höheren Stäben verwendet worden. Daneben hatten alle späteren Generäle zumindest zeitweise Truppenkommandos als Zugführer, Kompaniechefs oder Bataillonskommandeure inne gehabt und somit auch das Geschehen an den Hauptkampflinien aus der Nähe erlebt. Nach dem Kriegsende waren die Offiziere dieser Gruppe ausnahmslos in die Reichswehr übernommen worden. Zumindest was ihre Karrieren anbelangt, wiesen die Kommandierenden Generäle und Divisionskommandeure der Panzergruppe 2 ein ähnliches Profil auf wie die mittlerweile hervorragend erforschte Elite der Oberbefehlshaber des Ostheeres.[414] Aus den »erwünschten«, offiziersfähigen Kreisen stammend, bauten ihre Wertvorstellungen auf den gleichen Fundamenten auf, so dass sich auch ihre politischen Anschauungen in ihren Grundzügen wohl nur geringfügig voneinander unterschieden. Dies gilt umso mehr, als sie das einschneidende Ereignis des Ersten Weltkriegs aus einer gemeinsamen Perspektive erlebt hatten und sich auch ihre Deutungen weitgehend überschnitten.

Gerade die traumatischen Erfahrungen von Niederlage und Revolution am Ende des Ersten Weltkriegs hatten bei vielen Kriegsteilnehmern, insbesondere bei den Offizieren, zu einer verstärkten Politisierung geführt, die sich nicht zuletzt in einer Radikalisierung der antikommunistischen Ressentiments ausdrückte. Schließlich machte man für den Zusammenbruch des Jahres 1918/19 im nationalkonservativen Lager für gewöhnlich »eine Clique von Juden und Sozialisten«[415] verantwortlich. Zudem hatte ein beträchtlicher Teil der Wehrmachtselite des Zweiten Weltkriegs die Freikorpskämpfe mitgemacht, die am Ende des Ersten Weltkriegs an der Ostfront tobten.[416] Viele spätere Generäle des Ostheeres hatten die Brutalität des russischen Bürgerkriegs aus eigener Anschauung erlebt oder zumindest aus Berichten davon erfahren, so dass die folgenschwere Vorstellung, dass in der Sowjetunion ein »Kriegsbrauch mit östlichen Mitteln«[417] angewandt werden müsse, möglicherweise schon in dieser Zeit Gestalt annahm.[418] Daneben ist in Betracht zu ziehen, dass ein Teil der späteren Truppenführer des Ostheeres schon während der Wirren des Kriegsendes an der Ostfront des Ersten Weltkriegs mit bolschewistischen Kriegskommissaren in Kontakt gekommen war und erfahren hatte, dass ihre Gegner mit ihnen nicht viel Federlesens machten. Nicht nur weiße Bürgerkriegseinheiten entwickelten die Gewohnheit, bolschewistische Kommissare im Falle der Gefangennahme umgehend hinzurichten.[419] Auch der deutsche »Grenzschutz Ost« ging in den Kämpfen im Baltikum mit großer Rücksichtslosigkeit gegen kommunistische Kämpfer und Funktionäre vor.[420] Das radikale Vorgehen gegen die sowjetischen Truppenkommissare und kommunistische Funktionäre, das wohl »nicht nur Ex-Baltikumer an deren Praktiken von 1919 erinnert haben dürfte«, stand also durchaus in einer längeren Kontinuität, was es den Kommandeuren

---

[414] Vgl. HÜRTER, Heerführer, S. 23 f., 71 ff.
[415] Ebd., S. 87.
[416] Zumindest von einem beträchtlichen Teil der späteren Armeeoberbefehlshaber ist dies eindeutig belegt, vgl. ebd., S. 89.
[417] Protokoll von einer Besprechung des OKH am 16.5.1941; BA-MA, RH 20-16/1012, Bl. 72.
[418] Vgl. HÜRTER, Mentalität.
[419] Vgl. HOFFMANN, Sowjetunion, S. 43. Exekutionen an gefangen genommenen bolschewistischen Kommissaren sind selbst von britischen Interventionstruppen belegt.
[420] Vgl. HÜRTER, Heerführer, S. 90.

im Jahre 1941 möglicherweise erleichterte, den Befehl zur Vernichtung der gegnerischen Politoffiziere zu akzeptieren.[421]

Gewiss dürfen die Kontinuitätslinien zwischen beiden Weltkriegen nicht zu stark gezogen werden. Mehr als Ansätze, Vorahnungen und Tendenzen zeichneten sich im Ersten Weltkrieg kaum ab.[422] Dennoch markierte das Kriegserlebnis unzweifelhaft einen Wendepunkt in den Biographien der späteren Wehrmachtsgeneräle, der nicht nur ihr militärisches Denken, sondern auch ihre politisch-ideologischen Dispositionen entscheidend beeinflusste.[423] Die Militärdoktrin des »totalen Krieges« avancierte im wehrpolitischen Diskurs der Zwischenkriegszeit zum allgemeingültigen Dogma, das nicht zuletzt dem Primat der Kriegsnotwendigkeiten vor dem Kriegsrecht eine höhere Weihe verlieh. Und der Zusammenbruch ihrer Welt am Ende des Ersten Weltkriegs führte bei den späteren Truppenführern des Ostheeres nicht nur zu einer Verschärfung ihrer politischen Anschauungen, sondern machte sie nach der Zeit der ungeliebten Weimarer Republik auch für die Verheißungen des Nationalsozialismus empfänglich. Denn Hitlers Regime eröffnete den Militärs durch die Wiederaufrüstung nicht nur neue Aufstiegschancen, sondern erfüllte auch ihre lange gehegten Hoffnungen auf eine Wiederherstellung der inneren Einheit und der äußeren Hegemonie der Nation. Nicht zufällig fand der Nationalsozialismus in den ehemaligen Frontoffizieren des Ersten Weltkriegs besonders loyale Anhänger, die ihm bis zum Schluss Gefolgschaft leisteten.[424] Die Zustimmung zum »Kreuzzug gegen den Bolschewismus« und der damit verknüpften Vernichtungspolitik gegen seine Repräsentanten wurzelte somit schon in den Kollektivbiographien der deutschen Truppenführer und ihren generationellen Prägungen und Erfahrungen.[425]

Die verbreitete Übereinstimmung mit den ideologischen Prämissen des Kommissarbefehls war von entscheidender Bedeutung, denn auf den virulenten Ressentiments gegen die sowjetischen Politoffiziere baute der gesamte Rechtfertigungsdiskurs der Vernichtungspolitik auf, einschließlich der utilitaristischen Legitimationsstrategien. Selbst in den Stäben, in denen sich Widerspruch gegen die Kommissarrichtlinien geregt hatte, gewährleistete der Konsens über die Notwendigkeit von »besonderen Maßnahmen« gegen die »Träger des Kommunismus«, dass man sich der Mitwirkung an dem Mordprogramm nicht vollständig versagen konnte. Die graduellen Einschränkungen, die manche Kommandobehörden am Kommissarbefehl vornahmen, betrafen in aller Regel nur die Form der praktischen Durchführung und änderten im Endeffekt nichts an der Realisierung der Vernichtungspolitik. Nichtsdestoweniger zeichneten sich in diesen eigenständigen Eingriffen in die Befehlslage die beträchtlichen Handlungsspielräume ab, die bei der Auslegung und Implementierung der »Führerbefehle« an der Ostfront tatsächlich bestanden. Dass nur ein geringer Teil der Kommandobehörden von den bestehenden Möglichkeiten Gebrauch machte, die ›verbrecherischen Befehle‹ zusätzlich zu reglementieren und zumindest partiell abzuschwächen, ist ein weiterer Beleg für die weit reichende Akzeptanz, die die radikalen Befehle in den Stäben des Ostheeres gefunden haben. Die Frontstäbe wirkten während der Vorbereitungsphase

---

[421] WILHELM, Rassenpolitik, S. 19.
[422] HÜRTER, Kriegserfahrung.
[423] Vgl. HÜRTER, Heerführer, S. 85 ff., 111 ff.
[424] Vgl. KROENER, Generationserfahrungen, S. 230 f.
[425] Vgl. zu einem Fallbeispiel RÖMER, Truppenführer.

des Feldzugs weitgehend geschlossen und bereitwillig an der Weitergabe und Kommunizierung der Befehle, Richtlinien und Merkblätter mit, die dazu dienen sollten, die bevorstehende Auseinandersetzung in einen Weltanschauungskrieg zu transformieren. Die logische Konsequenz war, dass sich der Krieg an der Ostfront tatsächlich schon in der Anfangsphase des »Unternehmens Barbarossa« zu dem »Vernichtungskampf« entwickelte, den Hitler angestrebt hatte.

IV. DER KONTEXT DES KRIEGES: BLITZFELDZUG UND VERNICHTUNGSKAMPF 1941/42

1. Das Scheitern des Blitzkriegs

Im Morgengrauen des 22. Juni 1941, zwischen 3.05 und 3.30 Uhr, eröffnete das deutsche Ostheer überfallartig das Feuer auf die Grenzstellungen der Roten Armee und trat auf einer Front, die sich vom Nordkap bis zum Schwarzen Meer erstreckte, zum Angriff auf die Sowjetunion an. An allen Frontabschnitten gelang dem Invasionsheer die Überraschung und schnelle Überwindung der sowjetischen Grenzsicherungen. Nachdem die ersten Tage des »Unternehmens Barbarossa« planmäßig verlaufen waren und die Angreifer bereits tiefe Einbrüche erzielt hatten, fing sich die Rote Armee.[1] Der sowjetische Widerstand verstärkte sich zunehmend, an vielen Stellen waren die deutschen Truppen sogar heftigen Gegenangriffen ausgesetzt. Dennoch ging der Vormarsch zunächst schier unaufhaltsam weiter, bis sich im Spätsommer das Scheitern des Blitzkriegsplans abzeichnete und die Winterkrise 1941/42 schließlich den Misserfolg des »Unternehmens Barbarossa« endgültig besiegelte.

Die Operationen

Mit Ausnahme des Südabschnitts der Ostfront, wo die Panzergruppe 1 zunächst nur schwer zur Entfaltung kam, waren die Operationen vor allem in der Anfangsphase des Feldzugs von weiten »Raids« der deutschen Panzerspitzen gekennzeichnet, die die sowjetische Verteidigung keilförmig durchbrachen und weit ins Landesinnere vordrangen. Während die motorisierten und gepanzerten Eliteverbände die Speerspitze des Angriffs bildeten, folgten die Infanteriearmeen ihnen nach, deckten ihren Rücken und ihre Flanken und führten den Kampf gegen die überrollten feindlichen Verbände, von denen sich die vorwärts stürmenden Panzergruppen nicht aufhalten ließen. Die Heeresgruppe Nord hatte am 1. Juli 1941 den Übergang über die Düna erzwungen, im Mittelabschnitt der Ostfront konnten die Panzergruppen 2 und 3 Ende Juni bei Minsk den ersten großen Kessel bilden.[2] Die nördlichen beiden Heeresgruppen hatten damit bis zu diesem Zeitpunkt schon weit über 200 Kilometer überwunden, während der Vormarsch der Heeresgruppe Süd nur mühselig vorankam. Nichtsdestoweniger riefen die beeindruckenden Anfangserfolge im OKH überschwängliche Reaktionen hervor. Der Generalstabschef des Heeres notierte am 3. Juli 1941 in seinem Tagebuch: »Es ist also wohl nicht zuviel gesagt, wenn ich behaupte, daß der Feldzug

---

[1] Vgl. MERRIDALE, Krieg, S. 99-134; KIRSIN, Streitkräfte; BONWETSCH, Repression; CHOR'KOV, Armee.

[2] Vgl. HÜRTER, Heerführer, S. 283 ff.; KLINK, Operationsführung, S. 452-464.

1. Das Scheitern des Blitzkriegs

gegen Rußland innerhalb [von] 14 Tagen gewonnen wurde.«³ Bei aller Siegeszuversicht wusste aber auch Halder, dass dem endgültigen Triumph noch einige Hindernisse im Weg standen: »Natürlich ist er [der Feldzug] damit noch nicht beendet. Die Weite des Raumes und die Hartnäckigkeit des mit allen Mitteln geführten Widerstandes wird uns noch viele Wochen beanspruchen.«⁴

Tatsächlich erwies sich zum Abschluss der ersten Feldzugsphase Ende Juli 1941, dass die entscheidenden Ziele des Blitzkriegsplans nicht erreicht worden waren. Die tiefen Breschen, die die deutschen Truppen in die Reihen der Rote Armee geschlagen hatten, und die Ausmaße ihrer territorialen Gewinne, die die Erwartungen teilweise noch deutlich übertrafen, täuschten darüber nur oberflächlich hinweg. Die deutschen Truppen standen Ende Juli 1941 bereits mehrere hundert Kilometer tief in der Sowjetunion. Die Heeresgruppe Nord hatte bis Ende Juli 1941 den Großteil des Baltikums erobert und richtete sich schon auf den Angriff gegen Leningrad ein, das in greifbare Nähe gerückt war. Die in der Aufmarschanweisung »Barbarossa« festgelegten Operationsziele waren damit bereits weit überschritten. Auch die Heeresgruppe Mitte hatte große Erfolge vorzuweisen. In der Doppelschlacht von Bialystok-Minsk und der Kesselschlacht von Smolensk hatten die Truppen der Heeresgruppe weit über eine halbe Million Gefangene eingebracht und Unmengen an Kriegsmaterial erbeutet. Die Spitzen der Heeresgruppe Mitte standen Ende Juli 1941 östlich von Smolensk, weit mehr als 600 Kilometer von den Ausgangsstellungen entfernt. Auch im Mittelabschnitt waren die territorialen Zielvorgaben des Operationsplans damit erfüllt worden. Anders verhielt es sich im Südabschnitt der Ostfront. Zwar konnte die Heeresgruppe Süd Anfang August 1941 ebenfalls einen bedeutenden Erfolg melden, als ihre Verbände in der Kesselschlacht von Uman' rund 20 sowjetische Divisionen vernichteten. Dennoch war das Ziel, Brückenköpfe östlich des Dnepr zu bilden, bis dahin nicht erreicht worden; der linke Flügel der Heeresgruppe hing sogar so weit zurück, dass er in der Folge regelrecht zum Problemfall wurde. Unabhängig von den unterschiedlichen Erfolgen und Geländegewinnen der drei Heeresgruppen blieb eine zentrale Forderung des Operationsplans an allen Abschnitten der Ostfront gleichermaßen unerfüllt: Keiner der drei Heeresgruppen war es gelungen, die Masse der »lebendigen Kampfkraft« der Roten Armee westlich der Düna-Dnepr-Linie zu vernichten, so wie es in der Aufmarschanweisung »Barbarossa« vorgesehen war.⁵

Gerade auf den Flügeln des Ostheeres, wo jeweils nur eine einzige Panzergruppe zur Verfügung stand, war der Krieg nicht von den großen Vernichtungsschlachten gekennzeichnet, die man anvisiert hatte, sondern bestand bald nur noch in einem »mühevollen Zurückdrängen«⁶ der gegnerischen Abwehrfront. Und selbst in den gigantischen Umfassungsschlachten, die vor allem bei der Heeresgruppe Mitte stattfanden, hatten sich genügend sowjetische Verbände dem Zugriff der deutschen Angriffszangen entziehen können oder waren aus den löchrigen Kesseln rechtzeitig wieder entkommen. Hinzu kam, dass die horrenden Verluste der Roten Armee durch den

---

3 Halder, KTB, Bd. III, S. 38 (3.7.1941).
4 Ebd.
5 Vgl. Hürter, Heerführer, S. 288 f.; vgl. Klink, Operationsführung, S. 461, 469, 485 f.
6 Vgl. Hürter, Heerführer, S. 288 f. Dass nur eine der drei H.Gr. »mit einer Zange aus zwei beweglichen Teilen operieren konnte«, bezeichnet Hürter wohl zu Recht als schwerwiegenden Fehler des Feldzugsplans.

energischen Rückgriff auf die strategischen Reserven und schier unerschöpflichen Ressourcen der Sowjetunion zumindest zahlenmäßig rasch wieder ausgeglichen werden konnten. Dem deutschen Vormarsch konnten somit immer neue Verbände entgegengestellt werden, wie man auch im OKH besorgt registrierte: »Wir haben bei Kriegsbeginn mit etwa 200 feindlichen Div. gerechnet. Jetzt zählen wir bereits 360. Diese Div. sind sicherlich nicht in unserem Sinne bewaffnet und ausgerüstet, sie sind taktisch vielfach ungenügend geführt. Aber sie sind da. Und wenn ein Dutzend davon zerschlagen wird, dann stellt der Russe ein neues Dutzend hin.«[7] Der Widerstand der Roten Armee war trotz ihres gewaltigen Aderlasses und der niederschmetternden Schläge, die ihr die Wehrmacht in der ersten Feldzugsphase zugefügt hatte, ungebrochen und verstärkte sich immer weiter. In der deutschen Führung wuchs die Erkenntnis, dass der angestrebte »Blitzsieg« ausgeblieben war und sich der Abschluss des Feldzugs noch deutlich hinauszögern würde. Ende Juli 1941 erfuhren die Generalstabschefs der Heeresgruppen auf einer Besprechung mit Halder, dass sich das OKH nun auf eine wesentlich längere Kriegsdauer einstellte. Die Planungen für die weiteren Operationen, die Halder bei dieser Gelegenheit erörterte, reichten bis in den Oktober 1941.[8] Die ursprüngliche Erwartung eines »schnellen Feldzug[s]«[9] war der Realität gewichen: »Mit einem Zusammenbruch des russischen Systems ist vorläufig nicht zu rechnen.«[10] Die Vertreter der Frontkommandobehörden dürfte diese Einschätzung am Ende des Julis 1941 kaum überrascht haben, konnten sie doch täglich aus der Nähe beobachten, wie der starke Widerstand der Roten Armee das Tempo des deutschen Vormarsches immer weiter abbremste.

In der Panzergruppe 3 etwa stellte sich Anfang August 1941 ein »Gefühl des Versandens der Operationen« ein.[11] Auch hier konnte man die Augen nicht mehr davor verschließen, dass die Angriffe ins Stocken geraten waren: »Das Überrennen vom Anfang ist vorbei, jetzt mühseliges Durchfressen.« Im Abschnitt der 4. Armee hatte man sich etwa um die gleiche Zeit ebenfalls von dem Glauben an einen schnellen Sieg verabschiedet und beschäftigte sich schon mit den Ursachen des Misserfolgs: »Mancher hatte gehofft, das russische Reich sei ein Koloss auf tönernen Füssen, ein Kartenhaus, das auf einen Windhauch zusammenbrechen würde. Wieviel sicherer musste es der Sturmwind, den die deutsche Wehrmacht zu erzeugen vermag, umblasen. Warum ist das nicht erreicht worden?«[12] Auch und gerade an der Basis der Hierarchie war es unübersehbar, dass der deutsche Angriffsschwung zunehmend erlahmte. Einem Bataillonskommandeur, der im Nordabschnitt der Ostfront eingesetzt war, drängte sich

---

[7] HALDER, KTB, Bd. III, S. 170 (11.8.1941).
[8] Vgl. das Protokoll zur Besprechung bei der H.Gr. Mitte über die Besprechung bei Halder v. 28.7.1941; BA-MA, RH 21-3/47, Bl. 13-18. Als »Wunschziele der politischen Führung vor Winter« wurden dabei u. a. genannt: »25.8. jenseits Moskau« und »1.10. Stalingrad«. Die Besprechung bei Halder hatte am 25.7.1941 stattgefunden, vgl. HALDER, KTB, Bd. III, S. 110 ff. (25.7.1941). Ende August 1941 war man im OKW sogar zu der Auffassung gelangt, dass es notwendig werden könnte, die Operationen gegen die Sowjetunion noch im Jahre 1942 fortzuführen, vgl. KLINK, Operationsführung, S. 507.
[9] Formulierung aus der Weisung Nr. 21 v. 18.12.1940; UEBERSCHÄR, WETTE, Überfall, S. 244.
[10] Protokoll zur Besprechung bei der H.Gr. Mitte v. 28.7.1941, vgl. Anm. 8.
[11] Vgl. hierzu und zum Folgenden das Protokoll zur Besprechung bei der Pz.Gr. 3 mit den KG und Div.Kdren. v. 9.8.1941; BA-MA, RH 21-3/47, Bl. 142-160.
[12] Feldzugsübersicht des KG des IX. AK v. 16.8.1941; BA-MA, RH 24-9/57, Bl. 154.

1. Das Scheitern des Blitzkriegs

dieser Eindruck in den letzten Julitagen auf: »Ich glaube, daß die Gesamtoperationen langsamer als geplant vorwärts schreiten.«[13] Mit einem baldigen Zusammenbruch des Gegners rechnete in seinem Bataillon kaum einer mehr: »Wir alle können uns des Gedankens nicht erwehren, als ob sich die höhere Führung den Krieg im Osten leichter vorgestellt hat! Der Bolschewismus steht doch nicht so auf tönernen Füßen, wie viele geglaubt haben.«[14] Was dieser Hauptmann der obersten Führung vorwarf, musste sie sich nur wenig später selbst eingestehen. Am 11. August 1941 war auch Halder von der Wirklichkeit eingeholt worden und musste einräumen, dass man sich verkalkuliert hatte: »In der gesamten Lage hebt sich immer deutlicher ab, daß der Koloß Rußland, der sich bewußt auf den Krieg vorbereitet hat, mit der ganzen Hemmungslosigkeit, die totalitären Staaten eigen ist, von uns unterschätzt worden ist.«[15] Mit Blick auf die stockenden Operationen stellte Halder desillusioniert fest: »Das, was wir jetzt machen, sind die letzten verzweifelten Versuche, die Erstarrung im Stellungskrieg zu vermeiden.«[16] Wenn das Ostheer bis dahin auch weite Teile der westlichen Sowjetunion erobert hatte, zeigte sich zum Ende der ersten Phase des »Unternehmens Barbarossa«, dass der geplante Blitzkrieg am nachhaltigen Widerstand der Roten Armee gescheitert war.

Nun rächte es sich, dass man bei der Planung der Operationen kaum über die Phase der Grenzschlachten hinausgedacht hatte. Das »Ringen um die Führungsentschlüsse« für die zweite Feldzugsphase setzte verstärkt Mitte Juli 1941 ein und dauerte über einen Monat an, bis Hitler die Kontroverse schließlich in seinem Sinne entschied.[17] Entgegen der Auffassung Halders, der vehement für die Beibehaltung der Hauptangriffsrichtung auf Moskau eingetreten war, ordnete Hitler Mitte August 1941 die Schwerpunktverlagerung auf die beiden Flügel an. Die Heeresgruppe Mitte hatte hierfür einen Großteil ihrer Kräfte zur Verfügung zu stellen: Die Panzergruppe 3 hatte zur Nährung des Angriffs auf Leningrad starke Teile an die Heeresgruppe Nord abzugeben, die Panzergruppe 2 wurde nach Süden abgedreht, um die Operationen der Panzergruppe 1 und der 6. Armee zu unterstützen. Zudem wurde die 2. Armee dazu angesetzt, die Lage auf dem linken Flügel der Heeresgruppe Süd zu bereinigen. Im Stab der Heeresgruppe Mitte reagierte man empört auf diese Entscheidung, die unweigerlich dazu führte, dass die eigenen Operationen zum Erliegen kamen.[18] Als Halder dem Oberbefehlshaber der Heeresgruppe die Vorentscheidung Hitlers am 15. August 1941 telefonisch mitteilte, antwortete von Bock verbittert: »Ich weiß keinen Weg mehr, wie ich dann die H.Gr. nach vorne bringen kann. Heute ist der Beginn des Stellungskrieges!«[19] Tatsächlich hatte Hitlers Richtungsentscheidung zur Folge, dass

---

13 Eintrag im Tagebuch des Btl.Kdr. des I./IR 1, Hptm. v. K., v. 26.7.1941; BA-MA, MSg 2/2728, Bl. 44.
14 Ebd., Eintrag v. 30.7.1941, Bl. 46.
15 HALDER, KTB, Bd. III, S. 170 (11.8.1941).
16 Ebd.
17 Vgl. HÜRTER, Heerführer, S. 292 f.; KLINK, Operationsführung, S. 486 ff., 506 ff.
18 »O.B. [der H.Gr. Mitte] verwehrt sich scharf gegen die Abgabe von mot.-Verbänden an die H.Gr. Nord, weil dadurch die Front der eigenen H.Gr. in nicht mehr tragbarer Weise geschwächt wird und ihr die Kraft für Angriffsoperationen großen Stils genommen wird.« Eintrag im KTB der H.Gr. Mitte v. 15.8.1941, 17.00 Uhr; BA-MA, RH-19 II/386, Bl. 328 f.
19 Ebd. Halder antwortete nicht weniger verbittert: »Ich weiß selber nicht, was ich machen soll. Ich bin ganz verzweifelt und suche zu retten, was zu retten ist.«

der Vormarsch auf Moskau zunächst zum Stillstand kam und der Mittelabschnitt der Ostfront in den ersten Wochen der zweiten Feldzugsphase weitgehend bewegungslos verharrte. Während die Angriffsfront gegen Moskau zu einer Abwehrfront erstarrte, wurden die Operationen auf den Flügeln im Norden und Süden fortgeführt, unter Rückgriff auf die Kräfte der Heeresgruppe Mitte.[20] Die Offensiven der Heeresgruppe Süd zielten auf die Eroberung der Krim und des ostukrainischen Industriegebietes um Char'kov ab.[21] Nach der Überwindung des Dnepr wurden im September 1941 auf dem Nordflügel der Heeresgruppe zunächst beträchtliche Erfolge erzielt. Im Zusammenwirken mit der 2. Armee und der Panzergruppe 2 gelang bis Mitte September 1941 die weiträumige Umfassung Kievs und damit die Einschließung der Hauptkräfte der sowjetischen Südwestfront. Nachdem die »Schlacht bei Kiev« Ende September geschlagen war, kehrten die Panzergruppe 2 und die 2. Armee wieder in den Mittelabschnitt der Ostfront zurück, um für den bevorstehenden Angriff auf Moskau bereitzustehen. Zur Unterstützung der Operation »Taifun« hatte die Heeresgruppe Süd außerdem eine beträchtliche Anzahl ihrer schnellen Verbände und Infanteriedivisionen an die Heeresgruppe Mitte abzugeben. Die Heeresgruppe Süd musste somit den weiteren Vormarsch gegen den Don und die Besetzung der Krim mit deutlich verringerten Kräften bewerkstelligen. Das Vordringen der Heeresgruppe kam im Winter 1941 schließlich östlich von Char'kov am Donez zum Stehen, im Süden erstarrte die Front an der Miusmündung am Asowschen Meer, nachdem Rostov am Don erobert und wieder aufgegeben worden war. Außer der Festung Sevastopol' und der Halbinsel Kerc war außerdem die gesamte Krim in deutscher Hand. Am Jahresende 1941 standen die Truppen der Heeresgruppe Süd, weit über 1200 Kilometer von ihren Ausgangsstellungen entfernt, tief in der Sowjetunion, ohne dass sie den Widerstand des Gegners entscheidend gebrochen hatten.

Die Operationen der Heeresgruppe Nord konzentrierten sich in der zweiten Feldzugsphase weitgehend auf das Angriffsziel Leningrad.[22] Während die 18. Armee zunächst die vollständige Eroberung Estlands in Angriff nahm und die Kräfte der 16. Armee hauptsächlich durch die Operationen an der überdehnten Südostflanke der Heeresgruppe beansprucht wurden, erreichten die Spitzen der Panzergruppe 4 gegen zunehmenden sowjetischen Widerstand bis Ende August 1941 die Neva südöstlich von Leningrad. Zwar gelang es der Panzergruppe 4 Anfang September, bis zum Ladogasee vorzustoßen und die Stadt damit nach Osten abzuschneiden. Doch konnte die Einschließung der Stadt nicht mehr vollendet werden, bevor Ende September unter anderem die Panzergruppe 4 an die Heeresgruppe Mitte abgegeben werden musste. Dadurch wurden der Heeresgruppe ihre Hauptangriffskräfte entzogen, die verbliebenen Verbände waren zu schwach, um die Schlinge enger zu ziehen. Das Operationsziel der Heeresgruppe Nord, die Einkesselung Leningrads, wurde nicht erreicht. Die Einschließungsfront erstarrte zu einer Belagerungsfront, die nach dem

---

[20] Vgl. hierzu die entsprechenden Lagenkarten auf den Tafeln 16 und 18 im Beiheft zu DRZW, Bd. 4.

[21] Vgl. hierzu und zum Folgenden Hürter, Heerführer, S. 308 f.; Klink, Operationsführung, S. 508-539.

[22] Vgl. hierzu und zum Folgenden Hürter, Heerführer, S. 307 f.; Klink, Operationsführung, S. 543-559.

Abzug der Panzergruppe 4 von der 18. Armee übernommen wurde.[23] Auch die letzten Anstrengungen, die die Heeresgruppe zur Abschließung der Stadt nach Osten in der Folge noch unternahm, blieben erfolglos: Die Offensive gegen den unteren Volchov, die Mitte Oktober begann, scheiterte Mitte November, Anfang Dezember mussten die Angriffstruppen wieder zurückgenommen werden.

Die Heeresgruppe Mitte kam nach der aufgezwungenen Operationspause erst Anfang Oktober 1941 wieder in Bewegung. Am 2. Oktober 1941 begann der allgemeine Angriff auf Moskau, die groß angelegte Operation »Taifun«, für die die Heeresgruppe Mitte durch die Abgaben der anderen Heeresgruppen auf rund 78 Verbände aufgestockt wurde und nunmehr etwa 1,9 Millionen Soldaten umfasste.[24] Bereits in den ersten Tagen der Offensive gelang es, bei Brjansk und Vjaz'ma erhebliche sowjetische Kräfte einzukesseln. Etwa um die gleiche Zeit setzte allerdings ein Wettereinbruch ein, der die weiteren Operationen massiv behinderte. Zusätzlich zu dem heftigen sowjetischen Widerstand hemmten Schneefälle und Frost, dann Tauwetter und Regen den Vormarsch und führten zu einer Versorgungskrise. Gegen Ende des Monats kam der Angriff der personell und materiell erschöpften Heeresgruppe zum Stehen. Trotz des desolaten Kräftezustands der Verbände und der mangelhaften Versorgungslage wurde umgehend die Wiederaufnahme der Offensive in Angriff genommen, in der Hoffnung, mit der Einschließung Moskaus doch noch eine Vorentscheidung herbeizuführen oder zumindest eine günstige Ausgangslage für das Kriegsjahr 1942 zu gewinnen.[25] Mitte November 1941 traten die Verbände der Heeresgruppe Mitte unter äußerst schwierigen Bedingungen zur zweiten Großoffensive auf Moskau an, die nach gewissen Anfangserfolgen am erbitterten Widerstand der Verteidiger scheiterte. In den ersten Dezembertagen 1941 blieben die Angriffe an allen Abschnitten liegen, nachdem die Spitzen der Panzergruppe 4 bereits bis auf etwa 30 Kilometer an den Kreml herangekommen waren. Die sowjetischen Gegenoffensiven, die nun einsetzten, trafen auf deutsche Truppen, die längst am Ende ihrer physischen und psychischen Kräfte angelangt waren.

Die Winteroffensive der Roten Armee brachte die Heeresgruppe Mitte an den Rand des Zusammenbruchs. Schwere, verlustreiche Abwehrkämpfe unter lebensfeindlichen Witterungsbedingungen, bedrohliche sowjetische Durchbrüche und zum Teil fluchtartige Rückzugsbewegungen waren die prägenden Kennzeichen der Winterkrise, die bis ins Frühjahr 1942 andauerte, als es schließlich gelang, die Front wieder zu stabilisieren.[26] Auch die anderen beiden Heeresgruppen waren zum Jahresende 1941 in die Defensive geraten. Die Krisenlagen, die sich auf den Flügeln des Ostheeres entwickelten, waren zwar wesentlich begrenzter als im Mittelabschnitt; gleichwohl war die Situation auch im Norden und Süden der Ostfront während der Wintermonate angespannt

---

[23] Die Übergabe fand am 17.9.1941 statt, vgl. den Tagesbefehl des Bfh. der Pz.Gr. 4 v. 17.9.1941; BA-MA, RH 26-96/12, Anl. 15. Vgl. zur Kriegführung der 18. Armee vor Leningrad HÜRTER, Wehrmacht.

[24] Vgl. hierzu und zum Folgenden HÜRTER, Heerführer, S. 297-315; KLINK, Operationsführung, S. 574-600.

[25] Vgl. HÜRTER, Heerführer, S. 302 f., der an der »fatalen Entscheidung zu Wiederaufnahme des im Oktober angehaltenen Angriffs« hervorhebt, »wie leichtsinnig, sehenden Auges und verantwortungslos das deutsche Ostheer in diese Katastrophe hineingeführt wurde«.

[26] Vgl. hierzu und zum Folgenden HÜRTER, Heerführer, S. 318 ff., 343 f.; KLINK, Operationsführung, S. 626 f., 642, 648 ff.

und zeitweise bedrohlich. Mitte Februar galt die Krise allgemein als überwunden, das OKH gab bereits neue Weisungen für die Fortführung der Operationen nach Ende des Winters aus. Wenn auch an örtlichen Einbruchstellen und Brennpunkten noch Kämpfe tobten, erstarrte die Ostfront nach und nach im Stellungskrieg, der an vielen Abschnitten nur noch wenig Gefechtstätigkeit sah. Nachdem das »Unternehmen Barbarossa« endgültig gescheitert war, begann erst im Sommer 1942 mit der Operation »Blau« im Südabschnitt der Ostfront eine neue deutsche Großoffensive.

Der Russlandfeldzug des Jahres 1941 war indes nicht erst vor den Toren Moskaus gescheitert. Der strategische Operationsplan war bereits in der ersten Feldzugsphase durch das »Hängenbleiben der Heeresgruppe Süd«[27], das den Stopp der Heeresgruppe Mitte auf ihrem Vormarsch gegen Moskau nach sich zog, durchkreuzt worden. Die tieferen Gründe für diesen Misserfolg waren vielfältig.[28] Der Keim des Scheiterns lag bereits in den Geburtsfehlern des Feldzugsplans. Neben der alternativlosen Fixierung auf die Blitzkriegsdoktrin wirkte sich vor allem die hybride Unterschätzung des Gegners verhängnisvoll aus, weil sie zum Ausgangspunkt einer Reihe fataler Folgefehler wurde.[29] Da man mit äußerst optimistischen, geradezu illusionären Annahmen kalkuliert hatte, waren die Weichen falsch gestellt worden. So hatte die deutsche Führung eine energische Mobilisierung der Ressourcen und einen »Höchstlauf der Rüstung« gar nicht erst in Erwägung gezogen, weil man »davon ausging, daß [selbst] mit den vorhandenen Kräften das Militärpotential der UdSSR in wenigen Wochen zerschlagen werden konnte«[30]. Dieser Trugschluss führte zu einer völlig unzureichenden Ausstattung des Ostheeres mit personellen und materiellen Reserven. Die Überzeugung vom Gelingen des Blitzkriegsplans verleitete außerdem zu einer leichtfertigen Verkennung der absehbaren Nachschubprobleme, die man zu vernachlässigen können glaubte. Denn die gravierenden Versorgungsengpässe, die schon in der Anfangsphase des Feldzugs auftraten, waren vorprogrammiert.[31] Alle diese Fehlplanungen bauten auf der fatalen Grundannahme auf, dass die Rote Armee zu schwach sei, um dem deutschen Ansturm lange widerstehen zu können, und schon in der ersten Feldzugsphase rasch zusammenbrechen würde. Der heftige Widerstand der sowjetischen Truppen machte die optimistischen deutschen Kalkulationen jedoch bald zunichte. Schon in den ersten Tagen des Feldzuges mussten die Truppen und Stäbe des Ostheeres feststellen, dass ihnen mit der Roten Armee ein erbitterter Gegner gegenüberstand, dessen Kampfkraft alle Erwartungen weit übertraf.

Eigenart und Wahrnehmung des Ostkriegs

Zwar war man durchaus davon ausgegangen, dass die »Russen […] sich zäh schlagen« würden.[32] Mit der Stärke des Widerstandes, dem man dann beim Einmarsch begeg-

---

27 KLINK, Operationsführung, S. 651.
28 Vgl. HÜRTER, Heerführer, S. 300; UEBERSCHÄR, Scheitern, S. 112-115.
29 Vgl. KROENER, Blitzkrieg.
30 MÜLLER, Wirtschaftsallianz, S. 189.
31 MÜLLER, Scheitern, S. 960-963.
32 So der Ob.d.H. noch am 10.6.1941 während der Besprechung mit den Spitzen der H.Gr. Süd; BA-MA, RH 24-4/34a, Anl. 165. Zu den widersprechenden Erwartungen vgl. auch den Eintrag im KTB

nete, hatte man dennoch nicht gerechnet. Wenn die sowjetischen Verteidiger auch an manchen Frontabschnitten, vor allem in der Ukraine und im Baltikum, in den Gefechten zum Teil recht bald die Waffen streckten[33], überwog in den Erfahrungen der deutschen Angreifer insgesamt doch ein anderes Bild von der Roten Armee.[34] An vielen Stellen stießen die deutschen Truppen auf erbitterte Gegenwehr in einer Intensität, die sie in den bisherigen Feldzügen noch nicht erlebt hatten. Übereinstimmend wurde aus allen Abschnitten der Ostfront immer wieder gemeldet, dass sich die sowjetischen Soldaten bis zum Letzten wehrten und selbst in aussichtsloser Lage nicht kapitulierten. Der todesmutige Widerstand der sowjetischen Truppen desillusionierte die falschen Vorstellungen, die man sich in den deutschen Kommandobehörden gemacht hatte. Mit Erstaunen registrierten die Stäbe die hohe Kampfkraft und Widerstandsfähigkeit der Roten Armee, die man nicht erwartet hatte. Im AOK 9 empfand man den »überaus hartnäckige[n] und verbissene[n] Widerstand des Rotarmisten, der sich in seiner Stellung totschlagen läßt oder nicht selten – wenn alles verloren ist – Hand an sich legt«, als »recht unangenehme Überraschung«.[35] Auch in den Truppenverbänden beseitigten die ersten Zusammenstöße mit der Roten Armee alle Illusionen. In den Einheiten der 15. Infanteriedivision etwa hatte gleich die »erste Berührung mit einem zäh und verbissen kämpfenden Gegner weithin Erstaunen und Verwunderung geweckt, hat jede Erwartung eines leichten Kampfes, wo sie vorhanden war, berichtigt und den vollen Ernst der Auseinandersetzung mit dem Bolschewismus deutlich werden lassen«.[36] Angesichts der Widerstandskraft und der unerwartet »moderne[n] Ausrüstung der Sowjetarmee« wuchs auch in der 35. Infanteriedivision in der Anfangsphase des Feldzugs die Einsicht, dass man den Gegner falsch eingeschätzt hatte: »Die teilweise früher bestehende Ansicht über eine wenig neuzeitliche, schlecht organisierte russ. Armee trifft, das wird allmählich jedem Soldaten klar, nicht zu.«[37] Ein Mannschaftssoldat der 6. Panzerdivision beschrieb Anfang September 1941 in seinem Tagebuch, wie die Erfahrungen der bisherigen Kämpfe das irrige Bild von der Roten Armee in seiner Einheit korrigiert hatten: »Es ist für uns alle unbestreitbare Tatsache, daß wir alle den russ. Soldaten unterschätzt haben. Man dachte an die Armee aus der Zarenzeit und sah schon im Geiste einen Blitzkrieg mit baldigem Ende. Den russischen Soldaten hatten wir schon längst zum Teufel gejagt; aber der Bolschewik kämpft mit einem Fanatismus ohnegleichen. Ich habe selbst rote Soldaten gesehen, die lieber mit einer Handgranate sich in den Tod jagten, als sich uns zu ergeben.«[38]

---

des III. AK v. 17.6.1941 zu einer Besprechung des KG; BA-MA, RH 24-3/37, S. 16: »Der Auffassung, daß der bevorstehende Feldzug unblutig verläuft, muß scharf entgegengetreten werden.«

[33] Die in der Ukraine kämpfende 57. Inf.Div. etwa verzeichnete in der Zeit vom 22.6.-31.10.1941 ca. 27.800 Gefangene, »etwa 2/3 davon waren Überläufer.« TB (Ic) der 57. Inf.Div. v. 15.11.1941; BA-MA, RH 26-57/57, S. 2.

[34] Zur Widersprüchlichkeit der Erfahrungen vgl. z. B. den Eintrag im TB (Ic) des XI. AK v. 21.9.1941; BA-MA, RH 24-11/121: »Feindverhalten uneinheitlich. Teilweise Überlaufen und freiwillige Gefangengabe, teils aber auch erbitterter Widerstand und heftige Ausbruchsversuche.«

[35] Eintrag im KTB des AOK 9 v. 4.7.1941, Rückblick auf die ersten 12 Feldzugstage; BA-MA, RH 20-9/14, S. 51.

[36] TB (IVd/ev.) der 15. Inf.Div. v. 1.7.1941-30.4.1942; BA-MA, RH 26-15/62, S. 3.

[37] Eintrag im KTB der 35. Inf.Div. v. 1.7.1941; BA-MA, RH 26-35/35, Bl. 46.

[38] Eintrag im Tgb. Karl-Heinz v. B., SR 4, v. 3.9.1941; BA-MA, MSg 2/5782.

Dass der Großteil der gegnerischen Soldaten den Kampf auch auf verlorenem Posten bis zur Selbstaufopferung fortführte und sich schlichtweg nicht ergab, galt in zahlreichen deutschen Berichten als hervorstechendes Kennzeichen der sowjetischen Kampfweise. Die Führung der Panzergruppe 3 bilanzierte nach der ersten Woche des Feldzugs: »Wo sich der Gegner stellte, kämpfte er zäh und tapfer bis zum Tode. Überläufer und Ergeben wurden von keiner Stelle gemeldet. Der Kampf wurde dadurch härter als im Polen- und im Westfeldzug.«[39] Die gleichen Erfahrungen machte man auch an den übrigen Frontabschnitten, so etwa bei der Panzergruppe 2: »Die außerordentlich hohen Prozentzahlen an toten Russen im Vergleich zu den niedrigen Gefangenenzahlen zeigen am besten, mit welcher Zähigkeit sich der Russe immer wieder zum Kampf stellt und sich bis zur letzten Patrone verteidigt.«[40] Das Generalkommando des im Baltikum eingesetzten XXXVIII. Armeekorps gewann schon nach wenigen Feldzugstagen den Eindruck, »dass sich die meisten [sowjetischen] Soldaten bis zum letzten wehren«.[41] Eine Division der Panzergruppe 4 stellte am zweiten Kriegstag fest: »Die Kampfesweise des Gegners ist zäh und ausdauernd, er lässt sich lieber totschlagen als gefangennehmen.«[42] Auch im Südabschnitt der Ostfront bot sich das gleiche Bild. Das Oberkommando der Heeresgruppe Süd fasste die bisherigen Beobachtungen am 24. Juni 1941 wie folgt zusammen: »Größtenteils kämpft der Feind bis zur Vernichtung. Seine blutigen Verluste sind daher sehr schwer, die Gefangenenzahlen verhältnismäßig gering.«[43] Derartige erstaunte Berichte über die Massivität des sowjetischen Widerstandes liegen in großer Zahl vor, und sind nicht nur aus der Anfangsphase des »Unternehmens Barbarossa« von allen Abschnitten der Ostfront überliefert. Auch in der Folgezeit ließ die Gegenwehr der Roten Armee nicht nach, so dass sich die früh gewonnene Erkenntnis, dass »man sich noch auf harte Kämpfe einstellen«[44] musste, im weiteren Verlauf des Krieges immer wieder aufs Neue bewahrheitete.

Im Ostheer konnte es schon bald keine Meinungsverschiedenheiten mehr darüber geben, dass sich die Rote Armee im Vergleich zu den Kontrahenten aus »den bisherigen Feldzügen als der schwerste Gegner des deutschen Soldaten erwiesen« hatte.[45] Der häufig angestellte Vergleich mit den deutschen Kampagnen in Polen, Skandinavien, im Westen und auf dem Balkan fiel eindeutig aus und kam stets zu dem Ergebnis, dass der Widerstand der sowjetischen Truppen sehr viel stärker und unnachgiebiger war als die Gegenwehr aller bisherigen Feinde. In der 8. Panzerdivision registrierte man diese Unterschiede Mitte Juli 1941: »Hatte sich der Franzose und Serbe beim ersten Anrollen unserer Panzer ergeben, so kämpft der Russe zäh und ausdauernd.«[46] Ein

---

39 Pz.Gr. 3/Abt. Ia, »Gefechtsbericht vom 22.-29.6.41«; BA-MA, RH 21-3/46, Bl. 73-82, hier Bl. 75. Vgl. auch den Eintrag im TB (Ic) des unterstellten VI. AK v. 28.6.1941; BA-MA, RH 24-6/236, Bl. 8: »Alle Berichte stimmen darin überein, daß der Feind sich nicht ergibt, sondern buchstäblich totschlagen läßt.«
40 Eintrag im TB (Ic) der 10. Pz.Div. v. 3.7.1941; BA-MA, RH 27-10/49.
41 TB (Ic) des XXXVIII. AK, Abschnitt über den Zeitraum 22.6.-25.6.1941; BA-MA, RH 24-38/162.
42 Eintrag im TB (Ic) der 36. Inf.Div. (mot.) v. 23.6.1941; BA-MA, RH 26-36/40, S. 5.
43 Eintrag im KTB der H.Gr. Süd v. 24.6.1941; BA-MA, RH-19 I/71, S. 34.
44 Eintrag im KTB der 35. Inf.Div. v. 1.7.1941; BA-MA, RH 26-35/35, Bl. 46.
45 Erfahrungsbericht des IX. AK v. 31.10.1941; BA-MA, RH 24-9/161, Bl. 102.
46 Eintrag im KTB des AR 80 v. 14.7.1941; BA-MA, RH 41/254, S. 14.

1. Das Scheitern des Blitzkriegs 211

5 | Schwere Kämpfe: Stoßtrupps der 1. Gebirgsdivision gehen zum Angriff vor (26. Juni 1941)

Infanterist der 6. Panzerdivision erkannte Ende August 1941, dass der Feldzug nicht so schnell enden würde wie ein Jahr zuvor im Westen: »Wir sind auf einen zu allem entschlossenen Feind gestoßen, der nicht wie etwa der Franzose nach den ersten schweren Schlägen zusammenbricht, sondern zäh und fanatisch weiterkämpft.«[47] In seinem Regiment sprachen die Soldaten »vom Westfeldzug als von einer K.d.F.-Fahrt«.[48] Auch in der 1. Infanteriedivision äußerte sich in den Gesprächen der Soldaten, wie sehr sich die Kämpfe in der Sowjetunion von den bisherigen Feldzügen unterschieden und wie stark die Gegensätze empfunden wurden. »Merkwürdig oft redet alles von Frankreich, diesem Paradies des Krieges, als das es nun jedenfalls in der Erinnerung wirkt.«[49] Der evangelische Feldgeistliche der 113. Infanteriedivision resümierte Anfang Oktober 1941: »Aber der russische Feldzug hat doch viel tiefer in das innere Leben der Soldaten eingegriffen als das im Westfeldzug der Fall war. Das ist begründet in der längeren Dauer der Kampfhandlungen, den höheren Anforderungen an die Leistungskraft und die grössere Zahl der Verluste. Man hört immer wieder sagen: ›Wir wissen erst jetzt, was Krieg heisst.‹«[50]

Dass die große Zahl der Verluste tatsächlich ein hervorstechendes Charakteristikum des Ostfeldzugs war, konnte man nicht nur in der Division dieses Beobachters schon bald mit Händen greifen. Denn der heftige sowjetische Widerstand verursachte im gesamten deutschen Ostheer außerordentlich hohe Verlustraten. Die Truppen der 113.

[47] Eintrag im Tgb. Karl-Heinz v. B., SR 4, v. 31.8.1941; BA-MA, MSg 2/5782.
[48] Ebd., Eintrag v. 24.8.1941.
[49] Eintrag im KTB der VA der 1. Inf.Div. v. 14.8.1941; BA-MA, RH 26-1/104, S. 27.
[50] TB (IVd/ev.) der 113. Inf.Div. v. 2.10.1941; BA-MA, RH 26-113/37.

Infanteriedivision, die der zitierte Kriegspfarrer betreute, waren bereits in den ersten Monaten des Feldzugs stark dezimiert worden. Die Ausfälle an Toten, Verwundeten, Vermissten und Kranken beliefen sich Mitte September 1941 auf über 5000 Mann, was den Verlust eines knappen Drittels der Gesamtstärke der Division bedeutete. Da die Ausfälle naturgemäß vor allem in den kämpfenden Truppenteilen eintraten, war der Substanzverlust an der Gefechtsstärke des Verbands sogar noch größer und betrug in manchen Einheiten bis zu 80 %. In keiner der Schützenkompanien der Division betrug die Gefechtsstärke zu diesem Zeitpunkt mehr als fünfzig Mann, in vielen Kompanien war die Zahl der Kämpfer sogar auf 20-30 abgesunken. Nicht nur die zahlenmäßige Schwächung, sondern auch der Allgemeinzustand der Einheiten veranlasste die Divisionsführung Mitte September 1941 zu dem Urteil, dass die Truppe »wirklich am Ende ist«.[51] Auch die übrigen Divisionen des Ostheeres verzeichneten laufend hohe Ausfälle, die die personellen Verluste der bisherigen Feldzüge in den Schatten stellten und schon bald um ein Mehrfaches überstiegen. Die 1. Gebirgsdivision etwa verlor bis Anfang Oktober 1941 über 4600 Mann, womit ihre Gesamtverluste aus den Kampagnen gegen Polen, Frankreich und Jugoslawien bereits zu diesem Zeitpunkt weit übertroffen waren.[52] Dass »die Kämpfe sehr hart« und verlustreich waren, hatte die Divisionsführung schon in der ersten Phase des Feldzugs registriert. Allein im ersten Monat der Kampagne fielen über 1000 Mann aus.[53] An den ungewohnt hohen Verlusten spürten die deutschen Einheiten besonders schmerzlich, wie sehr sich der Russlandfeldzug von den bisherigen Feldzügen unterschied.

Schon in der Anfangsphase des »Unternehmens Barbarossa« mussten die Truppenverbände des Ostheeres Verluste in einer Größenordnung hinnehmen, die an die Substanz rührte. So hatte ein Regiment der 79. Infanteriedivision, die erst Anfang Juli 1941 an die Front gekommen war, bis Mitte des Monats schon ein gutes Viertel ihres Personals eingebüßt.[54] Die 95. Infanteriedivision verlor schon in den ersten fünf Wochen ihres Fronteinsatzes 25 % ihrer Gefechtsstärke[55], die Kämpfe zehrten »am Mark der Division«.[56] Auch im XXXXVII. Panzerkorps waren die personellen und materiellen Verluste bis Ende Juli 1941 bereits »sehr schwer, die Divisionen haben so durchschnittlich je 2200 Offz. u. Mannschaften verloren u. bis zu 50 % ihres Kfz.-Bestandes«.[57] In der 6. Armee war bis Anfang August 1941 schon eine »starke Schwächung der Div[isionen].« eingetreten.[58] In den Kämpfen, die die 6. Armee zu dieser

---

[51] Vgl. hierzu und zum Vorherigen den Eintrag im KTB der 113. Inf.Div. v. 15.9.1941; BA-MA, RH 26-113/4.
[52] Vgl. den Gefechtsbericht der 1. Geb.Div. über die Zeit v. 22.6.-10.10.1941; BA-MA, RH 46/382, S. 74. Im Polenfeldzug hatte die Division 1402 Mann verloren, in Frankreich 1811, in Jugoslawien 15.
[53] Eintrag im KTB der 1. Geb.Div. v. 20.7.1941; BA-MA, RH 28-1/20, S. 58.
[54] Eintrag im KTB der 79. Inf.Div. v. 18.7.1941; BA-MA, RH 26-79/14, S. 29. Das IR 226 hatte bis zu diesem Zeitpunkt schon 830 Mann verloren, obwohl der Einsatz der Division an der Front erst am 11.7.1941 begonnen hatte.
[55] Eintrag im KTB der 95. Inf.Div. v. 22.8.1941; BA-MA, RH 26-95/11, S. 92. Die Division war zunächst OKH-Reserve und kam daher erst am 15.7.1941 zum Fronteinsatz.
[56] Ebd., Eintrag v. 13.8.1941, S. 83.
[57] Eintrag im Tgb. des KG des XXXXVII. AK, Lemelsen, v. 25.7.1941; BA-MA, MSg 1/1147, S. 51. Bezeichnenderweise musste der General feststellen: »Das muß dringend aufgefrischt werden, aber woher es kommen soll, weiß noch kein Mensch.«
[58] Eintrag im KTB des LI. AK v. 3.8.1941; BA-MA, RH 24-51/9, S. 101.

Zeit bestritt, verloren ihre Divisionen durchschnittlich 200 Mann pro Tag.[59] Neben der großen Zahl der Gesamtausfälle machten sich im Ostheer die überproportionalen Offiziersverluste besonders empfindlich bemerkbar, die zu einer hohen Fluktuation in den Führungspositionen der Fronteinheiten führten. In einer Schützenkompanie der 16. Panzerdivision etwa wechselte Anfang Juli 1941 an nur einem Gefechtstag gleich drei Mal die Führung der Einheit, bis keine Offiziere mehr vorhanden waren und der Kompaniefeldwebel das Kommando übernehmen musste.[60] In der 255. Infanteriedivision fielen bis Anfang Oktober 1941 acht Bataillonskommandeure und 41 Kompaniechefs aus.[61] In einzelnen Einheiten der Division mussten bis zu drei Mal die Kompanieführer ersetzt werden, Bataillone wurden zeitweise von Oberleutnanten geführt, Kompanien von Feldwebeln. Die Beispiele, die belegen, von welchen immensen Verlusten die deutschen Truppenverbände bereits in den ersten Monaten des Feldzugs getroffen wurden, ließen sich beliebig fortführen. Die Verlustziffern der deutschen Frontverbände bewegten sich während des gesamten »Unternehmens Barbarossa« auf einem außerordentlich hohen Niveau. Während des dritten Quartals 1941 fielen an der Ostfront täglich 2060 deutsche Soldaten, insgesamt 185.198 Mann.[62] Im vierten Quartal beliefen sich die tödlichen Verluste auf 117.297 Soldaten, der Tagesschnitt betrug immer noch 1300 Gefallene. Hinzu kamen hohe Ausfälle an Verwundeten, Vermissten und Kranken. Bereits nach fünf Wochen Feldzug registrierte man im OKH Gesamtverluste in Höhe von 318.333 Mann, womit fast 10 % des gesamten Ostheeres ausgefallen waren.[63] Bis Anfang Januar 1942 hatte das deutsche Ostheer über ein Viertel seiner Kräfte eingebüßt, die Verluste waren auf 830.903 Mann angestiegen.[64]

Die Verluste waren umso substantieller, als die Kräfte des Ostheeres nicht ausreichten, um sie aufzufangen. Denn der Umfang der deutschen Truppen an der Ostfront war knapp bemessen. Wenn in der deutschen Propaganda von der »größten Front der Weltgeschichte« die Rede war, konnte dieser Superlativ allenfalls für die räumliche Ausdehnung des Operationsgebietes gelten, aber nur bedingt für die zahlenmäßige Stärke der deutschen Streitmacht. Tatsächlich war das deutsche Aufgebot gegen die Sowjetunion kaum größer als im Westfeldzug des Sommers 1940.[65] So wie die rüstungswirtschaftlichen und materiellen Kalkulationen waren auch die personellen Planungen auf ein schnelles Ende des Feldzugs ausgerichtet, so dass weder das Feldheer noch die Ersatzorganisation in der Heimat über bedeutende strategische Reserven verfügten. Die unausweichliche Folge war, dass die laufend hohen Ausfälle des Ostheeres schon bald nicht mehr gleichwertig ersetzt werden konnten und sich die Verluste perpetuierten. Schon die überproportionalen Offiziersverluste waren kaum auszugleichen. Bis Mitte August 1941 hatte das Ostheer bereits 10.000 Offiziere

---

59 Eintrag im KTB der H.Gr. Süd v. 9.8.1941; BA-MA, RH-19 I/262, S. 176 f.
60 Tgb. über den Einsatz der 1./SR 64, Eintrag v. 7.7.1941; BA-MA, RH 37/6249, S. 8 f.
61 Vgl. hierzu und zum Folgenden den TB (IIa) der 255. Inf.Div. v. 1.6.-8.10.1941; BA-MA, RH 26-255/145.
62 Vgl. hierzu und zum Folgenden OVERMANS, Verluste, S. 276-284.
63 Vgl. HALDER, KTB, Bd. 2, S. 183 (17.8.1941). Die Angabe bezieht sich auf den Zeitraum 22.6.-30.7.1941.
64 Vgl. HALDER, KTB, Bd. 2, S. 374 (5.1.1942).
65 Vgl. MÜLLER, Wirtschaftsallianz, S. 185.

verloren, durchschnittlich 200 pro Tag. Schon zu diesem Zeitpunkt konnte man im OKH absehen, dass der vorhandene Offizierersatz bei gleich bleibenden Verlustraten in absehbarer Zeit erschöpft sein würde.[66] Auch die Gesamtverluste konnten bald nicht mehr gedeckt werden. Ende September 1941 stellte man im OKH fest: »Es fehlen 200 000 Mann in der Ostfront, die nicht mehr ersetzt werden können, außer durch Wiedergenesene.«[67] Bis Ende November 1941 war die Zahl der Fehlstellen im Ostheer auf 340.000 Mann angewachsen, die Gefechtsstärken der Fronteinheiten waren auf die Hälfte abgesunken.[68] Hilflos konstatierte man im OKH, dass das »Auffüllen der Fehlstellen« nur noch »durch Auflösungen möglich« und der Substanzverlust folglich nicht aufzuhalten war.[69] Tatsächlich fielen die Gefechtsstärken der Truppenverbände dauerhaft ab und erreichten das anfängliche Niveau nicht mehr, so dass eine fortschreitende Schwächung ihrer Kräfte eintrat. Die Gefechtsstärke der 262. Infanteriedivision etwa betrug Mitte November 1941 nur noch 7529 Mann.[70] Die 20. Infanteriedivision verzeichnete trotz der Ersatzzuführungen schon Ende August 1941 ganze 1500 Fehlstellen. Als die Division am 23. Dezember 1941 abgelöst wurde, klaffte in der kämpfenden Truppe bereits eine Lücke von 2700 Mann, so dass der Verband nicht mehr einsatzbereit war.[71] Der 46. Infanteriedivision fehlten am Jahresende 1941 sogar fast 5000 Mann, nachdem sie in den Kämpfen bis dahin über 8000 Mann verloren hatte.[72] Die 253. Infanteriedivision war bis Mai 1942 auf etwa die Hälfte ihres ursprünglichen Personalbestandes geschrumpft und erreichte nie wieder auch nur annähernd ihre alte Stärke.[73] Das »Unternehmen Barbarossa« im Jahr 1941 brachte einen Schwund der deutschen Kräfte, der wegen der mangelnden Ersatzlage nicht mehr ausgeglichen werden konnte. Nicht erst die Winterkrise 1941/42, sondern schon der Bewegungskrieg in den Anfangsmonaten des Feldzugs zeitigte irreversible qualitative und quantitative Substanzverluste.[74] In Anbetracht der spürbaren Verluste und des unzureichenden Ersatzes kam schon im Sommer 1941 bei einzelnen

---

[66] Vgl. HALDER, KTB, Bd. 2, S. 179 (15.8.1941). Der Chef des Heerespersonalamtes rechnete Halder vor, dass die Deckung derartig hoher Offiziersverluste nicht mehr lange möglich sein würde, weil kein ausreichender Ersatz zur Verfügung stand: »Für Jahresrest notwendig 16 000 – vorhanden 5000.«
[67] Vgl. HALDER, KTB, Bd. 2, S. 254 (26.9.1941).
[68] Vgl. HALDER, KTB, Bd. 2, S. 319 (30.11.1941).
[69] Ebd., S. 320 (30.11.1941).
[70] Vgl. die Übersicht über die Gefechts- und Verpflegungsstärken im KTB der 262. Inf.Div. v. 15.5.-27.12.1941; BA-MA, RH 26-262/9. Zu Beginn des Einsatzes betrug die Gefechtsstärke der Division 11.029 Mann.
[71] Vgl. den TB (IIa) der 20. Inf.Div. (mot) v. 22.6.-23.12.1941; BA-MA, RH 26-20/103.
[72] Vgl. den TB (IIa) der 46. Inf.Div. v. 11.6.1941-1.1.1942; BA-MA, RH 26-46/59.
[73] Zur Entwicklung des Personalbestandes der 253. Inf.Div. vgl. RASS, Menschenmaterial, S. 65 f. Im Sommer 1942 stabilisierte sich die Personalstärke der Division zunächst bei 7000-9000 Mann und begann erst in der zweiten Hälfte des Jahres 1944 auf etwa 6000 Mann abzusinken. In den letzten Monaten des Krieges wurde der Verband schließlich auf 3000-4000 Mann dezimiert.
[74] Vgl. hierzu KROENER, Ressourcen, S. 957 f.: Wie Kroener bilanzierte, »begann das Heer bereits ab September 1941 personell auszubluten. Zu diesem Zeitpunkt wurde deutlich, daß das Deutsche Reich auf die Mobilisierung der Personalressourcen der Sowjetunion nicht adäquat reagieren konnte. Im Gegenteil, nicht nur die quantitative Kraft, sondern auch die qualitative Leistungsfähigkeit des Heeres verminderte sich zunehmend und führte letztlich dazu, daß der Ostkrieg für die deutschen Truppen selbst zum Vernichtungskrieg wurde.«

Soldaten eine dunkle Vorahnung auf, »dass wir a la longue unsere Kräfte verbrauchen könnten«.[75]

Der Kräfteverschleiß potenzierte ein strukturelles Problem der deutschen Kriegführung, die dauernde Kräfteüberspannung. Immer weniger Soldaten mussten die gewaltigen Leistungen vollbringen, die ihnen von ihrer Führung abverlangt wurden. Schon zu Beginn des Feldzugs waren die Anforderungen an die Verbände auf dem weiträumigen Kriegsschauplatz ungewöhnlich hoch und »allein schon die körperlichen Leistungen der Truppe [...] unerhört groß«.[76] Nicht nur die schweren Kämpfe, sondern auch die weiten Marschdistanzen, der schlechte Zustand des dünnen Wegenetzes, infrastrukturelle und klimatische Hemmnisse machten den Soldaten schwer zu schaffen. Die hohe Dauerbeanspruchung der Truppen wurde durch die gravierenden Nachschubschwierigkeiten zusätzlich verschärft, die sich schon in der ersten Phase des Feldzugs vielerorts zu einer regelrechten »Versorgungskrise«[77] auswuchsen und die Operationen ernsthaft beeinträchtigten.[78] Die Stockungen im Nachschub, der über immer weitere Distanzen antransportiert werden musste, führten bereits in den ersten Feldzugswochen dazu, dass Mangel an den gängigsten Versorgungsgütern eintrat und teilweise selbst Treibstoff und Munition knapp wurden.[79] Die Führung der Heeresgruppe Süd musste im Oktober 1941 feststellen, dass neben dem heftigen Feindwiderstand und den katastrophalen Wegeverhältnissen auch die mittlerweile eingetretene »zahlenmäßige Schwäche der eigenen Verbände« und »deren sehr schwierige Versorgungslage« der Kriegführung immer engere Grenzen setzten.[80] Auch in den anderen Abschnitten der Ostfront entstanden zunehmend Diskrepanzen zwischen den wachsenden Anforderungen und den zur Verfügung stehenden Mitteln, was in den Stäben kritisch als »Vorwärtshetze ohne ausreichende Versorgung« empfunden wurde.[81] Der Mangel an materiellen Reserven machte sich auch dadurch bemerkbar,

---

75 Eintrag im KTB der VA der 1. Inf.Div. v. 14.8.1941; BA-MA, RH 26-1/104, S. 27.
76 Aktennotiz des III. AK über den Dienstbesuch eines Vertreters der H.Gr. Süd v. 31.7.1941; BA-MA, RH 24-3/290, Anl. 3.
77 Eine »Versorgungskrise« wurde z. B. vom OB der H.Gr. Süd in einem Befehl v. 31.7.1941 konstatiert. Bezeichnenderweise wurde festgestellt: »Zusätzliche Mittel zur Entspannung der Versorgungslage sind nicht zu erwarten. Die Versorgungskrise muß mit den vorhandenen Kräften durchgestanden werden.« Vgl. H.Gr. Süd/Az. Ia/O.Qu. Nr. 1748/41 g.Kdos. v. 31.7.1941; BA-MA, RH 21-1/464, S. 237.
78 So trug z. B. die unzureichende Versorgungslage im Bereich der H.Gr. Nord erheblich dazu bei, dass die Eroberung Leningrads nicht gelang. Schon der Angriffstermin musste sieben Mal aus Versorgungsgründen verschoben werden, vgl. hierzu MÜLLER, Scheitern, S. 967. Es gab allerdings auch Abschnitte, in denen die Versorgung einigermaßen funktionierte, vgl. z. B. den TB (Ib) der 93. Inf.Div. v. 1.7.-31.12.1941; BA-MA, RH 26-93/60: Im Erfahrungsbericht des Ib wurde vermerkt, dass »trotz der ungeheuren Schwierigkeiten, die gerade der Ostfeldzug in der Versorgung mit sich gebracht hat, nie grundlegende Mängel aufgetreten sind, die den Verlauf der taktischen Handlungen beeinträchtigt hätten. Die Versorgung der Truppe konnte in allen Fällen ausreichend, wenn auch nicht immer so, wie gewünscht, sichergestellt werden.« Eine solche Bilanz war jedoch im Gesamtrahmen des Ostheeres eher untypisch.
79 Die Operationen der 110. Inf.Div. z. B. wurden Ende Juli 1941 durch Treibstoff- und Munitionsmangel beeinträchtigt, der nicht zuletzt durch die Länge der Nachschublinie von 400 km hervorgerufen worden war. Vgl. die Einträge im KTB der 110. Inf.Div. v. 23.7.1941 und 27.7.1941; BA-MA, RH 26-110/5.
80 Eintrag im KTB der H.Gr. Süd v. 12.10.1941; BA-MA, RH-19 I/74, S. 59 f.
81 Vgl. den Eintrag im KTB der 293. Inf.Div. v. 12.11.1941; BA-MA, RH 26-293/6, Bl. 91.

dass schon in den ersten Wochen und Monaten ein beträchtlicher Teil der ausgefallenen Waffen und Geräte nicht mehr ersetzt oder instand gesetzt werden konnte.[82] So fielen allein auf dem Versorgungssektor bis Mitte Juli 1941 mehr als 25 % der Transportfahrzeuge aus, nur etwa jedes zehnte ausgefallene Kraftfahrzeug konnte ersetzt werden.[83] Ende November 1941 waren insgesamt weniger als 50 % der Kraftfahrzeuge des Ostheeres noch einsatzbereit.[84] Nicht nur das Personal, sondern auch die Ausrüstung der Einheiten war von einem zunehmenden Schwund betroffen.

Während die materielle Ausstattung der Verbände, ihre Stärke und Kampfkraft ständig im Absinken begriffen waren, blieb die Beanspruchung unvermindert hoch. Erschwerend kam hinzu, dass den Kampfeinheiten kaum Auffrischungspausen eingeräumt werden konnten, weil ausreichende Reserven zur regelmäßigen Ablösung der Frontverbände nicht vorhanden waren. Viele Verbände standen daher über verhältnismäßig lange Zeiträume im Kampfeinsatz. Die Divisionen der Panzergruppe 2 etwa kamen zwischen den Schlachten bei Bialystok, Minsk, Smolensk, Kiev und Moskau kaum zur Ruhe und eilten monatelang über weite Entfernungen von Einsatz zu Einsatz. Die häufigen Anträge von Truppenführern auf die dringend benötigten Ruhepausen für ihre abgekämpften Einheiten mussten wegen der weitgesteckten Ziele, des Zeitdrucks und des Fehlens von Reserven immer wieder abgelehnt werden.[85] Der Kommandeur der 98. Infanteriedivision etwa suchte Anfang August 1941 beim vorgesetzten Korps um eine mehrtägige Ruhe für seine angeschlagene Division nach, die innerhalb von elf Tagen über 2000 Mann verloren und ununterbrochen im Kampf gestanden hatte. Der Kommandierende General konnte der berechtigten Forderung allerdings nicht nachgeben, weil die Lage »die Weiterführung des Angriffs verlangt[e] und neue Kräfte nicht mehr zur V[er]f[ügun]g.« standen.[86] Die Überspannung der eigenen Kräfte war indes schon durch die Weite der Operationsräume bedingt und der deutschen Kriegführung von vornherein inhärent. Die Divisionen des Ostheeres reichten nicht aus, um die mehr als zweitausend Kilometer lange Front so dicht zu besetzten, dass die vorgeschriebenen, idealen Abschnittsbreiten eingehalten werden konnten. Stattdessen waren die Angriffsstreifen der Verbände durchweg zu breit. Bei der 257. Infanteriedivision etwa mussten die in den Dienstvorschriften vorgesehenen Maße für die Gefechtsstreifen während der ersten sechs Monate des Feldzugs auf Grund der »Weite des Raumes [...] stets um ein Mehrfaches überschritten werden«, im Durchschnitt war der Angriffsstreifen der Division 10-20 Kilometer breit.[87] Die 14. Panzerdivision verteidigte sich Mitte Juli 1941 auf einer Frontbreite von 40 Kilometern[88], der

---

[82] Die Reserven an Treibstoff, Munition, Waffen, Gerät und Ersatzteilen waren von vornherein gering; vgl. MÜLLER, Scheitern, S. 960. Zur Entwicklung der allgemeinen Versorgungslage vgl. ebd., S. 959-989.
[83] Vgl. ebd., S. 963 f.
[84] Vgl. HALDER, KTB, Bd. 2, S. 320 (30.11.1941).
[85] Vgl. z. B. den Eintrag im KTB der 293. Inf.Div. v. 12.11.1941; BA-MA, RH 26-293/6, Bl. 91: »Truppe erhält weder versprochene Ruhe noch Ausrüstung. Kampfkraft und Stimmung müssen darunter erheblich leiden.« In der Spalte »Erfahrungen« wurde dazu bemerkt: »Vorwärtshetze ohne ausreichende Versorgung.«
[86] Eintrag im KTB des LI. AK v. 11.8.1941; BA-MA, RH 24-51/9, S. 120. Vgl. z. B. auch den Eintrag im KTB der 96. Inf.Div. v. 18.9.1941; BA-MA, RH 26-96/11.
[87] Bericht der 257. Inf.Div., »Osterfahrungen«, v. 12.12.1941; BA-MA, RH 26-257/37, Anl. 72.
[88] Vgl. den Eintrag im KTB der 14. Pz.Div. v. 19.7.1941; BA-MA, RH 27-14/1, S. 51.

Abschnitt der 13. Panzerdivision maß Anfang August 1941 45 Kilometer.[89] Die 291. Infanteriedivision griff Ende Juli 1941 auf einer Breite von 75 Kilometern an[90], die 297. Infanteriedivision stand im September 1941 sogar in einer Ausdehnung von etwa 100 Kilometern.[91] Mit der Breite und Tiefe der Frontabschnitte wuchsen die Zahl der gegenüberstehenden gegnerischen Kräfte, die Länge der Marschwege und Nachschublinien und die Beanspruchung der Einheiten, in denen sich die Belastung auf immer weniger Schultern verteilte.

In Folge der außergewöhnlichen physischen und psychischen Belastungen der Soldaten, die mit den wachsenden Verlusten an Menschen und Material noch weiter stiegen, stellten sich in vielen Einheiten schon bald erhebliche Erschöpfungszustände ein. So wurde die 18. Panzerdivision bereits Mitte Juli 1941 vom vorgesetzten Generalkommando »nicht mehr als voll einsatzbereit« angesehen, nachdem die Division seit Beginn des Feldzugs ununterbrochen in schweren Kämpfen gestanden und dabei hohe personelle und materielle Verluste erlitten hatte. Die Leistungsfähigkeit der Einheiten war nach den ungeheuren Strapazen deutlich eingeschränkt: »Die starke Übermüdung der Truppe hat zur teilweise völligen Apathie geführt.«[92] Im Kradschützenbataillon der Division, das in den heftigen Gefechten bis Ende Juli 1941 über 350 Mann verlor, hatten die »körperlichen Anstrengungen«, vor allem aber die »übergroße seelische- und Nervenbelastung« zu einem »vollkommene[n] Erschöpfungszustand« der Soldaten geführt: »Die Leute sind vollkommen teilnahmslos und apathisch, haben zum Teil Weinkrämpfe und sind durch irgendwelche Worte nicht aufzumuntern.«[93] Ähnliche Ermüdungserscheinungen traten auch in vielen anderen Verbänden des Ostheeres auf, die gerade in der Anfangsphase des Feldzugs kaum zur Ruhe kamen. So waren die Soldaten der 101. Infanteriedivision nach den ersten vier Wochen des Feldzugs bereits »an der äussersten Grenze ihrer Leistungsfähigkeit angekommen«.[94] Der Kommandeur der 35. Infanteriedivision musste Ende Juli 1941 dem vorgesetzten Korps melden, dass »die Truppe infolge des bisher pausenlosen Einsatzes völlig erschöpft und zum Brechen dieses zähen Widerstandes nicht mehr fähig sei«.[95] Wie stark die Erschöpfung seiner Soldaten war, illustrierte der Divisionskommandeur mit einer bemerkenswerten Beobachtung aus den zurückliegenden Gefechten: »Bleibt der Angriff einmal liegen, so schlafen die Soldaten einfach da, wo sie liegen, sofort ein.«[96] Die Einheiten der 95. Infanteriedivision waren Mitte August 1941 ebenfalls in einem bedenklichen Zustand, der Divisionsstab empfand »die Lage bei der Truppe als ernst«: »Die Kampfmoral ist gesunken, der Mann hat das Gefühl der eigenen Überlegenheit über den Gegner verloren. Eine Kp. des J.R. 279 hat noch eine Gefechtsstärke von 1/3/39. Die Offiziere müssen schon mit den äußersten Mitteln die Mannschaften zum Bleiben in den Stellungen veranlassen. Die Nerven sind bis aufs äußerste angespannt,

---

[89] Vgl. den Eintrag im KTB der 13. Pz.Div. v. 10.8.1941; BA-MA, RH 27-13/12, S. 120.
[90] Vgl. den Eintrag im KTB der 291. Inf.Div. v. 30.7.1941; BA-MA, RH 26-291/13, S. 151.
[91] Vgl. den Eintrag im KTB der A.Abt. 297 v. 12.9.1941; BA-MA, MSg 2/2934, S. 40.
[92] Vgl. hierzu und zum Vorherigen den Eintrag im KTB des XXXXVII. AK v. 16.7.1941; BA-MA, RH 24-47/2.
[93] Bericht des K. 18 an die 18. Pz.Div. v. 27.7.1941; BA-MA, RH 24-47/7.
[94] Eintrag im KTB des IR 228 v. 20.7.1941; BA-MA, RH 37/4906.
[95] Vgl. den Eintrag im KTB der 35. Inf.Div. v. 31.7.1941; BA-MA, RH 26-35/35, Bl. 106.
[96] Ebd. Vgl. zu einem ähnlichen Beispiel den Eintrag im KTB der 98. Inf.Div. v. 6.8.1941; BA-MA, RH 26-98/11.

Nervenzusammenbrüche nehmen zu.«[97] Der Kommandierende General des XXXXI-II. Armeekorps sah in seinen Verbänden im September 1941 nur noch »totmüde, abgekämpfte schwache Truppen«.[98] Bei den Divisionen des LIII. Armeekorps herrschten im November 1941 »katastrophale Zustände [...] körperlicher und geistiger Erschöpfung infolge Überanstrengung und mangelnder Betreuung«.[99]

Die dauernde Überbeanspruchung der Kräfte, die starken Eindrücke aus den heftigen Kämpfen, die hohen Verluste in den eigenen Reihen und das im Vergleich zu den bisherigen Feldzügen deutlich erhöhte persönliche Risiko gingen an den Soldaten nicht spurlos vorüber. In vielen Einheiten verflog die anfängliche Selbstgewissheit; Ernüchterung, Frustration und Ungewissheit machten sich breit. »Der ersten großen Begeisterung ist ein gewisser Ernst gefolgt«, stellte der Truppenarzt einer Aufklärungsabteilung Anfang Dezember 1941 rückblickend fest. »Überschwenglicher [sic], zum Teil aber mitreißender Optimismus, wie er in der ersten Zeit vorhanden war, ist verschwunden.«[100] Dem evangelischen Kriegspfarrer der 299. Infanteriedivision fiel schon im Spätsommer 1941 der »grössere Ernst der Männer auf«, in dem er eine »Wirkung des ernstlicheren Widerstandes und der gesteigerten Verbissenheit des Kampfes im Osten« sah.[101] Die gleiche Beobachtung machte auch der Feldgeistliche der 9. Infanteriedivision. Dass »der Soldat [...] in diesem Kriege durchweg ernster geworden« sei, führte er vor allem auf den »harte[n] Widerstand und die damit verbundenen höheren Opfer« zurück.[102] Der Pfarrer der 7. Panzerdivision berichtete von seinen Truppenbesuchen im Herbst und Winter 1941, dass »mit dem fortschreitenden Ernst des Krieges [...] immer mehr im Gespräch die Fragen nach dem Sinn des Krieges, nach Frieden und Ruhe und innerer Haltung« aufkamen.[103] Der Refrain eines Liedes, das Anfang 1942 im rückwärtigen Gebiet der 4. Armee kursierte und eiligst verboten wurde, lautete: »Und die Landser beten überall das Gleich', Herr im hohen Himmel hol uns heim ins Reich«.[104] Zu diesem Zeitpunkt hatte in vielen Einheiten längst ein »Ostkoller« um sich gegriffen; die Soldaten kamen aus dem Schimpfen nicht mehr heraus, »schon 2 Jahre in dieser Ostscheisse« zu liegen.[105] Die unaufhörlichen Strapazen, die Härte der Kämpfe gegen die sowjetischen Truppen und die immer fernere Aussicht auf einen baldigen Sieg bewirkten nach den ersten Monaten des Ostkrieges unverkennbar einen deutlichen Stimmungsabfall in den deutschen Reihen.

---

[97] Eintrag im KTB der 95. Inf.Div. v. 13.8.1941; BA-MA, RH 26-95/11, S. 83.
[98] Eintrag im Tgb. des KG des XXXXIII. AK, Heinrici, v. 11.9.1941; HÜRTER, General, S. 77.
[99] Eintrag im TB (Ic) des XXXXVII. AK v. 25.11.1941; BA-MA, RH 24-47/113.
[100] Bericht des Abteilungsarztes der A.Abt. 9 v. 4.12.1941; BA-MA, RH 26-9/124.
[101] TB (IVd/ev.) der 299. Inf.Div. v. 1.8.-30.9.1941; BA-MA, RH 26-299/169.
[102] TB (IVd/ev.) der 9. Inf.Div. v. 22.6.-31.12.1941; BA-MA, RH 26-9/124.
[103] TB (IVd/ev.) der 7. Pz.Div. v. 1.10.-31.12.1941; BA-MA, RH 27-7/204.
[104] TB (Ic) des Korück 559 v. 25.1.-8.2.1942; BA-MA, RH 23/130, Bl. 9. Vgl. auch das Tgb. des Uffz. Willi W., IR 266; BA-MA, MSg 2/5685. Der Unteroffizier notierte in seinem Taschenkalender für das Jahr 1942 vorausgreifend, dass am 26. Juni 1942 »St[alin]. tot« und am 6. Juli 1942 »Schluß Rußland« sein würde. Mitte Juni 1942 fiel W. in den Kämpfen auf der Krim.
[105] Zitate aus dem Feldpostbrief des Wiener Gefr. Karl D. v. 5.1.1942, wiedergegeben im Bericht der Feldpostprüfstelle beim AOK 2 v. 1.2.1942 für den Januar 1942; BA-MA, RH 20-2/1152, Anl. 144. Der Bericht kam zu dem Ergebnis: »Sehr häufig kann man Äußerungen lesen, wie: ›Ich hab die Schnauze voll‹, oder ›Es steht uns bis obenan‹, ›Wir wollen heim, uns reicht's‹ und Ähnliches. Man erhält den Eindruck als ob bei vielen Einheiten die Grenze der körperlichen und seelischen Höchstbeanspruchung erreicht ist.«

1. Das Scheitern des Blitzkriegs

In einer feindlichen Umwelt

Zu den negativen Befindlichkeiten, die durch den ungünstigen Verlauf des Ostfeldzugs hervorgerufen wurden, trat das Gefühl, sich in einer abweisenden, feindlichen Umwelt zu bewegen. Hierzu trug zum einen die Konfrontation mit der Lebenswelt der sowjetischen Zivilbevölkerung bei, die viele Soldaten befremdete und die verbreiteten antislawischen und rassistischen Ressentiments zu bestätigen schien. Die Erfahrung der Armut und des Entwicklungsrückstandes weiter Landstriche verfestigte die Stereotype von der kulturellen und »völkischen« Minderwertigkeit ihrer Bewohner. In ihren prävalenten Deutungsmustern befangen, prägte sich den deutschen Invasoren ein »Bild arger Verwahrlosung und tiefer Verarmung der Bevölkerung« ein, das den Rückschluss auf »die Primitivität ihres Denkens und Fühlens« vollkommen unzweifelhaft erscheinen ließ.[106] Die einfachen Lebensverhältnisse der Bevölkerung in den besetzten Gebieten beflügelten die Überlegenheitsattitüden der Besatzer und bestärkten sie in ihren Vorurteilen. Die Wahrnehmung der Lebenswirklichkeit in der Sowjetunion bewirkte zugleich, dass sich ein ausgeprägtes Gefühl der »Fremdheit der ganzen Umgebung« einstellte.[107] Verstärkt wurde die Abwehrhaltung gegenüber Land und Leuten durch die warnenden Befehle der Heeresführung und Feldkommandobehörden, die den Soldaten immer wieder Misstrauen und Distanz gegenüber der Zivilbevölkerung einschärften.[108] Der Eindruck der Fremdheit entstand nicht zuletzt auch beim Durchmessen der ungewohnten, weitläufigen Landschaftsformen, die auf viele Soldaten abweisend und geradezu bedrohlich wirkten; nicht zuletzt wohl deswegen, weil ihr Anblick eine Idee von der Größe der Aufgabe und der Unbeherrschbarkeit der riesigen Territorien vermittelte. Ein Divisionspfarrer sprach hierbei sogar von einer »seelischen Belastung durch die Weite des russischen Raumes«.[109] Mit dem Gefühl der Fremdheit verband sich ein Gefühl der allgegenwärtigen Bedrohung. Die Abwehrreflexe, die aus dieser negativen Wahrnehmung der Umgebung resultierten, leisteten der Bereitschaft der Truppen zur Gewaltanwendung weiteren Vorschub. Denn auf Grund ihrer strukturierenden Funktion bot sich die Ausübung von Gewalt als probates Mittel dazu an, in den vielfach unklaren und unübersichtlichen Situationen des Ostkriegs seine Orientierungslosigkeit zu überwinden.[110] Die Anwendung exemplarischer Kollektivstrafen gegen die Zivilbevölkerung oder die Durchführung von Vergeltungsmaßnahmen gegen Kriegsgefangene ermöglichte es den Truppen nicht nur, sich Kompensation für alle Unbill zu verschaffen. Zugleich halfen ihnen die Gewaltakte dabei, die häufig undurchschaubare Wirklichkeit in nachvollziehbare Ordnungskategorien zu zwängen, fassbar zu machen und zu bewältigen. Indem man willkürlich Schuldzuwei-

---
106 TB (IVd/ev.) der 239. Inf.Div. v. 4.12.1941; BA-MA, RH 26-239/38.
107 Bericht des Abteilungsarztes der N.Abt. 9 v. 6.12.1941; BA-MA, RH 26-9/124. Vgl. auch den TB (IVd/ev.) der 239. Inf.Div. v. 4.12.1941; BA-MA, RH 26-239/38: »Dem Soldaten hat sich in Sowjet Rußland während seines Vormarsches und bei seinen Kämpfen eine Welt eröffnet, die auf ganz anderen Fundamenten aufgebaut war als seine eigene.«
108 Vgl. z. B. den Befehl des Bfh. der Pz.Gr. 3 v. 28.6.1941; BA-MA, RH 26-20/84: »Die Truppe ist zu belehren, daß daher bei weiterem Vorgehen vermehrt mit einer verhetzten Bevölkerung, Sabotage, Bandenkrieg, Freischärlern, Überfällen, überhaupt mit einem organisierten Widerstand der gesamten Bevölkerung zu rechnen ist.«
109 TB (IVd/ev.) der 239. Inf.Div. v. 4.12.1941; BA-MA, RH 26-239/38.
110 Vgl. WELZER, Täter, S. 264.

sungen traf, deren Berechtigung die anschließenden Exekutionen wie von selbst bestätigten, konnte man sich autosuggestiv Gewissheit über die Ursachen seiner Erlebnisse verschaffen und Verantwortliche für die Schwierigkeiten benennen, auf die man gestoßen war. Die Gewalt war damit auch ein Ausweg aus der eigenen Ratlosigkeit und vielfach Ausdruck der Verunsicherung der Besatzer.

Die Bedrohung, der sich die Invasoren ständig ausgesetzt sahen, war in vielen Gebieten nicht bloß eingebildet, sondern durchaus real; in der Anfangsphase des Feldzugs ging sie vor allem von versprengten sowjetischen Soldaten aus, später von der beginnenden Partisanenbewegung. Dass sich Tausende sowjetischer Soldaten nach der Auflösung ihrer Verbände in den ersten Schlachten in den rückwärtigen deutschen Gebieten halten konnten, wurde durch die Weiträumigkeit des Operationsgebietes begünstigt, war aber auch eine Folge der Blitzkriegstaktik.[111] Gerade in der ersten Phase des Feldzugs hielten sich die deutschen Angriffsspitzen auf ihrem schnellen Vormarsch in der Regel nicht damit auf, nach ihren Durchbrüchen die geschlagenen gegnerischen Einheiten gefangen zu nehmen und die eroberten Gebiete vollständig zu durchkämmen, sondern überließen diese zeitraubende Aufgabe den zurückhängenden Infanterieverbänden. Dadurch erhielten zahllose sowjetische Soldaten Gelegenheit dazu, der Gefangenschaft zu entgehen und sich in die undurchdringlichen Wälder, Sümpfe und Schlupfwinkel zu flüchten, die das Land abseits der Vormarschstraßen bot. Die Versprengten, die im Zuge der Kämpfe hinter die deutschen Linien geraten waren, wurden in der Folge zu einem dauerhaften Unruhefaktor, der nicht ausgeschaltet werden konnte, da auch die nachfolgenden Infanteriearmeen mit ihren unzureichenden Kräften nicht in der Lage waren, die riesigen Gebiete zu durchkämmen und von den Resten der zerschlagenen sowjetischen Truppen zu »säubern«. Zum Teil verfolgten die Versprengten lediglich das Ziel, in ihre Heimatorte zurückzukehren und dem weiteren Krieg zu entkommen, teilweise versuchten sie aber auch, wieder Anschluss an die sowjetischen Linien zu gewinnen und führten den Kampf gegen die Invasoren fort.[112]

Immer wieder kam es in den rückwärtigen Gebieten zu Scharmützeln mit versprengten Rotarmisten, immer wieder ereigneten sich Feuerüberfälle auf Marschkolonnen, Nachschubtransporte, Meldefahrer und Einzelfahrzeuge. Gegen die »Schiesserei aus den Wäldern«[113], der die deutschen Einheiten auf den Marschstraßen ausgesetzt waren, zeigte sich die »Truppe sehr empfindlich«[114], zumal es kaum eine Möglichkeit gab, der »immer grösser werdenden Unsicherheit«[115] in den Vormarschgebieten Herr zu werden. In nicht wenigen Frontabschnitten wurden die sowjetischen Versprengtengruppen zu einem ernsten Problem, das kaum zu bewältigen war, wie die deutschen Verbände schon in den ersten Wochen des Feldzugs erfahren mussten: »Der Russe ergibt sich

---

[111] Vgl. hierzu und zum Folgenden auch HÜRTER, Heerführer, S. 366-370.
[112] Vgl. z. B. den Eintrag im KTB der 96. Inf.Div. v. 19.9.1941; BA-MA, RH 26-96/11. Vgl. MERRIDALE, Krieg, S. 130 f.
[113] Eintrag im Tgb. des Kp.Chefs der 4./IR 27 v. 24.6.1941; BA-MA, MSg 1/2311. In dem Tagebuch wird immer wieder von Überfällen versprengter sowjetischer Soldaten berichtet, vgl. z. B. die Einträge v. 23.6.1941 und 25.6.1941.
[114] Meldung des AR 20 an die 20. Inf.Div. (mot) v. 23.6.1941, 13.00 Uhr; BA-MA, RH 26-20/17, Anl. 344.
[115] Eintrag im KTB der 99. lei. Inf.Div. v. 26.6.1941; BA-MA, RH 26-99/2, S. 30. Vgl. auch den Eintrag v. 1.7.1941, S. 62.

nicht, er kämpft – auch wenn er allein ist – bis zum Tode u. so kommt es, daß hinter u. zwischen uns noch starke russ. Abteilungen mit Panzern, abgesprengte aber gut geführte Verbände von Btls. oder Rgts.Stärke ihr Unwesen treiben u. allenthalben besonders unsere Versorgungsdienste angreifen u. ungeheuren Schaden anrichten. Die Hiobsposten [sic] in dieser Hinsicht reißen nicht ab, überall sind wieder Teile von den Russen angegriffen u. eingeschlossen. Die Räume sind eben zu groß u. weit daß man nicht überall mit kampfkräftigen Truppen sein kann.«[116] Es entstand eine unkontrollierte Situation, die durch die harten Reaktionen der deutschen Truppen noch weiter verschärft wurde. Denn die Invasoren gingen gegen die sowjetischen Versprengten mit großer Rücksichtslosigkeit vor. Dabei sah man rigoros darüber hinweg, dass es nicht gegen das Völkerrecht verstieß, wenn reguläre Truppen den Kampf hinter den feindlichen Linien fortführten.[117] Gemäß den ideologischen Rastern, die den Soldaten zu Beginn des Feldzugs in den einschlägigen Merkblättern und Befehlen eingeprägt worden waren, empfand man die Kampfweise der versprengten Rotarmisten als illegitim, »heimtückisch«[118], »hinterhältig«[119], »hinterlistig und gemein«.[120] Das Kampfverhalten der Versprengten, die vielfach aus dem Hinterhalt angriffen, wurde als »Heckenschützenkrieg«[121] stigmatisiert und zunehmend als irregulärer Widerstand aufgefasst.[122] In unzähligen Fällen nahmen sich die deutschen Truppen daher wie selbstverständlich das Recht dazu, aufgegriffene sowjetische Versprengte umgehend zu erschießen.[123]

Die Haltung der Kommandobehörden zu diesem Problem war in der ersten Phase des Feldzugs uneinheitlich. Dabei wurde die Sachlage dadurch verkompliziert, dass sich zahlreiche Versprengte inzwischen Zivilkleidung beschafft hatten. Manche Stäbe ordneten an, versprengte Rotarmisten in Zivil im Falle der Gefangennahme als reguläre Kriegsgefangene zu behandeln, sofern sie keine Waffen mehr trugen und nur noch als Irreguläre angesehen werden konnten.[124] Andere Kommandobehörden sahen wiederum in einem radikalen Vorgehen das einzig probate Mittel, um der Lage Herr zu

---

[116] Eintrag im Tgb. des KG des XXXXVII. AK, Lemelsen, v. 16.7.1941; BA-MA, MSg 1/1147, S. 37.
[117] Ein Kompaniechef der 12. Inf.Div. war mit dieser Meinung in seiner Einheit ziemlich allein: »Alles bei uns kocht vor Wut: ›Die Schweine!‹--- Ich kann mir nicht helfen, *mir* imponieren die Burschen. Es ist doch immerhin eine Sache, abgeschnitten von der eigenen Truppe inmitten geschlossener feindlicher Divisionen einen solchen Kampf zu führen, der im Übrigen in keiner Weise dem Völkerrecht widerspricht.« Eintrag im Tgb. des Kp.Chefs der 4./IR 27 v. 25.6.1941, 20.00 Uhr; BA-MA, MSg 1/2311. Hervorhebung im Original.
[118] Meldung des IR 76 an die 20. Inf.Div. (mot.) v. 23.6.1941, 20.45 Uhr; BA-MA, RH 26-20/17, Anl. 382.
[119] Eintrag im KTB der 71. Inf.Div. v. 22.6.1941; BA-MA, RH 26-71/5.
[120] Eintrag im KTB des I./IR 134 v. 28.9.1941; BA-MA, RH 37/7159, S. 29.
[121] So z. B. in dem Eintrag im Tgb. des Uffz. Paul M., II./IR 154, v. 27.6.1941; BA-MA, RH 37/2787.
[122] Vgl. z. B. den Korpsbefehl des XXIX. AK/Abt. Ia v. 25.6.1941; BA-MA, RH 26-111/7, Anl. 81. Der KG befahl darin, »den Kampf gegen diese zersprengten Teile der roten Armee bis zu ihrer völligen Vernichtung zu führen«. Der Schlusssatz des Befehls zeigte allen Soldaten, dass der KG die Versprengten bereits als Irreguläre ansah und behandelt wissen wollte: »Das schnelle Ende dieses Feldzuges wird entscheidend durch den rücksichtslosen Kampf gegen die Heckenschützen und Freischärler beeinflußt.«
[123] Vgl. z. B. den Eintrag im KTB der 1. Geb.Div. v. 8.8.1941; BA-MA, RH 28-1/20, S. 98: »Laufend werden versprengte Russen eingebracht. Soweit sie noch Waffen tragen, macht die Truppe im allgemeinen keine Gefangenen mehr.«
[124] So z. B. das AOK 4 in seinem Armeebefehl Nr. 3 v. 29.6.1941; BA-MA, RH 26-167/10, Anl. 61a. Dabei wurde eine strenge Auslegung angemahnt: »Zivilisten, die *bewaffnet* angetroffen werden,

6 | Ein unübersichtlicher Krieg: »Partisaneneinsatz« bei der 19. Pz.Div. (o.D., wohl Sommer 1941. Zitat aus der Bildbeschriftung des Originals)

werden. So befahl das Armeeoberkommando 6 am 10. Juli 1941, zur »Sicherheit der Truppe« alle sowjetischen Soldaten, die in Zivilkleidung aufgegriffen wurden, unterschiedslos zu erschießen, ob sie bewaffnet waren oder nicht.[125] Eine ähnliche Anordnung war kurz zuvor auch im Bereich der 9. Armee ergangen. Die 162. Infanteriedivision hatte am 3. Juli 1941 befohlen, bei der Fahndung nach Versprengten, in denen man eine »ausserordentliche Gefahr« erblickte, alle einwandfrei festgestellten »russische[n] Soldaten in Zivil [...] als Spione zu erschiessen«, wobei es ebenfalls unerheblich war, ob Waffenbesitz vorlag.[126] Einen Radikalisierungsschub, der das gesamte Ostheer betraf, brachte der völkerrechtswidrige OKH-Befehl vom 25. Juli 1941, der alle sowjetischen Versprengten, in Uniform oder Zivil, bewaffnet oder unbewaffnet, zu Freischärlern erklärte, wenn sie sich nicht bis zu einem »gebietsweise festzusetzenden Zeitpunkt« freiwillig gestellt hatten.[127] Von den Kommandobehörden, die zur Befriedung der Gebiete auf »schärfste Mittel« setzten, wurden solche Befehle »wärmstens begrüßt« und bereitwillig umgesetzt.[128] Zwischen Partisanen und regulären Versprengten wurden in der Folge immer weniger Unterschiede gemacht.[129]

---

auch wenn sie nur Rasiermesser in den Stiefeln haben, gelten als Freischärler und sind zu *erledigen*!« Hervorhebung im Original.

[125] Vgl. die Führungsanordnungen Nr. 13 des AOK 6, Nr. 1814/41 geh., v. 10.7.1941; BA-MA, RH 26-299/118, Anl. 236.

[126] Divisionsbefehl der 162. Inf.Div./Abt. Ia/Ib v. 3.7.1941; BA-MA, RH 26-162/9, Anl. 43. Vgl. auch den Befehl der 269. Inf.Div./Abt. Ic v. 28.7.1941; BA-MA, RH 26-269/45: »Wo hinter unserer vorderen Linie bewaffnete Soldaten und wo immer bewaffnete Zivilisten angetroffen werden, sind sie nach kurzer Vernehmung durch die Truppendolmetscher sofort an Ort und Stelle zu erschießen«.

[127] Vgl. den Befehl OKH/Gen. z.b.V. b. Ob.d.H., Az. 453 Gr.R.Wes., Nr. 1332/41 geh., »Behandlung feindlicher Zivilpersonen und russischer Kriegsgefangener«, v. 25.7.1941; UEBERSCHÄR, WETTE, Überfall, S. 295 f.

[128] Meldung des Berück Mitte/Abt. Ia an den Gen.Qu, nachr. an H.Gr. Mitte, v. 20.9.1941; BA-MA, RH 22/227, Bl. 33 f. Vgl. auch den Befehl des Berück Süd/Abt. Ic Nr. 2338/41 geh. v. 9.11.1941; BA-MA, RH 22/171, S. 221. Zur Umsetzung des OKH-Befehls durch Frontkommandobehörden vgl. exemplarisch den Befehl des VI. AK/Abt. Ic v. 21.8.1941, Besondere Anordnungen Nr. 10 für den Ic-Dienst; BA-MA, RH 24-6/240, Bl. 36.

[129] Vgl. z. B. das Protokoll von der Kdr.-Besprechung beim XII. AK v. 1.9.1941; BA-MA, RH 24-12/20, Anl. 66: »Hinweis auf rücksichtslosen Kampf gegen Partisanen und versprengte Rotarmisten«. Vgl. exemplarisch auch die Meldungen der 75. Inf.Div. aus dem November 1941, in denen beinahe täglich zahlreiche Erschießungen von Versprengten, Zivilisten usw. verzeichnet sind. In der Zeit v.

1. Das Scheitern des Blitzkriegs 223

Die vereinzelten Versuche, der willkürlichen Gewalt gegen die Versprengten Einhalt zu gebieten und ihnen den Weg in die Kriegsgefangenschaft zu ebnen, um der »Gefahr unerwünschter Fanatisierung«[130] vorzubeugen, blieben letztlich wirkungslos. Die kompromisslose Linie setzte sich durch, die Gewaltmethoden wurden schließlich selbst von Kommandobehörden übernommen, die zunächst für ein behutsameres Vorgehen eingetreten waren.[131] Die Befürchtungen, die manche weitsichtigen Truppenführer schon zu Beginn des Krieges geäußert hatten, bewahrheiteten sich: Die Nachrichten von den Erschießungen an sowjetischen Soldaten sprachen sich auf der Gegenseite herum und wurden selbst »eingeschlossenen oder versprengten Truppenteilen der Russen schnell bekannt«.[132] Der »Heckenschützenkrieg‹ und der Widerstand von abgeschnittenen oder versprengten [sowjetischen] Teilen« wurde dadurch noch potenziert: »Aus Angst, gefangen zu werden, wehrt sich und kämpft der verhetzte Rotarmist bis zuletzt!« Das radikale Vorgehen der deutschen Truppen hatte den Erfolg, dass der Widerstand der sowjetischen Versprengten hinter den deutschen Linien noch verzweifelter wurde und man Stalins Aufruf zum Partisanenkrieg ungewollt den Boden bereitete. Tatsächlich bildeten die zahlreichen Versprengtengruppen in den rückwärtigen Gebieten die Keimzellen der beginnenden Partisanenbewegung.

Da das Versprengtenproblem in den riesigen Operationsräumen mit den unzureichenden Kräften nicht in den Griff zu bekommen war und sich auch die Gewaltmaßnahmen kontraproduktiv auswirkten, gelang es kaum, die vollständige Kontrolle über die rückwärtigen Gebiete der Ostfront herzustellen. In vielen rückwärtigen Gebieten, insbesondere in den frontnahen Räumen nach größeren Schlachten, war die Sicherheit nicht gewährleistet.[133] In nicht wenigen Vormarschgebieten herrschte vielmehr ausgesprochene »Unsicherheit«, so dass viele Soldaten sich auf den Marschstraßen geradezu als »lebende Zielscheibe[n]« fühlten.[134] Die ständige Gefahr von Feuerüberfällen aus dem Hinterhalt rief auch bei den Truppenführern ein »sehr unangenehmes Gefühl«[135] hervor und schuf ein Klima der permanenten Bedrohung: »Jeden Augenblick können und müssen wir damit rechnen, daß wir aus dem Wald heraus beschossen

---

20.10.-11.11.1941 wurden insgesamt 399 Erschießungen gemeldet, vgl. die Ic-Meldung der 75. Inf. Div. v. 12.11.1941; BA-MA, RH 26-75/117.
130 Vgl. das Schreiben des XXIV. AK/Abt. Ic an die Pz.Gr. 2 v. 27.6.1941; BA-MA, RH 27-4/110, Anl. 36.
131 Das XXXXVII. AK, dessen KG sich zu Beginn des Krieges vehement gegen Erschießungen von Gefangenen und Versprengten gewandt hatte, verzeichnete im Herbst 1941 schließlich selbst hohe Erschießungsziffern. Allein in den ersten Novembertagen meldete das Korps über 300 Exekutionen von Versprengten, verdächtigen Zivilisten usw.; vgl. die Ic-Meldungen des XXXXVII. AK v. 3.11., 5.11. und 7.11.1941; BA-MA, RH 21-2/663, S. 327, 323, 320.
132 Hierzu und zum Folgenden: Denkschrift des XXXXVII. AK/Abt. Ic »Vorschlag für Propagandaeinsatz auf Grund der bisherigen Erfahrungen im Feldzug gegen Sowjet-Russland«, v. 9.8.1941; BA-MA, RH 24-47/108.
133 Vgl. auch den Befehl des Ob.d.H./Gen.St.d.H./Ausb.Abt. (I) Nr. 2200/41 geh. v. 22.9.1941, betr. Erfahrungen des Ostfeldzuges; BA-MA, RH 27-2/24, Anl. 137: »Ein ungefährdetes rückwärtiges Gebiet gibt es in diesem Feldzug nicht.«
134 Vgl. den Bericht des Führers der 3. kl.Kw.Kol.196, Hptm. W. Höll, o.D., »Die Nachschubstrasse zwischen den Fronten«; BA-MA, RH 26-96/44, Anl. 13.
135 Eintrag im Tgb. des KG des XXXXVII. AK, Lemelsen, v. 16.7.1941; BA-MA, MSg 1/1147, S. 37.

werden.«[136] Selbst wenn die Bedrohung mancherorts nur eingebildet sein mochte, wurden die Bedrohungsgefühle zu einem ständigen Begleiter der deutschen Invasoren und schlugen deutlich auf ihre Befindlichkeiten zurück. Sie verstärkten die Anspannung, das Misstrauen und die Abwehrreflexe der Besatzer und begründeten die Überzeugung, sich in einer feindlichen, gefahrvollen Umgebung zu befinden.[137]

Diese Befindlichkeiten beeinflussten die Wahrnehmung und das Erleben des Krieges an der Ostfront nachhaltig. Es fügte sich ein düsteres Gesamtbild zusammen, das von starken negativen Erfahrungswerten geprägt war. Zu den Erschwernissen, die den deutschen Soldaten am meisten zusetzten, zählten der unerwartet starke Widerstand der sowjetischen Truppen und der Versprengten im Rücken der Front, die daraus unweigerlich folgenden, außergewöhnlich hohen Verluste, die Unsicherheit in den rückwärtigen Gebieten, die permanente Überanstrengung und der Kräftemangel, die Schwierigkeit der Versorgungsverhältnisse, das Fehlen von Komfort, Ruhe und Regeneration und nicht zuletzt die infrastrukturellen und klimatischen Hemmnisse. In den deutschen Verbänden reifte schnell die ernüchternde Einsicht, dass der Krieg sehr viel schwerer würde als man erwartet hatte. Die Stimmung im Ostheer wurde stark gedrückt, der Krieg an der Ostfront wurde mit zunehmendem Respekt und Ernst aufgefasst und immer negativer wahrgenommen. Die vorherrschende Perzeption des Ostkrieges wurde schon durch die tiefen Eindrücke der ersten, bewegten Monate des Feldzugs geprägt, wie der evangelische Feldgeistliche im AOK 16 Mitte Oktober 1941 mit großer Eindringlichkeit berichtete: »Die körperlichen und seelischen Anforderungen an den Soldaten des Russlandkrieges sind gewaltige. Eindrücklich ist jedem das Russlanderleben in seiner ganzen Breite vor allem nach der negativen Seite. Land und Leute, bolschewistisches System und Kampfverhältnisse – alles ist in gewissem Sinn fremd und unzugänglich. Jeder steht unter dem Druck des ›Unheimlichen‹, das diesem ganzen Land anhaftet. Nirgends sind vertraute Masstäbe und Ordnungen, gewohnte soldatische und kämpferische Spielregeln. Die ständige Bedrohung von allen Seiten, die dauernde Unsicherheit, die Trostlosigkeit des Landes, der Kampf gegen all die Tücken der Natur und des Feindes bedingen eine Spannung aller Kräfte, wie sie bisher nicht erfahren und daher auch nicht überwunden werden musste. (Eine Gruppe verwundeter Fallschirmjäger drückte das einstimmig so aus: ›Lieber noch zehnmal Kreta als einmal Russland!‹).«[138] Ähnliches berichtete auch der Divisionspfarrer der 96. Infanteriedivision von seinen seelsorgerischen Gesprächen in den ersten Kriegswochen, in denen die Soldaten mit ihm über »das neue Gesicht des Krieges gegenüber den bisherigen Kampferfahrungen« gesprochen und »die Unheimlichkeit als Ausdruck des Russland-Erlebens« hervorgehoben hatten.[139] Der Kriegspfarrer der 299. Infanteriedivision war schon Ende Juli 1941 zu der Auffassung gelangt, dass sich »die

---

136 Eintrag im Tgb. des Uffz. Paul M., II./IR 154, v. 27.6.1941; BA-MA, RH 37/2787.
137 Vgl. hierzu z. B. das Merkblatt »Auf was kommt es in Russland an?« v. 14.5.1942, das der Adjutant des IR 51 als Summe der bisherigen Erfahrungen verfasst hatte und das vom OKH in der Folge aufgenommen und weiterverbreitet wurde; BA-MA, RH 26-9/88, Anl. 728. Unter Ziffer »4. Argwöhnisch sein« hieß es: »Der Bolschewist kämpft soviel er kann mit Heimtücke und Hinterlist. In tausend Möglichkeiten lauert das Verderben, angefangen bei der russ. Zivilbevölkerung, der auf keinen Fall, und erscheint sie noch so harmlos, zu trauen ist. Die Gefangenen, besonders die jüngeren Jahrgänge, sind restlos dem Bolschewismus ergeben. Sie sind jeder Gemeinheit fähig.«
138 TB (IVd/ev.) des AOK 16 v. 8.8.-15.10.1941; BA-MA, RH 20-16/1095, Bl. 9.
139 TB (IVd/ev.) der 96. Inf.Div. v. 30.6.-20.9.1941; BA-MA, RH 26-96/44.

geistige Situation [...] gegen das Vorjahr völlig verschoben« habe, und illustrierte seine Einschätzung mit einer Bemerkung, die ein Soldat »unter dem Eindruck der schweren Kämpfe« fallen gelassen hatte: »Dieser Krieg hat etwas Gespenstisches an sich«.[140] Auch der Feldgeistliche der 11. Infanteriedivision beobachtete schon in den ersten beiden Monaten des Feldzugs einen deutlichen »Wandel in der seelischen Haltung des Soldaten«, dessen Ursache er in der »bis an die Grenze der Leistungsfähigkeit heranführenden physischen und psychischen Dauerbeanspruchung« erblickte, von der der Krieg gegen die Sowjetunion gekennzeichnet war.[141] Der Russlandfeldzug habe »die Truppe in einen bis dahin weder in seiner Dauer noch in seiner Schwere gekannten Ernst des Einsatzes« hineingeführt. Das einhellige Stimmungsbild, das diese Berichte zeichnen, war typisch für die zunehmend düstere Wahrnehmung des Krieges in den Reihen des Ostheeres.

Der schauerliche Beiklang, der in den folgenden Kriegsjahren und noch in der Nachkriegszeit in den Gesprächen über die Ostfront mitschwang, wurde somit schon im ersten Halbjahr des deutsch-sowjetischen Krieges vernehmbar. Der Feldzug gegen die Sowjetunion hatte entgegen allen Erwartungen nicht zu einem schnellen »Blitzsieg« geführt, sondern entwickelte sich zu einem langwierigen, aufreibenden Krieg, der die Kräfte und Nerven aller Beteiligten auf das Äußerste beanspruchte. Das wahre Gesicht des Krieges zeigte sich bereits in den ersten Wochen des Feldzugs. Die anfänglichen großen territorialen Gewinne der deutschen Truppen, die gewaltigen Gefangenenzahlen und Beutemassen vermittelten nur in der offiziellen Propaganda den Eindruck eines triumphalen, ungebremsten Siegeszuges. Die Realität an der Ostfront sah anders aus, denn die Erfolge waren mit hohen, unwiederbringlichen Verlusten teuer erkauft worden. Im Verlauf des Juli 1941 kamen die deutschen Angriffe an allen Abschnitten der Ostfront immer mehr ins Stocken, der Blitzkriegsplan scheiterte am Widerstand der Roten Armee. Zum ersten Mal war die Wehrmacht auf einen ebenbürtigen Gegner getroffen, der sich der deutschen Invasion mit aller Macht entgegenstellte und sich erbittert zur Wehr setzte. Die kurzsichtigen deutschen Pläne wurden dadurch durchkreuzt, dass der schnelle Zusammenbruch der Roten Armee ausblieb, auf den die deutsche Strategie und Rüstung abgestellt war. Die Heftigkeit und Nachhaltigkeit des Widerstands, den die sowjetischen Truppen an der Front und selbst im Hinterland noch leisteten, war die entscheidende Ursache für das Scheitern des Blitzkriegsplans und die massiven Komplikationen, die sich für die deutsche Kriegführung ergaben. In den deutschen Verbänden gab man den Krieg deshalb noch lange nicht verloren, und es bleibt bemerkenswert, zu welchen gewaltigen Willensanstrengungen und körperlichen Leistungen sich die zunehmend dezimierten Truppen trotz aller Rückschläge weiterhin imstande zeigten. Gleichwohl erkannte man, dass man sich auf eine erheblich längere Kriegsdauer und weitere große Strapazen einstellen musste, so dass sich Frustration und »Ostkoller« kaum unterdrücken ließen. Der Schrecken des Ostkriegs rührte indes nicht allein von der Schwere der Kämpfe, den hohen Verlusten und unvorstellbaren Kraftanstrengungen, sondern nicht zuletzt auch von der außergewöhnlichen Brutalität, mit der sich die Kriegsparteien in den Kämpfen von Anfang an begegneten.

---

[140] TB (IVd/ev.) der 299. Inf.Div. v. 15.5.-31.7.1941; BA-MA, RH 26-299/166.
[141] Hierzu und zum Folgenden: TB (IVd/ev.) der 11. Inf.Div. v. 21.10.1940-17.8.1941; BA-MA, RH 26-11/88.

2. Die Barbarisierung des Krieges

1. Die gegenseitigen Gefangenenerschiessungen

Der Krieg an der Ostfront wurde von einem rapiden Brutalisierungsprozess begleitet, der gleich am ersten Tag des Konflikts einsetzte und der Auseinandersetzung erst ihre besondere Gestalt verlieh. Von Anfang an wurde der deutsch-sowjetische Krieg »von beiden Seiten als beispielloser Kampf jenseits traditioneller Bahnen und rechtlicher Normen aufgefasst und geführt«.[142] Selbst die Gefechte zwischen den regulären Truppen der beiden Kriegsparteien wurden mit großer Härte und Rücksichtslosigkeit ausgetragen und bewegten sich damit schon bald weit außerhalb des Gewohnten. In zahlreichen Fällen ereigneten sich auf beiden Seiten der Front massive Völkerrechtsverletzungen, vor allem schwere Misshandlungen und Tötungen von Kriegsgefangenen. Die Spirale von Gewalt und Gegengewalt mündete in eine fortschreitende Eskalation des Konflikts ein, die nicht mehr abgewendet werden konnte und sich perpetuierte, weil die Kriegsparteien kaum wirksame Anstrengungen unternahmen, um die Entwicklung aufzuhalten. Die Kämpfe an der Ostfront waren daher während des gesamten »Unternehmens Barbarossa« von einer beispiellosen Brutalität gekennzeichnet, die sich wellenartig entlud und zu keinem Zeitpunkt vollständig abebbte.

Die Ursachen der Gewalteskalation

Auf der Seite der deutschen Angreifer waren die Weichen zu einem radikalen Vorgehen gegen den militärischen Gegner bereits vor Beginn des Feldzugs gestellt worden, als die Truppen durch die einschlägigen Merkblätter, ›verbrecherischen Befehle‹ und die Aufrufe ihrer Kommandeure auf eine rücksichtslose Kampfführung eingeschworen und gegen ihre sowjetischen Kontrahenten aufgehetzt wurden.[143] Dass die Soldaten von der Heeresführung dazu aufgerufen worden waren, gegen ihre Gegner »mit nötiger Schärfe vor[zu]gehen«[144], zeigte Wirkung. Bereits in den ersten Tagen des Feldzugs entlud sich die aufgeheizte Stimmung an vielen Frontabschnitten in zahllosen willkürlichen Erschießungen von gefangenen und kapitulierenden Rotarmisten. In manchen Gebieten wurde »das Bild von ungezählten, am Vormarschweg liegenden [sowjetischen] Soldatenleichen [...], die ohne Waffen, und mit erhobenen Händen eindeutig durch Kopfschüsse aus nächster Nähe erledigt worden sind«[145] zu einer

---

[142] Vgl. zu diesem Komplex Hürter, Heerführer, S. 359-376, Zitat S. 360. Vgl. auch Hartmann, Krieg, S. 22 ff.; Streit, Kameraden, S. 106 ff.; Gerlach, Verbrechen, S. 92 ff.; Gerlach, Morde, S. 774 ff.; Lehmann, Gefangenschaft, S. 17-23.
[143] Vgl. hierzu das Kap. II.
[144] So die Formulierung des Ob.d.H. in der Besprechung im OKH v. 27.3.1941; BA-MA, RH 20-18/71, Bl. 10.
[145] Korpsbefehl des KG des XXXXVII. AK/Abt. Ic Nr. 80/41 v. 30.6.1941; BA-MA, RH 24-47/4, Anl. 154.

2. Die Barbarisierung des Krieges   227

7 | Ein blutiger Krieg: Das »Gefechtsfeld bei Kursenai« nach den Kämpfen der 217. Inf. Div. am 27. Juni 1941 (Zitat aus der Bildbeschriftung des Originals)

massenhaften Erscheinung. Die deutschen Soldaten konnten sich bei ihrem rücksichtslosen Vorgehen auf die Befehle ihrer Führung berufen.[146] Die willkürlichen Morde waren somit zunächst eine direkte Folge der gezielten Ideologisierung und Aufhetzung der Truppen. In den Gefangenenerschießungen brach sich aber auch die Frustration über die Schwere der Kämpfe, den heftigen Widerstand des Gegners und die hohen eigenen Verluste Bahn. Hierzu trug zum einen bei, dass die außergewöhnlich intensiven Gefechte nicht selten in Nahkämpfe einmündeten und somit ohnehin häufig Situationen entstanden, die die Auslösung von Affekttaten begünstigten. Es war allerdings nicht nur die Hitze des Gefechts, die den Gewaltausbrüchen der deutschen Truppen in den schweren Kämpfen Vorschub leistete. Die Taten trugen vielfach zu-

[146] So rechtfertigte ein Infanterieleutnant in seinem Tagebuch die Erschießung von sowjetischen Gefangenen wie folgt: »Überhaupt, der Befehl von oben geht auf rücksichtsloseste Kriegführung.« Eintrag im Tgb. des Lt. Fritz R., I./SR 394, v. 26.6.1941; BA-MA, MSg 2/5354.

gleich den Charakter von spontanen Racheakten, zu denen man sich wegen des Kampfverhaltens der gegnerischen Soldaten berechtigt fühlte. Eine verhängnisvolle Rolle spielten hierbei die einschlägigen Merkblätter über die sowjetische Kampfweise, auf deren Grundlage die deutschen Truppen das Verhalten der Rotarmisten deuteten und sanktionierten. Der Rückgriff auf die Legitimationsstrategien der hetzerischen Merkblätter verlieh den Exzesstaten der deutschen Fronteinheiten erneut eine deutliche ideologische Konnotation.

Wie sehr die verhängnisvollen Merkblätter die Wahrnehmung der Kriegswirklichkeit bestimmten, schlug sich merklich in der Diktion vieler Meldungen und Berichte aus der Truppe nieder. Gemäß diesen einflussreichen Deutungsmustern empfand man schon die taktischen Kampfverfahren und Kriegslisten der sowjetischen Verteidiger als »völkerrechtswidrig«[147], »heimtückisch«[148], »verschlagen«[149], »hinterlistig und unehrlich«[150] und »sehr gemein«.[151] Selbst Kampftaktiken, die nicht dem Völkerrecht widersprachen, so zum Beispiel die Feuerüberfälle aus dem Hinterhalt und versteckten Stellungen[152], das Herannahenlassen des Gegners und die schlagartige Feuereröffnung auf kurze Entfernungen[153], das Passierenlassen der gegnerischen Angriffsspitzen zum anschließenden Angriff in ihren Rücken[154], wurden auf diese Weise gedeutet und den Rotarmisten zur Last gelegt.

Der große Einfluss der Merkblätter erklärt sich zum einen dadurch, dass es an der Andersartigkeit der sowjetischen Kampfführung tatsächlich kaum einen Zweifel geben konnte, schon in rein taktischer Hinsicht. Denn die Intensität und Zähigkeit des Widerstandes, den die sowjetischen Truppen leisteten, war für die deutschen Angreifer eine neuartige Erfahrung, für die es aus den bisherigen Feldzügen keine Parallelen gab, wo man sich mit den Verteidigern nicht annähernd so verlustreiche und schwere Kämpfe geliefert hatte wie an der Ostfront. Durch den so kontrastreichen Vergleich mit dem Verlauf der bisherigen Kampagnen gewannen die ideologisch aufgeladenen Deutungsangebote, die in den Merkblättern enthalten waren, an Plausibilität. Die vorgegebenen Wahrnehmungsmuster wurden allerdings auch dadurch begünstigt, dass die sowjetischen Truppen tatsächlich Kriegslisten anwandten, die gegen das Völkerrecht oder zumindest gegen das Gewohnheitsrecht des Krieges verstießen. Als massiven Bruch mit dem gewachsenen Kriegsbrauch empfand man auf deutscher Seite zum einen die Simulation von Verwundung, Kampfunfähigkeit und Tod, um den Kampf im Nachhinein aus dem Hinterhalt wieder aufzunehmen. Das »Totstellen«[155] von Rotarmisten, das in den Merkblättern der Heeresführung angekündigt worden war[156],

---

[147] Vgl. den Eintrag im TB (Ic) der 269. Inf.Div. v. 22./23.6.1941, Abschnitt »Feindlage und Kampfweise«; BA-MA, RH 26-269/41, S. 9.
[148] Vgl. die Ic-Abendmeldung des I. AK v. 22.6.1941; BA-MA, RH 20-18/958.
[149] Vgl. den Eintrag im KTB des IR 501 v. 22.6.1941; BA-MA, RH 37/7237, S. 3.
[150] Vgl. den Gefechtsbericht des IR 477 v. 10.8.1941; BA-MA, RH 26-257/10, Anl. 271a.
[151] Vgl. den Eintrag im KTB der 71. Inf.Div. v. 22.6.1941; BA-MA, RH 26-71/5.
[152] Vgl. den Eintrag im KTB der 20. Inf.Div. (mot.) v. 22.6.1941; BA-MA, RH 26-20/11, S. 21.
[153] Vgl. die Ic-Meldung der 32. Inf.Div. v. 25.6.1941; BA-MA, RH 26-32/86.
[154] Vgl. den TB (Ic) der 11. Inf.Div. v. 22.6.-14.7.1941, Abschnitt »Kampfweise«; BA-MA, RH 26-11/36, S. 6.
[155] Eintrag im TB (Ic) der 36. Inf.Div. (mot.) v. 24.6.1941; BA-MA, RH 26-36/40, S. 6.
[156] So lautete ein Abschnitt des Merkblatts »Kennt ihr den Feind?«, das vor Kriegsbeginn im Bereich der 9. Armee verbreitet wurde: »Sie stellen sich tot!«; BA-MA, RH 24-20/15, Anl. 22a.

2. Die Barbarisierung des Krieges 229

wurde in unzähligen Fällen von den deutschen Kampfeinheiten gemeldet[157] und mit großer Brutalität geahndet.[158] Genauso empört und gewalttätig reagierten die deutschen Truppen auf das Vortäuschen von Kapitulationsangeboten und den Missbrauch der weißen Fahne, was von sowjetischen Einheiten angewandt wurde, um sich Vorteile im Kampf zu verschaffen und die Angreifer in einem unvermuteten Moment erneut mit Beschuss zu treffen.[159] Auch diese Kriegslist, die von zahlreichen Frontabschnitten berichtet wurde[160], hatte die deutsche Führung zielsicher vorausgesagt.[161] Dass sich die Prophezeiungen der deutschen Heeresführung über die Kampfweise der Roten Armee zu bestätigen schienen, verlieh den hetzerischen Warnungen und Gewaltaufrufen noch mehr Gewicht. Da sich das vorgefertigte Feindbild und die Erfahrungen des Feldzugs immer mehr überschnitten, waren die Soldaten zunehmend geneigt, das Verhalten ihrer Gegner nach den vorgegebenen Rastern wahrzunehmen, zu verurteilen und entsprechend zu sanktionieren.

Die deutschen Truppen sahen sich in ihrem Urteil von der Roten Armee auch dadurch bestätigt, dass die sowjetischen Truppen ebenfalls mit größter Härte kämpften und sich dabei weitere, schwerwiegende Völkerrechtsbrüche zu Schulden kommen ließen. Noch größere Erregung als die unkonventionellen und völkerrechtswidrigen Kriegslisten der Roten Armee riefen auf deutscher Seite die Misshandlungen, Verstümmelungen und Tö-

---

[157] Vgl. z. B. das FNBl. Nr. 1 des AOK 6/Abt. Ic/AO Nr. 2248/41 geh., v. 25.6.1941; BA-MA, RH 20-6/489, Bl. 261-263: »Hinterlistige Kampfweise der Roten durch Meldungen mehrfach erwiesen. Verwundete griffen wieder zu den Waffen. Scheinbar Tote schossen der vorrückenden Truppe in den Rücken.«

[158] Vgl. z. B. den Gefechtsbericht v. 14.11./16.11.1941 im KTB der I./Pz.Rgt. 27; BA-MA, RH 39/588, Bl. 181 f.: »Das Gelände liegt voller, anscheinend toter Russen, von denen sich im weiterem [sic] Kampf herausstellt, [dass] die meisten sich jedoch nur totgestellt haben und auf eine günstige Gelegenheit warteten, aus dem Panzer herausschauende Kommandanten abzuschießen. Daraufhin wird mit diesen Burschen sofort kurzer Prozess gemacht.«

[159] Vgl. zu dem Phänomen und der Reaktion der deutschen Seite exemplarisch die Einträge im KTB der 23. Inf.Div. v. 24.6./25.6.1941; BA-MA, RH 26-23/22, S. 15. Am 24.6.1941 waren infolge der Anwendung dieser Kriegslist 6 Soldaten der Division gefallen. Am nächsten Tag folgte die Reaktion: »Aus vorstehenden Gründen erließ der Div.Kdr. folgenden Befehl: ›Die Russen haben in mehreren Fällen das Zeigen der weißen Flagge mißbraucht. Ich befehle daher, daß in Zukunft das Zeigen der weißen Flagge nicht mehr beachtet wird. Es gibt kein Pardon.‹« Vgl. auch den Eintrag im Tgb. über den Einsatz der 1./SR 64 v. 9.7.1941; BA-MA, RH 37/6249, S. 10: »Ein Beispiel sei angeführt: Ein oder auch zwei Russen stehen in ihrem Loch und heben den Arm zum Zeichen, daß sie sich ergeben wollen. Der deutsche Soldat senkt sein Gewehr, um keinen Waffenlosen zu erschießen. Im selben Augenblick bricht er tot oder verwundet zusammen. Was war geschehen? Als das Gewehr gesenkt wurde, feuerte ein Dritter oder auch die beiden, die die Hände vorher erhoben hatten, auf den im Moment wehrlosen Deutschen. Bis diese Lumperei genügend bekannt war, gab es viele Verluste. Daß jedoch der Russe dann keine Schonung mehr zu erwarten hatte, wird wohl jedem einleuchten.«

[160] Vgl. z. B. die Einträge im KTB der 12. Inf.Div. v. 22.6.1941 und 12.7.1941; BA-MA, RH 26-12/22, Bl. 10, 30 f. Vgl. die Ic-Meldung des LVII. AK v. 24.6.1941; BA-MA, RH 21-3/433, Bl. 150. Vgl. die Ic-Abendmeldung des AOK 16 v. 24.10.1941; BA-MA, RH 20-18/962.

[161] So hatte der OB der 18. Armee seine Generale schon in der Rede v. 25.4.1941 auf diese Kriegslist hingewiesen und harte Sanktionen angemahnt: »Bei russ. Truppenteilen, die die Waffen strecken ist zu bedenken, daß wir gegen rassisch fremde Soldaten kämpfen. Es ist im Weltkrieg mehrmals vorgekommen, daß aus einer Stellung Zeichen gegeben wurden, die auf ein Ergeben der Besatzung schließen ließen u. daß dann trotzdem unsere Soldaten, die sich der Stellung arglos näherten, angeschossen od. niedergemacht wurden. Sollte so etwas vorkommen, so ist keine Schonung am Platz, weder für die Leute die durch Hände hoch u. Flaggenzeichen die Falle gestellt haben, noch für die, die unter Ausnutzen der Übergabezeichen trotzdem noch geschossen haben.« BA-MA, RH 20-18/71, Bl. 31.

tungen von zurückgelassenen deutschen Verwundeten und Kriegsgefangenen hervor, zu denen sich die sowjetischen Truppen in zahlreichen Fällen hinreißen ließen.[162] Die Meldungen von deutschen Verbänden über »Gefangenenmisshandlungen und Ermordung Gefangener und Verwundeter«[163], die »Verstümmelung deutscher Verwundeter«[164] und die »Verstümmelung deutscher Gefallener«[165] durch sowjetische Truppen rissen während des gesamten Feldzugs nicht ab.[166] Manche der gemeldeten Fälle mochten in der aufgeladenen Atmosphäre des Krieges, unter dem Einfluss der virulenten Feindbilder und dem Eindruck der ersten Nachrichten von den sowjetischen Völkerrechtsbrüchen zwar eingebildet sein, indem die Verletzungen an aufgefundenen Soldatenleichen vorschnell als nachträgliche Verwundungen gedeutet und auf sowjetische Verbrechen zurückgeführt wurden.[167] In zahlreichen Fällen ließen die Sachlage und die Beobachtungen allerdings keinerlei Zweifel daran, dass der Tatbestand von Gefangenenmord tatsächlich vorlag. Berichte von Augenzeugen, die sowjetischen Exekutionen an deutschen Gefangenen im letzten Augenblick entkommen waren oder sie überlebt hatten[168], kriegsgerichtliche Nachforschungen und gerichtsmedizinische Untersuchungen von aufgefundenen Opfern[169], die Entdeckung von Massengräbern, in denen verscharrte Soldatenleichen mit gefesselten Händen und Genickschussverletzungen vorgefunden wurden[170], boten oft genug ein eindeutiges Bild.[171]

---

[162] Vgl. hierzu ZAYAS, Wehrmacht-Untersuchungsstelle, S. 273-307; HOFFMANN, Kriegführung, S. 784-790; ARNOLD, Wehrmacht, S. 177-181, 197-200.

[163] Eintrag im TB (Ic) des VIII. AK über den Monat Juli 1941; BA-MA, RH 24-8/123, Bl. 102.

[164] Ic-Meldung der 112. Inf.Div. v. 16.10.1941; BA-MA, RH 24-53/143.

[165] Armeebefehl des Pz.AOK 2/Abt. Ic/AO Nr. 83/42 v. 3.3.1942; BA-MA, RH 21-2/867a, S. 303.

[166] Vgl. z. B. den Eintrag im KTB des XXXXI. AK v. 24.6.1941; BA-MA, RH 24-41/6, Bl. 42. Vgl. den Eintrag im TB (Ic) des XXXXVII. AK v. 28.11.1941; BA-MA, RH 24-47/113. Vgl. die Ic-Morgenmeldung des AOK 17 v. 10.2.1942; BA-MA, RH 20-17/329.

[167] Vgl. hierzu exemplarisch den Eintrag im TB (IVb) der 45. Inf.Div. v. 29.6.1941; BA-MA, RH 26-45/121: »Eine Leichenschau von 4 deutschen Verwundeten, bei denen der Verdacht aufgekommen war, dass sie von den Russen als Gefangene erschossen worden seien, ergibt pathologisch-anatomisch (Oberstabsarzt Dr. Neuhaus, Kr.Laz.Abt.581) keinen Anhalt für völkerrechtswidriges Erschiessen.« Vgl. auch die Meldung der 11. Inf.Div. v. 12.8.1941; BA-MA, RH 26-11/59: »Die unter Vorbehalt gegebene Meldung über vermehrte Erschießung von deutschen Gefangenen hat sich nicht bestätigt. Feststellungen des Sachverhalts im Gange.«

[168] Vgl. z. B. den Bericht der 99. Inf.Div./Abt. Ic, »Völkerrechtsverletzungen durch rote Truppen«, v. 2.7.1941; BA-MA, RH 26-99/21, Anl. 27. Darin berichtete u. a. ein deutscher Lt. von seiner Exekution durch sowjetische Truppen, die er überlebt hatte, weil der für ihn bestimmte Schuss nicht tödlich war: »Am 30.6. gegen 10.00 Uhr wurde mein Kav.Gesch.Zug von Rotarmisten umzingelt und nach Verschiessen der Munition überwältigt. Nach Gefangennahme wurden wir alle von hinten erschossen.« Vgl. auch die Ic-Tagesmeldung des I. AK v. 30.6.1941; BA-MA, RH 20-18/958. Vgl. auch den Bericht der 258. Inf.Div./Abt. Ic v. 7.12.1941; BA-MA, RH 26-258/86: »Die Unverwundeten wurden zu fünft in Laufgräben geführt und erschossen. Ein Gefangener entkam dabei.«

[169] Vgl. z. B. die ausführlichen Ermittlungsberichte in den Akten der 292. Inf.Div. zu Gefangenenmorden durch sowjetische Truppen, die durch das Kriegsgericht und Truppenärzte der Division untersucht und bestätigt wurden; BA-MA, RH 26-292/54. Vgl. auch den Bericht des Btl.Arztes des II./IR (mot) 53 v. 10.7.1941; BA-MA, RH 21-3/437, Bl. 378.

[170] Vgl. z. B. den Eintrag im KTB des I./IR 162 v. 7.10.1941; BA-MA, RH 37/7531, Bl. 55. Vgl. auch die Zeugenbefragung des Kriegsgerichtsrats der 4. Pz.Div. zum Fund zweier erschossener, gefesselter Soldaten am 11.8.1941 beim I./SR 33; BA-MA, RH 27-4/115. Vgl. auch die Ic-Morgenmeldung des XXVI. AK v. 24.6.1941; BA-MA, RH 20-18/958.

[171] Teilweise konnten Morde an deutschen Gefangenen auch in erbeuteten sowjetischen Unterlagen nachgewiesen werden, vgl. z. B. das erbeutete Tgb. eines russischen Offiziers, in dem die Erschie-

2. Die Barbarisierung des Krieges   231

Die zahlreichen Beobachtungen in dieser Richtung wurden indes selbst durch Aussagen sowjetischer Gefangener bezeugt. Während viele Gefangene in den Verhören aus begreiflichen Gründen abstritten, dass deutsche Kriegsgefangene von sowjetischen Truppen erschossen worden waren, berichteten manche sowjetischen Gefangenen in den Vernehmungen mit erstaunlicher Offenheit von diesen Taten. Diese Aussagen wirken besonders authentisch und verdienen Beachtung, da die vernommenen Gefangenen sich kaum Vorteile von diesen Eingeständnissen erhoffen konnten, ganz gleich, ob ihnen eine persönliche Tatbeteiligung vorgeworfen wurde oder nicht. Diese Aussagen sowjetischer Gefangener bestätigten den deutschen Stäben ihre Erkenntnisse über die Erschießungen deutscher Soldaten in sowjetischer Kriegsgefangenschaft und gewährten schlaglichtartige Einblicke in den Ablauf des Brutalisierungsprozesses auf der Gegenseite. So brachte die Ic-Abteilung der 1. Kavalleriedivision bereits Mitte Juli 1941 in Gefangenenverhören in Erfahrung, »daß die [deutschen] Gefangenen wegen mangelnder Abschubmöglichkeiten grundsätzlich erschossen würden«.[172] Bei der 6. Infanteriedivision sagte Anfang November 1941 ein gefangener ukrainischer Unteroffizier, der in einem Divisionsstab als Funker eingesetzt war, im Verhör aus, dass zumindest »die gefangenen deutschen Offz. alle erschossen« würden.[173] Im Bereich der 11. Armee berichtete im Dezember 1941 ein sowjetischer Kompaniechef in der Vernehmung von einem Befehl Stalins, »wonach die Occupanten [sic] zu vernichten wären. Dieser Befehl würde verschieden ausgelegt. Er verstände ihn so, daß im Kampfe möglichst viele Gegner vernichtet werden sollten, der Befehl aber auf Gefangene, ob verwundet oder unverwundet, keine Anwendung zu finden hätte. Es gäbe aber Leute, die den Befehl anders auffaßten. So ständen einige auf dem Standpunkt, daß man auf Grund des Befehles [Gefangene], vor allen Dingen Verwundete, zu beseitigen hätte, da diese ja doch nicht arbeiteten und keinen Nutzen bringen könnten.«[174] Ein Gefangener der 1. Panzerarmee sagte im März 1942 ebenfalls aus, »dass ein Befehl Stalins bestehe: Wer sich nicht ergibt, wird erschossen.« Der »Befehl würde sehr willkürlich gehandhabt«.[175] Ein sowjetischer Regimentsadjutant gab im März 1942 im Verhör beim XXXX. Armeekorps zu Protokoll, »daß der Befehl Stalins um die Jahreswende, alle deutschen Okkupanten bis auf den letzten Mann zu vernichten, von der Truppe dahingehend aufgefaßt worden ist, daß alle Gefangenen zu töten sind«.[176]

Beim LIV. Armeekorps sagten Gefangene im Januar 1942 aus, dass ein Befehl, keine Gefangenen zu machen, auf der sowjetischen Seite zwar nicht bestehe, dass »aber vorkommendenfalls nicht dagegen eingeschritten« werde.[177] Ähnlich äußerte sich auch ein sowjetischer Bataillonskommandeur, der im Januar 1942 bei der 123. Infanteriedivision in Gefangenschaft geraten war: »Es gibt keinen offiziellen Befehl über das Erschiessen von deutschen Kriegsgefangenen. Die allgemeine Parole sei aber: der ›Vernichtungs-

---

ßung von zwei deutschen Kriegsgefangenen geschildert wird; BA-MA, RH 26-167/43.
[172] Vgl. die Ic-Tagesmeldung der 1. Kav.Div. an das XXIV. AK v. 16.7.1941; BA-MA, RH 24-24/331.
[173] Vgl. den Vernehmungsbericht der 6. Inf.Div./Abt. Ic v. 5.11.1941; BA-MA, RH 26-6/64.
[174] Vernehmungsbericht des LIV. AK/Abt. Ic v. 22.12.1941; BA-MA, RH 20-11/189. Vgl. hierzu auch das FNBl. des AOK 11/Abt. Ic Nr. 241/42 v. 22.2.1942; BA-MA, RH 20-11/244.
[175] Meldung des Pz.AOK 1 an H.Gr. Süd und OKH/FHO v. 23.3.1942; BA-MA, RH 21-1/482, S. 25.
[176] Vernehmungsbericht des XXXX. AK/Abt. Ic v. 17.3.1942; BA-MA, RH 24-40/94.
[177] Ic-Abendmeldung des LIV. AK v. 23.1.1942; BA-MA, RH 20-11/216.

kampf‹, d. h. wer sich nicht ergibt, wird erschossen.«[178] Ein Ordonnanzoffizier, der vor seiner Gefangennahme in einem hohen sowjetischen Stab eingesetzt war, erklärte in der Vernehmung im Frühjahr 1942, »dass die deutschen Kriegsgefangenen nach dem Verhör in der Regel erschossen werden«.[179] Zwei gefangene sowjetische Truppenoffiziere erklärten in ihrem Verhör im Februar 1942 die Angst der Rotarmisten vor der Gefangenschaft und ihren hartnäckigen Widerstand damit, dass »den meisten russischen Soldaten bekannt [sei], daß die deutschen Kriegsgefangenen von den Russen erschossen werden; sie nähmen daher das entsprechende Verfahren auch beim Gegner an«.[180] Die vereinzelten, teilweise widersprüchlichen Aussagen sowjetischer Kriegsgefangener über die Erschießungen von deutschen Gefangenen vermitteln den Eindruck einer ähnlich willkürlichen, unkontrollierten und radikalen Praxis, wie sie auch auf der deutschen Seite vielerorts herrschte. Wenn den Kommandobehörden des Ostheeres auch durchaus Fälle bekannt wurden, in denen deutsche Kriegsgefangene von ihren sowjetischen Bewachern eine völkerrechtskonforme und menschliche Behandlung erfuhren[181], hinterließen die zahlreichen Nachrichten von den Exekutionen an deutschen Gefangenen doch einen ungleich tieferen und nachhaltigeren Eindruck in den Stäben und Truppen, wozu auch die propagandistische Ausnutzung dieser Vorfälle durch die deutsche Führung erheblich beitrug. Nach den Erfahrungen der ersten Monate des deutsch-sowjetischen Krieges herrschte auf der deutschen Seite schließlich die sichere Auffassung vor, »daß es Grundsatz des Feindes ist, keine Gefangenen zu machen«[182] und »deutsche Kriegsgefangene in der Regel von der f[ein]dl[ichen]. Truppe erschossen werden.«[183]

Da die Misshandlung und Tötung von Kriegsgefangenen ebenfalls in den Merkblättern der höheren Kommandobehörden über die Kampfweise der sowjetischen Truppen vorhergesagt worden war[184], bestätigten und zementierten die Nachrichten von den sowjetischen Kriegsverbrechen abermals die bestehenden Feindbilder, die die Gewaltbereitschaft der deutschen Truppen nährten. Aus der Sicht der deutschen Truppen erwies sich damit schon frühzeitig, »dass sich das Urteil des Führers über den Russen als hinterhältigen Gegner durchaus bewahrheitet hat«.[185] Ein Kommandieren-

---

[178] Vernehmungsbericht der 123. Inf.Div./Abt. Ic v. 19.1.1942; BA-MA, RH 26-123/147.
[179] Eintrag im TB (Ic) der 46. Inf.Div. v. 2.1.-31.5.1942; BA-MA, RH 26-46/51, S. 37. »Ausnahmen davon werden nur gemacht, wenn ein Kriegsgefangener nachweisen könne, dass er früher in der K.D.P. [sic] war und der Arbeiterklasse entstamme.«
[180] Vernehmungsbericht der 52. Inf.Div./Abt. Ic v. 14.2.1942; BA-MA, RH 26-52/63.
[181] Vgl. z. B. den Eintrag im TB (Ic) der 12. Pz.Div. v. 26.9.1941; BA-MA, RH 27-12/48, S. 6. Zwei Soldaten, die in sowjetische Gefangenschaft geraten und wieder entkommen waren, berichteten: »Behandlung war einwandfrei, russische Soldaten steckten ihnen aber nur in Abwesenheit von Vorgesetzten etwas zu Essen zu.«
[182] Eintrag im TB (Ic) der 68. Inf.Div. für den Monat Januar 1942 v. 16.2.1942; BA-MA, RH 26-68/39, S. 6. »Verwundete Soldaten und auch solche, die sich infolge der aussichtslosen Lage für sie selbst ergaben, wurden vom Feinde restlos niedergemacht.«
[183] Ic-Morgenmeldung des AOK 17 v. 10.2.1942; BA-MA, RH 20-17/329. »Als Gründe werden angegeben: 1. der Befehl Stalins, alle Okkupanten zu vernichten, 2. die Schwierigkeiten des Abschubs der Gefangenen.«
[184] Wie diese Botschaften bei den Truppen ankamen, exemplifiziert der Tagebucheintrag eines Angehörigen der Pz.Jg.Abt. 25 v. 21.6.1941: »Abends Ansprache des Komp.-Chefs und Bekanntgabe der oft heimtückischen Kampfweise der Russen, sadistische Grausamkeit gegen Gefangene.« BA-MA, MSg 2/3782, S. 20.
[185] Divisionsbefehl der 206. Inf.Div./Abt. Ia Nr. 7/41 v. 25.6.1941; BA-MA, RH 26-206/7.

der General kam in einem Korpsbefehl Anfang Juli 1941 zu der gleichen Auffassung und rekurrierte dabei sogar explizit auf das Merkblatt, in dem die Morde an deutschen Gefangenen vorausgesagt worden waren: »Das, was durch das Merkblatt ›Sieh' Dich vor‹ der Truppe noch vor Beginn der Operationen bekanntgegeben wurde, ist damit grausame Wahrheit geworden: Der von jüdisch-bolschewistischen Machthabern verführte und beeinflußte Russe mißhandelt und mordet den deutschen Gefangenen.«[186] Im Kommando einer Gebirgsdivision stellte man nach den ersten Gefechten fest, dass der Gegner »mit bestialischer Grausamkeit und Hinterlist« kämpfe und exakt diejenigen »›hervorragenden‹ Eigenschaften« besitze, auf die »die Truppe schon durch zahlreiche Merkblätter und Hinweise aufmerksam gemacht worden« sei.[187] In den deutschen Truppen verfestigte sich das Bild von einem »heimtückischen Feinde«[188], der sich systematisch einer »gemeine[n] Kriegsführung«[189] bediente, in seiner »Kampfesweise äusserst grausam und fast unmenschlich«[190] war und sich geradezu »viehischer Bestialität«[191] als fähig erwiesen hatte. In einem Erfahrungsbericht über die Rote Armee, der Ende des Jahres 1941 im AOK 9 verfasst wurde und die typische Wahrnehmung der sowjetischen Truppen in den deutschen Verbänden widerspiegelte, wurden den gegnerischen Soldaten unter anderem die folgenden Charakteristika zugeschrieben: »Hinterlistig und verschlagen, ohne Hemmung in der Wahl der Mittel, grausam und ohne Achtung vor dem wehrlosen Gegner.«[192] Das Feindbild, das in den hetzerischen Merkblättern vorgegeben worden war, verfestigte sich zunehmend. Als sich die Warnungen, die vor Kriegsbeginn verbreitet worden waren, während des Feldzugs vielerorts als begründet zu erweisen schienen, erinnerte man sich in den deutschen Truppen nicht nur an die Vorhersagen, sondern auch an die Aufforderungen zur Vergeltung, die in den Merkblättern enthalten waren.[193]

Die Mechanik der Gewalteskalation

Tatsächlich riefen die Feststellungen und Nachrichten über sowjetische Verbrechen an deutschen Verwundeten und Gefangenen in den Verbänden des Ostheeres eine virulente Rachsucht wach und verstärkten die ohnehin schon vorhandene Bereitschaft zu einem rücksichtslosen Vorgehen. Die zahlreich dokumentierten Empörungsschreie

---

[186] Korpstagesbefehl des KG des III. AK v. 3.7.1941; BA-MA, RH 27-14/2, Anl. 61.
[187] Eintrag im KTB der 4. Geb.Div. v. 26.6.1941; BA-MA, RH 28-4/7, Bl. 5 f. Vgl. auch den Eintrag im KTB der 113. Inf.Div. v. 10.7.1941; BA-MA, RH 26-113/4: »Die Kampfesweise der Russen war die gleiche, wie sie von Gefechten anderer Truppenteile bekannt und wie sie in Hinweisen von Armee und Korps der Truppe bekanntgegeben war«.
[188] Tagesbefehl des Div.Kdr. der 134. Inf.Div. v. 21.6.1941; BA-MA, RH 26-134/5, Anl. 8b.
[189] Eintrag im Tgb. eines Angehörigen der Stabsbatterie der I./AR 19 v. 11.7.1941; BA-MA, RH 41/1207.
[190] Eintrag im Tgb. eines Uffz. des Di.Na.Fü. 112 v. 3.8.1941; BA-MA, MSg 2/3667.
[191] Eintrag im KTB des SR 64 v. 29.6.1941; BA-MA, RH 37/6252, S. 17.
[192] Vgl. den Erfahrungsbericht im TB (Ic) des AOK 9 v. 1.5.-31.12.1941; BA-MA, RH 20-9/643, S. 23.
[193] So hieß es z. B. im Merkblatt »Kennt ihr den Feind?«: »Seid hart und unerbittlich, wo ihr auf solche Kampfmittel trefft – gleichgültig, ob es sich um Soldaten oder Zivilpersonen handelt. Solange ihr solches Verhalten beim Feind nicht bemerkt, benehmt euch nicht anders als bisher auch.« BA-MA, RH 24-20/15, Anl. 22a.

der deutschen Truppen nach derartigen Beobachtungen und Meldungen zeigen exemplarisch für eine der beiden Kriegsparteien, welche Mechanik der Brutalisierungsprozess an der Ostfront entfaltete. Die erregte Reaktion der deutschen Truppen auf die Kampfweise ihrer Gegner, die sie als völkerrechtswidrig und heimtückisch empfanden, wurde in den deutschen Berichten in stereotyper Diktion immer wieder als »Erbitterung« beschrieben. Im Oberkommando der größten Armee des Ostheeres, dem AOK 4, hatte man bereits Ende Juni 1941 eine spürbare »Erbitterung unserer Soldaten« registriert.[194] Die Frontstäbe berichteten gleich lautend, dass sich der Truppe »eine grosse Verbitterung«[195] bemächtigte und es »grosse Erbitterung«[196] hervorrief, wenn sie Tote aus den eigenen Reihen auffand, die nach ihrer Auffassung als Gefangene ermordet worden waren: »Wir möchten am liebsten aufheulen vor Schmerz und Wut.«[197] Die Kommandobehörden zeigten Verständnis für die wütende Empörung ihrer Soldaten, die sie in Anbetracht der festgestellten sowjetischen Verbrechen nur für berechtigt und natürlich hielten: »Man braucht sich nicht zu wundern, wenn unsere Truppen verbittert und rücksichtslos werden.«[198]

Die immer wieder konstatierte Verbitterung der Truppen verband sich mit starken Rachegefühlen. »Aug um Aug, Zahn um Zahn!« lautete die Devise.[199] Schon die Nachrichten und selbst Gerüchte über angebliche sowjetische Gräueltaten weckten das Revanchebedürfnis der Truppen. So ereiferte sich ein Angehöriger eines Artillerieregiments, nachdem ihm eine »bestial[isch]e« Tat der gegnerischen Truppen zu Ohren gekommen war: »Jetzt kennen auch wir keinen Pardon mehr. Dieser Krieg wird nicht viel Gefangene bringen.«[200] Auch in einer Schützenkompanie der Panzergruppe 1 wurde aus dem kursierenden »Gerücht, daß die Russen die deutschen Gefangenen bestialisch ermorden«, rasch Gewissheit und ließ den Ruf nach Vergeltung laut werden.[201] Aus der Sicht der Angehörigen der Kompanie hatte sich der Gegner »von einer Seite gezeigt, die von uns keine Schonung zu erwarten hat«. Im Stab des vorgesetzten Schützenregiments fasste man die betreffenden Vorfälle genauso auf, warf dem Gegner »grausam[e]« Gefangenenmorde vor und kündigte Revanche an: »Die Antwort hierauf

---

[194] Vgl. den Eintrag im TB (Ic) des AOK 4 v. 30.6.1941, 19.00 Uhr; BA-MA, RH 20-4/671, Bl. 20.
[195] Eintrag im KTB des LVI. AK v. 29.6.1941; BA-MA, RH 24-56/2, Bl. 5.
[196] Eintrag im KTB der 35. Inf.Div. v. 29.6.1941; BA-MA, RH 26-35/35, Bl. 43.
[197] Eintrag im Tgb. des Uffz. Paul M., II./IR 154, v. 24.8.1941; BA-MA, RH 37/2787.
[198] Eintrag im KTB der 19. Pz.Div. v. 2.8.1941; BA-MA, RH 27-19/23, S. 24.
[199] Bericht eines Uffz. der 8./IR »Großdeutschland« v. 4.12.1941, in dem die Erschießung von sieben sowjetischen Gefangenen als Reaktion auf den Fund eines augenscheinlich ermordeten deutschen Soldaten geschildert wird; BA-MA, RH 37/6392, S. 76 f.
[200] Eintrag im Tgb. eines Angehörigen der Stabsbatterie der I./AR 19 v. 24.6.1941; BA-MA, RH 41/1207. Das Tgb. ist ein eindrucksvoller Beleg für die Wirkungsmacht der Merkblätter und Ankündigungen der sowjetischen Kampfweise, die der Soldat am 23.6.1941 in seinen Aufzeichnungen echote: »Mit heimtückischen Angriffen ziviler Banden muß gerechnet werden.« Am folgenden Tag brachte er Vorkommnisse, von denen er nur mittelbar erfahren hatte, mit diesen Ankündigungen in Verbindungen: »Wie uns bekannt wurde, bewahrheiteten sich die Angaben über die russische Bandenkriegsführung.« Hieraus leitete er ab, dass es »keinen Pardon« mehr geben dürfe: »Wir erkennen immer deutlicher, daß man es hier mit einem Gegner zu tun hat, der einen ehrlichen Kampf nicht kennt. Hinterlist und Tücken sind seine Stärken. Es sind ja Sowjets.«
[201] Vgl. hierzu und zum Folgenden die Einträge im Tgb. über den Einsatz der 1./SR 64 v. 25.6.1941 und 28.6.1941; BA-MA, RH 37/6249, S. 3 f.

wird nicht ausbleiben.«[202] Wie hier wurde die Ausübung von Vergeltung für gewöhnlich selbst in den Stäben und Kommandobehörden als gerechtfertigt empfunden und toleriert. Dieser Haltung gab auch der Ic-Offizier der 10. Infanteriedivision am 10. Juli 1941 in seinem dienstlichen Tätigkeitsbericht Ausdruck: »Die Russen machen keine Gefangene. Das können sie von uns auch haben.«[203]

Die losgelöste Vergeltungswut der Truppen schlug sich unmittelbar in den Gefechten nieder, in denen die deutschen Einheiten immer rücksichtsloser vorgingen und sich in zahllosen Fällen zu spontanen Erschießungen von gefangenen und kapitulierenden Rotarmisten hinreißen ließen. Immer wieder wurde gemeldet, dass die Einheiten »keine Gefangenen«[204] mehr machten oder »kein Pardon mehr«[205] gaben. Sowohl die Truppen als auch die Stäbe rechtfertigten diese Affekthandlungen für gewöhnlich mit der Kampfweise und den Verbrechen des Gegners, dem damit die alleinige Verantwortung für die Entgrenzung der Gewalt zugeschoben wurde. Wie häufig diese Gewaltexzesse vorkamen und wie überstimmend die Legitimationsstrategien der Truppen lauteten, belegen zahlreiche Meldungen in den Akten des Ostheeres. So wies der Ic-Offizier des AOK 4 in einem Vortrag vor dem Armeeoberbefehlshaber am 28. Juni 1941 »auf die hinterhältige Kampfesweise der Russen u. die gemeldeten Fälle schwerer Verstümmelungen, und auf das entsprechende Verhalten unserer Truppen« hin.[206] Ähnlich konstatierte auch das Panzergruppenkommando 4 schon nach wenigen Kriegstagen: »Mit grosser Erbitterung wird auf unserer Seite gekämpft, da die Russen deutsche Verwundete und Gefangene, die den Russen in die Hand fallen, bestialisch ermordet haben.«[207] Hinter solchen Meldungen, die besagten, dass »erbittert gekämpft«[208] wurde, verbarg sich nicht selten, dass die sowjetischen Verteidiger von den deutschen Truppen kurzerhand »niedergemacht«[209] wurden und man ihnen »keine Gnade«[210] gewährte. In der festen Überzeugung von der Berechtigung dieser Vorgehensweise wurde die brutale Kampfführung der Einheiten in vielen Berichten auch noch sehr viel deutlicher zum Ausdruck gebracht. So meldete ein Regiment der 299. Infanteriedivision gegen Ende Juni 1941: »Gefangene werden von der über die heimtückische Kampfweise des Gegners erbitterten Truppe nicht mehr gemacht.«[211] Das V. Armeekorps erklärte sich Anfang August 1941 die geringen Gefangenenzahlen aus den Gefechten seit Mitte Juli damit, dass »die Truppe in der Erbitterung über die Verstümmelung der eigenen gefangenen Angehörigen durch die Russen diese vielfach lieber totschlug als zu Gefangenen machte«.[212] Die Führung der 23. Infanteriedivision bemerkte Ende Juni 1941 ebenfalls, dass die Gefangenenzahlen »verhältnismäßig gering« ausfielen, »da die Truppe oft aus Erbitterung über die hin-

---

[202] Eintrag im KTB des SR 64 v. 29.6.1941; BA-MA RH 37/6252, S. 17.
[203] Eintrag im TB (Ic) der 10. Inf.Div. (mot.) v. 7.7.1941; BA-MA, RH 26-10/68, S. 10.
[204] Vgl. z. B. die Ic-Meldung der 167. Inf.Div. v. 14.7.1941, 22.15 Uhr; BA-MA, RH 24-53/144.
[205] Vgl. z. B. den Eintrag im KTB des Radf.Btl. 35 v. 30.6.1941; BA-MA, RH 39/375.
[206] Eintrag im TB (Ic) des AOK 4 v. 28.6.1941, 19.30 Uhr; BA-MA, RH 20-4/671, Bl. 13 f.
[207] Eintrag im KTB der Pz.Gr. 4 v. 25.6.1941; BA-MA, RH 21-4/14, S. 17.
[208] Ic-Meldung der 167. Inf.Div. v. 14.7.1941, 22.15 Uhr; BA-MA, RH 24-53/144.
[209] Meldung der Pz.A.Abt. 7 an die 4. Pz.Div. v. 14.8.1941; BA-MA, RH 27-4/111, Anl. 122.
[210] Eintrag im KTB des II./IR 431 v. 27.6.1941; BA-MA, RH 37/7627.
[211] Meldung des IR 530 v. 28.6.1941; BA-MA, RH 26-299/118, Anl. 144.
[212] Meldung des V. AK/Abt. Ic, »Sondermeldung über bisher festgestellte Gefangenen- und Beutezahlen im Kessel von Smolensk vom 15.7.-3.8.41«, v. 4.8.1941; BA-MA, RH 24-5/104, Bl. 203.

terlistige Kampfesweise des Gegners keine Gefangenen machte«.[213] Ähnliche Beobachtungen machte etwa um die gleiche Zeit auch der Ic-Offizier der 56. Infanteriedivision: »Die verhältnismässig geringen Gefangenenzahlen erklären sich zum Teil aus der Erbitterung der eigenen Truppe über Bekanntwerden von Misshandlungen deutscher Verwundeter durch den Gegner.«[214]

Anders als viele dieser Meldungen vermuten lassen, bedurfte es aber nicht zwangsläufig eines vorangegangenen Völkerrechtsbruchs der sowjetischen Seite, damit die deutschen Truppen dazu übergingen, »kein Pardon mehr« zu geben. Die Berufung auf sowjetische Verbrechen war oftmals nur Rechtfertigungsrhetorik – so wie zu Beginn der Invasion entsprach die Brutalität der deutschen Kampfführung vielfach auch den eigenen Intentionen und beruhte häufig genug auf bloßer Willkür. Wie manche Berichte andeuten, speiste sich die Erbitterung und Rachsucht der deutschen Truppen gerade in der Anfangsphase des Feldzugs vielfach schlicht aus der Frustration über die Schwere der Kämpfe, die unerwartet hohen eigenen Verluste und den starken feindlichen Widerstand. So zeigt ein Bericht über die schweren Kämpfe der 15. Infanteriedivision im Jelnja-Bogen während des Augusts 1941, dass der »Eindruck unaufhörlicher Angriffe des Gegners«, die »Wirkung seiner Waffen« und die großen personellen Verluste in den eigenen Reihen erhebliche »Unruhe und Erregung« auslösten.[215] Ohne dass gegnerische Völkerrechtsbrüche ins Spiel kamen, führte hier allein schon die hohe Intensität der Gefechte zu »einer wachsenden Erbitterung des Kampfes«. Noch deutlicher verraten die Akten der 35. Infanteriedivision, dass bereits die Frustration über den überraschend starken Widerstand die Gewalttätigkeiten der deutschen Angreifer auslösen konnte, ohne dass die sowjetische Seite zuvor das Völkerrecht verletzt haben musste. Laut Kriegstagebuch der Division rührte die Wut der Soldaten, die schon am ersten Kriegstag in übersteigerte Gewalt gegen die sowjetischen Verteidiger umschlug, allein daher, »dass der russ. Soldat sich nicht ergibt. Diese Kampfweise erzeugt bei den eigenen Soldaten grosse Erbitterung. Es wurden deshalb wenige Gefangene gemacht.«[216] Im Kriegstagebuch der Aufklärungseinheit der Division wurde Ende Juni 1941 ebenfalls davon berichtet, dass »durch unsere Truppe meist kein Pardon mehr gegeben wird«.[217] Als Begründung wurden hierbei zwar auch »die heimtückische Kampfesweise des Feindes« und »die Niedermetzelung der [deutschen] Verwundeten« angeführt. Daneben waren die deutschen Soldaten aber auch schlicht »erbittert […] über die erheblichen eigenen Verluste«, die durch die heftige Abwehr der Rotarmisten hervorgerufen wurden, und über deren »Rücksichtslosigkeit sich zu verteidigen«.

Ein Bericht des LI. Armeekorps aus dem Südabschnitt der Ostfront weist ebenfalls darauf hin, dass sich in der Brutalität der deutschen Truppen auch das Entsetzen über die hohen Verluste und die starke Gegenwehr Bahn brach. Wie das Kriegstagebuch am 31. Juli 1941 festhielt, kamen die Angriffe des Korps nur langsam voran, »der Kampf ist zäh. Die Masse der Russen verteidigt sich bis zum letzten in ihren Löchern,

---

[213] Eintrag im KTB der 23. Inf.Div. v. 29.6.1941; BA-MA, RH 26-23/22, S. 29.
[214] Eintrag im TB (Ic) der 56. Inf.Div. v. 28.6.1941; BA-MA, RH 26-56/18.
[215] Vgl. hierzu und zum Folgenden den TB (IVd/ev.) der 15. Inf.Div. v. 1.7.1941-30.4.1942; BA-MA, RH 26-15/62, S. 6.
[216] Eintrag im KTB der 35. Inf.Div. v. 22.6.1941; BA-MA, RH 26-35/35, Bl. 25.
[217] Eintrag im KTB des Radf.Btl. 35 v. 30.6.1941; BA-MA, RH 39/375.

die meist gedeckt in Kornfeldern und Buschgelände liegen. Sie lassen die deutschen Infanteristen bis dicht herankommen und bekämpfen sie dann überraschend und wirksam auf nächste Entfernung. Infolge der Erbitterung der eigenen Infanterie werden wenige Gefangene gemacht.«[218] Wie auch das Kriegstagebuch des Korps nicht anders behauptete, waren die verlustbringenden Kampfverfahren und der harte Widerstand der Verteidiger völkerrechtskonform, sowjetische Verbrechen spielen in der Argumentation des Berichts keine Rolle. Die Erbitterung der deutschen Soldaten, die sich in Gewalttaten gegen die Verteidiger entlud, rührte in diesem Fall offensichtlich in erster Linie von dem ungünstigen Verlauf der Kämpfe und der Wirksamkeit der sowjetischen Abwehr. Dass schon die Schwere der Kämpfe die Gewaltausbrüche auslösen konnte und Völkerrechtsverletzungen keine zwingende Voraussetzung dafür waren, belegt auch eine Meldung, die eine Reiterabteilung der 1. Kavalleriedivision Mitte Juli 1941 abgab: »Während des Kampfes waren keine Gefangenen gemacht worden. Bei der Erbitterung, mit der gefochten wurde und da die Russen sich nicht sofort ergaben, mußte rücksichtslos verfahren werden. Die Verluste an Toten waren beim Gegner außergewöhnlich groß.«[219] Auch in diesem Fall wurden keine sowjetischen Verbrechen angeführt, um die Geschehnisse zu erklären. Das Recht zu einem radikalen Vorgehen wurde allein aus dem anhaltenden Widerstand der Gegner und der Heftigkeit der Kämpfe abgeleitet.

Wie diese Beispiele zeigen, war die Rücksichtslosigkeit der Kampfführung keineswegs immer durch sowjetische Völkerrechtsbrüche provoziert worden, sondern entsprang oft genug der Willkür der deutschen Truppen. Auslösende Momente waren vor allem die Frustrationserlebnisse und Affekte, die in den intensiven, verlustreichen Gefechten infolge der heftigen Gegenwehr entstanden; die Berechtigung zu den anschließenden Racheakten leitete sich aus den herrschenden Feindbildern ab. Welche Gründe es im Einzelfall auch hatte, wenn die Truppen sich das Recht dazu nahmen, »keine Gefangenen« mehr zu machen, wurde dieses Verhalten von den deutschen Kommandobehörden doch fast durchgängig geduldet. Davon zeugt schon der Tenor vieler Berichte, in denen die Stäbe die brutale Kampfführung ihrer Truppen kommentarlos, teilweise auch mit spürbarer Genugtuung schilderten. Die Rolle der Kommandobehörden blieb aber nicht auf die passive Billigung der spontanen Racheakte in den Gefechten beschränkt. In zahlreichen Fällen ordneten Stäbe und Truppenführer, nachdem ihnen echte oder vermeintliche sowjetische Völkerrechtsbrüche bekannt geworden waren, in eigener Initiative Vergeltungsmaßnahmen gegen sowjetische Kriegsgefangene an.

Im Unterschied zu den willkürlichen Erschießungen, die von den Soldaten am Rande der Kämpfe, vor oder während des Akts der Gefangennahme, verübt wurden, handelte es sich bei diesen Strafaktionen um regelrechte Exekutionen, die erst nach Abschluss der Gefechte vorgenommen wurden und teilweise den Umfang von Massenerschießungen annahmen. Die Repressalien verfolgten von vornherein nicht das ohnehin unrealistische Ziel, die verantwortlichen Täter zu ermitteln und zu bestrafen, sondern trugen exemplarischen Charakter. Wenn möglich, wählte man als Opfer Ge-

---

[218] Eintrag im KTB des LI. AK v. 31.7.1941; BA-MA, RH 24-51/9, S. 92.
[219] Gefechtsbericht der I. Abt. eines der Reiterregimenter der 1. Kav.Div. über die Gefechte am 21.7./22.7.1941, v. 23.7.1941; BA-MA, RH 29-1/5, Anl. 72.

fangene desjenigen gegnerischen Truppenteils aus, dem die betreffende Tat zugeschrieben wurde. Ansonsten war die Bestimmung der Opfer weitgehend beliebig. So ließ der Kommandierende General des VI. Armeekorps Ende Juli 1941 auf Grund von Zeugenaussagen über die Ermordung deutscher Gefangener stellvertretend den gefangenen Ia-Offizier »der 134. Sch.-Div., Major Stephan Jakowleff, standrechtlich« erschießen.[220] Bei der 99. Infanteriedivision berichtete am 30. Juni 1941 ein verwundeter deutscher Leutnant, der vorübergehend in sowjetische Gefangenschaft geraten war, von der Exekution an ihm und seinen Mitgefangenen, die er selbst durch einen Glücksfall überlebt hatte. Der Divisionskommandeur ordnete daraufhin zur Vergeltung dieser Tat »die sofortige Erschiessung der an diesem Tage gefangenen 45 Rotarmisten« an.[221] Bei der 110. Infanteriedivision wurden am 22. Juli 1941 »als Vergeltung 60 Russen sowie 1 Kommissar standrechtlich erschossen«, weil in den zurückliegenden Tagen Verstümmelungen an Gefallenen der Division gemeldet worden waren.[222] In einem Infanterieregiment der 61. Infanteriedivision entdeckte man auf Grund der Zeugenaussage eines Zivilisten am 7. Oktober 1941 die verscharrten Leichen von drei vermissten Regimentsangehörigen, die allem Anschein nach als Gefangene ermordet worden waren.[223] Am folgenden Tag wurden auf Befehl des Divisionskommandos alle Gefangenen exekutiert, die noch beim Regiment vorhanden waren und deren Zahl sich auf 93 Mann belief.

Eine noch umfangreichere Vergeltungsmaßnahme wurde Ende Oktober 1941 bei der 75. Infanteriedivision eingeleitet, nachdem man die Leichen von 15 Soldaten entdeckt hatte, die »verwundet in russ. Hand gefallen und nachträglich durch Kopfschuss aus nächster Nähe erschossen waren bzw. mit eingeschlagenen [sic] Schädel aufgefunden wurden«.[224] Einen Tag nach dem Auffinden der Toten kündigte das Divisionskommando an, die Tat an Gefangenen des gegnerischen Verbandes zu sühnen, der für das Verbrechen verantwortlich gemacht wurde: Man hielt es für angemessen, dass »sämtliche bisher Gefangenen der 1. Garde-Division bezw. 100. Schtz.Div. bis zur Höhe von 230 Mann erschossen werden«.[225] Am selben Tag, dem 27. Oktober 1941, begann der Divisionsstab mit der Vorbereitung der Repressalie, indem die Heranschaffung von Exekutionsopfern in die Wege geleitet wurde. Den unterstellten Einheiten wurde befohlen, »sofort [die] Anzahl der dortigen zur russ. 1. Garde-Division bezw. russ. 100. Schtz.Div. gehörigen Gefangenen [zu] melden«.[226] Am Vormittag des folgenden Tages traf daraufhin ein Gefangenentransport vom unterstellten Infanterieregiment 202 beim Divisionsgefechtsstand ein[227], noch am selben Tag meldete die Division die ersten Exekutionen, denen ein »Bat[ail]l[ons].-K[omman]d[eu]r., 4 Offiziere

---

[220] Eintrag im TB (Ic) des VI. AK v. 29.7.1941; BA-MA, RH 24-6/236, Bl. 23.
[221] Bericht der 99. Inf.Div./Abt. Ic, »Völkerrechtsverletzungen durch rote Truppen«, v. 2.7.1941; BA-MA, RH 26-99/21, Anl. 27
[222] Eintrag im TB (Ic) der 110. Inf.Div. v. 22.7.1941; BA-MA, RH 26-110/38.
[223] Vgl. die Einträge im KTB des I./IR 162 v. 7./8.10.1941; BA-MA, RH 37/7531, Bl. 55. Die Toten wurden gefesselt aufgefunden und waren durch Genickschüsse getötet worden.
[224] Ic-Meldung der 75. Inf.Div. v. 28.10.1941; BA-MA, RH 26-75/115.
[225] Ic-Abendmeldung der 75. Inf.Div. an das XXIX. AK v. 27.10.1941; BA-MA, RH 26-75/115.
[226] Funkspruch der 75. Inf.Div./Abt. Ic an das IR 202 v. 27.10.1941, 12.55 Uhr; BA-MA, RH 26-75/115.
[227] Funkspruch der 75. Inf.Div./Abt. Ic an das IR 202 v. 28.10.1941, 09.45 Uhr; BA-MA, RH 26-75/115. Es wurden 279 Gefangene überstellt, wovon bereits »10 unterwegs erschossen« worden waren.

und 33 Mann der 1. Garde-Division« zum Opfer fielen.[228] Am nächsten Tag, dem 29. Oktober 1941, wurden die Erschießungen fortgesetzt, die Division meldete, dass »heute 123 Gefangene der 1. Garde-Division erschossen« worden waren.[229] Damit war diese planmäßige Repressalie, deren Vorbereitung und Durchführung sich über mehrere Tage erstreckt hatte, abgeschlossen.

Vergeltungsaktionen an sowjetischen Kriegsgefangenen wurden nicht nur von den Kommandobehörden, sondern häufig auch schon von den Kampfverbänden, den Regimentern und Bataillonen, selbst initiiert. Im rechten Abschnitt der 258. Infanteriedivision etwa gelang Anfang Dezember 1941 drei deutschen Soldaten die Flucht aus sowjetischer Gefangenschaft, nachdem sie die Exekution ihrer Mitgefangenen miterlebt hatten. Die Reaktion auf ihren Augenzeugenbericht kam prompt: »Als Gegenmassnahme erschoss I.R. 458 seine Gefangenen.«[230] Auf die gleiche Weise reagierte auch das Infanterieregiment 267, als Mitte Oktober 1941 15 Regimentsangehörige, die verwundet in die Hände des Feindes gefallen waren, »tot und verstümmelt aufgefunden« wurden: »Gefangene Russen wurden vom I.R. 267 daraufhin erschossen.«[231] Ein Bataillon des Schützenregiments 394 führte im November 1941 eine spontane Vergeltungsaktion durch, als tote Bataillonsangehörige aufgefunden wurden, deren Leichen Anzeichen dafür aufwiesen, dass sie nicht im Kampf, sondern »hinterher erledigt worden« waren. Im Angesicht der toten Kameraden kamen keine Zweifel daran auf, dass die Rache gerechtfertigt war: »Dann werden Gefangene herangeführt. Diese Bilder werden ihnen gezeigt und dann wird einer nach dem anderen erschossen.«[232] Das Elite-Infanterieregiment »Großdeutschland« meldete Mitte Juli 1941, dass die unterstellten Bataillone wiederholt Morde an zurückgelassenen Verwundeten festgestellt hatten und daraufhin die »bei den betreffenden Bataillonen überlaufende[n] [sowjetischen] Soldaten erschossen« wurden[233] Dass in diesem Fall sogar Überläufer nicht verschont wurden, die als Gefangene aus pragmatischen Gründen eigentlich bevorzugt behandelt werden sollten, lässt erahnen, wie sehr die Rachsucht alle Vernunftargumente in den Hintergrund drängte. Vergeltungsaktionen an sowjetischen Gefangenen waren ein weithin anerkanntes Mittel, von dem die Verbände des Ostheeres während der gesamten Zeitdauer des »Unternehmens Barbarossa« immer wieder Gebrauch machten, wenn sie sich dazu herausgefordert fühlten. Der zaghafte Einspruch des Oberbefehlshabers des Heeres von Anfang Juli 1941 konnte an dieser verbreiteten Praxis nur wenig ändern. Zu tief wurzelte das Vertrauen in die Gewaltmethoden, zu weit hatten Hass, Verbitterung und Rachsucht nach den heftigen Kämpfen und einschneidenden Erlebnissen in den Truppen um sich gegriffen.

---

228 Ic-Meldung der 75. Inf.Div. v. 28.10.1941; BA-MA, RH 26-75/115.
229 Ic-Meldung der 75. Inf.Div. an das XXIX. AK v. 29.10.1941; BA-MA, RH 26-75/115.
230 Bericht der 258. Inf.Div./Abt. Ic über die Kampfhandlungen v. 1.12.-4.12.1941; BA-MA, RH 26-258/86.
231 Ic-Abendmeldung der Gruppe von Schwedler (IV. AK) an das AOK 17 v. 15.10.1941; BA-MA, RH 20-17/279. An Verletzungen wurden gemeldet: »Kehle durchschnitten, Augen ausgestochen, Nase abgeschnitten«.
232 Eintrag im Tgb. des Truppenarztes des I./SR 394 v. 22.11.1941; BA-MA, MSg 2/5354, S. 81.
233 Ic-Meldung des IR »Großdeutschland« an das XXXXVI. AK v. 16.7.1941; BA-MA, RH 21-2/649, S. 163.

Motive und Verbreitungsgrad der Gefangenenerschießungen

Das traditionelle Konzept einer ritterlichen Kampfführung wurde dabei immer weiter in den Hintergrund gedrängt, so wie es von den Truppen schon vor Beginn des Feldzugs verlangt worden war.[234] Die Soldaten und Truppenführer, die im Sinne dieser überkommenen Vorstellungen dafür plädierten, die Rachegefühle zu unterdrücken, blieben in der Minderzahl. Das Festhalten an den traditionellen Formen der Kriegführung geriet bei manchen Angehörigen des Ostheeres zu einer regelrechten Wunschvorstellung, die mit der Realität vielerorts kaum mehr etwas gemein hatte. So schilderte ein Obergefreiter eines Infanterieregiments im September 1941, wie nach einem Gefecht sowjetische Verwundete versorgt wurden, »obwohl hier aus den Laufen [sic] der Verwundeten tödliche Kugeln manchen Kameraden von der Seite rissen«.[235] Während er in diesen Geschehnissen einen Ausweis »deutsche[r] Menschenfreundlichkeit« erblickte, die »nicht hartherzig sein« könne, hatte er einige Wochen zuvor einen vergleichbaren Vorfall beschrieben, der ganz anders endete und von ihm auch anders aufgefasst wurde. Anfang Juli 1941 hatte er beobachtet, wie am Rande eines Dorfes zwei verwundete sowjetische Offiziere von einem deutschen Soldaten erschossen wurden.[236] Da die Offiziere nach seinen Informationen noch als Verwundete »auf vorbeifahrende Fahrzeuge Handgranaten geworfen« hatten, empfand er es als gerechtfertigt, dass »ein Deutscher den sich scheintot stellenden Russen mit einer Kugel das verdiente Ende bereitete«. Auch ein Zugführer des Infanterieregiments »Großdeutschland« konstatierte noch Mitte Oktober 1941 autosuggestiv in seinem Tagebuch, dass er und seine Kameraden allen Rachegefühlen gegenüber resistent seien, obwohl zu diesem Zeitpunkt in seinem Regiment bereits Vergeltungsaktionen und Erschießungen von sowjetischen Gefangenen stattgefunden hatten und weitere noch folgen sollten.[237] Dessen ungeachtet empfand er es geradezu als »ein Wunder, dass der deutsche Soldat trotz aller Greueltaten des Feindes innerlich doch immer noch etwas Mensch bleibt und wenigstens eine Empfindung für diese Leiden hier hat. – Er kann nicht grausam sein, nicht rächen!«[238]

Eine ähnliche Kluft zwischen der hehren Selbstwahrnehmung und der harten Realität tat sich auch in einem Bericht des Kriegspfarrers der 98. Infanteriedivision aus dem Frühjahr 1942 auf.[239] Im Rückblick auf das erste Jahr des Feldzugs berichtete der Divisionspfarrer davon, dass die gegnerischen Truppen ihre deutschen Gefangenen »in den meisten Fällen« mit der »Brutalität tierischer Instinkte« behandelten und »Grausamkeiten« an ihnen verübten, die alle Divisionsangehörigen »mit einem abstoßenden

---

[234] Vgl. z. B. die Schlussansprache des Div.Kdr. der 134. Inf.Div. vor den Rgt.Kdren. am 16.6.1941: »Der Deutsche im Kampf ein Held, hinterher aber gegenüber dem besiegten Gegner ein guter Kamerad. Letzteres darf diesmal aber nicht der Fall sein.« BA-MA, RH 26-134/5, Anl. 7.
[235] Vgl. hierzu und zum Folgenden den Eintrag im Tgb. des OGefr. Matthias S., IR 179, v. 21.9.1941; BA-MA, MSg 2/5431, S. 34.
[236] Vgl. hierzu und zum Folgenden ebd., Eintrag v. 7.7.1941, S. 14.
[237] Vgl. Anm. 233 und zu späteren Gefangenenerschießungen beim IR »Großdeutschland« die Anm. 199.
[238] Eintrag im Tgb. eines Zugführers des III./IR »Großdeutschland« v. 17.10.1941; BA-MA, RH 37/6330, S. 33.
[239] Vgl. hierzu und zum Folgenden den TB (IVd/ev.) der 98. Inf.Div. v. 30.6.1942; BA-MA, RH 26-98/131.

Ekel« erfüllten.«Trotzdem hielt der deutsche Soldat, obwohl hier eine Vergeltungsmaßnahme sehr nahe lag, seine Waffenehre rein und stand niemals in der Vergeltung solcher Handlungsweise bei russischen Gefangenen oder Bergung von russischen Verwundeten der bolschewistischen Armee.« Stattdessen hätten die Truppen der Division unbeirrt »in vorbildlicher, ritterlicher und soldatischer Kampfesweise« gefochten und »diesen Geist in allen Schlachten behalten und ihn nie verloren«. Als Angehöriger des Divisionsstabes hätte der Geistliche wissen müssen, dass dieses heile Bild nicht der Wahrheit entsprach. Sein Bericht ignorierte, dass in der Division bereits Vergeltungsmaßnahmen und Gefangenenerschießungen stattgefunden hatten, die teilweise vom Divisionskommando selbst angeordnet worden waren.[240] Anspruch und Wirklichkeit klafften auch im persönlichen Tagebuch des Kommandierenden Generals des XXXXVII. Panzerkorps, Joachim Lemelsen, deutlich auseinander. Im Juli 1941 kommentierte er den Fund von 18 toten deutschen Soldaten, die dem Anschein nach »in der gemeinsten Weise ermordet« worden waren, wie folgt: »Es war ein schauerlicher Anblick, der auf uns alle stärksten Eindruck machte. Dieser Feind führt keinen soldatischen Krieg[.] Das ist ein Abschlachten. Die Wut unserer Männer ist riesengroß. Und wir behandeln die Gefangenen trotzdem anständig, das ist ritterliche Kampfesweise! Die kennt der Russe nicht.«[241] Von einer »anständigen« Behandlung der Kriegsgefangenen konnte allerdings im XXXXVII. Panzerkorps kaum die Rede sein: In Lemelsens Korps hatten sich schon zu Beginn des Feldzugs massenhafte Erschießungen an sowjetischen Gefangenen ereignet und kamen nachweislich noch im Juli und August 1941 weiterhin vor.[242] Ganz offensichtlich unterlag der General einer Selbsttäuschung. Die Beispiele belegen zwar die Historizität und Kontinuität des Konzeptes einer »ritterlichen Kampfesweise« noch während des Ostfeldzugs, zeugen aber zugleich davon, wie wenig Geltung es insgesamt noch besaß und dass es vielfach nur noch eine Illusion und nicht mehr als ein frommer Wunsch war.

Das Bedürfnis nach Vergeltung und Kompensation blieb die stärkste Triebfeder für die Erschießungen an sowjetischen Gefangenen während des »Unternehmens Barbarossa«. Die »Verbitterung« der Truppen und die damit verbundenen Rachegefühle werden in den Quellen am häufigsten als Motiv für derartige Gewalttaten genannt. Daneben kamen aber immer wieder auch utilitaristisch motivierte Gefangenenerschie-

---

[240] So erteilte der Divisionsstab im Juli 1941 einer unterstellten Abteilung den Befehl, bei einer Säuberungsaktion gegen Versprengte keine Gefangenen zu machen, was dann auch geschah. Vgl. den Befehl der 98. Inf.Div./Abt. Ia, »Befehl für die Bildung der Abt. Wegener«, v. 21.7.1941; BA-MA, RH 26-98/12, Anl. 21. Zur Umsetzung des Befehls vgl. den Eintrag im KTB der 98. Inf.Div. v. 24.7.1941; BA-MA, RH 26-98/11. Mitte August veranlasste der Divisionsstab die Erschießung eines sowjetischen Offiziers zur Vergeltung angeblicher Völkerrechtsverletzungen, vgl. den Eintrag im TB (Ic) der 98. Inf.Div. v. 15.8.1941; BA-MA, RH 26-98/89, S. 24. Auch bei den unterstellten Einheiten fanden Gefangenenerschießungen statt, wie z. B. ein Bericht des Kompaniefeldwebels der 1./IR 289 v. 10.8.1941 schlaglichtartig belegt; BA-MA, RH 26-98/12.
[241] Eintrag im Tgb. des KG des XXXXVII. AK v. 20.7.1941; BA-MA, MSg 1/1147, S. 42.
[242] Zu den Gefangenenerschießungen im Juni 1941 vgl. den Korpsbefehl des XXXXVII. AK/Abt. Ic Nr. 80/41 v. 30.6.1941; BA-MA, RH 24-47/4, Anl. 154. Dass die Gefangenenerschießungen auch in der Folgezeit noch weitergingen, geht u. a. aus der Denkschrift des XXXXVII. AK/Abt. Ic, »Vorschlag für Propagandaeinsatz auf Grund der bisherigen Erfahrungen im Feldzug gegen Sowjet-Russland«, v. 9.8.1941 hervor; BA-MA, RH 24-47/108. In der Folgezeit hatte offenbar auch Lemelsen gegen Vergeltungsmaßnahmen gegen Rotarmisten immer weniger einzuwenden, wie sein Tagebucheintrag v. 2.12.1941 belegt, vgl. Anm. 269.

ßungen vor. Dies konnte zum einen in Situationen der Fall sein, wenn kritische Gefechtslagen eintraten, in denen die Bewachung der eingebrachten Gefangenen nicht mehr geleistet werden konnte. Einen solchen Fall beschrieb ein Kompaniefeldwebel einer Infanterieeinheit beiläufig in seinem Bericht über ein Gefecht, das am 8. August 1941 stattfand und damit endete, dass sich der Hauptfeldwebel mit seinen Soldaten vor einer feindlichen Übermacht zurückziehen musste: »Die gefangenen Russen haben wir vorher noch erschossen.«[243] Einen ähnlichen Vorfall schilderte der Chef einer Flakbatterie Ende August 1941. Als der Oberleutnant mit seiner Einheit in einem Gefecht in schwere Bedrängnis geraten war, wusste er sich nur mit einem radikalen Mittel zu helfen: »Durch die ernste Lage war die Bewachung der eingebrachten Gefangenen nicht mehr möglich. Ich gab daraufhin Befehl, die bereits gemachten Gefangenen zu erschiessen und weitere Russen nicht mehr gefangen zu nehmen, sondern restlos zu vernichten.«[244] Neben derartigen Zwängen wurden auch die mangelnden Möglichkeiten zum Abtransport der Gefangenen als Begründung dafür angeführt, sich der Gefangenen gewaltsam zu entledigen oder Gefangene gar nicht erst zu machen. So meldete das XXXXIII. Armeekorps schon in der hitzigen Phase des Bewegungskrieges Ende Juni 1941, dass »nur wenig Gefangene« gemacht würden, »da augenblickliche Kampf- und Verpflegungslage Abschub nach rückw[ärts]. nicht ermöglicht«.[245] Gehäuft traten derartige Erscheinungen vor allem in den Wintermonaten 1941/42 auf. Die extremen Kampfbedingungen der Winterkrise und die dramatisch verschlechterte Verkehrs- und Versorgungslage brachten es mit sich, dass die Überlebenschancen der sowjetischen Gefangenen erneut deutlich absanken. Schon der teilweise systematisch betriebene Raub ihrer Winterbekleidung bedeutete für viele gefangene Rotarmisten das Todesurteil.[246] Die großen Schwierigkeiten, die in dieser Phase mit dem Abtransport von Gefangenen verbunden waren, leisteten den willkürlichen Gefangenenerschießungen zusätzlichen Vorschub. Wie diese Taten durch die äußeren Umstände begünstigt wurden, exemplifiziert die Denkschrift einer Panzerdivision aus dem Februar 1942, in der festgehalten wurde, dass »von deutschen Truppen häufig keine Ge-

---

[243] Bericht des HFw. Heinrich Langner, 1./IR 289, »Bericht über den Überfall auf den kleinen Gefechts-Troß am 8.8.1941, 6 km. vor Korosten«, v. 10.8.1941; BA-MA, RH 26-98/12.

[244] Bericht des Batteriechefs der 2./Leichte Flakabteilung 85 über das Gefecht am 25.8.1941 v. 27.8.1941; BA-MA, RH 20-9/40. Zu einem ähnlichen Fall vgl. den Gefechtsbericht des Btl.Kdr. des III./490, Hptm. Nielsen, o.D., Eintrag v. 21.12.1941; BA-MA, RH 37/7391, S. 3. Zu einem weiteren Beispiel vgl. die Ic-Tagesmeldung der 68. Inf.Div. v. 10.3.1942; BA-MA, RH 26-68/39, Anl. 29.

[245] Lageorientierung durch den Ic des XXXXIII. AK v. 28.6.1941, 09.25 Uhr; BA-MA, RH 20-4/682. Vgl. z. B. auch den Eintrag im KTB der 183. Inf.Div. v. 22.10.1941; BA-MA, RH 26-183/27: »Die Gefangenenzahlen sind nicht besonders hoch. Die Truppe scheut sich, mehr Gefangene zu machen, als sie bei Gefangenen-Arbeitskommandos verwenden kann, da eine Ablieferung der Gefangenen nach hinten unmöglich und das befohlene Mitführen von größeren Gefangenentransporten für die Truppe, auch wegen der Versorgung, beschwerlich ist.«

[246] Hitler gab am 20.12.1941 den Befehl, »Gefangene und Einwohner rücksichtslos von Winterbekleidung [zu] entblößen«; vgl. hierzu HÜRTER, Heerführer, S. 390. Zu dieser Praxis vgl. z. B. den Vorschlag, den die 20. Inf.Div. in der Ic-Abendmeldung v. 5.11.1941 machte: »Es wird angeregt, den Gefangenen die wattierte Bekleidung abzunehmen und sie nach Entlausung der Truppe zur Verfügung zu stellen.« BA-MA, RH 26-20/88, Anl. 99. Dass nach diesem Prinzip in der Division auch gehandelt wurde, belegt der TB des Divisionsarztes, in dem davon die Rede ist, dass allein in den ersten zehn Tagen des Januars 1942 1300 Paar sowjetische Filzstiefel »beschafft« wurden, um die hohen Ausfälle durch Fußerfrierungen aufzufangen; vgl. den TB (IVb) der 20. Inf.Div. v. 28.12.1941-31.3.1942; BA-MA, RH 26-20/132, S. 4.

fangenen mehr gemacht werden, sondern Kriegsgefangene nach ihrer Gefangennahme auf dem Gefechtsfeld [durchgestrichen: oder nach kurzer Vernehmung] erschossen werden«.[247] Diese Beobachtung erklärte man nicht nur mit der »Verbitterung der eigenen Truppe über wiederaufgefundene, total ausgezogene und teilweise verstümmelte eigene Soldaten«, sondern auch damit, dass »der Rücktransport der Kriegsgefangenen bei den schwachen Gefechtsstärken, der Wetter- und Transportlage eine erhebliche Belastung und Schwierigkeit« darstellte. Auch bei der 20. Infanteriedivision umging man diese Schwierigkeiten, indem man seine Gefangenen tötete. So meldete die Division dem vorgesetzten Korps am 29. Januar 1942 eine Anzahl Überläufer und musste nach Rückfrage einräumen, dass die »Überläufer erschossen [wurden], da sie nicht zurückgebracht werden konnten«.[248] Aus welchen Gründen die Gefangenenerschießungen im Einzelfall auch erfolgten, ob sie aus ideologischem Hass, im Affekt, im Rahmen von Vergeltungsaktionen oder aus utilitaristischen Erwägungen vorgenommen wurden, hatten diese Taten doch eines gemein: Sie wurden dadurch erleichtert, dass man dem Menschenleben der gefangenen sowjetischen Soldaten auf deutscher Seite vielerorts kaum einen Wert beimaß. Begünstigt wurde diese Haltung durch die rassistischen Überlegenheitsattitüden, die im Ostheer vorherrschten. Dass den Soldaten eingeimpft worden war, dass sie »gegen eine feindliche Rasse und einen Kulturträger minderer Art«[249] zu kämpfen hatten, konnte den Respekt vor dem Lebensrecht gegnerischer Gefangener kaum erhöhen, im Gegenteil.

Entsprechend häufig ereigneten sich solche Gewalttaten. Belege über das rücksichtslose Vorgehen deutscher Truppen gegen gefangene und kapitulierende Gegner sind in den Akten des Ostheeres in beträchtlicher Anzahl überliefert; Gefangenenerschießungen sind für sämtliche Armeeverbände nachweisbar.[250] Wie verbreitet das Phänomen tatsächlich war, zeigen exemplarischen Stichproben aus den Befehlsbereichen der drei deutschen Heeresgruppen schon nach oberflächlicher Suche. Bei der 16. Armee,

---

[247] Vgl. hierzu und zum Folgenden den Bericht der 3. Pz.Div./Abt. Ia Nr. 06/42 geh. v. 6.2.1942; BA-MA, RH 27-3/29, Anl. 30.

[248] Vgl. die Ic-Abendmeldung der 20. Inf.Div. (mot.) v. 29.1.1942 und die hs. Notizen v. 30.1.1942 darauf; BA-MA, RH 24-38/171.

[249] Befehl des Kdr. der 12. Pz.Div./Kdr. Nr. 8/41 g.Kdos. v. 15.6.1941; BA-MA, RH 27-12/49.

[250] Zu den einzelnen Armeen und Panzergruppen vgl. die folgenden exemplarischen Quellenbelege. Bei der Auswahl der Nachweise wurde das Unterstellungsverhältnis am Datum des Quellenbelegs zu Grunde gelegt. Zur 18. Armee vgl. die Ic-Abendmeldung der 58. Inf.Div. an das XXXVIII. AK v. 25.6.1941; BA-MA, RH 24-38/170. Zur Pz.Gr. 4 vgl. die Tagesmeldung des IR 3 an die SS-Totenkopf-Div. v. 30.6.1941; BA-MA, RS 3-3/9, Bl. 115. Zur 16. Armee vgl. den Eintrag im KTB des IR 501 v. 29.7.1941; BA-MA, RH 37/7237, S. 39 f. Zur 9. Armee vgl. die Ic-Morgenmeldung der 6. Pz.Div. v. 5.2.1942; BA-MA, RH 20-9/264, Bl. 382. Zur Pz.Gr. 3 vgl. die Tagesmeldung des K. 30 an die 20. Inf.Div. (mot.) v. 22.6.1941; BA-MA, RH 26-20/16, Anl. 204. Zur 4. Armee vgl. den mitgehörten Funkspruch Jelnja an Gruppe v. Gablenz v. 28.3.1942, 14.45 Uhr; BA-MA, RH 20-4/703. Zur Pz.Gr. 2 vgl. die Abendmeldung der Korps-VA des XII. AK v. 27.6.1941; BA-MA, RH 24-12/20, Anl. 14. Zur 6. Armee vgl. die Ic-Morgenmeldung des XXXXIV. AK v. 15.7.1941; BA-MA, RH 20-6/518, Bl. 181. Zur Pz.Gr. 1 vgl. die Einträge im Tgb. über den Einsatz der 1./SR 64 v. 9.7.1941 und 22.9.1941; BA-MA, RH 37/6249, S. 10, 34. Zur 17. Armee vgl. den Eintrag im TB (Ic) der 71. Inf.Div. v. 27.6.1941; BA-MA, RH 26-71/33. Zur 11. Armee vgl. die Ic-Morgenmeldung der LIV. AK v. 2.11.1941; BA-MA, RH 20-11/160. Zur Norwegen-Armee vgl. die Einträge im TB (Ic) der 169. Inf.Div. v. 3.7., 4.7., 6.7.1941; BA-MA, RH 26-169/94, Bl. 30 ff, 35. Zur 2. Armee vgl. den Nachtrag zur Ic-Morgenmeldung des XXXXIII. AK an das AOK 2 v. 5.10.1941; BA-MA, RH 20-2/1115, Anl. 34.

die im Verband der Heeresgruppe Nord kämpfte, ereigneten sich derartige Vorfälle bei mindestens 75 % der Divisionen: In den Akten von sechs der acht Infanteriedivisionen, die der 16. Armee zu Beginn des Feldzugs unterstanden, konnten entsprechende Quellenbelege ermittelt werden.[251] Die Akten der Panzergruppe 2, die der Heeresgruppe Mitte unterstand, bieten ein ähnliches Bild. Äquivalente Vorgänge konnten bei knapp zwei Dritteln der sechzehn Kampfverbände der Panzergruppe nachgewiesen werden.[252] Bei der Panzergruppe 1, die zur Heeresgruppe Süd gehörte, fanden sich derartige Nachweise in den Akten von immerhin gut der Hälfte der ursprünglich fünfzehn Divisionen.[253] Die Untersuchung der Stichproben aus den drei Heeresgruppen ergibt demnach das Gesamtbild, dass bei 24 der 39 Divisionen, also bei fast zwei Dritteln der Verbände, Tötungen von gefangenen oder kapitulierenden Gegnern nachweisbar sind. Bei den Quellenbelegen, die dieser Berechnung zu Grunde liegen, handelt es sich in der Mehrzahl um eindeutige Nachweise über Erschießungen an Kriegsgefangenen, um Nachrichten über Exekutionen an Gefangenen, die im Rahmen von Vergeltungsaktionen durch die Frontverbände vorgenommen wurden, und Meldungen darüber, dass man in den Gefechten so rücksichtslos vorging,

---

[251] Bei der Definition der Stichproben wurde die Kriegsgliederung vom 22.6.1941 zu Grunde gelegt, vgl. die Gliederung im Beiheft zu DRZW, Bd. 4, Tafel 2. Zu den Divisionen der 16. Armee vgl. die folgenden Belege. Vgl. den Eintrag im TB (Ic) der 30. Inf.Div. zum Zeitabschnitt 8.7.-19.7.1941; BA-MA, RH 26-30/69, S. 3. Vgl. den Eintrag im KTB der 126. Inf.Div. v. 22.6.1941; BA-MA, RH 26-126/4, Bl. 30. Vgl. die Ic-Morgenmeldung der 122. Inf.Div. an das XXVIII. AK v. 26.6.1941; BA-MA, RH 24-28/12. Vgl. die Ic-Meldung der 121. Inf.Div. an das II. AK v. 13.7.1941, 22.00 Uhr; BA-MA, RH 26-121/55. Vgl. den Eintrag im KTB der 12. Inf.Div. v. 12.7.1941; BA-MA, RH 26-12/22, Bl. 30 f. Vgl. den Eintrag im TB (Ic) der 253. Inf.Div. zur »Erfassung des Feindbildes und Feindbeurteilung«; BA-MA, RH 26-253/46, S. 4. In den Akten der 123. und 32. Inf.Div. konnten keine oder nur vage Hinweise ermittelt werden.

[252] Bei 10 der 16 Divisionen konnten entsprechende Nachweise ermittelt werden, wobei das IR »Großdeutschland« als selbstständiger Verband in die Wertung mit einbezogen wurde. Vgl. die Ic-Meldung des IR »Großdeutschland« an das XXXXVI. AK v. 16.7.1941; BA-MA, RH 21-2/649, S. 163. Zur 10. Pz.Div. vgl. den Eintrag im KTB des II./SR 69 v. 1.7.1941; BA-MA, RH 37/7264, S. 9. Zur SS-Div. »Reich« vgl. den Eintrag im TB (Ic) des XXXXVI. AK v. 3.7.1941; BA-MA, RH 24-46/122. Vgl. die Ic-Morgenmeldung der 167. Inf.Div. an das LIII. AK v. 30.6.1941; BA-MA, RH 24-53/143. Zur 18. Pz.Div. vgl. den Eintrag im TB (Ic) des XXXXVII. AK v. 23.6.1941; BA-MA, RH 24-47/108. Zur 31. Inf.Div. vgl. den Eintrag im KTB des II./IR 82 v. 13.9.1941; BA-MA, RH 37/2143. Zur 4. Pz.Div. vgl. die Meldung des I./SR 12 v. 24.6.1941; BA-MA, RH 24-24/331. Vgl. den Bericht der 3. Pz.Div./Abt. Ia Nr. 06/42 geh. v. 6.2.1942; BA-MA, RH 27-3/29, Anl. 30. Vgl. den Eintrag im KTB der 1. Kav.Div. v. 21.7.1941; BA-MA, RH 29-1/4, S. 67. Vgl. die Ic-Meldung der 255. Inf.Div. an das LIII. AK v. 14.7.1941, 10.00 Uhr; BA-MA, RH 24-53/144. In den Akten der 10., 29., 34., 45. und 267. Inf.Div. sowie der 17. Pz.Div. konnten keine oder nur vage Hinweise ermittelt werden.

[253] Bei acht von fünfzehn Divisionen konnten entsprechende Nachweise ermittelt werden. Zur 16. Pz.Div. vgl. die Einträge im Tgb. über den Einsatz der 1./SR 64 v. 9.7.1941 und 22.9.1941; BA-MA, RH 37/6249, S. 10, 34. Vgl. die Ic-Tagesmeldung der 298. Inf.Div. an das XVII. AK v. 28.7.1941; BA-MA, RH 24-17/155, S. 193. Zur 44. Inf.Div. vgl. den Eintrag im KTB des I./IR 134 v. 28.9.1941; BA-MA, RH 37/7159, S. 29. Zur 299. Inf.Div. vgl. die Meldung des IR 530 v. 28.6.1941; BA-MA, RH 26-299/118, Anl. 144. Vgl. den Divisionsbefehl der 111. Inf.Div./Abt. Ic Az. 2/41 v. 7.7.1941; BA-MA, RH 26-111/30, Anl. 14. Vgl. den Vernehmungsbericht der 75. Inf.Div./Abt. Ic an das XXIX. AK v. 21.2.1942; BA-MA, RH 26-75/122. Zur 57. Inf.Div. vgl. den Eintrag im TB des Feldgend.Tr. 157 v. 8.1.1942; BA-MA, RH 26-57/119. Zur SS-Div. »Leibstandarte Adolf Hitler« vgl. den Bericht der 298. Inf.Div./Abt. Ic an das XVII. AK v. 3.7.1941; BA-MA, RH 26-298/44, Anl. 41. In den Akten der SS-Div. »Wiking«, der 9., 11., 13., 14. Pz.Div. sowie der 16. und 25. Inf.Div. (mot.) konnten keine oder nur vage Hinweise ermittelt werden.

dass keine Gefangenen gemacht wurden.²⁵⁴ In geringerem Umfang zählen zu den
Belegen auch Meldungen über Erschießungen an aufgegriffenen Versprengten. Wenn
der situative Kontext und die Hintergründe der Gewaltakte, die in diesen verschie-
denartigen Quellenbelegen dokumentiert wurden, auch divergierten und analytisch
voneinander zu trennen sind, zeugen die ermittelten Nachweise insgesamt doch davon,
wie rigoros und gewalttätig viele deutsche Einheiten gegen ihre militärischen Gegner
vorgingen und wie verbreitet diese Handlungsmuster im Ostheer waren. Überdies
steht zu vermuten, dass die Gefangenenerschießungen, die in den angeführten Quellenbelegen ihren Niederschlag fanden, nur die sprichwörtliche Spitze des Eisbergs
darstellten. Bereits der mitunter eher schlaglichtartige und zufällige Charakter der
Überlieferungsgeschichte dieser Vorgänge erweckt den Eindruck, dass unter der Oberfläche der Aktendokumentation sogar noch mehr Gewalt herrschte, als ohnehin schon
rekonstruierbar ist.

Die Konjunktur der Gewalteskalation

Nichtsdestoweniger gestatten es die überlieferten Quellen, die konjunkturelle Entwicklung der Gewalteskalation an der Ostfront im ersten Jahr des Konflikts recht
zuverlässig nachzuzeichnen. Tatsächlich scheint die Phase des ersten Aufeinandertref-
fens der beiden feindlichen Heere in den ersten Wochen des Feldzugs die Hochzeit
der gegenseitigen Gewaltexzesse gewesen zu sein, auf die zunächst eine zeitweilige
und partielle Beruhigung folgte, bevor sich die Entwicklung spätestens in der Winterkrise erneut zuspitzte. Auf diesen Verlauf deutet schon die zeitliche Verteilung der
vorliegenden Nachrichten über diese Vorgänge hin. Der Großteil der Quellenbelege
über die Gewaltausbrüche und Gefangenenerschießungen, die in den Akten des Ostheeres überliefert sind, stammt aus der hitzigen Anfangsphase des Ostkriegs. Die
dicht dokumentierten Ereignisse im Bereich des XXXXVII. Panzerkorps veranschaulichen die Entwicklung exemplarisch. Die Akten dieses Korps zeugen davon, wie
massiert die Gewalttaten in der Anfangsphase vorkamen und nach der ersten Aufregung und Gewöhnung in der Folgezeit tendenziell zurückgingen, ohne aber vollständig aufzuhören. Dass die Truppen des Korps ihren Gegnern von vornherein mit
großer Brutalität begegneten und ihnen vielfach keine Gnade gewährten, registrierte
man im Generalkommando bereits wenige Tage nach dem Einmarsch, wie der Ic-Offizier in seinem Tätigkeitsbericht unter dem 25. Juni 1941 viel sagend festhielt: »Der
russische Soldat ist verhetzt und befürchtet die Erschießung als Gefangener. Diese
Ansicht wird durch die Handlungsweise der eigenen Truppen nicht herabgemindert,
daher wenig Überläufer und Gefangene.«²⁵⁵ Die Erschießungen nahmen einen solchen
Umfang an, dass sich der Kommandierende General noch am gleichen Tag zu einem
Gegenbefehl veranlasst sah. Am 25. Juni 1941 nutzte General der Panzertruppen Joachim Lemelsen die Gelegenheit, als ein Befehl der Panzergruppe 2 erging, in dem die
Behandlung von sowjetischen Versprengten geregelt wurde. In seinen Befehlszusätzen

---

²⁵⁴ Nachweise über Exekutionen an sowjetischen Kommissaren wurden dagegen nicht berücksichtigt.
²⁵⁵ Eintrag im TB (Ic) des XXXXVII. AK v. 25.6.1941; BA-MA, RH 24-47/108.

monierte Lemelsen: »Ich habe festgestellt, dass in sinnloser Form Erschiessungen stattgefunden haben, sowohl von Gefangenen, wie von Zivilisten. Der russ. Soldat, der in Uniform gefangen genommen wird und tapfer gekämmpft [sic] hat, hat Anspruch auf ehrenvolle Behandlung.«[256] Der Befehl fruchtete allerdings nicht. Am darauf folgenden Tag, dem 26. Juni 1941, musste der Ic des Korps erneut feststellen: »Wiederum kein Gefangenenergebnis durch falsches Verhalten der Truppe.«[257] Als er wenige Tage später, am 29. Juni 1941, beobachtet zu haben glaubte, dass es »endlich gelungen zu sein [scheint], die sinnlosen Erschießungen von Gefangenen einzustellen«, war die Entwarnung allerdings vorschnell.[258]

Denn die Truppen hatten sich keineswegs gemäßigt, so dass der Kommandierende General sein Verbot der Gefangenenerschießungen am 30. Juni 1941 wiederholen musste und dieses Mal sehr viel schärfere Worte wählte: »Trotz meiner Verfügung vom 25.6.41, die anscheinend nicht bis zu den Kompanien durchgedrungen ist, werden immer wieder Erschiessungen von Gefangenen, Überläufern und Deserteuren festgestellt, die in unverantwortlicher, sinnloser und verbrecherischer Weise stattfinden. Das ist Mord!«[259] Die Ursache dieser Ausschreitungen erblickte Lemelsen in einer nicht beabsichtigten Wirkung der Kommissarrichtlinien und des Kriegsgerichtsbarkeitserlasses, die seiner Auffassung nach in den Truppen schlicht missverstanden worden waren.[260] Er erneuerte daher nicht nur das Verbot der Gefangenenerschießungen und befahl »eine ehrenvolle, gute Behandlung«[261] der regulären Kriegsgefangenen, sondern stellte zugleich »die Bestimmungen des teilweise falsch verstandenen Führererlasses nochmals klar«[262] heraus: »Der Erlass des Führers befiehlt ein rücksichtsloses Vorgehen gegen den Bolschewismus (polit. Kommissare) und jedes Freischärlertum! Einwandfrei als hierzu gehörig festgestellte Leute sind abseits zu führen und *ausschliesslich auf Befehl eines Offiziers* zu erschiessen.«[263] Wie es der »Krieg gegen den Bolschewismus« verlangte, sollte selektiv und nicht unterschiedslos gemordet werden, um die Bemühungen, die »russischen Soldaten zur Übergabe und zum Desertieren zu veranlassen«, nicht zunichte zu machen.[264] Lemelsens Korpsbefehl, der bis zu den Kompa-

---

[256] Befehlszusätze des KG des XXXXVII. AK v. 25.6.1941 zu einem Befehl der Pz.Gr. 2 v. 24.6.1941; BA-MA, RH 26-29/60, Anl. 19. Die »ehrenvolle Behandlung« galt aber nicht für alle gegnerischen Kombattanten, wie Lemelsen ausdrücklich anmerkte: »Diese Anordnung ändert nichts an dem Befehl des Führers über rücksichtsloses Vorgehen gegen Freischärler und bolschewistische Kommissare.«

[257] Eintrag im TB (Ic) des XXXXVII. AK v. 26.6.1941; BA-MA, RH 24-47/108.

[258] Ebd., Eintrag v. 29.6.1941.

[259] Korpsbefehl des KG des XXXXVII. AK/Abt. Ic Nr. 80/41 v. 30.6.1941; BA-MA, RH 24-47/4, Anl. 154.

[260] »Durch die falsche Auslegung dieses Erlasses ist es teilweise zu Gefangenenerschießungen gekommen, die die an sich vorhandene Willigkeit zum Überlaufen dämpfen, zum Kleinkrieg führen, da dadurch jeder Russe sein Leben so teuer wie möglich verkaufen will und so letztlich Nachteile für die eigene Truppe entsstehen [sic].« Eintrag im KTB des XXXXVII. AK v. 30.6.1941, 17.00 Uhr; BA-MA, RH 24-47/2. In Lemelsens persönlichem Tagebuch sind zu diesen Vorgängen keinerlei Kommentare enthalten; BA-MA, MSg 1/1147.

[261] Korpsbefehl des KG des XXXXVII. AK/Abt. Ic Nr. 80/41 v. 30.6.1941; BA-MA, RH 24-47/4, Anl. 154.

[262] Eintrag im KTB des XXXXVII. AK v. 30.6.1941, 17.00 Uhr; BA-MA, RH 24-47/2.

[263] Korpsbefehl des KG des XXXXVII. AK/Abt. Ic Nr. 80/41 v. 30.6.1941; BA-MA, RH 24-47/4, Anl. 154.

[264] Ebd.

nien verteilt wurde und »jedem Manne bekanntzugeben« war, zeigte offenbar Wirkung, denn wie aus einer Denkschrift des Generalkommandos von Anfang August 1941 hervorgeht, kamen die Gefangenenerschießungen in der Folgezeit anscheinend nicht mehr in der gleichen Häufigkeit vor.[265] In der Eingabe des Korps wurde konstatiert, dass »der Rotarmist« vom Überlaufen in erster Linie abgehalten werde »durch die bei ihm fest verwurzelte Überzeugung, er würde bei uns erschossen. In dieser Ansicht wurde er (und wird er z. T. noch heute) bestärkt durch die überall nach Kampfhandlungen umherliegenden Soldatenleichen ohne Waffen mit erhobenen Händen, Nahschussverletzungen.« Die eingeschobene Angabe, dass die geschilderten Erscheinungen »z. T. noch heute« zu beobachten seien, belegt eindeutig, dass das Problem der Gefangenenerschießungen zum Zeitpunkt der Abfassung des Berichts noch aktuell war, aber im Vergleich zur Anfangsphase des Feldzugs nicht mehr das gleiche Ausmaß besaß.[266] Nachdem die Welle der Gewalt, die den ersten Zusammenprall mit der Roten Armee begleitet hatte, gebrochen war, gingen die Gefangenenerschießungen bei diesem Korps zwar merklich zurück, kamen aber weiterhin vor.

Im Herbst und Winter 1941 setzte sich beim XXXXVII. Panzerkorps, wie bei vielen anderen Kommandobehörden auch, die harte Linie wieder durch. Wie einige Meldungen des Korps aus dem November 1941 schlaglichtartig belegen, gingen die Truppen nun wieder mit großer Gewalt gegen versprengte sowjetische Soldaten vor, die das Generalkommando im Juni und August 1941 aus Eigennutz noch schützen wollte.[267] So meldete das Korps am 7. November 1941, dass bei einer umfangreichen »Säuberungsaktion« in der zurückliegenden Woche »747 Gefangene eingebracht, davon 318 bestimmungsgemäss erschossen« worden waren.[268] Da der Kommandierende General, Lemelsen, ein »rücksichtsloses Vorgehen« unter bestimmten Vorzeichen bekanntlich nicht grundsätzlich ablehnte und die Erschießungen im Juni 1941 in erster Linie aus utilitaristischen Erwägungen verurteilt und verboten hatte, dürfte ihm ein pragmatischer Wechsel in eine schärfere Gangart persönlich nicht allzu schwer gefallen sein. Auch Lemelsen sah zu dieser Zeit in den gegnerischen Soldaten vielfach nur noch »Tiere in Menschengestalt«, zu deren Tötung es lediglich einer geringfügigen Rechtfertigung bedurfte.[269] Dem widersprach es nicht, wenn das Generalkommando im Frühjahr 1942 wieder auf die Linie der vorgesetzten 2. Panzerarmee einschwenkte, die nun energisch befahl, die Kriegsgefangenen »dem Völkerrecht entsprechend zu

---

[265] Vgl. hierzu und zum Folgenden die Denkschrift des XXXXVII. AK/Abt. Ic, »Vorschlag für Propagandaeinsatz auf Grund der bisherigen Erfahrungen im Feldzug gegen Sowjet-Russland«, v. 9.8.1941; BA-MA, RH 24-47/108.
[266] Dass das Problem und seine Ursachen noch aktuell waren, zeigt auch die Formulierung: »Wir hätten und würden viel Blut sparen, wenn diese missverstandene ›Vernichtung des Bolschewismus‹ energisch verhindert würde!« Vgl. ebd.
[267] In der Denkschrift v. 9.8.1941 plädierte das Korps für die Verhinderung der Gefangenenerschießungen gerade deswegen, damit »der ›Heckenschützenkrieg‹ und der Widerstand von abgeschnittenen oder versprengten Teilen« aufhören oder zumindest abgeschwächt würde; vgl. Anm. 265.
[268] Ic-Meldung des XXXXVII. AK an das Pz.AOK 2 v. 7.11.1941, 05.15 Uhr; BA-MA, RH 21-2/663, S. 320.
[269] Vgl. hierzu Lemelsens Tagebucheintrag v. 2.12.1941: »Am Dorfeingang baumeln an einem Balken aufgereiht etwa 15 Rotarmisten. Davor steht auf einem Schild: ›Diese Bestien haben in der Nacht zum 25./26.11.41 verwundete deutsche Soldaten verstümmelt u. ermordet.‹ Schauerliches Bild, schreckliche asiatische Typen. Gegen solche Tiere in Menschengestalt müssen deutsche Soldaten kämpfen!« BA-MA, MSg 1/1148, S. 32.

behandeln«; nicht zuletzt zu dem Zweck, die Bereitschaft der feindlichen Soldaten zum Überlaufen zu fördern und damit »höhere Blutopfer auf unserer Seite« zu vermeiden.[270] Nachdem die Truppen des Korps noch im Herbst und Winter 1941 teilweise nach ganz anderen Prinzipien gehandelt hatten, wurde der Befehl der 2. Panzerarmee mit seinem pragmatischen Impetus nun »vom Generalkommando sehr begrüsst, da er sich mit den eigenen Auffassungen und Erfahrungen deck[e]«.[271] Seit Beginn des Ostfeldzugs hatte das XXXXVII. Panzerkorps in der Frage der Gefangenenbehandlung zwischen Mäßigung und Radikalität laviert, das einzig konsequente Moment war dabei der Primat des Utilitarismus.

Die vielfältigen Bemühungen um eine Verbesserung der Gefangenenbehandlung im Frühjahr 1942 waren in erster Linie der Einsicht in das Scheitern des Blitzkriegsplans und der Erkenntnis geschuldet, dass man sich nun mit allen Folgerungen auf eine längere Kriegsdauer einstellen musste. Zugleich stellten sie aber auch eine Reaktion auf die Erfahrungen der Winterkrise dar, in der die Gewalt gegen die Gefangenen an der Front und ihr Elend und Massensterben in den Lagern einen neuen Höhepunkt erreicht hatten. Die Ursachen dieses neuerlichen Gewaltschubs lagen dabei nicht allein in den ungünstigen äußeren Umständen begründet. Wie ein Erfahrungsbericht der 3. Panzerdivision aus dem Februar 1942 und ein daraufhin erlassener Befehl des vorgesetzten Korps exemplarisch belegen, wurden die Gefangenenerschießungen während der Winterkrise nicht nur durch die extremen Kampfbedingungen und die mangelnden Abschubmöglichkeiten begünstigt, sondern waren auch durch die gesteigerte Intensität und zunehmende Erbitterung der Winterkämpfe bedingt: »Die ausserordentliche Härte in den Kampfhandlungen der letzten Monate hat dazu geführt, dass nur noch sehr wenige Gefangene gemacht wurden. In der Truppe hat sich die Auffassung immer mehr durchgesetzt, dass es der bestialisch kämpfende russische Soldat, der deutsche Kriegsgefangene zu Tode gemartert bezw. verstümmelt hat, nicht verdient, gefangen genommen zu werden.«[272] Nicht zuletzt die Befehle Reichenaus und seiner Nachahmer zeigten, dass die Zeichen im Herbst und Winter 1941, als sich die militärische Lage zuspitzte, wieder verstärkt auf Radikalität und Rücksichtslosigkeit standen.[273] Die dramatischen Wintermonate 1941/42 zeitigten einen weiteren Anstieg der schweren Völkerrechtsverletzungen. Erneut häufte es sich, dass den Gegnern willkürlich die Gefangennahme verweigert wurde und insbesondere »verwundete Gefangene von eigener Truppe getötet wurden«.[274] Ähnlich wie zu Beginn des Feldzugs beobachteten die Stäbe auch im Winter und Frühjahr 1941/42 vielerorts eine starke »Neigung

---

[270] Vgl. den Befehl des Pz.AOK 2/Abt. Ic/AO Nr. 83/42 v. 3.3.1942; BA-MA, RH 21-2/867a, S. 302-304.
[271] Eintrag im TB (Ic) des XXXXVII. AK v. 9.3.1942; BA-MA, RH 24-47/113.
[272] Korpsbefehl des XXXXVIII. AK/Abt. Ia Nr. 269/42 geh. v. 12.2.1942; BA-MA, RH 27-3/181, Anl. 2. Der Befehl stützte sich auf den kurz zuvor eingegangenen Bericht der unterstellten 3. Pz. Div./Abt. Ia Nr. 06/42 geh. v. 6.2.1942, »Erfahrungen im Kampfeinsatz besonders in der Verwendung der neu aus Frankreich herangeführten und den Russland-Feldzug nicht gewöhnten Truppenteile«; BA-MA, RH 27-3/29, Anl. 30. Darin wurde neben der Schwere der Kämpfe auch die Schwierigkeiten des Gefangenenabschubs als Erklärung für die Erschießungen angeführt, vgl. Anm. 247.
[273] Vgl. HÜRTER, Heerführer, S. 373 f.
[274] Ic-Abendmeldung des Div.Stabs z.b.V. 442 v. 4.4.1942; BA-MA, RH 20-4/704.

der Truppe, Gefangene und Überläufer zu erschießen«.[275] »Der Krieg wird grausam, unerbittlich hart, Gefangene werden kaum noch mehr gemacht«, textete ein Mannschaftssoldat der Heeresgruppe Mitte im März 1942 in einem holprigen Gedicht für die Kompaniezeitung.[276]

Wie die Beispiele der 3. Panzerdivision und des XXXXVII. Panzerkorps veranschaulichen, entlud sich die Gewalt gegen die gegnerischen Kriegsgefangenen im Verlauf des »Unternehmens Barbarossa« wellenartig, die Schübe waren offenbar mit der Schwere der Kämpfe korreliert. Dass nach den massenhaften gegenseitigen Gewaltexzessen in der hitzigen Anfangsphase des Feldzugs zunächst eine partielle Entschärfung der Situation eintrat, bevor die Winterkrise eine erneute Steigerung der Gewalt brachte, glaubte man in den deutschen Kommandobehörden selbst auf der Gegenseite beobachtet zu haben. Im Generalkommando des VIII. Armeekorps etwa registrierte man die meisten sowjetischen Völkerrechtsverletzungen im Juni und Juli 1941 und verzeichnete in der Folgezeit einen Rückgang der Übergriffe. In einem Bericht über die Kämpfe der ersten beiden Kriegswochen attestierte der Ic-Offizier des Korps den sowjetischen Truppen »eine grausame, allen Regeln des Völkerrechts widersprechende Kampfesweise« und listete eine Reihe von schweren Kriegsverbrechen auf; in erster Linie warf er den gegnerischen Truppen die »Mißhandlung und Ermordung Gefangener« und die »Mißhandlung und Verstümmelung Verwundeter« vor.[277] Im weiteren Verlauf des Juli 1941 blieb das Bild unverändert, am Ende des Monats resümierte der Ic: »Die Kampfesweise der sowjet-russischen Armee ist nach wie vor vielfach völkerrechtswidrig.«[278] Erneut mussten »Gefangenenmisshandlungen und Ermordung Gefangener und Verwundeter und andere völkerrechtswidrige Handlungen […] festgestellt und weitergemeldet werden«. Im August 1941 berichtete der Ic des Korps schließlich von einem schrittweisen Umschwung: »Völkerrechtsverletzungen an Gefangenen, Verwundeten usw. wurden nicht mehr in so hohem Masse beobachtet, wie bisher. Der Russe scheint jetzt dazu überzugehen, die Gefangenen deshalb gut zu behandeln, um eine erwünschte Propagandawirkung zu erzielen.«[279] Die Entwicklung setzte sich auch im September 1941 fort.[280] Zwar waren nach den Informationen des Generalkommandos »wieder Völkerrechtsverletzungen vorgekommen«, doch erklärte man sich diese Taten beschwichtigend mit dem »Einsatz neuer Truppen durch den Feind« und nahm zur Kenntnis, dass ihr Umfang im Vergleich zu den ersten Feldzugswochen beschränkt blieb: »Es handelt sich aber lediglich um einzelne Fälle, denen nicht die gleiche grundsätzliche Bedeutung beigemessen werden kann, wie bei Beginn des Russenfeldzuges.« Die erneute Zuspitzung der Entwicklung in der Winterkrise konnte der Ic-Offizier des Korps dann nicht mehr beobachten, da das Generalkommando Ende Oktober 1941 abgelöst und nach Frankreich verlegt wurde. Seine Berichte aus

---
[275] TB (Ic) des XXXX. AK v. 27.12.1941-30.4.1942; BA-MA, RH 24-40/96.
[276] Gedicht »Abend-Gedanken eines Obergefreiten an der Ostfront«, 35. Inf.Div., März 1942; BA-MA, MSg 2/4975, S. 200.
[277] Bericht des VIII. AK/Abt. Ic, »Feindlage beim VIII.A.K. in der Zeit vom 22.6.-7.7.41« v. 20.7.1941; BA-MA, RH 24-8/123, Bl. 10 f.
[278] Vgl. hierzu und zum Folgenden den TB (Ic) des VIII. AK für den Monat Juli 1941; BA-MA, RH 24-8/123, Bl. 102.
[279] TB (Ic) des VIII. AK für den Monat August 1941; BA-MA, RH 24-8/123, Bl. 108.
[280] Vgl. hierzu und zum Folgenden den TB (Ic) des VIII. AK für den Monat September 1941; BA-MA, RH 24-8/123, Bl. 117.

den ersten Monaten des Feldzugs belegen dennoch erneut, dass die anfängliche Erregung nach einigen Wochen abflaute und die Gewaltexzesse zunächst seltener wurden. Gleichwohl zeugen auch diese Berichte davon, dass die gegenseitigen Völkerrechtsverletzungen niemals vollständig abbrachen. Wenn die Entwicklung auch kurvenförmig verlief und im Spätsommer und Herbst eine vorübergehende Abnahme der Gewalttätigkeit beobachtet werden konnte, verschwanden die Gefangenenerschießungen doch zu keinem Zeitpunkt aus dem Alltag des Krieges und dem Bewusstsein der Kriegführenden. Eine Rückkehr zu den Formen des »europäischen Normalkriegs« war nach den Vorkommnissen in der Anfangsphase des Feldzugs ausgeschlossen und wurde von beiden Kriegsparteien auch nicht ernsthaft angestrebt. So bildete sich an der Ostfront 1941 ein spezifischer, entgrenzter Kriegsbrauch des Weltanschauungskrieges heraus, in dem Handlungsmuster zulässig waren und mit Legitimität ausgestattet wurden, die fundamentale Verstöße gegen Recht, Moral und Tradition darstellten.

Die Gesamtzahl der Opfer, die die Gefangenenerschießungen im Frontbereich gefordert haben, ist nicht mehr exakt rekonstruierbar, da die deutschen Quellen nur selten verwertbare Angaben enthalten, die eine Berechnung zulassen würden. Angesichts der Vielzahl der dokumentierten Fälle ist jedoch davon auszugehen, dass sich die Summe der Opfer an regulären sowjetischen Soldaten und Versprengten mindestens im fünfstelligen Bereich bewegte. Auch wenn die genaue Opferzahl letztlich ungewiss bleibt, lassen die überlieferten Belege doch deutlich erkennen, dass die willkürlichen Gefangenentötungen im Ostheer einen beträchtlichen Verbreitungsgrad erreichten und in den meisten Divisionen fest zum Handlungsrepertoire gehörten. Gleichwohl waren diese Gewalttaten kein Phänomen, das ununterbrochen und voraussetzungslos auftrat. Schließlich wurden bis zum Frühjahr 1942 weit über drei Millionen sowjetische Gefangene in den deutschen Lagern registriert, die die Gefangennahme im Frontbereich offenkundig überlebt hatten. Wenn die Gefangenentötungen nicht selten auch vollkommen willkürlich vorgenommen wurden, bedurfte es für die Gewaltexzesse der deutschen Fronteinheiten im Allgemeinen doch Auslöser. Vor allem in der Anfangsphase des Krieges genügten hierfür die vorhandenen antislawischen und antikommunistischen Ressentiments sowie die ›verbrecherischen Befehle‹ und die hetzerischen Gewaltaufrufe der Truppenführer, um in den Verbänden den gewünschten »Furor Teutonicus« zu entfachen und eine rücksichtslose Kampfführung heraufzubeschwören. Die Reaktionen der Gegenseite, die Kampfweise und die Völkerrechtsverletzungen der sowjetischen Truppen trugen dann ebenfalls zur Eskalation des Konflikts bei. Neben diesen Faktoren hing es im weiteren Verlauf des Feldzugs aber vor allem von der Intensität der taktischen Gefechte ab, ob sich die deutschen Truppen zu Gefangenenerschießungen hinreißen ließen oder nicht. Die Stärke des gegnerischen Widerstands, die Heftigkeit der Kämpfe und vor allem die Höhe der eigenen Verluste waren die entscheidenden Determinanten, die Gefangenenerschießungen auslösen konnten; unabhängig davon, ob sowjetische Völkerrechtsverletzungen vorangegangen waren oder nicht. Da selbst die spontanen Vergeltungsakte ihre Legitimation häufig aus den verbreiteten Feindbildern und den rassistischen Überlegenheitsattitüden der Wehrmacht bezogen, waren allerdings auch diese Überreaktionen für gewöhnlich nicht frei von ideologischen Konnotationen und Verbindungspunkten zum Konzept des Vernichtungskrieges. Unabhängig hiervon trug die enge Korrelation zwischen den Gefangenentötungen und den militärischen Operationen dazu bei, dass sich die Spirale der Gewalt kaum unterbrechen ließ, solange noch Kämpfe tobten.

2. Die Verstetigung der Gewalteskalation

Dass Gefangenenerschießungen durch deutsche Truppen mit wechselnder Häufigkeit in allen Phasen des »Unternehmens Barbarossa« vorkamen und nicht unterbunden wurden, war auch eine unausweichliche Folge der unentschiedenen Haltung der deutschen Heeresführung, die sich während des gesamten Feldzugs bis zu seinem Scheitern nicht zu einem ernstzunehmenden Verbot der Gefangenentötungen entschließen konnte. Da es das OKH unterließ, in dieser Frage eindeutig Stellung zu beziehen, blieben auch die Reaktionen der Feldkommandobehörden auf das Phänomen uneinheitlich, widersprüchlich und teilweise geradezu gegensätzlich. Insgesamt bemühten sich nur wenige Frontstäbe mit dem gebotenen Nachdruck um eine Mäßigung ihrer Truppen und die Einhegung der Gewalt. Viele andere Kommandobehörden unternahmen dagegen keine Anstrengungen, um die Eskalation abzuwenden, billigten die Gewalttaten weitgehend und heizten die Entwicklung teilweise sogar noch zusätzlich an, indem sie die Vergeltungswut ihrer Soldaten durch entsprechende Befehle und Verlautbarungen anstachelten.

Die Initiativen zur Einhegung der Gewalt

Die Versuche mancher Kommandobehörden zur Eindämmung der Gefangenenerschießungen waren die konsequente Folgerung aus der klaren Erkenntnis, dass die Gewalttaten sich letztlich kontraproduktiv auswirkten und die Kriegführung zusätzlich erschwerten. Wie man nämlich auf deutscher Seite bald feststellen konnte, verbreiteten sich die Nachrichten über die Erschießungen an sowjetischen Kriegsgefangenen wie ein Lauffeuer im gegnerischen Lager und potenzierten den ohnehin schon verbissenen Widerstand der Verteidiger. Wie man in den deutschen Stäben erkannte, kam erschwerend hinzu, dass man mit den Gefangenenerschießungen der sowjetischen Binnenpropaganda den Boden bereitete, die eine ähnliche Dämonisierungskampagne betrieb wie die Wehrmachtspropaganda, indem sie den Rotarmisten glaubhaft versicherte, in deutscher Gefangenschaft umgehend ermordet zu werden. Da man auf deutscher Seite in der Wirksamkeit dieser Propagandastrategie ohnehin eine wesentliche Ursache für den heftigen Widerstand der sowjetischen Truppen erblickte, musste man umso mehr davon ausgehen, dass sich die Ausschreitungen deutscher Truppen nur schädlich auswirken konnten. Bei Bekanntwerden auf der Gegenseite mussten sie als Bestätigung der bestehenden Feindbilder aufgefasst werden und dazu führen, dass sich die Rotarmisten noch verzweifelter gegen die Gefangennahme wehren würden, was nur eine weitere Versteifung des Widerstandswillens zur Folge haben konnte. Der warnende Hinweis auf diesen verhängnisvollen Mechanismus war der zentrale Gedanke in der Argumentation der meisten Befehle und Denkschriften, die sich gegen die Gefangenenerschießungen wandten. Auch General Lemelsen warnte in seinem energischen Gegenbefehl vom 30. Juni 1941 vor diesen Auswirkungen und führte den Truppen vor Augen, dass sie sich mit den Gefangenenerschießungen letztlich selbst schadeten.[281] Er prophezeite, dass die vorgekommenen Gefangenenerschießungen durch »Mundpropaganda« auf der Gegenseite schnell bekannt würden und der »Lüge vom Erschiessen der Gefangenen«, mit der »der Gegner seine Soldaten bei der Truppe« halte, Auftrieb verleihen würden. Die Folgen waren absehbar: Die feindlichen Soldaten kämpften auch auf verlorenem Posten »aus Angst weiter und wir verlieren unzählige Kameraden«. So wie bei General Lemelsen waren die Bemühungen zur Unterbindung der Gefangenenerschießungen vor allem von der pragmatischen Zielsetzung getragen, die erwarteten nachteiligen Rückwirkungen auf die Operationen auszuschließen.

Die Kommandobehörden, die diese Problemlage erkannten und in der Binnenpropaganda der Roten Armee eine der stärksten Triebfedern des heftigen feindlichen Widerstands vermuteten, strengten als eine der ersten Gegenmaßnahmen eine Intensivierung und entsprechende Ausrichtung der »Propaganda in den Feind« an, um die sowjetischen Propagandaparolen zu entkräften. Die Anregungen, den sowjetischen Soldaten über Flugblatt- und Lautsprecherpropaganda eine schonende Behandlung in der Gefangenschaft zuzusichern, um ihnen die »Angst vor [dem] Erschossenwerden bei [der] Gefangennahme«[282] zu nehmen, gingen schon kurz nach Beginn des Feldzugs von den Kommandobehörden an der Front aus, die ein vitales Interesse daran hatten, mit allen verfügbaren Mitteln auf eine Abschwächung der starken sowjetischen Gegenwehr hinzuwirken. Der Kommandeur der 1. Gebirgsdivision etwa machte dem vorgesetzten Gebirgskorps schon am 27. Juni 1941 Vorschläge für eine derartige Propagandakampagne: »Der hartnäckige und verbissene feindliche Widerstand und die Tatsache, dass sich einzelne Gegner in nächster Nähe trotz Zuruf und Aufforderung nicht ergeben wollen, ist zweiffellos [sic] mit dadurch verursacht, dass man allen russischen Soldaten eingetrichtert hat, sie würden im Falle der Gefangennahme von uns zuerst gequält und dann erschossen. Wenn diese Vorstellung bei den roten Soldaten nicht bestünde, würden sie sich sicher zum grössten Teil ergeben. Es muss deshalb versucht werden, ihnen klar zu machen, dass sie im Falle der Gefangennahme keine Gefahr zu gewärtigen haben.«[283] In den meisten Armeen des Ostheeres wurden schon in der unmittelbaren Anfangsphase des Feldzugs entsprechende Propagandaaktionen eingeleitet, um die sowjetische »Greuelpropaganda«[284] zu widerlegen, die man als höchst wirksam einschätzte: »Die Parole, daß die Deutschen alle Gefangenen erschießen, treibt die Soldaten zu erbittertem Widerstand. Aufklärung durch Flugblattabwurf ist eingeleitet.«[285]

---

[281] Vgl. hierzu und zum Folgenden den Korpsbefehl des KG des XXXXVII. AK/Abt. Ic Nr. 80/41 v. 30.6.1941; BA-MA, RH 24-47/4, Anl. 154.
[282] Ic-Abendmeldung des XXXXVIII. AK an die Pz.Gr. 1 v. 2.7.1941; BA-MA, RH 21-1/148b, S. 219. »Flugblattabwurf mit gegenteiligem Inhalt dringend erwünscht.«
[283] Bericht des Div.Kdr. der 1. Geb.Div., Lanz, an das XXXIX. Geb.Korps v. 27.6.1941; BA-MA, RH 28-1/128. Vgl. z. B. auch die Ic-Abendmeldung des AOK 2 v. 28.7.1941; BA-MA, RH 20-6/522, Bl. 60: »Durchschlagende Gegenpropaganda ist dringend erforderlich.«
[284] Vgl. z. B. den TB (Ic) der 35. Inf.Div. v. 22.6.1941-10.11.1942; BA-MA, RH 26-35/88, S. 8.
[285] FNBl. Nr. 1 des AOK 6/Abt. Ic Nr. 2248/41 geh. v. 25.6.1941; BA-MA, RH 20-6/489, Bl. 261-263.

2. Die Barbarisierung des Krieges

Das brutale Vorgehen der deutschen Truppen und die Gefangenenerschießungen, die sich gerade in den ersten Wochen des Feldzugs häuften, mussten alle diese Versuche konterkarieren und ihre Wirkung ins Gegenteil verkehren. Manche Kommandobehörden sahen sich daher nun gezwungen, gegen die Gewaltauswüchse zu intervenieren, die sie selbst heraufbeschworen hatten, als sie ihre Truppen vor dem Feldzug gezielt aufgehetzt hatten. So mühte sich auch das Oberkommando der 4. Armee, die Lawine, die es losgetreten hatte, wieder zu bremsen. Schließlich hatte das AOK 4 nicht nur die ›verbrecherischen Befehle‹ und die einschlägigen Merkblätter an die Verbände ausgegeben, sondern wenige Tage vor dem Angriff die Truppen mit einem zusätzlichen Appell zu einem harten Vorgehen angestachelt. Am 18. Juni 1941 hatte die Armeeführung darauf verwiesen, dass die Truppen der Roten Armee »uns nicht nur als militärische sondern auch als politische Gegner« gegenüberstünden, und gewarnt: »Entsprechend der jüdisch-bolschewistischen Lehre wird auch seine Kampfesweise sich nicht nur soldatischer Kampfmittel bedienen.«[286] Die Mahnung, dass sich die Truppe »darauf einzustellen« und »*falls notwendig* [...] mit entsprechender Härte und Rücksichtslosigkeit durchzugreifen« habe, war ein Gewaltaufruf, der nicht wirkungslos bleiben konnte. Nach dem Angriffsbeginn hatte das AOK 4 diese Linie zunächst noch fortgesetzt. In seinem Armeebefehl vom 29. Juni 1941 leistete Kluge den Gefangenenerschießungen weiteren Vorschub, indem er nicht nur ein radikales Vorgehen gegen die sowjetischen Versprengten anordnete, für die bereits der Besitz eines Rasiermessers das Todesurteil bedeuten sollte, sondern auch verfügte, dass gefangen genommene »Frauen in Uniform« grundsätzlich »zu erschießen« seien.[287]

Um die gleiche Zeit registrierte man im AOK 4 die Auswirkungen dieser Befehle. Am 30. Juni 1941 wies der Ic-Offizier der Armee, Major i.G. Helmdach, in einem Vortrag beim Generalstabschef auf die »Erbitterung unserer Soldaten« hin und unterstrich die »Notwendigkeit der Belehrung [der eigenen Truppen] über Flugblattabwurf u. Behandlung der Kriegsgefangenen«.[288] Der Armeebefehl des AOK 4 vom gleichen Tag, der diesen Bedenken Rechnung tragen sollte, lässt auf typische Weise die utilitaristischen Motive erkennen, die hinter den Bemühungen standen, die Gewalt wieder einzugrenzen: »Der Feind verteidigt sich in vielen Fällen außerordentlich zäh, manchmal – selbst in verzweifelter Lage – bis zur letzten Patrone. Durch diese *verbissene Kampfesart* steigern sich auch unsere eigenen Verluste. Der Russe als stumpfer Halbasiat glaubt dem eingetrichterten Grundsatz seiner Kommissare, daß er bei etwaiger Gefangennahme erschossen wird. Das ist der hauptsächliche Grund dafür, daß er sich nicht gefangen gibt. In vermehrter Weise werden *Flugblätter* abgeworfen mit der Parole: ›Kommt zu uns, Ihr werdet anständig behandelt, alles andere ist Lüge‹. Diese Flugblätter zeigten an vielen Stellen gute Wirkung und sparten damit auf unserer Seite Blut. Um diese Propaganda nicht ins Gegenteil zu verdrehen, ist es notwendig, daß Rote *Soldaten*, die sich ergeben und womöglich das Flugblatt zeigen, als *Kriegs-*

---

[286] Vgl. hierzu und zum Folgenden das FNBl. Nr. 50 des AOK 4/Abt. Ic Nr. 267/41 geh. v. 18.6.1941; BA-MA, RH 20-4/687, Anl. 4.
[287] Armeebefehl »Barbarossa« Nr. 3 des AOK 4 v. 29.6.1941; BA-MA, RH 26-167/10, Anl. 61a. Mit Blick auf die Versprengten befahl Kluge: »Zivilisten, die *bewaffnet* angetroffen werden, auch wenn sie nur Rasiermesser in den Stiefeln haben, gelten als Freischärler und sind zu *erledigen*!« Hervorhebung im Original.
[288] Eintrag im TB (Ic) des AOK 4 v. 30.6.1941, 19.00 Uhr; BA-MA, RH 20-4/671, Bl. 20.

gefangene behandelt werden.«[289] Um diese Linie mit den radikalen Maßnahmen zu vereinbaren, die nach den Kommissarrichtlinien und dem Kriegsgerichtsbarkeitserlass weiterhin zulässig blieben, fügte Kluge einschränkend hinzu: »Notwendige *Vollstreckungen* sind grundsätzlich deshalb auch so durchzuführen, daß Zivilisten oder andere Gefangene davon nichts merken.«[290] Die Versuche, zumindest eine vordergründige Mäßigung der Truppen zu erreichen, wurden auch am Folgetag fortgesetzt. Auf Hinwirken des Ic-Offiziers, Helmdach, wurde im Armeebefehl vom 1. Juli 1941 Kluges Weisung, weibliche Kriegsgefangene grundsätzlich zu erschießen, wieder aufgehoben.[291] Dass in dem gleichen Befehl der Appell, »übergelaufene (Flugblattabwurf) oder ordnungsgemäß gefangene Rote Soldaten [...] ordnungsgemäß als *Kriegsgefangene* zu behandeln«[292], wiederholt werden musste, weist darauf hin, welche Schwierigkeiten es bereitete, das Rad wieder zurückzudrehen.

Aus den gleichen Gründen, die das AOK 4 zu seinen Gegenbefehlen bewogen hatte, unternahmen auch Kommandobehörden aus anderen Abschnitten der Ostfront Anstrengungen zur Unterbindung der Gefangenenerschießungen, die in ihren Befehlsbereichen vorgekommen waren. Nur selten schritten die Stäbe aber so energisch ein wie etwa das Generalkommando des XXXXVI. Panzerkorps, als Anfang Juli 1941 entsprechende Vorfälle bei der unterstellten Waffen-SS-Division »Reich« bekannt geworden waren. Am 3. Juli 1941 erging ein »scharfer Befehl an [die] SS.-Div., dass Gefangene nicht erschossen werden dürfen, da sonst Flugblattpropaganda zwecklos ist«.[293] Ähnlich dezidiert wandte sich um die gleiche Zeit auch der Kommandeur der 111. Infanteriedivision, Generalleutnant Stapf, gegen »solche Übergriffe«, die er in einem grundsätzlichen Befehl »aufs strengste« untersagte.[294] Anlass zu dem Befehl bestand, nachdem »wiederholt festgestellt [worden war], dass russische Soldaten, die sich bereits ergeben hatten, nach der Gefangennahme oder während des Rücktransports willkürlich von der Truppe erschossen wurden«.[295] Stapf begründete sein striktes Verbot solcher Erschießungen sowohl mit pragmatischen als auch mit moralischen Einwänden: »Derartige Handlungen entsprechen nicht der vom Führer geforderten

---

[289] Armeebefehl »Barbarossa« Nr. 4 des AOK 4 v. 30.6.1941; BA-MA, RH 26-167/10, Anl. 69a. Hervorhebungen im Original.

[290] Ebd.

[291] Armeebefehl »Barbarossa« Nr. 5 des AOK 4 v. 1.7.1941; BA-MA, RH 26-167/10, Anl. 70a: »Gemäß Weisung O.K.H. sind *uniformierte Frauen*, die bewaffnet oder unbewaffnet ergriffen werden, als *Kriegsgefangene* zu behandeln. Dagegen finden auf *nicht*uniformierte Frauen, die Waffen tragen, die Grundsätze über *Freischärlerei* Anwendung. Die irrtümliche frühere Weisung (gem. Armeebefehl 3, Ziffer 1) wird *aufgehoben*. Alle Truppen sind sofort entsprechend zu belehren.« Hervorhebung im Original. Die Änderung dieses Befehls war auf Initiative Helmdachs erfolgt. Am 29.6.1941 hatte Helmdach wegen des »Erschießen[s] von Frauen in Uniform« eine »Rückfrage an Gen.z.b.V./O.K.H.« angestrengt, vgl. den Eintrag im TB (Ic) des AOK 4 v. 29.6.1941, 12.00 Uhr; BA-MA, RH 20-4/671, Bl. 16. Am Abend des 1.7.1941 hatte Helmdach dann in einem Vortrag vor dem OB und dem Gen.St.Ch. einen »Antrag auf Aufhebung« der Weisung und entsprechende »Belehrung der Truppe« gestellt, wobei er sich offenbar auf die Antwort des OKH berufen konnte, die im Armeebefehl v. 1.7.1941 zitiert wurde. Vgl. den Eintrag im TB (Ic) des AOK 4 v. 1.7.1941, 19.00 Uhr; BA-MA, RH 20-4/671, Bl. 22.

[292] Armeebefehl »Barbarossa« Nr. 5 des AOK 4 v. 1.7.1941; BA-MA, RH 26-167/10, Anl. 70a.

[293] Eintrag im TB (Ic) des XXXXVI. AK v. 3.7.1941; BA-MA, RH 24-46/122.

[294] Eintrag im TB (Ic) der 111. Inf.Div. v. 7.7.1941; BA-MA, RH 26-111/30, S. 7.

[295] Vgl. hierzu und zum Folgenden den Divisionsbefehl 111. Inf.Div./Abt. Ic Az. 2/41 v. 7.7.1941; BA-MA, RH 26-111/30, Anl. 14.

Haltung des deutschen Soldaten und wirken der eigenen Flugblattpropaganda, die zum Überlaufen auffordert und die Erhaltung des Lebens der Gefangenen zusichert, entgegen.« Es sei »unhaltbar, dass die Deutsche Wehrmacht Methoden anwendet, die sie durch den Kampf gegen den Bolschewismus beseitigen will«. Wenn Stapf auch auf bemerkenswerte Weise verkannte, dass der oberste Befehlshaber der Wehrmacht im Kampf gegen den sowjetischen Erzfeind gewiss vor keinem Mittel zurückschreckte, offenbaren seine Appelle doch erneut sein unbeirrtes Bemühen, selbst in diesem Krieg die traditionellen Ideale des preußisch-deutschen Militärs zumindest ein Stück weit zu erhalten. Deswegen spielten aber die utilitaristisch motivierten Bedenken gegen die Erschießungen in Stapfs Überlegungen keine geringere Rolle. In eindringlichen Worten wies Stapf seine Truppen darauf hin, welchen Schaden die Gewalttaten anrichteten: »Gleichzeitig wird durch sinnlose Erschiessungen der bolschewistischen Propaganda Vorschub geleistet, die behauptet, dass von der Deutschen Wehrmacht sämtliche Gefangenen getötet werden. Es bewirkt auch, dass jeder einzelne russische Soldat verbissen und bis zum Letzten um die Erhaltung seines nackten Lebens kämpft.« Das Verbot, das Stapf abschließend aussprach, war ungewöhnlich scharf formuliert und sogar mit Strafandrohung verbunden: »Ich verbiete solche Übergriffe aufs strengste und werde künftig die Schuldigen unnachsichtlich zur Verantwortung ziehen.«[296]

Stapfs Gegenbefehl war nicht nur wegen seiner unzeitgemäßen Appelle an die moralische »Haltung des deutschen Soldaten«, sondern auch wegen seiner Entschiedenheit eher untypisch. Insgesamt intervenierten nur wenige Stäbe mit solcher Vehemenz gegen das rücksichtslose Vorgehen ihrer Truppen. Oftmals fielen die Reaktionen sehr viel unbestimmter aus. So wies das Generalkommando des XXXXIII. Armeekorps Mitte Juli 1941 seine Truppen nicht ohne Grund dazu an, »sich *ergebende* Russen als *Kriegsgefangene* zu behandeln«, hielt aber ein ausdrückliches Verbot von Gefangenenerschießungen offensichtlich nicht für notwendig.[297] Auch der Kommandierende General des IX. Armeekorps, Geyer, verzichtete auf einen energischen Gegenbefehl, obwohl er erkannt hatte, dass es im eigenen Interesse gelegen hätte, eine Deeskalation anzustreben.[298] Mitte August 1941 war Geyer wie viele andere Truppenführer zu der unausweichlichen Einsicht gelangt, dass es »nicht erreicht worden« war, »das russische Reich« wie »ein Kartenhaus […] um[zu]blasen«. Eine wesentliche Ursache »für die längere Dauer des Krieges« erblickte er im heftigen Widerstand der Roten Armee, den er vor allem darauf zurückführte, dass es den »sowjetischen Führer[n] und Drahtzieher[n]« gelungen sei, »ihren Offizieren und Soldaten einzureden, dass sie in jedem Fall ihr Leben verlieren würden, wenn sie nicht kämpfen und siegen. Der Deutsche gebe keine Gnade, er martere und erschiesse doch alles.« Die Folgerung, die sich für die deutsche Seite daraus ergab, war evident: »Diesen Glauben gilt es zu erschüttern. Dagegen kämpft unsere Propaganda. Der deutsche Soldat aber kann mithelfen, indem er bei hinterhältiger und gemeiner Kampfweise einzelner Russen nicht unter

---

[296] Ebd. Ähnlich wie in Lemelsens Gegenbefehlen fehlte allerdings auch in diesem Befehl nicht der bezeichnende Zusatz: »Die notwendigen Abwehrmassnahmen gegen Freischärler werden hierdurch nicht berührt.«
[297] FNBl. des XXXXIII. AK Nr. 6 v. 16.7.1941; BA-MA, RH 26-167/10, Anl. 92. Hervorhebung im Original.
[298] Vgl. hierzu und zum Folgenden die »Feldzugsübersicht« des KG des IX. AK v. 16.8.1941; BA-MA, RH 24-9/57, Bl. 154.

allen Umständen Gleiches mit Gleichem vergilt, sondern der Verhärtung des Krieges entgegen zu arbeiten versucht, wo das möglich ist.« Geyer war sich vollkommen im Klaren darüber, dass die Spirale der Gewalt unterbrochen werden musste, um den Widerstandswillen der sowjetischen Truppen zu erschüttern. Dennoch versäumte er es, aus seinen Erkenntnissen die Konsequenzen zu ziehen und ein striktes Verbot von Vergeltungsakten auszusprechen. Stattdessen breitete er seine Überlegungen in einer »Feldzugsübersicht« mit Informationscharakter aus und beließ es bei unverbindlichen Empfehlungen, von denen er nicht erwarten konnte, dass sie eine Änderung des Verhaltens seiner Truppen bewirken würden.

Wie halbherzig das Einschreiten mancher Kommandobehörden blieb, veranschaulicht auch eine Eingabe der 298. Infanteriedivision von Anfang Juli 1941. Am 3. Juli 1941 berichtete die Division dem vorgesetzten Korps davon, wie zwei sowjetische Gefangene auf einer Landstraße von ihren beiden Bewachern ohne jeden Grund mit einer Vielzahl von Schüssen getötet wurden.[299] Bei der Division reagierte man auf diese Szene, indem man die Täter schlicht dazu anhielt, »im Falle der Erschießung von Gefangenen dies nicht auf der öffentlichen Straße zu machen und dafür zu sorgen, daß die beiden Leichen sofort begraben würden«. Da es sich bei einem der beiden Täter um einen Angehörigen einer fremden Division handelte, beantragte man beim vorgesetzten Korps außerdem einen übergreifenden Befehl, »im Interesse eines Erfolges der Aktion, die russische[n] Soldaten zum Überlaufen [zu] veranlassen«. Die »Belehrung der Truppe«, die man beim Korps beantragte, sollte allerdings lediglich eine Änderung dahingehend erbringen, dass die Truppen künftig nur »eine Erschießung dieser Art« vermieden. An der Tötung der Gefangenen an sich störte man sich weniger als an der Art der Durchführung. Statt ein generelles Verbot der Gefangenenerschießungen zu erwirken, suchte die Divisionsführung um einen Befehl nach, die Truppen zu einer heimlichen Vollstreckung der Erschießungen anzuhalten.

Die Bemühungen um eine Eindämmung der Gefangenenerschießungen wurden nicht nur durch die Indifferenz gegenüber dem Schicksal der Gefangenen behindert, sondern auch durch die anhaltende Widersprüchlichkeit der Befehlsgebung abgeschwächt. Nicht nur der zickzackförmige Kurs der Kommandobehörden, die ihren eigenen Gewaltaufrufen entgegensteuerten, sondern auch die bestehenden synchronen Widersprüche in der Befehlslage mussten den Erfolg dieser Anstrengungen zwangsläufig beeinträchtigen. Während Befehle erlassen wurden, die zu einer bedachtsamen Behandlung der Gefangenen aufriefen, behielten radikale Befehle wie der Kriegsgerichtsbarkeitserlass und die Kommissarrichtlinien, die Gewaltmaßnahmen gegen Gefangene legitimierten, ihre Gültigkeit. Auf der Grundlage dieser Befehle blieben bestimmte Gruppen unter den Gefangenen in den Anweisungen, die Gewalt zu zügeln, immer ausgenommen. Zu einem Gewaltverzicht gegen Gefangene waren die Truppen auf diese Weise kaum zu erziehen. Während sie angewiesen wurden, sich der Gewalt gegenüber regulären Kriegsgefangenen zu enthalten, wurde ihnen in bestimmten Ausnahmebereichen die Gewalt gegen Gefangene ausdrücklich zur Pflicht gemacht. Ob die Gefangenen Schonung oder Gewalt zu gewärtigen hatten, hing somit davon ab, welcher Gefangenengruppe man sie zuordnete. Letztlich blieb es ins Belieben der

---

[299] Vgl. hierzu und zum Folgenden den Bericht der 298. Inf.Div./Abt. Ic an das XVII. AK v. 3.7.1941; BA-MA, RH 26-298/44, Anl. 41.

2. Die Barbarisierung des Krieges 257

Truppe gestellt, welchen Status sie ihren Gefangenen zuschrieb und welche Befehle sie damit zur Anwendung bringen konnte, zumal die Grenzen zwischen den verschiedenen Gefangenenkategorien, also zwischen Irregulären, Versprengten und Regulären, in der Befehlsgebung der Stäbe immer mehr verwischt wurden. Die Unklarheit in der Befehlslage leistete somit auch der Willkür weiteren Vorschub.

Wie verwirrend und widersprüchlich die Befehlslage aus der Sicht der Truppen erscheinen musste, veranschaulicht das Beispiel der Befehlsgebung bei der 102. Infanteriedivision in den ersten Wochen des Feldzugs. Ende Juni 1941 hatte die Divisionsführung zunächst einen außerordentlich scharfen Befehl erlassen.[300] Darin schärfte die Division ihren Soldaten Misstrauen gegenüber der Zivilbevölkerung ein und machte ihnen ein »rücksichtsloses Vorgehen gegen als Freischärler betroffene oder in dem Verdacht stehende Zivilpersonen« zur Pflicht, was nicht zuletzt auf die Bekämpfung der sowjetischen Versprengten abzielte. Daneben erhielten die Truppen auch einen Freibrief für ein brutales Vorgehen gegen ihre regulären militärischen Kontrahenten. Die Soldaten wurden gewarnt, dass wiederholt »völkerrechtswidriges Verhalten des Feindes« festgestellt worden war, so etwa die Verwendung von Zivilbekleidung und die häufig angewandte Taktik, sich »tot [zu] stellen, um nach Überlaufen durch die eigenen vorderen Teile in hinterhältiger Weise die vorderen Teile im Rücken zu beschießen oder einzelne Soldaten und kleinere Abteilungen zu überfallen«. Die Divisionsführung rief ihre Truppen dazu auf, derartiges Verhalten mit aller Gewalt zu vergelten: »Bei solchen, dem Völkerrecht widersprechenden Kampfverfahren kommt nur die völlige Vernichtung derartiger Angehöriger der Roten Armee in Betracht.« Zwei Tage später musste die Divisionsführung ihre Truppen dann schon zügeln, zumindest was das befohlene rücksichtslose Vorgehen gegen Freischärler und im »Verdacht stehende Zivilpersonen« anbelangte. Ganz offensichtlich hatten die zuvor ergangenen, scharfen Direktiven Wirkung gezeigt. Denn am 30. Juni 1941 musste das Divisionskommando »erneut mit allem Nachdruck« darauf hinweisen »daß, sofern nicht Zivilpersonen beim Gebrauch der Schußwaffe oder Sabotageakten unmittelbar betroffen werden, Erschießungen grundsätzlich *nur* auf Anordnung eines Offz. mit mindestens der Disziplinargewalt als Kp.-, Bttr.-, Schwdr.- Chef, das Abbrennen von Gehöften *nur* auf Anordnung eines Btl.-(Abt.-) Kdr. erfolgen darf«.[301]

Die rigorosen Befehle, die im Juli 1941 von den vorgesetzten Kommandobehörden und dem OKH zur Verschärfung des Vorgehens gegen Irreguläre und Versprengte erlassen wurden, fand die Divisionsführung nichtsdestoweniger »sehr zu begrüßen«.[302] Die Tendenz, die »Unterscheidung zwischen kampfführender Truppe und Freischärlern«[303] immer enger zu fassen, wurde auch im Stab der 102. Infanteriedivision uneingeschränkt unterstützt. Mitte August 1941 erklomm man bei der Bekämpfung der sowjetischen Versprengten dann eine neue Stufe, als die Division einen weiteren radikalen Befehl an ihre Truppen ausgab: »Angehörige der Roten Armee, die

---

[300] Vgl. hierzu und zum Folgenden den Divisionsbefehl der 102. Inf.Div./Abt. Ia Nr. 1 v. 28.6.1941; BA-MA, RH 26-102/60, Anl. 7.
[301] Divisionsbefehl der 102. Inf.Div./Abt. Ia Nr. 2 v. 30.6.1941; BA-MA, RH 26-102/60, Anl. 8. Hervorhebung durch den Vf.
[302] Eintrag im TB (Ic) der 102. Inf.Div. v. 28.7.1941; BA-MA, RH 26-102/60, S. 14. Vgl. auch den Eintrag v. 5.7.1941, S. 9.
[303] Eintrag im TB (Ic) der 102. Inf.Div. v. 28.7.1941; BA-MA, RH 26-102/60, S. 14.

hinter der eigenen Front einzeln oder in Gruppen mit oder ohne Waffen noch angetroffen werden, sind auf Befehl des Gen.Kdo. XXXX.A.K. wie Freischärler zu behandeln. Durch ihr Zusammenarbeiten mit den Partisanen haben sie sich ausserhalb des Kriegsrechtes gestellt und ihre Eigenschaft als Soldat verloren. Sie sind zu erschießen.«[304] Der Befehl erklärte die sowjetischen Versprengten für vogelfrei. Ob sie noch Uniform trugen, bewaffnet oder unbewaffnet waren, sollte dabei keine Rolle mehr spielen. Wie man auf Grund der bisherigen Erfahrungen in der Division wissen musste, öffneten solche Befehle der Gewalt neue Schleusen. Da man den Standpunkt vertrat, dass dem Problem »nur mit schärfsten Mitteln begegnet werden« könne, wurde dies aber bereitwillig in Kauf genommen.

Bis Ende des Monats reifte allerdings die Einsicht, dass der Erfolg dieser Methoden zweifelhaft war. Man registrierte, dass im Hinterland der Front der »Widerstand selbst einzelner versprengter russischer Soldaten bis zum letzten Atemzuge« währte und sich dies für die eigenen Truppen zu einer »große[n] Gefahr« auswuchs.[305] Gefangenenaussagen hatte man entnommen, dass das »zähe Kämpfen selbst kleiner Trupps« vor allem darauf zurückzuführen sei, »daß alle Rotarmisten aufgrund der gegnerischen Propaganda glauben, sie würden bei den Deutschen sofort erschossen«. Auf Grund dieser Beobachtungen kam man zu dem Schluss, dass »der roten Propaganda über Behandlung russischer Kriegsgefangener bei den Deutschen nur dadurch entgegen gearbeitet werden kann, daß russische Soldaten nicht erschossen werden«. Am 25. August 1941 wurde diese Erkenntnis in einem Divisionsbefehl umgesetzt.[306] Darin erklärte die Divisionsführung, »dass nur die Furcht, erschossen zu werden, grosse Teile der Versprengten davon abhält, sich in die Gefangenschaft zu begeben«, und befahl folgerichtig: »Es wird ausdrücklich verboten, *Gefangene* zu erschießen.« Auch wenn dieser Befehl klar und bestimmt erschien, blieb man letztlich doch auf halbem Wege stehen. Zum einen unterließ man es, den Divisionsbefehl vom 13. August 1941, in dem die Erschießung aller aufgegriffenen Versprengten verfügt worden war, ausdrücklich zu widerrufen. Dieses Versäumnis musste sich umso verhängnisvoller auswirken, als auch in dem Gegenbefehl vom 25. August 1941 der übliche Passus enthalten war, der darauf hinwies, dass die einschlägigen radikalen Befehle weiterhin ihre Gültigkeit behielten: »Die bisher ergangenen Bestimmungen für Partisanen, Hekkenschützen [sic] usw. werden hierdurch nicht berührt.« Erschwerend kam hinzu, dass die Division einen dieser Befehle erst kurz zuvor noch einmal verschärft hatte. Mitte August 1941 hatte die Divisionsführung die Geltung der Kommissarrichtlinien auf Angehörige der Kampfverbände des NKVD ausgeweitet und damit einen weiteren Radikalisierungsschub vollzogen.[307] Auch das Handeln der Divisionsführung in der Folgezeit nach dem Gegenbefehl blieb inkonsequent. Am 26. August 1941, nur einen Tag nachdem das Verbot der Gefangenenerschießungen verhängt worden war, meldete die Division die Durchführung einer Vergeltungsaktion, die in der Erschießung von

---

[304] Divisionsbefehl der 102. Inf.Div./Abt. Ic Nr. 23 v. 13.8.1941; BA-MA, RH 26-102/61, Anl. 7.
[305] Vgl. hierzu und zum Folgenden den Eintrag im TB (Ic) der 102. Inf.Div. v. 25.8.1941; BA-MA, RH 26-102/61, S. 5.
[306] Vgl. hierzu und zum Folgenden den Divisionsbefehl der 102. Inf.Div./Abt. Ia Nr. 27 v. 25.8.1941; BA-MA, RH 26-102/61, Anl. 30.
[307] Vgl. den Divisionsbefehl der 102. Inf.Div./Abt. Ia Nr. 22 v. 12.8.1941; BA-MA, RH 26-102/12, Anl. 163.

Kriegsgefangenen bestand.[308] Es ist evident, dass die mäßigende Wirkung des Divisionsbefehls vom 25. August 1941 unter diesen Bedingungen stark beeinträchtigt werden musste. Die Signale der Divisionsführung waren uneindeutig und für die Erschießung von Gefangenen blieb den Truppen unter entsprechenden Vorwänden immer noch genügend Handhabe. Das Beispiel der 102. Infanteriedivision veranschaulicht, wie widersprüchlich die Befehlsgebung der Kommandobehörden teilweise ausfiel, die selektive Radikalität und partielle Mäßigung gleichermaßen in sich zu vereinen suchte. Letztlich zeigte man sich nicht dazu bereit, die radikalen Grundprinzipien des Ostkriegs zu Gunsten einer Deeskalation aufzugeben. Die halbherzigen Bemühungen waren deshalb kaum dazu geeignet, einen spürbaren Verhaltenswandel in den Verbänden herbeizuführen. Zudem konnte man sich von solchen Kompromisslösungen kaum einen durchschlagenden Effekt auf die Haltung der gegnerischen Truppen versprechen. Es konnte nur wenig beruhigend wirken, wenn die deutschen Truppen nicht alle Kriegsgefangenen, sondern nur einen Teil von ihnen erschossen.

Das Verlangen nach Rache

Die Initiativen zur Unterbindung der Gefangenenerschießungen blieben vereinzelt und wurden nur zu selten mit der nötigen Konsequenz betrieben. Vollends konterkariert wurden diese Bemühungen dadurch, dass viele andere Stäbe auf die Entwicklung vollkommen gegensätzlich reagierten und damit Öl ins Feuer gossen. Nicht wenige Kommandobehörden riefen ihre Truppen in Befehlen und Verlautbarungen direkt oder indirekt zur Vergeltung und einem rücksichtslosen Vorgehen auf und beschleunigten damit die Spirale der Gewaltentgrenzung. Schon die Bekanntmachungen, mit denen Truppenführer ihre Einheiten auf Völkerrechtsverletzungen und die angeblich heimtückische Kampfweise der gegnerischen Truppen aufmerksam machten, entfalteten eine katalytische Wirkung, selbst wenn darin keine ausdrücklichen Aufforderungen zur Vergeltung enthalten waren. Das AOK 6 etwa wies seine Verbände bereits nach wenigen Kriegstagen in einem Feindnachrichtenblatt erneut auf die »hinterlistige Kampfweise der Roten« hin.[309] Im Bereich der 18. Armee sah man sich Ende Juli 1941 ebenfalls dazu veranlasst, die Warnung vor dem Verhalten der sowjetischen Truppen in einem Feindnachrichtenblatt zu wiederholen: »Auch auf die heimtückische Kampfweise des Gegners muß nochmals hingewiesen werden.«[310] Noch eindringlicher waren die Mitteilungen, die den Truppen über sowjetische Morde an deutschen Gefangenen gemacht wurden. Der Kommandierende General des III. Panzerkorps etwa, General der Kavallerie von Mackensen, gab seinen Einheiten Anfang Juli 1941 in einem Korpsbefehl bekannt, dass wenige Tage zuvor über 200 deutsche Soldaten, die in Gefangenschaft geraten waren, »auf die bestialischste Weise von den Russen ermordet« worden seien.[311] Anstatt aber zur Vergeltung aufzurufen, forderte Macken-

---

[308] Vgl. die Ic-Meldung des XXXX. AK an das AOK 9 v. 26.8.1941; BA-MA, RH 20-9/252.
[309] FNBl. Nr. 1 des AOK 6/Abt. Ic Nr. 2248/41 geh. v. 25.6.1941; BA-MA, RH 20-6/489, Bl. 261-263.
[310] FNBl. der 217. Inf.Div./Abt. Ic v. 31.7.1941; BA-MA, RH 26-217/33, Anl. 28.
[311] Hierzu und zum Folgenden Korpstagesbefehl des KG des III. AK. v. 3.7.1941; BA-MA, RH 27-14/2, Anl. 61.

sen seine Truppen auf, »im Kampf zusammen« zu halten und »bis zum letzten Atemzug« zu kämpfen, denn: »Gefangenschaft in Händen der Russen bedeutet grausamen Tod«. Ähnlich ließ der Kommandeur der 22. Infanteriedivision Mitte Januar 1942 seinen Verbänden mitteilen, dass auf der Gegenseite »deutsche Gefangene in tierischer Weise misshandelt und erschossen wurden«, und folgerte daraus: »Wer in russische Hand fällt, muss sich als erledigt betrachten.«[312] In einem Feindnachrichtenblatt aus dem Bereich der 6. Armee von Anfang Juli 1941 war der Tonfall sehr viel hasserfüllter. An die Schilderung der Verstümmelungen an den Leichen von sechs aufgefundenen deutschen Toten schloss sich das Fazit: »Der Feind ist also kein anständiger Soldat, sondern eine gefährliche Bestie.«[313] Es bedurfte gar nicht unbedingt einer expliziten Aufforderung, für die publik gemachten Taten Vergeltung zu üben, damit derartige Verlautbarungen ihre hetzerische Wirkung erzielten. Wie die Reaktionen auf solche Botschaften in den Truppen ausfielen, zeigte sich schlaglichtartig im November 1941, als bei einem Schützenbataillon der 10. Panzerdivision ein Befehl des Kommandierenden Generals bekannt gegeben wurde, der sein Korps darüber informierte, »daß die Russen 30 verwundete SS-Leute hingeschlachtet« hätten.[314] Im Bataillon kamen daraufhin sofort Revanchegelüste auf: »Die Eigene Truppe hört diese Nachricht und nimmt sich vor, diese hingemordeten deutschen Soldaten zu rächen.«

Nicht selten riefen die Kommandobehörden und Befehlshaber ihre Soldaten auch offen zur Vergeltung auf. Mit welcher Macht selbst Truppenführer von Rachegedanken befallen wurden, veranschaulicht das Beispiel eines Bataillonskommandeurs der 253. Infanteriedivision aus der unmittelbaren Anfangsphase des Feldzugs. Major Schmidt war Kommandeur des III. Bataillons des Infanterieregiments 473 und führte bis Anfang Juli 1941 die Vorausabteilung der Division. Schon in den ersten Tagen des Einsatzes wurde seine Kampfgruppe in heftige Gefechte verwickelt und erlitt empfindliche Verluste. Allein nach Abschluss eines Gefechts am 26. Juni 1941 mussten 46 Tote gezählt werden. Was den Zorn der Soldaten an diesem Tag erregte, war, dass ein Großteil der Gefallenen allem Anschein nach als Verwundete von ihren Gegnern niedergemacht worden waren: »Etwa 30 Verwundete sind lebend in die Hand der Russen gefallen. Sämtliche Verwundete wurden getötet, grösstenteils durch Kopfschüsse. Einzelne durch Kolbenhiebe die zur völligen Schädelzertrümmerung führten. Einige der Toten haben die Hände schützend vor das Gesicht gehalten, die Unterarme oder Hände wurden mit zerschossen. Verstümmelungen wurden nicht festgestellt. Die meisten Toten sind fast völlig ausgeraubt.«[315] Bei den Soldaten der Kampfgruppe hinterließen diese Erlebnisse tiefen Eindruck, wie das Kriegstagebuch festhielt: »Wer dieses Bild gesehen hat, wird es nie vergessen.«[316] Am folgenden Tag wurden die Toten bestattet, während der kurzen Trauerfeier am Grab der Gefallenen forderte Major Schmidt seine Soldaten dann dazu auf, Rache zu nehmen: »Er ermahnt eindringlichst alle Teilnehmer der toten Kameraden dauernd zu gedenken, die Kampfesweise der

---

[312] Befehl der 22. Inf.Div./Abt. Ic Nr. 2/42, betr. Bekämpfung der Feindpropaganda, v. 12.1.1942; BA-MA, RH 24-11/70.
[313] FNBl. des LI. AK/Abt. Ic v. 2.7.1941; BA-MA, RH 24-51/54, Anl. 6.
[314] Vgl. hierzu und zum Folgenden den Eintrag im KTB des II./SR 69 v. 20.11.1941; BA-MA, RH 37/7264, S. 64.
[315] Eintrag im KTB der Gruppe Schmidt (253. Inf.Div.) v. 26.6.1941; BA-MA, RH 26-253/20, S. 45.
[316] Ebd.

2. Die Barbarisierung des Krieges

Russen nie zu vergessen, alle nicht beteiligten Kameraden darüber zu unterrichten und künftighin die entsprechenden Gegenmassnahmen rechtzeitig und ohne jede Einschränkung zu gebrauchen.«[317] Das Bedürfnis nach Vergeltung hatte von dem Kommandeur so sehr Besitz ergriffen, dass er seinen Racheschwur einige Tage später in einem Tagesbefehl wiederholte, als die Kampfgruppe aufgelöst wurde.[318]

Nicht nur rangniedrige Truppenführer wie Schmidt, die die heftigen Kämpfe aus nächster Nähe miterlebten und unmittelbar in das Geschehen involviert waren, verlangte es nach Revanche. Vielfach gingen die Initiativen zur Ausübung von Vergeltung auch von den übergeordneten Kommandobehörden aus. So forderte die Führung der 102. Infanteriedivision ihre Truppen Ende Juni 1941 zur »völlige[n] Vernichtung« ihrer Gegner auf dem Gefechtsfeld auf, sobald völkerrechtswidrige Kampfverfahren der Rotarmisten Anlass dazu geben würden. Eine solche Anordnung konnte nur bezwecken und bewirken, dass der Brutalität in den Kämpfen freier Lauf gelassen wurde.[319] Auch das Oberkommando der 6. Armee heizte die Gewalt in den Gefechten durch entsprechende Aufrufe zusätzlich an. So befahl das AOK 6 Ende Juni 1941, »bei den Säuberungskämpfen im rückwärtigen Gebiet wegen der barbarischen Kampfweise der Russen keine Gefangenen zu machen«[320], was von den unterstellten Verbänden prompt in die Tat umgesetzt wurde.[321] Auch in der Folgezeit hielt das AOK 6 an dem Kurs fest, ihre Truppen gegen ihre Gegner aufzuhetzen und zu einem rücksichtslosen Vorgehen anzustacheln. Am 10. Juli 1941 sprach das AOK den gegnerischen Einheiten geradezu den Status regulärer Truppen ab: »Schonungslose Härte gegen die mit der Heimtücke von Freischärlern kämpfenden Bolschewisten ist am Platze, sofern sich diese nicht anhand der abgeworfenen Passierscheine freiwillig ergeben.«[322] Bei den gereizten Truppen verfehlten solche Aufrufe ihre Wirkung nicht. In der aufgeladenen Atmosphäre der ersten Feldzugswochen wurden die radikalen Befehle des AOK 6 »bei der Truppe mit Genugtuung aufgenommen«, da sie darin »ein praktisches Mittel gegen die hinterhältige Kampfesweise der Russen« erblickte, über das sie nun frei verfügte.[323]

Auch im späteren Verlauf des Feldzugs setzte man in der 6. Armee weiterhin darauf, die Kampfmotivation der Truppen durch hetzerische Befehle zu steigern. Die Führungsabteilung der unterstellten 168. Infanteriedivision etwa gab Ende November 1941 einen Befehl zur Vorbereitung einer Operation heraus, der einen viel sagenden Passus über den gegenüberstehenden sowjetischen Verband, die »rote 1. Garde-Divi-

---

317 Eintrag im KTB der Gruppe Schmidt (253. Inf.Div.) v. 27.6.1941; BA-MA, RH 26-253/20, S. 47.
318 Vgl. den Tagesbefehl zur Auflösung der Gruppe Schmidt v. 2.7.1941; BA-MA, RH 26-253/20, Anl. 7.
319 Divisionsbefehl der 102. Inf.Div./Abt. Ia Nr. 1 v. 28.6.1941; BA-MA, RH 26-102/60, Anl. 7. Vgl. Anm. 300.
320 Eintrag im KTB des LI. AK v. 29.6.1941; BA-MA, RH 24-51/9, S. 14. Das AOK 6 setzte damit einen Befehl der H.Gr. Süd um, die das AOK am Vortag angewiesen hatte, »die Bereinigung in seinem rückwärtigen Armeegebiet nunmehr radikal und mit brutalsten Mitteln zum Abschluß zu bringen«, vgl. den Eintrag im KTB der H.Gr. Süd v. 28.6.1941; BA-MA, RH 19-I/71, S. 72.
321 Vgl. den Eintrag im KTB des LI. AK v. 1.7.1941; BA-MA, RH 24-51/9, S. 16. Zur Umsetzung des Befehls vgl. auch den Eintrag im KTB der 99. Inf.Div. v. 1.7.1941; BA-MA, RH 26-99/2, S. 62.
322 Fernschreiben des AOK 6/Abt. Ia an 296. Inf.Div. über LV. AK v. 10.7.1941; BA-MA, RH 20-6/516, Bl. 12.
323 Eintrag im KTB der 113. Inf.Div. v. 10.7.1941; BA-MA, RH 26-113/4.

sion«, enthielt. Anhand von Beutebefehlen entwarf die Divisionsführung ein düsteres Bild von der »Kampfmoral« des Gegners und legte den Einheiten nahe, in den kommenden Gefechten rücksichtslos gegen ihn vorzugehen: »Nur durch Vernichtung wird jedoch der volle Gefechtszweck erreicht. Wie weit ›Humanität‹ bei ihm am Platz ist, hat er uns gleichfalls in seinen Schriftstücken gelehrt.«[324] Auch Anordnungen wie Reichenaus Heeresgruppenbefehl vom 20. Dezember 1941, in dem die Truppen dazu angehalten wurden, »in jedem Kampf daran« zu denken, dass der »roten Bestie« »jede Gemeinheit« zuzutrauen sei, konnten kaum zu einer Deeskalation beitragen, ganz im Gegenteil.[325] Erschwerend kam hinzu, dass nicht nur die Truppenführer, sondern auch die deutsche Binnenpropaganda der Brutalisierung der Auseinandersetzung das Wort redete. Die Berichte der Propagandakompanien verdammten die »tierischen Gehirnen entsprungenen Methoden« der Rotarmisten und versicherten die eigenen Soldaten ihrer Berechtigung zur Revanche: »Der deutsche Soldat wird sich in Zukunft gegen jede Gemeinheit der Bolschewisten zu wehren wissen. Wer ritterlich kämpft, wird ritterlich behandelt. Wer ein Verbrecher ist, wird auch wie ein Verbrecher behandelt.«[326]

Neben den aufwiegelnden Aufrufen, die darauf abzielten, das Vorgehen gegen den Gegner in den Gefechten zu verschärfen, führten manche Kommandobehörden auch handfeste Regelungen ein, die den Truppen die Durchführung von Vergeltungsaktionen ermöglichten. So befahl der Oberbefehlshaber der 9. Armee, Generaloberst Strauß, Anfang Juli 1941, »daß in jedem künftig bekannt werdenden Fall der Mißhandlung deutscher Gefangener die zehnfache Anzahl russischer Gefangener – möglichst Offiziere – zu erschießen sind. Die erforderlichen Vollzugsanordnungen treffen *von Fall zu Fall* die Div.-Kdeure.«[327] Das gleiche Strafmaß schwebte einem Divisionskommandeur der Heeresgruppe Süd vor, der eine ähnliche Lösung anstrebte, wenn auch mit einem rassistischen Einschlag. Nachdem die 297. Infanteriedivision im Juli 1941 Misshandlungen an deutschen Verwundeten festgestellt hatte, schlug der Divisionskommandeur dem vorgesetzten Korps vor, »in Wiederholungsfällen jeden 10. Gefangenen (in erster Linie Asiaten) zu erschiessen nach vorheriger Bekanntgabe dieser Maßnahme durch Flugblätterabwurf«.[328] Einen noch radikaleren Vorstoß unternahm das XXIX. Armeekorps unter dem Kommandierenden General Hans von Obstfelder zum Jahresbeginn 1942. Obstfelders Vergeltungsaufruf lag der gleiche rassistisch motivierte Generalverdacht gegen die »Asiaten« zugrunde wie dem Vorschlag der 297. Infanteriedivision. Im Unterschied zu den sonst üblichen Vergeltungsaktionen wurden die Repressalien in Obstfelders Befehl allerdings nicht mehr zeitlich beschränkt und auf punktuelle Vorfälle bezogen, sondern gerieten zum Dauerzustand. Am 7. Januar 1942 befahl das Generalkommando: »Mit Ruecksicht auf die an deutschen Soldaten

---

[324] Befehl der 168. Inf.Div. v. 28.11.1941, »Befehl für Vorbereitung Unternehmen Korotscha«; BA-MA, RH 44/354.
[325] Tagesbefehl des OB der H.Gr. Süd v. 20.12.1941; BA-MA, RH 26-170/34. Reichenau führte zu diesem Zeitpunkt in Personalunion sowohl die H.Gr. Süd als auch die 6. Armee.
[326] Bericht der PK 666 v. 3.7.1941; BA-MA, RH 26-295/22. Ob und wo dieser Bericht veröffentlicht wurde, geht aus der Akte nicht hervor.
[327] Korpsbefehl Nr. 19, VI. AK/Abt. Ia Nr. 860/41 geh. v. 1.7.1941; BA-MA, RH 24-6/34b, Bl. 112. Hervorhebung im Original.
[328] Ic-Morgenmeldung der 297. Inf.Div. an das Höh.Kdo. XXXIV v. 23.7.1941; BA-MA, RH 26-297/87.

veruebten Greueltaten sind von jetzt ab grundsaetzlich alle Mongolen und Asiaten zu erschiessen, gleichgueltig ob es sich um Kriegsgefangene, Ueberlaeufer oder aufgegriffene Zivilisten handelt.«[329] Bei den unterstellten Verbänden wurde dieser Befehl offenbar bereitwillig befolgt. Das Kommando der 75. Infanteriedivision etwa wiederholte die Weisung noch Anfang Februar 1942, als es seinen Einheiten befahl: »Bei den Gefechten in der letzten Zeit haben Asiaten Greueltaten an unseren Soldaten verübt. Sämtliche Asiaten, ob in Zivil oder in Uniform, sind zu erschiessen.«[330] Bei allen diesen Racheschreien und den Repressalien, die im Verlauf des »Unternehmens Barbarossa« an sowjetischen Kriegsgefangenen vollstreckt wurden, ignorierte man selbstherrlich, dass sich der Oberbefehlshaber des Heeres Anfang Juli 1941 gegen die Durchführung von Vergeltungsaktionen ausgesprochen hatte.

Die geringe Wirkung, die Brauchitschs unbestimmte Stellungnahme im Ostheer hinterließ, offenbart nicht nur die fahrlässige Führungsschwäche des OKH in dieser gewichtigen Angelegenheit, sondern auch die Beharrlichkeit, mit der viele Kommandobehörden auf den Repressalien bestanden. Brauchitschs Erklärung war noch nicht einmal auf eigene Initiative erfolgt, sondern erst durch eine Anfrage des AOK 6 veranlasst worden, das dem OKH am 2. Juli 1941 Vorschläge für »Vergeltungsmaßnahmen bei völkerrechtswidriger Behandlung deutscher Kriegsgefangener« unterbreitet hatte.[331] Am 9. Juli 1941 erhielt das AOK 6 die Antwort des OKH, die im Anschluss auch an die Heeresgruppenkommandos und alle übrigen Armeen und Panzergruppen des Ostheeres herausgegeben wurde. In seinem Entscheid konnte sich Brauchitsch weder zu einem eindeutigen Verbot von Repressalien noch zu einer endgültigen Regelung der Frage durchringen: »Der Oberbefehlshaber des Heeres hat zunächst davon abgesehen, Vergeltungsmaßnahmen anzudrohen und zu verhängen, weil er sich von der Erschießung selbst einer Vielzahl Kriegsgefangener gegenüber den *Russen* – anders als bei den Westmächten – keinen Erfolg verspricht; er ist der Auffassung, daß dadurch vielmehr eine zunehmende Erbitterung der Kämpfe eintritt. Letzteres ist aber unerwünscht, da sich auch unsere Propaganda in der Sowjetarmee auszuwirken beginnt und zu erwarten ist, daß mit der Zeit Abbröckelungserscheinungen in grösserem Umfang die Folge sein werden.«[332] Dass Brauchitschs Stellungnahme nicht nur im Nachhinein auffallend unbestimmt wirkt, sondern schon von den meisten Zeitgenossen kaum als eindeutiger Gegenbefehl aufgefasst wurde, offenbaren die geringfügigen und divergierenden Reaktionen der Feldkommandobehörden auf die Verfügung. Nur wenige Kommandobehörden sahen sich durch Brauchitschs Schreiben dazu veranlasst, weiterreichende Maßnahmen zu treffen, die über die bloße Bekanntgabe seines Inhalts hinausgingen. In der Regel gaben die höheren Stäbe die Erklärung kommentarlos, ohne besonderen Nachdruck an ihre Truppen weiter, was allerdings nicht dazu führte, dass die Gefangenenerschießungen und Vergeltungsakte flächendeckend eingestellt wurden.[333] Wie unterschiedlich Brauchitschs Stellungnahme aufgenommen

---

[329] Befehl des XXIX. AK/Abt. Ic Nr. 49/42 geh. v. 7.1.1942, betr. Sicherung des rückwärtigen Gefechtsgebietes; BA-MA, RH 24-29/47, Anl. 19.
[330] Divisionsbefehl der 75. Inf.Div./Abt. Ic v. 6.2.1942; BA-MA, RH 26-75/121.
[331] Eintrag im TB (Ic) des AOK 6 v. 2.7.1941; BA-MA, RH 20-6/489, Bl. 177.
[332] Befehl des OKH/Gen. z.b.V. b. Ob.d.H. Az. 454 Gr. R. Wes. Nr. 1215/41 geh. an AOK 6, nach Abgang auch an die H.Gr., AOK und Pz.Gr., v. 9.7.1941; BA-MA, RH 21-2/639.2, Bl. 323.
[333] Vgl. z. B. das FNBl. Nr. 14 der Pz.Gr. 3/Abt. Ic v. 13.7.1941; BA-MA, RH 20-4/684.

werden konnte, veranschaulichen die gegensätzlichen Reaktionen zweier Generalkommandos auf den Erlass exemplarisch.

Im Generalkommando des XXVIII. Armeekorps, das der 16. Armee unterstand, verstand man Brauchitschs Erklärung als Verbot.[334] Als die Verlautbarung des OKH am 23. Juli 1941 im Generalkommando einging, konnte man nachvollziehen, dass »Vergeltungsmaßnahmen angesichts der russischen Mentalität ihre Wirkung verfehlen« und »unnötig zur Erbitterung des Kampfes beitragen« würden. »Daher sind derartige Vergeltungsmaßnahmen vom OKW [sic] verboten worden.« Das Generalkommando beließ es nicht bei dieser Feststellung, sondern traf umgehend Maßnahmen zur Durchsetzung des Verbots: »Ein diesbezüglicher Befehl ist den Divisionen zugestellt worden.« Ganz anders reagierte man dagegen im Generalkommando des VI. Armeekorps auf Brauchitschs Erlass. Das Generalkommando, das im Verband der 9. Armee eingesetzt war, hatte erst kürzlich den rigorosen Befehl des Armeeoberbefehlshabers Strauß zur Durchführung von Vergeltungsmaßnahmen an die unterstellten Verbände ausgegeben, als Brauchitschs Verfügung eintraf.[335] Da die Unvereinbarkeit der beiden Anordnungen evident war, nahm das Generalkommando unverzüglich Stellung und brachte eine Korrektur an, die allerdings so wenig änderte, dass sie geradezu einer Verweigerung des OKH-Befehls gleichkam. Am 21. Juli 1941 gab das Generalkommando Brauchitschs Verfügung in einem Korpsbefehl fast wörtlich wieder und zog im Anschluss die folgenden Konsequenzen daraus: »Das Generalkommando ordnet daher an, dass der mit Korpsbefehl Nr. 19 vom 1. 7. 41, Ziffer 16 ergangene Befehl dahingehend zu ändern ist, dass bei Völkerrechtsverletzungen die 10fache Vergeltung auf den Kreis *der* feindl. Soldaten beschränkt bleibt, die der Täterschaft verdächtig sind, bezw. die sonst als Augenzeugen oder in unmittelbarer Nähe des Tatortes die Völkerrechtsverletzung erlebt haben.«[336] Die Änderungen des Korps waren letztlich vollkommen unbedeutend. Der Grundsatz der »10fache[n] Vergeltung« wurde aufrechterhalten, die vordergründig eingeschränkten Kriterien zur Auswahl der Exekutionsopfer wurden im gleichen Atemzug wieder relativiert und blieben in jeder Beziehung willkürlich. Im Generalkommando des VI. Armeekorps hatte man Brauchitschs begründete Bedenken zwar zur Kenntnis genommen, trug ihnen aber nur vorgeblich Rechnung, um der Gehorsamspflicht zumindest formal Genüge zu leisten. Ganz offensichtlich hatte man im Stab des VI. Armeekorps die Absicht, auch gegen den Willen des OKH an den Vergeltungsmaßnahmen festzuhalten, was wohl nicht zuletzt auf die Haltung des Kommandierenden Generals, Förster, zurückging.[337]

---

[334] Vgl. hierzu und zum Folgenden den Eintrag im TB (Ic) des XXVIII. AK v. 23.7.1941; BA-MA, RH 24-28/10.

[335] Zu dem Befehl v. 1.7.1941 über die Durchführung von Vergeltungsmaßnahmen vgl. Anm. 327.

[336] Befehl des VI. AK/Abt. Ic Nr. 506/41 geh., »Besondere Anordnungen Nr. 3 für den Ic-Dienst«, v. 21.7.1941; BA-MA, RH 24-6/237, Bl. 124 f. Hervorhebung im Original.

[337] Wie zwei Quellen schlaglichtartig belegen, vertrat und praktizierte der KG des VI. AK das Prinzip der Vergeltung auch persönlich. So ordnete General der Pioniere Förster am 29.7.1941, nur wenige Tage nach der Herausgabe der Änderungsverfügung, persönlich die Erschießung eines gefangenen sowjetischen Generalstabsoffiziers als Vergeltungsmaßnahme an, vgl. Anm. 220. In einem Schreiben an seine Div.Kdre. von Mitte Juli 1941 hatte er viel sagend bemerkt: »Verschlagenheit, Hinterlist und Brutalität sind die Eigenschaften des Gegners. Unser anständiger Soldat muß sich, wo es nottut,

2. Die Barbarisierung des Krieges 265

Die eigensinnige Reaktion des VI. Armeekorps exemplifiziert, wie wirkungslos Brauchitschs Einspruch in vielen Abschnitten der Ostfront verhallte. Die gleiche Schlussfolgerung drängt sich angesichts der zahlreichen angeführten Belege über Gefangenenerschießungen und Vergeltungsaktionen auf, die aus der Zeit nach Brauchitschs Verfügung stammen. Der Wille zu einer harten Gangart war auch in den Kommandobehörden vielfach zu stark ausgeprägt, als dass Brauchitschs zaghafter Befehl etwas bewirken konnte. Das Interesse der Stäbe an einem radikalen Vorgehen ihrer Truppen gegen den Gegner war zu einem guten Teil ganz pragmatisch und rational motiviert. Mit den hetzerischen Bekanntmachungen über die sowjetischen Kriegsverbrechen etwa wollte man nicht zuletzt der feindlichen Propaganda entgegenwirken, die die deutschen Soldaten zum Überlaufen aufforderte und ihnen gute Behandlung in der Gefangenschaft zusicherte.[338] Zugleich versprach man sich von seinen Aufrufen zu Rücksichtslosigkeit und Vergeltung auch eine Hebung der Kampfmotivation der Soldaten. Ein »gesundes Gefühl des Hasses« wurde als zweckdienlich empfunden[339], der Grundsatz, im Kampf »keine Gefühlsduselei und Gnade!« zu zeigen, geradezu als taktisches Mittel angesehen.[340] Neben diesen utilitaristischen Motiven standen hinter den Gewaltaufrufen allerdings auch irrationale Beweggründe. Nicht wenige Truppenführer wurden selbst von den starken Rachegefühlen erfasst, die ihre Truppen zu den Vergeltungsaktionen trieben. Die Erregung und Empörung über sowjetische Gewalttaten an deutschen Gefangenen und Verwundeten spricht nicht nur aus den Selbstzeugnissen ranghoher Befehlshaber.[341] Selbst in den Befehlen und Denkschriften, die auf die Unterbindung der Gefangenenerschießungen und Vergeltungsaktionen abzielten, zeigten die Generäle Verständnis für das Revanchebedürfnis der Truppen und erkannten seine Berechtigung an. So wurde in einer Denkschrift aus dem Oberkommando der 2. Panzerarmee vom 22. Januar 1942, die für eine Wende in der Besatzungspolitik plädierte, beiläufig bemerkt, dass »Über- und Mißgriffe, die in dieser Richtung in der Kampflinie vorgekommen [sind], [...] wenn auch nicht vom Kriegsnotstand diktiert, als unmittelbare Vergeltung durchaus verständlich, entschuldbar und nicht einmal so folgenschwer« seien.[342] Auch in dem energischen Armeebefehl des Oberbefehlshabers der 2. Panzerarmee vom 3. März 1942, der sich

---

ihrer gewachsen zeigen.« Schreiben des KG des VI. AK an die Kdre. der 6. Inf.Div., 26. Inf.Div. v. 13.7.1941; BA-MA, RH 26-26/4a.
[338] Vgl. hierzu exemplarisch das FNBl. des XII. AK/Abt Ic v. 1.4.1942; BA-MA, RH 24-12/61, Bl. 24: »Die Behandlung deutscher Gefangenen [sic] und das Los, das ihnen nach dem Überlaufen in der Gefangenschaft harrt, wird der Truppe bekannt sein. Trotzdem ist immer wieder in geeigneter Form darauf hinzuweisen, um der russischen Flugblattpropaganda entgegenzuwirken.« Der Nebeneffekte dieser Binnenpropaganda war man sich bewusst: Bezeichnenderweise musste man im gleichen Atemzug darauf hinweisen, dass es schädlich sei, »wenn wir die russischen Gefangenen menschenunwürdig behandeln«.
[339] Zitat aus dem Befehl Hoths v. 17.11.1941 über das »Verhalten der deutschen Soldaten im Ostraum«; UEBERSCHÄR, WETTE, Überfall, S. 287 f. Vgl. HÜRTER, Heerführer, S. 371: »Die Hebung der Kampfmoral durch die amoralische Ideologisierung der Truppe wurde aus professionellen Motiven durchaus begrüßt.«
[340] Zitat aus dem Divisionsbefehl der 96. Inf.Div./Abt. Ia v. 14.8.1941; BA-MA, RH 26-96/12, Anl. 38.
[341] Vgl. HÜRTER, Heerführer, S. 360 ff.
[342] Denkschrift des Pz.AOK 2/Abt. Ic/AO, »Vorschläge und Anregungen für die politische Bekämpfung der Sowjets«, v. 22.1.1942; BA-MA, RH 21-2/913, hier S. 27 f.

gegen »ein planloses Ausüben von Vergeltungen russischer Greueltaten« wandte und »ungerechtfertigte Erschiessungen von Gefangenen« ausdrücklich verbot, durfte der Hinweis nicht fehlen, dass für den »durch Unmenschlichkeit der Roten hervorgerufenen Hass volles Verständnis« bestehe.[343] Ganz ähnlich konzedierte der Kommandeur der 18. Panzerdivision, der im Februar 1942 mit einer Denkschrift für die Verbesserung der Gefangenenbehandlung eintrat, dass die eigenen Soldaten »durch die grausame Kriegsführung der Roten Armee *mit Recht* maßlos erbittert sind«.[344] In einem Befehl des XXXXVIII. Panzerkorps, der Anfang Februar 1942 zur Beendigung der Gefangenenerschießungen erlassen wurde, erkannte der Korpsstab die verbreitete Auffassung, dass es der sowjetische Soldat »nicht verdient, gefangen genommen zu werden«, nichtsdestoweniger als eine »an sich *sehr begreifliche* Ansicht« an.[345] Wie sich in solchen Äußerungen abzeichnet, ist das Rachemotiv auch bei den Truppenführern und Kommandobehörden ein nicht zu unterschätzender Beweggrund dafür gewesen, die Vergeltungsakte der Truppen zu dulden oder sogar noch zu fördern.

Die uneinheitliche Haltung der Kommandobehörden des Ostheeres, das unvereinbare Nebeneinander von radikalen Prinzipien und Versuchen zur Mäßigung und nicht zuletzt die Tatsache, dass genügend Stäbe dem Brutalisierungsprozess des Krieges passiv oder aktiv Vorschub leisteten, führte dazu, dass sich die Gewalteskalation an der Ostfront irreversibel verstetigte. Die vereinzelten Anstrengungen zur Unterbindung der Gefangenenerschießungen wurden immer wieder durchkreuzt und konnten unter diesen Umständen nicht mehr als eine lokale und zeitweilige Wirkung erzielen, wenn überhaupt. Die Spirale der Gewalt konnte auf diese Weise nicht unterbrochen werden, so dass die gegenseitigen Völkerrechtsbrüche und Gefangenenerschießungen zu keinem Zeitpunkt des »Unternehmens Barbarossa« vollständig aufhörten. Was voraussehbar war und wovor auch das Handbuch für den Generalstabsdienst ausdrücklich gewarnt hatte, trat ein.[346] Die Nachrichten über die katastrophalen Zustände in den Gefangenenlagern, die brutale Gefangenenbehandlung, die Vergeltungsaktionen und Gewalttaten an der Front sickerten in der Regel schnell durch, wurden auf der Gegenseite bekannt, propagandistisch ausgenutzt und provozierten immer neue Racheakte und Exzesse.[347] Die unversöhnliche Haltung der verfeindeten Truppen äußerte sich in den regulären Gefechten darin, dass der Kampf »mit äußerster Erbit-

---

[343] Armeebefehl des Pz.AOK 2/Abt. Ic/AO Nr. 83/42 geh. v. 3.3.1942; BA-MA, RH 21-2/867a, S. 302-304.

[344] Denkschrift des Div.Kdr. der 18. Pz.Div. v. 14.2.1942; BA-MA, RH 27-18/157, Anl. 105. Hervorhebung durch den Vf.

[345] Vgl. den Korpsbefehl des XXXXVIII. AK/Abt. Ia Nr. 269/42 geh. v. 12.2.1942; BA-MA, RH 27-3/181, Anl. 2. Hervorhebung im Original.

[346] H.Dv. g. 92, S. 103.

[347] Zum Bekanntwerden der katastrophalen Zustände in den deutschen Gefangenenlagern auf der sowjetischen Seite vgl. die Notizen von einer Besprechung beim IX. AK am 22.3.1942; BA-MA, RH 26-78/39, Anl. 1: »Ausserdem Gefangenenzustand in Dulags bekanntgeworden, sodass mit Überläufern kaum zu rechnen.« Vgl. auch den Eintrag im TB (Ic) des X. AK v. 21.7.-15.12.1941; BA-MA, RH 24-10/282, Bl. 16: »Tatsächlich ist die Behandlung der Gefangenen auf der Feindseite bekannt und hat zu einer starken Einschränkung der Überläuferzahl geführt.« Vgl. auch den Eintrag im TB (Ic) des Pz.AOK 3 v. 27.4.-31.7.1942; BA-MA, RH 21-3/779, S. 1: »Das bekanntgewordene Elend der russischen Kriegsgefangenenlager, Gefangenenerschiessungen, geschickte russ. Propaganda zur Erweckung des National-Bewußtseins und der Terror der russ. Führung hatten es mit sich gebracht, daß trotz der starken Blutopfer in den vergangenen Wochen eine erhebliche Kampf-

terung auf *beiden* Seiten geführt«[348] und vielfach »hüben und drüben keine Gefangenen mehr gemacht«[349] wurden. Dass auch die Zeitgenossen die sich abzeichnende Eskalation des Konflikts frühzeitig erkannten, veranschaulichen die Selbstzeugnisse des Kommandierenden Generals des XXXXIII. Armeekorps, Gotthard Heinrici, mit besonderer Deutlichkeit. Die wechselseitige, fortwährende Steigerung der Gewaltexzesse in den ersten beiden Feldzugswochen hatte Heinrici schon Anfang Juli 1941 in den Briefen an seine Familie zutreffend geschildert: »Teilweise wurde überhaupt kein Pardon mehr gegeben. Der Russe benahm sich viehisch gegen unsere Verwundeten. Nun schlugen u. schossen unsere Leute alles tot, was in brauner Uniform umherlief.«[350] »So steigern sich beide Parteien gegenseitig empor, mit der Folge, daß Hekatomben von Menschenopfern gebracht werden.«[351] Wenn Heinrici die Entwicklung auch realistisch einschätzte, hegte er doch, wie so viele andere Truppenführer, kaum einen Zweifel an der Berechtigung der harten »Gegenmaßnahmen«[352] seiner Truppen und schritt nicht dagegen ein. Dieses Verhalten war symptomatisch und zählte zu den entscheidenden Ursachen für die Perpetuierung der Gewalteskalation an der Ostfront im Jahre 1941.

Der Umschwung nach der Winterkrise

Erst im Winter und Frühjahr 1941/42 mehrten sich die Stimmen aus den Kommandobehörden des Ostheeres, die sich dafür aussprachen, eine Deeskalation herbeizuführen. Nicht zufällig häuften sich diese Initiativen erst nach dem endgültigen Scheitern des »Unternehmens Barbarossa«. Nach dem unübersehbaren Misserfolg des Feldzugs hatte man begonnen, nach den Ursachen dieses Rückschlags zu forschen, und war in vielen Stäben zu der Auffassung gelangt, dass der heftige sowjetische Widerstand unter anderem auch auf die schlechte Gefangenenbehandlung, die zahlreichen Gefangenenerschießungen und die Eskalation des Konflikts insgesamt zurückzuführen war. In der Verbesserung der Gefangenenbehandlung und der Unterbindung der willkürlichen Gefangenenerschießungen erblickte man daher nunmehr ein probates Mittel, das bei konsequenter Anwendung und entsprechender propagandistischer Unterstützung dazu beitragen würde, den Widerstand der sowjetischen Truppen zu untergraben. Im Hintergrund dieser Erwägungen stand die Erkenntnis, dass man sich nach dem Scheitern des zurückliegenden Feldzugs auf eine längere Kriegsdauer einstellen musste. In dieser Situation galt es, die Lehren aus den Fehlern der Vergangenheit zu ziehen und nach gangbaren Wegen zu suchen, um die Voraussetzungen für das Gelingen des bevorstehenden zweiten Feldzugs im kommenden Sommer zu verbessern.

---

    kraft dem Feinde zugesprochen werden mußte.« Vgl. auch die Eingabe des KG des XXVI. AK an das AOK 18 v. 15.11.1941; BA-MA, RH 20-18/999.
[348] Lageorientierung durch den Ic des XXXXIII. AK v. 28.6.1941, 09.25 Uhr; BA-MA, RH 20-4/682. Hervorhebung im Original.
[349] Ausarbeitung des Ic der 72. Inf.Div. v. 19.11.1941, »Kampf der 72. Inf-Division im Krim-Gebirge«; BA-MA, RH 26-72/87, S. 7.
[350] Brief an seine Ehefrau v. 6.7.1941; HÜRTER, General, S. 65.
[351] Brief an seine Familie v. 4.7.1941; HÜRTER, General, S. 64.
[352] Ebd.

Daneben mochte bei manchen Truppenführern auch das Erschrecken über die Erfahrungen der Winterkrise eine Rolle gespielt haben, in deren Verlauf die Brutalität auf den Schlachtfeldern und die Gewalt gegen die Kriegsgefangenen einen neuen, dramatischen Höhepunkt erreicht hatten. Hinzu kam, dass nicht nur in der obersten Führung, sondern auch bei vielen Frontgenerälen längst die Einsicht gereift war, dass die sowjetischen Kriegsgefangenen sowohl für die Kriegswirtschaft als auch für das Ostheer selbst ein dringend benötigtes Arbeitskräftereservoir darstellten und allein aus diesem Grund nach Möglichkeit geschont werden mussten.[353] Besondere Bedeutung musste es aus der Sicht der Frontstäbe aber besitzen, dass der geplante Umschwung in der Gefangenenpolitik in Aussicht stellte, eine Abschwächung des starken gegnerischen Widerstands herbeizuführen und damit zugleich die eigenen, drastischen Verlustraten abzusenken. Nicht ohne Grund gingen die Initiativen zu einer opportunistischen Wende in der Gefangenenbehandlung nicht von den Zentralstellen der Wehrmachtsführung, sondern von den Kommandobehörden der vielfach stark mitgenommenen Frontverbände aus, und waren auch in ihrer Argumentation für gewöhnlich primär auf das Ziel einer Unterminierung des gegnerischen Widerstandwillens fixiert.[354] Der zentrale Bezugspunkt dieser Anstrengungen waren die eigenen Operationen in der bevorstehenden Sommeroffensive 1942.

Eine dieser Initiativen ging Anfang Februar 1942 vom Kommando der 3. Panzerdivision aus, zu einem Zeitpunkt, als die dramatischsten Tage und Wochen der Winterkrise schon zurücklagen und die Gedanken bereits um »die künftige Kriegsführung« und die »Wiederaufnahme der Offensive« kreisten.[355] Als Grundproblem hielt die Divisionsführung in ihrer Eingabe zunächst fest, dass »in letzter Zeit wenig Kriegsgefangene gemacht worden sind« und »der Russe nicht mehr überläuft und sich auch in härtesten Kämpfen bis zum Letzten verteidigt«. Eine wesentliche Ursache für diese Entwicklung erblickte man im Stab der Division darin, »dass auch von deutschen Truppen häufig keine Gefangenen mehr gemacht werden, sondern Kriegsgefangene nach ihrer Gefangennahme auf dem Gefechtsfeld [durchgestrichen: oder nach kurzer Vernehmung] erschossen werden«. Zwar fand man dieses Verhalten der eigenen Truppen, das man auf die sowjetischen Kriegsverbrechen und die Schwierigkeiten des Gefangenenabschubs zurückführte, durchaus »verständlich«. Doch erkannte man zugleich, dass die Erschießungen der eigenen Sache beträchtlichen Schaden zufügten und »für die künftige Kriegsführung von grosser Tragweite« waren: »Durch die ständige Nachrichtenverbindung der Russen über die Einwohner erhält sowohl die russ. Führung wie der einzelne russ. Soldat von dieser Tatsache Kenntnis. Die russ. Führung nutzt jeden derartigen, ihr bekannten Fall propagandistisch aus. Die russ. Soldaten

---

[353] Vgl. exemplarisch den Befehl des OB der 2. Armee, Schmidt, v. 5.12.1941, der anordnete, »mit allem Nachdruck dafür zu sorgen, daß die Kriegsgefangenen ausreichend verpflegt und gut behandelt werden. Die in den Kriegsgefangenen liegende Arbeitskraft ist so wertvoll und für die der Truppe gestellten Aufgaben so wichtig, daß eine irgendwie geartete Herabminderung nicht verantwortet werden kann.« Zit. nach: Hürter, Heerführer, S. 389.

[354] Die Zentralstellen in OKH und OKW vollzogen die »Wende in der Kriegsgefangenenpolitik« erst im April 1942, vgl. Hürter, Heerführer, S. 379 f.

[355] Vgl. hierzu und zum Folgenden den Bericht der 3. Pz.Div./Abt. Ia Nr. 06/42 geh. v. 6.2.1942, an das XXXXVIII. AK, betr. »Erfahrungen im Kampfeinsatz besonders in der Verwendung der neu aus Frankreich herangeführten und den Russland-Feldzug nicht gewöhnten Truppenteile«; BA-MA, RH 27-3/29, Anl. 30.

kämpfen infolgedessen, da sie beim Sich-Ergeben oder Überlaufen den sicheren Tod erwarten, bis zum Letzten. Auch hierin ist ein Hauptgrund für die Schwere der letzten Kämpfe mit zu suchen. Die Div. hat gerade im Sommer mit ihrer eigenen Propaganda (Flugzettel mit Passierschein) grosse Erfolge gehabt und sich selbst wesentliche Verluste durch das Überlaufen des Gegners erspart. Jegliche eigene Propaganda ist jedoch bei solchen Vorkommnissen wertlos. Es ist zudem schwer, ein einmal weit verbreitetes Gerücht propagandistisch unglaubhaft zu machen.« Die Folgerungen der Divisionsführung aus diesem Befund offenbaren, dass die Initiative in erster Linie das Ziel verfolgte, günstige Voraussetzungen für die Weiterführung des Kriegs im kommenden Frühjahr zu schaffen: »Da ein Ausschalten des russ. Gegners durch seine Gefangennahme bei der Wiederaufnahme der Offensive von entscheidender Bedeutung ist, kann eine propagandistische Vorbereitung hierfür nicht früh genug einsetzen. Es ist daher dringend notwendig, dass jeder das Überlaufen verhindernde negative Faktor so weit als möglich ausgeschaltet wird.« Folgerichtig beantragte die Division beim vorgesetzten Generalkommando, energische Gegenmaßnahmen einzuleiten, und schlug vor, »dass diese Frage höheren Orts erneut aufgegriffen und durch einen scharfen Befehl geregelt wird«. Die abschließende, pointierte Bemerkung verriet besonders deutlich, welche utilitaristischen, genuin militärischen Motive hinter der Eingabe standen: »Im besonderen erscheint ein Hinweis notwendig, dass die Truppe im Enderfolg durch das Erschiessen von Gefangenen sich am allermeisten selbst schadet.«

Beim vorgesetzten XXXXVIII. Panzerkorps wurde die Denkschrift der 3. Panzerdivision offenbar mit großer Zustimmung aufgenommen, denn nur wenige Tage später gab der Kommandierende General einen energischen Korpsbefehl heraus, der sich die Argumentation der Division bis ins Detail zu Eigen machte.[356] Auch das Generalkommando vertrat die Auffassung, dass sich die massenhaft vorgekommenen Gefangenenerschießungen außerordentlich nachteilig auf die Operationen auswirkten, weil sie unweigerlich dazu führen mussten, dass »der Feindwiderstand erheblich gestärkt und die Kämpfe für uns wesentlich erschwert werden«. »Aus diesem Grunde ist es von grösster Bedeutung, dass unter den russ. Soldaten wieder die Gewissheit Platz greift, dass sie in deutscher Kriegsgefangenschaft vom ersten Augenblick ab nicht mehr als Feind, sondern als Nichtkämpfer behandelt werden und ihnen kein deutscher Soldat nach der Gefangennahme ein Leid zufügt. Gelingt es uns, durch die Propaganda in der russischen Bevölkerung von Ort zu Ort und durch die äusserst wichtige gleichlaufende Propaganda der eigenen vorgesetzten Dienststellen (Flugblätter, Passierscheine pp) die Masser [sic] der russ. Soldaten von der einwandfreien Behandlung der Kriegsgefangenen zu überzeugen, so wird der Kampf wesentlich leichter für uns werden. Um diese Erleichterung des Kampfes für die eigene Truppe zu erreichen, verbiete ich grundsätzlich, dass russische Soldaten, die sich gefangengeben oder überlaufen und damit aus dem Kampf ausgeschieden sind, erschossen werden. Ich bin mir dabei klar darüber, welche Schwierigkeiten der eigenen Truppe mit ihren geringen

---

[356] Vgl. hierzu und zum Folgenden den Korpsbefehl des XXXXVIII. AK/Abt. Ia Nr. 269/42 geh. v. 12.2.1942; BA-MA, RH 27-3/181, Anl. 2. Die 3. Pz.Div. reichte den Korpsbefehl einige Tage später mit der Verfügung 3. Pz.Div./Abt. Ic Nr. 02563/42 geh. v. 17.2.1942 zur »eingehenden Belehrung« an ihre Truppen weiter; BA-MA, RH 27-3/181. Ende Mai 1942 wiederholte die Divisionsführung die Aufforderung; die unterstellten Truppen wurden »angewiesen, ab sofort russische Gefangene gut zu behandeln«. Eintrag im TB (Ic) der 3. Pz.Div. v. 25.5.1942; BA-MA, RH 27-3/180.

Gefechtsstärken durch die Bewachung und den Abtransport erwachsen, sie müssen jedoch im eigensten Interesse in Kauf genommen werden.« Ebenso wie das Kommando der 3. Panzerdivision verfolgte man auch im Generalkommando mit der Unterbindung der Gefangenenerschießungen unverkennbar das pragmatische Ziel einer »Erleichterung des Kampfes«. Der Kommandierende General ergänzte die ausschließlich funktionale Argumentation der Division daneben aber auch um einen kurzen moralischen Wink, der erahnen ließ, welche Auswüchse die Winterkrise gesehen hatte: »Dass wir als Volk hoher Kultur auch im Kampf gegen ein kulturloses Volk uns nicht durch dessen niedrigste und gemeinste Instinkte zu Unkultur und Barbarei hinreissen lassen, sei ausserdem bemerkt.«

Eine Denkschrift, die einen ähnlichen Tenor wie die Eingabe der 3. Panzerdivision besaß, entstand etwa um die gleiche Zeit im Stab der 18. Panzerdivision, wobei es sich wohl nicht zufällig ebenfalls um einen stark beanspruchten Kampfverband handelte.[357] In der Denkschrift problematisierte der Divisionskommandeur, Generalmajor von Thüngen, die negativen Folgen, die die schlechte Gefangenenbehandlung und die Zustände in den Gefangenenlagern für die eigene Kriegführung zeitigten. Die erbitterte Gegenwehr und »Überläuferunwilligkeit« der sowjetischen Truppen, die unter anderem auf die begründete Furcht vor der Gefangenschaft zurückgeführt werden mussten, gaben dem Frontgeneral aus nahe liegenden Gründen »zu ernsten Besorgnissen Anlaß; denn jeder Überläufer und jeder rote Soldat, der sich gefangen gibt, erspart uns den Ausfall deutscher Soldaten, die dem hartnäckigen Widerstand zum Opfer fallen«. Bei allem Verständnis für die Ursachen des Gefangenenelends und des rücksichtslosen Vorgehens seiner Truppen gegen ihre Gegner kam der Divisionskommandeur letztlich zu dem konsequenten Schluss, »daß in der Einstellung zur Gefangenenbehandlung ganz allgemein eine Änderung notwendig ist«. Um dieses Ziel zu erreichen, erachtete der General zuallererst einen Wandel des Verhaltens und der Haltung seiner Soldaten »für notwendig«: »Die Truppe ist zu belehren, dass nicht alle Russen Kommunisten sind, vielmehr der weitaus grösste Teil der Bauern und Soldaten eine deutsche Herrschaft der gegenwärtigen Führung Russlands vorziehen würde. Weiterhin ist trotz allem die Truppe wieder dahin zu erziehen, dass der alte Grundsatz der Kriegsführung: ›Ein gefangener Feind ist nicht mehr Feind‹ wieder Richtlinie im Verhalten wird.« Daneben forderte Thüngen, umgehend konkrete Maßnahmen zu ergreifen, um die Organisation des Kriegsgefangenenwesens im Frontbereich zu verbessern, vor allem für »ausreichende Verpflegung« und »ärztliche Betreuung« zu sorgen, damit schon »in den ersten Tagen der Gefangene in erträgliche Verhältnisse« komme. Abschließend unterstrich der Kommandeur nochmals, welche Bedeutung er einem Kurswechsel in der Gefangenenbehandlung beimaß: »Das Ziel der Operationen im kommenden Sommer ist der Zusammenbruch der Roten Armee. Maßnahmen in der vorgeschlagenen Richtung sind nach hiesiger Auffassung geeignet, uns diesem Ziel näher zu bringen.« Deutlicher konnte man nicht mehr formulieren, dass man seine Bemühungen um eine Linderung des Gefangenenelends in erster Linie als Teil der Vorbereitungen für die bevorstehende Sommeroffensive begriff, mit der man die aufgeschobene Entscheidung des Krieges endlich erzwingen wollte.

---

[357] Vgl. hierzu und zum Folgenden die Denkschrift des Div.Kdr. der 18. Pz.Div., Gen.Maj. v. Thüngen, an das XXIV. AK v. 14.2.1942; BA-MA, RH 27-18/157, Anl. 105.

2. Die Barbarisierung des Krieges

Die gleichen Erfahrungen, die diesen Denkschriften und Gegenbefehlen zu Grunde lagen, flossen auch in einen umfassenden Befehl des Oberbefehlshabers der 2. Panzerarmee von Anfang März 1942 ein. In seinem mehrseitigen »Armeebefehl für die Behandlung von Kriegsgefangenen, Partisanen, Feindkundschaftern und der Bevölkerung« vom 3. März 1942 erließ General der Panzertruppe Rudolf Schmidt umfangreiche Neuregelungen, die zwar die radikalen Grundprinzipien der deutschen Repressionspolitik nicht antasteten, insgesamt aber auf ein umsichtigeres Vorgehen der Truppen abzielten.[358] Zumindest seine Anordnungen zur Verbesserung der Gefangenenbehandlung und zur Unterbindung der willkürlichen Gefangenenerschießungen waren eindeutig und strikt: »Gefangene, die sich keine Vergehen gegen das Völkerrecht zuschulden kommen liessen, sind dem Völkerrecht entsprechend zu behandeln. Ungerechtfertigte Erschiessungen von Gefangenen, auch heimliche, z. B. unter dem Vorwand ›auf der Flucht erschossen‹, sind verboten.« Gegen Übertretungen dieses Verbots sollte kriegsgerichtlich vorgegangen werden, die Einheitsführer hatten selbst in Verdachtsfällen Ermittlungen aufzunehmen und Tatbericht einzureichen. Jeder einzelne Soldat wurde »verpflichtet, Vorfälle, die ihm über Erschiessungen von Gefangenen bekannt werden, zu melden«. Die Gefangenen seien nach Möglichkeit »ausreichend zu verpflegen«, Verwundete zu versorgen. Schmidt begründete diese erneuerten Grundsätze zunächst mit einem mahnenden Verweis auf das überkommene Ethos des preußisch-deutschen Militärs. Der »deutsche Soldat« habe »selbst im Kampf gegen diesen Gegner, dessen Führung keine Ehre und kein Gefühl der Menschlichkeit kennt, seine Ehre unbefleckt und rein zu halten«. Schmidt erinnerte an die »Tradition des deutschen Soldaten« und seinen Anspruch, »auch in Disziplin und geistiger Haltung jedem Gegner überlegen zu sein«. Diese Auffassung, forderte Schmidt aus gutem Grunde, müsse sich wieder »vermehrt« durchsetzen. Daneben führte aber auch Schmidt die üblichen pragmatischen Gründe an, die gegen »ein planloses Ausüben von Vergeltungen russischer Greueltaten« sprachen. Die Nachrichten über entsprechende »Fehlgriffe« würden sich schnell in der Roten Armee verbreiten und »auf ein grosses Gebiet auswirken«. »Höhere Blutopfer auf unserer Seite sind zwangsläufig die Folge.« Für den Verzicht auf unkontrollierte Vergeltungsakte sprach aus Schmidts Sicht außerdem, dass die sowjetische Führung, wie er behauptete, die Völkerrechtsbrüche gezielt einsetzte, »um die deutsche Truppe zu Vergeltungsmassnahmen zu veranlassen, wodurch das Überlaufen der russischen Soldaten verhindert werden soll«. Da der Gegner nach Schmidts Auffassung von den Ausschlägen der Gewaltspirale profitierte, sollte sie zukünftig nach Möglichkeit unterbrochen werden.

Auch in den übrigen Armeen des Ostheeres setzte sich spätestens im Frühjahr 1942 zunehmend die Erkenntnis durch, dass man sich selbst damit schadete, die »russischen Gefangenen menschenunwürdig [zu] behandeln«[359], und dass es notwendig war, »die Neigung der Truppe, Gefangene und Überläufer zu erschießen, zu bekämpfen«.[360] In den Grundsatzbefehlen, die die Oberkommandos nun reihenweise erließen, wurden die Soldaten angewiesen, »dem verwundeten und dem gefangenen Feind die Behand-

---

[358] Vgl. hierzu und zum Folgenden den Armeebefehl des Pz.AOK 2/Abt. Ic/AO Nr. 83/42 geh. v. 3.3.1942, »Armeebefehl für die Behandlung von Kriegsgefangenen, Partisanen, Feindkundschaftern und der Bevölkerung«; BA-MA RH 21-2/867a, Bl. 302-304.
[359] FNBl. des XII. AK/Abt Ic v. 1.4.1942; BA-MA, RH 24-12/61, Bl. 24.
[360] TB (Ic) des XXXX. AK v. 27.12.1941-30.4.1942; BA-MA, RH 24-40/96.

lung zuteil« werden zu lassen, »auf die er als kämpfender Gegner Anspruch hat«.[361] Die Armeestäbe prägten den Truppen ein, dass nicht nur die »Mannszucht und Ehre des deutschen Soldaten« eine »*menschliche Behandlung des Gefangenen*« erforderten, sondern der Verhaltenswandel auch »in militärischer, wirtschaftlicher und politischer Beziehung« notwendig sei.[362] Auch wenn jetzt vermehrt gefordert wurde, »*Gefangene* und *Überläufer* nach den gültigen Kriegsgesetzen« zu behandeln, und die Generäle an die »soldatische Ehre« ihrer Truppen appellierten, durfte in den meisten Befehlen allerdings der übliche Hinweis nicht fehlen, dass von der Behandlung der Gefangenen nicht zuletzt »die Bereitschaft des Feindes, überzulaufen«, abhänge.[363] Wenn der Gedanke an den Arbeitskräftebedarf des Ostheeres und der deutschen Kriegswirtschaft in den Bemühungen um eine »Wende in der Kriegsgefangenenpolitik«[364] auch eine eminente Rolle spielte, und sich daneben moralisch-traditionalistische, zum Teil möglicherweise sogar humanitäre Bedenken in die Argumentation mischten, blieb die Aussicht auf eine Abschwächung der feindlichen Gegenwehr insbesondere für die Kommandobehörden an der Front weiterhin ausschlaggebend dafür, die Einhegung der Gewalt zu befürworten. Zwar stellte sich die Gemengelage der Interessen bei der Neuordnung des Kriegsgefangenenwesens in den rückwärtigen Gebieten und Lagern zweifellos vielschichtig dar, doch waren zumindest die Versuche zur Unterbindung der Gefangenenerschießungen im unmittelbaren Frontbereich in erster Linie von der Zielsetzung getragen, den gegnerischen Widerstand zu untergraben. Hierfür spricht schon, dass diesem Gesichtspunkt gerade in den Denkschriften, die in den Stäben von Frontdivisionen entstanden, auffallend häufig nahezu uneingeschränkter Vorrang eingeräumt wurde. Diese Hierarchisierung der anstehenden Probleme dürfte auch für jeden einfachen Soldaten nachvollziehbar gewesen sein, denn der heftige sowjetische Widerstand war eindeutig dasjenige Hindernis, mit dem das Ostheer im wahrsten Sinne des Wortes am meisten zu kämpfen hatte, dessen Überwindung den Einheiten unerhörte Verluste eintrug, die an die Substanz rührten und einen bedrohlichen, irreversiblen Kräfteschwund bewirkten. Es konnte kaum eine vitalere Forderung geben, als dieses vordringliche Problem an die erste Stelle der Agenda zu setzen und alle Möglichkeiten auszuschöpfen, um Abhilfe zu schaffen.

Dennoch zeigte sich an vielen Stellen, wie schwierig es war, die Wende in der Gefangenenpolitik nach den Geschehnissen des Jahres 1941 in den Verbänden durchzusetzen. Wenn der Großteil der Stäbe nach dem Scheitern des »Unternehmens Barbarossa« auch die Notwendigkeit einer Mäßigung ihrer Truppen einsah, gab es doch selbst im Frühjahr 1942 noch divergierende Ansichten und Gegenstimmen, die unbeirrt am bisherigen Kurs festhielten. Dass das Ostheer in dieser Frage auch nach den

---

[361] So die Anweisung in dem Merkblatt »Der deutsche Soldat im Osten« des OB der 4. Armee, Gen. d. Inf. Heinrici, v. 21.3.1942; BA-MA, RH 23/130, Bl. 229. Zu den verschiedenen Grundsatzbefehlen der AOK vgl. Hürter, Heerführer, S. 391 f. Auch das OKH erließ in der Folge einen entsprechenden Befehl, vgl. das »Merkblatt für die Behandlung sowjetischer Kriegsgefangener«, OKH/Gen.St.d.H./Gen.Qu./Abt. K.Verw. (Qu. IV/Kgf.) Nr. II/4530/42 v. 13.4.1942; BA-MA, RH 26-299/129, Anl. 9.
[362] Merkblatt »Der deutsche Soldat im Osten«, des OB der 4. Armee v. 21.3.1942; BA-MA, RH 23/130, Bl. 229. Hervorhebung im Original.
[363] »Merkblatt für das Verhalten des deutschen Soldaten in den besetzten Ostgebieten«, 101. lei. Inf. Div./Abt. Ic Nr. 713/42 geh. v. 29.6.1942; BA-MA, RH 26-101/67.
[364] Hürter, Heerführer, S. 393.

Erfahrungen des zurückliegenden Feldzugs nicht ganz im Gleichschritt marschierte, veranschaulicht ein rückblickender Bericht aus dem April 1942, den der Adjutant eines Schützenbataillons verfasste. In seinem Erfahrungsbericht schilderte Oberleutnant Pilster aus seiner Sicht die »Gründe für die Kampfkraft der Roten Armee«; eine Frage, »die alle Soldaten des Ostheeres bewegt[e]«, wie einer der Adressaten im Stab der vorgesetzten 20. Panzerdivision anmerkte.[365] Anders als viele Kommandobehörden betrachtete der Frontoffizier Pilster die sowjetische Binnenpropaganda über die den deutschen Truppen »angedichteten Grausamkeiten« eher als untergeordneten Aspekt. Seiner Meinung nach lagen die Ursachen für den erbitterten Widerstand der gegnerischen Truppen noch tiefer: »Herdenhafte Eigenwillenlosigkeit und unbedenkliche Sturheit auf der einen Seite, gepaart mit ostischem Fanatismus und politischer Überzeugung auf der anderen Seite, geführt von einer sorgfältig ausgelesenen soldatisch veranlagten Führerschicht, und beaufsichtigt von den Trägern und Nutzniesern [sic] eines politischen Systems, das macht die Kampfkraft der Roten Armee. Und deshalb kämpft der Rotarmist so zähe.« Der Bataillonsadjutant sah die Wurzeln des starken Widerstands der sowjetischen Truppen nicht in erster Linie in ihrer »Verhetzung«, sondern vielmehr in einer Mischung aus Hingabe, Ergebenheit, Zwang und nicht zuletzt dem »Volkscharakter« des Gegners, weshalb er die Erfolgsaussichten der neuen Ansätze skeptisch beurteilte. Seiner Meinung nach half hier nur die Gewalt: »Einen solchen Gegner kann man nicht durch Propaganda zermürben oder durch rücksichtsvolle Kampfführung beikommen. Zu seiner Vernichtung führt ausschließlich härtester, rücksichtslosester Kampf mit allen zerstörenden und moralisch zerreibenden Waffen modernster Kriegsführung, um die feindliche Führung und die Truppenkörper zu zersprengen. Mit den Splittern ist in der Masse ein leichtes Aufräumen. Hierbei wird auch die eigene geschickte Propaganda ihre Auswirkungen erfahren.« Auch wenn schon das vorgesetzte Divisionskommando Pilsters Ansichten nicht uneingeschränkt teilte und der »russ. Propaganda von den Gräuelmärchen der deutschen Truppen« sehr viel mehr Bedeutung beimaß[366], zeugt sein Erfahrungsbericht doch davon, wie schwer gerade die Fronttruppen zu einer Mäßigung zu bewegen waren, nachdem sie Kämpfe erlebt hatten, »die an Härte und Erbarmungslosigkeit in der Geschichte kaum Parallelen finden«.[367]

Welche Schwierigkeiten es bereitete, nach den unvergessenen Ereignissen des bisherigen Feldzugs, den gegenseitigen Gewaltexzessen und der Brutalität der Kämpfe die Verhärtung der Fronten wieder zu lösen, erkannte man auch in den Kommandobehörden. Der Kommandeur der 18. Panzerdivision etwa, der in seiner Denkschrift aus dem Februar 1942 für eine Verbesserung der Gefangenenbehandlung eingetreten war und von seinen Soldaten forderte, »dass der alte Grundsatz der Kriegsführung:

---

[365] Vgl. hierzu und zum Folgenden den Bericht »Gründe für die Kampfkraft der Roten Armee«, v. Oblt. Pilster, Adj. des I./SR 59 v. 20.4.1942; BA-MA, RH 27-20/108, Bl. 42-48. Auf dem Deckblatt wurde ein ausführlicher hs. Kommentar eines der Offiziere des Divisionsstabes festgehalten. Den Hinweis auf diese Quelle verdanke ich Prof. Dr. Sönke Neitzel, Mainz.

[366] Vgl. hierzu die Stellungnahme eines Angehörigen des Divisionsstabes zu Pilsters Denkschrift, »Ergänzender Bericht zum Erfahrungsbericht des Adj. I./SR 59«, v. 1.5.1942; BA-MA, RH 27-20/108, Bl. 49 ff.

[367] Bericht »Gründe für die Kampfkraft der Roten Armee« v. 20.4.1942; BA-MA, RH 27-20/108, hier Bl. 47.

›Ein gefangener Feind ist nicht mehr Feind‹ wieder Richtlinie im Verhalten wird«, wusste nur zu gut, dass diese Umkehr den Truppen nur schwer zu vermitteln war: »Über die Schwierigkeiten, die hier bei den Soldaten zu überwinden sind, die durch die grausame Kriegsführung der Roten Armee mit Recht maßlos erbittert sind, ist hier durchaus Klarheit vorhanden.«[368] Dass dieser Frontgeneral erhebliche Zweifel daran hatte, dass es gelingen würde, das Rad wieder zurückzudrehen, zeigte sich erneut, als General von Thüngen kurze Zeit später nachprüfen ließ, ob seine Appelle durchgedrungen waren. Am 22. April 1942 ließ die Divisionsführung in den unterstellten Truppenteilen Fragebögen verteilen, die zur Eruierung »der geistigen Verfassung der Truppe« dienen sollten. Es war symptomatisch, dass man unter anderem auch die folgenden Fragen stellen musste: »Hat die Einsicht bei dem Mann von der Notwendigkeit einer besseren Behandlung der Kriegsgefangenen und Eingeborenen Fortschritte gemacht? Wenn nicht, welche Gründe hat der Mann dagegen?«[369]

Tatsächlich kamen die Bemühungen um eine Unterbindung der Gefangenenerschießungen und eine Deeskalation des Konflikts – genauso wie die gleichermaßen wirkungsschwachen Anstrengungen der sowjetischen Führung – zu spät.[370] Nur eine frühzeitige, konsequente und kompromisslose Intervention, verbunden mit Strafandrohung und energischer Durchsetzung der Verbote, hätte die Gewalteskalation an der Ostfront abwenden können. Ein derartiges Verhalten war aber unter den Vorzeichen des Ostkrieges von vornherein illusorisch. Nicht nur aus ideologischen Gründen, sondern auch aus militärisch-professionellen Erwägungen sahen die Truppenführer in der so oft als Maxime apostrophierten »Rücksichtslosigkeit« das einzig probate Mittel des »Weltanschauungskampfes« gegen die Sowjetunion. Als sich während des Feldzugs dann herausstellte, dass das brutale Vorgehen der Truppen sich eher kontraproduktiv auswirkte, zog man aus dieser Erkenntnis kaum Konsequenzen. Eine wirksame Intervention hätte eine Abkehr von den radikalen Grundprinzipien des Ostkriegs erfordert, was für kaum einen Truppenführer zur Debatte stand, solange man noch auf einen »Blitzsieg« hinsteuerte. Durch die Völkerrechtsbrüche der Roten Armee und ihre Verbrechen an deutschen Gefangenen fühlten sich die Kommandobehörden in ihren Auffassungen nur bestätigt. Die Rachegefühle und die so häufig konstatierte »Verbitterung« der Truppen erfassten nicht nur die einfachen Soldaten, sondern griffen auch in den Stäben um sich. Selbst höhere Frontgeneräle konnten sich dieser Gefühle nicht erwehren und zeigten Verständnis für die Rachsucht ihrer Soldaten, deren Vergeltungsakte sie vielfach duldeten und nicht selten sogar selbst heraufbeschworen, obwohl man sich im Klaren darüber sein musste, dass die wechselseitigen Gewalttaten nachteilige Komplikationen für die militärischen Operationen nach sich zogen. In der Hinnahme des Brutalisierungsprozesses lag unverkennbar ein starkes irrationales Mo-

---

[368] Denkschrift des Div.Kdr. der 18. Pz.Div., Gen.Maj. v. Thüngen, an das XXIV. AK v. 14.2.1942; BA-MA, RH 27-18/157, Anl. 105.
[369] Anlage zum Schreiben der 18. Pz.Div./Abt. Ia/Ic Nr. 81/42 geh. v. 22.4.1942; BA-MA, RH 27-18/159, Anl. 135. Ob die Bemühungen um einen Umschwung in der Gefangenenbehandlung im Frontbereich Erfolg hatten und mit welcher Häufigkeit die Gefangenenerschießungen in den Hauptkampflinien während der Kämpfe von 1942 und der weiteren Kriegsjahre an der Ostfront vorkamen, harrt noch einer abschließenden Erforschung.
[370] Zu den Maßnahmen der sowjetischen Führung zur Unterbindung der Gefangenenerschießungen vgl. HOFFMANN, Kriegführung, S. 785-787.

ment der Kriegführung des deutschen Ostheeres. Dabei erwies sich die bewusste Radikalisierung der Kampfführung und die daraus folgende Barbarisierung des Ostkriegs als schwere Hypothek, die der deutschen Kriegführung an der Ostfront weit mehr Schaden als Nutzen einbrachte, von den katastrophalen humanitären Folgen ganz abgesehen.

3. Die Wahrnehmung der Kriegswirklichkeit

1. Das Feindbild »Kommissar«

Gesichertes Wissen über die politischen Kommissare der Roten Armee war in der deutschen Wehrmacht von vornherein rar.[371] Die vorhandenen Kenntnisse waren rudimentär und eher oberflächlich, auch wenn naturgemäß schon seit langem ein diffuses Set an Annahmen darüber existierte, wie man sich Repräsentanten der bolschewistischen Partei vorzustellen hatte. Dennoch oder gerade deswegen etablierte sich in den Truppen und Stäben des Ostheeres schon in den ersten Wochen und Monaten des Feldzugs ein fest gefügtes Bild von den gegnerischen Politoffizieren, das alle Aspekte ihrer Tätigkeit in den sowjetischen Verbänden umfasste und düsterer kaum hätte ausfallen können. Wie man in den deutschen Einheiten über die sowjetischen Kommissare dachte, war von entscheidender Bedeutung für die Realisierung des Mordprogramms, das den Soldaten des Ostheeres aufgetragen worden war.

Organisation und Rolle der Politoffiziere

Noch während der Vorbereitungsphase des Feldzugs war in den deutschen Verbänden kaum mehr bekannt als die Dienstgradabzeichen, die Rangstufen und das ungefähre Aufgabenprofil der sowjetischen Politoffiziere. In der Druckschrift der Abteilung Fremde Heere Ost über »Die Kriegswehrmacht der Union der sozialistischen Sowjetrepubliken (UdSSR)« von Mitte Januar 1941 war den politischen Kommissaren nur eine kurze Randbemerkung gewidmet worden; nicht zuletzt wohl deswegen, weil man wegen ihrer 1940 erfolgten »Unterstellung unter die Kommandeure« von einem »Wegfall des Einflusses der politischen Kommissare« ausging.[372] Auch dem »Taschenbuch Russisches Heer«, das »für den Gebrauch der Truppe im Felde« bestimmt war, konnte man nicht mehr entnehmen als die Dienstgradbezeichnungen der Kommissare und Politruks, eine Beschreibung ihrer Rangabzeichen und den Hinweis, dass der politische Kommissar »keine Kommandogewalt mehr« besitze und seit der »Unterstellung unter den Truppenkommandeur« nur noch »für die politische Erziehung« verantwort-

---

[371] Vgl. zur Institution der Kommissare in der Roten Armee BUCHBENDER, Erz, S. 158-160, 165 f.; Handbuch für die Geschichte Russlands, Bd. III, S. 1682-1685; HOFFMANN, Sowjetunion, S. 42 f.
[372] Vgl. die Drucksache OKH/Gen.St.d.H./O.Qu. IV/Abt. FHO Nr. 100/41 geh. v. 15.1.1941, »Die Kriegswehrmacht der Union der sozialistischen Sowjetrepubliken (UdSSR)«, Textband; BA-MA, RHD 18/210.

lich sei.[373] Als die sowjetischen Kommissare im Verlauf der weiteren Feldzugsvorbereitungen, spätestens mit der Ausgabe der Kommissarrichtlinien, vermehrt ins Blickfeld gerieten, wurden zusätzliche Informationen nachgereicht, die aber den Kenntnisstand nicht erheblich erweitern konnten. Kurz vor Beginn des Feldzugs galt es zumindest als sicher, dass »im August 1940 die Stellung der politischen Kommissare geändert« worden war[374]: »Während sie bis dahin dem Truppenführer gleichgestellt waren und in dessen Kommandogewalt eingreifen konnten, sind sie ihm jetzt unterstellt.« Ihre Funktion beschränke sich seitdem darauf, »daß der Kommissar nur mehr für die politische Erziehung der Wehrmachtsangehörigen verantwortlich ist«. Der Wissensstand über die Aufgaben und Befugnisse der Kommissare reichte über derartige, allgemeine Feststellungen kaum hinaus. Auch die institutionelle Struktur der politischen Organisation der Roten Armee war auf der deutschen Seite nur in groben Zügen bekannt. Man hatte zwar in Erfahrung gebracht, dass politische Kommissare in den Stäben »von der Armee abwärts bis mindestens Regiment und selbständiges Bataillon« eingesetzt waren, war sich aber schon unsicher darin, ob nicht »vielleicht auch bei allen Bataillonen« Kommissare vorhanden waren.

Während des laufenden Feldzugs zeigten sich die deutschen Frontstäbe umso mehr daran interessiert, ihre lückenhaften Kenntnisse über die politischen Strukturen der Roten Armee zu ergänzen. Die Kommandobehörden sammelten und tauschten alle Informationen, die sie hierüber in Gefangenenverhören und bei der Auswertung von erbeuteten Unterlagen gewinnen konnten. Dabei zeigte sich einmal mehr, auf welchem geringen Kenntnisstand man aufbauen musste. So gelang es erst in den ersten Wochen des Feldzugs, mehr Klarheit über die elementaren institutionellen und terminologischen Verhältnisse auf den unteren Stufen der politischen Organisation der sowjetischen Truppen zu erlangen. Die begrifflichen und strukturellen Unterschiede zwischen politischen Kommissaren und Politruks gewannen für die deutschen Stäbe erst allmählich Konturen. So hielt man im Generalkommando des XXXXVI. Panzerkorps Ende Juni 1941 fest, »dass je Komp., Btl. und Rgt. ein politischer Kommissar vorhanden sei«.[375] Von der Stellung der »Polititscheskij rukowoditel«[376] in den Einheiten, deren Rangbezeichnung man in der Wehrmacht mit dem Begriff »Politruk« eindeutschte oder als »politischer Leiter« umschrieb, wusste man bei diesem Generalkommando offensichtlich noch nichts Näheres. Dass unterhalb der Ebene der Bataillone keine Kommissare, sondern »Politrucks« eingesetzt waren, die »der Oberaufsicht eines Batl.Kommissars« unterstanden, hatte unter anderem ein Schützenbataillon des XXIV. Panzerkorps Mitte Juli 1941 in Erfahrung gebracht und aus gutem Grunde zugleich auf die begriffliche Differenzierung zwischen den Politoffizieren der verschiedenen Ebenen aufmerksam gemacht: »Kommissare heissen sie vom Batl. aufwärts.«[377] Ähnlich wies das Generalkommando des IV. Armeekorps etwa um die gleiche Zeit das vorgesetzte AOK 6 darauf hin, dass »politische Kommissare nur bei

---

[373] Vgl. das »Taschenbuch Russisches Heer. Bestimmt für den Gebrauch der Truppe im Felde«, hrsg. v. OKH/Gen.St.d.H./Abt. FHO, Januar 1941; BA-MA, RH 21-3/428, Bl. 122 ff.
[374] Vgl. hierzu und zum Folgenden die »Nachrichten über Sowjetrussland Nr. 5«, Pz.Gr. 4/Abt. Ic Nr. 705/41 geh. v. 17.6.1941; BA-MA, RH 27-6/113, Anl. 3.
[375] Eintrag im TB (Ic) des XXXXVI. AK v. 28.6.1941; BA-MA, RH 24-46/122.
[376] Bericht zum TB (Ic) der 293. Inf.Div. v. 30.6.1941; BA-MA, RH 26-293/44, Bl. 12 f.
[377] Meldung des II./SR 394 v. 19.7.1941; BA-MA, RH 24-24/331.

3. Die Wahrnehmung der Kriegswirklichkeit 277

Stäben vom Btl. aufwärts, bei Zügen und Kompanien nur Anwärter (Politruks)« vorhanden seien.[378] Dem IX. Armeekorps war es noch im letzten Augustdrittel 1941 in einem Bericht an das AOK 4 eine Bemerkung wert, dass sich »in jeder Kompanie [...] ein jüngerer oder mittlerer Politruk (Kommissar) befinden« solle.[379] Symptomatisch an diesem Hinweis war nicht nur sein später Zeitpunkt, sondern auch die spürbare terminologische Unsicherheit. Tatsächlich wurden die Begrifflichkeiten auch im späteren Verlauf des »Unternehmens Barbarossa« immer wieder verwechselt, als Synonyme aufgefasst und undifferenziert verwendet.[380] Zudem bestanden in den Kommandobehörden nach wie vor unterschiedliche Auffassungen in der Frage, ob die politischen Kommissare erst auf der Regimentsebene oder schon in den Bataillonsstäben eingesetzt wurden.[381] Dass man mehrheitlich zu dem Ergebnis gelangte, dass es sich bei den Politruks um die Politoffiziere der Kompanien handelte und schon in den Stäben der Bataillonsebene Kommissare tätig waren, zeigt, wie groß die begrifflichen Unklarheiten waren.[382] Denn nach gegenwärtigem Wissensstand waren erst in den Regimentsstäben politische Kommissare vorhanden, auf den darunter liegenden Ebenen dagegen nur Politruks.[383]

Dass man sich im Ostheer in der Anfangsphase des Krieges überhaupt erst über die Stellung der Politruks in den sowjetischen Einheiten informieren und verständigen musste, zeugt davon, wie bruchstückhaft das Wissen über die politischen Organe der Roten Armee auf der deutschen Seite war. Die Heeresführung und die Feindnachrichtenabteilungen der Frontkommandobehörden mühten sich, die Schleier, die über dem sowjetischen »Kommissarsystem«[384] schwebten, zu lüften, und informierten die nachgeordneten Stellen laufend über neue Erkenntnisse über die politischen Strukturen der gegnerischen Streitkräfte. Zumindest das Bild von der institutionellen Rolle der Kommissare gewann im Zuge dieser Bemühungen etwas festere Umrisse. Eine erste, gewichtigere Korrektur an den bestehenden Auffassungen ergab sich Mitte Juli 1941 durch eine Nachricht des OKH. Am 17. Juli 1941 gab die Abteilung Fremde Heere Ost eine Mitteilung über eine einschneidende Veränderung in der politischen Organisation der Roten Armee heraus, von der man nach eigenen Angaben zuvor am gleichen Tag durch den »Moskauer Rundfunk« Kenntnis erhalten hatte. Die sowjetische Führung habe verfügt, »dass der politische Kriegskommissar nun wieder für jede Kampfaufgabe verantwortlich« sei und »Befehle der Kommandeure nur durch Gegenzeich-

---

[378] Ic-Tagesmeldung des IV. AK an das AOK 6 v. 13.7.1941; BA-MA, RH 24-4/91, S. 51.
[379] Bericht des IX. AK/Abt. Ic an das AOK 4, betr. Auswertung von Gefangenenaussagen, v. 23.8.1941; BA-MA, RH 24-9/161, Bl. 65.
[380] Zur begrifflichen Verwirrung vgl. exemplarisch den Zusatz zum TB (Ic) der 262. Inf.Div. für den Monat September 1941, »Zusammenfassung der Gefangenenvernehmungen«, in dem u. a. von einem gefangenen »Div[isions].Politruk und 2 Kommissare[n]« die Rede ist; BA-MA, RH 26-262/49.
[381] Vgl. z. B. den Eintrag im TB des GFP-Außenkommandos beim XXIX. AK v. 26.6.1941; BA-MA, RH 24-29/76, Anl. 10. Die GFP kam zu dem Ergebnis, dass Kommissare erst ab der Regimentsebene eingesetzt wurden, bei den Bataillonen und Kompanien dagegen Politruks tätig waren.
[382] Vgl. zu einem weiteren Beispiel in dieser Richtung den Bericht der 6. Inf.Div./Abt. Ic über das Verhör eines Oblt. aus dem Stabe des sowjetischen SR 618 v. 28.9.1942; BA-MA, RH 26-6/65.
[383] Vgl. KOLKOWICZ, Military, S. 58; COLTON, Commissars, S. 13; Handbuch für die Geschichte Russlands, Band III, S. 947 f.; beiläufig auch NEKRITSCH, Genickschuß, S. 101.
[384] Vgl. zu dem Begriff das Merkblatt »Auf was kommt es in Russland an?«, hrsg. durch das OKH v. 14.5.1942; BA-MA, RH 26-9/88, Anl. 728.

nung des Kommissars Gültigkeit haben« sollten.[385] Nach dieser Nachricht war das Ostheer auf dem Informationsstand, dass die sowjetischen Politkommissare »in [ihren] alten Machtbereich wieder eingesetzt«[386] und »wieder mit ihren alten Befugnissen ausgestattet worden seien«.[387] Nach deutschen Erkenntnissen war damit verbunden, dass den Kommissaren nun wieder »die Überwachung der Truppe und ihrer Kommandeure« oblag und sie »gleichzeitig den Kampf gegen alle Zersetzungserscheinungen in der Armee aufzunehmen« hätten.[388] Die Bekanntmachung dieser institutionellen Neuordnung in der Roten Armee warf nicht nur Licht auf die organisatorischen Verhältnisse auf der Gegenseite, sondern nährte in den deutschen Verbänden zugleich die latenten Vorstellungen von der Allmacht der Kommissare.[389] Die Nachrichten über die erneuerten, weit reichenden Machtbefugnisse der sowjetischen Politoffiziere schienen das Bild zu bestätigen, dass »nicht nur der gesamte Heeresapparat, sondern sogar die unmittelbare Truppenführung von ihnen beherrscht« wurde.[390] Schon die institutionellen Vorrechte der Kommissare, die sie scheinbar selbst über die sowjetischen Truppenführer hinaushoben, belegten aus deutscher Sicht ihre exponierte Rolle als Hauptverantwortliche und bekräftigten die Wahrnehmung der Politoffiziere als Hauptfeinde.

Die weiteren Erkenntnisse, die man im Verlauf des Feldzugs über die Organisation der politischen Strukturen der Roten Armee gewinnen konnte, blieben punktuell und wenig abgesichert, ergaben aber immerhin ein grob umrissenes Gesamtbild. Schon die ermittelten Angaben über die Anzahl der Politkommissare und Politruks, die in einer durchschnittlichen sowjetischen Division vorhanden waren, schwankten, ohne aber so weit auseinander zu klaffen, dass sie widersprüchlich gewirkt hätten.[391] Daneben gewann auch das Bild vom inneren Gefüge der politischen Gliederungen der sowjetischen Truppen an Plastizität. Wiederholt wurde berichtet, dass den politischen Kommissaren und Politruks in ihren Einheiten noch weitere, offizielle und inoffizielle Mitarbeiter zur Verfügung standen, die sie bei der Wahrnehmung ihrer Aufgaben und der Überwachung der Truppen unterstützten. So hatte eine Division der 18. Armee im Dezember 1941 detaillierte »Listen über den politisch leitenden Personalbestand

---

[385] Vgl. hierzu und zum Vorherigen den Feindlagebericht der Pz.Gr. 4/Abt. Ic, Auszug aus Lagebericht Ost Nr. 26 (FHO), v. 17.7.1941; BA-MA, RH 24-41/69.
[386] Schreiben des AOK 18/Abt. Ic an die unterstellten Kommandobehörden v. 17.7.1941; BA-MA, RH 20-18/953.
[387] FNBl. des AOK 11/Abt. Ic Nr. 31/41 v. 19.7.1941; BA-MA, RH 20-11/64. Vgl. auch das FNBl. des AOK 17/Abt. Ic Nr. 16/41 v. 20.7.1941; BA-MA, RH 20-17/282.
[388] FNBl. Nr. 15 des AOK 6/Abt. Ic/AO Nr. 2564/41 geh. v. 23.7.1941; BA-MA, RH 20-6/490, Bl. 225 f.
[389] So hatte die 263. Inf.Div. schon Ende Juni 1941 gemeldet, dass die Kommissare das »Recht zu Versetzungen u. Aburt[ei]l[un]g[e]n. (selbst[än]d[i]g.) bei gegenrevolutionär[em]. Verhalten« und das »Recht der Geg[en]zeichn[un]g. bei militär[ischen]. Befehlen« besäßen; Ic-Meldung der 263. Inf.Div. v. 30.6.1941, 20.30 Uhr; BA-MA, RH 24-9/155.
[390] FNBl. des AOK 11/Abt. Ic/AO Nr. 148/41 v. 11.11.1941; BA-MA, RH 20-11/168.
[391] Vgl. die Übersicht des AOK 18/Abt. Ic über die vermutliche Gliederung der Feindverbände v. 9.8.1941; BA-MA, RH 20-18/953. Bei der Auswertung von Beutepapieren »ergab sich, dass insgesamt in der Div. 156 polit. Kommissare und Politruks bestehen, in jedem Rgt. deren 25«. Vgl. dagegen die Aussage eines gefangen genommenen Divisionskommissars im Verhör im Bereich der 11. Armee: »Regimenter, Btle. u. Kpn. von einer Div.: Insgesamt 120 Kommissare und Politruks.« Anlage zum FNBl. des AOK 11 Nr. 314/42 v. 10.7.1942; BA-MA, RH 20-11/315.

von sämtlichen Unterabteilungen« eines sowjetischen Infanteriebataillons erbeutet und den Unterlagen entnommen, dass in dem Bataillon »eine erstaunlich hohe Anzahl politisch und agitatorisch arbeitender Mitglieder« tätig war, die sich aus »stellv. Politruks, Gruppenführer[n], Agitatoren, Vorleser[n] und Plauderer[n]« zusammensetzte.[392] Bei der 3. Panzerdivision hatten schon im August 1941 verschiedene gefangen genommene Kommissare im Verhör bestätigt, dass in den Einheiten »zur Stärkung des Einflusses der Kommissare« zusätzliche politische Mitarbeiter herangezogen wurden.[393] Auch wenn diese schlaglichtartigen Nachrichten und Belege kaum verifiziert werden konnten und fraglich blieb, wie repräsentativ sie waren, flossen sie doch in das Gesamtbild mit ein. Sie begründeten die verbreitete Ansicht, dass sich die institutionelle Reichweite der politischen Organe in der Roten Armee bis in die kleinsten Teileinheiten erstreckte. Auch diese Nachrichten trugen somit zu der geläufigen Auffassung bei, dass die eigentliche Kontrolle über die sowjetischen Truppen in der Hand der Politkommissare und Politruks lag. Die deutschen Stäbe und Truppen erhielten mit zunehmender Dauer des Krieges zwar immer mehr Einblicke und Informationen über die politische Organisation der Roten Armee, doch blieb der Kenntnisstand insgesamt eher uneinheitlich und diffus, das Gesamtbild grobkörnig. Da das gesicherte Wissen über das System der sowjetischen Politoffiziere begrenzt und nicht sehr tief greifend war, konnten sich die ideologisch geprägten Vorstellungen von den Kommissaren noch ungehinderter entfalten. Da kaum Korrektive vorhanden waren, konnte das Halbwissen umso leichter durch pauschale, eingängige Feindbilder ergänzt werden; ganz abgesehen davon, dass dies auch dem Willen der deutschen Führung entsprach.

Die deutschen Frontstäbe waren aber nicht nur darum bemüht, Informationen über die institutionellen Verhältnisse auf der Gegenseite und die Organisation ihrer politischen Organe zu gewinnen. Noch größeres Interesse brachten die Kommandobehörden der Frage entgegen, wie die sowjetischen Politoffiziere ihre gewichtige Rolle im Gefüge der Roten Armee ausfüllten und wie sie ihre weit reichenden Befugnisse einsetzten. Die wichtigste Quelle für die Beantwortung dieser Fragen waren die Gefangenenverhöre, die die Feindnachrichtenoffiziere bei jeder Gelegenheit durchführten. Das große Interesse, das die deutschen Ic-Offiziere diesem Thema entgegenbrachten, belegen zahlreiche Vernehmungsberichte und vielfach auch die verwendeten Vordrucke für die Verhörprotokolle, in denen die Fragen nach Tätigkeit und Rolle der politischen Kommissare häufig schon vorformuliert waren.[394] Die Aussagen der sowjetischen Gefangenen zu diesen Fragen glichen sich in allen Frontabschnitten. In unzähligen Verhören beschrieben die Gefangenen ihre Kommissare als die entscheidenden Triebkräfte der sowjetischen Kriegführung, die den Widerstand mit brutalen Gewaltmethoden aufrechterhielten. Dass manche Gefangene mit diesen Auslassungen auch einen eigennützigen Zweck verfolgten und sich selbst exkulpierten, indem sie behaupteten, nur unter dem Zwang der Kommissare gekämpft zu

---

[392] Bericht der 122. Inf.Div./Abt. Ic an das AOK 18 über das L. AK v. 21.12.1941; BA-MA, RH 20-18/1000.
[393] Begleitschreiben zu Beutepapieren der 3. Pz.Div./Abt. Ic an das XXIV. AK v. 31.8.1941; BA-MA, RH 21-2/655, S. 161.
[394] Vgl. hierzu exemplarisch die Vernehmungsberichte und Verhörprotokolle der Ic-Abteilung der 296. Inf.Div.; BA-MA, RH 26-296/97.

haben, wurde dabei kaum in Rechnung gestellt. Zwar war man sich in den deutschen Stäben durchaus bewusst, dass die Gefangenen sich auch deswegen so negativ über ihre Kommissare äußerten, »weil sie sich eben wie Kriegsgefangene benehmen wollten«[395], »annahmen, eine solche Antwort wäre erwünscht«[396], und hofften, »damit ihr eigenes Los verbessern zu können«.[397] Bei aller Vorsicht, mit der die Nachrichtenoffiziere die Ergebnisse der Vernehmungen bewerteten, zog man dennoch die Kernaussagen der Gefangenen über ihre Politoffiziere kaum in Zweifel. Wie ernst man diese Auskünfte nahm, zeigte sich nicht zuletzt daran, dass die Stäbe sie in Meldungen, Nachrichtenblättern und Berichten häufig kritiklos an die vorgesetzten Stellen weiterleiteten und auch in ihren eigenen Befehlsbereichen bekannt gaben. Dass man den Wahrheitsgehalt dieser Schilderungen in der Regel nicht hinterfragte, wurde zum einen sicherlich dadurch begünstigt, dass sie mit den vorgefertigten Feindbildern übereinstimmten. Außerdem ließ schon die schiere Masse derartiger Aussagen, die in großer Zahl und stereotyper Form aus allen Frontabschnitten berichtet wurden, kaum einen Zweifel an ihrer Stimmigkeit aufkommen. Inwieweit die Aussagen der sowjetischen Kriegsgefangenen über das Wirken ihrer Politkommissare tatsächlich der Realität entsprachen, ist allein auf der Grundlage des deutschen Aktenmaterials nicht zu entscheiden, für die vorliegende Untersuchung aber auch nur von untergeordneter Bedeutung. Für die Fragestellung dieser Untersuchung ist nicht entscheidend, welchen Wahrheitsgehalt die deutschen Informationen hatten, sondern was man auf deutscher Seite für die Wahrheit hielt und in der Folge möglicherweise motivbildend und handlungsrelevant wurde.

Über die Vorstellungen, die man in den Verbänden des Ostheeres von der Tätigkeit der sowjetischen Kommissare pflegte, geben die deutschen Quellen detailliert Auskunft. Um zu erkennen, wie verbreitet diese Sichtweisen im Ostheer waren und wie tief die Soldaten aller Rangstufen sie verinnerlicht hatten, bedarf es keiner langen Suche. Die wesentlichen Elemente des stereotypen Feindbilds von den sowjetischen Kommissaren finden sich in den Akten nahezu jeder deutschen Kommandobehörde, jeder Division, jedes Korps, jeder Armee. Und nicht nur die dienstlichen Unterlagen der Stäbe, sondern auch die privaten Zeugnisse vieler Angehöriger des Ostheeres belegen, wie überzeugt man auf deutscher Seite von der Stimmigkeit dieses Feindbilds war. Die geläufigen Topoi über die politischen Kommissare schlugen sich in den persönlichen Aufzeichnungen einfacher Landser, Truppenoffiziere und hoher Frontgeneräle nieder. Selbst in der Nachkriegszeit blieben diese Vorstellungen weitgehend bestehen und wurden in Memoiren und sogar in den Zeugenständen der Nachkriegsprozesse weiterhin als gesicherte Erkenntnisse ausgegeben.[398]

Wie die deutschen Akten vielfach belegen, bestand im Ostheer die weit verbreitete Vorstellung, dass die Ursache für den unerwartet heftigen sowjetischen Widerstand in erster Linie in der Institution und Tätigkeit der politischen Kommissare begründet

---

[395] Vernehmungsbericht des VAA beim AOK 2 v. 28.9.1941, Bericht Nr. 23; BA-MA, RH 26-112/76.
[396] Eintrag im TB (Ic) der 60. Inf.Div. (mot.) v. 1.7.-15.12.1941, Abschnitt I.2.; BA-MA, RH 26-60/40.
[397] Eintrag im TB (Ic) der 73. Inf.Div. zur Phase 5.9.-13.9.1941; BA-MA, RH 26-73/30, S. 22.
[398] Vgl. exemplarisch die Aussage Mansteins im Nürnberger Hauptkriegsverbrecherprozess; IMT, Bd. 20, S. 689. Vgl. die Aussage Warlimonts im »OKW-Prozess«; Trials, Vol. 10, S. 1077 f. Vgl. die Aussage Leebs im »OKW-Prozess«; Trials, Vol. 10, S. 1093.

3. Die Wahrnehmung der Kriegswirklichkeit 281

lag. Die Berichte und Meldungen in dieser Richtung sind Legion und nahezu von jeder deutschen Kommandobehörde überliefert. In stereotyper Diktion wurden die sowjetischen Politoffiziere als »Rückgrat der kämpfenden roten Truppe«[399], als »treibende und widerstandhaltende Kraft«[400] und »Träger der Widerstandskraft«[401] beschrieben; immer wieder wurde konstatiert, dass »sie allein die Seele des Widerstandes seien«.[402] Übereinstimmend meldeten die Stäbe aus allen Frontabschnitten, dass »der Kommissar in der russischen Kriegführung die ausschlaggebende Rolle«[403] spiele und der starke gegnerische Widerstand »nur durch Politkommissare organisiert«[404] werde. Im Kommando der 35. Infanteriedivision stellte man im Frühjahr 1942 rückblickend fest, dass »der hartnäckige Widerstand bei den bisherigen Kämpfen […] hauptsächlich auf die Einrichtung der Kommissare zurückzuführen« sei.[405] Ähnlich erklärte man sich die heftige Gegenwehr der sowjetischen Truppen auch im Stab der Panzergruppe 4: »Getrieben durch die Kommissare, kämpft der Gegner zäh und erbittert, lässt sich totschlagen.«[406] Im Kommando der 52. Infanteriedivision war man nach den ersten Wochen des Feldzugs zu der gleichen Auffassung gelangt. Als der Kommandierende General des vorgesetzten LIII. Armeekorps am 12. August 1941 zu einer Frontbesichtigung eintraf, führte der Divisionskommandeur in seinem Lagevortrag »den hartnäckigen Widerstand der Russen auf den Einfluss der Kommissare zurück, die in vorderer Linie kämpfen«.[407] Im Stab der 293. Infanteriedivision war man ebenfalls fest davon überzeugt, dass dieses Erklärungsmuster zutraf: Der »Feindwiderstand, der sehr stark ist, resultiert aus der Anwesenheit der *Kommissare*«.[408] Nicht nur in diesem Divisi-

---

[399] Eintrag im TB (Ic) des XXVIII. AK v. 28.6.1941; BA-MA, RH 24-28/10, S. 7. Vgl. zur Vorstellung von den Kommissaren als »Rückgrat« der Roten Armee u. a. auch den Erfahrungsbericht des XX. AK/Abt. Ic v. 28.10.1941; BA-MA, RH 20-4/679. Vgl. auch den Eintrag im KTB der 34. Inf.Div. v. 6.9.1941; BA-MA, RH 26-34/10, Bl. 143. Vgl. auch den TB (Ic) der 46. Inf.Div. v. 2.1.-15.1.1942; BA-MA, RH 26-46/51.

[400] Eintrag im TB (Ic) des XXXIX. AK v. 8.7.1941; BA-MA, RH 24-39/172, Bl. 28. Vgl. zur Vorstellung von den Kommissaren als »treibende Kraft« u. a. auch die Ic-Morgenmeldung des LIII. AK v. 17.7.1941; BA-MA, RH 24-53/141. Vgl. auch den Erfahrungsbericht des IR 481 v. 13.12.1941; BA-MA, RH 26-256/20. Vgl. auch den Erfahrungsbericht der 100. Inf.Div./Abt. Ic v. 15.11.1941; BA-MA, RH 26-100/41, Bl. 6.

[401] Erfahrungsbericht des Kdr. des GJR 99 v. 2.11.1941; BA-MA, RH 28-1/140. Vgl. zur Vorstellung von den Kommissaren als »Träger des Widerstandes« u. a. auch den Erfahrungsbericht des IX. AK v. 31.10.1941; BA-MA, RH 24-9/161, Bl. 102. Vgl. auch die Tagesübersicht des LV. AK/Abt. Ic v. 7.7.1941; BA-MA, RH 24-55/69, S. 56. Vgl. auch den Erfahrungsbericht des XXIX. AK/Abt. Ic v. 1.12.1941; BA-MA, RH 24-29/47, Anl. 97.

[402] Eintrag im TB (Ic) der Pz.Gr. 3 v. 1.1.-11.8.1941, Abschnitt »Erfahrung mit Gefangenen«; BA-MA, RH 21-3/423, S. 32. Vgl. zur Vorstellung von den Kommissaren als »Seele des Widerstandes« u. a. auch den Eintrag im KTB des IR 109 v. 8.7.1941; BA-MA, RH 37/7180, Bl. 11. Vgl. auch die Ic-Meldung der 111. Inf.Div. v. 1.7.1941; BA-MA, RH 26-111/29, Anl. 25. Vgl. auch die Ic-Morgenmeldung des XXXXIX. AK v. 20.7.1941; BA-MA, RH 20-17/277, S. 7.

[403] Gefechtsbericht des IR 213 über den Einsatz v. 29.12.1941-18.1.1942; BA-MA, RH 37/4904.

[404] Vernehmungsbericht der 1. Pz.Div. v. 4.7.1941; BA-MA, RH 24-41/64.

[405] Bericht des 35. Inf.Div./Abt. Ic, »Erfahrungen des bisherigen Feldzuges«, Frühjahr 1942; BA-MA, RH 26-35/89, S. 3.

[406] Eintrag im KTB der Pz.Gr. 4 v. 22.7.1941; BA-MA, RH 21-4/14, S. 140.

[407] Fahrtbericht des KG des LIII. AK v. 12.8.1941; BA-MA, RH 24-53/17, Bl. 65.

[408] Eintrag im KTB der 293. Inf.Div. v. 18.8.1941; BA-MA, RH 26-293/6, Bl. 43. Hervorhebung im Original.

onskommando ging man von einem »ungeheure[n] Einfluss der Kommissare auf die Haltung der [sowjetischen] Truppe« aus.[409]

In vielen deutschen Kommandobehörden galten die sowjetischen Truppenkommissare geradezu als taktischer Faktor, der den Kampfwert der gegnerischen Verbände determinierte. In der Ic-Abteilung der 198. Infanteriedivision etwa glaubte man während der ersten Feldzugsmonate beobachtet zu haben, dass sich die sowjetischen Einheiten vor allem dann als besonders kampfkräftig erwiesen, »wenn [ein] energischer Kommissar vorhanden« war.[410] Ähnlich schätzte man die Verhältnisse auf der Gegenseite auch im Höheren Kommando XXXIV ein, dessen Feindnachrichtenabteilung im September 1941 berichtete, dass die politischen Kommissare »auf den Kampfwert der Truppe einen entscheidenden Einfluß ausübten«.[411] Im Generalkommando des VIII. Armeekorps bestand sogar die Auffassung, dass selbst schwerwiegende »Unzulänglichkeiten und Mängel« wie Ausbildungsdefizite und unzureichende Bewaffnung in den sowjetischen Truppen durch die Tätigkeit der Kommissare »ausgeglichen« würden.[412] Im Kommando der 1. Gebirgsdivision erblickte man in den politischen Kommissaren neben den sowjetischen Truppenoffizieren »die Träger der Kampfkraft«.[413]

Dass die sowjetischen Politoffiziere für die Kampfkraft der Roten Armee eine entscheidende Rolle spielten, wurde schließlich auch in vielen der Erfahrungsberichte hervorgehoben, die gegen Ende des Jahres 1941 in den Kommandobehörden des Ostheeres ausgearbeitet wurden. Im AOK 9 etwa resümierte man nach dem ersten Kriegshalbjahr, dass die »Kommissare [...] zur Stärkung der Widerstandskraft zweifellos sehr viel beigetragen« hätten.[414] Nach Einschätzung der Armeeführung war es den sowjetischen Politoffizieren sogar gelungen, zu kompensieren, dass es den meisten Rotarmisten an Idealismus mangele: »Obwohl der Masse eine allgemeine verpflichtende Idee, geistig erfasst und verarbeitet, fehlt, kämpft sie unter dem Druck fanatischer politischer und militärischer Führer oft mit Erbitterung bis zum letzten.« Das AOK 6 stellte in einem Erfahrungsbericht aus dem November 1941 fest, dass durch die »*Einschaltung der politischen Kommissare* in die Kommandogewalt« in den Reihen der Roten Armee »eine erhebliche *Steigerung* des Führungswillens und der Widerstandskraft erreicht« worden sei.[415] Aus der Sicht des AOK 6 war es nicht zuletzt auf das Wirken der politischen Kommissare zurückzuführen, dass man die vormals verbreitete Unterschätzung der sowjetischen Truppen korrigieren musste und den Rotarmisten nun mit deutlich mehr Respekt begegnete: »Der sowjetrussische Soldat ist unter der brutalen und schonungslosen Führung durch Offiziere und Politkommissare infolge seiner Härte, Einsatzbereitschaft und Anspruchslosigkeit ein beachtlicher Geg-

---

[409] Bericht der 293. Inf.Div./Abt. Ic über die Zeit v. 9.2.-24.2.1942; BA-MA, RH 26-293/44, Bl. 56.
[410] Eintrag im TB (Ic) der 198. Inf.Div. v. 18.6.-31.10.1941, Abschnitt »Kampfwert«; BA-MA, RH 26-198/63.
[411] Eintrag im TB (Ic) des Höh.Kdo. XXXIV v. 1.9.-15.9.1941, Abschnitt »Feindlage«; BA-MA, RH 24-34/39.
[412] Feindlagebericht der VIII. AK/Abt. Ic v. 5.8.-27.9.1941; BA-MA, RH 24-8/123, Bl. 24 ff.
[413] Erfahrungsbericht der 1. Geb.Div./Abt. Ic über »Russische Führung und Taktik« v. 2.11.1941; BA-MA, RH 28-1/140, Anl. 9.
[414] Vgl. hierzu und zum Folgenden den Erfahrungsbericht über die Rote Armee im TB (Ic) des AOK 9 v. 1.5.-31.12.1941; BA-MA, RH 20-9/643, S. 21-23.
[415] Vgl. hierzu und zum Folgenden AOK 6/Abt. Ic/AO Nr. 3383/41 geh. v. 8.11.1941, betr. Erfahrungsbericht über sowjetische Kriegswehrmacht. Führung, Taktik, Kampfwert des sowjetischen Heeres; BA-MA, RH 20-6/494, Bl. 235-241. Hervorhebungen im Original.

ner.« Der Bericht des AOK 6 beruhte zu einem guten Teil auf den Erfahrungen der unterstellten Armeekorps, in denen man die Bedeutung der Politoffiziere für die Kampfkraft der Roten Armee ebenfalls außerordentlich hoch veranschlagte. Im Generalkommando des XI. Armeekorps etwa war man sich in seinem Urteil sicher, dass die Einrichtung der politischen Kommissare »fraglos zur Hebung der Widerstandkraft in hohem Mahse [sic] beigetragen« habe.[416] Die Nachteile, die mit »der Wiedereinsetzung der Kommissare in ihre alten Rechte« verbunden seien, nämlich die »Hemmung der militärischen Vorgesetzten in ihren Entschlüssen und deren Ausführung«, seien dadurch ausgeglichen worden, dass die Kommissare »zur Stärkung der Widerstandskraft« beitrügen und fähig seien, ihre Truppen »zum Aushalten bis zum Tode auch in verzweifelten Lagen« zu bewegen.

Diese Wahrnehmungsmuster, die sich am Ende des Jahres 1941 in den Erfahrungsberichten der Oberkommandos niederschlugen, waren repräsentative Meinungsbilder, in die neben den Auffassungen der Armeestäbe auch die Einschätzungen der unterstellten Kommandobehörden einflossen. In Hinblick auf die Rolle der sowjetischen Politoffiziere war das Urteil nahezu einhellig. Auf deutscher Seite erblickte man in den politischen Kommissaren die Korsettstangen und tragenden Säulen der sowjetischen Truppen und führte es auf ihre Tätigkeit zurück, dass der früh erwartete Zusammenbruch der Roten Armee ausgeblieben war. Im Kommando der 10. Infanteriedivision war man im Dezember 1941 sogar der Ansicht, dass den sowjetischen Kommissaren ein bedeutender Anteil am Scheitern des »Unternehmens Barbarossa« zukomme: »Dass die russische Armee noch nicht gänzlich zerschlagen ist, ist zweifellos dem starken Einfluss der militärischen Kommissare, ihrem persönlich tapferen Einsatz und der Rücksichtslosigkeit, mit der die zur Verfügung stehenden Machtmittel gebraucht werden, im Wesentlichen zuzuschreiben.«[417] Dass die Rote Armee »nur durch die Kommissare zusammengehalten« werde, und diese den Kriegsverlauf entscheidend bestimmten, war eine verbreitete Auffassung, die sich im Ostheer schon frühzeitig ausgeprägt hatte.[418]

Methoden und Vergehen der Politoffiziere

In den deutschen Stäben herrschte weitgehende Einigkeit darüber, dass die Heftigkeit des sowjetischen Widerstandes vor allem auf das Treiben der politischen Kommissare zurückzuführen war. Genauso einhellig fiel das vernichtende Urteil über die Methoden aus, mit deren Hilfe die Truppenkommissare diese Wirkung erzielten. Die Mittel, die die Kommissare nach den Erkenntnissen der Feindnachrichtenabteilungen anwandten, um den Widerstand aufrechtzuerhalten, nahm man auf deutscher Seite äußerst negativ wahr und wollte sie schlichtweg nicht als rechtmäßig anerkennen. Nach geläufiger deutscher Auffassung beruhte der durchschlagende Erfolg der sowjetischen Truppen-

---

[416] Vgl. hierzu und zum Folgenden den Erfahrungsbericht des XI. AK/Abt. Ic zur Druckschrift »Die Kriegswehrmacht der U.d.S.S.R.« v. 6.11.1941; BA-MA, RH 24-11/121.
[417] Erfahrungsbericht der 10. Inf.Div. (mot)/Abt. Ia v. 4.12.1941; BA-MA, RH 26-10/71, Anl. 700.
[418] Ic-Abendmeldung des XXXXVIII. AK v. 24.6.1941; BA-MA, RH 21-1/148c, S. 160 f. Vgl. auch den Vernehmungsbericht des XXXVIII. AK v. 2.8.1941, Abschnitt »c) Die Kommissare«; BA-MA, RH 20-18/997.

kommissare in erster Linie auf Propagandalügen und drakonischen Zwangsmaßnahmen; auf Praktiken, die man in den Stäben und Truppen des Ostheeres als radikal, amoralisch und illegitim abtat. Die Methoden der Kommissare wurden umso strikter abgelehnt und stigmatisiert, als sie sich nach Ansicht der deutschen Kommandobehörden als außerordentlich wirkungsvoll herausstellten. Schon die Propagandaparolen der Kommissare beeinflussten das Verhalten der sowjetischen Soldaten nachhaltig und trieben sie zu verzweifelter Gegenwehr, wie die deutschen Stäbe immer wieder feststellten. Wie schon frühzeitig aus unzähligen Gefangenenverhören hervorging, bestand die Propagandastrategie der politischen Kommissare darin, ihren Truppen einzureden, dass die deutschen Angreifer grundsätzlich alle sowjetischen Kriegsgefangenen umgehend ermorden würden. Mit dieser Strategie wurde bezweckt, den Rotarmisten die Kapitulation oder Desertion als Ausweg zu verschließen und ihre Kampfmotivation zu potenzieren. Flankiert wurden diese dämonisierenden Warnungen von massiven Drohungen, die vom sowjetischen Repressionsapparat ausgingen und das gleiche Ziel verfolgten. Für den Fall, dass Soldaten nicht bis zum Letzten kämpfen und unverwundet in deutsche Hand fallen würden, sollten kapitale Strafen gegen sie und ihre Angehörigen verhängt werden. Dass derartige rigorose Maßnahmen und Indoktrinationsversuche in der Roten Armee den Alltag bestimmten und der Zusammenhalt der sowjetischen Verbände überhaupt erst durch diese Methoden zustande kam, war fester Bestandteil des Bildes, das man sich auf deutscher Seite von den gegnerischen Streitkräften machte. In den Verbänden des Ostheeres war man überzeugt davon, dass es die Truppenkommissare waren, die als Organe der politischen Führung für den Disziplinierungsterror in der Roten Armee und die propagandistische Aufhetzung der Soldaten verantwortlich zeichneten.

Wie die deutschen Kommandobehörden einhellig berichteten, erzielten bereits die Propagandaparolen der Kommissare durchschlagende Wirkung. In zahlreichen Meldungen wurde der verzweifelte Widerstand der sowjetischen Truppen damit erklärt, dass die Soldaten den Ankündigungen der Binnenpropaganda und ihrer Vorgesetzten Glauben geschenkt hatten und der Gefangenschaft folglich um jeden Preis zu entgehen suchten. So meldete eine Infanteriedivision der Heeresgruppe Nord schon am ersten Kriegstag, dass die gegnerischen Soldaten deshalb so »zäh« kämpften, »da [die] Parole« umlief, »dass wir sie töten«.[419] Wie ernst manche Rotarmisten diese »Parole« nahmen, zeigte sich nicht zuletzt daran, dass sie »deshalb z. T. vor [der] Gefangennahme Selbstmord« begingen. In den Einheiten der 20. Infanteriedivision bemerkte man ebenfalls schon im Verlauf des ersten Kriegstags, dass die Rotarmisten »auch auf verlorenem Posten bis zum Letzten« kämpften, und sah darin eine Folge der »Lügenmärchen«, die besagten, dass alle »Gefangene[n] [...] von [den] Deutschen erschossen« würden.[420] Die gleiche Erklärung für den heftigen sowjetischen Widerstand lieferte der Nachschubführer der 23. Infanteriedivision in einem Bericht über die Anfangsphase des Ostfeldzugs: »Der Russe kämpfte hartnäckig und verbissen, zum grossen Teil aus Furcht vor dem sicheren Tode im Falle einer Gefangennahme – so war es ihm

---

[419] Vgl. hierzu und zum Folgenden die Ic-Meldung der 30. Inf.Div. v. 22.6.1941, 15.45 Uhr; BA-MA, RH 24-10/279, Bl. 4.
[420] Eintrag im KTB der 20. Inf.Div. (mot.) v. 22.6.1941; BA-MA, RH 26-20/11, S. 21.

8 | Dämonisiert: Ein politischer Kommissar der Roten Armee in deutscher Gefangenschaft (1. Juli 1941)

gelehrt worden.«⁴²¹ Dass diese planmäßige Indoktrination nicht folgenlos blieb, bekamen die deutschen Truppen in den Kämpfen immer wieder deutlich zu spüren. Für die Soldaten der 125. Infanteriedivision etwa erwies sich der Gegner als »zäher Bursche, der sich oft eher totschlagen lässt, als dass er sich ergibt. Viel Schuld daran ist wohl die üble Hetze, die den russ. Soldaten das alte Märchen vom Totgeschossenwerden in der Gefangenschaft eingeredet hat.«⁴²² Auch ein ranghoher Truppenführer wie der Kommandierende General des LII. Armeekorps, General der Infanterie von Briesen, zweifelte nicht daran, dass sich die zähe Gegenwehr der Rotarmisten zu einem erheblichen Teil aus den Propagandaparolen der sowjetischen Führung speiste. In seinem persönlichen Tagebuch notierte von Briesen Ende August 1941: »Die Russen kämpfen wirklich mit dem Rücken an der Wand oder dem sicheren Tod im Genick, da man ihnen eingeredet hat, dass die Deutschen jeden Gefangenen totquälen, und da jeder der zurückgeht, erschossen wird, gibt es für sie nur Halten oder Sterben.«⁴²³ Dass die gezielt geschürte »Angst vor Misshandlung und Erschießung in deutscher Gefangenschaft« die sowjetischen Soldaten dazu trieb, »aus Verzweiflung bis zum letzten« zu kämpfen⁴²⁴, war ein weit verbreitetes Erklärungsmuster für die Schwere der Kämp-

---

421 Bericht des Di.Na.Fü. der 23. Inf.Div. über den bisherigen Feldzug v. 11.7.1941; BA-MA, RH 26-23/72, Bl. 53 ff.
422 Eintrag im KTB der 125. Inf.Div. v. 25.6.1941; BA-MA, RH 26-125/3, S. 7.
423 Eintrag im Tgb. des KG des LII. AK v. 31.8.1941; BA-MA, RH 24-52/9.
424 Ic-Zwischenmeldung des XXX. AK v. 21.7.1941; BA-MA, RH 20-11/66.

fe an der Ostfront, das in den deutschen Stäben und Truppen Allgemeingut war und kaum hinterfragt wurde.[425]

Als ebenso unzweifelhaft galt in den Kommandobehörden des Ostheeres, dass es sich bei den Urhebern und Multiplikatoren der folgenschweren Propagandaparolen, auf die man den heftigen sowjetischen Widerstand zurückführte, um die politischen Kommissare handelte. Im Kommando der Panzergruppe 3 etwa stellte man Mitte August 1941 rückblickend fest, dass die »geistige Beeinflussung« der sowjetischen Truppen durch die politischen Kommissare erheblich gewesen sei und zu den wichtigsten Ursachen der starken feindlichen Gegenwehr gezählt werden müsse: »Der zähe Widerstand der bolschewistischen Truppe ist wohl in erster Linie auf seine Hetze [d. h. des Kommissars] zurückzuführen, die zahllosen Soldaten glaubhaft machte, daß ihnen Durchhalten im Kampf oder martervolle Tötung nach Gefangennahme durch die Deutschen nur zur Wahl bliebe.«[426] Die Ic-Abteilung der Panzergruppe 2 erfuhr in den ersten Tagen des Feldzugs aus Gefangenenvernehmungen, »dass der zähe Widerstand der eingeschlossenen Feindteile im wesentlichen auf die von Kommissaren und Offizieren verbreitete Behauptung zurückzuführen ist, dass alle Gefangenen gemartert und erschossen würden«.[427] Auch im Abschnitt der 4. Armee betrachtete man es schon Ende Juni 1941 als Gewissheit, »daß der russ. Soldat von den politischen Kommissaren dahingehend verhetzt wurde, daß der deutsche Soldat keine Gefangenen macht, sondern alles ›abschlachtet‹«; hieraus erkläre sich »die sinnlose Angst des Russen vor der Gefangennahme«.[428] Die 18. Infanteriedivision meldete Ende Juni 1941, dass »die Gefangenen befürchten, von den Deutschen erschossen zu werden« und stellte fest: »Die Kommissare haben ihnen das erzählt«.[429] In einem Artillerieregiment der Heeresgruppe Nord war man bis Mitte Juli 1941 zu der gleichen Auffassung gelangt: »Die Sowjet-Propaganda und die pol. Kommissare, die sich in jeder Truppeneinheit befinden, haben den Soldaten erzählt, daß sie bei den Deutschen in der Gefangenschaft erschossen würden.«[430] Zusammen mit dem Disziplinierungsterror habe diese Parole in der Roten Armee dazu geführt, dass »der Russe zäh und ausdauernd« kämpfe und sich kaum ergebe: »Die Angst vor der Gefangenschaft und das verbissene Kämpfen ist daraus erklärlich.« Auch nach Ansicht der 35. Infanteriedivision hatte »der Russe« derartige »Erfolge in der propagandistischen Bearbeitung seiner eigenen Truppe vor allem durch die *Kommissare* erzielt«.[431] Nach den Erfahrungen der Division hatte »die intensiv betriebene *Greuelpropaganda* während des Krieges [...] zur Folge, dass der einzelne Soldat bis zuletzt gekämpft hat und sich besonders zu Anfang des Feldzuges nicht gefangen nehmen liess«. Die Konsequenzen, die sich für die deutsche Kriegfüh-

---

[425] Zu weiteren Beispielen vgl. die Ic-Abendmeldung des XXVI. AK v. 27.6.1941; BA-MA, RH 24-26/128. Vgl. die Ic-Abendmeldung des XXXXVIII. AK v. 2.7.1941; BA-MA, RH 21-1/148b, S. 219. Vgl. den zusammenfassenden Vernehmungsbericht des XVII. AK v. 2.7.1941; BA-MA, RH 24-17/170, S. 100.
[426] Eintrag im TB (Ic) der Pz.Gr. 3 v. 1.1.-11.8.1941; BA-MA, RH 21-3/423, S. 30.
[427] Eintrag im TB (Ic) der Pz.Gr. 2 v. 26.6.1941; BA-MA, RH 21-2/640, S. 10.
[428] Ic-Morgenmeldung des IX. AK an das AOK 4 v. 29.6.1941; BA-MA, RH 24-9/158, Bl. 14.
[429] Ic-Tagesmeldung 18. Inf.Div. an das LVII. AK v. 27.6.1941; BA-MA, RH 26-18/56, Anl. 15.
[430] Vgl. hierzu und zum Folgenden den Eintrag im KTB des AR 80 v. 14.7.1941; BA-MA, RH 41/254, S. 14.
[431] Vgl. hierzu und zum Folgenden den Eintrag im TB (Ic) der 35. Inf.Div. v. 22.6.1941-10.11.1942; BA-MA, RH 26-35/88, S. 8. Hervorhebungen im Original.

rung daraus ergaben, waren unübersehbar, wie man auch in einer Schützenkompanie der Panzergruppe 1 bald feststellen musste: »Es wurde erbittert gekämpft, der Russe zäh und stur ergab sich nicht, bis zur letzten Patrone kämpfte er. Schuld an dieser Zähigkeit ist nicht etwa soldatische Tugend, sondern Drohungen und Gerüchte von seiten der russ. Kommissare. Jedem russ. Soldaten hatten die Kommissare eingetrichtert, daß russ. Gefangene von den Deutschen gemartert und verstümmelt würden.«[432] Wie aus diesem Bericht besonders deutlich hervorgeht, erkannte man auf deutscher Seite die wirkungsvollen Propagandaparolen der Kommissare gemeinhin nicht als »soldatisches« Mittel der Kriegführung an und erhob schon deswegen schwere Schuldvorwürfe gegen sie.[433]

Wie nachhaltig diese Propagandastrategie wirkte, glaubte man in den deutschen Stäben auch im unmittelbaren Verkehr mit den sowjetischen Kriegsgefangenen, vor allem in den Gefangenenvernehmungen beobachten zu können. Nicht selten berichteten die Ic-Abteilungen von den Verhören, dass die Gefangenen »auf Grund der Angaben der Kommissare«[434] »z. T. bei der Vernehmung noch keineswegs davon überzeugt [waren], dass sie am Leben bleiben würden«.[435] Als Beleg für den Erfolg der sowjetischen Binnenpropaganda meldete die 217. Infanteriedivision Ende Juni 1941: »Immer wieder erwarten die Gefangenen besonders Offiziere ihre Erschießung.«[436] Die Ic-Abteilung der 100. Infanteriedivision hatte während der ersten Kriegsmonate in den Verhören ebenfalls den Eindruck gewonnen, dass viele Gefangene »mit Bestimmtheit ihre Erschiessung« erwarteten.[437] Auch ein Unteroffizier der 112. Infanteriedivision meinte den sowjetischen Kriegsgefangenen anzumerken, dass sie nicht damit rechneten, die Gefangenschaft zu überleben: »Sie haben alle mit dem erbärmlichen Leben abgeschlossen, und sie wollen gar nicht glauben, dass sie bei uns nicht direkt erschossen werden.«[438] Im Stab der Panzergruppe 3 sprach man in diesem Zusammenhang verächtlich von einer »primitiven Freude [der Gefangenen], nicht erschossen zu werden«.[439]

Die sichtbaren Auswirkungen ihrer Propaganda bekräftigten zugleich die Auffassung, dass es sich bei den politischen Kommissaren um besonders gewandte und daher besonders gefährliche Agitatoren handeln musste. Die deutschen Stäbe registrierten alarmiert, dass die sowjetischen Politoffiziere auch und gerade in der Gefangenschaft noch eine schädliche Wirkung zu entfalten schienen. So beobachtete man in der 1. Infanteriedivision während der ersten Monate des Feldzugs: »Die russ. Soldaten standen in deutscher Gefangenschaft, wenn sich unter ihnen ein Politruk usw. befand,

---
432 Eintrag im Tgb. über den Einsatz der 1./SR 64 v. 9.7.1941; BA-MA, RH 37/6249, S. 10.
433 Vgl. zu weiteren Beispielen die Einträge im TB (Ic) des VI. AK v. 28.6. und 30.6.1941; BA-MA, RH 24-6/236, Bl. 8 f. Vgl. den Eintrag im TB (Ic) der 269. Inf.Div. v. 24.8.-3.9.1941; BA-MA, RH 26-269/41, S. 24.
434 Ic-Bericht der 293. Inf.Div. v. 30.6.1941; BA-MA, RH 26-293/44, Bl. 13.
435 Vernehmungsbericht der 293. Inf.Div./Abt. Ic, o.D., erste Julihälfte 1941; BA-MA, RH 26-293/44, Bl. 16.
436 Ic-Morgenmeldung der 217. Inf.Div. v. 28.6.1941; BA-MA, RH 26-217/40.
437 Erfahrungsbericht der 100. lei. Inf.Div./Abt. Ic v. 15.11.1941; BA-MA, RH 26-100/41, Bl. 6.
438 Eintrag im Tgb. eines Uffz. einer Fahrkolonne des Di.Na.Fü. 112 v. 3.8.1941; BA-MA, MSg 2/3667.
439 Eintrag im TB (Ic) der Pz.Gr. 3 v. 1.1.-11.8.1941, »Erfahrung mit Gefangenen«; BA-MA, RH 21-3/423, S. 32.

immer noch unter dessen Einfluss.«[440] Auf die gleiche Schlussfolgerung lief ein Bericht der Ic-Abteilung der 295. Infanteriedivision hinaus, die in den Gefangenenverhören bemerkt hatte, dass die Aussagewilligkeit der vernommenen Rotarmisten schlagartig aufhörte, »wenn ein Kommissar in der Nähe« war.[441] Im AOK 18 ging man bereits im August 1941 fest davon aus, dass die sowjetischen Politoffiziere »erfahrungsgemäß« nach der Gefangennahme das Ziel verfolgten, »in den Gefangenenlagern auch weiterhin politische Propaganda zu treiben«.[442] Solche Nachrichten konnten die deutschen Stäbe nur darin bestätigen, dass von den Kommissaren eine erhöhte Gefahr ausging und sie selbst als Gefangene noch ein Sicherheitsrisiko darstellten. Die Erkenntnisse über den durchschlagenden Erfolg ihrer Propaganda innerhalb der Roten Armee ließen das agitatorische Geschick der Kommissare noch bedrohlicher erscheinen.

Dass die sowjetischen Politoffiziere die Verantwortung für die hetzerischen, aber effektvollen Propagandaparolen trugen, die in den sowjetischen Truppen kursierten, galt in den deutschen Verbänden als unzweifelhaft, zumal diese Erkenntnisse zum Teil selbst durch Aussagen gefangen genommener Kommissare bestätigt wurden.[443] Genauso wenig zog man die zahlreichen Nachrichten darüber in Zweifel, dass zu den Methoden der militärischen Kommissare auch drakonische Zwangsmaßnahmen gegen die eigenen Soldaten zählten. Dass die Politoffiziere ihre Soldaten regelrecht zum Kampf zwangen, mit Waffengewalt ins Gefecht trieben und radikalen Disziplinierungsterror entfachten, um den Widerstand aufrechtzuerhalten, war fester Bestandteil des Bildes, das man sich auf deutscher Seite von den sowjetischen Truppenkommissaren machte. Nach den Erkenntnissen der deutschen Feindnachrichtenabteilungen hatten die Gewaltmethoden der Kommissare durchschlagenden Erfolg und bewirkten, dass selbst kriegsmüde, zermürbte und kapitulationsbereite Truppen den Kampf nicht aufgaben, sondern bis zum Letzten fortführten. Aus deutscher Sicht erreichten die Kommissare damit, dass die Gefechte unnötig verlängert wurden und noch Verluste kosteten, nachdem sie bereits entschieden waren. Dies galt umso mehr, als im Ostheer die verbreitete Ansicht bestand, dass die Masse der sowjetischen Soldaten ohnehin nur widerwillig für das bolschewistische Regime in den Krieg gezogen war. In dieser Auffassung war man bereitwillig den unzähligen Aussagen sowjetischer Kriegsgefangener gefolgt, die in den Verhören vielfach angaben, »dass sie keinerlei Interesse hätten, zu kämpfen«, und dazu »gezwungen wurden, in den Kampf zu gehen«.[444]

So erklärte man es sich in der Ic-Abteilung der 122. Infanteriedivision, dass die Rotarmisten »im großen und ganzen zäh und verbittert« kämpften, obwohl sie angeblich »nicht sehr kampffreudig waren«: »Diese Haltung beruht auf dem ungeheuren

---

[440] Eintrag im TB (Ic) der 1. Inf.Div. v. 20.6.-24.9.1941; BA-MA, RH 26-1/5.
[441] Erfahrungsbericht der 295. Inf.Div./Abt. Ic v. 18.12.1941; BA-MA, RH 26-295/18, Anl. 398.
[442] Vernehmungsbericht der Abwehr-Einsatz-Gruppe beim AOK 18 Nr. 32/41 geh. v. 1.8.1841; BA-MA, RH 20-18/997.
[443] Vgl. z. B. den Vernehmungsbericht der 123. Inf.Div./Abt. Ic v. 19.2.1942; BA-MA, RH 26-123/152: »Der Politruk gab zu, russ. Soldaten darüber belehrt zu haben, dass sie in deutscher Gefangenschaft erschossen würden. Diese Mittel mussten sie anwenden, um zu erreichen, dass die russ. Soldaten bis zum Äussersten kämpften, da sie sonst in hellen Scharen überlaufen würden.« Vgl. auch den Vernehmungsbericht der 123. Inf.Div./Abt. Ic v. 19.4.1942; BA-MA, RH 26-123/154. Vgl. auch den Vernehmungsbericht der 22. Inf.Div./Abt. Ic v. 8.6.1942; BA-MA, RH 24-54/196.
[444] Vernehmungsbericht der 36. Inf.Div. (mot.)/Abt. Ic v. 9.7.1941; BA-MA, RH 24-41/64.

3. Die Wahrnehmung der Kriegswirklichkeit

Druck, den die politischen Kommissare auf ihre Untergebenen ausübten.«[445] Die Ic-Abteilung des XXVIII. Armeekorps war schon am zweiten Kriegstag zu der Auffassung gelangt, dass die Stimmung in den sowjetischen Verbänden »nicht sonderlich kampffreudig« sei, die Soldaten aber »von den politischen Kommissaren, die sich persönlich vorzüglich geschlagen haben, zum zähen Aushalten gezwungen« würden.[446] In der Führungsabteilung der 292. Infanteriedivision war man ebenfalls der Meinung, dass die sowjetischen Truppen nur deshalb kämpften, weil sie von ihren Vorgesetzten dazu genötigt wurden: »Die russische Infanterie ist schlecht, hat keinerlei Angriffsschwung und wird nur noch von den brutalen Kommissaren und verhetzten Offizieren vorwärts getrieben.«[447] Auch im späteren Verlauf des Feldzugs berichteten die Kommandobehörden immer wieder davon, dass der Widerstand auf der Gegenseite »nur noch unter dem Zwang der Kommissare geleistet«[448] werde und es den Truppenkommissaren unter Anwendung von Gewalt gelinge, »auch die kampfunlustigen Soldaten zu heftigen [sic] Widerstand«[449] zu bewegen. Wie die deutschen Ic-Abteilungen häufig resümierten, war es in vielen Fällen allein auf die Anwesenheit der Kommissare zurückzuführen, wenn angeschlagene sowjetische Truppenteile nicht kapitulierten.[450] Die Auffassung, dass die Kommissare ihre Soldaten mit Waffengewalt am Überlaufen hinderten[451], die Kapitulationsbereitschaft von kampfmüden Truppen rigoros im Keim erstickten[452] und auf diese Weise die Auflösungserscheinungen auf der Gegenseite eindämmten, war im Ostheer eine geläufige Erklärung für die Unnachgiebigkeit des feindlichen Widerstandes.

Die Methoden, die die sowjetischen Politoffiziere angeblich anwandten, um den Widerstand in den eigenen Reihen aufrechtzuerhalten, wurden in den deutschen Verbänden durchweg scharf verurteilt und trugen ihnen weitere schwere Vorwürfe ein. Dass die Kommissare in ihren Einheiten »ein beispielloses Terrorregiment«[453] ausübten und »mit brutalsten Mitteln«[454] vorgingen, waren geläufige Bezichtigungen, die umso eingängiger waren, als sie sich mit den vorgefertigten Vorstellungen von den Kommissaren als verbrecherische Organe des bolschewistischen Repressionsapparates deckten. Die letzten Zweifel, dass die Kommissare das Stigma als »rote Unterdrücker«[455] zu Recht trugen, schwanden, als deutsche Truppen auf dem Vormarsch in verschiedenen Städten die Opfer der sowjetischen Gefängnismassaker entdeckten, die in der Wehrmachtpropaganda pauschal den Politkadern von NKVD und Roter Armee

---

445 Eintrag im TB (Ic) der 122. Inf.Div. v. 25.6.1941; BA-MA, RH 26-122/37.
446 Eintrag im TB (Ic) des XXVIII. AK v. 23.6.1941; BA-MA, RH 24-28/10, S. 2.
447 Eintrag im KTB der 292. Inf.Div. v. 26.8.1941; BA-MA, RH 26-292/7, Bl. 57.
448 Feindlagemeldung des XVII. AK v. 21.9.1941, 16.15 Uhr; BA-MA, RH 20-6/544, Bl. 72.
449 Ic-Meldung der 72. Inf.Div. v. 23.10.1941; BA-MA, RH 26-72/87.
450 Zu weiteren Beispielen vgl. den Eintrag im TB (Ic) der 217. Inf.Div. v. 18.7.-24.7.1941; BA-MA, RH 26-217/32, S. 8. Vgl. die Ic-Morgenmeldung des XXXXIII. AK v. 2.7.1941; BA-MA, RH 20-4/683.
451 Vgl. z. B. das FNBl. Nr. 1 des AOK 6/Abt. Ic/AO Nr. 2248/41 geh. v. 25.6.1941; BA-MA, RH 20-6/489, S. 261-263.
452 Vgl. z. B. den Eintrag im KTB des XXXXI. AK v. 26.6.1941; BA-MA, RH 24-41/6, Bl. 52.
453 Feindlagebericht des VIII. AK/Abt. Ic v. 5.8.-27.9.1941; BA-MA, RH 24-8/123, Bl. 38.
454 Erfahrungsbericht des V. AK/Abt. Ic, »kurze Beurteilung der russischen Führung, Taktik und des Kampfwertes«, v. 3.11.1941; BA-MA, RH 24-5/114, Bl. 265.
455 Zitat aus der Feldzeitung »Der Durchbruch«, Folge 274 v. 14.7.1941, Bericht »Die Hunderttausend von Minsk. Rote Divisionen ziehen in deutsche Gefangenschaft«, S. 2; BA-MA, RHD 69/19.

angelastet wurden.[456] Die zahlreichen Gefangenenaussagen, Nachrichten und Beobachtungen darüber, dass die Kommissare ihre Truppen mit Gewalt zum Kampf zwangen und dabei gegen die eigenen Soldaten rücksichtslos von der Waffe Gebrauch machten, wenn sie zurückwichen oder ausbrachen, wurden auf deutscher Seite somit kaum hinterfragt und prägten das Bild von den sowjetischen Politoffizieren nachhaltig. Wie aus allen Frontabschnitten immer wieder berichtet wurde[457], bestand das typische Vorgehen der Kommissare darin, »mit der Waffe in der Hand die Russen zum Angriff [zu] treiben und jeden zurückgehenden Mann [zu] erschießen«.[458] Auch die höheren Truppenführer des Ostheeres sahen dies als erwiesen an: »Die Kommissare erschießen rücksichtslos Jeden, der versucht sich zu ergeben«, konstatierte etwa der Kommandierende General des XXXXVII. Panzerkorps Anfang August 1941 in seinem persönlichen Tagebuch.[459] Nach den gleich lautenden Erkenntnissen der deutschen Stäbe griffen die Kommissare während der Angriffe zu radikalen Mitteln, um die Rotarmisten zum Kämpfen zu zwingen: »Gerieten die vordersten Teile ins Stocken oder zeigten die Absicht, sich zu ergeben und die Waffen wegzuwerfen, eröffneten die Nachfolgenden auf Antreiben der Kommissare das Feuer und schossen dabei rücksichtslos in die eigenen Leute.«[460] Auch für die berüchtigten Sperrriegel, die hinter der sowjetischen Front installiert wurden, um die eigenen Soldaten an Flucht und Rückzug zu hindern, machte man auf deutscher Seite die politischen Kommissare verantwortlich. Die Informationen darüber, »daß die Kommissare hinter den eigenen Linien Maschinengewehre aufgebaut hatten und auf die eigene Truppe schossen, wenn sie zurückgehen wollte«[461], galten als gesichert.[462]

Wie die Ic-Offiziere in zahlreichen Gefangenenvernehmungen erfuhren und in ihren Berichten herausstellten, nahmen die Kommissare außerdem auch außerhalb der Kampfhandlungen schon bei geringen Anlässen Exekutionen von Soldaten vor, um die Disziplin in den eigenen Reihen aufrecht zu erhalten. Empört registrierten die deutschen Stäbe, dass auf der Gegenseite »zahlreiche Erschießungen durch die Kommissare«[463] stattfanden: »Häufig sind Fälle, in denen Soldaten und Dienstgrade von Kommissaren bei den geringsten Anzeichen von Kriegsmüdigkeit erschossen worden

---

[456] Vgl. hierzu exemplarisch den »Bericht über das Gefängnis in Dubno« aus dem Pz.Rgt. 15 v. 28.6.1941; BA-MA, RH 21-1/148b, S. 214. Vgl. zu den Auswirkungen dieser Verbrechen und ihrer propagandistischen Ausnutzung auf die Brutalisierung des Krieges auch Musial, Elemente.

[457] Vgl. z. B. die Ic-Morgenmeldung des XXXXI. AK, v. 30.8.1941; BA-MA, RH 24-41/70. Vgl. auch den Eintrag im TB (Ic) der 6. Pz.Div. v. 9.7.-16.7.1941; BA-MA, RH 27-6/112, S. 15. Vgl. auch die Ic-Zwischenmeldung des III. AK v. 21.7.1941; BA-MA, RH 24-3/137, S. 217. Vgl. auch die Ic-Meldung der 292. Inf.Div. v. 2.7.1941; BA-MA, RH 26-292/56, Anl. 13.

[458] Zusatzbericht zum TB (Ic) der 262. Inf.Div., »Zusammenfassung über die Gefangenenvernehmungen und Partisanentätigkeit im Juli 1941«; BA-MA, RH 26-262/49.

[459] Eintrag im Tgb. des KG des XXXXVII. AK, Gen. d. Pz.Tr. Lemelsen, v. 4.8.1941; BA-MA, MSg 1/1147, S. 56.

[460] Bericht der 168. Inf.Div./Abt. Ia, »Erfahrungen während der Kämpfe ostw. Kiew«, 1.10.1941; BA-MA, RH 26-299/123, Anl. 425.

[461] Vernehmungsbericht der 269. Inf.Div./Abt. Ic v. 13.7.1941; BA-MA, RH 24-41/64, Bl. 49 f.

[462] Vgl. hierzu auch die Ic-Mittagsmeldung der 76. Inf.Div. v. 26.9.1941; BA-MA, RH 26-76/49.2. Vgl. auch den Eintrag im KTB des IR 109 v. 8.7.1941; BA-MA, RH 37/7180, Bl. 11. Vgl. auch den Feindlagebericht des VIII. AK/Abt. Ic v. 5.8.-27.9.1941; BA-MA, RH 24-8/123, Bl. 39.

[463] FNBl. Nr. 12/42 des XXX. AK/Abt. Ic v. 1.5.1942; BA-MA, RH 24-30/123.

3. Die Wahrnehmung der Kriegswirklichkeit 291

sind.«[464] Nach den Erkenntnissen der deutschen Nachrichtenoffiziere wurden die sowjetischen Soldaten »von ihren pol. Kommissaren durch Erschiessungen immer wieder zum Angriff gezwungen«.[465] »Kampfunlustige, auch Offiziere«[466], würden von den Kommissaren kurzerhand erschossen. Dort, wo »wenig Lust zum Kampf« bestanden habe, hätten die Kommissare Exempel statuiert, um ihre Truppen gefügig zu machen und zum Angriff zu bewegen.[467] Die Meldungen von deutschen Stäben darüber, dass die sowjetischen Truppen von ihren Politoffizieren »unter Terror gehalten«[468] wurden und »nur unter dem Terror der Kommissare«[469] kämpften, sind Legion und aus sämtlichen Phasen des Feldzugs und allen Abschnitten der Ostfront überliefert.

Dass die Nachrichten über die Gewaltmethoden der Kommissare zutrafen, sah man in den deutschen Stäben auch auf Grund eigener Beobachtungen als erwiesen an. So meldete die Panzergruppe 3 Anfang August 1941 an das vorgesetzte AOK 9: »Es wurde beobachtet, wie der angreifende Feind durch einzelne stehende Offiziere und Kommissare und durch Maschinengewehre vorwärts getrieben wurde und sich diese Offiziere oder Kommissare nach Scheitern des Angriffs selbst erschossen.«[470] Bei einer Kompanie des Infanterieregiments 213 wurde im September 1941 während eines Gefechts »einwandfrei beobachtet«, wie ein politischer Kommissar seine kapitulationsbereiten Soldaten »zum Weiterkämpfen anfeuerte« und »mit einer Pistole auf sie« schoss.[471] Die Ic-Abteilung der 1. Gebirgsdivision berichtete im November 1941, die »Kommissare gingen hinter den angreifenden Truppen mit der Maschinenpistole in der Hand her und schossen auf zurückgehende Leute«, und fügte hinzu, dass diese Informationen »durch eigene Beobachtungen bestätigt« worden seien.[472] Auch bei der 113. Infanteriedivision konnte im Sommer 1942 »durch Augenbeobachtung [...] wiederum festgestellt werden, daß die Seele des bolschewistischen Widerstandes die Politruks u. Kommissare sind. Die durch eigene aufmunternde Zurufe bereits zum Überlaufen geneigten Russen (Inf. und Trosse) wurden von den berittenen Kommissaren unter Androhung des Erschießens gesammelt und zurückgetrieben.«[473] Ein Veteran des Infanterieregiments 462 erinnerte sich noch spät in der Nachkriegszeit an derartige Erlebnisse: »Durchs Fernglas konnte ich die Kommissare erkennen, die mit gezogener Pistole ihre Leute antrieben«.[474] Sicherlich wurden solche Wahrnehmungen zu einem erheblichen Teil durch die bestehenden Feindbilder bestimmt und erst dadurch zur

---

[464] Eintrag im KTB des IR 109 v. 8.7.1941; BA-MA, RH 37/7180, Bl. 11.
[465] Eintrag im KTB der 1. Kav.Div. v. 16.7.1941; BA-MA, RH 29-1/4, S. 54.
[466] Eintrag im TB (Ic) der 100. lei. Inf.Div. v. 22.6.-14.7.1941; BA-MA, RH 26-100/36, S. 5.
[467] Vgl. den Eintrag im KTB der Pz.A.Abt. 59 v. 2.10.1941; BA-MA, RH 39/680, Bl. 3: »Kommissare hatten vor dem Angriff erst 20 Mann erschiessen müssen.«
[468] Ic-Mittagsmeldung der 75. Inf.Div. v. 2.7.1941; BA-MA, RH 26-75/111.
[469] Ic-Zwischenmeldung des XXX. AK v. 22.2.1942; BA-MA, RH 24-30/117.
[470] Ic-Morgenmeldung der Pz.Gr. 3 an das AOK 9 v. 4.8.1941; BA-MA, RH 21-3/430, Bl. 133.
[471] Gefechtsbericht des IR 213 »Angriff am 7. September 1941«, v. 8.9.1941; BA-MA, RH 37/2837. Auch im späteren Verlauf des Feldzugs konnte beim Regiment »wieder beobachtet werden, wie die Kommissare zu Pferde ihre Einheiten von rückwärts her in den Kampf trieben«, vgl. den Gefechtsbericht über die Einsätze des IR 213 vom 29.12.1941-18.1.1942, v. 23.1.1942; BA-MA, RH 37/4904.
[472] Vernehmungsbericht der 1. Geb.Div./Abt. Ic v. 18.11.1941; BA-MA, RH 28-1/140, Anl. 99.
[473] Eintrag im TB (Ic) der 113. Inf.Div. v. 9.7.1942; BA-MA, RH 26-113/25.
[474] Erinnerungen von Hans S. a.d.J. 1990, ehemals IR 462; BA-MA, MSg 2/5520.

Gewissheit, dass man sie mit den umherlaufenden Nachrichten über die Tätigkeit der Kommissare in Deckung brachte. Gerade solche Projektionen stellen aber besonders eindringliche Belege für den großen Einfluss dieser Vorstellungen auf die Kriegswahrnehmung in den deutschen Truppen dar. In einzelnen Fällen wurden die Beobachtungen freilich auch durch Aussagen gefangener Politoffiziere bestätigt, denen man im Verhör entsprechende Eingeständnisse abgerungen hatte. Bei der 123. Infanteriedivision etwa gab ein gefangener Politruk im Februar 1942 in der Vernehmung »zu, während des Angriffs die Rotarmisten mit vorgehaltener Pistole vorgetrieben zu haben«.[475]

In den deutschen Stäben übersah man indes nicht, dass die Zwangsmethoden der Kommissare Wirkung zeigten und sich aus der Sicht der Roten Armee als lebensnotwendig erwiesen hatten. So resümierte das AOK 9 in einem Erfahrungsbericht über die Kämpfe des Jahres 1941, dass der Rotarmist, »solange er unter Druck steht«, »im Kampf hervorragend« sei.[476] Auch ein ranghoher Truppenführer wie der Kommandierende General des LII. Armeekorps, von Briesen, war der Meinung, dass die Drohgebärden und Gewaltmaßnahmen, die auf der Gegenseite praktiziert wurden, Nutzen brachten: »Mit dieser Meinung und diesem brutalen Druck *kämpft* man aber!«, notierte er in seinem persönlichen Tagebuch.[477] Wie von Briesen in einem Befehl an seine Divisionskommandeure darlegte, hielt er die Führungsmethoden der Roten Armee bis zu einem gewissen Grade sogar zur Nachahmung geeignet: »Die Rücksichtslosigkeit, mit der der Russe seine an sich minderwertige Truppe zu hoher Kampfleistung zwingt, beweist auch, daß Zwang nötig und nützlich ist. Was er zuviel tut, tun wir aber zu wenig in der praktischen Anwendung der uns gegebenen Mittel.«[478]

Zwar kam man auf der deutschen Seite nicht umhin, den Erfolg der sowjetischen Gewaltmethoden anzuerkennen, doch änderte dies nichts daran, dass man sie äußerst negativ wahrnahm, moralisch verurteilte und die Kommissare als ihre Urheber stigmatisierte und kriminalisierte. Die deutschen Berichte, in denen die rigorosen Führungspraktiken der Kommissare geschildert wurden, enthalten zumeist deutliche pejorative Konnotationen und anklagende Kommentierungen.[479] Die Ablehnung dieser Methoden reichte so weit, dass man die »Hartnäckigkeit und Zähigkeit«, die die sowjetischen Soldaten »aus Angst vor den eigenen Kommissaren« im Kampf zeigten, vielfach nicht einmal als militärische Leistung gelten lassen wollte, sondern als »Fanatismus, der mit Mut nichts zu tun hatte«, abtat.[480] Dem Widerstand, den die sowjetischen Truppen unter diesen Bedingungen leisteten, sprach man auf deutscher Seite nicht selten geradezu die Legitimität ab. Dass die gegnerischen Truppen nur unter

---

[475] Vernehmungsbericht der 123. Inf.Div./Abt. Ic v. 19.2.1942; BA-MA, RH 26-123/152.
[476] Erfahrungsbericht über die Rote Armee im TB (Ic) des AOK 9 v. 1.5.-31.12.1941; BA-MA, RH 20-9/643, S. 23.
[477] Eintrag im Tgb. des KG des LII. AK v. 31.8.1941; BA-MA, RH 24-52/9. Hervorhebung im Original.
[478] Befehl des KG des LII. AK an die Kdre. der 97., 100., 257. Inf.Div. und den Arko 140 v. 14.8.1941; BA-MA, RH 24-52/10.
[479] Vgl. z. B. den Feldpostbrief des Kdrs. des II./IR 419 an seine Eltern und Geschwister v. 28.9.1941; BA-MA, MSg 2/4578: »Die Kommissare hetzten diese armen Menschen in den aussichtslosen Kampf.«
[480] Bericht der 168. Inf.Div./Abt. Ia, »Erfahrungen während der Kämpfe ostw. Kiew«, 1.10.1941; BA-MA, RH 26-299/123, Anl. 425.

3. Die Wahrnehmung der Kriegswirklichkeit   293

Zwang kämpften, hielt man für vollkommen unvereinbar mit den eigenen Vorstellungen von Militär und Soldatentum. Die Nachrichten über die Verhältnisse auf der Gegenseite lösten bei den Soldaten des Ostheeres daher vielfach spürbares Befremden aus. Sie erlebten »den russischen Soldaten als einen Gegner, der wohl zäh und verbissen kämpft, der aber jeder inneren soldatischen Haltung und alles dessen entbehrt, was man unter dem Begriff soldatische Tradition zum Ausdruck bringen kann. Die Erfahrung, daß der Gegner oft nur deshalb kämpft, weil hinter seinem Rücken gleichsam die Pistole des Kommissars auf ihn gerichtet war, erschien dem deutschen Soldaten, der wohl auch bis zum einfachsten Mann die Notwendigkeit dieses Kampfes erkannt hat, als etwas Unbegreifliches.«[481] Dass die sowjetischen Politkommissare die Verantwortung für diese Verhältnisse trugen, war im Ostheer Allgemeingut und potenzierte die Aversionen gegen sie.

Dass die sowjetischen Soldaten nicht nur unter Zwang, sondern auch aus eigenem Antrieb und idealistischen Motiven kämpften, zogen nur wenige deutsche Stellen in Betracht. So gewann man im AOK 9 während der ersten zwölf Kriegstage »den festen Eindruck, ein junges, urwüchsiges Volk vor sich zu haben, das auch an seinem Vaterlande hängt und bereit ist, wenn nicht für den kommunistischen Staat so für Rußland einzutreten. Wieweit hier etwa nur ein unmittelbarer Zwang durch die russischen politischen Kommissare vorliegt, läßt sich zurzeit noch nicht abmessen.«[482] Im Generalkommando des XXVI. Armeekorps glaubte man verschiedene »Wurzeln des allg. geleisteten zähen Widerstandes« ausmachen zu können.[483] Man erblickte darin nicht nur eine »Wirkung der Propaganda durch die Kommissare«, sondern auch »das Ergebnis einer energisch durchgeführten soldatischen Erziehung« und patriotischen Zusammenhalts: »Ferner mochte selbst in diesen Menschen das Gefühl mitklingen, das Land gegen einen angreifenden Fremden verteidigen zu müssen.« Dass die sowjetischen Soldaten so starken Widerstand leisteten, erklärte man sich im Kommando der Panzergruppe 3 Ende Juni 1941 zum einen zwar damit, dass sie von ihren Kommissaren »aufgehetzt« worden seien, sah darin aber auch »eine Folge der bolschewistischen Idee«.[484] Dem Befehlshaber der Panzergruppe kamen indes bis Mitte Juli 1941 deutliche Zweifel an den gängigen Erklärungsmustern: »Der russ. Soldat kämpft nicht aus Angst, sondern aus Idee.«[485] Die Ic-Abteilung der 217. Infanteriedivision kam Ende November 1941 im Rückblick auf die bisherigen Kriegsereignisse zu dem Ergebnis, dass der heftige Widerstand der sowjetischen Truppen »nicht nur allein auf die überaus scharfen Maßnahmen der politischen Kommissare und Kommandeure, sondern auch auf Vaterlandsliebe und Überzeugung zurückzuführen« sei.[486] Ähnlich

---

[481] TB (IVd/ev.) der 239. Inf.Div., »für die Zeit des Rußlandeinsatzes der Division«, v. 4.12.1941; BA-MA, RH 26-239/38.
[482] Eintrag im KTB des AOK 9 v. 4.7.1941, Rückblick auf die ersten 12 Kriegstage; BA-MA, RH 20-9/14, S. 51 f.
[483] Vgl. hierzu und zum Folgenden den Eintrag im TB (Ic) des XXVI. AK v. 1.6.-20.8.1941; BA-MA, RH 24-26/125, S. 13 f.
[484] Bericht des Pz.Gr. 3/Abt. Ia v. 29.6.1941 über die Gefechte v. 22.6.-29.6.1941; BA-MA, RH 21-3/46, Bl. 77.
[485] Bericht des Bfh. der Pz.Gr. 3 v. 13.7.1941 zur »Beurteilung der Lage«; BA-MA, RH 21-3/46, Bl. 152.
[486] Zusammenfassender Eintrag im TB (Ic) der 217. Inf.Div. zum Zeitraum 22.6.-30.11.1941; BA-MA, RH 26-217/32, S. 19.

stellte auch der Ic-Offizier des XI. Armeekorps in einem Erfahrungsbericht von Anfang November 1941 fest, dass gerade die jüngeren sowjetischen Soldaten »nicht nur aus Angst vor den Vorgesetzten, sondern auch für die Verwirklichung eines gewissen proletarischen Ideals« kämpften.[487] Der Ic-Offizier der 11. Armee vermochte diese Frage Ende November 1941 nicht zu entscheiden, hielt sie aber auch für nachrangig: »Gleichgültig, ob Idealismus oder Terror die Antriebsfedern sind, der Rote Soldat kämpft.«[488]

Dennoch waren solche differenzierenden Reflexionen über die Ursachen der sowjetischen Widerstandskraft im Ostheer insgesamt eher die Ausnahme. Nach allgemeiner Auffassung war die Heftigkeit der feindlichen Gegenwehr in erster Linie auf das Wirken und die Methoden der politischen Kommissare zurückzuführen. »Der Russe kämpft, von seinen Kommissaren mit der Pistole angetrieben und überzeugt, daß er als Gefangener von uns erschossen wird, hart und verzweifelt, stur und hinterhältig bis zur Vernichtung«, lautete die gängige Sichtweise.[489] Wie sehr sich diese Vorstellungen im Ostheer schon nach kurzer Zeit verfestigt hatten, zeigte sich nicht zuletzt daran, dass die Kommandobehörden häufig auf sie zurückgriffen, um die Vorgänge an der Front zu interpretieren, auch und gerade wenn die Situation ungeklärt war. So wurde in einem Feindnachrichtenblatt der 16. Armee Ende Juni 1941 über Kämpfe bei der Heeresgruppe Mitte berichtet, dass die sowjetischen Soldaten »sehr zäh« gekämpft und »sich der Gefangennahme teilweise durch Selbstmord« entzogen hätten.[490] Ohne es sicher zu wissen, nahm man wie selbstverständlich an, dass dieses Verhalten »vermutlich auf Befehl der politischen Kommissare« erfolgt sei. Ähnlich mutmaßte man in der Ic-Abteilung des XXXIX. Panzerkorps Anfang Juli 1941: »Der Feind kämpft auf [sic] allen Fronten verbissen und mit großer Zähigkeit. Dies kann nur auf die starke Verhetzung durch die politischen Kommissare zurückgeführt werden.«[491] Das Generalkommando des XXXVIII. Armeekorps gewann nach den Kämpfen der ersten Kriegstage den Eindruck, »dass sich die meisten [sowjetischen] Soldaten bis zum letzten wehren«, und äußerte die Hypothese, dass dies »anscheinend unter dem Einfluss der politischen Kommissare« geschehe.[492] Auch rangniedrigere Truppenführer offenbarten diese Denkweise. Der Kommandeur des Infanterieregiments 477 etwa berichtete von den Kämpfen, die seine Einheiten in den ersten Augusttagen 1941 bestanden hatten, dass »die Kampfesweise des Gegners« nicht nur »hinterlistig und unehrlich«, sondern auch irrational gewesen sei: »Mit einer Sturheit ohnegleichen versuchte er mit allen Mitteln Erfolge zu erreichen, die ihm bei dieser Lage von vornherein versperrt waren, was er obendrein erkannt hatte.«[493] Für den sinnlosen Wider-

---

[487] Erfahrungsbericht des XI. AK/Abt. Ic zur Druckschrift »Die Kriegswehrmacht der U.d.S.S.R.« v. 6.11.1941; BA-MA, RH 24-11/121.
[488] Eintrag im TB (Ic) des AOK 11 v. 28.11.1941; BA-MA, RH 20-11/517.
[489] Bericht des Kdrs. der 20. Inf.Div. (mot.), »Unsere Erlebnisse in Rußland 22.6.-31.7.41«; BA-MA, RH 26-20/145.
[490] Vgl. hierzu und zum Folgenden das FNBl. Nr. 2 des L. AK/Abt. Ic Nr. 234/41 v. 26.6.1941; BA-MA, RH 24-50/142, Anl. 3.
[491] Eintrag im TB (Ic) des XXXIX. AK v. 9.7.1941; BA-MA, RH 24-39/172, Bl. 31.
[492] Eintrag im TB (Ic) des XXXVIII. AK über den Zeitraum 22.6.-25.6.1941; BA-MA, RH 24-38/162.
[493] Vgl. hierzu und zum Folgenden den Bericht des IR 477 »über den Einsatz des verst. I.R.477 in der Schlacht bei Podwyssokoje vom 5.-8.8.1941« v. 10.8.1941; BA-MA, RH 26-257/10, Anl. 271a.

3. Die Wahrnehmung der Kriegswirklichkeit   295

stand der gegnerischen Soldaten gab es in den Augen des Regimentskommandeurs nur eine Erklärung: »Nur Verzweiflung und Druck durch die politischen Kommissare können die Antriebskräfte zu solchem Verhalten sein.«[494]

So wie man das stereotype Feindbild von den Kommissaren auf die Erfahrungswirklichkeit projizierte, um die Kriegsereignisse schlüssig deuten zu können, stellte man auf dieser Grundlage auch Prognosen über den künftigen Verlauf der Kämpfe an. So prophezeite die Ic-Abteilung des XX. Armeekorps Ende Oktober 1941, dass »auch die noch zu erwartenden Kämpfe hart sein [werden], da der Kommissar nach wie vor als das Rückgrat der Truppe anzusehen ist«.[495] In der 18. Armee richtete man sich Mitte August 1941 ebenfalls noch auf schwere Kämpfe ein, da man den Einfluss der Kommissare auf das Verhalten der sowjetischen Truppen weiterhin hoch veranschlagte: »Trotz mancher Anzeichen von Kampfmüdigkeit und Neigung zum Überlaufen ist wie bisher damit zu rechnen, daß der Russe sich unter dem Druck der Kommissare bis zum Letzten verteidigt.«[496] Die Ic-Offiziere zogen die sowjetischen Truppenkommissare bei ihren nachrichtendienstlichen Voraussagen über die Kampfkraft der gegnerischen Verbände als feste Größe ins Kalkül. Dabei bewertete man die Rolle der Politoffiziere so hoch, dass man selbst den schlecht ausgerüsteten und hastig ausgebildeten Neuaufstellungen der Roten Armee einen beträchtlichen Kampfwert beimaß.[497] Das Bild von den Kommissaren als »Träger des Widerstandes«[498] war im Denken der deutschen Führungsstäbe so fest verankert, dass es ihre Wahrnehmung des Krieges immer mehr bestimmte und selbst hypothetische Annahmen über die Ursachen der starken sowjetischen Gegenwehr zur Gewissheit werden ließ.

Im Umkehrschluss führten all diese Beobachtungen zu der sicheren Annahme, dass der gegnerische Widerstand erlöschen musste, sobald der Einfluss der Truppenkommissare wegfallen würde. Dass die sowjetische Gegenwehr weitgehend von der Anwesenheit der Truppenkommissare abhing und mit ihnen stand oder fiel, glaubten die deutschen Kommandobehörden im Verlauf des Feldzugs immer wieder beobachten zu können. Nach den Erfahrungen des Panzergruppenkommandos 3 etwa schlug der

---

[494] Ebd. Die Ursache erblickte man in den Methoden der Kommissare: »Gefangenenaussagen bestätigen auch hier wieder, daß die Angst vor der Erschießung nach der Gefangennahme sie gehindert hat, sich zu ergeben, obwohl sie nicht mehr weiterkämpfen wollten und die Aussichtslosigkeit ihres Kampfes eingesehen hatten.« Zu weiteren Beispielen vgl. den Bericht der 8. Pz.Div./Abt. Ic »über Überläuferverhandlung« am 16.7.1941; BA-MA, RH 27-8/169, Anl. 14. Vgl. den Eintrag im Tgb. des Uffz. Willi W., IR 266, v. 14.8.1941; BA-MA, MSg 2/5685. Vgl. die Feindlagemeldung des LI. AK v. 25.9.1941; BA-MA, RH 20-6/546, Bl. 113. Vgl. die Feindlagemeldung des LI. AK v. 27.9.1941; BA-MA, RH 20-6/547, Bl. 187: »Gegner im Kessel südlich Bjerjesan kämpft trotz Mangel an Munition und Verpflegung verbissen und zäh. Dies ist lediglich auf die große Anzahl von Kommissaren und NKWD-Leuten, aber auch aus Furcht vor Erschießungen bzw. Repressalien der Sowjets gegen ihre Familien zurückzuführen.«

[495] Erfahrungsbericht des XX. AK/Abt. Ic, »Russische Führung und Einsatz«, v. 28.10.1941; BA-MA, RH 20-4/679.

[496] FNBl. der 217. Inf.Div./Abt. Ic v. 15.8.1941; BA-MA, RH 26-217/33, Anl. 39.

[497] FNBl. des XXXXI. AK/Abt. Ic v. 21.7.1941; BA-MA, RH 24-41/69: »Diese zusammengewürfelten und stark vermischten Verbände werden jedoch, wenn auch ohne einheitliche Führung, aber getrieben von den Kommissaren, zähen Widerstand leisten.« Vgl. auch den Bericht des LII. AK/Abt. Ic v. 4.7.1942, »Feststellung über Feindlage«; BA-MA, RH 24-52/232.

[498] Vgl. zu dieser stereotypen Formulierung z.B. den Erfahrungsbericht des IX. AK/Abt. Ic v. 31.10.1941; BA-MA, RH 24-9/161, Bl. 102.

Kampfwille der sowjetischen Truppen »bei der Masse der Infanterie sofort in die Bereitschaft zum Überlaufen um, wenn die Wirkung der Kommissare ausgeschaltet« war.[499] Dies zählte auch ein Regiment der 256. Infanteriedivision zu den wesentlichen »Osterfahrungen« des ersten Kriegshalbjahres: »Erst wenn der Politruk weg ist, wird der Russe weich.«[500] Das Kommando der 34. Infanteriedivision hatte auf Grund ähnlicher Feststellungen bereits Anfang September 1941 den Eindruck gewonnen, dass »die Offiziere und vor allem die Kommissare« »das Rückgrat« der sowjetischen Truppen bildeten: »Waren diese verwundet oder gefallen, so schwand der Angriffswillen und bei der ersten Gelegenheit liefen sie [die Rotarmisten] über.«[501] Hieran zeigte sich auch für die 293. Infanteriedivision während der Kämpfe im Februar 1942 »erneut der ungeheure Einfluss der Kommissare auf die Haltung der Truppe«: »Ist es doch vorgekommen, dass ein[e] Anzahl Ukrainer dem Zuruf der deutschen Soldaten ›Hände hoch‹ sofort folgten und überliefen, nachdem der Kommissar gefallen war.«[502] In vielen Kommandobehörden des Ostheeres kam man im Verlauf des »Unternehmens Barbarossa« zu einer ähnlichen Auffassung, wie sie sich im Stab eines Infanterieregiments der Heeresgruppe Mitte bereits Anfang Juli 1941 herausgebildet hatte: »Es scheint tatsächlich so, dass mit dem Aufhören der Furcht vor den Kommissaren jeder Widerstandswille und jede Kampfkraft erlischt.«[503] Aus deutscher Sicht besaßen die Kommissare für die Widerstandsfähigkeit der Roten Armee den Stellenwert einer conditio sine qua non.

Dass die politischen Kommissare das Verhalten der Rotarmisten so stark beeinflussen konnten, erklärte man sich auf deutscher Seite aber nicht nur mit ihren weit reichenden Machtbefugnissen und radikalen Führungsmethoden, sondern auch mit den mentalen Veranlagungen ihrer Untergebenen und der Eigenart des Herrschaftssystems in der Sowjetunion. Den geläufigen, antislawischen Klischeevorstellungen und rassistischen Ressentiments zufolge besaßen die sowjetischen Völker Charaktereigenschaften, die sie dafür disponierten, unterjocht zu werden und ihre Rolle als willfährige Unterdrückte widerspruchslos anzunehmen: »Slawische Völker sind Sklavennaturen«[504], war im Ostheer eine durchaus geläufige Ansicht. Trägheit, mangelnde Intelligenz und Primitivität waren nach verbreiteter deutscher Auffassung prägende Wesenszüge des russischen Volkes und gleichzeitig die tieferen Ursachen für seine Gefügigkeit. In diesem »Volkscharakter« bestand nach deutschem Verständnis eine wesentliche Voraussetzung dafür, dass sich die sowjetische Bevölkerung scheinbar so widerstandslos der Gewaltherrschaft des Bolschewismus ergab und die Soldaten der Roten Armee ihren politischen Kommissaren offenbar so bedingungslos Folge leisteten. So erklärte man es sich etwa im Generalkommando des VIII. Armeekorps, dass die Masse der Rotarmisten ein »willenloses, gefügiges Instrument« in der Hand der

---

[499] Eintrag im TB (Ic) der Pz.Gr. 3 v. 1.1.-11.8.1941; BA-MA, RH 21-3/423, S. 32.
[500] Erfahrungsbericht des IR 481, »Osterfahrungen«, v. 13.12.1941; BA-MA, RH 26-256/20.
[501] Eintrag im KTB der 34. Inf.Div. v. 6.9.1941; BA-MA, RH 26-34/10, S. 143.
[502] Eintrag im TB (Ic) der 293. Inf.Div. v. 9.2.-24.2.1942; BA-MA, RH 26-293/44, Bl. 56. Vgl. zu weiteren Beispielen die Ic-Tagesmeldung der 110. Inf.Div. v. 7.10.1941; BA-MA, RH 24-6/242, Bl. 20. Vgl. den Bericht des Höh.Kdo. XXXV/Abt. Ic über den Zeitraum 27.2.-5.3.1942; BA-MA, RH 24-35/96. Vgl. den Eintrag im KTB des Pi.Btl. 22 v. 31.8.1941; BA-MA, RH 46/134.
[503] Eintrag im KTB des IR 109 v. 8.7.1941; BA-MA, RH 37/7180, Bl. 11.
[504] Befehl der 403. Sich.Div./Abt. Ia, »Erfahrungen aus dem Osteinsatz«, v. 6.8.1941; BA-MA, RH 26-403/4a.

Kommissare darstellte.[505] Dass sich der sowjetische Soldat »nur in vereinzelten Fällen gegen sie« auflehnte, führte man auf seine schwach entwickelten Charaktereigenschaften, »sein primitives Empfinden, Denken und Reagieren« zurück.[506] In den Augen der deutschen Stäbe war die »Beeinflußbarkeit«[507] der Rotarmisten quasi biologisch determiniert und ermöglichte erst ihre schrankenlose Instrumentalisierung durch die Kommissare. Im Generalkommando des XXXIX. Panzerkorps etwa betrachtete man die angeblich naturgegebene Manipulierbarkeit der gegnerischen Soldaten als Vorbedingung dafür, dass die Kommissare beliebig über sie verfügen konnten: »Der an sich gutmütige russische Mensch ist leicht lenkbar. Er wird in der Hand der bolschewistischen Führer im Kampf zum wilden Tier.«[508] Auch im Kommando der 25. Infanteriedivision führte man die scheinbar grenzenlose Macht der Kommissare über ihre Soldaten auf deren »psychologischen Gegebenheiten« zurück: »Die Offenheit, Naivität und Gutmütigkeit eines großen Teils der Russen macht sie aller Beeinflussung von außen her in einem Maße zugänglich, wie man sich das bei einem ausgewachsenen Menschen schlechthin nicht vorstellen kann«.[509] Die »Vorstellung einer mehr oder weniger selbständig denkenden Persönlichkeit« sei »beim Russen [...] in vielen Fällen unzutreffend«. Nach den Erfahrungen der Division bildeten diese kollektiven Persönlichkeitsmerkmale die Voraussetzung dafür, dass auf der Gegenseite selbst »ein harmloser, gutmütiger Kerl« »unter dem seelischen Terror seines Kommissars verzweifelt kämpft, unmenschliche Härte und Grausamkeit zeigt«.[510]

Nach Ansicht mancher Kommandobehörden zählte die Willfährigkeit der sowjetischen Massen zu den schädlichen Auswirkungen der bolschewistischen Herrschaft und war von der politischen Führung zielgerichtet herbeigeführt worden. In der Ic-Abteilung der 35. Infanteriedivision erhob man den Vorwurf, dass »der Bolschewismus [...] das russische Volk systematisch primitiviert und dauernd politisch bearbeitet« habe, »um es seinem brutalen Gewaltregime unterwerfen zu können«.[511] Im Stab der 198. Infanteriedivision war man ähnlicher Auffassung, glaubte man doch die Folgen dieser Politik an den sowjetischen Soldaten beobachten zu können: »Der durch den Bolschewismus ›seelenlos‹ gemachte Mensch ist nicht Kämpfer in unserem Sinne, sondern Masse, die stumpf und gleichgültig in ihr Schicksal geht, wenn sie der Revolver der Kommissare vorwärts treibt, aber ebenso bedenkenlos überläuft, wenn die

---

505 Vgl. hierzu und zum Folgenden den Feindlagebericht des VIII. AK/Abt. Ic v. 5.8.-27.9.1941; BA-MA, RH 24-8/123, Bl. 36-40.
506 Ähnlich führte man auch im Stab des IX. AK den hohen »Kampfwert des russischen Soldaten« unter anderem auf »seinen primitiven Charakter« zurück. Vgl. den Erfahrungsbericht des IX. AK/Abt. Ic v. 31.10.1941; BA-MA, RH 24-9/161, Bl. 102.
507 Eintrag im Tgb. des Kdrs. des I./IR 1, Hptm. K., v. 30.7.1941; BA-MA, MSg 2/2728, Bl. 46 f.
508 Denkschrift des XXXIX. AK, »Über die Möglichkeiten einer Erschütterung des bolschewistischen Widerstandes von Innen her«, v. 18.9.1941; BA-MA, RH 24-39/186, Bl. 44.
509 Vgl. hierzu und zum Folgenden den Eintrag im TB (Ic) der 25. Inf.Div. (mot.) v. 23.12.1941-31.3.1942, Abschnitt »Gefangenenvernehmung«; BA-MA, RH 26-25/70.
510 Ebd. Vgl. hierzu auch den Eintrag im Tgb. eines Angehörigen des IR 419 über die Kämpfe im Juli 1941; BA-MA, MSg 1/974, S. 3 f. Über die sowjetischen Soldaten urteilte er: »Einzeln betrachtet ein gutmütiger, bescheidener und ein dienstbereiter Mann? Aber zu einer braunen Masse zusammengeballt und verhetzt, böse und unberechenbar.« Vgl. auch die Ic-Mitteilungen der 169. Inf. Div./Abt. Ic Nr. 45 v. 25.9.1941; BA-MA, RH 26-169/101.
511 Bericht der 35. Inf.Div./Abt. Ic, »Erfahrungen des bisherigen Feldzuges«, o.D., 22.6.1941-27.3.1942; BA-MA, RH 26-35/89, S. 3.

Möglichkeit sich bietet.«[512] Die Ansicht, dass den sowjetischen Soldaten auf Grund ihrer indifferenten Haltung »jede innere Kampfbereitschaft fehlt[e]«[513] und sie ihren Vorgesetzten nur unter Zwang und aus Fatalismus Folge leisteten, musste schon deswegen plausibel erscheinen, weil sie sich mit älteren Einschätzungen über den Gegner deckte. Schon vor Beginn des Feldzugs hatte man in den deutschen Kommandobehörden eher mit einer geringen Kohäsion der sowjetischen Streitkräfte gerechnet.[514] Die Erkenntnis, dass sich die Masse der Rotarmisten dem bolschewistischen Regime nicht verpflichtet fühlte, nährte die deutschen Erwartungen auf einen baldigen Zusammenbruch der Roten Armee und ließ zugleich die Rolle der politischen Kommissare in einem noch grelleren Licht erscheinen. Unter diesen Prämissen erschienen die Kommissare umso mehr als die entscheidenden Instanzen der Roten Armee, die allein die zentrifugalen Kräfte des heterogenen sowjetischen Kolosses mit Gewalt unter Kontrolle hielten und seinen Zerfall verhinderten.

Die Nachrichten darüber, dass die Rotarmisten von ihren Politoffizieren zum Kampf gezwungen werden mussten, bestätigten gleichzeitig die stereotypen Vorstellungen, dass das bolschewistische Regime in der Sowjetunion eine ungeliebte Fremdherrschaft darstellte: So wie die sowjetischen »Landeseinwohner« unter dem »bolschewistischen Joch« allem Anschein nach fortwährender »Knechtung u. Unterdrückung« ausgesetzt waren, kam offenbar auch das Verhältnis zwischen den Rotarmisten und ihren Kommissaren einer »Knechtschaft« gleich.[515] Die gleiche Schlussfolgerung schienen die zahlreichen Aussagen gefangener Rotarmisten nahe zu legen, die in den Verhören immer wieder angaben, dass die Kommissare nicht nur zu den Offizieren »kein gutes Verhältnis«[516] besäßen, sondern auch in den sowjetischen Einheiten »meist verhasst«[517] seien und die Soldaten sie daher nicht selten sogar »durch Erschießen beseitigen«.[518] Dass die Kommissare keine organischen Bestandteile der sowjetischen Truppen waren, sondern unmilitärische Fremdkörper, die mit den Soldaten nur wenig verband, entnahmen die deutschen Stäbe auch den häufigen Gefangenenaussagen darüber, dass die Kommissare in kritischen Lagen »rechtzeitig die Flucht ergriffen«[519] und ihre Einheiten

---

[512] Eintrag im TB (Ic) der 198. Inf.Div. v. 18.6.-31.10.1941, Abschnitt »Kampfwert«; BA-MA, RH 26-198/63.
[513] Ebd.
[514] Vgl. z. B. das Protokoll zur Kdr.-Besprechung bei der 10. Inf.Div. (mot.) v. 17.6.1941; BA-MA, RH 26-10/10, Anl. 8: »Zahl[en]mäßig ist uns die russische Armee überlegen. Wieweit ihr innerer Zusammenhalt geht, ist sehr fraglich. Div.Kdr. bezweifelt, daß sie sich so gut schlagen werden, wie im Weltkrieg.«
[515] Zitate aus den Notizen Küchlers zu seiner Rede v. 25.4.1941; BA-MA, RH 20-18/71, Bl. 31 f.
[516] Anlage zum FNBl. des AOK 11/Abt. Ic Nr. 34/41 v. 22.7.1941; BA-MA, RH 20-11/67.
[517] Erfahrungsbericht des Kdrs. des GJR 99 v. 2.11.1941; BA-MA, RH 28-1/140.
[518] Anlage zum FNBl. des AOK 11/Abt. Ic Nr. 50/41 vom 31.7.1941; BA-MA, RH 26-198/64. Vgl. zum angeblich schlechten Verhältnis zwischen Soldaten und Kommissaren auch den Vernehmungsbericht des XXXVIII. AK/Abt. Ic v. 2.8.1941; BA-MA, RH 20-18/997. Vgl. auch den Vernehmungsbericht der 269. Inf.Div./Abt. Ic v. 26.6.1941; BA-MA, RH 24-41/64. Vgl. dagegen den Eintrag im TB (Ic) des XXVI. AK v. 1.6.-20.8.1941; BA-MA, RH 24-26/125, S. 14. Vgl. auch den Erfahrungsbericht über die Rote Armee im TB (Ic) des AOK 9 v. 1.5.-31.12.1941; BA-MA, RH 20-9/643, S. 21: »Keineswegs überall verhasst und als Spitzel empfunden.«
[519] Ic-Morgenmeldung der 167. Inf.Div. v. 1.7.1941; BA-MA, RH 24-53/143.

»im Stich«[520] ließen.[521] Auf deutscher Seite fasste man solche Nachrichten als willkommene Bestätigung dafür auf, dass die Masse der Rotarmisten »dem bolschewistischen System offenbar ablehnend, mindestens kühl gegenüber«[522] stand und die Kommissare selbst in der Roten Armee als Stellvertreter und Vollstreckungsbeamte eines ungeliebten Regimes beargwöhnt wurden.

Diese Erkenntnisse passten sich in das genuin nationalsozialistische Ideologem des »jüdischen Bolschewismus« ein, auf das die Kommandobehörden immer wieder zurückgriffen und in dem sie die politischen Kommissare verorteten. Als Repräsentanten der kommunistischen Partei wurden die politischen Kommissare der angeblich jüdisch dominierten Herrschaftskaste zugerechnet, die nach deutscher Lesart das Personal des oligarchischen Gewaltregimes in der Sowjetunion stellte. Politische Kommissare jüdischer Abstammung galten daher geradezu als Personifizierung des »jüdischen Bolschewismus«; umgekehrt wurde den Politkommissaren die jüdische Herkunft vielfach a priori unterstellt. Dass diese ideologisch geprägten Vorstellungen Eingang in das Denken der deutschen Heeresführung gefunden hatten und auf dem Nährboden der vorhandenen antisemitischen Tendenzen die negative Wahrnehmung der sowjetischen Kommissare flankierten, offenbarte sich in zahlreichen Meldungen und Berichten der Stäbe des Ostheeres. Schon in vielen Vernehmungsprotokollen über Gefangenenverhöre äußerte sich das spürbare Interesse der Ic-Abteilungen, nach Bestätigungen für die jüdische Herkunft der Kommissare zu suchen und das vorgefertigte Feindbild zu verifizieren. Wie viel Bedeutung die Stäbe dieser Frage beimaßen, zeigte sich besonders deutlich daran, dass sie diesbezügliche Erkenntnisse nicht selten sogar in ihre Meldungen an die vorgesetzten Kommandobehörden aufnahmen. So gab das XXXVIII. Armeekorps schon nach wenigen Kriegstagen an das AOK 18 Gefangenenaussagen darüber weiter, dass es unter den sowjetischen Offizieren »keine Juden geben [solle], dagegen bei politischen Kommissaren sehr häufig«.[523] Die Ic-Abteilung des LIII. Armeekorps nahm Anfang Juli 1941 eine Meldung der unterstellten 52. Infanteriedivision in ihren Tätigkeitsbericht auf, die besagte, dass die »Kommissare fast durchwegs Juden« seien.[524] Im XXXIX. Panzerkorps hatte man etwa zur gleichen Zeit ebenfalls in Erfahrung gebracht, dass die politischen Kommissare »größtenteils Juden seien«.[525] In einem Feindnachrichtenblatt, das Ende Dezember 1941 im Bereich der 18. Armee kursierte,

---

520 Übersetzung von deutschen Flugblättern in den Akten des XXXXI. AK, v. Juni/Juli 1941; BA-MA, RH 24-41/69, Anl. 12.
521 Vgl. zu den stereotypen Meldungen über die Flucht der Kommissare z. B. auch die Ic-Morgenmeldung der Pz.Gr. 4 v. 1.9.1941, an OKH, AOK 16, 18; BA-MA, RH 21-4/270. Vgl. auch die Ic-Meldung des XXXXIII. AK v. 30.6.1941, 07.15 Uhr; BA-MA, RH 20-4/682. Vgl. auch die Ic-Morgenmeldung des IX. AK v. 1.7.1941; BA-MA, RH 24-9/155, Bl. 22. Vgl. auch die Ic-Abendmeldung des LV. AK v. 16.7.1941; BA-MA, RH 20-6/518, Bl. 88. Vgl. auch die Ic-Morgenmeldung des XI. AK v. 18.7.1941; BA-MA, RH 20-11/63. Vgl. auch den Vernehmungsbericht des XXXVIII. AK/ Abt. Ic v. 2.8.1941; BA-MA, RH 20-18/997: »Der Vorwurf der Feigheit im Kampf wurde gegen die Kommissare in ungezählten Fällen erhoben.«
522 Eintrag im TB (Ic) des XXVI. AK v. 1.6.-20.8.1941; BA-MA, RH 24-26/125, S. 13.
523 Ic-Tagesmeldung des XXXVIII. AK v. 24.6.1941; BA-MA, RH 20-18/958.
524 Eintrag im TB (Ic) des LIII. AK v. 2.7.1941; BA-MA, RH 24-53/136, Bl. 25.
525 Eintrag im TB (Ic) des XXXIX. AK v. 8.7.1941; BA-MA, RH 24-39/172, Bl. 28. Diese Information hatte die Ic-Abteilung des Korps aus einem Vernehmungsbericht der unterstellten 7. Pz.Div. übernommen, vgl. den Bericht der 7. Pz.Div./Abt. Ic an das XXXIX. AK v. 7.7.1941; BA-MA, RH 24-39/174, Bl. 107.

wurde darauf hingewiesen, dass auf der Gegenseite ein »*jüdischer Einfluss* noch gross« sei; als exemplarische Belege dafür führte man an, dass »z.B. bei 5. Mar[ine]. Brig[ade]. Brigadepolitruk und Politruk des III. Batls. Juden, in einem Mil. Lazarett unter 5 Politruks 4 Juden« seien.[526] Welches besondere Augenmerk die Kommandobehörden in ihren Verhören und Berichten auf die angeblich jüdische Herkunft der sowjetischen Politoffiziere legten, veranschaulicht auch eine Ic-Meldung der 291. Infanteriedivision vom 25. Juni 1941: »Der Soldat Iwan Museka [...] erzählte, daß der Politruk obiger Einheit, der Jude Nosberg, von einem Kriege mit Deutschland gesprochen hat. 2.) Der Panzer-Soldat [...] Skripniak erzählte, daß auch sein Politruk, der Jude Becker, von einem kommenden Krieg mit Deutschland gesprochen hatte. 3.) Der Gefangene Politruk Mark Schifrin (Jude) vom I.R.281 wurde vor Libau gefangen.«[527]

In der ideologisch vorgeprägten Überzeugung, dass derartige Nachrichten die Verhältnisse auf der Gegenseite wirklichkeitsgetreu abbildeten, brachten die Stäbe das Wirken und die Methoden der Kommissare mit ihrer angeblich überwiegend jüdischen Abstammung in Verbindung. So berichtete das Oberkommando der 6. Armee in einer Ic-Meldung von Mitte September 1941: »Jüdische Kommissare erschossen viele Soldaten, die überlaufen wollten.«[528] Die Gefangenenaussagen über die tragende Rolle der »jüdischen Kommissare« stießen in vielen deutschen Stäben auf offene Ohren. Die Ic-Abteilung der 298. Infanteriedivision etwa entnahm einem Gefangenenverhör im Juli 1941, dass »der ganze Widerstand [...] von einigen jüdischen Kommissaren organisiert« werde.[529] Bei der 50. Infanteriedivision hielt man als Ergebnis einer Gefangenenvernehmung im November 1941 fest, dass »die russ. Soldaten in letzter Zeit nur noch von jüdischen politischen Leitern zum Kampf gezwungen [werden], während die russischen politischen Leiter selbst Lust zum Überlaufen zeigen und nur aus Angst davon abgehalten werden«.[530] Während sich die Vorstellung von der Vorherrschaft der »jüdischen Kommissare« im Verlauf des Feldzugs in vielen Stäben verfestigte, registrierte man auf der anderen Seite auch Hinweise, die diesen Annahmen widersprachen. So befragte man Ende September 1941 im AOK 2 den gefangenen Oberbefehlshaber der 5. sowjetischen Armee unter anderem zur »Anzahl der jüdischen Kommissare im Heere« und musste zur Kenntnis nehmen, dass nach seinem Wissen »die Juden unter den Kommissaren ungefähr 1 % ausmachten«.[531] Die Ic-Abteilung der 296. Infanteriedivision konstatierte nach Gefangenenverhören im Januar 1942: »Politische Kommissare sind keine Juden.«[532] Zu ähnlichen Vernehmungsergebnissen war man im August 1941 auch bei der 11. Armee gelangt: »Die Ansicht, dass bei der russ. Armee alle Politruks Juden seien, ist irrig.«[533]

Die Tatsache, dass solche Aussagen in den Ic-Abteilungen Beachtung fanden, sprach zwar für einen gewissen Realitätssinn, zeugte aber zugleich davon, dass man die ide-

---

[526] FNBl. des XXVI. AK/Abt. Ic Nr. 1048/41 geh. v. 24.12.1941; BA-MA, RH 24-26/133. Hervorhebung im Original.
[527] Ic-Meldung der 291. Inf.Div. v. 25.6.1941; BA-MA, RH 20-18/996.
[528] Ic-Tagesmeldung des AOK 6 v. 14.9.1941; BA-MA, RH 20-6/492, Bl. 171.
[529] Vernehmungsbericht der 298. Inf.Div./Abt. Ic v. 23.7.1941; BA-MA, RH 26-298/44, Anl. 126.
[530] Vernehmungsbericht der 50. Inf.Div./Abt. Ic v. 13.11.1941; BA-MA, RH 26-50/85.
[531] Vernehmungsbericht des VAA beim AOK 2 v. 28.9.1941, Bericht Nr. 23; BA-MA, RH 26-112/76.
[532] Vernehmungsbericht der 296. Inf.Div. v. 18.1.1942; BA-MA, RH 26-296/93.
[533] Vernehmungsbericht des AOK 11/Abt. Ic v. 9.8.1941; BA-MA, RH 20-11/85.

ologischen Feindbilder vom »jüdischen Bolschewismus« und »jüdischen Kommissar« auch hierbei im Hinterkopf hatte und mit der Wirklichkeit in Deckung zu bringen suchte. Die Vorstellung von der jüdischen Prägung des sowjetischen »Kommissarsystems« war in den Stäben des Ostheeres weit verbreitet und weitgehend akzeptiert, spielte in der Beurteilung und Stigmatisierung der Kommissare insgesamt aber doch eher eine zweitrangige Rolle. Die Zugehörigkeit der Kommissare zur bolschewistischen Partei wurde in den deutschen Akten sehr viel häufiger betont als ihre angebliche jüdische Abstammung, auch wenn beides aus der Sicht nicht weniger Stäbe nahezu gleichbedeutend sein mochte. In jedem Falle bestärkten diese Erkenntnisse die deutschen Kommandobehörden in ihren ideologischen Anschauungen und ihrem Bild von den politischen Kommissaren als skrupellose Erfüllungsgehilfen einer illegitimen Herrschaft und Repräsentanten des verteufelten »jüdischen Bolschewismus«.

Wie die angeführten Äußerungen belegen, prägte die Perzeption der sowjetischen Truppenkommissare als »Träger des Widerstandes« die deutsche Wahrnehmung des Krieges nachhaltig. Neben diesem zentralen Aspekt umfasste das deutsche Feindbild von den politischen Kommissaren aber noch weitere Facetten, die in den Kommandobehörden des Ostheeres mindestens genauso negativ bewertet wurden. So war man in vielen Stäben der Auffassung, dass die politischen Kommissare die Verantwortung für die Entstehung und Organisation der beginnenden Partisanenbewegung trugen und es auf ihr Wirken zurückzuführen war, dass die sowjetischen Versprengten den Widerstand in den rückwärtigen Gebieten so lange und verzweifelt fortführten. Diese Annahmen sprachen beispielsweise aus einer Meldung eines Infanterieregiments der Heeresgruppe Süd, das dem vorgesetzten Divisionsstab am vierten Kriegstag von »starke[r] Freischärlertätigkeit durch russische Kommissartätigkeit« berichtete.[534] Im Stab des Kommandanten rückwärtiges Armeegebiet 584 rechnete man im Juli 1941 »mit einem planmäßig vorbereiteten Partisanenkrieg [...], den militärische Kommissare und Soldaten – zum Teil in Zivilkleidung – organisieren, um die Zivilbevölkerung zu einem aktiven Widerstand zu veranlassen«.[535] Das Panzergruppenkommando 1 gab Mitte August 1941 in einem Feindnachrichtenblatt bekannt, dass die politischen Kommissare auf der Gegenseite systematisch ukrainische Einwohner »zur Teilnahme an Partisanengruppen gezwungen« hätten, und erblickte darin die Ursache für das Auftreten von »kämpfenden Zivilisten«.[536] Die Ic-Abteilung des Korück 559 war sich im Herbst 1941 ebenfalls in ihrem Urteil sicher, dass die politischen Kommissare bei der Rekrutierung und Führung der Partisanen eine maßgebliche Rolle spielten, und erkannte nebenbei, dass die gegen sie gerichteten deutschen Maßnahmen indirekt dazu beigetragen hatten: »Die Angst, als Sowjet-Kommissar deutscherseits eo ipso erschossen zu werden, hat sie umsomehr bestimmt, die Partisanenbewegung weitgehend zu fördern.«[537]

---

[534] Meldung des IR 530 an die 299. Inf.Div. v. 25.6.1941; BA-MA, RH 26-299/118, Anl. 120.
[535] Eintrag im KTB des Korück 584 v. 20.7.1941; BA-MA, RH 23/362, Bl. 42. Basierend auf dem Befehl des AOK 16/O.Qu./Qu. 2 v. 19.7.1941, betr. Maßnahmen gegen das Partisanenwesen im rückw. Armeegebiet; BA-MA, RH 23/295, Bl. 8 ff.
[536] FNBl. Nr. 17 des Pz.Gr. 1/Abt. Ic/AO Nr. 3441/41 geh. v. 19.8.1941; BA-MA, RH 21-1/474, S. 54.
[537] Eintrag im TB (Ic) des Korück 559 v. 1.9.-20.10.1941 über »Die Partisanenbewegung«; BA-MA, RH 23/127, Bl. 13-20.

Auch die scheinbar omnipräsente Gefahr, die hinter den deutschen Linien von versprengten sowjetischen Truppenresten ausging, betrachtete man in den Stäben des Ostheeres als das Werk der Kommissare. So erklärte man sich im Stab der 269. Infanteriedivision »die außerordentliche Zähigkeit, mit der die von allen Verbindungen abgeschnittenen Trupps von Versprengten immer wieder den Kampf aufnahmen und die rückwärtigen Verbindungen störten« damit, »daß sich teilweise doch besonders tatkräftige, vom Kommunismus überzeugte Offiziere und besonders Kommissare fanden, die ihre Mannschaften zu todesverachtenden Taten trieben«.[538] Die SS-Totenkopf-Division gewann bei den »Zusammenstößen mit abgesprengten Teilen des Feindes« Ende Juni 1941 »den Eindruck, dass es sich tatsächlich nur um Banden handelt, die unter Führung fanatischer Offiziere oder Kommissare feindselige Handlungen begehen. Ohne jede Einheitlichkeit und Ziel.«[539] Die 14. Panzerdivision registrierte Ende Juli 1941, dass sich »in den von deutschen Truppen schon besetzten Orten noch häufig« sowjetische Soldaten versteckten »und nachts dann Posten und Sicherungen anschießen«.[540] Wie in den meisten Kommandobehörden wies man die Schuld an diesen Überfällen in der Division wie selbstverständlich den sowjetischen Kommissaren zu. Im Kriegstagebuch wurde unter »Erfahrungen« festgehalten: »Immer wieder Aufhetzung zum Heckenschützenkrieg durch die Kommissare.«[541]

Noch schwerer als ihre Verantwortung für den irregulären Widerstand in den rückwärtigen Gebieten wog aus deutscher Sicht die Schuld der politischen Kommissare an den Völkerrechtsbrüchen und Kriegsverbrechen, die sowjetische Truppen im Verlauf der Auseinandersetzung begingen. Da man die Macht der sowjetischen Politoffiziere über ihre Soldaten außerordentlich hoch einschätzte, ging man davon aus, dass sich die einfachen Rotarmisten erst »in der Hand der Kommissare [...] hinterlistig und brutal«[542] verhielten und nur unter ihrem Einfluss »im Kampf zum wilden Tier«[543] degenerierten. In den Kommandobehörden des Ostheeres unterstellte man den politischen Kommissaren folglich, nahezu an sämtlichen Völkerrechtsverstößen der Roten Armee in direkter oder indirekter Form beteiligt zu sein: »Treibende Elemente bei allen hinterhältigen Anschlägen waren immer wieder Kommissare (Juden), Weiber und teilweise auch Offiziere.«[544] Zahlreichen Meldungen und Gefangenenaussagen zufolge wurden die Erschießungen von deutschen Kriegsgefangenen auf der sowjetischen

---

[538] Eintrag im TB (Ic) der 269. Inf.Div. zum 24.6.-8.7.1941, Abschnitt »Kampfweise«; BA-MA, RH 26-269/41, S. 12.

[539] Gefechtsbericht der SS-Totenkopf-Div./Abt. Ia v. 29.6.1941; BA-MA, RS 3-3/10, Bl. 11. In dieses Bild passten sich auch die Nachrichten ein, »dass politische Kommissare den Widerstand organisieren, indem sie an die Bevölkerung Waffen verteilen«.

[540] Vgl. hierzu und zum Folgenden den Eintrag im KTB der 14. Pz.Div. v. 26.7.1941, Spalte »Erfahrungen«; BA-MA, RH 27-14/1, S. 65.

[541] Vgl. zu weiteren Beispielen den Bericht des Sdf. Koslowsky, »Bericht über den Einsatz der Dolmetscher im Ostfeldzug«, v. 22.10.1941; BA-MA, RH 26-255/137, Anl. 5. Vgl. die Ic-Morgenmeldung des XXXXIX. AK v. 7.8.1941; BA-MA, RH 20-17/278. Vgl. den Eintrag im TB (Ic) des XXXXVII. AK v. 19.10.1941; BA-MA, RH 24-47/108.

[542] FNBl. Nr. 1 der 8. lei. Inf.Div./Abt. Ic v. 14.3.1942; BA-MA, RH 26-8/74.

[543] Denkschrift des XXXIX. AK, »Über die Möglichkeiten einer Erschütterung des bolschewistischen Widerstandes von Innen her«, v. 18.9.1941; BA-MA, RH 24-39/186, Bl. 44: »Er wird in der Hand der bolschewistischen Führer im Kampf zum wilden Tier.«

[544] Bericht der 168. Inf.Div./Abt. Ia, »Erfahrungen während der Kämpfe ostw. Kiew«, 1.10.1941; BA-MA, RH 26-299/123, Anl. 425.

Seite zumeist von politischen Kommissaren veranlasst und in manchen Fällen sogar eigenhändig von ihnen vollzogen. Immer wieder liefen in den Kommandobehörden des Ostheeres Berichte darüber ein, dass die »Ermordung deutscher Gefangener«[545] nach »Aufforderung durch Kommissare«[546] erfolgt sei oder »daß Kommissare deutsche Gefangene, die nach hinten gebracht wurden, erschossen hätten«.[547] Desgleichen erfuhr man auf deutscher Seite, dass die sowjetischen Politoffiziere die Rotarmisten dazu anstachelten, schon im Gefecht mit größter Rücksichtslosigkeit vorzugehen, und in ihren Einheiten die Parole »keine Gefangenen« ausgaben.[548] Empört registrierten die Kommandobehörden die Nachrichten, dass die Truppenkommissare den Befehl erteilt hätten, »daß keine deutschen Soldaten gefangen genommen, sondern gleich erschossen werden sollen«.[549] Aus deutscher Sicht trugen die Kommissare also nicht nur die Schuld an den Morden an deutschen Kriegsgefangenen, sondern auch an der rücksichtslosen Kampfweise der sowjetischen Truppen, die man in den Verbänden des Ostheeres als heimtückisch und völkerrechtswidrig wahrnahm.

So führte man in der Ic-Abteilung des VIII. Armeekorps die »völkerrechtswidrige Kampfweise« der sowjetischen Truppen zu einem erheblichen Teil auf die Agitation der politischen Kommissare zurück: »Die kommunistische, deutschfeindliche Verhetzung innerhalb der russ. Wehrmacht hatte eine grausame, allen Regeln des Völkerrechts widersprechende Kampfesweise der russischen Soldaten zur Folge. Dazu mag beigetragen haben die dem Sowjetsoldaten vor allem von den politischen Kommissaren beigebrachte Meinung, daß jeder russ. Gefangene von den Deutschen erschossen würde.«[550] Im Generalkommando des XXXIX. Panzerkorps war man ähnlicher Auffassung, erblickte man doch in der »Verhetzung der russischen Soldaten durch die politischen Kommissare« eine wesentliche Ursache für den verschärften Duktus der Kämpfe und dessen negativen Konsequenzen: Als »Folge der Verhetzung« erkannte man, »daß mit außerordentlicher Erbitterung gekämpft wird und dadurch auch die Verluste bei uns verhältnismäßig groß sind«.[551] Auch die Führung der 30. Infanteriedivision ging fest davon aus, dass die rücksichtslose Kampfweise der sowjetischen Soldaten und die daraus resultierende Eskalation der Kriegführung in erster Linie den Methoden der politischen Kommissare zuzuschreiben war. Im Stab der Division kamen deswegen auch keinerlei Zweifel an der Berechtigung der harten Gegenreaktionen der eigenen Soldaten auf. Aus der Anfangsphase des Feldzugs berichtete die Ic-Abtei-

---

545 Ic-Abendmeldung des AOK 6 v. 14.7.1941; BA-MA, RH 20-6/489, Bl. 28 f.: »Durch jüdischen Kommissar wurde Ermordung deutscher Gefangener befohlen.«
546 Ic-Meldung des DVO beim Italienischen Expeditionskorps v. 30.1.1942; BA-MA, RH 21-1/478, S. 91.
547 Vernehmungsbericht des XXVI. AK/Abt. Ic v. 15.7.1941; BA-MA, RH 20-18/996. Vgl. hierzu den »Bericht über die Kämpfe um Märjamaa« der 217. Inf.Div./Abt. Ic v. 14.7.1941; BA-MA, RH 26-217/33, Anl. 12. Vgl. zu ähnlichen Fällen z. B. die Feindlagemeldung des XXIX. AK v. 6.1.1942; BA-MA, RH 20-6/616, Bl. 166. Vgl. auch die Ic-Morgenmeldung des ungarischen Schnellkorps an das AOK 17 v. 5.8.1941; BA-MA, RH 20-17/278. Vgl. zur Weitermeldung dieses Vorgangs das Fernschreiben des AOK 17 an das AOK 11 v. 5.8.1941; BA-MA, RH 20-11/81.
548 Ic-Abendmeldung des 68. Inf.Div. v. 30.1.1942; BA-MA, RH 26-68/39: »Kommissare hätten befohlen, keine Gefangenen, sondern Alles nieder zu machen.«
549 Feindlagemeldung des Höh.Kdo. XXXIV v. 17.8.1941; BA-MA, RH 20-6/530, Bl. 140.
550 Bericht des VIII. AK/Abt. Ic, »Feindlage beim VIII. A.K. in der Zeit vom 22.6.-7.7.41« v. 20.7.1941; BA-MA, RH 24-8/123, Bl. 10 f.
551 Eintrag im TB (Ic) des XXXIX. AK v. 29.6.1941; BA-MA, RH 24-39/172, Bl. 12.

lung der Division, dass »die Russen auf Grund des Druckes der Kommissare und Offiziere sich erbittert, teilweise sogar heimtückisch wehrten, sodass die eigene Truppe auf Gefangennahme verzichtete«.[552]

Die Kommandobehörden, die sich über »die verbrecherische Kampfesweise der von fanatischen Kommissaren angetriebenen [sowjetischen] Truppen«[553] empörten, standen im Ostheer nicht allein. In den deutschen Verbänden herrschte die Überzeugung vor, dass die Schuld an der rasanten Barbarisierung der Kriegführung an der Ostfront in erster Linie bei den politischen Kommissaren zu suchen war. Im Oberkommando der 2. Panzerarmee war man im Frühjahr 1942 nach den Erfahrungen des bisherigen Feldzugs sogar zu der Auffassung gelangt, dass die sowjetischen Kommissare die Eskalation der Gewalt ganz bewusst forcierten, um sie für die eigenen Zwecke zu funktionalisieren: »Es ist bekannt, dass Rote Kommissare die Verstümmelung deutscher Gefallener befehlen, um die deutsche Truppe zu Vergeltungsmassnahmen zu veranlassen, wodurch das Überlaufen der russischen Soldaten verhindert werden soll.«[554] Der Ic-Offizier des Befehlshabers des rückwärtigen Heeresgebiets Süd, »in dem Typ des politischen Kommissars […] die asiatische Fratze des ganzen roten Systems« erkennen zu können glaubte, warf den Kommissaren vor, »unmenschliche Greuel an Zivilisten und Kriegsgefangenen verübt« zu haben. Letztlich machte er die sowjetischen Politoffiziere für die Entgrenzung des Krieges schlechthin verantwortlich: »Er [der politische Kommissar] hat dafür gesorgt, dass diese Auseinandersetzung kein Kampf mehr zwischen Soldaten zweier Staaten ist.«[555] Im deutschen Lager galt die Urheberschaft der politischen Kommissare an den sowjetischen Kriegsgräueln als so weit gesichert, dass zum Teil sogar die »Propaganda in den Feind« darauf aufbaute. So wurde im Abschnitt des VI. Armeekorps in der Anfangsphase des Feldzugs ein Flugblatt verwendet, das die sowjetischen Soldaten drohend warnte: »Gehorcht nicht dem verbrecherischen Befehl Eurer Kommissare und Politruks, welche Euch zu Gewalttaten gegen Gefangene und die Zivilbevölkerung verleiten. Belastet Euch nicht mit Blutverbrechen. Eure Kommissare erwartet die verdiente Strafe!«[556] Wie nicht nur aus diesem Propagandaprodukt, sondern auch aus vielen internen Berichten und Meldungen der Verbände des Ostheeres unmissverständlich hervorgeht, implizierten die deutschen Feststellungen über die Verantwortung der Kommissare für die sowjetischen Völkerrechtsverstöße stets einen kapitalen Schuldvorwurf und folgerichtig auch Strafandrohung.

Die vorwurfsvolle Haltung, die man in den deutschen Kommandobehörden den sowjetischen Politoffizieren gegenüber einnahm, präjudizierte auch die persönlichen Eindrücke, die Angehörige des Ostheeres in direkten Begegnungen mit politischen Kommissaren gewannen, wobei es sich naturgemäß in der Regel um Kriegsgefangene

---

[552] Eintrag im TB (Ic) der 30. Inf.Div. zum Abschnitt 8.7.-19.7.1941; BA-MA, RH 26-30/69, S. 3.
[553] Bericht der 35. Inf.Div./Abt. Ic, »Erfahrungen des bisherigen Feldzuges«, Frühjahr 1942; BA-MA, RH 26-35/89, S. 7.
[554] Armeebefehl des Pz.AOK 2/Abt. Ic/AO Nr. 83/42, »Armeebefehl für die Behandlung von Kriegsgefangenen, Partisanen, Feindkundschaftern und der Bevölkerung«, v. 3.3.1942; BA-MA, RH 21-2/867a, Bl. 303.
[555] Erfahrungsbericht des Ic-Offiziers des Berück Süd, »Lagebericht des Hauptmann Dr. Pertzborn am 19.7.1941«; BA-MA, RH 22/170, Anl. 12, S. 102.
[556] Übersetzung eines Flugblatts in den Akten des VI. AK, o.D., Juni-August 1941; BA-MA, RH 24-6/237, Bl. 83.

3. Die Wahrnehmung der Kriegswirklichkeit 305

9 | Begegnung mit dem Erzfeind: Deutsche Soldaten verhören einen politischen Kommissar (1. August 1941)

handelte. Die deutschen Soldaten und Offiziere traten den sowjetischen Kommissaren mit unverkennbarer Voreingenommenheit gegenüber und gelangten entsprechend schnell zu negativen Urteilen. Ein deutscher Oberleutnant etwa, der den Krieg als Adjutant eines Infanteriebataillons erlebte, fühlte sich – nach allem, was er von den sowjetischen Politoffizieren wusste – schon von der Physiognomie der Kommissare abgestoßen, die er als »fanatisch und verkrampft« wahrnahm.[557] Nicht nur die gefilterten visuellen Erfahrungen, sondern auch die persönlichen Begegnungen mit gefangenen Kommissaren bestärkten ihn in seinem vernichtenden Verdikt über die sowjetischen Politoffiziere: »Die wenigen, die wir lebend fingen, bestritten meistens, Kommissare zu sein. Sie sprachen mit jüdischer Finger- und Mundfertigkeit, behaupteten in der Regel, Armenier zu sein[,] und waren der offensichtlich minderwertigste Abschaum dieser Clique. [...] Sie hatten verbissene, unversöhnliche[,] oft überraschend unintelligente Gesichter.« Auch die deutschen Feindnachrichtenoffiziere, denen sich häufiger die Möglichkeit bot, politische Kommissare in Gefangenenvernehmungen aus eigener Anschauung zu erleben, gelangten dabei zumeist zu ähnlich

---

[557] Vgl. hierzu und zum Folgenden den Bericht »Gründe für die Kampfkraft der Roten Armee«, v. Oblt. Pilster, Adj. des I./SR 59 v. 20.4.1942; BA-MA, RH 27-20/108, Bl. 44. Den Hinweis auf diese Quelle verdanke ich Prof. Dr. Sönke Neitzel.

ungünstigen Einschätzungen. Man legte den gefangenen Kommissaren zur Last, dass sie ihre »Aussagen widerwillig und z. T. falsch«[558] machten und sah sich in seinen Vorurteilen bestätigt, wenn die Gefangenen einen »verstockten Eindruck«[559] oder »den Eindruck eines fanatischen Kämpfers«[560] vermittelten. Nach verbreiteter Auffassung zeichnete sich »der typische politische Leiter der Roten Armee« dadurch aus, dass er »militärisch äußerst mangelhaft ausgebildet«, »ganz politisch eingestellt« und vollkommen überzeugt »von den kommunistischen Doktrinen« war.[561] Wie eine ›self-fulfilling prophecy‹ verfestigte sich in den Vernehmungen die Auffassung, dass es sich bei den sowjetischen Kommissaren um verbohrte ideologische Fanatiker handelte, mit denen es keinen Ausgleich geben konnte. In manchen Stäben führte der direkte Umgang mit den Kommissaren freilich dazu, dass man die Vorstellungen, die man sich von ihnen machte, graduell korrigierte. Im Wissen von den großen Verlusten unter den Kommissaren schenkte man manchen gefangenen Politoffizieren durchaus Glauben, wenn sie beteuerten, nur wegen des großen Ersatzbedarfs, gegen ihren Willen und ohne innere Überzeugung in ihre Stellung gelangt zu sein. So konnten die Vernehmungsoffiziere zum Teil zu dem Schluss kommen, dass manche gefangenen Politoffiziere »nicht den Eindruck eines pol. Sowjetfunktionärs« vermittelten.[562] Solche Einschätzungen implizierten freilich, dass man diese Fälle lediglich als Ausnahmen von der Regel begriff und das Einvernehmen darüber, was »den Eindruck eines pol. Sowjetfunktionärs« ausmachte, weiterhin die Folie für die Verhöre bildete. Insgesamt kamen die deutschen Ic-Offiziere in den Vernehmungen von gefangenen sowjetischen Politoffizieren auch nur selten zu dem Ergebnis, dass die Gefangenen nicht in das vorgefertigte Schema hineinpassten.[563] Zwar kam es in manchen Kommandobehörden im Verlauf des Feldzugs zu einer partiellen Korrektur und Aufweichung der Stereotypen. In der Summe aber hatte das skizzierte Feindbild im Ostheer während des gesamten »Unternehmens Barbarossa« Bestand.

2. Die Kultivierung des Feindbilds

Die nahezu einhelligen Beobachtungen über die Rolle der sowjetischen Kommissare als »Träger des Widerstandes«, Urheber von »Gräuelpropaganda«, Exekutoren eines »Terrorregiments«, Triebkräfte der Partisanenbewegung und Anstifter zu Kriegsverbrechen fügten sich zu einem äußerst negativen Gesamtbild zusammen, das sich in den Verbänden des Ostheeres schon frühzeitig verfestigte und während des weiteren Verlaufs des »Unternehmens Barbarossa« kaum noch wandelte. Dass diese Stereotypen nicht nur in den Stäben des Ostheeres vorherrschten, sondern auch in den Truppen-

---

[558] Vernehmungsbericht des XXXX. AK/Abt. Ic an das AOK 4 v. 17.4.1942; BA-MA, RH 24-40/96.
[559] Erfahrungsbericht der 100. lei. Inf.Div./Abt. Ic v. 15.11.1941; BA-MA, RH 26-100/41, Bl. 6.
[560] Vernehmungsbericht der 7. Inf.Div./Abt. Ic v. 28.1.1942; BA-MA, RH 26-23/49.
[561] Vernehmungsbericht der Abwehr-Einsatz-Gruppe beim AOK 18 Nr. 32/41 geh. v. 1.8.1841; BA-MA, RH 20-18/997.
[562] Vernehmungsbericht der 258. Inf.Div./Abt. Ic v. 30.6.1942; BA-MA, RH 26-258/88.
[563] So hielt man z. B. bei der 18. Armee im Juli 1941 als bemerkenswertes Ergebnis der Vernehmung eines übergelaufenen Kommissars fest, »dass politische Kommissare nicht in allen Fällen treu zur kommunistischen Partei stehen«, vgl. das Schreiben des AOK 18/Abt. Ic an die H.Gr. Nord v. 23.7.1941 und den anliegenden Vernehmungsbericht; BA-MA, RH 20-18/953.

einheiten des Ostheeres bald Allgemeingut waren, ging zum einen darauf zurück, dass sie bereits im Vorfeld des Krieges im Ostheer verbreitet worden waren und zudem auf älteren Topoi aufbauen konnten. Schon Mitte der dreißiger Jahre war die Diffamierung der »Herren Kommissare und Parteifunktionäre« als »meist dreckige Juden« in der Wehrmacht präsent.[564] Im Kommissarerlass war die Vorstellung von den Politoffizieren »als den eigentlichen Trägern des Widerstandes« und ihre Stigmatisierung als »Urheber barbarisch asiatischer Kampfmethoden« dann allgemeinverbindlich festgeschrieben worden. Nachdem die Perzeption der Kommissare vorgezeichnet worden war, gewährleistete die deutsche Binnenpropaganda, dass sie sich in den Verbänden auch durchsetzte. In den für die Truppe bestimmten Verlautbarungen des Amts Wehrmachtpropaganda und den Feldzeitungen, die die Propagandakompanien herstellten, wurde das stereotype Feindbild von den Kommissaren in all seinen Facetten reproduziert und kultiviert.

Die deutsche Sicht auf die Rolle der politischen Kommissare war zwar kein Hauptthema der Feldzeitungen, kam aber doch immer wieder zur Sprache, wurde vielfach auch nur beiläufig erwähnt oder als selbstverständliche Referenz vorausgesetzt. Genauso wie in den dienstlichen Berichten und Meldungen der Frontstäbe wurde die Heftigkeit des sowjetischen Widerstands in den Feldzeitungen auf die »verwerflichen Methoden« der politischen Kommissare zurückgeführt.[565] In ihren Artikeln legten die Frontzeitungen zu Grunde, dass die starke Gegenwehr der Rotarmisten kaum eine anerkennenswerte militärische Leistung darstellte und nicht auf soldatischen Tugenden basierte, sondern nur als Folge ihrer primitiven Psyche und der Manipulation durch den Bolschewismus anzusehen sei. So konstatierte die Feldzeitung »Blücher« in der Ausgabe vom 26. Juni 1941, dass sich auf der Gegenseite die »politische Zersetzung ins Militärische übertragen« und »primitive Rote Soldaten« hervorgebracht habe: »Hier an der Ostfront steht ein Feind, der nicht intelligent, sondern als Individuum stumpf ist, nicht soldatisch tapfer, sondern aus der Gefühllosigkeit zähe ein Kollektiv der Zerstörung bildet, eine Maschine, die gleichgültig und seelenlos, wie die jahrzehntelange radikale Unterdrückung ihres eigenen Ich es sie lehrte, sich dem Gegner in den Weg wirft, bis er sie zum Stillstand gebracht hat.«[566] Gebetsmühlenartig wiederholen die Feldzeitungen die offizielle Lesart, die besagte, dass dieses Verhalten in erster Linie dem unheilvollen Wirken der sowjetischen Binnenpropaganda zuzuschreiben war: »Das Ganze ist nicht etwa ein Zeichen von Heldenmut oder übermenschlicher Tapferkeit und Aufopferung, sondern ein Beweis für die Mittel, mit denen die sowjetische Propaganda arbeitet, wie sie systematisch die Gehirne vergiftet und aus den russischen

---

[564] Flugblattentwurf des Psychologischen Laboratoriums des Reichskriegsministeriums v. 2.11.1935; zit. nach FÖRSTER, Unternehmen, S. 440. Vgl. auch die Denkschrift von Carl-Heinrich v. Stülpnagel, die er 1935 als Chef der Abt. FHO anfertigte und in der er das »spitzelhafte Treiben der meist der jüdischen Rasse angehörenden« Kommissare verurteilte; zit. nach: KRAUSNICK, WILHELM, Truppe, S. 220. Vgl. auch HÜRTER, Heerführer, S. 261.
[565] Vgl. die Feldzeitung »Blücher«, Ausgabe Nr. 7 v. 29.6.1941, Bericht »Gewaltige Panzerschlacht an der Dubysa«, S. 4; BA-MA, RHD 69/33.
[566] Feldzeitung »Blücher«, Ausgabe Nr. 4 v. 26.6.1941, Bericht »Im Kampf mit Londons Roter Armee. Moskaus Taktik: Politische Zersetzung ins Militärische übertragen«, S. 1; BA-MA, RHD 69/33. Vgl. hierzu auch die Feldzeitung »Blücher«, Ausgabe Nr. 7 v. 29.6.1941, »Echte Verbrechertypen als Gegner. Wir kämpfen gegen die Bolschewiken«, S. 4; BA-MA, RHD 69/33.

Soldaten willenlose, verängstigte und deshalb stur bis zum sicheren Tode kämpfende Menschen macht.«[567]

Nach der Darstellung der Feldzeitungen bestand das wirkungsvollste »Mittel« der sowjetischen Propaganda in der Parole, »daß die Deutschen sämtliche Gefangenen umbringen«.[568] Als Urheber dieser verhängnisvollen Unterstellung identifizierten die Frontzeitungen die politischen Kommissare. So berichtete »Blücher« Ende Juni 1941: »Den roten Soldaten wird von ihren Politischen Kommissaren eingeredet, sie würden in deutscher Gefangenschaft erschossen, eine der verwerflichen Methoden, mit denen die Roten zum Kampf bis zur Vernichtung angetrieben werden.«[569] Wie diese Passage exemplarisch belegt, wurde die Propagandastrategie der Kommissare in den Feldzeitungen durchweg äußerst negativ bewertet und als »maßlose Hetze«[570] verurteilt.[571] Wie die Feldzeitungen herausstellten, bestimmte diese »Hetze« nicht nur die Kampfweise der Rotarmisten an der Front, sondern auch ihr Verhalten in den rückwärtigen deutschen Gebieten, in die sie als Versprengte gerieten. Die »Philosophie der Sowjetsoldaten, die ihnen von den politischen Kommissaren eingetrichtert worden ist«, betrachtete man als erstrangige Ursache dafür, dass »Versprengte plötzlich kilometerweit hinter der Front eine wilde Knallerei beginnen«, den Nachschub störten und unnötige Verluste forderten.[572] Neben der Verantwortung der politischen Kommissare für ihre folgenschweren Propagandaparolen hoben die Feldzeitungen auch ihre Rolle als »rote Unterdrücker« negativ hervor und klagten sie für den Disziplinierungsterror an, den sie in den eigenen Reihen verbreiteten.[573] So meldete »Der Durchbruch« Mitte Juli 1941, dass die gegnerischen Soldaten »überhaupt nicht gekämpft« hätten, »wenn ihre bolschewistischen Kommissare sie nicht mit der Pistole dazu gezwungen hätten«. Ähnlich berichtete die Feldzeitung »Blücher« Anfang August 1941 davon, dass »die jüdischen Kommissare die bolschewistischen Soldaten zur Fortsetzung des aussichtslosen Kampfes« zwängen, »indem sie ihnen einen qualvollen Tod in deutscher Gefangenschaft oder Erschiessung bei Nachlassen ihres Widerstandes vor Augen stellten«.[574] Der Widerstand, den die sowjetischen Soldaten unter dem Zwang der Politoffiziere und dem Einfluss ihrer »Hetze« leisteten, wurde in den Feldzei-

---

[567] Feldzeitung »Blücher«, Ausgabe Nr. 6 v. 28.6.1941, Bericht »Schwerste Sowjet-Panzer vernichtet. ›Die Deutschen erschießen die Gefangenen‹«, S. 2; BA-MA, RHD 69/33.
[568] Ebd.
[569] Feldzeitung »Blücher«, Ausgabe Nr. 7 v. 29.6.1941, Bericht »Gewaltige Panzerschlacht an der Dubysa«, S. 4; BA-MA, RHD 69/33.
[570] Feldzeitung »Der Durchbruch«, Folge 279 v. 19.7.1941, Bericht »Aufklärungsabteilung am Feind. Bravourstücke eines Spähtrupps mit erbeuteter Pak«, S. 2; BA-MA, RHD 69/19: »In unheimlicher Angst vor der Gefangenschaft, die ihnen die masslose Hetze der Kommissare eingebleut hat, denken sie nicht eher daran sich zu ergeben, bis die Deutschen mit angeschlagenem Karabiner wenige Meter hinter ihrem Rücken stehen.«
[571] Zu einem weiteren Beispiel vgl. die Feldzeitung »Wacht im Osten«, Ausgabe Nr. 581 v. 6.7.1941, Bericht »Die Rolle der Kommissare. Das Sowjetregime und seine Soldaten«, S. 3; BA-MA, RHD 69/26.
[572] Ebd.
[573] Vgl. hierzu und zum Folgenden die Feldzeitung »Der Durchbruch«, Folge 274 v. 14.7.1941, Bericht »Die Hunderttausend von Minsk. Rote Divisionen ziehen in deutsche Gefangenschaft«, S. 2; BA-MA, RHD 69/19.
[574] Feldzeitung »Blücher«, Ausgabe Nr. 34 v. 1.8.1941, Bericht »2000 Bolschewisten in den Tod gehetzt. Juedische Kommissare erzwangen aussichtslosen Widerstand«, S. 2; BA-MA, RHD 69/33.

tungen als sinnlos und illegitim dargestellt, wodurch die ohnehin schon gravierenden Vorwürfe gegen die Kommissare noch mehr Gewicht erhielten.

Daneben förderten die Feldzeitungen auch die Vorstellung, dass die Kommissare die Schuld an den Völkerrechtsbrüchen der sowjetischen Truppen trügen. Die Frontzeitung »Der Durchbruch« etwa brachte diese pauschale Unterstellung beiläufig in einem Artikel über ein Gefecht von Ende Juli 1941 zum Ausdruck, in dem viel sagend kommentiert wurde, wie sich ein sowjetischer Truppenkommissar rechtzeitig dem Zugriff der deutschen Einheiten entzogen hatte: »Im Wald lag die Litewka [d. h. Uniformjacke] eines politischen Kommissars. Der Herr hatte sich beizeiten davongemacht. Zu seinem Glück! Denn wir wissen, wer die treibenden Kräfte bei allen Bestialitäten und Grausamkeiten roter Soldateska sind«.[575] Wie in diesem Text leisteten die deutschen Kriegsberichter in ihren Zeitungsartikeln der Überzeugung Vorschub, dass die politischen Kommissare durch ihr unheilvolles und amoralisches Wirken längst Bestrafung verdient hätten und es legitim sei, sie zur Rechenschaft zu ziehen.[576] Die Feldzeitungen bezichtigten die Kommissare, verwerfliche Methoden anzuwenden, sinnlosen und irregulären Widerstand zu organisieren und nicht zuletzt auch für die Kriegsgräuel der sowjetischen Truppen verantwortlich zu sein. Letztlich stellte man es als das »Ergebnis der Arbeit der politischen Kommissare« hin, dass »der Kampf im Osten [...] ein anderes Gesicht« erhalten hatte.[577] Dementsprechend entwarfen die deutschen Propagandakompanien in ihren Zeitungen ein äußerst düsteres Bild von den sowjetischen Kommissaren und belegten sie stets mit negativen Konnotationen und pejorativen Qualifizierungen. Die Kommissare wurden als »Hetzer«[578], »rote Unterdrücker«[579], »Furien der Sowjetunion«[580] oder schlicht als »Ratten«[581] diffamiert. Daneben attestierte man ihnen, im gegenwärtigen Krieg »eine erbärmliche Rolle zu spielen«.[582] Ähnlich wie die Feldzeitungen schürte auch die oberste deutsche Führung in ihren propagandistischen Verlautbarungen die Stimmung gegen die politischen Kommissare. So wurden die Angehörigen des Ostheeres in den »Mitteilungen für die Truppe«, die das OKW im Juli 1941 herausgab, in grobschlächtigen Worten gegen die sowjetischen Kommissare aufgehetzt: »Was Bolschewiken sind, das weiß jeder, der einmal einen Blick in das Gesicht eines der Roten Kommissare geworfen hat. Hier sind keine theoretischen Erörterungen mehr nötig. Es hieße die Tiere beleidigen, wollte man die Züge dieser zu einem hohen Prozentsatz jüdischen Menschenschinder

---

575 Feldzeitung »Der Durchbruch«, Folge 287 v. 27.7.1941, Bericht »Der Ueberfall von Gurki. Aufklärungsspitze wehrt Durchbruchsversuch eines Roten Regiments ab«, S. 2; BA-MA, RHD 69/19.
576 Vgl. zu einem ähnlichen Beispiel die Feldzeitung »Blücher«, Ausgabe Nr. 15 v. 10.7.1941, Bericht »Sowjetkommissare flohen«, S. 2; BA-MA, RHD 69/33.
577 Feldzeitung »Wacht im Osten«, Ausgabe Nr. 581 v. 6.7.1941, Bericht »Die Rolle der Kommissare. Das Sowjetregime und seine Soldaten«, S. 3; BA-MA, RHD 69/26.
578 Feldzeitung »Blücher«, Ausgabe Nr. 15 v. 10.7.1941, Bericht »Sowjetkommissare flohen«, S. 2; BA-MA, RHD 69/33.
579 Feldzeitung »Der Durchbruch«, Folge 274 v. 14.7.1941, Bericht »Die Hunderttausend von Minsk. Rote Divisionen ziehen in deutsche Gefangenschaft«, S. 2; BA-MA, RHD 69/19.
580 Feldzeitung »Wacht im Osten«, Ausgabe Nr. 581 v. 6.7.1941, Bericht »Die Rolle der Kommissare. Das Sowjetregime und seine Soldaten«, S. 3; BA-MA, RHD 69/26.
581 Propagandabericht »Nächtlicher Durchbruchsversuch gescheitert« v. Kriegsberichter Gefr. Helmuth K. Hurich, PK 666, v. 10.8.1941; BA-MA, RH 28-1/136.
582 Feldzeitung »Wacht im Osten«, Ausgabe Nr. 581 v. 6.7.1941, Bericht »Die Rolle der Kommissare. Das Sowjetregime und seine Soldaten«, S. 3; BA-MA, RHD 69/26.

tierisch nennen. Sie sind die Verkörperung des Infernalischen, Person gewordener wahnsinniger Haß gegen alles edle Menschentum. In der Gestalt dieser Kommissare erleben wir den Aufstand des Untermenschen gegen edles Blut.«[583] Die Hetze der Wehrmachtpropaganda konnte in den deutschen Frontverbänden, in denen man ähnliche Vorstellungen pflegte, kaum wirkungslos verhallen und hat sicherlich zur Verbreitung und Etablierung des zutiefst negativen Feindbilds von den sowjetischen Kommissaren in den Reihen des Ostheeres wesentlich beigetragen.

Wie sehr die deutschen Führungsstäbe an der Ostfront dieses Bild verinnerlicht hatten, zeigte sich nicht zuletzt daran, dass sie Folgerungen daraus ableiteten, die Konsequenzen für ihr praktisches Handeln hatten. Vor allem die allgemein geteilte Ansicht, dass die Kommissare als »Träger des Widerstandes« die entscheidenden Stützpfeiler der sowjetischen Truppen bildeten und damit ihren neuralgischen Punkt darstellten, führte auf der deutschen Seite schnell zu der nahe liegenden Schlussfolgerung, sie mit allen verfügbaren Mitteln gezielt zu bekämpfen, um auf den Zusammenbruch der Roten Armee hinzuwirken. Um diese Erkenntnisse in die Tat umzusetzen, bot sich vor allem die »Propaganda in den Feind« an, die entsprechend ausgerichtet und forciert wurde. Die deutsche Flugblatt- und Lautsprecherpropaganda, die sich an die sowjetischen Soldaten wandte und sie zur Desertion oder Kapitulation aufforderte, verfolgte in erster Linie das Ziel, die Gegensätze in der Roten Armee zum Aufbrechen zu bringen, indem man die Rotarmisten gegen ihre Politoffiziere aufwiegelte. Die »Aufhetzung der Mannsch[aften].« gegen die »polit[ischen]. Leiter« hatte in den Planungen der obersten deutschen Führung schon vor Beginn des Feldzugs zu den Strategien der Wehrmachtpropaganda gezählt.[584] Auf Grund der früh gewonnenen Erkenntnisse über die tragende Rolle der politischen Kommissare in den sowjetischen Streitkräften gingen Initiativen zu einer solchen Propagandaoffensive aber bereits in der Anfangsphase des Krieges auch von den Kommandobehörden an der Ostfront selbst aus. Das Generalkommando des III. Panzerkorps beispielsweise beantragte Anfang Juli 1941 beim vorgesetzten Panzergruppenkommando 1 die »sofortige Herstellung und [den] Einsatz von Flugblättern« und machte sogleich einen »Vorschlag für [ihren] Inhalt«, der sich stark gegen die sowjetischen Kommissare richtete.[585] Nach Ansicht des Generalkommandos sollte der »Hauptinhalt stets« lauten: »Gefangene werden nicht erschossen, Aufforderung überzulaufen oder sich zu ergeben, Erledigung der politischen Kommissare und Juden«.[586] Welche Wirkung sich das Korps von solchen Flugblättern versprach, präzisierte es Anfang September 1941 in einem weiteren Schreiben an die Panzergruppe 1, als seine Ic-Abteilung »auf Grund der Gefangenenaussagen, die immer wieder von schlechter Stimmung und Terror der Kommissare sprechen« ein »neu-

---

[583] Mitteilungen für die Truppe Nr. 116, Juli 1941; BA-MA, RW 4/357.
[584] Protokoll des H.Gr.Kdo. Nord zu der Besprechung beim OKH und OKW am 5.6./6.6.1941; BA-MA, RH 19-III/722, Bl. 85. Am 6.6.1941, von 11.30-12.30 Uhr, hatte der Chef des Amts Wehrmachtpropaganda im OKW, Oberst v. Wedel, einen Vortrag über die geplanten Propagandamaßnahmen gehalten und unter anderem darauf verwiesen: »Verboten ist Aufhetzung der Mannsch. gegen Offz. (nicht polit. Leiter!)«. Hervorhebung im Original.
[585] Schreiben des III. AK/Abt. Ic an die Pz.Gr. 1 v. Anfang Juli 1941; BA-MA, RH 24-3/134, Anl. 37.
[586] Befehl des III. AK/Abt. Ic an die unterstellten Div. und Korpstruppen v. 7.7.1941; BA-MA, RH 24-3/134, Anl. 47.

es Flugblatt entworfen« hatte.[587] »Ziel diese Flugblattes soll sein, die Rotarmisten möglichst mit ihren Offizieren zu geschlossenem, aktiven Vorgehen gegen die Kommissare zu bewegen, um, darauf aufbauend, eine Auflehnung gegen das Regime zu bewirken.«[588]

Zum Zeitpunkt dieses neuerlichen Antrags des III. Panzerkorps hatte allerdings auch das OKW bereits auf die Erfahrungen des bisherigen Feldzugs reagiert und die Stoßrichtung gegen die politischen Kommissare zu einer Leitlinie der Wehrmachtpropaganda an der Ostfront erklärt. Am 21. August 1941 hatte das OKW »ergänzende Weisungen für die Handhabung der Propaganda in der Sowjet-Union« herausgegeben, in denen eingangs viel sagend zugrunde gelegt wurde: »Da sich die politischen Kommissare als besondere Träger des Widerstandswillens erwiesen haben, ist ihrer Bekämpfung *auch* durch die Propaganda besonderes Augenmerk zuzuwenden.«[589] Als »eine wesentliche Aufgabe der Propaganda« definierte das OKW, die Kommissare »bei der Sowjettruppe noch verhaßter und verächtlicher zu machen«. In der Argumentationsstrategie, die das OKW hierzu festlegte, zeigten sich unverkennbar die Reflexe des stereotypen Kommissarbilds, das in den Kommandobehörden des Ostheeres längst axiomatische Geltung erlangt hatte: »Dazu muß vor allem immer wieder herausgestellt werden, daß der Kommissar den Sowjetsoldaten zwar immer wieder in das deutsche Feuer vortreibt, daß er selbst aber grundsätzlich sein Heil rechtzeitig in der Flucht sucht.«

Es entsprach also den Vorgaben der obersten Führung, erfolgte aber häufig auch aus eigenem Antrieb, wenn die Stäbe der Frontverbände im Verlauf des Feldzugs derartige Propagandakampagnen auf den Weg brachten. So wurde von der Ic-Abteilung der 262. Infanteriedivision bereits im Juli 1941 der Einsatz eines Flugblatts »angeregt, das unter besonderer Berücksichtigung der herrschenden Spannung zwischen Soldat und Kommissar nach Erschießung der Kommissare zum Überlaufen auffordert«.[590] Die Feindnachrichtenabteilung der 12. Infanteriedivision arbeitete im Oktober 1941 einen »Vorschlag für Flugblattpropaganda« aus, der die gleiche Zielrichtung verfolgte.[591] Aus Sicht der Divisionsführung bestand Handlungsbedarf, weil die bisherigen Flugblattaktionen »am Widerstand des an sich geschlagenen und zurückweichenden Gegners [...] wenig geändert« hatten und man dies darauf zurückführte, dass »die politischen Stützen im Feindheer [...] anscheinend noch nicht genügend untergraben« seien: »Bei Gefangenenvernehmungen zeigt es sich immer wieder, dass die Kriegskommissare nach wie vor die vollständige Gewalt in ihren Händen haben.« Um an diesem Punkt anzusetzen, sollte die Flugblattpropaganda nach dem Vorschlag der Division darauf ausgerichtet werden, die sowjetischen Soldaten gegen ihre Kommissare aufzuhetzen: »Beim primitiven Bildungsgrad eines Durchschnittsmenschen im jetzigen Russland ist es erforderlich, diesen immer wieder an die ›Treiber‹ des aussichtslosen

---

[587] Eintrag im TB (Ic) des III. AK v. 7.9.1941; BA-MA, RH 24-3/133, S. 14.
[588] Schreiben des III. AK/Abt. Ic an die Pz.Gr. 1, betr. Flugblattentwurf, v. 7.9.1941; BA-MA, RH 24-3/135, Anl. 171.
[589] Vgl. hierzu und zum Folgenden den Befehl des OKW/WFSt/WPr Nr. 486/41 g.Kdos. v. 21.8.1941; BA-MA, RH 26-11/64. Hervorhebung durch den Vf.
[590] Eintrag im TB (Ic) der 262. Inf.Div. v. 1.7.-31.7.1941; BA-MA, RH 26-262/49.
[591] Vgl. hierzu und zum Folgenden das Schreiben der 12. Inf.Div./Abt. Ic, ohne Adressaten, o.D., Oktober 1941, »Vorschlag für Flugblattpropaganda«; BA-MA, RH 26-12/249.

Kampfes zu erinnern.« Wie sich die Divisionsführung die Umsetzung dieses Konzepts vorstellte, veranschaulichte sie in einem entsprechenden Flugblattentwurf, den sie dem Schreiben beilegte. Diese »Flugschrift« war nur vordergründig »an die Kriegskommissare der Roten Armee« adressiert, »im Grunde genommen aber für den Rotarmisten bestimmt«. Das Flugblatt diffamierte die Kommissare als »Henkersknechte dieses jüdisch-teuflischen Systems« und erhob schwere Vorwürfe gegen sie[592]: »Eure Methoden, mit welchen ihr verantwortliche Offiziere und Mannschaften ›liquidiert‹, sind uns schon längst bekannt! Millionen von friedlichen und arbeitsfreudigen Menschen habt Ihr in die Zwangsjacke eines Rotarmisten gesteckt und auf die brutalste Art in den Tod gehetzt!« Neben der deutschen Drohung, den »Kampf gegen Euch und Euer System [...] bis zur völligen Ausrottung Eurer jüdischen und verjudeten Führer und Verführer« durchzufechten, enthielt der Flugblattentwurf auch eine indirekte Aufforderung an die sowjetischen Soldaten, sich gegen ihre Kommissare aufzulehnen und sie zu töten: »Der Tag der Vergeltung liegt nicht mehr fern! Die von Euch geschaffene ›Rote Armee‹ ist hellhörig geworden, sie wird sich, gleich ob Soldat oder Offizier, gegen Euch erheben und Euch – wohin Ihr längst gehört – an den Galgen bringen!!«

Einen ähnlichen Vorstoß unternahm das Generalkommando des XXIX. Armeekorps im Frühjahr 1942.[593] In einer Eingabe an das vorgesetzte AOK 6 bezeichnete »das Korpskommando eine Verstaerkung der eigenen Feindpropaganda« als »ein dringendes Erfordernis« und beantragte unter anderem, die propagandistische Bekämpfung der sowjetischen Kommissare zu forcieren. Der Leitgedanke, den das Generalkommando in den Mittelpunkt der an die sowjetischen Soldaten gerichteten »Feindpropaganda« zu stellen anregte, entsprach sicherlich auch den eigenen Auffassungen: nämlich die Prämisse, dass die »rueckschichtslose Vernichtung [der Kommissare] insbes. in den Reihen der Roten Armee unumgaenglich notwendig ist, um den Krieg baldigst zu beenden und das russ. Volk und Land zu befrieden«. Um die Rotarmisten zur Rebellion gegen ihre Politoffiziere zu bewegen, sollten »die politischen Kommissare [...] in der prop[agandistischen]. Darstellung als das Schreckgespenst der bolschewistischen Idee« herausgestellt werden, indem man an ihre angeblichen Großverbrechen erinnerte: »Sie haben den russ. Soldaten immer wieder sinnlos in den Tod getrieben, sie sind verantwortlich fuer die Millionen toter Rotarmisten, die auf den Schlachtfeldern geblieben sind. Der russ. Soldat muss erkennen, dass der weitere Kampf zwecklos ist und dass es nur einen Ausweg gibt, die Waffen umzukehren und gegen die eigenen Kommissare zu richten, die GPU-Kommandeure und deren Agenten und vor allem die Juden und ihre Helfer, die sie immer wieder belogen, ihnen alles genommen und 25 Jahre lang gequaelt haben, erbarmungslos tot zu schlagen.« Nicht zufällig gingen die Anstöße zu solchen Propagandakampagnen häufig von den Verbänden aus, die direkt an der Front eingesetzt waren und denen es besonders vital erscheinen musste, alle Möglichkeiten auszuschöpfen, um auf eine Abschwächung des heftigen sowjetischen Widerstandes hinzuwirken.[594]

---

[592] Vgl. hierzu und zum Folgenden die Anlage zum Schreiben der 12. Inf.Div./Abt. Ic, »Vorschlag für Flugblattpropaganda«, Oktober 1941; BA-MA, RH 26-12/249.

[593] Vgl. hierzu und zum Folgenden die Eingabe des XXIX. AK/Abt. Ic an das AOK 6 v. 17.3.1942, betr. Eigene Feindpropaganda; BA-MA, RH 24-29/48, Anl. 283.

[594] Zu einer weiteren solchen Initiative von einem Frontstab vgl. den Gefechtsbericht des IR 213 über die Kämpfe im Zeitraum 29.12.1941-18.1.1942 v. 23.1.1942; BA-MA, RH 37/4904: »Es muss hierbei

3. Die Wahrnehmung der Kriegswirklichkeit   313

Über den Erfolg der Propagandastrategie, die sowjetischen Soldaten zur Ermordung ihrer Kommissare aufzufordern, war man in den Stäben des Ostheeres dennoch durchaus geteilter Meinung. Die Führung der 6. Infanteriedivision etwa plädierte dafür, in den Flugblättern an die sowjetischen Soldaten »nicht zu viel Schwieriges oder Unmögliches [zu] fordern« und zählte dazu auch die Aufrufe zum »Erschlagen von Kommissaren«; schließlich hatte man die Erfahrung gemacht, dass »diese Forderungen angesichts des Terrors und der straffen Zügelführung durch Kommissar und Offiziere von Gefangenen durchweg als unmöglich abgelehnt werden«.[595] Die Schlussfolgerung der Division war dezidiert: »Ein solches Flugblatt ist wertlos.« Während manche Stäbe davon ausgingen, dass die »Aufforderung in den Flugblättern zum Erschießen der Kommissare und Politruks« nur zu »wenig praktischen Erfolgen« führen könne[596], hielten andere Kommandobehörden diese Appelle geradezu für schädlich und kontraproduktiv. Aus manchen Frontabschnitten wurde gemeldet, dass die Aufrufe zur Erschießung der Kommissare zum Teil sogar die gewöhnlichen Soldaten abschreckten und vom Überlaufen abhielten, weil sie die deutschen Drohgebärden auch auf sich selbst bezogen.[597] Im Gegensatz zu diesen skeptischen Stellungnahmen berichteten viele andere Kommandobehörden allerdings davon, dass die hetzerischen Aufrufe teilweise tatsächlich die beabsichtigte Wirkung zeigten. Feststellungen darüber, dass »als Folge der deutschen Flugblattpropaganda« auf der Gegenseite »die politischen Kommissare von den Leuten erschossen« wurden, blieben durchaus nicht selten.[598] Dass die Einschätzungen über die Auswirkungen der propagandistischen Mordaufrufe

---

festgestellt werden, dass der Kommissar in der russischen Kriegführung die ausschlaggebende Rolle spielt. Er müsste durch die Mittel unserer Propaganda in diesem Sinne noch viel mehr ausgeschaltet werden und dies vor allem dem russischen Soldaten durch Flugblätter und sonstige Hilfsmittel klargemacht und vor Augen geführt werden.« Vgl. auch die Denkschrift des XXXXVII. AK/Abt. Ic, »Vorschlag für Propagandaeinsatz auf Grund der bisherigen Erfahrungen im Feldzug gegen Sowjet-Russland«, v. 9.8.1941; BA-MA, RH 24-47/108.

[595] Vgl. hierzu und zum Folgenden den Bericht der 6. Inf.Div./Abt. Ic an das VI. AK, betr. Intensivierung der Feindpropaganda, v. 28.8.1941; BA-MA, RH 26-6/63. Noch im Mai 1942 sagte ein gefangener sowjetischer Lt. im Verhör bei der 6. Inf.Div. aus: »Die deutsche Propaganda, die in den Flugblättern zum Vorschein kam, war in den ersten Monaten des Krieges sehr ungeschickt aufgebaut und verfehlte ihren eigentlichen Zweck. Flugblätter, die mit entsprechenden Zeichnungen die Rotarmisten aufgefordert hatten, ihre politischen Kommissare mit einem Ziegelstein in die Fresse zu schlagen, hätten nur allgemeines Gelächter ausgelöst.« Vgl. den Vernehmungsbericht der 6. Inf. Div./Abt. Ic v. 1.5.1942; BA-MA, RH 26-6/65.

[596] Bericht des Sdf. Lilienblum, 111. Inf.Div./Abt. Ic, v. 19.3.1942; BA-MA, RH 26-111/40. Lilienblum ging allerdings dennoch davon aus, dass diese Aufforderungen »doch mindestens Mißtrauen zwischen den Kommissaren einerseits und den Leuten andererseits hervorrufen« könnten. Vgl. auch den Bericht der 298. Inf.Div./Abt. Ic an das LII. AK, »Erfahrungsbericht und Vorschläge« v. 25.10.1941; BA-MA, RH 26-298/45, Anl. 365: »Man kann sagen, Auflehnung gegen Kommissare erscheint dem Russen wie aussichtsloses Vorgehen gegen Naturgewalten. [...] Erfolge sehr fraglich.«

[597] Vgl. den Eintrag im TB (Ic) der 295. Inf.Div. über den Zeitraum 16.7.-31.7.1941; BA-MA, RH 26-295/16, S. 77. Vgl. die Ic-Meldung der 295. Inf.Div. an das XXXXIX. AK v. 26.7.1941; BA-MA, RH 26-295/17. Vgl. auch den Vernehmungsbericht der 87. Inf.Div./Abt. Ic v. 16.10.1941; BA-MA, RH 24-8/127, Bl. 214.

[598] Vernehmungsbericht des VII. AK/Abt. Ic v. 9.7.1941; BA-MA, RH 24-7/138, Bl. 303. Vgl. auch den Funkspruch Nr. 782 der 6. Pz.Div./Abt. Ic an das I. Fl.Korps v. 17.8.1941, 17.50 Uhr, sowie die Ic-Meldung der 6. Pz.Div. v. 19.8.1941; BA-MA, RH 24-41/70. Vgl. auch die Ic-Abendmeldung des XXXXVII. AK v. 5.7.1941; BA-MA, RH 21-2/647, S. 135.

gegen die Kommissare in den deutschen Verbänden zum Teil erheblich divergierten, registrierte man auch im OKW, wo man sich auf der Grundlage der »laufende[n] Übersendung von Gefangenenvernehmungen, Propagandaanregungen, Flugblattentwürfen und -Kritiken« aus der Truppe über das Meinungsbild im Ostheer ein profundes Urteil bilden konnte.[599] Im OKW stellte man fest, dass die »Propagandawünsche« und »Ansichten der Truppe sich oft widersprechen«. Zu diesen sich »widersprechende[n] Wünsche[n] der Truppe« zählte man im Amt Wehrmachtpropaganda auch die gegensätzlichen Auffassungen über die Handhabung der Propaganda gegen die Kommissare. Das OKW erhielt sowohl Zuschriften mit dem Tenor »›Keine Aufforderung zur Beseitigung der Kommissare, da sie undurchführbar ist und daher die allgemeine Wirkung der Propaganda beeinträchtigt wird‹«, als auch Stellungnahmen, die besagten: »›Aufforderung zur Beseitigung der Kommissare muß immer wiederkehren.‹«

Wenn die Urteile über die Erfolgsaussichten und Konsequenzen der Gewaltaufrufe gegen die Kommissare im Ostheer auch auseinandergingen, dominierte diese Strategie dennoch die inhaltliche Konzeption der deutschen Flugblattpropaganda während des gesamten Verlaufs des »Unternehmens Barbarossa«. Deutsche Flugblätter, die sich an die sowjetischen Soldaten richteten und neben der Beschwörung zum Überlaufen auch eine Aufforderung zur vorherigen Ermordung der Kommissare enthielten, sind in diversen Variationen und großer Anzahl überliefert: »Roter Soldat! Willst Du Dich weiter von den polit. Kommissaren abknallen lassen wie ein Stück Vieh? Erschieß den Politruk und Du bist frei! Der Politruk ist an allem Unglück schuld!«[600] »Erschießt die Kommissare und Juden! – Sie sind Euer Tod!«[601] »Erschiesst Eure verhassten Kommissare und geht in Gefangenschaft.«[602] »Glaubt Euren pol. Kommissare nicht! Schlagt diese Hunde tot!«[603] »Rotarmisten! Macht es so wie 20.000 Eurer Kameraden bei Bialystok, die ihre feigen Kommissare beseitigten und zu uns übergingen, dann braucht Ihr nicht mehr für Eure Peiniger nutzlos zu verbluten. Die Sowjetknechtschaft hat ein Ende.«[604] »Je schneller Ihr Eure Judenkommissare und ihre Gefolgsleute beseitigt und die Waffen streckt oder einzeln zu uns herüber kommt, desto früher ist der Krieg zu Ende.«[605] »Kameraden, Rotarmisten! Von Eurer Front sind Nachrichten eingetroffen, nach denen viele Eurer Kommissare und Politruks bereits aufgehängt worden sind. Die Vergeltung hat begonnen! Warum wollt Ihr weiter Krieg führen für die Interessen der jüdisch-kommunistischen Internationale?«[606] »Nur dem bolsche-

---

[599] Vgl. hierzu und zum Folgenden das Schreiben des OKW/WFSt/WPr Nr. 7407/41 geh. v. 3.10.1941, an die H.Gr.Kdos., AOK, Pz.Gr.Kdos., betr. Inhaltliche Gestaltung der deutschen Flugblätter; BA-MA, RH 21-2/659, S. 23.
[600] Flugblattentwurf des LV. AK/Abt. Ic, übersandt an das AOK 6 am 31.7.1941; BA-MA, RH 24-55/69, S. 161.
[601] Flugblattentwurf in den Akten des L. AK/Abt. Ic, o.D., 18.9.1941-5.4.1942; BA-MA, RH 24-50/145.
[602] Bericht über die Lautsprecherpropagandaaktion der 2./N.Abt. 32 v. 8.7.-22.7.1941; BA-MA, RH 26-32/86.
[603] Übersetzung eines Flugblatts in den Akten der 293. Inf.Div., o.D., Februar 1942; BA-MA, RH 26-293/44, Bl. 60.
[604] Flugblattentwurf des XXXXI. AK/Abt. Ic v. 7.7.1941; BA-MA, RH 24-41/69, Anl. 35.
[605] Flugblattentwurf des XXVI. AK v. 7.1.1942; BA-MA, RH 24-26/135.
[606] Übersetzung eines Flugblatts in den Akten des VI. AK, o.D., Juni-August 1941; BA-MA, RH 24-6/237, Bl. 83.

wistischen System und ihren Schildtraegern, den politischen Kommissaren, gilt unser Kampf. Macht es wie die Kameraden bei Minsk. Entledigt Euch Eurer Bedruecker, dieser Schwaetzer und Nichtstuer, die Euch in den sinnlosen Kampf mit Gewalt treiben.«[607] »Helft uns, die Kommune zu liquidieren, die Juden und die Kommissare. Damit beschleunigt ihr die Beendigung des Krieges.«[608] So und ähnlich lauteten die stereotypen, Gewalt atmenden Parolen, die in unzähligen deutschen Flugblättern die Kernaussagen bildeten. In den Flugblättern, die die Kommandobehörden an der Front vielfach selbst entwarfen, nahmen die kanonisierten Vorstellungen, die man sich in den deutschen Stäben von den politischen Kommissaren machte, einen zentralen Platz ein. Dass man seine ideologisch geprägten Feindbilder in den propagandistischen Botschaften an die feindlichen Truppen transportierte und den gegnerischen Soldaten die eigene Sichtweise regelrecht aufzuzwingen versuchte, belegt, wie überzeugt man auf deutscher Seite von der Stimmigkeit dieser Vorstellungen war. Die eminente Rolle, die die Kommissare als Bezugspunkt der propagandistischen Angriffe in den deutschen Flugblättern spielten, spiegelte gleichzeitig wider, welche Bedeutung man ihnen in den deutschen Stäben beimaß. Die Fixierung der Wehrmachtpropaganda auf die Bekämpfung der politischen Kommissare offenbarte erneut, dass die sowjetischen Politoffiziere in den Augen der deutschen Invasoren den entscheidenden Faktor der sowjetischen Widerstandsfähigkeit darstellten, den es zu neutralisieren galt, um den Zusammenbruch der Roten Armee herbeizuführen.

Um dieses Ziel zu verfolgen, beschränkte man sich im Ostheer aber nicht nur auf die verbale Gewalt in der »Propaganda in den Feind«. In der gleichen Überzeugung, auf diese Weise die feindliche Gegenwehr brechen zu können, griffen die deutschen Fronteinheiten auch zu jedem anderen Mittel und nahmen jede sich bietende Gelegenheit wahr, um die politischen Kommissare auf der Gegenseite gezielt zu bekämpfen. Eine nahe liegende Vorgehensweise, die zudem den Gepflogenheiten des Krieges in keiner Weise widersprach, bestand darin, die sowjetischen Truppenkommissare in den taktischen Gefechten als vordringliches Ziel ins Visier zu nehmen und möglichst frühzeitig auszuschalten. Die Einheiten der 12. Infanteriedivision etwa hatten während der ersten Monate des Ostfeldzugs mit dieser Taktik mehrfach Erfolge erzielt: »Durch Abschießen von Kommissaren und Offizieren ist in einigen Fällen die Erfahrung gemacht worden, daß Russe Angriff eingestellt [hat] und sich *ergibt*.«[609] Neben dem gezielten »Abschießen« der Kommissare im regulären Gefecht ersannen die deutschen Verbände auch andere, perfide Methoden, um die sowjetischen Politoffiziere aus dem Spiel zu nehmen. So entsandte eine Einheit der 121. Infanteriedivision am 21. Juli 1941, als sich eine günstige Möglichkeit bot, zu diesem Zweck ein regelrechtes Mordkommando in die feindlichen Linien: »Von den Überläufern wurden zwei gestern abend in die russischen Stellungen geschickt, nachdem sie sich angeboten hatten, den russischen Kommissar zu erschiessen. Sie wurden zu diesem Zweck mit einem Revolver ausgestattet. Außerdem erklärten sie sich bereit, ihre Kameraden zum Überlaufen zu

---

[607] Flugblatt Nr. 7 des XXIX. AK/Abt. Ic, o.D., Juni/Juli 1941; BA-MA, RH 26-299/118, Anl. 237.
[608] Flugblattentwurf des XXXXVII. AK v. 26.10.1941; BA-MA, RH 24-47/108, Anl. 41.
[609] Bericht der 12. Inf.Div./Abt. Ia Nr. 424/41 geh. v. 15.12.1941, betr. Erfahrungen im Osten; BA-MA, RH 26-12/164, Bl. 46. Hervorhebung im Original.

veranlassen.«[610] Im LV. Armeekorps entwickelte man in der Anfangsphase des Feldzugs eine ähnliche Verfahrensweise, um den Widerstand der gegenüberliegenden Truppen zu brechen. Die Ic-Abteilung des Generalkommandos legte im Juli 1941 einen entsprechenden Vorschlag zum Vorgehen bei der Einnahme feindlicher Bunkeranlagen vor, der die Regeln der Kriegführung bereits grob missachtete: »Gruppen von etwa 7 Mann der ukrain[ischen]. Kampftrupps gehen in russ. Uniformen von rückwärts an russ. Bunker heran, verlangen den polit. Kommissar des Bunkers zu sprechen, um ihm eine Meldung zu erstatten und schießen ihn nieder. Im gleichen Augenblick wird die übrige Bunkerbesatzung durch vorgehaltene Pistolen in Schach gehalten und sie aufgefordert, sich zu ergeben.«[611] Auch solche Praktiken und spontanen Improvisationen, die darauf abzielten, die sowjetischen Truppenkommissare auszuschalten, um die Kämpfe zu erleichtern, bauten auf der Prämisse auf, dass »die Träger des f[ein]dl[ichen]. Widerstandes ausschliesslich [die] Polit.Kommissare« waren.[612]

Sowohl der dienstlichen Berichterstattung der deutschen Stäbe, der »Propaganda in den Feind« als auch der Binnenpropaganda der Wehrmacht lag die gleiche stereotype Sichtweise auf die politischen Kommissare zu Grunde. Die kapitalen Anschuldigungen, die darin inbegriffen waren, basierten auf einem Generalverdacht und richteten sich kollektiv gegen die Gesamtheit der sowjetischen Politoffiziere. Die Anklagen, die man gegen die Kommissare vorbrachte, konnten kaum schwerwiegender sein. Nach deutscher Auffassung hatten sie sich schon durch ihre Verantwortung für den irregulären Widerstand in den besetzten sowjetischen Gebieten und ihre Schuld an den Kriegsgräueln der Roten Armee weit außerhalb jeden Rechts gestellt. Nicht minder schwer wog der Vorwurf, dass die Kommissare den starken Widerstand der regulären sowjetischen Truppen mit Hilfe von Mitteln organisiert hatten und aufrechterhielten, die man auf deutscher Seite nur als unlauter und unmilitärisch ansehen konnte. Gerade was die Methoden und Führungspraktiken der Truppenkommissare in der Roten Armee anbelangte, scheinen die deutschen Informationen die Verhältnisse auf der Gegenseite zum Teil sogar durchaus realistisch abgebildet zu haben, wie aus der modernen Forschungsliteratur zur Geschichte der Sowjetunion und ihrer Streitkräfte hervorgeht.[613] Für die vorliegende Untersuchung ist die Frage allerdings kaum relevant, ob die deutschen Ansichten nach heutigem Wissensstand wirklich zutrafen. Entscheidend war, dass die Führungsstäbe des Ostheeres ihre Erkenntnisse über die Rolle der Kommissare als erwiesen ansahen, in ihr Denken einfließen ließen und daraus Folgerungen für ihr Handeln zogen, wie unter anderem in der Konzeption der deutschen Propaganda sichtbar wurde. Für die Truppen des Ostheeres, die diese Vorstellungen teilten, ergaben sich daraus schlüssige Begründungen für die Vernichtungspolitik, die sie auf Grund ihrer eigenen Erfahrungen nachvollziehen konnten. Aufbau-

---

[610] Ic-Meldung der 121. Inf.Div an das II. AK v. 22.7.1941, 22.00 Uhr; BA-MA, RH 26-121/55. Die beiden Gefangenen meldeten sich am folgenden Tag auf der deutschen Seite zurück, ohne den Auftrag erfüllt zu haben, und gaben an, dass sie auf der Gegenseite niemanden mehr angetroffen hatten.
[611] »Vorschlag für Einsatz 3./z.b.V.800 und der ukrain. Kampftrupps«, offenbar LV. AK/Abt. Ic, o.D., Juli 1941; BA-MA, RH 24-55/69, S. 147.
[612] Eintrag im TB (Ic) des LV. AK, Tagesübersicht zum 7.7.1941; BA-MA, RH 24-55/69, S. 56.
[613] Vgl. MERRIDALE, Krieg, S. 93 ff., 132 f., 144 f., die u. a. von »schießwütigen Kommissare[n]« spricht.

end auf der gelenkten Kriegswahrnehmung der Soldaten, stiftete das düstere Feindbild von den sowjetischen Politoffizieren zusätzliche Legitimation für ihre Vernichtung, was die Befolgung des Kommissarbefehls erleichterte.

Exkurs:
Ic-DIENST UND ALLTAG IM VERNICHTUNGSKRIEG

Den Kurs der deutschen Frontverbände im »Kreuzzug gegen den Bolschewismus« bestimmten die Kommandeure und Oberbefehlshaber des Ostheeres, auch was die ideologische Kehrseite des Krieges anbelangte. Die Federführung bei der bürokratischen Abwicklung der Vernichtungspolitik an der Ostfront fiel indes den Ic-Abteilungen in den Kommandobehörden zu. Den Feindnachrichtenoffizieren oblag nicht nur die Umsetzung der Kommissarrichtlinien; sie führten auch die Aufsicht über die Bekämpfung des erwarteten irregulären und zivilen Widerstandes nach den Vorschriften des Kriegsgerichtsbarkeitserlasses. Außerdem fungierten die Ic-Abteilungen als Verbindungsstellen zu den Kommandos der Einsatzgruppen des SD. Diese Zuständigkeiten waren zumindest in den Kommissarrichtlinien und dem so genannten Wagner-Heydrich-Abkommen eindeutig festgelegt worden, entsprachen aber auch dem Aufgabenprofil des Ic-Ressorts. Schließlich handelte es sich um Belange, die am ehesten dem Arbeitsgebiet der militärischen Abwehr zugerechnet werden konnten, für das die Ic-Abteilungen verantwortlich zeichneten. Auch ohne die ausdrückliche Zuweisung in den einschlägigen Befehlen wäre es daher wohl auf diese Regelung hinausgelaufen: Alle Angelegenheiten, die den weltanschaulichen Teil der Kriegführung und die Repressionspolitik betrafen, »gehör[t]en zu den Ic's«.[1] Gewiss galt das Hauptaugenmerk der Stäbe, wie auch ihrer Ic-Abteilungen, der militärischen Operationsführung. Die Umsetzung der ›verbrecherischen Befehle‹ war zweifellos ein untergeordneter, deshalb aber längst noch kein unwichtiger Aspekt ihres Alltags an der Ostfront. Die Ic-Abteilungen erwiesen sich als unentbehrliche Zahnräder im deutschen »Vernichtungskampf« gegen die Sowjetunion. In der Tätigkeit der Feindnachrichtenabteilungen zeichnet sich daher das gesamte Panorama der Handlungsfelder ab, auf dem die Kommandobehörden an der Realisierung der nationalsozialistischen Vernichtungspolitik mitwirkten. Auch deshalb lohnt ein näherer Blick auf das breite Spektrum der Aktivitäten der Ic-Abteilungen während des Ostfeldzugs.

Die Ic-Abteilungen waren in allen Kommandobehörden als Unterabteilungen in die Ia-Abteilungen integriert. Ihr organisatorischer Aufbau folgte auf sämtlichen Ebenen der oberen Führung dem gleichen Grundmuster, wenngleich ihre personelle Ausstattung in der Hierarchie der Kommandobehörden nach oben hin zunahm. Das Personal, das den Ic-Abteilungen in den Divisionskommandos zur Verfügung stand, bildete demnach auch den Kern der Ic-Abteilungen in allen höheren Stäben: der Ic-Offizier und Abteilungsleiter, der dritte Ordonnanzoffizier (O 3)[2] und Stellvertre-

---

[1] Eintrag im TB (Ic) des AOK 4 v. 18.6.1941; BA-MA, RH 20-4/671, S. 4.
[2] Die Ordonnanzoffiziere waren vollwertige Mitarbeiter der Ic-Offiziere, schließlich mussten der O 3 als »erste[r] Gehilfe des Feindbearbeiters« in der Lage sein, den Abteilungsleiter »auch längere Zeit zu vertreten«; H.Dv. g. 89, S. 7. Ihre hohe Fachkompetenz zeigte sich auch daran, dass sie im späteren Kriegsverlauf das Rekrutierungsreservoir der Ic-Offiziere bildeten, indem viele O 3 auf Ic-Dienstposten aufrückten. Diese Praxis war allerdings zu einem guten Teil aus der Not geboren.

ter des Ic, zwei Dolmetscher und Schreibpersonal.[3] Die Gliederung der Ic-Abteilungen auf der nächst höheren Stufe wich in einem Punkt von diesem Schema ab. Die Ic-Offiziere in den Generalkommandos verfügten über einen weiteren Ordonnanzoffizier, den O 4.[4] Oberhalb der Ebene der Generalkommandos war der Stellenbesetzungsplan der Ic-Abteilungen noch erheblich umfangreicher.[5] Der wichtigste Unterschied zu den darunter liegenden Führungsebenen bestand darin, dass die Ic-Abteilungen in den Oberkommandos der Armeen und Heeresgruppen eine zusätzliche Unterabteilung besaßen, die Gruppe des Abwehroffiziers, der den Teilbereich der militärischen Abwehr bearbeitete. Dem A.O. unterstanden hierzu ein Ordonnanzoffizier, der O 7, mehrere Zensuroffiziere und eigenes Schreibpersonal. Auf Grund dieser Zusatzkomponente trugen die Ic-Abteilungen, ebenso wie ihre Leiter, in den Armeeoberkommandos und Heeresgruppenkommandos die Bezeichnung Ic/A.O., während die Dienststellung der Abteilungsleiter auf den unteren Stufen schlicht Ic lautete.[6]

Das Personalprofil und die Dienstgradstruktur der Offiziere, die in den Ic-Abteilungen die maßgeblichen Posten bekleideten, veränderten sich mit dem hierarchischen Rang des Stabes, dem sie angehörten. Die Ic/A.O. der Heeresgruppen und Armeen standen bis auf wenige Ausnahmen im Rang eines Majors, während die meisten Feindnachrichtenoffiziere in den Generalkommandos Hauptleute waren.[7] In den Divisionsstäben dominierte ebenfalls der Dienstgrad Hauptmann, zu einem beträchtlichen Teil waren die Ic-Offiziere aber auch noch Oberleutnante. Entsprechend dem hierarchischen Gefälle zwischen den Stäben staffelten sich auch der persönliche Status und die Qualifikation der Ic-Offiziere. Auf den Ebenen oberhalb der Divisionen war der Leiter der Ic-Abteilung zugleich dritter Generalstabsoffizier, während für die Stellenbesetzung der Ic-Offiziere in den Divisionsstäben keine Generalstäbler vorgesehen waren. Der Dienstposten des Ic trug auf dieser Stufe lediglich die Bezeichnung »Bearbeiter für Feindnachrichten und Abwehr«. Der Professionalisierungsgrad der Ic-

---

Der Ic/A.O. der 16. Armee teilte den Ic-Offizieren der unterstellten Korps und Divisionen während einer Besprechung am 17.6.1941 mit, dass Ersatz an ausgebildeten Ic-Offizieren kaum zur Verfügung stand: »An Gen.St.Offz gibt es eine ganz geringe Reserve. Im ganzen Heer stehen nur 13 Herren als Div.Ic in Reserve.«; BA-MA, RH 26-126/114, Anl. 7.

3 Vgl. hierzu und zu den folgenden Angaben die Gliederungsschemata in der H.Dv. 92, S. 42 ff., in der H.Dv. 89, S. 32 ff. Nach der KStN v. 1.11.1941 für ein Div.Kdo. bestand dessen Abt. Ic aus dem Ic-Offizier, dem O 3, zwei Dolmetschern, dem ersten Schreiber, der Unteroffizier war, und drei Mannschaftssoldaten als Schreibpersonal, insgesamt acht Mann; BA-MA, RHD 11-II/1, Nr. 21.

4 Ein weiterer Unterschied bestand darin, dass die Stellenbesetzungspläne für die Ic-Abteilungen in den Generalkommandos nur einen Dolmetscher vorsahen. In der Praxis waren diese Stäbe aber vielfach mit überplanmäßigen Dolmetschern ausgestattet.

5 Die Ic-Abteilung eines AOK bestand planmäßig aus dem Ic/A.O. und Abteilungsleiter, dem O 3, dem O 6, zwei Dolmetschern und der Gruppe des A.O., dem der O 7 und drei Zensuroffiziere zugeteilt waren, vgl. H.Dv. 92, S. 42.

6 In der Realität war der Personalumfang der Ic-Abteilungen vielfach noch größer als diese Grundstruktur, da sich insbesondere die Oberkommandos häufig mit überplanmäßigem Personal ausstatten ließen; vgl. exemplarisch die Kriegsranglisten des AOK 11 aus dem Sommer 1941; BA-MA, RH 20-11/346.

7 Die Ic/A.O. der H.Gr. Süd und des AOK 2 waren Oberstleutnante i.G., die Ic/A.O. der Pz.Gr. 2 und 4 waren Hauptleute i.G. Auf der Ebene der Armeekorps waren die Ic-Offiziere in der Regel aktive Hauptleute, wenn sie eine abgeschlossene Generalstabsabteilung besaßen, bekleideten sie allerdings zumeist den Rang Major i.G. Die Dienstgradstruktur und Stellenbesetzung in den Stäben geht aus den Kriegsranglisten der jeweiligen Kommandobehörden hervor.

Offiziere nahm dementsprechend von der Spitze der Kommandohierarchie nach unten hin ab. In den Armeeoberkommandos und Panzergruppenkommandos konnten alle Abteilungsleiter eine abgeschlossene Generalstabsausbildung vorweisen.[8] In den Generalkommandos fehlte einem beträchtlichen Teil der dritten Generalstabsoffiziere dagegen noch der Dienstgradzusatz »i.G.«, dennoch handelte es sich bei ihnen beinahe ausnahmslos, wie auf den höheren Stufen, um aktive Offiziere. Im Gegensatz dazu waren die Abteilungsleiter in den Divisionsstäben weder Generalstabsoffiziere noch Berufssoldaten, sondern zum größten Teil Reserveoffiziere.[9]

Auf der Divisionsebene betrug der Anteil des nichtaktiven Personals in den Ic-Abteilungen zumeist weit über 90 Prozent.[10] Diese Personalstruktur spiegelte sich auch im Sozialprofil der Feindnachrichtenoffiziere wider. Die Reserveoffiziere in den Ic-Abteilungen gehörten zumeist zu den älteren Jahrgängen und lagen für gewöhnlich weit über dem Altersdurchschnitt ihrer Dienstgrade.[11] Diese Altersschichtung war zugleich mit der Zugehörigkeit zu den traditionell offizierfähigen Gesellschaftssegmenten korreliert, aus dem sich viele Reserveoffiziere der älteren Jahrgänge noch rekrutierten. Ein beträchtlicher Teil der Abteilungsleiter und Ordonnanzoffiziere in den Ic-Abteilungen des Ostheeres stammte daher aus dem Adel oder dem gehobenen Bürgertum. In den Divisionsstäben betrug der Anteil des Adels unter den Ic-Offizieren und O 3 vielfach über 40 %. Unter den Abteilungsleitern selbst trugen nicht selten bis zu zwei Drittel der Offiziere ein Adelsprädikat.[12] Neben dem Adel prägte auch ein starkes bürgerliches Segment die soziale Schichtung der Ic-Offiziere, was sich vor allem an ihrem hohen Prozentsatz an bürgerlichen Akademikern ablesen ließ. Viele der Ic-Offiziere und O 3 konnten sogar eine abgeschlossene Promotion vorweisen, in

---

[8] Das Profil der A.O. wich hiervon ab. Von den zwölf Abwehroffizieren, die bei Beginn des Feldzuges den Ic-Offizieren der Armeen und Panzergruppen in den drei H.Gr. assistierten, waren nur drei aktive Offiziere. Drei Abwehroffiziere waren Reservisten, bei den übrigen vier A.O. handelte es sich um Ergänzungsoffiziere. Zu den verschiedenen Statusbezeichnungen und Laufbahnen vgl. KROENER, Ressourcen, S. 734, und ABSOLON, Sammlung, H. 17, S. 82-84, sowie ALTRICHTER, Reserveoffizier, S. 3, 16 ff. Das deutsche Offizierkorps setzte sich aus den aktiven Offizieren und den Offizieren des Beurlaubtenstandes zusammen. Der Beurlaubtenstand wiederum umfaßte v. a. die Reserveoffiziere, die Offiziere der Landwehr und auch die Offiziere z.V.

[9] In den meisten Stäben galt dies auch für die wichtigsten Mitarbeiter der Ic-Offiziere, die Ordonnanzoffiziere. Selbst unter den Stellvertretern der Ic/A.O. in den AOK und Pz.Gr.Kdos., den O 3, waren aktive Offiziere die Ausnahme. Unter den dreizehn O 3, die zu Beginn des Russlandfeldzuges in den Stäben der Armeen und Panzergruppen dienten, gab es nur zwei aktive Offiziere, von den nachgeordneten sechsten Ordonnanzoffizieren besaß nur einer diesen Status. In den Gen.Kdos. und Div.Kdos. waren so gut wie alle diese Dienstposten mit Reserveoffizieren besetzt.

[10] Die Angaben zur Zusammensetzung des Ic-Personals beruhen auf der exemplarischen Auswertung der Kriegsranglisten der Kommandobehörden der Panzergruppe 2 und beziehen sich auf die Anfangsphase des Feldzuges. Die Panzergruppe 2 setzte sich zu Kriegsbeginn aus vier Panzerkorps bzw. Armeekorps und insgesamt 15 Divisionen, davon eine Division der Waffen-SS. Bis auf den O 3 der 17. Pz.Div. konnten alle Ic-Offiziere, O 3 und O 4 namentlich ermittelt werden.

[11] Der Ic der 31. Inf.Div. z. B. war Hptm. d.R. und Jahrgang 1899, der Ic der 255. Inf.Div., ebenfalls Hptm. d.R., stand zu Beginn des Russlandfeldzuges schon im 51. Lebensjahr. Der O 4 des XXXXVII. Panzerkorps war Oblt. d.R. und im Frühjahr 1942 37 Jahre alt. Zum Altersschnitt in den einzelnen Rangklassen vgl. die Übersichten bei KROENER, Ressourcen, S. 898 ff.

[12] In den Divisionen der Pz.Gr. 2 waren ca. 42 % der Ic-Offiziere und O 3 adlig. Unter den Ic in den Divisionsstäben waren sogar 9 von 14 Adlige.

der Panzergruppe 2 etwa trug fast jeder dritte Ic oder O 3 einen Doktortitel.[13] Auf die Herkunft vieler dieser Reserveoffiziere aus dem gehobenen Mittelstand wiesen auch ihre Zivilberufe hin. Nicht wenige der Offiziere gingen im Zivilleben als gut situierte Angestellte oder Beamte typisch bürgerlichen Beschäftigungen nach.

Der Ic-Dienst wurde somit nur an der Spitze der Kommandohierarchie von Berufsoffizieren geleitet. Der größte Teil des Personals des Feindnachrichtendienstes im Ostheer wurde von Reservisten gestellt.[14] Diese lebenserfahrenen Reserveoffiziere entstammten den oberen Gesellschaftsschichten und gehörten einer Offiziersgeneration an, die zwar deutlich zu alt war, um von den Sozialisationsinstanzen des »Dritten Reiches« noch erfasst zu werden und daher auch »ein auf Herkunft und Ausbildung gegründetes erhebliches kritisches Potential« besaß.[15] Nichtsdestoweniger hatten die Offiziere dieser Generation dem Nationalsozialismus gegenüber schon frühzeitig eine »aufgeschlossene Haltung« eingenommen. Diese »nicht mehr weltkriegsgedienten« Offiziere hatten zumindest das Ende des Ersten Weltkrieges und die Kriegsniederlage als junge Erwachsene bewusst miterlebt. Nach den Krisenjahren der Weimarer Republik erfuhren sie die Machtübernahme der Nationalsozialisten und deren beeindruckenden Erfolge in den dreißiger Jahren als eine Zeit des Fortschritts und des Revirements nationaler Größe. Trotz ihres hohen Bildungsstandes und ihrer Verwurzelung im Zivilleben war der Gruppe der Reserveoffiziere nur vordergründig ein gewisses Resistenzpotential inhärent. Als prägendes Kennzeichen und Multiplikator des preußisch-deutschen Sozialmilitarismus hatte sich die Institution des Reserveoffiziers schließlich schon in der Vergangenheit als staatstragend erwiesen[16], zumal die Militarisierung der Gesellschaft ohne ihre »transmissive Kraft« kaum denkbar gewesen wäre.[17] Die neuerliche Militarisierungswelle, die die deutsche Gesellschaft in den dreißiger Jahren überzog, trug dazu bei, den Stolz der Reserveoffiziere auf das »Vorrecht, der militärischen Führerschicht anzugehören«, und ihre Bindungen an Armee und Staat noch weiter zu festigen.[18] Aufgrund ihres hohen Anteils an zivilen, sozialen und intellektuellen Eliten unterschieden sich die Feindnachrichtenabteilungen in ihrer Sozialstruktur markant von den übrigen Stabsabteilungen in den Kommandobehörden, in denen deutlich mehr aktives Personal eingesetzt wurde.

Das Arbeitsgebiet des Feindnachrichtendienstes war in der Heeresdruckvorschrift 89 geregelt. Als seine primäre Funktion definierte die Vorschrift, »dem Truppenführer

---

[13] In den Ic-Abteilungen der 18 Korps und Heeresdivisionen der Pz.Gr. 2 konnten von den insgesamt 36 Ic-Offizieren und O 3 mindestens 10 Offiziere eine abgeschlossene Promotion vorweisen. Zwei der Titel entfielen auf Ordonnanzoffiziere in Gen.Kdos., die restlichen acht entfielen auf Offiziere in Div.Kdos. Bei sämtlichen promovierten Offizieren handelte es sich um Reservisten, keiner von ihnen trug ein Adelsprädikat.

[14] Viele Ic-Offiziere aus Divisionsstäben rückten im Laufe des Feldzugs sogar in die höheren Stäbe auf, so dass auch dort der Anteil der Reservisten mit der Zeit zunahm. Der Ic-Offizier der 17. Pz.Div. beispielsweise, Hptm. d.R. Dr. Backe, wurde im Januar 1942 Ic-Offizier des XXXXVII. Panzerkorps.

[15] Vgl. hierzu und zum Folgenden KROENER, Generationserfahrungen, S. 231 f.

[16] Vgl. WEHLER, Gesellschaftsgeschichte, Bd. 3, S. 880-885.

[17] KROENER, Generationserfahrungen, S. 221 f.

[18] ALTRICHTER, Reserveoffizier, S. 13. Das Handbuch für Reserveoffiziere wies die Reserveoffiziere darauf hin, dass sie eine »Doppelaufgabe von größtem Ausmaß« zu erfüllen hatten. Neben der Wahrnehmung ihrer militärischen Pflichten sollten sie im Zivilleben unentwegt an der »Miterziehung des Volkes zum Gedanken des Dritten Reiches« mitwirken; vgl. ebd., S. 12 ff.

ein möglichst klares Bild der Kräfteverteilung, der Absichten, des Kampfverfahrens und des Kampfwertes des Gegners« zu verschaffen und ihm damit wichtige »Unterlagen für die Beurteilung der Lage und den Entschluß« zu liefern.[19] Die »Beschaffung und Auswertung von Feindnachrichten« war bei der Planung der Operationen »für die Führung von großer Bedeutung« und bildete dementsprechend den Arbeitsschwerpunkt der Ic-Abteilungen. Daneben fielen aber auch der »Abwehrdienst, geistige Betreuung, Propaganda, Presse und verwandte Einzelgebiete« in den Zuständigkeitsbereich des Ic.[20] Die militärische Abwehr war sowohl nach außen als auch nach innen gerichtet. Neben »abwehrpolizeiliche[n] Maßnahmen rückwärts der fechtenden Truppen« gegen feindliche Versprengte und Agenten, Sabotage- und Spionageabwehr und der Bekämpfung der gegnerischen Propaganda zählten unter anderem auch die Überwachung der eigenen Truppe, die Feldpostprüfung und die Verfolgung von »Wehrkraftzersetzung« und Verrat zu den Aufgaben der Abwehr.[21] Während in den Divisionskommandos Ic und O 3 den gesamten Aufgabenkomplex allein bewältigen mussten, übernahm in den Ic-Abteilungen der Generalkommandos der O 4 den Teilbereich des Abwehrdienstes und die übrigen Nebengebiete. Auf der Ebene der Armeen und Heeresgruppen füllte der Apparat des Abwehroffiziers diese Funktionen aus. Ebenso wie die abteilungsinternen Zuständigkeiten waren auch die fachlichen Weisungsbefugnisse für diese Arbeitsbereiche aufgeteilt. Während der Ic in allen Fragen, die das Feindnachrichtenwesen betrafen, die Weisungen von seinem direkten Vorgesetzten, dem Ia, erhielt, gab die Richtlinien für die Handhabung des Abwehrdienstes und der übrigen Sachgebiete der Generalstabschef vor.[22]

Der Arbeitsalltag der Ic-Abteilungen während des laufenden Feldzuges war straff und ausgefüllt. Als Glied der Ia-Abteilung waren die Feindnachrichtenabteilungen eng in die Arbeitsabläufe der Operationsführung eingebunden. Neben dem zeitlichen Korsett, das die festgesetzten, halbtäglichen Meldetermine vorgaben, richtete sich der Arbeitsrhythmus der Ic-Abteilungen daher vor allem nach dem Informationsbedarf und den Anforderungen der Vorgesetzten, die die militärischen Operationen planten. Der Ic arbeitete dem Ia, Stabschef und oberen Führer in erster Linie dadurch zu, dass er ihnen täglich die aktuelle Feindlage vortrug und sie über die Stärke und Aktivitäten der gegnerischen Truppen orientierte. Die Notwendigkeit, die Vorgesetzten laufend mit zuverlässigen und aktuellen Informationen über die Entwicklung der Feindlage versorgen zu können, erforderte eine »ununterbrochene, peinlich genaue Arbeit«; das Arbeitstempo musste dabei mit der Rasanz des modernen Krieges Schritt halten.[23] Die Beschaffung und Auswertung von Feindnachrichten bildete daher nicht nur in der

---

19 H.Dv. g. 89, S. 5.
20 Vgl. die Schemata über Gliederung und Aufgabenverteilung innerhalb der Ic-Abteilungen in der H.Dv. g. 89, S. 32 ff. Die so genannte geistige Betreuung der unterstellten Truppen bestand vor allem in der Bereitstellung von Unterhaltungsangeboten und -material, der Belieferung mit Zeitungen, Lesestoffen usw. Das Arbeitsgebiet der Propaganda umfasste zum einen die Zusammenarbeit mit den Propagandakompanien, die Bearbeitung und Zensur von Erlebnis- und Propagandaberichten, daneben aber auch die propagandistische Beeinflussung der feindlichen Truppen, die so genannte Propaganda in den Feind.
21 Zu den Aufgaben der Abwehr vgl. die Anl. 4 in der H.Dv. g. 89, S. 36 ff.
22 H.Dv. g. 89, S. 9. In den Divisionskommandos, in denen keine Stabschefs vorhanden waren, fiel diese Differenzierung entsprechend fort.
23 H.Dv. g. 89, S. 7 f.

Exkurs: Ic-Dienst   323

10 | Feindnachrichtendienst: »Gefangenenverhör bei Ic« in der 19. Pz.Div. (o.D., wohl 1941. Zitat aus der Bildbeschriftung des Originals)

Theorie den Arbeitsschwerpunkt der Ic-Abteilungen, sondern beanspruchte auch in der Realität des Feldzuges den größten Teil ihrer Kapazitäten.

Die Tätigkeit der Feindnachrichtenoffiziere war in erster Linie darauf abgestellt, die Stärke und Absichten der gegenüberstehenden feindlichen Truppen einschätzen zu können. Hierfür war es notwendig, Erkenntnisse über die Zusammensetzung der gegnerischen Verbände und ihre Kampfkraft zu gewinnen. Zu den begehrtesten Informationen für die Ic-Offiziere zählten daher die feindlichen Truppenbezeichnungen, aus denen sich nach und nach das Bild der gegnerischen Kräftegliederung und Dislokation ergab. Als besonders wichtig galten außerdem alle Hinweise auf den Zustand und den Gefechtswert der feindlichen Verbände. Daneben protokollierten die Ic-Offiziere auch die Gefechtsaktivitäten und das Verhalten der feindlichen Truppen, die ihnen aus dem Frontabschnitt gemeldet wurden. Es entstand ein Gesamtbild, das nicht nur Rückschlüsse auf die Stärke des Gegners, sondern auch die Antizipation seiner nächsten Schritte ermöglichen sollte. Zwei Mal am Tag, in einer Morgenmeldung und in einer Abendmeldung, gaben die Ic-Offiziere diese Nachrichten zusammengefasst an die Ic-Abteilung der jeweils übergeordneten Kommandobehörde weiter. Als Nachrichtenquellen dienten ihnen die Gefechtsmeldungen der unterstellten Truppen, die Meldungen der Erd-, Luft- und Horchaufklärung, die sie selbst koordinierten, Mitteilungen der übergeordneten Führung, Nachrichten von Nachbarverbänden, erbeutete Unterlagen und nicht zuletzt auch die Aussagen von Kriegsgefangenen.

Gefangenenvernehmungen nahmen einen großen Teil der Arbeitszeit der Ic-Abteilungen in Anspruch. Die Feindnachrichtenoffiziere ließen sich nicht nur laufend Kriegsgefangene zum Verhör in den Gefechtsständen vorführen, sondern unternahmen auch regelmäßig Fahrten in die Gefangenensammelstellen und Lager, um dort an Ort und Stelle durch Vernehmungen neue Informationen zu sammeln.[24] Wenn sich auch die Mehrheit der Kriegsgefangenen kooperativ verhielt und viele Feindnachrich-

---

[24] Vgl. hierzu exemplarisch den TB (Ic) der 9. Pz.Div. v. 22.6.1941-22.1.1942. Das Ic-Personal der Div. führte nicht nur in den Gefangenenlagern Vernehmungen durch, sondern nahm auch in vielen anderen Situationen die Gelegenheit dazu wahr, so z. B. wenn man auf einer Fahrt zufällig auf eine Gefangenenkolonne stieß; BA-MA, RH 27-9/81.

tenoffiziere es eher für kontraproduktiv hielten, den Gefangenen mit zu großer Vehemenz zu begegnen, trat in den Verhören doch auch immer wieder ein bedenkenloser Pragmatismus zu Tage. Wenn man sich Nutzen davon versprach, schöpfte man die Informationsquellen buchstäblich bis zum Letzten aus. Dabei wurde nicht nur auf verwundete Kriegsgefangene vielfach nur wenig Rücksicht genommen. Auch Gefangene, die nach dem Strafregister der deutschen Besatzer ihr Leben bereits verwirkt hatten, so etwa gefasste und überführte Partisanen oder Spione, wurden vor ihrer Exekution in der Regel noch vernommen, »um in jedem Falle Feindnachrichten sicherzustellen«.[25] Insbesondere im Umgang mit den gefangenen Irregulären schreckten die Nachrichtenoffiziere auch vor gewaltsamen Vernehmungspraktiken nicht zurück. Das »eingehende Verhör« schloss nicht selten die »Anwendung schärfster und handgreiflicher Zwangsmethoden« ein.[26] Wenn viele sowjetische Kriegsgefangene auch »mit erstaunlicher Bereitwilligkeit aussagten« und sich derartige Verhörmethoden zumeist erübrigten, gehörten »strenge Behandlung und Repressalien«, sprich Folter, doch zum handwerklichen Repertoire der Vernehmungsoffiziere in den Ic-Abteilungen.[27] Vor dem Hintergrund der großen Bedeutung der Nachrichtengewinnung für den Prozess der Operationsführung war die Wahl der Mittel sekundär.

Zu den Arbeitsschwerpunkten des Abwehrdienstes, der zu den Nebenaufgaben der Ic-Abteilungen gerechnet wurde, zählten die Sicherung der besetzten Gebiete gegen Spionage und irregulären Widerstand sowie die Kontrolle des Personenverkehrs und der Zivilbevölkerung. Damit fiel den Ic-Abteilungen eine wichtige Funktion bei der Durchsetzung der rücksichtslosen deutschen Besatzungsherrschaft an der Ostfront zu, deren Grundsatz es war, jeglichen aktiven oder passiven Widerstand »mit scharfen Strafmaßnahmen im Keime zu ersticken«.[28] Die Leitlinien für die Handhabung des Abwehrdienstes in den Verbänden bestimmten die Abwehroffiziere der Armeen und Panzergruppen, wobei sie sich an den Weisungen der »oberen Führer« orientierten. Die Ic-Offiziere der unterstellten Generalkommandos und Divisionen regelten und überwachten die Umsetzung dieser Vorgaben durch die Truppen im Besatzungsalltag.[29] Alle richtungweisenden Befehle über das Vorgehen bei der Bekämpfung von Partisanen und Widerständen aus der Zivilbevölkerung gingen daher zumindest im ersten Jahr des deutsch-sowjetischen Krieges über die Schreibtische der Ic-Offiziere. Dazu gehörte, dass auch alle »Meldungen über Auftreten von Freischärlertum [...] und die Zahl der erfolgten Erschiessungen« über den Ic-Meldeweg liefen.[30] Auf Grund ihrer Zuständigkeit für die Partisanenbekämpfung übernahmen die Ic-Offiziere au-

---

[25] Befehl Korück 590/Abt. Ia/Ic Nr. 331/42, betr. Sicherung des rückw. Armeegebietes, v. 23.6.1942; BA-MA, RH 23/341, Bl. 48.
[26] Formulierung aus einem Vernehmungsbericht des VII. AK/Abt. Ic über ein Verhör zweier »Spione« am 5.12.1941; BA-MA, RH 27-12/54.
[27] Zitate aus einem Erfahrungsbericht der 257. Inf.Div./Abt. Ic aus dem Winter 1941, o.D.; BA-MA, RH 26-257/37, Anl. 68.
[28] Die Formulierung stammt aus einem Grundsatzbefehl des Gen.Qu. aus der Vorbereitungsphase des Feldzuges und wurde in allen Armeebereichen in die entsprechenden Versorgungsbefehle aufgenommen, vgl. z. B. Anl. 13 zum Befehl AOK 18/Abt. Ia Nr. 250/41 g.Kdos.Chefs. v. 16.3.1941; BA-MA, RH 20-18/64, Bl. 137.
[29] Vgl. H.Dv. g. 89, S. 9 f.
[30] Befehl XXXXIII. AK/Abt. Ic Nr. 2512/41 g.Kdos. v. 20.6.1941, betr. Meldungen und Befehlsübermittlung; BA-MA, RH 24-43/11, Anl. 56.

ßerdem nicht selten persönlich die taktische Leitung von Befriedungsaktionen und Partisanenunternehmen.³¹

Die Feindnachrichtenabteilungen fungierten aber nicht nur als Vermittlungs- und Kontrollinstanzen, sondern auch als Exekutivorgane der deutschen Repressionspolitik. In dieser Funktion agierten sie vor allem bei der »abwehrmäßigen« Überprüfung von Zivilgefangenen. Als Organe des militärischen Abwehrdienstes wurden den Ic-Abteilungen während des Feldzuges von unterstellten Truppenteilen immer wieder aufgegriffene Zivilisten vorgeführt, die unter dem Verdacht standen, an Widerstandshandlungen beteiligt gewesen zu sein oder Spionageaufträge ausgeführt zu haben. Die Offiziere der Ic-Abteilungen wurden auf Grund dieser Praxis regelmäßig vor die Situation gestellt, die Entscheidung über das Schicksal solcher Zivilgefangener treffen zu müssen und nach der Vernehmung das Urteil über sie zu fällen: »Erschiessen, Gefangenenlager oder Freilassen«.³² In vielen Fällen verhängten die Ic-Offiziere dann die Todesstrafe.

Wenn es in den Kommandobehörden auch vielfach die »oberen Führer«, ihre Stabschefs oder andere Generalstabsoffiziere waren, die Todesurteile gegen sowjetische Zivilisten aussprachen, so machten doch genauso die Ic-Offiziere von dem Recht Gebrauch, das der Kriegsgerichtsbarkeitserlaß grundsätzlich jedem Offizier auf dem östlichen Kriegsschauplatz einräumte: der Befugnis zur Anordnung verfahrensloser Exekutionen.³³ Viele Ic-Offiziere waren daher nicht nur Schreibtischtäter. Die Hinrichtungsbefehle, die sie erteilten, wurden für gewöhnlich in der Umgebung der Hauptquartiere durch die Feldgendarmerie, Geheime Feldpolizei oder die Stabswache vollstreckt.³⁴ Die Gefechtsstände der Kommandobehörden wurden somit zu zentralen Richtstätten des Vernichtungskrieges. Der Stab der 29. Infanteriedivision etwa ließ in den ersten sechs Monaten des Feldzuges durchschnittlich öfter als jeden zweiten Tag

---

31 Vgl. exemplarisch den TB (Ic) des LI. AK, Eintrag v. 19.1.1942: »Am Abend des 19.1. kehrte der Ic zum Korps zurück und meldete als Gesamtergebnis des von ihm geleiteten Partisanenunternehmens gegen das Partisanengebiet südlich Smieff – Taranowka – Liman, die Erschiessung von 81 Partisanen und 10 Juden.«; BA-MA, RH 24-51/58, S. 7.

32 Befehl XX. AK/Abt. Ic Nr. 5732/41 geh. v. 7.12.1941, betr. Bekämpfung von Partisanen; BA-MA, RH 26-292/53, Anl. 38. Ursprünglich lautete die Alternative, die das OKH vorgegeben hatte: »Erschießen oder Freilassen«, vgl. das Protokoll von der Besprechung des Generals z.b.V. in Warschau am 10.6.1941 in den Akten der H.Gr. Nord; BA-MA, RH 19-III/722, Bl. 87. Auch wenn zweifelsohne viele Einheiten nach dieser radikalen Devise verfuhren, wurde sie im Ostheer doch nicht immer beachtet, vgl. RÖMER, ›Im alten Deutschland‹, S. 88 f. Manche Stäbe modifizierten das Verfahren mit tatverdächtigen Zivilisten schon frühzeitig und legalisierten alternative Verfahrensweisen. Die Führung der 79. Inf.Div. etwa befahl am 5.7.1941: »Bei ausgesprochenen Zweifelsfällen ist der Ic der Division zu verständigen, der seinerseits die Entscheidung des Div.Kdrs. einholen wird.«; BA-MA, RH 26-79/17, Anl. 3.

33 Vgl. hierzu exemplarisch den TB des Feldgendarmerietrupps 406 beim VI. AK v. 20.8.-1.10.1941; BA-MA, RH 24-6/342, Bl. 2: »In der Berichtszeit wurden auf Befehl Ic insgesamt 9 Personen erschossen.« Zur Erteilung von Erschießungsbefehlen durch Generalstabschefs vgl. exemplarisch den TB (Ic) des XXIII. AK v. 1.4.-31.10.1941; BA-MA, RH 24-23/238, Bl. 15. Zur Anordnung von Exekutionen durch »obere Führer« nach Vorlage durch den Ic oder die GFP vgl. den TB (Ic) der 1. Inf.Div. v. 20.6.-24.9.1941; BA-MA, RH 26-1/5. Zu Todesurteilen durch Ia-Offiziere vgl. STIEFF, Briefe, S. 140. Zu Todesurteilen durch IIa-Offiziere vgl. die Meldung des IIa des Korück 553 v. 9.8.1941; BA-MA, RH 23/68.

34 Vgl. z. B. den TB (Ic) der 6. Pz.Div. v. 24.8.-31.8.1941: »Beim Gefechtsstand Ic hängen 3 Tage lang 2 Partisanen am Galgen.«; BA-MA, RH 27-6/112, S. 20.

11 | ›Abwehrarbeit‹: Der Ic der 707. Inf.Div. legt bei einer Exekution in Minsk Hand an (26. Oktober 1941)

Erschießungspelotons zusammentreten. Bis Mitte Dezember 1941 fanden dort insgesamt 121 Exekutionen an »Pa[r]tisanen, Brandstifter[n] und Saboteure[n]« statt.[35] Hinrichtungen stellten im Kriegsalltag der Kommandobehörden und ihrer Ic-Abteilungen an der Ostfront eine geläufige Erscheinung dar.

Der Wirkungskreis der Ic-Offiziere bei der Ausübung der vollziehenden Gewalt beschränkte sich aber nicht auf die Bereiche der Gefechtsstände. Mit den Einheiten der Geheimen Feldpolizei stand ihnen hierfür ein scharfes Instrument mit großer Reichweite zur Verfügung: die voll motorisierte »Gestapo der Wehrmacht«, die sich zu einem großen Teil aus Angehörigen der Sicherheitspolizei rekrutierte.[36] Ab der Ebene der Armeen waren den Kommandobehörden Gruppen der Geheimen Feldpolizei zugeteilt, für gewöhnlich erhielten auch die unterstellten Armeekorps Außenkommandos. Bei Bedarf wurden Teileinheiten der Gruppen zeitweise auch bei Divisionsstäben eingesetzt. Auf allen Ebenen steuerten die Ic-Abteilungen den Einsatz der GFP. Eine Gruppe der Geheimen Feldpolizei war eine hochmobile Einheit und bestand aus etwa einhundert Mann.[37] Die GFP-Gruppe war der verlängerte Arm der

---

35 TB (Ic) der 29. Inf.Div. (mot.) v. 22.6.-16.12.1941; BA-MA, RH 26-29/58, S. 21.
36 Vgl. GESSNER, Geheime Feldpolizei, S. 343 ff.
37 Vgl. die KStN und die Stärkemeldung der Gruppe GFP 725 v. 25.8.1942; BA-MA, RH 22/199, S. 26.

Ic-Abteilung bei der Durchführung des Abwehrdienstes, ihre Aufgaben bestanden während des Ostfeldzuges vor allem in der »Bekämpfung der feindl[ichen] Spionage, Sabotage und [der] Partisanen«.[38] Nach den Vorgaben der Abwehroffiziere und Feindnachrichtenoffiziere übernahmen die Kräfte der GFP in enger Zusammenarbeit mit der Truppe die tägliche »Abwehrarbeit« in den besetzten Gebieten. Ihr Alltag war ausgefüllt mit »Befriedungsaktionen« jeder Art, Streifen, Personenkontrollen, Razzien und »Säuberungen« in Ortschaften, Fahndungen und Selektionen in Gefangenenlagern und nicht zuletzt auch mit der Vernehmung von Festgenommenen und jenen Verdächtigen, die ihnen Truppenteile und andere Dienststellen laufend zur »abwehrmäßigen« Überprüfung zuführten.[39]

Sobald die Beamten in den Verhören zu der Auffassung gelangten, dass die Verdächtigen eine »Gefahr für die Belange der deutschen Wehrmacht«[40] darstellten oder sich »Straftaten gegen die Sicherheit der Truppe«[41] zu Schulden hatten kommen lassen, waren sie mit Todesurteilen schnell bei der Hand. Die Toleranzgrenzen der GFP lagen zumeist außerordentlich niedrig. Die GFP-Gruppe des AOK 4 etwa exekutierte im Februar 1942 einen russischen Zivilisten, weil er »einen deutschen Soldaten beschimpft und vor ihm ausgespuckt« hatte. »Wehrmachtfeindliches Verhalten« war in den Augen der Beamten bereits ein hinreichender Grund, Zivilisten als »dauernde Gefahr für die Sicherheit der deutschen Wehrmacht« einzustufen und sie präventiv mit dem Tod zu bestrafen.[42] Die Bilanzen der GFP-Gruppen fielen dementsprechend horrend aus. Die Gruppe GFP 626, die beim Oberkommando der 1. Panzerarmee eingesetzt war, nahm binnen eines Jahres 4002 Festnahmen vor und führte 1588 Exekutionen durch, im Durchschnitt also mehr als vier pro Tag.[43] Die GFP-Kräfte im rückwärtigen Heeresgebiet Süd erreichten diese Zahlen beinahe schon innerhalb eines Monats, Hinrichtungen waren buchstäblich an der Tagesordnung.[44] Die GFP-Beamten trafen die Entscheidung über das Verfahren mit ihren Gefangenen entweder eigenständig oder legten den Ic-Abteilungen, denen sie zugeteilt waren, die Vernehmungsberichte zum Entscheid vor. In ihren Stellungnahmen plädierten sie aber nicht selten schon für die »Erledigung« der Delinquenten.[45] Auch die Zusammenarbeit mit den Gruppen der GFP brachte es daher mit sich, dass die Ic-Offiziere immer wieder in die Situation

---

38   Merkblatt für den Abwehrdienst, Pz.AOK 1/Abt. Ic/AO Nr. 5523/42 geh. v. 18.7.1942; BA-MA, RH 21-1/435, S. 42.
39   Zur Tätigkeit der GFP vgl. exemplarisch den umfangreichen Einsatzplan der Gruppe 570 beim AOK 4 v. 25.5.1941-13.3.1942; BA-MA, RH 20-4/1130.
40   Mit dieser Begründung plädierte ein Beamter der GFP beim XXXXVIII. AK in einem Vernehmungsbericht v. 26.3.1942 an den Ic-Offizier des Korps für die »Erledigung« des Verdächtigen; BA-MA, RH 24-48/208.
41   Unter diesen pauschalen Straftatbestand subsumierte die Gruppe GFP 725 Delikte, die sie mit Todesstrafen sanktionierte; BA-MA, RH 22/199, S. 19.
42   Eintrag im TB der Gruppe GFP 570 v. 6.2.1942; BA-MA, RH 20-4/1130.
43   Vgl. den TB der Gruppe GFP 626 v. 25.2.1942-25.2.1943; BA-MA, RH 21-1/162, S. 45 ff. Davon erfolgten 769 Hinrichtungen wegen Spionage, 555 Exekutionen wegen Partisanenbetätigung.
44   Vgl. z. B. den TB der GFP beim Berück Süd für den Oktober 1941, in dem 1025 Exekutionen vorgenommen wurden; BA-MA, RH 22/171, S. 242 f.
45   Vgl. den Vernehmungsbericht der GFP beim XXXXVIII. AK v. 4.4.1942 über das Verhör zweier Spionageverdächtiger und den Entscheid des Ic-Offiziers des Korps, der auf den Vorschlag der GFP noch am selben Tag die Erschießung der Gefangenen anordnete; BA-MA 24-48/209, Anl. 113.

kamen, über Leben und Tod von Gefangenen zu richten und Exekutionen persönlich anzuordnen.

Die Tätigkeit der Geheimen Feldpolizei stellte außerdem Berührungspunkte mit dem Holocaust her. Viele GFP-Gruppen wirkten aktiv an der Erfassung der jüdischen Bevölkerung in den besetzten Gebieten mit und trugen damit zum arbeitsteiligen Prozess der Judenvernichtung bei. Schon die »Suchaktionen« zur »Säuberung« von eroberten Städten, zu denen die Gruppen der GFP von den Ic-Abteilungen angesetzt wurden, schlossen oftmals antijüdische Maßnahmen ein und zielten vielfach auf die »Erfassung der Parteifunktionäre und Juden« ab.[46] Die GFP unternahm hierzu nicht nur gesonderte Fahndungen, sondern richtete auch bei den routinemäßigen Streifen ihr Augenmerk darauf, untergetauchte jüdische Flüchtlinge zu ermitteln und festzunehmen. Wenn die aufgegriffenen Juden ihre Abstammung verleugneten, überführten die Beamten sie mit Hilfe einer erniedrigenden »körperlichen Nachschau«.[47] Festgenommene Juden übergab die GFP in der Regel unmittelbar an die Kommandos der Einsatzgruppen, zu denen die GFP-Gruppen für gewöhnlich »dauernde Fühlung«[48] hielten. Die GFP kooperierte nicht nur im täglichen Abwehrdienst und bei der Partisanenbekämpfung mit dem SD, sondern arbeitete seinen Kommandos auch aktiv bei der Judenvernichtung zu.[49] Dazu gehörte es auch, dass viele GFP-Gruppen bei der regelmäßigen Überprüfung der Gefangenenlager die Selektion der jüdischen Gefangenen übernahmen und die ermittelten Juden anschließend dem SD überstellten.[50] Welche Konsequenzen damit verbunden waren, blieb den Beamten nicht verborgen. Bevor eine Teileinheit der GFP-Gruppe 703, die dem Oberkommando der 3. Panzerarmee unterstand, im Mai 1942 eine Ortschaft räumte, »erledigte sie noch die Erfassung und den Abtransport aller dort aufhältlichen Juden und Zigeuner« und übergab die insgesamt 127 Personen dem nächstgelegenen SD-Kommando. Der Führer der GFP-Gruppe wusste auch das Schicksal dieser Gefangenen an den Ic-Offizier im Armeeoberkommando zu berichten: »Sie wurden vom SD. sonderbehandelt.«[51] Die Gruppen der Geheimen Feldpolizei waren ein Terrorinstrument und standen den Kommandos des SD in vielem nur wenig nach. Im Unterschied zu den Einsatzgruppen unterstanden sie jedoch nicht dem RSHA, sondern den Ic-Abteilungen des Ostheeres und erhielten auch von dort ihre Befehle.[52]

Verbindungen zwischen den Einsatzgruppen und den Ic-Abteilungen bestanden aber nicht nur über die GFP, sondern auch durch unmittelbaren Dienstverkehr. Das so genannte Wagner-Heydrich-Abkommen wies die Kommandoführer auf »ständige

---

[46] Zu diesem Zweck führte das XXXIX. AK der 20. Inf.Div. bei der Eroberung der Stadt Witebsk im Juli 1941 zwei Gruppen GFP zu, vgl. die Mitteilung des Korps an die 20. Inf.Div. v. 11.7.1941 und die Ic-Morgenmeldung der 20. Inf.Div. an das Korps v. 12.7.1941; BA-MA, RH 26-20/84, Anl. 191, 194.
[47] TB der Gruppe GFP 721 für den Januar 1942; BA-MA, RH 22/199, S. 506 f.
[48] TB (Ic) der Pz.Gr. 1 v. 22.6.-31.10.1941; BA-MA, RH 21-1/470, S. 4.
[49] Vgl. z. B. den Bericht der Abt. Ic der 403. Sich.Div. über die Tätigkeit des Divisionsstabes in Wilna, o.D., Ende August/Anfang September 1941: »Geheime Feldpolizei und Sicherheitsdienst (SD) wirken zusammen bei der Bekämpfung jüdischer Übergriffe.«; BA-MA, RH 26-403/4a.
[50] Vgl. exemplarisch den TB der Gruppe GFP 639 beim Pz.AOK 2 für den April 1942; BA-MA, RH 21-2/639,1.
[51] TB Gruppe GFP 703 für den Mai 1942; BA-MA, RH 21-3/447, Bl. 46.
[52] Vgl. auch WEISS, Geheime Feldpolizei, S. 479 f.

enge Zusammenarbeit« mit den jeweiligen Ic-Offizieren an.[53] In dem Erlass war zwar ursprünglich festgelegt worden, dass die Kommandos der Einsatzgruppen ausschließlich in den rückwärtigen Armeegebieten und Heeresgebieten tätig werden durften und »im Gefechtsgebiet […] nichts zu suchen« hätten, wie das OKH noch kurz vor Beginn des Feldzuges gegenüber den Generalstabschefs der Armeen klarstellte.[54] Diese Regelung hätte bei konsequenter Einhaltung die Kooperation mit den Einsatzgruppen auf die Ebene der Armeeoberkommandos und Heeresgruppen beschränkt, doch hatte sie in der Praxis nicht lange Bestand. Die »Vorverlegung des Tätigkeitsbereichs« der SD-Kommandos vollzog sich schon bald nach Beginn der Operationen im Einvernehmen mit dem Heer.[55] Zum Teil auf Drängen des SD, aber auch in eigenem Interesse öffneten viele Armeeoberkommandos den Einsatzgruppen bereits frühzeitig den Zugang zum Gefechtsgebiet.[56] Dabei hatten die Verantwortlichen in den Kommandobehörden nicht erst während des Feldzugs die Einsicht gewonnen, dass die Einsatzgruppen in erster Linie in das Operationsgebiet gekommen waren, um in den besetzten Gebieten »die Judenfrage zu klären«.[57] Nach den Erfahrungen des Polenfeldzuges und den Besprechungen in der Vorbereitungsphase des »Unternehmens Barbarossa« konnte in den Stäben schon vorher kaum Zweifel daran herrschen, dass die »politische[n] Sonderaufgaben« der SD-Kommandos vor allem in der Durchführung »grundsätzliche[r] Sondermaßnahmen gegen Juden« bestanden.[58] Vor dem Hintergrund des chronischen Personalmangels im Ostheer begrüßten dennoch nicht wenige Kommandobehörden den Einsatz des SD in ihren Befehlsbereichen, weil sich die Kommandos den Truppen unter anderem auch bei der Partisanenbekämpfung andienten und somit gerade »auf dem Gebiet der Abwehr eine erhebliche Entlastung« der begrenzten, eigenen Kapazitäten darstellten.[59] Die Initiative für das Vorziehen der SD-Kommandos über die Grenzen der ursprünglich vorgegebenen Einsatzräume hinaus, das nach dem Buchstaben des Heydrich-Wagner-Abkommens eigentlich unzulässig war, ging daher nicht selten von den Stäben des Heeres selbst aus.[60] Die Interessen beider Seiten trafen sich. Da die Einsatzgruppen ihren Aktionsradius infolgedessen auf das Gefechtsgebiet ausdehnen konnten und dort ebenso wie in den

---

53 Der Erlass ist ediert bei UEBERSCHÄR, WETTE, Unternehmen, S. 249 f.
54 Hs. Notizen von der Chefbesprechung beim OKH am 10.6.1941; BA-MA, RH 20-4/171, Bl. 74 ff.
55 Vgl. KRAUSNICK, Truppe, S. 183 ff.
56 Zum Drängen des SD, Zugang zum Gefechtsgebiet zu erhalten, vgl. beispielhaft den Eintrag im TB (Ic) des AOK 4 v. 15.7.1941; BA-MA, RH 20-4/671, S. 41.
57 Eintrag im TB (Ic) des LIV. AK v. 24.8.1941; BA-MA, RH 24-54/176.
58 Befehl AOK 4/Abt. O.Qu/Qu. 2 Nr. 501/41 g.Kdos., Besondere Anordnungen für das Operationsgebiet, v. 8.6.1941; BA-MA, RH 24-53/190.
59 TB (Ic) des XXXXVIII. AK v. 2.11.-31.12.1941; BA-MA, RH 24-48/196.
60 Vgl. zu solchen Initiativen das FNBl. Nr. 17, 258. Inf.Div./Abt. Ic Nr. 566/41 geh. v. 15.8.1941; BA-MA, RH 26-258/86. Vgl. den Erfahrungsbericht der 93. Inf.Div./Abt. Ic über den Einsatz im Osten 6.7.-31.12.41 v. Februar 1942, Abschnitt »Zusammenarbeit mit Sicherheitsdienst«; BA-MA, RH 26-93/38, S. 12. Vgl. die Ic-Abendmeldung des XXXXIII. AK an das AOK 2 v. 10.7.1941; BA-MA, RH 20-2/1097, Anl. 51: »Vorschlag: Verstärkter S.D. Einsatz.« Vgl. die Ic-Abendmeldung des LIII. AK an das AOK 2 v. 1.8.1941; BA-MA, RH 20-2/1102. Vgl. den Antrag des AOK 2/Abt. Ic/AO, Nr. 1662/41 geh. an die H.Gr. Mitte v. 10.8.1941; BA-MA, RH 20-2/1091, Anl. 337. Vgl. den Antrag des AOK 2/Abt. Ic/AO an die H.Gr. Mitte v. 11.11.1941; BA-MA, RH 20-2/1121, Anl. 92. Vgl. den Eintrag im TB (Ic) des AOK 2 v. 16.1.1942; BA-MA, RH 20-2/1150, S. 8.

rückwärtigen Gebieten ihre Tätigkeit mit den Kommandobehörden koordinierten, erstreckte sich die Kooperation der Ic-Abteilungen mit dem SD auch auf die Ebenen der Generalkommandos und Divisionen.

Die Ic-Abteilungen in den Oberkommandos der Armeen bildeten die Knotenpunkte dieser Kooperation. Sie übernahmen die Koordination der Marschbewegungen[61] der Einsatzgruppen, bedienten sich mitunter ihrer Kräfte[62] und waren auch die Adressaten ihrer Meldungen.[63] Die Kommandoführer des SD oder ihre Verbindungsoffiziere fanden sich regelmäßig zu Besprechungen bei den Ic-Offizieren in den Armeehauptquartieren ein.[64] Auch auf den unteren Kommandoebenen entwickelte sich eine rege, gegenseitige Zusammenarbeit, die vielfach auf einer weitgehenden Überschneidung der Zielsetzungen und Feindbilder bei der »abwehrpolizeilichen« Gegnerbekämpfung beruhte. Denn die »alsbaldige Feststellung aller Juden, politischen Kommissare, politisch Verdächtigen und aller nicht Ortsansässigen« in den besetzten Gebieten war nicht nur »Aufgabe des SD«, sondern in den meisten Befehlsbereichen auch »Ic-mäßig erwünscht«[65], so dass viele Stäbe schon von sich aus die Verbindung zum SD aufnahmen.[66]

Die Kommandos der Einsatzgruppen unterstützten das Heer bei der Partisanenbekämpfung und auch auf den übrigen Feldern des Abwehrdienstes.[67] Truppenteile und Ic-Abteilungen machten dabei immer wieder von der Möglichkeit Gebrauch, Gefangene »zur weiteren Behandlung«[68] an die Kommandos des SD abzuschieben, entweder direkt oder über die Gefangenenlager, die als Verbindungsstellen zu den Einsatzgruppen fungierten.[69] Bei diesen Gefangenen handelte es sich zumeist um Personen, die den definierten politischen Feindgruppen zugerechnet wurden, für die

---

[61] Vgl. exemplarisch den Befehl des Ic/A.O. der 11. Armee, Major i.G. Ranck, an das SK 10a v. 2.11.1941, »sofort [nach] Simferopol nach[zu]rücken«; BA-MA, RH 20-11/160. Die dortige Ortskommandantur vermerkte kurz darauf: »Die verbliebenen 11.000 Juden werden durch den S.D. exekutiert.«, vgl. den TB der OK I/853 v. 14.11.1941; BA-MA, RH 23/72. Zur Möglichkeit der AOK zu intervenieren, vgl. beispielhaft den Eintrag im TB (Ic) des AOK 17 v. 14.12.1941: »Auf Anordnung des Chefs des Generalstabes werden die Judenaktionen in Artemowsk bis zur Bereinigung der Lage an der Front aufgeschoben.«; BA-MA, RH 20-17/321.

[62] Vgl. z. B. den Eintrag im TB (Ic) des AOK 17 v. 22.9.1941: »SD Kommando IVb wird um Repressalien gegen Krementschuger Juden gebeten, da dort 3 Kabelsabotagefälle vorkamen.«; BA-MA, RH 20-17/769.

[63] Das EK 6 z. B. meldete dem Ic/A.O. der 17. Armee Anfang Juli 1941 aus Lemberg, dass dort bereits »über 400 Juden erschossen« worden waren und »weitere 200 folgen« würden, vgl. den Eintrag im TB (Ic) des AOK 17 v. 5.7.1941; BA-MA, RH 20-17/769. Das AOK 17 hatte die Zuführung des SD-Kommandos nach Lemberg selbst organisiert, vgl. das Fernschreiben des AOK 17/Abt. Ia an Berück 103 v. 28.6.1941; BA-MA, RH 22/4, S. 189. Vgl. auch die Berichte der EGr D an das AOK 11; BA-MA, RH 20-11/488. Vgl. außerdem Hürter, Weg, S. 536 ff.

[64] Vgl. exemplarisch den TB (Ic) des AOK 16 v. 22.6.-21.12.1941; BA-MA, RH 20-16/473.

[65] Schreiben des Ic/A.O. an den Qu. 2 im AOK 6 v. 6.11.1941; BA-MA, RH 20-6/494, Bl. 263 f.

[66] Vgl. exemplarisch den TB (Ic) der 110. Inf.Div., Eintrag v. 5.7.1941; BA-MA, RH 26-110/38.

[67] Vgl. als Beispiel für gemeinsame Partisanenunternehmen von SD und Heer die Ic-Tagesmeldung des VI. AK v. 14.8.1941; BA-MA, RH 20-9/252.

[68] Diese stereotype Formulierung findet sich u. a. im Lagebericht des Bezirkskommandanten von Simferopol v. 14.4.1942; BA-MA, RH 23/100.

[69] Ganz explizit werden die Gefangenenlager als Verbindungsstellen zum SD z. B. in den Besonderen Anordnungen Nr. 8 für den Ic-Dienst des VI. AK v. 10.8.1941 genannt; BA-MA, RH 24-6/240, Bl. 8.

der SD bekanntermaßen »zuständig«[70] war: um aufgegriffene Verdächtige, deren Schicksal man selbst nicht entscheiden konnte oder wollte und sie daher dem SD überantwortete, oder um Partisanen, Spione und andere Todeskandidaten, die den Einsatzgruppen schlicht zum Zwecke der Exekution überstellt wurden.[71] In diesem Zusammenhang leisteten manche Ic-Abteilungen auch einen unmittelbaren Beitrag zum Holocaust, indem sie festgenommene jüdische Zivilisten und Kriegsgefangene den Kommandos des SD auslieferten. Der Ic der 99. Infanteriedivision beispielsweise zögerte in den letzten Septembertagen des Jahres 1941 nicht, etwa dreißig jüdische Zivilisten nach ihrer Verhaftung »sofort dem S.D. zu übergeben«.[72] Die Ic-Abteilung der 111. Infanteriedivision führte dem SD bei zwei verschiedenen Gelegenheiten im Frühjahr 1942 insgesamt 18 jüdische Männer, Frauen und Kinder »zur weiteren Behandlung« zu.[73] Der Ic der 221. Sicherungsdivision betrachtete die »Ausmerzung des Judentums« im Sommer 1941 mit großer Genugtuung als »wohlverdiente Quittung«.[74] In vielen Befehlsbereichen bildete nicht nur pragmatisches Kalkül, sondern auch ideologische Kongruenz die Basis für die weit reichende Zusammenarbeit zwischen den Ic-Abteilungen und den Mordkommandos der Einsatzgruppen.

Die Ic-Offiziere in den Kommandobehörden besaßen zwar nur den Rang von »Gehilfen« in der Entourage der »oberen Führer«, und die Marschroute in der Besatzungsherrschaft bestimmten nicht sie, sondern ihre Vorgesetzten. Als Angehörige der Führungszirkel in den höheren Stäben blieben ihnen dennoch gewisse Einflussmöglichkeiten und ein beträchtliches Maß an eigener Entscheidungsgewalt. Dies entsprach schon dem Selbstverständnis der Generalstabsoffiziere, zu deren Berufsethos »Arbeitsfreudigkeit, Verantwortungsbewusstsein, Vorausdenken und Selbständigkeit« zählten.[75] Als Abteilungsleiter hatten die Ic-Offiziere in den Kommandobehörden Zugang zu den »oberen Führern« und waren unmittelbar in die Führungsprozesse eingebunden, indem sie durch ihre Ratschläge und Stellungnahmen aktiv an der Gestaltung der Befehlslage mitwirkten.[76] Im Abwehrdienst, der nur zu ihren sekundären Aufgaben zählte, waren sie nicht nur für die Befehlsgebung und die Kontrolle über die Durchführung der Repressionspolitik zuständig, sondern erfüllten in enger Zusammenarbeit mit der GFP und dem SD auch exekutive Funktionen. Viele Ic-Offiziere waren an der Ausübung der vollziehenden Gewalt unmittelbar beteiligt, indem sie Todesstrafen gegen Kriegsgefangene, Zivilisten oder Partisanen persönlich anordneten und vollstrecken ließen. Dass sie auch an der Umsetzung des Kommissarbefehls mitwirkten, ging also nicht isoliert vonstatten, sondern erfolgte im Kontext paralleler Handlungsfelder, auf denen sie ihre Bereitschaft zu einem radikalen Vorgehen genau-

---

70 Der Ic des VIII. AK z. B. vermerkte in seinem TB v. März 1942, dass der SD »für alle Juden und Parteiangehörigen zuständig« sei; BA-MA, RH 24-8/131, Bl. 43.
71 Vgl. exemplarisch hierzu den TB (Ic) der 68. Inf.Div. aus dem Februar und März 1942; BA-MA, RH 26-68/39. Dieses Vorgehen war auch i.J. 1941 schon gängige Praxis, vgl. z. B. den Befehl der 9. Inf.Div./Abt. Ic v. 22.8.1941; BA-MA, RH 26-9/82, Anl. 119.
72 Vgl. die Einträge im TB (Ic) der 99. Inf.Div. v. 26.9.-30.9.1941; BA-MA, RH 26-99/20.
73 Vgl. das Begleitschreiben der 111. Inf.Div./Abt. Ic an den SD v. 7.2.1942; BA-MA, RH 26-111/39, Anl. 23. Vgl. den Eintrag im TB (Ic) der 111. Inf.Div. v. 2.4.1942; BA-MA, RH 26-111/40, S. 1.
74 Bericht des Ic der 221. Sich.Div. v. 28.7.1941; BA-MA, RH 26-221/70, Anl. 22.
75 H.Dv. 92, S. 16.
76 Vgl. hierzu exemplarisch die Stellungnahme des Ic/A.O. an den Qu. 2 im AOK 6 v. 6.11.1941; BA-MA, RH 20-6/494, Bl. 263 f.

so unter Beweis stellten. Dabei waren es in der Mehrzahl keine militärischen Profis, sondern gebildete und gestandene Reservisten aus den oberen Gesellschaftsschichten, die das Aufgabenfeld der militärischen Abwehr, die Umsetzung der ›verbrecherischen Befehle‹ und die Realisierung der Repressionspolitik an der Ostfront übernahmen.

V. DIE UMSETZUNG DER KOMMISSARRICHTLINIEN WÄHREND DES FELDZUGS

1. Grundlagen

Die Kommissarerschießungen, die in den Akten des Ostheeres ihren Niederschlag gefunden haben, sind nicht immer auf den ersten Blick als solche zu erkennen. Um die Dimensionen des Mordprogramms richtig ermessen zu können und bei der Quantifizierung der Exekutionen zu unverfälschten Ergebnissen zu gelangen, ist es daher unerlässlich, vorab die Kriterien für die Identifizierung der Vollzugsmeldungen in den Unterlagen der deutschen Stäbe zu definieren. Aufschluss darüber, welche Art von Fundstellen als Nachweise über Exekutionen an sowjetischen Politoffizieren zu werten sind und welche nicht, verspricht bereits der Blick auf die Entstehungsbedingungen dieser Quellen. Die Beschäftigung mit dem Meldesystem, das bei der Durchführung des Kommissarbefehls galt, gewährt zudem erste Einblicke in die bürokratische Abwicklung der Vernichtungspolitik.

1. Das Meldesystem

Dass die Pflicht bestand, Erschießungen von sowjetischen Politoffizieren, die auf der Grundlage der Kommissarrichtlinien vorgenommen wurden, aktenkundig zu machen und an die übergeordnete Führung zu melden, war im Kommissarerlass festgeschrieben worden. Die Ziffer I.4. der Kommissarrichtlinien besagte, dass die Truppenteile auf einem »Meldezettel« eine »kurze Meldung« an die Ic-Abteilung der nächsten vorgesetzten Kommandobehörde zu erstatten hatten, wenn Exekutionen an sowjetischen Kommissaren durchgeführt worden waren.[1] Bei der Weitergabe der Kommissarrichtlinien vor Beginn des Feldzugs vergaßen die Verantwortlichen in den höheren Kommandobehörden nicht, die nachgeordneten Stellen auf diese Pflicht hinzuweisen und zu betonen: »Jeder Fall ist zu melden.«[2] Den Ic-Offizieren der Heeresgruppen, Armeen und Panzergruppen war auf den Besprechungen mit dem General z.b.V. in Warschau und Allenstein außerdem auferlegt worden, in regelmäßigen Abständen Sammelmeldungen abzugeben: »Alle 10 Tage ist an OKH zu be-

---

[1] Ziffer I.4. des Kommissarbefehls.
[2] Protokoll zur Besprechung des KG des IV. AK mit seinen Div.Kdren. am 19.6.1941; BA-MA, RH 24-4/34a, Anl. 186. Vgl. auch das Protokoll zur Kdr.-Besprechung bei der 454. Sich.Div. am 20.6.1941; BA-MA, RH 26-454/6a, Anl. 41. Vgl. auch die Notizen zur Besprechung des KG des VI. AK mit seinen Div.Kdren. am 18.6.1941; BA-MA, RH 24-6/27b, Anl. 151a. Vgl. auch das Protokoll zur Besprechung des KG des VIII. AK mit seinen Div.Kdren. am 19.6.1941; BA-MA, RH 26-8/21, Anl. 106: »Kurze schriftliche Meldung der unteren Einheit an Div. (Ic).«

richten.«³ Auch wenn hiermit bereits klare Regelungen getroffen waren, entschloss man sich im OKH nach Beginn der Operationen dazu, das Meldewesen über den Vollzug der Kommissarrichtlinien weiter zu institutionalisieren und zu vereinheitlichen. Die Prinzipien, nach denen das Ostheer während der meisten Zeit des »Unternehmens Barbarossa« verfuhr, bildeten sich in der Anfangsphase des Feldzugs erst heraus. In den ersten Tagen der Kämpfe meldeten die Stäbe der Armeen und Panzergruppen, die für die Umsetzung des Kommissarerlasses die maßgebliche Verantwortung trugen, die Erschießungen von sowjetischen Politoffizieren noch einzeln in ihren täglichen Ic-Meldungen an die vorgesetzten Heeresgruppenkommandos und auch direkt an das OKH.⁴ Entsprechend dem zehntägigen Melderhythmus, den das OKH vorgegeben hatte, begannen einige der Armeeoberkommandos dann Ende Juni 1941 in eigener Initiative damit, Sammelmeldungen über die Kommissarerschießungen zusammenzustellen, die seit dem Beginn der Feindseligkeiten in ihren Befehlsbereichen erfolgt waren.⁵ Da offenbar nicht alle Armeestäbe dieser Pflicht nachgekommen waren⁶, sah sich das OKH kurz darauf dazu veranlasst, das Meldewesen über die Durchführung des Kommissarbefehls zu reorganisieren. Anfang Juli 1941 forderte der General z.b.V. die Oberkommandos der Heeresgruppen in gewundenen Worten zu einer Meldung über den »bisherigen Verlauf der Aktion gemäß ›Der Oberbefehlshaber des Heeres – Az. Gen. z.b.V. OB.d.H. (Gr.R.Wes.) Nr. 91/41 g. Kdos. vom 8.6.41‹ mit Zahlenangaben für den Zeitraum bis 5.7.« auf.⁷ Bei der gleichen Gelegenheit ordnete Müller an, dass »weitere Meldungen« fortan »14-tägig zu erstatten« seien. Die Heeresgruppen und Armeen leiteten diese Anweisung umgehend in ihren Befehlsbereichen weiter, so dass Müllers Anfrage zur ersten flächendeckenden Erhebung der bisherigen Erschießungsziffern im Ostheer führte.⁸ Gleichzeitig war

---

3   Protokoll über die Besprechung durch den Gen. z.b.V. am 10.6.1941 in Allenstein; BA-MA, RH 19-III/722, Bl. 88.
4   Vgl. z. B. die Ic-Morgenmeldung des AOK 16 an die H.Gr. Nord v. 23.6.1941; BA-MA, RH 20-16/474a. Vgl. die Ic-Tagesmeldung des AOK 4 an die H.Gr. Mitte und das OKH v. 22.6.1941; BA-MA, RH 20-4/672, S. 337. Vgl. die Ic-Abendmeldung der Pz.Gr. 1 an das OKH/FHO v. 23.6.1941; BA-MA RH 21-1/147, S. 4. Vgl. die Ic-Abendmeldung des AOK 6 an die H.Gr. Süd, das OKH/FHO und das AOK 4 und AOK 17 v. 23.6.1941; BA-MA, RH 20-6/489, Bl. 279.
5   Das AOK 9 forderte die unterstellten Stäbe am 28.6.1941 auf, in der Ic-Tagesmeldung vom 30.6.1941 »kurz überschlägig über die Erledigung der Angelegenheit ›Politische Kommissare‹ zu berichten«. Vgl. das Schreiben des AOK 9/Abt. Ic an den A.Na.Fü. v. 28.6.1941; BA-MA, RH 20-9/251. Das AOK 4 hatte bereits am 27.6.1941 eine summarische Meldung an die H.Gr. Mitte und das OKH abgegeben, in der es meldete, dass in der Zeit seit Beginn des Feldzugs »6 polit. Kommissare erledigt« worden waren; vgl. die Ic-Abendmeldung des AOK 4 v. 27.6.1941; BA-MA, RH 20-4/672, S. 316. Am 29.6.1941 leitete das AOK 4 die nächste Sammelmeldung ein, vgl. den Funkspruch des AOK 4/Abt. Ic an die unterstellten Stäbe v. 29.6.1941; BA-MA, RH 24-13/153, Bl. 32. Das AOK 6 befahl am 30.6.1941, am 2.7.1941 in der Ic-Tagesmeldung »über Auftreten von politischen Kommissaren bei der roten Truppe zu melden«. Vgl. das Fernschreiben des AOK 6 an die unterstellten Korps v. 30.6.1941; BA-MA, RH 20-6/513, Bl. 12.
6   Dass bereits Ende Juni 1941 erste Sammelmeldungen zusammengestellt wurden, ist insgesamt nur von drei Armeeoberkommandos belegt: dem AOK 4, dem AOK 6 und dem AOK 9; vgl. Anm. 5.
7   Hierzu und zum Folgenden vgl. das Fernschreiben der H.Gr. Mitte/Abt. Ic/AO Nr. 2132/41 geh. v. 6.7.1941, 23.55 Uhr an das AOK 9; BA-MA, RH 20-9/251.
8   Vgl. z. B. das Fernschreiben des XXXXIX. AK an die unterstellten Divisionen v. 8.7.1941; BA-MA, RH 24-49/162, S. 99. Vgl. den Befehl des LII. AK/Abt. Ic an die 100. lei. Inf.Div. v. 8.7.1941, 22.10 Uhr; BA-MA, RH 26-100/36, S. 121. Vgl. den Funkspruch des LV. AK/Abt. Ic an die unterstellte 75. Inf.Div. v. 8.7.1941, 19.58 Uhr; BA-MA, RH 26-75/111.

1. Grundlagen

mit Müllers Anweisung der Rahmen für die zukünftige Handhabung des Meldewesens über die Durchführung des Kommissarbefehls vorgegeben, der im gesamten weiteren Verlauf des Feldzugs Gültigkeit behielt. In der Folge richteten sich die Kommandobehörden des Ostheeres auf den zweiwöchentlichen Meldeturnus ein, den der General z.b.V. in seiner Anordnung von Anfang Juli 1941 eingeführt hatte. Fortan erstellten die Ic-Abteilungen der Armeen und Panzergruppen jede zweite Woche[9], teilweise auch wöchentlich[10] die geforderten Sammelmeldungen über die Anzahl der Kommissarerschießungen, die in den jeweils zurückliegenden Berichtszeiträumen in ihren Verbänden stattgefunden hatten. Die Adressaten dieser Meldungen waren neben dem OKH auch die unmittelbar vorgesetzten Heeresgruppenkommandos.[11] Um die summarischen Meldungen rechtzeitig zusammenstellen zu können, gaben die Armeeoberkommandos den unterstellten Armeekorps entsprechende Meldetermine vor.[12] Die Generalkommandos[13] und Divisionsstäbe[14] trafen daraufhin analoge Anordnungen in ihren eigenen Befehlsbereichen

---

[9] Ein zweiwöchentlicher Melderhythmus wurde z. B. in der 6. Armee praktiziert, vgl. das FNBl. Nr. 23 des AOK 6/Abt. Ic/AO Nr. 2667/41 geh. v. 2.8.1941; BA-MA, RH 20-6/490, Bl. 70. Vgl. zur Umsetzung exemplarisch den Rhythmus der folgenden Meldungen. Vgl. die Ic-Meldungen des XVII. und LV. AK v. 20.7.1941; BA-MA, RH 20-6/520, Bl. 218 232. Vgl. die Ic-Meldungen des XVII. und LV. AK v. 3.8.1941 und 5.8.1941; BA-MA, RH 20-6/525, Bl. 226, 72. Vgl. die Ic-Meldungen des XVII. und XXIX. AK v. 20.8.1941; BA-MA, RH 20-6/531, Bl. 142, 148. Vgl. die Ic-Meldung des XVII. AK v. 5.9.1941; BA-MA, RH 20-6/537, Bl. 153. Vgl. die Ic-Meldungen des XVII. und LI. AK sowie des Höh.Kdos. XXXIV v. 21.9.1941; BA-MA, RH 20-6/544, Bl. 72, 81, 77. Vgl. die Ic-Meldung des XVII. AK v. 5.10.1941; BA-MA, RH 20-6/549, Bl. 69. Bis zum Abbruch der Ic-Überlieferung des AOK 6 im März 1942 wurde der zweiwöchentliche Rhythmus beibehalten. Lediglich die Meldetermine wurden noch geändert. Ab Mitte Oktober 1941 galt die Regelung, »am 1. u. 16. jeden Monats für den vergangenen halben Monat« zu melden, vgl. den Befehl des XXIX. AK/Abt. Ic an die 299. Inf.Div. v. 14.10.1941; BA-MA, RH 26-299/123, Anl. 456.
[10] Ein wöchentlicher Melderhythmus wurde z. B. in der 16. Armee praktiziert, vgl. exemplarisch die Ic-Abendmeldungen des AOK 16 an die H.Gr. Nord v. 14.9., 21.9., 28.9., 5.10., 12.10., 19.10., 26.10.1941; BA-MA, RH 20-16/474b. Ab November 1941 ging das AOK dann zu einem zweiwöchentlichen Melderhythmus über, vgl. die Ic-Abendmeldungen des AOK 16 an die H.Gr. Nord v. 15.11., 30.11., 15.12.1941; BA-MA, RH 20-16/474b.
[11] Vgl. hierzu z. B. die Funksprüche Nr. 559 und 560 der Pz.Gr. 4/Abt. Ic v. 10.7.1941 an die H.Gr. Nord und das OKH/FHO, um 10.30 und 10.31 Uhr; BA-MA, RH 21-4/271. Vgl. auch das Fernschreiben des AOK 6/Abt. Ic v. 12.7.1941 an das OKH/Gen. z.b.V. und nachrichtlich an die H.Gr. Süd; BA-MA, RH 20-6/517, Bl. 85. Der Ic der H.Gr. Mitte wies die unterstellten AOK ausdrücklich dazu an, die Sammelmeldungen, die für den Gen. z.b.V. bestimmt waren, »über Heeresgruppe Mitte vorzulegen«, vgl. das Fernschreiben der H.Gr. Mitte/Abt. Ic/AO Nr. 2132/41 geh. v. 6.7.1941, 23.55 Uhr an das AOK 9; BA-MA, RH 20-9/251.
[12] Vgl. den fernmündlichen Befehl des AOK 2/Abt. Ic v. 24.7.1941, 16.30 Uhr; BA-MA, RH 24-53/146. Vgl. das FNBl. Nr. 23 des AOK 6/Abt. Ic/AO Nr. 2667/41 geh. v. 2.8.1941; BA-MA, RH 20-6/490, Bl. 70. Der Ic der 217. Inf.Div., die im Verband der 18. Armee kämpfte, notierte sich: »Jeden 13. [und] 28. Kommissare melden!« Vgl. die Notiz auf dem Einband der Akte, die die Ic-Meldungen der Div. enthalten; BA-MA, RH 26-217/42.
[13] Vgl. hierzu exemplarisch den Befehl des IX. AK/Abt. Ic, betr. Ic-Meldungen, v. 10.8.1941; BA-MA, RH 24-9/161, Bl. 56 f.: »E.) Jeden Donnerstag sind in der Abendmeldung die in der vergangenen Woche im Befehlsbereich festgestellten Kommissare zu melden. Fehlanzeige erforderlich.«
[14] Vgl. hierzu exemplarisch den Divisionsbefehl der 44. Inf.Div./Abt. Ic v. 10.7.1941; BA-MA, RH 26-44/33, Anl. 51: »Die Rgt. usw. melden der Div., Abt. Ic ab 20.7. fortlaufend alle 14 Tage bis 12.00 Uhr mittags die jeweils in den letzten 14 Tagen erledigten politischen Kommissare.«

und ließen die Termine für die regelmäßige »Kommissarmeldung«[15] auf dem Dienstweg bis zu den untersten Einheiten bekannt geben, so dass eine Meldekette entstand, die über die Ic-Abteilungen verlief. Die Armeestäbe verließen sich allerdings nicht immer darauf, dass ihre Rahmenbefehle und Fristen eingehalten wurden, sondern erinnerten ihre Verbände häufig vorsorglich an bevorstehende Meldetermine oder fragten die Exekutionsziffern zu den jeweiligen Stichtagen bei den unterstellten Kommandobehörden auch selbsttätig ab.[16] Die Organisation des Meldewesens innerhalb der Armeeverbände oblag den Armeeoberkommandos selbst, so dass die Regelungen in den einzelnen Armeen im Detail voneinander abweichen konnten. Die organisatorischen Unterschiede betrafen aber lediglich technische Einzelheiten, vor allem die Länge des Meldeturnus und die Termine für die Abgabe der Sammelmeldungen.[17] Während die technischen Regelungen in den einzelnen Armeen nur geringfügig divergierten, scheint die Umsetzung dieser Vorgaben nicht immer mit der gleichen Sorgfalt und Regelmäßigkeit erfolgt zu sein. Der Grad der Institutionalisierung des Meldewesens zur Umsetzung des Kommissarbefehls scheint durchaus unterschiedlich ausgeprägt gewesen zu sein. Hierauf deutet schon das divergierende Maß an Disziplin bei der Erstattung von »Fehlanzeige«-Meldungen hin, das die nachgeordneten Stäbe an den Tag legten, wenn in den Berichtszeiträumen keine Kommissarerschießungen stattgefunden hatten.[18] Die unterschiedliche Dichte an Erschießungsmeldungen und »Fehlanzeige«-Meldungen, die in den Akten der Kommandobehörden festzustellen ist, rechtfertigt allerdings noch nicht den Rückschluss auf ein unterschiedliches Maß an Nachdruck und Kontrolle bei der Umsetzung des Kommissarbefehls. Zu einem erheblichen Teil waren diese Schwankungen schlicht durch Überlieferungsprobleme

---

[15] Ic-Abendmeldung des XXXXVIII. AK an das AOK 2 v. 26.2.1942; BA-MA, RH 24-48/207, Anl. 66.

[16] Vgl. z. B. die fernmündlichen Anweisungen und Fernschreiben der Pz.Gr. 4/Abt. Ic an die unterstellten Korps v. 22.7., 16.8., 30.8. und 13.9.1941; BA-MA, RH 21-4/271. Vgl. den Funkspruch der Pz.Gr. 4/Abt. Ic an das IX. AK. v. 17.11.1941, 16.45 Uhr; BA-MA, RH 24-9/159, Bl. 52. Vgl. den Eintrag im TB (Ic) des XXVIII. AK v. 22.7.1941 zur Anfrage des AOK 16 beim Generalkommando vom gleichen Tag; BA-MA, RH 24-28/10. Vgl. die telefonische Weisung des AOK 4/Abt. Ic an die Pz.Gr. 2 v. 20.7.1941; BA-MA, RH 20-4/684. Vgl. den Funkspruch der Pz.Gr. 3/Abt. Ic an die XXXIX. AK. v. 17.7.1941, 19.35 Uhr; BA-MA, RH 24-39/176, Bl. 79. Vgl. das Fernschreiben des AOK 11/Abt. Ic an das LIV. AK v. 19.8.1941, 17.30 Uhr, mit der Bitte um nachträgliche Meldung über die Kommissarerschießungen im Zeitraum 23.7.-5.8.1941; BA-MA, RH 24-54/179. Vgl. die Notiz des LIII. AK/Abt. Ic über den Anruf des Hptm. Süßmilch, AOK 2/Abt. Ic, v. 25.8.1941, 9.50 Uhr; BA-MA, RH 24-53/147: »Erinnert an Termin politische Kommissare 10.-24.«

[17] In der 2. Armee z. B. war der »Termin ›Politische Kommissare‹, fällig am 10. und 24. j[e]d[e]s. M[ona]ts.« Fernmündliche Anweisung des AOK 2/Abt. Ic an das LIII. AK v. 7.8.1941, 23.40 Uhr; BA-MA, RH 24-53/146. In der 6. Armee dagegen waren die Meldungen »von den Korps jeweils bis zum 5. und 20. eines jeden Monats (Eingang beim A.O.K. 6 –Ic/AO !) zu erstatten«. FNBl. Nr. 23 des AOK 6/Abt. Ic/AO Nr. 2667/41 geh. v. 2.8.1941; BA-MA, RH 20-6/490, Bl. 70.

[18] Vgl. z. B. die ein- und ausgehenden Meldungen der Ic-Abteilung des X. AK v. 21.7.-15.12.1941, die von einer besonders strikten Einhaltung der Meldetermine zeugen und eine außergewöhnlich hohe Dichte von entweder Erschießungsmeldungen oder »Fehlanzeige«-Meldungen aufweisen. Die Meldungen des Korps und der unterstellten Divisionen aus diesem Zeitraum beinhalten insgesamt fast vierzig »Fehlanzeige«-Meldungen; BA-MA, RH 24-10/283. Vgl. dagegen die Ic-Meldungen in den Akten des AOK 18, die so gut wie gar keine »Fehlanzeige«-Meldungen enthalten und auch sonst kaum Regelmäßigkeit bei der Berichterstattung über die Kommissarerschießungen aufweisen. Vgl. z. B. die Ic-Meldungen aus dem Zeitraum v. 22.6.-3.9.1941; BA-MA, RH 20-18/958-960.

1. Grundlagen

bedingt, durch Aktenverluste, Aktenaussonderungen und die Form der Aktenführung.

Während manche Stäbe die Vollzugsmeldungen in gesonderten Berichten übermittelten, war es der Regelfall, dass die Feindnachrichtenabteilungen die Erschießungsmeldungen in ihre routinemäßigen täglichen Ic-Meldungen aufnahmen. Bei der Formulierung ihrer laufenden Lagemeldungen orientierten sich die Ic-Offiziere der Generalkommandos und Divisionsstäbe an den Grundsatzbefehlen über die Gestaltung der Ic-Meldungen, die von den Armeestäben herausgegeben worden waren. Einige der Armeeoberkommandos hatten in diesen Richtlinien eine eigene Meldeziffer für die Erstattung von Exekutionsmeldungen reserviert, die auf der Grundlage des Kriegsgerichtsbarkeitserlasses oder der Kommissarrichtlinien vorgenommen würden. Das AOK 6 etwa erließ am 16. Juni 1941 einen grundlegenden Befehl über die Handhabung des Meldewesens während der bevorstehenden Operationen und setzte darin fest, dass in den Ic-Meldungen unter der Ziffer »k) Auftreten und Behandlung feindlicher Freischärler und Kommissare« zu melden sei.[19] Auch in anderen Armeen wurde die Pflicht zum Nachweis der Kommissarerschießungen in den allgemeinen Melderichtlinien verankert, die vor Beginn des Feldzugs von den Armeestäben erlassen wurden.[20] Manche Oberkommandos wiederum verzichteten darauf, in ihren Meldereglements ausdrücklich auf die Erstattung der Vollzugsmeldungen hinzuweisen, und beließen es stattdessen bei abstrakteren Definitionen der geforderten Inhalte der Ic-Meldungen.[21] Das AOK 4 etwa richtete eine zusammenfassende Meldeziffer für das »Arbeitsgebiet Abwehr« ein, unter das die Meldungen über die Durchführung des Kommissarbefehls subsumiert werden konnten.[22] Unabhängig davon, ob die Meldeschemata der Armeeoberkommandos explizite oder nur implizite Erinnerungen an die Abgabe der Vollzugsmeldungen enthielten, war man sich in allen Kommandobehörden über den Grundsatz im Klaren, dass die Nachweise über die vorgenom-

---

[19] Befehl des AOK 6/Abt. Ia Az. 3 Nr. 226/41 g.Kdos. Chefs. v. 16.6.1941, betr. Meldungen ab B-Tag, 0.00 Uhr; BA-MA, RH 20-6/97, Bl. 6-9. Dieser Passus wurde dann auch in die entsprechenden Befehle der unterstellten Korps und Divisionen übernommen, vgl. z. B. den Befehl des XVII. AK/Abt. Ia Nr. 552/41 g.Kdos. v. 19.6.1941, betr. Meldungen ab B-Tag 0.00 Uhr; BA-MA, RH 24-17/41, S. 146. Vgl. auch den Befehl des XXXXIV. AK/Abt. Ia Nr. 096/41 g.Kdos. v. 19.6.1941, betr. Meldungen ab B-Tag 0.00 Uhr, und den Befehl der 9. Inf.Div./Abt. Ia Nr. 046/41 g.Kdos. v. 20.6.1941, betr. Meldungen ab B-Tag; BA-MA, RH 26-9/24, Anl. C35.

[20] Aus dem Befehlsbereich der 9. Armee vgl. den Befehl des XX. AK/Abt. Ia Nr. 066/41 g.Kdos. v. 18.6.1941; BA-MA, RH 24-20/3, Bl. 376. Ebenfalls zur 9. Armee vgl. den Befehl des XXXXII. AK/Abt. Ia Nr. 29/41 g.Kdos. v. 15.6.1941, betr. Inhalte der Ic-Meldungen, und den entsprechenden Divisionsbefehl der 102. Inf.Div./Abt. Ia Nr. 122/41 g.Kdos. v. 20.6.1941; BA-MA, RH 26-102/60, Anl. 6. Aus dem Befehlsbereich der 4. Armee vgl. den Befehl des XXXIII. AK/Abt. Ic Nr. 2512/41 g.Kdos. v. 20.6.1941, betr. Meldungen und Befehlsübermittlung; BA-MA, RH 24-43/11, Anl. 56. Vgl. auch den Divisionsbefehl der 268. Inf.Div./Abt. Ia Nr. 502/41 geh. v. 20.6.1941; BA-MA, RH 26-268/12, Anl. 54.

[21] Vgl. die Fernschreiben des AOK 18 an die unterstellten Korps über die Inhalte der Ic-Meldungen v. 26.8.1941 und 17.9.1941; BA-MA, RH 20-18/954. Zur 16. Armee vgl. das Schreiben des X. AK/Abt. Ic an die unterstellten Div. v. 9.7.1941 mit zwei Anlagen; BA-MA, RH 24-10/279. Zur Pz.Gr. 3 vgl. das Merkblatt des XXXIX. AK/Abt. Ic, »Anhalt für Feindmeldungen«, v. 2.7.1941; BA-MA, RH 24-39/173, Bl. 266.

[22] Vgl. die Anl. 4 zum Befehl des AOK 4/Abt. Ia Nr. 040/41 g.Kdos. v. 14.6.1941, betr. Meldungen; BA-MA, RH 24-9/48, Bl. 66 ff. Die vollständige Ziffer lautete: »Alle Meldungen aus dem Arbeitsgebiet Abwehr«.

menen Kommissarerschießungen auf dem Ic-Dienstweg, in den täglichen Feindlagemeldungen zu erbringen waren und bestimmte Ziffern dafür vorbehalten blieben.

Die Bemühungen um eine weitergehende Institutionalisierung des Meldewesens zur Erfassung der erfolgten Kommissarerschießungen und das Drängen der höheren Stäbe auf die Befolgung ihrer diesbezüglichen Anordnungen waren bereits Teil der Umsetzung der Kommissarrichtlinien und zeugten von dem Willen zur Realisierung der Vernichtungspolitik, zumal die Stäbe das Meldewesen auch als Kontrollinstrument auffassten.[23] Die Usancen des Meldewesens in den Kommandobehörden, die Meldetermine und Meldeziffern, die bei der militärbürokratischen Erfassung der Kommissarerschießungen galten, liefern zudem wichtige Anhaltspunkte für die Identifizierung der Vollzugsmeldungen in den Akten des Ostheeres.

2. Die Vollzugsmeldungen

Die überlieferten Belege über die Exekutionen, die während des »Unternehmens Barbarossa« von deutschen Verbänden auf der Grundlage der Kommissarrichtlinien vorgenommen wurden, finden sich in den Akten des Ostheeres in sämtlichen Quellengattungen, am häufigsten jedoch in den täglichen Meldungen und den Tätigkeitsberichten der Ic-Abteilungen. Zum überwiegenden Teil sind diese Meldungen und Akteneinträge über den Vollzug des Kommissarbefehls eindeutig als solche zu identifizieren. Teilweise wurden diese Nachrichten allerdings auch so formuliert, dass sie erst auf den zweiten Blick als Meldungen über Exekutionen an politischen Kommissaren zu erkennen sind. In einer weiteren Reihe von Fällen bleibt es ungewiss, ob es sich bei den vorliegenden Meldungen um Nachweise von Exekutionen handelt, auch wenn ein begründeter Verdacht vorliegt. Um diesen Nuancen Rechnung zu tragen und bei der Quantifizierung der Kommissarerschießungen zu unverfälschten Ergebnissen zu gelangen, wurde bei der Auswertung des Quellenmaterials ein zweigliedrig abgestuftes Erfassungssystem angewendet, das in die Kategorie der Nachweise und die Kategorie der Indizien unterteilt ist. Belege, bei denen kein begründeter Zweifel daran besteht, dass es sich um Meldungen über Exekutionen an sowjetischen Politkommissaren handelt, wurden in die Kategorie der Nachweise eingestuft. Belege, die mit hoher Wahrscheinlichkeit ebenfalls Dokumente über erfolgte Erschießungen darstellen, ohne dass darüber Gewissheit besteht, wurden in die zweite Kategorie der Indizien eingeordnet. Diese differenzierte Vorgehensweise ermöglicht es, bei der Untersuchung der Ausmaße der Kommissarerschießungen gesicherte Mindestzahlen zu ermitteln und darüber hinaus zu fundierten Schätzungen zu gelangen. Neben der Klassifizierung der Evidenz setzt die Auswertung der überlieferten Vollzugsmeldungen auch die Klärung der Frage nach der Authentizität dieser Quellen voraus, deren Wahrheitsgehalt nicht nur in den Nürnberger Prozessen, sondern bis in die Gegenwart hinein immer wieder in Frage gestellt wurde.

---

[23] Vgl. hierzu exemplarisch den Eintrag im TB (Ic) der 6. Inf.Div. v. 22.6.-31.7.1941; BA-MA, RH 26-6/63, S. 3: »Neben den Gefangenenvernehmungen hatte die Abt. Ic die Erledigung der Angelegenheit polit. Kommissare zu überwachen. Diese wurden am 18.7. zahlenmäßig dem Korps gemeldet.«

1. Grundlagen 339

Nachweise und Indizien

Zur Kategorie der Nachweise zählen zunächst einmal die zahlreichen unverhohlenen Exekutionsmeldungen, die in klarer Form besagten, dass sowjetische Politkommissare »gefangen und erschossen«[24] wurden, oder unter Verwendung von ebenso unmissverständlichen Synonymen verzeichneten, dass gefangene Kommissare »erledigt«[25], »liquidiert«[26], »umgelegt«[27] oder »unschädlich gemacht«[28] wurden. Auch die verschleiernden Verben, die bei der Formulierung der Vollzugsmeldungen gebräuchlich waren, sind in der Regel unschwer als Tarnvokabular zu entlarven.[29] Die Angaben, dass gefangene Kommissare »auf der Flucht erschossen«[30], »angetroffen«[31], »festgestellt«[32], »gesondert abgeschoben«[33], »behandelt«[34] oder »gut behandelt«[35] wurden, können anhand ihres Kontextes oder der Parallelüberlieferung zumeist eindeutig als Sprachregelungen zur Verschlüsselung von Exekutionsmeldungen dekuvriert werden.[36] Ein weiterer, besonders geläufiger Modus der sprachlichen Kodierung bestand darin, die Vollzugsmeldungen in unvollständigen Sätzen abzufassen, in denen man die entlarvenden Verbformen schlicht fortließ. Doch selbst wenn in den Nachrichtentexten die üblichen Prädikate fehlen, bieten sie zumeist trotzdem genügend Anhaltspunkte, die ihre wahre Bedeutung verraten. Der Schlüssel zum Verständnis dieser Texte besteht häufig in der Kenntnis des Meldesystems, das in dem jeweiligen Befehlsbereich für die Übermittlung der Vollzugsmeldungen galt. Wenn die betreffenden Meldungen an den

---

24 Ic-Meldung der Gruppe v. Schwedler (IV. AK) an das AOK 6 v. 24.8.1941, 16.25 Uhr; BA-MA, RH 20-6/532, Bl. 64.
25 Ic-Morgenmeldung der 9. Pz.Div. an das XXXXVIII. AK v. 11.1.1942; BA-MA, RH 24-48/205, Anl. 128.
26 Ic-Morgenmeldung des XXXXIV. AK an das AOK 17 v. 6.2.1942; BA-MA, RH 24-44/190, Anl. 92.
27 Ic-Meldung des XXXIX. AK an das AOK 16 v. 21.9.1941; BA-MA, RH 20-16/476a.
28 Eintrag im TB (Ic) der 269. Inf.Div. v. 29.3.1941-9.5.1942, Teil II; BA-MA, RH 26-269/41, S. 10.
29 Vgl. hierzu exemplarisch den Funkspruch der 18. Pz.Div. an das XXXVII. AK v. 24.7.1941, 15.25 Uhr; BA-MA, RH 21-2/637a, Bl. 175: »Bisher 21 polit. Kommissare angetroffen.« Dass es sich hierbei um eine Sammelmeldung über die bislang erfolgten Exekutionen handelte, geht nicht zuletzt daraus hervor, dass zum Zeitpunkt der Meldung ein Meldetermin der Pz.Gr. 2 zur Erhebung der Zahl der Kommissarserschießungen im Zeitraum 20.7.-25.7.1941 anstand, vgl. die entsprechende Übersicht der Pz.Gr. 2/Abt. Ic; ebd., Bl. 176.
30 Ic-Morgenmeldung des V. AK an das AOK 9 v. 9.7.1941; BA-MA, RH 20-9/251.
31 Funkspruch der 18. Pz.Div. an das XXXVII. AK v. 24.7.1941, 15.25 Uhr; BA-MA, RH 21-2/637a, Bl. 175.
32 TB (Ib) des Berück Mitte v. 1.1.-31.1.1942, v. 7.2.1942, Abschnitt Kriegsgefangenenwesen; BA-MA, RH 22/248, Bl. 40.
33 Eintrag im TB (Ic) der Pz.Gr. 3 v. 1.1.-11.8.1941; BA-MA, RH 21-3/423, S. 30.
34 Vgl. die Meldungen der 294. und 79. Inf.Div. an das XVII. AK v. 15.2.1942; BA-MA, RH 24-17/182, S. 62.
35 Ic-Morgenmeldung des XXXXVIII. AK v. 28.1.1942; BA-MA, RH 24-48/206, Anl. 104.
36 Hierzu gehört auch, dass manche Kommandobehörden die Exekution gefangener Kommissare in ihren Unterlagen dokumentierten, indem sie an den entsprechenden Textstellen kruzifixförmige Todessymbole anbrachten. Vgl. z. B. den Vernehmungsbericht des XXXXVIII. AK/Abt. Ic über das Verhör eines Politruks v. 28.7.1941; BA-MA, RH 24-48/199, Anl. 15. Vgl. auch den Eintrag im KTB (Ib) der 293. Inf.Div. v. 28.7.1941, Spalte Erfahrungen; BA-MA, RH 26-293/62, Bl. 53. Vgl. auch die Ic-Meldung der 267. Inf.Div. v. 13.10.1941, 22.00 Uhr; BA-MA, RH 26-267/26, Anl. 208. Vgl. auch die Ic-Meldung der 72. Inf.Div. v. 30.10.1941, 21.00 Uhr; BA-MA, RH 26-72/87.

vorgegebenen Meldeterminen erstattet und die fraglichen Textstellen unter den vereinbarten Meldeziffern verzeichnet wurden, reichten auch einfache Zahlenangaben aus, damit die Nachrichten als Meldungen über Exekutionen an sowjetischen Kommissaren identifiziert werden konnten. Ein plastisches Beispiel hierfür bietet eine Ic-Meldung, die am 2. Januar 1942 vom XVII. Armeekorps aufgegeben wurde und die folgende Passage enthielt: »k) Vom 15.-31.12.41: 2 Kommissare«.[37] Die Textstelle weist gleich vier Merkmale auf, die ihre Eigenschaft als »Kommissarmeldung« offenbaren. Erstens wurde die Meldung an einem Datum aufgegeben, an dem nach den Meldeterminen, die das vorgesetzte AOK 6 vorgeschrieben hatte, die Erstattung der zweiwöchentlichen Sammelmeldung über die Kommissarerschießungen fällig war, die in der zurückliegenden Monatshälfte stattgefunden hatten. Dass die Nachricht eben diesen Bezug hatte und es sich um die geforderte Sammelmeldung handelte, wurde außerdem durch den ausdrücklichen Verweis auf den Berichtszeitraum verdeutlicht, der sich über die letzten beiden Dezemberwochen erstreckte. Drittens wurde die Angabe unter der Ziffer »k)« aufgeführt, die nach den Melderichtlinien des AOK 6 für die Meldungen über das »Auftreten und [die] Behandlung feindlicher Freischärler und Kommissare« vorgesehen war.[38] Viertens wurde durch die Qualifizierung der Zahlenangabe als »Kommissare« ein weiterer Bezug zur »Angelegenheit politische Kommissare«[39] hergestellt. Auf Grund dieser mehrfachen eindeutigen Bezüge war es nicht mehr notwendig, die Meldung durch ein Prädikat zu explizieren. Sowohl den Adressaten als auch den Absendern waren die Sprachregelungen bekannt, die bei der Formulierung der Vollzugsmeldungen gebräuchlich waren; schon in der Anfangsphase des Feldzugs hatte man sich darüber verständigt, als die ersten Sammelmeldungen abgefragt und zusammengestellt worden waren.

Auch außerhalb des Kontextes der Sammelmeldungen kam es immer wieder vor, dass die Meldungen in solch verkürzter Form abgegeben wurden. Häufig wurde in den Akten lediglich die Gefangennahme von sowjetischen Politoffizieren festgehalten, ohne dass Angaben zum weiteren Verfahren mit den Gefangenen gemacht wurden. Derartige Belegstellen sind nicht nur in den täglichen Ic-Meldungen, sondern auch in den meisten übrigen Quellentypen zu finden, sowohl in Kriegstagebüchern und Ic-Tätigkeitsberichten als auch in Vernehmungsprotokollen, Gefangenenmeldungen und anderweitigen Berichten. In vielen Fällen ist nachweisbar, dass es sich auch bei solchen Belegen um verkürzte, implizite Exekutionsmeldungen handelt. Ein anschauliches Beispiel hierfür bietet eine Ic-Meldung des XXXX. Panzerkorps aus dem Oktober 1941. In der Ic-Abteilung der Panzergruppe 4 nahm man am 21. Oktober 1941 die Meldung auf, dass das XXXX. Panzerkorps an Gefangenen und Beute »610 Gefangene[,] 2 Pak[,] 6 Geschütze[,] 5 Panzer [und] 6 Politruks« eingebracht hatte.[40] Dass es sich bei dieser Nachricht um eine gekürzte Erschießungsmeldung handelte, geht aus den Akten des XXXX. Panzerkorps eindeutig hervor. Der vollständige Text der Meldung, die das Korps aufgegeben hatte, lautete: »610 Gefangene, 6 Geschütze, 2 Pak

---

[37] Ic-Meldung des XVII. AK an das AOK 6 v. 2.1.1942, 17.40 Uhr; BA-MA, RH 20-6/615, Bl. 128.
[38] Befehl des AOK 6/Abt. Ia Az. 3 Nr. 226/41 g.Kdos. Chefs. v. 16.6.1941, betr. Meldungen ab B-Tag, 0.00 Uhr; BA-MA, RH 20-6/97, Bl. 6-9.
[39] Vgl. diese Formulierung z. B. in dem Fernschreiben des AOK 9/Abt. Ic an die unterstellten Korps v. 8.7.1941; BA-MA, RH 20-9/251.
[40] Ic-Morgenmeldung des XXXX. AK an die Pz.Gr. 4 v. 21.10.1941; BA-MA, RH 21-4/275, Bl. 96.

1. Grundlagen

erbeutet, 5 Panzer vernichtet. 6 Politruks erschossen.«[41] Ein weiteres Beispiel stammt aus dem Kriegstagebuch der 252. Infanteriedivision. Am späten Nachmittag des 8. Juli 1941 registrierte die Führungsabteilung der Division die Meldung ihrer Aufklärungsabteilung: »6 Gefangene, 1 Kommissar (erschossen), keine bes[onderen]. Ereignisse.«[42] Am Abend des Tages meldete die Division an das vorgesetzte Korps dann neben dem »Verlauf des Tages« und dem »Ergebnis der Streife« in knapper Form »28 Gefangene, 1 Kommissar.«[43] Dass die Exekution des gefangenen Kommissars bereits erfolgt war, brauchte nicht ausdrücklich erwähnt zu werden. Wenn die Kommandobehörden solche verknappten Exekutionsmeldungen abgaben, konnten sie voraussetzen, dass die vorgesetzten Stäbe den Sinn dieser verschlüsselten Botschaften richtig erfassten. So machte die Ic-Abteilung der 5. Panzerdivision in einer Meldung über die Gefangenenzahlen in der dritten Februarwoche 1942 die Angabe: »1 Kommissar«.[44] Im Generalkommando des vorgesetzten V. Armeekorps wurde diese knappe Mitteilung genauso so aufgefasst, wie sie gemeint war, nämlich als Vollzugsmeldung. In einer Übersicht über »Beute, Gefangene und Tote« bei den unterstellten Divisionen hielt der Ic des Korps fest: »1 Kommissar behandelt«.[45] Das Beispiel exemplifiziert, wie gefestigt der Konsens über die Sprachregelungen war, die bei der Erstattung der Exekutionsmeldungen gebräuchlich waren. Der gemeinsame Wissensstand und die Komplizenschaft bei der Realisierung der Vernichtungspolitik gegen die sowjetischen Kommissare gewährleisteten, dass selbst die verkürzten Vollzugsmeldungen keine Missverständnisse verursachten.[46] Die Folgerungen für die vorliegende Untersuchung sind evident: Wenn in Meldetexten zwar eindeutige Prädikate fehlen, aber unverkennbare zeitliche, inhaltliche und kontextuelle Bezüge zu Meldeterminen, Meldeziffern und ähnlichen Referenzen bestehen, die unmissverständlich auf den Zusammenhang mit den Kommissarrichtlinien verweisen, erfüllen solche Belege trotzdem die Kriterien für die Einordnung in die Kategorie der Nachweise.

Es war eine gängige Vorgehensweise, die Exekutionsmeldungen zu kodieren, indem man die üblichen Prädikate fortließ und sich stattdessen auf Zahlenangaben beschränkte.[47] Selbst wenn es nicht ausdrücklich vermerkt wurde, implizierten solche

---

41 Ic-Morgenmeldung des XXXX. AK an die Pz.Gr. 4 v. 21.10.1941; BA-MA, RH 24-40/91.
42 Eintrag im KTB der 252. Inf.Div. v. 8.7.1941, 17.00 Uhr; BA-MA, RH 26-252/73, Bl. 48.
43 Eintrag im KTB der 252. Inf.Div. v. 8.7.1941, 20.30 Uhr; BA-MA, RH 26-252/73, Bl. 49.
44 Ic-Meldung der 5. Pz.Div. über Gefangene in der Zeit v. 15.2.–21.2.1942; BA-MA, RH 24-5/124, Bl. 6.
45 Übersicht des V. AK/Abt. Ic, »Aufstellung über Beute, Gefangene und Tote der 3.I.D. (mot.), 106. Div., 5., 11. und 20.Pz.Div. in der Zeit vom 15.2.–21.2.1942«; BA-MA, RH 24-5/124, Bl. 5.
46 Zu einem Gegenbeispiel vgl. den Vernehmungsbericht der 16. Pz.Div./Abt. Ic v. 18.7.1941; BA-MA, RH 24-48/199, Anl. 12. In dem Bericht wurde das Verhör eines Politruks referiert. Der Bearbeiter im Generalkommando des XXXXVIII. AK unterstrich das Wort »Politruk« und notierte am Rande: »ob erschossen?«.
47 Vgl. zu weiteren Beispielen die Ic-Meldung der 30. Inf.Div. v. 17.9.1941, 04.45 Uhr, und hierzu die Ic-Meldung der 30. Inf.Div. v. 21.9.1941, 14.45 Uhr; BA-MA, RH 24-10/283, Bl. 110, 116. Vgl. auch den Vernehmungsbericht der 1. Inf.Div./Abt. Ic v. 5.10.1941; BA-MA, RH 26-1/60, und hierzu die Ic-Morgenmeldung des XXXVIII. AK an das AOK 18 v. 7.10.1941; BA-MA, RH 24-38/168. Vgl. auch die Ic-Meldung des XVII. AK v. 24.6.1941; BA-MA, RH 20-6/514, S. 179, und hierzu die Ic-Tagesmeldung der 62. Inf.Div. v. 24.6.1941; BA-MA, RH 24-17/155, S. 91. Vgl. auch die Ic-Meldungen der 72. Inf.Div. v. 27.7.1941, 14.00 Uhr, und v. 2.8.1941, 22.30 Uhr; BA-MA, RH 24-54/178b.

Meldungen, dass mit den betroffenen Kommissaren »befehlsgemäß verfahren«[48] wurde. Gestützt wird diese Annahme auch dadurch, dass auf dem Gebiet der Partisanenbekämpfung und Spionageabwehr ein ähnlicher Sprachgebrauch herrschte. Häufig meldeten die Stäbe nur die Festnahme von Partisanen, Saboteuren oder Spionen und erwähnten nicht, was mit den gefangenen Irregulären in der Folge geschah, weil es geradezu selbstverständlich war.[49] Die gleichen Prinzipien galten bei der Abfassung der Meldungen über den Vollzug des Kommissarbefehls. Selbst wenn in den Quellen lediglich die Gefangennahme von sowjetischen Politoffizieren verzeichnet ist, ohne dass Angaben zum weiteren Verfahren mit den Gefangenen gemacht wurden, ist dennoch mit hoher Wahrscheinlichkeit anzunehmen, dass die Bestimmungen der Kommissarrichtlinien dann auch angewandt und die Kommissare exekutiert wurden, zumal solche Fundstellen immerhin eindeutig bezeugen, dass zumindest schon die Identifikation, Selektion und Registrierung der gefangenen Kommissare stattgefunden hatte und damit die ersten, unumkehrbaren Schritte zur Umsetzung des Kommissarbefehls eingeleitet worden waren. Diese Vermutung wird durch genügend Fälle bestätigt, in denen es eine günstige Überlieferungssituation ermöglicht, das ungewisse Schicksal der lediglich als gefangen gemeldeten Kommissare über ergänzendes Quellenmaterial zu klären.

In nicht wenigen Fällen, in denen in den Quellen nur die Gefangennahme von sowjetischen Kommissaren vermerkt ist, erweist die Parallelüberlieferung, dass die Gefangenen tatsächlich eben jene Behandlung erfuhren, die die Kommissarrichtlinien für sie vorsahen. So meldete die 72. Infanteriedivision am 27. Juli 1941 zum Vortag, dass das unterstellte »I.R. 124 [...] gestern 70 Gefangene, heute 30, darunter 3 polit. Kommissare« eingebracht hatte und »bei I.R. 105 [...] gestern 50, heute 30 Gefangene, darunter 1 Kommissar« zu verzeichnen waren.[50] Was mit den insgesamt vier gefangen genommenen Kommissaren geschah, gab die Division in ihrer Meldung nicht an, genauso wenig wie das vorgesetzte LIV. Armeekorps, das an das AOK 11 durchgab: »Unter den Gefangenen 4 Kommissare und 1 Frau, vermutlich die Frau eines Kommissars.«[51] Dass die vier Kommissare tatsächlich noch am Tag ihrer Gefangennahme exekutiert wurden, geht erst aus einer späteren Meldung der 72. Infanteriedivision hervor: »4 politische

---

[48] Zu dieser Formulierung vgl. z. B. die Ic-Tagesmeldung der 161. Inf.Div. v. 11.10.1941; BA-MA, RH 24-6/242, Bl. 36.

[49] Vgl. z. B. die Ic-Morgenmeldung der 246. Inf.Div. v. 6.2.1942; BA-MA, RH 20-9/264, Bl. 375: »Bei Säuberung des Waldes bis nördl. Popowo wurden heute Nachmittag 24 Partisanen gefangen genommen, davon 21 erschossen.« Vgl. hierzu die Ic-Morgenmeldung des AOK 9 an die H.Gr. Mitte v. 6.2.1942; BA-MA, RH 20-9/264, Bl. 377: »Bei 246. I.D. wurden bei Säuberung des Waldes n. Popowo 24 Partisanen gefangen.« Vgl. auch die Ic-Meldung der 4. Geb.Div. an das XXXXIX. AK v. 2.11.1941; BA-MA, RH 24-49/172, S. 165, und hierzu die Ic-Morgenmeldung des XXXXIX. AK an das Pz.AOK 1, v. 3.11.1941; BA-MA, RH 24-49/174. Vgl. auch die Ic-Morgenmeldungen des XXXXIV. AK v. 21.2. und 23.2.1942 sowie die Ic-Morgenmeldungen des IV. AK v. 7.3. und 10.3.1942; BA-MA, RH 20-17/324. Vgl. dagegen die Ic-Morgenmeldung der 56. Inf.Div. an das Pz.AOK 2 v. 1.12.1941; BA-MA, RH 21-2/666, Bl. 329: »Bei einem durch Einwohnermeldung veranlassten Unternehmen 25 km südl. Karatschew wurden 1 Kommissar und 3 Partisanen gefangen genommen.« Die Unterstreichungen stammen vom Bearbeiter im Pz.AOK 2, der dazu am Rande notierte: »Was ist aus ihnen geworden?« Zu einem ähnlichen Fall vgl. die Meldung des IR 530 an die 299. Inf.Div. v. 22.11.1941; BA-MA, RH 26-299/123, Anl. 543.

[50] Ic-Meldung der 72. Inf.Div. an das LIV. AK v. 27.7.1941, 14.00 Uhr; BA-MA, RH 24-54/178b.

[51] Ic-Abendmeldung des LIV. AK an das AOK 11 v. 26.7.1941; BA-MA, RH 24-54/179.

Kommissare am 26.7. erschossen.«[52] Ein ähnliches Beispiel bietet ein Vernehmungsbericht, den die Ic-Abteilung des XXXVIII. Armeekorps am 3. September 1941 über das Verhör eines gefangen genommenen Politruks anfertigte.[53] In dem ausführlichen, mehrseitigen Bericht wurden zahlreiche Vernehmungsergebnisse und Aussagen des 39-jährigen Familienvaters referiert, der »Oberpolitruk« war, den Namen Maxim Jaschtschenko trug und dem »2. Sch.Rgt. der 2. Volkswehr-Div.« angehört hatte. Wie mit dem Gefangenen nach dem Verhör verfahren wurde, gab der Ic-Offizier des Korps in seinem Bericht jedoch nicht an. Das Schicksal des Gefangenen geht dafür aus einem anderen Aktenbestand hervor, in dem sich der gefangene »Oberpolitruk« in einer Ic-Meldung vom 6. September 1941 wieder findet, erkennbar an seiner Truppenzugehörigkeit: »1 Politruk des Schtz.Rgt.2 (2.Volksw.-Div.) erschossen.«[54]

Auch wenn der meldenden Stelle bekannt sein musste, welches Schicksal die gefangenen Politoffiziere ereilt hatte, wurde dies in manchen Meldungen und Berichten schlicht nicht erwähnt; die Gründe für diese Wortkargheit liegen zumeist im Dunkeln. Zum Teil konnten die Stäbe freilich aus einfacher Unkenntnis keine Angaben dazu machen, weil die Gefangenen zum Verhör an eine höhere Kommandobehörde übergeben worden waren. So nahmen Truppen der 52. Infanteriedivision am 25. April 1942 zusammen mit einer Versprengtengruppe einen Divisionskommissar und einen Politruk gefangen, die Ic-Abteilung der Division ließ beide Gefangenen einen Tag darauf an das Generalkommando des vorgesetzten XIII. Armeekorps weiterleiten, womit die Angelegenheit für das Divisionskommando abgeschlossen war.[55] Dementsprechend geht das Schicksal der gefangenen Politoffiziere ausschließlich aus den Akten des XIII. Armeekorps hervor, in denen die Spur der namentlich identifizierbaren Gefangenen endet. Nachdem die beiden Politoffiziere am 27. April 1942 durch die Ic-Abteilung des Generalkommandos verhört worden waren, erledigte das Personal des Korpsstabes, was gemäß der Kommissarrichtlinien zu tun blieb: »Mit den beiden Gefangenen wurde bestimmungsgemäß verfahren.«[56]

In zahlreichen anderen Fällen fehlt eine derartige ergänzende Überlieferung, so dass es vielfach ungewiss bleibt, was mit gefangenen Politoffizieren geschehen ist, deren Los aus den vorliegenden Quellen nicht hervorgeht. Die angeführten Beispiele belegen allerdings die Berechtigung der Annahme, dass der Weg der Gefangenen in der Regel entweder noch an Ort und Stelle oder aber im Laufe ihrer Odyssee durch die Gefechtsstände und Vernehmungsräume der Kommandobehörden früher oder später vor einem Erschießungspeloton endete, auch wenn sich dies nicht immer in der Überlieferung niedergeschlagen hat. Dennoch sind die kommentarlosen Meldungen über Gefangennahmen von Kommissaren analytisch von den eindeutigen Nachweisen über Kommissarerschießungen zu trennen. Wenn in den betreffenden Quellen keinerlei Anhaltspunkte über das Verfahren mit den gefangenen Politoffizieren enthalten sind und keine inhaltlichen oder kontextuellen Bezüge auf den Zusammenhang mit den Kom-

---

52   Ic-Meldung der 72. Inf.Div. an das LIV. AK v. 2.8.1941, 22.30 Uhr; BA-MA, RH 24-54/178b.
53   Vernehmungsbericht des XXXVIII. AK/Abt. Ic an das AOK 18 v. 3.9.1941; BA-MA, RH 20-18/998.
54   Ic-Abendmeldung des XXXVIII. AK an das AOK 18 v. 6.9.1941; BA-MA, RH 20-18/961.
55   Vgl. den Eintrag im TB (Ic) der 52. Inf.Div. v. 25.4.1942 sowie die Meldung an das XIII. AK v. 26.4.1942; BA-MA, RH 26-52/64, Anl. 67.
56   Eintrag im TB (Ic) des XIII. AK v. 27.4.1942; BA-MA, RH 24-13/155, S. 31 f.

missarrichtlinien verweisen, die die Einordnung in die Kategorie der Nachweise rechtfertigen würden, konnten solche Belege nur in die Kategorie der Indizien eingestuft werden.

Belege über die Gefangennahme von Kommissaren, die keine Angaben darüber enthalten, was mit den Gefangenen geschehen ist, stellen innerhalb der Kategorie der Indizien den häufigsten Fall dar. Darüber hinaus fallen unter diese Kategorie auch alle übrigen Belege, bei denen noch Zweifel daran bestehen, dass es sich um Nachweise über Kommissarerschießungen handelt. Dies betrifft beispielsweise alle die Fälle, in denen ungewiss bleibt, ob die erwähnten Kommissare im regulären Gefecht gefallen sind oder erst als Gefangene exekutiert wurden; das Prädikat »erschossen« war zur Beschreibung beider Todesarten gebräuchlich.[57] Auch wenn der Verdacht besteht, dass die erwähnten Kommissare nicht in ihrer Eigenschaft als Politoffiziere, sondern als Partisanen, Versprengte oder Spione exekutiert wurden und die Hinrichtungen somit auf einer anderen Grundlage erfolgten als auf dem Kommissarerlass, nämlich auf der Grundlage des Kriegsgerichtsbarkeitserlasses, werden die entsprechenden Belege lediglich als Indizien gewertet. Die Kategorie der Indizien umfasst alle Fundstellen, die die Kriterien für die Einordnung in die Kategorie der Nachweise nicht einwandfrei erfüllen, die aber mit hoher Wahrscheinlichkeit ebenfalls Belege über Exekutionen darstellen und deswegen nicht unberücksichtigt bleiben dürfen.

Ein weiteres Problem, das sich bei der Quantifizierung der Kommissarerschießungen stellte, war die Vermeidung von Doppelzählungen. Auf Grund der bestehenden Meldepflicht konnte sich eine einzelne Kommissarerschießung im Idealfall in den Akten sämtlicher hierarchischer Ebenen niederschlagen und damit mehrfach in die Überlieferung eingehen. Eine bloße Addition der überlieferten Belege hätte daher zwangsläufig dazu geführt, dass viele Exekutionen mehrfach gezählt und damit die Ergebnisse der Untersuchung verfälscht worden wären. Eine Belegstelle durfte somit nur dann in die Rechnung eingehen, wenn sichergestellt war, dass sie nicht bereits an anderer Stelle registriert wurde. Daher waren bei der Bewertung der Fundstellen die jeweils herrschenden Unterstellungsverhältnisse zu berücksichtigen, um überprüfen zu können, ob die dokumentierten Exekutionen nicht auch in die Unterlagen der vorgesetzten Stäbe eingegangen sein können und dort schon gezählt wurden. Bei der Quantifizierung der Kommissarmeldungen galten für die vorliegende Untersuchung daher die folgenden Regelungen: Die Dokumente vorgesetzter Stäbe besaßen Vorrang vor den Dokumenten der unterstellten Stäbe und Sammelmeldungen hatten Vorrang vor Einzelmeldungen. Wenn also für bestimmte Berichtszeiträume Sammelmeldungen von höheren Kommandobehörden vorlagen, wurden diese zur Grundlage der Berechnung für den gesamten unterstellten Befehlsbereich erhoben. Folgerichtig wurden dann keine Meldungen von unterstellten Stäben mehr gezählt, die aus den jeweiligen Berichtszeiträumen stammen; in der Annahme, dass diese bereits in die Sammelmeldungen der vorgesetzten Kommandobehörde eingegangen sind. Nur wenn die Sammelmeldungen der höheren Stäbe nicht überliefert oder nachweislich unvollständig sind – wenn etwa aus einem Befehlsbereich für einen bestimmten Zeitraum die gemeldeten Zahlen aus den Einzelmeldungen der unterstellten Dienststellen die Summe aus

---

[57] Vgl. z. B. die Ic-Morgenmeldung des XXXVIII. AK v. 29.6.1941; BA-MA, RH 20-18/958, sowie die Ic-Morgenmeldung des XXVIII. AK v. 26.9.1941; BA-MA, RH 24-28/109.

der Sammelmeldung der vorgesetzten Kommandobehörde übersteigt –, galt es, die Unterlagen der nachgeordneten Stäbe ergänzend heranzuziehen. Vollzugsmeldungen wurden also nur dann gezählt, wenn aus dem betreffenden Zeitraum keine Meldungen vorgesetzter Stäbe vorliegen, in die sie eingeflossen sein könnten. Die gleichen Prinzipien galten auch für die Erfassung der kommentarlosen Meldungen über Gefangennahmen von Kommissaren. Diese konnten nur dann als zusätzliche Fälle in den Berechnungen berücksichtigt werden, wenn aus den jeweiligen Zeiträumen keine entsprechenden Gefangenen- oder Sammelmeldungen vorgesetzter Stellen vorliegen, in die sie eingegangen sein könnten. Auf diese Weise wurde gewährleistet, dass bei der Ermittlung der Opferzahlen keine Doppel- oder gar Mehrfachzählungen unterlaufen konnten, die die Ergebnisse verzerrt hätten. Unabhängig hiervon wurden alle überlieferten Nachweise und Indizien einschließlich der Doppelmeldungen erfasst und in einer Datenbank katalogisiert.[58]

Die Authentizität der Vollzugsmeldungen

Die Authentizität der überlieferten Vollzugsmeldungen steht indes außer Frage. Die gelegentlich kolportierten Zweifel an der Echtheit und Aussagefähigkeit der Meldungen sind unbegründet und beruhen lediglich auf den Schutzbehauptungen der deutschen Truppenführer aus den Nürnberger Prozessen. Den Wahrheitsgehalt der erhaltenen Exekutionsmeldungen zu bestreiten, war schließlich die einzig verbliebene Verteidigungsstrategie, auf die sich die Generäle in Nürnberg noch zurückziehen konnten, als sie sich mit den aufgefundenen Berichten über die von ihren Verbänden vorgenommenen Kommissarerschießungen konfrontiert sahen. Um die Beweislast der Exekutionsmeldungen zu entkräften, gaben die Generäle an, dass es sich dabei lediglich um fiktive Berichte gehandelt habe, die angefertigt worden seien, um vorgesetzte Stellen darüber hinwegzutäuschen, dass man den Kommissarbefehl in Wirklichkeit gar nicht befolgt habe.[59] Während die alliierte Anklagevertretung diese Erklärungsversuche kategorisch zurückwies und die Vollzugsmeldungen nach wie vor als »entirely trustworthy reports of commissars executed«[60] betrachtete, hielten es die vorsitzenden Richter durchaus für möglich, dass manche Stäbe fingierte Meldungen aufgegeben hätten: »It may be that in some instances the figures were fictitious or exaggerated«.[61] Tatsächlich bietet das zeitgenössische Quellenmaterial aber keinerlei Anhaltspunkte, die diese Annahme rechtfertigen würden, so dass die Glaubwürdigkeit der erhaltenen Exekutionsmeldungen über jeden Zweifel erhaben ist.[62]

---

58 Diese Datenbank ist im Anhang dieser Studie auf den Tafeln 10 und 11 zugänglich.
59 Vgl. die Aussage General Reinhardts, des ehemaligen KG des XXXXI. AK, im »OKW-Prozess«; Trials, Vol. 10, S. 1105: »At any rate, I did agree that we were to juggle with the figures in order to deceive higher headquarters. These figures contained in these reports are not commissars who were shot pursuant to the commissar order, they were not liquidated, that is, killed after capture, they are fictitious figures.«
60 Vgl. Trials, Vol. 11, S. 336.
61 Trials, Vol. 11, S. 557.
62 In der Forschungsliteratur gilt die Authentizität der Vollzugsmeldungen mittlerweile weithin als unstrittig, vgl. Förster, Sicherung, S. 1063; Müller, Ueberschär, Krieg, S. 227. Allerdings existierten hierzu lange auch gegenteilige Ansichten, vgl. z. B. die apologetische Darstellung bei Rohde,

Einen Wettbewerb um die Höhe der erzielten Erschießungszahlen hat es im Ostheer nicht gegeben; ebenso wenig übten die höheren Kommandobehörden auf ihre Verbände gesteigerten Druck zur Erstattung von Vollzugsmeldungen aus. Wenn man nicht wollte oder nicht konnte, war man nicht gezwungen, Kommissarerschießungen zu melden. Hiervon zeugen schon die zahllosen überlieferten »Fehlanzeige«-Meldungen, die die Stäbe ohne jede Scheu abgaben, wenn ihnen in den betreffenden Berichtszeiträumen keine Politoffiziere in die Hände gefallen waren. Um zu belegen, wie sachlich die Stäbe damit umgingen, wenn in ihrem Befehlsbereich einmal keine Exekutionen zu verzeichnen waren, genügen wenige Beispiele. Die 12. Infanteriedivision etwa gab im Zeitraum von Anfang September bis Anfang Oktober 1941 in fünf aufeinander folgenden Wochenmeldungen jeweils den gleichen, standardisierten Text auf: »Termin-Meldung Kommissare und Kollektivmassnahmen: ›Fehlanzeige‹!«[63] Im Generalkommando des X. Armeekorps gingen während der Monate zwischen Juli und Dezember 1941 beinahe sechs Mal so viele »Fehlanzeige«-Meldungen wie Vollzugsmeldungen ein.[64] Während der Korpsstab in diesem knapp fünfmonatigen Zeitraum insgesamt nur fünf Exekutionsmeldungen von den unterstellten Divisionen erhielt, liefen fast dreißig »Fehlanzeige«-Meldungen ein. Der Korpsstab selbst meldete ganze sieben Mal »Fehlanzeige« an das vorgesetzte AOK und konnte nur fünf Mal Erschießungsmeldungen abgeben. Selbst ein Verband wie die SS-Totenkopf-Division konnte während der mehrmonatigen Unterstellung unter das X. Armeekorps nicht eine einzige Kommissarerschießung vorweisen und scheute sich nicht, dies in ihren dienstlichen Meldungen wahrheitsgetreu zu dokumentieren. Zwischen Ende September und Anfang Dezember 1941 gab die Totenkopf-Division ausschließlich »Fehlanzeige«-Meldungen ab, insgesamt acht an der Zahl.[65] Die Beispiele ließen sich mühelos fortführen. »Fehlanzeige«-Meldungen sind in den Akten des Ostheeres in großer Zahl überliefert. Es würden sogar noch mehr solcher Nachrichten vorliegen, wenn nicht in manchen Befehlsbereichen die Praxis bestanden hätte, statt einer »Fehlanzeige«-Meldung einfach gar keine Meldung abzugeben oder die hierfür vorgesehenen Ziffern in den Ic-Meldungen freizulassen.[66] Da es in den Kommandobehörden bekannt war, dass ohnehin nur wenige Politoffiziere lebend in Gefangenschaft gerieten, wurde das Ausbleiben von Exekutionen nicht als Misserfolg betrachtet; schließlich hing die Zahl der erfassten Kommissare in erster Linie von äußeren Umständen ab, die von den eigenen Truppen kaum beeinflusst werden konnten.[67] Wenn in den Verbänden keine Kommissarerschießungen stattgefunden hatten, brauchten die Stäbe also keine Exe-

---

Indoktrination, S. 150; STREIM, Behandlung, S. 95. HÜRTER, Heerführer, S. 395 f., will es nicht kategorisch ausschließen, dass Meldungen im Einzelfall übertrieben oder fingiert wurden, verweist die Rechtfertigungen der Generale ansonsten aber auch mit Gerlach ins »Reich der Fabel«. Vgl. GERLACH, Morde, S. 835.

[63] Vgl. die Ic-Meldungen der 12. Inf.Div. an das II. AK v. 5.9., 12.9., 19.9., 26.9., 3.10.1941; BA-MA, RH 26-12/249.
[64] Vgl. auch zum Folgenden die ein- und ausgehenden Meldungen der Ic-Abteilung des X. AK v. 21.7.-15.12.1941; BA-MA, RH 24-10/283.
[65] Vgl. die Ic-Meldungen des SS-Totenkopf-Div. an das X. AK v. 28.9., 5.10., 12.10., 19.10., 26.10., 15.11., 22.11., 7.12.1941; BA-MA, RH 24-10/283, Bl. 135, 155, 171, 190, 209, 267, 285, 323.
[66] In der Regel galt freilich der nicht immer beachtete Grundsatz: »Fehlanzeige erforderlich.« Vgl. den Befehl des IX. AK/Abt. Ic, betr. Ic-Meldungen, v. 10.8.1941; BA-MA, RH 24-9/161, Bl. 56 f.
[67] Vgl. hierzu das Kap. IV.3.

1. Grundlagen

kutionen zu erfinden, sondern konnten offen melden: Die »Politrukmeld[un]g fällt leer aus«.[68]

Genauso wenig wie man fiktive Vollzugsmeldungen abgeben musste, wenn sich keine Exekutionen ereignet hatten, bestand Anlass dazu, die Erschießungsstatistiken zu schönen, indem man höhere Erschießungsziffern angab als es der Wahrheit entsprach. Es ist nur ein einziger Fall überliefert, in dem eine Kommandobehörde nachweislich eine zu hohe Erschießungssumme an die vorgesetzten Stellen meldete. Das AOK 6 gab gleich in der ersten Sammelmeldung an die Heeresgruppe Süd und das OKH Anfang Juli 1941 eine weit überhöhte Gesamtziffer von 441 Exekutionen an, obwohl in der 6. Armee bis dahin erst etwas mehr als dreißig Kommissarerschießungen stattgefunden hatten.[69] Die Verfälschung der Meldung beruhte auf einem gewollten Missverständnis, das bei einer der Divisionen der Armee seinen Anfang genommen hatte. Die 75. Infanteriedivision hatte zum ersten Meldetermin, der Anfang Juli 1941 zur Erhebung der bisherigen Erschießungszahlen angesetzt worden war, an das vorgesetzte LV. Armeekorps die folgende Meldung abgegeben: »22.6.-8.7.41 1 pol. Kommissar«.[70] In der Ic-Abteilung des LV. Armeekorps las man aus der Jahreszahl »41« und der Zahlenangabe »1«, die im Text der Meldung ohne Trennzeichen dicht nebeneinander standen, fälschlicherweise die Ziffer 411 und meldete diese Summe an das AOK 6 weiter: »Politische Kommissare bei 75. Div. 411«.[71] Im AOK 6 nahm man diese Meldung, die völlig aus dem Rahmen fiel, zunächst mit Skepsis auf, wie ein Fragezeichen belegt, das einer der Offiziere der Ic-Abteilung des AOK an der Ziffer anbrachte.[72] Trotz der Zweifel an der Stimmigkeit der Zahl übernahm die Ic-Abteilung des AOK 6 die Summe dann aber vorbehaltlos in ihre eigene Sammelmeldung an das OKH. Da von den übrigen Truppen der Armee offenbar insgesamt dreißig Exekutionen gemeldet worden waren, kam unter Einrechnung der angeblichen 411 Erschießungen des LV. Armeekorps die Gesamtziffer von 441 zustande, die viel zu hoch ausfiel. In diesem Einzelfall liegt die Vermutung nahe, dass das AOK die Korrektur der offensichtlich falschen Zahl des unterstellten Korps bewusst unterließ, um sich mit dieser astronomischen Gesamtziffer als eifriger Vollstrecker der Vernichtungspolitik profilieren zu können.

Solche Zahlenkosmetik blieb im Ostheer allerdings die absolute Ausnahme. Alle übrigen Armeen und Panzergruppen meldeten realistische Zahlen, die sich auf einem mehr oder weniger niedrigen Niveau bewegten. Und selbst in der 6. Armee kamen vergleichbare Manipulationen an den Erschießungszahlen in der Folgezeit offenbar nicht mehr vor. Dass die Kommandobehörden gemeinhin gar kein Interesse daran zeigten, ihre Erschießungsstatistiken künstlich aufzubessern, exemplifiziert ein Vorgang, der sich Anfang August 1941 beim XXXIX. Panzerkorps abspielte. Zum Monatswechsel gingen im Generalkommando des Korps die Terminmeldungen der un-

---

[68] Ic-Abendmeldung des XXXX. AK an das AOK 4 v. 12.1.1942; BA-MA, RH 20-4/698.
[69] Fernschreiben des AOK 6/Abt. Ic an das OKH/Gen. z.b.V. und die H.Gr. Süd v. 12.7.1941; BA-MA, RH 20-6/517, Bl. 85.
[70] Ic-Abendmeldung der 75. Inf.Div. an das LV. AK v. 8.7.1941, 21.20 Uhr; BA-MA, RH 26-75/111.
[71] Nachtrag zur Ic-Morgenmeldung des LV. AK an das AOK 6 v. 9.7.1941; BA-MA, RH 24-55/69, S. 66.
[72] Nachtrag zur Ic-Morgenmeldung des LV. AK an das AOK 6 v. 9.7.1941; BA-MA, RH 20-6/516, Bl. 118.

terstellten Divisionen über die »Anzahlen von erledigten politischen Kommissaren« für den Berichtszeitraum vom 16. bis 30. Juli 1941 ein.[73] Unter den einlaufenden Vollzugsmeldungen befand sich ein krasser Ausreißer: Während sich die Erschießungsziffern der übrigen Verbände zwischen 1 und 6 bewegten, belief sich die Zahl, die von der 12. Panzerdivision gemeldet wurde, auf 88 Exekutionen.[74] Auf die Offiziere in der Ic-Abteilung des Korps wirkte diese Zahl, die sich von den anderen Meldungen so deutlich abhob, auf den ersten Blick unglaubwürdig. Nachdem die Meldung der Division am 1. August 1941 um 09.00 Uhr morgens eingegangen war und bevor das Generalkommando die Sammelmeldung an die Panzergruppe 3 um 11.00 Uhr des gleichen Tages abschickte, fragte die Ic-Abteilung des Korps daher bei der Division nach und wies sie an, die Zahl zu überprüfen und gegebenenfalls zu korrigieren. Das Divisionskommando hielt jedoch »die Meldung trotz Aufforderung zu nochmaliger Nachprüfung durch das Gen.Kdo. aufrecht«, so dass das Korps die Zahl schließlich doch in die Terminmeldung an das Panzergruppenkommando mit einrechnete. Der Vorgang zeigt deutlich, dass zumindest in dieser Kommandobehörde überhaupt kein Interesse daran bestand, überhöhte Erschießungszahlen zu erzielen. Vielmehr war das Generalkommando sorgsam darauf bedacht, die tatsächlichen Zahlen zu ermitteln und zu melden, und gab daher dem unterstellten Divisionskommando Gelegenheit, die fragliche Zahlenangabe zu revidieren. Die Höhe der Erschießungsziffern war für das Generalkommando ganz offensichtlich kein Prestigeobjekt, weil zweifellos auch die vorgesetzten Stellen nicht darauf drängten, besonders hohe Zahlen zu erreichen. Auch das Generalkommando übte in dieser Hinsicht keinen Druck auf die unterstellten Verbände aus, im Gegenteil. Mit der Nachfrage bei der Division und der Aufforderung zur Korrektur der gemeldeten Ziffer signalisierte der Korpsstab, dass er keinen Wert auf die Schönung der Erschießungsstatistiken legte, sondern an den wirklichen Zahlen interessiert war, mochten sie noch so niedrig ausfallen.

Diese Haltung war kennzeichnend für die Handhabung des Meldewesens bei der Durchführung des Kommissarbefehls im Ostheer. Die Stäbe verfolgten für gewöhnlich nicht die Absicht, ihre Erschießungszahlen zu manipulieren, sondern berichteten offen und sachlich über den Verlauf der Vernichtungspolitik in ihren Verbänden. Diese Tendenz zeigte sich auch daran, dass die Kommandobehörden zumeist sorgfältig darauf achteten, nur veritable Exekutionsopfer in ihren Meldungen mitzuzählen und keine Politoffiziere in die Rechnungen einzubeziehen, die im regulären Gefecht gefallen waren. Ein anschauliches Beispiel für das Bestreben der Stäbe, die Erschießungsstatistiken nicht zu verfälschen, bietet eine Ic-Meldung der 30. Infanteriedivision aus dem Juli 1941, in der penibel zwischen Gefechtstoten und Hinrichtungsopfern differenziert wurde: »1 Pol.Kommissar mit Kopfschuss eingeliefert, der kurze Zeit später starb, 2 sind gefallen, keine Exekutionen.«[75] Auch der Ic-Abteilung des vorgesetzten X. Armeekorps, an die diese Meldung adressiert war, kam es nicht in den Sinn, die gefallenen Kommissare nachträglich zu Exekutionsopfern zu stilisieren. In ihrer eigenen Meldung vom gleichen Tag meldete die Ic-Abteilung des Korps an das AOK 16

---

73 Vgl. auch zum Folgenden die Ic-Meldung des XXXIX. AK an die Pz.Gr. 3 v. 1.8.1941, 11.00 Uhr; BA-MA, RH 24-39/179, Bl. 72.

74 Vgl. die Meldung der 12. Pz.Div. an das XXXIX. AK v. 30.7.1941 (Eingang 1.8.1941, 09.00 Uhr); BA-MA, RH 24-39/179, Bl. 73.

75 Ic-Meldung der 30. Inf.Div. an das X. AK v. 24.7.1941; BA-MA, RH 24-10/283, Bl. 4.

zum Thema »Exekutionen an pol. Kommissaren: Fehlanzeige.«[76] Auch in der Berichterstattung der übrigen Verbände des Ostheeres zeigt sich immer wieder, dass Kommissare, die in den Kämpfen umgekommen waren, nur in wenigen Ausnahmefällen in den Exekutionsstatistiken mitgezählt wurden.[77] Noch dazu handelte es sich bei der Formulierung »im Kampf erschossen« zum Teil sogar um Tarnvokabular, das verwendet wurde, um zu bemänteln, dass in Wirklichkeit Exekutionen stattgefunden hatten.[78] In aller Regel unterschied man allerdings genau zwischen gefallenen und hingerichteten Kommissaren und rechnete die gefallenen Politoffiziere nicht in die Sammelmeldungen über den Vollzug des Kommissarbefehls mit ein.[79]

Dass die Kommandobehörden im Allgemeinen kein Interesse daran hatten, die Exekutionszahlen künstlich in die Höhe zu treiben, bewiesen sie auch dadurch, dass sie selbst mithalfen, Doppelzählungen bei der Erstellung der Erschießungsstatistiken zu vermeiden. Ein Beispiel für die bürokratische Sorgfalt der Ic-Offiziere bei der Verwaltung der Erschießungszahlen bietet die überkorrekte Buchführung bei der Panzergruppe 2. So erhielt das Panzergruppenkommando 2 in der Zeit vom 8. bis 21. November 1941 zwei Sammelmeldungen des unterstellten XXXXIII. Armeekorps, in denen insgesamt neun Exekutionen verzeichnet waren.[80] Wenige Tage später ging in der Ic-Abteilung der Panzergruppe dann noch eine Nachmeldung des XXXXIII. Armeekorps ein, in der für den Zeitraum vom 3. bis 16. November 1941 insgesamt »12 Fälle« verzeichnet waren.[81] Anstatt diese 12 Exekutionen einfach auf die bisherigen Zahlen aufzuschlagen, verrechnete der Ic der Panzergruppe die verschiedenen, sich zeitlich überschneidenden Meldungen miteinander, um die Gesamtsumme nicht zu verfälschen. Da bereits neun Erschießungen gemeldet worden waren, berücksichtigte der Ic in seinen Statistiken nur den Differenzbetrag und meldete diesen im darauf

---

76 Ic-Meldung des X. AK an das AOK 16 v. 24.7.1941, 09.45 Uhr; BA-MA, RH 24-10/283, Bl. 4.
77 Vgl. zu einem solchen Ausnahmefall die Ic-Meldung des XXXV. AK an die Pz.Gr. 2 v. 11.10.1941; BA-MA, RH 21-2/660, Bl. 305. Vgl. hierzu die Übersicht der Pz.Gr. 2/Abt. Ic, »Kommissare in der Zeit vom 11.10.41-17.10.41«; BA-MA, RH 21-2/637a, Bl. 163.
78 Vgl. exemplarisch die Meldung des XXIV. AK/Abt. Ic Nr. 611/41 g.Kdos. an die Pz.Gr. 2 v. 14.7.1941; BA-MA, RH 21-2/648, Bl. 77. Vgl. hierzu die Meldungen der Divisionen, in denen keine Rede davon ist, dass die betreffenden Kommissare im Kampf erschossen wurden, wie es das Korps angegeben hat: Vgl. die Ic-Meldungen der 1. Kav.Div., 10. Inf.Div. (mot.) und die Notiz über die Meldung der 4. Pz.Div. an das XXIV. AK v. 11.7.1941, vgl. aber auch die Ic-Meldung der 3. Pz.Div. an das XXIV. AK v. 10.7.1941; BA-MA, RH 24-24/331.
79 Vgl. zu weiteren Beispielen die Ic-Meldungen des XXVIII. AK an das AOK 16 v. 18.8. und 23.8.1941; BA-MA, RH 24-28/108. Vgl. die Ic-Meldungen der 137. Inf.Div. an das IX. AK v. 28.6.1941, 12.45 Uhr, und 9.7.1941; BA-MA, RH 24-9/155, Bl. 13, 27. Vgl. das Begleitschreiben des XXIV. AK/Abt. Ic an die Pz.Gr. 2 v. 11.9.1941 und die Ic-Meldung des XXIV. AK an die Pz.Gr. 2 v. 12.9.1941; BA-MA, RH 21-2/656, Bl. 280, 272. Vgl. die Ic-Meldung des XXIX. AK an das AOK 6 v. 24.1.1942, 23.00 Uhr; BA-MA, RH 20-6/623, Bl. 67. Vgl. hierzu die Ic-Morgenmeldung des XXIX. AK an das AOK 6 v. 2.2.1942; BA-MA, RH 20-6/626, Bl. 65. Vgl. die Ic-Morgenmeldung des LV. AK v. 19.4.1942 und die Ic-Abendmeldung des LV. AK v. 22.4.1942; BA-MA, RH 24-55/75, S. 59, 66. Vgl. die Ic-Abendmeldung der 76. Inf.Div. an das XI. AK v. 23.7.1941; BA-MA, RH 26-76/49.1.
80 Vgl. die Übersichten der Pz.Gr. 2/Abt. Ic über die Kommissarmeldungen in der Zeit v. 8.11.-14.11. und v. 15.11.-21.11.1941; BA-MA, RH 21-2/638, Bl. 160 f.
81 Ic-Meldung des XXXXIII. AK an die Pz.Gr. 2 v. 19.11.41; BA-MA, RH 21-2/638, Bl. 16. Die schriftliche Meldung ging offenbar erst einige Tage nach ihrer Ausfertigung im Pz.Gr.Kdo. ein, denn sonst wäre sie sicherlich in der Übersicht für die Zeit v. 15.11.-21.11.1941 berücksichtigt worden.

folgenden Berichtszeitraum nach: »Bisher gemeldet 9 also +3«.[82] Auch sonst war der Ic der Panzergruppe darauf bedacht, Vollzugsmeldungen, die »schon gemeldet«[83] worden waren, nicht doppelt zu zählen, um die Stimmigkeit seiner Erschießungslisten zu gewährleisten. Das Bestreben, korrekte Zahlen zu ermitteln, kennzeichnete auch den Meldeverkehr in den übrigen Verbänden des Ostheeres.[84]

Dass es zwischen den Verbänden des Ostheeres keinen Wettbewerb darum gab, wer die höchsten Erschießungszahlen erreichte, offenbart sich besonders deutlich an der Nachlässigkeit, die die Stäbe bei der Weiterleitung der Vollzugsmeldungen zum Teil an den Tag legten. Auf den unteren Kommandoebenen unterließ man es in der Hektik des Kriegsalltags nicht selten, über durchgeführte Exekutionen Meldung zu erstatten. Und auch im Meldeverkehr der höheren Stäbe kam es immer wieder vor, dass eingegangene Vollzugsmeldungen nicht oder nur verspätet weitergeleitet wurden und auf diese Weise nicht in die Sammelmeldungen der vorgesetzten Stellen eingingen. Wie es sich auswirkte, wenn die Termine für die Abgabe der Exekutionsmeldungen verpasst wurden, exemplifiziert ein Vorgang aus dem Befehlsbereich des XXXIX. Panzerkorps. Am frühen Morgen des 21. September 1941, um 04.45 Uhr, erstattete das Generalkommando die wöchentliche Terminmeldung an das AOK 16 über die Anzahl der Kommissare, die in der zurückliegenden Woche im Korpsbereich exekutiert worden waren.[85] Dieses Mal war nur eine einzige Exekution zu melden, die von Truppen der 12. Panzerdivision durchgeführt worden war. Die Division hatte am Vorabend um 22.15 Uhr pünktlich Meldung über den Vorfall erstattet.[86] In Wirklichkeit hatte in der Berichtswoche allerdings noch eine weitere Kommissarerschießung stattgefunden, die sich im Bereich der 8. Panzerdivision ereignet hatte. Diese Exekution konnte aber in der Sammelmeldung des Panzerkorps nicht berücksichtigt werden, weil die Ic-Abteilung der Division ihre Terminmeldung nicht rechtzeitig abgegeben hatte. Erst am späten Vormittag des 21. September, um Viertel vor zwölf Uhr, ging die Wochenmeldung der 8. Panzerdivision im Generalkommando ein; zu spät, um noch in die Terminmeldung an das AOK 16 eingerechnet zu werden, die bereits einige Stunden zuvor abgegangen war.[87] Wenn die Stäbe die Übersicht über ihre Erschießungsstatistiken behielten, reichten sie die verspätet eingegangenen Sammelmeldungen häufig mit der darauf folgenden Terminmeldung nach. Während die Kommandobehörden zum Teil sorgfältig Buch führten und gegebenenfalls Nachmeldungen abgaben, blieben viele Meldungen aber auch unbearbeitet liegen.

---

[82] Vgl. die Übersicht der Pz.Gr. 2/Abt. Ic über die Kommissarerschießungen im Zeitraum v. 22.11.-28.11.1941 (fälschlicherweise datiert auf den Zeitraum v. 1.11.-7.11.1941); BA-MA, RH 21-2/638, Bl. 163.

[83] Notiz auf der Ic-Meldung der 17. Pz.Div. an die Pz.Gr. 2 v. 27.9.1941; BA-MA, RH 21-2/658, Bl. 222.

[84] Vgl. z. B. die differenzierten Angaben des IX. AK in der Ic-Abendmeldung an das AOK 2 v. 9.7.1941; BA-MA, RH 20-2/1097, Anl. 27. Nachdem kurz zuvor die Unterstellungsverhältnisse gewechselt hatten, unterschied das IX. AK in seiner Terminmeldung sorgfältig zwischen den Zahlen aus der Unterstellung unter das AOK 2 und den Zahlen aus der vorherigen Unterstellung unter das AOK 4, die bereits gemeldet worden waren.

[85] Ic-Morgenmeldung des XXXIX. AK an das AOK 16 v. 21.9.1941, 04.45 Uhr; BA-MA, RH 24-39/187, Bl. 98.

[86] Ic-Morgenmeldung der 12. Pz.Div. an das XXXIX. AK v. 21.9.1941 (20.9., 22.15 Uhr); BA-MA, RH 24-39/187, Bl. 99.

[87] Ic-Meldung der 8. Pz.Div. an das XXXIX. AK v. 21.9.1941, 11.45 Uhr; BA-MA, RH 24-39/187, Bl. 97.

1. *Grundlagen* 351

In zahlreichen Fällen lässt sich beobachten, dass die Erschießungsmeldungen auf irgendeinem Teilstück der langen Meldewege auf der Strecke blieben und an ihrem Bestimmungsort am Ende der Meldeketten nie angelangten. Das II. Armeekorps meldete dem vorgesetzten AOK 16 zum Meldetermin am 14. September 1941, dass im Berichtszeitraum »1 Kommissar bei [der] 123.I.D. erschossen« worden war.[88] Tatsächlich aber war diese Meldung unvollständig, denn allein bei der 123. Infanteriedivision hatten in der zurückliegenden Woche gleich zwei Exekutionen stattgefunden. Am 9. September war ein »verwundet eingelieferter Kommissar [...] durch die Nachschub Komp. erschossen« worden, wenige Tage später, am 13. September, wurde »ein Politruk von der 1./937.Schtz.Rgt. [...] auf Befehl erschossen«.[89] Auch dem vorgesetzten AOK 16 unterliefen Fehler bei der Weiterleitung der eingehenden Vollzugsmeldungen. Für den Berichtszeitraum vom 10. bis 16. August 1941 lagen dem Oberkommando der 16. Armee Meldungen über insgesamt acht Kommissarerschießungen vor. Das L. Armeekorps hatte am Morgen des 17. August pünktlich gemeldet, dass in der Zeit vom 3. bis 16. August »4 Politruks erschossen« worden waren.[90] Im Bereich des I. Armeekorps waren allein am 14. August 1941 »4 Kommissare erschossen« worden, worüber das Generalkommando noch am gleichen Tag dem AOK 16 Meldung machte.[91] Obwohl die Erschießungsmeldungen der beiden Korps rechtzeitig im AOK 16 eingegangen waren, erstattete die Ic-Abteilung am 17. August eine Terminmeldung an die Heeresgruppe Nord, in der eine der beiden Meldungen unberücksichtigt blieb. In der Ic-Abendmeldung vom 17. August gab das AOK 16 an, dass in der Woche vom 10. bis 16. August 1941 »4 Kommissare [...] erschossen« worden waren, und meldete damit nur halb so viele Erschießungen wie tatsächlich stattgefunden hatten und dem AOK berichtet worden waren.[92]

Derartige Irrtümer blieben nicht auf den Bereich der Heeresgruppe Nord beschränkt, sondern waren ein Phänomen, das in der Militärbürokratie des gesamten Ostheeres auftrat. So ergriff der Feldgendarmerietrupp 435, der zu den Korpstruppen des XXXV. Armeekorps gehörte, bei einer gezielten Fahndungsaktion in einer Ortschaft am 30. September 1941 einen sowjetischen Funktionär und richtete ihn anschließend sofort hin, mit der fadenscheinigen Begründung: »wegen Gefährdung der deutschen Wehrmacht«.[93] Über die Erschießung des Kommissars informierten die Feldgendarmen sowohl die Ic-Abteilung als auch die Quartiermeisterabteilung des Generalkommandos. Obwohl der Ic-Abteilung des XXXV. Armeekorps eine »schriftliche Meldung« über die Exekution vorlag, unterließ sie es, die Meldung zum darauf folgenden Meldetermin an das vorgesetzte Panzergruppenkommando 2 weiterzureichen, wie aus den peniblen Erschießungsstatistiken der Ic-Abteilung der Panzergruppe hervorgeht. Der Ic der Panzergruppe hielt in seinen Unterlagen fest, dass vom XXXV. Armeekorps zu diesem Berichtszeitraum keine Vollzugsmeldungen eingegan-

---

88 Ic-Meldung des II. AK an das AOK 16 v. 14.9.1941; BA-MA, RH 20-16/477b.
89 Einträge im TB (Ic) der 123. Inf.Div. v. 9.9.1941 und 13.9.1941; BA-MA, RH 26-123/143, Bl. 38, 40.
90 Ic-Morgenmeldung des L. AK an das AOK 16 v. 17.8.1941; BA-MA, RH 24-50/142.
91 Ic-Tagesmeldung des I. AK an das AOK 16 v. 14.8.1941; BA-MA, RH 24-1/260, Bl. 109.
92 Ic-Abendmeldung des AOK 16 an die H.Gr. Nord v. 17.8.1941; BA-MA, RH 20-16/474b.
93 Eintrag im TB des Feldgend.Tr. 435 v. 30.9.1941; BA-MA, RH 24-35/120, Bl. 135.

gen waren.⁹⁴ Auch die Ic-Abteilung des XXIV. Panzerkorps versäumte es wiederholt, Kommissarerschießungen an das Panzergruppenkommando 2 weiterzumelden, über die im Korpsstab Berichte eingelaufen waren. So erhielt der Stab des XXIV. Panzerkorps am Nachmittag des 12. September 1941 eine Meldung der 4. Panzerdivision, die besagte, dass in der Woche vom »5.9.-12.9.41: 7 Kommissare erschossen« worden waren.⁹⁵ Die Ic-Abteilung des Korps gab diese Information allerdings nicht an die Panzergruppe 2 weiter. Als die Terminmeldung für den Zeitraum vom 6. bis 12. September fällig war, in den die Exekutionen der 4. Panzerdivision fielen, gab das Korps lediglich eine Nachmeldung über zwei Kommissarerschießungen ab, die sich im davor liegenden Berichtszeitraum, in der Zeit zwischen dem 29. August und dem 5. September ereignet hatten.⁹⁶ Ein ähnlicher Fehler unterlief der Ic-Abteilung des XXIV. Panzerkorps Anfang Dezember 1941, als sie eine Vollzugsmeldung der 17. Panzerdivision nicht weiterleitete. Die Division hatte am späten Abend des 5. Dezember 1941 durchgegeben, dass in der »letzte[n] Woche 3 Kommissare erschossen« worden waren.⁹⁷ Erneut vergaß man im Korpsstab, hierüber eine Vollzugsmeldung an das Panzergruppenkommando 2 aufzusetzen. Der Ic-Offizier der Panzergruppe vermerkte in seinen laufenden Übersichten über die erfolgten Kommissarerschießungen, dass vom XXIV. Panzerkorps für den Zeitraum vom 29. November bis 5. Dezember 1941 keine Vollzugsmeldungen eingegangen waren, indem er das Feld, das für die Erschießungszahlen des Korps vorgesehen war, mit einem Querstrich entwertete.⁹⁸ Auch eine Nachmeldung wurde nicht erstattet, zum darauf folgenden Meldetermin meldete das XXIV. Panzerkorps wiederum »Fehlanzeige«.⁹⁹

Im AOK 9 verrechnete man sich schon bei der Zusammenstellung der ersten Sammelmeldung an das OKH, die am 30. Juni 1941 erfolgte, nachdem die unterstellten Generalkommandos zwei Tage zuvor angewiesen worden waren, an diesem Datum »kurz überschlägig über die Erledigung der Angelegenheit ›Politische Kommissare‹ zu berichten«.¹⁰⁰ Nachdem am 30. Juni 1941 die Meldungen der Korps eingegangen waren, meldete der Ic des AOK 9 an das OKH und das Heeresgruppenkommando Mitte, dass die Zahl der »gemeldete[n] Fälle von Erledigung durch die deutsche Truppe 20« betrug.¹⁰¹ Diese Angabe traf jedoch nicht zu. Das VI. Armeekorps hatte eine

---

⁹⁴ Übersicht der Pz.Gr. 2/Abt. Ic, »Kommissare in der Zeit vom 27.9.-3.10.41«; BA-MA, RH 21-2/637a, Bl. 165.
⁹⁵ Ic-Meldung der 4. Pz.Div. an das XXIV. AK v. 12.9.1941, 16.55 Uhr; BA-MA, RH 27-4/116.
⁹⁶ Übersicht der Pz.Gr. 2/Abt. Ic, »Kommissare für die Zeit v. 6.9.-12.9.«; BA-MA, RH 21-2/637a, Bl. 168.
⁹⁷ Ic-Meldung der 17. Pz.Div. an das XXIV. AK v. 5.12.1941, 23.15 Uhr; BA-MA, RH 24-24/332.
⁹⁸ Übersicht der Pz.Gr. 2/Abt. Ic, »Kommissare in der Zeit vom: 29.11.-5.12.«; BA-MA, RH 21-2/638, Bl. 165.
⁹⁹ Übersicht der Pz.Gr. 2/Abt. Ic, »Kommissare in der Zeit vom: 6.12.-12.12.«; BA-MA, RH 21-2/638, Bl. 166. Auch im September, als der Korpsstab die Vollzugsmeldung der 4. Pz.Div. nicht weiterleitete, hatte das Korps bei der nächsten Gelegenheit keine Nachmeldung abgegeben, vgl. die Übersicht der Pz.Gr. 2/Abt. Ic, »Kommissare in der Zeit v. 13.9.-19.9.41«; BA-MA, RH 21-2/637a, Bl. 167.
¹⁰⁰ Schreiben des AOK 9/Abt. Ic an den A.Na.Fü. v. 28.6.1941; BA-MA, RH 20-9/251.
¹⁰¹ Ic-Tagesmeldung des AOK 9 an die H.Gr. Mitte und das OKH/FHO v. 30.6.1941, 17.05 Uhr; BA-MA, RH 20-9/251. Außerdem waren »mehrere Fälle von Erschiessungen ziviler politischer Kommissare« zu verzeichnen, deren Zahl aber weniger als fünf betragen haben muss, vgl. im Folgenden die Sammelmeldung des AOK 9 v. 12.7.1941.

Kommissarerschießung gemeldet[102], das XX. Armeekorps hatte zwei[103], das VIII. Armeekorps zwölf[104] und das V. Armeekorps siebzehn[105] Exekutionen aufgelistet. Demnach waren in den Meldungen der vier Korps insgesamt 32 Kommissarerschießungen dokumentiert, also zwölf mehr als der Ic des AOK 9 an die vorgesetzten Stellen meldete. Möglicherweise hatte der Ic bei der Berechnung der Erschießungsziffern die Zahlen des VIII. Armeekorps übersehen, die sich exakt auf den überzähligen Betrag von zwölf Exekutionen beliefen. Bei den unterstellten Korps lag der Fehler jedenfalls nicht. Die Meldungen der Generalkommandos waren pünktlich im AOK 9 eingegangen, alle innerhalb einer Stunde zwischen 14.55 und 15.55 Uhr. Die Sammelmeldung an das OKH und die Heeresgruppe wurde indes erst mehr als eine Stunde später, um kurz nach fünf Uhr nachmittags abgegeben, so dass dem Ic eigentlich ausreichend Zeit zur Verfügung stand, die empfangenen Vollzugsmeldungen auszuwerten. Es bleibt nur die Erklärung, dass die Unstimmigkeiten auf einem Flüchtigkeitsfehler des Ic-Offiziers des AOK 9 beruhen.

Auch bei der nächsten Erhebung der Erschießungszahlen, die kurz danach auf Anordnung des OKH Anfang Juli 1941 folgte, wurde der Irrtum nicht korrigiert, im Gegenteil. Erneut wurden weniger Exekutionen gemeldet als stattgefunden hatten. Für den gesamten bisherigen Feldzug im Zeitraum vom 22. Juni bis zum 5. Juli 1941 meldete die Ic-Abteilung des AOK 9 am 12. Juli 1941 telefonisch »als vorläufiges Ergebnis« die Erschießung von »24 militär[ischen]. K[ommissaren]. und 5 zivile[n]« Funktionären.[106] Diese Gesamtsumme war wiederum zu niedrig. Zum einen blieb sie immer noch hinter dem tatsächlichen Stand von Ende Juni zurück. Außerdem wurde nur unzureichend berücksichtigt, dass in der Zwischenzeit weitere Erschießungen stattgefunden hatten. Das V. Armeekorps hatte eine zusätzliche Exekution registriert[107], die 403. Sicherungsdivision hatte fünf Erschießungen[108] gemeldet. Dem AOK 9 lagen demnach bis Anfang Juli 1941 bereits Meldungen über fast vierzig Kommissarerschießungen vor. In den Meldungen an das OKH und die Heeresgruppe Mitte hatte des AOK 9 jedoch weniger als dreißig Exekutionen angegeben. Etwa ein Viertel der Kommissarerschießungen, die sich ereignet hatten, wurde nicht weitergemeldet.

Im Bereich der Heeresgruppe Süd blieben solche Versehen bei der administrativen Verwaltung der Vernichtungspolitik ebenfalls nicht aus. Das XVII. Armeekorps etwa meldete Anfang Oktober an die Ic-Abteilung der 6. Armee, dass »in der Zeit vom 22.9.-5.10. keine Kommissare bei [den] unterstellten Divisionen behandelt« worden seien, obwohl in eben diesem Zeitraum mindestens zwei Vollzugsmeldungen im Korpsstab eingegangen waren.[109] Die 298. Infanteriedivision hatte nämlich am 25. September eine Kommissarerschießung und am 27. September drei weitere Exekuti-

---

[102] Ic-Meldung des VI. AK an das AOK 9 v. 30.6.1941, 15.53 Uhr; BA-MA, RH 20-9/251.
[103] Ic-Meldung des XX. AK an das AOK 9 v. 30.6.1941, 14.55 Uhr; BA-MA, RH 20-9/251.
[104] Ic-Meldung des VIII. AK an das AOK 9 v. 30.6.1941, 15.55 Uhr; BA-MA, RH 20-9/251.
[105] Ic-Meldung des V. AK an das AOK 9 v. 30.6.1941, 15.30 Uhr; BA-MA, RH 20-9/251.
[106] Notiz v. 12.7.1941 auf dem Fernschreiben des AOK 9/Abt. Ic an das V., VI., VIII., XX. XXIII. AK, 102. Inf.Div., 203. Sich.Div., Lehrbrig. 900 v. 8.7.1941; BA-MA, RH 20-9/251.
[107] Ic-Morgenmeldung des V. AK an das AOK 9 v. 9.7.1941; BA-MA, RH 20-9/251.
[108] Meldung der 403. Sich.Div./Abt. Ic Nr. 171/41 geh. an das AOK 9 v. 9.7.1941; BA-MA, RH 20-9/251.
[109] Ic-Meldung des XVII. AK an das AOK 6 v. 5.10.1941, 04.55 Uhr; BA-MA, RH 20-6/549, Bl. 69.

onen an das XVII. Armeekorps gemeldet.[110] Zu ähnlichen Fehlern kam es auch beim Nachbarverband der 6. Armee, der 17. Armee. In den beiden Augustwochen, über die die Verbände der Armee in der Terminmeldung am 23. August 1941 zu berichten hatten, wurden im Befehlsbereich des XXXXIV. Armeekorps mindestens sechs Kommissarerschießungen aktenkundig. In der 24. Infanteriedivision hatte man am 20. August 1941 drei Politruks unter den Gefangenen entdeckt und umgehend exekutiert.[111] Die 297. Infanteriedivision meldete in ihrer Ic-Morgenmeldung am 23. August 1941 ebenfalls die Erschießung von drei Kommissaren.[112] In der Ic-Abteilung des vorgesetzten XXXXIV. Armeekorps war man über diese Vorgänge allerdings nicht vollständig im Bilde, denn zum Meldetermin am 23. August 1941 meldete das Korps lediglich drei Exekutionen an das AOK 17, also drei zu wenig.[113]

Wie die Fallbeispiele gezeigt haben, waren Versehen bei der Weiterleitung der Vollzugsmeldungen im Alltag der Frontkommandobehörden keine Seltenheit. Die Liste der Fehler ließe sich sogar noch fortführen.[114] Immer wieder kam es vor, dass eingegangene Erschießungsmeldungen nicht an die vorgesetzten Stellen weitergegeben wurden, wie es der Kommissarerlass und die Melderichtlinien der Frontstäbe eigentlich vorschrieben. Aller Wahrscheinlichkeit nach handelte es sich bei diesen Irrtümern nicht um Akte bewusster Desinformation, sondern schlicht um bürokratische Reibungsverluste. Wie diese Unterbrechungen im Informationsfluss zwischen den Stäben

---

[110] Einträge im TB (Ic) der 298. Inf.Div. über die Ic-Abendmeldungen an das XVII. AK v. 25.9. und 27.9.1941; BA-MA, RH 26-298/43.
[111] Eintrag im TB (Ic) der 24. Inf.Div. v. 20.8.1941; BA-MA, RH 26-24/71, S. 47.
[112] Ic-Meldung der 297. Inf.Div. an das XXXXIV. AK v. 23.8.1941; BA-MA, RH 26-297/87.
[113] Ic-Morgenmeldung des XXXXIV. AK an das AOK 17 v. 23.8.1941; BA-MA, RH 20-17/278.
[114] Zu weiteren Beispielen vgl. den Eintrag im TB (Ic) der 52. Inf.Div. v. 4.7.1941; BA-MA, RH 26-52/59, Bl. 4, und hierzu die Ic-Morgenmeldung des LIII. AK an das AOK 2 v. 9.7.1941; BA-MA, RH 24-53/141, sowie die Ic-Meldung des LIII. AK an das AOK 4 v. 1.7.1941, 17.10 Uhr; BA-MA, RH 20-4/682. Vgl. den Eintrag im TB (Ic) der 29. Inf.Div. über den 28.11.1941; BA-MA, RH 26-29/58, S. 22, und hierzu die Fehlanzeige beim vorgesetzten XXXXVII. AK in der Übersicht der Pz.Gr. 2/Abt. Ic über die Kommissarerschießungen in der Woche v. 22.11.-28.11.1941; BA-MA, RH 21-2/638, Bl. 163. Vgl. den Eintrag im KTB bei der 1. Kav.Div. v. 16.7.1941; BA-MA, RH 29-1/4, S. 54, und hierzu den Vermerk der Pz.Gr. 2/Abt. Ic über die zeitgleichen Meldungen des vorgesetzten XXIV. AK; BA-MA, RH 21-2/637a, Bl. 178. Vgl. die Ic-Meldung der 44. Inf.Div. an die XVII. AK v. 31.8.1941; BA-MA, RH 24-17/168, S. 25, und hierzu die Ic-Meldung des XVII. AK an das AOK 6 v. 5.9.1941, 14.40 Uhr; BA-MA, RH 20-6/537, Bl. 153, die zurückging auf die Ic-Meldung der 56. Inf.Div. an das XVII. AK v. 4.9.1941; BA-MA, RH 25-56/19b, Anl. 117. Vgl. den Eintrag im TB (Ic) der 295. Inf.Div. v. 16.9.-30.9.1941; BA-MA, RH 26-295/16, S. 103, und hierzu die Ic-Morgenmeldung der Gruppe von Schwedler an das AOK 17 v. 30.9.1941; BA-MA, RH 20-17/278, die zumindest teilweise zurückging auf die Ic-Mittagsmeldung der 76. Inf.Div. an die Gruppe von Schwedler v. 28.9.1941; BA-MA, RH 26-76/49.2. Vgl. den Funkspruch der A.Abt. 53 an die 3. Inf. Div. (mot.) (LIV. AK) v. 30.8.1941, 14.36 Uhr; BA-MA, RH 24-56/146, Bl. 53, und hierzu die Ic-Abendmeldung des AOK 16 an die H.Gr. Nord v. 31.8.1941; BA-MA, RH 20-16/474b, die zurückging auf die Ic-Meldung des X. AK an das AOK 16 v. 31.8.1941; BA-MA, RH 24-10/283, Bl. 77. Vgl. den Eintrag im KTB der A.Abt. 297 v. 17.8.1941; BA-MA, MSg 2/2934, S. 28, und hierzu die Ic-Meldung der 297. Inf.Div. an das XXXXIV. AK v. 23.8.1941; BA-MA, RH 26-297/87, die auf zwei frühere Vorfälle zurückging, vgl. die Ic-Meldungen der 297. Inf.Div. an das XXXXIV. AK v. 10.8. und 13.8.1941; BA-MA, RH 26-297/87. Vgl. den Funkspruch der A.Abt. 10 an die 10. Inf.Div. (mot.) v. 24.11.1941, 18.20 Uhr; BA-MA, RH 26-10/71, Anl. 674, und hierzu die Fehlanzeige beim vorgesetzten XXXXVII. AK in der Übersicht der Pz.Gr. 2/Abt. Ic über die Kommissarerschießungen in der Woche vom 22.11.-28.11.1941; BA-MA, RH 21-2/638, Bl. 163.

1. Grundlagen

zustande kommen konnten, exemplifiziert ein Vorgang, der sich bei der 101. Infanteriedivision, an der Nahtstelle zwischen den oberen und unteren Führungsebenen abspielte. Das Infanterieregiment 228 hatte der Führungsabteilung der vorgesetzten 101. Infanteriedivision Ende Oktober 1941 einen Gefechtsbericht eingereicht, in dem beiläufig vermerkt war, dass es während der Kämpfe in den Tagen vom 19. bis 24. Oktober gelungen war, »13 Kommissare in die Hand zu bekommen und sie zu beseitigen«.[115] Diese Information verließ den Stab der 101. Infanteriedivision allerdings nicht mehr. Das vorgesetzte LV. Armeekorps registrierte für die zweite Monatshälfte des Oktobers 1941 lediglich zehn Kommissarerschießungen[116], von denen mindestens eine nachweislich auf andere Divisionen zurückging.[117] Dass die Meldung über die dreizehn Exekutionen, die beim IR 228 stattgefunden hatten, nicht an das LV. Armeekorps weitergeleitet wurde, lag wahrscheinlich an einem Kommunikationsfehler innerhalb des Kommandos der 101. Infanteriedivision. Die Vermutung liegt nahe, dass die Ia-Abteilung, bei der der Bericht des Regiments eingegangen war, es versäumt hatte, die darin enthaltenen Erschießungszahlen an ihre Ic-Abteilung weiterzugeben, die für die Erstattung der Vollzugsmeldungen zuständig gewesen wäre. Auch wenn die Vollzugsmeldungen in der Regel nicht über den Ia-Dienstweg kommuniziert wurden, ist doch anzunehmen, dass es in den Ic-Abteilungen im hektischen Betrieb des Frontalltags ebenfalls zu vergleichbaren Pannen kam. Die Vorstellung, dass im Ostheer ein Zustand bürokratischer Perfektion geherrscht hätte, wäre ohnehin unrealistisch. Eine vollkommen fehlerlos funktionierende Bürokratie gab es bei aller peniblen Sorgfalt selbst in den Kommandobehörden der deutschen Wehrmacht nicht.

Analog zu den Dysfunktionen im Meldesystem der Kommandobehörden kam es auch auf den unteren Stufen der Hierarchie immer wieder dazu, dass Vollzugsmeldungen über Kommissarerschießungen in den Papierbergen der Gefechtsstände untergingen oder gar nicht erst verfasst wurden. Während manche Einheiten die vorgenommenen Exekutionen durchaus sorgfältig protokollierten, glaubte man in anderen Einheiten offenbar, diese Pflicht vernachlässigen zu können. So führte die Panzerjägerabteilung 112 am 30. Oktober und 11. November 1941 insgesamt drei Exekutionen an sowjetischen Politoffizieren durch[118], ohne dass dies Niederschlag in den Erschießungsstatistiken der vorgesetzten Stäbe fand.[119] Dass gefangen genommene Kommissare grundsätzlich »an Ort und Stelle ›erledigt‹« wurden, wie es der Adjutant der Abteilung in seinem Erfahrungsbericht von Anfang Oktober 1941 schilderte, schlug

---

[115] Gefechtsbericht des IR 228 an die Ia-Abteilung der 101. lei. Inf.Div. über die Kämpfe im Zeitraum 19.10.-24.10.1941, o.D.; BA-MA, RH 26-101/15, Anl. 35.
[116] Ic-Meldung des LV. AK an das AOK 6 v. 2.11.1941, 04.30 Uhr; BA-MA, RH 20-6/559, Bl. 333.
[117] Ic-Meldung des LV. AK an das AOK 6 v. 20.10.1941, 04.20 Uhr; BA-MA, RH 20-6/555, Bl. 265.
[118] Vgl. die Einträge im KTB der Pz.Jg.Abt. 112 v. 30.10. und 11.11.1941; BA-MA, RH 39/426, Bl. 50, 54.
[119] Die Exekutionen der Pz.Jg.Abt. 112 sind nicht in die Sammelmeldungen des LIII. AK eingegangen, in die sie zeitlich hineingehörten. Für die Zeit vom 25.10.-31.10.1941 meldete das LIII. AK »Fehlanzeige«, vgl. die Übersicht der Pz.Gr. 2/Abt. Ic über Gefangene und Beute v. 31.10.1941; BA-MA, RH 21-2/637b, Bl. 19. Für den Zeitraum vom 8.11.-14.11.1941 meldete das LIII. AK zwar sechs Kommissarerschießungen, vgl. die Ic-Morgenmeldung des LIII. AK an das Pz.AOK 2 v. 15.11.1941; BA-MA, RH 24-53/141. Hierin konnten aber die beiden Exekutionen der Pz.Jg.Abt. 112 vom 11.11.1941 nicht enthalten sein, da bereits fünf Exekutionen auf die 167. Inf.Div. zurückgingen, vgl. die Ic-Meldung der 167. Inf.Div. an das LIII. AK v. 12.11.1941, 10.45 Uhr; BA-MA, RH 24-53/147.

sich noch nicht einmal in den eigenen Dienstakten der Abteilung nieder.[120] Zumindest im Zeitraum vom Beginn des Feldzugs bis Anfang Oktober 1941, auf den sich der Bericht des Adjutanten bezog, sind im Kriegstagebuch der Abteilung keinerlei Hinweise auf Exekutionen an Kommissaren enthalten. Die Kommissarerschießungen, die zur festen Praxis dieser Panzerjägerabteilung gehörten, konnten vom vorgesetzten Divisionskommando nicht bürokratisch erfasst werden, weil entgegen der geltenden Befehle noch nicht einmal der Abteilungsstab darüber Buch führte.

Dass selbst die Divisionsstäbe beileibe nicht immer darüber orientiert waren, was auf dem weiträumigen Kriegsschauplatz in ihren Regimentern und Bataillonen vor sich ging und wie viele Exekutionen ihre Truppen vornahmen, wusste man in den Kommandobehörden nur zu gut. Der Ic-Offizier der 20. Panzerdivision hatte besonders klarsichtig erkannt, dass sich diese Informationsdefizite auch auf die Höhe der registrierten Erschießungszahlen auswirkten. Als er am 18. Juli 1941 auf eine Anfrage des XXXIX. Panzerkorps das Ergebnis meldete, dass »seit dem 5.7.41 ca. 20 Kommissare in der Div. erschossen worden« waren, beeilte er sich hinzuzufügen, dass diese Zahl aller Wahrscheinlichkeit nach nicht vollständig war: »Die Zahl dürfte höher liegen, da es nicht immer festzustellen war, inwieweit Kommissare sonst noch erledigt wurden.«[121]

Schon den Zeitgenossen in den Kommandobehörden des Ostheeres war bewusst, dass es ihre Truppen in den Regimentern, Bataillonen und Kompanien in der Praxis häufig unterließen, die geforderten Vollzugsmeldungen zu erstatten, wenn Exekutionen an gefangenen Politoffizieren durchgeführt worden waren. Eine Analogie hierzu bildeten die Usancen der Truppen bei ihrem Vorgehen gegen Irreguläre, das im Kriegsgerichtsbarkeitserlass geregelt war. Obwohl hier genauso wie im Kommissarbefehl eine Meldepflicht für vorgenommene Exekutionen verankert war, kam es auch bei der Partisanenbekämpfung nicht selten vor, dass die »Zahl der erfolgten Erschiessung[en] nicht feststellbar« war, weil die Truppen entgegen den geltenden Bestimmungen keine Meldungen darüber abgaben.[122] So behielt auch der Ic-Offizier der 29. Infanteriedivision lediglich den Überblick darüber, wie viele Irreguläre durch den Divisionsstab selbst hingerichtet wurden, konnte aber nicht die Zahl der Erschießungen angeben, die bei den unterstellten Einheiten durchgeführt worden waren. In seinem Tätigkeitsbericht über die Zeit vom Beginn des Feldzugs bis Mitte Dezember 1941 hielt der Ic fest: »Insgesamt wurden in der Berichtszeit 121 Pa[r]tisanen, Brandstifter und Saboteure auf Befehl der Division erschossen. In dieser Zahl sind die Partisanen, die von den Truppenteilen selbst abgeurteilt wurden, nicht enthalten.«[123] Die gleiche Praxis herrschte in der Division im Übrigen auch bei der Durchführung der Kommissarrichtlinien. Die gefangenen Kommissare wurden »teils durch die Truppe selbst, teils durch die Division auf Befehl eines Offiziers erschossen«.[124] Da die Truppen ihrer Meldepflicht nicht immer nachkamen, konnten sich die Ic-Offiziere häufig nur für die Zahl derjenigen Kommissare verbürgen, die bei den Divisionsgefechtsständen abgeliefert und dort in ihrem Gesichtskreis exekutiert wurden. Wenn zu den regelmäßigen Mel-

---

[120] Erfahrungsbericht des Adj. der Pz.Jg.Abt. 112, »Im Osten«, v. 2.10.1941; BA-MA, RH 39/426.
[121] Eintrag im TB (Ic) der 20. Pz.Div. v. 18.7.1941; BA-MA, RH 27-20/22.
[122] Ic-Morgenmeldung des XXXXIII. AK an das AOK 4 v. 28.6.1941; BA-MA, RH 20-4/682.
[123] Eintrag im TB (Ic) der 29. Inf.Div. (mot.) v. 22.6.-16.12.1941; BA-MA, RH 26-29/58, S. 21.
[124] Ebd., S. 22.

determinen eine »Fehlanzeige«-Meldung fällig war, beschränkten sich daher manche Ic-Offiziere auf die relativierende Feststellung, dass zumindest »dem Div.Stab keine Kommissare zugeführt« worden waren.[125] Auf Grund der geläufigen Praxis der Truppe, Exekutionen vorzunehmen, ohne Meldungen darüber zu erstatten, entzog es sich nicht selten der Kenntnis der Divisionsstäbe, ob bei den unterstellten Regimentern und ihren Bataillonen Kommissarerschießungen stattgefunden hatten.

Ähnlich wie auf den höheren Kommandoebenen lag die Ursache für die Unterlassung von Vollzugsmeldungen in erster Linie in der Überbeanspruchung der Stäbe und Truppen, deren Kräfte gerade in der Zeit des schnellen Bewegungskrieges durch dringlichere Aufgaben gebunden waren, so dass man sich den zusätzlichen Aufwand, den die Abfassung und Übermittlung der Meldungen kostete, vielfach schlicht sparte. Gerade die »Feindnachrichtenbearbeiter«, die viele Divisionsstäbe in den unterstellten Regimentern benennen ließen, waren schon durch ihre originären Aufgaben derart überlastet, dass sie oftmals noch nicht einmal dazu kamen, taktische Meldungen abzugeben. In manchen Divisionen war es daher zeitweise »so gut wie unmöglich, Funk-, schriftliche oder auch nur telefonische Meldungen der Ic-Bearbeiter hereinzubekommen«, weil diese »mit anderen Aufgaben voll und ganz belegt« waren.[126] Dass unter diesen Bedingungen auch das Meldewesen über die Durchführung des Kommissarbefehls nur noch eingeschränkt funktionierte und Vollzugsmeldungen oftmals gar nicht erst abgefasst wurden, ist nachvollziehbar.

Die Dysfunktionen im Meldewesen der höheren Stäbe und die vielfach selbstherrliche Praxis der Truppen an der Basis der Hierarchie führten dazu, dass letztlich nur ein Teil der Kommissarerschießungen aktenkundig wurde. Neben den Überlieferungslücken trug dies unmittelbar dazu bei, dass die in den Akten dokumentierten Erschießungszahlen unvollständig blieben und niedriger ausfielen als sie tatsächlich waren. Die Dunkelziffer der Kommissarerschießungen, die an den Hauptkampflinien stattfanden und nicht registriert wurden, war vermutlich nicht unbeträchtlich, aber auch nicht unbegrenzt. Denn die Zahl der gefangen genommenen Kommissare, also der potenziellen Exekutionsopfer, bewegte sich von vornherein in engen Grenzen.[127] Die Erkenntnis, dass nur ein Teil der Exekutionen in die Überlieferung einging, ist nicht nur für die Bestimmung der Opferzahlen von Bedeutung. Die Nachlässigkeiten bei der Handhabung des Meldewesens widerlegen zugleich alle Zweifel an der Echtheit der vorliegenden Vollzugsmeldungen. Wenn es wirklich einen gesteigerten Erfolgsdruck zur Erzielung von möglichst hohen Exekutionszahlen gegeben hätte, wie die Generäle in der Nachkriegszeit glauben machen wollten, wären die Flüchtigkeitsfehler bei der Übermittlung der Vollzugsmeldungen sicherlich sehr viel seltener gewesen oder überhaupt nicht vorgekommen. Tatsächlich meldeten die Stäbe des Ostheeres jedoch tendenziell eher zu wenige Erschießungen nach oben als zu viele. Von der Authentizität der überlieferten Erschießungszahlen zeugen nicht zuletzt auch die Dimensionen und Strukturen, die die Vernichtungspolitik während des Feldzugs annahm. Es hätte nämlich geradezu prophetischer Fähigkeiten bedurft, um die Exekutionszahlen so realistisch zu fälschen, wie sie tatsächlich ausfielen.

---

[125] Ic-Mittagsmeldung der 75. Inf.Div. an das LV. AK v. 2.7.1941; BA-MA, RH 26-75/111.
[126] Eintrag im TB (Ic) der 10. Inf.Div. (mot.) v. 11.7.1941; BA-MA, RH 26-10/68, S. 17.
[127] Vgl. hierzu das Kap. V.3.

2. Dimensionen und Strukturen

Die flächendeckende Auswertung des Aktenmaterials des Ostheeres, vor allem der Unterlagen der Ic-Abteilungen, hat zu einer annähernd vollständigen Erfassung der überlieferten Dokumente über die Durchführung des Kommissarbefehls aus dem ersten Jahr des deutsch-sowjetischen Krieges 1941/42 geführt.[128] Die Möglichkeiten zur Erforschung der Umsetzung des Kommissarbefehls sind damit weitgehend erschöpft, zumindest was den Ansatz über die deutschen Militärakten anbelangt. In den Unterlagen des Ostheeres fanden sich insgesamt knapp 1500 Belegstellen, in denen Gefangennahmen und Erschießungen von sowjetischen Politoffizieren und Funktionären durch Einheiten des Ostheeres ihren Niederschlag gefunden haben. Nach der Zusammenstellung und Aufbereitung dieses umfangreichen Quellenkorpus liegen nunmehr die Voraussetzungen dafür vor, die Dimensionen und Strukturen der Vernichtungspolitik gegen die sowjetischen Kommissare während des »Unternehmens Barbarossa« auf breiter empirischer Basis zu rekonstruieren.

1. Opferzahlen

Da sich die bisherige Forschung zur Umsetzung des Kommissarbefehls auf die Auswertung exemplarischer Stichproben aus den Akten des Ostheeres beschränken musste, konnten zur Gesamtziffer der Opfer, die der Kommissarbefehl gefordert hat, bislang nur Hochrechnungen und Schätzungen aufgestellt werden, die in der Forschungsliteratur dementsprechend erheblich divergieren.[129] Eine exakte Bestimmung der Opferzahl bis hin zur letzten Ziffer wird niemals möglich sein und liegt auch für diese Untersuchung außerhalb des Erreichbaren, bedingt durch die Defizite der Überlieferung. Die vollständige Erfassung zumindest derjenigen Kommissarerschießungen, die sich in der Aktendokumentation niedergeschlagen haben, führt aber

---

[128] Das Sample der Untersuchung bilden die zwölf Infanteriearmeen und vier Panzergruppen, die 1941/42 unter den drei Heeresgruppen an den Hauptfronten kämpften. Das AOK Norwegen und seine Verbände wurden nicht in das Sample aufgenommen, weil an der Finnlandfront nicht die gleichen Voraussetzungen für die Realisierung der Vernichtungspolitik vorlagen und eine Einbeziehung dieser Nebenfront in die Analyse die Ergebnisse verzerrt hätte, vgl. hierzu ausführlich das Kap. V.2.3. Das Sample ist ansonsten auf der Grundlage der Kriegsgliederung v. 22.6.1941 definiert, vgl. oben Abb. 1 und das Beiheft zu DRZW, Bd. 4, Tafel 2. Einbezogen wurden auch die am 22.6.1941 noch nicht verfügten OKH-Reserven (siehe äußerst linke Spalte auf Tafel 2 im Beiheft zu DRZW, Bd. 4) sowie das später eintreffende XXVII. AK. Hieraus ergibt sich ein Gesamtsample von 8 AOK, 4 Pz.Gr., 44 AK, 148 Div., insgesamt 204 Kommandobehörden. Sämtliche Belege über Kommissarerschießungen, die ermittelt werden konnten, sind auf Tafel 10 im Anhang aufgeführt. Sämtliche Indizien auf Tafel 11 im Anhang.

[129] R.-D. Müller sprach in seinem Band für das Gebhardt-Handbuch davon, dass »bis zur Aufhebung der Richtlinien 1942 mehrere hundert Gefangene auf Befehl einzelner Offiziere erschossen wurden«, vgl. MÜLLER, Weltkrieg, S. 133. Im Gegensatz dazu gab Gerlach eine recht hoch gegriffene Schätzung ab, der allein für die Front in Weißrussland von »etwa 3000 bis 5000« Opfern ausgeht, vgl. GERLACH, Morde, S. 834-837. Realistischer fällt die Schätzung von Hürter aus, der die Zahl der Opfer im Frontbereich »auf mindestens zwei- bis dreitausend Tote« veranschlagt, vgl. HÜRTER, Heerführer, S. 396.

immerhin zu der weitestgehenden Annäherung an die Opferzahlen, die die Überlieferungssituation zulässt. Aus der Quantifizierung sämtlicher überlieferter Erschießungsmeldungen resultiert nach Abzug der Doppelmeldungen eine gesicherte Mindestanzahl von Exekutionen, die die Schätzungen zur Gesamtziffer der Opfer auf ein neues, empirisch abgestütztes Fundament stellt.

Das deutsche Aktenmaterial belegt, dass die Truppen des Ostheeres während der knapp einjährigen Geltungsdauer des Kommissarerlasses vom Beginn des Russlandfeldzugs im Juni 1941 bis zur Aufhebung des Befehls im Mai 1942 auf dessen Grundlage insgesamt mindestens 3430 Exekutionen vorgenommen haben.[130] Zusätzlich zu dieser Gesamtzahl, die sich aus eindeutigen Nachweisen über Exekutionen an sowjetischen Politoffizieren und Funktionären zusammensetzt, kommen weitere 380 Fälle hinzu, in denen der Kommissarbefehl mit hoher Wahrscheinlichkeit genauso zur Anwendung gelangte, die aber nach den zugrunde gelegten Bewertungskriterien lediglich als Indizien aufgefasst werden konnten. Bei 287 dieser Indizien, also dem Großteil der Fälle, handelt es sich um kommentarlose Meldungen, in denen die Gefangennahme von sowjetischen Politoffizieren verzeichnet ist, ohne dass aus den überlieferten Akten hervorgeht, wie mit diesen Gefangenen in der Folge verfahren wurde. Bei den übrigen 93 Fällen handelt es sich um anderweitige Belege, in denen begründete Zweifel daran bleiben, dass in den betreffenden Quellen Exekutionen ihren Niederschlag gefunden haben, die auf der Grundlage des Kommissarbefehls vorgenommen wurden. Insgesamt ergibt sich somit, dass die Durchführung des Kommissarbefehls in den Akten des Ostheeres in beinahe dreieinhalbtausend Fällen eindeutig nachweisbar ist; unter Berücksichtigung der zusätzlichen Verdachtsfälle beläuft sich die Zahl sogar auf knapp unter viertausend Opfer.

In diese Gesamtsumme sind Erschießungsmeldungen eingeflossen, deren Hintergründe und Kontexte sich zum Teil deutlich voneinander unterschieden und analytisch zu trennen sind. So umfassen die Zahlen sowohl Exekutionen an militärischen Kommissaren und Politruks als auch Erschießungen von zivilen Parteifunktionären. Außerdem sind in die Gesamtziffern sowohl die Erschießungen eingegangen, die von Kampfverbänden im unmittelbaren Frontbereich vollzogen wurden, als auch Hinrichtungen, die von Sicherungskräften in den rückwärtigen Gebieten und Gefangenenlagern vorgenommen wurden. Um den Aussagewert und die Größenordnung der ermittelten Zahlen angemessen beurteilen zu können, ist es daher notwendig, die Gesamtsumme differenzierter zu betrachten.

Von den insgesamt 3430 nachweisbaren Exekutionen haben etwa zwei Drittel, nämlich 2257 Erschießungen, im Frontbereich stattgefunden und wurden von Kampfverbänden durchgeführt.[131] Das übrige Drittel entfällt auf das Hinterland der Front und die dort eingesetzten Sicherungskräfte und Besatzungsbehörden, also die Sicherungsdivisionen, die Gefangenenlager, die Kommandanten der rückwärtigen Armeegebiete, die Befehlshaber der rückwärtigen Heeresgebiete und deren Organe. Wie hoch der

---

[130] Die Zahl ergibt sich aus den Nachweisen auf Tafel 10 im Anhang nach Abzug aller als Doppelmeldungen und Indizien gekennzeichneten Belege.
[131] Die Zahl wurde anhand der Waffengattungen der meldenden Stellen errechnet. Dabei ergibt sich eine minimale Ungenauigkeit von unter 0,5 %, da 10 Exekutionen von Kampfverbänden stammen, die zum Zeitpunkt der Erschießungen im rückwärtigen Heeresgebiet eingesetzt waren oder direkt einem H.Gr.Kdo. unterstanden.

Einfluss der Überlieferungssituation auf das Zustandekommen der ermittelten Zahlen veranschlagt werden muss, offenbart sich, wenn man die Zusammensetzung der Gesamtzahl der für die rückwärtigen Gebiete nachweisbaren Erschießungen näher in den Blick nimmt. Denn weit über die Hälfte dieser 1173 Erschießungen entfällt auf eine einzige Stelle, nämlich die im rückwärtigen Heeresgebiet Mitte eingesetzte 403. Sicherungsdivision. Die Ic-Abteilung dieser Sicherungsdivision führte über die vorgenommenen Exekutionen besonders sorgfältig Buch und registrierte für den Zeitraum von Feldzugsbeginn bis Anfang März 1942 insgesamt 669 Erschießungen, die von ihren Regimentern, den zugeteilten GFP-Gruppen und den unterstellten Gefangenenlagern durchgeführt worden waren.[132] Der weit überproportionale Anteil der 403. Sicherungsdivision an den überlieferten Erschießungsmeldungen erklärt sich wahrscheinlich in erster Linie durch die überdurchschnittliche Quellensituation, die in diesem Ausnahmefall herrscht. In seinen monatlichen Tätigkeitsberichten dokumentierte der Ic-Offizier der Division penibel die Erschießungen, die nach dem »Führererlaß politische Kommissare betreffend« in den einzelnen Monaten erfolgt waren, sorgfältig getrennt nach »militärische[n] politische[n] Kommissare[n]«, »a) von der Truppe erledigt«, »b) in den Dulags erledigt«, und »zivile[n] politische[n] Kommissare[n]« sowie »an S.D. abgegebene[n] zivile[n] politische[n] Kommissare[n]«.

Auf Grund ihres exzeptionellen Quellenwerts gewähren die Ic-Akten der 403. Sicherungsdivision außergewöhnlich tiefe Einblicke in einen exemplarischen Ausschnitt des Hinterlands der Ostfront und beleuchten schlaglichtartig die Abläufe und Dimensionen der Vernichtungspolitik bei einer deutschen Sicherungsdivision. Im Vergleich dazu weist die Aktenüberlieferung der übrigen Sicherungsdivisionen nicht annähernd die gleiche Dichte und Aussagefähigkeit auf wie die Dokumentation dieser Division. Erst recht gilt dies für die zahlreichen Gefangenenlager des Operationsgebietes, von denen nur vereinzelte, äußerst fragmentarische Überlieferung vorliegt. Die umfangreichen Aussonderungen von sowjetischen Kommissaren, die in den Gefangenensammelstellen und Durchgangslagern stattgefunden haben[133], sind daher nur zu einem geringen Bruchteil in die Überlieferung eingegangen, müssen aber dennoch in den Schätzungen zu den Opferzahlen mit berücksichtigt werden. Die Erkenntnisse über die Vorgänge in den übrigen Gefangenenlagern und Sicherungsabschnitten und nicht zuletzt die mehreren hundert Erschießungen, die außerhalb des Bereichs der 403. Sicherungsdivision aus den rückwärtigen Gebieten der Ostfront belegt sind, zeugen davon, dass die Befolgung der Kommissarrichtlinien bei dieser Division kein Einzelfall war, sondern viel eher ein Schlaglicht der herrschenden Praxis darstellte. Die deutliche Disproportionalität der Erschießungszahlen, die für die rückwärtigen Gebiete ermittelten werden konnte, ist ein unverkennbares Anzeichen für ihre Unvollständigkeit. Das Beispiel der musterhaften Umsetzung des Kommissarbefehls bei der 403. Sicherungsdivision und deren unverhältnismäßig hoher Anteil an der Gesamtheit der überlieferten Belege verweist darauf, dass die Mindestzahl von 1173 Exekutionen, die für das Hinterland der Ostfront nachgewiesen werden konnte, noch um ein Mehrfaches hochgerechnet werden muss, um zu realistischen Schätzungen über die Gesamtzahl der Opfer im Bereich der rückwärtigen Gebiete zu gelangen.

---

[132] Eintrag im TB (Ic) der 403. Sich.Div. für den Monat März 1942; BA-MA, RH 26-403/7.
[133] Vgl. das Kap. V.4.1.

Auch bei der Zurechnung der Opfer zu den verschiedenen Personengruppen, die von der Vernichtungspolitik betroffen waren, sind der Untersuchung durch die Eigenart der Überlieferung Grenzen gesetzt. In zahlreichen Fällen geht aus den Quellen nicht eindeutig hervor, ob es sich bei den Exekutionsopfern um militärische Kommissare, Politruks oder zivile Parteifunktionäre handelte, auch wenn der allgemeine Sprachgebrauch erkennen lässt, dass mit dem unspezifizierten Substantiv »Kommissar« in aller Regel der militärische Politoffizier gemeint war. Ansonsten verwendeten die Stäbe bei der Abfassung ihrer Vollzugsmeldungen häufig nur wenig Mühe auf einen differenzierten Gebrauch der Begrifflichkeiten. Die Ic-Abteilung der 403. Sicherungsdivision, die die Erschießungsziffern in ihren Tätigkeitsberichten sorgfältig nach Kategorien trennte, bildet auch in dieser Hinsicht eine Ausnahme. Der Großteil der Stäbe legte keinen gesteigerten Wert auf diese Unterscheidungen, was sich in erster Linie darin äußerte, dass die Bezeichnungen »Kommissar« und »Politruk« häufig als Synonyme verwendet und aufgefasst wurden. Dieser Sprachgebrauch spiegelte wider, dass man nicht nur im Schriftverkehr, sondern auch im praktischen Verfahren mit beiden Kategorien von Politoffizieren keinen Unterschied machte, auch schon vor dem offiziellen Entscheid des OKW aus dem August 1941, die Geltung der Kommissarrichtlinien auf die Politruks auszudehnen.[134]

Wie austauschbar diese Begriffe in der Korrespondenz der Frontkommandobehörden waren, veranschaulicht ein Beispiel aus der Anfangsphase des Krieges. Am ersten Tag des Feldzugs, dem 22. Juni 1941, vermerkte der Ic-Offizier des III. Panzerkorps in seinem Tätigkeitsbericht, dass ihm »ein ›Politischer Kommissar‹ der Roten Armee« vorgeführt worden war, der »nach Vernehmung [...] den Befehlen entsprechend behandelt« wurde.[135] An das vorgesetzte Panzergruppenkommando 1 meldete das Korps jedoch, dass »ein *Politruk* nach Vernehmung entsprechend Befehl behandelt« wurde.[136] Die Ic-Abteilung der Panzergruppe änderte die Bezeichnung des Erschießungsopfers dann abermals ab, als sie an das OKH durchgab: »Bei XXXXVIII. und III. A.K. wurden je ein politischer Kommissar gefangen und entsprechend behandelt.«[137] Auch in den summarischen Terminmeldungen der höheren Kommandobehörden verschwammen die Unterschiede zwischen Kommissaren und Politruks. In der Regel subsumierten die Stäbe die Erschießungsziffern in ihren pauschalen Sammelmeldungen unter kollektive Bezeichnungen, die eine Differenzierung zwischen den beiden Personengruppen nicht mehr zuließen. So meldete das XXXXI. Panzerkorps am 9. Juli 1941 an die Panzergruppe 4, dass »bis 8.7. 97 Politruks erledigt« worden waren.[138] Ob es sich bei den gemeldeten Erschießungsopfern um Kommissare oder Politruks gehandelt hat, ist nur dann mit einiger Sicherheit zu ermitteln, wenn in den Quellen nähere Angaben zu Rang, Dienststellung und Truppenzugehörigkeit der gefangenen Politoffiziere enthalten sind. Diese Voraussetzung ist jedoch nur bei einem verhältnismäßig geringen Teil der Vollzugsmeldungen gegeben. In der Regel lassen es die Quellen nicht zu, zweifelsfrei zu bestimmen, wie viele Kommissare und Politruks

---

134 Vgl. zu diesem Vorgang das Kap. V.4.2.
135 Eintrag im TB (Ic) des III. AK v. 22.6.1941; BA-MA, RH 24-3/133, S. 4.
136 Ic-Morgenmeldung des III. AK an die Pz.Gr. 1 v. 23.6.1941; BA-MA, RH 21-1/148c, S. 177. Hervorhebung durch den Vf.
137 Ic-Abendmeldung der Pz.Gr. 1 an das OKH/FHO v. 23.6.1941; BA-MA, RH 21-1/147, S. 4.
138 Funkspruch des XXXXI. AK an die Pz.Gr. 4 v. 9.7.1941, 15.15 Uhr; BA-MA, RH 21-4/272.

sich im Einzelnen unter den Opfern der Exekutionen befanden. Vor diesem Hintergrund verspricht es kaum einen Erkenntnisgewinn, die Anteile dieser beiden Opfergruppen unter den nachgewiesenen Exekutionen zu berechnen; bedingt durch den häufig undifferenzierten Sprachgebrauch der Quellen, würden die Ergebnisse zwangsläufig nur wenig Aussagefähigkeit besitzen. Wesentlich sinnvoller und praktikabler erscheint es, die Kommissare und Politruks als gemeinsame Gruppe zu betrachten und das Augenmerk darauf zu legen, sie gegenüber den zivilen Parteifunktionären abzugrenzen.

Auf die Unterscheidung zwischen zivilen Funktionären und militärischen Politoffizieren legten schon die Zeitgenossen größeren Wert als auf die Binnendifferenzierung der Gruppe der Truppenkommissare. Die begriffliche Kennzeichnung der zivilen Parteifunktionäre fiel in der Regel unmissverständlicher aus, auch wenn hierbei ebenfalls Zweifelsfälle auftreten, in denen unklar bleibt, ob mit den verwendeten Termini »Kommissare bzw. Funktionäre«[139] gemeint waren. Für die zivilen Parteifunktionäre war eine ganze Reihe von eindeutigen Bezeichnungen gebräuchlich. Man sprach von »Zivil-Kommissare[n] und bolschewistische[n] Führer[n]«[140], »Parteifunktionäre[n] und Sowjetbeamten«[141] oder verwies auf ihren Status, indem man ihre exakte Rangbezeichnung[142] angab oder die Verwaltungseinheit[143] nannte, in der sie tätig waren. Nichtsdestoweniger kam es immer wieder vor, dass Meldungen über Erschießungen von zivilen Funktionären mit Meldungen über Exekutionen an militärischen Politoffizieren vermengt wurden und undifferenziert in Sammelmeldungen mit eingerechnet wurden. Ein plastisches Beispiel hierfür bietet eine Kette von Meldungen aus dem Bereich der Panzergruppe 2, in die Exekutionen an zivilen Funktionären mit einflossen, ohne dass dies am Ende des Meldeweges noch ersichtlich war. Am 10. und 11. Juli 1941 erstatteten die Divisionen des XXIV. Panzerkorps die geforderten Sammelmeldungen über die Zahl der Kommissare, die seit Beginn des Feldzugs in ihren Verbänden erschossen worden waren.[144] Zwei der Divisionen hatten in ihren Meldungen unter den »festgestellte[n] Kommissare[n]« neben militärischen Politoffizieren auch zivile Funktionäre zu verzeichnen. Die Ic-Abteilung des XXIV. Panzerkorps übertrug diese Zahlen in ihre eigene Terminmeldung an das Panzergruppenkommando 2, in der sie angab, dass im zurückliegenden Berichtszeitraum »19 zivile Hoheitsträger (allgem. pol. Kommissare)« und »7 politische Kommissare der Truppe festgestellt« worden waren.[145] Die Ic-Abteilung der Panzergruppe 2 wiederum verzichtete auf diese Un-

---

[139] Ic-Morgenmeldung der 52. Inf.Div. an das LIII. AK v. 12.7.1941; BA-MA, RH 24-53/143.

[140] Eintrag im TB (Ic) der 221. Sich.Div. v. 15.12.1941-12.3.1942; RH 26-221/71.

[141] Stimmungs- und Erfahrungsbericht des LV. AK/Abt. Ic v. 6.9.1941; BA-MA, RH 24-55/71, S. 303 f.

[142] Vgl. z. B. die Ic-Meldung des LI. AK an das AOK 6 v. 10.11.1941; BA-MA, RH 20-6/561, Bl. 146: »Ein bolschewistischer Rayonsekretär, der aus dem unbesetzten Gebiet zurückkehrte, in Graiworon erschossen.«

[143] Vgl. z. B. die Ic-Meldung des XXIX. AK v. 14.11.1941, 04.00 Uhr; BA-MA, RH 20-6/562, Bl. 129: »2 km südlich Mogriza, 10 km westlich Miropolje wurde der Kommissar von Junakowka erschossen.«

[144] Vgl. die Ic-Meldung der 3. Pz.Div. an das XXIV. AK v. 10.7.1941, die Ic-Tagesmeldung der 1. Kav. Div. v. 11.7.1941 und die Ic-Meldung der 10. Inf.Div. (mot.) v. 11.7.1941 mit Notiz für die 4. Pz.Div.; BA-MA, RH 24-24/331.

[145] Meldung des XXIV. AK/Abt. Ic Nr. 611/41 g.Kdos. an die Pz.Gr. 2 v. 14.7.1941; BA-MA, RH 21-2/648, Bl. 77.

terscheidung, als sie die Erschießungszahlen weitermeldete. Aus den Zahlen des XXIV. Panzerkorps und 11 weiteren Exekutionen, über die Meldungen vorlagen, bildete der Ic der Panzergruppe schlicht die Summe und gab das Ergebnis an das vorgesetzte AOK 4 durch[146]: »Anzahl der im Bereich der Pz.Gr. 2 vom 22.6.-19.7. behandelten Kommissare: 37«.[147] Dass sich unter den »behandelten Kommissare[n]« auch zivile Funktionäre befunden hatten, war der Meldung nun nicht mehr zu entnehmen.

So wie in diesem Fall dürfte eine unbestimmbare Anzahl von Exekutionen an zivilen sowjetischen Funktionären in die summarischen Kommissarmeldungen mit eingegangen sein, ohne dass dies in den Akten noch zurückverfolgt werden könnte. Auf der anderen Seite zeigt das Beispiel, dass der überwiegende Teil der Kommandobehörden auf die Differenzierung zwischen militärischen Kommissaren und zivilen Funktionären durchaus Wert legte. Die Dunkelziffer der zivilen Funktionäre, die zusätzlich zu den nachweisbaren Fällen in der ermittelten Gesamtzahl der Opfer der Kommissarerschießungen enthalten sein müsste, darf daher nicht zu hoch veranschlagt werden. Insgesamt konnte nur in zwanzig Fällen festgestellt werden, dass Exekutionen an »Zivilkommissaren« ohne entsprechende Kennzeichnung nach oben gemeldet wurden und in den Sammelmeldungen der höheren Stäbe dann von den militärischen Opfern der Kommissarerschießungen nicht mehr zu unterscheiden waren. In diesen zwanzig Meldevorgängen waren insgesamt 53 Erschießungen erfasst. In der Gesamtziffer der überlieferten Exekutionen an zivilen Funktionären entsprach diese Zahl nur einem einstelligen Prozentsatz, allerdings bildete sie einen beträchtlichen Teil der Erschießungen von »Zivilkommissaren«, die auf die Frontverbände entfielen, nämlich ein gutes Drittel. Dieser Befund verweist erneut darauf, dass wahrscheinlich noch eine Anzahl weiterer Erschießungen von zivilen Funktionären undifferenziert in die Gesamtzahlen mit eingerechnet wurden, dass die Größenordnung dieser verdeckten Fälle aber begrenzt blieb.

Unter Berücksichtigung dieser mutierten Meldungen und nach Abzug der Doppelzählungen ließ sich der Mindestanteil der zivilen Funktionäre an der Gesamtzahl der Opfer der Kommissarerschießungen ermitteln. Die Zahl der nachweisbaren Exekutionen an zivilen sowjetischen Funktionären beläuft sich auf insgesamt mindestens 696 Erschießungen, was einem Anteil von knapp zwanzig Prozent an der Gesamtzahl der Fälle entspricht. Der Großteil dieser Exekutionen, nämlich 550 Erschießungen, entfällt auf die rückwärtigen Gebiete, wobei wiederum beinahe drei Viertel davon im Bereich der 403. Sicherungsdivision stattgefunden haben, wo bis März 1942 397 Exekutionen an zivilen Funktionären registriert wurden.[148] Auf die Frontverbände entfallen nur 146 der nachweisbaren Exekutionen an zivilen Funktionären. Insgesamt handelte es sich also nur bei etwa einem Fünftel der 3430 nachweisbaren Erschießungen, die auf der Grundlage der Kommissarrichtlinien vorgenommen wurden, um Exekutionen an sowjetischen Parteifunktionären. Im Frontbereich war der Anteil der militärischen Politoffiziere unter den Opfern sogar noch höher und betrug weit über 90 %, während die zivilen Funktionäre hier nur etwa 6 % der überlieferten Fälle ausmachten. Sowohl in den rückwärtigen Gebieten als auch im Frontbereich dürfte die tatsächliche Zahl

---

[146] Übersicht der Pz.Gr. 2/Abt. Ic, »Behandlung politischer Kommissare ab Einsatz – 19.7.«; BA-MA, RH 21-2/637a, Bl. 177.
[147] Ic-Meldung der Pz.Gr. 2 an das AOK 4 v. 27.7.1941; BA-MA, RH 20-4/685.
[148] Eintrag im TB (Ic) der 403. Sich.Div. für den Monat März 1942; BA-MA, RH 26-403/7.

der Opfer unter den zivilen Funktionären allerdings noch deutlich höher liegen, da die deutschen Verbände solche Exekutionen häufig undifferenziert in ihre Partisanenmeldungen mit einrechneten, ohne sie gesondert zu kennzeichnen.[149] Unabhängig von diesen Fällen, die nicht zählbar in die Überlieferung eingegangen sind, führt die Differenzierung der Opferzahlen zu dem Ergebnis, dass die Gesamtsumme der nachweisbaren Exekutionen, die Fronteinheiten des Ostheeres während des »Unternehmens Barbarossa« an gefangen genommenen Politoffizieren der Roten Armee vollstreckten, sich auf mehr als 2100 Erschießungen beläuft.

Bei der Beurteilung der Größenordnung dieser Zahl stellt sich zunächst einmal die Frage, in welcher Relation sie zur Gesamtsumme der politischen Kader stand, die 1941/42 der Roten Armee angehörten. Auf Grund des nach wie vor begrenzten Wissensstandes über die exakten Strukturen der Roten Armee während des Zweiten Weltkriegs sind zur Zahl der Politoffiziere, die 1941/42 in den Verbänden an der sowjetischen Westfront gegen das deutsche Ostheer eingesetzt waren, keine gesicherten Aussagen, sondern nur Schätzungen möglich. Zu Beginn des »Unternehmens Barbarossa« betrug die Gesamtstärke der Roten Armee etwa fünf Millionen Soldaten, einschließlich aller Teilstreitkräfte. Zum gleichen Zeitpunkt dienten im sowjetischen Militär etwa 66.000 Politoffiziere.[150] Nach gegenwärtigem Wissensstand war zu Beginn des Krieges mehr als die Hälfte der Truppenmasse der Roten Armee an den Westgrenzen der Sowjetunion disloziert.[151] Dem Ostheer standen damit anfänglich beinahe drei Millionen sowjetische Soldaten gegenüber, rund 170 Divisionen. Unter der Voraussetzung, dass die Dichte an Politoffizieren in den grenznah stationierten Divisionen genauso hoch war wie im Gesamtdurchschnitt, dürften in diesen Verbänden, die als Erste mit den deutschen Invasionstruppen zusammenstießen, insgesamt weniger als vierzigtausend Politoffiziere gedient haben.[152] Diese Summe stellt jedoch nur einen Mindestwert dar, da die Zahl der im Frontbereich eingesetzten Politoffiziere infolge der Mobilisierungen, Truppenverstärkungen, Dislozierungen und Ersatzzuführungen nach Kriegsbeginn weiter anstieg. Trotz der großen Verluste, die unter den Politoffizieren eintraten, nahm ihre Zahl während des ersten Kriegsjahrs nämlich noch zu und betrug Mitte 1942 etwa 100.000 Funktionäre.[153] Da weder die exakten Verlustraten noch die Größenordnung der Ersatzzuführungen bekannt sind, ist es allerdings nicht möglich, die effektive Gesamtzahl der Politoffiziere zu bestimmen, die 1941/42 in der Roten Armee eingegliedert waren. Zudem liegen keinerlei Angaben darüber vor,

---

[149] Vgl. hierzu das Kap. V.4.1.
[150] Diese Zahl nennt Bonwetsch auf der Grundlage sowjetischer Literatur; vgl. das Handbuch für die Geschichte Russlands, Bd. 3, S. 948. Die Zahl wird gestützt durch die Angabe bei MOLDENHAUER, Reorganisation, S. 144, Anm. 118. Kolkowicz sprach von etwa 70.000 Politoffizieren im Jahr 1940; vgl. KOLKOWICZ, Military, S. 61. Erickson nannte die Zahl von 34.000 Politoffizieren für das Jahr 1939; vgl. ERICKSON, Command, S. 511.
[151] Handbuch für die Geschichte Russlands, Bd. 3, S. 1704.
[152] Auf der Grundlage sowjetischer Literatur wird die Zahl der im Juni 1941 in den Grenzbezirken stationierten Heeresverbänden teilweise sogar noch geringer veranschlagt. So findet sich der Hinweis, dass etwa 220.000 der insgesamt 2,9 Millionen Soldaten Rotflottisten gewesen seien und nur etwa 2,68 Millionen Angehörige von Landstreitkräften; vgl. HOFFMANN, Sowjetunion, S. 72. Damit würde auch die Anzahl der Politoffiziere sinken, die zu Kriegsbeginn in den Heeresverbänden an den Grenzen standen.
[153] Handbuch für die Geschichte Russlands, Bd. 3, S. 948.

wie viele dieser Politoffiziere in den Landstreitkräften dienten, die im Erdkampf gegen die Invasoren eingesetzt waren, und sich damit überhaupt dem Risiko ausgesetzt sahen, in deutsche Hände zu fallen. Welche Gesamtzahl von Politoffizieren zur Grundlage des Vergleichs mit der Summe der nachweisbaren Kommissarerschießungen herangezogen werden muss, bleibt also ungewiss, die weite Spanne reicht theoretisch von weniger als vierzigtausend bis weit über einhunderttausend Politoffizieren. Gleich welche dieser Zahlen man zugrunde legt, ergibt sich jedoch, dass der Anteil der Politoffiziere, die nachweislich von deutschen Fronteinheiten gefangen genommen und exekutiert wurden, an der Gesamtheit der 1941/42 in den sowjetischen Verbänden eingesetzten Kommissare etwa zwischen zwei und fünf Prozent betragen haben muss.[154]

Von den 1941/42 an der Ostfront eingesetzten sowjetischen Politoffizieren fiel also nur ein verhältnismäßig geringer Teil Exekutionen durch deutsche Fronteinheiten zum Opfer. Dies ging freilich weniger auf willentliche Entscheidungen der deutschen Truppen, als vielmehr auf die äußeren Umstände zurück. Denn die wichtigste Ursache dafür, dass die Rate der erfassten und hingerichteten Politoffiziere relativ niedrig ausfiel, lag darin, dass insgesamt nur ein geringer Teil der 1941/42 in der Roten Armee kämpfenden Kommissare und Politruks lebend in deutsche Hände fiel.[155] Zu den Gründen für das verhältnismäßig niedrige Niveau der nachweisbaren Erschießungsziffern muss außerdem der schmälernde Einfluss der Überlieferungssituation gezählt werden. Schließlich basiert die Berechnung der genannten Quote lediglich auf der Summe desjenigen Teils der Exekutionen, die aktenkundig geworden sind, während die Zahl der Erschießungen, die sich nicht in der Überlieferung niedergeschlagen haben, in der Kalkulation zwangsläufig nicht berücksichtigt werden konnte. Dass die Frontverbände mit hoher Wahrscheinlichkeit noch deutlich mehr Kommissarerschießungen durchgeführt haben, als in ihren Akten dokumentiert ist, wird offenkundig, wenn man die Defizite der Überlieferungssituation bei den Armeeoberkommandos und Panzergruppenkommandos näher in den Blick nimmt. Diese hohen Kommandobehörden waren für die Umsetzung der Kommissarrichtlinien maßgeblich verantwortlich, so dass es auch in ihren Aufgabenbereich fiel, den Ablauf der Vernichtungspolitik zu überwachen und zu dokumentieren. Die Sammelmeldungen über die Zahl der Kommissarerschießungen bei den unterstellten Verbänden, die die Stäbe der Armeen und Panzergruppen in regelmäßigen Abständen zusammenstellten, zählen zu den wichtigsten Quellen zur Umsetzung der Kommissarrichtlinien und fallen, gemessen an der Gesamtsumme der belegten Exekutionen, auch zahlenmäßig stark ins Gewicht. Die besondere Bedeutung der Sammelmeldungen der höheren Stäbe liegt außerdem darin, dass sie häufig die Überlieferungsdefizite auf den unteren hierarchischen Ebenen kompensieren. Denn in den Sammelmeldungen der Armeestäbe sind zahlreiche Exekutionen dokumentiert, die in den Akten der unterstellten Verbände, die für die Erschießungen verantwortlich waren, keinen Niederschlag gefunden haben. Zwar ist ein beträchtlicher Teil der Exekutionen auch in der Überlieferung der Korps

---

[154] Der Versuch, von der Zahl der etwa drei Millionen Kriegsgefangenen, die das Ostheer bis Anfang 1942 einbrachte, auf die Zahl der gefangen genommenen Truppenkommissare zurück zu schließen, ist dagegen verfehlt, da die Kommissare nicht mit der gleichen Proportionalität in Gefangenschaft gerieten, mit der sie in den Truppeneinheiten vertreten waren.
[155] Vgl. hierzu das Kap. V.3.

und Divisionen nachweisbar. Die Sammelmeldungen der Armeestäbe bieten allerdings die größtmögliche Gewähr auf Vollständigkeit. Dort, wo sie fehlen, muss bei den unterstellten Verbänden eine annähernd ideale Überlieferungssituation herrschen, um diesen Verlust zu ersetzen. Eine solch günstige Konstellation liegt aber nur denkbar selten vor. Wenn die Sammelmeldungen der Armeen und Panzergruppen nicht in die Überlieferung eingegangen sind, bedeutet dies daher in der Regel gleich einen mehrfachen Datenverlust.

Dass dieser Verlust an Evidenz recht hoch zu veranschlagen ist, wird deutlich, wenn man bilanziert, zu welchem Teil die Sammelmeldungen der einzelnen Armeen und Panzergruppen Eingang in die Überlieferung gefunden haben. Denn von keinem der Oberkommandos sind die Sammelmeldungen über den Vollzug des Kommissarbefehls über den gesamten Zeitraum des ersten Kriegsjahres überliefert. Und nur bei einer Minderheit der Oberkommandos sind die Sammelmeldungen zumindest über mehr oder weniger lange Zeitabschnitte durchgehend erhalten. Eine annähernd vollständige Überlieferung der Sammelmeldungen existiert bei der Panzergruppe 2 bis zum Jahreswechsel 1941/42, beim AOK 16 bis zum Winter 1941, beim AOK 2 zumindest bis zum Herbst 1941. Vom AOK 6 liegt nur eine Terminmeldung vor, dafür aber eine außergewöhnlich dichte Überlieferung an Vollzugsmeldungen der Armeekorps, die den Verlust der Sammelmeldungen des Armeeoberkommandos wohl weitgehend kompensiert. Von den übrigen Oberkommandos sind unverhältnismäßig wenige Sammelmeldungen in die Überlieferung eingegangen. Von der Panzergruppe 3 liegt lediglich eine Sammelmeldung vor, die den Zeitraum bis Anfang August 1941 abdeckt. Vom Panzergruppenkommando 4 sind zwei Sammelmeldungen aus der Anfangsphase des Feldzugs erhalten und aus der Zeit nach Mitte Juli nur noch vereinzelte Belege überliefert. Bei der Panzergruppe 1 sind nur zwei Sammelmeldungen aus dem Oktober und November 1941, vom AOK 4 und dem AOK 9 ist jeweils nur eine einzige Sammelmeldung überliefert, die von Ende Juni respektive Anfang Juli 1941 datiert. Vom AOK 18, dem AOK 17 und dem AOK 11 sind überhaupt keine Sammelmeldungen überliefert. Von diesen drei Armeen sind daher auch im Gesamtvergleich nur relativ niedrige Erschießungsziffern belegt, obwohl ihre Oberbefehlshaber die Kommissarrichtlinien befehlsgemäß weitergegeben hatten und sich mindestens zwei von ihnen in der Vorbereitungsphase des Feldzugs sogar als erklärte Befürworter des Befehls zu erkennen gegeben hatten.[156]

Die Zusammenhänge zwischen der Überlieferungssituation und der Höhe der belegten Erschießungszahlen sind unübersehbar. Es fehlen nicht nur zahlreiche Sammelmeldungen der Armeestäbe, auch auf den unteren Ebenen ging wohl ein beträchtlicher Teil der Erschießungsmeldungen verloren oder wurde absichtlich aus der Überlieferung entfernt. Außerdem ist davon auszugehen, dass eine unbestimmbare Anzahl von Kommissarerschießungen gar nicht erst dokumentiert wurde.[157] Es muss daher mit einer zusätzlichen Dunkelziffer von Exekutionen gerechnet werden, die von Frontverbänden durchgeführt wurden, aber nicht in die Überlieferung eingegangen sind. Neben den überlieferungsbedingten Schwankungen hat auch das restriktive Vorgehen bei der Aufbereitung des Quellenmaterials dazu geführt, dass die ermittelten

---

[156] Vgl. hierzu das Kap. III.3.1.
[157] Vgl. hierzu das Kap. V.1.2.

Zahlen tendenziell niedriger ausgefallen sind als sie in Wirklichkeit waren. So wurden in zahlreichen Fällen die in den Vollzugsmeldungen enthaltenen unspezifizierten Mengenangaben und Zahlwörter wie »einige«, »mehrere« oder »eine ganze Anzahl« grundsätzlich mit dem Mindestbetrag 2 übersetzt, obwohl diese Meldungen mit großer Wahrscheinlichkeit einen deutlich höheren Wert abbildeten. Die tatsächlichen Zahlen lagen noch umso höher, je länger die Zeiträume waren, auf die sich die Mengenangaben in den Quellen bezogen. Dennoch galt das Prinzip, für den Zahlenwert von Pluralwörtern das Minimum 2 anzunehmen, um zu gewährleisten, bei der Ermittlung der Gesamtsummen zu gesicherten Mindestzahlen zu gelangen.[158] Nähme man für jeden dieser Fälle statt des Mindestwerts 2 die Zahl 5 oder 10 an, was der Realität vermutlich recht nahe käme, so würde dies die Gesamtzahlen bereits um mehrere Hundert Erschießungen erhöhen.

Die unausweichliche Folgerung aus alledem ist, dass auch die Zahl der für den Frontbereich nachweisbaren Kommissarerschießungen weiter hochgerechnet werden muss, genauso wie die Erschießungsziffern, die für die rückwärtigen Gebiete ermittelt wurden. Die Schätzungen können sich dabei auf diejenigen Ausschnitte der Ostfront und ihres Hinterlandes stützen, die eine besonders dichte und aussagefähige Dokumentation aufweisen und daher als Grundlage für realistische Hochrechnungen geeignet erscheinen. Auf der Basis der begründeten Annahme, dass die Sicherungsdivisionen und Dulags der rückwärtigen Heeresgebiete auch nur annähernd ähnliche Bilanzen erreicht haben wie die 403. Sicherungsdivision, ergäbe die Schätzung allein für das Hinterland der Front einen Gesamtwert von mehreren Tausend Erschießungen. Legt man für den Frontbereich die vergleichsweise dichte, aber genauso wenig vollständige Überlieferung der 6 Armee zugrunde, muss man davon ausgehen, dass die tatsächlichen Mittelwerte der Infanteriearmeen und Panzergruppen wohl noch um etwa zweihundert Exekutionen höher zu veranschlagen sind, als es aus den überlieferten Berichten hervorgeht. Ausgehend von der ermittelten Mindestsumme von annähernd viertausend belegten Fällen, ist die tatsächliche Zahl der Opfer des Kommissarbefehls in den Frontbereichen und den rückwärtigen Gebieten somit insgesamt wohl auf eine hohe vierstellige Ziffer einzuschätzen, die aber wahrscheinlich nicht oder nur knapp fünfstellig war. Davon entfielen nach allem Dafürhalten mindestens die Hälfte der Erschießungen auf die rückwärtigen Gebiete, insbesondere die Gefangenenlager, während die Frontverbände offenbar nur in den Anfangsmonaten des Feldzugs ein Übergewicht bei den Kommissarerschießungen verbuchen konnten. An der Front fielen somit wohl etwa fünf bis zehn Prozent der eingesetzten sowjetischen Politoffiziere Exekutionen durch deutsche Kampfverbände zum Opfer.[159]

2. CHRONOLOGIE

Die Aufschlüsselung der zeitlichen Verteilung der überlieferten Exekutionsmeldungen auf die einzelnen Phasen des Ostfeldzugs 1941/42 dient in erster Linie zur Annäherung

---

[158] Bei insgesamt 29 Vollzugsmeldungen, die keine Doppelmeldungen waren und damit in die Berechnung der Gesamtopferzahl mit eingeflossen sind, wurde dieses Prinzip angewendet.
[159] Vgl. zur Bewertung der Höhe der Opferzahlen das Kap. V.3.

an die Frage, welche Zusammenhänge zwischen der Vernichtungspolitik gegen die sowjetischen Kommissare und dem Kontext der militärischen Ereignisse bestanden.[160] Hierbei zeigt sich, dass die konjunkturelle Hochzeit der Kommissarerschießungen in der stürmischen Anfangsphase des Ostkriegs lag. Allein auf die ersten Wochen des »Unternehmens Barbarossa« entfielen über 40 % aller nachweisbaren Exekutionen: Bis Anfang August 1941 hatten bereits 1198 der insgesamt 2907 datierbaren Erschießungen stattgefunden. Den Tiefstand der Entwicklung markierte die rund fünfmonatige Phase ab Dezember 1941 bis zum Ende der Geltungsdauer des Kommissarbefehls im Mai 1942. Nachdem das Ostheer Anfang Dezember 1941 endgültig in die Defensive übergegangen war und die Gegenoffensiven der Roten Armee begonnen hatten, fielen die gemeldeten Erschießungsziffern sogleich rapide ab und bewegten sich bis Mai 1942 konstant auf einem minimalen Niveau. In dieser letzten Phase fanden insgesamt nur etwa sechs Prozent der datierbaren Kommissarerschießungen statt, während weit über 90 % der Exekutionen in die Zeit des Bewegungskrieges von Juni bis Ende November 1941 fielen. Die signifikante Massierung der Kommissarerschießungen im Jahr 1941 verweist bereits auf eine unabdingbare Voraussetzung dieses Verbrechens. Die Umsetzung des Kommissarbefehls konnte nur im Zusammenhang mit deutschen Offensiven erfolgen, die dazu führten, dass Gefangene eingebracht wurden, unter denen sich sowjetische Kommissare befanden. Da nach dem Übergang in die Defensive im Winter 1941/42 kaum noch Gefangenenzahlen erzielt wurden, kamen die deutschen Fronteinheiten nur noch denkbar selten in die Situation, sowjetische Politoffiziere gefangen zu nehmen und den Kommissarbefehl anwenden zu müssen. Schon das starke Ungleichgewicht der Erschießungsziffern im ersten und zweiten Halbjahr des Feldzugs verweist auf die enge Korrelation zwischen den Kommissarerschießungen und den deutschen Angriffsoperationen. Die Anfangsphase des Feldzugs und der Abbruch der Offensiven im Dezember 1941 stellten die prägnanten Eckpunkte der Vernichtungspolitik gegen die sowjetischen Kommissare dar. Wie sich die Entwicklung zwischen diesen Marksteinen gestaltete, visualisiert eine Verlaufskurve, die sämtliche überlieferten und datierbaren Erschießungsmeldungen in ihrem zeitlichen Zusammenhang zeigt[161]:

---

[160] Die Erschießungen lassen sich allerdings nur zum Teil auf den Tag genau datieren. Nur bei etwa der Hälfte der nachweisbaren Exekutionen ist den Quellen das exakte Datum der Taten zu entnehmen. Bei der großen Mehrheit der Exekutionen ist es aber immerhin möglich, ihren Zeitpunkt auf einen Monat einzugrenzen. Bei einem weiteren, wesentlich kleineren Teil der Belege fielen die Exekutionen in eine Phase, die sich über einen Monatswechsel hinweg erstreckte, so dass als Zeitangabe zwei Monatsnamen zu verzeichnen waren. Nur bei einem Bruchteil der Fälle ist es nicht möglich, ihren Zeitpunkt näher als auf drei oder mehr Monate zu bestimmen. Diese wenigen Meldungen repräsentieren allerdings immerhin ein knappes Sechstel der Gesamtzahl der nachweisbaren Erschießungen, nämlich 523 Exekutionen. Die Untersuchung der zeitlichen Schwerpunkte der Vernichtungspolitik stützt sich auf die große Mehrheit der 2907 Erschießungen, die sich auf einen oder zumindest zwei Monate datieren lassen.

[161] Zur Erstellung der Verlaufskurve mussten diejenigen Belege, die in eine Übergangsphase zwischen zwei Monaten fielen und sich nicht näher datieren ließen, umgerechnet werden. Die Erschießungszahlen, die in solchen Belegen verzeichnet waren, wurden jeweils zur Hälfte beiden in Frage kommenden Monaten zugeordnet. Bei ungeraden Ziffern wurden die überzähligen Stellen dem jeweils früheren Monat zugerechnet. Die geringfügigen Ungenauigkeiten, die diese pragmatische Lösung zwangsläufig verursacht, sind unvermeidbar, aber nicht gravierend, so dass sie für eine sinnvolle Visualisierung der Chronologie in Kauf genommen werden können.

2. Dimensionen und Strukturen

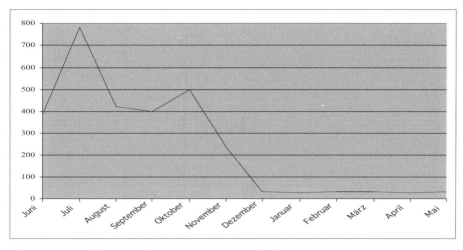

Diagramm 1: Zeitliche Verteilung der Kommissarerschießungen 1941/42

Das Diagramm zur Visualisierung der zeitlichen Verteilung der Kommissarerschießungen bringt die Anzahl der Exekutionen auf der Y-Achse in Verbindung mit der Chronologie der ersten zwölf Feldzugsmonate in der Zeitleiste auf der X-Achse. Die Verlaufskurve der Vernichtungspolitik, die auf diese Weise entsteht, weist signifikante Konjunkturen auf, wechselvolle Perioden mit steilen Anstiegen und Gefällen. Die Kurve der Erschießungszahlen stieg mit dem Beginn des Feldzugs zunächst explosionsartig an und durchschritt gleich im Juli 1941 ihren Zenit: Der Spitzenwert von beinahe 800 Exekutionen, der allein in diesem Monat erzielt wurde, konnte bis zum Scheitern des »Unternehmens Barbarossa« auch nicht mehr annähernd erreicht werden. Nach dem Höhepunkt der Entwicklung im Juli 1941 fiel die Kurve gegen Ende des Monats drastisch ab und stagnierte im August knapp über der 400-Marke. Nach einer leichten Regression im September schnellten die Zahlen im Oktober 1941 erneut in die Höhe und markierten einen zweiten Gipfelpunkt, der jedoch an die Klimax im Juni/Juli 1941 quantitativ nicht mehr heranreichte. In der Folgezeit fiel die Kurve schließlich endgültig ab. Im November 1941 verzeichnete die Kurve zunächst einen Rückgang der Erschießungszahlen um beinahe 50 %. Im Dezember 1941 stürzte die Kurve sogar noch deutlich steiler ab, es wurden nur knapp 15 % der Erschießungszahlen des Vormonats verbucht. Ab Dezember 1941 wies die Kurve kaum noch Ausschläge auf und bewegte sich bis zum Mai 1942 annähernd linear auf einem niedrigen Niveau, das gemessen an den Werten der Anfangsphase des Feldzugs verschwindend gering ausfiel. Bis zum Ende der Geltungsdauer des Kommissarbefehls stagnierte die Kurve zwischen zwanzig und dreißig Exekutionen pro Monat.

In der Gestalt dieser Kurve spiegeln sich verschiedene Entwicklungen und Ereignisse wider, die die Größenordnung der Erschießungszahlen maßgeblich beeinflusst haben. Die auffallenden Ausschläge der Kurve hatten ihre Gründe. Zunächst einmal fordert der Vergleich zwischen den beiden Gipfelpunkten im Juni/Juli sowie im Oktober 1941 zu einer Erklärung heraus, denn schließlich fielen allein die im Juli 1941 erzielten Erschießungszahlen noch um ein gutes Drittel höher aus als die Werte aus dem Oktober 1941. Die entscheidende Ursache dafür, dass die Spitzenwerte der Anfangswochen selbst in einer Phase nicht mehr erreicht wurden, in der die Kommissarerschießungen unverkennbar wieder Konjunktur hatten, lag wahrscheinlich darin, dass die deutsche Vernichtungspolitik gegen die Kommissare in der Roten Armee schon frühzeitig bekannt geworden war und die Kommissare in der Folge ihre Rangabzeichen entfernten, so dass sie nur noch unter besonderem Aufwand unter den eingebrachten Gefangenen auszumachen waren. Dass die Kommissare mit dieser Überlebensstrategie vielfach Erfolg hatten, schlug sich zählbar darin nieder, dass das Gesamtniveau der Erschießungsziffern nach dem Abschluss der ersten Feldzugsphase, ab Ende Juli 1941, dauerhaft absank und auch der nochmalige Schub im Oktober 1941 im Vergleich zu den Anfangswochen wesentlich geringer ausfiel.[162]

In der alternierenden Verlaufskurve der Kommissarerschießungen fanden nicht nur die Reaktionen der Gegenseite auf die deutsche Vernichtungspolitik ihren Niederschlag, sondern auch die Wechselfälle der militärischen Operationen in den verschiedenen Feldzugsphasen des »Unternehmens Barbarossa« 1941/42.[163] Nicht zufällig fiel die Hochzeit der Kommissarerschießungen in die Zeit der stürmischen Anfangsoffensive im Juni und Juli 1941, in der das Ostheer auf einen »Blitzsieg« hinsteuerte und gewaltige Erfolge erzielte, die sich in großen Territorialgewinnen und außerordentlich hohen Gefangenen- und Beutezahlen ausdrückten. Der Zusammenhang zwischen der Höhe der Erschießungszahlen und diesem Operationsstadium ist auch daran ersichtlich, dass der rapide Rückgang der Exekutionsziffern Ende Juli und Anfang August 1941 zeitlich weitgehend mit dem Abschluss der ersten Feldzugsphase zusammenfiel. Die gleiche Koinzidenz zwischen den Ausschlägen der Verlaufskurve der Kommissarerschießungen und den deutschen Offensiven während des »Unternehmens Barbarossa« trat auch in der Folgezeit immer wieder auf. Während des Augusts 1941, als sich die deutschen Angriffe an vielen Stellen, vor allem bei der Heeresgruppe Mitte, festgelaufen hatten, stagnierten auch die Erschießungszahlen; ein Trend, der sich bis in den September 1941 fortsetzte. Und als das Ostheer im September und Oktober 1941 zur zweiten Operationsphase überging, zogen in den meisten Abschnitten der Ostfront auch die Exekutionszahlen prompt wieder an. Zeitgleich zu den deutschen Herbstoffensiven steuerte die Entwicklung auf den zweiten quantitativen Höhepunkt der Kommissarerschießungen zu. Nachdem sich spätestens gegen Ende November 1941 der Misserfolg der Offensiven anbahnte und der Blitzkrieg Anfang Dezember endgültig gescheitert war, fielen die Erschießungszahlen abermals drastisch ab und stiegen während der Abwehrkämpfe bis zum Frühjahr 1942 zu keinem Zeitpunkt wieder an. Die Kurve belegt damit, dass sich der zeitliche und konjunkturelle Verlauf der Vernichtungspolitik gegen die sowjetischen Kommissare weitgehend mit dem der militärischen Angriffsoperationen deckte.

---

162 Vgl. hierzu das Kap. V.3.
163 Zum Verlauf der Operationen des Ostheeres 1941/42 auch im Folgenden vgl. das Kap. IV.1.

2. Dimensionen und Strukturen 371

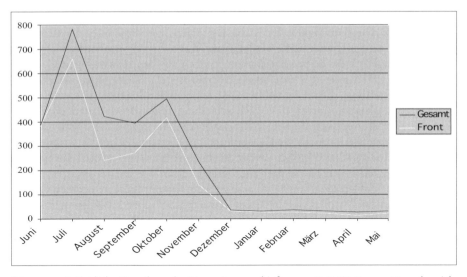

Diagramm 2: Zeitliche Verteilung der Kommissarerschießungen 1941/42 Gesamt/Frontbereich

Zur Verifizierung und Präzisierung dieses Befunds ist es sinnvoll, die Kurve um diejenigen Erschießungszahlen zu bereinigen, die aus den rückwärtigen Gebieten stammten, und hiernach erneut zu betrachten. Von den insgesamt 2907 nachweisbaren und datierbaren Kommissarerschießungen bleiben nach Ausschluss der Exekutionen, die von rückwärtigen Diensten, Gefangenenlagern und Sicherungsdivisionen vorgenommen wurden, noch 2252 Erschießungen, die im Frontbereich stattgefunden haben. Nach dieser Korrektur bildet die Kurve nunmehr ausschließlich diejenigen Exekutionen ab, die von den Fronteinheiten durchgeführt wurden, so dass der unmittelbare Zusammenhang der Erschießungen mit den militärischen Operationen der Kampfverbände noch deutlicher herausgestellt werden kann[164]:

Gegenüber der Kurve, die die Gesamtsumme der Exekutionen darstellt, weist die korrigierte Kurve, die ausschließlich die Erschießungszahlen der Frontverbände abbildet, lediglich graduelle, aber signifikante Verschiebungen auf, von dem zwangsläufig divergierenden Zahlenniveau einmal abgesehen. Der Vergleich beider Verläufe ergibt, dass sie sich weitgehend parallel entwickelten, was den bisherigen Befund bekräftigt. Allerdings wichen in bestimmten Abschnitten die Neigungswinkel und Steigungsgrade der beiden Kurven tendenziell voneinander ab. Die Kurve der Frontverbände fiel nach dem Ende der ersten Operationsphase Ende Juli 1941 etwas tiefer ab als die Gesamtkurve und stieg nach dem Tiefpunkt im August dementsprechend

---

[164] Vgl. die den Kurven zu Grunde liegenden Erschießungszahlen im Jahr 1941/42 und die Wachstumsraten in den einzelnen Monaten des »Unternehmens Barbarossa« auf Tafel 5 im Anhang.

steiler wieder an, während die Gesamtkurve im September 1941 sogar tendenziell weiter absank. Die Bereinigung der Kurve legt offen, dass die Zahlen der Frontverbände gleich im September 1941 wieder einen Zuwachs verzeichneten, was in der Gesamtkurve durch die hohen Erschießungszahlen aus den rückwärtigen Gebieten vom August 1941 verdeckt wurde. Diese Korrektur stellt richtig, dass insbesondere die Schlachtenerfolge, die im September 1941 auf dem Südflügel der Ostfront erzielt wurden, sogleich dazu führten, dass die Erschießungszahlen wieder anzogen. Zu Beginn der Herbstoffensiven im September 1941 stieg die Kurve der Frontverbände somit früher und steiler an als die Gesamtkurve, in der sich die Erschütterungen der Herbstschlachten erst im Oktober 1941 in einem Anstieg niederschlugen. Im September 1941 verzeichnete die Kurve des Frontbereichs einen Anstieg um 14 %, im Oktober stiegen die Zahlen sogar um 54 %, während die Gesamtkurve im September noch stagnierte und im Oktober mit 25 % ein deutlich schwächeres Wachstum aufwies. Analog zur ersten Regressionsphase im August 1941 fiel die Kurve der Frontverbände auch nach dem zweiten Scheitelpunkt der Erschießungen im Oktober 1941 mit - 67 % erneut deutlich steiler ab als die Gesamtkurve, die nur um 53 % zurückging. Wenn die Größenordnung dieser Abweichungen auch marginal ausfiel, bildeten sie nichtsdestoweniger eine unübersehbare Tendenz ab. In den Phasen der Regression federten die Exekutionszahlen aus den rückwärtigen Gebieten den Rückgang der Erschießungszahlen aus dem Frontbereich ab oder verzögerten ihn zumindest. Dieser Mechanismus spiegelt wider, dass die Umsetzung des Kommissarbefehls in den rückwärtigen Gebieten und den Gefangenenlagern nicht in dem gleichen Maße wie in den Frontgebieten abhängig vom Verlauf der Operationen war. Während die Erschießungen in den Frontgebieten während Operationspausen und Phasen geringer Gefechtstätigkeit in der Regel abnahmen, wirkte sich der daraus folgende Rückgang der Gefangenenzahlen insbesondere in den Gefangenenlagern der rückwärtigen Heeresgebiete nur zeitversetzt aus. Zudem war das Reservoir an Gefangenen ohnehin so beträchtlich, dass Selektionen, Aussonderungen und Erschießungen von sowjetischen Kommissaren in den rückwärtigen Gebieten auch in denjenigen Phasen weiterhin stattfinden konnten, in denen die Bewegungen der Front und damit auch die Erschießungszahlen der Frontverbände stagnierten.

Dass die Durchführung des Kommissarbefehls allerdings auch in den rückwärtigen Gefangenenlagern letztlich von den Konjunkturen der militärischen Operationen an der Front abhängig war, exemplifiziert die dichte Dokumentation der 403. Sicherungsdivision und ihrer unterstellten Dulags.[165] Die relativ höchsten Erschießungszahlen registrierte der Divisionsstab mit insgesamt 62 »Erledigungen« im Juli 1941, wobei allerdings aus dem Bericht nicht hervorgeht, wie hoch der Anteil der Gefangenenlager an dieser Ziffer war. Zumindest in der Folgezeit leisteten die Gefangenenlager jedoch stets den größten Beitrag zu den Erschießungszahlen der Division. Zudem hob der Ic-Offizier in seinem Bericht lobend hervor, dass das Erreichen dieser Zahl nicht nur der »Wachsamkeit der Truppe« zu verdanken war, sondern »besonders [der] der Dulags«. Vor diesem Hintergrund steht zu vermuten, dass auch im Juli 1941 der Großteil der 62 Exekutionen auf die Gefangenenlager der Division zurückging. In den Monaten

---

[165] Vgl. hierzu und zum Folgenden die TB (Ic) der 403. Sich.Div. zu den Monaten Juli-November 1941; BA-MA, RH 26-403/4a.

2. Dimensionen und Strukturen

ab August 1941 führte der Ic-Offizier in seinen Tätigkeitsberichten dann aufgeschlüsselte Statistiken, die es ermöglichen, die diachrone Entwicklung der Exekutionszahlen der Gefangenenlager exakt nachzuvollziehen. Daher zeigt sich in der Zeit nach der Anfangsphase des Feldzugs der Zusammenhang mit den Operationen umso deutlicher. Im August 1941 wurden noch 27 »militärische politische Kommissare« »in den Dulags erledigt«, im September sank die Zahl dann auf das zwischenzeitliche Tief von 6 Exekutionen ab. Nach dem Ende der Operationspause der Heeresgruppe Mitte schnellten die Zahlen dann aber wieder in die Höhe. Im Oktober 1941 wurden 51 Politoffiziere »in den Dulags erledigt«, im November blieb die Zahl konstant und belief sich gleichfalls auf 51 Exekutionen. Die Zahlen aus der Folgezeit sind zwar nicht überliefert. Die Gesamtbilanz der Division von Anfang März 1942 belegt aber, dass die Exekutionszahlen nach dem endgültigen Scheitern der Operation »Taifun« Ende November 1941 rapide abgefallen sein müssen. Denn bis März 1942 erreichte die Division die Gesamtzahl von 236 in den Lagern »erledigten« Politoffizieren, von denen weniger als ein Fünftel auf die Monate von Dezember 1941 bis März 1942 entfiel, während über 80 % auf die Zeit der Offensiven in den Monaten bis zum November 1941 zurückgingen, die undifferenzierten Zahlen aus dem Juli 1941 eingerechnet.[166]

Die Zahlen der 403. Sicherungsdivision, die hier exemplarisch für die Vernichtungspolitik in den rückwärtigen Gebieten stehen, offenbaren damit eine ähnliche Korrelation mit dem Verlauf der Angriffsoperationen wie die Zahlen der Frontverbände. Nach dem Scheitelpunkt in der Anfangsphase des Feldzugs fiel die Kurve der Erschießungszahlen während der Operationspause der Heeresgruppe Mitte im August leicht, im September drastisch ab. Nach dem Beginn der Großoffensive »Taifun« stiegen die Zahlen sprunghaft an und blieben auch noch im November stabil, als der Angriff der Heeresgruppe schon wieder verebbte. In der Folgezeit fielen die Zahlen endgültig ab. Die leichten Verzögerungen, mit denen sich die Bewegungen und Stopps der Front in den Erschießungszahlen der Division niederschlagen, erklären sich dadurch, dass die Ankunft der Gefangenen in den Dulags ihrer Gefangennahme in den Schlachten zeitlich deutlich nachgelagert war. Der chronologische Verlauf der Vernichtungspolitik in dieser typischen Sicherungsdivision zeigt keine Anomalien und weist darauf hin, dass hier befehlsgemäß solange nach den Politoffizieren gefahndet wurde, bis die »gegebenen Möglichkeiten erschöpft«[167] waren.

Um die Zusammenhänge zwischen den militärischen Ereignissen und den Kommissarerschießungen im Frontbereich weiter auszuleuchten, bietet es sich an, die Verlaufskurve der Exekutionszahlen für jede der drei Heeresgruppen des Ostheeres separat nachzuzeichnen, so dass die Ausschläge der Kurven mit konkreten Operationen in Verbindung gebracht werden können.[168] Diese differenzierte Betrachtungsweise legt einige graduelle Unterschiede im Verlauf der Vernichtungspolitik bei den drei Heeresgruppen offen, die sich durch die unterschiedliche Lageentwicklung in den einzelnen Frontabschnitten erklären. Der Verlauf der Kurven während der Eröffnungsphase des Feldzugs im Juni und Juli 1941 zeigt, dass die Heeresgruppe Mitte bei weitem den höchsten Anteil an der explosionsartigen Entwicklung der Erschießungszahlen in

---
[166] Vgl. den TB (Ic) der 403. Sich.Div. für den März 1942; BA-MA, RH 26-403/7.
[167] TB (Ic) der 403. Sich.Div. für den Juli 1941; BA-MA, RH 26-403/4a.
[168] Vgl. hierzu die Übersicht über die Erschießungszahlen der einzelnen H.Gr. auf Tafel 6 im Anhang.

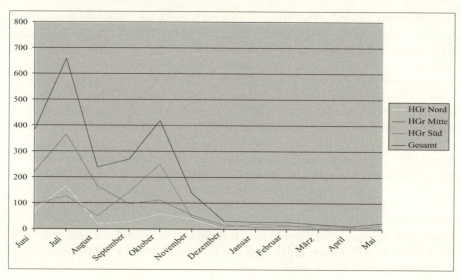

Diagramm 3: Zeitliche Verteilung der Erschießungszahlen bei den drei Heeresgruppen 1941/42

diesem Zeitraum hatte. In diesem Übergewicht drückte sich aus, dass bei der Heeresgruppe Mitte der Angriffsschwerpunkt des Ostheeres lag und im Vergleich zu den anderen Heeresgruppen die stärkste Truppenmacht versammelt war. Dementsprechend fanden im Mittelabschnitt der Ostfront gerade während der Anfangswochen des Feldzugs auch die größten Schlachtenerfolge des Ostheeres statt. Die Erschießungszahlen der Heeresgruppe Nord fielen bereits deutlich geringer aus und beliefen sich auf weniger als die Hälfte der Zahlen der Heeresgruppe Mitte. Die Heeresgruppe Süd verbuchte zwar nur geringfügig weniger Exekutionen als die Heeresgruppe Nord, verzeichnete aber dennoch im Gesamtvergleich die niedrigsten Exekutionsziffern in dieser Phase, worin sich wahrscheinlich widerspiegelte, dass die Heeresgruppe auch in Hinblick auf die operativen Erfolge hinter den übrigen beiden Heeresgruppen zurückblieb.

Der deutliche Rückgang der Erschießungszahlen gegen Ende der ersten Feldzugsphase vollzog sich bei allen drei Heeresgruppen in etwa zeitgleich, wenn die Quoten auch unterschiedlich tief abstürzten. Zu Beginn der zweiten Feldzugsphase bewegten sich die Kurven der drei Heeresgruppen dann das erste und einzige Mal während des gesamten »Unternehmens Barbarossa« in gegenläufige Richtungen. In den diametralen Tendenzen der Verlaufskurven schlug sich nieder, dass die zweite Feldzugsphase in den drei Heeresgruppen zu verschiedenen Zeitpunkten begann, in Folge der Schwerpunktverlagerung auf die Flügel nämlich im Norden und Süden deutlich früher als im Mittelabschnitt der Ostfront. Während die Kurve der Heeresgruppe Mitte im Septem-

2. Dimensionen und Strukturen

ber 1941 weiterhin nach unten wies, zeigten die Kurven der anderen beiden Heeresgruppen nunmehr nach oben. Bei der Heeresgruppe Süd schossen die Exekutionsziffern im September 1941 sprunghaft in die Höhe, die Heeresgruppe Nord verbuchte immerhin einen leichten Anstieg der Zahlen. Vor allem die rapide Zunahme der Kommissarerschießungen im Bereich der Heeresgruppe Süd lässt sich in einen direkten Zusammenhang mit den Operationen ihrer Verbände bringen, denn der Schub erfolgte in erster Linie im zeitlichen Kontext der großen Kesselschlacht bei Kiev in der zweiten Septemberhälfte 1941. Der Großteil der Kommissarerschießungen, die in diesem Zeitraum bei der Heeresgruppe Süd stattfanden, wurde von Verbänden durchgeführt, die an den Operationen gegen Kiev beteiligt waren, nämlich in erster Linie von den Divisionen der 6. Armee. Daneben verzeichneten auch die Verbände der 2. Armee und der Panzergruppe 2, die von der Heeresgruppe Mitte zur Unterstützung des Angriffs auf Kiev abgestellt worden waren, vergleichsweise stabile Werte. Von der Panzergruppe 1, die ebenfalls an der Umfassung des Raums Kiev teilgenommen hatte, sind allerdings keine erhöhten Erschießungszahlen überliefert.

Im Oktober 1941 stiegen die Erschießungszahlen bei sämtlichen drei Heeresgruppen noch einmal an, bevor die Kurven ab November 1941 überall steil abfielen. Bei der Heeresgruppe Süd entfiel ein überproportionaler Anteil des Zuwachses im Oktober 1941 auf die Verbände der 1. Panzerarmee, die während dieser Phase große Geländegewinne auf dem Südflügel der Heeresgruppe erzielte. Ein ähnlich hohes Quantum verbuchte auch die 6. Armee auf ihrem etwa zeitgleichen Vorstoß auf Char'kov. Bei der Heeresgruppe Nord führte die Offensive gegen den unteren Volchov zu einer Zunahme der Exekutionen. Annähernd die Hälfte der Kommissarerschießungen, die in der Zeit der Offensive von Mitte Oktober bis Anfang Dezember 1941 bei der Heeresgruppe stattfanden, wurden von Verbänden der 16. Armee gemeldet, unter deren Befehl das Unternehmen stand. Auch bei der Heeresgruppe Mitte stiegen die Erschießungszahlen im Oktober 1941 wieder an, nachdem bis dahin seit dem Ende der ersten Feldzugsphase ein steter Rückgang verzeichnet worden war. Allerdings fiel der Zuwachs, gemessen an den Ausmaßen der Operation »Taifun«, die Anfang Oktober begonnen hatte, unverhältnismäßig gering aus. Auch die überwältigenden Erfolge, die gleich zu Beginn des Großangriffs auf Moskau in der Doppelschlacht von Brjansk und Vjaz'ma erzielt wurden, schlugen kaum zu Buche. An diesem disproportionalen Steigungsverhalten der Verlaufskurve der Heeresgruppe Mitte zeigen sich die Grenzen der analytischen Möglichkeiten der Untersuchung, die durch die überlieferungsbedingte Beschränktheit des zugrunde liegenden Quellenkorpus vorgegeben sind.

Wenn die ermittelten Verlaufskurven auf Grund der Überlieferungsdefizite die Proportionen zwischen den militärischen Ereignissen und den damit in Zusammenhang stehenden Exekutionszahlen auch nicht in jedem einzelnen Fall maßstabsgerecht wiedergeben, bilden sie doch zumindest die Tendenzen durchgängig wirklichkeitsgetreu ab. Die Konsistenz der Kurven zeigt sich nicht zuletzt daran, dass die Entwicklungslinien der drei Heeresgruppen weitgehend parallel verlaufen und zumindest in den Phasen der Progression im Juni/Juli und Oktober 1941 sowie in den Phasen der Regression im August und ab November 1941 miteinander übereinstimmen und sich damit im Kern gegenseitig bestätigen. Die innere Stimmigkeit dieser Diagramme ist letztlich ein weiterer Beleg für die Aussagefähigkeit der erzielten Ergebnisse und des Quellenkorpus, auf dem sie basieren, trotz aller überlieferungsbedingter Defizite. Der chronologische und konjunkturelle Verlauf der Vernichtungspolitik gegen die sowjetischen Kommissare ist zuverlässig an den Diagrammen ablesbar. Die meisten Exekutionen fanden in den Phasen statt, in denen die Fronttruppen in die Offensive gingen und Gefangene einbrachten. Die wenigsten Erschießungen ereigneten sich in den Phasen, in denen die Frontverbände in die Defensive zurückgedrängt waren und nur wenig Gefangene machen konnten. Folgerichtig erstreckte sich die entscheidende Phase der Umsetzung des Kommissarbefehls über den gut fünfmonatigen Zeitraum vom 22. Juni bis Anfang Dezember 1941, in dem die Initiative noch auf deutscher Seite lag. Während dieser Monate brachen die Exekutionen zu keinem Zeitpunkt vollständig ab, auch wenn die Größenordnung der Erschießungszahlen nach dem Abschluss der ersten Feldzugsphase dauerhaft absank, weil die Kommissare auf Grund ihrer Tarnung nur noch verhältnismäßig selten unter den Gefangenen identifiziert werden konnten. Die Vernichtungspolitik gegen die Kommissare blieb aber nicht auf die hitzige Anfangsphase des Ostkriegs beschränkt, sondern wurde auch in der Folgezeit fortgeführt und erhielt einen weiteren Schub, als die Offensiven der zweiten Feldzugsphase begannen. Der Automatismus, der zwischen der Höhe der erzielten Erschießungszahlen und den Vorwärtsbewegungen der Front bestand, zeugt davon, dass die Durchführung des Kommissarbefehls untrennbar mit den deutschen Angriffsoperationen korreliert war.

3. Voraussetzungen

Diese Korrelation beruhte auf dem einfachen Umstand, dass nur während der deutschen Offensiven bedeutende Gefangenenzahlen erzielt wurden, während dies in Phasen des Stillstands an der Front oder bei Verteidigungsoperationen nicht oder nur in deutlich geringerem Maße der Fall war. Das Einbringen von Gefangenen bildete aber die entscheidende Voraussetzung dafür, dass die Vernichtungspolitik überhaupt realisiert werden konnte, denn schließlich musste man die gegnerischen Politoffiziere erst einmal in die Hand bekommen, um in der Lage zu sein, den Kommissarbefehl zur Anwendung zu bringen. Die engen Zusammenhänge zwischen den Gefangenenzahlen und den Exekutionszahlen haben sich schon in der Untersuchung der zeitlichen Verteilung der Kommissarerschießungen angedeutet. Die zeitlichen Schwerpunkte der Vernichtungspolitik gegen die Kommissare fielen mit den Höhepunkten der deutschen Offensiven in der ersten und zweiten Feldzugsphase des »Unternehmens Barbarossa« chronologisch zusammen. Und die großen operativen Erfolge, die während dieser Drangphasen erzielt wurden, münzten sich in entsprechend hohen Gefangenenzahlen um. Auf Grund dieser Verkettung bestand ein direkter Konnex zwischen der Höhe der Gesamtsumme der eingebrachten Gefangenen und der Anzahl der Kommissarerschießungen, die sich zeitgleich ereigneten.

Dieser Konnex offenbart sich schon in den Statistiken der höchsten Kommandoebene des Ostheeres, auf der Ebene der Heeresgruppen. Schon in der Anfangsphase des Feldzugs zeigte sich, dass die Heeresgruppe mit den höchsten Gefangenenzahlen auch die meisten Kommissarerschießungen vollstreckte. Die Heeresgruppe Mitte machte während der ersten stürmischen Wochen des Feldzugs im Juni und Juli 1941 insgesamt 580.910 Gefangene und brachte damit den größten Teil der knapp 800.000

12 | Nach der Kesselschlacht: Abgesonderte gefangene Kommissare der Roten Armee bei Uman (August 1941)

Gefangenen ein, die das Ostheer in dieser Phase registrierte.[169] In der gleichen Zeit führte die Heeresgruppe Mitte auch die Erschießungsstatistiken mit deutlichem Abstand an. Mehr als die Hälfte der Kommissarerschießungen, die in diesem Zeitraum im Ostheer stattfanden, wurden von Verbänden der Heeresgruppe Mitte durchgeführt. Die Verhältnisse bei den übrigen beiden Heeresgruppen ergaben in der Anfangsphase des Feldzugs zunächst noch ein widersprüchliches Bild. Die Heeresgruppe Süd machte trotz ihrer Misserfolge in dieser Phase fast drei Mal so viele Gefangene wie die Heeresgruppe Nord, die dafür die größeren operativen Erfolge und territorialen Gewinne vorweisen konnte. Trotzdem bewegten sich die Erschießungszahlen beider Heeresgruppen in etwa auf dem gleichen Niveau, die Heeresgruppe Nord erzielte sogar ein leichtes Übergewicht. Spätestens nachdem alle Schlachten des Jahres 1941 geschlagen waren, pendelten sich die Zahlen aber ein und staffelten sich in der gleichen Reihenfolge, in der die unterschiedlichen Operationsverläufe und Gefangenenzahlen der drei Heeresgruppen abgestuft waren. Bis zum Frühjahr 1942 wurden alle Statistiken von der Heeresgruppe Mitte angeführt, nicht weit dahinter folgte die Heeresgruppe Süd, in etwas größerem Abstand rangierte die Heeresgruppe Nord. Von den bis Ende April 1942 eingebrachten knapp 3,5 Millionen sowjetischen Kriegsgefangenen

---

[169] Vgl. das FNBl. Nr. 27 des AOK 6 und die darin enthaltene Übersicht über die Gefangenenzahlen der drei H.Gr. in der Zeit v. 22.6.-31.7.1941; BA-MA, RH 20-6/491, Bl. 319.

gingen über 1,7 Millionen bei der Heeresgruppe Mitte in Gefangenschaft. Bei der Heeresgruppe Süd waren es immerhin 1,3 Millionen, die Heeresgruppe Nord fiel mit rund 400.000 Kriegsgefangenen deutlich ab.[170] Die Anteile, die die drei Heeresgruppen von der Gesamtzahl der Gefangenen jeweils auf sich vereinten, waren beinahe identisch mit den Anteilen, die sie zur Gesamtsumme der Kommissarerschießungen beitrugen, die im Gefechtsgebiet an der Ostfront im gleichen Zeitraum stattfanden. Die Frontverbände der Heeresgruppe Mitte machten etwa 50 % der sowjetischen Kriegsgefangenen und waren für rund 48 % der Kommissarerschießungen verantwortlich. Die Kampftruppen der Heeresgruppe Süd brachten 38 % der Gefangenen ein und kamen auf fast 35 % der Exekutionen. Die Fronteinheiten der Heeresgruppe Nord erzielten etwa 12 % der Gefangenenzahlen und gut 17 % der Erschießungszahlen. Die weit reichenden Übereinstimmungen zwischen den Proportionen der Gefangenenzahlen und der Erschießungszahlen belegen eindrucksvoll, dass zwischen beiden Größen ein Kausalzusammenhang bestand.

Wie sehr die Umsetzung der Kommissarrichtlinien von der Voraussetzung hoher Gefangenenzahlen abhängig war, zeigte sich im Negativen auf dem finnischen Kriegsschauplatz, wo das AOK Norwegen unter dem Befehl Generaloberst Falkenhorsts mit zwei schwachen deutschen Korps, denen insgesamt nur vier Divisionen zur Verfügung standen, sowie den finnischen Verbündeten erst am 29. Juni 1941 zum Angriff antrat. Die Offensiven der Norwegenarmee waren ein einziger Fehlschlag und waren wohl von vornherein zum Scheitern verurteilt, da die verfügbaren Kräfte zu schwach, der Gegner zu stark, das Gelände zu ungünstig und der Operationsplan zu mangelhaft war.[171] Während die Angriffe des Gebirgskorps Norwegen noch im Juli 1941 unter hohen Verlusten wieder eingestellt werden mussten und der zweite Anlauf Anfang September 1941 ebenfalls nach zehn Tagen wieder abgebrochen wurde, kam auch der Vormarsch des benachbarten Höheren Kommandos XXXVI bis Mitte September endgültig zum Stehen. Nachdem die beiden Korps bis dahin nur 40 bzw. 60 Kilometer Boden erkämpft und dafür äußerst teuer bezahlt hatten und ihre Verbände schon in der zweiten Septemberhälfte in die Defensive übergegangen waren, befahl Hitler schließlich am 10. Oktober 1941 die Einstellung aller Angriffe und die Einrichtung zur Abwehr. Damit war der kurze Bewegungskrieg an der Nebenfront in Finnland beendet, ohne dass die Ziele auch nur annähernd erreicht worden waren. Der operative Misserfolg der Norwegenarmee schlug sich nicht nur in ihren minimalen Bodengewinnen, sondern auch in ihren verschwindend geringen Gefangenenzahlen nieder. Bis zum Abbruch der Offensiven Mitte September 1941 brachten Falkenhorsts Verbände nur etwas mehr als 3700 Gefangene ein, darunter lediglich 40 Offiziere[172] – Zahlen, die selbst von einer gewöhnlichen Infanteriedivision an den Hauptabschnitten der Ostfront schon innerhalb weniger Tage mühelos übertroffen werden konnten.[173]

---

[170] Vgl. die Übersicht des OKH/FHO v. 26.5.1942; BA-MA, RH 2/2733, Bl. 346.
[171] Vgl. zu den Operationen der Norwegenarmee auch im Folgenden UEBERSCHÄR, Kriegführung, S. 810-818, 828-832.
[172] Eintrag im KTB (Qu. 2) des AOK Norwegen v. 17.9.1941; BA-MA, RH 20-20/203, Bl 78.
[173] Die 86. Inf.Div. z. B. machte innerhalb von vier Tagen im August 1941 über 4100 Gefangene, darunter 49 Offiziere, vgl. den Eintrag im KTB der 86. Inf.Div. v. 27.8.1941; BA-MA, RH 26-86/7, Bl. 20.

2. Dimensionen und Strukturen 379

Da in Folge des Ausbleibens von größeren Gefangenenzahlen eine wesentliche Voraussetzung für die Durchführung des Kommissarbefehls nicht erfüllt war, kam die Vernichtungspolitik an der Finnlandfront kaum zum Tragen. In den Akten der Norwegenarmee ist insgesamt nur ein einziger Fall überliefert, in dem ein sowjetischer Gefangener im Bereich des Gebirgskorps Norwegen »dem Befehl des Führers gemäss erschossen« wurde.[174] Bezeichnenderweise handelte es sich bei dem Opfer der Exekution noch nicht einmal um einen veritablen Politoffizier, sondern lediglich um einen gewöhnlichen Rotarmisten, der allerdings »Partei-Mitglied« sowie Angehöriger eines »GPU-Rgts.« war und durch sein Verhalten im Verhör den Zorn der Vernehmungsoffiziere auf sich gezogen hatte. Allerdings belegt ein Feldpostbrief, den ein Mannschaftssoldat der 2. Gebirgsdivision Anfang August 1941 schrieb, dass es auch auf diesem Kriegsschauplatz Praxis war, dass keine Gefangenen gemacht und ergriffene Kommissare sofort »liquidiert« wurden.[175] In den dienstlichen Unterlagen der Norwegen-Armee sind dennoch aus dem gesamten Zeitraum des Bewegungskrieges und der Folgezeit lediglich fünf Gefangennahmen von sowjetischen Politoffizieren aktenkundig geworden, bei denen es sich durchweg um Politruks handelte und deren weiteres Schicksal aus den erhaltenen Akten nicht hervorgeht.[176] Im gesamten Aktenbestand der Norwegen-Armee sind außerdem keinerlei Meldevorgänge über die Durchführung der Kommissarrichtlinien enthalten, noch nicht einmal eine einzige »Fehlanzeige«-Meldung ist überliefert. Immerhin sind Aussonderungen von »politisch untragbare[n] Personen« aus den Gefangenenlagern der Armee belegt, die nachweislich auch schon vor den entsprechenden Verfügungen des OKW und des OKH stattfanden.[177] Dennoch kam der Kommissarbefehl an der Finnlandfront offenbar nur in sehr begrenztem Umfang zur Ausführung.

Dabei war die Absicht der Armeeführung und der unterstellten Verbände zur Umsetzung der Kommissarrichtlinien zweifellos vorhanden, was etliche Quellen in den Akten der Armee und ihrer Korps eindeutig belegen. Die Armeeführung hatte die

---

174 Vgl. den Vernehmungsbericht Nr. 132 der 2. Geb.Div./Ic v. 15.9.1941; BA-MA, RH 28-2/54.
175 Vgl. den Feldpostbrief v. 7.8.1941 bei Latzel, Soldaten, S. 198, Anm. 60. Mitteilung von Dr. Klaus Latzel an den Vf. über die Divisionszugehörigkeit des Briefschreibers v. 29.5.2007.
176 Vgl. die Ic-Morgenmeldung der 3. Geb.Div. v. 5.8.1941; BA-MA, RH 28-3/24. Vgl. den Nachtrag zur Ic-Abendmeldung vom 25.8.1941 der 169. Inf.Div. v. 26.8.1941, 04.30 Uhr; BA-MA, RH 24-36/127. Vgl. den Bericht der 169. Inf.Div./Abt. Ic, betr. »Gefangener Merkuloff«, v. 30.7.1941; BA-MA, RH 26-169/98, Anl. 308. Vgl. die Einträge im TB (Ic) der SS-Div. »Nord« v. 1.1.-15.6.1942 über die Gefangennahme von zwei Politruks im Frühjahr 1942, die beide dem AOK Norwegen übergeben wurden; BA-MA, RS 3-6/30, Bl. 7. Die Meldung über die Gefangennahme eines Kommissars durch die 169. Inf.Div. im KTB des Höh.Kdo. XXXVI, Eintrag v. 8.7.1941, beruhte dagegen auf einem Missverständnis; BA-MA, RH 24-36/27, Bl. 79. Dies zeigen die Ic-Unterlagen der 169. Inf.Div. v. 8.7.1941; BA-MA, RH 26-169/96.
177 Eintrag im KTB (Qu. 2) des AOK Norwegen v. 1.8.1941; BA-MA, RH 20-20/203, Bl. 40. Schon Anfang Juli 1941 erging ein »Befehl, wonach die kommunistischen Elemente und Funktionäre von den übrigen Kriegsgefangenen zu trennen und den Beamten der finnischen Staatspolizei zu übergeben sind«, vgl. ebd., Eintrag v. 8.7.1941, Bl. 23. Zur Zusammenarbeit des AOK Norwegen und des zugewiesenen SS-Führers mit der »finnischen Staatspolizei« vgl. auch ebd., Eintrag v. 23.6.1941, Bl. 15. Vgl. zu den Aussonderungen exemplarisch die Gefangenenmeldung des Stalag 309 v. 8.9.1941, in der die Übergabe von sechs Gefangenen »an finn. Staatspolizei« vermerkt ist; BA-MA, RH 20-20/306, Bl. 335. Es ist belegt, dass 2900 ausgesonderte Personen, darunter angeblich 118 politische Kommissare, von der finnischen Staatspolizei der SS übergeben wurden, vgl. Förster, Verbündete, S. 96.

Kommissarrichtlinien routinemäßig auf verschiedenen Dienstwegen an die unterstellten Verbände bekannt gegeben.[178] Wie viel Wert das AOK auf die Durchführung des Kommissarbefehls legte, zeigte sich daran, dass es nicht nur in dem von ihm verfassten Merkblatt zur »Warnung vor heimtückischer Sowjetkriegsführung« einen entsprechenden Hinweis anbrachte[179], sondern die wesentlichen Bestimmungen der Kommissarrichtlinien entgegen dem ausdrücklichen Verbot des OKW sogar schriftlich in einem Versorgungsbefehl niederlegte und weitergab.[180] Mitte Juli 1941 wies der Qu. 2-Offizier des AOK Norwegen den Kommandanten des unterstellten Stalag 309 »in nicht misszuverstehender Weise« zurecht, weil dieser es gewagt hatte, in einem Schreiben nachzufragen, ob nicht das »Genfer Abkommen« auch auf die sowjetischen Kriegsgefangenen anzuwenden sei.[181] Um den Stalag-Kommandanten daran zu erinnern, »dass die Kriegsgefangenen der Roten Armee mit anderen Augen anzusehen sind, als die Kriegsgefangenen anderer Nationen« und »irgend eine Milde den russischen Gefangenen gegenüber durchaus unangebracht« sei, zitierte der Qu. 2 unter anderem aus dem »Befehl des O.K.W. vom 6.6.41« und rief die Bestimmungen der Kommissarrichtlinien ins Gedächtnis, was erneut verdeutlichte, wie weit die Übereinstimmung der Armeeführung mit den ›verbrecherischen Befehlen‹ reichte. Auch die unterstellten Verbände ergriffen alle erforderlichen Maßnahmen, um die Kommissarrichtlinien umzusetzen. Das Gebirgskorps Norwegen befahl ihren Divisionen noch kurz vor Beginn des Angriffs, künftig »über die Erschiessung der politischen Kommissare […] täglich zu melden«.[182] Einen knappen Monat später ordnete das Korps an, »gefangengenommene politische Kommissare zur Vernehmung der Div. bezw. dem Gebirgskorps zuzuführen« und »diese Kommissare […] daher möglichst lebend gefangen zu nehmen«.[183] Dennoch vergaß das Generalkommando auch im weiteren Verlauf der Operationen nicht, die Verbände darauf hinzuweisen, bei der »Behandlung russischer Gefangener« »besonderes Augenmerk […] den politischen Kommissaren

---

[178] Vgl. den Eintrag im KTB (Qu. 2) des AOK Norwegen v. 22.6.1941; BA-MA, RH 20-20/203, Bl. 14. Vgl. den Eintrag im TB (Ia) des GKN v. 17.6.1941; BA-MA, RH 24-19/10, Bl. 19 f. Zur Weitergabe durch das GKN vgl. die Einträge im TB (Ic) des GKN v. 19.6./20.6.1941; BA-MA, RH 24-19/145, Bl. 2, 7. Zur Weitergabe durch den Kdr. der 2. Geb.Div. im Beisein des OB vgl. den Eintrag im KTB der 2. Geb.Div. v. 21.6.1941; BA-MA, RH 28-2/11, S. 5 f.

[179] Vgl. das von Falkenhorst unterzeichnete Merkblatt »Warnung vor heimtückischer Sowjetkriegsführung«; BA-MA, RW 39/20, Anl. 20. Ein Punkt lautet: »Besondere Aufmerksamkeit auf Geistliche, Kommissare und Juden!«

[180] Befehl des AOK Norwegen/Befehlsstelle Finnland/O.Qu./Qu. 2/IVa, Nr. 42/41 g.Kdos., Besondere Anordnung für die Versorgung Nr. 7, v .19.6.1941; BA-MA, RH 20-20/306, Anl. 9a, hier Bl. 68. Einen weiteren Hinweis nahm man auf in den Befehl AOK Norwegen/Befehlsstelle Finnland/O. Qu./Qu. 2 Nr. 38/41 g.Kdos. v. 22.6.1941, an das GKN, XXXVI. AK, III. finn. AK; BA-MA, RH 20-20/306, Anl. 13a, hier Bl. 98. Auch im »Merkblatt über Behandlung von Kriegsgefangenen« war ein entsprechender Hinweis enthalten, AOK Norwegen/Befehlsstelle Finnland/Abt. Ic/Qu. 2, o. D.; BA-MA, RH 20-20/306, Anl. 13b. Zur Bekämpfung der zivilen sowjetischen Funktionäre und der militärischen Politoffiziere vgl. außerdem den Befehl AOK Norwegen/Befehlsstelle Finnland/Abt. Qu. 2 Nr. 72/41 g.Kdos. v. 27.6.1941; BA-MA, RH 20-20/306, Anl. 17.

[181] Vgl. das Schreiben des Stalag 309/Kdt., OTL Unger, an das AOK Norwegen/O.Qu./Qu. 2 v. 16.7.1941 und die Notizen und Reaktionen der Empfänger; BA-MA, RH 20-20/306, Bl. 187-189.

[182] Befehl des GKN/Abt. Ic Nr. 136/41 g.Kdos. Chefs. v. 27.6.1941; BA-MA, RH 24-19/145, Bl. 157.

[183] Fernspruch der 3. Geb.Div./Abt. Ic an unterstellte Einheiten v. 22.7.1941, 14.00-14.15 Uhr; BA-MA, RH 28-3/23, Anl. 106.

und Leitern zuzuwenden«.[184] Das Höhere Kommando XXXVI, das im Nachbarabschnitt eingesetzt war, plädierte noch Anfang September 1941 dafür, in den Gefangenenlagern V-Leute einzusetzen, »um damit möglichst frühzeitig unbelehrbare Kommunisten und Hetzer ausfindig zu machen und liquidieren zu können«.[185] Auch die unterstellte 169. Infanteriedivision bemühte sich, unter den Kriegsgefangenen Kollaborateure »zum Herausfinden von Politruks usw.« zu gewinnen.[186] Der Wille, den Kommissarbefehl umzusetzen, war in der Norwegen-Armee also erkennbar ausgeprägt. Das einzige, was der Realisierung des Mordprogramms entgegenstand, war der Umstand, dass man die gegnerischen Politoffiziere gar nicht erst in die Hände bekam. So fiel auch die Bilanz der SS-Division »Nord«, die bei den Angriffen Anfang Juli 1941 auf ganzer Linie versagte und bald nur noch Verteidigungsaufgaben leisten konnte, bis zum Herbst 1941 leer aus. Man war zwar bereit, den Befehl zur »Absonderung von gefangenen Kommissaren« und »kommunistischen Elemente[n]« auszuführen, mit allem, was damit verbunden war.[187] Doch »die Durchführung des […] Befehls erübrigte sich, da der SS-Div. Nord derartige Elemente nicht in die Hände fielen«. An dieser Hürde scheiterte die Durchführung des Kommissarbefehls in der gesamten Norwegen-Armee. Weil die Operationen schon frühzeitig misslangen und deswegen kaum nennenswerte Gefangenenzahlen erzielt werden konnten, kam man gar nicht erst in die Situation, die Kommissarrichtlinien zur Anwendung zu bringen, obwohl man es beabsichtigte. An anderer Stelle an der Ostfront eingesetzt, hätte das AOK Norwegen vermutlich mindestens durchschnittliche Erschießungszahlen verbucht. An der Finnlandfront aber fehlten hierzu die Voraussetzungen. Die militärischen Operationen und die Vernichtungspolitik waren nicht nur im Erfolg, sondern auch im Scheitern miteinander verbunden.

Während der Exkurs an die Finnlandfront die Abhängigkeit der Erschießungszahlen von den Gefangenenzahlen im Negativen gezeigt hat, belegen die Akten der Verbände, die an den Hauptfronten kämpften, diesen Zusammenhang im Positiven. In den wenigen Teilbereichen, in denen die Voraussetzung einer weitgehend lückenlosen Überlieferung der Sammelmeldungen über den Vollzug des Kommissarbefehls vorliegt, ist es möglich, diese Korrelation auf der Armeeebene sichtbar zu machen und auch diachron nachzuzeichnen. Vom AOK 2 liegen die summarischen Terminmeldungen zumindest bis zum September 1941 vor, so dass die Interdependenzen zwischen Gefangenenzahlen und Erschießungszahlen wenigstens für die Anfangsmonate des Ostfeldzugs untersucht werden können. Die Entwicklung der Gefangenenzahlen der 2. Armee entsprach dem Verlauf, den die operative Lageentwicklung in diesem Frontabschnitt nahm:

---

[184] Befehl GKN/Abt. Ic, betr. Behandlung russischer Gefangener, v. 15.8.1941; BA-MA, RH 24-19/147, Bl. 240.
[185] Schreiben des XXXVI. AK/Abt. Ic/Ia an AOK 20 v. 9.9.1941; BA-MA, RH 20-20/204, Bl. 4.
[186] Begleitschreiben der 169. Inf.Div./Abt. Ic an Stalag 309 v. 22.8.1941; BA-MA, RH 26-169/99, Anl. 459.
[187] Vgl. hierzu und zum Folgenden den Eintrag im TB (Ic) der SS-Div. »Nord« v. 18.6.-9.11.1941; BA-MA, RS 3-6/29, Bl. 7. Vgl. hierzu den Befehl AOK Norwegen/Befehlsstelle Finnland/Qu. 2 Nr. 59/41 g.Kdos. v. 8.7.1941, an GKN, XXXVI.AK, III. finn. AK, Stalag 309, Stalag 322; BA-MA, RH 20-20/306, Bl. 143. Weitergeleitet durch den Befehl XXXVI. AK/Abt. Ic Nr. 82/41 v. 12.7.1941; BA-MA, RH 26-169/96, Anl. 184.

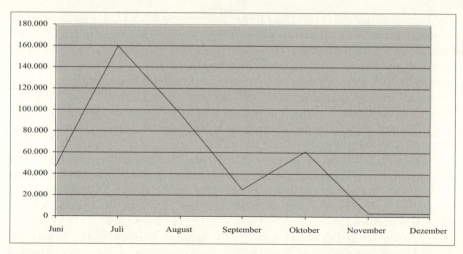

Diagramm 4: Entwicklung der Gefangenenzahlen bei der 2. Armee Juni-Dezember 1941

Bereits das Erscheinungsbild dieser Kurve erinnert unverkennbar an die Chronologie der Kommissarerschießungen, die einen verblüffend ähnlichen Verlauf aufwies. Auch die Zahlenentwicklung glich sich. Von den insgesamt 394.366 sowjetischen Kriegsgefangenen, die die 2. Armee vom Beginn der Operationen bis zum Jahresende 1941 machte, wurde der Großteil, nämlich 206.294 Gefangene, in der stärksten Drangphase des Ostheeres während der beiden Anfangsmonate des Feldzugs im Juni und Juli 1941 eingebracht.[188] Gegenüber der Anfangsphase des »Unternehmens Barbarossa« fielen die Gefangenenzahlen in den beiden Folgemonaten deutlich ab. Im August 1941 registrierte das AOK 2 immerhin noch 95.481 Gefangene, die vor allem aus den Schlachten bei Gomel und Kritschev, Tschernigov und Romny stammten, die zur Anbahnung der Umfassung Kievs geschlagen wurden.[189] Nachdem die 2. Armee diese Aufgaben gelöst hatte, gingen ihre Gefangenenzahlen weiter zurück, im September 1941 nahmen ihre Verbände nur noch 25.584 Rotarmisten gefangen. Genauso wie die Entwicklungslinie der Gefangenenzahlen wies auch die Verlaufskurve der Kommissarerschießungen bei der 2. Armee nach dem Abschluss der ersten Feldzugsphase seit Ende Juli 1941 stetig nach unten.

Von den insgesamt 268 Kommissarerschießungen, die das AOK 2 im Jahr 1941 meldete, entfielen die meisten, nämlich 171 Exekutionen, auf die Anfangsphase des Feldzugs im Juni und Juli 1941. Im August fanden bereits deutlich weniger Kommis-

---

[188] Zu den Gefangenenzahlen der 2. Armee im Jahr 1941 vgl. die Übersicht der Abt. O.Qu.; BA-MA, RH 20-2/1445.
[189] Vgl. die Übersicht der H.Gr. Mitte/Abt. Ic/AO über die Gefangenenzahlen bei den unterstellten Armeen v. 28.9.1941; BA-MA, RH 2/2638, Bl. 40 f.

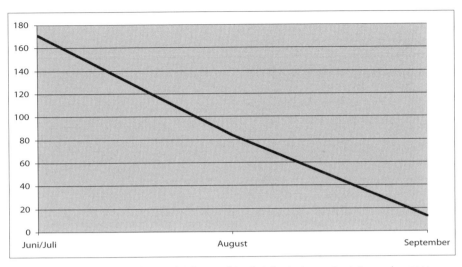

Diagramm 5: Entwicklung der Erschießungszahlen bei der 2. Armee Juni-September 1941

sarerschießungen statt, nämlich 84 Hinrichtungen. Im September fiel die Zahl noch tiefer ab und betrug nur 13 Exekutionen. Diese Daten belegen eine erstaunlich weit reichende Koinzidenz der Entwicklung der Gefangenenziffern einerseits und der Erschießungszahlen andererseits; das Diagramm der Erschießungszahlen wirkt fast wie ein Teilausschnitt aus der Verlaufskurve der Gefangenenzahlen. Im Juni und Juli 1941 brachten die Truppen der 2. Armee 63 % der Gefangenen ein, die sie im gesamten Feldzugsjahr 1941 machten; im gleichen Zeitraum fanden in der 2. Armee 64 % der Kommissarerschießungen statt, die das AOK 2 bis zum Jahresende registrierte. Im August 1941 verzeichnete die 2. Armee 24 % ihrer Gefangenenzahlen und 31 % ihrer Exekutionszahlen. Im September 1941 sank die Gefangenenzahl der 2. Armee auf den Tiefstand von 6 % ab, die Zahl der Kommissarerschießungen ging parallel dazu auf 5 % zurück.[190]

Die penible buchhalterische Sorgfalt der Ic-Abteilung der Panzergruppe 2 bei der Erfassung der Vollzugsmeldungen hat die Voraussetzungen dafür geschaffen, dass die Zusammenhänge zwischen der Zahl der Kommissarerschießungen und den Gefangenenziffern bei der Panzergruppe über die gesamte zweite Jahreshälfte 1941 nachgezeichnet werden können. Auch hier offenbaren sich weitgehend die gleichen Ten-

---

[190] Wenn man den Zahlenvergleich auf die Monate von Juni-September beschränkt und nur die Gefangenenzahlen aus diesem Zeitraum berücksichtigt (327.359), da aus dem restlichen Jahr 1941 keine Vollzugsmeldungen des AOK 2 mehr überliefert sind, verändern sich die Quoten nur geringfügig. Die Zahlenverhältnisse betragen dann 63 % Gefangene zu 64 % Exekutionen (Juni/Juli), 29 % zu 31 % (August), 8 % zu 5 % (September).

384 V. Die Umsetzung der Kommissarrichtlinien

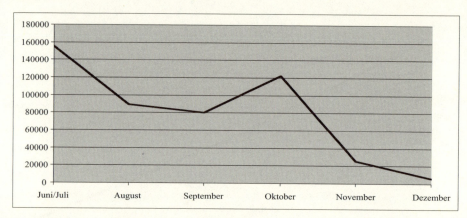

Diagramm 6: Entwicklung der Gefangenenzahlen bei der Pz.Gr. 2 Juni-Dezember 1941

Diagramm 7: Entwicklung der Erschießungszahlen der Panzergruppe 2 Juni-Dezember 1941

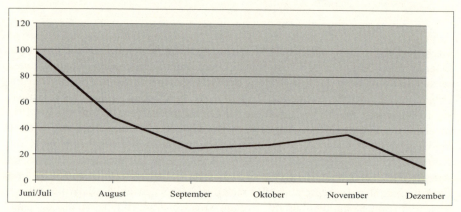

denzen. Im Juni und Juli 1941 war die Gesamtgefangenenzahl von 478.488 Gefangenen, die die Panzergruppe 2 bis zum Jahresende 1941 noch erzielen sollte, bereits zu 32 % erreicht.[191] Im gleichen Zeitraum ereigneten sich 40 % der Kommissarerschießungen, die die Verbände der Panzergruppe während des Feldzugs im Jahr 1941 durchführten. Im August betrugen die Zahlenverhältnisse 19 % zu 20 %, im September 17 % zu 10 %. Die dramatische Lageentwicklung und die hohen Gefangenenzahlen des Unternehmens »Taifun«, des Großangriffs auf Moskau, spiegelten sich in den Zahlen der Panzergruppe 2 dagegen nicht maßstabsgerecht und auch nur zeitlich versetzt wider. Im Oktober 1941 verzeichnete die Panzergruppe 25 % ihrer Gesamtgefangenenzahl, aber nur 11 % der Erschießungen. Im November dann wurden nur 5 % der Gefangenen eingebracht, dafür aber 15 % der Exekutionen durchgeführt. Der Widerspruch zu den bisher beobachteten Zahlenverhältnissen löst sich in gewissem Grade auf, wenn man die Werte aus den beiden Monaten des Angriffs auf Moskau zusammen betrachtet. Aus diesem Blickwinkel belief sich die Gefangenenzahl aus dem Oktober und November auf 30 %, der Anteil der Kommissarerschießungen auf 26 %, so dass die Quoten weitgehend ausgeglichen waren. Im Dezember 1941 bewegten sich die Zahlen dann wieder im üblichen Gleichschritt. Während in diesem Monat nur 1 % der Kriegsgefangenen eingebracht wurde, betrug auch die Zahl der Exekutionen nur 4 % der Gesamtsumme des Jahres 1941. Auch wenn die Exekutionsziffern der Panzergruppe im Oktober 1941 die hohen Gefangenenzahlen aus den Operationen gegen Moskau nicht in der gleichen Proportionalität und nur mit Zeitverzug abbildeten, stimmten doch die Verlaufskurven beider Statistiken zumindest in ihren Tendenzen überein. Nach dem ersten Höhepunkt im Juni und Juli 1941 fielen beide Kurven im August und September ab, bevor in der Zeit des Angriffs auf Moskau ein erneuter Anstieg zu verzeichnen war. Nach dem Scheitern des Unternehmens »Taifun« stürzten die Kurven im Dezember 1941 endgültig ab.

Die gleichen Wellenbewegungen machten die Verlaufskurven auch in den Statistiken des vorgesetzten Heeresgruppenkommandos Mitte. In der Anfangsphase des Ostfeldzugs bis zum Abschluss der Schlacht von Smolensk Anfang August 1941 fielen die Gefangenenzahlen der Heeresgruppe außerordentlich hoch aus und betrugen 647.603 Rotarmisten.[192] In der darauf folgenden Phase zwischen Anfang August und Ende September 1941 wurde ein Rückgang der Gefangenenzahlen verzeichnet: In dieser Phase, als der Angriff auf Moskau stillstand, wurden 380.828 Gefangene eingebracht, die vor allem aus den Operationen an der Südflanke der Heeresgruppe stammten, die zur Unterstützung des Angriffs auf Kiev dienten. Als Anfang Oktober der Großangriff auf Moskau begann und in der Doppelschlacht von Brjansk und Vjaz'ma ein gewaltiger Erfolg erzielt wurde, explodierten die Gefangenenzahlen erneut: Bis zum 18. Oktober machten die Truppen der Heeresgruppe 673.098 Gefangene und übertrafen damit sogar die Zahlen aus der Anfangsphase des Feldzugs. Von diesem Zeitpunkt an fielen die Zahlen der Heeresgruppe stetig ab. In der Zeit bis Mitte November wurden immerhin noch 116.073 Gefangene gemacht, bis zum Ende des Monats November dann nur noch 71.827. Die Zahl der Kommissarerschießungen entwickelte sich weitgehend

---

[191] Zu den Gefangenenzahlen der Pz.Gr. 2 im Jahr 1941 vgl. die Übersichten der Abt. Ic; BA-MA, RH 21-2/638.
[192] Zu den Gefangenenzahlen der H.Gr. Mitte v. 22.6.-1.12.1941 vgl. die Übersichten der H.Gr. und des OKH/FHO; BA-MA, RH 2/2638, Bl. 9, 11, 12, 39, 40-42, 56.

parallel zum Wachstum der Gefangenensummen der Heeresgruppe. Im Juni und Juli 1941 nahmen die Truppen der Heeresgruppe 585 Exekutionen an sowjetischen Kommissaren vor, womit bereits mehr als die Hälfte der Kommissarerschießungen stattgefunden hatte, die 1941 im Mittelabschnitt der Ostfront registriert wurden. Nach diesem absoluten Höhepunkt war die Kurve der Erschießungszahlen im August und September stark im Sinken begriffen, es wurden nur noch 116 bzw. 99 Exekutionen aktenkundig. Im Oktober 1941 fand dann gegenüber dem Vormonat wiederum ein Anstieg der Exekutionszahlen statt, der gemessen an den Dimensionen der Doppelschlacht von Brjansk und Vjaz'ma allerdings mit 112 Erschießungen unverhältnismäßig schwach ins Gewicht fiel. Im November und Dezember fiel die Verlaufskurve schließlich immer steiler ab, als nur noch 54 bzw. 18 Kommissarerschießungen gemeldet wurden. Auch wenn die Proportionen zwischen den Zahlenentwicklungen im Monat Oktober die Realitäten nicht angemessen widerspiegelten, waren die Tendenzen der Kurven doch zu jedem Zeitpunkt des Feldzugs deckungsgleich. Die Scheitelpunkte und Talsohlen der Entwicklungen waren zwar unterschiedlich hoch und tief, wurden aber jeweils synchron durchschritten.

Dass die parallele Entwicklung von Gefangenenzahlen und Erschießungszahlen nicht bei allen Armeeoberkommandos des Ostheeres zu beobachten ist, war in erster Linie eine Folge der Überlieferungslücken, die in den Aktenbeständen der betreffenden Armeen klaffen. Bei der Panzergruppe 1 etwa verliefen die Kurven der Gefangenenziffern und der nachweisbaren Kommissarerschießungen zum Teil stark gegenläufig.[193] Während die Kurve der Gefangenenzahlen der Panzergruppe in der Folge der Schlacht um Kiev ihren absoluten Höhepunkt im September 1941 erreichte, lagen die Scheitelpunkte der Exekutionsziffern im Juni und Juli und dann wieder im Oktober 1941. Als die Gefangenenzahlen der Panzergruppe im September 1941 ihren Höhepunkt erreichten, war die Zahl der Kommissarerschießungen zur gleichen Zeit auf ihrem Tiefpunkt angelangt. Diese diametralen Entwicklungstendenzen erklären sich allerdings vor allem damit, dass in den Akten der Panzergruppe nur aus dem Juni und Juli sowie dem Oktober und November Sammelmeldungen von unterstellten Korps über den Vollzug des Kommissarbefehls überliefert sind, was nicht damit gleichzusetzen ist, dass Kommissarerschießungen ausschließlich in diesen Zeiträumen stattgefunden haben, in der Zwischenzeit aber nicht. Aus den Monaten August und September liegen keine Terminmeldungen und auch keine Fehlanzeige-Meldungen vor. Der starke Widerspruch zwischen dem Tiefstand der Verlaufskurve der Exekutionszahlen in dieser Phase und dem zeitgleichen Hochstand der Gefangenenzahlen löst sich weitgehend auf, wenn man diese Überlieferungsdefizite in Rechnung stellt.

Die Ursache dafür, dass die Korrelation zwischen Gefangenenzahlen und Erschießungszahlen nicht in den Statistiken aller Armeen ablesbar ist, liegt darin, dass nicht von allen Armeen vollständige Statistiken vorliegen. In der Gesamtschau des Ostheeres sind die Tendenzen, die sich schon in den geschilderten Fallbeispielen mit großer Deutlichkeit abgezeichnet haben, unübersehbar. Die Entwicklungskurven der Gefangenenzahlen und der Erschießungszahlen, die das Ostheer im Jahre 1941 insgesamt verzeichnete, verliefen in etwa gleichförmig und wiesen dieselben Tendenzen auf.

---

[193] Vgl. die Übersichten der Pz.Gr. 1 über die Gefangenenzahlen v. 22.6.1941-30.3.1942; BA-MA, RH 21-1/157, 484.

Sowohl die Gefangenzahlen des Ostheeres als auch die Exekutionszahlen erreichten ihre Höhepunkte zeitgleich zu Beginn des Feldzugs im Juni und Juli 1941 und dann wieder in der zweiten Feldzugsphase im September und Oktober 1941. In den Perioden dazwischen und danach, also im August und ab November 1941, sanken in den meisten Abschnitten der Ostfront sowohl die Gefangenenzahlen als auch die Exekutionsziffern. Die Exekutionsziffern stiegen und sanken mit den Gefangenenzahlen des Ostheeres. Die Durchführung des Kommissarbefehls stand und fiel mit der Einbringung von Gefangenen. Je höher die Gefangenenzahl war, die ein Verband erzielte, desto höher war die Wahrscheinlichkeit, dass sich unter den Gefangenengruppen sowjetische Kommissare befanden, identifiziert wurden und die deutschen Truppen in die Situation kamen, den Kommissarbefehl anwenden zu müssen. Auch in dieser Hinsicht stand die Umsetzung des Kommissarbefehls in Abhängigkeit vom Verlauf der militärischen Operationen. Der Vergleich der beiden Kurven offenbart noch eine weitere signifikante Tendenz. Die Scheitelpunkte der Entwicklungen fielen jeweils unterschiedlich hoch aus. Die Gefangenenzahlen des Ostheeres waren in der zweiten Feldzugsphase im September und Oktober 1941 sogar noch etwas höher als in der Eröffnungsphase im Juni und Juli 1941; die Kurve der Exekutionszahlen durchschritt dagegen gleich in den Anfangswochen ihren Zenit und erreichte in der zweiten Feldzugsphase nur ein deutlich niedrigeres Niveau. Dass die Erschießungszahlen in der zweiten Feldzugsphase so weit hinter den Gefangenenzahlen zurück hingen, war eine Auswirkung der Tarnung der Kommissare, deren Selektion in den gewaltigen Gefangenenmassen wesentlich seltener gelang als in den ersten Wochen des Krieges, als die Kommissare noch anhand ihrer Rangabzeichen identifiziert werden konnten. Dass die Exekutionszahlen trotz dieser Hindernisse im September und Oktober 1941 noch einmal anstiegen und im Oktober immerhin fast zwei Drittel der Zahlen des Monats Juli erreicht wurden, zeugt davon, dass die Bereitschaft zur Befolgung des Kommissarbefehls im Ostheer auch während der zweiten Phase des »Unternehmens Barbarossa« weiterhin vorhanden war.

4. TATORTE

Ein weiterer Schlüssel zur Rekonstruktion des Kontextes der Kommissarerschießungen liegt in der räumlichen Verortung der Schauplätze der Exekutionen im Operationsgebiet. Zwar ermöglichen es die Quellen nur in einem Bruchteil der Fälle, die Erschießungen geographisch exakt zu lokalisieren. Ein Erfolg versprechender Ansatzpunkt zur Aufspürung der Tatorte besteht jedoch in der Aufschlüsselung der Waffengattungen der Verbände, die die Erschießungen durchführten. Die Waffengattung der Fronteinheiten bietet sich als Analysekriterium zur Verortung der Verbrechen an, da sie die Truppen für bestimmte Einsatzorte im Operationsgebiet prädestinierte. In der Regel waren die Panzerdivisionen und motorisierten Infanteriedivisionen die Speerspitzen der deutschen Offensiven und häufiger und unmittelbarer in das Kampfgeschehen involviert als die gewöhnlichen Infanteriedivisionen, die nur über wenige Gefechtsfahrzeuge verfügten und zumindest während der ersten fünf Monate des Ostkrieges im Durchschnitt eine geringere Verweildauer in der vordersten Kampflinie vorweisen konnten als die schnellen Truppen. Diese Aufgabenteilung war integraler

Bestandteil der deutschen Blitzkriegstaktik. Die schnellen gepanzerten Truppen waren dafür vorgesehen, Breschen in die feindliche Front zu schlagen und keilförmig möglichst schnell und weit vorzudringen, um den nachfolgenden Infanterieverbänden den Weg zu bahnen, die ihrerseits die Flanken und den Rücken der vorwärts stürmenden Panzerverbände deckten und die überrollten Gebiete von versprengten Feindteilen »säuberten«. Die Infanteriearmeen des Ostheeres kämpften gerade in der Anfangsphase des Ostfeldzugs für gewöhnlich räumlich versetzt, hinter den vorpreschenden Panzergruppen und hatten nach den Grenzschlachten häufig sogar große Mühe, die Verbindung zu ihnen nicht abreißen zu lassen. Die Infanteriearmeen besetzten zwar weite Strecken der Hauptkampflinien und unternahmen in ihren Angriffsstreifen ebenfalls laufend Vorstöße. Dennoch waren die schnellen Truppen auf Grund ihrer Verwendung in den Operationsschwerpunkten im Durchschnitt an mehr Angriffsoperationen beteiligt und verzeichneten eine höhere Anzahl von offensiven Gefechtstagen an den Hauptkampflinien als die bespannten Infanteriedivisionen. Zumindest während des Bewegungskrieges im Jahr 1941 befanden sich die schnellen Truppen insgesamt länger »am Feind« und waren tiefer in seine Front eingebrochen als die zurückhängenden Infanterieverbände. Daher ist die Waffengattung der Fronteinheiten ein Kriterium, das direkte Rückschlüsse auf ihre vorwiegende Einsatzform und ihren räumlichen Wirkungskreis im Operationsgebiet zulässt.

Um die Zusammenhänge zwischen den Einsatzorten der Frontverbände und den Kommissarerschießungen zu untersuchen, wird der Blick zunächst auf die Divisionsebene gerichtet und die Anteile der verschiedenen Divisionstypen an der Gesamtsumme der belegten Exekutionen berechnet. Insgesamt lassen sich 1 183 der aus dem Frontbereich überlieferten Kommissarerschießungen einzelnen Divisionen zuordnen. Von dieser Gesamtzahl entfielen 807 Erschießungen auf gewöhnliche Infanteriedivisionen, was einem Anteil von etwa 68 % entspricht. 291 Exekutionen, also knapp 25 %, wurden von Einheiten der Panzertruppe durchgeführt, während nur rund 7 %, nämlich 85 Erschießungen, den motorisierten Infanteriedivisionen zugerechnet werden können. Was diese Quoten aussagen, tritt hervor, wenn man sie in Relation zu den Anteilen setzt, die die einzelnen Truppengattungen an der Gesamtmasse der an der Ostfront eingesetzten Kampftruppen hatten. Die 137 Kampfdivisionen, die 1941 an der Ostfront standen, setzten sich aus 102 Infanteriedivisionen, 19 Panzerdivisionen und 16 motorisierten Infanteriedivisionen zusammen. Die gewöhnlichen Infanteriedivisionen waren also der häufigste Divisionstyp und stellten etwa drei Viertel der Kampfverbände des Ostheeres, während die Panzertruppe nur knapp 14 % und die motorisierten Infanteriedivisionen knapp 12 % der Fronttruppen bildeten. Der Vergleich zwischen dem Auftreten der verschiedenen Divisionstypen im Operationsgebiet und ihren Anteilen an den erzielten Erschießungsziffern offenbart damit einen leichten, aber unverkennbaren Trend in Richtung der motorisierten und gepanzerten Truppen.[194] Die Infanteriedivisionen waren in den Erschießungsstatistiken tendenziell unterrepräsentiert, während die schnellen Truppen überrepräsentiert waren. Die motorisierten Infanteriedivisionen bilden hierbei einen Ausnahmefall, der aber in erster Linie durch die mangelhafte Überlieferungssituation bei den Verbänden dieser Truppengattung

---

[194] Vgl. hierzu auch die Übersicht über die Verteilung der Erschießungszahlen auf die unterschiedlichen Divisionstypen der »fechtenden Truppe« auf Tafel 7 im Anhang.

bedingt ist. Vor allem von den vier motorisierten Divisionen der Waffen-SS, die im Jahre 1941 im Ostheer eingesetzt waren, liegen kaum Akten und dementsprechend auch nur wenig Quellen über die Umsetzung des Kommissarbefehls vor. Nur von zwei der vier Waffen-SS-Divisionen sind überhaupt Kommissarerschießungen überliefert, deren Gesamtzahl noch dazu mit zwölf Exekutionen unerwartet niedrig ausfällt. Trotz der scheinbar gegenläufigen Entwicklung bei den motorisierten Infanteriedivisionen zeichnet sich insgesamt eine deutliche Tendenz ab. Obwohl die Panzerdivisionen und motorisierten Infanteriedivisionen zusammen weniger als 25 % der Verbände des Ostheeres stellten, fielen etwa 32 % der Kommissarerschießungen, die sich im Frontbereich ereigneten, in ihre Verantwortung.

Dass sich die unterschiedliche Rollenverteilung in den militärischen Operationen auch in divergierenden Anteilen an der Vernichtungspolitik gegen die sowjetischen Kommissare niederschlug, offenbart sich noch deutlicher, wenn man die Ebene des Vergleichs auf die hierarchische Stufe der Armeekorps anhebt. Auf diese Weise gelingt es am ehesten, dem tatsächlichen taktischen Kontext der Exekutionen Rechnung zu tragen. Die Differenzierung zwischen Infanteriekorps und Panzerkorps bildet die Verhältnisse der historischen Wirklichkeit realitätsnäher ab als die Trennung zwischen schnellen Divisionen und bespannten Infanteriedivisionen. Denn schließlich kamen die gewöhnlichen Infanteriedivisionen nicht nur in den reinen Infanteriekorps zum Einsatz, sondern auch in den Panzerkorps, die sich aus gemischten Divisionstypen zusammensetzten. Auf Grund dieser Korrektur sind die Tendenzen, die sich im Vergleich auf der Divisionsebene abgezeichnet haben, in den Exekutionszahlen auf der Korpsebene bereits wesentlich deutlicher ausgeprägt. Von den insgesamt 1838 Kommissarerschießungen, die sich auf einzelne Korps zurückführen lassen, entfielen 806 Erschießungen, also beinahe 44 %, auf die Panzerkorps, obwohl diese nur 11 der 44 deutschen Armeekorps an der Ostfront stellten. Diesem unverhältnismäßig starken Übergewicht entsprach, dass die Panzerkorps auch im Einzelnen deutlich höhere Erschießungszahlen verbuchten als die Infanteriekorps. Der Mittelwert der Exekutionszahlen bei den Panzerkorps belief sich auf über 73 Erschießungen, während die Infanteriekorps im Mittel nur auf rund 31 Exekutionen kamen.

Auch der Vergleich auf der nächst höheren Ebene, zwischen den Exekutionszahlen der Infanteriearmeen und den Zahlen der Panzergruppen, bestätigt den Befund. Nach Abzug der Exekutionen, die in den rückwärtigen Heeresgebieten stattgefunden haben, lassen sich von den insgesamt 3430 nachweisbaren Kommissarerschießungen 2314 Exekutionen den einzelnen Frontabschnitten der Armeen und Panzergruppen zuordnen, wobei die Zahlen aus den rückwärtigen Armeegebieten mit berücksichtigt wurden.[195] Die Analyse der Zusammensetzung dieser Gesamtsumme ergibt, dass die Truppen der Panzergruppen in der Bilanz der Erschießungszahlen gegenüber den reinen Infanterieverbänden ein signifikantes Übergewicht erzielten. Von den 2314 nachweis-

---

[195] Die Erschießungen, die von den Korücks, den Sich.Div., AGSSt, Dulags etc. gemeldet wurden, machen allerdings nur einen niedrigen einstelligen Prozentsatz der Gesamtsumme der Erschießungen aus, die bei den Armeen und Panzergruppen belegt sind. Genauso unbedeutend fällt ins Gewicht, dass die Exekutionszahlen einiger Kampfverbände mit berücksichtigt wurden, die zum Zeitpunkt der Erschießungen ausnahmsweise einem Berück oder einem HGr.Kdo. direkt unterstellt waren. Trotz der Berücksichtigung der Zahlen aus den rückwärtigen Armeegebieten stammen über 90 % der ermittelten 2314 Exekutionen von Kampfverbänden.

baren Kommissarerschießungen, die sich östlich der rückwärtigen Heeresgebiete im Operationsgebiet ereigneten, entfielen 1354 Exekutionen auf die acht Infanteriearmeen, während die vier Panzergruppen 960 Erschießungen verantworteten. Damit verbuchten die Panzergruppen fast 42 % der Kommissarerschießungen, die im Frontbereich stattfanden. Gemessen an dem Anteil, den die Truppen der vier Panzergruppen an der Gesamtstärke der Kampfverbände des Ostheeres hatten, war ihr Beitrag zur Vernichtungspolitik gegen die Kommissare also unverhältnismäßig hoch. Dass die Panzergruppen in den Erschießungsstatistiken so deutlich überrepräsentiert waren, erklärt sich vor allem durch ihre exponierte Rolle in den Offensiven des Jahres 1941 und bezeugt damit abermals die engen Zusammenhänge zwischen der Intensität der militärischen Operationen und der Frequenz der Kommissarerschießungen. Je weiter vorne sich die deutschen Frontverbände im Operationsgebiet bewegten, je häufiger und heftiger sie mit dem Feind in Berührung kamen, je öfter sie an offensiven Operationen beteiligt waren und an Brennpunkten des Kampfgeschehens eingesetzt wurden, desto höher war die Wahrscheinlichkeit, dass sie in die Situation kamen, den Kommissarbefehl durchzuführen.

5. BRENNPUNKTE

Neben der Lokalisierung der horizontalen Schwerpunkte der Kommissarerschießungen im Operationsgebiet gibt auch die Analyse der vertikalen Verteilung der Exekutionszahlen auf die Ostfront Aufschluss über die Strukturen des Verbrechens. Zur Identifizierung der Brennpunkte der Vernichtungspolitik gegen die Kommissare wird untersucht, in welchen Proportionen sich die Erschießungszahlen auf die einzelnen Heeresgruppen, Armeen und Korps des Ostheeres verteilten.

Der Mittelabschnitt der Ostfront war der Schauplatz, auf dem sich bei weitem die meisten Kommissarerschießungen ereigneten. Von den insgesamt 2257 nachweisbaren Exekutionen, die auf Kampfverbände zurückgingen, entfiel beinahe die Hälfte, nämlich 1083 Erschießungen, auf die Fronttruppen der Heeresgruppe Mitte. Die Heeresgruppe verzeichnete damit einen überproportional hohen Anteil an der Gesamtsumme der Exekutionen. Dieses Ungleichgewicht korrespondierte mit der ungleichmäßigen Kräfteausstattung und operativen Beanspruchung der drei Heeresgruppen. Denn im Vergleich zu den übrigen beiden Heeresgruppen vereinte die Heeresgruppe Mitte von vornherein die stärkste Truppenkonzentration auf sich und erzielte während des Feldzugs die größten Schlachtenerfolge und höchsten Gefangenenzahlen. In der gleichen Reihenfolge, in der die Truppenstärke, die operativen Leistungen und die Gefangenenziffern rangierten, staffelten sich auch die Erschießungszahlen der übrigen beiden Heeresgruppen. Die Verbände der Heeresgruppe Süd verzeichneten hinter den Truppen der Heeresgruppe Mitte die zweithöchsten Erschießungszahlen, nämlich 779 Exekutionen, und erreichten damit ein gutes Drittel der Gesamtsumme. Am niedrigsten fielen die Erschießungszahlen der kleinsten Heeresgruppe im Nordabschnitt der Ostfront aus, die sich lediglich aus zwei Infanteriearmeen zusammensetzte und nur bis Mitte September 1941 über eine Panzergruppe verfügte. Die Heeresgruppe Nord kam insgesamt auf 390 Exekutionen und trug damit noch nicht einmal ein Fünftel zur Gesamtsumme der Kommissarerschießungen bei. Dass die Heeresgruppe Nord in dieser Hinsicht so weit hinter den beiden südlicheren Heeresgruppen zurückblieb, erklärt sich nicht nur mit ihrer deutlich geringeren Truppenstärke, sondern wohl auch damit, dass der weit zielende Bewegungskrieg in ihrem Abschnitt am frühesten beendet war. Die 18. Armee war seit dem Abzug der Panzergruppe 4 Mitte September 1941 zu einer Belagerungsarmee degradiert und die Geländegewinne, die die 16. Armee nach dem Ende der ersten Feldzugsphase an der überdehnten Südostflanke und der Volchovfront noch erkämpfen konnte, bewegten sich gemessen an den Erfolgen der anderen beiden Heeresgruppen in engen Grenzen. Die deutlichen Unterschiede zwischen den Erschießungszahlen der drei Heeresgruppen und ihre Korrelation mit der militärischen und operativen Charakteristik dieser drei Frontabschnitte verweisen darauf, dass die Brennpunkte der Vernichtungspolitik mit den Schwerpunkten der Kämpfe weitgehend deckungsgleich waren.

Innerhalb der drei Heeresgruppen konnten die Erschießungszahlen wiederum unterschiedlich hoch ausfallen, wie die Verteilung der Erschießungszahlen auf die einzelnen Armee- und Panzergruppenverbände zeigt[196]:

Armee	Exekutionen	Panzergruppe	Exekutionen
AOK 16	122	Pz.Gr. 4	251
AOK 18	85		
AOK 9	230	Pz.Gr. 3	180
AOK 4	67	Pz.Gr. 2	253
AOK 2	286		
AOK 6	353	Pz.Gr. 1	276
AOK 17	143		
AOK 11	68		

Verteilung der Erschießungszahlen auf die Armeen und Panzergruppen

Die Differenzen zwischen den Erschießungszahlen der vier Panzergruppen waren eher geringfügig. Zumindest die Zahlen der Panzergruppen 1, 2 und 4 weisen nur eine maximale Schwankung von 25 Exekutionen auf. Nur die Panzergruppe 3 fiel mit 180 nachweisbaren Kommissarerschießungen etwas ab, was sich aber in erster Linie dadurch erklärt, dass von diesem Panzergruppenkommando aus der Zeit nach August 1941 keine Terminmeldungen mehr vorliegen. Bei verhältnismäßig niedrigen Abweichungen erzielten die vier Panzergruppen einen Mittelwert von etwa 240 Erschie-

---

[196] Die Zahlen der Infanteriekorps der 4. Armee lagen tatsächlich noch höher, da die Zahlen des AOK 4 aus der Anfangsphase des Feldzugs in die Statistiken der 2. Armee eingerechnet wurden, die Anfang Juli den Befehl über die Truppen der 4. Armee übernahm. Von den recht hohen Erschießungszahlen des AOK 2 stammt also ein Teil vom AOK 4. Außerdem ist bei der Bewertung dieser Übersicht zu bedenken, dass ein Teil der Erschießungen der Panzergruppen im Rahmen von Infanteriearmeen stattfand.

ßungen. Der Mittelwert der Erschießungsziffern der Infanteriearmeen betrug etwas mehr als 169 Exekutionen, bewegte sich also auf einem deutlich niedrigeren Niveau als derjenige der Panzergruppen. Zwischen den drei Heeresgruppen schwankten die Mittelwerte erwartungsgemäß in der gleichen Rangfolge, in der auch die Gesamtzahlen gestaffelt waren. In der Heeresgruppe Nord belief sich der Mittelwert der Infanteriearmeen auf rund 103 Exekutionen, bei der Heeresgruppe Süd auf 188 und bei der Heeresgruppe Mitte auf beinahe 195 Erschießungen. Im Gegensatz zu den Verhältnissen bei den Panzergruppen waren die Diskrepanzen zwischen den Exekutionszahlen der einzelnen Infanteriearmeen zum Teil beträchtlich. Die weite Spanne reichte von lediglich 68 nachweisbaren Erschießungen bei den Infanteriekorps der 11. Armee bis zum Spitzenwert von 353 Erschießungen in der 6. Armee. Bei drei der insgesamt acht Infanteriearmeen lagen die Erschießungszahlen noch im zweistelligen Bereich, bei zwei Armeen betrugen sie mehr als einhundert, bei den übrigen drei Armeen über zweihundert oder höher. Die Höhe der Erschießungszahlen konnte also im Extremfall um bis zu 80 % schwanken.

Bei der Suche nach Erklärungen für diese erheblichen Schwankungen darf der Einfluss der Überlieferungssituation nicht unberücksichtigt bleiben. So ist unverkennbar, dass die Erschießungszahlen bei den Armeeoberkommandos umso höher ausfallen, je dichter die Überlieferung bei den wichtigsten Provenienzen der Vollzugsmeldungen ist, also entweder bei den eingehenden Terminmeldungen der unterstellten Korps oder bei den ausgehenden Sammelmeldungen der Armeestäbe selbst. Bei den Armeeoberkommandos, in deren Aktenbeständen nur wenige oder gar keine Terminmeldungen überliefert sind, fallen die Erschießungszahlen dementsprechend am niedrigsten aus. Eine gewisse Ausnahme von dieser Regel stellt einzig das AOK 9 dar, von dem trotz ungünstiger Voraussetzungen mit 230 Exekutionen eine überdurchschnittlich hohe Erschießungssumme belegt ist. Dieser scheinbare Widerspruch wird allerdings dadurch weitgehend aufgelöst, dass die hohe Gesamtzahl wiederum nur durch eine außergewöhnlich dichte Quellensituation in einem Ausnahmebereich zustande kommen konnte. Denn mehr als zwei Drittel dieser Erschießungen stammen von einem einzigen Infanteriekorps, nämlich dem VIII. Armeekorps, während das restliche knappe Drittel auf die Mehrheit der übrigen Korps und Divisionen der 9. Armee entfällt. Von den Sammelmeldungen, die das VIII. Armeekorps an das AOK 9 zu erstatten hatte, ist indes nur eine einzige Terminmeldung überliefert, in der sich zudem nur ein Bruchteil der Gesamtzahlen des Korps niedergeschlagen hat. Die 158 Exekutionen, die das VIII. Armeekorps von Beginn des Feldzugs bis zu seiner Ablösung von der Ostfront im Oktober 1941 durchführte, sind nur deshalb in die Überlieferung eingegangen, weil der Ic-Offizier des Korps in seinen monatlichen Tätigkeitsberichten exakt Buch darüber führte.[197] Von den übrigen Verbänden der 9. Armee liegen keine vergleichbaren lückenlosen internen Bilanzen über den Verlauf der Vernichtungspolitik vor, sondern nur vereinzelte Meldungen, so dass das Wissen über die Vorgänge in diesen Bereichen rudimentär bleibt. An dem Beispiel der Zusammensetzung der Erschießungszahlen bei der 9. Armee zeigt sich, dass die Höhe der überlieferten Exekutionsziffern in star-

---

[197] Vgl. den Eintrag im TB (Ic) des VIII. AK für den Juli 1941 sowie die Anlagen zum TB (Ic) für den August und September 1941; BA-MA, RH 24-8/123, Bl. 102, 114, 121. Vgl. hierzu die einzige überlieferte Sammelmeldung des VIII. AK an das AOK 9 v. 30.6.1941, 15.55 Uhr, in der 12 Erschießungen gemeldet wurden; BA-MA, RH 20-9/251.

2. Dimensionen und Strukturen

kem Maße von der Sorgfalt der Aktenführung in den Ic-Abteilungen der Kommandobehörden abhängig war. Ähnliche Disproportionen wie in den Erschießungsstatistiken der 9. Armee traten auch in den Exekutionsziffern der 6. Armee auf, die mit 353 belegten Kommissarerschießungen insgesamt die höchsten Mordraten im Ostheer erreichte. Rund die Hälfte dieser Summe entfiel allein auf zwei Aktenbelege der 62. und der 44. Infanteriedivision aus dem zeitlichen Umfeld der Kesselschlacht bei Kiev.[198] Auch dieses Beispiel belegt erneut, dass die Überlieferungssituation als determinierender Faktor für die Höhe der rekonstruierbaren Erschießungszahlen keinesfalls unterschätzt werden darf. In den Bereichen, in denen eine günstige Überlieferungssituation herrschte und die Voraussetzung einer offenen und dichten Dokumentation durch die Kommandobehörden gegeben war, fielen die Erschießungszahlen regelmäßig höher aus als in den Abschnitten, aus denen nur sporadische Nachrichten über den Vollzug des Kommissarbefehls überliefert sind.

Wenn die Quellensituation bei den Armeeoberkommandos und den unterstellten Korps ungünstig war, wie etwa im Falle der 4. Armee, oder wegen einer geringeren Truppenstärke, wie bei der 11. Armee, von vornherein deutlich weniger potentielle Vollzugsorgane und Aktenfundstellen vorhanden waren, büßten die überlieferten Erschießungszahlen zwangsläufig an Höhe und Aussagefähigkeit ein. Der Vergleich mit den Zahlen aus den gut dokumentierten Frontabschnitten ist in derartigen Fällen daher nur bedingt tragfähig. Trotz der Verzerrungen, die durch solche äußeren Faktoren bedingt waren und bei der Bewertung der ermittelten Zahlen berücksichtigt werden müssen, stellt sich die Frage, ob die Schwankungen zwischen den Erschießungszahlen der Infanteriearmeen nicht auch auf ein unterschiedliches Maß an Nachdruck und Eifer bei der Umsetzung des Kommissarbefehls zurückgeführt werden können. Zur Annäherung an diese Fragestellung und weiterer Untersuchung der Verteilung der Erschießungszahlen auf die Verbände des Ostheeres wird der Blickwinkel auf die Ebene der Armeekorps abgesenkt.

In 1838 Fällen der insgesamt 2257 nachweisbaren Kommissarerschießungen, die von den Frontverbänden durchgeführt wurden, ist es möglich, exakt zu bestimmen, in welchen Korpsabschnitten sich die Exekutionen ereignet haben. Die Verteilung der Exekutionszahlen auf die einzelnen Armeekorps war ungleichmäßig und bot, ähnlich den Verhältnissen auf der Ebene der Infanteriearmeen, ein heterogenes Bild. Gleichwohl lassen sich in den Erschießungszahlen auf der Korpsebene auch geordnete Strukturen erkennen.[199] Mehr als ein Viertel der Armeekorps erreichte während des gesamten »Unternehmens Barbarossa« nur verhältnismäßig geringe Exekutionszahlen, die unter der Marke von 15 Erschießungen lagen. Diese Minderheit trug nur knapp fünf Prozent zur Gesamtzahl der Kommissarerschießungen auf der Korpsebene bei. Ein weiteres, knappes Viertel der Armeekorps bildete das entgegengesetzte Extrem des Spektrums. Diese zehn Korps erzielten in der Zeit der Geltungsdauer des Kommissarbefehls außerordentlich hohe Erschießungszahlen, die sich in einer Spanne von über 70 und knapp unter 200 Exekutionen bewegten. Auf diese Minderheit wiederum entfielen beinahe zwei Drittel der Exekutionen, die sich den Armee-

---

[198] Vgl. den Eintrag im TB (Ic) der 44. Inf.Div. v. 4.10.1941; BA-MA, RH 26-44/32, S. 25. Vgl. den Eintrag im TB (Ic) der 62. Inf.Div. v. 5.10.1941; BA-MA, RH 26-62/82.
[199] Vgl. hierzu die Erschießungszahlen der einzelnen Korps auf Tafel 8 im Anhang.

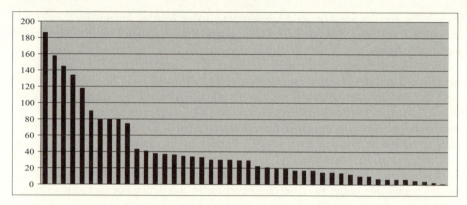

Diagramm 8: Verteilung der Erschießungszahlen auf die 44 Armeekorps und Panzerkorps des Ostheeres

korps zuordnen lassen. Während die Hälfte aller Korps entweder besonders niedrige oder extrem hohe Exekutionszahlen verbuchte, rangierte die andere Hälfte der Korps mit ihren Erschießungsstatistiken in der Mitte zwischen diesen beiden Polen. Von den insgesamt 44 deutschen Armeekorps verzeichneten 22 Korps verhältnismäßig ausgeglichene Erschießungszahlen, die zwischen 15 und 50 Exekutionen schwankten. Der Mittelwert der Erschießungszahlen, der von dieser relativen Mehrheit der Korps erzielt wurde, betrug fast 28 Erschießungen und näherte sich damit dem Mittelwert der Gesamtheit der Armeekorps an, der sich auf knapp 42 Exekutionen belief.

Die Strukturen der Erschießungszahlen auf der Korpsebene waren insgesamt also von ausgeprägten Disproportionen gekennzeichnet. Die große Mehrheit der Exekutionen entfiel auf eine Minderheit von einem knappen Viertel der Korps, während ein weiteres Viertel der Korps zusammen noch nicht einmal auf ein Zwanzigstel der Gesamtsumme der Erschießungen kam. Zwischen diesen beiden Extremen existierte allerdings ein breites Segment, in dem annähernd vergleichbare Erschießungszahlen verzeichnet wurden und die Schwankungen eher moderat blieben. Relativ gesehen, stellten die Korps, die zu dieser mittleren Schicht zählten, in der Gruppe der Armeekorps insgesamt den häufigsten Fall dar. Inmitten der widersprüchlichen Extreme bestand damit ein Bereich verhältnismäßiger Stabilität, in dem sich eine relative Mehrheit der Korps mit ihren Erschießungsstatistiken auf einem mittleren Niveau bewegte und offenbar den Normalfall repräsentierte.

Für die extremen Schwankungen, die oberhalb und unterhalb dieses mittleren Segments zu beobachten sind, liefern die Quellen keine eindeutigen, allgemeingültigen Erklärungen. Während die hohen Zahlen im oberen Viertel der Skala nicht anders als mit einer konsequenten und flächendeckenden Befolgung der Kommissarrichtlinien bei den betreffenden Korpsverbänden zu erklären sind, bleiben insbesondere die Ursachen für das niedrige Niveau der Werte im unteren Viertel des Spektrums vielfach ungewiss. Der direkte Rückschluss von einer geringen Anzahl von überlieferten Exekutionsmeldungen auf ein entsprechend niedriges Maß an Bereitschaft zur Umsetzung des Kommissarbefehls erweist sich jedenfalls häufig als vorschnell. Der Befund einer niedrigen Anzahl von nachweisbaren Exekutionen ist noch kein Gegenbeweis dafür, dass sich in dem betreffenden Korpsabschnitt nicht noch weitere Kommissarerschießungen ereignet haben, die lediglich keinen Niederschlag in der Überlieferung gefunden haben. Nicht selten liegen aus diesen Korpsbereichen aussagekräftige Quellen vor, die darauf hindeuten, dass die wenigen überlieferten Vollzugsmeldungen Schlaglichter einer Praxis waren, die sehr viel verbreiteter war als es in der Zahl der nachweisbaren Exekutionen zum Ausdruck kommt. Immerhin finden sich im unteren Drittel der Skala der Erschießungszahlen auch Korpsverbände, deren Befehlshaber in der Vorbereitungsphase des Feldzugs mit Nachdruck für eine Umsetzung der Kommissarrichtlinien eingetreten waren, wie etwa der Kommandierende General des VI. Armeekorps, Förster.[200] Selbst wenn der normative Wille des Befehlshabers nicht zwangsläufig gleichbedeutend mit der Umsetzung seiner Vorgaben durch die unterstellten Truppenkommandeure war, ist es doch unwahrscheinlich, dass seine verpflichtenden Willensbekundungen gänzlich folgenlos blieben. Daneben rangieren auch Korpsverbände wie das I. Armeekorps im unteren Drittel der Skala, in denen sich während des Feldzugs nachweislich eigenständige Radikalisierungsschübe in der Vernichtungspolitik gegen die Kommissare vollzogen, die allerdings nicht zählbar in die Überlieferung eingingen.[201] Dass die niedrige Anzahl der überlieferten Vollzugsmeldungen aus solchen Befehlsbereichen, in denen das Vorgehen gegen die Kommissare in eigener Verantwortung noch verschärft wurde, kaum als Beweis einer inkonsequenten Umsetzung der Kommissarrichtlinien gewertet werden kann, ist evident. Die auftretenden Widersprüche zwischen der empirisch-quantitativen Evidenz und den qualitativ-hermeneutisch gewonnenen Erkenntnissen sind vielfach nur durch die Berücksichtigung der bestehenden Überlieferungsdefizite aufzulösen.

Die isolierte Betrachtung der Überlieferungssituation auf der Korpsebene gibt zwar nur bedingt darüber Aufschluss, wie sich die Lücken in der Aktendokumentation auf die Höhe der belegten Erschießungszahlen ausgewirkt haben. Denn schließlich konnten sich die Exekutionen in einem Korpsbereich nicht nur in den Akten des jeweiligen Generalkommandos niederschlagen, sondern auch in den Beständen der übergeordneten und untergeordneten hierarchischen Ebenen. Die Quellenlage bei den Armeekorps war somit auch von der Überlieferungssituation bei den unterstellten Divisionen und vorgesetzten Armeeoberkommandos abhängig, durch die etwaige Aktenverluste auf der Korpsebene kompensiert werden konnten. Hinzu kommt, dass die Aktenüberlieferung der Armeekorps des Ostheeres insgesamt recht dicht ist. Nur bei 7 der 44 Armeekorps klaffen größere Überlieferungslücken in den maßgeblichen Aktenbeständen ihrer Ic-Abteilungen. Trotz dieser Einschränkungen ist es erhellend, die Höhe der belegten Erschießungszahlen mit der Überlieferungssituation bei den einzelnen Armeekorps in Verbindung zu bringen, da sich hierbei leichte, aber unübersehbare Tendenzen abzeichnen. Die sieben Generalkommandos, deren Ic-Überlieferung grö-

---

[200] Vgl. Kap. III.3.1.
[201] Vgl. Kap. V.4.2.

ßere Defizite aufweist, rangieren ausnahmslos in den unteren zwei Dritteln der Skala der Erschießungszahlen. Die Ic-Akten der Armeekorps im oberen Drittel der Skala, die die höchsten Exekutionszahlen verbuchten, sind dagegen durchweg vollständig überliefert. In den unteren Bereichen des Spektrums häuften sich die Aktenverluste zunehmend. Im mittleren Segment, das die Hälfte aller Armeekorps umfasste, war dies bei 4 von 22 Korps der Fall. Im unteren Viertel fehlten die maßgeblichen Ic-Akten schon bei 3 von 12 Korps. Analog zu dieser Massierung der Aktenverluste auf den unteren Stufen der Erschießungsskala verhielten sich auch die Mittelwerte der Exekutionszahlen in Abhängigkeit von der Dichte der Ic-Überlieferung. Die Korps, deren Ic-Akten vollständig überliefert sind, erreichten zusammen einen Mittelwert von über 46 Erschießungen, während die Korps, deren Ic-Bestände größere Lücken aufwiesen, im Durchschnitt nur auf rund 18 Exekutionen kamen. Die Überlieferungssituation bei den Ic-Aktenbeständen der Generalkommandos war zwar nicht der einzige Faktor, der die Höhe der belegten Erschießungszahlen determinierte. Eine dichte Dokumentation in den Ic-Akten erhöhte allerdings merklich die Chancen, dass die Kommissarerschießungen aus einem Korpsabschnitt Eingang in die Überlieferung fanden und in den Exekutionsstatistiken zu Buche schlugen.

Der Einfluss der Überlieferungssituation auf die Höhe der belegten Erschießungszahlen war beträchtlich, aber nicht unumschränkt. Bei einer Reihe von Armeekorps entwickelten sich die Exekutionszahlen unabhängig vom Überlieferungsgrad der eigenen Ic-Aktenbestände. Manche Korps erreichten zumindest durchschnittlich hohe Erschießungszahlen, obwohl ihre Ic-Akten nicht überliefert sind. Die Exekutionszahlen anderer Korps fielen dagegen recht niedrig aus, obwohl die Voraussetzung einer günstigen Überlieferung gegeben war. Zu einem guten Teil waren allerdings selbst diese gegenläufigen Erscheinungen wiederum überlieferungsbedingt. In den Fällen, in denen von einem Armeekorps trotz des Fehlens der eigenen Ic-Überlieferung Quellen über die Durchführung des Kommissarbefehls vorliegen, erklärt sich dies nicht selten schlicht durch das ergänzende Potential der Parallelüberlieferung der Divisionsstäbe und Armeeoberkommandos. Die entgegengesetzte Konstellation, dass von manchen Generalkommandos trotz einer günstigen Überlieferungssituation nur wenig Nachweise über Kommissarerschießungen existieren, lag häufig an einer selektiven Aktenführung, die dazu führte, dass die überlieferten Ic-Bestände nur einen geringen Quellenwert und eine beschränkte Aussagefähigkeit aufwiesen. Auf Grund der offensichtlichen Zusammenhänge zwischen der Quellenlage und der Höhe der belegten Erschießungszahlen ist anzunehmen, dass die Exekutionszahlen gerade im unteren Segment der Skala tatsächlich wohl noch deutlich höher lagen, als es in der Überlieferung dokumentiert ist.

Auch wenn das vorliegende Zahlenmaterial überlieferungsbedingten Schwankungen unterworfen war und seine Aussagefähigkeit dadurch zum Teil relativiert werden muss, nivellieren sich doch die ungleichmäßigen Strukturen der dokumentierten Erschießungszahlen selbst unter Einrechnung des Überlieferungseinflusses nicht. Letztlich ist der Befund nicht von der Hand zu weisen, dass die Erschießungszahlen in den einzelnen Korpsabschnitten recht unterschiedlich ausfallen konnten. Die Vernichtungspolitik gegen die sowjetischen Kommissare vollzog sich an bestimmten Brennpunkten im Operationsgebiet mit gesteigerter Intensität und erhöhter Frequenz. Im Vergleich zu diesen Verdichtungsbereichen betrieben die deutschen Korpsverbände die Vernichtung

2. Dimensionen und Strukturen

der Kommissare in vielen anderen Frontabschnitten offenbar nicht mit dem selben Nachdruck oder kamen – was noch entscheidender war – schlichtweg seltener in die Situation, den Kommissarbefehl anwenden zu müssen. Auch wenn die Exekutionszahlen auf der Korpsebene zum Teil erheblich divergierten, ist freilich nicht zu übersehen, dass die extremen Schwankungsbereiche an den Polen des Spektrums in der Gesamtheit der Armeekorps nur Minderheiten repräsentierten. Die relative Mehrheit der Korps erzielte Erschießungszahlen, die sich auf einem mittleren Niveau nicht weit vom Gesamtdurchschnitt bewegten und vergleichsweise ausgeglichen waren.

Wo die Brennpunkte der Vernichtungspolitik entstanden und welche Ursachen die Verdichtung der Erschießungen haben konnten, zeichnet sich ebenfalls in der Verteilung der Exekutionszahlen auf der Korpsebene ab. Die Zusammensetzung der Spitzengruppe der Korps, die mit deutlichem Abstand die höchsten Exekutionszahlen im Ostheer verzeichneten, offenbart einen unverkennbaren Trend: Unter den zehn Korps, die das obere Viertel der Skala bildeten, befanden sich nur vier Infanteriekorps, während die Mehrheit von den Panzerkorps gestellt wurde, die gleich sechs Mal vertreten waren. Damit waren die Panzerkorps, obwohl sie unter den Korpsverbänden des Ostheeres eine Minderheit darstellten, auch in dieser Statistik stark überrepräsentiert. Die Panzerkorps konnten nicht nur den zweifelhaften Erfolg in Anspruch nehmen, die Rangliste der Erschießungszahlen anzuführen, sondern erzielten auch im Einzelnen überdurchschnittlich hohe Exekutionsziffern. Von zwei Panzerkorps abgesehen, die mit einstelligen Erschießungszahlen aus der Gruppe deutlich heraus fielen, rangierten alle Panzerkorps in der oberen Hälfte der Skala. Zusammen erreichten die elf Panzerkorps einen Mittelwert von mehr als 73 Exekutionen, der weit über dem Gesamtdurchschnitt lag, der sich auf knapp 42 Erschießungen pro Korps belief.

Die Brennpunkte der Vernichtungspolitik lagen also überwiegend in den Frontabschnitten der Panzerkorps, der schnellen, gepanzerten Truppen, die die Speerspitzen der deutschen Offensiven bildeten. Daneben fanden sich unter den zehn Korps mit den höchsten Erschießungszahlen allerdings auch vier Infanteriekorps, die nicht im Verband von Panzergruppen kämpften. Bezeichnenderweise verbuchten aber auch diese Korps den Großteil ihrer Erschießungszahlen in Phasen erhöhter Kampftätigkeit. Die Mehrheit der Kommissarerschießungen beim VIII. und LIII. Armeekorps ereignete sich jeweils in der Anfangsphase des Feldzugs im Rahmen der Offensiven der Heeresgruppe Mitte im Juni und Juli 1941. Das LI. Armeekorps registrierte die meisten Erschießungen im zeitlichen Kontext der Schlacht um Kiev im September 1941. Einzig beim XVII. Armeekorps verteilten sich die Exekutionen in etwa gleichmäßig auf alle Phasen des Ostfeldzugs. Nicht zufällig befanden sich im oberen Viertel der Skala der Erschießungszahlen ausschließlich Infanteriekorps der am stärksten beanspruchten Heeresgruppen Mitte und Süd, während die Infanteriekorps der Heeresgruppe Nord ausnahmslos Plätze in der unteren Hälfte der Liste bekleideten. Die Verteilung der Exekutionsziffern an der Spitze der Skala verweist erneut auf den engen Konnex zwischen der Intensität der deutschen Angriffsoperationen und der Schlagzahl der Kommissarerschießungen. Die Brennpunkte der Vernichtungspolitik entflammten dort im Frontbereich, wo die Schwerpunkte der deutschen Offensiven lagen. Die zum Teil erheblichen Schwankungen zwischen den Erschießungsziffern der Verbände des Ostheeres erklären sich in erster Linie mit ihren Einsatzorten und der Dichte und Qualität ihrer Aktenüberlieferung.

6. Basis

Die Ausmaße der Vernichtungspolitik sind nicht nur an der horizontalen und vertikalen Verteilung der Exekutionszahlen auf die Ostfront ablesbar, sondern auch an der Dichte, in der die Befolgung des Kommissarbefehls im Ostheer belegt ist. Die Grundlage für die effiziente Vernichtung der sowjetischen Politoffiziere sollte damit geschaffen werden, dass sämtliche Kampfverbände des Ostheeres durch den Kommissarerlass geschlossen in die Pflicht genommen wurden, sich an dem Mordprogramm zu beteiligen. Ob die flächendeckende Einbindung der deutschen Fronttruppen in die Ermordung der Kommissare in dem Maße gelang, wie es die Kommissarrichtlinien und ihre Urheber vorgesehen hatten, offenbaren die Quoten, mit denen die Durchführung des Befehls auf den einzelnen hierarchischen Stufen des Ostheeres dokumentiert ist. Um diese Quoten zu bestimmen, wird ermittelt, wie hoch der Anteil der Frontverbände im Ostheer war, bei denen nachweislich Kommissarerschießungen stattgefunden haben. Die Beschäftigung mit diesem Aspekt trägt unmittelbar zur Annäherung an die zentrale Fragestellung bei, in welchem Umfang die deutschen Fronttruppen an der Basis der Hierarchie den Kommissarbefehl während des »Unternehmens Barbarossa« tatsächlich befolgt haben.

Der Befund auf den höheren Hierarchieebenen deutet darauf hin, dass die Rate der Befolgung des Kommissarbefehls denkbar hoch war. Wie die bisherige Untersuchung bereits gezeigt hat, liegen Vollzugsmeldungen über die Durchführung der Kommissarrichtlinien von sämtlichen Armeeoberkommandos und Panzergruppenkommandos in großer Zahl vor. Das gleiche einheitliche Bild bietet sich auch auf der darunter liegenden Kommandoebene. Exekutionen an sowjetischen Politoffizieren sind ohne Ausnahme von allen 44 Armeekorps des Ostheeres belegt. Die Dichte, in der die Umsetzung der Kommissarrichtlinien in den Abschnitten der Armeen und Panzergruppen und den Angriffsstreifen der Armeekorps nachweisbar ist, beträgt damit volle einhundert Prozent. Dieses eindrucksvolle Ergebnis, das von einer geschlossenen, tatkräftigen Mitwirkung der höheren Kommandobehörden an der Vernichtungspolitik zeugt, verweist bereits auf eine ähnlich flächendeckende Durchführung des Mordbefehls bei den unterstellten Kampfverbänden. Denn schließlich handelte es sich bei den Armeeoberkommandos und Generalkommandos nur um Stäbe, deren Zutun in erster Linie darin bestand, die Vernichtungspolitik zu überwachen und die gemeldeten Erschießungszahlen administrativ zu verwalten, zu denen sie selbst nur zu einem geringen Teil beitrugen. Der Großteil der Exekutionen wurde von den Truppeneinheiten der Divisionsverbände auf den unteren Stufen der Hierarchie vollzogen. Die flächendeckende Erforschung der Umsetzung des Kommissarbefehls bei den Regimentern und Bataillonen liegt auf Grund des weitgehenden Abbruchs der Überlieferung unterhalb der Divisionsebene außerhalb des Möglichen. Nur vereinzelte Überlieferungsfragmente und Zufallsfunde gewähren schlaglichtartige Einblicke, wie der Befehl in den Truppenteilen auf der untersten Ebene des deutschen Invasionsheeres gehandhabt wurde. Die quantifizierende Untersuchung der Durchführung des Kommissarbefehls an der Basis des Ostheeres muss sich deshalb auf die Ebene der Divisionen konzentrieren – der untersten Stufe der Kommandohierarchie, die noch eine verhältnismäßig intakte Überlieferung aufweist.

Die große Mehrheit der insgesamt 148 Divisionen des Ostheeres bildeten die 137 Kampfdivisionen, die sich aus Infanteriedivisionen, Panzerdivisionen, motorisierten

Infanteriedivisionen und einer Kavalleriedivision zusammensetzten. Bei den übrigen elf Verbänden handelte es sich um Sicherungsdivisionen, wobei auch die 707. und 713. Infanteriedivision dieser Kategorie zugeordnet wurden, da sie als bodenständige Divisionen in den rückwärtigen Heeresgebieten eingesetzt wurden. In der Teilgruppe der Sicherungsverbände fallen die Quoten unerwartet niedrig aus: Lediglich von sechs dieser Divisionen, also nur etwas mehr als der Hälfte, sind Nachweise über Kommissarerschießungen überliefert. Dieser geringe Befund dürfte allerdings zu einem guten Teil durch die beträchtlichen Überlieferungslücken bedingt sein, die in den Ic-Aktenbeständen der Mehrheit der Sicherungsdivisionen klaffen. Vor dem Hintergrund der Erkenntnisse, die aus den wenigen gut dokumentierten Sicherungsbereichen über das Wirken der Sicherungsverbände und ihr vielfach radikales Vorgehen in den rückwärtigen Heeresgebieten vorliegen, steht zu vermuten, dass die Quoten mit großer Wahrscheinlichkeit tatsächlich noch entschieden höher lagen.

Im Unterschied zu den Sicherungsdivisionen bieten die Akten der Frontdivisionen ein wesentlich klareres Bild. Exekutionen an sowjetischen Kommissaren sind bei 116 der insgesamt 137 Kampfdivisionen belegt. Damit liegen von knapp 85 % der deutschen Frontdivisionen Nachweise über die Durchführung des Kommissarbefehls vor. Die Quote erhöht sich sogar noch, wenn man neben den gesicherten Nachweisen über Kommissarerschießungen auch die ermittelten Indizien mit einbezieht. Von elf weiteren Frontdivisionen und zwei Sicherungsdivisionen, von denen keine eindeutigen Belege über den Vollzug des Kommissarbefehls überliefert sind, liegen immerhin Meldungen über die Gefangennahme von Kommissaren oder sonstige Quellen vor, die auf die befehlsgemäße Umsetzung des Kommissarerlasses hindeuten. Die Beweiskraft derartiger Indizien ist hoch zu veranschlagen, denn schließlich hat sich in zahlreichen Fällen erwiesen, dass sich auch hinter solchen Dokumenten häufig verbarg, dass die gefangen genommenen Kommissare tatsächlich eben jenes Schicksal ereilte, das im Kommissarerlass für sie vorgesehen war, selbst wenn es nicht explizit in den Quellen vermerkt wurde.[202] Überdies bezeugen derartige Quellen eindeutig, dass mit der Identifizierung, Selektion und Meldung der gefangenen Kommissare bereits die ersten Maßnahmen zur Umsetzung des Befehls getroffen worden waren. Unter Einrechnung dieser Verdachtsfälle erhöht sich die Dichte, in der die Umsetzung des Mordbefehls bei den Frontdivisionen belegt ist, auf beinahe 93 %. Nur von einer Minderheit von zehn Kampfdivisionen sind keine Vollzugsmeldungen und auch keine anderweitigen Anhaltspunkte dafür überliefert, wie die Kommissarrichtlinien in diesen Verbänden gehandhabt wurden, was selbstredend keinesfalls den Schluss rechtfertigt, dass der Befehl dort nicht befolgt wurde. In vielen Fällen erklärt sich das Fehlen von Hinweisen wohl schlicht durch Überlieferungslücken oder eine restriktive Aktenführung; dies deutet sich schon darin an, dass unter den Verbänden, von denen keine Nachrichten über die Durchführung des Kommissarbefehls vorliegen, ein überproportionaler Anteil auf Sicherungs- und SS-Divisionen entfällt, die fast durch-

---

[202] So liegen z.B. von der 86. Inf.Div. ausschließlich Meldungen über Gefangennahmen von sowjetischen Politoffizieren vor, aber keine expliziten Nachweise über Kommissarerschießungen. Der ehemalige Ia-Offizier der Division, von der Groeben, bestätigte jedoch in der Nachkriegszeit, dass in der 86. Inf.Div. tatsächlich Kommissarerschießungen stattgefunden hatten: »Auch in der Division, in der ich war, sind einige Kommissare liquidiert worden.« Zit. nach: Siebert, Durchführung, S. 24.

13 | Der Kommissarbefehl wird befolgt: »Ein jüd. Kommissar schaufelt sein eig. Grab.« (o.D., Zitat aus der Bildbeschriftung des Originals)

gängig eine mangelhafte Quellensituation aufweisen. So steht zu erwarten, dass sich die Rate der Quellenbelege über die Durchführung der Kommissarrichtlinien noch weiter erhöhen wird, in dem Maße, in dem die Forschung weitere Quellen, wie Selbstzeugnisse von Kriegsteilnehmern und alliierte Abhörprotokolle über Gespräche deutscher Kriegsgefangener, erschließen wird. Schon jetzt fallen die Quoten der Umsetzung des Kommissarbefehls auf der Divisionsebene freilich außerordentlich hoch aus, selbst wenn man die zusätzlichen Verdachtsfälle nicht in die Kalkulation mit einbezieht. Von den insgesamt 148 Frontdivisionen und Sicherungsdivisionen des Ostheeres haben mindestens 122 Verbände nachweislich Kommissarerschießungen durchgeführt. Demnach ist die Umsetzung der Kommissarrichtlinien bei über 82 % der deutschen Divisionsverbände belegt. Dieses signifikante Ergebnis reiht sich nahtlos in die bisherigen Erkenntnisse ein und lässt nur die Schlussfolgerung zu, dass der Kommissarbefehl in den Divisionen des Ostheeres flächendeckend befolgt worden ist.

Dieser Befund relativiert sich allerdings auf den ersten Blick, wenn man die Häufigkeit misst, in der die Kommissarerschießungen bei den einzelnen Divisionen belegt sind. Von der überwiegenden Mehrheit der Divisionen sind nur vereinzelte Vollzugsmeldungen überliefert. Der Großteil der 116 Frontdivisionen, bei denen die Durchführung des Kommissarbefehls durch wenigstens eine nachweisbare Kommissarer-

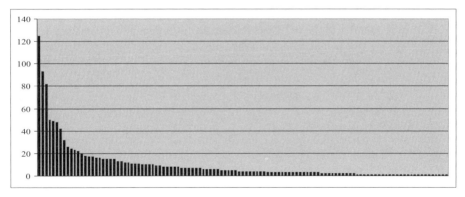

Diagramm 9: Verteilung der Erschießungszahlen auf die Divisionen des Ostheeres

schießung aktenkundig geworden ist, verzeichnete nur eine vergleichsweise geringe Anzahl von Exekutionen. Bei 60 Frontdivisionen, also mehr als der Hälfte der 116 Kampfverbände, die nachweislich Kommissarerschießungen vollstreckt haben, haben sich weniger als fünf Exekutionen in den Akten niedergeschlagen. Bei 26 Divisionen, also annähernd einem Viertel der Gesamtzahl, konnte die Durchführung des Kommissarbefehls sogar nur in jeweils einem einzigen Fall nachgewiesen werden. Weitere knapp 40 % der Kampfdivisionen erzielten Exekutionszahlen, die sich in einer Spanne von fünf bis zwanzig Erschießungen bewegten. Damit lagen die Exekutionsziffern von beinahe neunzig Prozent der Frontdivisionen unter der Marke von zwanzig Erschießungen. Oberhalb dieser Scheidegrenze fand sich nur noch eine Minderheit von rund zehn Prozent der Kampfverbände, von denen wiederum nur sechs Divisionen um die fünfzig oder mehr Erschießungen verzeichneten oder sogar in den dreistelligen Bereich kamen. Entsprechend der Massierung des Großteils der Divisionen in den unteren Bereichen der Skala fielen die Mittelwerte der Frontverbände relativ niedrig aus. Im Durchschnitt wurden bei den deutschen Frontdivisionen während des »Unternehmens Barbarossa« nur etwas weniger als zehn Kommissarerschießungen aktenkundig.[203]

Das nominell geringe Niveau der Erschießungszahlen auf der Divisionsebene widerspricht aber nur vordergründig dem Befund einer flächendeckenden Befolgung des Kommissarbefehls. Zwar wirkt es durchaus irritierend und erklärungsbedürftig, dass ein Verband von der Größe einer Division, der viele Kilometer Frontbreite besetzte, monatelang im Gefecht stand, weit mehr als zehntausend Kämpfer umfasste und im Verlauf des Feldzugs zum Teil hohe fünfstellige Gefangenenzahlen erzielte, während der gesamten Zeitdauer des »Unternehmens Barbarossa« 1941 durchschnittlich nur knapp zehn Kommissare gefangen nahm und auf der Grundlage der Kommissarricht-

---

[203] Vgl. hierzu die Erschießungszahlen der einzelnen Divisionen des Ostheeres auf Tafel 9 im Anhang.

linien exekutierte. Auf den ersten Blick wirken die Proportionen zwischen der Größe der Verbände und der Höhe der Erschießungszahlen so unverhältnismäßig, dass der Rückschluss auf eine lediglich sporadische Durchführung des Kommissarerlasses gerechtfertigt erscheint. Diese Disproportionen und das niedrige Durchschnittsniveau der Exekutionszahlen der Divisionen erklären sich aber in vielen Fällen weniger durch eine Verweigerungshaltung gegenüber dem Kommissarbefehl als vielmehr durch eine Reihe von äußeren Faktoren, die von den deutschen Fronttruppen kaum beeinflusst werden konnten.

Zu diesen exogenen Faktoren, die die Dimensionen der dokumentierten Erschießungszahlen determinierten, bevor sie durch selbst bestimmtes Handeln gestaltet werden konnten, zählte zunächst einmal der Einfluss der Überlieferungssituation. In nicht wenigen Fällen liegen qualitative Quellen vor, die den Eindruck einer nur sporadischen Durchführung der Kommissarrichtlinien grundlegend korrigieren, den die geringen quantitativen Befunde zum Teil erwecken. Von verschiedenen Divisionen, die nach Aktenlage nur einstellige Exekutionszahlen verzeichneten, sind Quellen überliefert, die von einer flächendeckenden und konsequenten Umsetzung des Kommissarerlasses in den betreffenden Verbänden zeugen, ohne dass sich dies in der Überlieferung zählbar niedergeschlagen hat. Die 29. motorisierte Infanteriedivision etwa taucht in der Rangliste der Erschießungszahlen auf der Divisionsebene im unteren Bereich der Skala auf und zählt zu den Verbänden, denen weniger als fünf Kommissarerschießungen nachgewiesen werden können. Im Tätigkeitsbericht der Ic-Abteilung der Division, der im Rückblick auf die ersten sechs Monate des Feldzugs Ende Februar 1942 angefertigt wurde, zog der Ic-Offizier unter dem Abschnitt »Politische Kommissare« allerdings eine Bilanz der Vernichtungspolitik, die es verbietet, die niedrigen Erschießungszahlen der Division als Beleg für eine inkonsequente Befolgung des Kommissarbefehls zu werten. Über den Verlauf der Mordaktionen in den ersten Wochen der Operationen resümierte der Ic-Offizier: »Bei Beginn des Feldzuges nahmen die Truppen der Division eine ganze Anzahl von sowjet. politischen Kommissaren gefangen. Sie wurden entsprechend den erhaltenen Richtlinien nach eingehendem Verhör, teils durch die Truppe selbst, teils durch die Division auf Befehl eines Offiziers erschossen.«[204] Die Fundstelle belegt eindeutig, dass sowohl die Regimenter als auch der Stab der Division geschlossen an der Realisierung der Vernichtungspolitik mitwirkten, »entsprechend den erhaltenen Richtlinien«. Da diese Textstelle keine quantifizierbaren Zahlenangaben enthält, musste die Anzahl der Erschießungsopfer gemäß den zugrunde gelegten methodischen Prinzipien der Untersuchung mit dem Mindestwert 2 veranschlagt werden, um das Risiko einer Überschätzung der Exekutionszahlen auszuschließen und zu gesicherten Mindestzahlen gelangen zu können. Anderweitige Quellen, in denen die strikte Durchführung des Kommissarbefehls bei der 29. Infanteriedivision Ausdruck gefunden hätte, sind nur in verschwindend geringer Anzahl überliefert, so dass die Erschießungsstatistik der Division trotz gehorsamer Befolgung des Mordbefehls marginal blieb.

Eine ähnliche Konstellation besteht auch im Falle der 112. Infanteriedivision, die ebenfalls zu den Verbänden gehört, von denen nur einstellige Exekutionszahlen dokumentiert sind, obwohl die Akten der Division auf eine weitaus höhere Frequenz der

---

[204] Eintrag im TB (Ic) der 29. Inf.Div. (mot.) v. 22.6.-16.12.1941; BA-MA, RH 26-29/58, S. 22.

2. Dimensionen und Strukturen

Kommissarerschießungen hindeuten. Von der Panzerjägerabteilung der Division ist ein Erfahrungsbericht über die ersten Monate des Feldzugs überliefert, in dem der Adjutant der Abteilung unter anderem schildert, dass sowjetische Kommissare im Falle der Gefangennahme grundsätzlich »an Ort und Stelle ›erledigt‹« wurden.[205] Da auch dieser Quelle nicht zu entnehmen ist, wie hoch die Zahl der gefangen genommenen und »erledigten« Kommissare tatsächlich war, musste sie ebenso wie im Falle der 29. Infanteriedivision auf die Mindestsumme 2 geschätzt werden, um die Ergebnisse der Untersuchung nicht zu verfälschen. Obwohl es also zumindest für einen Teilbereich der Division eindeutig erwiesen ist, dass der Kommissarbefehl konsequent befolgt wurde, spiegelte sich dies nicht in den überlieferten Exekutionszahlen der Division wider. Ähnlich wie bei der 29. Infanteriedivision war dies nicht allein eine Folge der Methodik, die bei der Auswertung des überlieferten Quellenmaterials angewandt werden musste, sondern auch dem Umstand geschuldet, dass neben dem außergewöhnlich aussagekräftigen Erfahrungsbericht der Panzerjägerabteilung kaum noch weitere Quellen über die Umsetzung des Kommissarbefehls bei der 112. Infanteriedivision überliefert sind.

Solche auffallenden Diskrepanzen zwischen den qualitativen und quantitativen Befunden finden sich auch bei einer Reihe von weiteren Divisionen aus den unteren Segmenten der Skala der Erschießungszahlen. Von der 286. Sicherungsdivision etwa sind lediglich zehn Exekutionen an sowjetischen Kommissaren und Funktionären überliefert. Dass diese vereinzelt dokumentierten Vorfälle im Handeln der Truppen der Division allerdings keine Ausnahmen darstellten, belegt ein Divisionsbefehl von Anfang August 1941.[206] In dem Befehl ordnete die Divisionsführung an, »alle notwendigen Massnahmen zu ergreifen«, um die Kommissare, die sich unerkannt in den Gefangenenlagern befanden, festzustellen, »sofort abzusondern und dem nächsten Einsatzkommando der Sicherheitspolizei zu übergeben«. Dieser Anordnung fügte das Divisionskommando viel sagend hinzu: »Wenn Sicherheitspolizei nicht erreichbar ist, sind die Kommissare wir [sic] bisher zu behandeln.« Dieser Zusatz verwies wie selbstverständlich darauf, dass die Praxis in der Division »bisher« in einer buchstabengetreuen Umsetzung der Kommissarrichtlinien bestanden hatte und dies sowohl den Urhebern als auch den Empfängern des Divisionsbefehls präsent war. Ähnlich lagen die Dinge bei der 60. motorisierten Infanteriedivision, die eine vergleichbar niedrige Anzahl von Exekutionszahlen verbuchte. Von der Division sind nur zwei Belegstellen aus dem Juli und Oktober 1941 überliefert, in denen insgesamt elf Kommissarerschießungen dokumentiert waren. Die Vermutung, dass die Zahlen der Division in Wirklichkeit noch deutlich höher ausgefallen sind, wird durch eine Episode aus der Erinnerung eines Veteranen der Division erhärtet, der erst 1943 an die Ostfront versetzt wurde, als der Kommissarbefehl längst nicht mehr in Kraft war.[207] Während des Eisenbahntransports aus Frankreich berichtete ihm ein älterer Kamerad von der Praxis im Jahre 1941, die gefangen genommenen sowjetischen Kommissare umgehend zu erschießen. Dass sich die Erinnerung dieses Divisionsangehörigen zwei Jahre nach den Ereignissen ausgerechnet auf die vereinzelten elf Fälle stützte, die sich in den Akten

---
[205] Bericht des Adj. der Pz.Jg.Abt. 112, »Im Osten«, v. 2.10.1941; BA-MA, RH 39/426.
[206] Divisionsbefehl der 286. Sich.Div./Abt. Ia Nr. 375/41 geh. v. 2.8.1941; BA-MA, RH 26-286/3, Anl. 66a.
[207] Mitteilung des ehemaligen Angehörigen der 60. Inf.Div. (mot.), Karl S., an den Vf., v. 30.4.2004.

niedergeschlagen haben, ist höchst unwahrscheinlich. Nach den Erzählungen des Zeugen zu urteilen, ist es sehr viel wahrscheinlicher, dass die Kommissarerschießungen in der Division einen wesentlich höheren Verbreitungsgrad hatten, als es in der Überlieferung dokumentiert ist.

Die gleiche Schlussfolgerung legt ein Selbstzeugnis nahe, das von der Basis der 6. Infanteriedivision stammt und die Unvollständigkeit der dienstlichen Überlieferung des Divisionsstabes desavouiert. Ein Leutnant, der in einem der Infanterieregimenter der Division diente, schilderte seiner Ehefrau in einem Feldpostbrief von Ende August 1941 mit großer Selbstverständlichkeit, wie nach einem harten Gefecht mehrere Kommissare »gefangen genommen [...] u. anschließend sofort erschossen worden« waren.[208] Trotz der offenkundigen Gebräuchlichkeit dieses Handlungsmusters in der 6. Infanteriedivision liegen von dem Verband kaum noch zusätzliche Quellen über den Vollzug des Kommissarbefehls vor. Im Tätigkeitsbericht der Ic-Abteilung findet sich immerhin eine eindeutige Absichtserklärung zur Umsetzung des Erlasses.[209] Der Ic-Offizier zählte es zu seinen Aufgaben, »die Erledigung der Angelegenheit polit. Kommissare zu überwachen«. Dementsprechend wurden am 18. Juli 1941 die bis dahin vorgenommenen Kommissarerschießungen »zahlenmäßig dem Korps gemeldet«, die Meldung und ihr Inhalt sind allerdings nicht überliefert. Obwohl diese Quellen davon zeugen, dass der Wille zur Durchführung des Kommissarbefehls sowohl im Stab als auch in den Truppen der Division vorhanden war und entsprechende Handlungen auslöste, sind von der 6. Infanteriedivision trotzdem noch nicht einmal fünf Kommissarerschießungen aktenkundig geworden.

Neben den geschilderten Fällen sind die Plätze in den untersten Rängen der Erschießungsstatistik zum Teil auch von Divisionen belegt, in denen es im Verlauf des Feldzugs zu Radikalisierungsschüben in der Vernichtungspolitik gegen die Kommissare kam. In der 102. und 263. Infanteriedivision schoss man über die Vorgaben des Kommissarbefehls noch hinaus und verschärfte das Vorgehen gegen die sowjetischen Politoffiziere eigenständig.[210] Von beiden Divisionen sind indes nur einstellige Erschießungszahlen überliefert. Dass die verhältnismäßig niedrigen Exekutionsziffern dieser Verbände vor dem Hintergrund ihrer extensiven Auslegung des Kommissarerlasses kaum als Beleg dafür gewertet werden können, dass der Befehl in ihren Reihen nur inkonsequent befolgt wurde, ist offenkundig. Sogar von einem Verband wie der Waffen-SS-Division »Totenkopf«, deren Stämme aus KZ-Wachmannschaften bestanden und die selbst an der Westfront ihre Bereitschaft zu einem radikalen Vorgehen unter Beweis gestellt hatte, ist für das gesamte erste Jahr des Ostfeldzugs lediglich eine einzige Kommissarerschießung belegt.[211] Nach allem, was über die Totenkopf-Division, ihr Selbstverständnis und ihr Handeln bekannt ist, ist es doch äußerst unwahrscheinlich, dass sich gerade dieser Verband der Mitwirkung an der Vernichtungspolitik geschlossen versagt hat, zumal die Bereitschaft zur Umsetzung der Kommissarrichtlinien bereits in der Vorbereitungsphase des Feldzugs belegt ist, als die Bekanntgabe der ›verbrecherischen Befehle‹ in der Division erfolgte.[212] Auch dieses Beispiel belegt, dass

---

[208] Feldpostbrief des Lt. Heinz S. (IR 37) v. 27.8.1941; BA-MA, RH 37/6732, Bl. 88.
[209] Eintrag im TB (Ic) der 6. Inf.Div. v. 22.6.-31.7.1941; BA-MA, RH 26-6/63, S. 3.
[210] Vgl. Kap. V.4.2.
[211] Vgl. SYDNOR, Soldaten, S. 87, 91 ff.
[212] Vgl. Kap. III.2.6.

der Rückschluss von der geringen quantitativen Evidenz auf eine Verweigerungshaltung gegenüber dem Kommissarbefehl vorschnell ist und in die Irre führt.

Den qualitativen Quellen ist in allen diesen Fällen größeres Gewicht und eine höhere Aussagekraft beizumessen als den quantitativen Ergebnissen, die zum Teil auf einer unvollständigen Dokumentation basieren und daher auf den ersten Blick irreführend wirken können. Die Ursachen hierfür liegen vor allem in den Defiziten der Überlieferung, nicht nur in den Aktenverlusten, sondern auch und gerade im schwankenden Quellenwert der erhaltenen Akten, die selektiv geführt wurden und in denen viele Vorgänge von vornherein ausgespart oder später ausgesondert wurden. Diese Überlieferungsdefizite konnten die scheinbar paradoxe Konstellation generieren, dass von einer ganzen Reihe von Divisionen eindeutig belegt ist, dass der Kommissarbefehl dort konsequent in die Tat umgesetzt wurde, aber kaum quantitative Evidenz vorliegt, die diesen qualitativen Befund adäquat widerspiegelt. Die geschilderten Beispiele, die sich noch fortführen ließen, warnen davor, von dem zum Teil recht niedrigen Niveau der Erschießungszahlen der Divisionen auf eine lediglich okkasionelle Form der Umsetzung der Kommissarrichtlinien in den betreffenden Verbänden zu schließen. Nicht der Vollzug des Kommissarbefehls war sporadisch, sondern die Überlieferung der Vollzugsmeldungen.

Die angeführten Fallbeispiele belegen den vielfach exemplarischen Charakter der erhaltenen Erschießungsmeldungen, die häufig nur einen Teilausschnitt der Realität der Vernichtungspolitik wiedergaben. Zwar ist es unbestreitbar, dass das Vorliegen von Nachweisen über die Befolgung des Kommissarbefehls »nicht heißt, dass er innerhalb der Divisionen, die seine Durchführung meldeten, konsequent bis in die letzte Kompanie befolgt wurde«.[213] Den Nachweis über die Durchführung des Kommissarbefehls in jeder einzelnen Kompanie führen zu wollen, wäre allerdings ebenso unmöglich wie unnötig; dies hieße nicht nur, falsche Ansprüche an die zur Verfügung stehenden Quellen zu stellen, sondern auch die Charakteristik der überlieferten Erschießungszahlen zu ignorieren. Die dokumentierten Exekutionen, die in den Akten ihren Niederschlag gefunden haben, bilden die historische Wirklichkeit nicht vollständig ab, sondern waren Schlaglichter einer Praxis, die unter der Oberfläche der Überlieferung mit hoher Wahrscheinlichkeit noch wesentlich verbreiteter war als es im überlieferten Zahlenmaterial zum Ausdruck kommt. Auch wenn das nominelle Niveau der Erschießungszahlen zum Teil recht niedrig ausfiel, besitzen sie dennoch einen nicht zu unterschätzenden Aussagewert. Sie bilden die sprichwörtliche Spitze des Eisbergs, die aus den Untiefen der Überlieferung herausragt und die tatsächlichen Dimensionen der Vernichtungspolitik gegen die Kommissare nur andeutet. Unter diesen Prämissen fällt es umso stärker ins Gewicht, dass Kommissarerschießungen im Ostheer annähernd flächendeckend nachweisbar sind. Die Tatsache, dass Exekutionen an sowjetischen Politoffizieren bei fast 85 %, also der weit überwiegenden Mehrheit der deutschen Frontdivisionen belegt sind, zeugt davon, dass die gehorsame Befolgung des Kommissarbefehls auch auf den unteren Kommandoebenen den Regelfall darstellte. Mit einiger Wahrscheinlichkeit waren die Dichte der Befolgung des Mordbefehls und die Häufigkeit der Kommissarerschießungen an der Basis des Ostheeres sogar noch deutlich höher als es die rekonstruierbaren Zahlenwerte zum Ausdruck bringen.

---

[213] STREIT, Kameraden, S. 84.

Wer die vermeintlich geringe Höhe der dokumentierten Erschießungsziffern als Beleg für eine lediglich sporadische Befolgung des Kommissarbefehls ins Feld führt, verkennt damit nicht nur die erwiesene Unvollständigkeit der überlieferten Exekutionsstatistiken, sondern auch die Natur der Einflussfaktoren, von der die Höhe der Erschießungszahlen in erster Linie abhing. Die Untersuchung hat gezeigt, dass die Mordraten der deutschen Verbände vor allem durch äußere Determinanten konstituiert wurden, die kaum beeinflussbar waren. Zunächst einmal fielen die Zahlen umso höher oder niedriger aus, desto dichter oder lückenhafter das Schriftgut der betreffenden Kommandobehörde in die Überlieferung eingegangen war, vom Quellenwert der erhaltenen Unterlagen ganz abgesehen. Mit entscheidend war außerdem die Truppenstärke eines Großverbandes. Je nachdem, wie viele Verbände einer Kommandobehörde unterstellt waren, gestaltete sich auch die Zahl ihrer potentiellen Vollzugsorgane, die Politoffiziere gefangen nehmen, Kommissarerschießungen durchführen und melden konnten. Nicht zuletzt hing die Höhe der Exekutionszahlen vom Verlauf der militärischen Operationen, den Einsatzorten und der Waffengattung der Verbände ab. Umso öfter und heftiger ein Verband im Rahmen von Offensiven in das unmittelbare Kampfgeschehen involviert war und je höher seine Gefangenenzahlen dabei ausfielen, desto größer war die Wahrscheinlichkeit, dass seine Truppen überhaupt sowjetische Politoffiziere gefangen nehmen konnten, desto mehr Kommissarerschießungen fanden in der Regel auch in seinem Befehlsbereich statt. Das Ausmaß der Umsetzung der Kommissarrichtlinien war damit in erster Linie von situativen Umständen abhängig und erst in zweiter Linie von willentlichen Entscheidungen der Befehlsempfänger. Dass die Quantität der dokumentierten Exekutionszahlen nicht über die Qualität des Verbrechens hinwegtäuschen darf, verdeutlicht das folgende Gedankenexperiment. Wenn von einer Infanteriedivision aus dem gesamten Verlauf des »Unternehmens Barbarossa« nur zehn Kommissarerschießungen belegt sind, mutet dies auf den ersten Blick marginal an und verleitet möglicherweise sogar zu dem Fehlschluss, dass die Division den Kommissarbefehl nur widerwillig oder sporadisch befolgt hat. Sofern der Division während des gesamten Feldzugs aber auch nicht mehr als zehn Politoffiziere lebend in die Hände gefallen sind und identifiziert werden konnten, bezeugt selbst ihre scheinbar spärliche Bilanz, dass der Verband in Wirklichkeit mit letzter Konsequenz an der Umsetzung des Mordprogramms mitgewirkt hat.

Dass die Möglichkeiten zur Umsetzung der Kommissarrichtlinien weitgehend vom Kontext der militärischen Kampfhandlungen abhingen, hat die diachrone Analyse der überlieferten Erschießungszahlen des Ostheeres bewiesen, die eine untrennbare Korrelation der Exekutionen mit den Angriffsoperationen der deutschen Verbände offen gelegt hat. Dabei zeigten die rekonstruierten Strukturen der Erschießungszahlen, dass im Gesamtverlauf der Vernichtungspolitik keinerlei Anomalien auftraten, die auf Unregelmäßigkeiten bei der Durchführung des Kommissarbefehls hindeuten würden. Wenn die Umsetzung der Kommissarrichtlinien in einer bedeutenden Anzahl von Verbänden unterblieben wäre, hätte sich dies in signifikanten Unstimmigkeiten im überlieferten Zahlenmaterial niederschlagen müssen. Dies war aber nicht der Fall. Vielmehr entwickelten sich die Exekutionsraten des Ostheeres exakt so, wie es bei einer konformen Umsetzung des Mordbefehls auch zu erwarten gewesen wäre. Dem Automatismus zwischen den Impulsen der militärischen Offensiven und der Frequenz der Kommissarerschießungen entsprach ein Automatismus im Verhalten der Truppen bei der Realisierung des Mordprogramms: Die deutschen Verbände konnten den Kommissarbefehl naturgemäß nur dann zur Anwendung bringen, wenn sie überhaupt in die Situation dazu kamen; immer dann, wenn die Verbände in die Situation kamen, den Kommissarbefehl anwenden zu müssen, taten sie dies auch. Die rekonstruierten Dimensionen und Strukturen der Vernichtungspolitik zählen damit zu den eindringlichsten Belegen für die flächendeckende und konsequente Befolgung des Kommissarbefehls im Ostheer.

Die Bereitschaft zur Umsetzung des Mordbefehls war grundsätzlich vorhanden, selbst wenn sich die Situationen, in denen die Verbände dies unter Beweis stellen mussten, in den meisten Frontabschnitten nicht tagtäglich einstellten. Legt man die dokumentierten Mittelwerte der Exekutionszahlen der deutschen Armeekorps und Divisionen zu Grunde und verrechnet sie mit den knapp 170 Gefechtstagen, die das »Unternehmen Barbarossa« bis zum Abbruch der Offensiven Anfang Dezember 1941 dauerte, dann ergibt sich, dass sich Kommissarerschießungen in den Korpsverbänden des Ostheeres im Durchschnitt nur etwa jeden vierten Tag ereigneten, in den Divisionen seltener als jede zweite Woche. Da diese Rechnung auf den nachweisbaren Mindestzahlen basiert, ohne die geschätzte zusätzliche Dunkelziffer zu berücksichtigen, lagen die tatsächlichen Quoten jedoch noch erheblich höher. Außerdem täuschen die errechneten Durchschnittswerte darüber hinweg, dass die Frequenz der Erschießungen vor allem in den Ballungszeiträumen während der Hochphasen der Vernichtungspolitik, insbesondere zu Beginn des Feldzugs noch wesentlich stärker war, so dass die Exekutionen gerade in diesen Zeitabschnitten zu festen, wenn auch nicht massenhaften Begleiterscheinungen des Krieges wurden. Umso mehr galt dies für die räumlichen und zeitlichen Brennpunkte der Vernichtungspolitik. Während der Anfangswochen des Feldzugs im Juni und Juli 1941 fanden an der Ostfront im Durchschnitt öfter als alle 55 Minuten Exekutionen von sowjetischen Politoffizieren oder Funktionären statt. Allein die Divisionen der Panzergruppe 3 führten bis Anfang August 1941 rund 170 Kommissarerschießungen durch, also fast vier pro Tag. In den Hochphasen der Vernichtungspolitik waren die Exekutionen also durchaus ein geläufiges Phänomen des Ostkriegs, das kaum einem Kriegsteilnehmer entgehen konnte. Zwar kam insgesamt nur eine Minderheit der Soldaten mit der Vollstreckung der Exekutionen persönlich in Berührung und die meisten Wehrmachtsangehörigen wirkten, wenn überhaupt, vor allem durch die Gefangennahme, Selektion und Absonderung der Politoffiziere an der Umsetzung des Mordbefehls mit. Zumindest vom Hörensagen konnte die Behandlung der Kommissare im Ostheer nach den Ereignissen der ersten Kriegswochen jedoch kaum jemandem verborgen geblieben sein. Gleichzeitig zeigen die Statistiken, dass die Gefangennahme von sowjetischen Politoffizieren in den einzelnen Kompanien und Bataillonen des Ostheeres eher ein seltenes Ereignis blieb, da nur ein geringer Teil der an der Ostfront eingesetzten Kommissare überhaupt lebend in deutsche Hände fiel. Neben Geschichtspolitik, Verdrängung und Überformung der Erinnerung in der Nachkriegszeit erklärt auch dieser Umstand, warum so viele Veteranen später so dezidiert beschworen, dass der Kommissarbefehl in ihren Einheiten niemals durchgeführt worden sei. Wie die überlieferten Zahlen belegen, steckte hierin durchaus ein Korn Wahrheit, denn nicht wenige Einheiten kamen gar nicht erst in die Situation, den Kommissarbefehl anwenden zu müssen.[214]

So war die Durchführung des Kommissarbefehls in den deutschen Divisionen gewiss kein Alltagsphänomen, kam aber dennoch mit gewisser Regelmäßigkeit immer wieder vor. Auch wenn die Erschießungszahlen mancher Verbände, bedingt durch die äußeren Umstände, im Gesamtvergleich verhältnismäßig niedrig ausfielen, stellten sie nichtsdestoweniger elementare Tatbeiträge dar, die sich nach oben hin zu einem umfassenden Mordprogramm verdichteten. Legt man allein die ermittelten Mindestzahlen zugrunde, ergibt sich, dass bis Anfang Dezember 1941 an der Ostfront jeden Tag im Durchschnitt über zwanzig Exekutionen auf der Grundlage der Kommissarrichtlinien stattfanden; die tatsächliche Quote lag mit Sicherheit sogar noch deutlich höher. Ohne die Mitwirkung der Einheiten an der Basis der Hierarchie wäre dies nicht denkbar gewesen.

3. Relationen und Reaktionen

Gemessen an den gewaltigen Gefangenenzahlen, die das deutsche Ostheer während des Russlandfeldzugs im Jahre 1941 erzielte, wirken die Dimensionen, die das Mordprogramm gegen die Kommissare zur gleichen Zeit annahm, unverhältnismäßig gering. Vor dem Hintergrund, dass die deutschen Verbände bis zum Jahreswechsel 1941/42 knapp 3,4 Millionen sowjetische Soldaten gefangen nahmen, wirft es Fragen auf, dass sich in den Akten der Frontverbände des Ostheeres in der selben Zeitspanne nur etwas mehr als 2200 Exekutionen an sowjetischen Politoffizieren und Funktionären niedergeschlagen haben. Die auffallenden Disproportionen zwischen den dokumentierten Erschießungszahlen und den Gefangenenziffern des Ostheeres verleiten auf den ersten Blick zu der Annahme, dass der Kommissarbefehl nur stellenweise und inkonsequent durchgeführt wurde. Selbst wenn man die mutmaßliche zusätzliche Dunkelziffer der nicht aktenkundig gewordenen Kommissarerschießungen in die Rechnung mit einbezieht und dem Zahlenvergleich die begründete Schätzung zugrunde legt, dass die Zahl der Opfer sich tatsächlich wohl auf eine hohe vierstellige Zahl belief, die vielleicht sogar knapp fünfstellig war, muten die Quoten marginal an. Selbst unter diesen Voraussetzungen hätte sich der Anteil der sowjetischen Politoffiziere, die 1941/42 in deutsche Hände fielen und gemäß der Kommissarrichtlinien exekutiert wurden, lediglich auf fünf bis zehn Prozent ihres Personalbestands in der Roten Armee beschränkt.

Diese Rechnung basiert allerdings auf theoretischen Annahmen, die in der Realität des Ostfeldzugs keinen Bestand hatten. Denn nur ein verhältnismäßig geringer Teil der Kommissare und Politruks, die 1941/42 in der Roten Armee kämpften, geriet lebend in deutsche Gefangenschaft, und wiederum nur ein Teil von ihnen konnte von den deutschen Fronttruppen dann auch identifiziert und selektiert werden. Der übrige

---

[214] Vgl. hierzu den Brief von Horst K., seinerzeit Angehöriger der 2./N.Abt. 28, an den Verfasser v. 27.7.2005. In seinem Brief gab K. an, dass der Kommissarbefehl in seiner Einheit niemals durchgeführt worden sei. Auf Nachfrage räumte K. in einem weiteren Brief an den Vf. ein, dass seine Einheit auch niemals sowjetische Kommissare gefangen genommen habe.

Teil geriet unter den anonymen Gefangenenmassen unerkannt in die Gefangenenlager der rückwärtigen Heeresgebiete und entschwand damit zugleich aus dem Lichtkegel der weitgehend intakten Überlieferung der Frontverbände im Gefechtsgebiet heraus in einen Bereich, der wegen großer Aktenverluste überwiegend im Dunkeln liegt. Die Gesamtsumme der dokumentierten Kommissarerschießungen muss also an einer sehr viel realistischeren, wesentlich niedrigeren Schätzung der in deutsche Gefangenschaft geratenen Politoffiziere gemessen werden und nicht an ihrer Gesamtzahl in der Roten Armee. Hiermit sind bereits zwei Aspekte benannt, die bei der Bewertung der Relationen der Vernichtungspolitik berücksichtigt werden müssen. Die Größenordnung der Erschießungszahlen, die das Ostheer erzielte, war keineswegs so niedrig, wie sie im irreführenden Vergleich mit den immensen Gesamtgefangenenzahlen auf den ersten Blick erscheint. Außerdem konnte die scheinbar geringe Höhe der Exekutionszahlen höchstens in zweiter Linie von willentlichen Entscheidungen der deutschen Truppen beeinflusst werden und durch eine etwaige Resistenz gegenüber dem Kommissarerlass bedingt sein. Bevor die Truppen überhaupt in die Situation kamen, vor die Wahl gestellt zu sein, den Befehl zu befolgen oder zu umgehen, kamen äußere Einflussfaktoren ins Spiel, die die Zahl der Kommissare, die in die Mühlen der Vernichtungspolitik gerieten, von vornherein begrenzten.

Die Reaktionen der Kommissare

Diese Beobachtung machten schon die Zeitgenossen in den deutschen Frontstäben, die bereits in der Anfangsphase des Feldzugs nach den Ursachen dafür forschten, dass die Erschießungszahlen ihrer Verbände so unerwartet niedrig ausfielen. Die Erklärungen, die man fand, stimmten weitgehend überein. Der Großteil der Stäbe kam zu dem Schluss, dass sich die meisten Kommissare der Gefangenschaft entzogen, indem sie in den Gefechten bis zum Letzten kämpften, sich auch in aussichtsloser Lage nicht ergaben und vielfach sogar Selbstmord verübten. Ein anderer Teil der Kommissare wählte Überlebensstrategien, die häufig zumindest zeitweilig zum Erfolg führten. Als Versprengte hielten sie sich in den Schlupfwinkeln der besetzten Gebiete versteckt, versuchten sich zu den eigenen Linien durchzuschlagen und aus den löchrigen deutschen Kesseln zu entkommen. Die Politoffiziere, die sich doch einmal einer drohenden Gefangennahme ausgesetzt sahen und vor dem Letzten zurückscheuten, verbargen in aller Regel ihre Identität, indem sie sich ihrer Rangabzeichen und Personalpapiere entledigten, und blieben damit oftmals vorläufig unerkannt. Nach den Erkenntnissen der deutschen Feindnachrichtenoffiziere waren es in erster Linie diese Verhaltensmuster, die erklärten, warum es den Frontverbänden nur verhältnismäßig selten gelang, der Kommissare habhaft zu werden. In kaum einer Kommandobehörde zweifelte man daran, dass hierin die entscheidenden Gründe für die begrenzten Fahndungserfolge lagen, die man bei der Umsetzung des Kommissarbefehls verbuchte.

Dass man die erzielten Erschießungsziffern vielerorts als überraschend niedrig ansah und nach Erklärungen dafür suchte, äußerte sich darin, wie die Ic-Offiziere die gemeldeten Zahlen kommentierten und interpretierten. Das AOK 6 etwa gab in der Terminmeldung Anfang Juli 1941 an das OKH eine viel zu hohe, fast astronomische Gesamtziffer von 441 Erschießungen an, sprach aber dennoch davon, dass bei den unterstellten Korps ein »zum Teil geringer Anfall« zu verzeichnen war.[215] Nicht nur diese Feststellung belegt, dass man zu Beginn des Feldzugs in den Kommandobehörden des Ostheeres in Hinblick auf die zu erwartenden Erschießungszahlen von falschen Prognosen ausging. Die gleiche enttäuschte Erwartungshaltung sprach aus der ersten Terminmeldung des Panzergruppenkommandos 3, das Mitte Juli 1941 an das AOK 4 durchgab, dass die »Anzahl gefangener und erledigter Kommissare sehr gering« erscheine, obwohl man bereits »etwa 50« Exekutionen zu melden hatte.[216] Auch die Ic-Abteilung des AOK 9 schickte bei der Erstattung der ersten Sammelmeldung am 30. Juni 1941 vorweg, dass »Politische Kommissare bei der russischen Truppe nur vereinzelt gefangen genommen« werden konnten.[217] Mit dieser Erläuterung begründete der Ic des AOK 9 die von ihm gemeldete Gesamtzahl von etwa zwanzig Erschießungen, die ihm offensichtlich so niedrig erschien, dass er sich veranlasst fühlte, sie zu rechtfertigen.

Die Erklärung, die der Ic des AOK 9 für das Verhalten der Kommissare lieferte, fand sich in ähnlicher Form auch in vielen anderen Meldungen von Kommandobehörden des Ostheeres: »Gefangenenaussagen lassen darauf schliessen, dass sich die Masse der politischen Kommissare bei der Truppe dem Kampf, auf jeden Fall der Gefangennahme durch Flucht (vermutlich in Zivilkleidung) entzieht.«[218] Diese Vermutung stützte sich auf das stereotype Feindbild von den Kommissaren, die man pauschal der persönlichen Feigheit bezichtigte.[219] Daneben hatte man zumindest »ein[en] Fall von Selbstmord bei Gefangennahme« registriert. Auch in den beiden anderen zitierten Oberkommandos, in denen man über die Ursachen für die niedrigen Zahlen der gefangenen Politoffiziere räsonierte, kam man zu dem Ergebnis, dass das Verhalten der Kommissare ausschlaggebend dafür war. Im AOK 6 zählte man dies schon nach wenigen Kriegstagen zu den hervorstechenden »Erfahrungen aus den bisherigen Kämpfen«: »Offiziere und Polit-Kommissare sind zum größten Teil gefallen oder verwundet oder erschossen sich vor Gefangennahme.«[220] Im Panzergruppenkommando 3 gelangte man ebenfalls zu der Auffassung, dass die Erschießungszahlen deswegen so begrenzt blieben, weil politische Kommissare eben »nur in geringem Umfange gefangen genommen« worden waren.[221] Dass die Exekutionszahlen der Panzergruppe bis Anfang August 1941 auf »etwa 170« angestiegen waren, schmälerte diesen Eindruck nicht.

Die Erklärungsversuche dieser Oberkommandos zeigten, dass die Ursachen für die scheinbar niedrigen Erschießungszahlen in äußeren Umständen gesucht wurden, die sich jeder Beeinflussung entzogen. Keines der Oberkommandos zog dagegen in Betracht, dass das Problem hausgemacht war und die Zahlen möglicherweise deswegen so gering ausfielen, weil ihre Truppen den Kommissarbefehl nicht mit letzter Konse-

---

[215] Fernschreiben des AOK 6/Abt. Ic/AO an die H.Gr. Süd und das OKH/Gen. z.b.V. v. 12.7.1941; BA-MA, RH 20-6/517, Bl. 85. Vgl. zu dem Vorgang das Kap. V.1.2.
[216] Ic-Morgenmeldung der Pz.Gr. 3 an das Pz.AOK 4 v. 19.7.1941; BA-MA, RH 21-3/430, Bl. 71.
[217] Ic-Tagesmeldung des AOK 9 an die H.Gr. Mitte und das OKH/FHO v. 30.6.1941; BA-MA, RH 20-9/251.
[218] Ebd.
[219] Vgl. Kap. IV.3.
[220] FNBl. Nr. 1 des AOK 6/Abt. Ic/AO Nr. 2248/41 geh. v. 25.6.1941; BA-MA, RH 20-6/489, Bl. 261-263.
[221] Eintrag im TB (Ic) der Pz.Gr. 3 v. 1.1.-11.8.1941; BA-MA, RH 21-3/423, S. 30.

quenz umsetzten oder sich dieser Pflicht sogar verweigerten. In den zitierten Stäben herrschte vielmehr die Auffassung vor, dass ihre Truppen den Mordbefehl bereitwillig befolgten. Im Panzergruppenkommando 3 resümierte man Anfang August 1941 über den bisherigen Verlauf der Vernichtungspolitik, dass die unterstellten Einheiten mit bemerkenswerter Routine zur Tat geschritten waren: »Die Durchführung bildete kein Problem für die Truppe.«[222] Auch im Oberkommando der 9. Armee hatte man in der Anfangsphase des Feldzugs den Eindruck gewonnen, dass der Befehl in den Truppen überall bereitwillig umgesetzt wurde. Diese Beobachtung hatte jedenfalls der Vertreter des Auswärtigen Amtes gemacht, der im AOK 9 den Feldzug miterlebte: »Die Frage der politischen Kommissare findet eine gründliche Erledigung. Alle festgenommenen pol. Kommissare werden sofort erschossen.«[223] Dass die Bereitschaft zur Durchführung des Kommissarbefehls vorhanden war und die Truppen trotzdem nur relativ geringe Erschießungszahlen verbuchten, bestätigte die Erklärungsmuster der Armeestäbe. Die Truppen konnten den Kommissarbefehl naturgemäß nur dann anwenden, wenn sie überhaupt sowjetische Politkommissare gefangen nahmen. Das Maß, in dem die Politoffiziere in deutsche Gefangenschaft gerieten, bildete somit den bestimmenden Faktor, von dem die Realisierbarkeit des Kommissarbefehls und folglich auch die Höhe der Erschießungszahlen abhingen. Erst in zweiter Linie war es von Bedeutung, ob die deutschen Einheiten zur Anwendung der Kommissarrichtlinien bereit waren oder nicht.

Wie schon aus den Berichten der 6. Armee, der 9. Armee und der Panzergruppe 3 deutlich hervorgegangen ist, gelang es den deutschen Fronttruppen bereits in der unmittelbaren Anfangsphase des Ostfeldzugs nur verhältnismäßig selten, sowjetische Politoffiziere lebend in die Hand zu bekommen. Die gleiche Erfahrung teilte man auch in den übrigen Armeen des Ostheeres. Im Generalkommando des XXVI. Armeekorps, das der 18. Armee unterstand, fiel es schon nach wenigen Kriegstagen auf, dass sich »polit. Kommissare bisher nur ausnahmsweise« unter den Gefangenen befunden hatten.[224] Nach den Erkenntnissen des Korps erklärte sich dieses Phänomen mit dem Kampfverhalten der Politoffiziere, die der Gefangennahme um jeden Preis zu entgehen versuchten: »Offiziere und Kommissare ergäben sich nicht und kämpften deshalb bis zum äussersten.«[225] Die 167. Infanteriedivision, die im Abschnitt der 4. Armee kämpfte, meldete am 1. Juli 1941, dass »Politruks [...] bisher nicht gefangen« worden seien, weil sie nach Aussagen von Gefangenen »rechtzeitig die Flucht ergriffen« hätten.[226] Die Ic-Abteilung der 101. Infanteriedivision, die zur 17. Armee gehörte, stützte sich ebenfalls auf die Ergebnisse der Gefangenenverhöre, um zu erklären, warum bis Anfang Juli 1941 nur so wenige Politoffiziere in Gefangenschaft geraten waren: »Kommissare fliehen, ein Teil soll sich selbst erschossen haben.«[227] Berichte über den »Selbstmord von polit. Kommissaren« waren zur gleichen Zeit auch im Stab des III.

---

[222] Ebd.
[223] Bericht des VAA beim AOK 9 an das AA v. 27.6.1941; PA-AA, R 60760. Für den Hinweis auf diese Quelle danke ich PD Dr. Johannes Hürter.
[224] Ic-Abendmeldung des XXVI. AK an das AOK 18 v. 26.6.1941; BA-MA, RH 20-18/958.
[225] Bericht des XXVI. AK/Abt. Ic an das AOK 18, betr. Verbleib der sowjetruss. Truppenoffiziere, v. 30.7.1941; BA-MA, RH 20-18/976, Bl. 33.
[226] Ic-Morgenmeldung der 167. Inf.Div. an das LIII. AK v. 1.7.1941; BA-MA, RH 24-53/143.
[227] Ic-Tagesmeldung der 101. lei. Inf.Div. an das LII. AK v. 7.7.1941; BA-MA, RH 24-52/220.

Panzerkorps eingegangen, das der Panzergruppe 1 unterstand.[228] Selbst einem Verband wie der Waffen-SS-Division »Das Reich« war es bis zum 20. Juli 1941 noch immer nicht gelungen, sowjetische Politoffiziere lebend in die Hand zu bekommen: »Kommunistische Kommissare wurden noch nicht von der Div. gefangen genommen, sie sind entweder geflohen oder kämpfen bis zu ihrer Vernichtung.«[229] Die Berichte von Stäben und Truppen des Ostheeres darüber, dass schon in den ersten Wochen des Feldzugs nur »verschwindend wenig«[230] Politkommissare und Politruks gefangen genommen werden konnten, sind Legion und stimmten in ihren wiederkehrenden Erklärungsmustern weitgehend überein.

Das Problem potenzierte sich noch, nachdem auf der Gegenseite bekannt geworden war, welches Schicksal die sowjetischen Politoffiziere in deutscher Gefangenschaft erwartete. Da »die Front kein festes Gefüge darstellte«[231], war sie durchlässig für Informationen. Die Meldungen über die deutschen Gewalttaten, die »durch die Front sickerten«[232], wurden von Zivilisten, entkommenen Kriegsgefangenen[233] und »von entflohenen politischen Kommissaren«[234] selbst übermittelt oder waren erbeuteten deutschen Unterlagen zu entnehmen.[235] Auf diese Weise drang die Nachricht, dass die Invasoren gefangene Kommissare grundsätzlich exekutierten, erstaunlich schnell durch und verbreitete sich wie ein Lauffeuer in der Roten Armee. Besonders rasch lief das Wissen über die Exekutionen im Abschnitt der Panzergruppe 3 um. Anfang August 1941 resümierte die Ic-Abteilung der Panzergruppe, dass »die Sonderbehandlung der politischen Kommissare durch die Truppe […] zu einem baldigen Bekanntwerden auf der russischen Seite« geführt habe.[236] Im Stab des unterstellten XXXIX. Panzerkorps hatte man schon nach einer Kriegswoche, Ende Juni 1941, die erste Rückmeldung darüber erhalten, dass die Erschießungen dem Gegner nicht verborgen geblieben waren. In Gefangenenverhören erfuhr die Ic-Abteilung des Korps am 30. Juni 1941, »daß die politischen Kommissare den roten Stern ablegen, da sich inzwischen die deutschen Maßnahmen gegen Kommissare herumgesprochen haben«.[237] Im Angriffsstreifen der Panzergruppe 2, in dem sich die Vernichtungspolitik genauso wenig geheim halten ließ, war die Gegenseite nur kurze Zeit später über die Exekutionen im Bilde. Am 10. Juli 1941 berichtete der Ic-Offizier der 29. Infanteriedivision, die im Verband der Panzergruppe 2 kämpfte: »Die Erschiessung der Pol.Kommissare begin-

---

[228] Ic-Meldung des III. AK an die Pz.Gr. 1 v. 9.7.1941, 14.30 Uhr; BA-MA, RH 24-3/137, S. 249.
[229] Einsatzbericht der SS-Div. »Reich«/Abt. Ia v. 20.7.1941; BA-MA, RS 3-2/5, S. 179-181, hier S. 181.
[230] Erfahrungsbericht der 100. lei. Inf.Div./Abt. Ic v. 15.11.1941; BA-MA, RH 26-100/41, Bl. 6.
[231] Eintrag im TB (Ic) der 78. Inf.Div. v. 21.7.-15.8.1941; BA-MA, RH 26-78/64.
[232] Bericht über Gefangenenvernehmung der 35. Inf.Div./Abt. Ic v. 15.11.1941; BA-MA, RH 24-5/114, Bl. 309.
[233] Vgl. z. B. den Vernehmungsbericht des VI. AK/Abt. Ic v. 28.2.1942; BA-MA, RH 26-256/20.
[234] Eintrag im TB (Ic) der Pz.Gr. 3 v. 1.1.-11.8.1941; BA-MA, RH 21-3/423, S. 25.
[235] So gelangte der Befehl des KG des XXXXVII. AK vom 25.6.1941, in dem Lemelsen an den Befehl zur Erschießung der Kommissare erinnerte, erstaunlich schnell in russische Hände, wie das Generalkommando Mitte Juli 1941 feststellen musste. Vgl. die Berichte über die Vernehmungen dreier aus sowjetischer Gefangenschaft entkommener Korpsangehöriger v. 17.7./18.7.1941; BA-MA, RH 24-47/12, Anl. 11.
[236] Eintrag im TB (Ic) der Pz.Gr. 3 v. 1.1.-11.8.1941; BA-MA, RH 21-3/423, S. 25.
[237] Eintrag im TB (Ic) des XXXIX. AK v. 30.6.1941; BA-MA, RH 24-39/172, Bl. 14.

nt bekannt zu werden.«[238] Im Abschnitt der 17. Armee verweigerten Anfang Juli 1941 zwei gefangen genommene Politkommissare beim Verhör im Stab der 295. Infanteriedivision »jede Aussage, da sie ja doch erschossen würden«.[239] Auch in den sowjetischen Truppen, die der 6. Armee gegenüberstanden, war es bis September 1941 längst »den Kommissaren bekannt« geworden, »dass sie bei Gefangenschaft erschossen werden«.[240] Das gleiche galt für den Frontabschnitt der 18. Armee, wo ein gefangener Politruk Anfang September 1941 im Verhör beim Generalkommando des XXXVIII. Armeekorps aussagte, es sei »bekannt gewesen, dass Kommissare und Politruks von den Deutschen erschossen würden«.[241] Den vollen Wahrheitsgehalt dieser Gerüchte musste der Gefangene nach dem Abschluss der Vernehmung am eigenen Leib erfahren, als auch er vor ein Erschießungspeloton gestellt wurde.[242]

Die Nachrichten über die systematischen Exekutionen an gefangenen Politoffizieren konnten in der Roten Armee nicht folgenlos bleiben. Die sowjetischen Truppen reagierten, wie es in diesem Krieg nicht anders sein konnte, mit Racheakten. Gegen Ende der ersten Feldzugsphase erfuhren die Kommandobehörden des Ostheeres von Repressalien an deutschen Kriegsgefangenen, die anscheinend durch die Exekutionen an den Kommissaren provoziert worden waren. In der Panzergruppe 3 brachte man Ende Juli 1941 in Gefangenenverhören in Erfahrung, dass bei den feindlichen Truppen ein »grundsätzlicher Befehl« bestehe, »alle deutschen Offiziere zu erschiessen, da der Gegenseite bekannt geworden sei, dass auf deutscher Seite alle Kommissare (und auch Offiziere) erschossen würden«.[243] Im Oberkommando der 9. Armee gingen kurze Zeit später ähnliche Nachrichten ein. Am 24. August 1941 meldete das unterstellte XXXX. Panzerkorps: »Nach Gef[angenen]. Aussagen werden sämtliche deutschen Offiziere erschossen, da bekannt ist, dass politische Kommissare auf deutscher Seite auch erschossen werden.«[244] Die Reflexe der deutschen Vernichtungspolitik zeigten sich aber nicht nur in sowjetischen Vergeltungsmaßnahmen, sondern auch darin, dass die betroffenen Politoffiziere ihr individuelles Verhalten der veränderten Situation anpassten. Mit dem Wissen, was sie in deutscher Gefangenschaft erwartete, waren die Politoffiziere aus begreiflichen Gründen noch weniger als zuvor schon dazu bereit, sich gefangen nehmen zu lassen, mochte die Lage auch noch so aussichtslos sein. Die deutsche Vernichtungspolitik verbaute den Kommissaren und Politruks den Weg in die Gefangenschaft. In kritischen Situationen war den Politoffizieren die Alternative der Kapitulation verschlossen, so dass ihnen nur die verzweifelte Fortsetzung des Kampfes blieb.

---

238 Bericht der 29. Inf.Div. (mot.)/Abt. Ic v. 10.7.1941, »Festgestellte Feindtruppenteile vom 10.7.1941«; BA-MA, RH 21-2/648, Bl. 149.
239 Bericht der 295. Inf.Div./Abt. Ic an das IV. AK über Gefangenenvernehmungen am 8.7.1941 v. 9.7.1941; BA-MA, RH 26-295/17, Anl. 45.
240 Bericht der 44. Inf.Div./Abt. Ic an das LI. AK über die Vernehmung des Kdr. der 165. Schtz.Div. v. 27.9.1941; BA-MA, RH 26-44/33, Anl. 211.
241 Vernehmungsbericht des XXXVIII. AK/Abt. Ic an das AOK 18 v. 3.9.1941; BA-MA, RH 20-18/998.
242 Ic-Abendmeldung des XXXVIII. AK an das AOK 18 v. 6.9.1941; BA-MA, RH 24-38/168.
243 Eintrag im TB (Ic) des LVII. AK v. 31.7.1941; BA-MA, RH 24-57/63, S. 19.
244 Ic-Morgenmeldung des XXXX. AK an das AOK 9 v. 24.8.1941, umgehend weitergeleitet mit der Ic-Morgenmeldung des AOK 9 an die H.Gr. Mitte und das OKH vom gleichen Tag; BA-MA, RH 20-9/252.

Die Konsequenzen seines Tuns registrierte man auch in den deutschen Kommandobehörden. In der Panzergruppe 1 erfuhr man Ende Juli 1941 in Gefangenenverhören, wie sich die Nachrichten über die Kommissarerschießungen in der Roten Armee auswirkten. Von nun an wurde es immer unwahrscheinlicher, dass sich noch Politoffiziere in Gefangenschaft begaben: »Aus Furcht, dass sie von den Deutschen erschossen werden, ergäben sich die Kommissare nicht.«[245] Die gleiche Beobachtung machte auch die 1. Gebirgsdivision, die im Verband der 17. Armee kämpfte. In einem Erfahrungsbericht des Divisionskommandos über die ersten Monate des Feldzugs führte man es unter anderem auf die eigenen Gewaltmaßnahmen zurück, dass sich die Kommissare als »äusserst rücksichtslos und bis zum Letzten einsatzbereit« erwiesen hatten: »Das Wissen, daß sie bei uns erschossen werden, mag dabei mitspielen.«[246] Die deutschen Stäbe übersahen dabei nicht, dass es noch weitere Kreise zog und sich auch auf die Intensität der Gefechte auswirkte, dass die Kommissare gezwungen waren, mit dem Rücken zur Wand zu kämpfen. Wie man im Stab der 20. Panzerdivision erkannt hatte, wurden die Kämpfe dadurch nur noch schwerer und länger, als sie ohnehin schon waren: »Der Kommissar sieht in der Gefangenschaft seinen Tod und kämpft auch in verzweifelten Lagen bis zum letzten Rotarmisten, der hierzu durch die ständige Angst vor dem Genickschuß gezwungen wird.«[247] In »dem Glauben, bei Gefangennahme erschossen zu werden«, blieb den Politoffizieren »keine andere Wahl als mit Verbissenheit und Zähigkeit den Kampfwillen der Truppe bis zum letzten Mann aufrechtzuerhalten«, stellte die Führung der Panzergruppe 3 gegen Ende August 1941 fest.[248] Da die Kommissare in den Kämpfen »keine andere Wahl als Widerstand oder Tod zu haben«[249] glaubten und diese Haltung auf ihre Truppen zu übertragen wussten, führte das »Bekanntwerden« der »Sonderbehandlung der politischen Kommissare« auch zu einer »Verschärfung des Widerstandswillens« insgesamt.[250] Die unmittelbare Folge war, dass die ohnehin verlustreichen Gefechte für die deutschen Truppen noch kostspieliger wurden. In der Führungsabteilung der 10. Infanteriedivision schrieb man es daher »im Wesentlichen« dem »starken Einfluss der militärischen Kommissare« zu, dass die Rote Armee bis zum Dezember 1941 »noch nicht gänzlich zerschlagen« worden war.[251] Dass »der Kommissar« so große Wirkung entfalten konnte, erklärte man sich auch mit seiner fatalen Situation, in die man ihn selbst manövriert hatte: »Er kennt sicher seine Behandlung bei Gefangennahme. Deshalb setzt er sich rücksichtslos ein und treibt seine Truppe bis zur Selbstaufopferung vorwärts; dies hat infolgedessen uns selbst grosse Opfer gekostet. Er greift, um der Gefangennahme zu entgehen, oft zur Waffe, um sich selbst zu erschießen.«

Wie auch dieser Bericht belegt, sank die Zahl der Kommissare, die sich deutschen Truppen gefangen gaben, drastisch ab, nachdem bekannt geworden war, was in Ge-

---

[245] Ic-Morgenmeldung der 14. Pz.Div. v. 27.7.1941; BA-MA, RH 21-1/148a, Bl. 262.
[246] Erfahrungsbericht der 1. Geb.Div./Abt. Ic über »Russische Führung und Taktik« v. 2.11.1941; BA-MA, RH 28-1/140, Anl. 9.
[247] Stellungnahme Lt. Rodrian, 20. Pz.Div./Abt. Ic, zum Erfahrungsbericht des I./SR 59 v. 1.5.1942; BA-MA, RH 27-20/108, Bl. 51.
[248] Pz.Gr. 3/Abt. Ia/Ic Nr. 236/41 g.Kdos. v. 25.8.1941 an das AOK 9; BA-MA, RH 21-3/47, Bl. 91.
[249] Ebd.
[250] Eintrag im TB (Ic) der Pz.Gr. 3 v. 1.1.-11.8.1941; BA-MA, RH 21-3/423, S. 25.
[251] Erfahrungsbericht der 10. Inf.Div. (mot)/Abt. Ia v. 4.12.1941; BA-MA, RH 26-10/71, Anl. 700.

fangenschaft mit ihnen geschah. Da die Politoffiziere in den Gefechten »um jeden Preis der Gefangennahme zu entgehen«[252] versuchten, blieb ihnen als Alternative oftmals nur der Kampf auf Leben und Tod auf dem Schlachtfeld. So fanden die Truppen der 3. Panzerdivision nach den Kämpfen in der zweiten Septemberhälfte 1941 die gegnerischen Politoffiziere nur unter den Toten wieder, nicht aber unter den Gefangenen: »Kommissare sind gefallen oder haben sich vor Gefangennahme selbst erschossen.«[253] Beim LI. Armeekorps stellte man Ende September 1941 fest, dass es sich bei den Gefallenen des Gegners aus den zurückliegenden Gefechten zu etwa 80 % um »Offiziere (bis einschl. Oberlt.), Kommissare, NKWD.-Leute, Komsomolzen« handelte und nur zu 20 % um Mannschaftssoldaten.[254] In der 68. Infanteriedivision fiel nach der Durchsicht der Personalpapiere der gegnerischen Toten ebenfalls auf, dass sich überdurchschnittlich viele »Offiziere, Kommissare, Juden« darunter befanden.[255] Solche Stichproben lieferten den deutschen Kommandobehörden den empirischen Beweis dafür, dass ihre Vermutungen über die Ursachen der niedrigen Zahl an gefangenen Politoffizieren zutrafen. Weil sich die Kommissare und Politruks »nicht gefangen nehmen« ließen[256], war ihr Anteil an den blutigen Verlusten der sowjetischen Truppen überproportional hoch. Immer wieder stellten die deutschen Stäbe fest, dass der Gegner »besonders an Offz u. Kommissaren« »starke blutige Verluste« erlitt.[257] Den gleichen Eindruck behielten selbst einfache Soldaten von den Gefechten in Erinnerung: »Ich glaube, die Kommissare hatten die meisten Ausfälle.«[258]

Da sich viele Politoffiziere der Gefangennahme mit allen Mitteln zu entziehen versuchten, sammelten sie sich häufig in den »Restgruppen« und »Feindresten«, die in den Umfassungsschlachten der Auflösung der Kessel bis zuletzt »verzweifelten Widerstand« entgegensetzten.[259] So machte die 168. Infanteriedivision bei der Schlacht um Kiev die Erfahrung, dass »die bei den abschließenden Säuberungsaktionen angetroffenen Restgruppen von Offizieren, Kommissaren und Weibern [...] nur im Nahkampf vernichtet werden« konnten, weil sie »nur den einen Willen« gehabt hätten, »tot oder lebendig diesem Kessel zu entrinnen«.[260] Auch im Abschnitt der 44. Infanteriedivision blieben »beim Fortschreiten der Einkesselung« nur noch Offiziere, »überzeugte Bolschewiken« und Kommissare übrig, »die bei der Gefangennahme glaubten, erschossen zu werden«.[261] Eine Kapitulation schien für diese Gruppen ausgeschlossen: »Beim Endkampf traf die Truppe auf sich ungemein zähe wehrende und grausam kämpfende Reste, die mit Fanatismus und ohne Todesfurcht ihr aussichtsloses

---

[252] Ic-Tagesmeldung des LI. AK v. 26.9.1941; BA-MA, RH 24-51/57, Anl. 362.
[253] Eintrag im TB (Ic) der 3. Pz.Div. v. 21.9.1941; BA-MA, RH 27-3/165, S. 63.
[254] Ic-Meldung des LI. AK an das AOK 6 v. 30.9.1941; BA-MA, RH 20-6/547, Bl. 46.
[255] Eintrag im TB (Ic) der 68. Inf.Div. v. 26.5.1942; BA-MA, RH 26-68/41, S. 8.
[256] Eintrag im TB (Ic) des AOK 11 v. 28.11.1941; BA-MA, RH 20-11/517.
[257] Ic-Meldung des III. AK an die Pz.Gr. 1 v. 28.9.1941, 15.00 Uhr; BA-MA, RH 24-3/137, S. 58. Fast gleich lautend die Ic-Abendmeldung des AOK 17 an die H.Gr. Süd v. 25.11.1941; BA-MA, RH 20-17/281.
[258] Erinnerungen Hans. S., ehemals IR 462; BA-MA, MSg 2/5520, S. 60.
[259] Eintrag im TB (Ic) der 298. Inf.Div. v. 23.9.1941; BA-MA, RH 26-298/43.
[260] Bericht der 168. Inf.Div./Abt. Ia, »Erfahrungen während der Kämpfe ostw. Kiew«, v. 1.10.1941; BA-MA, RH 26-299/123, Anl. 425.
[261] Bericht der 44. Inf.Div./Abt. Ic, »Gründe des starken Widerstandes bei den Endkämpfen gegen die eingekesselten roten Verbände«, v. 30.9.1941; BA-MA, RH 26-44/33, Anl. 220.

Leben um den Höchstpreis möglichst vieler deutscher Opfer verkaufen wollten.« Soweit sie nicht im Kampf fielen, zogen viele Politoffiziere im Angesicht einer drohenden Gefangennahme offenbar sogar den Selbstmord vor. Diese Verzweiflungstaten wurden nicht nur von zahlreichen gefangenen Rotarmisten, sondern auch von deutschen Augenzeugen berichtet.[262] Ein deutscher Kompaniechef schilderte eine solche Beobachtung in seinem Tagebuch: »Von zwei Kommissaren, die gefangen genommen wurden, springt der eine auf eine Mine, der andere erschießt sich.«[263] Auch der Adjutant eines Schützenbataillons hatte einen ähnlichen Vorfall mit eigenen Augen erlebt: »Als letzter stand der Btl.-Kommissar, wild um sich schiessend. Er war umstellt, da zog er die letzte Handgranate ab und während wir Deckung suchten, hob er die Handgranate, hielt sie vors Gesicht bis zum Stahlhelmrand und mit der dumpfen Detonation sackte er in sich zusammen.«[264] Mit dieser Szene illustrierte der Adjutant in seinem Erfahrungsbericht, warum es nur so wenige Politoffiziere waren, »die wir lebend fingen«: »Viele gaben sich nicht gefangen.«

Bevor es so weit kam, suchten die Politoffiziere freilich nach anderen Auswegen, um ihrem drohenden Schicksal zu entgehen. Wenn sowjetische Truppenteile zerschlagen und von der Front überrollt wurden, nutzten viele Politoffiziere die Chance, in die Schlupfwinkel des weiträumigen Landes zu entkommen, die sich »durch den schnellen Vormarsch« der deutschen Truppen ergab.[265] Anstatt sich in Gefangenschaft zu begeben, hielten sie sich in den von den deutschen Verbänden »ausgesparten Wäldern und Sümpfen versteckt«. So stellten die deutschen Kommandobehörden immer wieder fest, dass sich unter den Versprengten in den rückwärtigen Gebieten auffallend »viele Kommissare« befanden.[266] In den deutschen Stäben sah man gerade in den versprengten Politoffizieren eine ernste Gefahr für die Sicherheit in den besetzten Gebieten, weil man gemäß den herrschenden Feindbildern davon ausging, dass »diese Kommissare die Organisation von Sabotage, Überfällen und dergleichen in erster Linie versuchen werden«.[267] Die Kommandobehörden wurden daher nicht müde, ihre Truppen in den rückwärtigen Gebieten »besonders auf die Erfassung der politischen Kommissare hinzuweisen«. Viele der versprengten Kommissare verfolgten indes wohl nur die Absicht, Anschluss an die eigenen Linien zu finden, und versuchten, sich zum Teil »in Zivilkleidung durch[zu]schlagen«.[268] Ein beträchtlicher Teil dieser Versprengten erreichte wohl ihr Ziel, »wieder zum Feind zurückzugelangen«[269], begünstigt

---

[262] Vgl. den Bericht der GFP-Gruppe 626 v. 17.7.1941; BA-MA, RH 21-1/471, S. 60. Vgl. den Eintrag im KTB des Pz.Rgt. 11 v. 11.9.1941; BA-MA, RH 39/620, S. 53. Vgl. die Meldung der 2./SR 394 an das I./SR 394 v. 23.9.1941; BA-MA, RH 27-3/176, Anl. 125.

[263] Eintrag im Tgb. des Kp.Chefs der San.Kp. 21 v. 30.1.1942; BA-MA, MSg 2/2778, S. 23 f.

[264] Erfahrungsbericht »Gründe für die Kampfkraft der Roten Armee«, v. Oblt. Pilster, Adj. des I./SR 59 v. 20.4.1942; BA-MA, RH 27-20/108, Bl. 44. Den Hinweis auf diese Quelle verdanke ich Prof. Dr. Sönke Neitzel.

[265] Vgl. hierzu und zum Folgenden den Eintrag im TB (Ic) der 35. Inf.Div. v. 22.6.1941-10.11.1942; BA-MA, RH 26-35/88, S. 6 f.

[266] Eintrag im TB (Ic) der 298. Inf.Div. v. 21.9.1941; BA-MA, RH 26-298/43. Vgl. auch den Eintrag im KTB der 14. Pz.Div. v. 22.9.1941; BA-MA, RH 27-14/1, S. 138.

[267] Vgl. hierzu und zum Folgenden den Divisionsbefehl der 286. Sich.Div./Abt. Ia Nr. 375/41 geh. v. 2.8.1941; BA-MA, RH 26-286/3, Anl. 66a: »Die Masse der politischen Kommissare hat sich zweifellos der Ergreifung durch die Flucht entzogen.«

[268] Feldzugsübersicht des KG des IX. AK, Geyer, v. 10.7.1941; BA-MA, RH 24-9/57, Bl. 143.

[269] Eintrag im TB (Ic) der 78. Inf.Div. v. 21.7.-15.8.1941; BA-MA, RH 26-78/64.

3. Relationen und Reaktionen

durch die Weitmaschigkeit der Front und die unzureichenden Kontrollen[270] der überforderten deutschen Truppen, die gerade in den Phasen größerer Offensiven kaum in der Lage waren, der »Wanderbewegungen«[271] von »verkleideten Soldaten und Kommissaren«[272] in den rückwärtigen Gebieten Herr zu werden. Selbst die »Offiziere und Kommissare eingeschlossener Truppenteile haben sich oft in Zivil durchschlagen können« und entkamen den löchrigen deutschen Einschließungsringen, wie man in vielen Stäben erkannte.[273] Obwohl man sich in den deutschen Kommandobehörden dieses Problems bewusst war, fehlten die Mittel, um zu verhindern, »daß es einer größeren Zahl von Kommissaren gelang, aus den Kesseln durch Anlegen von Zivil herauszukommen und sich durchzuschlagen«.[274] Viele Kommissare, die es in den Kämpfen hinter die feindlichen Linien verschlagen hatte, profitierten bei ihrem Versuch, sich zu den eigenen Truppen zu retten, von der Schwäche der deutschen Herrschaft in den rückwärtigen Gebieten, von der Überbeanspruchung und dem Kräftemangel des Ostheeres. Sogar aus den Kesseln konnten offenbar zahlreiche Kommissare entkommen, weil die deutschen Verbände nicht stark genug waren, um die Einschließungsringe lückenlos zu besetzen.[275] Dass die Kommissare und Politruks in kritischen Momenten häufig ihre Truppen »verliessen«[276] und nach Auswegen suchten, um der Gefangenschaft zu entgehen, legte man ihnen in vielen deutschen Kommandobehörden als »feige Flucht« aus und fasste es als Bestätigung für das düstere Feindbild auf, das man von den Politoffizieren pflegte.[277] Diese Anschuldigungen reflektierten die Erkenntnis, dass die Überlebensstrategien der Kommissare vielfach erfolgreich waren und dazu beitrugen, dass die Zahl der gefangen genommenen Politoffiziere gering blieb.

Nicht alle Politoffiziere erhielten jedoch die Gelegenheit, sich dem Zugriff der deutschen Truppen rechtzeitig zu entziehen, oder waren im entscheidenden Moment nicht dazu bereit, bis zum Äußersten zu gehen. Ein Teil der Politoffiziere schreckte offenbar davor zurück, selbst »in aussichtsloser Lage bis zum letzten«[278] zu kämpfen, und riskierte es stattdessen, sich gefangen nehmen zu lassen, um sich eine Restchance auf das Überleben zu erhalten. Ihre Aussichten, die deutsche Gefangenschaft zu überstehen, versuchten die Politoffiziere dadurch zu erhöhen, dass sie sich unkenntlich machten. Spätestens nachdem die deutsche Vernichtungspolitik in der Roten Armee bekannt geworden war, trennten die meisten Politoffiziere ihr entlarvendes Abzeichen,

---

[270] Vgl. exemplarisch den Befehl des Div.Kdr. der 56. Inf.Div., »Überwachung des Zivilverkehrs«, v. 28.3.1942; BA-MA, RH 26-56/64, Anl. 263. Vgl. auch den Eintrag im TB (Ic) der 10. Inf.Div. (mot.) v. 7.9.1941; BA-MA, RH 26-10/68, S. 43: »Um diese Wanderburschen kümmert sich bei Mot-Truppen niemand, ist auch, solange man selbst marschiert, nicht möglich.«
[271] Eintrag im TB (Ic) der 29. Inf.Div. (mot.) v. 22.6.-16.12.1941; BA-MA, RH 26-29/58, S. 23.
[272] Divisionsbefehl der 10. Inf.Div./Abt. Ia v. 29.7.1941; BA-MA, RH 26-10/70b, Anl. 277.
[273] FNBl. der 101. lei. Inf.Div./Abt. Ic v. 15.5.1942; BA-MA, RH 26-101/67. Vgl. auch den Eintrag im TB (Ic) der 3. Pz.Div. v. 27.5.1942; BA-MA, RH 27-3/180.
[274] Eintrag im TB (Ic) der 29. Inf.Div. (mot.) v. 22.6.-16.12.1941; BA-MA, RH 26-29/58, S. 22.
[275] Vgl. exemplarisch den Eintrag im Tgb. des KG des XXXXVII. AK v. 13.10.1941; BA-MA, MSg 1/1148.
[276] Ic-Morgenmeldung des IV. AK an das AOK 17 v. 9.7.1941; BA-MA, RH 20-17/277, S. 68.
[277] FNBl. des AOK 11/Abt. Ic Nr. 103/41 v. 24.9.1941; BA-MA, RH 20-11/131. Vgl. auch die Ic-Abendmeldung des LV. AK an das AOK 6 v. 16.7.1941; BA-MA, RH 20-6/518, Bl. 88.
[278] AOK 6/Abt. Ic/AO Nr. 3383/41 geh. v. 8.11.1941, »Erfahrungsbericht über sowjetische Kriegswehrmacht. Führung, Taktik, Kampfwert des sowjetischen Heeres«; BA-MA, RH 20-6/494, Bl. 235-241.

den roten Stern, vom Unterarm ihrer Uniform ab und entledigten sich ihrer Personalpapiere, sobald die Gefangennahme drohte. Da die Nachrichten über die deutschen Verbrechen an gefangen genommenen Kommissaren frühzeitig zu den sowjetischen Truppen durchgedrungen waren, konnten solche Reaktionen bereits in der Anfangsphase des Feldzugs beobachtet werden. Das AOK 6 gab schon nach den ersten vier Kriegstagen in einem Feindnachrichtenblatt bekannt, die »Polit.-Kommissare sollen Befehl haben, vor Gefangennahme die Abzeichen von Kragen und Ärmel zu entfernen«.[279] Die Führung der Panzergruppe 3 berichtete bereits nach der ersten Feldzugswoche Ende Juni 1941 davon, dass die politischen Kommissare inzwischen »vorsichtig ihre Abzeichen abgelegt hatten« und nur noch »Mannschaftsuniform trugen«.[280] Diese Beobachtung war gleich aus mehreren Abschnitten der Panzergruppe gemeldet worden. Im unterstellten LVII. Panzerkorps hatte man am 27. Juni 1941 festgestellt: »Die Kommissare selbst legen alle Abzeichen ab, werfen ihre Ausweise weg und ziehen sich zum Teil Soldatenuniform an.«[281] Die gleiche Meldung lief wenige Tage später von einem der Nachbarkorps ein: »Polit. Kom. legen Sterne ab oder ziehen andere Uniformen an.«[282] Auch in den übrigen Armeen des Ostheeres registrierte man in den ersten Wochen der Kämpfe, dass die sowjetischen Politoffiziere auf die gegen sie gerichtete Vernichtungspolitik reagierten, indem sie ihre Identität verschleierten, um eine mögliche Gefangennahme überstehen zu können. Eine Division der 16. Armee brachte am 12. Juli 1941 in Erfahrung, dass »die Politruks [...] zum größten Teil ihre Sterne von den Ärmeln abgerissen« hätten.[283] Das Panzergruppenkommando 4 hatte Mitte Juli 1941 aus erbeuteten Unterlagen entnommen, dass »eine Reihe von politischen Kommissaren« einer gegenüberstehenden Division »ihre Rangabzeichen entfernt haben« soll, »was streng untersagt« sei und deshalb scharfe Gegenbefehle ausgelöst habe.[284]

Dass sich schon in der Anfangsphase des Krieges immer mehr Politoffiziere zu tarnen begannen, war eine individuelle und spontane Überlebensstrategie und erfolgte offenbar gegen den Willen der sowjetischen Führung, die selbst keine Anstalten machte, Maßnahmen zum Schutz ihrer Politoffiziere zu treffen. Gegenüber dem Schicksal ihrer Soldaten, die in deutsche Gefangenschaft gerieten, nahm die sowjetische Führung ohnehin eine bestenfalls indifferente Haltung ein. In allen Soldaten, die nicht »aufopfernd bis zum letzten« kämpften und sich ergaben, ohne verwundet worden zu sein, sah man im sowjetischen Hauptquartier eben nur »böswillige Deserteure«, »Eidbrüchige und Landesverräter«.[285] Besonders alarmiert war man von den Nachrichten, dass

---

[279] FNBl. Nr. 1 des AOK 6/Abt. Ic/AO Nr. 2248/41 geh. v. 25.6.1941; BA-MA, RH 20-6/489, Bl. 261-263.
[280] Bericht der Pz.Gr. 3/Abt. Ia, »Gefechtsbericht vom 22.-29.6.41« v. 29.6.1941; BA-MA, RH 21-3/46, Bl. 73-82.
[281] Ic-Tagesmeldung der 18. Inf.Div. (mot.) an das LVII. AK v. 27.6.1941; BA-MA, RH 26-18/56, Anl. 15.
[282] Ic-Meldung des XXXIX. AK an die Pz.Gr. 3 v. 30.6.1941, 18.50 Uhr; BA-MA, RH 21-3/433, Bl. 19.
[283] Bericht der 126. Inf.Div./Abt. Ic an das X. AK über Gefangenenvernehmungen v. 12.7.1941; BA-MA, RH 26-126/116, Anl. 21.
[284] Vernehmungsbericht der Pz.Gr. 4/Abt. Ic v. 18.7.1941; BA-MA, RH 20-18/996.
[285] Vgl. hierzu und zum Folgenden den Stalin-Befehl Nr. 270 v. 16.8.1941, Anlage zum FNBl. des AOK 11/Abt. Ic Nr. 89/41 v. 7.9.1941; BA-MA, RH 20-11/114. Vgl. auch die Übersetzung des Befehls in

14 | Aufgeflogene Tarnung: Selektierte »russ. Kommissare, die laut Führerbefehl zu erschießen waren« (o.D., Zitat aus der Bildbeschriftung des Originals)

»einige Kdre. und Politische Funktionäre« in kritischen Situationen »ihre Rangabzeichen abreissen«, was man als Vorsorge für eine eventuelle Kapitulation verstand und daher streng verbot. Folglich kündigte die sowjetische Führung Mitte August 1941 in einem empörten Gegenbefehl für »Kommandeure und Politische Funktionäre, die sich während der Kampfhandlungen ihrer Rangabzeichen entledigen und in die rückw. Linien desertieren bzw. sich dem Feinde ergeben«, kapitale Strafen an. Die Meldung des AOK 9, dass die Politoffiziere nach einem »Befehl Stalins vom 1.8.« fortan die »Uniform von Offizieren« zu tragen hätten und die Ärmelabzeichen offiziell fortfallen sollten, war daher wohl eine Fehlinformation.[286] Trotz der bestehenden Verbote

den Akten des AOK 18; BA-MA, RH 20-18/955. Ein Original dieses Beutebefehls befindet sich in der Akte BA-MA, RH 20-18/999. Vgl. zu Stalins Befehl Nr. 270 auch MERRIDALE, Krieg, S. 131 f.
[286] Ic-Morgenmeldung des AOK 9 an die H.Gr. Mitte und das OKH/FHO v. 27.8.1941; BA-MA, RH 20-9/252. Die Meldung basierte auf der Aussage eines »V.-Mann[s]«.

war es aber schon in den ersten Kriegswochen verbreitete Praxis der Politoffiziere, ihre »Dienstgradabzeichen und Sterne [zu] entfernen, sich Mannschaftsblusen an[zu]ziehen und ihre Papiere [zu] vernichten, so dass sie nicht mehr vom gemeinen Mann zu unterscheiden« waren.[287]

Da die sowjetischen Politoffiziere schon in den ersten Wochen des Krieges davon erfuhren, welches Schicksal sie in deutscher Gefangenschaft erwartete, und sich daraufhin zu tarnen begannen, war es bereits in der Anfangsphase des Ostfeldzugs häufig nur noch unter besonderem Aufwand möglich, sie unter den Gefangenen ausfindig zu machen und zu selektieren. Die Umsetzung der Vernichtungspolitik im Frontbereich wurde dadurch schon frühzeitig stark erschwert. In dieser Situation bekundeten die Kommandobehörden ihr unverändertes Interesse an der Durchführung des Kommissarbefehls, indem sie ihren Truppen Wege aufzeigten, die Kommissare trotz ihrer Tarnung zu identifizieren. Das AOK 6 informierte die unterstellten Verbände schon nach wenigen Kriegstagen darüber, dass »Erkennungsmöglichkeit [...] trotzdem gegeben sein [soll], weil Polit-Kommissare Haare nicht kurz geschoren tragen wie russische Mannschaften«.[288] Das Panzergruppenkommando 3 hatte noch weitere Kennzeichen ausgemacht. Anfang Juli 1941 wies die Panzergruppe ihre Truppen darauf hin, dass die getarnten Politoffiziere »meist erkenntlich an nicht verblichenen Stellen am Kragen und am Ärmel« seien, die zuvor von den entfernten Abzeichen vor dem Ausbleichen geschützt worden waren.[289] Außerdem setzte man in der Panzergruppe auf die Bereitschaft der Rotarmisten zur Denunziation ihrer Kommissare. Die 20. Infanteriedivision machte die vorgesetzten Stellen am 30. Juni 1941 auf diese Möglichkeit aufmerksam: »Gefangene Soldaten werden auf Befragen meist politische Kommissare als solche bezeichnen.«[290] Einen ähnlichen Vorschlag unterbreitete eine Division der 2. Armee Mitte August 1941.[291] Im Stab der 52. Infanteriedivision hatte man das Problem erkannt, dass sich zahlreiche Kommissare »noch unter den Gefangenen« befanden und »ihrem Dienstgrad nach unkenntlich« waren. »Die Kommissare werden versuchen, sich in der großen Masse und unter Angehörigen fremder Regimenter zu verstecken. Die Division schlägt deshalb vor, die Gefangenen noch nachträglich in den großen Gefangenensammelstellen regimenterweise zu ordnen und sie dann aufzufordern, ihre Kommissare zu nennen.« Die Erwartung, dass man mit dieser Vorgehensweise Erfolg haben würde, stützte sich auf das herrschende Feindbild von den Kommissaren als skrupellose, verhasste Unterdrücker: »Nachdem von den Kommissaren sehr viele

---

[287] Ic-Meldung der 3. Pz.Div. an das XXIV. AK v. 29.7.1941; BA-MA, RH 24-24/331.
[288] FNBl. Nr. 1 des AOK 6/Abt. Ic/AO Nr. 2248/41 geh. v. 25.6.1941; BA-MA, RH 20-6/489, Bl. 261-263. Die Information beruhte auf einer Ic-Meldung der Pz.Gr. 1 an das AOK 6 v. 25.6.1941; BA-MA, RH 20-6/514, Bl. 101.
[289] FNBl. Nr. 6 des XXXIX. AK/Abt. Ic v. 5.7.1941; BA-MA, RH 26-20/84, Anl. 125. Wie sehr die Führung der 20. Inf.Div. (mot.) an der Selektion der Kommissare interessiert war, brachte sie damit zum Ausdruck, dass sie das FNBl. des vorgesetzten XXXIX. AK für ihren eigenen Befehlsbereich mit dem Zusatz ergänzte: »Gefangene sind zu befragen, ob sich unter ihnen politische Kommissare befinden.« Vgl. die hs. Notizen auf dem FNBl. des XXXIX. AK Nr. 6, ebd., und das daraufhin erlassene FNBl. der 20. Inf.Div. (mot.) v. 5.7.1941, ebd., Anl. 126.
[290] Funkspruch der 20. Inf.Div. (mot.)/Abt. Ic an das XXXIX. AK v. 30.6.1941, 18.15 Uhr; BA-MA, RH 26-20/84, Anl. 58.
[291] Vgl. hierzu und zum Folgenden die Ic-Meldung der 52. Inf.Div. an das LIII. AK v. 19.8.1941; BA-MA, RH 26-52/60, Anl. 79.

Soldaten niedergeschossen worden sind, ist bei der dadurch verursachten Erbitterung damit zu rechnen, daß die russischen Soldaten ihre Kommissare verraten.«

Die Schwierigkeit der Selektionen

Auch wenn die Stäbe ihren Truppen Anhaltspunkte für die Identifizierung der getarnten Politoffiziere an die Hand gaben, die nicht selten sogar zum gewünschten Erfolg führten, stieß die Selektion der Kommissare unter den Gefangenenmassen fortan auf große Schwierigkeiten. Sobald sich die Politoffiziere ihrer Abzeichen und Personalpapiere entledigt hatten, waren ihre Aussichten gut, die flüchtigen Selektionen im Frontbereich zu überstehen. Die von den Kommandobehörden vorgeschlagenen Methoden, nach Spuren der entfernten Kommissarabzeichen auf den Uniformjacken zu suchen und die Mitgefangenen zu Denunziationen zu ermuntern, kosteten Zeit und Mühe und beanspruchten damit Kapazitäten, die die überforderten Fronttruppen vielfach nicht aufbringen konnten, sofern die Identifizierung der Politoffiziere im Schnellverfahren nicht gelang. Da die »Erfassung der Kommissare« unter den Kriegsgefangenen »teilweise sehr schwierig« war und für »ihre *restlose* Erfassung« an vielen Stellen die Mittel fehlten[292], musste man es schon in der Anfangsphase des Feldzugs hinnehmen, dass zahlreiche Kommissare »in der Masse der Gefangenen unerkannt« blieben.[293] Da die tiefere Ursache hierfür im Kräftemangel des Ostheeres lag, konnte auch die Intervention des OKH nichts daran ändern. Im Auftrag des Oberbefehlshabers des Heeres hatte der General z.b.V. schon Mitte Juli 1941 während eines Frontbesuchs darauf hingewiesen, dass »bei dem raschen Fortschreiten der Operationen« anzunehmen sei, »dass eine Reihe von politischen Kommissaren der Roten Armee nach Entfernung ihrer Abzeichen unerkannt in die Gefangenenlager geraten sind«.[294] Da »mit der Fortsetzung ihrer hetzerischen Tätigkeit unter den Gefangenen« gerechnet werden müsse, sei es »notwendig, an allen Gefangenen Sammelstellen und in allen Gefangenenlagern darauf zu achten, dass nach Möglichkeit die politischen Kommissare erkannt werden und entsprechend der ergangenen Verfügung von der Truppe abgesondert werden«. Die Ic-Offiziere wurden angehalten, »auf die Notwendigkeit einer ständigen Überprüfung der Anwesenheit von politischen Kommissaren immer wieder hinzuweisen«.

Gerade im Frontbereich aber gelang es dem Großteil der in Gefangenschaft geratenen Politoffiziere wohl dennoch, »in der grossen Masse der Kriegsgefangenen unterzutauchen«[295], weil die begrenzten Kräfte der deutschen Fronttruppen durch dringlichere Aufgaben absorbiert wurden. Bei den Divisionen im Gefechtsgebiet, wo »die Gefangenen [...] nur zum geringsten Teil durch Dolmetscher vernommen« werden konnten, war es kaum zu vermeiden, dass unter den Gefangenen »getarnte Kommis-

---

[292] Eintrag im TB (Ib) des Berück Mitte v. 1.8.-31.8.1941; BA-MA, RH 22/247, Bl. 53. Hervorhebung im Original.
[293] Eintrag im TB (Ic) der 86. Inf.Div. v. 28.6.-11.7.1941; BA-MA, RH 26-86/47, S. 1.
[294] Aktenvermerk des AOK 18/Abt. Ic Nr. 2034/41 geh. v. 14.7.1941; BA-MA, RH 20-18/1238. Die Besprechung des Gen. z.b.V. mit dem Ic der H.Gr. Nord, Major i.G. Jessel, hatte am 10.7.1941 stattgefunden.
[295] Bericht der GFP-Gruppe 570 v. 11.2.1942; BA-MA, RH 23/130, Bl. 74.

sare« zurückblieben.²⁹⁶ Gerade in »großen Gefangenenmassen«, die »nach Durchzählung und flüchtiger Vernehmung sofort nach hinten weitergeleitet« werden mussten, so dass »keine Möglichkeit« bestand, »nähere Untersuchungen anzustellen«, stiegen die Chancen der Kommissare, unentdeckt zu bleiben.²⁹⁷ Diese Schwierigkeiten führten schließlich dazu, dass die Proportionen der Erschießungszahlen der deutschen Verbände gerade während der Großoffensiven in der zweiten Feldzugsphase nicht überall mit dem sprunghaften Wachstum der Gefangenenzahlen Schritt hielten.²⁹⁸ Eine effektive »abwehrmäßige Untersuchung« wurde eben durch großen »Zustrom an K[riegs]g[e]f[angenen]., die großenteils sofort wieder abtransportiert werden mußten, sehr erschwert«.²⁹⁹ Überdies konnte man sich auf die Bestimmungen der Kommissarrichtlinien berufen, wenn »die Truppe unter den Gefangenen nicht mehr besonders nach Kommissaren forschen« wollte, »falls diese nicht auf Grund von Denunziationen sofort ausgesondert werden« konnten, und es zuließ, dass die Politoffiziere immer »häufiger mit in Gefangenenlager abgeschoben« wurden.³⁰⁰ Schließlich war im Kommissarbefehl ausdrücklich darauf hingewiesen worden, dass »planmäßige Such- und Säuberungsaktionen durch die Kampftruppe [...] zu unterbleiben« hatten, um »die Durchführung der Operationen nicht auf[zu]halten«.³⁰¹ Es war durchaus mit der Grundidee der Kommissarrichtlinien vereinbar, wenn die Kampftruppen diese aufwändige Aufgabe den Abwehrorganen der Gefangeneneinrichtungen überließen.

Die Berufung auf die technischen Hindernisse bei der Selektion der Kommissare im Frontbereich war indes keine Ausflucht, die nur vorgeschoben wurde, um zu bemänteln, dass man den Kommissarbefehl nicht befolgen wollte. Die »erhebliche[n] Schwierigkeiten«, die den Frontverbänden durch die Bewachung, Versorgung und den Abtransport der Gefangenenmassen entstanden, waren höchst real und beeinträchtigten weitaus wichtigere Handlungsfelder als die Vernichtungspolitik gegen die Kommissare.³⁰² So kam es gerade während des Bewegungskrieges immer wieder vor, dass die Truppen »aus Mangel an Personal«³⁰³ trotz aller Warnungen vor der angeblichen Heimtücke der gegnerischen Soldaten und »trotz schärfster Befehle die Gefangenen zum großen Teil ohne Bewachung herum laufen«³⁰⁴ ließen und sie entlang der Vormarschstraßen »ohne Bedeckung« nach hinten schickten.³⁰⁵ Auch wenn sich die Truppen der Gefahr bewusst waren, dass sie es den unbewachten Gefangenen auf diese Weise ermöglichten, »sich neu [zu] bewaffnen und einen Bandenkrieg im Hinterland [zu] führen«³⁰⁶, sahen sie sich häufig gezwungen, dieses Risiko in Kauf zu nehmen.

---

296 Ic-Meldung der 72. Inf.Div. an das LIV. AK v. 14.8.1941; BA-MA, RH 24-54/178b.
297 Ic-Meldung der 52. Inf.Div. an das LIII. AK v. 19.8.1941; BA-MA, RH 26-52/60, Anl. 79.
298 Vgl. hierzu das Kap. V.2.3.
299 Eintrag im TB (Ib) des Berück Mitte v. 1.10.-31.10.1941; BA-MA, RH 22/247, Bl. 86 f.
300 Schreiben des AOK 2/Abt. Ic/AO Nr. 218/41 g.Kdos., betr. Politische Kommissare, v. 9.9.1941 an die H.Gr. Mitte; BA-MA, RH 20-2/1092, Anl. 461.
301 Ziffer I.5. der Kommissarrichtlinien.
302 Eintrag im TB (Ic) der 297. Inf.Div. v. 22.6.-31.12.1941, Abschnitt Gefangenenversorgung; BA-MA, RH 26-297/85.
303 Befehl des XXXXVII. AK/Abt. Ic Nr. 418/41 geh. v. 23.10.1941; BA-MA, RH 26-29/60, Anl. 28.
304 Divisionsbefehl der 14. Pz.Div./Abt. Ia für den 27.6.1941; BA-MA, RH 27-14/2, Anl. 32.
305 Eintrag im KTB der 14. Pz.Div. v. 26.9.1941; BA-MA, RH 27-14/1, S. 143. Vgl. hierzu auch den Eintrag im TB (Ic) der 197. Inf.Div. v. 13.7.1942; BA-MA, RH 26-197/96.
306 Divisionsbefehl der 14. Pz.Div./Abt. Ia für den 27.6.1941; BA-MA, RH 27-14/2, Anl. 32.

3. Relationen und Reaktionen

Auf die Vorhaltungen der Befehlshaber, dass »ein weiteres Anwachsen des Partisanenunwesens nicht zu vermeiden« sei, wenn die Kampftruppen nicht »für gesicherte Bewachung bzw. Rückführung ihrer Gefangenen vom Gefechtsfelde zur nächsten Sammelstelle« sorgen würden, reagierten die Truppen mit der »vielfach geäußerte[n] Behauptung, daß sie hierzu nicht in der Lage wären«.[307] Dass von den Stäben des Ostheeres »immer wieder festgestellt« werden musste, dass in ihren Verbänden »mit Gefangenen niemand etwas zu tun haben wollte«, hatte seine Ursache in »der Überbeanspruchung der Truppe«.[308]

Neben der Gefangenenbewachung, die für die ohnehin angespannte Sicherheitslage in den besetzten Gebieten eigentlich unverzichtbar war, musste bei der Abwicklung des Gefangenenabschubs auch der Feindnachrichtendienst vernachlässigt werden. Häufig konnte bei den Divisionen, die eigentlich die »Hauptträger der Ic-Arbeit«[309] sein sollten, von den eingebrachten Gefangenen »nur ein geringer Teil vernommen werden«.[310] Und »besonders bei starkem Gefangenenanfall« war selbst »eine annähernd vollkommene Truppenfeststellung vorne durch die Korps infolge Zeitmangel nicht mehr gewährleistet«.[311] Die permanente Überforderung des Ostheeres führte dazu, dass man im Gefangenenwesen im Frontbereich häufig sogar den vitalsten Erfordernissen nicht mehr gerecht werden konnte. Dass unter diesen Umständen auch die Selektion der Politoffiziere hintangestellt wurde, wenn man schon auf die Nachrichtengewinnung verzichten musste und sogar die Bewachung der Gefangenen vernachlässigte, ist nachvollziehbar.

Dass die Fronttruppen die Aussonderung der Kommissare in der Regel nicht aus freien Stücken unterließen, sondern nur deswegen, weil es vielfach schlicht ihre Möglichkeiten überstieg, wird besonders an einer parallelen Entwicklung im Gefangenenwesen des Frontbereichs deutlich, die aus den gleichen Gründen von Misserfolgen geprägt war. Analog zu der geringen Erfolgsquote bei der Identifizierung der gefangenen Politoffiziere gelang es nämlich ebenfalls nur unverhältnismäßig selten, die sowjetischen Truppenoffiziere in den Gefangenenmassen ausfindig zu machen. Dass sich unter den eingebrachten Gefangenen nur »eine auffallend geringe Zahl russ. Offiziere«[312] befand, stach sofort ins Auge, wenn man die Gefangenenstatistiken betrachtete. Die 14. Panzerdivision etwa nahm bis zum 21. Juli 1941 über 9000 sowjetische Soldaten und Unteroffiziere gefangen, aber nur ganze sieben Offiziere.[313] In der Folgezeit verbesserten sich die Zahlenverhältnisse nur langsam. Bis Anfang August 1941 stieg die Gesamtzahl auf knapp 14.000 Gefangene an, die Zahl der gefangenen Offiziere war allerdings immer noch unterdurchschnittlich und betrug lediglich 34.[314]

---

307 Befehl des OB der H.Gr. Süd in den Besonderen Anordnungen für die Versorgung Nr. 36 des Höh. Kdo. XXXIV v. 11.10.1941; BA-MA, RH 24-34/58. Vgl. zu dem Phänomen auch den Eintrag v. 10.7.1941 im Tgb. über den Einsatz der 1./SR 64; BA-MA, RH 37/6249, S. 11. Vgl. auch das Schreiben des XXIV. AK/Abt. Ic an die Pz.Gr. 2 v. 27.6.1941; BA-MA, RH 27-4/110, Anl. 36.
308 Denkschrift des Div.Kdr. der 18. Pz.Div. v. 14.2.1942; BA-MA, RH 27-18/157, Anl. 105.
309 Befehl des III. AK/Abt. Ic Nr. 323/41 geh., betr. Ic-Dienst, v. 18.6.1941; BA-MA, RH 24-3/134, Anl. 7.
310 Eintrag im TB (Ic) der 197. Inf.Div. v. 14.7.1942; BA-MA, RH 26-197/96.
311 Eintrag im TB (Ic) der Pz.Gr. 1 v. 22.6.-31.10.1941, Abschnitt C; BA-MA, RH 21-1/470, S. 3.
312 Bericht über die Feindlage vor dem VIII. AK v. 25.9.-15.10.1941; BA-MA, RH 24-8/123, Bl. 59.
313 Eintrag im KTB der 14. Pz.Div. v. 21.7.1941; BA-MA, RH 27-14/1, S. 55.
314 Divisionsbefehl der 14. Pz.Div./Abt. Ia v. 3.8.1941; BA-MA, RH 27-14/2, Anl. 145.

Die Truppen der 298. Infanteriedivision hatten allein am 21. September 1941 rund 18.000 Gefangene gemacht, darunter aber nur »25 Offz. festgestellt«.[315] Das VII. Armeekorps verzeichnete Anfang August 1941 eine Gefangenensumme von 35.000 Mann, von denen lediglich 31 Gefangene als Offiziere identifiziert worden waren.[316] Die Ic-Abteilung der 100. Infanteriedivision stellte Mitte November 1941 rückblickend fest, dass Offiziere während des bisherigen Feldzugs »etwa im Verhältnis 1 : 150 gefangen wurden«, was man im Divisionsstab völlig zu Recht als »sehr wenig« betrachtete.[317] Auch in den Statistiken der Armeeoberkommandos fiel auf, dass die Offiziere unter den Gefangenen deutlich unterrepräsentiert waren. Die 17. Armee brachte bis zur letzten Juliwoche 1941 gut 40.000 Gefangene ein, »davon nur 179 Offiziere«.[318] Die 2. Armee zählte bis zum Jahresende 1941 knapp 400.000 Rotarmisten und gut 2000 Offiziere zu ihren Gefangenen. Selbst hier lag die Rate der gefangenen Offiziere immer noch weit unter der Quote, mit der sie in den sowjetischen Truppenteilen vertreten waren.[319]

Das offenkundige Missverhältnis zwischen den hohen Gefangenensummen und den vergleichsweise niedrigen Zahlen der gefangenen Offiziere rief in den Kommandobehörden schon in der Anfangsphase des Feldzugs »die Frage nach dem Verbleib der sowjetruss. Truppenoffiziere« hervor.[320] Die Antworten, die man erhielt, überschnitten sich weitgehend mit den Erklärungen, die man für die geringe Zahl der gefangenen Politoffiziere gefunden hatte. Das »Fehlen der Offiziere unter den Gefangenen« erklärte man zum einen damit, dass sie genauso wie die Kommissare häufig »bis zum äussersten« kämpften[321], »nur selten« überliefen und »sich auch nicht gefangen nehmen« ließen.[322] Sogar von Selbstmorden wurde berichtet, die Offiziere begingen, um nicht in Gefangenschaft zu geraten.[323] Außerdem sei es den Offizieren immer wieder gelungen, sich in kritischen Momenten »dem deutschen Zugriff zu entziehen«[324] und sich selbst aus Kesseln »durch die Linie durchzuschlagen«[325] und zu entkommen. Die Offiziere, die trotz allem in Gefangenschaft gerieten, »legten im allgemeinen Wert darauf, nicht als solche erkannt zu werden«[326] und hatten daher rechtzeitig »die Offiziers-Abzeichen abgelegt«.[327] Dies war die häufigste Erklärung, die in den deutschen Stäben für die »geringe Zahl der gefangengenommenen Offiziere« genannt wurde.[328]

---

[315] Eintrag im TB (Ic) der 298. Inf.Div. v. 21.9.1941; BA-MA, RH 26-298/43.
[316] Bericht des VII. AK/Abt. Ic an die Pz.Gr. 2 v. 4.8.1941; BA-MA, RH 21-2/651, Bl. 202.
[317] Erfahrungsbericht der 100. lei. Inf.Div./Abt. Ic v. 15.11.1941; BA-MA, RH 26-100/41, Bl. 6.
[318] Ic-Abendmeldung des AOK 17 an die H.Gr. Süd und das OKH/FHO v. 28.7.1941; BA-MA, RH 20-17/280.
[319] Vgl. die Übersichten des AOK 2 über die Gefangenenzahlen v. 22.6.-31.12.1941; BA-MA, RH 20-2/1445.
[320] Bericht des XXVI. AK/Abt. Ic, betr. Verbleib der sowjetruss. Truppenoffiziere, v. 30.7.1941; BA-MA, RH 20-18/976, Bl. 33.
[321] Ebd.
[322] Eintrag im TB (Ic) des AOK 11 v. 28.11.1941; BA-MA, RH 20-11/517.
[323] Vgl. die Ic-Meldung der 112. Inf.Div. an das LIII. AK v. 16.10.1941; BA-MA, RH 24-53/143.
[324] FNBl. Nr. 17 der 11. Inf.Div./Abt. Ic v. 23.11.1941; BA-MA, RH 26-11/65.
[325] Eintrag im TB (Ic) der 86. Inf.Div. v. 28.6.-11.7.1941; BA-MA, RH 26-86/47, S. 1.
[326] Erfahrungsbericht der 257. Inf.Div./Abt. Ic, o.D., Nov./Dez. 1941; BA-MA, RH 26-257/37, Anl. 68.
[327] Eintrag im TB (Ic) der 251. Inf.Div. v. 24.7.1941; BA-MA, RH 26-251/81.
[328] Eintrag im TB (Ic) der 170. Inf.Div. v. 1.10.-31.10.1941; BA-MA, RH 26-170/30.

3. Relationen und Reaktionen   425

Die meisten Offiziere, die trotz ihrer Tarnung identifiziert worden waren, begründeten diese Vorsichtsmaßnahme in den Verhören damit, dass sie sich »aus Angst vor Erschiessung nicht als solche zu erkennen« gegeben hätten.[329] Viele trieb die Furcht, »als Offiziere erschossen zu werden«[330] dazu, »sämtliche Rangabzeichen« abzutrennen[331], andere Offiziere wiederum hatten diesen Schritt aus Sorge davor unternommen, »bei ihrer Gefangennahme, sofern sie keine Papiere mehr besitzen, als Kommissare angesehen zu werden«.[332] Wie die Gefangenenstatistiken der deutschen Verbände belegen, erreichte wohl der Großteil der »verkleideten Offz.« das Ziel, in der amorphen Masse der Gefangenen »unerkannt« zu bleiben.[333] Gerade für die Fronttruppen im Gefechtsgebiet war die Aussonderung der getarnten Offiziere, die im Grunde »nur noch unter zu Hilfe nahme [sic] von russ. Soldaten«[334] möglich war, einfach zu zeitraubend und aufwändig, so dass diese Prozedur nicht immer durchgeführt werden konnte. Die sofortige »Trennung der Offz. von Uffz. u. Mannschaften«[335] noch auf dem Gefechtsfeld, die in den einschlägigen Grundsatzbefehlen vorgeschrieben war, musste daher in der Eile des Frontalltags häufig unterbleiben. Schon in der Anfangsphase des Feldzugs war die »Aufteilung der Kriegsgefangenen in Offiziere und Mannschaften« bei vielen Frontverbänden »nicht erfolgt« und blieb »schwer durchführbar, da die Offiziere ihre Abzeichen vorher abtrennten«.[336] Andere Gründe als die technischen Hindernisse und die fehlenden Kapazitäten der Frontverbände konnte es für die Unterlassung der Selektionen auch kaum geben. Die umgehende Trennung des Führungspersonals von den Mannschaften war ein eherner Grundsatz im Gefangenenwesen, der nicht nur im Ostfeldzug galt und zu Sicherheitszwecken diente. Nicht zuletzt diente diese Maßnahme außerdem zur Vorbereitung der nachrichtendienstlichen Ausnutzung der gefangenen Offiziere. Letztlich schadete man sich nur selbst damit, wenn man die Aussonderung der Offiziere versäumte.

Die Parallelen zum weitgehenden Scheitern der Aussonderung der gefangenen Politoffiziere im Gefechtsgebiet sind unverkennbar. Möglicherweise war es manchen Einheiten gar nicht unrecht, dass sie die Selektion der Kommissare nicht leisten konnten und somit einer unangenehmen Pflicht nicht nachkommen mussten. In erster Linie aber unterließen die Fronttruppen die Selektion der Politoffiziere nicht deshalb, weil sie den Kommissarbefehl umgehen wollten, sondern weil sie gerade bei größerem Gefangenenanfall häufig schlicht nicht in der Lage dazu waren. Dass es einem beträchtlichen Teil der gefangenen Politoffiziere durch ihre Tarnung gelingen konnte, zumindest die spärlichen Kontrollen der Kampftruppen im Gefechtsgebiet zu passieren, wurde durch die Überforderung der deutschen Frontverbände ermöglicht. Dass man im OKH gegen Ende der ersten Feldzugsphase realisierte, dass die gefangenen Polit-

---

[329] Ic-Abendmeldung der 112. Inf.Div. an das XXXXIII. AK v. 13.10.1941; BA-MA, RH 26-112/77.
[330] Eintrag im TB (Ic) der 170. Inf.Div. v. 1.10.-31.10.1941; BA-MA, RH 26-170/30.
[331] Eintrag im Tgb. des Uffz. Paul M., II./IR 154, v. 18.7.1941; BA-MA, RH 37/2787.
[332] Bericht des III. AK/Abt. Ic über die Vernehmung eines russ. Gen.St.Offz. v. 20.8.1941; BA-MA, RH 24-3/135, S. 70.
[333] Bericht des XXXXIX. AK/Abt. Ic an das AOK 17 v. 9.8.1941; BA-MA, RH 24-49/160, S. 88 f.
[334] Bericht der 97. Inf.Div./Abt. Ic an das XXXXIX. AK v. 7.8.1941; BA-MA, RH 24-49/161.
[335] Schema des XXX. AK/Abt. Ic für die Organisation des Feindnachrichtendienstes bei der Truppe v. 21.2.1942; BA-MA, RH 24-30/117.
[336] Begleitschreiben des Pz.AOK 4/Abt. Ic an die H.Gr. Mitte v. 17.7.1941 zur Zusammenstellung über Gefangene und Beute in der Zeit v. 22.6.-10.7.1941; BA-MA, RH 20-4/672.

15 | Amorphe Massen: Marschkolonne sowjetischer Kriegsgefangener an der Ostfront (Juli 1941)

offiziere »zum größten Teil erst in den Gefangenenlagern festgestellt«[337] wurden, zeugte daher nur von dem Erfolg der Überlebensstrategien der Kommissare, aber nicht von einer Verweigerungshaltung der deutschen Truppen gegenüber den Kommissarrichtlinien.

Dass es sich so verhielt, zeigte sich gerade in jenen Verbänden, die in der Anfangsphase des Feldzugs ihre Bereitschaft zur Befolgung des Befehls zur Genüge unter Beweis gestellt hatten, als sie häufig schon »eine ganze Anzahl von sowjet.politischen Kommissaren gefangen« genommen und »entsprechend den erhaltenen Richtlinien […] erschossen« hatten.[338] Auch für diese Verbände war die Fortführung der Vernichtungspolitik kaum noch realisierbar, nachdem sich die Politoffiziere durch das »Ablegen aller Abzeichen, die vorher die politischen Kommissare kenntlich machten«, zu tarnen begonnen hatten. Selbst in den Verbänden, die zu den bereitwilligsten Vollstreckern der Kommissarrichtlinien zählten, konnten »in der Folgezeit […] daher nur noch ganz vereinzelt politische Kommissare unter den Gefangenen festgestellt werden«. Das Zeitfenster, in dem die Politoffiziere noch Abzeichen trugen, die eine schnelle Identifizierung ermöglichten, war schmal und stand selbst den schnellen Truppen, die

---

[337] HALDER, KTB, Bd. 3, S. 139 (1.8.1941). HARTMANN, Krieg, S. 48 f., stellt die Überforderung der Truppen nicht in Rechnung und hält es daher für möglich, dass die Fronteinheiten die Selektion der Kommissare bewusst unterließen.
[338] Vgl. hierzu und zum Folgenden den Eintrag im TB (Ic) der 29. Inf.Div. (mot.) v. 22.6.-16.12.1941; BA-MA, RH 26-29/58, S. 22.

3. Relationen und Reaktionen

in der Anfangsphase des Feldzugs am weitesten vorne kämpften und die meisten Politoffiziere gefangen nahmen, nicht lange offen. Für viele Infanterieverbände hingegen, für die der Krieg nach den ersten Grenzkämpfen vor allem darin bestand, der Front hinterher zu marschieren, war dieses Fenster längst geschlossen, als sie in den Hauptkampflinien angelangten, in größeren Gefechten zum Einsatz kamen und höhere Gefangenenzahlen verbuchten. Auch diese Entwicklung erklärt, warum die Truppen der Panzerkorps in den Erschießungsstatistiken die Verbände der Infanteriekorps so deutlich übertrafen.[339] Die schnellen Angriffstruppen waren in der entscheidenden ersten Phase, als die Umstände für die Realisierung der Vernichtungspolitik im Frontbereich noch günstig waren, einfach häufiger in die Gelegenheit gekommen, den Kommissarbefehl anwenden zu müssen.

Dass die Erschießungszahlen der deutschen Verbände insgesamt relativ niedrig ausfielen, war also erklärlich. Neben den bürokratischen Reibungsverlusten bei der Verwaltung der Erschießungszahlen und der Praxis der Fronttruppen, vorgenommene Exekutionen nicht zu melden, waren es vor allem die Reaktionen der Kommissare auf die Vernichtungspolitik, die die Zahlen nach unten drückten. Die tatsächlichen Erschießungsziffern müssen wesentlich höher veranschlagt werden, als es in den deutschen Akten dokumentiert ist, und die Zahl der Politoffiziere, die lebend in deutsche Gefangenschaft gerieten, darf nur auf einen Bruchteil ihrer Gesamtzahl in der Roten Armee geschätzt werden. Erst unter Berücksichtigung dieser Faktoren erklären sich die Dimensionen, die die Vernichtungspolitik gegen die Kommissare annahm. Es führt in die Irre, die dokumentierten Erschießungsziffern an der Gesamtsumme der Kriegsgefangenen des Ostheeres oder an der Friedensstärke des Politoffizierskorps der Roten Armee zu messen. Eine sehr viel realistischere Vergleichsgrundlage stellt die Gesamtsumme der gefangenen sowjetischen Truppenoffiziere dar, deren Zahl aus ähnlichen Gründen begrenzt blieb und unverhältnismäßig niedrig ausfiel. Unter den etwa 3,5 Millionen sowjetischen Kriegsgefangenen, die man im OKW auf der Grundlage der Zahlen des OKH bis Ende April 1942 registrierte, hatte man nur 15.681 Offiziere gezählt.[340] Die Zahl der Kommissare, die im Frontbereich gefangen, selektiert und exekutiert wurden, belief sich auf mehr als 2200 und stand nur zu den Gesamtgefangenenzahlen in einem Missverhältnis. Die Proportionen zwischen der Zahl der Kommissarerschießungen und der Summe der gefangenen Truppenoffiziere waren dagegen annähernd ausgewogen, zumal die Zahl der Truppenoffiziere die Zahl der Politoffiziere schon in der sowjetischen Friedensarmee etatmäßig um ein Mehrfaches überstieg. Gemessen an der Gesamtsumme von nur knapp 16.000 gefangenen Offizieren nimmt es sich nicht mehr marginal aus, dass allein im Frontbereich mindestens 2257 Politoffiziere ausgesondert und exekutiert wurden, zumal diese Zahl lediglich das gesicherte Minimum der Kommissarerschießung repräsentiert. Bezieht man die geschätzte zusätzliche Dunkelziffer in die Rechnung mit ein und berücksichtigt, dass sich die Zahl der Kommissarerschießungen wahrscheinlich in Wirklichkeit auf eine sehr viel höhere vierstellige Ziffer belief, die möglicherweise sogar knapp fünfstellig war, erscheinen die Verhältnisse noch plausibler. Unter diesen Prämissen hätte die Zahl

---

[339] Vgl. hierzu das Kap. V.2.4.
[340] Vgl. die Gefangenenstatistiken des OKW/WFSt v. Februar, März und April 1942; BA-MA, RW 6/543, Bl. 94, 115, 128.

der »erfassten Kommissare« etwa bei der Hälfte oder zwei Dritteln der Zahl der gefangenen und identifizierten sowjetischen Truppenoffiziere gelegen.

Die meisten sowjetischen Politoffiziere, die an der Ostfront im Jahre 1941 eingesetzt waren, fielen in den Gefechten, entzogen sich rechtzeitig der Gefangenschaft oder blieben in den Gefangenenmassen unerkannt; manche gelangten sogar bis in die Lager des Reichsgebiets, ohne enttarnt zu werden. Offenbar fielen im Frontbereich insgesamt nur wenige Tausend sowjetische Politoffiziere lebend in deutsche Hände, ohne den Selektionen der deutschen Truppen zu entgehen – eine Schätzung, die angesichts der Parallele von nur knapp 16.000 gefangenen Truppenoffizieren plausibel erscheint und die sich weitgehend mit der ermittelten Gesamtzahl der Kommissarerschießungen deckt. Die Relationen der Erschießungszahlen deuten somit darauf hin, dass der größte Teil der Politoffiziere, die im Frontbereich gefangen genommen und identifiziert werden konnten, von den Frontverbänden tatsächlich genau die »Behandlung« erfuhr, die in den Kommissarrichtlinien vorschrieben war. Dass ein beträchtlicher Teil der gefangenen Kommissare unerkannt mit den Gefangenenströmen aus dem Gefechtsgebiet entkommen konnte, war unter den Bedingungen des Krieges an der Ostfront kaum zu vermeiden. In den rückwärtigen Gebieten wurden die getarnten Politoffiziere allerdings von den Abwehrorganen der Gefangeneneinrichtungen, den Sicherungsdivisionen und den Kommandos des RSHA erwartet. Diese Kräfte konnten weitaus mehr Zeit und Personal darauf verwenden, die Kommissare in den Gefangenenmassen zu identifizieren, und hatten daher auch größeren Erfolg damit als die Fronttruppen.

4. Handlungsspielräume

Die Handlungsspielräume, die sich bei der Verbreitung der ›verbrecherischen Befehle‹ vor Kriegsbeginn abgezeichnet hatten, wurden auch bei der praktischen Umsetzung der Kommissarrichtlinien während des laufenden Feldzugs genutzt. Die Durchführung des Kommissarerlasses erfolgte keineswegs überall streng nach dem Buchstaben des Befehlstextes. Vielmehr offenbarte sich, analog zu der facettenreichen Rezeption und Adaption des Kommissarbefehls vor Beginn des Feldzugs, ein breites Verhaltensspektrum, das von der bewussten Umgehung des Kommissarbefehls über seine buchstabengetreue Umsetzung bis hin zur eigenständigen Radikalisierung der Vernichtungspolitik reichte. Ähnlich wie bei der Weitergabe der Kommissarrichtlinien vor dem Feldzug war aber auch bei der Umsetzung des Befehls während des »Unternehmens Barbarossa« das konforme Verhalten vorherrschend, wovon schon die dokumentierten Erschießungszahlen des Ostheeres zeugen. Selbst das befehlskonforme Verhalten vereinte indes durchaus unterschiedliche Handlungsmuster, die von den Vorgaben der Kommissarrichtlinien abweichen konnten, von den Kommandobehörden aber toleriert wurden. Diese graduellen Abweichungen, die immer noch im Rahmen dessen blieben, was als gehorsames Verhalten sanktioniert werden konnte, zeugen genauso von den beträchtlichen Handlungsspielräumen, die den Truppen bei der Durchführung des Kommissarbefehls offen standen, wie die weitaus selteneren Verweigerungsakte und Radikalisierungsschübe.

1. Konformes Verhalten

Militärische Politoffiziere

Wie es in den Kommissarrichtlinien und Brauchitschs Durchführungsbestimmungen vorgeschrieben war, sollte die Aussonderung der militärischen Politoffiziere aus den Gefangenengruppen »noch auf dem Gefechtsfelde« vorgenommen werden und ihre Exekution im Anschluss daran »außerhalb der eigentlichen Kampfzone unauffällig auf Befehl eines Offiziers« erfolgen. Den meisten Vollzugsmeldungen ist zwar nicht zu entnehmen, wie die Truppen bei der Durchführung des Kommissarbefehls vorgingen und in wessen Verantwortungsbereich genau die Exekutionen fielen, so dass nur ein niedriger einstelliger Prozentsatz der Erschießungszahlen aus dem Frontbereich auf Truppenteile der unteren Führungsebene, also die Regimenter und ihre Einheiten zurückgeführt werden kann. Die wenigen erhaltenen Quellen von der Basis der Hierarchie belegen freilich exemplarisch, dass sich viele Einheiten exakt an die Vorgaben der obersten Führung hielten und die fälligen Exekutionen umgehend im Frontbereich vollstreckten. Wenn Erschießungsmeldungen von Regimentern[341], Bataillonen[342] oder Kompanien[343] stammten oder die Kommandobehörden registrierten, dass die gefangenen Politoffiziere »sämtlich durch die Truppe erschossen wurden«[344], zeugte dies davon, dass in den betreffenden Truppenteilen genau so verfahren wurde, wie es der Kommissarbefehl vorsah.[345]

Wie geläufig diese Vorgehensweise war, belegen die vereinzelt überlieferten Berichte, die die Praxis der Fronteinheiten bei der Realisierung der Vernichtungspolitik schlaglichtartig beleuchten. Dass die Durchführung des Kommissarbefehls tatsächlich häufig so rasch und unmittelbar abgewickelt wurde, wie es vorgeschrieben war, zeigt sich zum Beispiel in den Aufzeichnungen eines Kompaniechefs des Infanterieregi-

---

[341] Vgl. z. B. die Meldung des IR 467 an die 267. Inf.Div. v. 19.8.1941; BA-MA, RH 26-267/26, Anl. 107. Vgl. den Funkspruch des IR 20 an die 10. Inf.Div. (mot.) v. 15.8.1941, 11.04 Uhr; BA-MA, RH 26-10/70b, Anl. 331. Vgl. die Tagesmeldung des IR 529 an die 299. Inf.Div. v. 23.6.1941; BA-MA, RH 26-299/118, Anl. 84. Vgl. die Morgenmeldung des GJR 99 an die 1. Geb.Div. v. 27.6.1941; BA-MA, RH 28-1/128. Vgl. den Bericht des IR 477 an die 257. Inf.Div. v. 10.8.1941; BA-MA, RH 26-257/10, Anl. 271a.

[342] Vgl. z. B. die Meldung des Pi.Btl. 10 an die 10. Inf.Div. v. 11.8.1941; BA-MA, RH 26-10/70b, Anl. 312. Vgl. den Funkspruch der A.Abt. 53 an die 3. Inf.Div. (mot.) v. 30.8.1941, 14.36 Uhr; BA-MA, RH 24-56/146, Bl. 53. Vgl. die Meldung des III./IR 477 an das IR 477 v. 27.6.1941, 06.00 Uhr; BA-MA, RH 26-257/9, Anl. 72. Vgl. die Meldung des K. 34 an die 4. Pz.Div. v. 11.9.1941, 19.29 Uhr; BA-MA, RH 27-4/116. Vgl. zur Pz.Jg.Abt. 162 die Ic-Tagesmeldung der 62. Inf.Div. an das XVII. AK v. 2.7.1941; BA-MA, RH 24-17/155, S. 118.

[343] Vgl. den Eintrag im KTB der Bäckerei-Kp. 196 v. 6.9.1941; BA-MA, RH 26-96/45. Vgl. zur 15./IR 343 den Bericht des IR 343 v. 18.10.1941; BA-MA, RH 26-183/64. Vgl. zur San.Kp. der 183. Inf. Div. die Übersicht der Abt. Ic über die Gefangenenzahlen der Div., Eintrag v. 21.10.1941; BA-MA, RH 26-183/62. Zur Nsch.Kp. der 123. Inf.Div. vgl. den Eintrag im TB (Ic) v. 9.9.1941; BA-MA, RH 26-123/143, Bl. 38.

[344] Ic-Meldung des XXIX. AK an das AOK 6 v. 17.1.1942, 03.30 Uhr; BA-MA, RH 20-6/621, Bl. 255. Vgl. auch den Vernehmungsbericht der 100. lei. Inf.Div./Abt. Ic v. 5.9.1941, 13.30 Uhr; BA-MA, RH 26-100/38, S. 65.

[345] Vgl. auch den Feldpostbrief eines Soldaten v. 16.7.1941, in: BUCHBENDER, STERZ, Gesicht, S. 74: »Alles, was an Kommissaren usw. gefangen oder geschnappt wird, wird gleich erschossen.«

ments 27, der in seinem Tagebuch schilderte, wie es ablief, wenn ein sowjetischer Politoffizier gefangen genommen wurde.[346] Am 28. Juni 1941 fasste ein Spähtrupp der Einheit »einen polit. Kommissar und einen Zivilisten, die auf ihren Waffen liegend in einem Kornfeld entdeckt wurden«, und führte die Gefangenen den Vorgesetzten vor. Der Kompaniechef, der die Gefangenen in Augenschein nahm, hatte vor allem von dem Politoffizier einen äußerst zweifelhaften Eindruck, womit bereits hinreichend gerechtfertigt erschien, was mit den Gefangenen zu geschehen hatte: »Der Kommissar spricht fliessend deutsch – ich halte ihn für einen deutschen Kommunisten, der Zivilist ist Russe und versteht kein Wort.« Die Entscheidung über das Verfahren mit den beiden Gefangenen traf in diesem Fall der anwesende Bataillonskommandeur, der keinen Moment zögerte, die geltenden Befehle zur Anwendung zu bringen: »Der Major lässt beide sofort erschiessen. Der Russe hält stoische Ruhe dabei, der Kommissar geht in die Knie und winselt. Aber es hilft ihm nicht.« Auch der Augenzeugenbericht eines Infanterieleutnants, der Ende August 1941 seiner Ehefrau in einem Feldpostbrief beschrieb, wie bei einem Gefecht mehrere Kommissare »gefangen genommen worden u. anschließend sofort erschossen worden« waren, belegt, dass die Bestimmungen des Kommissarbefehls vielfach exakt eingehalten wurden und man die gefangenen Politoffiziere unmittelbar nach der Gefangennahme noch am Ort der Kämpfe exekutierte.[347] Die gleiche Praxis sprach aus dem Erfahrungsbericht eines Bataillonsadjutanten, der im festen Glauben an die Berechtigung des eigenen Vorgehens darin offen legte, wie in seiner Einheit während der ersten Monate des Ostfeldzugs mit gefangenen Politoffizieren grundsätzlich verfahren worden war: »Die Kommissare werden an Ort und Stelle ›erledigt‹«.[348] Vor dem Hintergrund solcher Berichte steht zu vermuten, dass ein beträchtlicher Teil der dokumentierten Erschießungszahlen auf diese oder ähnliche Weise zustande gekommen ist, auch wenn dies letztlich nicht zu verifizieren ist, weil die spärliche Überlieferung auf den unteren Kommandoebenen nur in Ausnahmefällen Einblicke in die Verfahrensweisen der Truppen bei der Durchführung des Kommissarbefehls gewährt.

In vielen Fällen beschritten die Verbände des Ostheeres bei der Umsetzung der Kommissarrichtlinien aber auch andere Wege, die freilich in aller Regel zum gleichen Endergebnis führten. Die häufigste Alternative zur sofortigen Exekution des Befehls bestand darin, die gefangenen Politoffiziere einem vorgesetzten Stab zu übergeben. Nach ihrer Ankunft in den Kommandobehörden wurden die Gefangenen für gewöhnlich zunächst durch das Personal der Ic-Abteilungen verhört. Im Anschluss an die routinemäßige Vernehmung wurden die gefangenen Politoffiziere entweder erneut an eine vorgesetzte Stelle weitergeleitet oder aber im Bereich des Gefechtsstandes durch das Personal des Stabes exekutiert. Wo der Weg der Gefangenen endete, lag in erster Linie im Ermessen

---

[346] Eintrag im Tgb. des Oblt. Theo Habicht, Chef 4./IR 27, v. 28.6.1941; BA-MA, MSg, 1/2311. Den Hinweis auf diese Quelle verdanke ich Dr. Jürgen Förster.

[347] Brief des Lt. Heinz S., IR 37, an seine Ehefrau v. 27.8.1941; BA-MA, RH 37/6732, Bl. 88.

[348] Bericht des Adj. der Pz.Jg.Abt. 112, »Im Osten 1. Teil (26. Juni 41-1. Okt.41)«, v. 2.10.1941; BA-MA, RH 39/426. Zum Teil fanden die Hinrichtungen offenbar vor regelrechten Erschießungskommandos statt, zum Teil wurde offenbar schlicht ein Soldat damit beauftragt, den Gefangenen abseits zu führen und zu erschießen. So berichtete ein Veteran der 16. Pz.Div. in der Nachkriegszeit: »Ich sah wie ein Kamerad einen russischen Kommissar in den Wald führte und ohne ihn zurückkehrte. Mit 99prozentiger Sicherheit hat er den Kommissar erschossen.« Zit. nach: SIEBERT, Durchführung, S. 24.

4. Handlungsspielräume

der Ic-Offiziere. Wenn es sich um höherrangige Kommissare handelte oder die gefangenen Politoffiziere in den Verhören Aussagen machten, die den Vernehmungsoffizieren wichtig erschienen, wie etwa taktisch relevante Angaben über gegnerische »Befestigungen«[349], Truppenstärken oder auch Völkerrechtsverletzungen[350], begründete dies häufig die Entscheidung, die Gefangenen der Ic-Abteilung der übergeordneten Kommandobehörde zu überstellen oder es zumindest anzubieten.[351] Genauso kam es aber vor, dass die Ic-Abteilungen auf eine Weiterleitung der gefangenen Politoffiziere von vornherein verzichteten, stattdessen ihre Aussagen sorgfältig protokollierten und anschließend sogleich die Exekution der Gefangenen veranlassten.[352] Besonders rasch war diese Entscheidung gefällt, wenn die Vernehmungen »keinerlei besonderes Ergebnis«[353] erbrachten oder die Politoffiziere »jede weitere Aussage verweigert[en]«.[354] Mit einer Aussage in den Verhören bei den Ic-Abteilungen konnten sich die Politoffiziere häufig zumindest einen Aufschub verschaffen und sich die Chance erhalten, vielleicht doch noch verschont zu werden. Letztlich unterlag es aber der Willkür der verantwortlichen Generalstabsoffiziere, ob die Kommissare nach der Vernehmung an andere Stäbe überstellt oder im Anschluss direkt exekutiert wurden.

So endete der Weg der gefangenen Kommissare und Politruks durch die Vernehmungsräume der Kommandobehörden häufig schon bei der ersten Station, den Divisionsstäben. Anfang Juli 1941 wurde der Gefechtsstand der 298. Infanteriedivision Schauplatz einer Kommissarerschießung, nachdem in einer vergleichsweise kleinen Gefangenengruppe ein Politoffizier durch die Denunziation eines Mitgefangenen entdeckt worden war. Den Gefangenen einem höheren Stab zu übergeben, zog die Ic-Abteilung der Division nicht in Betracht: »Nach einer kurzen Vernehmung wurde der Kommissar zwecks Erschiessung abseits geführt.« Vor seiner Exekution in der Umgebung des Divisionsgefechtsstandes musste der Politoffizier sogar noch sein eigenes Grab ausheben.[355] Da die Divisionsstäbe die gefangenen Politoffiziere nach dem Verhör zum Teil an die vorgesetzten Stäbe weiterleiteten, spielten sich ähnliche Szenen auch bei den Gefechtsständen der Generalkommandos ab. So wurde der Ic-Abteilung des III. Panzerkorps am ersten Kriegstag der politische Leiter eines sowjetischen M.G.-Bataillons vorgeführt, der von der unterstellten 14. Panzerdivision gefangen genommen worden war.[356] Nach der Vernehmung wurde der Gefangene schließlich

---

[349] Ic-Abendmeldung der 295. Inf.Div. an die Gruppe v. Schwedler (IV. AK) v. 29.9.1941; BA-MA, RH 26-295/17.
[350] Vernehmungsbericht des XII. AK/Abt. Ic v. 16.4.1942; BA-MA, RH 24-12/61, Bl. 64 f.
[351] Zu den Anfragen, ob gefangene Kommissare zum Verhör vorgeführt werden sollen, vgl. z. B. den Funkspruch des XXIV. AK/Abt. Ic an die Pz.Gr. 2 v. 2.8.1941; BA-MA, RH 21-2/650, Bl. 82. Vgl. auch die Meldung des XXVI. AK/Abt. Ic an das AOK 18 v. 18.8.1941, 17.15 Uhr; BA-MA, RH 20-18/960.
[352] Vgl. z. B. den Vernehmungsbericht der 17. Pz.Div./Abt. Ic an das XXXXVII. AK v. 28.8.1941; BA-MA, RH 21-2/654, S. 250. Vgl. den Vernehmungsbericht der 134. Inf.Div./Abt. Ic an das XXXXVII. AK v. 1.3.1942; BA-MA, RH 21-2/676, S. 275. Vgl. den Vernehmungsbericht der 36. Inf.Div.(mot.)/Abt. Ic an das XXXXI. AK v. 16.9.1941; BA-MA, RH 24-41/64, Bl. 113.
[353] Bericht der 99. Inf.Div./Abt. Ic an das XVII. AK v. 2.7.1941; BA-MA, RH 26-99/21, Anl. 29.
[354] Eintrag im TB (Ic) der 9. Pz.Div. v. 2.7.1941; BA-MA, RH 27-9/81, S. 2.
[355] Bericht der 298. Inf.Div./Abt. Ic an das XXIX. AK v. 8.7.1941; BA-MA, RH 26-298/44, Anl. 50.
[356] Begleitschreiben und Vernehmungsbericht des III. AK/Abt. Ic an die Pz.Gr. 1 v. 23.6.1941; BA-MA, RH 24-3/134, Anl. 13. Vgl. auch den Eintrag im TB (Ic) des III. AK v. 22.6.1941; BA-MA, RH 24-3/133, S. 4.

im Bereich des Korpsgefechtsstandes »den Befehlen entsprechend behandelt«. Wenn selbst die Korpsstäbe die gefangenen Politoffiziere wiederum an die nächst höheren Ebenen abschoben, stand ihnen nach ihrer Gefangennahme an der Front eine lange Reihe von Vernehmungen und eine wahre Odyssee bevor, die sich über viele Tage hinziehen konnte.

So war im Abschnitt der 23. Infanteriedivision gegen Ende Juli 1941 »der Gefangene Nikolai Wassiljewitsch Gusew« eingebracht und in der Ic-Abteilung der Division vernommen worden.[357] Erst »im Laufe der Vernehmung wurde festgestellt, daß er früher den Stern der Kommissare oder Politischen Gehilfen getragen und zusammen mit den Rangabzeichen entfernt« hatte. Nachdem man ihn entlarvt hatte, setzte Gusew alles daran, seinem drohenden Schicksal zu entgehen. Er bestritt vehement, »Politruk gewesen zu sein« und erklärte sich »zu weitgehenden Aussagen« bereit. Auf Grund der Angaben des Gefangenen hielt der Ic-Offizier der Division schließlich seine »Zuführung an den Abwehroffizier der Armee für angebracht« und ließ ihn am 30. Juli 1941 zunächst an das vorgesetzte VII. Armeekorps weiterleiten. Über das VII. Armeekorps gelangte Gusew wenige Tage später im Oberkommando der 2. Armee an, wo er am 4. August 1941 durch den Abwehroffizier des AOK 2 und einen GFP-Beamten verhört wurde.[358] Schon beim ersten Verhör wirkten seine Angaben »unglaubhaft« auf die Vernehmungsoffiziere, die kaum einen Zweifel daran hatten, »daß Gusew polit. Kommissar war, zumal auf seinem Ärmel noch deutlich die Stelle zu erkennen ist, wo das Abzeichen des polit. Kommissars (ein roter gestickter Stern) angeheftet war«. Dennoch verhörte man ihn am folgenden Tag ein weiteres Mal und stellte sogar bei zwei verschiedenen Stellen schriftliche Nachforschungen an, um Gusews Angaben zu überprüfen.[359] Trotz dieses beträchtlichen Aufwands blieb es letztlich jedoch bei dem folgenschweren Ergebnis, dass Gusew als politischer Kommissar angesehen werden musste. Am 19. August 1941 fällte der Abwehroffizier des AOK 2 daher das Todesurteil über den Gefangenen, indem er die »Abgabe des [...] politischen Kommissars Gusew an [das] Sicherheitskommando [sic] 7« veranlasste.[360] Damit endete der Leidensweg dieses 25-jährigen Politoffiziers, rund drei Wochen nach seiner Gefangennahme, in den Fängen der Mordkommandos des SD.

Fälle wie diese repräsentierten eine verbreitete Praxis im Ostheer, für die sich noch zahlreiche weitere Beispiele anführen ließen. Wie häufig es vorkam, dass Kommissarerschießungen bei den Kommandobehörden selbst durchgeführt werden mussten, weil ihnen gefangene Politoffiziere zur Vernehmung zugeleitet worden waren, deutet sich darin an, dass solche Vorfälle immerhin bei mindestens acht der insgesamt 44 Generalkommandos des Ostheeres eindeutig nachweisbar sind.[361] Auch die höheren

---

[357] Schreiben der 23. Inf.Div./Abt. Ic an das VII. AK v. 30.7.1941; BA-MA, RH 26-23/47, Bl. 224.
[358] Eintrag im TB (Ic) des AOK 2 v. 4.8.1941; BA-MA, MFB 4/41528, S. 136.
[359] Vgl. die Einträge im TB (Ic) des AOK 2 v. 5.8. und 8.8.1941; BA-MA, MFB 4/41528, S. 137 und 139.
[360] Eintrag im TB (Ic) des AOK 2 v. 19.8.1941; BA-MA, MFB 4/41528, S. 151.
[361] Vgl. den Eintrag im TB (Ic) des XIII. AK v. 27.4.1942; BA-MA, RH 24-13/155, S. 31 f. Vgl. die Ic-Meldung des XXXXIII. AK an die Pz.Gr. 2 v. 18.11.1941; BA-MA, RH 21-2/664, Bl. 241. Vgl. die Ic-Meldung des XX. AK an das AOK 9 v. 30.6.1941; BA-MA, RH 20-9/251. Vgl. die Ic-Meldung des V. AK an das AOK 9 v. 30.6.1941; BA-MA, RH 20-9/251. Vgl. den Bericht des LVII. AK/Abt. Ic an die Pz.Gr. 3 v. 21.7.1941; BA-MA, RH 21-3/433, Bl. 296. Vgl. den Eintrag im TB (Ic) des III. AK v. 22.6.1941; BA-MA, RH 24-3/133, S. 4. Vgl. den Vernehmungsbericht des XXXXVIII. AK/

Kommandobehörden, die Armeeoberkommandos und Panzergruppenkommandos, bildeten hierbei keine Ausnahme. Da auch ihnen während des Feldzugs immer wieder gefangene Kommissare und Politruks vorgeführt wurden oder ihre Stabseinheiten selbst Politoffiziere aufgriffen, kamen sie genauso in die Situation, den Kommissarbefehl in letzter Instanz zu vollstrecken. So liegen von drei der vier Panzergruppenkommandos und einem Armeeoberkommando Quellen über Kommissarerschießungen vor, die von den Stäben selbst vorgenommen oder veranlasst wurden.[362] Von zwei weiteren Armeeoberkommandos ist immerhin belegt, dass sie gefangene Politoffiziere an die Kommandos des Sicherheitsdienstes abgaben, womit das Schicksal der Gefangenen genauso besiegelt war.[363] Die Rolle der Stäbe der Divisionen, Korps und Armeen beschränkte sich also keineswegs nur auf die Kontrolle und Verwaltung der Vernichtungspolitik. Die Kommandobehörden scheuten sich nicht, auch aktiv an der praktischen Durchführung des Mordprogramms mitzuwirken, wenn es sich ergab. Die Exekutionen wurden in der Umgebung der Gefechtsstände durch die Stabswachen[364], die Feldgendarmerie[365], die Geheime Feldpolizei[366] oder anderes Personal[367] der Kommandobehörden vollstreckt. Die Erschießungsbefehle erteilten in aller Regel die Ic-Offiziere[368] oder auch die Befehlshaber[369] selbst.

Die Möglichkeit, gefangene Politoffiziere bei vorgesetzten Kommandobehörden abzuliefern, mochte manchen Einheiten durchaus als willkommener Ausweg erscheinen, der unangenehmen Pflicht zu entgehen, die Exekutionen selbst durchführen zu müssen. Die Überstellung der gefangenen Kommissare und Politruks an die höheren Stäbe war jedoch für gewöhnlich nicht bloß eine Flucht aus der Verantwortung, sondern verfolgte zumeist einen pragmatischen Zweck. Zum einen wurde die Abgabe an Kommandobehörden vielfach mit dem Anliegen begründet, die Klärung der Identität von Gefangenen zu ermöglichen, die als Politoffiziere verdächtigt wurden, ohne dass es ihnen nachgewiesen werden konnte.[370] Gerade die Kampfverbände unterhalb der

---

Abt. Ic v. 28.7.1941; BA-MA, RH 24-48/199, Anl. 15. Vgl. die Vernehmungsberichte des XXXX. AK/Abt. Ic v. 12.2. und 17.4.1942; BA-MA, RH 24-40/96.

[362] Vgl. die Übersicht der Pz.Gr. 2/Abt. Ic, »Behandlung politischer Kommissare ab Einsatz – 19.7.«; BA-MA, RH 21-2/637a, Bl. 177. Vgl. die Ic-Abendmeldung der Pz.Gr. 3 an das Pz.AOK 4 v. 17.7.1941; BA-MA, RH 21-3/430, Bl. 65. Vgl. den Eintrag im TB (Ic/AO) der Pz.Gr. 4 v. 19.9.-12.10.1941; BA-MA, RH 21-4/589. Zum AOK 9 vgl. den Eintrag im TB der GFP-Gruppe 580 für den März 1942; BA-MA, RH 20-9/266.

[363] Vgl. die Einträge im TB (Ic) des AOK 17 v. 9.7., 11.7., 12.7., 29.7., 5.10.1941; BA-MA, RH 20-17/769. Vgl. die Einträge im TB (Ic) des AOK 2 v. 19.8. und 26.8.1941; BA-MA, MFB 4/41528, S. 151, 158.

[364] Vgl. den Eintrag im TB des Kdt.St.Qu. der 13. Pz.Div. v. 21.9.-4.10.1941; BA-MA, RH 27-13/116.

[365] Vgl. den Erschießungsbefehl der 99. Inf.Div./Abt. Ic an den Feldgend.Tr. 132 und Vollzugsmeldung v. 22.9.1941; RH 26-132/37, Anl. 258.

[366] Vgl. den Eintrag im TB (Ic) des LVII. AK v. 3.10.-5.10.1941; BA-MA, RH 24-57/63, S. 49.

[367] Vgl. den Eintrag im TB (Ic) der 251. Inf.Div. v. 18.10.1941; BA-MA, RH 26-251/81.

[368] Vgl. z. B. die Ic-Abendmeldung der 12. Inf.Div. an das II. AK v. 13.7.1941; BA-MA, RH 26-12/248. Vgl. den Eintrag im TB des Feldgend.Tr. 172 v. 23.7.1942; BA-MA, RH 26-72/164. Vgl. den schriftlichen Erschießungsbefehl des XXXXVIII. AK/Abt. Ic an die GFP-Gruppe 612 v. 28.3.1942; BA-MA, RH 24-48/208, Anl. 92. Vgl. auch den Erschießungsbefehl des Ic des XXXXVIII. AK v. 4.4.1942; BA-MA, RH 24-48/209, Anl. 113. Vgl. auch die Erschießungsbefehle des Ic des XXXXVIII. AK v. 29.4. und 1.5.1942; BA-MA, RH 24-48/213, Anl. 88, 89.

[369] Vgl. z. B. den Eintrag im TB (Ic) der 251. Inf.Div. v. 18.10.1941; BA-MA, RH 26-251/81.

[370] Vgl. z. B. das Schreiben des IR 41 an die 10. Inf.Div. (mot.)/Abt. Ic v. 28.6.1941; BA-MA, RH 26-10/69a, Anl. 32. Vgl. auch das Begleitschreiben des IR 258 an die Gef.S.St. der 112. Inf.Div. v.

16 | Sofortmaßnahmen im Frontbereich: Ein abgesonderter politischer Kommissar im ersten Verhör bei Vestytis, Litauen (22. Juni 1941)

Divisionsebene verfügten zur Überprüfung der Gefangenen auf Grund des häufigen »Fehlen[s] von Dolmetschern bei den Truppenteilen«[371] nicht über die gleichen Mittel wie die Ic-Abteilungen der Kommandobehörden, die im Abwehrdienst geschult und mit Dolmetscheroffizieren ausgestattet waren. Für die Feindnachrichtenabteilungen gab es aber noch einen weiteren, ungleich wichtigeren Grund, sich die gefangenen Politoffiziere vorführen zu lassen. Das Verfahren, die gefangenen Kommissare und Politruks bei den Kommandobehörden abzuliefern, ermöglichte es, sie vor der Exekution noch zu vernehmen und sie nachrichtendienstlich auszunutzen. Auf diesen Zwischenschritt hatte schon die Abteilung Fremde Heere Ost während der Vorbereitungsphase des Feldzugs gedrängt.[372] Auch in den Stäben an der Front galten die Politoffiziere als wichtige Informationsträger, die man für »gut unterrichtet« hielt.[373] Aus Sicht der Feindnachrichtenoffiziere konnte es nur von Vorteil sein, sich ihr Wissen für die Kriegführung zunutze zu machen, bevor man sie exekutieren ließ.

31.7.1941; BA-MA, RH 26-112/75. Vgl. den Eintrag im TB (Ic) der 20. Pz.Div. v. 11.11.1941; BA-MA, RH 27-20/189.

[371] Eintrag im TB (Ic) der 13. Pz.Div. v. 16.7.-31.7.1941; BA-MA, RH 27-13/111. Selbst bei manchen Kommandobehörden bestand Mangel an Dolmetschern, vgl. das Schreiben der 298. Inf.Div./Abt. Ic an das XVII. AK, betr. Zuweisung eines Dolmetschers, v. 31.8.1941; BA-MA, RH 26-298/45, Anl. 311.

[372] Vgl. Kap. II.2.

[373] Eintrag im TB (Ic) des IV. AK v. 22.6.-12.12.1941; BA-MA, RH 24-4/90.

Aus diesem Grund machten es manche Kommandobehörden ihren Truppenteilen sogar ausdrücklich zur Pflicht, die gefangenen Politoffiziere bei der Ic-Abteilung abzuliefern, anstatt sie umgehend zu exekutieren, wie es die Kommissarrichtlinien eigentlich vorschrieben. Eine solche Anordnung traf Anfang Juli 1941 das Kommando der Panzergruppe 2. Anlass zu dieser Modifizierung der Befehlslage hatten offenbar Vorfälle bei einem der unterstellten Panzerkorps gegeben. Bei den Divisionen des XXXXVII. Panzerkorps waren bereits am zweiten Tag des Feldzugs »wichtige Gefangene [...] leider unvernommen erschossen« worden, Anfang Juli 1941 wurde sogar ein hochrangiger Armeekommissar »durch falsche Auffassung und Missverständnis nach dem Führerbefehl erschossen«.[374] Da durch solche vorschnellen Exekutionen wichtige Informationen verloren gehen konnten, führte das Panzergruppenkommando nun eine neue Regelung für die Umsetzung des Kommissarbefehls ein. Am 5. Juli 1941 erging eine Verfügung der Panzergruppe, in der sie die bislang geltende Befehlslage, die sie vor Beginn des Feldzugs in einem schriftlichen Erlass bekannt gegeben hatte, abänderte. Ab sofort galt der Grundsatz, »dass alle politischen Kommissare von Divisionsstäben an aufwärts der Panzergruppe zuzuführen sind«.[375] Diese Anordnung diente allein dazu, den leichtfertigen Verlust von Informationsquellen für den Feindnachrichtendienst zu verhindern. Keinesfalls bezweckte man damit, die unterstellten Truppen von der Bürde der Exekutionen zu befreien. Denn schließlich galt der Dispens nur für die »Behandlung höherer politischer Kommissare«.[376] Für das Verfahren mit Kommissaren und Polituks, die in Verbänden unterhalb der Divisionsebene eingesetzt waren und damit für den Feindnachrichtendienst nicht den gleichen Stellenwert besaßen wie die Politoffiziere höherer Kommandoebenen, blieb die alte Regelung bestehen, also die sofortige Exekution durch die Kampftruppen im Frontbereich. Auf Grund der veränderten Durchführungsbestimmungen wurden dem Stab der Panzergruppe 2 in der Folgezeit vermehrt gefangene politische Kommissare überstellt, die im Panzergruppenkommando gründlichen Verhören unterzogen wurden.[377] Trotz ihrer teilweise bereitwilligen Aussagen in den Verhören bei der Panzergruppe konnten die Kommissare aber wohl keine Schonung erwarten. Auch wenn den überlieferten Vernehmungsberichten nicht zu entnehmen ist, was mit den politischen Kommissaren nach den Verhören geschah, ist doch kaum anzunehmen, dass man mit ihnen anders verfuhr als mit den Politoffizieren, die zu Beginn des Feldzugs durch den Stab der Panzergruppe 2 exekutiert worden waren.[378]

---

[374] Einträge im TB (Ic) des XXXXVII. AK v. 23.6. und 2.7.1941; BA-MA, RH 24-47/108.
[375] Befehl der Pz.Gr. 2/Abt. Ic v. 5.7.1941; BA-MA, RH 27-4/114, Anl. 79.
[376] Eintrag im TB (Ic) des XXXXVI. AK v. 6.7.1941; BA-MA, RH 24-46/122.
[377] Vgl. z. B. den Eintrag im TB (Ic) der 4. Pz.Div. v. 26.9.1941 »über die Vernehmung des gef[angenen]. Brigadekommissars Kamenew«, der anschließend der Pz.Gr. 2 zur »weiteren Vernehmung« zugeführt wurde; BA-MA, RH 27-4/109, Bl. 31. Noch am gleichen Tag wurde der »Korpskommissar Dimitrij Kamenew« im Pz.Gr.Kdo. 2 verhört, vgl. den Vernehmungsbericht der Abwehrgruppe bei der Pz.Gr. 2 v. 26.9.1941; BA-MA, RH 21-2/658, Bl. 253. Vgl. auch den Eintrag im TB (Ic) des XXXXVI. AK v. 19.9.1941; BA-MA, RH 24-46/122. Vgl. auch den Funkspruch des XXIV. AK/Abt. Ic an die Pz.Gr. 2 v. 2.8.1941; BA-MA, RH 21-2/650, Bl. 82.
[378] Vgl. die Übersicht der Pz.Gr. 2/Abt. Ic über die Exekutionen bis zum 19.7.1941; BA-MA, RH 21-2/637a, Bl. 177. Unter dem 29. und 30.6.1941 war die Exekution je eines Politoffiziers durch das Pz.Gr.Kdo. 2 vermerkt.

Auch in den übrigen Befehlsbereichen des Ostheeres führte man solche modifizierten Verfahrensweisen keinesfalls mit der Absicht ein, die Politoffiziere dem Räderwerk der Vernichtung zu entziehen. In der 132. Infanteriedivision etwa galt ebenfalls der Grundsatz, gefangen genommene »Offz. und Kommissare [...] raschestens der Division, Abt. Ic zuzuführen«, damit sie dort verhört werden konnten.[379] Was nach dem Verhör mit den gefangenen Politoffizieren geschah, zeigte sich musterhaft, als am Mittag des 22. September 1941 ein Politruk beim Divisionsgefechtsstand abgeliefert wurde, der von einem der Regimenter der Division gefangen genommen worden war.[380] Nachdem der Ic-Offizier den Politoffizier eingehend vernommen und ein ausführliches Protokoll aufgesetzt hatte, ließ er ihn zum unterstellten Feldgendarmerietrupp 132 bringen, zusammen mit dem knappen schriftlichen Befehl, dass der Politruk »gem[äß]. der allgemeinen Anordnung des Führers zu erschiessen« sei. Die Exekution fand am noch gleichen Tag um 18.00 Uhr statt. Auch und gerade in den Formationen der SS zeigte sich, dass die Stäbe ihren Truppen die Ablieferung der gefangenen Politoffiziere nur aus dem einen Grund befahlen, um sich die Möglichkeit einer Vernehmung zu erhalten. Die Waffen-SS-Division »Reich« etwa befahl ihren Truppen Mitte Juli 1941, »sämtliche Kom[m]issare und Offiziere beschleunigt der Div[ision]. Ic zu[zu]führen«.[381] Die Division, die im Verband der Panzergruppe 2 kämpfte, ging mit dieser Anordnung sogar über die Verfügung des Panzergruppenkommandos vom 5. Juli 1941 hinaus, die schließlich besagte, dass die Truppen nicht alle gefangenen Politoffiziere, sondern lediglich Divisionskommissare und noch höhere Kommissare bei den Kommandobehörden abzuliefern hatten. Das Ziel dieser Anordnung war, die gefangenen Offiziere und Kommissare vernehmen zu können, nicht aber, die unterstellten Einheiten von der Durchführung des Kommissarbefehls zu entbinden. Von einer Truppe, die es zu ihren Tugenden zählte, jeden Befehl bedingungslos zu befolgen, konnte man ein anderes Verhalten ohnehin kaum erwarten.[382] Wie wichtig es den Stäben war, die gefangenen Politoffiziere vor der Exekution noch verhören zu können, zeigt sich nicht zuletzt daran, dass sogar der Höhere SS- und Polizeiführer im rückwärtigen Heeresgebiet Süd eine ähnliche Regelung einführte. Ende Juli 1941 befahl Obergruppenführer Jeckeln seinen Formationen: »Gefangene Kommissare sind nach kurzer Vernehmung mir zur eingehenden Vernehmung durch den S.D.-Führer meines Stabes zuzuführen.«[383] Ebenso wenig wie seine Kameraden von der Wehrmacht traf Jeckeln, der zu den Hauptverantwortlichen des Judenmords in den rückwärtigen Heeresgebieten zählte, diese Anordnung zu dem Zweck, seine Einheiten von der Bürde eines verbrecherischen Befehls zu befreien. Auch dieser Fall unterstreicht, dass das Motiv der Nachrichtengewinnung bei den Modifikationen der Kommandobehörden an der Verfahrensweise bei der Bekämpfung der sowjetischen Politoffiziere eine erstrangige Rolle spielte.

---

[379] Befehl der 132. Inf.Div./Abt. Ic v. 21.9.1941, 10.30 Uhr; BA-MA, RH 26-132/37, Anl. 252.
[380] Vgl. hierzu und zum Folgenden den Befehl der 132. Inf.Div./Abt. Ic an den Feldgend.Tr. 132 v. 22.9.1941 und die Vollzugsmeldung v. 23.9.1941; BA-MA, RH 26-132/37, Anl. 258. Vgl. auch den Vernehmungsbericht der 132. Inf.Div./Abt. Ic Nr. 57 v. 22.9.1941, 12.00 Uhr; BA-MA, RH 26-132/37.
[381] FNBl. in der Anl. zum Divisionsbefehl der SS-Div. »Reich«/Abt. Ia v. 15.7.1941; BA-MA, RS 4/1287, S. 115.
[382] Vgl. WEGNER, Soldaten, S. 41-44, 181-185, 192 f.
[383] Einsatzbefehl des HSSPF beim Berück Süd v. 25.7.1941; BA-MA, RH 22/5, S. 150.

4. Handlungsspielräume

Wie ernst die Kommandobehörden des Ostheeres die Vernichtungspolitik gegen die Kommissare nahmen, zeigte sich indes schon daran, dass sie bei der Durchführung des Kommissarbefehls nicht wahllos vorgingen, sondern teilweise beträchtliche Mühen in Kauf nahmen, um zu gewährleisten, dass es die Richtigen traf. Nachdem für den Ostkrieg das Prinzip eingeführt worden war, dass »der Verdacht genügt«[384], blieb es natürlich nicht aus, dass nicht nur erwiesene Politoffiziere, sondern auch »als solche verdächtige erschossen«[385] wurden, teilweise selbst »nach stundenlangem Leugnen«.[386] Während manche Einheiten mit dieser Entscheidung durchaus schnell bei der Hand waren, ist doch festzustellen, dass viele andere Stäbe erstaunlich umsichtig dabei vorgingen. In Zweifelsfällen strengten die Stäbe teilweise aufwändige Nachforschungen an und zeigten sich konsequent genug, die Gefangenen zu verschonen, wenn sich der Verdacht nicht erhärtete. So handelte etwa der Ic-Offizier der 251. Infanteriedivision, als ihm Ende Oktober 1941 »ein angeblicher Kommissar« vorgeführt wurde, den die unterstellte Panzerjägerabteilung eingebracht hatte.[387] Während eine knappe Woche zuvor durch den Divisionsstab ein zweifelsfrei identifizierter Politruk umgehend exekutiert worden war, entschied sich der Ic dieses Mal gegen eine Erschießung, da die »ausführliche Vernehmung [...] keine Beweise« dafür erbracht hatte, dass es sich bei dem Gefangenen um einen Politoffizier handelte.

Auch in den übrigen Befehlsbereichen des Ostheeres war mit der »Festnahme und Vorführung« »eines angebl[ichen] Kommissars« das Schicksal des Gefangenen noch nicht präjudiziert.[388] Wenn sich in den Verhören »bei der Abt. Ic« herausstellte, dass »die Anschuldigungen nicht zutrafen«, konnte der Verdächtige ohne Weiteres wieder »entlassen« werden. Wenn sich allerdings erwies, dass es sich tatsächlich um einen Politoffizier handelte, war die selbstverständliche Konsequenz die »Erschießung des russ. Kommissars«.[389] Auch bei der Überprüfung von Kriegsgefangenen wurde diese Entscheidung selten leichtfertig getroffen. Selbst wenn die Einheit, die den Gefangenen ablieferte, sicher war, dass sie einen »Kommissar festgenommen« hatte, konnten die Stellen, die die Untersuchung führten, zu dem Ergebnis gelangen, »dass es sich nur um einen russ. Kriegsgefangenen handelt[e]« und statt einer Exekution die Einlieferung in ein Gefangenenlager verfügen.[390] Sogar auf Denunziationen verließ man sich nicht blindlings.[391] Selbst wenn Kriegsgefangene »von Mitgefangenen verdächtigt« wurden, »Politruk zu sein«, sich in den Vernehmungen aber »keine Anhaltspunkte« dafür ergaben, wurde der Gefangene häufig geradewegs »dem Gefangenenlager wieder zugeführt«.[392] Selbst die GFP zeigte kein Interesse daran, die Erschießungszahlen künstlich

---

[384] Vgl. z. B. den Korpsbefehl des XII. AK v. 28.8.1941; BA-MA, RH 26-167/42, Anl. 5.
[385] Ic-Mittagsmeldung der 257. Inf.Div. an das XXXXIV. AK v. 14.10.1941; BA-MA, RH 26-257/36.
[386] Eintrag im TB (Ic) der 22. Inf.Div. v. 5.7.1941; BA-MA, RH 26-22/66.
[387] Vgl. die Einträge im TB (Ic) der 251. Inf.Div. v. 18.10. und 24.10.1941; BA-MA, RH 26-251/81.
[388] Vgl. die Einträge im TB des Feldgend.Tr. 172 v. 20.7. und 22.8.1941; BA-MA, RH 26-72/159.
[389] Ebd., Eintrag v. 14.8.1941. Vgl. auch den Eintrag v. 16.8.1941. Zu weiteren Beispielen vgl. den TB der 1./Feldgend.Abt. 683 über den Zeitraum 23.10.-26.10.1941; BA-MA, RH 23/72. Vgl. auch den Eintrag im TB (Ic) des AOK 17 v. 30.11.1941; BA-MA, RH 20-17/769.
[390] Vgl. die Einträge im TB des Feldgend.Tr. 435 v. 12./13.10. und 6.11.1941; BA-MA, RH 24-35/120, Bl. 99, 73. Vgl. aber auch den Eintrag v. 25.10.1941, Bl. 102, zur Erschießung von drei Kommissaren.
[391] Vgl. den Eintrag im TB der GFP beim XXIX. AK v. 4.2.1942; BA-MA, RH 24-29/47, Anl. 164.
[392] Eintrag im TB (Ic/AO) des AOK 16 v. 28.3.1942; BA-MA, RH 20-16/483, Bl. 60.

in die Höhe zu treiben. Wenn den GFP-Beamten die Verdachtsmomente gegen einen Kriegsgefangenen »nicht stichhaltig« erschienen[393], scheuten sie sich nicht, sich zu Gunsten des Verdächtigen zu entscheiden: »Kein Politruk. Zurück ins Lager.«[394] Nur wenn die GFP-Beamten einen Gefangenen eindeutig als Politoffizier »überführt« zu haben glaubten, waren sie unerbittlich und zögerten keinen Moment, die fällige Erschießung zu veranlassen.[395]

Um Klarheit über die Identität eines Gefangenen zu erlangen, strengten die Kommandobehörden zum Teil recht aufwändige Untersuchungen an. Sie veranlassten nicht nur »ein genaues Verhör«[396], sondern stellten auch Nachforschungen bei anderen Stellen an und ordneten manchmal sogar eine »Gegenüberstellung mit anderen Gefangenen« an.[397] Selbst wenn die Sachlage bereits recht eindeutig erschien, bemühte man sich nicht selten noch um den letzten Beweis. Der Ic-Abteilung der 17. Infanteriedivision etwa wurde im April 1942 ein gefangener Oberst vorgeführt, der hartnäckig bestritt, Kommissar zu sein, obwohl er entsprechende Ausweispapiere bei sich trug.[398] Obwohl die »Ähnlichkeit« mit dem »in den Ausweisen und auf den übrigen Lichtbildern abgebildeten Kommissar [...] zweifellos sehr gross« war, reichte dies der Ic-Abteilung als Beweis noch nicht aus. Stattdessen veranlasste man eine »Gegenüberstellung mit anderen Gefangenen der 33. Armee« und war zuversichtlich, dass es auf diese Weise gelingen würde, »ihn zu identifizieren«. Dieser Aufwand diente freilich kaum dazu, die Anwendung des Kommissarbefehls zu verschleppen oder gar zu umgehen. Wie man im Stab dieser Division mit einwandfrei identifizierten Politoffizieren verfuhr, hatte man nur wenige Wochen zuvor unter Beweis gestellt, als ein gefangener Politruk nach der Vernehmung in der Ic-Abteilung »erledigt« worden war.[399] Der Kommissarerlass wurde in den Kommandobehörden des Ostheeres eben nicht als beliebige Handhabe für Exekutionen an jedweder Art von Kriegsgefangenen aufgefasst. Stattdessen arbeitete man mit ausführlichen Vernehmungen und Ermittlungen zielgerichtet darauf hin, dass ausschließlich erwiesene Politoffiziere von der Vernichtungspolitik getroffen wurden. Damit bewiesen die Stäbe, dass sie sich die Intentionen des Vernichtungsprogramms weitgehend zu Eigen gemacht hatten. Denn ihre peniblen Untersuchungen dienten zu keinem anderen Zweck als der Realisierung der Zielsetzung, die sowjetischen Kommissare und Politruks als Gesamtgruppe zu vernichten, und das mit möglichst großer Treffsicherheit.

Da die Kommandobehörden es zuließen und teilweise sogar ausdrücklich befahlen, dass die unterstellten Verbände ihnen die gefangenen Politoffiziere vorführten, standen den Truppen an der Basis der Hierarchie bei der Umsetzung der Kommissarrichtlinien verschiedene Wege offen. Zur sofortigen Exekution des Befehls im Frontbereich bestanden Alternativen, die von den Kampftruppen auch genutzt wurden. Selbst inner-

---

[393] Eintrag im Einsatzplan der GFP-Gruppe 570 v. 29.3.1942; BA-MA, RH 20-4/1132.
[394] Bericht des Kommandos der GFP-Gruppe 570 beim Korück 559, Eintrag v. 29.3.1942; BA-MA, RH 23/130, Bl. 249. Vgl. auch den Eintrag im Bericht des Kommandos v. 11.11.1941; BA-MA, RH 23/127, Bl. 152.
[395] Eintrag im TB der GFP-Gruppe 560 v. 6.2.-20.2.1942; BA-MA, RH 24-51/60, Anl. 153a.
[396] Schreiben des XIII. AK/Abt. Ic an die Gef.S.St. v. 15.8.1941; BA-MA, RH 24-13/153.
[397] Vernehmungsbericht der 295. Inf.Div./Abt. Ic v. 24.7.1941; BA-MA, RH 26-295/17, Anl. 65.
[398] Vernehmungsbericht der 17. Inf.Div./Abt. Ic v. 16.4.1942; BA-MA, RH 26-17/70. Der Ausgang des Verfahrens ist nicht überliefert.
[399] Vernehmungsbericht der 17. Inf.Div./Abt. Ic v. 28.2.1942; BA-MA, RH 26-17/70.

halb der Truppenverbände wurden zum Teil unterschiedliche Verfahren angewendet. Schon innerhalb eines Divisionsverbands konnte sich die Praxis recht disparat entwickeln, wie das Beispiel der 112. Infanteriedivision zeigt. Eines der Infanterieregimenter lieferte gefangene Kommissare beim Divisionsstab ab[400], die Aufklärungsabteilung[401] der Division übergab ihre Gefangenen kurzerhand auf dem Gefechtsstand eines nahe gelegenen Infanterieregiments und in der Panzerjägerabteilung der Division wurden die Politoffiziere nach der Gefangennahme stets »an Ort und Stelle ›erledigt‹«.[402] Auch auf den unteren Stufen handelten die Truppen nicht immer einheitlich. Selbst innerhalb desselben Regiments konnte das eine Bataillon die Möglichkeit wählen, einen gefangenen Politoffizier zur Weiterleitung an den Divisionsstab bei der Gefangenensammelstelle abzuliefern, während ein anderes Bataillon etwa zur gleichen Zeit die Entscheidung treffen mochte, einen gefangenen Kommissar umgehend selbst zu erschießen.[403]

Genauso war es möglich, dass die gleiche Einheit zu unterschiedlichen Zeitpunkten und unter unterschiedlichen Bedingungen verschiedene Optionen nutzte, wenn sie Kommissare gefangen nahm. So konnte es vorkommen, dass ein Bataillonsstab an einem Tag einen gefangenen Politoffizier »direkt zum Div.-Stab« bringen ließ, während es sich bei einer späteren Gelegenheit dazu entschloss, einen gefassten Kommissar sofort durch das eigene Personal exekutieren zu lassen.[404] Selbst die Gruppen der GFP handelten nicht immer konsequent. Einmal exekutierten sie gefangene Politoffiziere in eigener Verantwortung, ein anderes Mal führten sie Erschießungen von Verdächtigen erst auf den Befehl des vorgesetzten Ic-Offiziers aus, die dritte Möglichkeit bestand darin, die Politoffiziere einem Kommando des Sicherheitsdienstes zu übergeben.[405] Gerade bei den Kampftruppen hing es wohl nicht zuletzt vom taktischen Kontext ab, zu welchen Mitteln man griff. Wenn die Verbände während der Phasen des schnellen Vormarsches in der Bewegung waren, stieß es auf wesentlich größere Schwierigkeiten, Gefangene zum Gefechtsstand der vorgesetzten Kommandobehörde zu bringen, als in den Phasen, in denen man sich in festen Stellungen befand. So könnte es sich erklären, dass eine Einheit, die sich während des Bewegungskrieges in der Anfangsphase des Feldzugs in vorderster Linie bewegte, gefangene Politoffiziere umgehend selbst exekutierte[406], während sie in einer späteren Phase, als sie bereits über längere Zeit in der gleichen Stellung verharrte, einen gefassten Kommissar beim Divisionsstab ablieferte; freilich in dem Wissen, dass er »bei [der] Division erschossen« würde.[407]

---

400 Begleitschreiben des IR 258 an die Gef.S.St. der 112. Inf.Div. v. 31.7.1941; BA-MA, RH 26-112/75.
401 Begleitschreiben der A.Abt. 120 an die 112. Inf.Div. v. 19.8.1941; BA-MA, RH 26-112/76.
402 Erfahrungsbericht des Adj. der Pz.Jg.Abt. 112, »Im Osten«, v. 2.10.1941; BA-MA, RH 39/426.
403 Vgl. die Meldung des II./IR 61 an das IR 61 v. 5.7.1941, 21.30 Uhr, und den Funkspruch Nr. 202 des IR 61 an die 7. Inf.Div. v. 14.7.1941, 11.35 Uhr, über eine Meldung des III./IR 61; BA-MA, RH 37/1306.
404 Vgl. die Einträge im KTB des II./SR 69 v. 28.7. und 3.11.1941; BA-MA, RH 37/7264, S. 27, 59.
405 Vgl. die Fälle im TB der Gruppe-GFP 647 für den April 1942; BA-MA, RH 20-11/337.
406 Vgl. die Ic-Meldung der 297. Inf.Div. an das XXXXIV. AK v. 4.7.1941, 00.45 Uhr, über Kommissarerschießungen durch die Aufklärungsabteilung der Division (A.Abt. 297); BA-MA, RH 26-297/87.
407 Vgl. den Eintrag im KTB der A.Abt. 297 v. 16.8./17.8.1941; BA-MA, MSg 2/2934, S. 27 f.

Mit den unterschiedlichen Verfahrensweisen korrespondierte, dass auch die Dienststellung der Offiziere wechselte, die die fälligen Erschießungsbefehle erteilten. Obwohl prinzipiell jeder einzelne Offizier dazu ermächtigt war, die Exekution von gefangenen Kommissaren anzuordnen, kamen auf den unteren Ebenen offenbar häufig nur die Kompaniechefs oder auch erst die Truppenkommandeure in die Situation, diese Entscheidung zu fällen. Die Praxis der Truppenverbände war verschieden. Zum Teil wurden die Erschießungen schon in den Bataillonen abgewickelt, in anderen Verbänden wiederum erfolgten die Exekutionen erst »auf Befehl« der Regimentsstäbe.[408] Die Einheitsführer standen vor der Wahl, die gefangenen Politoffiziere einem Vorgesetzten vorzuführen oder die Erschießung in eigener Verantwortung durchführen zu lassen. Im Extremfall griffen sie selbst zur Waffe und vollstreckten die Exekutionen eigenhändig. Da ein solches Verhalten eigentlich dem Ethos des Offizierskorps widersprach[409], war dies jedoch die Ausnahme und ist daher auch nur in einem einzigen Fall belegt.[410] Als extremer Pol des Verhaltensspektrums verweist dieser Fall freilich mit besonderer Deutlichkeit darauf, dass den Truppenführern bei der Durchführung des Kommissarbefehls verschiedene Handlungsmöglichkeiten blieben. Die unterschiedlichen Verhaltensweisen der Truppenkommandeure lassen darauf schließen, dass der Modus der Durchführung der Kommissarrichtlinien in hohem Maße von den Dispositionen der Einzelpersönlichkeiten abhing, die die Einheiten an der Ostfront kommandierten. Die divergierenden Verfahrensweisen bei der Realisierung der Vernichtungspolitik waren also auch eine Folge persönlicher Willkür, der an der Ostfront breiter Raum offen stand.

Diese Praxis wurde auch durch die Haltung der Kommandobehörden gefördert, die die unterschiedlichen Verfahrensweisen für zulässig hielten, selbst praktizierten und nachrichtendienstlich davon profitierten. Wenn der Ic-Offizier einer Division bilanzieren konnte, dass die gefangenen Kommissare »teils durch die Truppe selbst, teils durch die Division auf Befehl eines Offiziers erschossen« worden waren und an dem uneinheitlichen Vorgehen der Truppen offensichtlich keinen Anstoß nahm[411], lag dies sicherlich in der Einsicht begründet, dass in letzter Konsequenz beide Verfahrensweisen zum Ziel führten. Selbst bei einer Sicherungsdivision blieb es den Truppen weitgehend freigestellt, die »einwandfrei als Kommissare Festgestellten« entweder »dem nächsten Einsatzkommando der Sicherheitspolizei zu übergeben« oder aber »die Kommissare wie bisher zu behandeln«, »wenn [die] Sicherheitspolizei nicht erreich-

---

[408] Vgl. z. B. die Meldung des AOK 16/Abt. Ic/AO an die H.Gr. Nord und das OKH v. 6.7.1941; BA-MA, RH 19-III/474, Bl. 91. Darin wurde eine Reihe von Exekutionen an »kommunistische[n] Funktionäre[n]« gemeldet, die teils »auf Befehl« eines Regiments, teils von Bataillonen bzw. Abteilungen durchgeführt worden waren.

[409] So äußerte der Korück 582 im Oktober 1941, »daß ich die eigenhändige Beteiligung von Offizieren an Exekutionen für nicht richtig und der Würde des deutschen Offiziers für nicht entsprechend halte«. Vgl. die Stellungnahme des Korück 582 v. 7.10.1941; BA-MA, RH 23/228, Bl. 90. Andere Kommandeure nahmen an einem solchen Verhalten allerdings weniger Anstoß und sahen darin eher den Ausweis tugendhafter »Härte«. Vgl. den Bericht des Kdr. der schweren Art.Abt. 808 an den Arko 128 v. 13.8.1941; BA-MA, RH 24-40/85, Anl. 12.

[410] Bericht des Kdr. III./IR 490, Maj. Drange, über die Gefechte v. 25.7.1941; BA-MA, RH 26-269/24, Anl. 11. Zu dem Vorfall und dem Täter vgl. RÖMER, Truppenführer.

[411] Eintrag im TB (Ic) der 29. Inf.Div. (mot.) v. 22.6.-16.12.1941; BA-MA, RH 26-29/58, S. 22.

bar« war.⁴¹² Eine ähnlich weite Auslegung der Kommissarrichtlinien sprach auch aus einem Befehl des LII. Armeekorps, das sich Anfang Juli 1941 zur Erhebung der bisherigen Erschießungszahlen melden ließ, »wieviel[e] politische Kommissare [...] a) als Freischärler behandelt« oder »b) gefangen zurückgebracht« worden waren.⁴¹³ Die zweite Option war nach dem Kommissarbefehl streng genommen unzulässig. Da sie allerdings einschloss, dass die gefangenen Kommissare einem Stab vorgeführt und früher oder später doch »als Freischärler behandelt« wurden, konnte diese Alternative mühelos in das systemkonforme Handlungsrepertoire integriert werden.⁴¹⁴ Entscheidend war, dass das Endziel des Befehls erreicht wurde. Und dies war durch beide Modi gleichermaßen gewährleistet.

Die bestehenden Handlungsalternativen, aus denen bei der Umsetzung der Kommissarrichtlinien gewählt werden konnte, implizierten, dass letztlich kaum ein Einheitsführer unbedingt gezwungen war, Exekutionen gegen gefangene Politoffiziere selbst zu veranlassen. Wer diese unangenehme Pflicht umgehen wollte, konnte Gründe dafür finden, die gefangenen Kommissare bei einem vorgesetzten Stab abzuliefern. Selbst den Generalstabsoffizieren in den Kommandobehörden blieb die Option, die gefangenen Politoffiziere nach dem ersten Verhör an einen höheren Stab weiterzuleiten. Vor diesem Hintergrund ist es umso bemerkenswerter, dass viele Einheiten und Stäbe die Exekution der Kommissare trotzdem selbst in die Hand nahmen und von den alternativen Handlungsmöglichkeiten keinen Gebrauch machten. Da diese objektiv vorhandenen Handlungsspielräume zum Teil sogar aus den Befehlen der Kommandobehörden hervorgingen, die eine Weiterleitung der gefangenen Kommissare und Politruks zuließen, ist anzunehmen, dass sie von den Akteuren an der Basis auch subjektiv wahrgenommen wurden, was eine entscheidende Voraussetzung dafür war, dass sie auch genutzt werden konnten.

Die Übergabe der Politoffiziere an Kommandobehörden verfolgte aber ohnehin keineswegs immer nur das Ziel, sich aus der Verantwortung zu stehlen, sondern erfolgte häufig schlicht aus utilitaristischen Gründen. Doch selbst wenn die verantwortlichen Offiziere die Kommissare deswegen an einen Stab überstellen ließen, weil sie sich scheuten, eine Erschießung anzuordnen, bedeutete dies nicht, dass sie dadurch der Verantwortung ledig wurden. In den Truppenverbänden war man sich bewusst, welche Folgen es hatte, wenn man einen gefangenen Kommissar bei einer Kommandobehörde ablieferte.⁴¹⁵ Es konnte also keine Rede davon sein, dass sich die Einheiten der Mitwirkung an der Vernichtungspolitik versagten, wenn sie die Exekution der Kommissare und Politruks anderen Stellen überließen und ihre Rolle auf die Selektion und Überstellung der Politoffiziere beschränkt blieb. Denn mit diesen Schritten schu-

---

⁴¹² Divisionsbefehl der 286. Sich.Div./Abt. Ia Nr. 375/41 geh. v. 2.8.1941; BA-MA, RH 26-286/3, Anl. 66a.
⁴¹³ Befehl des LII. AK/Abt. Ic v. 8.7.1941, 22.10 Uhr; BA-MA, RH 26-100/36, S. 121.
⁴¹⁴ So meldete die 76. Inf.Div. dem LII. AK am Meldetermin des 14.9.1941 »zu b.)«, dass sie »1 gef. Politruk an LII.A.K.« übergeben hatte, der am Vorabend noch beim Divisionsstab vernommen worden war, vgl. die Ic-Abendmeldung der 76. Inf.Div. v. 13.9.1941 und die Ic-Morgenmeldung v. 14.9.1941 an das LII. AK; BA-MA, RH 26-76/49.2. Nach seiner Übergabe an das LII. AK fiel der Politruk dann wahrscheinlich unter die »6 Kommissare bzw. Politruks«, die das LII. AK in der Tagesmeldung v. 14.9.1941 als »erschossen« meldete; BA-MA, RH 24-52/221.
⁴¹⁵ Vgl. z. B. die Anmerkung im KTB der A.Abt. 297 zur Abgabe eines gefangenen Kommissars beim Divisionsstab am 16.8./17.8.1941; BA-MA, MSg 2/2934, S. 27 f.: »Wird bei Division erschossen!«

fen die Truppen erst die Voraussetzungen für die Durchführung der Kommissarrichtlinien und hatten damit entscheidenden Anteil am Ablauf des Verfahrens. Mit der Identifizierung, Aussonderung und Auslieferung der gefangenen Politoffiziere hatte man bereits einen wesentlichen Beitrag zur Realisierung des Mordprogramms geleistet und hatte als Kettenglied eines arbeitsteiligen Vernichtungsprozesses funktioniert.

Zivile Funktionäre

Im Vergleich zur Handhabung der Vernichtungspolitik gegen die Truppenkommissare gestaltete sich das Verfahren der deutschen Truppen mit den zivilen sowjetischen Funktionären etwas anders, was im Kommissarerlass freilich auch so vorgesehen war. Im Gefechtsgebiet und den rückwärtigen Armeegebieten waren die zivilen Funktionäre einem Offizier vorzuführen, der auf Grund seines »persönliche[n] Eindruck[s]« darüber zu entscheiden hatte, ob der Festgenommene zu erschießen war oder »zunächst unbehelligt« blieb, bis die Sonderkommandos des SD »bei der weiteren Durchdringung des Landes« systematisch die »Überprüfung« der »verbliebene[n] Funktionäre« vornehmen würden. In den rückwärtigen Heeresgebieten galt der Grundsatz, alle gefassten zivilen Funktionäre den Kommandos des Sicherheitsdienstes zu übergeben.[416] Von diesem Passus und einer noch niedrigeren Toleranzgrenze abgesehen, lehnten sich die Bestimmungen für das Vorgehen gegen die Zivilfunktionäre weitgehend an die Regelungen des Kriegsgerichtsbarkeitserlasses an. Sie partizipierten daher auch an der großen Akzeptanz, die der Gerichtsbarkeitserlass im Ostheer erreicht hatte und die nicht zuletzt daher rührte, dass die kompromisslose Bekämpfung jedes irregulären zivilen Widerstands im deutschen Militär an eine weit zurückreichende Tradition anknüpfen konnte.[417] Das radikale Vorgehen gegen die zivilen Funktionäre war von vornherein wesentlich leichter zu vermitteln als die Vernichtung der militärischen Politoffiziere. Dies hatte sich schon während der Vorbereitungsphase des Feldzugs abgezeichnet, als sich die vereinzelte Kritik in den Kommandobehörden fast ausschließlich an den Bestimmungen über das Verfahren mit den militärischen Kommissaren entzündet hatte, während das Vorgehen gegen die zivilen Funktionäre kaum Gegenstimmen hervorgerufen hatte. Die Bekämpfung der Zivilkommissare bedurfte keiner langen Begründungen, handelte es sich doch um ausgewiesene Kommunisten und die »Träger dieser Weltanschauung«.[418] Hinzu kam, dass sie im Gegensatz zu den militärischen Politoffizieren eindeutig den Status von zivilen Nichtkombattanten besaßen und keine Uniform trugen, die ihnen völkerrechtlichen Schutz hätte bieten können. Ihnen konnte man genauso wenig das Recht auf eine Teilnahme an der Auseinandersetzung einräumen wie der übrigen Zivilbevölkerung. Bei der Bekämpfung der Zivilkommissare verwischten die Grenzen zwischen den Kommissarrichtlinien und dem Kriegsgerichtsbarkeitserlass, unter dessen Geltung die Funktionäre als Zivilisten ohnehin gefallen wären. Die weit reichende Übereinstimmung, die im Ostheer mit den rigorosen Grundsätzen des

---

[416] Abschnitt I.1., I.3. und I.5. der Kommissarrichtlinien.
[417] Zum Kriegsgerichtsbarkeitserlass vgl. RÖMER, ›Im alten Deutschland‹.
[418] Bericht der 36. Inf.Div. (mot.)/Abt. Ic über die Erfahrungen v. 26.6./27.6.1941; BA-MA, RH 24-41/69.

Kriegsgerichtsbarkeitserlasses bestand, ließ sich daher mühelos auf das Vorgehen gegen die zivilen sowjetischen Funktionäre übertragen.

Dass den deutschen Fronttruppen überhaupt sowjetische Parteifunktionäre lebend in die Hände fielen, kam allerdings wohl eher selten vor. Die Zahl der dokumentierten Exekutionen an zivilen Funktionären bewegte sich auf einem niedrigen Niveau und machte nur etwa 6 % der Erschießungszahlen aus, die die Truppen im Frontbereich bei der Durchführung des Kommissarbefehls insgesamt erreichten.[419] In den Stäben des Ostheeres führte man diesen Umstand darauf zurück, dass »die örtlichen Sowjet-Behörden« vor dem Einmarsch der Invasoren »fast durchweg geflüchtet«[420] waren und sich dadurch dem Zugriff der deutschen Truppen »beizeiten«[421] entzogen hatten. Gleichwohl erwies sich, dass nicht alle »bolschewistische[n] Funktionäre und Staatsangestellte [...] mit den roten Truppen hatten flüchten können« und sich entweder noch in den Ortschaften befanden oder »sich in den Wäldern verborgen hielten«.[422] Die Erfassung der »zurückgebliebene[n] Parteifunktionäre«[423] war allerdings dadurch erschwert, dass die Identifizierung der äußerlich unkenntlichen Funktionäre besonderen Aufwand erforderte und in der Regel nur durch Denunziationen der Zivilbevölkerung oder anhand von Ausweispapieren möglich war. Gerade in den Phasen des Bewegungskrieges waren die Einheiten aber nicht immer in der Lage dazu, auf dem Durchmarsch durch Ortschaften entsprechende Nachforschungen anzustellen. Die Kommandobehörden mussten daher zum Teil ausdrücklich darauf hinweisen, dass den Angaben aus der Zivilbevölkerung über den Aufenthaltsort von »ehemalige[n] Funktionäre[n] der kommunistischen Partei« auch »nachzugehen« war, »soweit es die Truppe leisten« konnte.[424]

Wenn es zwar die Beanspruchung der Verbände nicht immer erlaubte, legten die Kommandobehörden ebenso wie die Truppenkommandeure prinzipiell doch großen »Wert«[425] auf die »Erfassung aller zurückgebliebener [sic] Kommunisten«.[426] Die kommunistischen Funktionäre und Parteigänger galten in den deutschen Stäben grundsätzlich als »abwehrmäßig verdächtig«[427] und wurden zu den »unerwünschte[n] Elemente[n] in der Zivilbevölkerung« gezählt.[428] Gemäß den herrschenden antibolschewistischen Feindbildern erwartete man, dass die »politische[n] Leiter Sabotageakte im Rücken der Truppe verüben« und auch »die Zivilbevölkerung unter schärfsten Drohungen dazu anhalten« würden.[429] Zwar mochten manche Stäbe den Zivilfunktionären zubilligen, dass sie »sich lediglich aus Angst, behaftet mit schlechtem Gewissen wegen ihrer ehemaligen Tätigkeit« versteckt hatten und zunächst gar »nicht als

---

[419] Vgl. hierzu das Kap. V.2.1.
[420] Zusätze des XXXXVII. AK v. 25.6. zum Befehl der Pz.Gr. 2 v. 24.6.1941; BA-MA, RH 26-29/60, Anl. 19.
[421] Erfahrungsbericht des LV. AK/Abt. Ic v. 6.9.1941; BA-MA, RH 24-55/71, S. 303 f.
[422] Eintrag im TB (Ic) des XII. AK v. 16.7.-5.8.1941; BA-MA, RH 24-12/59, Bl. 11.
[423] Vgl. den TB (Ic) des 45. Inf.Div. v. 1.1.-31.1.1942 sowie v. 1.2.-12.3.1942; BA-MA, RH 26-45/92.
[424] Korpsbefehl des III. AK/Abt. Ic v. 7.8.1941; BA-MA, RH 24-3/134, Anl. 99.
[425] Eintrag im KTB der 403. Sich.Div. v. 21.7.1941; BA-MA, RH 26-403/2, Bl. 39.
[426] Eintrag im TB (Ic) des AOK 17 v. 24.7.1941; BA-MA, RH 20-17/769.
[427] Befehl des AOK 17/Abt. Ic/AO, betr. Überwachung des Zivilverkehrs, v. 7.9.1941; BA-MA, RH 20-17/276.
[428] Korpsbefehl des III. AK/Abt. Ic v. 7.8.1941; BA-MA, RH 24-3/134, Anl. 99.
[429] FNBl. der Pz.Gr. 3/Abt. Ic Nr. 13 v. 11.7.1941; BA-MA, RH 21-3/429, Bl. 21.

Partisane anzusprechen« waren.[430] Spätestens die »Angst, als Sowjet-Kommissar deutscherseits eo ipso erschossen zu werden«, habe sie dann jedoch »umsomehr bestimmt, die Partisanenbewegung weitgehend zu fördern«.[431] Letztlich hatte auf deutscher Seite kaum jemand Zweifel daran, dass die zurückgebliebenen Funktionäre ihre Aufgabe in der »Überwachung der Bevölkerung« und »der Rekrutierung von Partisanen« sahen, ob sie sich nun verborgen hielten oder nicht. Viele Stäbe hegten sogar den Verdacht, dass ein Teil der zivilen Funktionäre »absichtlich zurückgelassen« worden war, um »als Kenner der örtlichen oder regionalen Verhältnisse« den irregulären Widerstand gegen die Besatzer zu organisieren. Da man in den Stäben fest damit rechnete, dass die Funktionäre »stets wieder Unruhe stiften« und die »Bevölkerung aufhetzen« würden, hielt man die »Festnahme aller polit. Kommissare« in den besetzten Gebieten für »besonders wichtig«.[432]

Die Verbände führten daher in den von ihnen eroberten Territorien immer wieder »Suchaktion[en] nach versteckten Kommunisten«[433] durch und ließen gezielt nach den lokalen Parteifunktionären fahnden, wenn sie Ortschaften besetzten. Bei vielen Stäben gehörte es zur Routine, die Orte ihrer Quartiere und deren Umgebung laufend »nach Waffen, kommunistischen Propagandaschriften und Bolschewisten« zu durchsuchen.[434] Die Kommandobehörden setzten hierzu häufig ihre Feldgendarmerieeinheiten oder die GFP-Gruppen ein, koordiniert und angeleitet durch die zuständigen Ic-Abteilungen.[435] Die Sicherheitskräfte der Kommandobehörden entfalteten vielerorts eine »rege Tätigkeit«[436] und waren teilweise »fast ununterbrochen damit beschäftigt, Streifen in die umliegenden Orte durchzuführen« und »gemeldete aktive Kommunisten aufzuspüren«.[437] Doch auch die Truppenverbände standen in der Pflicht, sich an den Fahndungen zu beteiligen. Die Divisionen befahlen ihren Verbänden regelmäßig »das Absuchen der Ortschaften nach Kommunisten oder verkleideten Kommissaren«[438], so dass auch die Regimenter immer wieder Razzien durchführten, um die örtlichen »Kommunisten« dingfest zu machen.[439] Die Truppenteile bewiesen aber auch durch eigene Initiativen, dass sie selbst Interesse an diesen Maßnahmen hatten. Auch für die Stäbe der unteren Hierarchieebenen zählte es zu den ersten Sicherungsaufgaben nach der Einnahme von Ortschaften, die »Kommunisten verhaften« zu las-

---

[430] TB (Ic) des Korück 559 für die Monate Juni-August v. 31.8.1941; BA-MA, RH 23/124, Bl. 40 f.
[431] Hierzu und zum Folgenden: TB (Ic) des Korück 559 v. 1.9.-20.10.1941; BA-MA, RH 23/127, Bl. 13-20.
[432] FNBl. der 72. Inf.Div./Abt. Ic v. 28.8.1941; BA-MA, RH 26-72/87.
[433] Eintrag im TB (Ic) der 252. Inf.Div. v. 12.9.1941; BA-MA, RH 26-252/129.
[434] Vgl. die Einträge im TB (Ic) des XXIII. AK v. 2.7., 4.7., 8.7., 10.7., 13.7.1941 usw.; BA-MA, RH 24-23/238, Bl. 14 ff.
[435] Vgl. den TB des Feldgend.Tr. 410 v. 16.7.-30.7.1941; BA-MA, RH 24-10/503, Bl. 107. Vgl. die Einträge im TB Feldgend.Tr. 435 v. 25.9. und 30.9.1941; BA-MA, RH 24-35/120, Bl. 134. Vgl. den Eintrag im TB (Ic) der 213. Sich.Div. v. 1.1.-31.3.1942; BA-MA, RH 26-213/8, S. 75 f. Vgl. den Abschnitt »Abwehr« im TB (Ic) des XXXXVIII. AK v. 26.1.-10.2.1942; BA-MA, RH 24-48/204. Vgl. die Einträge im TB (Ic) des AOK 17 v. 25.6., 24.7., 29.7., 5.10., 18.11.1941; BA-MA, RH 20-17/769.
[436] Eintrag im TB (Ic) des AOK 17 v. 29.7.1941; BA-MA, RH 20-17/769.
[437] Tagesübersicht des LV. AK/Abt. Ic v. 22.8.1941; BA-MA, RH 24-55/69, S. 215.
[438] Eintrag im KTB des IR 41 (mot.) v. 22.8.1941; BA-MA, RH 37/6906, S. 100 f.
[439] Vgl. den Eintrag im KTB des IR 18 v. 4.7.1941; BA-MA, RH 37/190.

sen.⁴⁴⁰ Manche Einheiten veranstalteten nach der »Ankunft« in neu besetzten Orten eine regelrechte »Jagd auf den Kommissar«.⁴⁴¹

Die Anstrengungen der Verbände zur »Säuberung der Dörfer von kommunistischen und verdächtigen Elementen« führten vielfach zum gewünschten Erfolg, weil sie vor allem im Baltikum und in der Ukraine von den »antibolschewistisch eingestellt[en]« Bevölkerungsteilen dabei unterstützt wurden.⁴⁴² Doch selbst in altrussischen Gebieten machten die Stäbe die Erfahrung, dass »die ansässige Bevölkerung bei der Bekämpfung verdächtigen Gesindels, der Unschädlichmachung zurückgebliebener Parteifunktionäre, Kommissare gute Hilfe«⁴⁴³ leistete, indem »die kommunistischen Funktionäre insbesondere Kommissare [...] sehr bald von der Bevölkerung angegeben« ⁴⁴⁴ wurden. Bei der Identifizierung der kommunistischen Funktionäre war es zwar »oft nicht einfach, richtige Entscheidungen zu treffen, da vielfach Denunziationen und falsche politische Verdächtigungen vorkamen«.⁴⁴⁵ Doch »fanden sich überall zuverlässige Leute unter der Zivilbevölkerung, die sich um loyale Zusammenarbeit mit der Deutschen Wehrmacht bemühten und auf deren Urteil in solchen Entscheidungen Verlaß war«. Die Kollaborationsbereitschaft von Teilen der Zivilbevölkerung in den besetzten Gebieten schuf offenbar vielerorts erst die Voraussetzungen dafür, dass die Bestimmungen der Kommissarrichtlinien über das Vorgehen gegen die zivilen Funktionäre überhaupt zur Anwendung gelangen konnten.⁴⁴⁶

Wenn die Truppen der sowjetischen Funktionäre habhaft wurden, hielten sie die diesbezüglichen Vorschriften des Kommissarerlasses oftmals exakt ein. Teilweise wandelten sie die Bestimmungen aber auch ab, wobei sie in der Regel das Endziel des Befehls im Auge behielten und nicht verfehlten. In den rückwärtigen Heeresgebieten wurden die zivilen Funktionäre und kommunistischen Parteimitglieder, die die Sicherungsverbände im Zuge ihrer Fahndungsaktionen festnahmen, häufig »dem SD uebergeben«, wie es vorgeschrieben war.⁴⁴⁷ Allerdings machten die Sicherungsdivisionen von dieser Möglichkeit nicht immer Gebrauch, was sicherlich vor allem daher rührte,

---

440 Regimentsbefehl des IR 504 v. 28.8.1941, 14.15 Uhr; BA-MA, RH 37/7042, Anl. 39.
441 Eintrag im Taschenkalender des Gefr. Otto M., 3./A.Abt. 102, v. 17.7.1941; BA-MA, MSg 2/3004.
442 Eintrag im TB (Ic) der 86. Inf.Div. v. 28.6.-11.7.1941; BA-MA, RH 26-86/47, S. 1.
443 Eintrag im TB (Ic) der 68. Inf.Div. v. 1.7.-31.7.1942; BA-MA, RH 26-68/41, S. 1 f.
444 Bericht der 221. Sich.Div./Abt. Ic, »Über Haltung, Stimmung und politische Strömungen innerhalb der Bevölkerung des am 1.8.41 an die Verwaltung Ostpreußens abzutretende ehem. russischen Gebietes«, v. 28.7.1941; BA-MA, RH 26-221/70, Anl. 22.
445 Eintrag im TB (Ic) der 25. Inf.Div. (mot.) v. 23.12.1941-31.3.1942; BA-MA, RH 26-25/70.
446 Vgl. zu Kollaboration und allgemein zum Verhältnis der sowjetischen Zivilbevölkerung zu den deutschen Besatzern den Überblick bei CHIARI, Hoffnung.
447 Eintrag im TB (Ic) des Berück Nord v. 27.8.1941; BA-MA, RH 22/254, Bl. 43. Vgl. die Übersicht der 221. Sich.Div./Abt. Ic über Kriegsgefangene v. 16.7.1941; BA-MA, RH 26-221/12a, Anl. 364. Vgl. auch den Eintrag im KTB der 221. Sich.Div. v. 22.7.1941 über die Übergabe von 22 »Zivilkommissare[n]« an die GFP; BA-MA, RH 26-221/10, Bl. 96. Vgl. den TB der GFP-Gruppe 721 für Januar 1942; BA-MA, RH 22/199, S. 506. Zu den »Säuberungsaktionen« in den rückwärtigen Heeresgebieten vgl. exemplarisch die Ic-Meldungen des Berück Mitte v. 17.7., 20.7., 23.7., 25.7., 28.7., 30.7.1941; BA-MA, RH 22/226, Bl. 8, 11, 14, 16, 19, 21. Zu den Fahndungsaktionen und Massenerschießungen durch Polizeieinheiten und SS-Verbände in den rückwärtigen Heeresgebieten, bei denen immer wieder auch sowjetische Funktionäre und andere »Kommunisten« exekutiert wurden, vgl. ANGRICK, Tagebuch; CÜPPERS, Wegbereiter. Vgl. zu »Säuberungsaktionen« in den rückwärtigen Heeresgebieten durch Frontverbände exemplarisch ANDERSON, 62. Infanterie-Division.

dass die wenigen Kommandos des Sicherheitsdienstes auf dem weiträumigen Kriegsschauplatz häufig schlicht »nicht erreichbar«[448] waren. Wenn diese Möglichkeit nicht bestand, scheuten sich die Sicherungsverbände aber ohnehin nicht, das Verfahren mit aufgegriffenen Funktionären selbst in die Hand zu nehmen. Wie häufig es tatsächlich vorkam, dass die Sicherungsdivisionen auf die befehlskonforme Handlungsalternative verzichteten, die unangenehme Pflicht der Exekutionen an den SD abzuwälzen, exemplifiziert das Beispiel der 403. Sicherungsdivision, deren dichte und aussagekräftige Aktendokumentation einen besonders tiefen Einblick in die Praxis der Truppen in den rückwärtigen Heeresgebieten gewährt. Monat für Monat überstieg die Zahl der »zivile[n] politische[n] Kommissare«, die von den Einheiten der Division exekutiert wurden, die Zahl der »an [den] S.D. abgegebene[n] ziv. pol. Kommissare« um ein Vielfaches. Im August 1941 hatten die Truppen der Division zusammen mit den zugeteilten GFP-Gruppen 89 zivile Funktionäre erschossen und lediglich zwei Funktionäre an den SD übergeben.[449] Im September 1941 änderten sich die Zahlenverhältnisse kaum und beliefen sich auf 108 Exekutionen und ganze drei Abgaben an den SD.[450] Damit entfiel allein auf diese beiden Monate etwa die Hälfte der Gesamtzahl der zivilen Funktionäre, die von den Einheiten der Division bis zum Abbruch der Statistiken Anfang März 1942 gefangen genommen und exekutiert oder an den SD übergeben wurden. Denn in der Folgezeit im Herbst 1941 gingen die Fahndungserfolge der Division insgesamt drastisch zurück. Im Oktober 1941 wurden lediglich 14 zivile Funktionäre gefasst, im November 1941 waren es nur noch neun.[451] Diese Zahlenentwicklung erklärt sich wahrscheinlich dadurch, dass die Division die meisten zurückgebliebenen Funktionäre in ihrem Sicherungsbereich bis zum Herbst 1941 wohl schon erfasst hatte und »die gegebenen Möglichkeiten erschöpft« waren, wie es der Ic-Offizier der Division auszudrücken pflegte.[452] Hinzu kam, dass die rückwärtigen Gebiete spätestens seit den Misserfolgen der Herbstoffensive zu wachsen aufgehört hatten, so dass kaum noch zusätzliche Funktionäre in den Machtbereich der Sicherungsdivision geraten konnten.

Die Gesamtbilanz der 403. Sicherungsdivision verdeutlicht besonders augenfällig, dass ihre Truppen das Verfahren mit den Zivilkommissaren in aller Regel selbst abwickelten, anstatt eine Übergabe an den SD in die Wege zu leiten. Im gesamten knapp achtmonatigen Zeitraum vom Beginn des Feldzugs bis Anfang März 1942 exekutierten die Truppen der Division 368 zivile Funktionäre, während sie lediglich 29 Funktionäre an den SD übergaben.[453] Beide Optionen waren gleichermaßen in das Handlungsrepertoire der Sicherungsverbände integrierbar und auch mit den Bestimmungen der Kommissarrichtlinien vereinbar. Wie die Statistik belegt, zogen aber zumindest die Truppen der 403. Sicherungsdivision in der Regel den eigenverantwortlichen, radikaleren Modus vor, wobei sie freilich von den zugeteilten GFP-Einheiten unterstützt wurden. Die Sicherungskräfte der rückwärtigen Heeresgebiete, bei denen Repressalien

---

[448] Divisionsbefehl der 286. Sich.Div./Abt. Ia Nr. 375/41 geh. v. 2.8.1941; BA-MA, RH 26-286/3, Anl. 66a.
[449] Vgl. den TB (Ic) der 403. Sich.Div. für den August 1941; BA-MA, RH 26-403/4a.
[450] Vgl. den TB (Ic) der 403. Sich.Div. für den September 1941; BA-MA, RH 26-403/4a.
[451] Vgl. die TB (Ic) der 403. Sich.Div. für den Oktober und November 1941; BA-MA, RH 26-403/4a.
[452] Vgl. den TB (Ic) der 403. Sich.Div. für den Juli 1941; BA-MA, RH 26-403/4a.
[453] Vgl. den TB (Ic) der 403. Sich.Div. für den März 1942; BA-MA, RH 26-403/7.

zum Tagesgeschäft zählten, gehörten eben nicht zu den Verbänden, die nach Auswegen suchten, um der selbsttätigen Durchführung von Exekutionen zu entgehen. Die schlaglichtartig überlieferten Belege aus dem restlichen Hinterland der Ostfront deuten darauf hin, dass in den übrigen Sicherungsdivisionen eine vergleichbare Praxis herrschte. So übergaben die Einheiten der 221. Sicherungsdivision im Laufe der ersten Julihälfte 1941 insgesamt 23 »zivil-polit. Kommissare an [die] Schutzpolizei«.[454] Im späteren Verlauf des Feldzugs kam es aber genauso vor, dass innerhalb weniger Monate »über 50 Zivil-Kommissare und bolschewistische Führer« durch ihre eigenen Kräfte »erledigt« wurden.[455] Je nach Sachlage und Situation führten die Sicherungsverbände in den rückwärtigen Gebieten die Exekutionen eigenständig durch oder übergaben die Gefangenen hierzu an den SD oder die GFP. Beide Handlungsmuster waren zulässige Varianten des befehlskonformen Verhaltens.

Auch im Frontbereich wurden die geltenden Bestimmungen in aller Regel genau beachtet. Das Verfahren der Fronttruppen mit gefassten Zivilfunktionären entwickelte sich nicht so uneinheitlich wie ihr Prozedere mit gefangenen Truppenkommissaren, die teils umgehend exekutiert, teils an vorgesetzte Stäbe abgeschoben wurden. Im Unterschied hierzu wurde das Verfahren mit den Funktionären anscheinend noch häufiger direkt bei den Einheiten an der Basis der Hierarchie abgewickelt. Dies rührte nicht zuletzt daher, dass die Ic-Abteilungen in den Kommandobehörden an der Vernehmung der gefangenen zivilen Funktionäre nicht das gleiche Interesse zeigten wie an der nachrichtendienstlichen Ausnutzung der militärischen Politoffiziere. Da die Vernehmung der zivilen Funktionäre kaum einen Nutzen für den Feindnachrichtendienst versprach, erließen die Kommandobehörden zum Teil sogar ausdrückliche Verbote, die besagten, dass »eine Weiterleitung« solcher Gefangener »zu unterbleiben« habe.[456] Solche Verbote waren freilich nicht selten erst durch eine gegenteilige Praxis veranlasst worden. Wenn eine Kommandobehörde die Truppen belehren musste, dass es nicht angehe »die Vorgeführten von einer militärischen Dienststelle zur anderen abzuschieben oder einer Gefangenensammelstelle zuzuführen«, und daran erinnerte, dass »die ›Verwahrung‹ d. h. Inhaftnahme […] aus grundsätzlichen Erwägungen verboten« sei, war dies unzweifelhaft ein Reflex darauf, dass die Truppen die angeführten Bestimmungen nicht immer einhielten.[457]

Insgesamt blieb es aber wohl eher die Ausnahme, dass die Fronttruppen festgenommene Zivilfunktionäre an die Kommandobehörden abgaben, wie sie es zum Teil mit gefangenen Politoffizieren taten.[458] Wie es der Kommissarerlass vorschrieb, wurde die Überprüfung von angetroffenen zivilen Funktionären zumindest während des Bewegungskrieges wohl tatsächlich zumeist schon durch die Truppenoffiziere in den Regimentern, Bataillonen und Kompanien vorgenommen. Hiervon zeugen die dokumen-

---

[454] Mit der »Schutzpolizei« war aller Wahrscheinlichkeit nach der SD gemeint; Übersicht der 221. Sich. Div./Abt. Ic über Kriegsgefangene v. 16.7.1941; BA-MA, RH 26-221/12a, Anl. 364. Vgl. auch den Befehl des Berück Mitte/Abt. Ia an die 221. Sich.Div. v. 26.7.1941 über die Abgabe von 20 »Kommunisten« und einem Kommissar an den SD durch die Div.; BA-MA, RH 26-221/12a, Anl. 439.
[455] Eintrag im TB (Ic) der 221. Sich.Div. v. 15.12.1941-12.3.1942; BA-MA, RH 26-221/71.
[456] Korpsbefehl des XII. AK v. 28.8.1941; BA-MA, RH 26-167/42, Anl. 5.
[457] Befehl des VI. AK/Abt. Ic Nr. 506/41 geh. v. 21.7.1941; BA-MA, RH 24-6/237, Bl. 124 f.
[458] Zu den seltenen Gegenbeispielen vgl. die Ic-Meldung der 121. Inf.Div. an das II. AK v. 1.7.1941, 22.00 Uhr; BA-MA, RH 26-121/55. Vgl. den Eintrag im KTB der 454. Sich.Div. v. 5.8.1941; BA-MA, RH 26-454/5, S. 47.

tierten Fälle, in denen die Überprüfung von festgenommenen Funktionären durch Fronttruppen mit der sofortigen Exekution endete. So exekutierte die IV. Abteilung eines Artillerieregiments im Bereich der 9. Armee Anfang September 1941 einen »Zivil-Kommissar« und begründete dies mit Beschuldigungen aus der Zivilbevölkerung und einem angeblichen Geständnis des Delinquenten.[459] In einem Infanterieregiment der 6. Armee wurde im Oktober 1941 ein ehemaliger »Kolchosleiter« »auf Befehl des Rgt.Kdrs.« erschossen, was damit gerechtfertigt wurde, dass der Verurteilte angeblich »die Bevölkerung zur Meuterei und Partisanenbildung gegen die Deutschen aufhetzte«.[460] In einem Regiment der Nachbardivision exekutierte ein »Jagdkommando des II. Btl.« einen sowjetischen Funktionär und verbuchte die Erschießung unter den Maßnahmen zur »Partisanenbekämpfung«.[461] In einem Regiment der 56. Infanteriedivision ereignete sich im Mai 1942 die »Erschiessung eines russischen Zivilkommissars«, nachdem er durch den Regimentskommandeur angeblich »der Schuld an der Ermordung deutscher Soldaten überführt worden« war.[462] Schon wer als »bolschewistisch gesinnter Einwohner« galt und sich unvorsichtig geäußert hatte, riskierte, dass der nächste »Komp.-Führer« ihn als »angeblichen Partisanen sofort zum Tode« verurteilte.[463] Die einfachen Soldaten sahen in solchen Exekutionen »zweifellos harte, aber exemplarische Strafe[n]«, deren Legitimität als fraglos galt. Man war sich bewusst, wie radikal die angewendeten Gewaltmaßnahmen waren, hielt sie aber für gerechtfertigt und notwendig, um die Sicherheit in den besetzten Gebieten zu gewährleisten.

Diese Schlaglichter von der Basis der Hierarchie belegen exemplarisch, dass die geltenden Bestimmungen über das Vorgehen gegen die zivilen Funktionäre in vielen Einheiten weitgehend eingehalten wurden; nicht nur, weil die Umsetzung vorschriftsmäßig auf der institutionellen Ebene der unteren Truppenführung erfolgte. Auch die in den Vollzugsmeldungen häufig mitgelieferten Begründungen zeugen davon, dass die Truppenteile bestrebt waren, die geltenden Vorschriften zu beachten. Denn nach dem Kommissarerlass und Brauchitschs Ausführungsbestimmungen sollte einer Exekution schließlich die Überprüfung durch einen Offizier vorausgehen, der erst dann eine Erschießung anzuordnen hatte, wenn er zu der Auffassung gekommen war, »daß der Betreffende durch eine *besonders erkennbare Handlung oder Haltung* sich gegen die deutsche Wehrmacht stellt oder stellen will«.[464] Nach der Befehlslage bedurfte die Hinrichtung eines zivilen Kommissars eines besonderen Grundes, selbst wenn es nur der »persönliche Eindruck von der Gesinnung und Haltung des Kommissars« war. Indem die Einheiten die Erschießungen in ihren Meldungen nachträglich rechtfertigten, bewiesen sie, dass sie auf eine genaue Einhaltung der Kommissarrichtlinien bedacht waren und dass zumindest eine vordergründige Überprüfung und Vernehmung der festgenommenen Funktionäre stattgefunden hatte.

---

[459] Ic-Tagesmeldung der 206. Inf.Div. an das VI. AK v. 7.9.1941; BA-MA, RH 24-6/241, Bl. 136.
[460] Eintrag im TB (Ic) der 298. Inf.Div. v. 23.10.1941; BA-MA, RH 26-298/43.
[461] Schreiben des IR 529 an die 299. Inf.Div. v. 17.11.1941, betr. Partisanenbekämpfung; BA-MA, RH 26-299/123, Anl. 497/1.
[462] Eintrag im TB (Ic) der 56. Inf.Div. v. 25.5.1942; BA-MA, RH 26-56/65.
[463] Eintrag im Tgb. des Mannschaftssoldaten Karl Heinz. v. B., 1./SR 4, v. 8.11.1941; BA-MA, MSg 2/5782.
[464] Ziffer I.3. der Kommissarrichtlinien.

Viele dieser Begründungen waren freilich wohl nur vorgeschoben und kaschierten, dass die Exekutionen häufig aus reiner Willkür oder nur auf der Grundlage von Verdachtsmomenten vorgenommen wurden. Hierauf deuten schon die allgemein gehaltenen, floskelhaften Formulierungen hin, die zur Legitimierung der Exekutionen verwendet wurden, und oftmals schlicht besagten, dass das Todesurteil »wegen Widerstandes«[465], »illegaler Tätigkeit«[466] oder »Gefährdung der deutschen Wehrmacht«[467] gefällt worden war. Hinter solchen Formeln verbarg sich gewiss nicht selten, dass das Urteil bei den Überprüfungen von vornherein feststand. Dieses rigorose Vorgehen entsprach allerdings vollauf den Bestimmungen der Kommissarrichtlinien und auch dem Willen der Befehlshaber an der Front, die die Exekutionen auf Verdacht grundsätzlich befürworteten. Die Frontgeneräle wiederholten auch in ihren eigenen Befehlen, dass bei der Überprüfung der »zivilen Kommissare« ein äußerst strenger Maßstab anzulegen und eine Erschießung bereits hinreichend gerechtfertigt sei, wenn sich die Funktionäre »auch nur *verdächtig* machen und damit die Sicherheit der deutschen Wehrmacht gefährden«.[468] Die vorgegebenen niedrigen Toleranzgrenzen manifestierten sich in einer außerordentlich willkürlichen Praxis, in der die Truppen mit der Entscheidung zu Exekutionen vielfach schnell bei der Hand waren. Um Erschießungen von festgenommenen Zivilfunktionären zu begründen, reichten »Aussagen der Ortseinwohner«[469], die Anzeichen einer »deutschfeindliche[n] Einstellung«[470] und erst recht das Vorliegen eines »Verdachts der Partisanentätigkeit«.[471]

Allerdings waren die Hemmschwellen zu einer radikalen Auslegung der Bestimmungen offenbar unterschiedlich hoch. Denn es kam genauso vor, dass die Entscheidung der Offiziere in den Prüfungsverfahren zu Gunsten der gefangenen Funktionäre ausfiel und man auf eine Exekution verzichtete. Die Einheiten machten damit von der zulässigen Möglichkeit Gebrauch, die Funktionäre nach der Kontrolle »unbehelligt« zu lassen, was beiläufig zeigte, dass tatsächlich Überprüfungen mit offenem Ausgang stattfanden, wie es im Kommissarbefehl vorgeschrieben war. Die unausweichliche Folge war, dass sich ein Teil der zivilen Funktionäre nach überstandener Überprüfung durch die erste Welle der Invasoren offiziell in den besetzten Gebieten aufhalten konnte. Dass diese Nischen entstehen konnten, lag letztlich in der Konzeption der Kommissarrichtlinien begründet. Denn schließlich war darin vorgesehen, die als unverdächtig eingestuften Funktionäre an Ort und Stelle zu belassen, bis die nachrückenden Sonderkommandos des SD eintreffen würden. Auf diese Weise öffnete sich ein zeitliches Fenster, in dem die Funktionäre »zunächst unbehelligt« blieben. Da die Kommandos des SD mit ihren geringen Kräften allerdings auch später kaum in der

---

[465] Vgl. z. B. die Ic-Abendmeldung der 58. Inf.Div. an das XXXVIII. AK v. 27.7.1941; BA-MA, RH 24-38/170.
[466] Eintrag im TB (Ic) der 454. Sich.Div. für den November 1941; BA-MA, RH 26-454/15, S. 3.
[467] Eintrag im TB des Feldgend.Tr. 435 v. 30.9.1941; BA-MA, RH 24-35/120, Bl. 135.
[468] Korpsbefehl des XII. AK v. 28.8.1941; BA-MA, RH 26-167/42, Anl. 5. Hervorhebung im Original.
[469] Eintrag im TB des Feldgend.Tr. 157 v. 13.1.1942; BA-MA, RH 26-57/119.
[470] Einsatzbericht der Feldgendarmerie der FK 810 v. 15.2.1942; BA-MA, RH 23/79.
[471] Ic-Abendmeldung der 76. Inf.Div. an die Gruppe v. Schwedler v. 25.9.1941; RH 26-76/49.2. Vgl. auch den Eintrag im TB (Ic) des XXVIII. AK v. 18.10.-20.10.1941; BA-MA, RH 24-28/109, S. 22. Vgl. die Einträge im KTB des Korück 553 v. 4.8. und 9.8.1941 über Erschießungsbefehle durch den IIa-Offizier; BA-MA, RH 23/62.

Lage waren, sämtliche Dörfer nach zurückgebliebenen Funktionären zu durchsuchen, entstand die Situation, dass sich teilweise noch bis in den Winter 1941/42 »verschiedene Parteifunktionäre [...] in den Ortschaften« frei bewegen konnten.[472] Für die Verbände, die vor einer allzu radikalen Auslegung des Kommissarerlasses zurückschreckten, war es kaum zu vermeiden, dass man »in den Ortschaften [...] noch einzelne Angehörige der kommunistischen Partei« dulden musste, »die früher innerhalb der Dorfgemeinschaft als politische Funktionäre tätig waren«.[473] Zwar hegte man weiterhin starken Verdacht gegen sie und unterstellte ihnen pauschal, dass sie »auch heute noch mit der kommunistischen Partei« sympathisierten und sich nur aus Opportunitätsgründen »einer offenen Propagandatätigkeit gegen die deutschen Truppen« enthielten. Sofern man die Verdachtsmomente nicht für ausreichend erachtete, um eine Exekution zu begründen, fehlte allerdings eine Handhabe gegen die zurückgebliebenen Funktionäre: »Da bis heute den betreffenden Kommunisten eine offene Aufhetzung der Dorfbewohner nicht nachgewiesen werden konnte, erscheint eine Erschießung nicht gerechtfertigt.« Das Problem wurde dadurch verschärft, dass eine Inhaftierung der Funktionäre grundsätzlich verboten war.

In den höheren Kommandobehörden hatte man dieses Dilemma schon in der ersten Phase des Ostfeldzugs erkannt. In den Funktionären, die sich noch in den besetzten Gebieten aufhielten, erblickte man zwar »eine große Gefahr für die Truppe«, doch war die angestrebte »Ausschaltung der politischen Kommissare der Zivilverwaltung« auf der Grundlage der geltenden Befehlslage kaum möglich.[474] Eines der Korps der 2. Armee sah sich durch dieses Problem Anfang August 1941 zu einer Eingabe an das AOK veranlasst und beklagte, dass die geltende Regelung vielfach nicht griff, wenn man die Vorschriften korrekt anwendete: »Soweit diese Kommissare auf frischer Tat gefaßt werden oder der Verdacht der Beihilfe gegeben ist, ist ihre Behandlung klar. Es ist jedoch meist so, daß ihnen nichts nachgewiesen werden kann.« Dass »nach dem Erlass des Führers [...] für die Erfassung dieser Kommissare und Funktionäre die Sicherungsdivisionen, der S.D. und die S.P. vorgesehen« waren, bot kaum Aussicht auf Abhilfe. »Da diese Truppenteile und Organisationen weit hinter der kämpfenden Truppe abhängen«, konnten auch sie das Sicherheitsvakuum nicht oder nur mit großem Zeitverzug ausfüllen, das einem Teil der zivilen Funktionäre den Verbleib in den besetzten Gebieten ermöglichte. Viele Kommandobehörden führten dieses Problem auf die Unzulänglichkeit der Befehlslage zurück. Sie bemühten sich um Lösungen und arbeiteten mit Eingaben und Vorschlägen an die vorgesetzten Stellen darauf hin, eine verbesserte Handhabe gegen die verbliebenen Funktionäre zu erlangen. Allerdings sahen nicht alle Stäbe in dieser Frage den gleichen Handlungsbedarf. Das Generalkommando des VI. Armeekorps etwa hielt es noch im Dezember 1941 zwar für »erforderlich«, die »im Korpsbereich verbliebenen Kommunisten und Parteifunktionäre [...] planmässig festzustellen und laufend zu überwachen«.[475] Zu weitergehenden Maßnahmen wollte man sich indes noch nicht entschließen: »Von einer Gefangenset-

---

[472] Eintrag im TB (Ic) der 25. Inf.Div. (mot.) v. 23.12.1941-31.3.1942; BA-MA, RH 26-25/70.
[473] Hierzu und zum Folgenden: Schreiben der 167. Inf.Div./Abt. Ic an das LIII. AK v. 9.2.1942; BA-MA, RH 26-167/42, Anl. 23.
[474] Hierzu und zum Folgenden: Schreiben des XII. AK/Abt. Ic an das AOK 2 v. 8.8.1941; BA-MA, RH 24-12/59, Bl. 103.
[475] Befehl des VI. AK/Abt. Ic Nr. 693/41 geh. v. 5.12.1941; BA-MA, RH 24-6/240, Bl. 186.

zung dieser Leute verspricht sich das Generalkommando vorerst noch wenig (Belastung der Gefangenen-Lager, Verbitterung der Bevölkerung).« Solche Großzügigkeit legten im Ostheer allerdings nur wenige Kommandobehörden an den Tag. Eine ganze Reihe von Stäben schritt direkt zur Selbsthilfe, um die zurückgebliebenen Funktionäre aus ihrem Machtbereich zu entfernen. Das Problem der »unbehelligt« belassenen Funktionäre wurde zum Ansatzpunkt von Radikalisierungsschüben in der Bekämpfung der zivilen Kommissare, die wegen ihrer beträchtlichen Signifikanz für die Akzeptanz der Vernichtungspolitik unten gesondert behandelt werden.

Dass dieses Problem überhaupt auftrat, zeugt erneut davon, wie eng sich viele Einheiten an den Bestimmungen der Kommissarrichtlinien orientierten und dass offenbar tatsächlich vielfach veritable Prüfungsverfahren stattfanden, die auch mit einem Freispruch enden konnten. Zwischen diesen Alternativen zu wählen, war den Truppen in den Kommissarrichtlinien schließlich ausdrücklich freigestellt worden. Sofern die Sachlage eindeutig erschien oder dringender Verdacht gegen die Funktionäre bestand, war »ihre Behandlung klar« und die Legitimität der fälligen Exekutionen weitgehend unstrittig. Wenn den Funktionären aber nichts »nachgewiesen werden konnte«, erschien den Einheiten konsequenterweise »eine Erschießung nicht gerechtfertigt«.[476] Sicherlich nutzten manche Einheiten diese Alternative auch dazu, um sich der Verantwortung für die Exekutionen zu entziehen, wenn sie sich vor dieser unangenehmen Pflicht scheuten. In der Regel stellte der Freispruch aber schlicht eine systemkonforme Option dar, die sachlich begründet und nicht humanitär motiviert war. Die Einheiten fällten ihre Urteile nach einem voraussetzungsreichen Raster, in dem die Entscheidung freilich in vielen Fällen schon präjudiziert war, vor allem durch die prävalenten Feindbilder, die präventiv ausschlagenden Sicherheitsbedürfnisse der Truppe und die Direktiven der Führung zu einer extensiven Auslegung der Bestimmungen. Dennoch schloss dieses System prinzipiell sowohl die Möglichkeit eines Todesurteils als auch die eines Freispruchs ein, stützte sich zumindest vordergründig auf empirische Evidenz und konnte im subjektiven Referenzrahmen der Truppen als gerecht gelten.

Die Entscheidung hing zudem von äußeren Einflussfaktoren, vor allem dem situativen Kontext und der Lagerung des Einzelfalls ab, unterlag aber letztlich der Willkür der Offiziere, die die Überprüfung der Funktionäre leiteten. Dass die Offiziere sich in zahlreichen Fällen für die radikalere Alternative entschieden, beruhte nicht zuletzt darauf, dass die Bekämpfung der Zivilkommissare im Kontext der allgemeinen Repressionspolitik in den besetzten Gebieten stand. Da die Einheiten ein genuines Interesse an einer kompromisslosen Bekämpfung des irregulären Widerstands zeigten, die schließlich der oft apostrophierten »Sicherheit der Truppe« diente, konnten sie sich der Mitwirkung daran nicht verschließen. Dass man das Vorgehen gegen die »Zivilkommissare« zu den Maßnahmen der Partisanenbekämpfung zählte, an deren Legitimität kaum ein Zweifel bestand, hatte außerdem zur Folge, dass die Opfer der Exekutionen wohl häufig unterschiedslos in die Partisanenmeldungen mit eingerechnet wurden.[477] Teilweise wurden die Einheiten sogar ausdrücklich darauf hingewiesen,

---

[476] Schreiben der 167. Inf.Div./Abt. Ic an das LIII. AK v. 9.2.1942; BA-MA, RH 26-167/42, Anl. 23.
[477] Vgl. exemplarisch die TB der GFP-Gruppen 706, 708, 720, 721, 725, 730, 739 von Januar-August 1942, in denen zahlreiche Kommissare und Funktionäre, die im Rahmen der Partisanenbekämpfung erschossen wurden, in den Erschießungsstatistiken dementsprechend unter der Kategorie »Banden« oder »Partisanen« verbucht wurden; BA-MA, RH 22/199.

dass die »ehemalige[n] kommunistische[n] Funktionäre« in den Meldungen »als ›Partisan‹ zu bezeichnen« waren, »wenn nach den ganzen Umständen der Verdacht der Partisanenzugehörigkeit *hinreichend* gegeben« war.[478] Vor dem Hintergrund dieses Sprachgebrauchs und der Praxis, die darin zum Ausdruck kam, ist anzunehmen, dass die Zahl der Exekutionen, die die Fronttruppen während des Ostfeldzugs an zivilen Funktionären durchführten, noch deutlich höher lag, als es sich in den dokumentierten Erschießungszahlen niedergeschlagen hat.

Gefangenenlager

Für die Aussonderung der gefangen genommenen Politoffiziere aus den Gefangenenmassen in den Gefangenensammelstellen im Frontbereich und den Durchgangslagern in den rückwärtigen Gebieten existierte streng genommen zumindest für den Bereich der Wehrmacht zunächst gar keine Befehlsgrundlage.[479] Schließlich war es nicht vorgesehen, dass überhaupt gefangene Politoffiziere den Weg in die Gefangenenlager fanden. Das OKH reagierte jedoch schon nach kurzer Zeit auf die Nachrichten, »dass eine Reihe von politischen Kommissaren der Roten Armee nach Entfernung ihrer Abzeichen unerkannt in die Gefangenenlager geraten« waren, und ließ die Stäbe des Ostheeres Anfang Juli 1941 anweisen, »an allen Gefangenen Sammelstellen und in allen Gefangenenlagern darauf zu achten, dass nach Möglichkeit die politischen Kommissare erkannt werden und entsprechend der ergangenen Verfügung von der Truppe abgesondert werden«.[480] Wenig später legte das OKH diese Aufgabe auch in einem schriftlichen Befehl nieder. Am 24. Juli 1941 erging eine umfangreiche Verfügung des OKH zur Behandlung der sowjetischen Kriegsgefangenen, die unter anderem die Anweisung zur »Sichtung und Aussonderung« aller »politisch untragbare[n] und verdächtige[n] Elemente, Kommissare und Hetzer« enthielt.[481] Hierin hatten der Generalquartiermeister und der General z.b.V. unmissverständlich wiederholt, dass mit den Ausgesonderten »gemäß gegebener Sonderanordnungen zu verfahren« sei, also nach den Kommissarrichtlinien und dem Kriegsgerichtsbarkeitserlass. Entgegen den Bestimmungen, die für den OKW-Bereich galten, wo die SD-Kommandos schon seit Mitte Juli 1941 uneingeschränkten Zugang zu den Gefangenenlagern hatten[482], beharrte das OKH darauf, dass »ein Einsatz von Einsatzkommandos der Sicherheitspolizei und des SD in den Kriegsgefangenenlagern des Operationsgebietes [...] hierbei nicht in Betracht« käme. Ungeachtet dieser klaren Anweisungen war die Zusammenarbeit mit dem SD im Operationsgebiet allerdings längst Praxis. Bei allen drei Heeresgruppen gewährten viele Lagerkommandanten den Kommandos der Einsatzgruppen »bereits in den ersten Wochen Zutritt zu den Gefangenenlagern« oder überstellten »ausgesonderte« Gefangene

---

[478] Divisionsbefehl der 137. Inf.Div./Abt. Ic, betr. Partisanenbekämpfung, v. 25.11.1941; BA-MA, RH 26-137/67. Hervorhebung im Original.
[479] Vgl. zu den Aussonderungen im Operationsgebiet des Heeres STREIT, Kameraden, S. 99-105; GERLACH, Morde, S. 837-843. Vgl. zu den Aussonderungen im OKW-Bereich OTTO, Wehrmacht.
[480] Aktenvermerk des AOK 18/Abt. Ic Nr. 2034/41 geh. v. 14.7.1941; BA-MA, RH 20-18/1238.
[481] Vgl. den Befehl des OKH/Gen.St.d.H./Gen. z.b.V. b. Ob.d.H./Gen.Qu./Abt. K.Verw. Nr. II/4590/41 geh. v. 24.7.1941, betr. russische Kriegsgefangene; BA-MA, RH 23/219, Bl. 1 ff.
[482] Vgl. STREIT, Kameraden, S. 90 f.

zur Exekution.⁴⁸³ Bis die SD-Kommandos auf Drängen des RSHA ganz offiziell Zugang zu den Gefangenenlagern des Heeres erhielten, dauerte es noch bis zum Herbst 1941. Am 7. Oktober 1941 erging ein Befehl des OKH, der es den Kommandos des SD erlaubte, die Aussonderung »untragbarer Elemente *sowjetrussischer Kriegs- und Zivilgefangener* des Ostfeldzuges in den Kriegsgefangenen- und Durchgangslagern im rückwärtigen Heeresgebiet« künftig selbst vorzunehmen.⁴⁸⁴

Ursprünglich war es freilich vorgesehen, die Aussonderungen durch die Kräfte des RSHA in den Lagern der so genannten Heimatorganisation durchführen zu lassen, die als »Puffer- und Filterzone« zwischen Operationsgebiet und Reichsgebiet gedacht war.⁴⁸⁵ Die Grundlage hierfür bildeten die Einsatzbefehle Nr. 8 und 9 des RSHA aus dem Juli 1941, in denen die »Säuberung der Gefangenenlager« durch Einsatzkommandos des SD geregelt war.⁴⁸⁶ Dass sich die Stäbe des Heeres dann jedoch noch in der Anfangsphase des Feldzugs mit der Forderung konfrontiert sahen, die Selektion der »unerwünschten Elemente« schon im Operationsgebiet durch eigene Kräfte einzuleiten, barg Konfliktpotential. Für das Heer war die Aussonderung von Kriegsgefangenen und die Einschaltung der SD-Kommandos in die ureigene Domäne des Gefangenenwesens eine heikle Angelegenheit, der Teile des Offizierskorps »durchaus distanziert« gegenüber standen.⁴⁸⁷ Schon vor Beginn des Feldzugs hatten manche Kommandobehörden mit spürbarer Genugtuung zur Kenntnis genommen, dass die anfängliche Regelung zumindest gewährleistete, dass »der nachfolgende S.D. [...] sich nicht in unsere Gefangenenlager mischen« durfte.⁴⁸⁸ Von dem Widerwillen gegen die Aussonderungen zeugen vor allem die vereinzelt überlieferten Fälle, in denen sich Lagerkommandanten der Zusammenarbeit mit den Einheiten des RSHA und der Mitwirkung an den Selektionen verweigerten. So versagte ein Stalag-Kommandant im Reichsgebiet den Kommandos des RSHA seine Unterstützung bei den Aussonderungen, der Gefangenenkommandeur des Wehrkreises legte sogar Protest beim OKW ein.⁴⁸⁹

Auch im Operationsgebiet, wo die »Sichtung und Aussonderung« der Gefangenen seit Ende Juli 1941 Befehl war, regte sich an manchen Stellen Widerstand. Im rückwärtigen Heeresgebiet Mitte kam es im Herbst 1941 zu einem schweren Konflikt zwischen dem Kommandanten des Dulags 185, Major Wittmer, und dem Führer des Einsatzkommandos 8, der sich über die »untragbare Haltung« des Lagerkommandanten auf

---

⁴⁸³ Vgl. hierzu mit Beispielen von allen H.Gr. STREIT, Kameraden, S. 100 ff.
⁴⁸⁴ Auf dem OKW-Kriegsschauplatz in Finnland galten freilich »die vom O.K.W. unter dem 17.7.41 herausgegebenen Richtlinien für die Aussonderung von Zivilpersonen und verdächtigen Kriegsgefangenen des Ostfeldzuges«, vgl. den Eintrag im KTB (Qu. 2) des AOK Norwegen v. 1.8.1941; BA-MA, RH 20-20/203, Bl. 40. Im wenig später folgenden Befehl des OKW/AWA/Kriegsgef. (I) Nr. 3058/41 geh., betr. Anordnung für die Behandlung sowjetischer Kriegsgefangener, v. 8.9.1941, wurde den Abwehroffizieren der Gefangenenlager zur »Aussonderung von Zivilpersonen und politisch unerwünschten Kr.Gef.« ausdrücklich »engste Zusammenarbeit mit den Einsatzkommandos [des SD] zur Pflicht gemacht«; BA-MA, RH 20-20/204, Anl. 111b.
⁴⁸⁵ Vgl. OVERMANS, Kriegsgefangenenpolitik, S. 813.
⁴⁸⁶ Vgl. die Einsatzbefehle Nr. 8. und 9 v. 17.7. und 24.7.1941, ediert bei KLEIN, Einsatzgruppen, S. 318 ff.
⁴⁸⁷ Vgl. OVERMANS, Kriegsgefangenenpolitik, S. 821 f.
⁴⁸⁸ Protokoll der 10. Pz.Div./Abt. Ic von einer Ic-Besprechung vor dem Feldzug, o.D.; BA-MA, RH 27-10/49.
⁴⁸⁹ Vgl. STREIT, Kameraden, S. 95-98; OTTO, Wehrmacht, S. 212 f.

dem Dienstweg beschwerte.⁴⁹⁰ Der selbstbewusste Lagerkommandant fand allerdings keinen Rückhalt bei seinen militärischen Vorgesetzten. Schon Anfang August 1941 hatte Major Wittmer vom Kriegsgefangenen-Bezirkskommandanten ausdrücklich angewiesen werden müssen, »die Aussortierung der Gefangenen nach den Geheimbefehlen [des OKH] vom 24. und 25.7.41 vorzunehmen«.⁴⁹¹ In einem der Dulags, die der 403. Sicherungsdivision unterstanden, unterließ die Lagerleitung die Selektion der gefangenen Politoffiziere zu Beginn des Feldzugs offenbar ganz bewusst; aus »Weichheit«, wie man im Divisionskommando verständnislos feststellte.⁴⁹² Auch in den übrigen Dulags des rückwärtigen Heeresgebiets Mitte wurde die Aussonderung der Kommissare nicht überall mit der gleichen Konsequenz betrieben. Bei der Inspektion des Dulag 126 Ende August 1941 musste der Kriegsgefangenen-Bezirkskommandant zu seinem Missfallen sogar feststellen: »Die Abwehr hat gänzlich versagt. Es sind nur sehr wenig Kommissare ermittelt worden.«⁴⁹³ Genauso war im Dulag 126 die »Aussonderung nach Nationalitäten […] bisher nicht durchgeführt worden«, was nicht zuletzt die Selektion der jüdischen Kriegsgefangenen betraf. Dies blieben jedoch nicht die einzigen Gefangenenlager an der Ostfront, die »nicht in Ordnung«⁴⁹⁴ waren. Auch in anderen Lagern wurde der Befehl, dass unter den Gefangenen »keine Kommissare«⁴⁹⁵ zurückbleiben durften, nicht immer konsequent umgesetzt⁴⁹⁶, so dass manche Vorgesetzte bei Inspektionen schon nach oberflächlicher Betrachtung der Gefangenen feststellen konnten, dass sich »darunter auch Weiber und Kommissare«⁴⁹⁷ befanden.

Insgesamt stellten die Lagerkommandanten, die die Selektion der Politoffiziere bewusst unterließen, aber wohl eine Minderheit dar.⁴⁹⁸ Auch wenn sich in der Wehrmacht zum Teil Unbehagen gegenüber den Aussonderungen regte, »trug sie diese mit«⁴⁹⁹, nicht nur aus bloßem Gehorsam. Denn nicht nur im OKH teilte man das Feindbild von den Kommissaren und rechnete »mit der Fortsetzung ihrer hetzerischen Tätigkeit unter den Gefangenen«.⁵⁰⁰ Auch in vielen Lagerkommandanturen und Kommandobehörden in den rückwärtigen Gebieten bestand wohl kaum ein

---

⁴⁹⁰ Vgl. zu diesem besonders eindrucksvollen und gut dokumentierten Fall STREIT, Kameraden, S. 102 f. Vgl. zu den späteren Aussonderungen und Erschießungen im Lager Wittmers aber auch GERLACH, Morde, S. 842.
⁴⁹¹ Bericht des Kgf.Bez.Kdt. J über die Besichtigung des Dulag 185 am 5.8.1941; BA-MA, RH 22/251, Bl. 108.
⁴⁹² Eintrag im TB (Ic) der 403. Sich.Div. für den Juli 1941, Abschnitt »Abwehr«; BA-MA, RH 26-403/4a.
⁴⁹³ Bericht des Kgf.Bez.Kdt. J über die Besichtigung des Dulag 126 am 25.8.1941; BA-MA, RH 22/251, Bl. 89. Vgl. zu einem ähnlichen Vorgang GERLACH, Morde, S. 836 f. Der Kdt. des Dulag 127 war von Marschall dafür gerügt worden, »dass wir keine Kommissare erschossen hatten«. Auf die Antwort des Kdt., das Dulag habe die Verdächtigen der GFP übergeben, erwiderte Marschall, »dass das die G.F.P. nichts anginge, sondern wir die Leute zu erschießen hätten«.
⁴⁹⁴ Notiz über einen Anruf des AOK 11/Abt. O.Qu./Qu. 2 bei Korück 553 über den Zustand des Dulag 241, v. 12.8.1941, 11.30 Uhr; BA-MA, RH 23/68.
⁴⁹⁵ Ebd.
⁴⁹⁶ Vgl. auch die Gefangenenmeldung des Dulag 100/Abt. Ia Az. 1120/41 v. 29.8.1941, in der u. a. die Abschiebung von zwei Kommissaren an ein anderes Dulag bzw. Stalag gemeldet wurde; BA-MA, RH 23/295, Bl. 114.
⁴⁹⁷ Eintrag im Tgb. des Kdr. der 110. Inf.Div. v. 22.7.1941; BA-MA, N 248/2, Bl. 11.
⁴⁹⁸ Zu dieser Einschätzung kam bereits STREIT, Kameraden, S. 103.
⁴⁹⁹ OVERMANS, Kriegsgefangenenpolitik, S. 822.
⁵⁰⁰ Aktenvermerk des AOK 18/Abt. Ic Nr. 2034/41 geh. v. 14.7.1941; BA-MA, RH 20-18/1238.

4. Handlungsspielräume   455

Zweifel daran, dass die getarnten Kommissare ein Sicherheitsrisiko darstellten und daher besondere »Wachsamkeit«[501] geboten war, um sie ausfindig zu machen und zu entfernen. In vielen Befehlsbereichen hatten die Stäbe die Prinzipien der Kommissarrichtlinien daher bereits frühzeitig auf das Gefangenenwesen übertragen, teilweise wohl schon vor den entsprechenden Befehlen des OKH. Hierzu gehörte, dass die Kommandanten der Gefangenenlager genauso wie die Frontkommandeure von den Ic-Offizieren der vorgesetzten Kommandobehörden während der Vorbereitungsphase des Feldzugs in »den Führererlaß politische Kommissare betreffend« eingewiesen wurden.[502] Auch die Pflicht, »über politische Kommissare zweimal im Monat« Meldung zu erstatten, wurde auf das Gefangenenwesen ausgedehnt[503], so dass die rückwärtigen Stäbe und Gefangeneneinrichtungen ebenso wie die Frontverbände regelmäßig ihre »K-Meldung«[504] erstatteten. Genauso wie das OKH legten die Stäbe im Operationsgebiet gemeinhin »auf die Feststellung von Kommissaren in Gef.Lagern […] besonders Wert«.[505] Die mündlichen Anweisungen und schriftlichen Befehle des OKH zur »Sichtung und Aussonderung« der Kommissare fielen daher in den Kommandobehörden auf fruchtbaren Boden und wurden umgehend an die Truppen weitergegeben.[506]

Die Kommandobehörden an der Front und die rückwärtigen Sicherungskräfte und Gefangeneneinrichtungen entwickelten schon in der Anfangsphase des Feldzugs praktikable Vorgehensweisen zur Selektion der Politoffiziere in den Lagern und fanden sich dabei auch zur Zusammenarbeit mit den Einsatzgruppen bereit. Die Methoden, die von den Abwehrorganen der Gefangenenlager zur Identifizierung der Kommissare und Politruks angewendet wurden, ähnelten ohnehin der Arbeitsweise der SD-Kommandos. Ähnlich wie es das RSHA seinen Todesschwadronen vorschrieb[507], betrieben die Lagerkommandanturen die »Erfassung der Kommissare«[508] in der Regel mit Hilfe von »V-Leuten« und »Spitzeln«, die aus antibolschewistisch eingestellten Gefangenengruppen, wie »zaristische[n] Offiziere[n], Ukrainer[n], Letten, Litauer[n]«, rekrutiert wurden. Die Werbung der »V-Leute« hatte systematischen Charakter und wurde nicht allein von den Abwehroffizieren der Lager bewerkstelligt, sondern auch von den Ic-Abteilungen der übergeordneten Kommandobehörden und den vorgesetzten Stellen des Gefangenenwesens unterstützt.[509] In vielen Lagern bewährte sich das »Spitzel-

---

501 TB (Ic) der 403. Sich.Div. für den Juli 1941, Abschnitt »Abwehr«; BA-MA, RH 26-403/4a.
502 Vgl. den TB (Ic) der 403. Sich.Div. für den Juli 1941, Abschnitt »Abwehr«; BA-MA, RH 26-403/4a. Vgl. auch den Eintrag im TB (Ic) des Berück Nord v. 9.10.1941; BA-MA, RH 22/255, Bl. 87.
503 Eintrag im TB (Ic) der 454. Sich.Div. v. 11.8.-20.8.1941; BA-MA, RH 26-454/10, S. 31.
504 Vgl. die Einträge im TB (Ic) des Berück Nord v. 25.10. und 31.10.1941; BA-MA, RH 22/255, Bl. 176 f.
505 Eintrag im TB (Ic) des Berück Mitte für Juli 1941; BA-MA, RH 22/228, Bl. 72.
506 Divisionsbefehl der 286. Sich.Div./Abt. Ia Nr. 375/41 geh. v. 2.8.1941; BA-MA, RH 26-286/3, Anl. 66a.
507 Vgl. die »Richtlinien für die in die Stalags abzustellenden Kommandos des Chefs der Sicherheitspolizei und des SD« v. 17.7.1941. Die Einsatzbefehle des RSHA sind ediert bei KLEIN, Einsatzgruppen, S. 318 ff.
508 Auch zum Folgenden: Eintrag im TB (Ib) des Berück Mitte v. 1.8.-31.8.1941; BA-MA, RH 22/247, Bl. 53.
509 Eintrag im TB (Ic) des Berück Nord v. 10.9.1941; BA-MA, RH 22/254, Bl. 57. Vgl. exemplarisch die Aktennotiz des Kgf.Bez.Kdt. J v. 23.8.1941; BA-MA, RH 22/251, Bl. 94: »Kommandierung von Dolmetschern (Ic) und Spitzeln (Dulag 155 Lida und 185 Stolpce).«

system«[510] und führte bei der Feststellung der Kommissare zu »gute[n] Erfolge[n]«.[511] Alle »durch V-Leute festgestellte Kommissare oder Politruks wurden bestimmungsgemäß behandelt«[512], entweder an den SD übergeben oder in eigener Verantwortung exekutiert. Zur Selektion der Politoffiziere griff man neben den V-Leuten auch auf einheimisches Hilfspersonal zurück. Im Dulag 240 etwa, das im rückwärtigen Gebiet der 9. Armee eingesetzt war, übernahm die indigene Lagerpolizei diese Aufgabe, die sich »grösstenteils aus Ukrainern, die entlassen und dienstverpflichtet worden« waren, zusammensetzte.[513] Mit diesen Kollaborateuren hatte das Dulag bis zum Herbst 1941 nur »gut[e]« Erfahrungen gemacht: »Im allgemeinen besteht unter den Ukrainern ein starker Hass gegen die bolschewistischen Elemente, sodass sie besonders bei Behandlung und Ausfindigmachung von Kommissaren, Politruks und Partisanen mit grosser Härte vorgehen.«

Bei der Aussonderung der Politoffiziere sekundierte den Abwehrorganen der Gefangenenlager außerdem häufig die GFP. Wie systematisch die Fahndungen waren und welchen Umfang sie annehmen konnten, exemplifiziert die rege Tätigkeit der GFP-Gruppen im rückwärtigen Heeresgebiet Süd, die in ihren Unterlagen laufend von Selektionen in den Gefangenenlagern berichteten.[514] Allein von den Beamten der GFP-Gruppe 719 wurden in Zusammenarbeit mit den Abwehroffizieren der Dulags »in der Zeit von März bis August 1942 mit 6-wöchiger Unterbrechung insgesamt 63 489 ehemalige Rotarmisten überprüft«. Im Laufe dieser Selektionen wurden insgesamt 412 Gefangene »wegen politischer Unzuverlässigkeit […] dem SD übergeben«, wo sie exekutiert wurden, wie man wusste. Außerdem »konnten unter den Ueberprüften 11 ehemalige Kommissare bezw. Politruks der roten Armee ausgemittelt und der entsprechenden Behandlung zugeführt werden«.[515] Die Kooperation der Gefangenenlager mit der GFP und dem SD bei der Überprüfung der Gefangenen auf »unzuverlässige Elemente«[516] entwickelte sich in den rückwärtigen Heeresgebieten rasch zu einer festen Routineangelegenheit.

Dass der Großteil der Lagerkommandanten die Aussonderungen tatsächlich selbst in die Hand nahm, exemplifizieren die dichten Berichte des Kriegsgefangenen-Bezirkskommandanten J, Oberst Marschall, der die Aufsicht über Gefangenenlager im rückwärtigen Heeresgebiet Mitte führte. Von einem beträchtlichen Teil der Lager, die Marschall während der ersten Monate des Feldzugs 1941 inspizierte, ist bezeugt, dass dort Aussonderungen von Kommissaren stattfanden. Die Anstrengungen und Fahndungserfolge der Lagerkommandanturen bei den Selektionen gestalteten sich freilich recht unterschiedlich. Besonders hervor tat sich das Dulag 155 unter seinem Kommandanten Major von Treuenfels, dem es schon bis zur dritten Augustwoche 1941 »ge-

---

[510] Bericht des Kgf.Bez.Kdt. J über die Besprechung mit den Dulag-Kommandanten am 21.8.1941; BA-MA, RH 22/251, Bl. 96.
[511] Eintrag im TB (Ib) des Berück Mitte v. 1.11.-30.11.1941; BA-MA, RH 22/247, Bl. 116.
[512] Eintrag im TB (Ib) des Berück Mitte v. 1.9.-30.9.1941; BA-MA, RH 22/247, Bl. 70.
[513] Bericht des Dulag 240/Abt. Ic Nr. 54/41 geh. an AOK 9/O.Qu. v. 9.12.1941; BA-MA, RH 23/219.
[514] Vgl. die TB der GFP-Gruppen 706, 708, 720, 721, 725, 730, 739 von Januar-August 1942, in denen eine beträchtliche Zahl von Aussonderungen und mindestens 62 Exekutionen von »ausgesiebten« Politoffizieren verzeichnet sind; BA-MA, RH 22/199.
[515] Vgl. die TB der GFP-Gruppe 719 für Juli und August 1942; BA-MA, RH 22/199, S. 6-9, 84.
[516] Eintrag im TB (Ic) der 213. Sich.Div. v. 1.1.-31.3.1942; BA-MA, RH 26-213/8, S. 75 f.

4. Handlungsspielräume

lungen [war], mindestens 125 Kommissare zu erfassen und entsprechend zu behandeln«.[517] Im Dulag 230 fielen die Zahlen schon etwas niedriger aus. Bis Mitte Januar 1942 waren unter der Leitung des Abwehroffiziers des Lagers »200 Juden und 50-60 Politruks dem S.D. übergeben worden«.[518] Im Dulag 127, das Marschall Anfang September 1941 überprüfte, hatte man bis zu diesem Zeitpunkt erst »15 Kommissare im Lager festgestellt«, die ebenfalls »dem Sicherheitsdienst zur weiteren Erledigung übergeben wurden«.[519] Im Dulag 126 lagen die Zahlen offenbar noch wesentlich niedriger, da sie, wie geschildert, bei der Inspektion Ende August 1941 ernstes Missfallen hervorriefen.[520] Dass hier »nur sehr wenig Kommissare ermittelt worden« waren, weckte zwar den Unmut der Vorgesetzten, zeigte letztlich aber, dass auch in diesem Lager Aussonderungen vorgenommen wurden und es sich mehr quantitativ als qualitativ von den anderen Lagern abhob. Die schwankende Höhe der erzielten Zahlen bei den Selektionen in den einzelnen Lagern konnte unterschiedliche, zum Teil ganz profane Ursachen haben. Zum einen stieß die Identifizierung der »sich unter den Kgf. verborgen haltenden Kommissare«[521] in den Gefangenenlagern der rückwärtigen Gebiete auf die gleichen Hindernisse wie im Frontbereich. Selbst die Dienststellen, die »auf die Feststellung von Kommissaren in Gef.Lagern [...] besonders Wert« legten[522], mussten einräumen, dass sich die »Erfassung der Kommissare«[523] in der Praxis als »teilweise sehr schwierig« erwies. Man musste daher sogar nach mehreren Monaten des Feldzugs »mit Sicherheit« davon ausgehen, dass »ihre *restlose* Erfassung noch nicht erfolgt« war, obwohl man alles dafür unternommen hatte.

Auch in den übrigen rückwärtigen Heeresgebieten blieben die »Meldung[en] über erledigte ›K‹ in Kriegsgefangenenlagern (Dulags)« daher häufig begrenzt.[524] In der Ic-Abteilung des Berück Nord etwa liefen in einer Berichtsperiode im Oktober 1941 Meldungen von drei Lagern über insgesamt nur 9 Exekutionen an gefangenen Politoffizieren ein. Ein Lager hatte fünf, das zweite hatte vier und das dritte hatte gar keine Politoffiziere unter den Gefangenen ermitteln können. Wenn die Voraussetzungen nicht gegeben waren, blieb das Zahlenniveau selbst bei denjenigen Verbänden verhältnismäßig gering, die ihre Bereitschaft zur Umsetzung der Kommissarrichtlinien bereits zur Genüge unter Beweis gestellt hatten. Auch ein Verband wie die 403. Sicherungsdivision, die nicht in den Verdacht kam, vor einem rücksichtslosen Vorgehen zurück-

---

[517] Bericht des Kgf.Bez.Kdt. J über die Besprechung mit den Dulag-Kommandanten am 21.8.1941 bei Dulag 155 in Lida; BA-MA, RH 22/251, Bl. 96. Bis Anfang August waren im Dulag 155 bereits »über 50 Kommissare« exekutiert worden, Ende Juli 1941 waren es noch »rund 30 Kommissare«. Vgl. die Besichtigungsberichte v. 13.8. und 29.7.1941; BA-MA, RH 22/251, Bl. 99, 115.
[518] Bericht des Kgf.Bez.Kdt. J über die Besichtigung des Dulags 230 am 17.1./18.1.1942; BA-MA, RH 22/251, Bl. 26.
[519] Bericht des Kgf.Bez.Kdt. J über die Besichtigung des Dulag 127 am 8.9.1941; BA-MA, RH 22/251, Bl. 76.
[520] Bericht des Kgf.Bez.Kdt. J über die Besichtigung des Dulag 126 am 25.8.1941; BA-MA, RH 22/251, Bl. 89.
[521] Bericht des Kgf.Bez.Kdt. J über die Besichtigung des Dulag 155 am 26.7.1941; BA-MA, RH 22/251, Bl. 115.
[522] Eintrag im TB (Ic) des Berück Mitte für Juli 1941; BA-MA, RH 22/228, Bl. 72.
[523] Hierzu und zum Folgenden: Eintrag im TB (Ib) des Berück Mitte v. 1.8.-31.8.1941; BA-MA, RH 22/247, Bl. 53. Hervorhebung im Original.
[524] Hierzu und zum Folgenden: Eintrag im TB (Ic) des Berück Nord v. 25.10.1941; BA-MA, RH 22/255, Bl. 176.

zuschrecken, war genauso wie alle anderen Einheiten von den äußeren Umständen abhängig und war in manchen Monaten nicht in der Lage, über eine einstellige Exekutionsziffer hinauszugelangen.[525] Es war keineswegs immer nur eine Ausflucht, wenn die Lager meldeten, dass sich keine Kommissare unter den Gefangenen befanden oder sie nicht ausfindig gemacht werden konnten. Selbst in Lagern, in denen man sogar die ungleich radikalere Maßnahme mit trug, dass alle jüdischen Kriegsgefangenen »herausgesucht und nach Vorschrift behandelt« wurden, konnte es gleichzeitig vorkommen, dass »Kommissare [...] nicht ermittelt« werden konnten.[526]

Wie hoch die Erschießungszahlen der Gefangenenlager ausfielen, hing allerdings nicht nur von den externen Bedingungen und den technischen Schwierigkeiten bei den Selektionen ab, sondern auch von der Persönlichkeit der Lagerkommandanten, ihrer generellen Pflichtauffassung und ihrer Einstellung gegenüber den Aussonderungen. Major von Treuenfels etwa, der Kommandant des Dulag 155, das besonders hohe Erschießungszahlen erreichte, zeigte auch sonst hervorstechenden Eifer bei der Erfüllung seiner Aufgaben. Bei den Inspektionen seines Lagers berichtete er seinen Vorgesetzten mit spürbarem Arbeitsstolz, »welche Mühe und Arbeit es gemacht habe, es bis zum heutigen Zustand herzurichten«.[527] Bei der Gestaltung seines Lagers bewies er großes Engagement, entwickelte Kreativität und übernahm innerhalb des Aufsichtsbereichs des Obersts Marschall eine Vorreiterrolle. Nicht nur in Hinblick auf das »Spitzelsystem«, sondern auch in gewöhnlicheren Bereichen, wie der Einrichtung einer »Lagerpolizei«, bot das »sehr lehrreiche« Vorbild seines Lagers »neue Anregungen für die übrigen Kommandanten«, was »als sehr segensreich« galt. Während Major von Treuenfels die an ihn gestellten Anforderungen sogar noch übertraf, repräsentierte der Kommandant des Dulags 126 den anderen Pol des Spektrums der Pflichterfüllung. Die Lagerführung hatte es nicht nur zugelassen, dass die »Abwehr [...] gänzlich versagt« hatte, »nur sehr wenig Kommissare ermittelt worden« waren und die »Aussonderung nach Nationalitäten« unterblieben war.[528] Daneben waren noch weitere Pflichten vernachlässigt worden, die auch ganz unverdächtige Arbeitsbereiche betrafen. So ließ die »Sauberkeit« zu wünschen übrig und war bei der Besichtigung im August 1941 »noch recht mangelhaft«. Außerdem hatte man die Aufstellung einer »Lagerpolizei« versäumt. Der Kontrast zwischen dem Musterlager des diensteifrigen Majors von Treuenfels, das als »gut geführt«[529] galt, und dem negativen Gegenbild des

---

[525] TB (Ic) der 403. Sich.Div. für den September 1941; BA-MA, RH 26-403/4a.
[526] Bericht des Kgf.Bez.Kdt. J über die Besichtigung der A.G.S.St. 21 am 5.12.1941; BA-MA, RH 22/251, Bl. 38. Schon Streit hat der apologetischen Behauptung widersprochen, dass die Kommissare »zu Tausenden« in die Gefangenenlager gelangt seien, wie u. a. PHILIPPI, HEIM, Feldzug, S. 51, angeben. Auch Streit hat gezeigt, dass keineswegs »unerwartet viele Kommissare in den Lagern entdeckt worden wären«, vgl. STREIT, Kameraden, S. 336, Anm. 18.
[527] Auch zum Folgenden: Bericht des Kgf.Bez.Kdt. J über die Besprechung mit den Dulag-Kommandanten am 21.8.1941; BA-MA, RH 22/251, Bl. 96.
[528] Bericht des Kgf.Bez.Kdt. J über die Besichtigung des Dulag 126 am 25.8.1941; BA-MA, RH 22/251, Bl. 89. Die Inspektion des Dulags 126 durch den Ic der H.Gr. Mitte im November 1941 ergab allerdings: »Die Lagerkommandantur tut, wie die Besichtigung ergab, was sie tun kann, um das Los der Gefangenen zu erleichtern.« Dennoch belief sich die Sterblichkeit im Lager zu dieser Zeit auf »etwa 100 Mann pro Tag«. Vgl. den Eintrag im KTB der H.Gr. Mitte v. 13.11.1941; BA-MA, RH 19-II/387, S. 776.
[529] Bericht des Kgf.Bez.Kdt. J über die Besichtigung des Dulag 155 v. 13.8.1941; BA-MA, RH 22/251, Bl. 99.

Dulags 126, dessen Führung die Zügel offenbar ganz generell schleifen ließ, ist nur durch die disparate Haltung der Kommandanten zu erklären und verweist auf den Stellenwert ihres persönlichen Einflusses. Letztlich hing es von der Betriebsamkeit und dem Willen der Lagerkommandanten und ihrer kleinen Entourage ab, wie viel Engagement sie bei der Gestaltung ihrer Aufgabe ganz allgemein investierten und mit welcher Energie sie auch die Aussonderung der Politoffiziere angingen.

Die Durchführung der Aussonderungen in den Gefangenenlagern wurde nicht überall mit dem gleichen Nachdruck und Erfolg betrieben, was allerdings keineswegs immer durch moralische Skrupel, sondern wohl noch häufiger durch die äußeren Umstände bedingt war. Letztlich unterlag es der Willkür der Lagerkommandanten, mit welcher Energie und Gründlichkeit die Selektionen vorgenommen wurden. Auch wenn sich hierbei graduelle Unterschiede zeigten, orientierte sich offenbar doch der Großteil der Kommandanten grundsätzlich an den geltenden Befehlen und befolgte die entsprechenden Anweisungen der vorgesetzten Stellen. Auch in den rückwärtigen Gebieten war das konforme Verhalten offenbar die Regel. Die fragmentarische Überlieferungslage lässt zwar keine flächendeckende Untersuchung über die Vorgänge in den Lagern des Operationsgebietes zu. Die Evidenz in den wenigen dicht dokumentierten Bereichen und eine ganze Reihe weiterer Quellen deuten aber darauf hin, dass die Mehrheit der Lagerkommandanten zu einem radikalen Vorgehen im Sinne der ergangenen Befehle durchaus bereit war und selbst die Kooperation mit dem SD nicht scheute, noch bevor dies im Oktober 1941 offiziell befohlen wurde. Wie General Reinecke, der Chef des Allgemeinen Wehrmachtamtes, Anfang September 1941 bilanzierte, war »der Erfolg der Zusammenarbeit« mit dem SD bis dahin »allgemein als gut zu bezeichnen«.[530] Es war zwar im Zuge der »Zusammenarbeit mit den Einsatzkommandos des S.D.« auch zu Konflikten zwischen Lagerkommandanten und dem SD gekommen. Diese hatten sich nach Reineckes Erkenntnissen allerdings auf »örtlich[e] Differenzen« beschränkt, für die er angesichts »der Natur der Sache« überdies Verständnis aufbringen konnte. Dieses Resümee belegt erneut die Historizität des Widerwillens, auf den die Aussonderungen in Teilen des Heeres trafen. Gleichzeitig zeigt die Einschätzung Reineckes jedoch, dass es sich hierbei nur um ein Minderheitsphänomen handelte. Die Mehrheit der Lagerkommandanten fand sich ganz offensichtlich zur Zusammenarbeit mit dem SD bereit, was freilich nicht nur aus eigener Initiative geschah, sondern auch auf das Drängen der übergeordneten Führung. Reinecke gestand zwar zu, dass sich der SD »grundsätzlich [...] an die ihm vorgeschriebenen Richtlinien zu halten« hatte. Letztlich ließ er aber keinen Zweifel daran, dass die Lagerkommandanten prinzipiell zur Kooperation mit den Mordkommandos des RSHA angehalten waren: »Wo Meinungsverschiedenheiten auftreten können, ist es zweckmäßig, daß sich die Kommandanten der Dulags mit dem SD ins Benehmen setzen.« Wohlgemerkt galt diese Maßgabe schon vor dem OKH-Erlass vom 7. Oktober 1941, der den SD-Kommandos endgültig den Zugang zu den Lagern des Operationsgebietes öffnete.

Trotz der vereinzelten Widerstände etablierte sich daher bereits im Sommer 1941 in vielen Lagern der rückwärtigen Gebiete eine äußerst radikale Praxis. Dass die Lager-

---

530 Hierzu und zum Folgenden: Bericht über die »Besprechung beim Chef des A.W.A. in Warschau am 4.9.41«; BA-MA, RH 22/251, Bl. 81 f.

kommandanten zum Teil noch zu wesentlich drastischeren Maßnahmen bereit waren als der Aussonderung der Politoffiziere, soll ein kurzer Exkurs über den Kontext verdeutlichen, in dem sich die Selektionen der gefangenen Kommissare und Politruks ereigneten. So beteiligte sich eine ganze Reihe von Gefangenenlagern des Heeres schon frühzeitig an der Aussonderung und Ermordung der jüdischen Kriegsgefangenen und wirkte damit unmittelbar am Holocaust mit. Im Aufsichtsbereich des Kriegsgefangenen-Bezirkskommandanten J etwa, der im rückwärtigen Heeresgebiet Mitte tätig war, bestand offenbar bereits im Sommer 1941 der Grundsatz, dass die jüdischen Gefangenen »ohne weiteres beseitigt« wurden, entweder durch Abgabe an den SD oder Exekution im Lager.[531] In einem der Dulags hatte das Personal des Lagers bis Mitte Januar 1942 etwa »200 Juden« ausgesondert und dem SD übergeben.[532] Bei der Besichtigung einer Armeegefangenensammelstelle, die ebenfalls unter der Aufsicht Oberst Marschalls stand, nahmen die Inspektoren Anfang Dezember 1941 zur Kenntnis, dass »die Juden [...] herausgesucht und nach Vorschrift behandelt« wurden.[533] Dass hierbei auf eine bestehende »Vorschrift« Bezug genommen wurde, verweist darauf, dass die Führung dieses Gefangenenlagers die jüdischen Kriegsgefangenen nicht aus eigener Machtvollkommenheit, sondern auf einen ergangenen Befehl hin selektiert und »behandelt« hatte. Noch deutlicher offenbart eine Reaktion aus dem Kreis der Lagerkommandanten von Ende Juli 1941 den systematischen Charakter der Aussonderungen. Bei einer Inspektion des Dulags 131 durch den Adjutanten von Oberst Marschall hatte der Kommandant des Lagers, Major von Roeder, darauf hingewiesen, »dass in der Erledigung der Juden zweckmäßigere Bearbeitung wünschenswert wäre«.[534] Er plädierte dafür, bestimmte Gruppen unter den jüdischen Gefangenen künftig von der »Erledigung« auszunehmen, »z.B. sollten Ärzte nicht ohne weiteres beseitigt werden, da dieselben für den Fall einer Seuchengefahr doch immerhin gewisse Dienste leisten könnten«. Roeder schlug daher für die Zukunft vor, dass der »Dulagkommandant im Einvernehmen mit Feldkommandant eventuell eine Auswahl der Leute treffen [sollte], die unter Umständen zu schonen wären«. Dass der Lagerkommandant Roeder diesen funktionalen Vorschlag förmlich auf dem Dienstweg unterbreitete und auf eine geltende Form der »Bearbeitung« Bezug nahm, konnte nichts anderes bedeuten, als dass die Aussonderung und »Erledigung der Juden« zumindest in diesem Teilbereich der rückwärtigen Heeresgebiete planmäßig auf den Befehl einer vorgesetzten Stelle erfolgte. Dass dieses radikale Vorgehen schon vor dem OKH-Erlass vom 24. Juli 1941 feste Praxis war, bevor die »Sichtung und Aussonderung« der Kriegsgefangenen überhaupt offiziell befohlen war, zeugt davon, wie wenig die Dienststellen des Heeres zum Teil zu den Aussonderungen gezwungen werden mussten.

---

[531] Bericht des Kgf.Bez.Kdt. J über die Besichtigung des Dulags 131 v. 23.7.1941; BA-MA, RH 22/251, Bl. 125. Vgl. hierzu und zum Folgenden auch die Darstellung und Einschätzung bei GERLACH, Morde, S. 840 f., der davon ausgeht, dass Marschall »die Tötung jüdischer Gefangener selbst angeordnet« hat, vgl. ebd., Anm. 366.

[532] Bericht des Kgf.Bez.Kdt. J über die Besichtigung des Dulags 230 am 17.1./18.1.1942; BA-MA, RH 22/251, Bl. 26.

[533] Bericht des Kgf.Bez.Kdt. J über die Besichtigung der A.G.S.St. 21 am 5.12.1941; BA-MA, RH 22/251, Bl. 38.

[534] Hierzu und zum Folgenden: Bericht des Kgf.Bez.Kdt. J über die Besichtigung des Dulags 131 v. 23.7.1941; BA-MA, RH 22/251, Bl. 125.

Dasselbe galt auch für viele der Gefangenenlager, die sich östlich der rückwärtigen Heeresgebiete befanden, also in den rückwärtigen Armeegebieten eingesetzt waren, dem Hoheitsbereich der Frontkommandobehörden. Die Selektion und Ermordung der jüdischen Kriegsgefangenen durch das Lagerpersonal hatte hier sicherlich noch keinen systematischen Charakter, zumindest ergingen wohl nur in den seltensten Fällen ausdrückliche Befehle von Seiten der Heeresdienststellen dazu. In der Praxis kam es dennoch vor, dass selbst Frontverbände »mit den Juden nicht viel Federlesens machten« und die jüdischen Gefangenen »sofort herausgenommen und erschossen wurden«.[535] Welchen Verbreitungsgrad dieses Handlungsmuster im Frontbereich erreichte, ist in den Quellen allerdings kaum fassbar und bleibt ungewiss. Nicht nur die Berichte jüdischer Überlebender deuten aber darauf hin, dass es schon im vordersten Frontbereich stellenweise eine entsprechende Praxis gegeben hat.[536] Außerdem ist belegt, dass selbst manche Frontkommandobehörden die Exekution von »uniformierte[n] Juden« in ihren Gefangenenlagern durch die eigene Feldgendarmerie durchführen ließen.[537] Ein massenhaftes Phänomen waren diese Erschießungen aber wohl kaum und erfolgten in der Regel ohne höheren Befehl und zum Teil wohl auch gegen den Willen der Kommandobehörden. Symptomatisch für diese ungeregelte Praxis war die Anfrage einer Gefangenensammelstelle bei der Ic-Abteilung der vorgesetzten Division über das Verfahren mit zwei jüdischen Gefangenen, auf die der Ic-Offizier sich zu antworten beeilte, dass »die beiden Juden (Soldaten) [...] *nicht* zu erschießen« seien, was der leitende Offizier der Sammelstelle offensichtlich vorgeschlagen hatte.[538]

Auch in den rückwärtigen Armeegebieten war die Aussonderung »untragbarer« Gefangener und die Kooperation mit den SD-Kommandos schon frühzeitig fest ins Handlungsrepertoire der Gefangenenlager und Sammelstellen integriert. Die wenigen Überlieferungsfragmente, die in den deutschen Akten von den Lagern des vorderen Frontbereichs erhalten sind, weisen darauf hin, dass sich die Methoden hier kaum von der Vorgehensweise der Gefangeneneinrichtungen in den rückwärtigen Heeresgebieten unterschieden. Ein plastisches Beispiel für die vielfach radikale Praxis in den Lagern des Frontbereichs bieten die Verhältnisse im Dulag 180, das zur 17. Armee gehörte und dessen Kommandantur zum Anlass der Auflösung Ende Januar 1942 eine Gesamtbilanz an den Ic des AOK 17 meldete.[539] Das Lager hatte offenbar nur kurzzeitig bestanden, denn die Zahl der Gesamtzugänge an Kriegsgefangenen belief sich lediglich auf 1285. Von diesen Gefangenen hatte allerdings ein beträchtlicher Teil den Aufenthalt im Dulag 180 nicht überlebt. Bei der Auflösung des Lagers wurden nur 403 Gefangene an andere Lager weitergeleitet, weitere 383 Gefangene waren entlassen worden, worunter wohl auch

---

535 Erinnerungen eines Mannschaftssoldaten der 24. Inf.Div.; BA-MA, MSg 2/6749, S. 22 f.
536 Vgl. die Berichte bei POLIAN, Victims. Vgl. auch MERRIDALE, Krieg, S. 161 ff.
537 Vgl. die Einträge im TB des Feldgend.Tr. 172 über Exekutionen an jüdischen Zivilisten und Kriegsgefangenen v. 28.7., 23.9., 7.10., 25.10., 1.11., 2.11., 15.11., 17.11., 21.11., 9.12., 18.12.1941; BA-MA, RH 26-72/159. Dass diese Einheit, die dem Div.Kdo. der 72. Inf.Div. direkt unterstand, ohne Billigung des Div.Stabes gehandelt hat, ist auszuschließen. Vgl. auch den Eintrag im TB des Feldgend.Tr. 435 v. 25.10.1941; BA-MA, RH 24-35/120, Bl. 102.
538 Befehl des Ic der 3. Pz.Div. an die Gef.S.St. Kritschew/Lt. Fogelsang v. 28.7.1941; BA-MA, RH 27-3/167. Hervorhebung im Original (doppelte Unterstreichung).
539 Vgl. hierzu und zum Folgenden den Eintrag im TB (Ic) des AOK 17 v. 1.2.1942; BA-MA, RH 20-17/322.

Sterbefälle subsumiert wurden. Daneben gab es eine Reihe von Todesfällen durch Krankheiten und Abgaben an die vorgesetzte Ic-Abteilung oder die Feldgendarmerie. An den SD waren 35 Gefangene direkt ausgeliefert worden, weitere 25 Gefangene aus dem Lagerlazarett ereilte das gleiche Schicksal. Die meisten Toten aber hatten offenbar die Erschießungen durch das Lagerpersonal selbst gefordert. Unter der Kategorie »Exekutiern« [sic] waren in der Statistik insgesamt 379 Gefangene abgebucht worden. In Anbetracht der Abgrenzung der Kategorie zu der Alternative »an S.D.« ist davon auszugehen, dass diese Vielzahl von Exekutionen, die immerhin mehr als ein Viertel des Gesamtbestands des Lagers betraf, nicht durch die Abgabe an ein SD-Kommando zustande kam, sondern durch die eigenen Kräfte des Dulags 180 vorgenommen worden war. Es ist anzunehmen, dass es sich bei den Erschießungsopfern vor allem um Politoffiziere, Parteimitglieder, jüdische oder asiatische Soldaten und sonstige Gefangene handelte, die man nach den geltenden Kriterien als »untragbare Elemente« ausgemacht hatte.

Dass sich die Gefangenenlager in den rückwärtigen Armeegebieten ansonsten der Zusammenarbeit mit dem SD keineswegs versagten, veranschaulicht das Beispiel der 9. Armee und ihrer Armeegefangenensammelstellen. Im November 1941 ließ sich der Quartiermeister 2 vom unterstellten Korück 582 melden, wie viele Verluste an Kriegsgefangenen es in den Lagern der Armee in den zurückliegenden Monaten gegeben hatte, unterteilt in Gefangene, die »a) gestorben«, »b) als Partisanen erschossen worden« oder »c) geflohen« waren.[540] Aus den Rückmeldungen der Lager ergab sich, dass beide Armeegefangenensammelstellen des AOK 9 eine beträchtliche Zahl von Gefangenen an den SD übergeben hatten; in dem Wissen, dass sie dort erschossen wurden. Für den Zeitraum vom Beginn des Feldzugs bis zum 1. Oktober 1941 gab die A.G.S.St. 7 an, dass alle Gefangenen, die man als »Partisanen« identifiziert hatte, stets »dem SD übergeben« worden waren, wobei sich unter den als »Partisanen« abgebuchten Gefangenen sicherlich auch Politoffiziere, Gefangene jüdischer Herkunft und andere Todeskandidaten befanden.[541] Die A.G.S.St. 8 konnte die Zahl dieser Abgaben sogar beziffern. Bis zum Oktober 1941 waren im Lager insgesamt 187 Gefangene »vom SD abgeurteilt und erschossen« worden.[542] Dass auch die übrigen Gefangenenlager der 9. Armee den SD-Kommandos Zutritt gewährten und ihnen Selektionen gestatteten, zeigte sich spätestens am 4. Oktober 1941, als in einem der Lager »3 russ. Gefangene jüd. Religion nach einem vorausgegangenen Verhör durch die Sicherheitspolizei erschossen« worden waren.[543] Selbst der OKH-Befehl vom 7. Oktober 1941, der den SD-Kommandos den Zugang zu den Gefangenenlagern in den rückwärtigen Heeresgebieten öffnete, wurden in manchen Armeebereichen noch übertreten, indem jüdische Gefangene aus Gefangenenlagern der rückwärtigen Armeegebiete ausgesondert und abgegeben wurden.[544]

---

[540] Befehl des AOK 9/O.Qu./Qu. 2 an Korück 582 v. 23.11.1941; BA-MA, RH 23/222, Bl. 45.
[541] Meldung der A.G.S.St. 7 an Korück 582 v. 24.11.1941; BA-MA, RH 23/222, Bl. 47.
[542] Meldung der A.G.S.St. 8 an Korück 582 v. 24.11.1941; BA-MA, RH 23/222, Bl. 46. Zu den Gesamtzahlen vgl. die Meldung des Korück 582 an das AOK 9/O.Qu./Qu. 2, betr. Abgänge von Kriegsgefangenen, v. 26.11.1941; BA-MA, RH 23/222, Bl. 51.
[543] Meldung des WachBtl. 720 an Korück 582 v. 5.10.1941, betr. Kgf.-Lager Wel.Luki; BA-MA, RH 23/222, Bl. 85.
[544] Vgl. exemplarisch den Notizzettel des Korück 553 (AOK 11), »Zahlenüberblick AGSSt.12« v. 12.10.1941, in dem der Abgang von »54 Juden« verzeichnet war; BA-MA, RH 23/77.

Schwieriger zu beurteilen ist dagegen die Rolle der Lagerkommandanten in dem quantitativ größten Verbrechen, das die Wehrmacht zu verantworten hatte, dem Massensterben der sowjetischen Kriegsgefangenen. Die Lagerkommandanten trugen gewiss nicht die Hauptverantwortung für dieses Massenverbrechen.[545] Ein Teil von ihnen unternahm sogar beträchtliche Anstrengungen, mit findigen Improvisationen das Leid der Gefangenen zu lindern. Glaubt man der Einschätzung des Ministeriums für die besetzten Ostgebiete, zeigte jedoch nur eine Minderheit der Lagerkommandanten solch humanitäres Engagement. Anfang 1942 bemerkte ein Mitarbeiter des Ministeriums in einer Denkschrift, dass die meisten Lagerkommandanten von den Angeboten der einheimischen Bevölkerung keinen Gebrauch gemacht hätten, die Gefangenen mit Lebensmitteln zu versorgen, und es stattdessen vorzögen, die Gefangenen dem Hungertod preiszugeben.[546] Ohne die komplizierte Frage zu vertiefen, wie die Verantwortlichkeiten beim Massensterben der sowjetischen Kriegsgefangenen verteilt waren, belegt der Kontext, in dem die Selektionen in den Gefangeneneinrichtungen stattfanden, wie weit die Bereitschaft vieler Lagerkommandanten zu einem rücksichtslosen Vorgehen gegen die Kriegsgefangenen tatsächlich reichte. Dies schloss auch die Aussonderung der Politoffiziere mit ein, die schließlich dem weithin geteilten Ziel der Bekämpfung des Kommunismus diente. Die wenigen gut dokumentierten Teilbereiche und Schlaglichter, die zwischen den großen Überlieferungslücken Einblick in die Praxis der Gefangenenlager des Operationsgebietes gewähren, lassen nur den Schluss zu, dass die Mehrheit der Lagerkommandanten im Operationsgebiet den geltenden Befehlen nachkam, die Politoffiziere auszusondern und entweder dem SD auszuliefern oder durch eigenes Personal erschießen zu lassen.

Wie sich in den angeführten Berichten über die Lager der rückwärtigen Armeegebiete bereits abgezeichnet hat, wurden die Aussonderungen der gefangenen Politoffiziere nicht nur von den Besatzungsdienststellen der Berücks, sondern auch von den Kommandobehörden der Frontverbände mit verantwortet und organisiert. Auch im vorderen Frontbereich wurden Praktiken zur Identifizierung und Vernichtung der Kommissare und Politruks entwickelt, die in die Gefangenenlager geraten waren. Auch die Frontkommandobehörden bahnten »scharfe Kontrollmassnahmen in den Mannschaftsgefangenenlager[n]« an, um die »verkleideten« Offiziere und Kommissare zu ermitteln, und bewiesen damit, dass sie eigenes Interesse an den Selektionen hatten.[547] Die Aussonderungen in den Lagern und Sammelstellen der vorderen Frontbereiche wurden in der Regel von den zuständigen Ic-Abteilungen der Kommandobehörden initiiert und koordiniert. Die Ic-Offiziere bedienten sich hierzu der ihnen zur Verfügung stehenden Polizeikräfte, zunächst einmal der Feldgendarmerietrupps, die zu den unmittelbar unterstellten Heerestruppen gehörten. In der Praxis des Feldzugs zählte es zu den Routineaufgaben der Feldgendarmen, regelmäßig »Streife[n] nach dem Gefangenenlager« des jeweiligen Verbandes »zwecks Fahndung nach Kommissaren«[548] zu unternehmen. Bei der Ankunft neuer Gefangenentransporte in den Sammelstellen

---

[545] Vgl. hierzu HARTMANN, Massensterben; HÜRTER, Heerführer, S. 377-393; STREIT, Kameraden, S. 128-190; ARNOLD, Wehrmacht, S. 408-412.
[546] Vgl. die Denkschrift eines Mitarbeiters des Reichsministeriums für die besetzten Ostgebiete bei STREIT, Kameraden, S. 9.
[547] Bericht des XXXXIX. AK/Abt. Ic an das AOK 17 v. 9.8.1941; BA-MA, RH 24-49/160, S. 88 f.
[548] Einträge im TB des Feldgend.Tr. 435 v. 25.10. und 27.10.1941; BA-MA, RH 24-35/120, Bl. 102 f.

führten die Feldgendarmen Durchsuchungen und Kontrollen durch und legten ihr Augenmerk dabei auch auf die Aussonderung der Politoffiziere.[549] Zur Filterung der »Gef.-Lager nach Agenten, Offizieren und Kommissaren« setzten die Ic-Abteilungen außerdem häufig die zugeteilten Gruppen der GFP ein.[550] Die Ic-Offiziere veranlassten den »Einsatz der G.F.P.«[551] in den Lagern und stellten die GFP-Gruppen zur »Überprüfung« von Gefangenen bei Bedarf auch den unterstellten Verbänden zur Verfügung.[552]

Das Personal der Ic-Abteilungen delegierte die Aussonderungen aber nicht nur an ihre Sicherheitsorgane, sondern wurde auch selbst aktiv. Die Ic-Offiziere wurden hierbei tatkräftig von ihren Mitarbeitern, den Ordonnanzoffizieren, Dolmetscheroffizieren und Sonderführern unterstützt. Bei den Verhören in den Gefangenensammelstellen war das Personal der Ic-Abteilungen darauf bedacht, beiläufig die »politischen Leiter, Kommissare oder Offz.« unter den Gefangenen festzustellen.[553] Da bekannt war, dass »die polit. Kommissare [...] sich bei ihrer Gefangennahme stets verleugnet[en]«, betrachtete man es in den Ic-Abteilungen auch als »Aufgabe des Dolmetschers, aus der Menge des [sic] Gefangenen diese Leute herauszufinden«.[554] Bei ihren Fahrten in die Gefangenensammelstellen wirkten die Mitarbeiter der Ic-Abteilungen daher vielfach unmittelbar bei den Selektionen mit und nahmen die Überprüfungen teilweise auch in direkter Zusammenarbeit mit den Beamten der GFP-Gruppen vor.[555] Dabei blieb es nicht aus, dass selbst die Hilfsoffiziere der Ic-Abteilungen vor Ort Exekutionen von ausgesonderten Politoffizieren veranlassten.[556]

Die Methoden, die bei den Selektionen in den rückwärtigen Armeegebieten und im Gefechtsgebiet angewandt wurden, unterschieden sich kaum von den Praktiken der Dulags in den rückwärtigen Heeresgebieten. Auch die Frontstäbe und ihre Organe setzten in den Gefangenensammelstellen und Interniertenlagern »V.-Leute« ein, »um nach unter Umständen sich in dem Lager befindlichen Funktionären, Kommissaren und Rotarmisten zu fahnden«.[557] Die »Einsetzung von V.-Leuten« zur »Überprüfung der Kriegsgefangenenlager« war nicht nur Sache der GFP[558], sondern wurde vielfach von den Ic-Abteilungen selbst bewerkstelligt, die ihrerseits »Späher« anwarben, damit

---

[549] Vgl. die Einträge im TB des Feldgend.Tr. 172 v. 19.7. und 1.11.1941; BA-MA, RH 26-72/159.
[550] Vgl. die Einträge in den Einsatzplänen der GFP-Gruppe 570 (AOK 4) v. 29.3., 30.3., 12.4., 25.6., 10.7., 24.7., 20.8., 18.9.1942; BA-MA, RH 20-4/1132. Vgl. auch den Eintrag v. 11.11.1941 im Arbeitsbericht der GFP-Gruppe 570, Sonderkommando Korück 559; BA-MA, RH 23/127, Bl. 152.
[551] Eintrag im TB (Ic) des L. AK v. 12.10.1941; BA-MA, RH 24-50/143, S. 9.
[552] Befehl des XXXIX. AK/Abt. Ib, Besondere Anordnungen für die Versorgung Nr. 9, v. 26.7.1941; BA-MA, RH 27-7/156.
[553] Meldung des Sdf. Olschewski an den Ic der 292. Inf.Div. v. 1.9.1941; BA-MA, RH 26-292/56, Anl. 71.
[554] Bericht des Sdf. Böhler, 255. Inf.Div./Abt. Ic, »Bericht über den Einsatz der Dolmetscher an der Ostfront« v. 20.10.1941; BA-MA, RH 26-255/137, Anl. 4. Vgl. auch den Bericht des Sdf. Koslowsky v. 22.10.1941, ebd., Anl. 5.
[555] Vgl. die Einträge im TB (Ic) der 9. Pz.Div. v. 6.11., 7.11.-10.11., 16.11., 11.12., 17.12.1941; BA-MA, RH 27-9/81, S. 24 f., 27 f.
[556] Vgl. exemplarisch den Eintrag im TB (Ic) der 298. Inf.Div. v. 30.6.1941; BA-MA, RH 26-298/43: »1 pol. russ. Kommissar wird auf Befehl des O.3 nach Vernehmung erschossen.«
[557] Einträge im TB der GFP-Gruppe beim XXXXVIII. AK v. 30.10.-6.11. sowie v. 7.11.-13.11.1941; BA-MA, RH 24-48/201, Anl. 26, 58.
[558] Eintrag im Einsatzplan der GFP-Gruppe 570 (AOK 4) v. 18.9.1942; BA-MA, RH 20-4/1132.

die zur Selektion bestimmten Gefangenen »aus dem Gefangenenlager herausgezogen« werden konnten.[559] Die Ic-Abteilungen rekrutierten solche Denunzianten häufig direkt bei den Gefangenenverhören, vorzugsweise aus Überläufern, die eine antibolschewistische Einstellung erkennen ließen und sich anzudienen bereit waren. In der Ic-Abteilung der 4. Panzerdivision etwa wurde Mitte Juli 1941 ein ukrainischer Gefangener »auf Grund seiner Vernehmung nach dem Überlaufen« direkt an die Gefangenensammelstelle der Division weitergeleitet, wo er »als Spitzel zum Herausfinden politischer Leiter der Roten Armee und anderer verdächtiger Personen verwendet« wurde. Der Erfolg war beträchtlich, denn der Kollaborateur hatte »sich hierbei in sehr geschickter Weise als ausserordentlich wertvoll erwiesen«.[560] Ein ganz ähnliches Verfahren war bei der 16. Panzerdivision üblich.[561] Dort hatte die Ic-Abteilung einen ukrainischen Überläufer Ende Juli 1941 ebenfalls direkt »zur Arbeit in einem Gefangenenlager eingeteilt«. Dort leistete er nicht nur Hilfsarbeiten bei der Verpflegung der Gefangenen, sondern hielt auch »mitreissende Ansprachen gegen den Bolschewismus und gegen die Kommissare, die er auf schnellstem Wege ebenso wie die Juden aus der Masse der Gefangenen herausfand«. Der Divisionsstab lobte, dass der Gefangene »auf diese Weise der deutschen Wehrmacht sehr gute Dienste geleistet hat«. Solche Improvisationen waren in den Lagern des Frontbereichs nicht selten und erfolgten zumeist aus eigener Initiative.[562] Genauso wie die übrigen Anstrengungen, die die Stäbe in dieser Angelegenheit unternahmen, unterstreichen derartige Praktiken dass die Kommandobehörden an der Front die Aussonderung der Politoffiziere auch aus eigenem Antrieb und Interesse betreiben.

Wenn Politoffiziere in den Gefangenensammelstellen und Lagern des Frontbereichs ermittelt werden konnten, waren die Konsequenzen klar. Der Kommandant des rückwärtigen Armeegebietes der 9. Armee etwa hatte in einem grundsätzlichen Befehl »für [die] Einrichtung und Führung von Armee-Gefangenen-Sammelstellen« im Herbst 1941 noch einmal unmissverständlich herausgestellt, was zu geschehen hatte, wenn Gefangene »als Partisanen oder Kommissare erkannt« worden waren: »In diesem Falle sind sie nach Vernehmung zu erschießen.«[563] Die fälligen Erschießungen wurden in den Lagern der rückwärtigen Armeegebiete in der Regel durch das eigene Personal durchgeführt.[564] Auch die Gefangenensammelstellen der Frontverbände wurden immer wieder zu Schauplätzen von Exekutionen an gefangenen Politoffizieren.[565] Dies alles wurde möglich, weil die Kommandobehörden des Heeres sowohl in den rück-

---

559 Eintrag im TB (Ic) des L. AK v. 11.10.1941; BA-MA, RH 24-50/143, S. 9.
560 Schreiben der 4. Pz.Div./Abt. Ic an das XXIV. AK, betr. Freilassung eines ukrainischen Kriegsgefangenen, v. 8.10.1941; BA-MA, RH 27-4/112.
561 Hierzu und zum Folgenden: Bericht und Begleitschreiben der 16. Pz.Div./Abt. Ic an das XIV. AK und Pz.AOK 1 v. 11.4.1942; BA-MA, RH 21-1/448, S. 61.
562 Vgl. zu weiteren Beispielen das Begleitschreiben der 169. Inf.Div./Abt. Ic an das Gefangenenlager Salla (Stalag 309) v. 22.8.1941; BA-MA, RH 26-169/99, Anl. 459. Vgl. den Bericht der 52. Inf.Div./ Abt. Ic an das LIII. AK v. 12.7.1941; BA-MA, RH 26-52/60, Anl. 6.
563 Anl. zum Befehl des Korück 582 Nr. 82, »Grundsätzliche Anordnungen für Einrichtung und Führung von Armee-Gefangenen-Sammelstellen«, o.D., September/Oktober 1941; BA-MA, RH 23/220, Bl. 50.
564 Vgl. die Meldung der A.G.S.St. 8 an Korück 582 (AOK 9) v. 2.8.1941 über die Erschießung eines Kommissars; BA-MA, RH 23/221, Bl. 446.
565 Vgl. den Befehl des Ic der 3. Pz.Div. an den Leiter der Div.Gef.S.St. v. 28.7.1941; BA-MA, RH 27-3/167: »Der zur Erschießung vorgesehene Kommissar ist zu erschießen.« Der Vollzug der Anord-

wärtigen Gebieten als auch im Frontbereich bereits frühzeitig den Transfer der Prinzipien der Kommissarrichtlinien auf das Gefangenenwesen vollzogen hatten und die Aussonderung der gefangenen Kommissare und Politruks vielfach schon in eigener Verantwortung betrieben, als die entsprechenden Befehle des OKH noch gar nicht ergangen waren.

2. ABWEICHENDES VERHALTEN

Verweigerung und Modifikation

Berichte darüber, dass die Truppen und Befehlshaber des Ostheeres dem Kommissarbefehl bewusst zuwidergehandelt und seine Ausführung verhindert haben, finden sich in der Memoirenliteratur und den retrospektiven Äußerungen von Kriegsteilnehmern in großer Zahl. Angefangen mit den Generälen in den Nürnberger Prozessen, versicherten die meisten Veteranen in der Nachkriegszeit, dass die Kommissarrichtlinien überhaupt nicht befolgt worden seien und man den Befehl aus ethischen Gründen in stillem Einverständnis einfach ignoriert hätte.[566] Die Konfrontation dieser Aussagen mit dem zeitgenössischen Quellenmaterial ergibt freilich in aller Regel, dass es sich bei solchen Beteuerungen um apologetische Schutzbehauptungen handelte, die aus juristischen, moralischen oder erinnerungspolitischen Gründen aufgestellt wurden[567]; zu einem geringeren Teil beruhten diese Äußerungen freilich auch auf der einfachen Tatsache, dass die betreffenden Verbände während des Feldzugs gar nicht erst in die Situation gekommen waren, den Kommissarbefehl anwenden zu müssen, weil ihnen keine Politoffiziere in die Hände gefallen waren.[568] Während die meisten dieser retrospektiven Zeugnisse vernachlässigbar sind, existieren allerdings einige wenige zeitgenössische Dokumente, in denen sich die Verweigerung oder Umgehung der Kommissarrichtlinien tatsächlich greifbar niedergeschlagen hat. Diese vereinzelten authentischen Belege bezeugen die Historizität der Verweigerungshaltung gegenüber den Kommissarrichtlinien. Es bleibt jedoch fraglich, welchen Verbreitungsgrad diese Haltung hatte und unter welchen Umständen und aus welchen Motiven sie handlungsrelevant werden konnte. Schließlich ist hiermit auch die Frage verbunden, welche

---

nung geht hervor aus der Meldung der Div.Gef.S.St. an die 3. Pz.Div./Abt. Ic v. 29.7.1941; BA-MA, RH 27-3/170, Anl. 40.
[566] Vgl. exemplarisch die Aussage Mansteins vor dem IMT, Bd. 20, S. 633. Vgl. auch die ähnlichen Aussagen von Rundstedt, IMT, Bd. 21, S. 33; Paulus, IMT, Bd. 7, S. 330; Hauser, IMT, Bd. 20, S. 445; Buschenhagen, IMT, Bd. 7, S. 348.
[567] Vgl. stellvertretend für die große Flut solcher Zeugnisse die Ausarbeitung des ehemaligen Ic-Offiziers des AOK 4, Helmdach, aus dem Jahr 1964, »Die Maßnahmen im Bereich der 4. Armee zu den ungewöhnlichen Barbarossa-Befehlen Hitlers 41/42«; BA-MA, RH 20-4/261. Dass seine Darstellung der Realität nicht entsprach, zeigen schon die Akten des AOK 4 selbst, die bezeugen, dass Helmdach die ›verbrecherischen Befehle‹ weitergegeben hat und sie in der 4. Armee auch zur Ausführung gelangten. Die Akten belegen sogar, dass Helmdach bei mindestens zwei Gelegenheiten die »ungewöhnlichen Barbarossa-Befehle« selbst angewendet und Exekutionen von Partisanenverdächtigen persönlich angeordnet hat, vgl. die Einträge im Einsatzplan der GFP-Gruppe 570 v. 25.12.1941 und 19.1.1942; BA-MA, RH 20-4/1130.
[568] Vgl. hierzu das Kap. V.3.

Alternativen zur befehlskonformen Befolgung der Kommissarrichtlinien in der Realität des Ostkrieges bestanden.

Die erhaltenen Quellen belegen, dass tatsächlich bei manchen Angehörigen des Heeres ein merklicher Widerwillen gegen die Durchführung der Kommissarrichtlinien existierte, der sich nicht nur auf die geballte Faust in der Tasche beschränkte, sondern sich sogar in konkreten Handlungen manifestieren konnte. Diese nonkonformen Haltungen fächerten und artikulierten sich in unterschiedlichen Verhaltensweisen, die von der Modifikation über die Umgehung bis hin zur Verweigerung des Kommissarbefehls reichten. Die Quellen weisen allerdings zugleich darauf hin, dass das befehlswidrige Verhalten, wie auch in anderen Bereichen und Handlungsfeldern, nur ein Minderheitsphänomen blieb.[569] Ein Indiz dafür ist schon die geringe Zahl der Belege, die sich hierzu in den Akten und den bekannten Selbstzeugnissen aus dem Ostheer finden. Dass ein Kommandeur die Durchführung des Kommissarbefehls in der vorgesehenen Form verbot und während des Feldzugs konsequent bei dieser Haltung blieb, ist nur in einem einzigen Fall belegt, nämlich von der 111. Infanteriedivision und ihrem Kommandeur, General Otto Stapf. Stapf hatte bereits in der Vorbereitungsphase untersagt, dass die gefangenen sowjetischen Kommissare von seinen Kampftruppen »erledigt« werden durften, wie es vorgeschrieben war.[570] Von dieser Linie wich er auch nach Beginn des Feldzugs nicht mehr ab. Noch im Herbst 1941 wiederholte er sein Verbot auf einer Kommandeurbesprechung, zu der er am 4. Oktober 1941 alle Bataillons- und Regimentsführer seiner Division zusammengerufen hatte.[571] Dass er überhaupt Anlass dazu hatte, sein Verbot zu erneuern, rief bei Stapf spürbaren Unmut hervor. In der Besprechung mit seinen Kommandeuren wurde Stapf sehr deutlich und erteilte zunächst »in längeren energischen Ausführungen Richtlinien für das Verhalten gegenüber der ukrainischen Bevölkerung und kündige für Fälle von Plünderung usw. schwerste Strafen, u.U. die Todesstrafe, an«. Außerdem ermahnte Stapf seine Kommandeure zur Beachtung der Weisungen, die er vor dem Feldzug zur Handhabung des Kommissarbefehls gegeben hatte: »Über die Behandlung von Gefangenen führte der Div.-Kdr. aus, daß die Kommissare bereits im Kampf zu erledigen seien.« Diese Äußerung implizierte das Verbot, die Kommissare nach beendetem Kampf »zu erledigen«, wie es der Kommissarbefehl vorsah. Neben diesem Veto gegen die Durchführung des Kommissarbefehls traf Stapf auch Anordnungen zur völkerrechtskonformen Behandlung weiblicher Kriegsgefangener, wobei offensichtlich genauso Anlass zum Eingreifen bestand: »Die Frauen seien häufig Angehörige oder solche, die sich herumtrieben ohne zur Waffe zu greifen, aber nicht ohne weiteres Flintenweiber. Die Krankenpflegerinnen unterstünden dem international gültigen Schutz.« Da Stapf sich hierbei auf die »international gültigen« Rechtssätze berief, liegt die Schlussfolgerung nahe, dass es ihm vor allem um eine Einhaltung der kodifizierten Kriegsregeln, letztlich um die Wahrung der traditionellen Formen der Kriegführung ging. Stapfs beharrliches Bemühen um ein Festhalten an den völkerrechtlichen Konventionen machte ihn im

---

[569] Vgl. hierzu zusammenfassend PAUL, Dissens, S. 93 f., außerdem WETTE, Zivilcourage; ZIEMANN, Fluchten; HAASE, PAUL, Soldaten. Eine Missachtung des Kommissarbefehls war nach Christian Streits Auffassung ohnehin »nur da möglich, wo in einem kleinen Kreis ein entsprechender Gruppenkonsens vorhanden war«, vgl. STREIT, Kameraden, S. 85.
[570] Vgl. Kap. III.3.2.
[571] Eintrag im TB (Ic) der 111. Inf.Div. v. 4.10.1941; BA-MA, RH 26-111/35, S. 9.

Ostheer zu einer Ausnahmeerscheinung. Er blieb jedoch ein einsamer Rufer, dem noch nicht einmal die eigenen Truppen Folge leisteten. Schließlich waren seine »energischen« Anordnungen ein beredtes Zeugnis dafür, dass in seiner Division teilweise eine ganz andere Praxis herrschte.

Die verschwindend geringe Anzahl solcher Zeugnisse von grundsätzlicher Opposition gegen die ›verbrecherischen Befehle‹ erklärt sich sicherlich zu einem guten Teil dadurch, dass ungehorsames Verhalten aus Opportunitätsgründen eher selten in den eigenen Akten dokumentiert wurde. Es ist daher anzunehmen, dass es noch weitere couragierte Kommandeure wie Stapf und ähnliche Interventionen gegeben hat, die sich nur nicht in den erhaltenen Schriftquellen niedergeschlagen haben. Allerdings dürfte die Zahl dieser Fälle begrenzt geblieben sein, worauf nicht nur die dokumentierten Erschießungszahlen des Ostheeres hindeuten. Immerhin belegen genügend Beispiele aus der Vorbereitungsphase und der Zeit des laufenden Feldzugs, dass sich durchaus nicht alle Stäbe scheuten, ihre Kritik oder gar die Ablehnung und Verweigerung des Kommissarbefehls in den eigenen Dienstakten festzuhalten.

Dass die Nichtbefolgung des Kommissarbefehls nur so selten belegt ist, hatte auch seine Entsprechung in der Realität. Hiervon zeugt schon einer der deutlichsten Fälle der Nichtdurchführung des Kommissarbefehls, der von einem Gefangenenlager der 403. Sicherungsdivision überliefert ist. Der Ic-Offizier der Division, Oberleutnant d.R. Werner Scheibe, hatte die betreffenden Vorkommnisse als Negativbeispiel bei einer Dienstbesprechung im Juli 1941 zur Sprache gebracht, als er die »Kommandeure der Dulags und die Feldkommandanten« offenbar zum wiederholten Male »auf den Führererlaß politische Kommissare betreffend [...] in mündlicher Rücksprache« hinwies. Hierbei hatte Oberleutnant Scheibe »ausdrücklich betont, daß die anfänglich in einem Dulag an den Tag gelegte Weichheit falsch am Platze ist«.[572] Diese Bemerkung konnte nichts anderes bedeuten, als dass man in einem der unterstellten Gefangenenlager identifizierte Politoffiziere befehlswidrig verschont hatte, obwohl die Kommissarrichtlinien hier offensichtlich bereits erteilt worden waren. Dass der Ic dieses Verhalten als »Weichheit« abqualifizierte, hieß in der Sprache der geltenden nationalsozialistischen Moral[573], dass der Befehl aus ethischen Skrupeln nicht befolgt worden war oder Scheibe dies zumindest so annahm.

Der Vorgang bezeugt nicht nur die Historizität humanitärer Einwände gegen die Vernichtungspolitik im Ostheer, sondern beleuchtet zugleich die Grenzen und Dimensionen der Handlungsspielräume, die sich dem Ungehorsam boten. Zwar wurde der betreffende Lagerkommandant offenbar ermahnt und zur Befolgung des Befehls angehalten, nachdem die Geschehnisse in seinem Dulag beim Divisionsstab bekannt geworden waren. Wie es scheint, hatte die Befehlsverweigerung allerdings keine weiteren Konsequenzen und wurde mit beträchtlicher Nachsicht behandelt. Kapitale Strafen für die Verweigerung von Exekutionen und einen entsprechenden Befehlsnotstand hat es eben im Vernichtungskrieg an der Ostfront objektiv nicht gegeben. Selbst ein Unterführer, der den ausdrücklichen Befehl seines Vorgesetzten, »einen spionageverdächtigen Russen zu erschießen, nicht ausführte, ihn vielmehr absichtlich weglaufen liess und dann seinem Chef der Wahrheit zuwider die Ausführung des Befehls

---

[572] TB (Ic) der 403. Sich.Div. für den Juli 1941; BA-MA, RH 26-403/4a.
[573] Vgl. WELZER, Täter, v. a. S. 23-40.

meldete«, brauchte die Todesstrafe nicht zu fürchten und konnte mit einer verhältnismäßig glimpflichen Bestrafung rechnen.[574] Dabei ist allerdings zu bedenken, dass die subalternen Akteure in ihrer subjektiven Sicht die Konsequenzen einer Befehlsverweigerung durchaus nicht immer abschätzen konnten und daher zum Teil möglicherweise in einem putativen Befehlsnotstand handelten. Dieser selbst auferlegte Imperativ musste gar nicht unbedingt durch die Furcht vor juristischen, vielleicht sogar lebensbedrohlichen Konsequenzen begründet sein, sondern konnte sich auch durch karrieristische und psychosoziale Zwänge konstituieren. Wenn die Möglichkeiten zum Ungehorsam auch gegeben waren, darf doch die grundsätzliche Handlungsrelevanz und Geltungskraft eines Befehls in der Wehrmacht keinesfalls unterschätzt werden. Die Macht des Prinzips von Befehl und Gehorsam unterstreichen letztlich selbst die Vorkommnisse bei der 403. Sicherungsdivision. Denn der Widerstand des Dulagkommandanten beschränkte sich offenbar nur auf die unmittelbare Anfangszeit des Feldzugs und hörte auf, als die Autoritäten einschritten und Gehorsam forderten. Schließlich sprach der Ic-Offizier davon, dass sich das Dulag nur »anfänglich« gegen die Durchführung des Befehls gesträubt hatte, womit ein temporärer, also vorübergehender Zustand beschrieben war. Offenbar bewirkten der Tadel und die erneute Befehlserteilung des Ic dann, dass der anfänglich zögernde Lagerkommandant in der Folge auf die befehlskonforme Linie einschwenkte.

Der Fall des Lagerkommandanten der 403. Sicherungsdivision gibt außerdem Aufschluss darüber, wie das abweichende Verhalten im Gesamtrahmen des Verbandes verortet war. Wie die Schilderung des Oberleutnants Scheibe zeigt, stand der ungehorsame Lagerkommandant mit seinem nonkonformen Verhalten in der Division weitgehend allein, zumindest war man im Divisionskommando dieser Auffassung. Sein Dulag blieb anscheinend das einzige Lager der Division, das »Weichheit« an den Tag legte und dem Ic-Offizier Grund zur Unzufriedenheit gab. Die übrigen Lager genügten offensichtlich den Anforderungen und befolgten den Kommissarbefehl. Dass es im Ostheer letztlich nur eine Minderheit war, die den Kommissarrichtlinien aktiv zuwiderhandelte, darauf weist auch das Beispiel der Panzergruppe 3 hin. Im Panzergruppenkommando waren bis Anfang August 1941 verschiedene Eingaben von unterstellten Fronteinheiten eingegangen, die sich offenbar gegen die Weiterführung der Vernichtungspolitik richteten. Die Ic-Abteilung der Panzergruppe sah sich deshalb veranlasst, diesen Bestrebungen einen Riegel vorzuschieben. Im Feindnachrichtenblatt vom 8. August 1941 gab die Panzergruppe zum Thema »politische Kommissare« bekannt: »Einzelanfragen seitens der Truppe machen den Hinweis erforderlich, daß sich in der Behandlung dieser Leute *nichts geändert* hat.«[575] Der Vorgang deutet zwar darauf hin, dass in einigen Truppenteilen Unwillen gegen den Kommissarbefehl geherrscht haben muss. Da es sich bei diesen Unmutsbekundungen nur um »Einzelanfragen« handelte, drängt sich jedoch die Schlussfolgerung auf, dass die Zahl der Einheiten, in denen sich Widerwillen gegen den Kommissarbefehl artikulierte, letztlich

---

[574] In diesem plakativen Fall wurde der Wachtmeister einer Aufklärungseinheit »wegen Gehorsamsverweigerung in Tateinheit mit Gefangenenbefreiung und wegen falscher Meldung« zu drei Jahren Gefängnis und Rangverlust verurteilt, vgl. den TB (III) der 102. Inf.Div. v. 16.5.-25.7.1941; BA-MA, RH 26-102/79, S. 4.
[575] FNBl. der Pz.Gr. 3/Abt. Ic Nr. 18 v. 8.8.1941; BA-MA, RH 26-20/85, Anl. 438. Hervorhebung im Original.

marginal blieb. Die Einstellung der Mehrheit der Verbände zu den Kommissarrichtlinien schätzte der Ic-Offizier des Panzergruppenkommandos bekanntlich ganz anders ein, wie er in seinem Tätigkeitsbericht Mitte August 1941 resümierte: »Die Durchführung bildete kein Problem für die Truppe.«[576]

Auf ähnliche Verhältnisse lässt ein Vorgang schließen, der sich im September 1941 im Bereich der 4. Armee abspielte. Am 10. September 1941 war ein sowjetischer Zivilist von der Truppe aufgegriffen worden, bei dem die Durchsuchung ein »Parteibuch mit einem Politruk Ausweis« zutage gefördert hatte.[577] Trotz dieses belastenden Materials wurde der Zivilist nach der Kontrolle laufen gelassen, mit der Begründung, dass er zugleich einen deutschen Passierschein besessen habe, »wonach er als unverdächtig in seinen Heimatort in Marsch gesetzt sei«. Für das Generalkommando des XX. Armeekorps zeigte dieses Verhalten »den unverantwortlichen Leichtsinn, mit dem ein Teil der Truppe diesen Fragen noch gegenübersteht«, womit die Überwachung der Zivilbevölkerung und die Bekämpfung der Partisanen gemeint waren. Hinter solchem »Leichtsinn« verbargen sich gewiss in Wirklichkeit häufig Hemmungen und Skrupel, die radikalen Maßnahmen zu ergreifen, die nach der recht eindeutigen Sachlage und der klaren Befehlslage eigentlich geboten waren. Auch Vorfälle dieser Art belegen, dass es Soldaten gab, die sich dafür entschieden, die Anwendung der ›verbrecherischen Befehle‹ zu umgehen. Gleichwohl war dem Gegenbefehl des XX. Armeekorps zu entnehmen, dass es nur »ein Teil der Truppe« war, der dieses Verhalten zeigte, wenngleich in diesem Fall offen bleiben muss, wie groß jener Teil exakt war.

Dass selbst die Kommandeure in der Minderzahl blieben, die die Durchführung der Kommissarrichtlinien ablehnten und im Ansatz verhinderten, bestätigten indirekt auch die deutschen Kriegsgefangenen im britischen Lager Trent Park bei London. Dort waren hochrangige deutsche Offiziere interniert, deren Gespräche über versteckte Abhöranlagen aufgezeichnet wurden, um sie nachrichtendienstlich auswerten zu können. Die mittlerweile zugänglichen Abhörprotokolle geben wieder, wie sich die Kommandeure in der Gefangenschaft rückblickend über die Verbrechen an der Ostfront austauschten; mitunter kam hierbei auch die Durchführung des Kommissarbefehls zur Sprache. Dabei zeigte sich, dass von den Offizieren, die sich zur Handhabung der Kommissarrichtlinien äußerten, drei zugaben, den Befehl befolgt zu haben, während nur drei andere Offiziere für sich in Anspruch nahmen, seine Ausführung abgelehnt zu haben. General Wilhelm Ritter von Thoma, der sich in Trent Park als schärfster Gegner des NS-Regimes präsentierte, erklärte einem Gesprächspartner im November 1942 erregt, dass es mit seinem Ethos unvereinbar gewesen sei, die ›verbrecherischen Befehle‹ zu befolgen: »Wenn's Schweinereien sind, mache ich nicht mit, denke ich gar nicht daran.«[578] Thoma war bereit, »einen heiligen Eid ab[zu]legen, dass bei uns aber kein einziger [Kommissar] erschossen worden ist«. Das zeitgenössische Aktenmaterial beweist allerdings das Gegenteil. Unter seinem Kommando wurden in der 17. und 20. Panzerdivision bei mehreren Gelegenheiten im September und Oktober 1941 insgesamt mindestens dreizehn Kommissare und Politruks exekutiert.[579] Auch am

---
576 Eintrag im TB (Ic) der Pz.Gr. 3 v. 1.1.-11.8.1941; BA-MA, RH 21-3/423, S. 30.
577 Befehl des XX. AK/Abt. Ic Nr. 5288/41 geh. v. 11.9.1941; BA-MA, RH 26-292/53, Anl. 24.
578 NEITZEL, Abgehört, S. 94 f.
579 Vgl. die Vernehmungsberichte der 17. Pz.Div. an das XXXXVII. AK v. 27.8. und 28.8.1941; BA-MA, RH 21-2/654, Bl. 253, 250. Vgl. die Ic-Meldung der 17. Pz.Div. an die Pz.Gr. 2 v. 27.9.1941; BA-MA,

4. Handlungsspielräume   471

Wahrheitsgehalt seiner Behauptung, »dass der Befehl absolut innerste Ablehnung überall gefunden hat«, bestehen Zweifel.⁵⁸⁰ Die Glaubwürdigkeit dieser Aussage wird dadurch in Mitleidenschaft gezogen, dass Thoma gleichzeitig angab, dass der Befehl selbst »bei Halder, Brauchitsch, bei allen, grosse Ablehnung« gefunden habe. Hiervon konnte bekanntlich überhaupt nicht die Rede sein, denn schließlich zählten der Oberbefehlshaber des Heeres und sein Stabschef unzweifelhaft zu den Urhebern und Befürwortern des Kommissarbefehls. Trotz dieser Einschränkungen konnte es freilich der Wahrheit entsprechen, dass Thoma persönlich den Kommissarbefehl für eine »Schweinerei« hielt, wenn er auch in letzter Konsequenz nicht gegen seine Durchführung einschritt. Unbeschadet der einzigartigen Authentizität der Abhörprotokolle aus Trent Park ist zu bedenken, dass die Aussagen und das Gesprächsverhalten der Gefangenen schon zu diesem frühen Zeitpunkt von Verarbeitungsprozessen und Verklärung beeinflusst wurden.

Dies gilt wahrscheinlich auch für den zweiten Gefangenen, der in Trent Park seine Ablehnung des Kommissarbefehls zum Ausdruck brachte, nämlich General von Choltitz, der 1941/42 als Oberst ein Regiment der 22. Infanteriedivision an der Ostfront kommandiert hatte. Im Oktober 1944 schilderte Choltitz einem britischen Offizier, welche Reaktionen es hervorgerufen hatte, als der Befehl eingetroffen war, »die Kommissare totzuschießen«: »Also da haben wir uns alle schon furchtbar gewehrt, es zu machen, haben gesagt, es wäre eine ganz grosse Gemeinheit und ein Fehler, denn wenn wir die Leute als ordentliche Soldaten einschätzen und ihnen sagen würden, wir nehmen sie gefangen, [...] dann wird ihr Widerstand geringer«.⁵⁸¹ Die Akten der 22. Infanteriedivision und die Überlieferungsfragmente des IR 16 lassen es nicht zu, diese Angaben zu überprüfen. Da es sich bei Choltitz' Gesprächspartner um einen Repräsentanten der Gewahrsamsmacht handelte, bleiben jedoch gewisse Zweifel an seiner Darstellung der Ereignisse, zumal das Personal in Trent Park ohnehin der Auffassung war, dass Choltitz »stets bestrebt« gewesen sei, »sich den Briten gegenüber in möglichst positivem Licht darzustellen«.⁵⁸² Irritierend wirkt es auch, dass Choltitz sich der Mitwirkung an einem denkbar radikaleren Verbrechen offenbar nicht in der gleichen Weise verweigert hat, wie er im Zwiegespräch mit General Thoma im August 1944 einräumte: »Den schwersten Auftrag, den ich je durchgeführt habe – allerdings dann mit grösster Konsequenz durchgeführt habe –, ist die Liquidation der Juden. Ich habe diesen Auftrag allerdings auch *bis zur letzten Konsequenz durchgeführt.*«⁵⁸³ Choltitz' gleichzeitig moralisch und utilitaristisch begründete Kritik an den Kommissarrichtlinien findet sich jedoch noch bei einem weiteren Offizier, der an der Ostfront ein Regiment geführt hatte.

Generalleutnant Freiherr von Broich war 1941 noch Oberst und Regimentskommandeur in der 1. Kavalleriedivision, bevor er im Mai 1943 als General in Afrika in Gefangenschaft geriet. Im Oktober 1943 führte er in Trent Park mit zwei Mitgefangenen eine Unterhaltung über die deutschen Kriegsverbrechen, in deren Verlauf er sich

---

RH 21-2/658, Bl. 222. Vgl. die Einträge im TB (Ic) der 20. Pz.Div. v. 19.10., 23.10., 3.11.1941; BA-MA, RH 27-20/189.
⁵⁸⁰ Neitzel, Abgehört, S. 226.
⁵⁸¹ Ebd., S. 262.
⁵⁸² Ebd., S. 435.
⁵⁸³ Ebd., S. 258. Hervorhebung im Original.

auch über den Kommissarbefehl empörte: »Das Erschiessen der Kommissare – in keinem Krieg habe ich irgend etwas, ausser im wüsten Altertum, feststellen können, dass solche Befehle von oberster Stelle gegeben werden.«[584] Die Kommissarerschießungen zählte Broich zu den »unnötige[n] Grausamkeiten«, die Hitlers »Grössenwahnsinn« hervorgebracht habe. Neben dem moralischen Schaden beklagte Broich auch den militärischen Preis, den die Vernichtungspolitik gekostet hatte: »Den Erfolg haben wir in der Wut, mit der die Kommissare gekämpft haben.« Gegen solche Maßnahmen, so Broich, habe sich sein »Verstand« gesträubt, über den er nicht »wegspringen« konnte: »Da kann ich nicht mitmachen.« Wenn Broich einräumte, dass man ihm diese Haltung als »Charakterlosigkeit« auslegen konnte, zeugte dies beiläufig davon, durch welche sozialen Sanktionsmechanismen nonkonformes Verhalten in der Wehrmacht marginalisiert wurde. So fanden sich auch in der 1. Kavalleriedivision noch genügend Offiziere, die Broichs glaubhafte Kritik an den Kommissarrichtlinien nicht teilten oder zumindest nicht die gleichen Konsequenzen daraus zogen. In anderen Einheiten der Division wurde der Befehl nachweislich befolgt, nicht zuletzt zeigte sich auch das Divisionskommando bestrebt, den Erlass umzusetzen.[585]

Selbst in Trent Park war die Ablehnung des Kommissarbefehls nicht einhellig. Im Gegensatz zu Thoma, Choltitz und Broich berichtete eine Reihe von anderen Offizieren ohne erkennbares Unrechtsbewusstsein von ihrer Mitwirkung an der Durchführung der Kommissarrichtlinien. Manche Offiziere rechtfertigten die Erschießungen sogar. Generalmajor Wahle etwa, seinerzeit Oberst und Regimentskommandeur in der 94. Infanteriedivision, berichtete einem Mitgefangenen im Februar 1945 davon, dass »1941 bei uns einmal ein russischer Kommissar erledigt« worden war.[586] Mit großer Selbstverständlichkeit schilderte Wahle, wie der Gefangene im Verhör im Regimentsstab »zunächst den Harmlosen markierte«, »Märchen« erzählte und »kolossal selbstbewusst« auftrat, bevor Wahle und sein Adjutant in seinen Papieren einen »Kommissarausweis« entdeckten, womit »sein Schicksal besiegelt war«. Nach dem entlarvenden Fund leiteten Wahle und sein Adjutant sofort die erforderlichen Maßnahmen ein, die dazu führten, dass der Kommissar seinem Schicksal tatsächlich nicht entging: »Also wir packten die Sachen zusammen und schickten ihn hinten zur Division, wo er dann totgemacht worden ist.« So wenig Wahle bereits in der fraglichen Situation im November 1941 gezögert hatte, den gefangenen Politoffizier dem Tod auszuliefern, so wenig sind auch in seinen Erzählungen aus der Gefangenschaft irgendwelche Zweifel an der Berechtigung seiner Vorgehensweise oder eine Distanzierung von dem Verbrechen festzumachen.

Noch unbeirrbarer zeigten sich zwei ehemalige Divisionskommandeure in Trent Park. General Crüwell hatte an der Ostfront die 11. Panzerdivision befehligt und galt in Trent Park als Kopf der regimetreuen Fraktion unter den Gefangenen, die von den

---

[584] Ebd.
[585] Vgl. die Ic-Tagesmeldung der 1. Kav.Div. an das XXIV. AK v. 11.7.1941 über 10 Exekutionen; BA-MA, RH 24-24/331. Vgl. die Einträge im KTB der 1. Kav.Div. v. 7.7. und 16.7.1941 über jeweils eine Exekution; BA-MA, RH 29-1/4, S. 37, 54. Vgl. den Eintrag im KTB der I./R.Rgt. 2 v. 12.8.1941; BA-MA, RH 40/59, S. 57. Zum Drängen des Div.Kdos. auf die Umsetzung vgl. den Befehl der 1. Kav.Div./Abt. Ic v. 11.7.1941; BA-MA, RH 29-1/5, Anl. 537.
[586] NEITZEL, Abgehört, S. 287.

Briten als »nazi clique« bezeichnet wurde.[587] Crüwell hatte den Kommissarbefehl in seiner Division ausführen lassen und verstand die Aufregung seiner Mitgefangenen über die Erschießungen nicht, wobei er eine tief greifende Erosion der Rechtsbegriffe offenbarte: »Bei uns haben sie nur einen Kommissar erschossen – war es denn *so* schlimm?«[588] Selbst wenn Crüwell sich korrekt erinnert hätte, dass in seiner Division allein in den ersten beiden Wochen des Feldzugs noch mindestens zehn weitere Politoffiziere exekutiert worden waren, hätte er seine Meinung wohl kaum geändert.[589] Dass es »nur Kommissare« waren, die als Gefangene erschossen wurden, erschien ihm offensichtlich unbedenklich.

Sein Gesprächspartner, Generaloberst von Arnim, hatte ebenfalls einen Frontverband kommandiert, in dem Kommissarerschießungen durchgeführt worden waren, nämlich die 17. Panzerdivision. In der Unterhaltung mit Crüwell ließ Arnim erkennen, dass auch er die Vernichtungspolitik gegen die Kommissare für gerechtfertigt gehalten hatte, zumindest in der Anfangsphase. Aus der Rückschau im Herbst 1943 erschien ihm die massenhafte Erschießung der Kommissare zwar als »eine blöde Dummheit«. Dieses Verdikt galt jedoch nur mit einer signifikanten Einschränkung: »Also abgesehen von den ersten, die also noch überzeugte Kommunisten waren, waren die anderen ja rein dazukommandierte Soldaten, die gar nicht mal Parteimitglieder waren.« Wie diese Äußerung zeigt, hing Arnims Zustimmung davon ab, ob die zur Erschießung vorgesehenen Gefangenen dem Feindbild entsprachen, das dem Kommissarbefehl zugrunde lag. Solange es sich um »überzeugte Kommunisten« handelte, konnte Arnim die Erschießungen offensichtlich verantworten. Als nach den anfänglichen großen Verlusten unter den Politoffizieren die zahlreichen Fehlstellen in der Roten Armee zunehmend mit gewöhnlichen »dazukommandierte[n] Soldaten« besetzt werden mussten, die diese Voraussetzung nicht mehr erfüllten, schwand Arnims Zustimmung. Damit bewies Arnim, dass er die Intentionen der Kommissarrichtlinien letztlich teilte, denn nichts anderes war es, gezielt »überzeugte Kommunisten« zu bekämpfen. Dass er die Erschießungen als »blöde Dummheit« bezeichnete, was kein Vokabular zur Anmeldung humanitärer Bedenken war, lässt außerdem darauf schließen, dass seine Kritik vor allem pragmatisch begründet war und auf die nachteiligen Rückwirkungen der Vernichtungspolitik auf den gegnerischen Widerstandswillen abhob.

Die in Trent Park internierten Offiziere stellten sicherlich kein repräsentatives Abbild der Truppenführer des Ostheeres dar. Dennoch spiegelten sich im Mikrokosmos dieses Lagers ähnliche Tendenzen wider, die sich auch in den übrigen Quellen zur Opposition gegen die Kommissarrichtlinien abzeichnen. Die kontroversen Gespräche in Trent Park bestätigen die Existenz von militärisch und ethisch motivierten Protesthaltungen gegen den Kommissarbefehl, zeugen aber zugleich von ihrer Isolation. Ein beträchtlicher Teil der Kommandeure bekannte sich selbst in der Gefangenschaft noch zur Beteiligung an der Vernichtungspolitik. Mancher Kommandeur hatte den Kommissarbefehl zwar für eine »Schweinerei« gehalten, duldete aber letztlich doch, dass er durchgeführt wurde. Nur eine Minderheit der Truppenführer setzte sich dem Verdacht der militärischen »Charakterlosigkeit« aus und zog aus seinem Widerwillen die

---

[587] Ebd., S. 436.
[588] Ebd., S. 232. Hervorhebung im Original.
[589] Ic-Meldung der 11. Pz.Div. an das XXXXVIII. AK v. 14.7.1941; BA-MA, RH 24-48/198, Anl. 29.

Konsequenz, der Durchführung des Befehls aktiv entgegenzutreten. Wie in Trent Park bot der Umgang der Truppenführer mit dem Kommissarbefehl auch im Ostheer selbst ein heterogenes Bild, wobei das konforme Verhalten allerdings letztlich deutlich überwog.

Dies gilt auch für das bislang prominenteste Beispiel der Verweigerung des Kommissarbefehls, die 17. Panzerdivision. Am 21. September 1941 hatte der zeitweilige Divisionskommandeur, Ritter von Thoma, im OKH einen Vortrag »über die Kämpfe der 17. Pz.Div. an der Desna« gehalten.[590] »Interessant dabei« fand Halder unter anderem Thomas Ausführungen über das »Verhalten der Truppe gegen Kommissare pp. (werden nicht erschossen)«. Wenn diese Notiz auch die stellenweise Nichtdurchführung des Kommissarbefehls belegt, wäre es doch ein Fehlschluss, daraus zu folgern, dass der Kommissarbefehl in der Division grundsätzlich nicht befolgt wurde. Nicht nur die Einlassungen des ersten Divisionskommandeurs auf dem russischen Kriegsschauplatz, General v. Arnim, in Trent Park, sondern auch das zeitgenössische Aktenmaterial korrigieren diesen Eindruck. Die Korrespondenz der Ic-Abteilung belegt eindeutig, dass man den Befehl in der 17. Panzerdivision sowohl in der Zeit vor als auch nach dem Vortrag Thomas im OKH oft genug durchgeführt hatte. Wenn es im September 1941 während der Kämpfe an der Desna vorgekommen war, dass Truppen der Division die gefangenen Kommissare entgegen der Befehlslage verschont hatten, handelte es sich dabei lediglich um eine zeitlich und lokal begrenzte Erscheinung, die für die Handhabung des Kommissarbefehls in diesem Verband nicht kennzeichnend war. Dass Thoma dieses Verhalten in seinem Vortrag bei Halder besonders betonte, verfolgte möglicherweise den Zweck, eine Änderung der Befehlslage zu erreichen und dies mit dem »Verhalten der Truppe« argumentativ zu untermauern. Dies bleibt zwar eine Vermutung, die nicht verifizierbar ist, hätte sich aber mit Thomas Einstellung, die er später in Trent Park bekundete, gedeckt. Überdies spricht auch der Zeitpunkt des Vortrags für diese Annahme, handelte es sich doch gerade um jenen Zeitraum, in dem die meisten Initiativen von Frontstäben zur Abkehr von der Vernichtungspolitik erfolgten, das Bemühen um eine Aussetzung der Erschießungen also einer verbreiteten Stimmung entsprach.[591]

Welche Hintergründe Thomas offene Worte vor Halder über das befehlswidrige Vorgehen seiner Division letztlich auch hatten, festzuhalten bleibt, dass das typische Verhalten seines Verbandes eher in der gehorsamen Durchführung des Kommissarbefehls bestand. Hiervon zeugen die Erschießungszahlen der Division. Von der 17. Panzerdivision sind insgesamt 16 Kommissarerschießungen nachweisbar, die aus den Monaten von August bis Dezember 1941 stammen und sich damit fast über den gesamten Zeitraum des »Unternehmens Barbarossa« verteilen.[592] Im Gesamtvergleich des Ostheeres stellte diese Summe einen überdurchschnittlichen Wert dar, mit dem die 17. Panzerdivision in den Erschießungsstatistiken der deutschen Frontdivisionen einen Platz im oberen Sechstel belegte. Zu den Einheiten der 17. Panzerdivision, die den

---

[590] HALDER, KTB, Bd. 3, S. 243 (21.9.1941).
[591] Vgl. hierzu Kap. VI.
[592] Vgl. die Vernehmungsberichte der 17. Pz.Div. an das XXXXVII. AK v. 27.8. und 28.8.1941; BA-MA, RH 21-2/654, Bl. 253, 250. Vgl. die Ic-Meldung der 17. Pz.Div. an die Pz.Gr. 2 v. 27.9.1941; BA-MA, RH 21-2/658, Bl. 222. Vgl. die Ic-Berichte der 17. Pz.Div. an das XXIV. AK v. 2.12. und 11.12.1941; BA-MA, RH 24-24/332.

4. Handlungsspielräume

Kommissarbefehl befolgten, zählte im Übrigen auch der Divisionsstab selbst, wo Ende August 1941 zwei gefangene Kommissare nach der Vernehmung in der Ic-Abteilung exekutiert worden waren. Letztlich stellen auch die Geschehnisse bei der 17. Panzerdivision kein Beispiel für die kategorische Verweigerung der Kommissarrichtlinien dar, sondern bestätigen vielmehr den allgemeinen Eindruck, dass sich in den Frontverbänden nur eine Minorität dazu bereit fand, dem Befehl zuwiderzuhandeln und die Kommissare zu verschonen.

Überdies beschränkte sich das deviante Verhalten ohnehin nicht nur auf die dezidierteste Ausprägung der kategorischen Weigerung, sondern umfasste auch Vorstufen und Schattierungen. Zur selbsttätigen Durchführung der Exekutionen bestanden Alternativen, die allerdings keineswegs immer einschlossen, dass die Realisierung der Vernichtungspolitik vollständig in Frage gestellt und in letzter Konsequenz verhindert wurde. Häufig wurde ein Mittelweg beschritten, der zwar eine Modulation, aber keine Verweigerung des Befehls darstellte. Im Bereich des IX. Armeekorps etwa hatte das Generalkommando noch vor Beginn des Feldzugs die alternative Regelung gestattet, dass die gefangenen politischen Kommissare »abgesondert von den übrigen Gefangenen – in die Div.-Gefangenensammelstellen überführt und dort – auch durch Feldgendarmerie – beseitigt werden« durften.[593] Im Gegensatz zu der Praxis, die sich während des Feldzugs in vielen anderen Verbänden entwickelte, verfolgte diese Maßnahme nicht das Ziel, die nachrichtendienstliche Ausnutzung der gefangenen Politoffiziere zu ermöglichen. Denn die Führung des IX. Armeekorps hatte ausdrücklich darauf hingewiesen, dass »eine vorherige Vernehmung durch den Ic […] nur dann in Frage« käme, »wenn Aussicht besteht, dadurch wichtige militärische Aussagen zu erhalten«. Der Zweck der Anordnung war offenbar, die fechtende Truppe von der unangenehmen Pflicht der Exekutionen zu entbinden und diese Arbeit stattdessen den Polizeiorganen zu übertragen, die solche Obliegenheiten zu ihrem dienstlichen Aufgabenbereich rechnen mussten. Schon zu Beginn des Feldzugs zeigte sich dann, dass zumindest die Truppen einer der unterstellten Infanteriedivisionen von dieser Ausweichmöglichkeit Gebrauch machten. Denn alle zehn Kommissarerschießungen, die die 292. Infanteriedivision in den ersten zwei Wochen des Feldzugs zu verzeichnen hatte, waren offenbar in ihren Gefangeneneinrichtungen vollzogen worden.[594]

Diese abgewandelte Verfahrensweise änderte zwar in letzter Konsequenz nichts am Endergebnis der Vernichtungspolitik, doch konnten die Kampfverbände auf diese Weise die Fassade ihrer traditionellen Ehrbegriffe aufrechterhalten. Der Beitrag, den sie mit der Selektion und Ablieferung der gefangenen Politoffiziere zur Realisierung des Mordprogramms noch zu leisten hatten, erschien weitaus unproblematischer als die eigenständige Durchführung der Exekutionen. Das arbeitsteilige Vorgehen führte zu einer Aufsplitterung der Verantwortung und ermöglichte eine moralische Lastenverteilung, die allen Mitwirkenden ihre Aufgaben erleichterte.[595] Die Fronttruppen konnten zu ihrer Entlastung anführen, dass es die Feldgendarmen oder die Lagermannschaften waren, die die Erschießungskommandos stellten und den Abzug betätigten.

---

[593] Vgl. die Aktennotiz der 292. Inf.Div./Abt. Ic über die mündliche Weisung des Stabschefs des IX. AK v. 21.6.1941; BA-MA, RH 26-292/53, Anl. 1.
[594] Meldung des Sdf. Arndt an den Ic der 292. Inf.Div. v. 12.7.1941 über eine Kriegsgefangenenmeldung der Abt. Ib; BA-MA, RH 26-292/55.
[595] Vgl. hierzu und zum Folgenden Welzer, Täter, S. 112, 121.

Die Feldgendarmen wiederum konnten sich darauf berufen, dass die Fronttruppen ihnen die Politoffiziere erst zugeführt und damit unumkehrbare Tatsachen geschaffen hatten, die keinen anderen Ausweg mehr ließen als die Vollstreckung der Erschießungen. Das gehorsame Handeln der einen Gruppe bekräftigte die andere darin, auch ihren eigenen, begrenzten Tatbeitrag zu leisten. Beide Glieder der Handlungskette bestätigten sich wechselwirksam in ihrem konformen Verhalten, so dass alle Beteiligten das Gefühl haben konnten, eine allgemein getragene Pflicht zu tun und Räder in einem größeren Getriebe zu sein.

Neben solchen Modifizierungen boten sich noch weitere Auswege, um die Anwendung der Kommissarrichtlinien zu umgehen. Zum einen ist es nicht auszuschließen, dass manche Einheiten die Selektion der Kommissare unter den Gefangenen von vornherein in der Absicht unterließen, gar nicht erst in die Situation zu gelangen, sich an der Durchführung des Kommissarbefehls beteiligen zu müssen. Obwohl solche resistenten Verhaltensweisen in den Quellen kaum fassbar sind, steht doch zu vermuten, dass sie im Alltag des Krieges durchaus vorkamen, wenn auch nicht massenhaft.[596] Doch selbst wenn man Politoffiziere gefangen genommen, ausgesondert und gemeldet hatte, blieben noch Alternativen. Begünstigt durch die Praxis der Kommandobehörden, die solche Verfahrensweisen in der Regel zuließen, kostete es kaum Mühe, Gründe dafür zu finden, gefangene Politoffiziere an vorgesetzte Stellen abzuschieben anstatt sie umgehend zu exekutieren, wie es eigentlich vorgeschrieben war. So konnte beispielsweise ein Dulag in den Gefangenenmeldungen offen angeben, dass es zwei gefangene Kommissare an ein anderes Gefangenenlager abgegeben hatte.[597] Selbst eine Frontdivision konnte bedenkenlos melden, dass ihre Truppen einen sowjetischen Kommissar gefangen genommen und »im Gefangenenlager abgeliefert« hatten, was nach dem Buchstaben des Kommissarbefehls eigentlich unzulässig war.[598] Die Division hatte diese Maßnahme jedoch mit Zweifeln am Status des Gefangenen begründet, bei dem es sich angeblich um einen Reserveoffizier handelte, der »wahrscheinlich gleichzeitig polit. Ko[m]missar« war.[599] Unabhängig von den Motiven, die dahinter standen, wenn die Verbände solche Umwege wählten, waren diese Vorgehensweisen für die Kommandobehörden doch schon deswegen akzeptabel, weil sie implizierten, dass die meldenden Stellen die gefangenen Politoffiziere zumindest selektiert und damit bereits einen Beitrag zur Durchführung des Befehls geleistet hatten.

Den Einheiten, die der eigenverantwortlichen Durchführung des Kommissarbefehls auswichen, ging es offenbar vor allem darum, der Bürde der Exekutionen ledig zu werden. Mit der bloßen Selektion der gefangenen Kommissare und Politruks aber konnten sich die meisten Einheiten wohl arrangieren. Die Aussonderung und Ablieferung der Politoffiziere unterschied sich kaum von anderen Routineverfahren beim Abschub von Kriegsgefangenen.[600] Dieser Schein von Normalität ermöglichte es, die

---

[596] Vgl. Kap. V.3.
[597] Vgl. die Gefangenenmeldung des Dulag 100/Abt. Ia Az. 1120/41 v. 29.8.1941; BA-MA, RH 23/295, Bl. 114.
[598] Ic-Tagesmeldung der 100. lei. Inf.Div. an das LII. AK v. 9.7.1941; BA-MA, RH 24-52/220.
[599] Ic-Abendmeldung der 100. lei. Inf.Div. an das LII. AK v. 29.6.1941; BA-MA, RH 26-100/36, S. 31.
[600] Wie die Zerlegung der Handlungsketten in »kleine Tatbeiträge« allen Beteiligten die Mitwirkung erleichterte und zudem den tatsächlichen Charakter der Verbrechen verdeckte, exemplifiziert auch der Ablauf der Deportation von Ozarichi im März 1944; vgl. Rass, Ozarichi.

Illusion aufrechtzuerhalten, für die Morde keine Verantwortung zu tragen, selbst wenn man sich bewusst war, welche Konsequenzen die Selektionen hatten. Die arbeitsteiligen Verfahren, die bei der Durchführung der Kommissarrichtlinien angewandt wurden, offenbarten zwar, dass es Skrupel zu bewältigen gab, erleichterten und garantierten aber letztlich die konforme Umsetzung der Zielvorgaben. In der Regel dienten die Modulationen der Frontverbände in erster Linie zur Überwindung dieser Hemmungen und hatten daher nur eine Verzögerung und institutionelle Verschiebung, aber keine Aussetzung des Mordprogramms zur Folge.

Unter bestimmten Voraussetzungen jedoch wurde den gefangenen Politoffizieren sogar eine veritable Chance gewährt, nach den Verhören in den Ic-Abteilungen der Kommandobehörden verschont zu werden. Ob sie diese Chance erhielten, hing im Wesentlichen von den Ergebnissen der Verhöre ab und wie sich die Politoffiziere den deutschen Vernehmungsoffizieren präsentierten. Wenn sich die Gefangenen kooperativ zeigten, Informationen preisgaben und nutzbringend erschienen, konnte dies die Ic-Offiziere zumindest schon einmal zu der Entscheidung veranlassen, die Politoffiziere an einen höheren Stab weiterzuleiten, anstatt direkt die Exekution anzuordnen. Die Chancen der gefangenen Kommissare und Politruks, die kritische Situation zu überleben, stiegen noch weiter, wenn sie sich von Stalins Regime und ihrer Tätigkeit als Politoffiziere glaubhaft distanzierten. So gaben manche Politoffiziere in den Verhören an, dass sie ihre Stellung als Politoffiziere gegen ihren Willen erhalten hatten, und behaupteten, freiwillig zu den deutschen Truppen übergelaufen zu sein. Andere Kommissare stellten sich als Gegner des bolschewistischen Regimes dar und gaben an, aus zaristischen Familien zu stammen und selbst vom bolschewistischen Repressionsapparat drangsaliert worden zu sein. Sofern die deutschen Vernehmungsoffiziere solche Aussagen nicht sofort als Schutzbehauptungen auslegten, konnte diese Strategie dazu führen, dass Zweifel daran aufkamen, ob die Gefangenen tatsächlich als Politoffiziere im Sinne des Kommissarerlasses anzusehen und zu behandeln waren. Nur wenn in den Verhören der Eindruck entstand, dass die gefangenen Politoffiziere nicht dem herrschenden Feindbild entsprachen, das den Kommissarrichtlinien zugrunde lag, hatten sie überhaupt Aussicht darauf, von der Vernichtungspolitik ausgenommen zu werden.

Der Ic-Offizier des XXXXVI. Panzerkorps etwa, Hauptmann Graf zu Castell, kündigte seinem Vorgesetzten im Panzergruppenkommando 2 am Abend des 20. September 1941 an, ihm am folgenden Tag einen gefangenen Kommissar vorführen zu lassen. Gleichzeitig setzte sich Hauptmann Castell dafür ein, den Kommissarbefehl in diesem Fall nicht anzuwenden: »Es wird morgen ein höherer Kommissar geschickt und [es] wird gebeten ihn nicht als solchen zu behandeln.«[601] Seinen Antrag, den Kommissar entgegen der sonst üblichen Praxis zu verschonen, hatte Castell utilitaristisch begründet: »Er macht ganz wertvolle Aussagen über Dinge die ganz wichtig sind und kann uns noch wertvolle Dienste leisten.« Wenn gefangene Politoffiziere ihre Bereitschaft zur Kollaboration demonstrierten, konterkarierten sie vollends die ideologisch geprägten Vorstellungen, die man in der Wehrmacht von ihnen pflegte. So

---

[601] Mitteilung des Ic des XXXXVI. AK an den Ic der Pz.Gr. 2 v. 20.9.1941, 21.30 Uhr; BA-MA, RH 21-2/657, Bl. 224. Das Schicksal dieses Kommissars nach seiner Überstellung an die Pz.Gr. 2 ist nicht bekannt.

hatte man in der 36. Infanteriedivision Anfang Dezember 1941 einen sowjetischen Politruk gefangen genommen, der im Verhör aussagte, dass er »von Beruf Lehrer« sei und nur »auf Grund seiner Bildung« in die Stellung des Politoffiziers eingesetzt worden sei.[602] Außerdem äußerte der Gefangene »starke Zweifel an dem glücklichen Ausgang des Krieges«, übte »starke Kritik« an der sowjetischen Kriegführung und bot sich an, »durch Abfassung von nach seiner Ansicht sehr wirksamen Flugblättern seine Kameraden zum Überlaufen bewegen zu wollen«. Seine Lossagung von der sowjetischen Führung und seine Kooperationsbereitschaft überzeugten die deutschen Offiziere, die ihn vernahmen, schließlich davon, dass er »eigentlich kein Politruk« sei.

Die Stäbe des Ostheeres scheuten sich ohnehin nicht, von den Angeboten gefangener Politoffiziere zur Mitarbeit in der deutschen Propaganda Gebrauch zu machen, im Gegenteil. Die Verwendung sowjetischer Kommissare in der Propaganda hielt man vielmehr für besonders effektvoll, wirkte dies doch wie der lebende Beweis dafür, »dass politische Kommissare nicht in allen Fällen treu zur kommunistischen Partei stehen«.[603] Die Propagandakompanien und Ic-Abteilungen ließen sich von den gefangenen Politoffizieren Flugblätter und Aufrufe anfertigen und setzten sie häufig auch zur Lautsprecherpropaganda ein.[604] Die Aufgabe des Gefangenen war es dann, »durch den Lautsprecher seine Kameraden zum Überlaufen« aufzufordern, was manchmal sogar zum Erfolg führte.[605] Teilweise wurden hierzu Schallplatten mit Ansprachen der gefangenen Kommissare aufgenommen, die dann an der Hauptkampflinie gebetsmühlenartig abgespielt werden konnten.[606] Auch die Frontverbände selbst verzichteten nicht auf die Dienste gefangener Kommissare. Bei einer Division der Panzergruppe 2 etwa war im August 1941 ein hochrangiger »Div[isions].Kommissar« gefangen genommen worden. Bevor man ihn zur Vernehmung an die vorgesetzten Stellen weiterleitete, hatte man ihn zunächst über mehrere Tage »für eigene Zwecke eingespannt«.[607]

Was mit den Politoffizieren geschah, nachdem sie sich den deutschen Kommandobehörden dienstbar gemacht hatten, ist den deutschen Berichten in der Regel nicht zu entnehmen. Eine Reihe von Quellen belegt aber, dass die Stäbe durchaus geneigt waren, die Kooperationsbereitschaft der Kommissare und ihre Absagen an den Kommunismus zu honorieren, indem sie auf die Anwendung des Kommissarbefehls verzichteten. Die Ic-Abteilung der 4. Panzerdivision etwa ließ Anfang September 1941 einen gefangenen Politruk an das vorgesetzte Panzergruppenkommando 2 weiterleiten, mit dem Hinweis, dass der Gefangene einen »sehr aufgeweckten Eindruck« mache und »mög-

---

[602] Vernehmungsbericht der A.Abt. 36 v. 7.12.1941; BA-MA, RH 39/727.
[603] Vgl. die Schreiben des AOK 18/Abt. Ic an die H.Gr. Nord v. 22.7. und 23.7.1941; BA-MA, RH 20-18/953.
[604] Vgl. den Eintrag im TB (Ic) des L. AK v. 24.3.1942; BA-MA, RH 24-50/143, S. 45. Vgl. auch die Anlage zum FNBl. des AOK 17/Abt. Ic Nr. 45/41 v. 8.9.1941; BA-MA, RH 20-17/283.
[605] Ic-Morgenmeldung des LV. AK an das AOK 17 v. 4.10.1941; BA-MA, RH 20-17/279.
[606] Vgl. die Ic-Morgenmeldungen der 297. Inf.Div. an das LII. AK v. 5.10. und 7.10.1941; BA-MA, RH 24-52/221. Vgl. auch den Eintrag im TB (Ic) des AOK 16 v. 10./11.12.1941; BA-MA, RH 20-16/473.
[607] Ic-Meldung der 3. Pz.Div. an das XXIV. AK v. 22.8.1941; BA-MA, RH 24-24/325. Vgl. auch den Eintrag im TB (Ic) der 268. Inf.Div. v. 27.7.-6.9.1941, Abschnitt »Propaganda«; BA-MA, RH 26-268/79.

licherweise zu Propagandazwecken verwertet werden« könne.[608] Dass der Ic-Offizier die Überstellung mit der »Bitte um weiteren Entscheid über die Zukunft« des gefangenen Politoffiziers verband, implizierte, dass er sich auch vorstellen konnte, den Gefangenen zu verschonen. Zu einer Ausnahmeregelung hatte man sich Anfang August 1941 offenbar auch beim XXIX. Armeekorps entschlossen. Nutznießer war ein »uebergelaufener juengerer polit. Kommissar, der ursprünglich aktiver Soldat war und dann zur Teilnahme an einem Kursus fuer politische Kommissare befohlen wurde«, also dem Bild eines überzeugten Politoffiziers und Kommunisten genauso wenig entsprach.[609] Nach »eingehender Vernehmung und Auswertung seiner Angaben« entschied das Generalkommando, ihn ins Gefangenenlager einzuweisen, »mit der besonderen Anweisung, ihn zur Verfuegung der Abwehr und Propaganda zu halten«. Mit dieser Entscheidung war der Kommissar der vorläufig lebensrettenden Anerkennung als regulärer Kriegsgefangener ein bedeutendes Stück näher gekommen.

Dass auch die Ausnahmen vom Kommissarbefehl bürokratisch auf dem Dienstweg abgewickelt werden konnten und selbst aus Sicht der Autoritäten mit dem Sinn des Befehls in Einklang standen, veranschaulicht ein weiterer Vorgang, dem sogar der Oberbefehlshaber der 17. Armee persönlich seine Zustimmung erteilte. Anlass war die »Gefangennahme des Unterpolitruks Michnowitsch, Alexejfeodorwitsch«, der am 17. Juli 1941 im Frontabschnitt der 9. Infanteriedivision übergelaufen war.[610] Schon beim Verhör im Divisionsstab hatte der Überläufer »einen nicht ungünstigen Eindruck« auf den Ic-Offizier gemacht und »über alle an ihn gestellten Fragen willig Auskunft« gegeben. Außerdem hatte er ein Schreiben verfasst, in dem er der »tyrannischen Regierung« Stalins abschwor, seine Dienste anbot und versicherte, er sei kein »polit. Arbeiter in dem Sinne, daß ich Euch in irgendeiner Weise gefährlich werden könnte«. Zu dieser Einschätzung gelangte offenbar auch der Ic, der die Entscheidung einer höheren Stelle einholte. Kein Geringerer als General v. Stülpnagel, der OB der 17. Armee, erteilte schließlich seine Genehmigung dazu, den Kommissarbefehl in diesem Fall nicht anzuwenden: »Auf Befehl des Oberbefehlshabers der Armee ist M. nicht erschossen, sondern wird als Kriegsgefangener behandelt.« Auf den Richterspruch Stülpnagels hin wurde der Politruk ins Gefangenenlager überwiesen, wobei trotzdem »dafür Sorge getragen« wurde, »dass er unter den Gefangenen nicht agitatorisch wirkt«. Er erhielt allerdings auch eine »dementsprechende Bescheinigung«, die ihm die Anerkennung als Kriegsgefangener garantierte und ihn davor bewahren sollte, als Politoffizier exekutiert zu werden.

Wie eine Ironie der Geschichte waren diese Fälle allerdings letztlich nicht Ausdruck einer Opposition gegen den Kommissarbefehl, sondern zeugten im Gegenteil davon, wie ernst die Kommandobehörden die Vernichtungspolitik nahmen. Von allen genannten Stäben, die Politoffiziere zur Mitarbeit einspannten und im Einzelfall sogar für ihre Begnadigung eintraten, ist ansonsten die konforme Durchführung des Kommissarbefehls belegt. Dass man sich in bestimmten Situationen entschied, auf die Anwendung des Kommissarbefehls zu verzichten, war tatsächlich nur die Ausnahme von der

---

[608] Schreiben der 4. Pz.Div./Abt. Ic an die Gef.S.St. des XXIV. AK, , betr. Weiterleitung eines jüngeren Politruk, v. 2.9.1941; BA-MA, RH 24-24/332.
[609] Eintrag im TB (Ic) des XXIX. AK v. 4.8.1941; BA-MA, RH 24-29/76.
[610] Schreiben der 9. Inf.Div./Abt. Ic an das XXXXIV. AK v. 19.7.1941; BA-MA, RH 26-9/82, Anl. 52.

Regel und hing vom Urteil der Vernehmungsoffiziere in den Stäben, also auch von persönlicher Willkür ab. Dass diese Entscheidung in aller Regel nicht humanitär motiviert war, verdeutlichen Vorkommnisse wie die bei der 17. Panzerdivision Ende August 1941. Von drei gefangenen Politoffizieren, die am 27. und 28. August 1941 in der Ic-Abteilung der Division verhört wurden, ließ man zwei »nach Einvernahme« umgehend exekutieren, während man den dritten Politoffizier für eine weiterführende Vernehmung aufsparte.[611] Die unterschiedliche Behandlung der Gefangenen war aus den Vernehmungsergebnissen abgeleitet worden. Einer der beiden Kommissare, die nach dem ersten Verhör direkt erschossen wurden, passte musterhaft ins Bild des überzeugten Bolschewisten. Er war schon 1925 im Alter von 24 Jahren in die kommunistische Partei eingetreten, war »politischer Beauftragter bei der ›Prawda‹ in Moskau«, »politischer Redakteur einiger Werkszeitungen« und hatte dementsprechend bei der Einberufung sogleich den Posten eines Bataillonskommissars im Schützenregiment 874 erhalten. Er hatte bis zuletzt versucht, sich der Gefangennahme zu entziehen, leugnete dann aber weder sein Engagement in der Partei noch seine Tätigkeit als Truppenkommissar.

Im Gegensatz dazu war der andere Politoffizier, der etwa zeitgleich im Divisionsstab verhört und zunächst verschont wurde, nicht gefangen genommen worden, sondern war übergelaufen und hatte anschließend »gute Aussagen gemacht«. Dieses Verhalten erhöhte in den Augen der Vernehmungsoffiziere die Glaubwürdigkeit seiner Aussagen, mit denen er sich als Regimegegner und gepressten Politoffizier darstellte. Im Verhör berichtete der Politoffizier, dass er wegen Kritik an der sowjetischen Politik schon als 17-jähriger für mehrere Monate inhaftiert gewesen sei und man ihn noch in den dreißiger Jahren »als politisch nicht geeignet« angesehen hätte. Der Partei sei er nur beigetreten, »um endlich Ruhe zu haben«. Er unterstrich seine Beteuerungen mit der wohlgefälligen Lageeinschätzung, dass er mit dem »baldigen Zusammenbruch des roten Widerstandes« rechne und dass den »Kommissaren bei der Armee […] fast kein Glauben mehr geschenkt« werde. Mit diesen Angaben hob sich der Politoffizier deutlich von dem offensichtlich streng kommunistisch gesinnten Bataillonskommissar des SR 874 ab, was ihn letztlich wohl davor bewahrte, dessen Schicksal zu teilen. Wie mit diesem günstig beurteilten Politoffizier schließlich verfahren wurde, geht aus den überlieferten Quellen nicht hervor. Die Tatsache, dass man ihn im zweiten Vernehmungsbericht nicht mehr als »Kommissar«, sondern nur noch als »polit. Beauftragten« einer Kompanie bezeichnete, deutet jedoch darauf hin, dass man es nicht mehr für gerechtfertigt hielt, ihn als politischen Kommissar im Sinne der Kommissarrichtlinien einzustufen und zu behandeln.

Vorgänge wie dieser belegen den enormen Einfluss der Feindbilder, auf denen die Vernichtungspolitik basierte. Die kanonisierten ideologischen Vorstellungen über die Kommissare waren die Schablone, die die deutschen Offiziere anlegten, wenn sie in den Verhören vor der Entscheidung über die Anwendung des Kommissarbefehls standen. Das entscheidende Kriterium war, in welchem Maße die Gefangenen das Klischee eines typischen Kommissars, also eines überzeugten und verbohrten Fanatikers, erfüllten. Wenn die Vernehmungsoffiziere zu der Auffassung gelangten, dass ein

---

[611] Vgl. hierzu und zum Folgenden die Vernehmungsberichte der 17. Pz.Div. an das XXXXVII. AK v. 27.8. und 28.8.1941; BA-MA, RH 21-2/654, Bl. 253, 250 f.

gefangener Politoffizier diesem Bild entsprach, war das Todesurteil über ihn gefällt. Wenn jedoch der Eindruck entstand, dass der Gefangene diese Voraussetzung nicht erfüllte, konnten sich die Offiziere auch zu einer Ausnahmeregelung entschließen. Diese bedachte Anwendung der Kommissarrichtlinien war zielkonform und wurde daher auch von den Autoritäten geduldet und praktiziert, die die Realisierung der Vernichtungspolitik überwachten. Es machten allerdings bei weitem nicht alle Stäbe ihr Vorgehen davon abhängig, welche Ergebnisse die Verhöre erbrachten. Vielen Offizieren reichten die Abzeichen oder Ausweise eines Politoffiziers, um seine Erschießung zu begründen. Bei einer Division der 6. Armee etwa war im Oktober 1941 »1 Kommissar übergelaufen« und hatte damit eigentlich ein Verhalten gezeigt, das nicht ins Schema des Feindbilds passte. Trotzdem wurde er sofort exekutiert.[612] Ähnlich unbeirrbar präsentierte sich auch das Generalkommando des XXXX. Panzerkorps bei einer Gelegenheit im Februar 1942. Am 12. Februar 1942 vernahm die Ic-Abteilung einen 21-jährigen »jüdischen Politruk«, der sich im Verhör verzweifelt bemühte, nicht als typischer Politoffizier zu erscheinen.[613] Seine Aussagen, dass er nur »wegen seiner Intelligenz und guten Allgemeinbildung (Jude!)« und »angeblich gegen seinen Willen in die politische Laufbahn« gelangt sei, verfingen jedoch genauso wenig wie sein Angebot, »sich der deutschen Seite anzuschließen«. Nach der Vernehmung wurde der Gefangene exekutiert.

Die vereinzelt überlieferten Ausnahmeregelungen vom Kommissarbefehl waren also beileibe keine nonkonformistische Strategie, um die Vernichtungspolitik auszuhebeln, hätten aber durchaus dazu genutzt werden können, wenn auch nicht in großem Maßstab. Obwohl die angeführten Fallbeispiele mehr von der konformen Durchführung als von der Umgehung der Kommissarrichtlinien zeugen, belegen sie doch, dass erhebliche Freiräume zur Auslegung des Befehls bestanden. Mit einer entsprechenden Begründung ließ es sich sogar rechtfertigen, einem Politoffizier offiziell die Rechte eines regulären Kriegsgefangenen zuzuerkennen. Selbst die Einheiten auf den unteren Stufen der Hierarchie konnten Zweifel am Status der Gefangenen geltend machen oder andere Gründe finden, um gefangene Politoffiziere an vorgesetzte Stellen abzuschieben und damit die selbsttätige Durchführung des Befehls zu umgehen. Auf diese Weise bildete sich in manchen Frontabschnitten eine arbeitsteilige Praxis heraus, die von den Autoritäten freilich toleriert wurde, weil sie genauso zum Ziel führte, letztlich sogar mit geringeren Widerständen. Auch die Möglichkeit zur Arbeitsteilung bei der Vernichtungspolitik, die die Verantwortung atomisierte, trug dazu bei, dass die vollständige Verweigerung des Kommissarbefehls im Ostheer die Ausnahme blieb.

Radikalisierung und Normalisierung

Besonders eindringliche Beweise für die weit reichende Akzeptanz des Kommissarbefehls im Ostheer stellen die eigenständigen Radikalisierungsschübe dar, die sich während des Feldzugs in manchen Verbänden ereigneten. Die Vernichtungspolitik war indes nicht nur durch die Interaktion mit dem Gegner und die allgemeine Brutalisierung des Ost-

---

[612] Ic-Meldung des LV. AK an das AOK 6 v. 20.10.1941, 04.20 Uhr; BA-MA, RH 20-6/555, Bl. 265.
[613] Vernehmungsbericht des XXXX. AK/Abt. Ic an das AOK 4 v. 12.2.1942; BA-MA, RH 24-40/96.

krieges dynamisiert worden. Eine unabdingbare Voraussetzung für die Radikalisierungsprozesse schuf auch die normative Kraft der Gewaltakte selbst, die man bereits verübt hatte, bevor man die nächsten Eskalationsstufen erklomm. Nachdem die Schwelle des Verbrechens einmal überschritten war, lag es den Vollstreckern der Vernichtungspolitik näher, ihre Taten zu wiederholen, als sich zur Umkehr zu entschließen und damit ihre Verfehlung einzugestehen.[614] Der Ausgangspunkt für die Ausweitung des Mordprogramms war erreicht, wenn sich die Durchführung des Kommissarbefehls in den betreffenden Frontabschnitten zuvor bereits zu einer festen Praxis entwickelt und etabliert hatte. Dass die Verbände die Anwendung des Befehls dann noch einmal verschärften, zeugte von einer fortgeschrittenen Gewöhnung an die Kommissarerschießungen und einer gewissen Normalisierung dieses Handlungsmusters. Nach der anfänglichen Einübung in den Vollzug der Vernichtungspolitik waren die Hemmungen vor dem Normbruch längst abgebaut, als die Radikalisierungsschübe vollzogen wurden. Mit der Umsetzung der Kommissarrichtlinien etablierte sich ein veränderter Referenzrahmen, in dem auch analoge und sinngemäße Handlungsmuster zulässig erschienen, wenn sie der Zielrichtung des Kommissarbefehls entsprachen. Ohne einen solchen, Legitimität stiftenden Referenzrahmen, auf den die Täter ihre radikalen Handlungen beziehen konnten, ist es kaum zu erklären, mit welcher Selbstverständlichkeit die Ausweitung des Mordprogramms im Ostheer verhandelt und kommuniziert wurde. So machte der Kommissarbefehl auch bei der 6. Armee schnell Schule und veranlasste die Truppen bald zu weiteren, äquivalenten Taten, deren Berechtigung kaum noch in Zweifel gezogen wurde. Dies stellten unter anderem zwei Ordonnanzoffiziere des LI. Armeekorps Ende Juni 1941 auf einer Fahrt zum Gefechtsstand des XXIX. Armeekorps fest, als sie unterwegs einen Soldaten einer Artillerieabteilung antrafen, der zwei kurz zuvor eingebrachte sowjetische Gefangene bei sich führte.[615] Auf die Fragen der Offiziere über seine Gefangenen erklärte der Soldat, »er hätte sie schon nach Tätowierungen untersucht, da sie aber keine hätten seien sie noch am Leben. Die Angehörigen der kommunistischen Jugend seinen [sic] nämlich alle tätowiert und hätten einen Eid abgelegt, so lange sie könnten jeden Deutschen umzubringen.« Die Zugehörigkeit zur kommunistischen Jugendorganisation und der damit verbundene Generalverdacht reichten der Einheit dieses Soldaten aus, um derartige Gefangene grundsätzlich zu exekutieren, wie er im Brustton der Überzeugung erklärte: »Sie werden daher nicht gefangengenommen.« Die beiden Ordonnanzoffiziere hielten dieses Vorgehen wohl für bemerkenswert, intervenierten aber nicht. In ihren Augen sahen die Gefangenen ohnehin »wie Verbrecher« aus, außerdem traf es immerhin noch überzeugte Kommunisten.

Die Voraussetzung für solche Radikalisierungsschübe bestand zunächst in der konformen Befolgung der Kommissarrichtlinien. Diese Konstellation war auch beim I. Armeekorps gegeben, wo die Erschießungen Ende Juli 1941 ausgeweitet wurden, nachdem die Durchführung des Kommissarbefehls in den Verbänden des Korps schon wochenlang praktiziert worden war.[616] Am 30. Juli 1941 berichtete das Generalkom-

---

[614] Vgl. Welzer, Täter, S. 86 f.
[615] Bericht über die Fahrt des O 1/O 2 des LI. AK zum XXIX. AK am 27.6.1941; BA-MA, RH 24-51/18, Anl. 33.
[616] Vgl. die Ic-Abendmeldungen des I. AK an das AOK 18 v. 27.6., 9.7. und 20.7.1941 sowie die Ic-Morgenmeldung des I. AK an das AOK 18 v. 8.7.1941; BA-MA, RH 20-18/958. Vgl. die Ic-Tagesmeldung des I. AK an das AOK 18 v. 21.7.1941; BA-MA, RH 20-18/975, Bl. 86.

mando in der Ic-Abendmeldung an das vorgesetzte AOK 16, dass auf der Gegenseite »neuerdings« die »Eingliederung von durch blaue Hosen kenntliche[n] Kommunisten [...] mit automatischen Gewehren« zu beobachten sei, von denen »pro Batl. bis zu 70 in die Truppe« eingereiht würden und deren »Aufgabe unsbesondere [sic] [im] Schiessen auf zurückgehende Rotarmisten« bestehe.[617] Diese Eigenschaften begründeten die Entscheidung, die auftretenden »Kommunisten« in den Geltungsbereich des Kommissarbefehls mit einzubeziehen, wovon das Generalkommando dem AOK 16 nur noch Kenntnis gab: »Bei Gefg.-nahme von Kommunisten wie Kommissare behandelt.« Der Grund für die Ausdehnung des Kommissarbefehls auf eine zusätzliche Gruppe regulärer Kombattanten lag hier offensichtlich darin, dass sich das Profil der »Kommunisten« in wesentlichen Punkten mit dem herrschenden Feindbild von den Kommissaren überschnitt. Zum einen handelte es sich bei ihnen ebenfalls um ausgewiesene »Kommunisten«, was ähnlich wie bei den Politoffizieren sogar an äußerlichen Kennzeichen ablesbar war. Mit ihrer Aufgabe, »auf zurückgehende Rotarmisten« zu schießen, erfüllten sie auch eine ähnliche Funktion wie die Kommissare, was überdies zu den besonders negativ wahrgenommenen Zuschreibungen zählte. Der Vorgang ist damit nicht nur ein Beleg für die bereitwillige Übernahme und Verinnerlichung der Prinzipien des Kommissarbefehls durch die deutschen Fronttruppen, sondern zeugt auch von der beträchtlichen Handlungsrelevanz des ideologischen Feindbilds, das der Vernichtungspolitik zugrunde lag und zur Rechtfertigung der Erschießungen abgerufen wurde.

Dies gilt umso mehr, als die Geschehnisse beim I. Armeekorps zugleich ein Zeugnis dafür sind, dass die Radikalisierungsschübe häufig von der Basis der Hierarchie ausgingen und nicht von höheren Stellen initiiert wurden. Zwar hatte die Ic-Abteilung des Korps offenbar zunächst durchaus beabsichtigt, in der Angelegenheit die Entscheidung des vorgesetzten Armeeoberkommandos einzuholen. Denn wie der Entwurf der zitierten Ic-Abendmeldung des Korps vom 30. Juli 1941 zeigt, der in den Akten des Generalkommandos überliefert ist, hatte die entscheidende Passage ursprünglich einen anderen Wortlaut.[618] In der ersten Fassung schloss die Meldung über die aufgetretenen Kommunisten mit einer Anfrage an das AOK 16 über das weitere Verfahren: »Befehl erbeten, ob bei Gefangennahme wie Kommissare zu behandeln«. Der maschinenschriftliche Entwurf war dann aber vor der Absendung noch handschriftlich korrigiert worden, und zwar zu eben jenem Wortlaut, in dem die Meldung letztlich übermittelt wurde und im AOK 16 einging. Vermutlich war diese Änderung von den Vorgesetzten des Ic-Offiziers im Generalkommando des I. Armeekorps angeordnet worden, denen der Ic seine Meldungen vor der Absendung vorzulegen hatte. Möglicherweise war es also der Ia-Offizier, der Generalstabschef oder vielleicht sogar der Kommandierende General selbst, der es veranlasste, die Angelegenheit in eigener Verantwortlichkeit zu regeln. Wenn es auch ungewiss bleibt, wer letztlich die Entscheidung traf und auf wessen Initiative der Vorschlag überhaupt zurückging, stellt dieser Vorgang doch einen Musterfall einer eigenständigen Radikalisierung des Kommissarbefehls dar.

---

[617] Hierzu und zum Folgenden: Ic-Abendmeldung des I. AK an das AOK 16 v. 30.7.1941; BA-MA, RH 20-16/477a.
[618] Hierzu und zum Folgenden: Ic-Tagesmeldung des I. AK an das AOK 16 v. 30.7.1941; BA-MA, RH 24-1/260, Bl. 79: »Befehl erbeten, ob Bei Gefangennahme wie Kommissare zu behandelnt.«

Dies setzte sich insofern fort, als auch das AOK 16 die Angelegenheit intern behandelte und noch nicht einmal die vorgesetzten Stellen im Heeresgruppenkommando Nord und OKH darüber informierte. Der Ic des AOK 16 übernahm zwar den Großteil der Angaben des I. Armeekorps über die aufgetretenen »Kommunisten«, ihre Bewaffnung, Uniformen und Aufgaben fast wörtlich in seine eigene Abendmeldung vom gleichen Tag.[619] Nur den letzten Satz, der Auskunft darüber gab, wie die »Kommunisten« im Falle der Gefangennahme »behandelt« wurden, hatte der Ic des AOK 16 herausgekürzt und nicht an das Heeresgruppenkommando weitergegeben. Im AOK hatte man den vorauseilenden Gehorsam des unterstellten Generalkommandos zur Kenntnis genommen, verzichtete aber darauf, sich mit der hypertrophen Umsetzung des Kommissarbefehls gegenüber den vorgesetzten Stellen zu profilieren. Der Vorgang widerlegt damit beiläufig die Behauptungen einiger ehemaliger Truppenführer in den Nürnberger Prozessen, die aussagten, dass sie fortwährend dem Druck höherer Stellen ausgesetzt gewesen seien, Vollzugsmeldungen abzugeben, und daher fingierte Erschießungsmeldungen erstattet hätten, um die Durchführung des Kommissarbefehls vorzutäuschen.[620] Wenn aber eine derartige Zwangslage wirklich bestanden hätte, wäre es doch höchst fahrlässig und unwahrscheinlich gewesen, dass die Meldung des I. Armeekorps vom AOK 16 nicht weitergeleitet wurde, die schließlich besonders geeignet war, den Eifer bei der Umsetzung des Befehls zu demonstrieren. Die Vorkommnisse beim AOK 16 belegen vielmehr ein weiteres Mal, dass es eines solchen Erfolgsdrucks gar nicht bedurfte. Die Durchführung des Kommissarbefehls war im Ostheer auch ohne die besondere Kontrolle der obersten Führungsinstanzen gewährleistet, weil man sich nicht nur im AOK 16 die Vernichtungspolitik zu Eigen gemacht hatte.

Vergleichbare Radikalisierungsprozesse bei der Umsetzung der Kommissarrichtlinien sind auch aus anderen Abschnitten der Ostfront überliefert. In einer Division der 4. Armee hatte schon nach der ersten Woche des Feldzugs eine Ausdehnung der Kommissarerschießungen stattgefunden, nämlich bei der 263. Infanteriedivision. Der Ic-Offizier der Division informierte das vorgesetzte IX. Armeekorps auf dem Dienstweg über diesen Schritt, als er am Abend des 30. Juni 1941 seine Ic-Meldung durchgab.[621] In seiner Meldung teilte der Ic neue Erkenntnisse über das System der sowjetischen Politkader mit und setzte das Generalkommando zugleich darüber in Kenntnis, dass man den Kommissarbefehl noch auf eine weitere Personengruppe bezogen hatte: »Es gibt Gehilfen der Kommissare i[m]. Unt[er]off[i]z[iers]rang, die auch Kommissars Abzeich[en]. tragen; ebenso zu behandeln wie Kommissare!« Diese Initiative war ähnlich strukturiert wie der Vorstoß des I. Armeekorps. Der Transfer der Grundsätze der Kommissarrichtlinien auf die Behandlung der »Gehilfen der Kommissare« stützte sich zum einen auf die gleichen Kriterien. Die Zurechnung der »Gehilfen« zur Gruppe der Politoffiziere wurde nicht nur mit ihren Abzeichen, sondern auch und gerade mit ihrer Tätigkeit begründet, die die Bekämpfung der Kommissare nach dem herrschenden Feindbild gerechtfertigt erscheinen ließ. Genauso wie das I. Armeekorps hatten außerdem auch die Truppen der 263. Infanteriedivision für ihre extensive Aus-

---

[619] Ic-Abendmeldung des AOK 16 an die H.Gr. Nord v. 30.7.1941; BA-MA, RH 20-16/474a.
[620] Vgl. hierzu Kap. V.1.2.
[621] Anruf der 263. Inf.Div./Abt. Ic beim IX. AK v. 30.6.1941, 20.30 Uhr; BA-MA, RH 24-9/155.

legung des Kommissarbefehls keine Genehmigung vorgesetzter Stellen eingeholt, sondern selbst Tatsachen geschaffen.

Im Bereich der 9. Armee wurde die Geltung der Kommissarrichtlinien im August 1941 auf die Formationen des NKVD ausgedehnt. Der Status der NKVD-Truppen war eine schwebende Frage und stand auch in anderen Frontabschnitten zur Debatte. Der NKVD galt auf der deutschen Seite gemeinhin als wichtigstes Exekutivorgan des bolschewistischen Terrorapparats und wurde unter anderem auch für die Aufsehen erregenden Gefängnismassaker in der Anfangsphase des Feldzugs maßgeblich verantwortlich gemacht.[622] Auf Grund der propagandistisch geförderten Assoziationen mit den Verbrechen des bolschewistischen Regimes war ein radikales Vorgehen gegen die Angehörigen dieser Formationen nicht schwer zu vermitteln. Bei der Entscheidung, wie mit den Angehörigen des NKVD zu verfahren war, beschritten die Verbände dennoch keineswegs immer den radikaleren Weg. Das Panzergruppenkommando 3 etwa hatte die NKVD-Truppen noch Anfang August 1941 ausdrücklich von der Vernichtungspolitik ausgenommen, als es bekräftigte, dass sich an der »Behandlung« der politischen Kommissare »nichts geändert« habe: »Im Gegensatz hierzu sind Angehörige der bereits öfters angetroffenen früheren GPU, jetzt Sicherheitspolizei genannt, und solche der Grenztruppen, beide dem Innenkommissariat (NKWD) unterstellt, in gleicher Form zu behandeln, wie die Soldaten der Roten Armee.«[623] Wenn auch anzunehmen ist, dass diese Anordnung erst durch eine ungeregelte Praxis veranlasst worden sein dürfte, in der häufig genug das Gegenteil vorkam, wurde hier doch einer weiteren Radikalisierung ein Riegel vorgeschoben. In der 9. Armee hingegen wurde etwa zur gleichen Zeit ganz anders entschieden. Die Führung der 102. Infanteriedivision erließ in ihrem Divisionsbefehl vom 12. August 1941 eine Anordnung, mit der die Prinzipien der Kommissarrichtlinien auf die »Behandlung von gefangenen NKWD-Leuten« übertragen wurden: »Angehörige der dritten Abteilung des NKWD (siehe Div.Befehl Nr. 20 vom 6.8., Ziff.2.) sind bei Gefangennahme wie Kommissare zu behandeln.«[624]

Der eingeschobene Rekurs auf den früheren Divisionsbefehl verweist auf die Vorgeschichte dieses Radikalisierungsschubs. Im Divisionsbefehl vom 6. August 1941 hatte die Ic-Abteilung die Truppen darüber informiert, dass »neben den militärischen und politischen Kommissaren noch eine Spezialtruppe ähnlich der GPU, die dritte Abteilung des NKWD« auf der Gegenseite eingesetzt sei.[625] Zur Identifizierung der Angehörigen dieser »Spezialtruppe« lieferte der Ic eine ausführliche Beschreibung der »Abzeichen des Roten NKWD« mit. In diesem Befehl fehlte zwar noch ein expliziter Hinweis, dass die NKVD-Angehörigen im Falle der Gefangennahme die gleiche Behandlung erfahren sollten wie die politischen Kommissare. Die zugeschriebene enge Verbindung zu »den militärischen und politischen Kommissaren« und die Bekanntgabe ihrer Abzeichen legten diese Schlussfolgerung allerdings nahe, was wahrscheinlich auch so bezweckt war. Der Anstoß dazu ging aber wohl ursprünglich nicht von der 102. Infanteriedivision selbst aus, sondern vom Berück Mitte, dem die Division von Ende Juli bis Anfang August 1941 unterstand. Mit dem Befehl vom 6.

---
[622] Vgl. Musial, Elemente, S. 200-221.
[623] FNBl. der Pz.Gr. 3/Abt. Ic Nr. 18 v. 8.8.1941; BA-MA, RH 26-20/85, Anl. 438.
[624] Divisionsbefehl der 102. Inf.Div./Abt. Ia Nr. 22 v. 12.8.1941; BA-MA, RH 26-102/12, Anl. 163.
[625] Divisionsbefehl der 102. Inf.Div./Abt. Ia Nr. 20 v. 6.8.1941; BA-MA, RH 26-102/12, Anl. 103.

August 1941 hatte die 102. Infanteriedivision offenbar nur eine Verfügung der Ic-Abteilung des Berück Mitte weitergegeben, in der die »Feststellung, dass sich neben den Kommissaren noch eine Spezialtruppe NKWD befindet«, bereits vorformuliert und auch eine Abbildung der Rangabzeichen enthalten war.[626] Zumindest für den Befehl vom 6. August 1941 trug wohl in letzter Instanz der Berück Mitte die Verantwortung.

Welche Stelle den radikalisierenden Befehl vom 12. August 1941 initiiert hatte, geht dagegen aus den erhaltenen Quellen nicht eindeutig hervor. Dass die Anordnung wiederum vom Berück Mitte ausging, ist auszuschließen, da die Division dem Berück Mitte zum Zeitpunkt der Ausfertigung des Befehls längst nicht mehr unterstand. Noch am 6. August 1941 wechselte das Unterstellungsverhältnis, als die Division zunächst für einige Tage direkt dem AOK 9 unterstellt wurde. Am 11. August 1941 teilte das AOK 9 die Division dann wieder einem Generalkommando zu, dem XXXX. Panzerkorps. Am folgenden Tag meldete sich der Ic-Offizier der Division zum Antrittsbesuch beim Ic des Korps, um Weisungen entgegenzunehmen und »über Einzelheiten der Feindlage unterrichtet« zu werden.[627] Die Vermutung liegt nahe, dass in dieser Besprechung die Entscheidung fiel, die NKVD-Truppen in den Kommissarbefehl einzubeziehen. Denn schließlich verfasste der Ic der Division noch am gleichen Tag die entsprechende Passage für den Divisionsbefehl, in dem angeordnet wurde, »daß Angehörige des NKWD bei Gefangennahme wie Kommissare zu behandeln sind«. Möglicherweise hatte man das Verfahren mit den NKVD-Truppen in der Ic-Abteilung der Division spätestens seit dem Vorbefehl vom 6. August 1941 als offene Frage betrachtet, deren Entscheidung noch ausstand, und hatte das Thema deshalb bei der Besprechung beim Ic des XXXX. Panzerkorps zur Sprache gebracht, um eine endgültige Klärung herbeizuführen. Dass der Divisionsstab auch einen eigenen Anteil an diesem Radikalisierungsschub hatte, ist jedenfalls kaum zu bezweifeln. Hierauf verweisen schon die engen Zusammenhänge und die logische Stringenz zwischen den beiden Divisionsbefehlen vom 6. und 12. August 1941, die in zwei verschiedenen Unterstellungsverhältnissen erlassen wurden, also schwerlich beide von derselben vorgesetzten Stelle initiiert worden sein konnten. Die Verschärfung der Vernichtungspolitik bei der 102. Infanteriedivision ist in jedem Fall ein besonders eindrucksvoller Beleg für die mitreißende Dynamik der Radikalisierungsprozesse während des Ostkriegs. Schließlich hatte es die Divisionsführung noch vor Beginn des Feldzugs prinzipiell abgelehnt, den Kommissarbefehl in der vorgesehenen Form durchführen zu lassen.[628]

Die Verantwortung des Divisionsstabs wird auch dadurch kaum geringer, dass die Ausweitung des Befehls wahrscheinlich im Einvernehmen mit dem vorgesetzten Generalkommando des XXXX. Panzerkorps beschlossen worden war, das einige Wochen später noch in einen weiteren Radikalisierungsschub involviert war. Mitte Oktober 1941 war im Angriffsstreifen des XXXX. Panzerkorps ein sowjetischer Ausbildungsverband mit der Bezeichnung »Kriegsschule Lenin« aufgetreten, bei dem es sich um

---

[626] Eintrag im TB (Ic) des Berück Mitte für den August 1941; BA-MA, RH 22/228, Bl. 74.
[627] Hierzu und zum Folgenden: Eintrag im TB (Ic) der 102. Inf.Div. v. 12.8.1941; BA-MA, RH 26-102/61, S. 2.
[628] Vgl. Kap. III.3.2.

eine »Schule für Politruks« handelte.[629] Die Schule, die nur »eine Stärke von 300-350 Mann« besaß, war geschlossen an die Front geworfen worden, um als Kampfverband eingesetzt zu werden.[630] Da die Truppe aber »aus Politruk-Anwärtern« bestand, warf es Fragen auf, wie die angehenden Politoffiziere im Falle der Gefangennahme zu behandeln waren. Möglicherweise auf Initiative des XXXX. Panzerkorps erging daraufhin eine entsprechende Anfrage über das vorgesetzte Panzergruppenkommando 4 an das AOK 4, das den Vorgang an das Heeresgruppenkommando Mitte weiterleitete, von wo aus es schließlich bis zum OKH gelangte.[631] Am Mittag des 17. Oktober 1941 erhielt das AOK 4 die Antwort des OKH über das Heeresgruppenkommando Mitte: »Nach Mitteilung des O.K.H. sind die ›Leninschüler‹, wenn sie als Soldaten anständig gekämpft haben, d. h. geschl[ossen]. in Formation, als Kriegsgefangene zu behandeln. Wenn sie sich dagegen als Politruks oder sonst politisch bei der Truppe betätigt haben, [sind sie] als Kommissare zu behandeln. Entscheidung, ob als Soldaten oder Kommissare zu behandeln, liegt bei A.O.K.4.«[632]

Wenn diese Weisung es auch ermöglichte, die »Leninschüler« als reguläre Kombattanten anzuerkennen, gewährte sie doch zugleich große Freiräume zu einer extensiven Auslegung des Kommissarbefehls. Zum einen hatten das OKH und das Heeresgruppenkommando die Entscheidung über das Verfahren mit den »Leninschülern« letztlich den nachgeordneten Stäben freigestellt. Außerdem ließ es die Regelung zu, dass nicht nur ausgewiesene Politoffiziere auf der Grundlage des Kommissarbefehls exekutiert werden konnten, sondern gestattete es, dass auch gewöhnliche Angehörige der »Kriegsschule Lenin« schon auf vagen Verdacht hin die gleiche Behandlung erfahren konnten. Selbst wenn es sich nicht um erwiesene Politruks oder Kommissare handelte, reichte es nach der Maßgabe des OKH zur Rechtfertigung einer Erschießung schließlich aus, wenn man den Gefangenen unterstellte, sich »sonst politisch bei der Truppe betätigt [zu] haben«. Auch in diesem Fall hing der Entschluss zur Einbeziehung weiterer Personengruppen in den Geltungsbereich des Kommissarbefehls davon ab, in welchem Maße ihnen Eigenschaften zugeschrieben wurden, die eine Gleichstellung mit den Kommissaren gerechtfertigt erscheinen ließen. Die »Leninschüler« erfüllten gleich mehrere Kriterien, die sie in Verbindung mit den Politoffizieren brachten. Sie waren »Parteimitglied[er] oder Anwärter«[633], also immerhin eingeschriebene Kommunisten, die eine gewisse Gesinnungstreue erwarten ließen. Außerdem wurden sie dazu ausgebildet, sich »politisch bei der Truppe« zu betätigen. Schließlich bestätigte auch ihr Verhalten in den Kämpfen, wo die »Kriegsschule Lenin als treibende

---

[629] Ic-Abendmeldung des XXXX. AK an die Pz.Gr. 4 v. 17.10.1941; BA-MA, RH 21-4/275, Bl. 82. Vgl. zu den Details des Vorgangs und zur Rolle des H.Gr.Kdos. Mitte dabei auch RÖMER, Heeresgruppenkommando, S. 457-460.
[630] Feindlagebericht der Pz.Gr. 4/Abt. Ic v. 24.10.1941; BA-MA, RH 21-4/276, Bl. 31.
[631] Die Anfrage ist nicht überliefert. Ihr Inhalt ergibt sich jedoch aus der Antwort des OKH, die im Folgenden dargestellt wird. Genauso erschließt sich der Dienstweg der Anfrage aus der Rückmeldung des OKH, die über die H.Gr. Mitte zum AOK 4 gelangte. Das AOK 4 gab unmittelbar nach dem Eingang der Antwort der Pz.Gr. 4 davon Kenntnis, wie ein Vermerk auf der Aktennotiz belegt. Der Ic-Offizier des AOK 4 hielt darauf nämlich fest: »P[an]z[er]gr[uppe]. hat Bescheid. H[elmdach].«
[632] Hierzu und zum Folgenden: Aktennotiz des AOK 4/Abt. Ic über Mitteilung der H.Gr. Mitte v. 17.10.1941, 13.10 Uhr; BA-MA, RH 20-4/678.
[633] Ic-Morgenmeldung des XXXX. AK an die Pz.Gr. 4 v. 21.10.1941; BA-MA, RH 21-4/275, Bl. 96.

Kraft vermutet« wurde, dass ihre Angehörigen dem Feindbild von Politoffizieren entsprachen.[634]

Nur wenn solche Übereinstimmungen mit dem Profil der ursprünglichen Zielgruppe gegeben waren, hatten die Initiativen auf eine Ausweitung des Kommissarbefehls überhaupt Aussicht auf Erfolg. Dies galt auch für die Anfrage des Berück Mitte beim vorgesetzten Heeresgruppenkommando aus dem Juli 1941, »ob die russische[n] Armee[-]Offiziere zugleich pol.Kommissare sind«.[635] Wenn der Ic des Berück Mitte hiermit gewöhnliche Truppenoffiziere gemeint hätte, die mit den Politoffizieren keine entscheidenden Gemeinsamkeiten aufwiesen, hätte der Vorschlag kaum einen Sinn gehabt. Eine weitere Quelle, die mit der Anfrage in Zusammenhang steht, weist jedoch darauf hin, dass der Ic eine andere Personengruppe im Blick hatte, die die Voraussetzungen viel eher erfüllte. Wahrscheinlich auf Anweisung des Berück Mitte setzte die 286. Sicherungsdivision ihre Truppen im Divisionsbefehl vom 2. August 1941 über den bekannt gewordenen »Sonderfall« in Kenntnis, »dass ein russ. Offizier auch gleichzeitig stellv. politischer Kommissar ist«.[636] Die unterstellten Verbände wurden angewiesen, »durch Gefangenenvernehmungen festzustellen, ob es sich hier um einen Einzelfall handelt oder ob in der russ. Armee derartige Verbindungen gebräuchlich sind«. Dabei galt das Interesse vor allem den Fragen, »welche Stellung die stellv. Kommissare innehaben und ob und welche Vorbildung sie für ihre politische[n] Aufgaben erhalten«. An diesen Instruktionen wird deutlich, dass auch die Anfrage des Berück Mitte ähnlich strukturiert war wie alle anderen bekannten Vorstöße zur Ausweitung des Kommissarbefehls. Die Initiative zielte nicht auf die gewöhnlichen Truppenoffiziere, sondern auf weitere politische Funktionsträger, die man in den sowjetischen Truppenteilen ausgemacht hatte, nämlich die »stellv. Kommissare«. Wenn der Berück nach den Machtbefugnissen, den politischen Aufgaben und der politischen Laufbahn dieser »stellv. Kommissare« fragte, unterstrich dies, dass auch hier die gleichen Maßstäbe angelegt wurden wie in den übrigen Stäben, die eine Ausdehnung der Kommissarrichtlinien anstrengten. Die Voraussetzung bestand darin, dass das Profil der anvisierten Personengruppe Attribute aufweisen musste, die sich mit den Eigenschaften deckten, die den Kommissaren zugeschrieben wurden. Wenn im Ic-Tätigkeitsbericht lediglich von »Armee-Offizieren« die Rede war, handelte es sich wohl eher um eine missverständliche Verkürzung, die die eigentliche Zielrichtung der Anfrage nicht adäquat wiedergab. Möglicherweise waren mit den »stellv. Kommissaren« in Wirklichkeit die Politruks gemeint, die Politoffiziere der Kompanieebene, die im Kommissarerlass gar nicht erwähnt worden waren und damit formal zunächst von seiner Geltung ausgenommen blieben. Dass die Bezeichnung der Politruks in den betreffenden Unterlagen des Berück Mitte und der 286. Sicherungsdivision nicht genannt wird, erklärt sich möglicherweise dadurch, dass sie noch nicht geläufig war. Der Begriff des Politruks kommt weder im Tätigkeitsbericht des Berück Mitte aus dem Juli 1941 vor noch in dem ausführlichen Divisionsbefehl der 286. Sicherungsdivision, obwohl darin gleich mehrere Abschnitte um die sowjetischen Kommissare kreisen.

---

[634] Funkspruch des XXXX. AK/Abt. Ic an die Pz.Gr. 4 v. 21.10.1941, 21.35 Uhr; BA-MA, RH 21-4/275, Bl. 102.
[635] Eintrag im TB (Ic) des Berück Mitte für den Juli 1941; BA-MA, RH 22/228, Bl. 72.
[636] Divisionsbefehl der 286. Sich.Div./Abt. Ia Nr. 375/41 geh. v. 2.8.1941; BA-MA, RH 26-286/3, Anl. 66a.

Den gleichen Eindruck vermitteln auch die übrigen Akten der Division, in denen der Terminus bis zum fraglichen Zeitpunkt noch nicht gebräuchlich war. Es ist also nicht unwahrscheinlich, dass die Bezeichnung »stellv. Kommissare« eine Umschreibung der Politruks darstellte, die zudem der Sache durchaus nahe gekommen wäre. Wenn diese Vermutungen zuträfen, würde dies bedeuten, dass die offizielle Entscheidung des OKW im August 1941 zur Ausweitung des Kommissarbefehls auf die Politruks wahrscheinlich auf eine Initiative der Heeresgruppe Mitte zurückgegangen war.

Ähnlich wie die Anfrage über die Behandlung der »Leninschüler« war auch der Anstoß zu diesem Radikalisierungsschub aus dem Ostheer selbst gekommen. Die Urheber dieses Vorstoßes waren allerdings bislang unbekannt. Den erhaltenen Unterlagen zufolge handelte es sich bei dem Initiator um eines der drei Heeresgruppenkommandos, das aber nicht namentlich genannt wurde. Dieses Heeresgruppenkommando hatte im August 1941 beim OKH um eine Klärung des Status der Politruks gebeten, woraufhin das OKW festlegte, »daß die politischen Gehilfen bei den Kompanien (Politruks) als politische Kommissare im Sinne der ›Richtlinien für die Behandlung politischer Kommissare‹ anzusehen und zu behandeln sind«.[637] Ähnlich wie bei der Weitergabe des Kommissarbefehls vor Beginn des Feldzugs reichten die Kommandobehörden die Anordnung zur »Behandlung der Politruks wie politische Kommissare« gehorsam an ihre Verbände weiter.[638] Die Stäbe erließen nun reihenweise die fällige »Mitteilung an die Truppe, wie Gehilfen der Kommissare (Politruks), die bei den Kompanien tätig sind, zu behandeln sind«.[639] Die Vorbehalte, die stellenweise gegen die Ausweitung der Erschießungen bestanden, waren rasch überwunden. Im Panzergruppenkommando 2 etwa war man offenbar zunächst von der Notwendigkeit dieses Schritts nicht vollends überzeugt. Im Feindnachrichtenblatt vom 3. September 1941 kolportierte die Ic-Abteilung Gefangenenaussagen, »wonach die politischen Leiter vom Bataillons- bzw. Abteilungsverband abwärts (Politruks) eine lächerliche Rolle spielen sollen und weder gefürchtet noch ernst genommen würden«.[640] Außerdem seien die Stellen der Politruks »z. T. auch mit politisch nicht vorgebildeten Leuten besetzt«. Solche Feststellungen waren geeignet, die Legitimität der Gleichbehandlung von Politruks und Kommissaren in Frage zu stellen, denn schließlich schienen sie zu belegen, dass die wesentlichen Merkmale des Feindbilds von den Kommissaren auf die Politruks nicht zutrafen. Wenn also die Panzergruppe anordnete, »Beobachtungen in dieser Richtung [...] an Pz.Gr. 2, Ic/AO zu melden«, diente dies möglicherweise dazu, Material zu sammeln, um eine Intervention gegen die neue Verfügung argumentativ vorzubereiten. Obwohl offenbar Bedenken dagegen bestanden, gab allerdings auch das Panzergruppenkommando die Anordnung befehlsgemäß an seine Verbände bekannt: »Lt. Verfg. OKH sind *Politruks in gleicher Weise wie Kommissare zu behandeln.*«

In weiten Teilen des Ostheeres änderte sich durch die OKH-Verfügung freilich kaum etwas, da die Gleichbehandlung von Politruks und Kommissaren in vielen Ver-

---

[637] Befehl des AOK 2/Abt. Ic Nr. 215/41 g.Kdos. v. 30.8.1941; BA-MA, RH 20-2/1092, Anl. 412. Der Befehl des OKH war am 25.8.1941 ergangen. Vgl. die Anfrage des OKH v. 16.8.1941 und die Antwort des OKW v. 18.8.1941, in: UEBERSCHÄR, WETTE, Unternehmen, S. 282 f.
[638] Anrufe des IX. AK/Abt. Ic bei den unterstellten Div. v. 3.9.1941; BA-MA, RH 24-9/156, Bl. 13.
[639] Eintrag im TB (Ic) der 110. Inf.Div. v. 16.9.1941; BA-MA, RH 26-110/38.
[640] Hierzu und zum Folgenden: FNBl. der Pz.Gr. 2/Abt. Ic Nr. 5 v. 3.9.1941; BA-MA, RH 27-4/112, Anl. 154. Hervorhebungen im Original.

bänden längst gängige Praxis war. Zwar gab es durchaus Stäbe, die die Unterschiede beachteten und gefangene Politruks in der Zeit vor der OKH-Verfügung noch als reguläre Kriegsgefangene behandeln ließen. Bei einer Division der Panzergruppe 2 etwa wurde im Juli 1941 ein Politruk gefangen genommen und nach kurzem Verhör »in das Gefangenenlager abgeschoben«, ohne dass eine Erschießung erwogen wurde.[641] In vielen anderen Frontabschnitten herrschte jedoch bereits in der Anfangsphase des Feldzugs die Auffassung vor, dass zwischen Politruks und Kommissaren keine Unterschiede zu machen waren. Einige Kommandobehörden hatten dies sogar schon vor Beginn der Operationen ausdrücklich festgelegt.[642] In einer ganzen Reihe von Armeen teilten die Politruks daher frühzeitig das Schicksal der Kommissare. So wurde im Generalkommando des III. Panzerkorps, das zur Panzergruppe 1 gehörte, gleich am ersten Kriegstag ein rangniedriger »politischer Leiter« nach dem Verhör erschossen.[643] Bei einer Division der Panzergruppe 4 wurde am 12. Juli 1941 ein gefangener »Politruk in untergeordneter Stellung, der eine Komp. politisch zu betreuen hatte«, exekutiert.[644] In der 17. Armee resümierte der Ic-Offizier einer Infanteriedivision Anfang Juli 1941, dass es bis dahin zwar noch nicht gelungen war, »Politische Kommissare mit Abzeichen ›Hammer und Sichel‹« gefangen zu nehmen.[645] Dafür hatte man aber schon drei »sogenannte Politruks (Wort geschrieben wie gesprochen) festgestellt« und erschossen. Und als der Stab einer anderen Division der 17. Armee Mitte Juli 1941 in einem Sonderfall einen günstig beurteilten Politruk von der Geltung des Kommissarbefehls ausnehmen wollte, bedurfte es hierzu einer Genehmigung des Armeeoberbefehlshabers.[646]

Dass dies keine Ausnahmefälle waren, belegt am eindringlichsten der Sprachgebrauch der deutschen Kommandobehörden, die im Schriftverkehr schon frühzeitig nicht mehr zwischen Politruks und Kommissaren differenzierten. So hatte beispielsweise das XXXXI. Panzerkorps bereits in der ersten Sammelmeldung vom 9. Juli 1941 angegeben, dass bis dahin »97 Politruks erledigt« worden waren; auch bei der nächsten Sammelmeldung blieb es bei dieser pauschalen Begrifflichkeit, als gemeldet wurde, dass man »137 Politruks erledigt« hatte.[647] Die Beliebigkeit der Terminologie spiegelte wider, dass auch in der Praxis in der Behandlung beider Personengruppen keinerlei Unterschiede gemacht wurden. Manche Kommandobehörden hatten dies sogar explizit befohlen. In der Panzergruppe 3 hatte man die Einbeziehung der Politruks längst selbst beschlossen, als die offizielle Entscheidung des OKW bekannt gegeben wurde.

---

[641] Eintrag im TB (Ic) der 10. Inf.Div. (mot.) v. 21.7.1941; BA-MA, RH 26-10/68, S. 24.
[642] Vgl. Kap. III.3.2.
[643] Vgl. das Schreiben und den Vernehmungsbericht des III. AK/Abt. Ic v. 23.6.1941; BA-MA, RH 24-3/134, Anl. 13.
[644] Vernehmungsbericht der 269. Inf.Div./Abt. Ic an das XXXXI. AK v. 13.7.1941; BA-MA, RH 24-41/64, Bl. 51.
[645] Zwischenbericht der 24. Inf.Div./Abt. Ic an das IV. AK v. 9.7.1941; BA-MA, RH 26-24/72, Anl. 4.
[646] Vgl. Kap. V.4.2 oben. Zu weiteren Beispielen vgl. den Vernehmungsbericht des XXXXVIII. AK/Abt. Ic v. 28.7.1941; BA-MA, RH 24-48/199, Anl. 15. Vgl. den Bericht des LVII. AK/Abt. Ic an die Pz.Gr. 3 v. 21.7.1941; BA-MA, RH 21-3/433, Bl. 296. Vgl. den Eintrag im TB (Ic) der 293. Inf.Div. v. 30.6.1941; RH 26-293/44, Bl. 12.
[647] Funkspruch des XXXXI. AK an die Pz.Gr. 4 v. 9.7.1941, 15.15 Uhr; BA-MA, RH 21-4/272. Ic-Abendmeldung des XXXXI. AK an die Pz.Gr. 4 v. 16.8.1941, 19.00 Uhr; BA-MA, RH 24-41/70.

Anfang August 1941 hatte das Panzergruppenkommando verfügt, dass die »politische[n] Leiter (*Politruk*)«, die in den »Kompanien, Batterien und Schwadronen« eingesetzt seien, »ebenfalls unter den Begriff der Kriegskommissare fallen«, also im Falle der Gefangennahme ebenfalls zu exekutieren seien.[648] Sofern es die Stäbe nicht schon ausdrücklich angeordnet hatten, vollzogen die Truppen diesen Schritt auch in eigener Initiative, denn schließlich waren die Übereinstimmungen zwischen Kommissaren und Politruks evident. Die Einbeziehung der Politruks in das Mordprogramm war sicherlich die am weitesten verbreitete Form der Radikalisierung des Kommissarbefehls im Ostheer.

Die Toleranz der Stäbe gegenüber einer extensiven Auslegung der Kommissarrichtlinien hatte bezeichnenderweise erst dort ihre Grenzen, wo die Gewaltmaßnahmen nicht mehr den ursprünglichen Zweck des Befehls erfüllten. So hatte ein Offizier des XXXIX. Panzerkorps Mitte Juli 1941 bei einer Gefangenensammelstelle der vorgesetzten Panzergruppe 3 beobachtet, dass dort »alle Gefangenen, die mit erhobenen Händen ankommen, erschossen werden, da man sie für politische Kommissare hält«.[649] Da die willkürlichen Erschießungen hier ganz offensichtlich gewöhnliche Soldaten trafen und die Zielrichtung des Kommissarbefehls verfehlt wurde, schritt man in diesem Fall gegen die Ausweitung der Exekutionen ein. Der Kommandierende General des XXXIX. Panzerkorps beauftragte einen seiner Offiziere, die Ic-Abteilung der Panzergruppe zu benachrichtigen, woraufhin diese die zuständige Oberquartiermeisterabteilung veranlasste, die Angelegenheit zu regeln.

Die gleichen Prinzipien, die in diesem Fall die Entscheidung zur Intervention begründeten, waren auch in Kraft, wenn der Geltungsbereich des Kommissarbefehls gezielt ausgedehnt wurde. Die Objekte dieser Radikalisierungsschübe waren nicht zufällig gewählt, sondern mussten bestimmte Kriterien erfüllen, damit ihre Einbeziehung in die Vernichtungspolitik überhaupt erwogen wurde. Der Maßstab, an dem man sich dabei orientierte, war das geltende Feindbild von den sowjetischen Politoffizieren. In allen geschilderten Fällen wies das Profil der betroffenen Personengruppen bestimmte Merkmale auf, die mit der geltenden Typologie der politischen Kommissare übereinstimmten: die kommunistische Gesinnung und Parteimitgliedschaft, entsprechende Sonderabzeichen, politische Funktionen und als charakteristisch angesehene Verhaltensweisen. Wo solche Überschneidungen nicht vorhanden waren, aus denen sich eine Äquivalenz zu den politischen Kommissaren ableiten ließ, war es unwahrscheinlich, dass es zu einer Ausweitung des Kommissarbefehls kam. Die Mechanismen der Radikalisierungsprozesse, die sich bei der Vernichtung der Truppenkommissare vollzogen, sind daher ein weiteres Zeugnis für die Wirksamkeit des Feindbilds, das die Truppen des Ostheeres von den Politoffizieren pflegten.

Noch zahlreicher als die Vorstöße zur Ausweitung der Vernichtungspolitik gegen die militärischen Politoffiziere sind Radikalisierungsschübe bei der Bekämpfung der zivilen Funktionäre belegt. Diese überschießenden Verhaltensmuster konnten sich zum einen in gezielten Modifikationen der Befehlslage manifestieren, zum anderen in einer extensiven Anwendung der geltenden Bestimmungen. Viele Einheiten legten die

---

[648] FNBl. der Pz.Gr. 3/Abt. Ic Nr. 18 v. 8.8.1941; BA-MA, RH 26-20/85, Anl. 438. Hervorhebung im Original.
[649] Anruf des XXXIX. AK/Abt. Ic bei der Pz.Gr. 3 v. 15.7.1941, 16.00 Uhr; BA-MA, RH 21-3/433, Bl. 38.

Vorschriften des Kommissarbefehls über das Vorgehen gegen die zivilen Funktionäre von vornherein äußerst rigoros aus. Das Ergebnis der vorgeschrieben Prüfung, ob ein angetroffener Funktionär »schuldig oder nicht schuldig« war, stand häufig schon vorher fest. Diese willkürliche Praxis spricht aus vielen Berichten, in denen Einheiten Exekutionen an zivilen Funktionären meldeten, ohne irgendwelche Tatbestände oder Verdachtsmomente zu nennen, die nach den Vorschriften des Kommissarbefehls Todesurteile erst gerechtfertigt hätten. So exekutierten verschiedene Bataillone der 16. Armee schon in den ersten Kriegstagen eine Reihe von »kommunistische[n] Funktionäre[n]«, und führten zum Teil als einzige Begründung für die Erschießungen an, dass es sich um »Funktionäre der kommunistischen Partei Litauens« gehandelt habe.[650] Nach ähnlichen Prinzipien verfuhr ein Bataillon der 61. Infanteriedivision, die im Verband der 18. Armee kämpfte, als es Ende Juli 1941 eine »Anzahl Zivilisten« gefangen nahm: »Ein Teil der Zivilisten, bei denen es sich herausstellt, dass sie lettische Kommunisten sind, werden sofort erschossen.«[651] Die Aufklärungsabteilung der 6. Infanteriedivision, die zur 9. Armee gehörte, benötigte ebenfalls keine besonderen Gründe, um die sofortige Exekution von zivilen Funktionären zu veranlassen. Anfang Juli 1941 fasste ein Spähtrupp der Abteilung einen »Zivil-Kommissar« und richtete ihn umgehend hin.[652] Nicht nur im Angriffsstreifen der 9. Armee lief es wohl häufig so ab wie bei einem Regiment der 8. Infanteriedivision, wo Anfang Juli 1941 in einem Dorf direkt »nach dem Einzug unserer Truppen die 2 roten Kommissare (1 Jude, 1 Erzkommunist) an die Wand gestellt« wurden.[653] Wie radikal die Truppen bei der Bekämpfung von echten und vermeintlichen Kommunisten vielfach vorgingen, zeigte sich auch bei der 36. Infanteriedivision, im Abschnitt der Panzergruppe 4, schon in den ersten Tagen des Feldzugs. Ins Visier der Truppen der Division gerieten hier »hauptsächlich die kommunistischen Funktionäre und Juden«, die unter Generalverdacht standen und deren Verfolgung als notwendige Maßnahme zur »Bekämpfung des Bolschewismus« und »der Träger dieser Weltanschauung« aufgefasst wurde.[654] Die Truppen verfuhren dabei so rücksichtslos, dass »versehentlich neben in Wäldern gestellten Juden und Kommunisten auch drei nationalgesinnte Litauer erledigt« worden waren, weshalb ein einheimischer Geistlicher vorstellig wurde und um mehr Umsicht bat. Dass die zivilen Funktionäre auf der Abschussliste der deutschen Truppen weit oben standen, äußerte sich auch darin, dass aus ihrem Kreis bevorzugt Opfer ausgewählt wurden, wenn exemplarische Kollektivmaßnahmen gegen Ortschaften verhängt worden waren.[655]

---

[650] Meldung des AOK 16/Abt. Ic an die H.Gr. Nord und das OKH v. 6.7.1941; BA-MA, RH 19-III/474, Bl. 91.
[651] Eintrag im KTB des I./IR 162 v. 27.7.1941; BA-MA, RH 37/7531, Bl. 20 f.
[652] Eintrag im KTB der A.Abt. 6 v. 7.7.1941; BA-MA, RH 39/98, S. 20.
[653] Eintrag im Tgb. eines Nachrichtentrupps des IR 84 v. 3.7.1941; BA-MA, RH 37/7588, Bl. 11.
[654] Hierzu und zum Folgenden: Bericht der 36. Inf.Div. (mot.)/Abt. Ic, »Tatsachenbericht und Erfahrungen während des Marsches am 26. u. 27.6.41«, v. 28.6.1941; BA-MA, RH 24-41/69.
[655] Vgl. die Ic-Abendmeldung des II. AK an das AOK 16 v. 23.7.1941; BA-MA, RH 20-16/477a. Vgl. die Führungsanordnungen Nr. 3 der 79. Inf.Div./Abt. Ia/Ic v. 5.7.1941; BA-MA, RH 26-79/17, Anl. 3. Vgl. den Bericht der Pz.Jg.Abt. 299 v. 2.12.1941 über die Exekution von zehn kommunistischen Parteimitgliedern als Kollektivmaßnahme auf Befehl des OB der 6. Armee; BA-MA, RH 26-299/124, Anl. 724. Vgl. die Anl. zum Befehl des 296. Inf.Div./Abt. Ia Nr. 1309/41 geh. v. 21.6.1941,

4. Handlungsspielräume

Die Liste der Beispiele für diese radikale Praxis ließe sich weiter fortführen.[656] Wie verbreitet diese Handlungsmuster waren, zeigte sich auch daran, dass sich das Panzergruppenkommando 3 Anfang August 1941 veranlasst sah, auf die Einhaltung der einschlägigen Bestimmungen hinzuweisen, indem es die entsprechende Passage der Kommissarrichtlinien nochmals wiederholte: »*Politische Kommissare der Zivilverwaltung* (Parteifunktionäre), die sich keiner feindlichen Handlung schuldig machen oder einer solchen verdächtig sind, sind zunächst *unbehelligt* zu lassen. Sie werden später durch Sonderkommandos überprüft.«[657] Dass die Truppen dieser Regelung häufig zuwiderhandelten, war nicht nur durch ihr tief eingeschärftes Misstrauen und ihre antibolschewistischen Ressentiments bedingt. Für zahlreiche Verbände kam es prinzipiell nicht in Frage, die zivilen sowjetischen Funktionäre »unbehelligt« zu lassen, wie es der Kommissarbefehl unter bestimmten Voraussetzungen erlaubte. Viele Stäbe hielten diese Bestimmung für unzulänglich und waren der Auffassung, dass durch ihre genaue Beachtung Sicherheitslücken entstehen konnten. Denn in dem Fall, dass ein ziviler Funktionär als »nicht schuldig« eingestuft wurde und »unbehelligt« an seinem Aufenthaltsort verbleiben durfte, musste er theoretisch so lange geduldet werden, bis die Sonderkommandos des SD eintrafen, um die geplante »Überprüfung« vorzunehmen. Da man aber schnell die Erfahrung machte, dass diese »Organisationen weit hinter der kämpfenden Truppe abhängen«[658] und oftmals nicht in der Lage waren, die Überprüfungen zügig und flächendeckend nachzuholen, schritt man vielerorts zur Selbsthilfe. Viele Verbände verfolgten daher mit eigenen Kräften das Ziel, sämtliche »kommunistische[n] Elemente unter der Zivilbevölkerung ausfindig und unschädlich [zu] machen«.[659]

Die Kommandobehörden des Ostheeres reagierten auf diese Problemlage zu verschiedenen Zeitpunkten und mit unterschiedlichen Ansätzen. Dass man in dieser Frage Handlungsbedarf sah, musste nicht zwangsläufig dazu führen, dass man sich gleich für die extreme Lösung entschied, alle angetroffenen Funktionäre umgehend exekutieren zu lassen. Eine Alternative hierzu bestand darin, die Funktionäre zunächst systematisch zu erfassen und zu internieren, was freilich genauso eine Verschärfung des Kommissarbefehls darstellte. Das Generalkommando des XII. Armeekorps bemühte sich Anfang August 1941 beim vorgesetzten AOK 2 darum, einen entsprechenden »Befehl erwirken zu wollen«.[660] In der Eingabe skizzierte das Generalkommando das Problem, dass der »Erlass des Führers« keine ausreichende Handhabe gegen die zivilen Funktionäre bot, »gegen diese die Sicherheit der Truppe erheblich gefährdenden Elemente jedoch unbedingt generell eingeschritten werden muss«. Als

---

womit schon vor Kriegsbeginn festgelegt worden war, dass im Falle von Kollektivmaßnahmen »der oder die Ortssowjets festgenommen und erschossen werden« sollten; BA-MA, RH 26-296/14.
[656] Vgl. zu weiteren Beispielen die Meldung des Sich.Rgt. 3 an die 285. Sich.Div. v. 5.8.1941; BA-MA, RH 26-285/4. Vgl. den Eintrag im KTB der 8. Schtz.Brig. v. 6.8.1941; BA-MA, RH 37/7188, Bl. 47. Vgl. die Ic-Morgenmeldung des VIII. AK an das AOK 9 v. 29.8.1941; BA-MA, RH 24-8/124, Bl. 73.
[657] FNBl. der Pz.Gr. 3/Abt. Ic Nr. 18 v. 8.8.1941; BA-MA, RH 26-20/85, Anl. 438. Hervorhebungen im Original.
[658] Schreiben des XII. AK/Abt. Ic an das AOK 2 v. 8.8.1941; BA-MA, RH 24-12/59, Bl. 103.
[659] Eintrag im TB (Ic) der 269. Inf.Div., Teil I, über die Zeit v. 24.6.-8.7.1941; BA-MA, RH 26-269/41, S. 12.
[660] Hierzu und zum Folgenden: Schreiben des XII. AK/Abt. Ic an das AOK 2 v. 8.8.1941; BA-MA, RH 24-12/59, Bl. 103.

Lösung schlug das Generalkommando die »Zusammenfassung der politischen Kommissare der Zivilverwaltung, der Funktionäre, der N.K.W.D. usw. in Konzentrationslagern« vor, freilich auch mit der Option, »sie als Geiseln zu verwenden«. Ähnliche Initiativen sind auch aus anderen Frontabschnitten belegt. Die 167. Infanteriedivision machte im Februar 1942 das vorgesetzte LIII. Armeekorps auf das Problem aufmerksam, dass sich in den Ortschaften immer noch »einzelne Angehörige der kommunistischen Partei« aufhalten würden, »die früher innerhalb der Dorfgemeinschaft als politische Funktionäre tätig« gewesen seien.[661] Um gegen »die ehemaligen Parteifunktionäre« vorgehen zu können, schlug die Division vor, »diese Kommunisten in Konzentrationslagern, die in enger Anlehnung an vorhandene Kriegsgefangenenlager errichtet werden sollten, zu verwahren und sie zu nützlichen Arbeiten, z. B. Schneeräumen, heranzuziehen«. Die Einrichtung von Konzentrationslagern zur Internierung von Funktionären und anderen »Kommunisten« war zu diesem Zeitpunkt im Ostheer längst keine außergewöhnliche Erscheinung mehr.[662]

In manchen anderen Frontabschnitten war die planmäßige »Feststellung und Festnahme von Kommunisten, Jungkommunisten, ehem. Sowjetbeamten und ihre[r] Verwandten« schon sehr viel früher zum Grundsatz erhoben worden.[663] Am frühesten ergriff wieder einmal das AOK 6 die Initiative, um die zivilen Funktionäre systematisch aus seinem Machtbereich zu entfernen. Am 10. Juli 1941 befahl das AOK zur »Sicherheit der Truppe« bei der »Einnahme von Orten« eine Reihe von einschneidenden Maßnahmen, von denen die Festnahme der zivilen Funktionäre noch die mildeste war.[664] Das AOK ordnete an, alle »unsichere[n] Elemente«, zu denen auch die »sowjetische[n] Zivil-Funktionäre« gezählt wurden, grundsätzlich »festzusetzen« und »nach Möglichkeit der Feldgendarmerie oder dem SD-Einsatzkommando zu übergeben«. Kurze Zeit später präzisierte das AOK 6 seine Anordnung und befahl den Divisionen, das Verfahren mit den Funktionären über die Ic-Abteilungen in den Kommandobehörden abzuwickeln. Ab sofort waren »von der Truppe festgestellte bolschewistische Funktionäre der Zivilverwaltung festzunehmen« und »der Div. [Abt.] Ic zuzuführen«.[665] Die Abgabe der Gefangenen an den SD blieb jedoch als Option bestehen.[666] Mitte August 1941 setzte das AOK 6 fest, dass »politisch verdäch-

---

[661] Schreiben der 167. Inf.Div./Abt. Ic an das LIII. AK v. 9.2.1942; BA-MA, RH 26-167/42, Anl. 23.
[662] Vgl. den Befehl des IR 504 v. 12.7.1941 u. a. zur Errichtung eines KZ zur Verwahrung verdächtiger und kommunistischer Zivilisten; BA-MA, RH 26-291/17, Bl. 75 ff. Vgl. den Eintrag im TB (Ic) der 257. Inf.Div. v. 24.2.1942 über den Abtransport von etwa 1000 Kommunisten in ein KZ; BA-MA, RH 26-257/40. Vgl. zur Einrichtung von KZ im Bereich der 17. Armee auch den Eintrag im TB (Ic) des LII. AK. v. 25.11.1941; BA-MA, RH 24-52/217. Beim XXXV. AK waren Anfang Mai 1942 »sämtliche vormaligen aktiven Kommunisten und Funktionäre der russischen Verwaltung [...] in einem in Kromy errichteten Konzentrationslager untergebracht«, das man von der 2. Armee übernommen hatte, vgl. die Meldung des XXXV. AK/Abt. Ib an das Pz.AOK 2/Abt. O.Qu./Qu. 2 v. 5.5.1942; BA-MA, RH 21-2/682, Bl. 133.
[663] Befehl des Berück Nord/Abt. Ic Nr. 4590/41 geh. v. 6.8.1941; BA-MA, RH 22/271, Bl. 71.
[664] Führungsanordnungen Nr. 13 des AOK 6/Abt. Ic Nr. 1814/41 geh. v. 10.7.1941; BA-MA, RH 26-299/118, Anl. 236.
[665] Befehl der 99. Inf.Div./Abt. Ic, »Besondere Anordnungen Nr. 9 auf dem Ic Gebiet« v. 20.7.1941; BA-MA, RH 26-99/20. Vgl. auch den Divisionsbefehl der 44. Inf.Div./Abt. Ia Nr. 63/41 v. 21.7.1941; BA-MA, RH 26-44/33, Anl. 85.
[666] Vgl. den Befehl der Gruppe von Schwedler (IV. AK) v. 10.8.1941; BA-MA, RH 26-132/36, Anl. 110a.

tige Personen [...] wenn möglich an die Einsatzkommandos des S.D. abzugeben« waren.[667] Falls keine Verbindung zu den Kommandos bestand, konnten die Gefangenen an die Kriegsgefangenenlager überwiesen werden, wo Interniertenlager für Zivilgefangene eingerichtet werden sollten. Dort waren die »politisch verdächtige[n] Zivilgefangene[n] [...] von den übrigen abgesondert unterzubringen« und bei der nächsten Gelegenheit »an die Einsatzkommandos des S.D. zu übergeben«. Wenig später erhielten die Truppen der 6. Armee außerdem die Befugnis, alle als »Kommunisten, Kommissare, Partisanen usw.« verdächtigten Zivilisten bei »der nächsten Gefangenen-Sammelstelle einzuliefern«, die dann »die weitere Überprüfung« der Zivilgefangenen zu übernehmen hatte[668].

Die 6. Armee war beileibe nicht der einzige Verband, in dem man den Aufenthalt von Funktionären und Kommunisten nicht duldete und deshalb neue Verfahrensweisen entwickelte, um die als »gefährlich« eingestuften Personengruppen aus dem Operationsgebiet zu entfernen. Genauso wenig war sie die einzige Armee, in der hierzu die Gefangeneinrichtungen der Frontverbände als Verbindungsstellen zu den Einsatzkommandos des SD genutzt wurden. In der 9. Armee hatte man ebenfalls die Vorteile dieses Verfahrens entdeckt. Offenbar auf Anweisung des AOK 9 wurde es Anfang August 1941 zulässig, »*verdächtige Elemente*, denen zwar eine schwere Straftat nicht nachgewiesen werden kann, die aber hinsichtlich Gesinnung und Haltung gefährlich erscheinen, [...] über die Armeegefangenensammelstellen an die Einsatzgruppen bzw. Kommandos der SP (SD) abzugeben«.[669] Das unterstellte XXXX. Panzerkorps machte von dieser Möglichkeit besonders ausgiebig Gebrauch und dehnte die Anordnung auf weitere Personengruppen aus. In einem kurz darauf erlassenen Befehl setzte das Generalkommando fest, dass »*alle kommunistischen Parteimitglieder* oder Angehörige von *Jugendorganisationen* im Alter von 18 bis 50 Jahren [...] festzunehmen und der nächsten Gefangenensammelstelle zuzuführen« waren, und zwar »mit dem Vermerk ›Nicht entlassen! Verdächtig, mit Partisanen in Verbindung zu stehen!‹ ›Bei Gelegenheit an die Einsatzgruppen bzw. Kommandos der SP (SD) abgeben!‹«.[670] In solchen Initiativen manifestierte sich das tiefe Misstrauen der Stäbe gegenüber den zivilen Parteifunktionären, in denen man eine Gefahr für die »Sicherheit der Truppe« erblickte. In vielen Befehlsbereichen lehnte man es daher ab, veritable Prüfungsverfahren vorzunehmen, die mit der vorläufigen Freilassung der Funktionäre enden konnten. Stattdessen strebte man von vornherein an, »durch systematische Suchaktion[en] [...] eine vollkommene Säuberung« der Frontabschnitte von sowjetischen Funktionären zu erreichen.[671] Manche Kommandobehörden setzten in neu eroberten Ortschaften routinemäßig GFP-Gruppen zur »Erfassung der Parteifunktionäre und Juden« an.[672]

---

667 Befehl der 9. Inf.Div./Abt. Ic v. 22.8.1941 über einen Befehl des AOK 6/O.Qu./Qu. 2 v. 17.8.1941; BA-MA, RH 26-9/82, Anl. 119.
668 Armeebefehl des AOK 6/O.Qu./Qu. 2, betr. Gefangennahme von Zivilisten, v. 19.9.1941; BA-MA, RH 26-299/122, Anl. 383.
669 Vgl. den Befehl des VI. AK/Abt. Ic v. 10.8.1941; BA-MA, RH 24-6/240, Bl. 8. Hervorhebung im Original.
670 Divisionsbefehl der 102. Inf.Div./Abt. Ic Nr. 23 v. 13.8.1941; BA-MA, RH 26-102/61, Anl. 7. Hervorhebungen im Original.
671 Eintrag im TB (Ic) der 25. Inf.Div. (mot.) v. 23.12.1941-31.3.1942; BA-MA, RH 26-25/70.
672 Vgl. das Schreiben des XXXIX. AK/Abt. Ic an die 20. Inf.Div. (mot.) v. 11.7.1941 und die Ic-Morgenmeldung der 20. Inf.Div. (mot.) an das XXXIX. AK v. 12.7.1941; BA-MA, RH 26-20/84,

In anderen Verbänden wurden »die festgestellten Kommunisten und Juden« durch die Truppen selbst »in Gewahrsam gebracht«.[673] Die festgenommenen Funktionäre wurden von den Fronteinheiten oder der Feldgendarmerie in die Gefangenenlager verbracht und zum Teil auch direkt an den SD ausgeliefert.[674] Die prinzipielle Anordnung zur Gefangennahme der zivilen Funktionäre stellte dabei eine klare Übertretung der Kommissarrichtlinien dar. Die einschlägigen Bestimmungen besagten eindeutig, dass eine Festsetzung verboten war und die Alternative ausschließlich aus »Erschießen oder Freilassen« bestand. Mit dem Übergang zur systematischen Erfassung und Internierung der zivilen Funktionäre verschärften die Kommandobehörden die Befehlslage eigenständig, um die Sicherheitslücke zu schließen, die bei konsequenter Anwendung des Kommissarbefehls zwangsläufig entstehen musste.

Einer Reihe von Stäben reichte es allerdings nicht aus, die verbliebenen Funktionäre lediglich internieren zu lassen. Manche Kommandobehörden entschlossen sich zu einer weitaus drastischeren Verschärfung der Kommissarrichtlinien und lösten das Problem, indem sie grundsätzlich befahlen, alle angetroffenen Funktionäre unterschiedslos zu exekutieren. Wie sich diese Radikalisierungsschübe prozessual im Laufe des Feldzugs vollziehen konnten, veranschaulicht das Beispiel des XII. Armeekorps. In den ersten Wochen des Feldzugs waren die einschlägigen Bestimmungen im Korps offenbar noch weitgehend eingehalten worden, denn dies führte dazu, dass sich eine ganze Reihe von zivilen Funktionären weiterhin unbehelligt im Korpsbereich aufhielt, weil ihnen zumeist »nichts nachgewiesen werden« konnte.[675] Das Generalkommando hatte deshalb Anfang August 1941 beim vorgesetzten AOK 2 um die Genehmigung für die Internierung der verbliebenen Funktionäre in Konzentrationslagern nachgesucht, um die »Ausschaltung der politischen Kommissare der Zivilverwaltung« durchzusetzen. Am Ende des Monats war das Problem aber offenbar immer noch nicht gelöst, denn der Kommandierende General, Schroth, ermahnte seine Truppen am 28. August 1941 in einem Grundsatzbefehl zur »Befriedung des besetzten Gebietes« dazu, den »ehemaligen bolschewistischen Funktionäre[n] [...] besondere Aufmerksamkeit zuzuwenden«.[676] Er betonte, dass sie »nach den Kriegsgesetzen als Freischärler zu behandeln« seien, wenn sie sich »auch nur *verdächtig* machen« sollten. Während Schroth seine Truppen in diesem Befehl noch zu einer extensiven Auslegung des Kommissarbefehls anhielt, die sich noch im Rahmen der geltenden Bestimmungen bewegte, legte er zwei Wochen später jede Zurückhaltung ab. In einem außergewöhnlich scharfen Befehl über die »Partisanenbekämpfung« vom 13. September 1941 ordnete er rigoros an: »Alle politischen, staatlichen, parteiamtlichen Organe, soweit vorhanden, stehen mit Sicherheit im Dienst der Partisanenbildung. Auch sie sind daher

---

Anl. 191, 194.
[673] Eintrag im TB (Ic) der 269. Inf.Div. v. 29.3.1941-9.5.1942, Teil II, Abschnitt »f) Ordnungsmaßnahmen«; BA-MA, RH 26-269/41, S. 9.
[674] Vgl. den Eintrag im TB (Ic) der 251. Inf.Div. v. 3.12.1941; BA-MA, RH 26-251/82. Vgl. den Eintrag im TB des Feldgend.Tr. 435 v. 30.10.1941; BA-MA, RH 24-35/120, Bl. 104. Vgl. die Meldung des IR 90 an die 20. Inf.Div. (mot.)/Abt. Ic v. 28.7.1941; BA-MA, RH 26-20/85, Anl. 363. Vgl. den Eintrag im TB des Feldgend.Tr. 172 v. 27.8.1941; BA-MA, RH 26-72/159. Vgl. den TB des Feldgend. Tr. 430 zum Februar 1942; BA-MA, RH 24-30/233.
[675] Schreiben des XII. AK/Abt. Ic an das AOK 2 v. 8.8.1941; BA-MA, RH 24-12/59, Bl. 103.
[676] Befehl des XII. AK/Abt. Ic v. 28.8.1941; BA-MA, RH 26-167/42, Anl. 5. Hervorhebung im Original.

zu beseitigen, ohne Ansehen von Lebensalter.«[677] Zur Durchführung befahl Schroth, sämtliche »bolschewistische[n] Funktionäre unauffällig zu erledigen«. Damit war das Generalkommando innerhalb der ersten drei Monate des Feldzugs schrittweise von der buchstabengetreuen Umsetzung des Kommissarbefehls über eine erste Verschärfung durch die angestrebte Internierung der Funktionäre bis hin zur extremen Form der Radikalisierung gelangt, die in der grundsätzlichen Ermordung der Funktionäre bestand.[678]

Das XII. Armeekorps war nicht der einzige Verband, der diesen Weg beschritt. Im Bereich des XIII. Armeekorps erging im Herbst 1941 ein Befehl, der auf eine ähnliche Regelung hinauslief. Die Führung der unterstellten 137. Infanteriedivision erinnerte Ende November 1941 ihre Truppen in einem drakonischen Befehl zur Partisanenbekämpfung an den Grundsatz, dass »auch Partisan*verdächtige* Elemente [zu] erschießen« seien.[679] Es galt die Devise: »Weichheit gibt es dabei nicht!« Zu den Maßnahmen bei der Partisanenbekämpfung zählte es auch, Fahndungslisten über alle »ehemalige[n] kommunistische[n] Funktionäre usw., die [noch] nicht festgenommen oder erledigt werden konnten«, zu erstellen. In den Listen waren die Funktionäre »als ›Partisan‹ zu bezeichnen, wenn nach den ganzen Umständen der Verdacht der Partisanenzugehörigkeit *hinreichend* gegeben ist«. Dieser Befehl enthielt zwar keine explizite Aufforderung zur Exekution aller aufgegriffenen Funktionäre. Der Kontext und der Appell zur Anwendung »rücksichtslose[r] Maßnahmen« brachten jedoch unmissverständlich zum Ausdruck, woran den Initiatoren des Befehls gelegen war. Es ging um die restlose Entfernung der verbliebenen Funktionäre aus dem gesamten Divisionsgebiet, wobei die Truppen dazu angehalten waren, die Funktionäre als Partisanen zu deklarieren und entsprechend zu behandeln.

Auch in anderen Befehlsbereichen des Ostheeres entschlossen sich die Verbände im Laufe des Feldzugs zu einem ähnlich radikalen Vorgehen gegen die sowjetischen Zivilfunktionäre. Die 52. Infanteriedivision etwa ließ schon in den Anfangswochen des Feldzugs ihre Feldgendarmen umfangreiche Fahndungen durchführen, um »kommunistische Funktionäre und Agitatoren unschädlich zu machen«[680], weil man fest davon ausging, dass »die Freischärlertätigkeit […] zweifelsohne von noch vorhandenen Funktionären der kommunistischen Partei organisiert und geleitet«[681] werde. Die 45. Infanteriedivision ließ Anfang 1942 zur »Befriedung« ihres Frontabschnitts alle kommunistischen Parteimitglieder festnehmen und über die Gefangenensammelstellen in rückwärtige Lager abschieben. Während die einfachen Parteimitglieder zwar interniert wurden, aber vorläufig am Leben blieben, wurde »bei gefährlichen aktiven Kommunisten die Erledigung in ihren Heimatorten angeordnet«.[682] Bei der folgenreichen Entscheidung, wer als »gefährlich« eingestuft wurde, galt der Grundsatz, dass »Per-

---

[677] Befehl des XII. AK/Abt. Ic Nr. 553/41 geh., betr. Partisanenbekämpfung, v. 13.9.1941; BA-MA, RH 24-12/59, Bl. 109-111.
[678] Zur Umsetzung durch die unterstellten Verbände vgl. den Befehl der 52. Inf.Div./Abt. Ic Nr. 401/41 geh., betr. Partisanenbekämpfung, v. 16.9.1941; BA-MA, RH 26-52/61, Anl. 92.
[679] Hierzu und zum Folgenden: Divisionsbefehl der 137. Inf.Div./Abt. Ic, betr. Partisanenbekämpfung, v. 25.11.1941; BA-MA, RH 26-137/67. Hervorhebungen im Original.
[680] Ic-Meldung der 52. Inf.Div./Abt. Ic an das LIII. AK v. 4.8.1941; BA-MA, RH 26-52/60, Anl. 49.
[681] Bericht der 52. Inf.Div./Abt. Ic an das LIII. AK, betr. Freischärlertätigkeit, v. 12.7.1941; BA-MA, RH 26-52/60, Anl. 6.
[682] Eintrag im TB (Ic) der 45. Inf.Div. v. 1.1.-31.1.1942; BA-MA, RH 26-45/92.

sonen, die nachweislich zurückgebliebene Parteifunktionäre oder Mitglieder sogenannter ›Vernichtungsbataillone‹ waren, [...] unschädlich gemacht« wurden.[683] Neben den Frontverbänden strebten es auch viele Besatzungsbehörden in den rückwärtigen Armeegebieten an, die Funktionäre vollständig aus den besetzten Gebieten zu eliminieren. Hiervon zeugen nicht zuletzt die Erfolgsmeldungen, die die Stäbe abgaben, wenn sie dieses Ziel erreichten: »Sämtliche ehm. komm. Funktionäre sind entweder geflüchtet oder unschädlich gemacht worden.«[684]

Die Modifikationen, die manche Verbände des Ostheeres in eigener Verantwortlichkeit an den Kommissarrichtlinien vornahmen, zeugen von den beträchtlichen Handlungsspielräumen, die bei der Realisierung der Vernichtungspolitik an der Ostfront bestanden. Dass die Truppenführer und ihre Stäbe eine gewisse Handlungsautonomie besaßen, war schon in den Führungsprinzipien der preußisch-deutschen Militärtradition und der Auftragstaktik verankert. Auf dem sowjetischen Kriegsschauplatz öffneten sich diese Freiräume noch weiter, bedingt durch die enorme geographische Ausdehnung des Operationsgebiets, wo die Möglichkeiten zur Aufsicht und Kontrolle von vornherein stark eingeschränkt waren. Aufgrund der Weiträumigkeit der Frontabschnitte agierten schon die Truppenführer auf den unteren Ebenen der Kommandohierarchie als »absolute Herren in ihrem Bereich« und waren mehr denn je dazu angehalten, »selbständig [zu] arbeiten«.[685] Gerade bei der Auslegung der ›verbrecherischen Befehle‹ gewährten die höheren Kommandobehörden ihren Truppen weit reichende Freiräume, solange das Endziel erreicht wurde. Dies alles änderte freilich nichts daran, dass die Stäbe den vorgesetzten Stellen Rechenschaft schuldig blieben und ihrer Befehlsgewalt unterworfen waren. Das Maß an Eigenverantwortlichkeit war zwar hoch, aber beileibe nicht unbegrenzt. Die Stäbe und Kommandeure handelten immer noch in einem hierarchischen System, dem sie sich aus juristischen Gründen, sozialen Zwängen und nicht zuletzt aus ihrem Rollenverständnis heraus zu Gehorsam verpflichtet fühlten.

Dies trug zweifellos dazu bei, dass nur ein verhältnismäßig geringer Teil der Stäbe die bestehenden Freiräume dazu nutzte, um die radikalen »Barbarossa«-Befehle einzuschränken oder eine restriktive Auslegung zu implementieren. Nur eine Minderheit fand sich dazu bereit, die Durchführung der Kommissarrichtlinien zu umgehen oder sogar vollständig zu verweigern. Die Mehrheit der Verbände beteiligte sich gehorsam an der Umsetzung des Kommissarbefehls. Auch die teilweise abgewandelten Verfahrensweisen und Modulationen trugen keineswegs zur Aufweichung des Befehls bei, sondern dienten vielmehr dazu, den Truppen die Mitwirkung an der Vernichtungspolitik zu erleichtern, was obendrein nichts an ihrem Enderfolg änderte. Wie weit die Bereitschaft zur Umsetzung der Kommissarrichtlinien teilweise reichte, zeigte sich daran, dass manche Verbände sogar noch über das Ziel hinausschossen und die bestehenden Handlungsspielräume zu einer extensiven Auslegung des Befehls nutzten. Eine Reihe von Verbänden machte sich den Kommissarbefehl vollständig zu Eigen, indem sie das Vorgehen gegen die sowjetischen Politoffiziere und Funktionäre selbstständig

---

[683] Eintrag im TB (Ic) der 45. Inf.Div. v. 1.2.-12.3.1942; BA-MA, RH 26-45/92.
[684] Lagebericht des Bezirkskommandanten Simferopol an die FK 751 v. 14.4.1942; BA-MA, RH 23/100.
[685] Besprechungspunkte des Berück Mitte für die Kdr.-Besprechung v. 12.6.1942; BA-MA, RH 22/231, Bl. 304 ff.

verschärften. Diese Radikalisierungsschübe zeugen davon, dass der Kommissarbefehl im Ostheer durchaus Zustimmung fand und keineswegs nur widerwillig durchgeführt wurde. Dies war nicht zuletzt ein Erfolg der durchschlagskräftigen Legitimationsstrategien, auf denen die Vernichtungspolitik aufbaute und die den Truppen das Gefühl vermittelten, dass es ausreichend Gründe gab und gerechtfertigt war, an der Vernichtung der Kommissare mitzuwirken.

5. Motive

Der desillusionierende Befund, dass die Kommissarrichtlinien in den meisten Verbänden des Ostheeres befolgt wurden, wirft die Frage auf, welche Gründe es hatte, dass die große Mehrheit der deutschen Truppen mehr oder minder bereitwillig einen Befehl ausführte, der ganz offensichtlich das geltende Recht missachtete und auf ein planmäßiges Kriegsverbrechen hinauslief. Bei der Auseinandersetzung mit dieser Frage greifen monokausale Erklärungsansätze genauso kurz wie bei der Erforschung aller anderen Kriegsverbrechen. Die Ursachen für die Mitwirkung an solchen Gewalttaten waren selten eindimensional, sondern wurzelten zumeist in einem komplexen Geflecht von intentionalen und situativen Faktoren. Auch wenn die Verbrechen vorsätzlichen Charakter trugen, waren sie doch durch den Kontext beeinflusst, in dem sie sich ereigneten. Umgekehrt kamen selbst spontane Affekthandlungen in der Regel nicht ohne bestimmte Voraussetzungen zustande. Im Krieg an der Ostfront griffen diese Koeffizienten häufig ineinander und arbeiteten den verbrecherischen Plänen der deutschen Führung vor. Zunächst waren systematisch die Voraussetzungen für die Umsetzung des Mordprogramms geschaffen worden, indem man die Verbrechen von höchster Stelle angeordnet, legalisiert und propagandistisch vorbereitet hatte. Nachdem die Vorbedingungen der Vernichtungspolitik erfüllt waren, stellten sich auch förderliche Rahmenbedingungen ein. Denn nach Beginn des Feldzugs schuf sich die Gewalt durch ihre Eigendynamik weiteren Nährboden, da der Brutalisierungsprozess des Ostkrieges die Plausibilität der Legitimationsstrategien der ›verbrecherischen Befehle‹ erhöhte. Die Beweggründe der Truppen zur gehorsamen Mitwirkung an der Realisierung der Kommissarrichtlinien erscheinen zwar vielschichtig und verwoben, aber nicht unentwirrbar. In den deutschen Quellen ist ein Set von wiederkehrenden Motiven und Rechtfertigungsstrategien auszumachen, die die Antriebskräfte der Vernichtungspolitik bildeten.

Das Gehorsamsprinzip und das Bedürfnis nach Sinnstiftung

Bei allem Bemühen um einen differenzierten, multikausalen Erklärungsansatz für die flächendeckende Befolgung der Kommissarrichtlinien im Ostheer darf nicht übersehen werden, dass es sich um einen Befehl handelte, der dieses Verhalten von vornherein kategorisch verlangte und präjudizierte. Zwar bestanden bei der Durchführung des Kommissarbefehls beträchtliche Handlungsspielräume. Deswegen war die Mitwirkung an der Vernichtungspolitik aber noch längst keine freie Entscheidung, sondern erfolgte in erster Linie aus Gehorsam gegenüber den vorgesetzten Instanzen, die den Befehl dazu erteilt hatten. Dies gilt umso mehr, als es sich bei den Kommissarrichtlinien bekanntlich um einen »Führererlass« handelte, der mit der höchsten Autorität ausgestattet war, die im nationalsozialistischen Deutschland denkbar war. Der Kommissarbefehl profitierte damit auch von dem schier unerschütterlichen Vertrauen, das Hitler in der Wehrmacht selbst genoss. Gerade im Sommer 1941, als Hitler im Zenit seiner Macht stand, waren die kritischen Geister in der Truppe isolierter denn je. Nicht nur die einfachen Soldaten hatten »unermeßliches Vertrauen auf unseren Führer«.[686] Der Glaube an den »Führer« wurde auch von den meisten Truppenführern geteilt, die ebenfalls »ganz im Banne«[687] seines Charismas standen. Hitlers Popularität im Heer trug dazu bei, dass man ihm vielerorts blindlings Gefolgschaft leistete und seine Botschaften kaum hinterfragte, getreu dem Motto: »Wenn das der Führer sagt, dann muß es schon wahr sein.«[688] Selbst ranghohe Befehlshaber vertraten die Ansicht, dass Hitlers Anordnungen keiner weiteren Rechtfertigung bedurften und es nicht statthaft war, sie in Frage zu stellen. Wenn Hitler befahl, galt der Grundsatz: »Der Führer hält es für nötig, u. seine Befehle sind richtig«.[689] Kontroversen über Anweisungen des »Führers« waren von vornherein obsolet: »Jede Debatte hört auf, wenn der Führer gesprochen hat.«[690] Dass sich Hitlers quasi-sakrale Autorität auch auf die Kommissarrichtlinien übertrug und ihre Akzeptanz bei den Truppenführern des Ostheeres erhöhte, bestätigte Generaloberst Hoth, der Befehlshaber der Panzergruppe 3, noch in der Nachkriegszeit. Zu Beginn des Russlandfeldzuges habe er »volles Vertrauen zu Hitler gehabt« und konnte daher »unmöglich annehmen, dass er mit diesem Befehl ein Verbrechen bezweckt«.[691] Die ›verbrecherischen Befehle‹ erhielten zwar durch ihren Status als »Führererlasse« noch keinen sakrosankten Charakter, was sich schließlich daran zeigte, dass manche Truppenführer nicht davor zurückscheuten, in ihre Inhalte einzugreifen. Allerdings blieben die kritischen und couragierten Kommandeure, die die Bestimmungen der »Führerbefehle« antasteten, deutlich in der Minderzahl.

Auch wenn es sich nicht um Befehle des Staatsoberhaupts, sondern um Anweisungen niedrigerer Instanzen handelte, war der Konformitätsdruck in der Wehrmacht enorm.[692] Die Verweigerung von Befehlen war nicht nur mit juristischen Konsequenzen, sondern auch mit sozialen Sanktionen bedroht. Zudem verstieß nonkonformes Verhalten gegen den Kanon der militärischen Tugenden und konnte auch in der zunehmend militarisierten Zivilgesellschaft des nationalsozialistischen Deutschlands

---

[686] Feldpostbrief des OGefr. Hans Z., Pz.N.Abt. 4, v. 1.2.1942; BA-MA, MSg 2/5807.
[687] Eintrag im Tgb. des Majors K., Kdr. des I./IR 1, v. 11.12.1941; BA-MA, MSg 2/2728, Bl. 91.
[688] Eintrag im KTB des Pi.Btl. 22 v. 3.10.1941; BA-MA, RH 46/134.
[689] Protokoll von der Kdr.-Besprechung beim KG des VIII. AK v. 19.6.1941; BA-MA, RH 26-8/21, Anl. 106.
[690] Protokoll von einer Besprechung, vermutlich beim OKH, Juni/Juli 1942; BA-MA, RH 21-3/744, Bl. 18 f.
[691] Aussage Hoths vor dem Nürnberger Militärtribunal (Fall 12) v. 30.4.1948, zit. nach: HÜRTER, Heerführer, S. 260.
[692] Vgl. im Zusammenhang mit den Kriegsverbrechen BRÖCKLING, Disziplin, S. 282-287; KÜHNE, Kameradschaft, S. 186 ff. Vgl. auch das in diesem Zusammenhang traurige Berühmtheit erlangte Beispiel des Polizeibataillons 101; BROWNING, Männer.

kaum auf Verständnis hoffen.⁶⁹³ Für Ungehorsam war im deutschen Militär kein Platz, selbst wenn es um die Ausführung rechtswidriger Befehle ging. Zwar existierte im deutschen Militärstrafrecht ein Passus, der die Soldaten von der Gehorsamspflicht entband, sobald ihnen ein Befehl erteilt wurde, der offensichtlich ein Verbrechen bezweckte. In der Praxis erleichterte diese Klausel, die im Militärstrafgesetzbuch unter § 47 verzeichnet war, das nonkonforme Verhalten aber nur unwesentlich, weil es den Akteuren höchstens auf der juristischen Ebene, aber kaum auf der psychosozialen Ebene Amnestie in Aussicht stellte.⁶⁹⁴ Die Verweigerung von Befehlen blieb trotz des Paragraphen 47 diskriminiert, zumal keineswegs alle Truppenführer von der Notwendigkeit überzeugt waren, dem Gehorsamsprinzip Grenzen zu setzen. Dass in letzter Konsequenz doch die Aufrechterhaltung der Disziplin über die Wahrung des Rechts gestellt wurde, exemplifiziert die Stellungnahme eines Divisionskommandeurs des Ostheeres zu dieser Frage, die noch aus der Zeit vor der Bekanntgabe der ›verbrecherischen Befehle‹ stammt. Anfang Mai 1941 erließ der Kommandeur der 239. Infanteriedivision schriftliche Richtlinien »für die Belehrung der Truppe über Militärstrafrecht«, in denen er darlegte, dass er prinzipiell keine Ausnahmen von der Gehorsamspflicht duldete, obwohl die geltenden Vorschriften dies unter bestimmten Voraussetzungen zuließen.⁶⁹⁵

Bei der Unterrichtung der Einheiten »über Ungehorsam und Gehorsamsverweigerung« sollte den Soldaten vermittelt werden, »dass Untergebene grundsätzlich jeden Befehl *unverzüglich* zu befolgen haben, und zwar auch dann, wenn sie einen Befehl für unzweckmässig oder unzulässig halten«. Zwar räumte der Divisionskommandeur ein, dass es »von dieser Gehorsamspflicht […] eine Ausnahme« gebe: »Ein Untergebener *muss* die Ausführung eines Befehls verweigern, wenn er weiss, dass der Vorgesetzte mit dem Befehl die Ausführung eines Vergehens oder Verbrechens bezweckt.« Eine »genaue Belehrung« über die Einzelheiten jenes Paragraphen des Militärstrafgesetzbuchs hielt der Kommandeur allerdings für »unzweckmässig«. Zum einen schätzte er die »Gefahr, dass solche Befehle gegeben werden, […] bei der Auslese und Schulung der Vorgesetzten« ohnehin als »äusserst gering« ein. Außerdem befürchtete er, dass »nur Verwirrung« entstehen würde, wenn die Soldaten über ihr Recht auf Befehlsverweigerung zu detaillierte Kenntnisse besäßen. Folglich entschied sich der Kommandeur, dieses Recht in der vorgesehenen Form gar nicht gelten zu lassen: »Grundsatz muss bleiben, dass der Soldat unbedingt zu gehorchen hat und ihm die *nachträgliche* Beschwerde zusteht.« Durch diese Auslegung wurde das augenblickliche Verweigerungsrecht zu einem nachträglichen Beschwerderecht deformiert. Selbst ein Befehl, mit dem offensichtlich die »Ausführung eines Vergehens oder Verbrechens bezweckt« war, musste demnach erst einmal ausgeführt werden, bevor die Befehlsempfänger

---

693 Vgl. die Beispiele bei RASS, Menschenmaterial, S. 186 f.; KÜHNE, Kameradschaft, S. 178-182.
694 Vgl. das instruktive Beispiel des Polizeioffiziers Hornig, der sich bei einer Erschießungsaktion gegen selektierte sowjetische Rotarmisten und Politoffiziere im Herbst 1941 weigerte, die erteilten Exekutionsbefehle auszuführen und sich dabei auf § 47 MStGB berief. Seine Vorgesetzten erkannten dies aber nicht an, sondern versuchten Hornig »durch kameradschaftlichen Druck zu disziplinieren«, vgl. UEBERSCHÄR, Polizeioffizier, S. 85.
695 Vgl. hierzu und zum Folgenden den Befehl des Kdr. der 239. Inf.Div., Grundlegende Anweisungen Nr. 3 und die zugehörige Anlage v. 7.5.1941; BA-MA, RH 26-239/18, Anl. 39. Hervorhebungen im Original.

dagegen protestieren durften. Zumindest in dieser Division wurde also der Passus des Militärstrafrechts, der die Verweigerung eines verbrecherischen Befehls ermöglichte, bewusst außer Kraft gesetzt, indem man die Soldaten nicht in vollem Umfang über ihre Rechte informierte. Hinter diesem eigenmächtigen Eingriff in das geltende Militärstrafrecht stand die Auffassung, dass der Primat der militärischen Disziplin keinerlei Kompromisse duldete; ein Grundsatz, der wohl auch in vielen anderen Verbänden der Wehrmacht galt: »Die Wehrmacht braucht straffste Manneszucht, blindesten Gehorsam, ja Gehorsam gegen die eigene Überzeugung.«

Die Verabsolutierung des Gehorsamsprinzips betraf nicht nur die einfachen Soldaten und subalternen Befehlsempfänger, sondern bestimmte auch das Handeln der Offiziere und Truppenführer. Zwar gestalteten sich die Handlungsspielräume der Akteure für gewöhnlich weiter, je höher sie in der militärischen Hierarchie standen. Dies änderte jedoch nichts daran, dass auch die ranghohen Befehlshaber stets dem militärischen System und seinen Prinzipien pflichtschuldig blieben. Zudem galten die höheren Truppenführer als Identifikationsfiguren des militärischen Wertekanons, den sie durch ihre Erziehung und Ausbildung über lange Jahre verinnerlicht hatten und als Vorbilder zu verkörpern trachteten. Ungehorsam und nonkonformes Verhalten war mit den Idealen, die sie vertraten, nicht vereinbar und passte weder in ihr Selbstbild noch in ihr Rollenverständnis. Die Tugenden, die sie vorlebten, dienten dazu, die Funktionsfähigkeit und Kohäsion der militärischen Gesellschaft zu gewährleisten. Die Militärs predigten Unterordnung, Anpassung und Disziplin, während ziviler Ungehorsam stigmatisiert blieb und als Kennzeichen der »Unsoldaten«[696] galt. Dass die Idealisierung des Gehorsams auch der Umsetzung der Kommissarrichtlinien durch die höheren Truppenführer den Weg ebnete, gestand Generaloberst Hoth, der Befehlshaber der Panzergruppe 3, noch aus der Rückschau im Jahr 1950 ein.[697] Auch wenn er die Bekämpfung der sowjetischen Kommissare für gerechtfertigt erachtet hatte, war ihm doch die Durchführung der Erschießungen durch die Frontverbände als »ungeheure Zumutung an die Truppe« erschienen. Gegen den Kommissarbefehl zu opponieren, war für ihn allerdings undenkbar, denn alles andere als die Befolgung des Befehls »hätte aufs schärfste meiner Auffassung von Disziplin u. Gehorsamspflicht widersprochen, wie ich sie von Jugend an geübt und gelehrt habe«.

Die tiefe Internalisierung des militärischen Tugendkatalogs, in dem Disziplin und Gehorsam obenan standen, hat sicherlich auch in vielen anderen Verbänden die Entscheidung zur Befolgung des Kommissarbefehls vorbestimmt. Im Stab der 78. Infanteriedivision etwa bestanden vor dem Feldzug noch grundsätzliche Bedenken gegen den Befehl, die nicht nur pragmatisch, sondern auch ethisch begründet waren.[698] Obwohl der Befehl nach Ansicht der Divisionsführung »dem soldatischen Empfinden« widersprach, konnte man sich aber nicht dazu durchringen, ihn zu unterlaufen, sondern beteiligte sich stattdessen gehorsam an seiner Implementierung. Während der Vorbereitungsphase des Feldzugs gab der Divisionskommandeur die Kommissarrichtlinien buchstabengetreu an seine Verbände bekannt, indem er die unterstellten »Regi-

---

[696] KÜHNE, Kameradschaft, S. 131, 143.
[697] Aufzeichnung Hoths für das »Advisory Committee on Clemency for War Criminals«, Landsberg 1950, zit. nach: HÜRTER, Heerführer, S. 260.
[698] Vgl. den TB (Ic) der 78. Inf.Div. v. 1.6.-22.6.1941; BA-MA, RH 26-78/64. Vgl. hierzu Kap. III.3.2.

mentskommandeure persönlich über die Behandlung der Kommissare gemäss Führerbefehl« instruierte. Folgerichtig gelangte der Befehl während des Feldzugs in der Division auch zur Ausführung, wie zumindest zwei Meldungen ihrer Ic-Abteilung aus dem Herbst 1941 zeigen, in denen immerhin sieben Exekutionen an gefangenen Politoffizieren verzeichnet waren.[699] Als einzige Erklärung für dieses widersprüchlich erscheinende Verhalten bleibt, dass sich die Divisionsführung im entscheidenden Moment doch auf ihre Pflicht zum Gehorsam besonnen hatte. Der subjektive Widerspruch zwischen Empfinden und Handeln wurde durch das militärische Pflichtbewusstsein aufgelöst, das die Befehlsempfänger zugleich von ihrer persönlichen Verantwortung entlastete. So wurde in dieser Division offensichtlich das praktiziert, was auch der bereits zitierte Kommandeur der 239. Infanteriedivision von seinen Soldaten verlangte und als Idealzustand anstrebte, nämlich der blinde »Gehorsam gegen die eigene Überzeugung«. Es ist anzunehmen, dass diese Division nicht der einzige Verband blieb, in dem die Regungen des Gewissens durch die Selbstverpflichtung zu Folgsamkeit und Loyalität gegenüber den Vorgesetzten unterdrückt wurden, auch wenn der blinde Gehorsam noch nicht überall Einzug gehalten hatte.[700]

Wenn das Eigengewicht von Befehlen im deutschen Militär auch keinesfalls unterschätzt werden darf, reichte freilich die Gehorsamspflicht allein noch nicht dazu aus, das konforme Verhalten der Verbände zu gewährleisten. So viel Geltung ein bloßer Befehl in der Wehrmacht auch besaß, waren die radikalen Maßnahmen, die den Truppen zur Pflicht gemacht wurden, doch nicht selbstverständlich und bedurften einer Legitimation.[701] In vielen Verbänden ging das Bewusstsein für den exzeptionellen Charakter der Gewaltmaßnahmen auch durch die Einübung in die Vernichtungspolitik nicht verloren, so dass ein Bedürfnis nach Rechtfertigung und Selbstvergewisserung erhalten blieb. Dem Verlangen nach Sinnstiftung kamen die Wehrmachtpropaganda, die Kommandobehörden und nicht zuletzt auch die Vorgesetzten in den Einheiten entgegen, indem sie Legitimationsstrategien vermittelten, die geeignet waren, die Zweifel der Soldaten an ihrem Tun zu bewältigen oder gar nicht erst aufkommen zu lassen. Häufig waren es die Kommandeure selbst, die ihre Truppen der Berechtigung ihres Vorgehens versicherten, um die Handlungsfähigkeit ihrer Einheiten zu gewährleisten. In einem Infanterieregiment der 6. Armee ergriff Mitte Januar 1942 hierzu der Regimentskommandeur das Wort.[702] In einem Tagesbefehl rühmte der Oberst zunächst den zuletzt »bewiesenen Angriffsschwung« seiner Einheiten und lobte, »daß Jedermann im Regiment von der Notwendigkeit der siegreichen Beendigung dieses Krieges, im Besonderen von der Niederwerfung des jüdischen Bolschewismus durchdrungen ist«, was Anerkennung und Appell zugleich war. Anschließend kam der Kommandeur auf die Gewaltmaßnahmen zu sprechen, die er und sein Regiment mit-

---

[699] Vgl. die Ic-Morgenmeldung der 78. Inf.Div. an das VII. AK v. 14.10.1941; BA-MA, RH 26-78/65. Vgl. die Ic-Meldung der 78. Inf.Div. an das IX. AK v. 8.11.1941, 19.50 Uhr; BA-MA, RH 24-9/156, Bl. 101.
[700] Vgl. hierzu Kap. III.3.2.
[701] Dieses Bedürfnis zeigt Welzer in seiner Studie über die »Täter« des Holocausts, in der er eindringlich nachzeichnet, »wie die einzelnen Akteure beständig – vor der Tat, während der Tat und nach der Tat – damit beschäftigt sind, ihrem Handeln Sinn beizulegen«. Vgl. WELZER, Täter, S. 47.
[702] Vgl. hierzu und zum Folgenden den Tagesbefehl des Kdr. des IR 524 v. 13.1.1942; BA-MA, RH 39/659.

getragen hatten: »Die angewandten harten Methoden im Verlauf dieses Kampfes liegen im Grunde dem deutschen Soldaten nicht. Sie sind uns aber vom Bolschewismus aufgezwungen worden. Die Sicherheit der Truppe bedingt es daher, dementsprechend zu handeln. In diesem harten Kampf geht es um Sein oder Nichtsein des deutschen Volkes, unserer Familien und unserer Kultur.«

Der Rechtfertigungscharakter dieses Tagesbefehls lässt darauf schließen, dass in dem Regiment auch nach beinahe einem halben Jahr Ostkrieg weiterhin Bedarf bestand, sich der Legitimität der »angewandten harten Methoden« zu vergewissern. Die negative Konnotation der »harten Methoden« in den Ausführungen des Regimentskommandeurs zeugte davon, dass man sich im Regiment der außergewöhnlichen Qualität der Gewaltmaßnahmen nach wie vor bewusst war. Gleichzeitig war die Distanzierung von den »harten Methoden« bereits Bestandteil der Rechtfertigungsstrategie. Indem man von vornherein auf eine Identifikation mit den »harten Methoden« verzichtete, brauchte man sie gar nicht erst in sein Selbstbild zu integrieren und konnte einen hilfreichen inneren Abstand zu seinem Handeln wahren, der die Durchführung der Gewaltmaßnahmen erleichterte. Bei den übrigen Argumentationssträngen in dem Tagesbefehl des Kommandeurs handelte es sich um ebenso eingängige wie verbreitete Denkmuster. Die Bezichtigung des Gegners, die Gewaltexzesse ausgelöst zu haben, verkehrte die Verantwortlichkeiten und entlastete die Invasoren subjektiv von jeglicher Schuld. Der häufig apostrophierte Primat der »Sicherheit der Truppe« vor dem geltenden Recht war ebenfalls nicht schwer zu vermitteln, weil hiermit die vitalen Eigeninteressen der Soldaten angesprochen wurden. Der Hinweis auf den existentiellen Charakter der Auseinandersetzung implizierte den Freispruch von allen rechtlichen Bindungen und konnte sich auf die weithin akzeptierte Auffassung stützen, dass der Feldzug als Präventivkrieg zur Abwendung einer lebensbedrohenden Gefahr geführt werden musste.

Das Bedürfnis nach Legitimation war so stark ausgeprägt, dass es auch die Wahrnehmung der Wirklichkeit beeinflusste und autosuggestiv überformte; in dem mehr oder minder bewussten Bemühen, das eigene Handeln mit den gängigen Rechtfertigungsstrategien in Deckung zu bringen. Das Bestreben der Akteure, die Gewaltmaßnahmen mit den überkommenen Konzepten ihrer kollektiven Identität vereinbaren zu können, exemplifizieren die Aufzeichnungen eines deutschen Divisionspfarrers von der Ostfront. In seinem Tätigkeitsbericht aus dem November 1941 griff der Kriegspfarrer das heikle Thema der radikalen Repressionspolitik auf, die die Truppen der Division in den vorangegangenen Monaten angewandt hatten, und bemühte sich zu zeigen, dass die Gewaltakte an der Lauterkeit der Soldaten nichts geändert hatten.[703] Als kennzeichnendes Beispiel für das Verhalten der Truppen schilderte der Feldgeistliche »folgendes kleines Erlebnis: Wir erreichen ein Haus, das lichterloh brennt. Einige Tote, die soeben als Heckenschützen erschossen werden mussten. Eine Mutter liegt, vielleicht von verirrter Kugel getroffen, tot auf dem Acker. Ein kleines Kind wimmert in ihrem Arm. Da lösen sich deutsche Soldaten aus ihrem Verband, holen das Kind und bringen es in eine Hütte zur Betreuung durch eine Mutter, die zu finden sie glücklich sind.« Unabhängig davon, ob die Darstellung des Pfarrers den Tatsachen entsprach oder nicht, ist in jedem Fall unverkennbar, dass er die geschilderten Ereignisse merklich verklärte, um seinen Rechtfertigungsversuchen Nachdruck zu verlei-

---

[703] Hierzu und zum Folgenden: TB (IVd/ev.) der 111. Inf.Div. über den Zeitraum 1.5.-31.10.1941 v. 23.11.1941; BA-MA, RH 26-111/59.

hen. Zunächst einmal wurde gar nicht erst in Betracht gezogen, dass es aller Wahrscheinlichkeit nach die Truppen der Division waren, die den Brand in der Ortschaft gelegt oder verursacht hatten. Die Exekutionen, die von den Truppen durchgeführt worden waren, rechtfertigte der Pfarrer, indem er die Erschießungsopfer als »Heckenschützen« bezeichnete. Damit lag schließlich ein kapitaler Tatbestand vor, der die Erschießungen als legitime Strafaktionen auswies und die Schuld für die Gewaltakte bei den Opfern selbst verortete. Mit diesem Hinweis betonte der Pfarrer, dass sich die Truppen im pseudolegalen Rahmen der Gesetze bewegten, die an der Ostfront galten, womit die Soldaten über den Verdacht von Willkür und Verbrechen erhaben blieben. Im subjektiven Referenzrahmen der Truppen konnten sie ihr Vorgehen damit als gerecht empfinden.

Besonders deutlich tritt das Bemühen des Pfarrers, die Truppen moralisch zu entlasten, in der Episode über die Rettung des Kleinkindes zutage. Die Exkulpationsstrategie beginnt damit, dass die Soldaten von dem Verdacht freigesprochen werden, die Mutter des Kindes selbst getötet zu haben. Als Erklärung für ihren Tod bietet der Pfarrer den Zufallstreffer eines Querschlägers an, obwohl es sehr viel plausibler erscheint, dass die Frau ebenfalls den Erschießungen zum Opfer gefallen war, die die deutschen Truppen vorgenommen hatten. Von dieser Möglichkeit lenkt der Geistliche freilich von vornherein ab, um die Soldaten nicht dem Verdacht auszusetzen, eine Mutter getötet und ihr Kleinkind sich selbst überlassen zu haben, was kaum noch mit militärischen Notwendigkeiten zu rechtfertigen gewesen wäre und die Truppen mit dem Odium der Grausamkeit und Unmenschlichkeit belastet hätte. Um das menschliche Selbstbild der Truppen aufrechtzuerhalten, hebt der Pfarrer stattdessen einen humanitären Akt hervor, die Rettung des Kindes. Genauso dient die Erwähnung der Glücksgefühle der Soldaten nach der erfolgreichen Vermittlung des Kindes an eine Ersatzmutter dazu, ihre menschlichen Eigenschaften herauszustreichen. Unabhängig von der nicht zu entscheidenden Frage, wie die Mutter tatsächlich zu Tode gekommen war, bestand die Verzerrung der Wirklichkeit in der Darstellung des Pfarrers vor allem in der selektiven Fokussierung auf die marginale humanitäre Handlungsebene, während die zutiefst unmenschlichen Akte der Truppen, in deren Folge die gesamte Situation erst entstanden war, weitgehend ausgeblendet oder relativiert wurden. Diese verklärte Perzeption der Ereignisse half nicht nur, die positive Selbstwahrnehmung der Truppen für die Zukunft auf Dauer zu konservieren, sondern erfüllte auch bei der Praktizierung der Gewalt selbst eine wichtige Funktion. Die Demonstration der eigenen Menschlichkeit inmitten der Unmenschlichkeit des Vernichtungskrieges diente der Selbstbeschwichtigung. Durch einen beiläufigen humanitären Akt versicherten sich die Soldaten ihrer eigenen Menschlichkeit und vergewisserten sich, dass die ihnen abverlangte Tötungsarbeit keine seelischen Deformationen bei ihnen hervorgerufen hatte. Genau auf diese Schlussfolgerung lief die Episode des Divisionspfarrers hinaus: »Dass der deutsche Soldat sich trotz des Zwanges, ständig töten zu müssen, doch sein mitfühlendes Herz bewahrt«. Die autosuggestiv erlangte Gewissheit, dass das Töten keine moralische Degeneration zur Folge habe, diente der Beruhigung des Gewissens, erleichterte die Ausübung des Mordhandwerks und bewahrte ihnen letztlich die Fähigkeit, »ständig töten zu müssen«.[704]

---

[704] Vgl. hierzu WELZER, Täter, S. 38-41: »Es zeigt, dass es die Selbstvergewisserung über ihr trotz allem noch intaktes moralisches Vermögen war, die es ihnen erst ermöglichte, Morde zu begehen und sich

Neben der Verklärung der Gewalttaten gegen die Zivilbevölkerung lieferte der Divisionspfarrer in seinem Tätigkeitsbericht auch Rechtfertigungen für die Vernichtung der sowjetischen Kommissare. In den Augen des Geistlichen stellten die Kommissare Repräsentanten des »grauenhaften Bolschewismus« dar und hoben sich als negatives Gegenbild vom eigenen Soldatentum ab. Um eine Kontrastwirkung zu erzielen, führte er zur Charakterisierung der Kommissare eine Begebenheit an, die direkt an das beschriebene Exempel der angeblichen Menschlichkeit der deutschen Truppen anschloss: »Demgegenüber der materialistische Zynismus eines sowjetischen Kommissars: Er ist verwundet in unsere Hand gefallen und bedeutet dem Offizier, der ihn verhört: ›Ich weiss, ich werde erschossen. Wieviele Erschiessungsbefehle gegen deutsche Gefangene habe ich gegeben! Aber eine Bitte: Lasst mich noch einmal gut essen!‹« Ob die zitierten Äußerungen des gefangenen Politoffiziers tatsächlich in dieser Form gefallen sind, wirkt reichlich unwahrscheinlich, muss aber letztlich offen bleiben. Welche Absicht der Pfarrer damit verfolgte, dieses Zitat anzuführen, ist dagegen evident. Das angebliche Schuldeingeständnis des Politoffiziers, die Erschießung deutscher Kriegsgefangener veranlasst zu haben, erübrigte jede weitere Erörterung über die Berechtigung seiner eigenen Bestrafung; der Gefangene übernahm die Rechtfertigung seiner Exekution sogar selbst. Der fatalistischen Vorausahnung des Politoffiziers, dass er nach dem Verhör erschossen werde, wollte der Pfarrer in seinem Bericht folgerichtig auch nicht widersprechen, denn schließlich war die gesamte Textpassage darauf ausgelegt, eben diese Maßnahme zu begründen. Die Konstruktion dieser lehrstückartigen Episode folgte dem offiziellen Rechtfertigungsdiskurs und dem Feindbild von den Politoffizieren, in dem die Verantwortlichkeit der Kommissare für die Völkerrechtsverletzungen der sowjetischen Truppen eine tragende Rolle spielte. Ob die Erlebnisse der Kriegsteilnehmer mit diesen Konzepten übereinstimmen oder nicht, wurde die erfahrene Wirklichkeit immer weiter in die vorgegebenen Raster eingepasst, die die radikale Kriegführung in den Augen der Akteure nachvollziehbar und zustimmungsfähig erscheinen ließen.

Dass Bedarf an Legitimationsstrategien bestand, um die Zuverlässigkeit und Handlungsfähigkeit der Befehlsempfänger zu gewährleisten, bestätigt ein weiteres eindringliches Beispiel. Um den Soldaten den Sinn ihres Tuns zu vermitteln, steigerte man in der 4. Panzerdivision im Herbst 1941 die ideologische Indoktrination. Angeregt durch den berüchtigten Reichenau-Befehl vom 10. Oktober 1941, hatte die Divisionsführung eine Reihe von hetzerischen »Parolen des Tages« entworfen, die den Truppen regelmäßig über die Divisionsbefehle bekannt gegeben wurden.[705] Diese Leitsätze waren außergewöhnlich radikal, atmeten nationalsozialistische Hasspropaganda und riefen die Truppen zu Gewalt und Erbarmungslosigkeit auf. So lautete das Motto, das am 25. November 1941 ausgegeben wurde: »Träger und Drahtzieher der bolschewistischen Idee ist der *Jude*. Deutscher Soldat denke immer daran, wo naoch [sic] Juden leben, gibt es hinter der Front keine Sicherheit. Jüdische Zivilisten und Partisanen gehören nicht in die Gefangenenlager, si[e] sind zu erschießen.« Als der Oberbefehlshaber der 2. Panzerarmee im Frühjahr 1942 anordnete, die »Parolen des Tages« aufzuheben, weil

---

dabei nicht als Mörder zu fühlen.«
[705] Vgl. hierzu und zum Folgenden das Schreiben der 4. Pz.Div./Abt. Ia an das XXXXVII. AK v. 20.3.1942 und die zugehörigen Anlagen; BA-MA, RH 24-47/113. Hervorhebungen im Original.

sie mit dem inzwischen eingeschlagenen Kurs nicht mehr vereinbar waren, protestierte das Divisionskommando und begründete ausführlich, warum es die Parolen eingeführt hatte und weiterhin an ihnen festhalten wollte: »Immer wieder sollte durch diese Parolen der tiefste Sinn unseres gegenwärtigen Kampfes allen Soldaten eingeimpft werden. Die Division hielt dies auch deshalb für erforderlich, weil den Leuten die Notwendigkeit der oft harten, ja roh erscheinenden eigenen Maßnahmen verständlich gemacht werden musste.« Zur Erläuterung rekapitulierte die Divisionsführung die radikalen Gewaltmaßnahmen, die ihre Truppen zu bewältigen hatten, wobei sie »viele hunderte« Kriegsgefangene »elend verrecken« sahen, »zahlreiche Dörfer« niederbrennen und die Zivilbevölkerung entweder »in den sicheren Tod treiben« oder gleich »umlegen« mussten. Mit diesen drastischen Schilderungen unterstrich die Division das Erfordernis, »den Soldaten klar zu machen, warum dies alles sein musste. Hätte man es nicht getan, so wären die Leute innerlich zerbrochen.« Hierin sah die Divisionsführung den »Hauptgrund, die Angehörigen der Div. immer von neuem gegen das bolschewistische System aufzuhetzen«. Daneben gab es aber noch einen »andere[n] Grund«, nämlich die Vermittlung der Kriegsziele, die im Reichenau-Befehl festgelegt waren, also vor allem die »völlige Vernichtung der bolschewistischen Irrlehre« und die »erbarmungslose Ausrottung artfremder Heimtücke«, was auch die »Sühne am jüdischen Untermenschentum« einschloss. Die Divisionsführung verfolgte bei der Forcierung der Ideologisierung ihrer Truppen also zwei verschränkte Zielrichtungen. Auf der intentionalen Ebene wünschte sie die Internalisation der nationalsozialistischen Ideologie per se, weil sie offensichtlich selbst damit übereinstimmte. Auf der funktionalen Ebene betrachtete sie die Ideologie als Mittel, das dazu dienen sollte, den Befehlsempfängern Motivation für die Bewältigung ihrer schweren Aufgaben zu verschaffen, so dass gewährleistet war, dass sie ein williges Instrument in der Hand ihrer Führung blieben.

Ideologische Indoktrination und die Macht der Feindbilder

Unabhängig von ihrer Einstellung gegenüber dem Nationalsozialismus konnten die Stäbe in der ideologischen Indoktrination der Soldaten also Vorteile entdecken, die ihrem vitalen Interesse an der Funktionsfähigkeit der Verbände entgegenkamen. Die Ideologie stellte Sinnangebote zur Verfügung, erhöhte die Opferbereitschaft und förderte Konformität, womit genügend Gründe gegeben waren, ihre Vermittlung in den Einheiten voranzutreiben. Zwar wurde der von der Wehrmachtführung schon in den dreißiger Jahren eingeführte »nationalpolitische Unterricht« wohl nicht in allen Stäben uneingeschränkt begrüßt.[706] In einzelnen Stäben rief die »weltanschauliche Schulung« grundsätzliche Kritik hervor und stieß gerade während des laufenden Feldzugs auf Hindernisse, so dass sich in manchen Verbänden »die Mehrzahl aller Offiziere um diesen Unterricht herum« drückte.[707] Allerdings stand für viele andere Stäbe die »Wichtigkeit der weltanschaulichen Erziehung durch Kommandeure für die Offiziere

---
[706] Vgl. MESSERSCHMIDT, Wehrmacht, S. 21 ff., 29, 63 f. Vgl. zur »Politisierung der Reichswehr/Wehrmacht« vor Kriegsbeginn auch FÖRSTER, Kriegführung, S. 484-505.
[707] Vgl. die Denkschrift des Ia der 295. Inf.Div. (Groscurth) über »geistige Betreuung der Truppe«, an den Generalstabschef des XXXXIV. AK, v. 2.11.1941; BA-MA, RH 26-295/18, Anl. 309. Vgl. zu

17 | Noch siegesgewiss: Soldaten der 1. Gebirgsdivision beim Vorstoß auf Lemberg (Juni 1941)

18 | Immer seltener siegesbewusst: Die 18. Armee hat Reval erobert (Ende August 1941)

5. Motive

und durch Einheitsführer für die Mannschaften« außer Frage.[708] Sofern sie die Erziehung ihrer Mannschaften zu »politischen Soldaten« nicht schon aus Überzeugung befürworteten, empfahl sich die Mitwirkung an der Propaganda auch wegen ihres praktischen militärischen Nutzens, denn schließlich diente sie zur »Aufrechterhaltung der Stimmung, der seelischen Kampfbereitschaft und des Siegeswillens«[709] der Truppen. So verfügte die Binnenpropaganda in der Wehrmacht über genügend Agenturen, die einen hohen Verbreitungsgrad der offiziellen ideologischen Postulate und Feindbilder gewährleisteten.[710] Dies war nicht nur das Werk der zentralen Wehrmachtpropaganda, der Propagandakompanien und ihrer Feldzeitungen. Auch in den Stäben und Befehlshabern des Feldheeres fand die Propaganda Sprachrohre, die mit ihren Verlautbarungen für die Etablierung und Dominanz der ideologisierten Kriegswahrnehmung in den Truppen sorgten. In den Verbänden übernahmen es häufig die Truppenkommandeure selbst, gegen die »Juden und Bolschewisten« zu hetzen und das Bedrohungsszenario zu beschwören, dass die »bolschewistischen Horden in unsere Heimat eindringen« könnten.[711] Dabei machten sie sich vielfach die nationalsozialistische Rassenideologie zu Eigen und kultivierten die Vorstellung vom »jüdischen Bolschewismus«, indem sie die sowjetischen Juden »als Führer des Sowjet-Staates und Träger der bolschewistischen Irrlehre« brandmarkten.[712] Mit solchen Botschaften aktualisierten die Kommandeure regelmäßig den Konsens über die Zielsetzung der »endgültigen Vernichtung zunächst des Bolschewismus«[713], um die Kampfmotivation der Soldaten »immer wieder«[714] zu erneuern.

In den Kommandobehörden waren außerdem verschiedene Stabsabteilungen damit beschäftigt, die propagandistische Beeinflussung der Truppen zu steuern. Die geistige Betreuung sowie die Propaganda innerhalb der Truppe zählten zum dienstlichen Aufgabenbereich der Ic-Abteilungen, die daher auch für die »weltanschauliche Erziehung«[715] der Truppen zuständig waren. Die »geistige Kriegführung« der Kommandeure und Ic-Abteilungen wurde flankiert durch die Agitation der Feldgeistlichen, die die Propaganda für den Weltanschauungskrieg in ihren Botschaften an die Truppen unterstützten. Die Kriegspfarrer sahen ihre Aufgabe in »der Stärkung der inneren Kampfkraft der Truppe«[716] und verfolgten bei ihrer Arbeit »immer das gleiche«[717]

---

dieser Denkschrift auch FÖRSTER, Kriegführung, S. 532. Vgl. allgemein zur »geistigen Kriegführung« während des »Unternehmens Barbarossa« ebd., S. 519-538.

[708] Vgl. z. B. das Besprechungsprotokoll des XXXXVIII. AK/Abt. Ic Nr. 1609/42 geh. v. 12.6.1942; BA-MA, RH 24-48/215, Anl. 438.

[709] OKW/WPr v. 28.9.1938, zit. nach: FÖRSTER, Kriegführung, S. 504.

[710] Vgl. MESSERSCHMIDT, Wehrmacht. Vgl. zum Erfolg der Ideologisierung auch FRITZ, Frontsoldaten, S. 288-291.

[711] Rede des Kdr. des IR 308 zum Geburtstag des »Führers« am 20.4.1942; BA-MA, RH 37/7403.

[712] Unterrichtsblatt des Kdr. der 132. Inf.Div. v. 6.10.1941; BA-MA, RH 26-132/37, Anl. 272: »Als Führer des Sowjet-Staates und Träger der bolschewistischen Irrlehre vernichteten sie skrupellos alle ihre Feinde und unterdrückten jede Gegenmeinung und Revolution im Keime. Aus jüdischen Gehirnen entsprangen die sadistischen Folterungsmethoden der grauenhaften Sowjet-Justiz.«

[713] Rede des Kdr. des IR 308 zum Geburtstag des »Führers« am 20.4.1942; BA-MA, RH 37/7403.

[714] Unterrichtsblatt des Kdr. der 132. Inf.Div. v. 6.10.1941; BA-MA, RH 26-132/37, Anl. 272.

[715] Vgl. die Punkte für die Adj.-Besprechung bei der Abt. Ic der 255. Inf.Div. am 5.11.1941; BA-MA, RH 26-255/139, Anl. 5.

[716] TB (IVd/ev.) der 22. Inf.Div. v. 1.1.-31.3.1942; BA-MA, RH 26-22/137.

[717] TB (IVd/kath.) der 73. Inf.Div. v. 13.7.-17.11.1941; BA-MA, RH 26-73/99.

Ziel: die Soldaten zu »Einsatzbereitschaft und Pflichterfüllung« zu animieren. In der deutschen Kriegsmaschine fungierten die Wehrmachtsgeistlichen als Teil der Gehorsamsproduktion, indem sie die Soldaten mental darauf einstellten, die Anforderungen der Führung umzusetzen. Um die Soldaten für die gehorsame Durchführung ihrer Aufgaben zu motivieren und auf die Ziele des Feldzugs einzuschwören, übernahmen die Feldgeistlichen die offiziellen Propagandaparolen und wirkten an der Vermittlung der geltenden Feindbilder mit. In ihrer Betreuungsarbeit bemühten sie sich, die Kriegswahrnehmung der Soldaten in die gewünschte Richtung zu lenken und ihrer Nahperspektive die vorgegebenen ideologischen Filter vorzuschieben. Keine andere Absicht stand dahinter, wenn sich ein Feldgeistlicher in seinen Predigten und seelsorgerischen Gesprächen zum Ziel setzte, den Soldaten »zu einem Verständnis dieses Erlebnisses aus dem unüberbrückbaren Gegensatz zwischen nationalsozialistischer Weltanschauung und Bolschewismus, zwischen Verantwortlichkeit des rassenbewußten einzelnen deutschen Menschen und der grauenhaften Vermassung bewußten Proletariertums, zwischen starkem und ewigkeitsgebundenen Gottesglauben und der gewaltsam erzwungenen Gottlosigkeit zu [ver]helfen«.[718]

Als Geistliche fiel den Kriegspfarrern die Hetze gegen den »gottlosen Bolschewismus«[719] ohnehin nicht schwer.[720] Wenn in den Feldgottesdiensten auch auf Anordnung der Befehlshaber »gegen den Kommunismus und Bolschiwismus [sic] gepredigt«[721] wurde, brauchten sich die Kriegspfarrer nicht zu verstellen. Die antibolschewistischen Ressentiments waren im deutschen Klerus tief verwurzelt und erhielten durch den empörenden Anblick der »geschändeten Kirchen«[722] in der Sowjetunion nur noch weitere Nahrung. Die Verteufelung des Bolschewismus als »einer ›dämonischen‹ entfesselten Gewaltherrschaft«[723] nahm in den Predigten der Feldgeistlichen daher stets einen zentralen Platz ein. Auf der Folie dieses Feindbilds verklärten die Kriegspfarrer in ihren Andachten den Krieg gegen die Sowjetunion als »heldenmütige kulturelle Sendung des deutschen Soldaten«[724], um die Truppen vom Sinn des Feldzugs zu überzeugen: »In diesen Gottesdiensten wurde den Soldaten die Erkenntnis vertieft, dass dieser Schicksalskampf unserer Nation zugleich einen Kampf um die ewigen Gottesgaben darstellt, um die gottgeschenkten Werte des Eigentums, der Familie, des Volkes und Staates gegen die widergöttlichen Mächte und Kräfte der Zerstörung.«[725] Mit solchen Botschaften trugen die Kriegspfarrer dazu bei, den Feldzug gegen die Sowjetunion zu einem quasi-sakral legitimierten »Kreuzzug gegen den gottlosen Bolschewismus« zu stilisieren.[726] Mit der angeblichen religiösen Mission ließ sich zugleich die Wahl der Mittel rechtfertigen. Die Feldgeistlichen predigten, dass der Feldzug als »rücksichtsloser Kampf gegen den gottlosen Bolschewismus bis zum Endsieg« geführt

---

[718] TB (IVd/ev.) der 294. Inf.Div. v. 1.7.-31.10.1941; BA-MA, RH 26-294/90.
[719] TB (IVd/ev.) der 62. Inf.Div. v. Juni-Dezember 1941; BA-MA, RH 26-62/118.
[720] Vgl. LEMHÖFER, Bolschewismus, S. 68-73.
[721] TB (IVd/kath.) der 60. Inf.Div. (mot.) v. 31.5.-14.12.1941; BA-MA, RH 26-60/71, Anl. 388.
[722] TB (IVd/ev.) der 255. Inf.Div. v. 1.6.-8.10.1941; BA-MA, RH 26-255/168.
[723] TB (IVd/ev.) der 299. Inf.Div. v. 15.5.-31.7.1941; BA-MA, RH 26-299/166.
[724] TB (IVd/kath.) der 25. Inf.Div. (mot.) v. 25.5.1941-31.3.1942; BA-MA, RH 26-25/96.
[725] TB (IVd/ev.) der 44. Inf.Div. v. 28.3.-1.12.1941; BA-MA, RH 26-44/55.
[726] Hierzu und zum Folgenden: TB (IVd/kath.) der 113. Inf.Div. v. 1.7.-30.9.1941; BA-MA, RH 26-113/37.

werden müsse, und betätigten sich damit als Propagandisten des Vernichtungskrieges.[727]

Die Kriegspfarrer trugen dafür Sorge, dass sich in den Verbänden »auch bis zum einfachsten Mann« die Einsicht in »die Notwendigkeit dieses Kampfes« durchsetzte[728], und lieferten den Soldaten Legitimationsstrategien, die ihnen die Ausübung der Gewalt im Weltanschauungskrieg erleichterten. So bestärkten die Feldgeistlichen die Truppen darin, die Schuld für die Auslösung der gegenseitigen Gewaltexzesse in den Kämpfen dem Gegner zuzuschreiben. Sie sprachen von einem »auf der Gegenseite grausam geführte[n] Kampf«, beschworen einen entsprechenden moralischen »Gegensatz zwischen dem deutschen Soldaten und dem russischen Kämpfer«[729] und verfestigten das manichäische Feindbild von einem Gegner, »der wohl zäh und verbissen kämpft, der aber jeder inneren soldatischen Haltung und alles dessen entbehrt, was man unter dem Begriff soldatische Tradition zum Ausdruck bringen kann«.[730] Mit der einseitigen Verurteilung der sowjetischen Truppen pflichteten die Wehrmachtspfarrer den eigenen Mannschaften bei, die Last der Verantwortung für die Brutalisierung des Krieges von sich auf den Gegner abzuwälzen. Die Feldgeistlichen trugen damit zur Beschwichtigung des kollektiven Gewissens bei und bekräftigten die Exkulpationsstrategien der Truppen, denen die Durchführung der Gewaltakte leichter fiel, wenn sie die Taten als legitime Vergeltungsmaßnahmen ausgeben und sich auf die Völkerrechtsverstöße der Gegenseite berufen konnten. Indem die Feldgeistlichen diesem Deutungsmuster das Wort redeten, halfen sie den Truppen, die Repressalien auch praktisch zu bewältigen. Dabei verbanden die Kriegspfarrer die Beschuldigung der sowjetischen Truppen mit einer Anklage an den Bolschewismus, den sie als Wurzel des Übels ausmachten. In den Predigten der Feldgeistlichen, die davon sprachen, »dass die Gottlosigkeit die Sowjets zu Hass und Mord und Untermenschentum geführt hat«, erschien die Barbarisierung des Ostkriegs als zwangsläufige Konsequenz bolschewistischer Indoktrination.[731] Folgerichtig nahmen die Wehrmachtspfarrer auch die Repräsentanten der bolschewistischen Herrschaft ins Visier und nährten die Affekte der Truppen gegen die sowjetischen Kommissare und Parteifunktionäre. In ihren Feldgottesdiensten griffen die Kriegspfarrer die stereotype Vorstellung auf, »daß der Gegner oft nur deshalb kämpft, weil hinter seinem Rücken gleichsam die Pistole des Kommissars auf ihn gerichtet war«[732], und wirkten darauf hin, dass sich das vorgegebene, dämonische Feindbild von den sowjetischen Politoffizieren in den Truppen durchsetzte. Die Wehrmachtspfarrer trugen auf diese Weise dazu bei, die geistigen Grundlagen des Weltanschauungskrieges in den Verbänden des Ostheeres zu schaffen und laufend zu erneuern. »Unter der Parole ›Gott will es‹«[733] spendeten sie der Ver-

---

727 Diese Rolle der Kriegspfarrer findet sich in der eher unkritischen Darstellung bei Beese, Kirche, nicht. Ähnlich unkritisch auch Güsgen, Bedeutung, der das Thema meidet.
728 TB (IVd/ev.) der 239. Inf.Div. v. 22.6.-4.12.1941; BA-MA, RH 26-239/38.
729 TB (IVd/kath.) der 61. Inf.Div. v. 22.6.1941-31.3.1942; BA-MA, RH 26-61/155.
730 TB (IVd/ev.) der 239. Inf.Div. v. 22.6.-4.12.1941; BA-MA, RH 26-239/38. Vgl. auch den TB (IVd/kath.) der 62. Inf.Div. v. 1.6.-31.12.1941; BA-MA, RH 26-62/118.
731 TB (IVd/ev.) der 454. Sich.Div. v. 1.6.-31.8.1941; BA-MA, RH 26-454/27.
732 TB (IVd/ev.) der 239. Inf.Div. v. 22.6.-4.12.1941; BA-MA, RH 26-239/38.
733 TB (IVd/kath.) der 113. Inf.Div. v. 1.7.-30.9.1941; BA-MA, RH 26-113/37.

nichtung des Bolschewismus und seiner Repräsentanten kirchlichen Segen und erteilten den Soldaten, die den Vernichtungskrieg austrugen, Absolution.

Die Wirkung der unaufhörlichen, einseitigen Beeinflussung der Soldaten durch die Wehrmachtpropaganda und die Verlautbarungen der Kommandeure, Stäbe und Feldgeistlichen blieb nicht aus. Zwar existierte in der Wehrmacht durchaus ein kritisches Bewusstsein »über das Verhältnis von Propaganda und Wirklichkeit«[734], so dass die Parolen der Führung nicht immer vorbehaltlos aufgesogen wurden. Manche Soldaten empfanden insbesondere den Stil der Feldzeitungen als »theatralisch«[735] und wünschten sich eine angemessenere Darstellung der Kriegsereignisse: »Wenn nur nicht die Berichte der Propaganda-Kompanien so übertreiben würden!«[736] Wenn die Soldaten den Wahrheitsgehalt mancher Propagandaberichte im Detail auch anzweifeln mochten, kamen die Botschaften im Kern doch bei ihnen an. Die propagandistische Beschwörung der »Gefahr des Weltbolschewismus«[737] fiel auf fruchtbaren Boden, so dass die »Einsicht in die Notwendigkeit des Krieges«[738] im Ostheer weithin geteilt wurde, was selbst Veteranen in der Nachkriegszeit einräumten: »Wir taten das aus Überzeugung, im Glauben an eine gute und gerechte Sache!«[739] Zusammen mit der offiziellen Kriegsrhetorik setzten sich auch die dämonisierenden Ideologeme über den Gegner im Ostheer durch, die mit dem Konzept des Feldzugs untrennbar verbunden waren. Insbesondere das Klischee von den sowjetischen Kommissaren, die als skrupellose Erfüllungsgehilfen des »bolschewistischen Wahnsinns«[740] stigmatisiert wurden, erreichte in den deutschen Verbänden einen hohen Verbreitungsgrad und wurde kaum hinterfragt.[741]

Dass das vorgefertigte Feindbild der Kommissar so fest verankert war, lag an seinen tiefen Wurzeln, denn die geistigen Grundlagen dieser Vorstellungen reichten bis weit in die Kaiserzeit zurück. Der militante Antikommunismus war vor allem in der Generation der Truppenführer fester Bestandteil des Weltbilds und stellte die dichotome Kehrseite des nationalkonservativen Denkens dar. Erschwerend kam hinzu, dass alle späteren Kommandeure des Ostheeres zur Generation der Frontoffiziere des Ersten Weltkriegs zählten, die nicht nur dem Nationalsozialismus besonders aufgeschlossen gegenüberstanden[742], sondern auch das Trauma der Niederlage in sich trugen, das bei vielen zu einer verstärkten Politisierung und Radikalisierung der antikommunistischen Feindbilder geführt hatte. Schließlich machte man insbesondere im nationalkonservativen Lager für den angeblichen »Dolchstoß« pauschal die »Bolschewisten« sowie

---

[734] TB (IVd/ev.) der 7. Pz.Div. v. 1.10.-31.12.1941; BA-MA, RH 27-7/204.
[735] Feldpostbrief des Btl.Adj. des III./IR 405 v. 11.7.1941; BA-MA, RH 37/3095, S. 6.
[736] Eintrag im Tgb. des Kdr. des I./IR 1, Hptm. K., v. 26.7.1941; BA-MA, MSg 2/2728, Bl. 44.
[737] Erinnerungen eines ehemaligen Angehörigen des IR 462/482 a.d.J. 1990; BA-MA, MSg 2/5520.
[738] TB (IVd/ev.) der 22. Inf.Div. v. 1.1.-31.3.1942; BA-MA, RH 26-22/137.
[739] Erinnerungen eines ehemaligen Angehörigen des IR 462/482 a.d.J. 1990; BA-MA, MSg 2/5520. Vgl. exemplarisch auch die Feldpostbriefe des OGefr. Hans Z., Pz.N.Abt. 4, v. 3.11., 9.11., 1.12.1941, 1.2.1942; BA-MA, MSg 2/5807. Vgl. auch den Feldpostbrief des Lt. Hans S., IR 37, v. 10.7.1941; BA-MA, RH 37/6732, Bl. 23.
[740] TB (IVd/ev.) des XXIX. AK v. 30.4.-26.7.1941; BA-MA, RH 24-29/125, S. 144 f.
[741] Vgl. hierzu Kap. IV.3.
[742] KROENER, Generationserfahrungen, S. 230 f. Vgl. zu einem Fallbeispiel auch RÖMER, Truppenführer.

»eine Clique von Juden und Sozialisten«⁷⁴³ verantwortlich. Die heftigen Aversionen gegenüber dem Bolschewismus, die die Befehlshaber mit vielen subalternen Offizieren und Mannschaften teilten, wurzelten somit auch in der politischen Kultur der Zwischenkriegszeit und basierten auf prägenden kollektivbiographischen Erfahrungen. Dass gerade die Truppenführer das Feindbild von den Kommissaren übernahmen und in ihren Verbänden kultivierten, erklärt sich somit auch aus ihrem lebensgeschichtlichen Hintergrund, ihrer sozialen Herkunft und ihren generationellen Erfahrungen. Dies war umso fataler, als die Ideologeme über die Kommissare bei der Durchführung der Vernichtungspolitik eine tragende Rolle spielten.

Mit der Ideologisierung der deutschen Verbände und der erfolgreichen Vermittlung der Feindbilder, die den Kommissarrichtlinien zugrunde lagen, wurden wesentliche Voraussetzungen für die Umsetzung des Mordprogramms geschaffen. Diese Vorstellungen bildeten entscheidende Antriebskräfte bei der Realisierung der Vernichtungspolitik, weil aus ihnen Rechtfertigungsstrategien abgeleitet werden konnten, die das Bedürfnis der Truppen nach Sinnangeboten befriedigten und damit ihre Fähigkeit erhöhten, die ihnen auferlegte Tötungsarbeit zu bewältigen. Die legitimatorische Funktion des verbreiteten Feindbilds von den Kommissaren offenbarte sich am deutlichsten dadurch, dass die deutschen Verbände immer wieder darauf zurückgriffen, um Exekutionen an sowjetischen Politoffizieren zu begründen. So rechtfertigte etwa die Führung eines Infanterieregiments die Kommissarerschießungen, die ihre Einheiten während der Kämpfe um Char'kov im Oktober 1941 durchgeführt hatten: »Auch politisch ist der Erfolg des Regiments zu werten, da es im Verlauf der Kämpfe gelang, 13 Kommissare in die Hand zu bekommen und sie zu beseitigen, sodass sie ausserstande gesetzt wurden, nach ihrer Flucht erneut die Widerstandskraft der Russen zu stärken bzw. ihren unheilvollen Einfluss in der Grossstadt Charkow auf die Masse der Bevölkerung geltend zu machen.«⁷⁴⁴ Bei der Bezichtigung der Kommissare als Träger der »Widerstandskraft« und dem Hinweis auf ihren illegitimen, »unheilvollen Einfluss« handelte es sich unverkennbar um Rekurse auf die Stereotypen, die sich in der Wehrmacht über die sowjetischen Politoffiziere herausgebildet hatten. Die Internalisation des offiziellen Feindbilds von den Kommissaren hatte in diesem Regiment offenkundig bewirkt, dass man die Kommissarerschießungen uneingeschränkt mit trug, bejahte und sogar zu seinen Erfolgen rechnete.

Die gleichen engen Zusammenhänge zwischen der Befürwortung des Kommissarbefehls und den stereotypen Vorstellungen über die Kommissare sprachen auch aus einem Erfahrungsbericht des Ic-Offiziers des Berück Süd aus dem Juli 1941. Zur Rechtfertigung der Vernichtungspolitik rekapitulierte der Ic des Berück, Hauptmann Dr. Pertzborn, fast die gesamte Palette der negativen Attribute und kapitalen Vergehen, die den sowjetischen Kommissaren in der Wehrmacht zugeschrieben wurden: »Von diesen fanatischen Fackelträgern der kommunistischen Idee wird der erbitterste Widerstand getragen, wird jede defaiftische [sic] Regung mit drakonischen Mitteln unterdrückt, werden die Offiziere überwacht und zur Rechenschaft gezogen, Partisanen- u. Sabotagewesen organisiert und unmenschliche Greuel an Zivilisten und Kriegsgefangenen verübt. In dem Typ des politischen Kommissars tritt uns die asiatische

---

⁷⁴³ HÜRTER, Heerführer, S. 87.
⁷⁴⁴ Eintrag im KTB des IR 228 v. 24.10.1941; BA-MA, RH 37/4906.

Fratze des ganzen roten Systems entgegen. Er hat dafür gesorgt, dass diese Auseinandersetzung kein Kampf mehr zwischen Soldaten zweier Staaten ist.«[745] Auf der Folie dieser fundamentalen Vorwürfe erschien Pertzborns Schlussfolgerung nur folgerichtig: »Der rote politische Kommissar gibt der roten Armee das Gepräge, seine Vernichtung ist die Vorbedingung für unseren Sieg.«

Einige ranghohe Truppenführer des Ostheeres ließen sogar während der Nürnberger Prozesse in der Nachkriegszeit durchblicken, dass sie die Ressentiments gegen die sowjetischen Politoffiziere teilten und das radikale Vorgehen daher nachvollziehen konnten. Zu einer entsprechenden Äußerung ließ sich Manstein hinreißen, als er während einer Anhörung im Rahmen des Nürnberger Hauptkriegsverbrecherprozesses unter Druck geraten war und sich gezwungen sah, die Vernichtung der Kommissare vom Holocaust abzugrenzen: »Der Kommissarbefehl betraf ja letzten Endes nur [!] die Beseitigung von Elementen, die, sagen wir mal, von der Sowjetseite den Krieg über das Militärische hinaus zum Weltanschaulichen steigern sollten, und den Kampf, sagen wir mal, bis aufs Messer bei ihrer Truppe durchsetzen sollten. Das hat mit der Ausrottung von Teilen der Bevölkerung nichts zu tun, sondern [war] höchstens [!] die Beseitigung einer gewissen Klasse vom Gefolge der feindlichen Wehrmacht, bei der er Politiker vielleicht und weniger Soldaten sah.«[746] Wie freimütig Manstein vor dem alliierten Gericht den Rechtfertigungsdiskurs der Vernichtungspolitik reproduzierte, spricht für sich. Seine beiläufigen Behauptungen, dass die Kommissare für die Entgrenzung des Ostkriegs verantwortlich gewesen seien und nicht den Status von regulären Soldaten besessen hätten, entsprachen exakt den kapitalen Vorwürfen, die im Zentrum der zeitgenössischen Legitimationsstrategien standen. Damit ließ Manstein entgegen seiner sonstigen Unschuldsbeteuerungen erkennen, dass auch er die »Beseitigung« der Politoffiziere gebilligt hatte, weil er offensichtlich mit dem gängigen Urteil über die Kommissare übereinstimmte. Mit dieser Sichtweise stand Manstein in Nürnberg im Übrigen nicht allein. Auch andere Wehrmachtsgeneräle räumten in den Vernehmungen ein, dass sie die sowjetischen Kommissare nicht als reguläre Soldaten anerkannt hatten.[747] Ritter von Leeb mutete dem Gericht sogar die Feststellung zu, dass sich Hitlers Verdikt über die Kommissare während des Feldzugs als berechtigt erwiesen hatte: »And for the rest, with regard to the activity of the commissars as described by Hitler, this was very soon confirmed. It turned out that in no way did the commissars in their turn adhere to international law. It was frequently shown that they were deeply hated and frequently they were betrayed by their own troops.«[748]

Nach den Erfahrungen der hitzigen Anfangswochen des Feldzugs verfestigten sich die Stereotypen über die Kommissare wie eine »self-fulfilling prophecy«. Nachdem das Urteil über die Kommissare als unrechtmäßige »Träger des Widerstandes« und »Urheber barbarisch asiatischer Kampfmethoden« bereits im Vorfeld des Krieges gefällt worden war[749], lag es nahe, sie auch für die Komplikationen verantwortlich zu machen, die im Verlauf der Operationen auftraten. Für die unerwartet heftige Gegen-

---

[745] Erfahrungsbericht des Ic-Offiziers des Berück Süd v. 19.7.1941; BA-MA, RH 22/170, Anl. 12.
[746] IMT, Bd. 20, S. 689.
[747] Aussage Warlimonts im »OKW-Prozess«; Trials, Vol. 10, S. 1077 f.: »In our eyes they were not soldiers.«
[748] Trials, Vol. 10, S. 1093.
[749] Vgl. die Formulierungen in der Präambel der Kommissarrichtlinien.

wehr der Roten Armee, die hohen Verluste des Ostheeres, den irregulären Widerstand in den besetzten Gebieten, die sowjetischen Verbrechen an deutschen Gefangenen und die Brutalisierung des Ostkrieges im Allgemeinen wurden pauschal die politischen Kommissare in Haftung genommen.[750] Der Natur eines Feindbilds entsprechend, wurden diese Vorwürfe kollektiv gegen die gesamte Gruppe der Politoffiziere erhoben, ohne nach individueller Schuld zu fragen. Wie fest dieses Feindbild im Denken verwurzelt war, zeigte sich nicht zuletzt daran, dass man gerade in ungeklärten Situationen häufig darauf zurückgriff. Selbst wenn Ungewissheit herrschte, war man mit entsprechenden Anklagen an die Kommissare schnell bei der Hand, so wie in einem deutschen Generalkommando, das im August 1941 mutmaßte: »Im Kampf festgestellte Greuel dürften auf das Schuldkonto der politischen Kommissare kommen«.[751] Die Beschuldigung der Kommissare konnte jeder Soldat nachvollziehen, der die Ressentiments gegen die Politoffiziere teilte und nach Sündenböcken für die spürbaren Fehlentwicklungen verlangte. Dieses verbreitete Deutungsmuster bewirkte, dass der Kontext des Krieges die Durchführung des Kommissarbefehls begünstigte.

Die Beschuldigung der Kommissare für die extreme Intensität der Kämpfe an der Ostfront und die Barbarisierung des Konflikts bildete eine besonders eingängige Legitimationsstrategie für die Mitwirkung an der Vernichtungspolitik. Die Stäbe und Truppen griffen bevorzugt auf dieses Argumentationsmuster zurück, um Kommissarerschießungen zu begründen, weil es ihnen die Möglichkeit gab, die Erschießungen als Bestrafungen aufzufassen, die die Exekutionsopfer durch vorausgegangene Tatbestände selbst verschuldet hatten. So führte ein Schützenregiment der 2. Panzerarmee im Oktober 1941 eine summarische Kommissarerschießung durch und gab die Exekution als Sühnemaßnahme aus: Am 22. Oktober 1941 wurden auf Befehl des Regimentskommandeurs, Oberst Jollasse, drei gefangene Kommissare »im Beisein von etwa 450 Gefangenen erschossen«, und zwar mit der Begründung, dass man in einem nahe gelegenen Dorf »völlig entkleidete deutsche Gefallene, denen zum Teil die Geschlechtsteile abgeschnitten worden waren, aufgefunden« hatte.[752] Dass die Mitgefangenen der Erschießung ihrer Kommissare beiwohnen mussten, stellte einen klaren Verstoß gegen die Durchführungsbestimmungen der Kommissarrichtlinien dar, die schließlich vorschrieben, dass die »Erledigung« der gefangenen Politoffiziere »unauffällig« zu erfolgen hatte.[753] Die Publizität dieser Exekution unterstrich daher umso deutlicher, wie ernst es dem Regimentskommandeur damit war, der Hinrichtung den Charakter einer Vergeltungsmaßnahme zu verleihen. Auch die Entdeckung der verstümmelten Gefallenenleichen war sicherlich kein bloßer Vorwand, sondern hatte wohl tatsächlich den Anstoß zu der Strafaktion gegeben, nachdem durch den Fund ein Bedürfnis nach Kompensation geweckt worden war. Da die Täter nicht zu ermitteln waren, leitete man eine exemplarische Vergeltungsmaßnahme in die Wege. Dass die Wahl der Opfer dabei auf die gefangenen Kommissare fiel, war kein Zufall. Die Entscheidung basierte zweifellos auf der stereotypen Vorstellung, dass die Anstifter und Urheber solcher Völkerrechtsverstöße stets in den Reihen der Politoffiziere zu suchen waren. Das ideologische Feindbild von den Politoffizieren hatte in diesem

---

[750] Vgl. hierzu und zum Folgenden Römer, Kampf.
[751] Gefechtsbericht des XII. AK/Abt. Ic v. 17.8.1941; BA-MA, RH 24-12/59, Anl. 17.
[752] Meldung der 18. Pz.Div./Abt. Ic v. 4.11.1941; BA-MA, RH 27-18/154, Anl. 63.
[753] Vgl. Brauchitschs Befehlszusätze zu den Kommissarrichtlinien v. 8.6.1941.

Regiment so tiefen Eingang in das Denken gefunden, dass sich die aufkeimenden Rachegefühle zielgerichtet gegen die Kommissare kehrten, wodurch ihre Bestrafung als gerecht empfunden werden konnte.

Dem hohen Verbreitungsgrad des dämonischen Feindbilds von den Kommissaren entsprechend, wurden die daraus abgeleiteten pauschalen Schuldvorwürfe auch in vielen anderen Verbänden zur Rechtfertigung der Kommissarerschießungen angeführt. Auf dem Gefechtsstand einer Division, die im Verband der 9. Armee kämpfte, wurde Ende Juni 1941 ein rangniedriger sowjetischer Kommissar abgeliefert und dem Ic-Offizier zum Verhör vorgeführt.[754] Zu Beginn der Vernehmung konfrontierte der Ic den Gefangenen mit einer sowjetischen Propagandaschrift, »in der an Hand eines Vorfalls aus dem finnischen Feldzug die Methode, nach scheinbarer Ergebung wieder zu den Waffen zu greifen, verherrlicht« wurde. Diese Vorhaltung diente freilich nur zur Untermauerung der kapitalen Anschuldigungen, die man im Anschluss gegen den Politoffizier erhob, um seine Hinrichtung zu begründen: »Ihm wurde ferner eröffnet, daß er als politischer Kommissar und Vertreter des bolschewistischen Systems für die gemeine und hinterhältige Art der russischen Kriegführung verantwortlich gemacht werden müsse und daß er erschossen werde.« Auch in diesem Fall wurde die Exekution nicht mit individueller, sondern mit kollektiver Schuld gerechtfertigt, weswegen auf den Nachweis eines kriegsrechtlich relevanten Tatbestands von vornherein verzichtet werden konnte. Zur Feststellung der Strafwürdigkeit genügte der Generalverdacht, der auf den gängigen ideologischen Vorstellungen von den Politoffizieren beruhte.

Dass auch die subalternen Befehlsempfänger an der Basis der Hierarchie sich diese Legitimationsstrategie zunutze machten, um die Kommissarerschießungen zu plausibilisieren, exemplifiziert der Feldpostbrief eines Leutnants, der den Feldzug als Zugführer im Infanterieregiment 37 erlebte.[755] Ende August 1941 beschrieb er seiner Ehefrau, wie seine Einheit mehrere sowjetische Politoffiziere gefangen genommen und noch auf dem Schlachtfeld exekutiert hatte. Den Erschießungen waren so heftige Kämpfe vorangegangen, dass sich der Offizier in einem »Hexenkessel« wähnte. Die Gefechte hatten horrende Verluste gekostet. Außerdem war es im Verlauf der Kampfhandlungen zu Gewaltexzessen und Gefangenentötungen gekommen, so dass der Leutnant von einem »grausamen Abschlachten durch die Russen« sprach. Die Schuld für die Auswüchse wies der Offizier vollständig dem Gegner zu: »Die russ. Soldaten, teilweise stark unter Alkohol gesetzt, ermordet[en] sämtl. Verwundete auf viehische Art, Ausstechen der Augen, Abschneiden von Nasen, Ohren, Zungen, Bajonettstiche in Beine, Leib, Brust, Kopf, usw. Teilweise sind die Verwundeten bis zur Unkenntlichkeit zerstückelt.« Unter dem Eindruck der Gewalttaten und der hohen Verluste, die sich allein an diesem Gefechtstag im Regiment auf 320 Tote und Verwundete beliefen, zögerten die Truppen keinen Moment, die Politoffiziere, die ihnen bei den Kämpfen in die Hände gefallen waren, zu exekutieren: »Mehrere Kommissare, im Alter von 20-21! Jahren sind bei dem Gegenstoß gefallen, einige sind gefangen genommen worden u. anschließend sofort erschossen worden.« Die Exekution der Kommis-

---

[754] Vgl. hierzu und zum Folgenden den Eintrag im TB (Ic) der 23. Inf.Div. v. 28.6.1941; BA-MA, RH 26-23/46.
[755] Vgl. hierzu und zum Folgenden den Feldpostbrief des Lt. Heinz S., IR 37, v. 27.8.1941; BA-MA, RH 37/6732, Bl. 88 f.

sare entsprach der Befehlslage, diente in der Situation nach dem Abschluss des Gefechts aber zweifellos auch zur Kompensation des eben Erlebten. Dass die Kommissare die Schuld an den Ausschreitungen ihrer Soldaten trugen, daran bestanden zumindest für den Briefschreiber keinerlei Zweifel. Nach seiner festen Überzeugung, die er bereits in einem früheren Brief kundgetan hatte, waren die sowjetischen Soldaten zu den Gefangenentötungen von ihren Politoffizieren angestiftet worden. Über den Fund eines gefesselten, ermordeten deutschen Kriegsgefangenen hatte er Anfang Juli 1941 berichtet: »Mit solchen Intrigen u. Kampfmitteln kämpft der russische Soldat – auf Grund seiner Unterweisung durch seine politischen Kommissare!«[756] Zumindest aus der Sicht dieses Offiziers stellten die Kommissarerschießungen daher zweifellos eine gerechtfertigte Bestrafung dar.

Doch auch die übrigen Angehörigen des Regiments, die nach den Kämpfen an diesem Tag »von Glück sprechen« konnten, »nichts abbekommen« zu haben[757], dürften es begrüßt haben, dass für die Gewalttaten der gegnerischen Soldaten jemand zur Rechenschaft gezogen wurde, der nach verbreiteter Auffassung dafür auch verantwortlich war. Wie die Soldaten des Regiments auf die »brutale[n] Auswüchse der russischen Soldateska«[758] für gewöhnlich reagierten, hatten sie erst wenige Tage zuvor unter Beweis gestellt, als mehrere Kameraden »auf grausamste Art regelrecht abgeschlachtet«[759] und »wehrlose Verwundete mit dem Bajonett« erstochen worden waren. Für diese Taten nahmen die Einheiten des Regiments umgehend blutige Rache, indem sie in den darauf folgenden Kämpfen ihre Gegner vollständig niedermachten und kein Pardon gewährten: »Die Russen werden in den Wald zurückgedrängt, nichts kommt in Gefangenschaft.« Vergeltung zu üben, war im Regiment bereits ein fest etabliertes Handlungsmuster, als wenig später, am 27. August 1941, die heftigen Kämpfe stattfanden, auf die die geschilderten Kommissarerschießungen folgten. Die Vollstreckung der Racheakte stillte das Verlangen nach Kompensation und half den Soldaten damit, die Erlebnisse zu bewältigen, die sie heftig erschüttert hatten. Denn die Gefechte hatten in den Truppen des Regiments starke emotionale Erregung hervorgerufen. Noch am Abend nach den Kämpfen war die »Stimmung [...] sehr niedergeschlagen, besonders über die bestiale [sic] Behandlung unserer Verwundeten durch die Russen« herrschte Entsetzen.[760] Im Angesicht der hohen Verluste, die sich als »ein Bild des Grauens« in das Gedächtnis einbrannten, meinten die Soldaten sogar »das Lachen verlernt« zu haben. Der Schauplatz der Geschehnisse glich einem »Hexenkessel«, in dem die Gefühle überkochten. Für die brodelnden Affekte und die damit verbundenen Rachegefühle bot die Sühne an den Politoffizieren ein willkommenes Ventil, das zu öffnen die Befehlslage noch dazu ausdrücklich zuließ. In der aufgeladenen Atmosphäre nach den Exzessen in den Kämpfen fiel die Entscheidung zur Durchführung des Kommissarbefehls nicht mehr schwer. Das Revanchebedürfnis, das in den Kämpfen aufgekommen war, entlud sich, gesteuert durch die verinnerlichten Feindbilder, gegen die gefangenen

---

[756] Feldpostbrief des Lt. Heinz S., IR 37, v. 6.7.1941; BA-MA, RH 37/6732, Bl. 12.
[757] Feldpostbrief des Lt. Heinz S., IR 37, v. 27.8.1941; BA-MA, RH 37/6732, Bl. 88 f.
[758] Feldpostbrief des Lt. Heinz S., IR 37, v. 6.7.1941; BA-MA, RH 37/6732, Bl. 12.
[759] Vgl. hierzu und zum Folgenden den Feldpostbrief des Lt. Heinz S. v. 22.8.1941; BA-MA, RH 37/6732, Bl. 84.
[760] Vgl. hierzu und zum Folgenden den Feldpostbrief des Lt. Heinz S., IR 37, v. 27.8.1941; BA-MA, RH 37/6732, Bl. 88 f.

Politoffiziere. Auf diese Weise arbeitete der situative Kontext des entgrenzten Krieges den Intentionen der Vernichtungspolitik vor.

Dabei war es nicht allein der Brutalisierungsprozess des deutsch-sowjetischen Krieges, der dem Mordprogramm den Boden bereitete, sondern auch die täglich erlebte Eigenart der taktischen Kämpfe an der Ostfront. Denn die beispiellose Härte der Gefechte ließ die Gefühle in den deutschen Verbänden häufig ähnlich stark aufwallen wie die Kriegsverbrechen, die den sowjetischen Truppen zugeschrieben wurden. Der unnachgiebige Widerstand der Roten Armee trug schließlich nicht nur der Roten Armee selbst »blutigste Verluste«[761] ein, sondern forderte auch von den Invasoren einen enormen Blutzoll, den sie in diesem Umfang noch nie zuvor erlebt hatten. Im Fall des Infanterieregiments 37 hatten die Einheiten innerhalb weniger Tage über 600 Kämpfer verloren, was an der personellen Substanz des Verbands und den Nerven der Soldaten gleichermaßen zehrte. Der massenhafte Verlust von Kameraden rief Entsetzen, Wut und Rachegefühle hervor, die ebenfalls auf die sowjetischen Politoffiziere zurückschlugen. Denn nach dem geltenden Feindbild konnte man die politischen Kommissare nicht nur für die sowjetischen Völkerrechtsverletzungen verantwortlich machen, sondern auch für die zähe Kampfweise der Rotarmisten, die die hohen deutschen Verlustraten verursachte. Diesen Vorwurf begründete man gemeinhin mit dem Verweis auf die Rolle der Kommissare als »Träger des Widerstandes« und ihre Taktik, die Soldaten mit Propagandalügen und drakonischem Disziplinierungsterror zu zwingen, bis zuletzt Gegenwehr zu leisten. Auch der Leutnant des IR 37, der seiner Ehefrau Ende August 1941 mit spürbarer Genugtuung von den vorgenommenen Kommissarerschießungen berichtete, hatte das Verhalten des Gegners schließlich mit »seiner Unterweisung durch seine politischen Kommissare« erklärt. In den Exekutionen an den gefangenen Politoffizieren entlud sich daher wohl auch die Erregung über die dramatischen eigenen Verluste und die Frustration über den unerwartet heftigen sowjetischen Widerstand.

Die Legitimationsstrategien der Truppen kamen somit auch ohne die Beschuldigung der Politoffiziere für die Völkerrechtsbrüche der sowjetischen Truppen aus. Die Anklagen, die sich gegen die Führungsmethoden der Kommissare und deren Auswirkungen auf die regulären Gefechte richteten, waren schwerwiegend genug. Die Mittel, die die Politoffiziere anwandten, um ihre Soldaten zu manipulieren und zu verzweifeltem Widerstand zu bewegen, wurden als brutal, amoralisch und unsoldatisch kriminalisiert, womit eine Bestrafung bereits hinreichend gerechtfertigt erschien. In letzter Konsequenz ermöglichte es dieses Argumentationsmuster sogar, die Politkommissare indirekt für die großen deutschen Verluste verantwortlich zu machen. Gerade für die zunehmend dezimierten Kampftruppen des Ostheeres hatte diese Logik einiges für sich, weil sie die Vernichtung der Kommissare als Kompensation für den starken Aderlass der Einheiten anbot. Eine weitere Quelle von der Basis der Hierarchie zeigt, wie dieses Denken die Kommissarerschießungen eingängig plausibilisieren konnte. Der Adjutant einer Panzerjägerabteilung verfasste Anfang Oktober 1941 einen Erfahrungsbericht über die ersten Monate des Ostfeldzugs und widmete den sowjetischen Kommissaren darin einen ausführlichen Abschnitt, in dem er keinen Zweifel daran ließ, dass das radikale Vorgehen gegen die Politoffiziere seiner Meinung nach vollauf

---

[761] Vgl. hierzu und zum Folgenden ebd.

berechtigt war.⁷⁶² Sein Bild von den Kommissaren war tiefschwarz, ohne jede Schattierung. Selbst die einleitenden Ausführungen des Adjutanten zur Vorgeschichte und Organisation des Kommissarsystems in der Roten Armee sparten nicht mit negativen Konnotationen und Seitenhieben. An Deutlichkeit ließ sein Verdikt über die Kommissare ohnehin kaum zu wünschen übrig. In seinem Bericht brandmarkte er die Kommissare als »Bestien«, »verrohte Menschen«, »Halunken« und »Verbrecher«. Schon diese inkriminierenden Zuschreibungen brachten unmissverständlich zum Ausdruck, wie fest dieser Offizier von der Strafwürdigkeit der Kommissare überzeugt war.

Zur Untermauerung seines vernichtenden Urteils schilderte der Adjutant, wie sich »die Bestialität eines verrohten Menschen in diesem Kommissar« im Alltag der Kämpfe gezeigt habe. Zunächst rügte der Adjutant in scharfer Form, »dass die Kommissare die russischen Soldaten mit der Pistole in den Kampf treiben«, während sie sich selbst an den Gefechten »nur ganz selten« persönlich beteiligen und »im kritischen Augenblick [...] das Weite« suchen würden. Dieses Verhalten bestätigte in seinen Augen abermals, dass »der grösste Teil dieser Politruks nun überhaupt kein milit. Verständnis« besitze und einen unmilitärischen Fremdkörper in der Roten Armee darstelle. Ihr besonderes Gewicht gewannen diese Vorwürfe aber erst durch die Konsequenzen, die die beanstandeten Zwangsmaßnahmen der Kommissare zeitigten. Wie der Adjutant zu erkennen glaubte, erreichten die Kommissare durch ihre Gewaltmethoden, dass sich die Rotarmisten bis zuletzt wehrten und selbst in aussichtsloser Situation nicht ergaben, wodurch die Gefechte länger und verlustreicher ausfielen als militärisch notwendig war: »Nach hinten konnten sie nicht, denn dort sassen die Kommissare mit der Pistole und liessen keinen zurück, ganz egal, wie die Lage war. Ausserdem waren die Soldaten auch vor der Drohung, ihre Frauen würden zu Hause erschossen werden, wenn sie sich ergeben, zu verzweifelten [sic] Widerstand aufgepeitscht worden.« Dass die Rotarmisten nicht kapitulierten, führte der Adjutant außerdem auf die »Verhetzung durch die Kommissare« zurück, die ihren Soldaten eingetrichtert hätten, dass sie im Falle der Gefangennahme von den Deutschen ermordet würden. Vor dem Hintergrund des Disziplinierungsterrors und der Propagandabluffs der Kommissare fand es der Adjutant erst »erklärlich, dass sich die Russen sinnlos bis zur letzten Minute verteidigten und es dann eben hohe Verluste gab«, nämlich auf deutscher Seite.⁷⁶³

Deutlicher konnte man kaum noch formulieren, was im Zentrum der Anklage stand. Die Politoffiziere wurden für die hohen deutschen Verluste verantwortlich gemacht, die man als unnötige Opfer empfand, weil sie durch einen militärisch sinnlosen Widerstand verursacht wurden, in dem man das Werk der Kommissare sah. In der Annahme, dass die Kommissare den »verzweifelten Widerstand« der Rotarmisten, den man obendrein als Abweichung von den Grundsätzen des Kriegshandwerks wahrnahm⁷⁶⁴, nicht mit regulären militärischen Maßnahmen, sondern mit verwerflichen

---

762 Vgl. hierzu und zum Folgenden den Bericht des Adj. der Pz.Jg.Abt. 112, »Im Osten 1. Teil (26. Juni 41-1. Okt. 41)«, v. 2.10.1941; BA-MA, RH 39/426.
763 Die Verluste der Abteilung selbst waren bis Anfang Oktober 1941 noch »sehr gering« ausgefallen. Die Feststellung des Adj. dürfte sich daher eher auf die Verlustraten der Infanterieeinheiten der Division beziehen, denen die Panzerjäger in den Kämpfen zugeteilt wurden.
764 Vgl. exemplarisch den Bericht »Im Kampf mit Londons Roter Armee« in der Feldzeitung »Blücher« Nr. 4 v. 26.6.1941, S. 1; BA-MA, RHD 69/33: »›Wenn wir in Frankreich‹, so sagt der Major [...],

und unrechtmäßigen Gewaltmethoden organisiert hatten, konstruierte man aus der erbitterten Gegenwehr der sowjetischen Truppen einen kapitalen Vorwurf gegen die Politoffiziere. Im Falle der Panzerjägerabteilung 112 fand diese Schuldzuweisung auch darin Ausdruck, dass sich die Sanktionen, die der Adjutant daraus ableitete, ausschließlich gegen die Politoffiziere richteten, während die einfachen Rotarmisten von der Verantwortung freigesprochen wurden und daher von der Bestrafung ausgenommen blieben: »Jeder russische Soldat wird selbstverständlich bei uns anständig behandelt, nur die Kommissare werden an Ort und Stelle ›erledigt‹. Meist brauchen wir gar nicht erst zu fragen, wer Kommissar ist, denn die Soldaten geben sie meist an, trotzdem diese Halunken früh genug ihre Kommissarabzeichen heruntergerissen haben.« Der pauschale Charakter dieser kollektiven Anschuldigungen lässt erkennen, auf welchen geistigen Grundlagen sie beruhten. Es ist unübersehbar, dass der Rechtfertigungsdiskurs auch in dieser Panzerjägerabteilung auf dem gängigen ideologischen Feindbild von den Politoffizieren aufbaute.⁷⁶⁵

Wie eingängig und einflussreich diese Legitimationsstrategien waren, ist schon daran ablesbar, dass die Offiziere in den angeführten Berichten mit keinem Wort erwähnten, dass die Exekution der gefangenen Kommissare grundsätzlich auch einem geltenden Befehl entsprach. Bei der Rechtfertigung der Kommissarerschießungen zogen sich die Akteure nicht auf das formale Argument der Befehlslage zurück, sondern bekundeten vielmehr ihre inhaltliche Übereinstimmung mit dem radikalen Vorgehen gegen die sowjetischen Politoffiziere, indem sie eigene Begründungen für die Exekutionen fanden, die aus den Erfahrungen der Kämpfe abgeleitet waren. Die Einsicht in die Berechtigung der Exekutionen ermöglichte es den Truppen, sich die Vernichtungspolitik zu Eigen zu machen. Wie es sich auswirkte, wenn die Truppen die Überzeugung gewannen, dass die Bekämpfung der Kommissare legitim sei, zeigt erneut das Beispiel der Panzerjägerabteilung 112, die bei der Durchführung des Kommissarbefehls sogar noch über das Ziel hinausschoss. Die Führung der 112. Infanteriedivision hatte nämlich zu Beginn des Einsatzes ein modifiziertes Verfahren zur Umsetzung der Kommissarrichtlinien eingeführt, das darin bestand, alle gefangenen Politoffiziere »abzusondern und direkt dem Ic der Division zuzuführen«⁷⁶⁶, anstatt sie umgehend zu exekutieren, wie es der Kommissarerlass ursprünglich vorsah. Die unterstellten Panzerjäger beachteten diese Einschränkungen jedoch nicht. Entgegen dem ausdrücklichen Befehl der Divisionsführung wurden sämtliche Politoffiziere, die die Panzerjägerabteilung gefangen nahm, sofort »an Ort und Stelle ›erledigt‹«. Ohne das vernichtende Feindbild, das in der Abteilung von den Kommissaren gepflegt wurde, ist dieses überschießende Verhalten kaum zu verstehen. Der Fall der Panzerjäger der 112. Infanteriedivision belegt damit ein weiteres Mal, welche beträchtliche Handlungs-

---

›den Gegner nach unserer Manier in die Zange nahmen, zog er schließlich die Folgerungen. Diese Kerle hier aber kämpfen nur mit der Konsequenz des Wahnsinns, bis sie kein Glied mehr rühren können. Sie ergeben sich nicht.‹« Vgl. auch das Protokoll von der Besprechung bei der H.Gr. Mitte v. 28.7.1941: »Russe baut nicht ab, wenn er operativ umgangen ist. ›Das kommt davon, wenn man sich mit einem Gegner einlässt, der nicht Fachmann ist‹!« BA-MA, RH 21-3/47, Bl. 13 ff.

765 Vgl. auch die Anklänge des Feindbilds vom »jüdischen Kommissar« in dem Bericht des Adj. der Pz.Jg.Abt. 112: »Über die Feindpropaganda, die sie [d. h. die Kommissare] betreiben, brauche ich wohl nichts zu sagen. Man sieht sofort, dass irgendein schmieriger Jude dahintersteckt.«

766 Protokoll zur Kdr.-Besprechung bei der 112. Inf.Div. v. 30.6.1941, BA-MA, RH 26-112/8, Anl. 18. Vgl. hierzu auch Kap. III.3.2.

relevanz die ideologisch fundierten Vorstellungen über die Kommissare im Ostheer besaßen.

Die Verselbstständigung der Affekte gegen die Kommissare vollzog sich unter dem Eindruck der heftigen, verlustreichen Kämpfe und dem Brutalisierungsprozess des deutsch-sowjetischen Krieges. In der hitzigen Atmosphäre der Kämpfe entwickelte die Vernichtungspolitik gegen die Kommissare auch in anderen Divisionen des Ostheeres merkliche Eigendynamik. In der 111. Infanteriedivision etwa vollzogen die Truppen die Kommissarerschießungen gegen den ausdrücklichen Willen der Divisionsführung. Der Divisionskommandeur, General Otto Stapf, gehörte zu den wenigen Truppenführern, die vor dem Feldzug die Durchführung des Kommissarbefehls in der vorgesehenen Form abgelehnt hatten. Bei der letzten Kommandeurbesprechung vor dem Einsatz hatte er verfügt, dass die gefangenen Politoffiziere grundsätzlich »rückwärts erledigt« werden sollten, aber »nicht v[on]. d[er]. Truppe« an der Front.[767] Bei mindestens einer Gelegenheit im Herbst 1941 handelten die Truppen der Division dieser Anordnung allerdings zuwider und exekutierten gefangen genommene Politoffiziere, obwohl der Divisionskommandeur dies verboten hatte. Am 3. Oktober 1941 wurde dem Ic-Offizier zugetragen, dass in einem Waldstück des Divisionsabschnitts, in dem Einheiten der Division kurz zuvor eine Säuberungsaktion gegen versprengte »Feindreste« durchgeführt hatten, »12 erschossene jüdische Kommissare aufgefunden« worden waren.[768] Wie die Reaktion der Divisionsführung auf diese Nachricht zeigte, ging man fest davon aus, dass die Erschießungen von eigenen Truppenteilen vorgenommen worden waren. Denn gleich am folgenden Tag bestellte Stapf seine Kommandeure zu einer Besprechung ein, in der er die Vorfälle aufgriff und sein Verbot, die Kommissare nach der Gefangennahme zu exekutieren, in deutlichen Worten erneuerte.[769] In »längeren energischen Ausführungen« stellte er Übergriffe gegen die Zivilbevölkerung unter »schwerste Strafen« und mahnte eine korrekte »Behandlung von Gefangenen« an, wobei er ausdrücklich betonte, »daß die Kommissare bereits im Kampf zu erledigen seien«. Mit dieser Bemerkung brachte Stapf unmissverständlich zum Ausdruck, dass die Exekution von gefangenen Politoffizieren zukünftig zu unterbleiben hatte. In seinen »energischen Ausführungen« schwang Verärgerung darüber mit, dass die Truppen seine früheren Anweisungen missachtet und gegen seinen Willen gefangene Kommissare hingerichtet hatten. In der Division war die paradoxe Situation entstanden, dass der Kommandeur die Durchführung des Kommissarbefehls untersagte, seine Truppen ihm aber nicht folgten und aus eigenem Antrieb an der Vernichtung der Kommissare mitwirkten. Dass sich manche Truppenteile die Vernichtungspolitik so weitgehend zu Eigen machten, ist nur durch die Entgrenzung des Ostkriegs und ihre Deutung in den deutschen Verbänden zu erklären. Die Zustimmung zu den Kommissarerschießungen resultierte aus der Wechselwirkung zwi-

---

[767] Notizen zur Kdr.-Besprechung bei der 111. Inf.Div. v. 18.6.1941; BA-MA, RH 26-111/7, Anl. 2. Vgl. hierzu auch Kap. III.3.2.
[768] Vgl. die Einträg im TB (Ic) der 111. Inf.Div. v. 2.10. und 3.10.1941; BA-MA, RH 26-111/35, S. 7 ff.
[769] Vgl. auch zum Folgenden den Eintrag im TB (Ic) der 111. Inf.Div. v. 4.10.1941; BA-MA, RH 26-111/35, S. 9.

schen der Brutalisierung des Ostkriegs und dem stereotypen Feindbild von den Kommissaren, das auch in der 111. Infanteriedivision kultiviert wurde.[770]

Die psychosoziale Dynamik der Gewalt

Vorgänge wie diese veranschaulichen, wie der situative Kontext des Vernichtungskrieges der Durchführung des Kommissarbefehls den Weg ebnete. Die Barbarisierung des Konflikts, die gegenseitigen Gefangenentötungen und Völkerrechtsverletzungen schufen ein Klima, in dem die Vernichtung der Kommissare immer leichter zu vermitteln war. Mit der Perpetuierung der Gewalteskalation an der Ostfront verstetigte sich die immer wieder konstatierte »Verbitterung«[771] der Truppen, die nach Kompensation verlangte. Die Neigung der Truppe, Rache zu nehmen, war auch deshalb so stark ausgeprägt, weil sie sich aus der sozialen Kohäsion der Wehrmacht speiste und damit tief in ihrem Inneren verwurzelt war. Den Tod von Mitkämpfern zu sühnen, war ein Gebot der Kameradschaft. Wenn die »Gruppenehre [...] nach Rache schrie«, war es nichts anderes als die Umkehrung der »Menschlichkeit, welche die Gruppe im Inneren pflegte«, die den »Dispens der Humanität gegenüber dem Gegner« lieferte.[772] Wenn Vergeltungsaktionen anstanden und Schützen für die Erschießungskommandos gesucht wurden, drängte sich daher so mancher Soldat sogar vor und »meldet[e] sich freiwillig, seine Kameraden zu rächen«.[773] Das quasi-sakral überhöhte Kameradschaftsideal verlieh der Gewalt gegen den Gegner eine unanfechtbare Legitimität, die kaum in Frage gestellt wurde, weil sie sich auf die axiomatischen Grundwerte der militärischen Gesellschaft stützte. Zur Verteidigung der eigenen Gemeinschaft und ihrer exklusiven Solidarität verpflichtete das Kameradschaftsideal die Soldaten nicht nur zu kompromissloser Härte gegen den Gegner, sondern schloss zugleich jede Nachsicht kategorisch aus. Schließlich bedeutete Milde gegenüber den dämonisierten äußeren Feinden in letzter Konsequenz die Leugnung des Primats der Binnengruppe.[774] Welche praktische Bedeutung dieser Gedankengang bei der Realisierung der Repressionspolitik hatte, zeigte sich auch daran, dass die Befehlshaber ihre Truppen zum Teil ausdrücklich daran erinnerten, um die »geforderten scharfen Maßnahmen« zu begründen: »Von uns in diesem Kampf gezeigte Schwachheit und Langmut ist ein Verbrechen gegenüber unserer Truppe!«[775]

Die Verabsolutierung der Kameradschaft ebnete der Vernichtungspolitik auch in anderer Hinsicht den Weg. Sie etablierte eine »Moral des Mitmachens« und generierte unwiderstehlichen Konformitätsdruck, dem sich kaum ein Angehöriger der Kriegsmaschine entziehen konnte, wenn er nicht inmitten des Feindeslandes seinen »sozialen

---

[770] Vgl. den TB (IVd/ev.) der 111. Inf.Div. v. 1.5.-31.10.1941; BA-MA, RH 26-111/59.
[771] Vgl. z. B. den Eintrag im KTB der 113. Inf.Div. v. 6.7.1941; BA-MA, RH 26-113/4. Vgl. den Eintrag im KTB des LVI. AK v. 29.6.1941; BA-MA, RH 24-56/2, Bl. 5. Vgl. den Bericht der 3. Pz.Div./Abt. Ia Nr. 06/42 geh. v. 6.2.1942; BA-MA, RH 27-3/29, Anl. 30.
[772] KÜHNE, Kameradschaft, S. 151 ff.
[773] Eintrag im Tgb. des Lt. Erwin R., Zugführer im IR 270, v. 26.7.1941; BA-MA, MSg 2/2488, S. 8 f.
[774] KÜHNE, Kameradschaft, S. 108.
[775] Korpsbefehl des XXIII. AK/Abt. Ic v. 10.11.1941; BA-MA, RH 26-102/62, Anl. 20.

Tod« innerhalb der militärischen Gemeinschaft riskieren wollte.[776] Gleichzeitig dispensierte die Gruppenkultur die Soldaten von der Last des Gewissens. Solange das Individuum »mit den anderen handelte«, war es von jeder persönlichen Verantwortung befreit. Da das Kameradschaftsgebot die Soldaten kategorisch zum »Mitmachen« anhielt und ihr Handeln mit Legitimität ausstattete, wirkte es als »Motor der Gewalt, und zwar der regulären wie der verbrecherischen«.[777] Die Vernichtungspolitik profitierte damit von der psychosozialen Kultur innerhalb der Wehrmacht und indirekt auch von der Kraft ihrer Kohäsion. Auf diesen weit zurückreichenden geistigen und sozialen Fundamenten beruhte die große Zugkraft der Legitimationsstrategie, die Kommissarerschießungen als Vergeltungsaktionen auszugeben.

Dass sich die Vergeltungswut der Truppen vielfach selektiv gegen die sowjetischen Politoffiziere richtete, war freilich kein Zufall, sondern das Werk der Deutungsagenturen in der Wehrmacht, die die Kommissare bewusst zur Zielscheibe des Zorns der Soldaten machten. Unter dem Einfluss der vermittelten Feindbilder und der deutschen Binnenpropaganda wurden die Affekte und Revanchegefühle, die während der verlustreichen und rücksichtslos geführten Kämpfe hervorbrachen, zielgerichtet auf die politischen Kommissare kanalisiert. Auf diese Weise wurde zusätzliche Motivation zur Befolgung der Kommissarrichtlinien freigesetzt, die sich mit dem vorgeschriebenen Vorsatz zur Vernichtung der Kommissare verband. Die Imperative der Kommissarrichtlinien eröffneten eine Projektionsfläche für das Revanchebedürfnis der Truppen. Die Befehlslage legalisierte es, seine Rache zu stillen, und was der Kommissarbefehl vorschrieb, schien der Moment zu rechtfertigen. Die intentionalen Voraussetzungen und die situativen Bedingungen verstärkten sich wechselseitig. Die Vernichtungspolitik bereitete sich selbst den Boden, indem sie von der Eigendynamik der Gewalt profitierte. Vor diesem Hintergrund erklärt sich der frappierende Befund, dass die Durchführung des Kommissarbefehls in so vielen Verbänden »kein Problem für die Truppe«[778] bildete. Unter dem Eindruck der besonderen Bedingungen des Krieges an der Ostfront, dem Einfluss der dämonisierenden propagandistischen Feindbilder und nicht zuletzt auch der eigenen menschlichen Affekte konnte man für die Realisierung dieses ideologisch motivierten Verbrechens scheinbar rationale Gründe finden.

Im verschobenen Referenzrahmen des Ostheeres folgte die Vernichtung der Kommissare einer eigenen »partikularen Rationalität«.[779] Auf der Folie der ideologisch gefilterten Kriegswahrnehmung konnten die Truppen die Bestrafung der sowjetischen Politoffiziere als gerecht empfinden und damit auch ihre Beteiligung an den Erschießungen vor sich selbst rechtfertigen. Auf Grund der psychosozialen Dynamik der Gewalt bestätigte und verfestigte sich dieses Deutungsmuster durch die Praktizierung der Vernichtungspolitik wie von selbst.[780] Denn die Ausübung der Gewaltmaßnahmen erhielt im Chaos des Krieges die konstruktive Funktion, die Wirklichkeit zu strukturieren und den Soldaten Orientierungshilfe zu geben. Die Vollstreckung der Kommissarerschießungen half, das Kriegsgeschehen zu deuten, einzuordnen und Verantwortlichkeiten greifbar zu machen. Denn die Exekutionen lieferten in den Augen

---

[776] KÜHNE, Kameradschaft, S. 88, 204.
[777] Ebd., S. 272.
[778] Eintrag im TB (Ic) der Pz.Gr. 3 v. 1.1.-11.8.1941; BA-MA, RH 21-3/423, S. 30.
[779] WELZER, Täter, S. 46.
[780] Vgl. hierzu und zum Folgenden WELZER, Täter, S. 264.

der Täter selbst den Beweis für die Schuld der Opfer und verifizierten damit ihre ideologisierte Kriegswahrnehmung. Auf diese Weise entwickelte die Vernichtungspolitik eigene normative Kraft und etablierte sich selbsttätig.

Die interessengeleitete und willkürliche Konstruktion des Rechtfertigungsdiskurses verdeutlicht, dass er nur vorgeblich auf kriegsrechtlichen Fundamenten beruhte. Wenn die deutschen Truppen die Exekutionen als legitime Vergeltungsakte auffassten, handelte es sich dabei mitnichten um rechtmäßige Strafverfahren, denen nachgewiesene Tatbestände zugrunde lagen. Dass die Kommissare für die Intensität der Kämpfe, die hohen Verluste, die Brutalität des Krieges und die Völkerrechtsbrüche sowjetischer Truppen zur Rechenschaft gezogen wurden, war eine Ersatzhandlung, die auf einem ideologisch hergeleiteten Generalverdacht beruhte. Die unrechtmäßigen deutschen Rechtfertigungsversuche änderten daher nichts an dem verbrecherischen Charakter der Exekutionen.

Die Bemühungen der Wehrmachtpropaganda, der Frontstäbe und Truppenführer, die Soldaten zur Mitwirkung an der Vernichtungspolitik zu motivieren, trugen Früchte. In manchen Verbänden war die Bereitwilligkeit zur Durchführung des Kommissarbefehls so stark ausgeprägt, dass die Vorgesetzten ihre Soldaten fast bremsen mussten, »die sich für die Genickschüsse meldeten«[781], wenn Kommissare gefangen genommen worden waren. Gewiss gingen jedoch nicht alle Einheiten mit dem gleichen Eifer zu Werke. In anderen Truppenteilen regten sich Skrupel, wenn die Durchführung von Exekutionen bevorstand. In einer Einheit der 4. Panzerdivision etwa begehrte man zwar nicht gegen den Grundsatz auf, dass die gefangen genommenen Kommissare »sofort erschossen werden« mussten, »aber keiner will ran«, selbst die Vorgesetzten nicht: »Man drückt sich vor der Verantwortung.«[782] Mit Hilfe der gängigen Rechtfertigungsstrategien und unter dem Druck der Befehlslage konnte aber auch der Widerwille gegen die Erschießungen überwunden werden. Die geltende nationalsozialistische Moral verlangte es ohnehin nicht, dass die Tötungsarbeit freudig verrichtet wurde, im Gegenteil.[783] Die Durchführung von Exekutionen galt vielmehr als unangenehme Pflicht, die man im Idealfall emotionslos zu erfüllen hatte. Zur Bewältigung dieser Bürde bot die nationalsozialistische Ethik den Tätern moralische Amnestie und ideelle Gratifikationen an. Um »anständig« zu bleiben, reichte es aus, die Hinrichtungen militärisch, korrekt und distanziert zu vollziehen. Und durch die erfolgreiche Überwindung der eigenen Tötungshemmungen konnte man in der Vorstellungswelt des zeitgenössischen Härtekults sogar eine Tugend unter Beweis stellen.[784] Gewiss hatten nicht alle Soldaten die nationalsozialistische Tötungsmoral verinnerlicht. Sie war jedoch Bestandteil des Referenzrahmens, in dem die Truppen handelten, so dass Anleihen bei ihr nicht fern lagen, um seine Skrupel abzuschütteln und das Gewissen zu beruhigen. Wenn einzelne Einheiten dennoch davor zurückschreckten, den Kom-

---

[781] Erinnerungen eines Feldzugsteilnehmers, zit. nach FÖRSTER, Geistige Kriegführung, S. 525.
[782] Tgb. eines Offz. der 4. Pz.Div., zit. nach KÜHNE, Kameradschaft, S. 150 f. Das Tgb. zeigt freilich auch, dass sich die Skrupel »in den Bedrohungsszenarien des durch Gerüchte und Propaganda dramatisierten Partisanenkrieges« immer mehr auflösten und selbst dieser Offizier schließlich damit einverstanden war, wenn »keine Gefangenen mehr gemacht« wurden und »keine falsche Milde« mehr waltete; vgl. ebd.
[783] Vgl. hierzu und zum Folgenden WELZER, Täter, S. 23-30.
[784] Vgl. hierzu auch KÜHNE, Kameradschaft, S. 188.

missarbefehl in eigener Verantwortung durchzuführen, machten sie in der Regel von der Möglichkeit Gebrauch, die gefangenen Politoffiziere an einen vorgesetzten Stab oder ein SS-Kommando zu überstellen. Kaum eine Einheit aber zog in Betracht, die Kommissare dem Räderwerk der Vernichtung vollständig zu entziehen. Die meisten Einheiten beteiligten sich zumindest an der Selektion der Kommissare und leisteten auf diese Weise ihren Mindestbeitrag zur Vernichtungspolitik. Dass die Verbände des Ostheeres nicht daran dachten, die Kommissare zu verschonen, war eine Konsequenz der erfolgreichen Ideologisierung der Truppen und ihrer Übereinstimmung mit dem dämonischen Feindbild von den Politoffizieren.

Die Motoren der Vernichtungspolitik waren so zugkräftig, dass sie selbst die vereinzelten Bedenken und Hemmungen überwanden, was sich musterhaft in denjenigen Einheiten zeigte, in denen ein gewisser Widerwillen herrschte, die Erschießungen aber dennoch vollzogen wurden. Die meisten Verbände befolgten die Kommissarrichtlinien freilich mehr oder weniger bereitwillig, in nicht wenigen Truppenteilen traf die Vernichtungspolitik sogar auf vorbehaltlose Zustimmung. Während ethische und völkerrechtliche Widerstände zunehmend marginalisiert wurden, wirkte im spezifischen Referenzrahmen des Ostheeres alles auf die Befolgung des Kommissarbefehls hin: die normative Kraft des Befehls, die psychosoziale Dynamik in den Truppen, die eingängigen ideologischen Begründungen, die juristische und moralische Amnestie und die radikalisierenden Rückkoppelungen der Barbarisierung des Konflikts. Und während die Überzeugung von der Legitimität der Vernichtung der Kommissare reifte, schwand das Bewusstsein vom Unrechtscharakter der Exekutionen. In dem Bezugssystem, in dem die Truppen an der Ostfront agierten, konnten sie Kriegsverbrechen begehen, ohne sich als Verbrecher zu fühlen.[785]

---

[785] WELZER, Täter, S. 38.

VI. DIE ABKEHR VON DER VERNICHTUNGSPOLITIK

Die Initiativen aus dem Ostheer zur Abkehr von der Vernichtungspolitik gegen die politischen Kommissare standen in engem Zusammenhang mit dem operativen Verlauf des Krieges im Jahr 1941/42. Es kennzeichnet die Motive, die hinter diesen Bemühungen standen, dass die Stimmen gegen den Kommissarbefehl nicht vor der zweiten Feldzugsphase ab August 1941 laut wurden und erst im Frühjahr 1942 Gehör fanden, als das »Unternehmen Barbarossa« längst gescheitert war und nach Wegen gesucht wurde, die Ausgangslage für das Gelingen des bevorstehenden zweiten Feldzugs im Sommer 1942 zu verbessern. Aus der ersten Feldzugsphase, in der die Truppen bis Anfang August 1941 noch von Sieg zu Sieg geeilt waren, sind dagegen keine Bestrebungen zur Aufhebung des Kommissarbefehls überliefert. Die stürmischen Anfangswochen des Ostfeldzugs waren nicht nur in quantitativer Hinsicht die Hochzeit der Kommissarerschießungen. Auch die Zustimmung zur Vernichtungspolitik war noch ungebrochen. Als der »Blitzsieg« in greifbarer Nähe lag, verzichtete man schon deswegen auf eine Intervention gegen die Kommissarrichtlinien, weil man sich damit beschwichtigen konnte, dass »alles nur während der Kampfzeit« gelten sollte und der Befehl nach dem bald erwarteten Abschluss der Operationen aufgehoben würde.[1] Doch auch die Überzeugung von der Notwendigkeit und Berechtigung der radikalen Maßnahmen, die auf der ideologisch fundierten Übereinstimmung mit dem dämonischen Feindbild der sowjetischen Politoffiziere basierte, ließ den Gedanken an eine Änderung der Marschroute vorerst nicht aufkommen.

Die Initiativen seit dem Spätsommer 1941

Zwar gab es bereits in den Anfangswochen des Feldzugs vereinzelte Ansätze, die negativen Auswirkungen der Vernichtungspolitik auf die Operationen abzufedern. Diese Anstöße zielten jedoch nicht auf einen grundsätzlichen Kurswechsel ab und konnten daher auch keine durchschlagende Wirkung erzielen, zumal eine breite Unterstützung der Frontstäbe noch nicht vorhanden war. Im Bereich der Heeresgruppe Mitte etwa wurden schon in der ersten Kriegswoche Flugblätter über den gegnerischen Linien abgeworfen, die »an Politruk[s] und Kommissare gerichtete Propaganda« enthielten.[2] Solange parallel zu diesen Propagandakampagnen die Vernichtungspolitik in vollem Gange war, war es freilich vollkommen utopisch, von solchen Flugblättern irgendwelche Erfolge zu erwarten. Hinzu kam, dass in den Frontkommandobehörden das Verständnis für die Notwendigkeit solcher Anstrengungen noch nicht gereift war. Im Bereich der 16. Armee, in der ebenfalls Flugblätter verwendet wurden, die »auch eine Aufforderung an die Kommissare, überzulaufen« enthielten, stieß dieses

---

[1] Notizen des Ia zur Kdr.-Besprechung bei der 111. Inf.Div. v. 18.6.1941; BA-MA, RH 26-111/7, Anl. 2.
[2] Eintrag im TB (Ic) der Pz.Gr. 2 v. 23.6.1941; BA-MA, RH 21-2/902, Bl. 89.

Unterfangen zumindest bei einem der unterstellten Generalkommandos sogar auf deutliche Ablehnung.³ Am 12. Juli 1941 wandte sich der Ic-Offizier des XXVIII. Armeekorps an das vorgesetzte AOK 16 und beantragte, in den Flugblättern den betreffenden »Absatz fortzulassen, da bei der Einstellung der Kommissare an ein Überlaufen derselben nicht zu denken sei«. Daneben schlug der Ic vor, »in das Flugblatt die Mitteilung aufzunehmen, daß die Sowjet-Machthaber nicht mehr dazu kommen würden, sich an den Angehörigen der Überläufer zu rächen, da ihre Macht vor dem Ansturm der deutschen Truppen bereits ins Wanken gekommen sei«. Solange man selbst daran glaubte, dass die Rote Armee kurz vor dem Zusammenbruch stand, wähnte man sich in einer Position, in der man den sowjetischen Politoffizieren keinerlei Zugeständnisse zu machen brauchte. Sofern man obendrein das gängige Verdikt über die »Einstellung der Kommissare« teilte, entsprach dies außerdem gar nicht den eigenen Intentionen.

Solange die Hoffnungen auf eine rasche »Beendigung dieses harten Krieges gegen den Bolschewismus«⁴ nicht gänzlich begraben waren, konnte sich auch die Einsicht nicht durchsetzen, dass eine Revision der praktizierten Gewaltmethoden notwendig war, um den heftigen Widerstand der sowjetischen Truppen zu brechen. Wie die totalisierten Feindbilder und die Befangenheit in den ideologischen Kategorien des Weltanschauungskrieges das Umdenken erschwerten, exemplifiziert ein Memorandum des XXXXVII. Panzerkorps von Anfang August 1941. Selbst nach den ernüchternden Erfahrungen, die man im Korps bis zu diesem Zeitpunkt gemacht hatte, kam im Generalkommando nicht der Gedanke auf, die Vernichtungspolitik gegen die Kommissare prinzipiell in Frage zu stellen.⁵ Im Korpsstab betrachtete man es als das Ergebnis »der terrorartigen Beeinflussung durch Kommissare und die Propaganda der Sowjets«, dass sich der Kampf gegen die sowjetischen Truppen als ein so »blutiger und hartnäckiger« erwiesen hatte. In den Augen des Generalkommandos bildeten die politischen Kommissare eindeutig »das Hauptwiderstandszentrum der Roten Armee«. Die Folgerungen aus dieser Erkenntnis blieben jedoch weiterhin der bisherigen Linie verpflichtet. Als »Gegenmittel« gegen den Einfluss der Kommissare empfahl das Korpskommando lediglich, in die Flugblätter an die sowjetischen Truppen eine »Aufforderung zur Beseitigung der Kommissare« aufzunehmen. Von der Vernichtungspolitik gegen die Politoffiziere abzurücken, kam diesem Stab nicht in den Sinn. Diese Haltung war typisch für die linientreuen Reaktionen der Kommandobehörden während der ersten Feldzugsphase.

Die Forderung nach Aufhebung des Kommissarbefehls bildete sich erst im Laufe des Augusts 1941 heraus und entwickelte sich im darauf folgenden Monat zu einer breiteren Strömung. Eine der frühesten Initiativen in dieser Richtung ging von der Panzergruppe 3 aus, in der schon Anfang August 1941 einzelne Gegenstimmen aus der Truppe laut wurden, die allerdings in der Minderheit blieben und auch kein Gehör

---

3 Vgl. hierzu und zum Folgenden den Eintrag im TB (Ic) des XXVIII. AK v. 12.7.1941; BA-MA, RH 24-28/10.
4 Eintrag im Tgb. des KG des XXXXVII. AK, Lemelsen, v. 29.7.1941; BA-MA, MSg 1/1147, S. 53.
5 Vgl. hierzu und zum Folgenden die Denkschrift des XXXXVII. AK/Abt. Ic, »Vorschlag für Propagandaeinsatz auf Grund der bisherigen Erfahrungen im Feldzug gegen Sowjet-Russland«, v. 9.8.1941; BA-MA, RH 24-47/108.

fanden.⁶ Die Führung der Panzergruppe änderte ihre Haltung erst wenig später. Der Ic-Offizier der Panzergruppe hatte in seinem Tätigkeitsbericht aus dem August 1941 zwar resümiert, dass bis dahin »etwa 170 politische Kommissare« durch die Einheiten der Panzergruppe gefangen genommen und exekutiert worden waren und die Durchführung »kein Problem für die Truppe« gebildet hatte.⁷ Gleichzeitig hatte der Ic aber auch beanstandet, dass die »Sonderbehandlung der politischen Kommissare durch die Truppe [...] zu einem baldigen Bekanntwerden auf der russischen Seite und Verschärfung des Widerstandswillens« geführt hatte: »Die Sonderbehandlung hätte zur Vermeidung des Bekanntwerdens erst in weit rückwärts gelegenen Lagern durchgeführt werden dürfen.« Diese kritischen Bemerkungen öffneten der Führung der Panzergruppe offensichtlich erst die Augen, denn die Lektüre des Tätigkeitsberichts veranlasste den Befehlshaber, Generaloberst Hoth, am 25. August 1941 dazu, umgehend eine Eingabe an das vorgesetzte AOK 9 ausarbeiten zu lassen. Noch am gleichen Tag ging ein Schreiben an das AOK 9 ab, in dem das Panzergruppenkommando für die Außerkraftsetzung der Kommissarrichtlinien warb.⁸ In ihrer Petition ging die Panzergruppe von der Prämisse aus, dass »der besonders hartnäckige Widerstand der Russen« vor allem auf die »Beeinflussung der Truppe durch die politischen Kommissare« zurückzuführen sei. Denn das Verhalten der Kommissare, die ihre Truppen anstachelten, »bis zum letzten Mann« zu kämpfen, erklärte sich nach Ansicht der Panzergruppe »nicht aus der inneren Überzeugung von der Richtigkeit der Fortsetzung des Kampfes, sondern aus dem Glauben, bei Gefangennahme erschossen zu werden«. Solange also die Politoffiziere »keine andere Wahl als Widerstand oder Tod zu haben glauben«, sei mit einem »Nachlassen des feindlichen Widerstandswillens« nicht zu rechnen. Die Folgerung, auf die diese Feststellungen hinausliefen, war eine überraschend deutliche Absage an die bisher vorbehaltlos mitgetragene Vernichtungspolitik: »Ein *Aufruf, daß Kommissare nicht erschossen* würden mit entsprechender Bildpropaganda aus Gefangenenlagern, könnte eine Änderung des Verhaltens der politischen Kommissare und damit ein *Aufgeben des zähen Widerstandswillens* der Truppe zur Folge haben.«

Das AOK 9, an das diese Eingabe adressiert war, war bereits kurz zuvor darauf aufmerksam gemacht worden, welche negativen Konsequenzen die Vernichtungspolitik gegen die Kommissare zeitigte. Am 24. August 1941 hatte das unterstellte XXXX. Panzerkorps davon berichtet, dass auf der Gegenseite »sämtliche deutschen Offiziere erschossen« würden, nachdem bekannt geworden sei, »dass politische Kommissare auf deutscher Seite auch erschossen werden«.⁹ Auch wegen dieser alarmierenden Nachrichten über die Repressalien, die der Kommissarbefehl offenbar gegen die deutschen Kriegsgefangenen in sowjetischem Gewahrsam auslöste, stimmte das AOK 9 in der Folgezeit in die Rufe nach einer Revision der Vernichtungspolitik mit ein. Anfang

---

⁶ Vgl. das FNBl. der Pz.Gr. 3/Abt. Ic Nr. 18 v. 8.8.1941; BA-MA, RH 26-20/85, Anl. 438.

⁷ Vgl. hierzu und zum Folgenden den TB (Ic) der Pz.Gr. 3 v. 1.1.-11.8.1941; BA-MA, RH 21-3/423, S. 25, 30.

⁸ Vgl. hierzu und zum Folgenden das Schreiben der Pz.Gr. 3/Abt. Ia/Ic Nr. 236/41 g.Kdos. v. 25.8.1941 an das AOK 9; BA-MA, RH 21-3/47, Bl. 91. Hervorhebungen im Original.

⁹ Ic-Morgenmeldung des XXXX. AK an das AOK 9 v. 24.8.1941; BA-MA, RH 20-9/252. Vgl. die nahezu gleich lautende Passage in der Ic-Morgenmeldung des AOK 9 an die H.Gr. Mitte und das OKH; ebd.

September 1941 plädierte das AOK 9 in einer Ic-Meldung an die Heeresgruppe Mitte und das OKH ebenfalls für eine Änderung des Kommissarbefehls: »Die Zusage, dass Kommissare die überlaufen wie die übrigen Mannschaften behandelt werden, erscheint aussichtsreich.«[10] Der Entschluss zu dieser Stellungnahme war, genauso wie bei der Panzergruppe 3, vor allem von der Hoffnung getragen, dass der gegnerische »Widerstand wesentlich nachlassen« müsse, wenn die eigene Propaganda »auch auf Kommissare zugeschnitten würde« und man ihnen im Fall des Überlaufens das Leben garantieren würde.

Das gleiche Ziel verfolgte auch das Generalkommando des I. Armeekorps, das Mitte August 1941 das Umdenken in der 16. Armee anstieß. Schon am 19. August 1941 hatte das I. Armeekorps das AOK 16 über »wiederholte Angaben von Gefangenen« informiert, die ausgesagt hatten, dass ihre Politoffiziere »vielfach überlaufen« würden, »wenn [sie sich] guter Behandlung sicher« wären.[11] Da man diese Erkenntnisse für »neu« und sehr bedeutungsvoll hielt, fertigte das Generalkommando eine ausführliche Stellungnahme an und reichte sie zusammen mit den betreffenden Vernehmungsberichten zwei Tage später dem AOK 16 ein.[12] In seinem Bericht betonte das Generalkommando einleitend, dass es »von grosser Bedeutung« sei, »eine Entscheidung hinsichtlich der Kommissare und des Versprechens, auch sie gut zu behandeln«, herbeizuführen, auch wenn man sich bewusst war, dass dies kein leichtes Unterfangen war. Die geltende Regelung hielt man nach den jüngsten Vernehmungsergebnissen jedoch nunmehr für außerordentlich nachteilig: »Durch die augenblickliche Form der Behandlung der Kommissare werden diese durch uns dazu gezwungen, mit allen Mitteln gegen uns zu kämpfen und den Widerstand bis zum Letzten aufrechtzuerhalten.« Das Generalkommando schlug daher einen radikalen Kurswechsel vor. Nach dem Willen des Korps sollten die Kommissare im Falle der Gefangennahme nicht mehr exekutiert werden, sondern fortan »wie die anderen Soldaten in der Gefangenschaft behandelt« werden. Das Korps erwartete sich davon, dass »zahlreiche Kommissare den Widerstand früher aufgeben« und teilweise auch kampflos überlaufen würden. Im Generalkommando erblickte man in der Abkehr von der bisherigen Praxis ein probates Mittel, den Schwund der eigenen Kampfkraft zu bremsen: »Die eigenen Verluste würden bei guter Behandlung der Kommissare wahrscheinlich geringer werden, als bei der augenblicklich üblichen Handhabung.« Unter der Voraussetzung, dass auch andere Stäbe »ähnliche Vernehmungsergebnisse« erzielt hätten und zu der gleichen Auffassung in dieser Frage gekommen seien, sprach sich das Generalkommando für eine generelle Korrektur der Befehlslage aus: »Ist dies der Fall, so erscheint eine Neuregelung in der Behandlung der Kommissare erfolgversprechender zu sein als Beibehaltung der bisherigen.«[13]

---

10   Vgl. hierzu und zum Folgenden die Ic-Tagesmeldung des AOK 9 an die H.Gr. Mitte und das OKH v. 4.9.1941; BA-MA, RH 20-9/253.
11   Ic-Tagesmeldung des I. AK an das AOK 16 v. 19.8.1941; BA-MA, RH 24-1/260, Bl. 119.
12   Vgl. hierzu und zum Folgenden das Schreiben des I. AK/Abt. Ic an das AOK 16 v. 21.8.1941; BA-MA, RH 24-39/182, Bl. 65 f.
13   Mit der stärkeren Einbeziehung der sowjetischen Offiziere in die Propaganda glaubte man bereits Erfolge erzielt zu haben. »Dagegen hätten die Kommissare ›betrübte Gesichter‹ gemacht, da sie nunmehr die Einzigen zu sein schienen, die in der Gefangenschaft von den Deutschen nicht gut behandelt würden.« Vgl. ebd.

Im AOK 16 wurde diese Anregung sofort aufgenommen. Wenige Tage später startete die Ic-Abteilung des AOK 16 unter den nachgeordneten Kommandobehörden eine Erhebung zu den aufgeworfenen Fragen. Die Generalkommandos erhielten Abschriften des Berichts des I. Armeekorps und wurden zu einer Stellungnahme aufgefordert.[14] Auch wenn das AOK 16 noch die Meinungen der übrigen Korpsstäbe einholte, stimmte man mit der Auffassung des I. Armeekorps bereits weitgehend überein und betrachtete sie »im allgemeinen als zutreffend [...], um so mehr als sie von anderer Seite in gleicher Weise ergänzt« wurde.[15] Zumindest der VAA im AOK 16 war längst zu einem Urteil gelangt, noch bevor die Einschätzungen der anderen Generalkommandos eintrafen: »Unter diesen Umständen dürfte die reine Nützlichkeitsfrage entscheidend sein, ob es nicht für den Kriegsverlauf, wie für die kämpfende Truppe vorteilhafter ist, diese Sonderregelung für K[ommissare] aufzuheben, als sie – mit dem an sich geringen Effekt einer erstaunlich geringen Anzahl gefangener K[ommissare] – aufrecht zu erhalten.« Diese Einsicht hatte sich allerdings noch nicht bei allen Stäben durchgesetzt, wie die Reaktionen der Generalkommandos der 16. Armee auf die Umfrage des AOK zeigten. Zwar ist nur eine der Antworten der unterstellten Korps überliefert, nämlich die Stellungnahme des XXXIX. Panzerkorps.[16] Dieses Papier zeigt jedoch besonders eindringlich, wie prozessual sich die Abkehr von der Vernichtungspolitik im Ostheer vollzog. Die Ablehnung des Kommissarbefehls war schließlich mitnichten schon überall vorhanden, sondern musste sich im Laufe des Feldzugs erst herausbilden. Denn das Generalkommando des XXXIX. Korps konnte sich die Argumentation des I. Armeekorps nur bedingt zu Eigen machen und sprach sich letztlich gegen eine Aussetzung der Erschießungen aus. In seiner Stellungnahme vom 29. August 1941 stimmte das Korps zwar zu, dass die »Einbeziehung der politischen Kommissare in das Versprechen auf gute Behandlung [...] zweifellos Vorteile mit sich bringen und der Truppe Blut sparen« würde.[17] In einem Akt von Selbstentmündigung konnte man sich allerdings nicht dazu durchringen, die Konsequenzen zu ziehen und den Willen der Führung, die die Vernichtung der Kommissare angeordnet hatte, in Frage zu stellen: »Von hier aus ist jedoch die politische Seite der Frage nicht zu beurteilen, die vielleicht doch die Erschiessung der Kommissare erforderlich macht.« Die Suche nach Alternativen führte nicht weit. Die »Erschiessung nach gegebenem Versprechen« käme nicht in Betracht, weil dies früher oder später die deutsche Propaganda als Ganzes ad absurdum geführt hätte. Aus Sicht des Generalkommandos blieb nur eine Möglichkeit: »Es käme in Frage, die Kommissare aufzufordern, ihre Tätigkeit einzustellen.« Dieser reichlich utopische Vorschlag zeugte davon, dass man im Generalkommando den Ernst der Lage noch nicht realisiert hatte. Man überschätzte nicht nur seine eigenen Möglichkeiten bei weitem, sondern hatte offensicht-

---

[14] Vgl. das Schreiben des AOK 16/Abt. Ic an das XXXIX. AK v. 25.8.1941; BA-MA, RH 24-39/182, Bl. 64.
[15] Hierzu und zum Folgenden: Bericht des VAA beim AOK 16 v. 26.8.1941, zit. nach: HÜRTER, Heerführer, S. 399, Anm. 185.
[16] Vom II. AK ist immerhin belegt, dass am 30.8.1941 ebenfalls ein entsprechender »Bericht an AOK 16 bzgl. Propaganda u. Behandlung russ. Kommissare« gesandt wurde, der allerdings nicht überliefert ist, vgl. den Eintrag im TB (Ic) des II. AK v. 30.8.1941; BA-MA, RH 24-2/303, S. 132.
[17] Vgl. hierzu und zum Folgenden das Schreiben des XXXIX. AK/Abt. Ic an das AOK 16 v. 29.8.1941; BA-MA, RH 24-39/182, Bl. 63.

VI. Die Abkehr von der Vernichtungspolitik

lich auch die schädlichen Auswirkungen der Vernichtungspolitik nicht in vollem Umfang erkannt. Im Stab des XXXIX. Panzerkorps glaubte man offenbar, es sich weiterhin leisten zu können, am Kommissarbefehl festzuhalten.

Vor dem Hintergrund dieser unbeirrten Stellungnahme des XXXIX. Panzerkorps, das sich Ende August 1941 noch bewusst dagegen entschied, die lauter werdenden Rufe nach einer Aufhebung des Kommissarbefehls zu unterstützen, ist die Denkschrift des Kommandierenden Generals Rudolf Schmidt zu lesen, der Mitte September 1941 nun ebenfalls dafür plädierte, dass »der Schießerlaß für politische Kommissare fallen« müsse[18]: »Solange die Kommissare sich gemeinsam gegen den sicheren Tod wehren müssen, werden sie wie Pech und Schwefel zusammenhalten. [...] Wenn aber der einzelne Kommissar weiß, daß er als Überläufer sein Leben retten kann, wird die innere Geschlossenheit des politischen Führerkorps drüben aufhören.« Das Korps reichte die Denkschrift am 17. September 1941 beim AOK 16 ein und bat darum, sie »an den Führer und obersten Befehlshaber der Wehrmacht weiterzuleiten«.[19] Anders als die Deutlichkeit und Ambitioniertheit dieser Denkschrift vermuten lassen, nahm das XXXIX. Panzerkorps bei der Abkehr von der Vernichtungspolitik mitnichten die Vorreiterrolle ein, die ihm mitunter zugeschrieben wurde. Vielmehr war das Korps mit seiner Forderung nur auf einen fahrenden Zug aufgesprungen, der durch andere Stellen in Bewegung gesetzt worden war und den das Korps zunächst sogar noch ausgebremst hatte. Die Überzeugung, dass der Kommissarbefehl durch seine Nebenwirkungen »die Kriegsführung auch in Zukunft nur verschärfen« könne und daher nicht mehr tragbar sei, hatte sich im Generalkommando erst schrittweise durchgesetzt. Wie die bestenfalls indifferente Stellungnahme des Korps von Ende August 1941 belegt, standen hinter der Denkschrift aus dem September gewiss keine lang gehegten humanitären Zweifel an der Vernichtungspolitik, die nun endlich unter einem taktischen Vorwand artikuliert werden konnten. Vielmehr war der Gesinnungswandel erst durch einen mühsamen Erkenntnisprozess zustande gekommen, der sich im Zuge der operativen Entwicklung an der Ostfront vollzogen hatte und dadurch angestoßen worden war, »dass der bolschewistische Widerstand an Härte und Verbissenheit die meisten Erwartungen bei weitem« übertroffen hatte. Im Angesicht der horrenden Verluste, die die »Härte des sowjetischen Kampfes« in den eigenen Reihen kostete, war man zum Umdenken geradezu gezwungen worden. Die Überlegungen des Generalkommandos kreisten daher nicht nur um die Abschaffung des Kommissarbefehls, sondern reichten noch wesentlich weiter. Unter anderem schlug man »die Bildung einer russischen Regierung« vor, um ein positives Signal zu setzten und damit die Hoffnungen der sowjetischen Bevölkerung »auf das Reich hinzulenken« und »vom Bolschewismus abzuwenden«. Alle diese Forderungen beruhten auf ganz vitalen Überlegungen und kaum auf ethischen Vorbehalten. Dass die Vernichtung der Kom-

---

[18] Vgl. hierzu und zum Folgenden die »Denkschrift über die Möglichkeiten einer Erschütterung des bolschewistischen Widerstandes von Innen her« des XXXIX. AK v. 18.9.1941; BA-MA, RH 24-39/186, Bl. 43 ff. Verfasst wurde die Denkschrift angeblich von einem Wachtmeister Hertel, der vermutlich zum Korpsstab gehörte, vgl. den Eintrag im TB (Ic) des XXXIX. AK v. 17.9.1941; BA-MA, RH 24-39/181, Bl. 76.

[19] Begleitschreiben des KG des XXXIX. AK an das AOK 16 v. 17.9.1941; BA-MA, RH 24-39/193, Bl. 46. Außerdem hatte man die Denkschrift laut TB (Ic) »über Privatweg zum Führer gesandt«, vgl. Anm. 18.

missare im Generalkommando auf keine Bedenken gestoßen war, offenbarte nicht nur seine Stellungnahme von Ende August 1941, als sich das Korps für die Beibehaltung des Kommissarbefehls ausgesprochen hatte, obwohl das AOK 16 Gelegenheit gegeben hatte, freimütig Kritik zu üben. Auch die hohen Exekutionszahlen des XXXIX. Panzerkorps, das in der Erschießungsstatistik des Ostheeres vor allen übrigen Generalkommandos auf dem ersten Platz rangierte, zeugen davon, dass das Korps kaum Skrupel kannte. Schmidts Plädoyer zur Abkehr von der Vernichtungspolitik diente nur einem einzigen militärischen Zweck: »die Widerstandskraft drüben [zu] schwächen«.

Nach dem Panzergruppenkommando 3, dem AOK 9 und dem AOK 16 erkannte Anfang September 1941 auch das AOK 2 »die Auswirkung der scharfen Befehle über Behandlung der Kommissare und Politruks als Mitursache des zähen feindlichen Widerstandes«[20] und entschloss sich daher zu einer Eingabe an das Heeresgruppenkommando Mitte. In dem Schreiben vom 9. September 1941 wurden zunächst die »zahlreichen Feststellungen« rekapituliert, die einhellig besagten, dass »der zähe Widerstand der sowjetischen Truppen« zum Großteil auf den »scharfen Terror der politischen Kommissare und Politruks« zurückzuführen sei. Denn in der Überzeugung, »als Gefangene erschossen zu werden«, kämpften die Politoffiziere »nach den gemachten Erfahrungen meist bis zum letzten« und versuchten »mit allen Mitteln, auch die Offiziere u. Soldaten zu einem gleichen Verhalten zu bringen«. Um der Folgerung Nachdruck zu verleihen, den Kommissarbefehl auszusetzen, zitierte das AOK einen gefangenen Politruk, der im Verhör angeblich ausgesagt hatte, dass die Politoffiziere der Roten Armee »nicht solchen Widerstand leisten« würden, »wenn sie die Gewissheit hätten, bei Gefangennahme oder Überlaufen nicht erschossen zu werden«. Neben den Komplikationen, die die Vernichtungspolitik verursachte, thematisierte das AOK auch die technischen Hindernisse, die sich bei der Umsetzung des Kommissarbefehls dadurch ergeben hätten, dass die Politoffiziere ihre Abzeichen nicht mehr trügen. Es sei daher damit zu rechnen, dass »die Truppe unter den Gefangenen nicht mehr besonders nach Kommissaren forschen wird, falls diese nicht auf Grund von Denunziationen sofort ausgesondert werden können«. Infolgedessen sei zu erwarten, dass die gefangenen Politoffiziere »jetzt häufiger« unerkannt »mit in Gefangenenlager abgeschoben werden«. Bei dieser Ankündigung handelte es sich möglicherweise um eine Art Versuchsballon, den das AOK losließ, um vorzufühlen, inwieweit das Heeresgruppenkommando eine Einschränkung der Vernichtungspolitik dulden würde. Die »im Gegensatz zu den ersten Wochen stark gesunkene Bereitschaft, den ›Kommissarbefehl‹ umzusetzen«[21], ist jedenfalls unverkennbar, auch wenn sie zunächst nichts daran änderte, dass die Kommissarerschießungen in der 2. Armee vorerst weitergingen.

Zu den Befürwortern einer Abkehr von der Vernichtungspolitik stießen im September 1941 noch weitere hohe Kommandobehörden des Ostheeres. Auf einer Besichtigungsreise im Nordabschnitt der Ostfront wurde dem General z.b.V., Eugen Müller, in der zweiten Septemberwoche 1941 »von verschiedenen Stellen, u. a. von Gen. Brennecke«, dem Generalstabschef der Heeresgruppe Nord, der Vorschlag unterbreitet,

---

[20] Vgl. hierzu und zum Folgenden das Schreiben des AOK 2/Abt. Ic/AO Nr. 218/41 g.Kdos. v. 9.9.1941, betr. Politische Kommissare, an die H.Gr. Mitte; BA-MA, RH 20-2/1092, Anl. 461.
[21] HÜRTER, Heerführer, S. 400.

»die Kommissare zuvorkommend zu behandeln, um ihr Überlaufen zu beschleunigen«.[22] Auch bei seinen Gesprächen im AOK 18, die Müller nach seiner Weiterreise am 13. September 1941 führte, wurde er mit der Forderung konfrontiert, den sowjetischen Politoffizieren künftig »die Rechte eines gewöhnlichen Kriegsgefangenen ein[zu]räumen«. Nachdem die Vertreter des OKH auf ihren Frontreisen persönlich in Erfahrung gebracht hatten, dass im Ostheer inzwischen eine breite Mehrheit der Oberkommandos für die Aufhebung der Kommissarrichtlinien plädierte, ließen sie sich von der Argumentation der Frontstäbe überzeugen und machten sie sich zu Eigen. Am 23. September 1941 beantragte der Gen. z.b.V. beim OKW »eine Überprüfung der bisherigen Behandlungsweise der Kommissare«.[23] Müller berief sich dabei auf die zahlreichen Meldungen aus der Truppe, »daß sich eine Lockerung des Kampfwillens auf russischer Seite dadurch erreichen lasse, wenn den Kommissaren, die ohne Zweifel die Hauptträger des erbitterten und verbissenen Widerstandes seien, der Weg zur Aufgabe des Kampfes, zur Übergabe oder zum Überlaufen erleichtert würde«. Selbst Müllers bekräftigender Hinweis, dass diese Auffassung dem Oberbefehlshaber des Heeres »persönlich bei allen Heeresgruppen vorgetragen worden« sei, fruchtete jedoch nicht. Obwohl offensichtlich alles gegen die Aufrechterhaltung der Kommissarrichtlinien sprach, lehnte Hitler, als ihm die Angelegenheit am 26. September 1941 vorgetragen wurde, »jede Änderung der für die Behandlung politischer Kommissare gegebenen Befehle« strikt ab.[24] Dem OKH blieb nichts übrig, als Hitlers Entscheidung am 2. Oktober 1941 kommentarlos an die Oberkommandos des Ostheeres bekannt zu geben.

Nach Hitlers Machtwort verstummte die Diskussion über die Kommissarrichtlinien zunächst, lebte allerdings bald wieder auf, weil das »Kommissar-Problem«[25] weiterhin im Raum stand. Manche Kommandobehörden hatten sich deswegen in der Zwischenzeit mit eigenen Lösungsansätzen geholfen. In der Heeresgruppe Mitte etwa wurde offenbar zur Vorbereitung der Großoperation »Taifun« in den ersten Oktobertagen 1941 ein Flugblatt zum Einsatz gebracht, »das nicht nur Soldaten u. Offz. zum Überlaufen auffordert, sondern auch Po[litische]ko[mmissare]«.[26] Damit diese Propagandakampagne nicht von vornherein ins Leere lief, nahm man eigenständig das vorweg, was dem Ostheer offiziell erst im Mai 1942 gestattet wurde. Für den Fall, dass Politoffiziere »mit diesem Flugblatt (Ausweis) überlaufen« würden, sollte die Regelung gelten, »sie als Kriegsgefangene zu behandeln«, also nicht zu exekutieren. Das Flugblatt war vom Heeresgruppenkommando Mitte herausgegeben worden. Die Initiative war aber offenbar von einem unterstellten Stab ausgegangen, denn der Ic-Offizier der Heeresgruppe erwähnte in einem Begleitschreiben, dass es sich bei dem Flugblatt, das »sich auch an die Politischen Leiter« wandte, um »ein von der Luftflot-

---

22 Vgl. hierzu und zum Folgenden den Eintrag im KTB der 18. Armee v. 13.9.1941, zit. nach HÜRTER, Heerführer, S. 400 f.
23 Vgl. hierzu und zum Folgenden das Schreiben des OKH/Gen. z.b.V. b. Ob.d.H. Nr. 516/41 g.Kdos. an das OKW v. 23.9.1941; UEBERSCHÄR, WETTE, Unternehmen, S. 342.
24 Befehl des OKH/Gen. z.b.V. b. Ob.d.H. Nr. 527/41 g.Kdos. v. 2.10.1941 an die H.Gr.Kdos. Nord, Mitte, Süd; BA-MA, RH 19-II/123, Bl. 49.
25 Schreiben des XXVII. AK/Abt. Ic v. 1.5.1942; BA-MA, RH 26-86/49, Anl. 10.
26 Anruf des AOK 2/Abt. Ic beim LIII. AK v. 3.10.1941, 22.00 Uhr; BA-MA, RH 24-53/147. Vgl. hierzu auch den Eintrag im TB (Ic) des LIII. AK v. 3.10.1941; BA-MA, RH 24-53/136, Bl. 52.

te 2 verfaßtes und gedrucktes Flugblatt« handelte.[27] Die Flugblattaktion stellte aber ohnehin keinen so weitgehenden Bruch mit dem Kommissarbefehl dar, wie es auf den ersten Blick erscheinen mag. Die Regelung implizierte schließlich, dass alle Kommissare, die sich nicht freiwillig in Gefangenschaft begaben, weiterhin der »Sonderbehandlung« unterlagen. Dass dies auch so gehandhabt wurde, drückte sich nicht zuletzt in den Erschießungszahlen der Heeresgruppe Mitte aus, die im Oktober 1941 gegenüber dem Vormonat weitgehend konstant blieben und sogar noch leicht anstiegen. Während die Vernichtungspolitik weiterlief, waren von einer solchen Propagandakampagne keinerlei Erfolge zu erwarten. Der Vorgang belegt dennoch, dass an der Ostfront durchaus beträchtliche Handlungsspielräume bestanden, um die Kommissarrichtlinien zumindest partiell abzuschwächen, und dass einige entschlossene Stäbe von diesen Möglichkeiten auch Gebrauch machten. Gleichzeitig offenbart sich freilich die Selbstbeschränkung der Oberkommandos, die nicht dazu bereit waren, noch weiter von den Befehlen der Führung abzuweichen und damit in Ungehorsam zu verfallen. Entsprechend widerspruchslos fiel die Reaktion der meisten Frontstäbe auf das Scheitern ihrer Bemühungen aus, die Kommissarrichtlinien aufheben zu lassen. Hitlers verbohrte Entscheidung, ihren begründeten Einwänden gegen die Vernichtungspolitik kein Gehör zu schenken, nahmen sie resigniert hin und wirkten in der Folgezeit weiterhin gehorsam an der Durchführung des Kommissarbefehls mit. Vor, während und nach den Initiativen der Frontstäbe zu einem Kurswechsel gingen die Erschießungen in ihren Befehlsbereichen bruchlos weiter.[28]

Die Debatte um die Kommissarrichtlinien keimte allerdings bald wieder auf. Die Oberkommandos unternahmen zwar offenbar keinen zweiten Anlauf mehr zu einer Intervention bei Hitler, doch in den nachgeordneten Stäben wurden im Winter 1941 und Frühjahr 1942 erneut die Rufe nach einer Änderung des Befehls laut. So hatte der Ic-Offizier der Heeresgruppe Mitte während einer Frontreise im Abschnitt der 4. Armee im Dezember 1941 den »Eindruck gewonnen, daß die Erschießung der Juden, der Gefangenen und auch der Kommissare fast allgemein im Offizierskorps abgelehnt wird, die Erschießung der Kommissare vor allem auch deswegen, weil dadurch der Feindwiderstand gestärkt wird«.[29] Neben solchen Unmutsbekundungen blieben auch neue Petitionen zur Beendigung der Vernichtungspolitik nicht aus. Ende April 1942 beantragte die Führung der 86. Infanteriedivision beim vorgesetzten XXVII. Armeekorps, »die Behandlung gefangener Politruks und Kommissare grundlegend zu än-

---

[27] Begleitschreiben der H.Gr. Mitte/Abt. Ic Nr. 256/41 geh. an die Pz.Gr. 2 v. 12.10.1941; BA-MA, RH 21-2/639.2, Bl. 253. Das Flugblatt selbst ist in der Akte nicht mehr enthalten.
[28] Vgl. exemplarisch die Chronologie der Exekutionsmeldungen des XXXIX. AK. Vgl. die Ic-Meldung des XXXIX. AK v. 19.7.1941; BA-MA, RH 21-3/433, Bl. 40. Vgl. die Ic-Meldung des XXXIX. AK v. 1.8.1941; BA-MA, RH 24-39/179, Bl. 72. Vgl. die Ic-Morgenmeldung des XXXIX. AK v. 14.9.1941; BA-MA, RH 24-39/185, Bl. 23. Vgl. die Ic-Morgenmeldung des XXXIX. AK v. 21.9.1941; BA-MA, RH 24-39/187, Bl. 98. Vgl. die Ic-Morgenmeldung des XXXIX. AK v. 19.10.1941; BA-MA, RH 24-39/191, Bl. 94. Vgl. die Ic-Morgenmeldung des XXXIX. AK v. 26.10.1941; BA-MA, RH 24-39/192, Bl. 40. Vgl. die Ic-Meldung des XXXIX. AK v. 2.11.1941; BA-MA, RH 20-16/478a. Vgl. die Ic-Morgenmeldung des XXXIX. AK v. 16.11.1941; BA-MA, RH 24-39/193, Bl. 45. Vgl. die Ic-Morgenmeldung des XXXIX. AK v. 7.12.1941; BA-MA, RH 24-39/195, Bl. 128.
[29] Bericht des Ic der H.Gr. Mitte, Gersdorff, über seine Frontreise vom 5.12.-8.12.1941; UEBERSCHÄR, WETTE, Unternehmen, S. 343 f.

dern«, und reichte hierzu eine ausführliche Denkschrift ein.³⁰ Gegenüber der Diskussion des Spätsommers und Herbsts 1941 hatte sich die Argumentation nicht verändert. Man ging weiterhin von der Annahme aus, »daß in dem Augenblick, wo auch den Kommissaren Leben und gute Behandlung zugesichert wird, mancher von ihnen seine entschiedene Haltung aufgibt«. Hieraus wollte man Nutzen ziehen, um den Widerstand der sowjetischen Truppen zu brechen. Gemäß dem herrschenden Feindbild glaubte man, auf diese Weise die Stützpfeiler der Roten Armee zum Einsturz bringen zu können: »Mit den Kommissaren aber steht und fällt der entscheidende Rückhalt der Roten Armee.« Im vorgesetzten Generalkommando stieß das Schreiben der Division sofort auf Interesse. Wenige Tage später ließ das Korps eine Umfrage unter seinen Verbänden durchführen, um den Hinweisen der Division nachzugehen. Unter anderem wurden die Divisionen aufgefordert, zu der Frage Stellung zu nehmen, ob »das Kommissar-Problem« möglicherweise »von ganz anderer Seite angefaßt werden« müsse als bisher.³¹ Im Stab der 86. Infanteriedivision registrierte man mit Genugtuung, dass die Initiative Reaktionen ausgelöst hatte: »Unsere Anregung, Ic, ist also auf fruchtbaren Boden gefallen! Gut so!«³² Im Divisionskommando beeilte man sich daher, auf die Anfrage des Korps zu antworten, und unterbreitete weitere »Vorschläge zur Propagandagestaltung«, in denen noch einmal bekräftigt wurde, »daß durch Zusicherung einer anständigen Behandlung in Gefangenschaft auch ihre Haltung [d. h. der Kommissare] zu unseren Gunsten erschüttert werden kann«. Der Vorgang belegt exemplarisch, dass die Bemühungen von Stäben des Ostheeres um eine Aufhebung des Kommissarbefehls auch nach dem Misserfolg im Herbst 1941 nicht aufhörten, bis sie im Frühjahr 1942 schließlich Früchte trugen.³³

Der Umschwung im Frühjahr 1942

Anfang Mai 1942 willigte Hitler endlich darin ein, den Kommissarbefehl auszusetzen. Unter dem 6. Mai 1942 registrierte das Kriegstagebuch des OKW den entscheidenden Umschwung: »Um die Neigung zum Überlaufen und zur Kapitulation eingeschlossener sowjetrussischer Truppen zu steigern, befiehlt der Führer, daß den sowjetrussischen Kommandeuren, Kommissaren und Politruks zunächst versuchsweise in solchen Fällen die Erhaltung ihres Lebens zugesichert werden kann.«³⁴ Die Vorgeschichte dieser Kehrtwende liegt weitgehend im Dunkeln. Offenbar war ein »Vorschlag der Heeresgruppe« Mitte der Anlass zu der Änderung, wie eine Quelle aus den Akten des Berück Mitte belegt.³⁵ Es steht allerdings zu vermuten, dass auch die

---

30 Vgl. hierzu und zum Folgenden den Eintrag im TB (Ic) der 86. Inf.Div., Abschnitt 16.4.-4.7.1942, sowie das Schreiben der 86. Inf.Div. an das XXVII. AK v. 26.4.1942; BA-MA, RH 26-86/49, S. 5, Anl. 10.
31 Schreiben des XXVII. AK/Abt. Ic v. 1.5.1942; BA-MA, RH 26-86/49, Anl. 10.
32 Hs. Notiz auf dem Schreiben des XXVII. AK; ebd.
33 Zu einer weiteren »Anregung, auch Politruks und Kommissare durch Zusicherung guter Behandlung zum Überlaufen aufzufordern«, vgl. den Eintrag im TB (Ic) der 197. Inf.Div. v. 14.6.1942; BA-MA, RH 26-197/96.
34 KTB des OKW, Bd. II.1., S. 341 (6.5.1942).
35 Vgl. den Bericht des Beauftragten des RMO beim Berück Mitte v. 15.5.1942, zit. nach GERLACH, Morde, S. 837, Anm. 342.

zahlreichen vorangegangenen Eingaben aus den Verbänden des Ostheeres den Entschluss mit beeinflusst haben. Warum sich Hitler im Gegensatz zu seinem sturen Festhalten an den Kommissarrichtlinien im September 1941 nun einer Revision der Befehlslage nicht mehr verschloss, war wohl der veränderten militärischen Lage geschuldet. Ende September 1941 stand noch der Großangriff auf Moskau bevor, dessen Gelingen jegliches Zugeständnis an die sowjetische Seite erübrigt hätte. Nach dem endgültigen Scheitern des »Unternehmens Barbarossa« hatten sich die Vorzeichen jedoch deutlich gewandelt. In der Situation nach den Misserfolgen des Winters 1941/42, als man entgegen aller ursprünglichen Erwartungen in ein zweites Kriegsjahr gegen die Sowjetunion eintreten musste, erkannte wohl auch Hitler, dass Abstriche an seiner dogmatischen Haltung zugunsten des pragmatischen Kalküls der Generäle nunmehr unumgänglich waren.

Bis die Änderung der Befehlslage wirksam wurde, dauerte es jetzt allerdings noch mehrere Wochen. Nur in wenigen ausgewählten Verbänden wurde noch im Mai 1942 bekannt gegeben, dass »von höchster Stelle«[36] angeordnet worden war, dass ab sofort »Kommissare und Politruks [...] bei der Gefangennahme die gleiche Behandlung wie die übrigen Angehörigen der Roten Armee«[37] erfahren sollten. In den meisten Verbänden wurde die Außerkraftsetzung des Kommissarbefehls erst im Laufe des Juni 1942 umgesetzt. Denn die Wehrmachtsführung und die Heeresleitung hatten Hitlers Anweisung, die Änderung des Vorgehens gegen die Kommissare »zunächst versuchsweise« zu erproben, ernst genommen und umgehend entsprechende Schritte in die Wege geleitet. Bereits am 8. Mai 1942, also nur zwei Tage nach Hitlers Entscheidung, erläuterten Vertreter des OKH während eines Frontbesuchs in einem Divisionsstab, was geplant war. Sie kündigten an, »dass in einem Abschnitt der Front der Versuch unternommen wird, die Propaganda bezüglich der Behandlung von Gefangenen und übergelaufenen Kommissaren zu ändern«, indem »auch Kommissaren und Politruks Leben und gute Behandlung garantiert werden«.[38] Je nach Ausgang des Experiments war beabsichtigt, die neue Regelung auch auf die übrige Ostfront zu übertragen: »Bei Gelingen soll diese Propaganda auch an anderen Frontteilen zur Anwendung kommen.« Tatsächlich war der Modellversuch wohl von vornherein als Vorstufe zur vollständigen Aufhebung des Kommissarbefehls gedacht, wie man in den Oberkommandos des Ostheeres erfahren hatte: Das »Versprechen d[er]. anderweitigen Behandlung d[er]. Politruks soll erst als Versuch u[nd]. 2.) ganz stillschweigend gemacht werden«.[39] Dass die Abkehr von der Vernichtungspolitik möglichst unbemerkt vollzogen werden sollte, hielt man aus »Rücksicht auf [die] Weltlage« für erforderlich. Aus dem gleichen Grund war man dagegen eingeschritten, dass ein Generalkommando einen entsprechenden schriftlichen »Befehl üb[er] Behandlung von Kommissaren [...]

---

[36] Fernspruch des III. AK/Abt. Ic Nr. 197/42 geh. an die 1. Geb.Div. v. 15.5.1942; BA-MA, RH 28-1/148, Anl. 1325. Vgl. auch den daraufhin erlassenen Befehl der 1. Geb.Div./Abt. Ic Nr. 182/42 geh. v. 16.5.1942; BA-MA, RH 28-1/149, Anl. 1328.

[37] Divisionsbefehl der 131. Inf.Div./Abt. Ic Nr. 470/42 geh. v. 22.5.1942; BA-MA, RH 26-131/24, Anl. 108.

[38] Vgl. hierzu und zum Folgenden den Eintrag im TB (Ic) der 78. Inf.Div. v. 1.5.-15.5.1942; BA-MA, RH 26-78/66.

[39] Vgl. hierzu und zum Folgenden die undatierten Notizen zu einer Besprechung, die offenbar Ende Juni/Anfang Juli 1942 beim Pz.AOK 3 stattfand; BA-MA, RH 21-3/744, Bl. 18 f.

bis [zu den] K[om]p[anien]. verteilt« hatte. Die ganze Angelegenheit wollte man »besser mündlich lassen«, um zu vermeiden, dass der »Feind sonst Prop[aganda]. mit d[em]. Zustand d[er]. d[eu]tsch[en]. Tr[u]ppe macht«, was einmal mehr offenbarte, dass man sich über den Unrechtscharakter des Kommissarbefehls vollkommen im Klaren war.

Die neue Marschroute wurde bald nach Hitlers Entscheidung an die Führungsstäbe des Ostheeres bekannt gegeben. Die Feindnachrichtenoffiziere der Heeresgruppen und Armeen wurden offenbar auf einer zentralen Ic-Besprechung, die am 13. Mai 1942 beim OKH in Berlin stattfand, darüber informiert, dass der lang ersehnte Kurswechsel nun bevorstand.[40] Dass die »Behandlung der Kommissare und Politruks«[41] in Berlin tatsächlich Gesprächsthema war, zeigte sich in der Folgezeit auf den Ic-Besprechungen in den Kommandobehörden an der Front, die nun, ähnlich wie vor Beginn des Feldzugs, in allen Befehlsbereichen abgehalten wurden, um die neuen Weisungen an die nachgeordneten Stäbe weiterzureichen.[42] Entsprechend der Vorgehensweise, die die Wehrmachtführung geplant hatte, wurde die Aufhebung des Kommissarbefehls in den Verbänden des Ostheeres erst schrittweise verwirklicht. Die Ic-Offiziere der Korps und Divisionen der 4. Panzerarmee etwa erhielten auf einer Ic-Besprechung am 12. Juni 1942 zunächst die Anweisung, dass sich die »Behandlung von Kommissaren grundsätzlich noch nach bekanntem Befehl« zu richten hätte.[43] Gleichzeitig wurde aber in Aussicht gestellt, dass eine »Abänderung nach Versuchen bei Charkow zu erwarten« sei. Ähnliches erfuhren auch die Ic-Offiziere der 9. Armee während einer Ic-Besprechung im AOK 9 am 4. Juni 1942, allerdings mit einem signifikanten Unterschied.[44] Wie das AOK 9 die Angelegenheit handhabte, erwies sich auf einer Ic-Besprechung, die wenige Tage später, am 10. Juni 1942, bei einem der unterstellten Generalkommandos folgte.[45] Zum Thema »Kommissare und Politruken« stellte der Ic des Korps zwar zunächst klar, dass die Vernichtung der Kommissare vorerst noch fortgesetzt werde: »Der grundsätzliche Befehl des Führers besteht weiter.« Das AOK 9 hatte aber den ersten Schritt zur Abkehr von der bisherigen Praxis bereits eingeleitet, indem es ein verändertes Verfahren eingeführt hatte. Demnach sollten gefangen genommene »Kommissare und Politruken fortan über Division, Korps zur Armee abgegeben« werden, anstatt sie wie bisher umgehend zu erschießen. Dass die Aufhebung des Befehls bevorstand, war außerdem dem Hinweis zu entnehmen, dass dieser Schritt

---

[40] Zum Zeitpunkt der »Ic Besprechung Berlin« vgl. die Einträge im TB (Ic) des AOK 4 v. 13.5. und 21.5.1942; BA-MA, RH 20-4/694. Vgl. auch die Einträge im TB (Ic) des AOK 17 v. 21.4. und 21.5.1942; BA-MA, RH 20-17/340. Die Tagung war ursprünglich für Anfang Mai 1942 geplant, wurde dann aber noch leicht verschoben.

[41] Eintrag im TB (Ic) der 251. Inf.Div. v. 8.6.1942 über eine Ic-Besprechung beim XXVII. AK; BA-MA, RH 26-251/83, S. 14 f.

[42] Vgl. die Punkte des Pz.AOK 3 für die »Ic-Besprechung beim IX.A.K.« v. 21.6.1942, unter denen sich auch die »Kommissar Behandlung« fand; BA-MA, RH 21-3/443, Bl. 97. Vgl. zur Datierung der Besprechung den TB (Ic) des Pz.AOK 3; BA-MA, RH 21-3/779. Zu einer weiteren Ic-Besprechung vgl. die Einträge im TB (Ic) des XXXXVII. AK v. 16.5. und 23.6.1942; BA-MA, RH 24-47/120.

[43] Protokoll von der Ic-Besprechung »beim Höh.Stab z.b.V. 8« v. 12.6.1942; BA-MA, RH 24-48/215, Anl. 438.

[44] Vgl. den Eintrag im TB (Ic) des XXIII. AK v. 10.6.1942; BA-MA, RH 24-23/244, Bl. 13.

[45] Vgl. hierzu und zum Folgenden das Protokoll von der Ic-Besprechung beim XXIII. AK am 10.6.1942, 10.30-17.00 Uhr; BA-MA, RH 26-102/64, Anl. 20.

in einigen Frontabschnitten schon getan war, zumindest vorläufig: »z.Zt. läuft ein Versuch, im Südkessel vom Unternehmen ›Hannover‹, die Wirkung einer Schonung von Politruken und Kommissaren festzustellen«. Auch wenn die generelle Aussetzung der Vernichtungspolitik offiziell noch nicht angeordnet worden war, bedeutete die Verfügung des AOK 9 für die unterstellten Verbände bereits die Entbindung von der Durchführung des Kommissarbefehls. Die Divisionen der 9. Armee konnten ihren Verbänden umgehend mitteilen, dass gefangene Politoffiziere künftig nicht mehr exekutiert werden mussten: »Kommissare und Politruks, die überlaufen oder gefangengenommen werden, sind nicht zu erschiessen, sondern der Division zuzuführen, die ihren Abtransport an die Armee veranlasst.«[46]

Das AOK 9 griff damit der Aufhebung der Kommissarrichtlinien bereits vor, während die meisten übrigen Armeen gehorsam an dem Befehl festhielten, solange die oberste Führung noch keinen endgültigen Dispens erteilt hatte. Schließlich hatte die Wehrmachtsführung geplant, den Stopp der Vernichtungspolitik zunächst nur in einzelnen Frontabschnitten zu testen. Einer dieser Modellversuche wurde im Bereich der Heeresgruppe Mitte bei der 4. Armee durchgeführt, im Rahmen jener Offensive, die den Decknamen »Hannover« trug. Zur Einweisung in den Versuch übermittelte der Ic des AOK 4 Anfang Juni 1942 eine entsprechende »Mitteilung an sämtl. Korps u. Korück über Behandlung gefangener Kommissare u. Politrucks bei Unternehmen Hannover«.[47] Hier wurde nun endlich das praktiziert, was die Oberkommandos des Ostheeres schon seit Monaten gefordert hatten. Begleitend zu der neuen Regelung, »daß der Politruk, der sich gefangen gibt, als Gef[angener]. zu behandeln ist«, wurde jetzt auch die »Erfassung der Politruks in der Propaganda ohne Einschränkung« ins Werk gesetzt.[48] Ähnliche Anläufe wurden zum Teil bereits im Mai 1942 auch bei den anderen beiden Heeresgruppen gestartet.[49] Nachdem die oberste Führung diese Experimente genehmigt hatte, war es kein weiter Schritt mehr, die Kommissarrichtlinien im gesamten Ostheer außer Kraft zu setzen. Nicht lange nach den ersten Versuchen ergingen im Laufe des Juni 1942 auch in den übrigen Verbänden Anweisungen, dass »von jetzt ab feindliche Kommissare und Politruks – außer im Kampfe – nicht zu erschießen, sondern als Gefangene und Überläufer zu behandeln« seien.[50] Im Mai 1942 profitierte zunächst nur ein Teil der Verbände von der Kursänderung der deutschen Führung, auch wenn es in allen drei Heeresgruppen Frontabschnitte gab, in denen die Versuche durchgeführt wurden. Bis die Außerkraftsetzung der Kommissar-

---

[46] FNBl. der 110. Inf.Div./Abt. Ic Nr. 173/42 v. 11.6.1942; BA-MA, RH 26-110/40.
[47] Eintrag im TB (Ic) des AOK 4 v. 7.6.1942; BA-MA, RH 20-4/694.
[48] Eintrag im TB (Ic) des AOK 4 v. 16.7.1942 über eine Besprechung mit dem Gen. z.b.V. Müller, in der sich der Ic des AOK 4 die veränderte Praxis noch einmal bestätigen ließ; BA-MA, RH 20-4/693, Bl. 36.
[49] Zur H.Gr. Nord vgl. den Eintrag im TB (Ic) der 58. Inf.Div. v. 1.6.-30.6.1942, in dem erwähnt ist, dass bereits »seit dem 11.5. über dem Wolchow[-]Kessel« entsprechende Flugblätter abgeworfen wurden, die »Kommissaren und Politruks für den Fall der Gefangennahme das Leben und für den Fall des Überlaufens bessere Behandlung« zusicherten; BA-MA, RH 26-58/87. Zur H.Gr. Süd vgl. den Fernspruch des III. AK/Abt. Ic Nr. 197/42 geh. an die 1. Geb.Div. v. 15.5.1942; BA-MA, RH 28-1/148, Anl. 1325.
[50] FNBl. der 86. Inf.Div./Abt. Ic v. 28.6.1942; BA-MA, RH 26-86/49, Anl. 7. Vgl. auch den Befehl der 50. Inf.Div. v. 20.6.1942; BA-MA, RH 26-50/87.

richtlinien zu allen Einheiten des Ostheeres durchgedrungen war, dauerte es jedoch bis Ende Juni und teilweise wohl noch bis Anfang Juli 1942.

Die praktische Umsetzung der neuen Direktiven erforderte zwei Schritte. Zunächst wurden die eigenen Truppen angewiesen, die Exekution gefangener Politoffiziere ab sofort zu unterlassen. Zweitens wurde in der deutschen Propaganda die »Aufforderung zum Überlaufen [...] dahin erweitert, daß besonders Kommissare und Politruks angesprochen wurden«.[51] Auf allen Kanälen, die der »Propaganda in den Feind« zur Verfügung standen, wurden die Politoffiziere nun mit Garantieerklärungen überschüttet und dazu aufgerufen, überzulaufen. Bei der 50. Infanteriedivision etwa wurden in der Lautsprecherpropaganda während der Nacht zum 19. Juni 1942 »zum ersten Mal die politischen Organe der Roten Armee angesprochen und guter Behandlung versichert«.[52] Ein gefangener sowjetischer Unteroffizier übermittelte die neue Botschaft an die Politoffiziere: »Wir empfangen Euch lt. Befehl des Oberkommandos der Deutschen Wehrmacht in gleicher Weise wie Rotarmisten und Kommandeure. Niemand vergreift sich an Euch, wenn Ihr zu uns kommt.« Teilweise setzten die deutschen Frontverbände ganze Sprechchöre sowjetischer Kriegsgefangener ein, um die Politoffiziere dazu zu bewegen, in Gefangenschaft zu gehen: »Politische Kämpfer, Kommissare, Politruks und Partisanen! Gehorcht nicht mehr dem Befehl Stalins. Wir garantieren Euch Euer Leben und gute Behandlung wenn Ihr überlauft.«[53] Nicht zuletzt wurden die Versprechungen an die Politoffiziere auch in der deutschen Flugblattpropaganda übermittelt.[54] Aus der stereotypen Formel »Vorzeiger dieses wünscht kein sinnloses Blutbad im Interesse der Juden und Kommissare«, die in nahezu allen Flugblättern gestanden hatte, die als Passierscheine fungierten, wurden die Kommissare ab sofort herausgestrichen.[55]

Bei manchen Politoffizieren stieß diese Propagandaoffensive offenbar durchaus auf Gehör, so dass sich bald nach dem Anlaufen der Aktion erste lokale Erfolge einstellten. In den Stäben gingen Meldungen darüber ein, dass sich Politoffiziere in Gefangenschaft begeben hatten oder übergelaufen waren[56], teilweise unter ausdrücklicher Berufung auf die Zusagen, die sie in deutschen Flugblättern gelesen hatten.[57] Der Bataillonskommissar »Iwan Pawlowitsch Panikow«, der Anfang Juni 1942 im Abschnitt der 58. Infanteriedivision überlief, sagte im Verhör aus, »es sei bekannt gewesen, dass bisher Kommissare und Politruks von den Deutschen ohne Ausnahme erschossen

---

[51] Bericht der 56. Inf.Div./Abt. Ic, betr. »Lautsprecher-Propaganda vom 19.-25.7.42«, v. 27.7.1942; BA-MA, RH 21-2/867b, Bl. 122. Vgl. auch den Bericht der 86. Inf.Div./Abt. Ic über Propagandatätigkeit v. 26.6.1942; BA-MA, RH 26-86/49, Anl. 9.

[52] Vgl. auch zum Folgenden den Vernehmungsbericht v. 19.6.1942 des Sdf. Munzinger, 50. Inf.Div./Abt. Ic, sowie die Ansprache bei der Lautsprecherpropaganda in der Nacht zum 19.6.1942; BA-MA, RH 26-50/87.

[53] FNBl. Nr. 2 des XXXXVI. AK/Abt. Ic Nr. 2178/42 geh. v. 30.6.1942; BA-MA, RH 27-20/197.

[54] Vgl. exemplarisch die Übersetzung eines Flugblatts des IX. AK v. September 1942; BA-MA, RH 26-258/92.

[55] Vgl. das Flugblatt des XI. AK aus dem Mai 1942 und den Eintrag im TB (Ic) des XI. AK v. 22.5.1942; BA-MA, RH 24-11/122.

[56] Bericht Sdf. Munzinger, 50. Inf.Div./Abt. Ic, über Lautsprecherpropaganda v. 15.6.1942; BA-MA, RH 26-50/87.

[57] Eintrag im TB (Ic) der 110. Inf.Div. v. 18.7.-22.7.1942; BA-MA, RH 26-110/41. Vgl. hierzu auch BUCHBENDER, Erz, S. 162 ff.

worden wären«.⁵⁸ Erst seit den neuen Versprechen der deutschen Propaganda hätte er es daher überhaupt in Betracht gezogen, sich gefangen zu geben: »Hätte der Überläufer selbst nicht vor 14 Tagen ein Flugblatt gelesen, dass Kommissare und Politruks nicht erschossen würden, würde er niemals gekommen sein.« Die Voraussetzung für den Erfolg der Kampagne war freilich, dass die deutschen Truppen die gemachten Zusagen tatsächlich einhielten, was sich offenbar früher oder später auch durchsetzte.⁵⁹

Allerdings gestaltete sich die Abkehr von der bisherigen Praxis nicht bei allen Truppenteilen so reibungslos, wie es die neue Strategie erforderte. In einer Reihe von Frontverbänden und Sicherungsformationen wurden auch nach Aufhebung des Kommissarbefehls weiterhin Exekutionen an gefangenen Politoffizieren vollstreckt.⁶⁰ Die Stäbe mussten zur Durchsetzung der neuen Linie zum Teil regelrechte Überzeugungsarbeit leisten. Es sprach für sich, wenn ein Generalkommando Ende Juni 1942 die bereits erteilte Anweisung erneuern musste, dass gefangene Politoffiziere »nicht zu erschiessen sondern nach den für Kriegsgefangene und Ueberläufer gültigen Bestimmungen zu behandeln« seien, und sich genötigt sah, die ergangenen Befehle zu wiederholen: »Die Truppe ist nochmals eingehend über die Behandlung gefangener und übergelaufener Kommissare, Politruks und Parteimitglieder zu belehren.«⁶¹ Dies war durchaus keine Seltenheit. Auch andere Stäbe hielten es für erforderlich, die Befehle mehrfach bekannt geben zu lassen und die Truppen auch im Juli 1942 »nochmals auf die neuen Richtlinien betr. Gefangenen- und Ueberläuferbehandlung aufmerksam« zu machen.⁶² Dabei wurde den Einheiten zum wiederholten Male »zur Pflicht gemacht, eingehend alle Soldaten über die Behandlung kriegsgefangener Kommissare und Politruks, die nunmehr nach den allgemeinen Kriegsgefangenen-Bestimmungen behandelt werden, zu unterrichten«. Ähnlich wie bei den parallelen Anstrengungen zur allgemeinen Verbesserung der Gefangenenbehandlung mussten die Kommandobehörden feststellen, dass sich das Rad nicht ohne Weiteres zurückdrehen ließ.⁶³ Nachdem

---

58 Hierzu und zum Folgenden: Vernehmungsbericht der 58. Inf.Div./Abt. Ic v. 7.6.1942; BA-MA, RH 26-58/87.
59 Vgl. exemplarisch die Einsatzpläne der GFP-Gruppe 570 beim AOK 4 v. 23.3.-22.9.1942; BA-MA, RH 20-4/1132. In der Zeit nach der Aufhebung des Kommissarbefehls ermittelten die Beamten der Gruppe eine ganze Reihe von Politoffizieren in den Gefangenenlagern, die sie aber bis auf ein Verhör unbehelligt ließen. Nach der Vernehmung wurden die Politoffiziere wieder »dem Gefangenenlager zugeführt« und dort »belassen«, vgl. die Einträge v. 12.6., 25.6., 13.7., 20.7., 24.7., 28.7., 14.8.1942. Die einzige Erschießung, die die GFP in dieser Phase noch an Politoffizieren durchführte, erfolgte offensichtlich wegen der jüdischen Herkunft des Gefangenen, aber nicht wegen seiner Eigenschaft als Politruk, vgl. den Eintrag v. 14.7.1942.
60 Vgl. z. B. den Eintrag im TB des Feldgend.Tr. 172 v. 23.7.1942; BA-MA, RH 26-72/164. Vgl. die Einträge im TB (Ic) des XI. AK v. 18.5. und 31.5.1942; BA-MA, RH 24-11/122. Vgl. die Ic-Morgenmeldung des LV. AK v. 8.6.1942; BA-MA, RH 24-55/75, S. 241. Vgl. den Eintrag im KTB der 34. Inf.Div. v. 11.7.1942; BA-MA, RH 26-34/15. Vgl. den TB (Ic) der 403. Sich.Div. v. September 1942; BA-MA, RH 26-403/7. Vgl. die zahlreichen Exekutionen an sowjetischen Politoffizieren, die die GFP-Gruppen der H.Gr. Süd in der zweiten Jahreshälfte 1942 noch durchführten, z. B. in den Tätigkeitsberichten der GFP-Gruppe 725 für Juni, Juli und August 1942; BA-MA, RH 22/199, S. 150, 91, 19.
61 FNBl. des XXXXVI. AK/Abt. Ic Nr. 1 v. 24.6.1942; BA-MA, RH 27-20/197.
62 Vgl. auch zum Folgenden den Eintrag im TB (Ic) des XXIII. AK für den Juli 1942; BA-MA, RH 24-23/244, Bl. 16.
63 Vgl. Kap. IV.2.2.

die Vernichtungspolitik ein ganzes Jahr lang praktiziert worden war und sich durch ihre eigene normative Kraft zunehmend etabliert hatte, musste die Abschaffung dieser Praxis den Truppen erst vermittelt werden. Es waren aber wohl nicht allein die Nachwehen des Mordprogramms, die dazu beitrugen, dass die Kursänderung nicht die durchschlagende Wirkung erzielte, die man sich erhofft hatte. Zwar kam es jetzt anscheinend durchaus häufiger als bisher vor, dass sowjetische Politoffiziere das Risiko eingingen, sich gefangen zu geben. Auflösungserscheinungen in größerem Umfang blieben in der Roten Armee jedoch aus. Die praktizierte Vernichtungspolitik, die bewusste Radikalisierung der Kriegführung und der Brutalisierungsprozess im zurückliegenden ersten Jahr des Ostfeldzugs ließen sich nicht einfach ungeschehen machen. Die Gräben waren zu tief, um sie so schnell wieder zuschütten zu können. Zudem war die deutsche Werbung um die sowjetischen Politoffiziere in Wahrheit ein arglistiger Betrug. Denn das Versprechen auf Erhaltung ihres Lebens wurde letztlich nicht eingelöst. Die Abschaffung des Kommissarbefehls gewährte den Politoffizieren im Falle der Gefangennahme höchstens einen zeitlichen Aufschub, aber keine grundsätzliche Schonung. Die Vernichtungspolitik wurde de facto nur räumlich verlagert, aus dem Operationsgebiet heraus in den OKW-Bereich, das Generalgouvernement und das Reichsgebiet. Dort änderte die Aufhebung der Kommissarrichtlinien nicht das Geringste an den Aussonderungen und Exekutionen, die die Häscher des RSHA in den Gefangeneneinrichtungen und Konzentrationslagern vornahmen.[64]

Die Hintergründe der Kehrtwende

Die Motive, die hinter den Bemühungen der Frontstäbe standen, auf eine Aufhebung der Kommissarrichtlinien hinzuwirken, treten durch den Blick auf den Kontext zutage, in dem die Abkehr von der Vernichtungspolitik erfolgte. Denn die Abschaffung des Kommissarbefehls ging nicht isoliert vonstatten, sondern war Teil eines breiteren Maßnahmenbündels, mit dem die deutsche Führung auf das Scheitern des »Unternehmens Barbarossa« reagierte. Neben dem Verzicht auf das Mordprogramm gegen die Kommissare zählten zu diesem Maßnahmenkatalog auch die Bemühungen um eine Verbesserung der Gefangenenbehandlung und der Versuch, einen schonenderen Umgang mit der Zivilbevölkerung durchzusetzen. Die Initiativen, die von den Stäben an der Front ausgingen, kulminierten im Frühjahr 1942 in mehreren, kurz aufeinander folgenden Verfügungen der Heeresführung. Mitte April 1942 gab der Generalquartiermeister das »Merkblatt für die Behandlung sowjetischer Kriegsgefangener« heraus, das den Truppen ab sofort eine »gute Behandlung aller Kriegsgefangenen vom Zeitpunkt ihrer Gefangennahme an« zur Pflicht machte.[65] Am 10. Mai 1942 erließ das OKH neue »Richtlinien für die Behandlung der einheimischen Bevölkerung im Osten«, die gegen die Neigung der Truppen angingen, die »Landeseinwohner« als »rechtund ehrlos anzusehen«, was zum Ziel hatte, die Gewaltakte gegen die Zivilbevölkerung

---

[64] Vgl. STREIT, Kameraden, S. 253 f. Vgl. OTTO, Wehrmacht.
[65] Befehl des OKH/Gen.St.d.H./Gen.Qu./Abt. K.Verw. (Qu. 4/Kgf.) Nr. II/4530/42 v. 13.4.1942; BA-MA, RH 26-299/129, Anl. 9.

einzudämmen.⁶⁶ Kurz darauf, am 19. Mai 1942, erging eine Verfügung des OKH über die »Behandlung kriegsgefangener Partisanen«, die es unter bestimmten Voraussetzungen zuließ, gefangen genommene Partisanen als reguläre Kriegsgefangene zu behandeln, also nicht zu exekutieren.⁶⁷ In die Reihe dieser Neuregelungen ist auch die Aufhebung der Kommissarrichtlinien von Anfang Mai 1942 einzuordnen, worauf nicht nur der zeitliche Zusammenhang verweist.

Denn all diese Maßnahmen beruhten weitgehend auf den gleichen Grundgedanken. Dass man nun schrittweise von der Maxime der Rücksichtslosigkeit abrückte, von der die deutsche Kriegführung bis dahin geleitet war, basierte auf rein zweckrationalen Überlegungen. Humanitäre Bedenken ob der erschreckenden Auswüchse des zurückliegenden Kriegsjahres spielten dagegen höchstens eine untergeordnete Rolle. Für die Kurskorrektur gab es wesentlich vitalere Gründe. Zu der Einsicht, dass es einer Revision der Kriegführung bedurfte, war man erst unter dem Zwang der Verhältnisse gelangt, als der Blitzkrieg gescheitert war und man erkannt hatte, dass man sich nun auf eine bedeutend längere Kriegsdauer einstellen musste.⁶⁸ Die mäßigenden Befehle vom April und Mai 1942 dienten zur Anpassung der Kriegführung an diese veränderte Situation. Das unvermutete Bestreben, das »Vertrauen der Bevölkerung«⁶⁹ zu gewinnen, war einzig dem Umstand geschuldet, dass man nunmehr auf ihre Kollaboration angewiesen war. Der Oberbefehlshaber der 9. Armee brachte Anfang Dezember 1941 auf den Punkt, dass die Rücksicht auf die Zivilbevölkerung allein deshalb notwendig geworden war, weil der Feldzugsplan fehlgeschlagen war: »Wäre der Rußlandfeldzug ein Blitzkrieg gewesen, hätten wir die Zivilbevölkerung nicht in Rechnung zu ziehen brauchen.«⁷⁰ Da es anders gekommen war, entstanden im Herbst und Winter 1941/42 in den Oberkommandos reihenweise Denkschriften, die die »falsche Behandlung der Bevölkerung« beanstandeten und darlegten, dass das Ostheer »aus eigenstem Interesse allen Grund dazu« hatte, seine »innere Einstellung zu Land und Volk zu ändern«.⁷¹ Die Sorgen der Urheber dieser Eingaben kreisten vor allem um »die wehrwirtschaftliche Leistung« der besetzten Gebiete und »die Gefahren des aktiven und passiven Widerstandes«, die man durch die Fehlgriffe gegenüber der Zivilbevölkerung zwangsläufig heraufbeschwor. Wie diese Überlegungen schon zeigen, war man weniger auf das Wohlergehen der unterworfenen Bevölkerung bedacht als vielmehr auf die Optimierung der Konditionen, unter denen man Krieg führte. Der Primat der eigenen Interessen und der pragmatische Impetus der Eingaben spiegelten sich auch in den Warnungen wider, »dass die negativen Rückwirkungen dieser Fehler auf uns selbst viel größer sind als auf die Bevölkerung«. In der veränderten Lage nach dem Scheitern des Blitzkriegs, als man »im dritten Kriegsjahr« stand »und in einem unwirtlichen Lande

---

⁶⁶ Befehl des OKH/Gen.St.d.H./Gen.Qu./Abt. K.Verw. Nr. II/3033/42 geh. v. 10.5.1942; BA-MA, RH 23/341, Bl. 86.
⁶⁷ Zur Datierung vgl. den Korpsbefehl des Berück Nord/Abt. Ia Nr. 1038/42 geh. v. 24.6.1942; BA-MA, RH 22/261, Bl. 256 f. Zum Inhalt vgl. das FNBl. der 110. Inf.Div./Abt. Ic Nr. 185/42 geh. v. 19.6.1942; BA-MA, RH 26-110/40.
⁶⁸ Vgl. hierzu OLDENBURG, Ideologie.
⁶⁹ Richtlinien des OKH v. 10.5.1942, vgl. Anm. 66.
⁷⁰ Strauß an v. Bock v. 1.12.1941; DALLIN, Herrschaft, S. 343, Anm. 2.
⁷¹ Vgl. auch zum Folgenden die Denkschrift »Voraussetzungen für die Sicherheit des Nachschubs und die Gewinnung höchster Ernährungsüberschüsse in der Ukraine«, Th. Oberländer, v. 28.11.1941; BA-MA, RH 21-1/475, S. 18-20. Vgl. hierzu FÖRSTER, Sicherung, S. 1076, Anm. 287.

VI. Die Abkehr von der Vernichtungspolitik

den Winter über bleiben« musste, war man plötzlich auf eine »positive Zusammenarbeit« mit der einheimischen Bevölkerung angewiesen und musste den Duktus seiner Besatzungsherrschaft darauf abstellen. Wenn also nun allenthalben vor den Folgen »des psychologisch falschen, oft unwürdigen Verhaltens und Vorgehens der Angehörigen der Deutschen Wehrmacht« gegenüber der Bevölkerung gewarnt wurde, ging es letztlich nur darum, zu verhindern, dass diese Missgriffe »vermeidbare Opfer kosten und die Kriegsdauer verlängern« würden.[72]

Dem gleichen pragmatischen Kalkül waren auch die Bemühungen verpflichtet, die Gefangenenbehandlung zu verbessern. Man zog damit die Konsequenzen aus der Erkenntnis, dass sich die radikale Kriegführung in den ersten Monaten des Feldzugs nur kontraproduktiv ausgewirkt hatte.[73] Denn das »bekanntgewordene Elend der russischen Kriegsgefangenenlager« und das Durchdringen der »Gefangenenerschiessungen« hatten zur Folge, dass »der Kampfwille« der gegnerischen Truppen »trotz der starken Blutopfer« nicht gebrochen, sondern »eher gestärkt« war, und die Kämpfe dadurch auch für die deutsche Seite weiterhin äußerst verlustreich ausfielen.[74] Da die sowjetischen Gefangenen im Gewahrsam der Wehrmacht »in Massen« starben und »dieses der Gegenseite längst bekannt« war, drohten die deutschen »Versprechungen in den Flugblättern« vollends »ihre Glaubwürdigkeit zu verlieren«.[75] Die Konsequenz war, dass sich immer weniger Rotarmisten freiwillig in Gefangenschaft begaben, was sich auch in »einer starken Einschränkung der Überläuferzahl[en]« niederschlug.[76] Diese Entwicklung wurde in den deutschen Frontstäben mit großer Besorgnis wahrgenommen. Denn solange die sowjetischen Truppen ihren heftigen Widerstand fortsetzten, weil ihnen die Alternative der Kapitulation verschlossen schien, stiegen auch die deutschen Verluste weiter an, die ohnehin längst ein kritisches Niveau erreicht hatten. Die Bemühungen um eine korrekte Gefangenenbehandlung, die seit dem Herbst und Winter 1941/42 von den Frontkommandobehörden ausgingen, zielten daher vor allem darauf ab, die Gefechtsführung zu erleichtern und den Schwund der eigenen Kampfkraft aufzuhalten. Dieser Gedankengang war für jeden Kriegsteilnehmer nachvollziehbar: »Jeder Überläufer und jeder rote Soldat, der sich gefangen gibt, erspart uns den Ausfall deutscher Soldaten, die dem hartnäckigen Widerstand zum Opfer fallen.«[77] Zu der Einsicht, dass Handlungsbedarf bestand, gelangte schließlich auch die Heeresführung. Mitte April 1942 erklärte ein Mitarbeiter des Generalquartiermeisters auf einer Besprechung mit den Oberquartiermeistern des Ostheeres, welche Schritte nun geplant waren, um die Auswirkungen der Schreckensbilanz zu kompensieren, dass allein »von [den] russ. Kgf. in Deutschland an Hunger u. Fleckfieber etwa 47 % eingegangen« waren.[78] Da kaum noch Rotarmisten freiwillig in Gefan-

---

72 Denkschrift eines Dolmetschers des Pz.AOK 2, »Feststellung einer wachsenden Unzufriedenheit und Unsicherheit der russischen Bevölkerung der besetzten Gebiete, deren Gründe, sowie konkrete Vorschläge zur Besserung der Situation«, v. 25.3.1942; BA-MA, RH 21-2/678, Bl. 322-325.
73 Vgl. auch zum Folgenden das Kap. IV.2.2.
74 Eintrag im TB (Ic) der Pz.Gr. 3 v. 27.4.-31.7.1942; BA-MA, RH 21-3/779, S. 1.
75 Schreiben der Pz.Gr. 3/Gen.St.Ch. an das OKW/WPr, betr. Flugblattpropaganda, v. 9.12.1941; BA-MA, RH 21-3/743, Bl. 63.
76 Eintrag im TB (Ic) des X. AK v. 21.7.-15.12.1941; BA-MA, RH 24-10/282, Bl. 16.
77 Denkschrift des Div.Kdr. der 18. Pz.Div. v. 14.2.1942; BA-MA, RH 27-18/157, Anl. 105.
78 Notizen von der O.Qu.-Besprechung beim Gen.Qu. am 17.4./18.4.1942; BA-MA, RH 22/284, Bl. 11 f.

genschaft gingen, sollte die Truppe nun »wieder versuchen, Überläufer zu bekommen«. Hierzu gab es nach Ansicht des OKH »2 Wege«. Erstens sollte die »Kgf.-Behandlung« sowie die »Behandlung der Überläufer besser« werden. Begleitend dazu sollte zweitens eine massive »Propaganda-Welle für Überläufer« ins Rollen gebracht werden. Wie das OKH auch in seinem kurz zuvor herausgegebenen »Merkblatt für die Behandlung sowjetischer Kriegsgefangener« dargelegt hatte, war dieser Umschwung »in militärischer, politischer und wirtschaftlicher Hinsicht« notwendig und schlicht »ein Gebot der Klugheit«.[79]

Der utilitaristische Impetus der mäßigenden Befehle aus dem Frühjahr 1942 und die Parallelen zur zeitgleich erfolgten Aufhebung des Kommissarbefehls treten besonders deutlich in der Vorgeschichte und den Intentionen der OKH-Verfügung zur »Behandlung kriegsgefangener Partisanen« von Mitte Mai 1942 zutage. Das Prinzip, dass Angehörige von Partisanenabteilungen im Falle der Gefangennahme mit dem Tod zu bestrafen waren, blieb von dem Erlass zwar unberührt. Doch gestattete der Befehl ab sofort Ausnahmeregelungen von diesem Grundsatz. Vor allem wurde es nun zulässig, allen Partisanen, die sich freiwillig stellten, Straffreiheit zuzubilligen. Für den Fall, dass sie überliefen, garantierte man ihnen das Leben, um sie zur Aufgabe des Kampfes zu bewegen, zu dem sie auf Grund der rigorosen deutschen Strafandrohungen bislang keine Alternative besessen hatten. Die Überlegungen, die hinter diesen Amnestieversprechen standen, glichen weitgehend dem Kalkül, das der Entscheidung zur Aussetzung der Kommissarerschießungen zugrunde lag. Eine Humanisierung des Partisanenkrieges war mit dem neuen Erlass gewiss nicht beabsichtigt. Schließlich behielt man seine kompromisslose Linie außerhalb der definierten Ausnahmebereiche unverändert bei. Gegenüber allen Partisanen, die nicht überliefen, sondern gegen ihren Willen gefangen genommen wurden, galt weiterhin der Grundsatz, dass »jede Milde oder Rücksichtnahme […] fehl am Platze« sei und sie wie bisher zu exekutieren waren.[80] Dass man nun mit der Genehmigung des OKH Flugblätter »zur Verwendung im Partisanengebiet« entwarf, in denen allen »überlaufenden Partisanen das Leben zugesichert« wurde, diente einzig dem Zweck, den Widerstandswillen der Partisaneneinheiten zu untergraben, um ihre Vernichtung mit geringeren Kosten vorantreiben zu können[81].

Ähnlich wie bei der Aufhebung des Kommissarbefehls gingen der OKH-Verfügung zur »Behandlung kriegsgefangener Partisanen« Initiativen von Frontstäben voraus, die auf die Einführung dieser Neuregelung gedrängt und sie zum Teil auch schon eigenständig erprobt und praktiziert hatten. Das AOK 11 etwa hatte bereits Ende November 1941 in einem Befehl zur Partisanenbekämpfung auf der Krim eine entsprechende Anweisung erlassen.[82] Nach den Erfahrungen des AOK 11 war der »Versuch, die Angehörigen« der Partisaneneinheiten »zum Überlaufen zu bewegen, oft zweckmäßig« und »erfolgversprechend«. Zum praktischen Vorgehen empfahl das AOK

---

[79] OKH/Gen.St.d.H./Gen.Qu./Abt. K.Verw. (Qu. 4/Kgf.) Nr. II/4530/42 v. 13.4.1942; BA-MA, RH 26-299/129, Anl. 9.
[80] Korpsbefehl des Berück Nord/Abt. Ia Nr. 1038/42 geh. v. 24.6.1942; BA-MA, RH 22/261, Bl. 256 f.
[81] Eintrag im TB (Ic) der XXXXVII. AK v. 31.5.1942; BA-MA, RH 24-47/120.
[82] Befehl des AOK 11/Abt. Ic/AO Nr. 2392/41 geh. v. 26.11.1941; BA-MA, RH 26-132/37, Anl. 391.

zunächst den Einsatz von Flugblättern, um den Partisanen die Zusicherung der Straffreiheit im Gegenzug für das Überlaufen überhaupt erst zur Kenntnis zu bringen. Für den Fall, dass Partisanen den Aufrufen Folge leisteten, betonte das AOK die Notwendigkeit, die Zusagen dann auch einzuhalten, um den Erfolg der Aktion nicht zu gefährden: »Überläufer nicht erschießen! Auch Kommissare und Führer zunächst nicht erledigen. [...] Erschießung entgegen den Versprechen auf Flugblättern spricht sich in Kürze herum.« Wie wenig sich das AOK allerdings an seine Zugeständnisse an die Partisanen gebunden fühlte, offenbarte es mit dem abschließenden Hinweis, dass die »Erledigung der Führer und Kommissare u. U. erst nach vollständiger Vernichtung der Partisanenorganisation« erfolgen könne. Gerade die bewusste Irreführung der Anführer der Partisanen, für die entgegen aller propagandistischen Beteuerungen in Wahrheit doch die Todesstrafe vorgesehen war, offenbart den bedenkenlosen Utilitarismus, der hinter dieser Aktion stand. Die Scheinangebote an die Partisanen läuteten keinen Politikwechsel ein, sondern bestätigten nur ein weiteres Mal, dass dem AOK 11 in der Repressionspolitik jedes Mittel recht war, solange es nur zum Erfolg führte.

Vergleichbare Anstöße erfolgten um die gleiche Zeit auch bei anderen Armeen des Ostheeres. Eine der Infanteriedivisionen der 17. Armee erließ im November 1941 offenbar auf eigene Verantwortung Aufrufe an die Partisanen, sich freiwillig zu stellen, und sicherte ihnen hierfür »völlige Straflosigkeit« zu.[83] Gleichzeitig stellte das Divisionskommando freilich klar, dass alle Partisanen, die dieses Angebot ausschlugen, weiterhin keine Gnade erwarten konnten: »Wer diesem Aufruf nicht Folge leistet wird erschossen!« In der Panzergruppe 2 unterbreitete man den Partisanen im Frühjahr 1942 eine ähnliche Offerte. Anfang Februar 1942 ließ das Panzergruppenkommando Flugblätter drucken, in denen den Partisanen »Schonung des Lebens« in Aussicht gestellt wurde, wenn sie sich aus freien Stücken ergäben. Parallel zu dieser Flugblattaktion erging eine entsprechende »Anweisung für alle deutschen Soldaten«, um zu gewährleisten, dass die »gegebenen Versprechungen« auch eingelöst würden.[84] Welche Ziele die Stäbe mit solchen Initiativen verfolgten, veranschaulicht ein weiterer Vorstoß, den eines der Korps der 6. Armee im Winter 1941 unternahm.

Das Generalkommando des LI. Armeekorps beantragte Anfang Dezember 1941 beim vorgesetzten AOK 6, in Zukunft »diejenigen Partisanen von der Todesstrafe auszunehmen, die sich ohne Waffen und mit dem Zeichen der Ergebung den Deutschen nähern«.[85] Auch dieser Vorschlag entsprang einem reinen Nützlichkeitsdenken. In seinem Antrag beteuerte das Generalkommando glaubhaft, dass es »weit davon entfernt« sei, »einer Weichheit in der Verfolgung der Partisanen zum Zwecke der Befriedung des besetzten Gebietes das Wort zu reden«.[86] Allerdings glaubte man, mit der Neuregelung schnelle Erfolge erzielen zu können. Denn nach den Erkenntnissen des Korps befanden sich unter den Partisanen immer mehr versprengte Rotarmisten, die nicht aus Überzeugung, sondern nur durch die deutsche Drohung, »bei der Gefangennahme bzw. bei der Meldung bei deutschen militärischen Dienststellen doch getötet zu werden«, in »die Partisanengruppen und damit zum aktiven Wider-

---

83 Übersetzung eines Aufrufs der 9. Inf.Div., gez. Div.Kdr., v. 12.11.1941; BA-MA, RH 26-9/85.
84 Eintrag im TB (Ic) der Pz.Gr. 2, Teil B, v. 3.2.1942; BA-MA, RH 21-2/640, Bl. 18.
85 Eintrag im TB (Ic) des LI. AK v. 1.12.1941; BA-MA, RH 24-51/57.
86 Bericht des LI. AK/Abt. Ic, betr. Partisanenbekämpfung, v. 1.12.1941; BA-MA, RH 24-51/57, Anl. 510.

stand gegen die deutschen Besatzungstruppen gedrängt« worden seien. Mit dem Vorstoß hoffte das Korps zumindest die versprengten »russischen Soldaten, die nur das Bestreben haben, ihr Leben zu erhalten«, von der Teilnahme am Partisanenkrieg abhalten zu können. Nach neuen Wegen bei der Bekämpfung der Partisaneneinheiten zu suchen, war überdies auch deshalb erforderlich, weil man in der »Weite des russischen Raumes« längst begriffen hatte, dass die begrenzten eigenen Kräfte allein »in den rückw. Gebieten niemals zur vollen Befriedung des Raumes ausreichen« würden.

Wie wenig solche Initiativen tatsächlich auf »Weichheit« beruhten, zeigte sich nicht zuletzt daran, dass das vorgesetzte AOK 6, das sich in der Besatzungsherrschaft bekanntlich durch einen besonders kompromisslosen Kurs hervortat, dem Antrag des LI. Armeekorps stattgab.[87] Zwar dachte niemand im AOK 6 daran, nach den vermeintlichen Erfolgen seiner »rigorosen Maßnahmen« von der bisherigen Linie abzuweichen.[88] Nachdem die Truppen der Armee bereits bis Anfang Dezember 1941 unter dem Signum der Partisanenbekämpfung »im Armeebereich mehrere Tausend öffentlich gehängt und erschossen« hatten, war das AOK 6 mehr denn je davon überzeugt, dass es zu den Gewaltmethoden keine Alternative gab: »Nur solche Maßnahmen führen zum Ziel, vor denen die Bevölkerung noch mehr Furcht hat, als vor dem Terror der Partisanen«. Dennoch erteilte das AOK 6 in einem Befehl vom 9. Dezember 1941 die Genehmigung dazu, das vom LI. Armeekorps vorgeschlagene Verfahren anzuwenden. Sofern sich »Mitglieder von Partisanenabteilungen« bereit zeigen würden, »freiwillig« in Gefangenschaft zu gehen, bestanden auch nach Auffassung des AOK »keine Bedenken, solchen Leuten Strafmilderung oder im Einzelfalle Straffreiheit zuzusichern«. Allerdings sollten solche Aktionen stets »zeitlich und örtlich begrenzt« bleiben, außerdem durfte die Straffreiheit »grundsätzlich nicht auf Rädelsführer angewandt werden«. Ähnlich wie bei den übrigen Großverbänden, die im Winter 1941 vergleichbare Anläufe unternahmen, blieb die Alternative, die Partisanen zum Überlaufen aufzufordern und im Gegenzug von der Todesstrafe zu verschonen, auch in der 6. Armee eine Ausnahmeregelung, die lediglich eine Flexibilisierung, aber keine prinzipielle Korrektur der bislang geltenden Grundsätze darstellte. Die Anregungen, den Partisanen das Überlaufen zu ermöglichen und dafür die radikalen Befehle zu lockern, verfolgten ausschließlich utilitaristische Ziele und sollten nach den Rückschlägen im Winter 1941/42 »zur Erreichung einer für unsere Truppen leichteren Kampfführung« dienen.[89] Die Parallelen zu den Bemühungen der Frontstäbe um die Aufhebung der Kommissarrichtlinien sind unübersehbar.

Die gleiche Zielsetzung, die die Stäbe verfolgten, als sie erwogen, den Partisanen Straffreiheit für das Überlaufen anzubieten, stand auch hinter den Initiativen zur Abkehr von der Vernichtungspolitik gegen die sowjetischen Kommissare. Zwar ist es nicht auszuschließen, dass sich »hinter den rationalen Überlegungen auch ein zunehmendes Unbehagen über den offensichtlichen Unrechtscharakter« der Kommissarrichtlinien verbarg, das nach dem Scheitern des Blitzkriegs noch gewachsen war, weil

---

[87] Vgl. zum AOK 6 BOLL, SAFRIAN, Weg; RICHTER, Handlungsspielräume.
[88] Vgl. hierzu und zum Folgenden den Befehl des AOK 6/Abt. Ia/Ic/AO/Abw. III. Nr. 3609/41 geh. v. 9.12.1941; BA-MA, RH 20-6/495, Bl. 200. Vgl. hierzu auch den Befehl der 79. Inf.Div./Abt. Ic Nr. 585/41 geh. v. 18.12.1941; BA-MA, RH 26-79/30.
[89] Befehl des Korück 559/Abt. Ic, betr. Behandlung von im rückwärtigen Gebiet eingebrachten Gefangenen, v. 1.4.1942; BA-MA, RH 23/130, Bl. 252.

man jetzt absehen konnte, dass der Befehl nun doch wesentlich länger in Kraft bleiben würde, als man zu seiner eigenen Beruhigung ursprünglich angenommen hatte.[90] Zudem ist in Betracht zu ziehen, dass die pragmatische Argumentation der Frontstäbe möglicherweise nur als Vehikel zur Durchsetzung humanitärer Vorbehalte gegen die Vernichtungspolitik vorgeschoben wurde, die, offen geäußert, in der nationalsozialistischen Diktatur von vornherein zum Scheitern verurteilt gewesen wären.[91] Letztlich ist es nicht verifizierbar, ob die Initiativen gegen den Kommissarbefehl überhaupt eine moralische Dimension besaßen; in den Texten der Denkschriften finden sich jedenfalls keinerlei Anhaltspunkte dafür. Das Vokabular, der Tenor und die Hintergründe der Eingaben drängen vielmehr zu dem Schluss, ihren Inhalt wörtlich zu nehmen. Es ist zwar durchaus vorstellbar, dass manche der Petitionen betont militärisch eingekleidet wurden, um ihnen in den vorgesetzten Stäben mehr Beachtung zu verschaffen. Die Annahme, dass das pragmatische Kalkül der Kommandobehörden lediglich ein taktisches Gewand für moralische Bedenken darstellte, hieße jedoch, die vorgebrachten Anliegen der Frontverbände weit zu unterschätzen und überdies den Kontext zu verkennen, in dem die Stimmung gegen den Kommissarbefehl erst aufkam.

Denn die einmütig artikulierte Forderung, mit allen Mitteln auf eine Abschwächung des sowjetischen Widerstands hinzuwirken, war gewiss kein zweitrangiges Ansinnen, sondern rührte vielmehr an das schwerwiegendste Problem, das sich den deutschen Truppen an der Ostfront stellte. Schließlich verursachte die unerwartet heftige Gegenwehr der Roten Armee schon in der ersten Phase des Feldzugs so hohe Verluste in den Reihen des Ostheeres, dass bereits im Sommer 1941 selbst in kleineren Einheiten die ersten Vorahnungen aufstiegen, »dass wir a la longue unsere Kräfte verbrauchen könnten«.[92] Umso mehr mussten die höheren Kommandobehörden erkennen, dass Handlungsbedarf bestand, zumal nach dem Ausbleiben des »Blitzsieges« nicht mehr zu übersehen war, dass man fortan mit einer längeren Kriegsdauer kalkulieren musste. Das graduelle Abrücken von der Maxime der Rücksichtslosigkeit war daher nur ein in die Zukunft gerichteter Reflex auf das Scheitern des Feldzugsplans. Genauso wie die Verbesserung der Gefangenenbehandlung und die Bemühungen um die Zivilbevölkerung wurde die Aufhebung der Kommissarrichtlinien in der Absicht angestrengt, günstige Voraussetzungen für die Weiterführung des Krieges im Jahr 1942 zu schaffen. Bei ihren Änderungsvorschlägen im Winter und Frühjahr 1941/42 hatten die Frontstäbe die »Operationen im kommenden Sommer« im Auge, mit denen man endlich den »Zusammenbruch der Roten Armee« erreichen wollte.[93] Die Revision der kontraproduktiven Gewaltmaßnahmen sollte dazu beitragen, das Ostheer »diesem Ziel näher zu bringen«.

Die Aufhebung des Kommissarbefehls war daher kein humanitärer Akt, sondern nicht mehr als eine »reine Nützlichkeitsfrage«[94], wie die Frontstäbe in ihren Einga-

---

[90] Hürter, Heerführer, S. 398 f.
[91] Vgl. Hartmann, Krieg, S. 48, mit Anm. 281, der davon ausgeht, dass den Initiativen auch »humanitäre Überlegungen zugrunde gelegen haben«. Andere Historiker hielten dies für weitgehend unwahrscheinlich, so Streit, Kameraden, S. 87; Förster, Sicherung, S. 1068 f.; Gerlach, Morde, S. 837.
[92] Eintrag im KTB der VA der 1. Inf.Div. v. 14.8.1941; BA-MA, RH 26-1/104, S. 27. Vgl. hierzu Kap. IV.1.
[93] Denkschrift des Div.Kdr. der 18. Pz.Div. v. 14.2.1942; BA-MA, RH 27-18/157, Anl. 105.
[94] Bericht des VAA beim AOK 16 v. 26.8.1941, zit. nach: Hürter, Heerführer, S. 399, Anm. 185.

ben unmissverständlich zum Ausdruck brachten. Dies zeigte sich besonders deutlich an den Petitionen einiger Kommandobehörden, die gar nicht verlangten, die Vernichtung der Kommissare prinzipiell zu beenden, sondern lediglich dafür plädierten, die Exekutionen aus dem Frontbereich heraus zu verlagern. Um »die Behandlung der Kommissare geheimzuhalten«, hielten es manche Stäbe für ausreichend, die gefangenen Kommissare »gesondert nach rückwärts in ein vom Korps besonders dazu eingerichtetes Lager abzuschieben und sie erst dort zur Verantwortung zu ziehen«.[95] Die Forderung nach Abschaffung der Kommissarrichtlinien wurde nicht deshalb erhoben, weil man sein Gewissen wiederentdeckt hatte, sondern weil man zu der Erkenntnis gelangt war, dass man sich mit den Erschießungen in letzter Konsequenz selbst schadete. Hinter allen Initiativen zur Änderung der Befehlslage stand die Auffassung, dass der heftige feindliche Widerstand zu einem guten Teil darauf zurückzuführen war, dass auf der Gegenseite bekannt geworden war, »wie die Kommissare u. pol. Leiter in deutscher Gefangenschaft behandelt werden«.[96] Mit dem Stopp der Vernichtungspolitik hoffte man daher, die Entwicklung wieder umkehren zu können und ein »Nachlassen des feindlichen Widerstandswillens«[97] zu erreichen, um nicht zuletzt auch »die eigenen Verluste [...] geringer«[98] als bisher zu halten. Eine vitalere Forderung konnte es für die Frontverbände nach ihrem besorgniserregenden Aderlass in den ersten Monaten des Ostfeldzugs kaum geben; die moralischen Aspekte mussten demgegenüber eindeutig nachrangig erscheinen, sofern sie in den Überlegungen überhaupt noch eine Rolle spielten. Die Initiativen zur Außerkraftsetzung des Kommissarbefehls waren zweifellos in erster Linie von utilitaristischen Motiven getragen. Die Abkehr von der Vernichtungspolitik war keine Gewissensentscheidung, sondern richtete sich allein nach dem Primat des militärischen Nutzens: »Alle Maßnahmen, [die] den fdl. Widerstand herabminde[r]n und eigenes Blut sparen, sind richtig!«[99] Und selbst wenn die Bestrebungen um eine Aufhebung des Kommissarbefehls einen moralischen Impetus besessen hätten, blieb dies zumindest in der Praxis ohne jegliche Folgen. Denn an der Weiterführung der Vernichtungspolitik änderte sich nach Hitlers Entscheidung gegen die zahlreichen Petitionen aus dem Ostheer im Herbst 1941 zunächst nichts. Zusammen mit den deutschen Herbstoffensiven stiegen die Erschießungszahlen im Oktober 1941 in allen drei Heeresgruppen noch einmal an. Erst der Verlust der strategischen Initiative und der Übergang in die Defensive im Winter 1941/42 beendete das Mordprogramm unfreiwillig.

Die Bemühungen der Frontstäbe um eine Beendigung der Kommissarerschießungen sind außerdem ein beredtes Zeugnis dafür, wie eifrig und nachhaltig die Verbände die Kommissarrichtlinien bis dahin umgesetzt hatten. Schließlich waren die beklagten negativen Rückwirkungen der Vernichtungspolitik selbst ein schlagender Beweis dafür, dass der Kommissarbefehl in den betreffenden Frontabschnitten flächendeckend

---

[95] Eintrag im TB (Ic) der 35. Inf.Div. v. 22.6.1941-10.11.1942; BA-MA, RH 26-35/88, S. 8. Vgl. auch den TB (Ic) der Pz.Gr. 3 v. 1.1.-11.8.1941; BA-MA, RH 21-3/423, S. 25.
[96] Eintrag im TB (Ic) der 35. Inf.Div. v. 22.6.1941-10.11.1942; BA-MA, RH 26-35/88, S. 8.
[97] Schreiben der Pz.Gr. 3/Abt. Ia/Ic Nr. 236/41 g.Kdos. v. 25.8.1941 an das AOK 9; BA-MA, RH 21-3/47, Bl. 91.
[98] Schreiben des I. AK/Abt. Ic an das AOK 16 v. 21.8.1941; BA-MA, RH 24-39/182, Bl. 65 f.
[99] Eintrag im TB (Ic) des AOK 4 v. 16.7.1942 über eine Besprechung mit dem Gen. z.b.V. Müller, in der u. a. die Aufhebung des Kommissarbefehls zur Sprache kam; BA-MA, RH 20-4/693, Bl. 36.

befolgt worden war. Nicht zufällig fanden sich unter den Verfechtern des Kurswechsels im Spätsommer und Herbst 1941 gerade die Kommandobehörden, die sich bei der Realisierung der Vernichtungspolitik besonders hervorgetan hatten. Das I. Armeekorps etwa hatte nicht lange vor seiner Initiative zur Aufhebung der Kommissarrichtlinien im August 1941 noch einen Radikalisierungsschub vollzogen, indem es die Geltung des Befehls auf eine weitere Personengruppe in der Roten Armee ausdehnte. Das XXXIX. Panzerkorps, das die Argumentation des I. Armeekorps wenig später übernahm und bis zum »Führer« vorbringen wollte, führte mit deutlichem Abstand die Erschießungsstatistik auf der Korpsebene des Ostheeres an. Und auch das AOK 2, das sich im September 1941 gegen die Erschießungen wandte, hatte im Vergleich zu den übrigen Infanteriearmeen des Ostheeres weit überdurchschnittliche Exekutionszahlen erzielt. In den Eingaben der Frontstäbe hallten überdies auch die geistigen Grundlagen des Mordprogramms nach. Denn das Kalkül, mit den Zugeständnissen an die Politoffiziere indirekt den Kampfwillen der sowjetischen Truppen brechen zu können, stützte sich unverkennbar auf das stereotype Feindbild von den Kommissaren als den entscheidenden »Trägern des Widerstandes«. Die gleichen Vorstellungen, die zuvor zur Rechtfertigung der Vernichtung der Kommissare gedient hatten, lagen auch den Anträgen auf eine Aufhebung des Kommissarbefehls zugrunde. Die Führung der 86. Infanteriedivision etwa begründete ihren Antrag auf eine »grundsätzliche Änderung« der Befehlslage im Frühjahr 1942 mit dem Hinweis: »Mit den Kommissaren aber steht und fällt der entscheidende Rückhalt der Roten Armee.«[100] Die Vollstrecker und die Kritiker der Vernichtungspolitik bildeten im Ostheer eben keine gegnerischen Fraktionen, sondern waren miteinander identisch. Der Wandel der Haltungen vollzog sich weitgehend einmütig im Verlauf des Feldzugs, unter dem Druck der äußeren Verhältnisse. Die Anläufe der Frontstäbe zur Außerkraftsetzung der Kommissarrichtlinien waren erst dadurch notwendig geworden, dass sie den Befehl so gehorsam und vorbehaltlos implementiert hatten.

Allerdings war die Willensbildung zur Abkehr von der Vernichtungspolitik in manchen Stäben auch durch eine partielle Korrektur des Feindbilds von den Kommissaren begünstigt worden, die sich wohl vor allem durch persönliche Begegnungen mit gefangenen Politoffizieren in den Vernehmungen vollzogen hatte. Im Panzergruppenkommando 3 etwa war man bis Ende August 1941 zu der Auffassung gelangt, dass nicht alle Politoffiziere mit der gleichen »inneren Überzeugung« kämpften, und hielt es sogar für möglich, zukünftig »aus dem Kreis der Kommissare geeignete Persönlichkeiten für eine Aufbauarbeit in Rußland zu entnehmen«.[101] Im Generalkommando des I. Armeekorps hatte man sich auch deswegen zu seinem Plädoyer für eine »Neuregelung in der Behandlung der Kommissare« entschlossen, weil man Anlass zu der Annahme hatte, dass »sich unter ihnen manche befänden, die keineswegs restlos von dem Wert ihrer Aufgaben überzeugt seien«.[102] Im Stab der 86. Infanteriedivision sah man es im Frühjahr 1942 bereits als erwiesen an, »daß selbst unter den Kommissaren manche durch das Sowjetregime gelitten haben und innerlich unzufrieden sind«.[103] Den Wandel im Profil der politischen Kader der Roten Armee er-

---

[100] Schreiben der 86. Inf.Div. an das XXVII. AK v. 26.4.1942; BA-MA, RH 26-86/49, S. 5, Anl. 10.
[101] Schreiben der Pz.Gr. 3/Abt. Ia/Ic Nr. 236/41 g.Kdos. v. 25.8.1941 an das AOK 9; BA-MA, RH 21-3/47, Bl. 91.
[102] Schreiben des I. AK/Abt. Ic an das AOK 16 v. 21.8.1941; BA-MA, RH 24-39/182, Bl. 65 f.
[103] Schreiben der 86. Inf.Div. an das XXVII. AK v. 26.4.1942; BA-MA, RH 26-86/49, S. 5, Anl. 10.

klärte man sich vor allem mit den hohen Verlusten unter den Kommissaren, die zwangsläufig zur Folge hatten, dass »bei dem hohen Bedarf an politischen Arbeitern als Ersatz auch weniger zuverlässige Elemente« in die Stellung von Politoffizieren gelangt waren. Auch der Generalstabschef der 18. Armee, Oberst i.G. Hasse, ließ in seinem Gespräch mit dem General z.b.V. Müller am 13. September 1941 erkennen, dass er die Ressentiments gegen die sowjetischen Politoffiziere nicht in dem gleichen Maße teilte wie sein Gegenüber.[104] In Hasses Augen waren »die kleinen Kommissare, die man schnappt«, erstens »ungefährlicher als die großen Herren, an die man doch nicht herankommt«. Außerdem hielt er »auch die zivilen Kommissare für viel gefährlicher als die militärischen«. Im Unterschied zu seinem Oberbefehlshaber, Generaloberst von Küchler, der vor Beginn des Feldzugs den Kommissarbefehl nachdrücklich befürwortet hatte, weil er sich versprach, mit den Erschießungen auf der Gegenseite eine Kettenreaktion auslösen zu können, glaubte Hasse auch »nicht, daß man mit den Kom. die russische Armee erledigt, das geschieht nur durch den Kampf des deutschen Heeres«. Hasses Gesprächspartner, der zu den Urhebern des Kommissarbefehls zählte, war freilich noch weit davon entfernt, seine Vorstellungen von den Kommissaren zu hinterfragen. In Hasses Ausführungen warf er »ein, daß durchweg die Rotarmisten große Angst vor ihren Kom[missaren] haben«, was erkennen ließ, dass zumindest im OKH noch kein Umdenken stattgefunden hatte.

Eine graduelle »Entdämonisierung des Kommissars der Roten Armee«[105] in den Frontkommandobehörden des Ostheeres ist nicht zu übersehen, auch wenn bestimmte Elemente des Feindbilds weiterhin präsent blieben. Die schrittweise Loslösung von diesen starren Vorstellungen erleichterte es den Stäben, für die Einstellung des Mordprogramms gegen die Kommissare einzutreten. Ausschlaggebend blieb jedoch die Erkenntnis, dass die Kommissarerschießungen die militärischen Operationen wesentlich erschwert hatten. Bei der Bedeutung, die man im deutschen Lager dem Einfluss der Kommissare auf das Verhalten der sowjetischen Truppen beimaß, konnte sogar der Gedanke aufkommen, dass die Rückwirkungen der Kommissarrichtlinien nichts weniger als den Erfolg des Feldzugs gefährdeten. Bevor diese Einsicht nicht gereift war, kamen freilich auch keine Gegenstimmen gegen den Kommissarbefehl auf. Erst als die Komplikationen der Vernichtungspolitik fühlbar wurden, erhoben die Verantwortlichen Einspruch auf dem Dienstweg. Außerhalb dieser systemkonformen Protestformen konnte sich allerdings kaum eine Kommandobehörde zu einer Unterbindung der Erschießungen entschließen. Als der erste Interventionsversuch im Herbst 1941 fehlschlug, bewiesen die Frontstäbe den gleichen blinden Gehorsam, den sie schon vor Beginn des Feldzugs an den Tag gelegt hatten, als sie die ›verbrecherischen Befehle‹ nahezu bedingungslos hingenommen hatten. Als Hitler im Frühjahr 1942 endlich nachgab, war es zu einer Umkehr längst zu spät, zumal auch die parallelen Versuche zur Mäßigung der rücksichtslosen Kriegführung nicht kompromisslos und aufrichtig genug waren, um greifen zu können. Die bewusste Radikalisierung der Kriegführung im Sommer 1941, deren Motor die ›verbrecherischen Befehle‹ waren, lastete als schwere Hypothek auf dem Ostheer und machte jeden Ausgleichsversuch zunichte. Die Vernichtungspolitik schlug auf ihre Urheber zurück.

---

[104] Vgl. auch zum Folgenden den Eintrag im KTB des AOK 18 v. 13.9.1941, zit. nach HÜRTER, Heerführer, S. 400 f.
[105] Ebd., S. 401.

VII. DER KOMMISSARBEFEHL: MYTHOS UND WIRKLICHKEIT – EINE BILANZ

Seit dem Ende des Zweiten Weltkriegs kam die Kontroverse um die Geschichte des Kommissarbefehls niemals zu einem vollständigen Abschluss. Obwohl spätestens seit Ende der siebziger und Anfang der achtziger Jahre fundierte Forschungsergebnisse vorlagen, die keinen Zweifel mehr daran zuließen, dass die Kommissarrichtlinien in weiten Teilen des Ostheeres befolgt worden waren, verstummten die Gegenstimmen nicht und blieben Fragen offen. Dabei wurde der erzielte Erkenntnisstand nicht nur von unseriösen Apologeten vom rechten Rand des politischen Spektrums in Frage gestellt. Selbst bei manchen renommierten Militärhistorikern blieb ein Rest an Unsicherheit, nicht nur über die Einschätzung der quantitativen Dimensionen der Vernichtungspolitik, sondern auch über die damit verbundene qualitative Einordnung dieses Wehrmachtsverbrechens. Die Ursache dafür, dass trotz der großen Beweislast noch Raum für konkurrierende Deutungsangebote blieb, lag vor allem in der Begrenztheit der Quellengrundlage, auf die die bisherigen Arbeiten zum Thema zurückgreifen konnten. Die Stichproben, auf der die bislang maßgeblichen Studien basierten, waren zwar außerordentlich umfangreich, repräsentierten aber nichtsdestoweniger nur Teilausschnitte aus der Gesamtheit des Ostheeres. Die vollständige Erschließung der Akten des Ostheeres blieb bis in die Gegenwart ein Desiderat, obwohl die Unterlagen der deutschen Frontverbände bereits seit mehreren Jahrzehnten zugänglich sind.

Mit der vorliegenden Untersuchung wurde diese Forschungslücke geschlossen. Nachdem die relevanten Aktenbestände sämtlicher Heeresgruppen, Armeen, Panzergruppen, Armeekorps, Divisionen und Regimenter des Ostheeres aus der Zeit der einjährigen Geltungsdauer des Kommissarbefehls ausgewertet wurden, sind die Möglichkeiten zur Erforschung der Geschichte dieses Verbrechens nunmehr weitgehend erschöpft. Die Analyse kann sich damit auf eine bislang einzigartige Quellenbasis stützen, die sämtliche Abschnitte der Ostfront flächendeckend abbildet. Das Bild erscheint nun klarer, detailschärfer, differenzierter, aber insgesamt auch düsterer. Die bis in die Gegenwart hinein kolportierten Behauptungen, dass der Kommissarbefehl an der Ostfront nur stellenweise und sporadisch ausgeführt worden sei, lassen sich nun endgültig nicht mehr aufrechterhalten. Die Untersuchung hat eindeutig erwiesen, dass die weit überwiegende Mehrheit der deutschen Frontverbände die Kommissarrichtlinien bereitwillig umgesetzt hat. Die Willfährigkeit der Truppen und ihrer Führer zeichnete sich bereits in der Vorbereitungsphase des Feldzugs ab, als die Kommissarrichtlinien im Ostheer bekannt gegeben wurden und kaum Widerspruch auslösten.

Der in der Forschung bislang weitgehend vernachlässigte Vorgang der Weitergabe des Kommissarbefehls innerhalb des Ostheeres konnte auf der Grundlage der deutschen Militärakten detailliert rekonstruiert und bis auf die niedrigste hierarchische Ebene nachvollzogen werden. Die Ergebnisse dieses ersten Untersuchungsschwerpunkts zeigen, wie weit die Bereitschaft zur Umsetzung des Kommissarbefehls schon vor Beginn des »Unternehmens Barbarossa« reichte. Die Bekanntgabe der ›verbrecherischen Befehle‹ im deutschen Ostheer erfolgte im Verlauf der letzten zehn Tage vor dem Überfall auf die Sowjetunion im Rahmen der allgemeinen Einsatzvorbereitungen. Von geringfügigen Unterschieden abgesehen, verlief die Übermittlung der Erlasse in allen Befehlsbereichen in etwa nach dem gleichen Schema. Kurz nachdem das OKH die Kommissarrichtlinien am 8. Juni 1941 in schriftlicher Fassung an die Stäbe der Heeresgruppen, Armeen und Panzergruppen ausgegeben hatte, leiteten die in dieser Angelegenheit federführenden Armeeoberkommandos die Weitergabe des Befehls an die unterstellten Armeekorps und Divisionen in die Wege. In der Woche zwischen dem 12. und 19. Juni 1941 hatten alle Armeestäbe die nachgeordneten Kommandobehörden über die Kommissarrichtlinien in Kenntnis gesetzt. Nachdem der Befehl bei den Generalkommandos und Divisionskommandos angelangt war, wurden im nächsten Schritt, zwischen dem 14. und 21. Juni 1941, die Truppenbefehlshaber der unteren Führungsebene, die Kommandeure der Regimenter und Bataillone, darüber unterrichtet. Die Unteroffiziere und Mannschaften in den Kompanien wurden in der Regel erst am Vortag des Angriffs durch ihre Einheitsführer über die für sie relevanten Bestimmungen der ›verbrecherischen Befehle‹ belehrt.

In allen Armeen und Panzergruppen glichen sich Form und Rahmen der Befehlsausgaben. Auf der Ebene der oberen Führung wurden zentrale Ic-Besprechungen und Heeresrichterversammlungen in den Armeehauptquartieren abgehalten, um die ›verbrecherischen Befehle‹ bekannt zu geben und zu erläutern. Daneben setzten nicht selten auch die Armeeoberbefehlshaber, Panzergruppenführer und Kommandierenden Generäle ihre Autorität dazu ein, die Kommissarrichtlinien an die »oberen Führer« der unterstellten Korps und Divisionen zu kommunizieren, auch wenn ihnen bekannt sein musste, dass ihre Untergebenen den Befehl bereits über andere Kanäle erhalten hatten oder noch erhalten sollten. In der Regel wurden die Kommissarrichtlinien gleich über mehrere, parallel verlaufende Dienstwege an die nachgeordneten Kommandobehörden weitergegeben. Schon hieran wird ersichtlich, welche Bedeutung man den ›verbrecherischen Befehlen‹ in den höheren Frontstäben beimaß und mit welchem Nachdruck man sie vertrat. Ab der Divisionsebene erfolgte die Weitergabe der »Führererlasse« dann entlang des taktischen Befehlsweges. Nachdem die Divisionskommandeure die Befehle im Zuge ihrer abschließenden Kommandeurbesprechungen bekannt gegeben hatten, reichten die unterstellten Truppenführer die Weisungen in äquivalenten Einsatzbesprechungen an ihre eigenen Untergebenen weiter.

Eine entscheidende Voraussetzung für die zügige und reibungslose Abwicklung der Weitergabe der Kommissarrichtlinien im Ostheer war die bereitwillige Mitwirkung der Armeeoberbefehlshaber und Panzergruppenführer. Sie veranlassten und genehmigten nicht nur die Schritte, die ihre Gehilfen zur Bekanntgabe des Befehls an die nachgeordneten Kommandobehörden unternahmen, sondern wurden in dieser Angelegenheit auch selbst aktiv. Von immerhin sieben der insgesamt dreizehn Armee- und Panzergruppenführer ist nachgewiesen, dass sie die Kommissarrichtlinien persönlich an die unterstellten Truppenbefehlshaber bekannt gegeben haben oder in ihrem Beisein durch Mitarbeiter vortragen ließen. Von fünf dieser ranghohen »oberen Führer« ist sogar belegt, dass sie Hitlers Weisungen zur Vernichtung der sowjetischen Kommissare bereits in der Phase vor der Ausfertigung des schriftlichen Kommissarerlasses, also in vorauseilendem Gehorsam weitergegeben hatten. Sie dokumentierten damit nicht nur ihre profunde Übereinstimmung mit diesem Teil von Hitlers Programm des

»Vernichtungskampfes«, sondern wiesen damit zugleich die Richtung für die Rezeption des Befehls in den unterstellten Verbänden. Die Armeeoberbefehlshaber und Panzergruppenbefehlshaber spielten bei der Implementierung der Kommissarrichtlinien im Ostheer eine Vorreiterrolle. Durch ihre eindeutige Positionierung und ihre linientreuen Vorgaben beförderten sie das befehlskonforme Verhalten, das der Großteil der unterstellten Kommandobehörden bei der weiteren Bekanntgabe der Kommissarrichtlinien an den Tag legte.

Die systematische Auswertung des deutschen Aktenmaterials hat erwiesen, dass sich die Weitergabe der ›verbrecherischen Befehle‹ innerhalb des Ostheeres weitgehend reibungslos und mit bemerkenswerter Routine vollzogen hat. Von der überwiegenden Mehrheit der deutschen Frontstäbe ist eindeutig belegt, dass sie die Kommissarrichtlinien und den Kriegsgerichtsbarkeitserlass während der letzten Vorbereitungsphase des Feldzugs befehlsgemäß an ihre Verbände bekannt gegeben haben. Von über 58 % der deutschen Heeresgruppenkommandos, Armeeoberkommandos, Generalkommandos und Divisionsstäbe liegen Quellen über die Bekanntgabe der Kommissarrichtlinien vor. Dass von einer beträchtlichen Anzahl von Stäben keine entsprechenden Belege existieren, liegt vor allem in den Defiziten der Überlieferung begründet. Nur bei etwa einem Fünftel der Stäbe besteht die Konstellation, dass die Voraussetzung einer kompletten Überlieferung der maßgeblichen Aktenbestände gegeben war, aber keine Quellen zur Weitergabe der ›verbrecherischen Befehle‹ darin enthalten sind. Die Willkür der Aktenführung und die mehrfachen Selektionsprozesse, die die Informationen bei der Dokumentation in den dienstlichen Unterlagen durchlaufen und überstehen mussten, bevor sie in die Überlieferung eingingen, trugen ebenfalls dazu bei, dass die Zahl der Belege nicht noch höher ausfallen konnte. Unter Berücksichtigung dieser Umstände erscheinen die Ergebnisse der quantifizierenden Untersuchung zur Weitergabe der Kommissarrichtlinien überaus signifikant; erst recht gilt dies, wenn man sie zu den Untersuchungsergebnissen über die Durchführung der Kommissarrichtlinien während der Operationen in Beziehung setzt. Denn von vielen Stäben, von denen keine Nachrichten über die Weitergabe von Kommissarbefehl und Kriegsgerichtsbarkeitserlass aus der Vorbereitungsphase des Feldzugs vorliegen, sind dafür Nachweise über die Durchführung dieser Erlasse aus der Zeit des laufenden Feldzugs überliefert, so dass der Rückschluss auf die vormalige Bekanntgabe der ›verbrecherischen Befehle‹ nicht von der Hand zu weisen ist. Die Zahl der Stäbe, von denen weder Quellen über die Weitergabe noch zur Durchführung der Kommissarrichtlinien vorliegen, ist verschwindend gering. Nach der flächendeckenden Erschließung der Evidenz kann kein Zweifel mehr daran bestehen, dass die weitaus meisten Kommandobehörden des Ostheeres die Kommissarrichtlinien vor Beginn des »Unternehmens Barbarossa« befehlsgemäß an ihre Verbände weitergegeben haben.

Während die Befehlsketten wie gewohnt funktionierten, gestaltete sich die Rezeption der Kommissarrichtlinien in den Stäben des Ostheeres recht unterschiedlich, zum Teil widerspruchsvoll. Bei der Kommunizierung des Kommissarbefehls auf den Einsatzbesprechungen vor dem Feldzug offenbarte sich ein breites Spektrum an Reaktionen, das denkbar gegensätzliche Positionen in sich vereinte. Während manche Stäbe von den Vorgaben der obersten Führung in die eine oder andere Richtung eigenständig abwichen, indem sie die Bestimmungen der Kommissarrichtlinien entweder einschränkten oder ausweiteten, vertraten die meisten Kommandobehörden jedoch eine dezidiert befehlskonforme Linie. Als starke Triebfeder für die Mitwirkung an der Vernichtungspolitik erwies sich der verbreitete militante Antibolschewismus. Wie weitgehend das geläufige, dämonisierende Feindbild von den sowjetischen Politkommissaren in den Stäben des Ostheeres geteilt wurde, geht aus vielen der Besprechungsprotokolle aus der Vorbereitungszeit des Feldzugs mit großer Deutlichkeit hervor. Man konnte Hitler in seinem Urteil über die Kommissare als straffällige »Verbrecher« schon deswegen ohne Bedenken folgen, weil die Ächtung des Bolschewismus und seiner Repräsentanten auch den eigenen Überzeugungen entsprach. Denn der vehemente Antikommunismus war älter als der Nationalsozialismus und gerade in der Generation der Truppenführer, die im Frühjahr 1941 die Kommandos an der Ostfront innehatten und ausnahmslos ehemalige Weltkriegsteilnehmer waren, tief verwurzelt. Auf der Folie ihrer generationellen Erfahrungen und ihrer radikalnationalistischen und antibolschewistischen Grundhaltung fiel es den meisten Befehlshabern des Ostheeres nicht schwer, das Feindbild von den sowjetischen Kommissaren, das den Kommissarrichtlinien zugrunde lag, nachzuvollziehen. Die Übereinstimmung mit den ideologischen Prämissen der Kommissarrichtlinien bildete ein zentrales Motiv für die Bereitwilligkeit, mit der viele Kommandobehörden den ersten Schritt zur Umsetzung des Befehls taten, indem sie ihn an ihre Verbände weitergaben. Aufbauend auf den ideologisch geprägten Ressentiments gegen die sowjetischen Politoffiziere, schienen aus Sicht mancher Befehlshaber selbst militärisch-funktionale Nützlichkeitserwägungen dafür zu sprechen, das Vorgehen gegen die sowjetischen Kommissare gutzuheißen. Dass das rigorose Vorgehen gegen die zivilen Funktionäre dazu beitragen würde, die eroberten Territorien rasch unter Kontrolle zu bringen, war eine weithin anerkannte Grundannahme, die aus dem rücksichtslosen, auf den Blitzkrieg ausgerichteten Befriedungskonzept des Ostfeldzugs abgeleitet war. Die Vorstellung, dass die Vernichtung der gegnerischen Politoffiziere den Zusammenbruch der Roten Armee beschleunigen könnte, erwies sich indes als illusionär und zeugte letztlich ebenfalls von ideologischer Befangenheit. Sofern sich in den Stäben überhaupt Widerspruch gegen den Kommissarbefehl regte, dessen Rechtswidrigkeit und Radikalität kaum einem der Verantwortlichen in den Kommandobehörden verborgen geblieben war, half das verabsolutierte Gehorsamsprinzip, die Bedenken im entscheidenden Moment in den Hintergrund zu drängen.

Dementsprechend blieben die Stäbe, in denen Widerwillen gegen die Kommissarrichtlinien laut wurde, im Ostheer deutlich in der Minderzahl. Die Einwände gegen die Vernichtungspolitik waren teils moralisch-traditionalistischer, teils militärisch-funktionaler Natur. Anstoß nahm man vor allem an dem geplanten Vorgehen gegen die militärischen Politoffiziere, weil es sich bei ihnen ganz offenkundig um reguläre Kombattanten handelte, während die gegen die zivilen Funktionäre gerichteten Maßnahmen gemeinhin kaum Widerspruch hervorriefen. In der Kritik an der Degradation der »fechtende Truppe« zu »Henkersknechten« äußerte sich nicht nur das traditionelle Selbstverständnis der Kampfverbände, sondern auch die Sorge vor einem Verfall der militärischen Disziplin in den Einheiten. Die Kommissarrichtlinien riefen in dieser Hinsicht die gleichen funktionalen Bedenken hervor wie der Kriegsgerichtsbarkeitserlass. Sobald die Truppen in einen »Erschießungstaumel« verfallen und außer Kontrolle geraten würden, drohte schließlich die militärische Leistungsfähigkeit der Verbände ernsten Schaden zu nehmen, was es aus Sicht der erfolgsorientierten Truppenführer um jeden Preis zu vermeiden galt. Über diese Bedenken, die mehr um die Täter als um die Opfer kreisten, reichten die Vorbehalte allerdings selten hinaus. Humanitäre Skrupel und Mitgefühl mit den »Trägern des Bolschewismus« kamen bei der Vorbereitung des Weltanschauungskrieges kaum auf. Dies zeigte sich auch an der Zielrichtung der partiellen Einschränkungen, die einige Stäbe vornahmen, um ihren Bedenken Rechnung zu tragen.

Denn die kritischen Einwände gegen die Kommissarrichtlinien, die in manchen Kommandobehörden ventiliert wurden, blieben nicht immer folgenlos. Eine Minderheit von Stäben zog die Konsequenzen aus ihrer Skepsis und entschloss sich zu eigenständigen Eingriffen in die Befehlslage. Die Ansatzpunkte, die Intention und die Reichweite dieser Modifikationen divergierten, je nachdem, welche der kursierenden Vorbehalte dahinter standen und den Ausschlag zu den Änderungen gegeben hatten. Die Verstärkung der Aufsicht über die Repressalien, die Eingrenzung der Autorisation zur Anordnung der Exekutionen auf kleinere Personengruppen und die Exemtion der Fronttruppen von der Vernichtungspolitik waren wiederkehrende Momente dieser selbstständig auferlegten Restriktionen. Die Modifizierungen berührten in der Regel lediglich die Form der Durchführung, nicht aber den Endzweck des Befehls. Sie änderten in letzter Konsequenz nichts an dem Schicksal der gefangenen Kommissare, sondern gewährten ihnen höchstens einen kurzzeitigen, unbedeutenden Aufschub. Auch deswegen konnten die Urheber dieser Eingriffe ihr Vorgehen mit einigem Recht als systemkonform betrachten. Dass die Änderungen nicht weiter reichten und man sich der Mitwirkung an der Vernichtungspolitik nicht kategorisch verschloss, war nicht nur dem Befehlsgehorsam geschuldet, sondern lag auch darin begründet, dass man die besondere Bekämpfung der sowjetischen Kommissare nicht prinzipiell ablehnte. Es waren vor allem die befürchteten Rückwirkungen der Vernichtungspolitik auf die eigenen Truppen, die die Bedenken hervorgerufen hatten, und nicht die Rücksicht auf die Opfer. An eine grundsätzliche Schonung der Kommissare wurde auch in den Kommandobehörden, in denen sich Widerspruch regte, nicht gedacht.

Wie leicht die Bedenken überwunden werden konnten und wie stark die Bereitschaft zu einer völkerrechtswidrigen Kriegführung im Ostheer zum Teil ausgeprägt war, belegen die Radikalisierungsschübe, die manche Kommandobehörden aus eigenem Antrieb vollzogen. So dehnte man die Geltung des Kommissarbefehls eigenständig auf weitere Personengruppen innerhalb der Roten Armee aus und intensivierte auch die Verfolgung der »Zivilkommissare«. Dass einige Stäbe die Bestimmungen der Kommissarrichtlinien sogar noch verschärften und ausweiteten, exemplifiziert eindringlich, wie tief die ideologischen Feindbilder Eingang in das Denken und Handeln der militärischen Führung gefunden hatten. Gegenüber den verschiedentlich nachweisbaren skeptischen Reaktionen markierten diese Radikalisierungsschübe den anderen extremen Pol des Verhaltensspektrums, das sich bei der Verbreitung der Kommissarrichtlinien im Ostheer abzeichnete. So konträr die Rezeption und Adaption des Kommissarbefehls in den Stäben an der Ostfront zum Teil auch ausfiel, blieben die devianten Verhaltensweisen aber doch Minderheitsphänomene. Wie die Mehrzahl der dokumentierten Fälle belegt, war das befehlskonforme Verhalten bei der Weitergabe des Kommissarbefehls offenbar die Regel.

Die Divergenz der Reaktionen, die bei der Aufnahme der Kommissarrichtlinien im Ostheer zu beobachten ist, zeugt davon, welch beträchtliches Gewicht den Entscheidungsträgern in den Führungsstäben zukam, die auf die Form der Umsetzung der ›verbrecherischen Befehle‹ weit reichenden Einfluss zu nehmen vermochten. Die unterschiedlichen, teilweise gegensätzlichen Vorgehensweisen in dieser Angelegenheit offenbaren die Dimensionen der Handlungsspielräume, die sich den Kommandobehörden selbst im Umgang mit den scheinbar so sakrosankten »Führererlassen« fernab von der Machtzentrale an der Peripherie des Reiches boten und vom militärischen System auch gewährt wurden. Der Großteil der Kommandobehörden nutzte diese beträchtlichen Spielräume allerdings nicht dazu aus, in ihren eigenen Verantwortungsbereichen im Rahmen der bestehenden Möglichkeiten eine Mäßigung der Erlasse herbeizuführen. Dass die Mehrheit der Stäbe die ›verbrecherischen Befehle‹ in der vorgesehenen Form akzeptierte, geschah daher wohl nicht nur aus blindem Gehorsam, sondern zu einem guten Teil auch aus eigener Überzeugung. Der überwiegende Teil der Kommandobehörden des Ostheeres hatte mit der befehlskonformen Weitergabe der Kommissarrichtlinien die Intention zur Befolgung des Befehls unter Beweis gestellt und das Verhalten, das die unterstellten Truppen während des späteren Feldzugs an den Tag legen sollten, präjudiziert. Die höheren Frontstäbe hatten damit die Weichen für die Realisierung der Vernichtungspolitik gestellt.

Es war daher nur folgerichtig, dass die Kommissarrichtlinien während des Feldzugs in nahezu allen Frontabschnitten zur Ausführung gelangten. Dies wurde freilich auch durch die äußeren Umstände begünstigt, denn der Kontext des Krieges an der Ostfront bereitete der Vernichtungspolitik den Boden. Nachdem die intentionalen Voraussetzungen geschaffen worden waren, stellten sich mit dem Beginn der Operationen situative Rahmenbedingungen ein, die die Realisierung des geplanten Verbrechens begünstigten. Nicht nur der rasante Brutalisierungsprozess des Ostkriegs arbeitete der Gewaltbereitschaft der Truppen vor. Auch die taktische Eigenart der Gefechte, die operative Entwicklung und die generellen Konditionen der Kriegführung und des Lebens auf dem sowjetischen Kriegsschauplatz trugen dazu bei, Hemmungen abzubauen und Aggressionen zu steigern. Das unübersehbare Scheitern des Blitzkriegs in der ersten Feldzugsphase und die horrenden Verluste der Kampfverbände verwandelte die siegesgewisse Kampfstimmung der Truppen bald in Frustration und Wut. Der erbitterte Widerstand der Rotarmisten an der Front und der Versprengten in den rückwärtigen Gebieten, die omnipräsenten Bedrohungsgefühle, die permanente Überanstrengung, die mangelhafte Versorgung in den strukturschwachen Gebieten und nicht zuletzt die klimatischen Hemmnisse förderten die negativen Befindlichkeiten der Soldaten, die sich in einer absolut feindlichen und fremden Umwelt wähnten. Diese zunehmend düstere Kriegswahrnehmung verstärkte die Abwehrreflexe der Invasoren und förderte ihre Bereitschaft, die radikalen »Barbarossa«-Befehle zur Anwendung zu bringen. Denn die Ausübung der Gewaltakte half den Soldaten, in den vielfach unübersehbaren Situationen des Krieges an der Ostfront das Gefühl der Orientierungslosigkeit und Ohnmacht zu überwinden. Zugleich verschaffte ihnen die Gewalt Kompensation für die Frustration und die Affekte, die die harten Kämpfe gegen die Rote Armee generierten. Vor allem der massenhafte Verlust von Kameraden hinterließ in den Einheiten ein tiefes Gefühl der Verbitterung, das ein Ventil benötigte.

Dass sich Racheakte gegen den militärischen Gegner schon bald als ein legitimes Handlungsmuster etablierten, war auch eine Folge der Barbarisierung der Auseinandersetzung, die schon am ersten Kriegstag einsetzte und zu einem prägenden Kennzeichen der Kämpfe an der Ostfront wurde. Beide Seiten fassten den Konflikt als einen Existenzkampf auf und standen einander in Härte und Rücksichtslosigkeit kaum nach. Die unausweichliche Folge war, dass sich eine wechselseitige Eskalation der Gewalt entspann, die sich nicht aufhalten ließ, zumal beide Kriegsparteien kaum wirksame Interventionsversuche unternahmen, die energisch genug waren, um die Exzesse ihrer Truppen restlos zu unterbinden. Die Brutalisierung des Krieges schlug sich nicht nur im Duktus der Gefechte nieder, sondern manifestierte sich auch in zahlreichen willkürlichen Erschießungen von gefangenen oder kapitulierenden gegnerischen Soldaten, die sich auf beiden Seiten der Front ereigneten und während der gesamten Zeitdauer des »Unternehmens Barbarossa« nicht abrissen. Angestoßen wurde diese fatale Entwicklung durch die bewusste Radikalisierung der Kriegführung, auf die sich die deutsche Seite schon vor Beginn des Feldzugs festgelegt hatte. Die ›verbrecherischen Befehle‹, die hetzerischen Aufrufe der Truppenführer und die dämonisierenden Merkblätter über die angeblich heimtückische Kampfweise der Rotarmisten verfehlten ihre Wirkung nicht und waren die Initialzündung dafür, dass sich die deutschen Truppen schon in der unmittelbaren Anfangsphase des Feldzugs an vielen Stellen das Recht nahmen, »keine Gefangenen« mehr zu machen.

Als besonders verhängnisvoll erwies sich dabei das von der Wehrmachtsführung vermittelte Feindbild von den sowjetischen Soldaten. Auf der Grundlage der in den Merkblättern enthaltenen Deutungsmuster tendierte man dazu, den Rotarmisten selbst ihre taktischen Kampfverfahren und ihren hartnäckigen Widerstand als Heimtücke auszulegen, was fatale Folgen hatte, weil den Truppen in den Merkblättern Freibriefe für Vergeltungsakte erteilt worden waren. Erschwerend kam freilich hinzu, dass die sowjetischen Truppen tatsächlich auch Kriegslisten anwandten, die gegen das Völkerrecht oder zumindest den Kriegsbrauch verstießen, wodurch die düsteren Prophezeiungen der Heeresführung Gestalt annahmen und die hetzerischen Merkblätter Bestätigung zu finden schienen. Vollends zementiert wurden die dämonischen Feindbilder dadurch, dass sich die sowjetischen Truppen ähnlich wie die deutschen Invasoren immer wieder zu schweren Misshandlungen und Erschießungen von Kriegsgefangenen hinreißen ließen, was durch den Propagandaapparat der Wehrmacht wirkungsvoll ausgenutzt wurde. Auch wenn die Gerüchte und das Hörensagen über die sowjetischen Exzesse kaum weniger folgenschwer waren, handelte es sich aber um weit mehr als nur um eine propagandistische Chimäre. Wie selbst sowjetische Gefangene in Vernehmungen bestätigten, kamen diese kapitalen Völkerrechtsverletzungen offenbar häufiger vor, als es die einigen hundert Fälle vermuten lassen, die das OKW bis zum November 1941 registrierte.[1]

Die Nachrichten über die sowjetischen Morde an Gefangenen und zurückgelassenen Verwundeten erhöhten die Plausibilität der Feindbilder und Legitimationsstrategien, die dem Konzept des »Vernichtungskampfes« zugrunde lagen, und potenzierten damit die Bereitschaft der deutschen Truppen zu einem rücksichtslosen Vorgehen gegen den Gegner. Sie lieferten nicht nur einen willkommenen Vorwand, um die radikale Kriegführung rechtfertigen zu können, sondern generierten auch echte, tief empfundene Rachegefühle, die sich immer wieder in Gewalttaten gegen gefangene und kapitulierende Rotarmisten entluden und von denen sich selbst viele Truppenführer

---

1 Vgl. HÜRTER, Heerführer, S. 360.

nicht frei machen konnten. Die so oft konstatierte »Verbitterung« der Truppen entzündete sich dabei nicht nur an den Verbrechen der Gegenseite, sondern speiste sich auch aus der Frustration über den heftigen feindlichen Widerstand, die hohen eigenen Verluste und den ungünstigen Verlauf der Operationen überhaupt. Neben dem im Vorfeld geschürten ideologischen Hass bildeten die Revanchegelüste, die während der schweren Kämpfe hervorbrachen, das stärkste Motiv für die Gefangenenerschießungen und Vergeltungsakte, die deutsche Truppen im Verlauf des Ostfeldzugs verübten. Wie sehr die Gewalt gegen den Gegner auch durch die im Ostheer verbreiteten rassistischen Überlegenheitsattitüden begünstigt wurde, offenbarten nicht zuletzt die vielfach erschreckend leichtfertig begangenen Gefangenentötungen, die utilitaristisch motiviert waren.

Die Morde beschränkten sich dabei nicht nur auf die hitzigen Anfangswochen des Krieges, sondern kamen auch in den späteren Feldzugsphasen weiterhin vor, mit wechselnder Häufigkeit und in Abhängigkeit von der Intensität der militärischen Operationen und den Rahmenbedingungen der Kämpfe. Dass die Gewaltakte gegen Kriegsgefangene zu keinem Zeitpunkt des »Unternehmens Barbarossa« vollständig abbrachen, lag nicht zuletzt daran, dass die meisten Truppenführer die brutale Kampfführung ihrer Einheiten duldeten und teilweise noch selbst befeuerten, obwohl sich schnell abzeichnete, wie kontraproduktiv sich dies auf den Fortgang der Operationen auswirkte. Im Glauben an den »Blitzsieg« und die Berechtigung des radikalen Vorgehens setzten die Generäle weiterhin auf die Maxime der Rücksichtslosigkeit und vergaben durch diesen irrationalen Starrsinn die Chance, durch eine rechtzeitige Intervention die Voraussetzungen für das Gelingen des Feldzugs entscheidend zu verbessern. Als nach dem endgültigen Scheitern des Blitzkriegsplans allmählich ein Umdenken einsetzte, war es längst zu spät dafür. Erst im Winter und Frühjahr 1941/42 gingen von den Frontstäben verstärkte Bemühungen um eine Verbesserung der Gefangenenbehandlung und die Unterbindung der Gefangenenerschießungen aus. Diese Initiativen waren freilich in erster Linie von einem utilitaristischen Kalkül getragen und verfolgten vor allem das Ziel, den gegnerischen Widerstandswillen zu untergraben, der das Ostheer einen substantiellen Blutzoll gekostet hatte. Es war allerdings eine Illusion zu glauben, auf diese Weise die Schreckensbilanz der zurückliegenden Feldzugsmonate vergessen machen zu können.

Dass die willkürlichen Erschießungen von regulären gegnerischen Gefangenen im Ostheer während des »Unternehmens Barbarossa« keine ephemere Ausnahmeerscheinung waren, daran kann nach der systematischen Auswertung der deutschen Akten jedenfalls kein Zweifel mehr bestehen. Vielmehr stellten die Gefangenenerschießungen ein flächendeckendes und kontinuierliches Phänomen dar, das sich bei der überwiegenden Mehrheit der deutschen Frontdivisionen eindeutig nachweisen lässt. Die mehrheitlich getragenen Anstrengungen zur Unterbindung der Ausschreitungen gegen die Kriegsgefangenen im Frühjahr 1942 sind selbst ein beredtes Zeugnis dafür, wie verbreitet diese Exzesse tatsächlich waren. In diesem Kontext der fortschreitenden Barbarisierung, in dem die Hemmungen immer weiter fielen und Vergeltungsakte gegen gewöhnliche Kriegsgefangene zur festen Praxis zählten, sind die sich parallel ereignenden Kommissarerschießungen zu betrachten. Vor dem Hintergrund des Brutalisierungsprozesses des Ostkriegs wirkt es weniger außergewöhnlich und erscheint nachvollziehbarer, dass die Frontverbände des Ostheeres auch vor der Vernichtung der Kommissare nicht zurückscheuten, sondern den Kommissarbefehl vielmehr bereitwillig befolgten.

Der Kontext des Krieges war auch deswegen bedeutungsvoll, weil er die deutschen Truppen in ihrem Feindbild von den Kommissaren bestärkte, das im Zentrum der Legitimationsstrategien der Vernichtungspolitik stand. Dass dieses Feindbild im Ostheer schnell Allgemeingut wurde, rührte zunächst einmal daher, dass es bereits im Vorfeld des Krieges von der obersten deutschen Führung kultiviert worden war und zudem auf älteren Topoi aufbauen konnte. Die Verlautbarungen des OKW, die »Mitteilungen an die Truppe« und die Feldzeitungen führten diese Linie während des Krieges dann fort. Nicht zuletzt transportierten auch die Truppenführer die Feindbilder in ihren Aufrufen und Befehlen. Die Stereotypen über die sowjetischen Politoffiziere erlangten auf diese Weise einen denkbar hohen Verbreitungsgrad im Ostheer, was sich nicht nur in den dienstlichen Akten der Kommandobehörden, sondern auch in den Selbstzeugnissen vieler Soldaten aller Rangstufen niederschlug. Dies war umso folgenschwerer, als die Feindbilder der Vernichtungspolitik vorarbeiteten, indem sie die zunehmend negative Kriegswahrnehmung in den Reihen des Ostheeres auf die Kommissare projizierten.

Denn aus deutscher Sicht hatten die sowjetischen Kommissare maßgeblichen Anteil an prägenden Entwicklungen, die sich für die Kriegführung des Ostheeres höchst nachteilig auswirkten: die Unsicherheit in den rückwärtigen Gebieten, die Entgrenzung des Konflikts und vor allem die unerwartet heftige Gegenwehr der Roten Armee verursachten schwere Komplikationen, die den Ablauf der deutschen Operationen stark beeinträchtigten und ihren Erfolg gefährdeten. Besonders der zähe Feindwiderstand, den die meisten deutschen Frontsoldaten in den Gefechten unmittelbar zu spüren bekamen und zu ihren eindringlichsten Kriegserfahrungen zählten, erschwerte und verlängerte die Kämpfe und verursachte in den Reihen des Ostheeres dramatische, strukturelle Verluste. Da die deutschen Truppen ihre hohen Opfer zu einem erheblichen Teil als unnötig ansahen, weil sie den todesmutigen Widerstand der Rotarmisten vielfach als sinnlos abqualifizierten, musste ihnen die Rolle der Kommissare in einem noch grelleren Licht erscheinen, führte man es doch auf ihr Wirken zurück, wenn die sowjetischen Verteidiger selbst verlorene Gefechte noch fortführten. Der rasante Brutalisierungsprozess des Krieges potenzierte diese Effekte noch. Wie man in den deutschen Stäben feststellen musste, führte die Eskalation der Gewalt in den Kämpfen ebenfalls dazu, dass die Gefechte immer intensiver und kostspieliger ausfielen. Auch die Überfälle Versprengter und Irregulärer im Hinterland der Front forderten Opfer und erfüllten die Besatzer mit Wut, lösten aber schon deswegen allergische Reaktionen aus, weil sie zu den Ursachen der ernsten Versorgungsschwierigkeiten gezählt wurden und gleichzeitig den Hintergrund eines allgegenwärtigen Bedrohungsszenarios bildeten. All diese Fehlentwicklungen, die den Alltag des Krieges spürbar bestimmten und dem Konflikt seine besondere Gestalt verliehen, konnten auf der Grundlage des stereotypen Feindbildes den sowjetischen Politkommissaren zugeschrieben werden.

Da man die Tätigkeit und die Methoden der sowjetischen Kommissare auf deutscher Seite für gewöhnlich nicht als Mittel einer rechtmäßigen Kriegführung anerkannte, sondern als amoralisch und illegitim auffasste, implizierte dieser kanonisierte Erklärungsansatz stets einen kapitalen Schuldvorwurf. Dieses Deutungsmuster wurde zudem auch durch die ideologischen Prämissen des Ostkriegs, vor allem den verbreiteten, militanten Antikommunismus begünstigt. Nicht nur ihr unheilvolles Wirken, sondern auch ihre Eigenschaft als Repräsentanten des Bolschewismus machte die Kommissare in den Augen der deutschen Stäbe und Truppen zum Hauptfeind auf der Gegenseite. Zwischen der Operationsgeschichte und der Gewaltgeschichte des Krieges sowie der zeitgenössischen deutschen Perzeption der sowjetischen Kommissare bestanden schon nach damaligem Verständnis enge Zusammenhänge. In letzter Konsequenz konnte man die politischen Kommissare nicht nur für die Barbarisierung des Konflikts, sondern auch für das Scheitern des Blitzkriegs und alle damit verbundenen Erschwernisse verantwortlich machen. Die massiven deutschen Aversionen gegen die sowjetischen Kommissare waren somit nicht nur ideologisch begründet, sondern wurden auch durch die eigenen militärischen Misserfolge und selbst geschaffenen Probleme verstärkt. Für die nahe liegende Schlussfolgerung, dass die Kommissare Bestrafung herausforderten, lieferte der Kontext der kriegerischen Ereignisse eingängige, scheinbar ganz rationale Begründungen, die der Großteil der Kriegsteilnehmer auf Grund der eigenen Erfahrungen nachvollziehen konnte.

Dieses Deutungsmuster bildete den Kern des Rechtfertigungsdiskurses der Vernichtungspolitik im Ostheer. Dass überhaupt Bedarf an solchen Legitimationsstrategien bestand, spiegelte wider, dass man sich in den Truppenverbänden des radikalen Charakters des Kommissarbefehls durchaus bewusst war und der offenkundige Normbruch nicht selbstverständlich war. Zwar gewährleistete schon die verabsolutierte Gehorsamspflicht, dass die Entscheidung der Mehrheit, den Befehl zu befolgen, feststand, zumal es sich um einen »Führererlass« von höchster Geltung handelte. Dennoch kamen die Autoritäten des Ostheeres dem Verlangen der Befehlsempfänger nach Sinnstiftung entgegen, um ihnen die Durchführung der ›verbrecherischen Befehle‹ zu erleichtern. Die Deutungsagenturen in der Wehrmacht verschafften den Truppen durch ihre Überzeugungsarbeit zusätzliche Motivation zur Befolgung des Kommissarbefehls, indem sie das Mordprogramm eingängig begründeten, seine Berechtigung herausstellten und allen Beteiligten damit die Integrität ihres Handelns vorspiegelten. Dem gleichen Zweck diente auch die ständige Erneuerung des Konsenses über die ideologischen Prämissen des Feldzugs, denn das Ziel der Vernichtung des Bolschewismus schloss die Bekämpfung seiner Repräsentanten mit ein. Die Voraussetzungen dafür, dass all diese Botschaften auf fruchtbaren Boden fielen, waren mit der langfristigen Ideologisierung der Truppen geschaffen worden, auf deren Grundlagen der Rechtfertigungsdiskurs der Vernichtungspolitik aufbaute.

Die Rechtfertigungsstrategien, die von der Wehrmachtspropaganda, den Truppenführern und ihren Mitarbeitern vermittelt wurden, waren umso eingängiger, als sie auf die gesteuerte Kriegswahrnehmung der Soldaten zurückgriffen. Im hitzigen Klima des Ostkriegs, unter seinen besonderen Rahmenbedingungen und nach der rasanten Brutalisierung der Kämpfe war die Vernichtungspolitik nicht mehr schwer zu vermitteln, zumal die Deutungsagenturen der Wehrmacht darauf hinarbeiteten, die Geschehnisse des Krieges mit den vorgegebenen ideologischen Rastern in Deckung zu bringen. Die Affekte und Rachegefühle, die in den harten Kämpfen hervorbrachen, wurden selektiv auf die sowjetischen Politoffiziere kanalisiert, die auf diese Weise zur Zielscheibe der Frustration der Invasoren gerieten, die nach Kompensation für die unerwarteten Komplikationen, die hohen Verluste und das Ausbleiben des »Blitzsieges« verlangten. Wie die Verantwortlichkeiten umgekehrt wurden, zeigte sich in der Praxis der Verbände. Im Glauben an die Berechtigung der Kommissarerschießungen oder im Bemühen, diese Illusion aufrechtzuerhalten, verliehen die Truppen den Hinrichtungen vielfach den Charakter von Vergeltungsakten, die ihre Legitimität in sich selbst zu tragen schienen, weil sie als Reaktion auf vorausgegangene Tatbestände der Gegenseite ausgegeben werden konnten.

Im spezifischen, gezielt verschobenen Referenzrahmen des Ostheeres folgte die Vernichtung der Kommissare einer scheinbaren Rationalität, die es den Truppen ermöglichte, die Kommissarerschießungen als gerecht zu empfinden, womit auch ihr eigener Anteil an den Morden vertretbar erschien. Ergänzt wurde der Rechtfertigungsdiskurs der Vernichtungspolitik durch autosuggestive, psychosozial strukturierte Strategien der Selbstbeschwichtigung, die den Tätern die Durchführung der Tötungsarbeit erleichterte und ihnen half, die Morde in ihr Selbstbild zu integrieren, so dass sie die Kriegsverbrechen realisieren konnten, ohne sich als Verbrecher zu fühlen. Die weithin ausgeprägte Bereitschaft zur Durchführung des Kommissarbefehls im Ostheer basierte also nicht nur auf der tief wurzelnden Übereinstimmung mit den geistigen Grundlagen der Vernichtungspolitik, sondern speiste sich auch aus der psychosozialen Eigendynamik der Gewalt und dem Kontext des Krieges, der einen idealen Nährboden für die Verbrechen bot. Dass sich die intentionalen und situativen Faktoren so unheilvoll miteinander verbanden, war indes kein Zufall, sondern wurde von den Agenturen der Vernichtungspolitik in der Wehrmacht zielgerichtet betrieben. Auf dieser Grundlage erreichte der Kommissarbefehl sowohl bei den Truppenführern als auch den Soldaten des Ostheeres ein denkbar hohes Maß an Akzeptanz, das erst bröckelte, als sich herausstellte, wie kontraproduktiv sich die Erschießungen auswirkten.

Da die Bereitschaft zur Umsetzung der Kommissarrichtlinien schon vor Kriegsbeginn hergestellt worden war und durch die Entwicklungen des Feldzugs noch verstärkt wurde, ist es erklärlich, dass der Befehl während des »Unternehmens Barbarossa« im Ostheer auch befolgt wurde. Nach der lückenlosen Auswertung der deutschen Ic-Akten kann kein Zweifel mehr daran bestehen, dass der Kommissarbefehl von fast allen deutschen Verbänden an der Ostfront gehorsam ausgeführt worden ist. Die mehrere Tausend zählenden Exekutionsmeldungen, die im Rahmen der Untersuchung erfasst werden konnten und deren Authentizität vollkommen unstrittig ist, sind ein beredtes Zeugnis dafür. Entgegen den bisher bestehenden Auffassungen weisen auch die quantitativen Dimensionen der Vernichtungspolitik auf eine flächendeckende Durchführung des Kommissarbefehls hin. Die Erschließung des deutschen Aktenmaterials hat ergeben, dass die Verbände des Ostheeres auf der Grundlage des Kommissarbefehls während der Zeit seiner Geltung 1941/42 über 3400 Exekutionen vollstreckt haben. Bei dem größten Teil der Opfer handelte es sich um militärische Politoffiziere der Roten Armee, nur zu etwa einem Fünftel um zivile sowjetische Parteifunktionäre. Gut zwei Drittel der Erschießungen entfielen auf die Fronteinheiten des Ostheeres, etwa ein Drittel auf die rückwärtigen Sicherungskräfte und Gefangenenlager. Neben diesen gesicherten Mindestzahlen konnten noch weitere knapp 400 Verdachtsfälle ermittelt werden, in denen der Kommissarbefehl mit hoher Wahrscheinlichkeit ebenfalls zur Anwendung gekommen ist. Unter Berücksichtigung dieser Indizien beläuft sich die Gesamtzahl der dokumentierten Fälle auf annähernd 4000 Exekutionen. Zusätzlich zu dieser empirisch abgestützten Summe muss mit einer Dunkelziffer an Erschießungen gerechnet werden, die sich nicht in der Überlieferung niedergeschlagen haben. Dass diese Zahl nicht unbeträchtlich gewesen sein muss, darauf verweist unter anderem die disproportionale Verteilung der erhaltenen Vollzugsmeldungen und nicht zuletzt auch die fragmentarische Überlieferung der Sammelmeldungen der Oberkommandos. Allerdings war die Dunkelziffer der Erschießungen, die gar nicht erst dokumentiert wurden oder später aus der Überlieferung verschwanden, auch nicht unbegrenzt, da die Möglichkeiten der deutschen Truppen zum Zugriff auf die sowjetischen Politoffiziere von vornherein eingeschränkt waren. Ausgehend von den Verhältnissen in den wenigen gut dokumentierten Befehlsbereichen ist mit einer Gesamtopferzahl zu rechnen, die sich im hohen vierstelligen Bereich bewegte, aber nicht oder nur knapp fünfstellig war. Von dieser Gesamtziffer entfiel wahrscheinlich mindestens die Hälfte auf die rückwärtigen Heeresgebiete und die Gefangenenlager des Operationsgebietes, die andere Hälfte auf die Kampfverbände an der Front.

Legt man diese begründete Schätzung zugrunde, ergibt sich, dass etwa zwischen fünf und zehn Prozent der 1941/42 an der Ostfront eingesetzten sowjetischen Politoffiziere in deutscher Gefangenschaft auf der Grundlage des Kommissarbefehls exekutiert wurden. Wenn die Größenordnung dieser Quote marginal wirkt, täuscht dies. Denn der Vergleich zwischen den ermittelten Opferzahlen des Kommissarbefehls und der Friedensstärke der Politkader der Roten Armee führt in die Irre, weil lediglich ein Bruchteil der sowjetischen Politoffiziere lebend in deutsche Hände fiel und als potentielle Exekutionsopfer überhaupt in Frage kam. Glaubt man den einhelligen deutschen Berichten, gab sich der Großteil der Politoffiziere nicht gefangen, fiel in den Gefechten oder entzog sich rechtzeitig dem Zugriff der Invasoren. Nach dem raschen Bekanntwerden der Kommissarerschießungen auf der sowjetischen Seite waren die Politoffiziere aus begreiflichen Gründen umso mehr darauf bedacht, einer Gefangennahme um jeden Preis zu entgehen. Zu den Reaktionen der Kommissare auf die durchgedrungenen Nachrichten von der deutschen Vernichtungspolitik zählte außerdem, dass sie sich in kritischen Situationen unkenntlich machten, indem sie sich ihrer Abzeichen und Personalpapiere entledigten. Für die überforderten deutschen Fronttruppen war es in der Folge nur noch unter besonderem Aufwand möglich, die getarnten Politoffiziere in den amorphen Gefangenenmassen ausfindig zu machen. Da diese Reaktionen der Truppenkommissare auf die gegen sie gerichteten deutschen Maßnahmen bereits in der Anfangsphase des Feldzugs erfolgten, stand das Zeitfenster, in dem gefangen genommene Politoffiziere noch anhand ihrer Abzeichen erkannt und im Schnellverfahren selektiert werden konnten, nicht lange offen. Die Voraussetzungen für die Realisierung der Vernichtungspolitik verschlechterten sich daher schon nach wenigen Kriegswochen deutlich. Dass die stark beanspruchten Fronttruppen den erforderlichen Mehraufwand bei den Selektionen vielfach nicht erbringen konnten, war indes kein Vorwand, hinter dem die Absicht stand, den Kommissarbefehl zu umgehen, sondern war schlicht ihren fehlenden Kapazitäten geschuldet, die sie sogar dazu zwangen, ungleich wichtigere Belange im Gefangenenwesen zu vernachlässigen. Dass ein beträchtlicher Teil der gefangenen Politoffiziere die flüchtigen Kontrollen im Gefechtsgebiet überstand und unerkannt in die Gefangenenlager gelangen konnte, zeugt daher kaum von einer Verweigerungshaltung gegenüber dem Kommissarbefehl, sondern war unter den Bedingungen des Krieges an der Ostfront einfach unvermeidlich.

Die Anzahl der gefangenen Politoffiziere erscheint ohnehin nur dann unverhältnismäßig niedrig, wenn man den Fehler begeht, sie an den hohen Gesamtgefangenenziffern des Ostheeres zu messen, die sich bis zum Frühjahr 1942 auf mehrere Millionen beliefen. Dieser Rechenansatz führt zu keinem tragfähigen Ergebnis, weil er von der Fehlannahme ausgeht, dass die Kommissare in den gleichen Proportionen in Gefangenschaft gerieten wie sie in der Roten Armee vertreten waren. Tatsächlich fiel die Gesamtsumme der gefangenen Politoffiziere durchaus realistisch aus, wie sich nicht zuletzt an der Parallele zeigt, dass die Zahl der sowjetischen Truppenoffiziere unter den Gefangenen aus ähnlichen Gründen ebenfalls weit unterdurchschnittlich blieb. Denn bis zum Frühjahr 1942 konnten unter den Kriegsgefangenen des Ostheeres noch nicht einmal 16.000 sowjetische Truppenoffiziere festgestellt werden, womit sich die Zahl der gefangenen Truppenoffiziere in einer ähnlichen Größenordnung bewegte wie die Zahl der gefangenen und exekutierten Politoffiziere, die sich vermutlich auf eine hohe vierstellige, vielleicht sogar knapp fünfstellige Zahl belief. Da zwischen der Summe der gefangenen Truppenoffiziere und der geschätzten Gesamtziffer der gefangen genommenen Politoffiziere die Proportionen weitgehend stimmten, erübrigt sich der Verdacht, dass sich hinter den Erschießungszahlen des Ostheeres Unregelmäßigkeiten verbargen. Die Relationen der Exekutionszahlen, die das Ostheer erreichte, weisen vielmehr darauf hin, dass die meisten sowjetischen Politoffiziere, die deutschen Einheiten an der Ostfront in die Hände fielen und dann auch identifiziert werden konnten, tatsächlich genau die »Behandlung« erfuhren, die nach den Kommissarrichtlinien für sie vorgesehen war.

Neben der ermittelten Gesamtopferzahl hat auch die diachrone Analyse der Erschießungsziffern ergeben, dass sich im Verlauf der Vernichtungspolitik keine Anomalien zeigten, die auf signifikante Abweichungen von den Vorgaben des Kommissarbefehls hindeuten würden. Denn die Erschießungszahlen entwickelten sich exakt so, wie man es bei einer gehorsamen Umsetzung des Befehls auch erwartet hätte. Dies zeigte sich vor allem daran, wie eng die Entwicklung der Erschießungsziffern mit den militärischen Operationen des Ostheeres korreliert war. Im chronologischen Verlauf der Erschießungen offenbarte sich ein Automatismus zwischen der Frequenz der Exekutionszahlen und den Impulsen der deutschen Offensiven während des »Unternehmens Barbarossa«. Die Höhepunkte der Kommissarerschießungen fielen zeitlich mit den Phasen der deutschen Angriffsoperationen zusammen. Die stürmischen Anfangswochen im Juni und Juli 1941 bildeten die Hochzeit der Vernichtungspolitik, auf die nach dem Versanden der Operationen im August zunächst eine Regression der Erschießungszahlen folgte, bevor die Exekutionsziffern mit dem Beginn der zweiten Feldzugsphase im September und Oktober 1941 in allen drei Heeresgruppen wieder anstiegen. Mit dem Scheitern des Feldzugs und dem Übergang in die Defensive im November und Dezember 1941 fielen die Erschießungszahlen dann endgültig ab und bewegten sich bis zum Ende der Geltungsdauer des Kommissarbefehls konstant auf einem minimalen Niveau. Dass die Erschießungszahlen während der Großoffensiven im Herbst 1941 noch einmal in die Höhe schnellten, weist beiläufig darauf hin, dass die Bereitschaft zur Durchführung des Kommissarbefehls de facto auch zu diesem Zeitpunkt noch ungebrochen war, obwohl man in den meisten Stäben bereits erkannt hatte, wie kontraproduktiv sich die Erschießungen auswirkten.

Die Ursache für die enge Korrelation der Kommissarerschießungen mit den Angriffsoperationen lag darin, dass die Realisierung der Vernichtungspolitik an die Voraussetzung gebunden war, dass Gefangene gemacht wurden, was naturgemäß nur im

Rahmen von Offensiven in größerem Umfang erfolgen konnte. In den Statistiken der Heeresgruppen und Armeen des Ostheeres sind diese Zusammenhänge unübersehbar. In Abhängigkeit vom Verlauf der militärischen Operationen bewegten sich die Gefangenenzahlen und die Erschießungsziffern der Verbände in etwa im Gleichschritt und verhielten sich weitgehend proportional zueinander. Die Durchführung des Kommissarbefehls stand und fiel mit der Einbringung von Gefangenen. Je mehr Gefangene gemacht wurden, desto größer war die Wahrscheinlichkeit, dass sich Politoffiziere darunter befanden und die Verbände in die Situation kamen, den Kommissarbefehl durchführen zu müssen. Im Umkehrschluss zeigt dieser Automatismus zwischen Gefangenenzahlen und Kommissarerschießungen, dass immer dann, wenn die deutschen Truppen sowjetische Kommissare in die Hand bekamen, sie den Kommissarbefehl auch zur Anwendung brachten. Die Höhe der Erschießungszahlen, die ein Verband erzielte, war somit in erste Linie von situativen Faktoren abhängig und sagt nur bedingt etwas über seinen Eifer bei der Durchführung der Kommissarrichtlinien aus.

Der Zusammenhang der Vernichtungspolitik mit den militärischen Operativen drückte sich außerdem in einer ungleichmäßigen Verteilung der Erschießungszahlen auf die Verbände des Ostheeres aus. Die Kampfverbände der Panzerkorps erzielten gemessen an ihrem Anteil an der Gesamtstärke des Ostheeres überproportional hohe Exekutionszahlen, während die unmotorisierten Infanteriekorps in den Erschießungsstatistiken deutlich unterrepräsentiert waren, obwohl sie das Gros der Truppen der deutschen Streitmacht stellten. Dieses Ungleichgewicht rührte daher, dass die schnellen Elitetruppen des Ostheeres gemäß des Blitzkriegsplans die Speerspitze der deutschen Offensiven bildeten und insgesamt länger und tiefer in das eigentliche Kampfgeschehen involviert waren als die gewöhnlichen Infanterieverbände. Je weiter vorne sich die Kampfverbände im Operationsgebiet bewegten und je häufiger und heftiger sie mit dem Feind zusammenstießen, desto größer war in der Regel auch ihr Anteil an der Vernichtungspolitik. Die Höhe der Erschießungszahlen, die die einzelnen Verbände erreichten, hing weniger von ihrer Bereitschaft zur Umsetzung der Kommissarrichtlinien, als vielmehr davon ab, in welchem Maße sie überhaupt Gelegenheit zur Anwendung des Befehls erhielten. Diese Voraussetzung war vor allem in jenen Phasen und Frontabschnitten gegeben, in denen besonders schwere Kämpfe tobten. Die Brennpunkte der Vernichtungspolitik und die räumlichen und zeitlichen Schwerpunkte der Gefechte waren weitgehend identisch. Die Verteilung der Erschießungszahlen auf die einzelnen Großverbände war dennoch mitunter erheblichen Schwankungen unterworfen, über deren Ursachen das erhaltene Quellenmaterial nicht immer Auskunft gibt. Zu einem beträchtlichen Teil waren diese Ungleichheiten allerdings schlicht der Eigenart und den Defiziten der Überlieferung geschuldet. Überdies betrafen die auffälligsten Schwankungen ohnehin nur eine Minderheit der deutschen Großverbände. Wie insbesondere die Untersuchung der Erschießungsstatistiken auf der Korpsebene erwiesen hat, erzielte die Mehrheit der Verbände relativ ausgeglichene Exekutionszahlen, die sich auf einem mittleren Niveau bewegten. Nicht nur dieses Teilergebnis weist darauf hin, dass das typische Verhalten der Majorität im Ostheer in der konformen Befolgung des Kommissarbefehls bestand.

Dass der Kommissarbefehl von den meisten Verbänden an der Ostfront befolgt wurde, davon zeugt die Dichte, in der die Meldungen über Exekutionen an sowjetischen Politoffizieren und Funktionären in den Akten des Ostheeres überliefert sind. Nachweise über den Vollzug des Kommissarbefehls liegen von allen Armeen und Panzergruppen, sämtlichen Armeekorps und über 82 % der Divisionen vor. Unter Berücksichtigung der zusätzlichen Indizienfälle erhöhen sich die Quoten auf der Divisionsebene sogar noch auf einen Wert von über 92 %. Die Mittelwerte der Erschießungszahlen, die die einzelnen Verbände im Verlauf des Feldzugs erzielten, staffelten sich nach Typ und Größe der Einheiten. Der Mittelwert der Kommissarerschießungen, die bei den Panzergruppen stattfanden, betrug 240, bei den Infanteriearmeen 164, bei den Korps 42 und bei den Divisionen knapp 10 Exekutionen. Das nominell geringe Niveau der Erschießungszahlen auf der Divisionsebene darf nicht darüber hinwegtäuschen, dass auch auf den unteren Stufen der Kommandohierarchie die gehorsame Durchführung des Kommissarbefehls den Regelfall bildete. Der Eindruck einer nur sporadischen Durchführung der Kommissarrichtlinien, den die niedrig erscheinenden Zahlen vieler Divisionen auf den ersten Blick erwecken mögen, wird häufig genug durch qualitative Quellen grundlegend korrigiert, die von einer konsequenten Umsetzung des Mordbefehls zeugen. Dass nicht in jedem Fall quantitative Evidenz vorliegt, die die qualitativen Befunde angemessen widerspiegelt, ist vor allem auf die Überlieferungsdefizite zurückzuführen. Dass die Vollzugsmeldungen zum Teil nur vereinzelt in die Überlieferung eingegangen sind, darf nicht zu der Fehlannahme verleiten, dass es sich bei den punktuell belegten Exekutionen um Ausnahmefälle handelte. Vielmehr haben die erhaltenen Quellen immer wieder erwiesen, dass diese Belege exemplarische Schlaglichter einer Praxis darstellten, die in der Realität an der Ostfront mit hoher Wahrscheinlichkeit noch sehr viel verbreiteter war, als es in den dokumentierten Erschießungszahlen zum Ausdruck kommt. Vor diesem Hintergrund fällt es umso stärker ins Gewicht, dass von fast allen deutschen Frontverbänden Kommissarerschießungen aktenkundig geworden sind. Die quantifizierende Analyse der überlieferten Erschießungszahlen und der Verlaufsdaten der Vernichtungspolitik, die keinerlei Anhaltspunkte für Unregelmäßigkeiten erkennen lassen, hat zu einem eindeutigen Ergebnis geführt: Die Verbände des Ostheeres haben die Kommissarrichtlinien flächendeckend und konsequent umgesetzt, immer dann, wenn sie in die Situation dazu kamen.

Humanitäre Skrupel, die Respektierung des Völkerrechts und die Orientierung am traditionellen Konzept einer ritterlichen Kriegführung waren zwar in Teilen des Ostheeres noch nicht ganz ausgelöscht. Insgesamt zog jedoch nur eine verschwindend geringe Minderheit die Konsequenzen aus ihrem Widerwillen und versagte sich der Mitwirkung an der Vernichtungspolitik gegen die sowjetischen Politoffiziere. Die vereinzelten Widerstände gegen die Kommissarrichtlinien wurden im Ostheer von der großen Mehrheit der Verbände marginalisiert, die den Befehl gehorsam befolgten. Die meisten Verbände beteiligten sich mehr oder weniger bereitwillig an der Realisierung der Vernichtungspolitik, wobei auch die teilweise abgewandelten Modi der Durchführung, vor allem die arbeitsteiligen Verfahren, eher dazu beitrugen, das zielkonforme Verhalten zu gewährleisten und zu erleichtern, als dass sie Ausdruck widerständigen Verhaltens waren. Die befehlskonformen Alternativen, die bei der Umsetzung der Kommissarrichtlinien bestanden, konstituierten eine Situation, in der kaum ein Einheitsführer unbedingt dazu gezwungen war, die Exekution gefangener Politoffiziere in eigener Verantwortung durchzuführen. Schon mit der Selektion und Auslieferung der gefangenen Kommissare an vorgesetzte Stellen oder SD-Kommandos leisteten die Truppen freilich einen unverzichtbaren Mindestbeitrag zur Vernichtungspolitik, den kaum jemand ablehnen konnte, der die totalisierten Feindbilder von den Politoffizieren teilte. Dass sich trotzdem viele Einheiten bereit fanden, die fälligen Erschießungen selbsttätig vorzunehmen, spricht für sich. Genauso bezeichnend war, dass die Frontstäbe die Prinzipien des Kommissarbefehls vielfach in vorauseilendem Gehorsam auch auf das Gefangenenwesen übertrugen. Noch bevor die grundlegenden Befehle der Heeresführung über die Aussonderungen in den Gefangeneneinrichtungen ergangen waren, begannen die planmäßigen Selektionen in den Gefangenensammelstellen und Durchgangslagern des Operationsgebietes, womit die Kommandobehörden ihr eigenes Interesse an der Erfassung der Politoffiziere unter den Kriegsgefangenen zu erkennen gaben.

In dieses Bild passt sich ein, dass manche Verbände die weiten Handlungsspielräume an der Ostfront dazu nutzten, die Bestimmungen der Kommissarrichtlinien eigenständig zu verschärfen, und sich den Befehl damit vollständig zu Eigen machten. Diese Radikalisierungsschübe stellen besonders eindringliche Zeugnisse dafür dar, dass die Vernichtung der Kommissare keineswegs nur widerwillig erfolgte, sondern in beträchtlichen Teilen des Ostheeres auch profunde Zustimmung fand. Solche überschießenden Verhaltensweisen konnten zustande kommen, weil sich völkerrechtswidrige Aktionsmuster schon frühzeitig als fester Bestandteil des Handlungsrepertoires des Ostheeres etabliert und die ideologischen Prämissen der Vernichtungspolitik tiefen Eingang in das Denken und Handeln der Führungsstäbe gefunden hatten. Der große Einfluss des herrschenden Feindbilds von den Politoffizieren manifestierte sich nicht nur in der Genese der Radikalisierungsschübe, die sich bei der Bekämpfung der militärischen Kommissare und der zivilen Funktionäre vollzogen, sondern äußerte sich selbst in den vereinzelten Fällen, in denen man sich dazu entschied, gefangene Politoffiziere ausnahmsweise zu verschonen, und dies damit begründete, dass sie nicht der Typologie eines Kommissars entsprachen, die man als Schablone anlegte, wenn man vor der Entscheidung stand, den Kommissarbefehl anzuwenden. Dass die Verbände des Ostheeres den Kommissarbefehl befolgten, obwohl beträchtliche Handlungsspielräume bestanden, die es gefahrlos ermöglicht hätten, den Befehl zumindest abzuschwächen, offenbart erneut, welchen hohen Grad an Zustimmung die Vernichtungspolitik im Ostheer erreichte.

Bezeichnenderweise schwand die Zustimmung erst nach dem Scheitern des Blitzkriegsplans, als nicht mehr zu übersehen war, dass die Rückwirkungen der Erschießungen den ohnehin schon starken Widerstand der sowjetischen Truppen noch zusätzlich potenzierten und damit die Operationsführung unnötig erschwerten. Erst nach dem Ende der ersten Feldzugsphase mehrten sich im August und September 1941 die Stimmen aus dem Ostheer, die dafür plädierten, den Kommissarbefehl aufzuheben. Als Hitler diesen Bemühungen Ende September 1941 eine klare Absage erteilte, bewiesen die Kommandobehörden erneut, wie weit ihr blinder Gehorsam reichte, indem sie die Vernichtungspolitik auch gegen die eigene Überzeugung fortsetzten, bis sich der »Führer« nach den Rückschlägen der Winterkrise im Frühjahr 1942 endlich zur Aussetzung des Mordprogramms entschließen konnte. Die Initiativen der Kommandobehörden zur Beendigung der Erschießungen waren rein zweckrational motiviert, was sich nicht nur in der Argumentation der Denkschriften offenbarte, sondern auch an den Hintergründen zeigte, durch die die Frontstäbe zu den Eingaben bewogen worden waren. Dies erwies sich gerade im Frühjahr 1942, als die Aufhebung des Kommissarbefehls als Teil eines größeren Maßnahmenbündels beschlossen wurde, das auf eine graduelle Abkehr von der Maxime der Rücksichtslosigkeit abzielte, um den Duktus der Kriegführung an die verlängerte Kriegsdauer anzupassen und die Voraussetzungen für das Gelingen der bevorstehenden Sommeroffensive des Jahres 1942 zu verbessern. Alle diese Schritte gingen von den Verbänden und Stäben an der Front aus, die es am eigenen Leibe zu spüren bekommen hatten, wie kontraproduktiv sich das radikale Vorgehen auswirkte. Der Stopp der Vernichtungspolitik war keine Gewissensentscheidung und keine Rückkehr zur Moral, sondern nur eine opportunistische Kurskorrektur, die ausschließlich dem Primat des Utilitarismus gehorchte.

Im Übrigen waren die Versuche der Frontverbände, die Kommissarrichtlinien aufheben zu lassen und die negativen Rückwirkungen der Erschießungen zu unterbinden, selbst ein beredtes Zeugnis dafür, wie flächendeckend und konsequent sie den Befehl zuvor umgesetzt hatten. Gleichzeitig spiegelten diese Bemühungen wider, wie tief sich das Ostheer mit der Realisierung der Vernichtungspolitik in das eigene Fleisch geschnitten hatte. Denn die bewusste Radikalisierung der Kriegführung, zu der die Kommissarrichtlinien maßgeblich beigetragen hatten, erwies sich als schwere Hypothek, die der deutschen Sache weit mehr Schaden als Nutzen einbrachte. Das rücksichtslose Vorgehen der deutschen Truppen potenzierte den Widerstandswillen und den Zusammenhalt der sowjetischen Verteidiger und bewirkte, dass die starken zentrifugalen Spannungen innerhalb der Roten Armee nicht aufbrachen, sondern überbrückt werden konnten und sich gegen die Invasoren kehrten.[2] Letztlich geriet die planmäßige Transformation des »Unternehmens Barbarossa« in einen »Vernichtungskampf« zu einem Faktor, der das Scheitern des Feldzugs förderte. Dass man in den Führungsstäben der Wehrmacht das Risiko zu vernachlässigen können geglaubt hatte, dass die Gewalt auf die eigenen Truppen zurückschlagen könnte, lag wohl vor allem im hybriden Glauben an das Gelingen des Blitzkriegsplans begründet, die in dem euphorischen Überlegenheitswahn nach dem Triumph über Frankreich den Blick auf die Realitäten verstellte und zu einer leichtfertigen Unterschätzung der Roten Armee und der gigantischen Aufgabe verleitete, die der Feldzug in Wirklichkeit darstellte. In der Erwartung eines »Blitzsieges« glaubte man die Reaktionen der Roten Armee kaum in Rechnung stellen zu müssen, schließlich ging man fest davon aus, dass die Sowjetunion so oder so nach wenigen Kriegswochen kollabieren würde. Die Verabsolutierung der Blitzkriegsdoktrin erhöhte aber auch im Positiven die Akzeptanz der Gewaltmaßnahmen, erhoffte man sich doch in vielen Stäben von dem rücksichtslosen Vorgehen der eigenen Truppen eine katalytische Wirkung auf das Tempo des Vormarschs und eine Beschleunigung des gegnerischen Zusammenbruchs.

Entscheidender als diese Fehlannahmen und Illusionen war allerdings die »Teilidentität der Ziele« zwischen der Wehrmachtselite und der NS-Führung, die sich nicht nur auf die grundsätzliche Überzeugung von der Notwendigkeit des Feldzugs gegen die Sowjetunion erstreckte, sondern auch in einer weit reichenden Übereinstimmung mit den ideologischen Prämissen des »Unternehmens Barbarossa« bestand. Auf der Folie

---

2 Vgl. MERRIDALE, Krieg, S. 148-154, 161-164, 167, die schildert, wie »nur die Gräueltaten der Deutschen die Sowjets durchhalten« ließen.

ihrer vielfach rassenideologisch konnotierten antibolschewistischen Ressentiments zweifelte kaum einer der Truppenführer des Ostheeres daran, dass es in dem bevorstehenden Krieg um eine existentielle Auseinandersetzung mit einem skrupellosen Todfeind ging, in der jedes Mittel gerechtfertigt war, ja, »besondere Maßnahmen« sogar zwingend geboten waren. Die Zustimmung zu Hitlers Konzept des Weltanschauungskrieges offenbarte sich nicht zuletzt darin, wie widerstandslos und gehorsam die Führung der Wehrmacht und die Stäbe des Ostheeres die ›verbrecherischen Befehle‹ hinnahmen und implementierten, was keineswegs nur widerwillig geschah, sondern zu einem guten Teil auch auf eigener Überzeugung beruhte. Wie bereitwillig die Verbände des Ostheeres gerade die Kommissarrichtlinien umsetzten, die sogar einen noch krasseren und offeneren Bruch mit dem Völkerrecht und den eigenen Traditionen darstellten als selbst der Kriegsgerichtsbarkeitserlass, wirft ein grelles Licht auf den Standort und die Rolle der Wehrmacht im NS-Staat. Wie leicht sich die nationalkonservative Führungselite des Ostheeres für einen offensichtlich verbrecherischen Krieg gewinnen ließ und wie gehorsam ihre Untergebenen auf allen Rangstufen ihnen darin folgten, zeugt davon, wie weit die Transformation der deutschen Streitkräfte in eine tragende Säule des NS-Regimes vorangeschritten war.

ANHANG

Erläuterungen

Die in den folgenden Tabellen verwendeten Abkürzungen weichen aus Platzgründen z. T. von den im Abkürzungsverzeichnis angegebenen Abkürzungen ab bzw. sind dort nicht enthalten:

A.	Armeeverband
Dpl.	Doppelzählung
Ex.	Anzahl der Exekutionen
GD	Gebirgsdivision
ID	Infanteriedivision
IRGD	Infanterieregiment Großdeutschland
KD	Kavalleriedivision
Nws.	Nachweis
PD	Panzerdivision
PGr.	Panzergruppenverband
SD	Sicherungsdivision
SSAH	SS-Division »Leibstandarte Adolf Hitler«
SSP	SS-Polizeidivision
SST	SS-Division »Totenkopf«
SSW	SS-Division »Wiking«
Vorg.	Vorgesetzte Dienstelle der meldenden Einheit

Verwendung der Tafel 1

In der Tafel 1 sind alle in den deutschen Militärakten ermittelten Belege über die Weitergabe der ›verbrecherischen Befehle‹ bei den Armeekorps und Divisionen katalogisiert, eingeteilt in die Kategorien »Nachweise« und »Indizien« (vgl. zur Methodik Kap. III.1.). In manchen Fällen sind in Tafel 1, obwohl weder Nachweise noch Indizien vorliegen und beide Spalten entsprechend mit »Nein« bewertet sind, dennoch Datumsangaben in der Spalte »Datum« eingetragen. Dies bedeutet, dass an dem jeweiligen Datum eine Einsatzbesprechung oder Befehlsausgabe bei dem betreffenden Verband belegt ist, ohne dass die überlieferten Besprechungsinhalte eine Klassifizierung als Nachweise oder Indizien zulassen.

Verwendung der Tafel 2

In der Tafel 2 sind alle in den deutschen Militärakten ermittelten Belege über die Weitergabe der ›verbrecherischen Befehle‹ bei den Armeeoberkommandos und Panzergruppenkommandos katalogisiert. Zu den drei üblichen Befehlswegen bei der Weitergabe der Kommissarrichtlinien – über die Ic-Besprechungen (Spalte »Ic-Besprech.«), über die Oberbefehlshaber (Spalte »OB-Weitergabe«) und über die Heeresrichter (Spalte »III-Besprech.«) – sind jeweils, soweit vorhanden, Nachweise, Indizien und Zeitpunkte angegeben. Daneben sind in Spalte »Sonstige« weitere Belege angeführt, die nicht den erstgenannten Befehlswegen entsprechen.

Verwendung der Tafeln 10 und 11

In der Tafel 10 sind alle in den deutschen Militärakten ermittelten Nachweise über erfolgte Exekutionen an sowjetischen Politoffizieren und Parteifunktionären katalogisiert, die Tafel 11 enthält die ermittelten Indizienfälle. Die in Tafel 10 als Doppelmeldungen gewerteten Belege sind in der Spalte »Dpl.« ausgewiesen. Über die Spalte »zu Nr.« ist es möglich, die Belege gemäß Spalte »Nr.« zu ermitteln, mit denen sich die betreffenden Meldungen überschneiden. Die Kategorisierung als Doppelmeldungen wurde immer dann vorgenommen, wenn eine theoretische Möglichkeit einer Überschneidung gegeben war. Bei den Belegen in Tafel 10 handelt es sich fast ausnahmslos um eindeutige Nachweise (siehe Spalte »Nws.«). Bei den vereinzelten Indizien, die in Tafel 10 aufgenommen wurden, handelt es sich um Quellen über erfolgte Erschießungen, bei denen nicht gesichert ist, ob sie auf der Grundlage der Kommissarrichtlinien vorgenommen wurden. Bei den Indizienfällen, die in Tafel 11 katalogisiert sind, handelt es sich dagegen um Belege über Gefangennahmen von Politoffizieren, die keine Angaben über das Schicksal der Gefangenen enthalten (vgl. zur Methodik bei der Bewertung der Fundstellen Kap. V.1.). In einzelnen Fällen weichen die in Tafel 10 und 11 genannten Zahlenangaben in den Spalten »Ex.« bzw. »Gefangene« von den in den Quellen genannten Zahlenangaben ab. Bei diesen Abweichungen handelt es sich um Korrekturen, die bei Überschneidungen zur Verrechnung der Belege notwendig waren, um eine Verfälschung der Gesamtzahlen zu vermeiden. Die Zusammenhänge zwischen den einzelnen Belegen können durch den Vergleich zwischen den Tafeln 10 und 11 sowie durch die Identifizierung der Doppelmeldungen nachvollzogen werden.

Tafel 1: Weitergabe der Kommissarrichtlinien bei den Armeekorps und Divisionen

Stab	Vorg.	Nws.	Quelle des Nachweises	Indiz	Quelle der Indizien	Datum
1.AK	18.A	Nein		Nein		
1.GD	49.AK	Ja	RH 28-1/20, S. 17	Nein		20.06.1941
1.ID	1.AK	Nein		Nein		
1.KD	24.AK	Ja	RH 29-1/5, Anl. 537	Nein		11.07.1941
1.PD	41.AK	Nein		Nein	RH 46/495	20.06.1941
10.AK	16.A	Nein		Nein		20.06.1941
10.ID	24.AK	Ja	RH 26-10/10, Anl. 8	Nein		17.06.1941
10.PD	46.AK	Ja	RH 27-10/49; RH 37/7264, S. 4	Nein		19.06.1941
100.ID	17.A	Nein		Nein		20.06.1941
101.ID	52.AK	Nein		Nein		
102.ID	42.AK	Ja	RH 26-102/6, Anl. 21; RH 26-102/5.	Nein		21.06.1941
106.ID	OKHRes	Nein		Nein		
11.AK	11.A	Nein		Nein		
11.ID	1.AK	Nein		Ja	RH 26-11/8	20.06.1941
11.PD	48.AK	Nein		Nein		21.06.1941
110.ID	OKHRes	Ja	RH 26-110/38	Nein		24.06.1941
111.ID	29.AK	Ja	RH 26-111/7, Anl. 2	Nein		18.06.1941
112.ID	OKHRes	Ja	RH 26-112/8, Anl. 18	Nein		30.06.1941
113.ID	OKHRes	Ja	RH 26-113/5	Nein		01.07.1941
12.AK	2.PGr	Nein		Nein		14.06.1941
12.ID	2.AK	Ja	RH 26-12/22, Bl. 8; RH 26-12/82, S. 2f.	Nein		19.06.1941
12.PD	57.AK	Nein		Nein	RH 27-12/4, Bl. 80 f.	15.06.1941
121.ID	2.AK	Ja	RH 26-121/3	Nein		18.06.1941
122.ID	28.AK	Nein		Ja	RH 26-122/2	21.06.1941
123.ID	28.AK	Nein		Ja	RH 26-123/8, Bl. 46	20.06.1941
125.ID	OKHRes	Nein		Nein		21.06.1941
126.ID	10.AK	Ja	RH 26-126/114; RH 26-126/116, Anl. 28	Nein		21.06.1941
129.ID	42.AK	Ja	RH 26-129/3	Nein		16.06.1941
13.AK	4.A	Nein		Nein		
13.PD	1.PGr	Nein		Ja	RH 27-13/12, Bl. 15; RH 27-13/13, Anl. 92	22.06.1941
131.ID	43.AK	Ja	RH 41/881, Bl. 18	Nein		16.06.1941
132.ID	OKHRes	Nein		Ja	RH 26-132/36	01.07.1941
134.ID	43.AK	Nein		Ja	RH 26-134/5, Anl. 7	16.06.1941

Tafel 1: Weitergabe der Kommissarrichtlinien bei den Armeekorps und Divisionen

Stab	Vorg.	Nws.	Quelle des Nachweises	Indiz	Quelle der Indizien	Datum
137.ID	9.AK	Nein		Nein		
14.AK	1.PGr	Nein		Nein		21.06.1941
14.ID	39.AK	Ja	RH 26-14/10, S. 6	Nein		21.06.1941
14.PD	3.AK	Nein		Nein		
15.ID	OKHRes	Nein		Nein		
16.ID	1.PGr	Nein		Nein		
16.PD	14.AK	Nein		Nein		
161.ID	8.AK	Nein		Nein		
162.ID	20.AK	Ja	RH 26-162/7, Bl. 9; RH 26-162/9, Anl. 43	Nein		17.06.1941
167.ID	47.AK	Nein		Nein		
168.ID	6.A	Nein		Nein		20.06.1941
169.ID	36.AK	Nein		Ja	RH 26-169/95, Anl. 86	24.06.1941
17.AK	6.A	Ja	RH 24-17/226, Bl. 77	Nein		20.06.1941
17.ID	13.AK	Ja	RH 26-17/4, S. 12	Nein		21.06.1941
17.PD	47.AK	Nein		Nein		
170.ID	54.AK	Nein		Nein		16.06.1941
18.ID	57.AK	Ja	RH 26-18/11, Anl. 8	Nein		19.06.1941
18.PD	47.AK	Nein		Ja	RH 27-18/167, S. 3	19.06.1941
19.AK	20.A	Ja	RH 24-19/145, Bl. 2, Bl. 7	Nein		19.06.1941
19.PD	57.AK	Nein		Ja	RH 39/588, S. 3	18.06.1941
197.ID	OKHRes	Nein		Nein		
198.ID	30.AK	Nein		Nein		
2.AK	16.A	Nein		Nein	RH 24-2/303, S. 7	19.06.1941
2.GD	19.AK	Ja	RH 28-2/11, Bl. 5	Nein		21.06.1941
20.AK	9.A	Ja	RH 24-20/3, Bl. 376	Nein	RH 24-20/8, S. 7	14.06.1941
20.ID	39.AK	Nein		Ja	RH 26-20/11, S. 11	21.06.1941
20.PD	39.AK	Nein		Ja	RH 27-20/2, S. 7	18.06.1941
206.ID	HGrRes	Nein		Nein		
207.SD	Berück	Nein		Nein		
21.ID	1.AK	Nein		Ja	RH 26-21/137a	20.06.1941
213.SD	Berück	Nein		Ja	RH 26-213/21, S. 18	21.06.1941
217.ID	26.AK	Nein		Nein		
22.ID	11.A	Ja	RH 26-22/66	Nein		20.06.1941

Tafel 1: Weitergabe der Kommissarrichtlinien bei den Armeekorps und Divisionen

Stab	Vorg.	Nws.	Quelle des Nachweises	Indiz	Quelle der Indizien	Datum
221.SD	Berück	Nein		Ja	RH 26-221/10, S. 57f.; RH 26-221/70	19.06.1941
23.AK	HGrRes	Nein		Ja	RH 24-23/46, Bl. 22	22.06.1941
23.ID	7.AK	Nein		Nein		
239.ID	11.AK	Ja	RH 26-239/17	Nein		20.06.1941
24.AK	2.PGr	Nein		Nein		17.06.1941
24.ID	4.AK	Nein		Nein		18.06.1941
25.ID	1.PGr	Nein		Nein		21.06.1941
251.ID	HGrRes	Ja	RH 26-251/17, Anl. 25; MSg 2/3829	Nein		19.06.1941
252.ID	43.AK	Nein		Nein		21.06.1941
253.ID	16.A	Nein		Ja	RH 26-253/20, S. 7	20.06.1941
254.ID	HGrRes	Nein		Nein		
255.ID	2.PGr	Ja	RH 26-255/135, S. 7	Nein		19.06.1941
256.ID	20.AK	Nein		Nein		
257.ID	49.AK	Nein		Ja	RH 26-257/8	19.06.1941
258.ID	7.AK	Nein		Ja	RH 26-258/35	16.06.1941
26.AK	18.A	Ja	RH 24-26/62, S. 7f.	Nein		17.06.1941
26.ID	6.AK	Nein		Ja	RH 26-26/3, S. 3, S. 5	14.06.1941
262.ID	4.AK	Nein		Nein		21.06.1941
263.ID	9.AK	Nein		Nein		
267.ID	24.AK	Nein		Nein		
268.ID	7.AK	Ja	RH 26-268/12, Anl. 54	Nein		20.06.1941
269.ID	41.AK	Ja	RH 26-269/41, S. 5f.	Nein		14.06.1941
28.AK	16.A	Nein		Nein		
28.ID	8.AK	Nein		Nein		20.06.1941
281.SD	Berück	Nein		Nein		25.06.1941
285.SD	Berück	Nein		Ja	RH 26-285/4, Anl. 32	21.06.1941
286.SD	Berück	Ja	RH 26-286/5, Bl. 5	Nein		21.06.1941
29.AK	2.PGr	Nein		Ja	RH 26-111/5, Anl. 35; RH 26-111/6, S. 8	19.06.1941
29.ID	47.AK	Nein		Ja	RH 26-29/6	17.06.1941
290.ID	56.AK	Nein		Nein		
291.ID	18.A	Nein		Nein		
292.ID	9.AK	Nein		Nein	RH 26-292/6, Bl. 23	16.06.1941
293.ID	HGrRes	Nein		Nein		

Tafel 1: Weitergabe der Kommissarrichtlinien bei den Armeekorps und Divisionen

Stab	Vorg.	Nws.	Quelle des Nachweises	Indiz	Quelle der Indizien	Datum
295.ID	4.AK	Nein		Nein		18.06.1941
296.ID	4.AK	Nein		Ja	RH 26-296/12	17.06.1941
297.ID	44.AK	Ja	RH 26-297/31	Nein		20.06.1941
298.ID	3.AK	Ja	RH 26-298/16; RH 26-298/78	Nein		16.06.1941
299.ID	29.AK	Ja	RH 26-299/29	Nein		16.06.1941
3.AK	1.PGr	Ja	RH 26-298/19, Anl. 204; RH 24-3/134, Bl. 13	Nein		19.06.1941
3.GD	19.AK	Nein		Nein		
3.ID	56.AK	Nein		Nein		
3.PD	24.AK	Nein		Ja	RH 27-3/14, S. 31 ff.	18.06.1941
30.AK	11.A	Nein		Nein		21.06.1941
30.ID	10.AK	Ja	RH 26-30/19	Nein		16.06.1941
31.ID	12.AK	Nein		Ja		
32.ID	2.AK	Nein		Nein		
34.AK	OKHRes	Nein		Ja	RH 24-34/61, S. 4	30.06.1941
34.ID	12.AK	Nein		Nein		
35.AK	OKHRes	Nein		Nein		
35.ID	5.AK	Nein		Nein		19.06.1941
36.AK	20.A	Nein		Nein		
36.ID	41.AK	Ja	RH 26-36/2	Nein		17.06.1941
38.AK	18.A	Nein		Nein	RH 24-38/162	17.06.1941
39.AK	3.PGr	Nein		Nein		18.06.1941
4.AK	17.A	Ja	RH 24-4/34a, Anl. 186	Nein	RH 24-4/33, Bl. 40	19.06.1941
4.GD	OKHRes	Nein		Nein		
4.PD	24.AK	Nein		Nein		16.06.1941
403.SD	Berück	Ja	RH 26-403/4a	Nein		01.07.1941
41.AK	4.PGr	Ja	RH 26-269/41, S. 5f.	Nein		12.06.1941
42.AK	9.A	Ja	RH 20-9/251; RH 26-102/60	Nein		15.06.1941
43.AK	4.A	Ja	RH 24-43/11, Anl. 56	Nein		20.06.1941
44.AK	6.A	Ja	RH 24-44/33, Bl. 33	Nein	RH 24-44/33, Bl. 26	21.06.1941
44.ID	3.AK	Nein		Ja	RH 26-44/18	19.06.1941
444.SD	Berück	Nein		Nein		
45.ID	12.AK	Nein		Ja	RH 26-45/16, S. 21	17.06.1941
454.SD	Berück	Ja	RH 26-454/6a, Anl. 41	Nein	RH 26-454/5, S. 14	20.06.1941

Tafel 1: Weitergabe der Kommissarrichtlinien bei den Armeekorps und Divisionen

Stab	Vorg.	Nws.	Quelle des Nachweises	Indiz	Quelle der Indizien	Datum
46.AK	2.PGr	Ja	RH 24-46/7, Bl. 51	Nein		19.06.1941
47.AK	2.PGr	Ja	RH 24-47/4, Anl. 154; RH 26-29/60, Anl. 19	Nein		20.06.1941
48.AK	1.PGr	Nein		Nein	RH 24-48/4, S. 9; RH 27-11/85	20.06.1941
49.AK	17.A	Nein		Ja	RH 26-97/3, S. 14	19.06.1941
5.AK	3.PGr	Ja	RH 24-5/19, Bl. 16 ff.	Nein		18.06.1941
5.ID	5.AK	Nein		Ja	RH 46/824	
50.AK	OKHRes	Ja	RH 26-251/81	Nein		03.07.1941
50.ID	54.AK	Nein		Nein		21.06.1941
51.AK	OKHRes	Nein		Nein		
52.AK	17.A	Nein		Nein		19.06.1941
52.ID	OKHRes	Nein		Nein		
53.AK	HGrRes	Nein		Nein	RH 24-53/136	19.06.1941
54.AK	11.A	Nein		Ja	RH 24-54/224	
55.AK	6.A	Nein		Nein		
56.AK	4.PGr	Ja	NOKW-2028	Nein		12.06.1941
56.ID	17.AK	Nein		Ja	RH 26-56/16a	16.06.1941
57.AK	3.PGr	Ja	RH 24-57/6, Bl. 131 ff.	Nein		17.06.1941
57.ID	48.AK	Nein		Ja	RH 26-57/112	
58.ID	38.AK	Nein		Nein		20.06.1941
6.AK	3.PGr	Ja	RH 24-6/27b, Bl. 107ff.	Nein		18.06.1941
6.ID	6.AK	Nein		Nein		19.06.1941
6.PD	41.AK	Nein		Ja	RH 27-6/112	14.06.1941
61.ID	26.AK	Nein		Nein		
62.ID	17.AK	Nein		Ja	RH 26-62/40, Anl. 17	18.06.1941
68.ID	49.AK	Nein		Nein		
7.AK	4.A	Ja	RH 24-7/217, Bl. 21	Nein		15.06.1941
7.ID	7.AK	Ja	RH 26-7/13, Anl. 43	Nein		21.06.1941
7.PD	39.AK	Nein		Ja	RH 27-7/46, Bl. 6	17.06.1941
71.ID	4.AK	Nein		Nein		
72.ID	11.A	Nein		Nein		
75.ID	48.AK	Nein		Nein		17.06.1941
76.ID	11.AK	Nein		Ja	RH 26-76/6	19.06.1941
78.ID	13.AK	Ja	RH 26-78/64	Nein		21.06.1941

Tafel 1: Weitergabe der Kommissarrichtlinien bei den Armeekorps und Divisionen						
Stab	Vorg.	Nws.	Quelle des Nachweises	Indiz	Quelle der Indizien	Datum
79.ID	OKHRes	Nein		Nein		
8.AK	9.A	Ja	RH 26-8/21, Anl. 106	Nein		19.06.1941
8.ID	8.AK	Ja	RH 26-8/21, Anl. 106	Nein		19.06.1941
8.PD	56.AK	Ja	RH 27-8/9	Nein		18.06.1941
86.ID	OKHRes	Nein		Nein		
87.ID	42.AK	Ja	RH 26-87/22	Nein		28.05.1941
9.AK	4.A	Ja	RH 26-292/53, Anl. 1; RH 24-9/156, Bl. 13	Nein		21.06.1941
9.ID	44.AK	Ja	RH 52/615	Nein		21.06.1941
9.PD	14.AK	Nein		Nein		
95.ID	OKHRes	Nein		Nein		
97.ID	17.A	Nein		Ja	RH 26-97/6	19.06.1941
99.ID	HGrRes	Nein		Ja	RH 26-99/2, S. 18	20.06.1941
IRGD	46.AK	Nein		Nein		
SSAH	1.PGr	Nein		Nein		
SSN	36.AK	Ja	RS 3-6/29, Bl. 11	Nein		10.07.1941
SSR	46.AK	Nein		Nein		
SST	4.PGr	Ja	RS 4/1295	Nein		14.06.1941
SSW	14.AK	Nein		Nein		

Tafel 2: Die Weitergabe der Kommissarrichtlinien bei den Armeen und Panzergruppen

Stab	Ic-Besprech.	Quellen (Ic)	Nachweis (Ic)	Indiz (Ic)	OB-Weitergabe	Quellen (OB)	Nachweis (OB)	Indiz (OB)
AOK 16	17.06.1941	RH 26-126/114, Anl. 7	Ja		13.06.1941	RH 26-123/8, Bl. 39	Nein	Ja
Pz.Gr. 4	12.06.1941	RH 26-36/40, S. 3	Ja		02.05.1941	RH 21-4/10, Bl. 20	Ja	
AOK 18	13.06.1941	RH 24-38/162	Nein	Ja	18.06.1941	RH 20-18/1153, Bl. 64	Ja	
AOK 9	12.06.1941	RH 26-8/17; RH 24-20/74; RH 26-102/60;	Ja		26.05.1941	RH 21-3/46, Bl. 2	Ja	
Pz.Gr. 3		RH 24-6/235, Bl. 43	Nein	Nein	12.04.1941	RH 21-3/40, Bl. 33	Nein	Ja
AOK 4	18.06.1941	RH 20-4/671, Bl. 4	Ja				Nein	Nein
Pz.Gr. 2	17.06.1941	RH 26-255/135, Bl. 7; RH 26-10/68, S. 2; RH 24-46/122	Ja				Nein	Nein
AOK 6	16.06.1941	RH 20-6/487, Bl. 83 f.; RH 26-56/16b; RH 24-3/134, Anl. 9, u.a.	Ja		28.04.1941	RH 24-17/41, Bl. 27	Ja	
Pz.Gr. 1		RH 26-111/28, S. 5	Nein	Nein	18.06.1941	RH 24-48/5, Anl. 29; RH 21-1/463, S. 38	Nein	Ja
AOK 17	13.06.1941	RH 26-262/49	Ja		18.06.1941	RH 20-17/51, Anl. 33	Ja	
AOK 11	19.06.1941	RH 24-30/115	Ja		18.06.1941	RH 26-239/17	Ja	
AOK 2	06.07.1941	RH 20-2/1090, Anl. 186	Ja				Nein	Nein
AOK 20	23.06.1941	RH 26-169/94, S. 15	Nein	Ja	21.06.1941	RH 28-2/11, S. 5 f.	Ja	

Anhang 579

III-Besprech.	Quellen (III)	Nachweis (III)	Indiz (III)	Sonstige	Datum	Quellen
12.06.1941	RH 24-23/456; RH 20-16/1024, Bl. 8	Nein	Ja	Ja	01.07.1941; 05.06.1941	RH 24-50/142, S. 3; RH 20-16/1012, Bl. 38
12.06.1941	RH 26-36/55, Bl. 22 ff.	Ja		Ja	18.06.1941	RH 21-4/334, Bl. 25
14.06.1941	RH 26-21/137b, S. 2; RH 26-21/19, S. 52	Nein	Ja	Ja	25.04.1941; 20.06.1941; 25.06.1941; 22.06.1941	RH 20-18/71, Bl. 20 ff.; RH 20-18/1202; RH 20-18/1202; RH 26-254/6
11.06.1941	RH 20-9/323; RH 23/265, S. 4	Nein	Ja	Ja	09.07.1941	RH 20-9/251
20.06.1941	RH 27-7/204; RH 24-57/94, Bl. 332	Nein	Ja	Ja	20.06.1941; 08.08.1941	RH 21-3/611, Bl. 10; RH 26-20/85, Anl. 438
13.06.1941	RH 26-131/34; RH 26-45/119	Nein	Ja	Nein		
17.06.1941	RH 27-10/104	Ja		Ja		RH 27-4/114, Anl. 79
15.06.1941	RH 24-44/33, S. 28; RH 26-57/112	Ja		Ja	22.06.1941; 26.07.1941; 16.06.1941	RH 24-51/12; RH 24-51/18, Anl. 18a; RH 20-6/489, Bl. 323; RH 20-6/490, Bl. 169; RH 20-6/96, Bl. 153
20.06.1941	RH 24-48/323, S. 52; RH 24-14/193, S. 2	Nein	Ja	Nein		
	RH 24-34/61, S. 4	Nein	Ja	Nein		
	RH 20-11/386	Ja		Ja	03.08.1941	RH 20-11/381
		Nein	Nein	Nein		
		Nein	Nein	Ja	19.06.1941; 22.06.1941	RH 20-20/306, Bl. 65 ff; RH 20-20/203, Bl. 14

Tafel 3: Verteilung der Nachweise über die Weitergabe der Kommissarrichtlinien

Ebene	Anzahl Stäbe	Anzahl Nachweise	Anteil	Anzahl Indizien	Anteil	Anzahl keine Hinweise	Anteil	Anzahl Nachweise+ Indizien	Anteil
H.Gr.	3	3	100 %	0	0 %	0	0 %	3	100 %
AOK	9	9	100 %	0	0 %	0	0 %	9	100 %
Pz.Gr.	4	3	75 %	1	25 %	0	0 %	4	100 %
AK	44	20	45,4 %	5	11,4 %	19	43,2 %	25	56,8 %
Div.	139	41	29,5 %	34	24,5 %	64	46 %	75	54 %
Gesamt	199	76	38,2 %	40	20,1 %	83	41,7 %	116	58,3 %

Tafel 4: Überlieferungssituation bei den AK und Div. ohne Hinweise auf die Weitergabe der Kommissarrichtlinien

Ebene	keine Hinweise	davon: Überlieferung intakt	Anteil	davon: Überlieferung defizitär	Anteil	fehlt ganz	Anteil	fehlt teilweise	Anteil
Div.	64	28	43,8 %	36	56,2 %	16	25 %	20	31,2%
AK	19	14	73,7 %	5	26,3 %	3	15,8 %	2	10,5 %
Gesamt	83	42	50,6 %	41	49,4 %	19	22,9 %	22	26,5 %

Tafel 5: Zeitliche und regionale Verteilung der datierbaren Exekutionszahlen 1941/42 und Wachstumsraten im ersten Kriegshalbjahr

Monat	Gesamtsumme	% des Vormonats	Frontbereich	% des Vormonats
Juni	384		383	
Juli	781	203 %	660	172 %
August	421	54 %	239	36 %
September	397	94 %	272	114 %
Oktober	498	125 %	419	154 %
November	234	47 %	138	33 %
Dezember	35	15 %	32	23 %
Januar	30		27	
Februar	34		28	
März	32		20	
April	28		11	
Mai	33		23	

Anhang 581

Tafel 6: Verteilung der Erschießungszahlen aus dem Frontbereich auf die drei Heeresgruppen 1941/42				
Monat	H.Gr. Nord	H.Gr. Mitte	H.Gr. Süd	Gesamt
Juni	70	219	94	383
Juli	168	366	126	660
August	21	166	52	239
September	28	99	145	272
Oktober	57	112	250	419
November	38	54	46	138
Dezember	6	18	8	32
Januar	1	7	19	27
Februar	0	13	15	28
März	0	17	3	20
April	1	7	3	11
Mai	0	5	18	23
Gesamt	390	1083	779	2252
Anteil	17,32%	48,09%	34,59%	100 %

Tafel 7: Verteilung der Erschießungszahlen auf Divisionstypen				
Waffengattung	Nachweise	Anteil Nachweise	Anzahl Div.	Anteil Waffe/Heer
Infanterie	807	68,2 %	102	74,45 %
Panzertruppe	291	24,6 %	19	13,87 %
Mot.-Truppe	85	7,2 %	16	11,67 %
Pz.-/Mot.-Truppe	376	31,8 %	35	25,55 %
Gesamt	1183		137	

Tafel 8: Verteilung der Exekutionszahlen auf die Armeekorps

Nr.	Korps	Nachweisbare Exekutionen
1	39.AK	186
2	8.AK	158
3	41.AK	145
4	51.AK	134
5	3.AK	118
6	53.AK	90
7	14.AK	80
8	17.AK	80
9	47.AK	80
10	24.AK	75
11	48.AK	43
12	49.AK	41
13	55.AK	38
14	9.AK	37
15	46.AK	36
16	5.AK	35
17	7.AK	34
18	44.AK	33
19	35.AK	30
20	40.AK	30
21	52.AK	30
22	28.AK	29
23	43.AK	29
24	20.AK	22
25	2.AK	21
26	30.AK	20
27	4.AK	20
28	1.AK	17
29	26.AK	17
30	54.AK	17
31	29.AK	15
32	6.AK	15
33	23.AK	14
34	11.AK	12

Tafel 8: Verteilung der Exekutionszahlen auf die Armeekorps		
Nr.	Korps	Nachweisbare Exekutionen
35	12.AK	10
36	38.AK	10
37	56.AK	7
38	10.AK	6
39	13.AK	6
40	57.AK	6
41	50.AK	5
42	42.AK	4
43	34.AK	2
44	27.AK	1

Tafel 9: Verteilung der Exekutionszahlen auf die Divisionen

Nr.	Division	Nachweisbare Exekutionen
1	403.SD	674
2	44.ID	125
3	221.SD	104
4	12.PD	93
5	62.ID	82
6	269.ID	50
7	52.ID	49
8	13.PD	48
9	61.ID	42
10	257.ID	32
11	20.PD	26
12	454.SD	25
13	18.PD	24
14	25.ID	23
15	161.ID	22
16	292.ID	20
17	267.ID	18
18	298.ID	17
19	5.PD	17
20	17.PD	16
21	72.ID	16
22	101.ID	15
23	111.ID	15
24	255.ID	15
25	56.ID	15
26	252.ID	13
27	4.PD	13
28	1.KD	12
29	45.ID	12
30	3.PD	11
31	60.ID	11
32	SSAH	11
33	11.PD	10
34	16.PD	10
35	24.ID	10
36	286.SD	10
37	36.ID	10
38	167.ID	9
39	8.ID	9
40	14.PD	8
41	183.ID	8
42	297.ID	8
43	79.ID	8
44	9.ID	8
45	102.ID	7
46	293.ID	7
47	5.ID	7
48	57.ID	7
49	7.ID	7
50	78.ID	7
51	10.ID	6
52	112.ID	6
53	217.ID	6
54	68.ID	6
55	9.PD	6
56	162.ID	5
57	198.ID	5
58	20.ID	5
59	295.ID	5
60	8.PD	5
61	1.ID	4
62	137.ID	4
63	263.ID	4
64	29.ID	4
65	34.ID	4
66	6.ID	4
67	707.SD	4
68	73.ID	4
69	97.ID	4
70	100.ID	3
71	12.ID	3
72	122.ID	3
73	123.ID	3
74	126.ID	3
75	170.ID	3
76	23.ID	3

Tafel 9: Verteilung der Exekutionszahlen auf die Divisionen

Nr.	Division	Nachweisbare Exekutionen
77	239.ID	3
78	26.ID	3
79	268.ID	3
80	285.SD	3
81	294.ID	3
82	299.ID	3
83	30.ID	3
84	35.ID	3
85	58.ID	3
86	121.ID	2
87	168.ID	2
88	206.ID	2
89	21.ID	2
90	251.ID	2
91	262.ID	2
92	50.ID	2
93	71.ID	2
94	75.ID	2
95	86.ID	2
96	87.ID	2
97	1.GD	1
98	10.PD	1
99	11.ID	1
100	110.ID	1
101	132.ID	1
102	134.ID	1
103	17.ID	1
104	197.ID	1
105	2.PD	1
106	22.ID	1
107	254.ID	1
108	256.ID	1
109	28.ID	1
110	291.ID	1
111	3.ID	1
112	31.ID	1
113	4.GD	1
114	6.PD	1
115	7.PD	1
116	76.ID	1
117	94.ID	1
118	95.ID	1
119	96.ID	1
120	99.ID	1
121	IRGD	1
122	SST	1
123	1.PD	0
124	106.ID	0
125	113.ID	0
126	125.ID	0
127	129.ID	0
128	131.ID	0
129	14.ID	0
130	15.ID	0
131	16.ID	0
132	18.ID	0
133	19.PD	0
134	207.SD	0
135	213.SD	0
136	253.ID	0
137	258.ID	0
138	260.ID	0
139	281.SD	0
140	296.ID	0
141	32.ID	0
142	444.SD	0
143	46.ID	0
144	713.ID	0
145	93.ID	0
146	SSP	0
147	SSR	0
148	SSW	0

Tafel 10: Die Nachweise über die Durchführung der Kommissarrichtlinien

Nr.	Verband	Datum	Zeitraum	Ex.	Vorg.	A.	PGr.	Quelle	Nws.	Dpl.	zu Nr.
1	1.AK		28.9.-4.10.41	1	16.A	16.A		RH 24-1/260, Bl. 213	Ja	Ja	20
2	1.AK		5.10.-11.10.41	1	16.A	16.A		Ic-Meldung des I. AK v. 11.10.41; RH 20-16/477b	Ja	Ja	160
3	1.AK		26.10.-1.11.41	2	16.A	16.A		RH 24-1/261, Bl. 2	Ja	Nein	6
4	1.AK	21.07.41		1	18.A	18.A		RH 20-18/975, Bl. 86	Ja	Nein	
5	1.AK	20.07.41		2	18.A	18.A		Ic-Abendmeldung I. AK v. 20.7.41; RH 20-18/958	Ja	Ja	153
6	1.AK		26.10.-1.11.41	2	16.A	16.A		Ic-Meldung des I. AK v. 1.11.41; RH 20-16/478a	Ja	Nein	
7	1.AK	09.07.41		1	18.A	18.A		Ic-Abendmeldung I. AK v. 9.7.41; RH 20-18/958	Ja	Ja	2
8	1.AK		5.10.-11.10.41	1	16.A	16.A		Ic-Abendmeldung des I. AK v. 6.10.41; RH 20-16/477b	Ja	Nein	
9	1.AK	07.07.41		1	18.A	18.A		Ic-Morgenmeldung I. AK v. 8.7.41; RH 20-18/958	Ja	Ja	9
10	1.AK	07.07.41		1	18.A	18.A		RH 24-1/260, Bl. 35	Ja	Nein	
11	1.AK	27.06.41		1	18.A	18.A		Ic-Abendmeldung I. AK v. 27.6.41; RH 20-18/958	Ja	Ja	11
12	1.AK	14.08.41		4	16.A	16.A		Nachtmeldung des I. AK v. 14.8.41; RH 20-16/479a	Ja	Ja	2
13	1.AK	27.06.41		1	18.A	18.A		RH 24-1/260, Bl. 16	Ja	Ja	3
14	1.AK		5.10.-11.10.41	1	16.A	16.A		RH 24-1/260, Bl. 225	Ja	Ja	14
15	1.AK	22.10.41		2	16.A	16.A		RH 24-1/260, Bl. 249	Ja	Ja	10
16	1.AK	06.10.41		1	16.A	16.A		RH 24-1/260, Bl. 215	Ja	Ja	7
17	1.AK	07.07.41		1	18.A	18.A		RH 24-1/260, Bl. 36	Ja	Ja	5
18	1.AK	09.07.41		1	18.A	18.A		RH 24-1/260, Bl. 39	Ja	Ja	151
19	1.AK	20.07.41		2	18.A	18.A		RH 24-1/260, Bl. 60	Ja	Ja	20
20	1.AK		28.9.-4.10.41	1	16.A	16.A		Ic-Meldung des I. AK v. 5.10.41; RH 20-16/476a	Ja	Ja	4
21	1.AK	28.09.41		1	16.A	16.A		Ic-Meldung des I. AK v. 28.9.41; RH 20-16/476a	Ja	Ja	26
22	1.AK	21.07.41		1	18.A	18.A		RH 24-1/260, Bl. 62	Ja	Ja	12
23	1.AK		1.11.-16.11.41	1	16.A	16.A	PGr.1	RH 24-1/261, Bl. 34	Ja	Ja	305
24	1.AK	14.08.41		4	16.A	16.A		RH 24-1/260, Bl. 109	Ja	Ja	158
25	1.AK		21.9.-27.9.41	1	16.A	16.A		RH 24-1/260, Bl. 198	Ja	Ja	
26	1.AK		1.11.-16.11.41	1	16.A	16.A		Ic-Meldung des I. AK v. 17.11.41; RH 20-16/478a	Ja	Nein	
27	1.GD	27.06.41		1	49.AK	17.A		Morgenmeldung GJR 99 v. 27.6.41; RH 28-1/128	Ja	Nein	
28	1.GD		15.4.-30.4.42	1	3.AK		PGr.1	RH 28-1/147, Anl. 1217	Nein	Nein	
29	1.ID	06.10.41		3	38.AK	18.A		Ic-Morgenmeldung XXXVIII. AK v. 7.10.41; RH 24-38/168	Ja	Nein	351
30	1.ID	01.08.41		1	41.AK		PGr.4	Meldung 1. ID v. 2.8.41; RH 24-41/70	Ja	Nein	
31	1.KD		6.7.-10.7.41	10	24.AK	4.A	PGr.2	Ic-Tagesmeldung 1. Kav.Div. v. 11.7.41; RH 24-24/331	Ja	Ja	351

Anhang 587

Nr.	Verband	Datum	Zeitraum	Ex.	Vorg.	A.	PGr.	Quelle	Nws.	Dpl.	zu Nr.
32	1.KD	16.07.41		1	24.AK	4.A	PGr.2	RH 29-1/4, S. 54	Ja	Nein	
33	1.KD	12.08.41		1	13.AK	2.A		RH 40/59, S. 57	Ja	Ja	231
34	1.KD	07.07.41		1	24.AK	4.A	PGr.2	RH 29-1/4, S. 37	Ja	Ja	31
35	PGr.1	19.07.41		3	HGr Süd		PGr.1	RH 21-1/471, S. 134	Ja	Nein	
36	PGr.1	30.06.41		7	HGr Süd		PGr.1	RH 20-6/515, Bl. 286	Ja	Nein	
37	PGr.1		16.10.-31.10.41	11	HGr Süd		PGr.1	RH 21-1/476, S. 247	Ja	Nein	
38	PGr.1	23.06.41		2	6.A	6.A		RH 21-1/147, S. 4	Ja	Ja	40
39	PGr.1		1.11.-15.11.41	1	PGr.1		PGr.1	RH 21-1/476, S. 111	Ja	Nein	
40	PGr.1	23.06.41		2	6.A	6.A		RH 20-6/514, Bl. 232	Ja	Ja	886
41	10.AK		7.9.-13.9.41	1	16.A	16.A		RH 24-10/283, Bl. 107	Ja	Ja	546
42	10.AK		3.8.-9.8.41	1	16.A	16.A		RH 24-10/283, Bl. 34	Ja	Ja	112
43	10.AK		14.9.-20.9.41	1	16.A	16.A		RH 24-10/283, Bl. 117	Ja	Ja	147
44	10.AK		28.9.-4.10.41	1	16.A	16.A		RH 24-10/283, Bl. 155	Ja	Ja	151
45	10.AK		24.8.-30.8.41	1	16.A	16.A		RH 24-10/283, Bl. 77	Ja	Ja	469
46	10.ID	24.11.41		1	47.AK	4.A	PGr.2	RH 26-10/71, Anl. 674	Ja	Nein	
47	10.ID		22.6.-5.7.41	3	24.AK	4.A	PGr.2	Ic-Meldung 10. ID v. 11.7.41; RH 24-24/331	Ja	Ja	351
48	10.ID	11.08.41		1	24.AK	4.A	PGr.2	RH 26-1/70b, Anl. 312	Ja	Ja	346
49	10.ID	15.08.41		1	24.AK	4.A	PGr.2	RH 26-10/70b, Anl. 331	Ja	Ja	346
50	10.PD	03.11.41		1	40.AK	4.A	PGr.4	RH 37/7264, S. 59	Ja	Nein	
51	10.PD	31.03.42		2	20.AK		PGr.4	TB (Ic) 10. Pz.Div. v. 31.3.42; RH 27-10/50	Nein	Nein	
52	100.ID		31.8.-13.9.41	2	55.AK	17.A		RH 24-55/71, S. 292	Ja	Ja	53
53	100.ID		31.8.-13.9.41	2	55.AK	17.A		Ic-Morgenmeldung LV. AK v. 15.9.41; RH 20-17/278	Ja	Nein	
54	100.ID		1.11.-15.11.41	1	11.AK	6.A		RH 20-6/562, Bl. 61	Ja	Nein	
55	100.ID	05.09.41		1	52.AK	17.A		RH 26-100/38, S. 65	Ja	Ja	57
56	100.ID	03.09.41		1	52.AK	17.A		RH 26-100/38, S. 61	Ja	Ja	57
57	100.ID		31.8.-13.9.41	2	52.AK	17.A		RH 26-100/39, S. 33	Ja	Ja	782
58	101.ID		19.10.-24.10.41	13	55.AK	6.A		KTB IR 228 v. 24.10.41; RH 37/4906	Ja	Ja	59
59	101.ID		19.10.-24.10.41	13	55.AK	6.A		RH 26-101/15, Anl. 35	Ja	Nein	
60	101.ID		9.7.-18.7.41	1	52.AK	17.A		Ic-Tagesmeldung 101. ID v. 18.7.41; RH 24-52/220	Ja	Ja	780
61	101.ID	06.07.41		1	52.AK	17.A		Ic-Morgenmeldung 101. ID v. 7.7.41; RH 24-52/220	Ja	Ja	788
62	101.ID		22.6.-8.7.41	1	52.AK	17.A		Ic-Morgenmeldung 101. ID v. 9.7.41; RH 24-52/220	Ja	Ja	61

Nr.	Verband	Datum	Zeitraum	Ex.	Vorg.	A.	PGr.	Quelle	Nws.	Dpl.	zu Nr.
63	102.ID		22.6.-28.7.41	1	9.A	9.A		RH 26-102/60, S. 14	Ja	Ja	1018
64	102.ID	26.08.41		2	40.AK	9.A		Ic-Tagesmeldung XXXX. AK v. 26.8.41; RH 24-40/87	Ja	Nein	
65	102.ID	26.08.41		2	40.AK	9.A		Ic-Tagesmeldung XXXX. AK v. 26.8.41; RH 20-9/252	Ja	Ja	64
66	102.ID	13.07.41		4	9.A	9.A		Ic-Tagesmeldung 102. ID v. 13.7.41; RH 20-9/251	Ja	Nein	
67	11.A	10.01.42		3	HGr Süd	11.A		Ic-Meldung der Gruppe v. Heigl v. 10.1.42; RH 20-11/203	Ja	Nein	
68	11.A	26.04.42		2	HGr Süd	11.A		TB GFP 647 April 42 v. 26.4.42; RH 20-11/337	Ja	Nein	
69	11.AK	18.07.41		1	11.A	11.A		Ic-Meldung XI. AK v. 23.7.41; RH 20-11/68	Ja	Nein	
70	11.AK		5.7.-23.7.41	3	11.A	11.A		Ic-Abendmeldung XI. AK v. 7.8.41; RH 20-11/83	Ja	Ja	70
71	11.AK		5.7.-23.7.41	3	11.A	11.A		TB (Ic) XI. AK v. 7.8.41; RH 24-11/120	Ja	Nein	
72	11.AK		15.5.-31.5.42	1	PGr.1		PGr.1	TB (Ic) XI. AK v. 31.5.42; RH 24-11/122	Ja	Ja	72
73	11.AK	18.05.42		1	PGr.1		PGr.1	TB (Ic) XI. AK v. 18.5.42; RH 24-11/122	Ja	Nein	
74	11.ID	20.07.41		1	1.AK	16.A		Ic-Tagesmeldung 11. ID v. 20.7.41; RH 26-11/59	Ja	Ja	19
75	11.PD		22.6.-14.7.41	10	48.AK		PGr.1	RH 24-48/198, Anl. 29	Ja	Ja	732
76	110.ID	22.07.41		1	23.AK	9.A		TB (Ic) 110. ID v. 22.7.41; RH 26-110/38	Ja	Nein	
77	110.ID	20.10.41		1	6.AK	9.A		TB (Ic) 110. ID v. 20.10.41; RH 26-110/38	Nein	Nein	
78	110.ID	04.10.41		1	6.AK	9.A		TB (Ic) 110. ID v. 4.10.41; RH 26-110/38	Nein	Nein	
79	111.ID	15.05.42		2	52.AK	17.A		RH 26-111/42, S. 11-13	Ja	Nein	
80	111.ID	27.05.42		1	4.AK	17.A		RH 26-111/42, S. 21	Ja	Nein	
81	111.ID	03.10.41		12	6.A	6.A		RH 26-111/35, S. 8 f.	Ja	Nein	
82	112.ID	30.10.41		1	53.AK		PGr.2	RH 39/426, Bl. 50	Ja	Nein	
83	112.ID	11.11.41		2	53.AK		PGr.2	RH 39/426, Bl. 54	Ja	Nein	
84	112.ID		26.6.-1.10.41	2	12.AK	2.A		Bericht Pz.Jg.Abt. 112 v. 2.10.41; RH 39/426	Ja	Ja	235
85	112.ID	01.08.41		1	12.AK	2.A		RH 26-112/75, Anl. 7	Ja	Ja	235
86	12.AK		26.8.-30.9.41	3	4.A	4.A		RH 24-12/59, Bl. 15	Nein	Nein	
87	12.AK	16.11.41		1	4.A	4.A		Ic-Abendmeldung XII. AK v. 16.11.41; RH 20-4/680	Ja	Nein	
88	12.ID	15.09.41		1	2.AK	16.A		Ic-Meldung 12. ID v. 15.9.41; RH 26-12/249	Ja	Nein	
89	12.ID	12.07.41		1	2.AK	16.A		Ic-Abendmeldung 12. ID v. 13.7.41; RH 26-12/248	Ja	Ja	246
90	12.ID	28.06.41		1	2.AK	16.A		Tgb. Habicht v. 28.6.41; MSg 1/2311 (Hinweis Förster)	Ja	Ja	246
91	12.PD		14.9.-20.9.41	1	39.AK	16.A		RH 24-39/187, Bl. 99	Ja	Ja	588
92	12.PD		16.7.-30.7.41	88	39.AK	4.A	PGr.3	RH 24-39/179, Bl. 72	Ja	Ja	539
93	12.PD		16.7.-30.7.41	88	39.AK	4.A	PGr.3	RH 24-39/179, Bl. 73	Ja	Ja	92

Anhang 589

Nr.	Verband	Datum	Zeitraum	Ex.	Vorg.	A.	PGr.	Quelle	Nws.	Dpl.	zu Nr.
94	12.PD		19.10.–25.10.41	1	39.AK	16.A		RH 24-39/192, Bl. 42	Ja	Ja	596
95	12.PD	30.06.41		1	39.AK		PGr.3	RH 21-3/433, Bl. 163	Ja	Ja	539
96	12.PD		7.9.–13.9.41	2	39.AK	16.A		RH 24-39/185, Bl. 35	Ja	Ja	594
97	121.ID	24.07.41		1	2.AK	16.A		Ic-Meldung 121. ID v. 24.7.41; RH 26-121/55	Ja	Ja	245
98	121.ID		22.6.–19.7.41	1	2.AK	16.A		Ic-Meldung 121. ID v. 22.7.41; RH 26-121/55	Ja	Ja	246
99	122.ID	14.07.41		1	28.AK	16.A		Ic-Morgenmeldung 122. ID v. 14.7.41; RH 24-28/12	Ja	Ja	102
100	122.ID	22.06.41		1	28.AK	16.A		Ic-Morgenmeldung 122. ID v. 22.6.41; RH 24-28/12	Ja	Ja	422
101	122.ID	05.10.41		1	18.A	18.A		Ic-Morgenmeldung XXVIII. AK v. 5.10.41; RH 24-28/109	Ja	Nein	
102	122.ID	14.07.41		1	28.AK	16.A		Ic-Morgenmeldung XXVIII. AK v. 14.7.41;RH 20-16/475b	Ja	Nein	
103	123.ID	22.06.41		1	28.AK	16.A		RH 26-123/143, Bl. 6	Ja	Ja	105
104	123.ID	13.09.41		1	2.AK	16.A		RH 26-123/143, Bl. 40	Ja	Nein	
105	123.ID	22.06.41		1	28.AK	16.A		Ic-Meldung 123. ID v. 22.6.41; RH 24-28/12	Ja	Ja	433
106	123.ID		7.9.–13.9.41	1	2.AK	16.A		Ic-Meldung des II. AK v. 14.9.41; RH 20-16/477b	Ja	Ja	148
107	123.ID	09.09.41		1	2.AK	16.A		RH 26-123/143, Bl. 38	Ja	Ja	106
108	126.ID	19.07.41		1	10.AK	16.A		RH 26-126/116, Anl. 40	Ja	Nein	
109	126.ID		3.8.–9.8.41	1	10.AK	16.A		RH 24-10/283, Bl. 29	Ja	Ja	42
110	126.ID	18.10.41		1	39.AK	16.A		RH 26-126/115, S. 42	Ja	Ja	589,154
111	126.ID	18.10.41		1	39.AK	16.A		RH 24-39/191, Bl. 107	Ja	Ja	586
112	126.ID		3.8.–10.8.41	1	10.AK	16.A		Ic-Meldung des X. AK v. 11.8.41; RH 20-16/477b	Ja	Nein	
113	13.AK	27.04.42		2	4.A	4.A		RH 24-13/155, S. 31 f.	Ja	Nein	
114	13.AK	20.08.41		1	2.A	2.A		RH 20-2/1107, Anl. 67	Ja	Ja	231
115	13.PD		22.6.–24.7.41	40	3.AK		PGr.1	RH 24-3/134, Anl. 76	Ja	Ja	522
116	13.PD		16.10.–31.10.41	6	3.AK		PGr.1	TB (Ic) 13. Pz.Div. v. 16.10.–31.10.41; RH 27-13/111	Ja	Ja	520
117	13.PD		16.10.–31.10.41	6	3.AK		PGr.1	RH 27-13/111, Anl. 2	Ja	Ja	116
118	13.PD		27.9.–4.10.41	2	3.AK		PGr.1	TB (Kdt.St.Qu.) 13. Pz.Div. v. 21.9.–4.10.41; RH 27-13/116	Ja	Nein	
119	132.ID	22.09.41		1	34.AK	6.A		TB (Ic) 132. ID v. 22.9.41; RH 26-132/34	Ja	Ja	119
120	132.ID	22.09.41		1	34.AK	6.A		RH 26-132/37, Anl. 258	Ja	Nein	
121	134.ID	01.03.42		1	47.AK		PGr.2	RH 21-2/676, Bl. 275	Ja	Ja	1036
122	137.ID		1.7.–9.7.41	1	9.AK	2.A		RH 24-9/154, S. 15	Ja	Ja	1035
123	137.ID		10.7.–25.7.41	2	9.AK	4.A	PGr.2	RH 24-9/154, S. 25	Ja	Ja	122
124	137.ID		1.7.–9.7.41	1	9.AK	2.A		RH 24-9/155, Bl. 27	Ja	Ja	

590 Anhang

Nr.	Verband	Datum	Zeitraum	Ex.	Vorg.	A.	PGr.	Quelle	Nws.	Dpl.	zu Nr.
125	137.ID		10.7.–23.7.41	2	9.AK	4.A	PGr.2	RH 24-9/155, Bl. 33	Ja	Ja	123
126	137.ID		9.8.–15.8.41	1	9.AK		PGr.2	RH 24-9/155, Bl. 49	Ja	Ja	128
127	137.ID		10.8.–24.8.41	1	9.AK	4.A		RH 24-9/155, Bl. 58	Ja	Ja	1037
128	137.ID		9.8.–15.8.41	1	9.AK		PGr.2	RH 24-9/154, S. 36	Ja	Ja	127
129	14.AK		1.10.–15.10.41	43	PGr.1		PGr.1	RH 21-1/152, S. 224	Ja	Nein	
130	14.AK		1.12.–15.12.41	2	PGr.1		PGr.1	RH 21-1/477, S. 110	Ja	Nein	
131	14.AK		1.11.–15.11.41	2	PGr.1		PGr.1	RH 21-1/476, S. 111	Ja	Nein	
132	14.AK		15.2.–28.2.42	2	PGr.1		PGr.1	RH 21-1/479, S. 133	Ja	Nein	
133	14.AK		16.10.–31.10.41	6	PGr.1		PGr.1	RH 24-14/130, S. 251	Ja	Ja	135
134	14.AK		16.11.–30.11.41	12	PGr.1		PGr.1	RH 24-14/130, S. 311	Ja	Nein	
135	14.AK		16.10.–31.10.41	6	PGr.1		PGr.1	RH 21-1/476, S. 247	Ja	Nein	
136	14.AK		1.11.–15.11.41	2	PGr.1		PGr.1	RH 21-1/476, S. 81	Ja	Ja	131
137	14.AK	19.07.41		1	PGr.1		PGr.1	RH 21-1/148d, S. 26	Ja	Nein	
138	14.AK		22.6.–9.7.41	4	PGr.1		PGr.1	RH 21-1/148a, S. 382	Ja	Nein	
139	14.AK	10.07.41		5	PGr.1		PGr.1	RH 21-1/148a, S. 365	Ja	Nein	
140	14.ID	14.08.41		1	57.AK	9.A	PGr.3	RH 26-14/10, S. 114	Nein	Nein	
141	14.ID	25.10.41		1	56.AK	9.A	PGr.3	RH 37/6978, Bl. 72 f.	Nein	Nein	
142	14.PD		22.6.–24.7.41	7	3.AK		PGr.1	RH 24-3/134, Anl. 76	Ja	Ja	522
143	14.PD	28.09.41		1	14.AK			Ic-Meldung 14. Pz.Div. v. 28.9.41; RH 27-14/19	Ja	Nein	
144	16.A	23.06.41		2	HGr Nord	16.A		Ic-Morgenmeldung AOK 16 v. 23.6.41; RH 20-16/474a	Ja	Nein	
145	16.A		27.7.–2.8.41	6	HGr Nord	16.A		Ic-Abendmeldung AOK 16 v. 3.8.41; RH 20-16/474a	Ja	Nein	
146	16.A		3.8.–9.8.41	1	HGr Nord	16.A		Ic-Abendmeldung AOK 16 v. 10.8.41; RH 20-16/474b	Ja	Nein	
147	16.A		14.9.–20.9.41	2	HGr Nord	16.A		Ic-Abendmeldung AOK 16 v. 21.9.41; RH 20-16/474b	Ja	Nein	
148	16.A		7.9.–13.9.41	3	HGr Nord	16.A		Ic-Abendmeldung AOK 16 v. 14.9.41; RH 20-16/474b	Ja	Nein	
149	16.A		21.9.–27.9.41	2	HGr Nord	16.A		Ic-Abendmeldung AOK 16 v. 28.9.41; RH 20-16/474b	Ja	Nein	
150	16.A		24.8.–30.8.41	1	HGr Nord	16.A		Ic-Abendmeldung AOK 16 v. 31.8.41; RH 20-16/474b	Ja	Nein	
151	16.A		28.9.–4.10.41	5	HGr Nord	16.A		Ic-Abendmeldung AOK 16 v. 5.10.41; RH 20-16/474b	Ja	Nein	
152	16.A		10.8.–16.8.41	4	HGr Nord	16.A		Ic-Abendmeldung AOK 16 v. 17.8.41; RH 20-16/474b	Ja	Nein	
153	16.A		26.10.–1.11.41	3	HGr Nord	16.A		Ic-Abendmeldung AOK 16 v. 2.11.41; RH 20-16/475b	Ja	Nein	
154	16.A		12.10.–18.10.41	2	HGr Nord	16.A		Ic-Abendmeldung AOK 16 v. 19.10.41; RH 20-16/474b	Ja	Nein	
155	16.A		19.10.–25.10.41	5	HGr Nord	16.A		Ic-Abendmeldung AOK 16 v. 26.10.41; RH 20-16/474b	Ja	Nein	

Anhang 591

Nr.	Verband	Datum	Zeitraum	Ex.	Vorg.	A.	PGr.	Quelle	Nws.	Dpl.	zu Nr.
156	16.A		1.11.–15.11.41	10	HGr Nord	16.A		Ic-Abendmeldung AOK 16 v. 15.11.41; RH 20-16/474b	Ja	Nein	
157	16.A	23.06.41		3	HGr Nord	16.A		RH 19-III/474, Bl. 91	Ja	Nein	
158	16.A		16.11.–30.11.41	3	HGr Nord	16.A		Ic-Abendmeldung AOK 16 v. 30.11.41; RH 20-16/474b	Ja	Nein	
159	16.A	26.06.41		3	HGr Nord	16.A		RH 19-III/474, Bl. 91	Ja	Nein	
160	16.A		5.10.–11.10.41	3	HGr Nord	16.A		Ic-Abendmeldung AOK 16 v. 12.10.41; RH 20-16/474b	Ja	Nein	
161	16.A	27.07.41		1	HGr Nord	16.A		Ic-Morgenmeldung AOK 16 v. 27.7.41; RH 20-16/474a	Nein	Nein	
162	16.PD		1.8.41–11.4.42	2	14.AK		PGr.1	RH 21-1/448, S. 61	Ja	Nein	
163	16.PD	27.05.42		8	3.AK		PGr.1	Tagesmeldung Pz.Pi.Btl. 16 v. 27.5.42; MSg 1/2735 (Hinweis Förster)	Ja	Ja	131
164	16.PD	13.11.41		2	14.AK		PGr.1	RH 37/6252, S. 104	Ja	Ja	174,1006
165	161.ID		22.6.–11.7.41	13	5/8.AK	9.A		RH 26-161/48, S. 3	Ja	Ja	1003
166	161.ID	29.08.41		3	8.AK	9.A		Ic-Morgenmeldung VIII. AK v. 29.8.41; RH 20-9/252	Ja	Nein	
167	161.ID	11.10.41		1	6.AK	9.A		RH 24-6/242, Bl. 36	Ja	Ja	169
168	161.ID	28.12.41		2	6.AK	9.A		RH 24-6/243, Bl. 114	Ja	Nein	
169	161.ID	28.12.41		2	6.AK	9.A		RH 26-161/48, S. 14	Ja	Ja	176
170	161.ID	20.09.41		3	5.AK	9.A		RH 24-8/129, Bl. 52	Ja	Ja	166
171	161.ID	29.08.41		2	8.AK	9.A		RH 24-8/124, Bl. 73	Ja	Ja	173
172	161.ID	26.09.41		1	5.AK	9.A		RH 24-5/110, Bl. 117	Nein	Nein	
173	161.ID	26.09.41		1	5.AK	9.A		Ic-Tagesmeldung V. AK v. 26.9.41; RH 20-9/253	Nein	Nein	
174	161.ID		22.6.–30.6.41	5	5.AK	9.A		Ic-Meldung V. AK v. 30.6.41; RH 20-9/251	Ja	Ja	1019
175	161.ID	16.01.42		1	27.AK	9.A		Begleitschreiben 161.ID v. 16.1.42; RH 26-161/48	Ja	Nein	
176	161.ID	20.09.41		3	5.AK	9.A		Ic-Morgenmeldung V. AK v. 20.9.41; RH 20-9/253	Ja	Nein	
177	162.ID	17.07.41		5	Berück Mitte			DRZW Bd. 9/1 (Beitrag Förster), S. 525	Ja	Nein	
178	167.ID		8.9.–22.9.41	3	53.AK	4.A		Ic-Meldung 167. ID v. 22.9.41; RH 24-53/147	Ja	Ja	821
179	167.ID	07.11.41		4	53.AK			Lageorientierung LIII. AK v. 7.11.41; RH 24-53/147	Ja	Ja	181
180	167.ID	11.11.41		1	53.AK			Anruf LIII. AK/Ia bei LIII. AK/Ic v. 11.11.41; RH 24-53/147	Ja	Ja	181
181	167.ID		6.11.–11.11.41	5	53.AK			Ic-Meldung 167. ID v. 12.11.41; RH 24-53/147	Ja	Ja	823
182	167.ID	08.07.41		1	53.AK	2.A		RH 20-2/1097, Anl. 1	Ja	Ja	239
183	167.ID	08.07.41		1	53.AK	2.A		Ic-Morgenmeldung LIII. AK v. 9.7.41; RH 24-53/141	Ja	Ja	182
184	168.ID		20.7.–21.8.41	2	55./34.AK	6.A		TB (Ic) 168. ID v. 20.7.–21.8.41; RH 26-168/40	Ja	Nein	
185	168.ID	24.09.41		1	51.AK	6.A		RH 44/353, S. 109	Nein	Nein	
186	17.A	05.10.41		2	HGr Süd	17.A		TB (Ic) AOK 17 v. 5.10.41; RH 20-17/769	Ja	Nein	

Nr.	Verband	Datum	Zeitraum	Ex.	Vorg.	A.	PGr.	Quelle	Nws.	Dpl.	zu Nr.
187	17.A	11.07.41		1	HGr Süd	17.A		TB (Ic) AOK 17 v. 11.7.41; RH 20-17/769	Ja	Nein	
188	17.A	24.06.41		1	HGr Süd	17.A		TB (Ic) AOK 17 v. 25.6.41; RH 20-17/769	Ja	Nein	
189	17.A	15.08.41	13.8.-15.8.41	40	HGr Süd	17.A		Streit, Kameraden, S. 89	Ja	Nein	
190	17.AK		15.1.-31.1.42	3	6.A	6.A		RH 24-17/182, S. 47	Ja	Nein	
191	17.AK		15.12.-31.12.41	2	6.A	6.A		RH 20-6/615, Bl. 128	Ja	Nein	
192	17.AK		5.10.-15.10.41	3	6.A	6.A		RH 20-6/554, Bl. 241	Ja	Nein	
193	17.AK		1.12.-15.12.41	2	6.A	6.A		RH 20-6/572, Bl. 165	Ja	Nein	
194	17.AK	25.09.41		8	6.A	6.A		RH 20-6/546, Bl. 104	Ja	Nein	
195	17.AK	25.06.41		1	6.A	6.A		RH 24-17/155, S. 97	Ja	Ja	200
196	17.AK		3.8.-20.8.41	3	6.A	6.A		RH 24-17/155, S. 231	Ja	Ja	204
197	17.AK	24.07.41		1	6.A	6.A		RH 24-17/152, S. 101	Ja	Ja	202
198	17.AK	23.07.41		1	6.A	6.A		RH 20-6/521, Bl. 261	Ja	Ja	202
199	17.AK	30.06.42		2	6.A	6.A		RH 24-17/188, S. 190	Nein	Nein	
200	17.AK	25.06.41		1	6.A	6.A		RH 20-6/514, Bl. 114	Ja	Ja	888
201	17.AK	23.07.41		1	6.A	6.A		RH 24-17/155, S. 177	Ja	Ja	198
202	17.AK		21.7.-3.8.41	7	6.A	6.A		RH 20-6/525, Bl. 226	Ja	Nein	
203	17.AK	14.07.41		1	6.A	6.A		RH 24-17/152, S. 58	Ja	Ja	212
204	17.AK		3.8.-20.8.41	3	6.A	6.A		RH 20-6/531, Bl. 142	Ja	Nein	
205	17.AK		21.8.-4.9.41	3	6.A	6.A		RH 20-6/537, Bl. 153	Ja	Nein	
206	17.AK		5.9.-20.9.41	3	6.A	6.A		RH 20-6/544, Bl. 72	Ja	Nein	
207	17.AK		15.1.-31.1.42	3	6.A	6.A		RH 24-17/181, S. 49	Ja	Ja	190
208	17.AK		22.6.-20.7.41	16	6.A	6.A		RH 20-6/520, Bl. 218	Ja	Ja	513,935
209	17.AK		1.1.-15.1.42	3	6.A	6.A		RH 20-6/620, Bl. 62	Ja	Nein	
210	17.AK		1.2.-15.2.42	2	6.A	6.A		RH 20-6/631, Bl. 75	Ja	Nein	
211	17.AK	24.06.41		1	6.A	6.A		RH 20-6/514, Bl. 179	Ja	Ja	888
212	17.AK	14.07.41		1	6.A	6.A		RH 20-6/518, Bl. 259	Ja	Ja	208
213	17.ID	28.02.42		1	20.AK		PGr.4	Vernehmungsbericht 17. ID v. 28.2.42; RH 26-17/70	Ja	Nein	
214	17.PD		29.11.-5.12.41	3	24.AK		PGr.2	Ic-Meldung 17. Pz.Div. v. 5.12.41; RH 24-24/332	Ja	Nein	
215	17.PD	22.9.-26.9.41		9	PGr.2		PGr.2	RH 21-2/658, Bl. 222	Ja	Ja	221
216	17.PD		27.11.-9.12.41	3	24.AK		PGr.2	Ic-Bericht 17. Pz.Div. v. 11.12.41; RH 24-24/332	Ja	Ja	214
217	17.PD	28.08.41		1	47.AK			RH 21-2/654, Bl. 250	Ja	Ja	717

Anhang 593

Nr.	Verband	Datum	Zeitraum	Ex.	Vorg.	A.	PGr.	Quelle	Nws.	Dpl.	zu Nr.
218	17.PD		20.9.–26.9.41	7	PGr.2		PGr.2	RH 21-2/637a, Bl. 166	Ja	Ja	272
219	17.PD	27.08.41		1	47.AK			RH 21-2/654, Bl. 253	Ja	Ja	717
220	17.PD		18.11.–26.11.41	2	24.AK			Ic-Bericht 17. Pz.Div. v. 2.12.41; RH 24-24/332	Ja	Ja	342
221	17.PD		20.9.–26.9.41	7	PGr.2		PGr.2	RH 21-2/658, Bl. 189	Ja	Ja	218
222	170.ID		5.7.–23.7.41	3	30.AK	11.A		Ic-Abendmeldung XXX. AK v. 23.7.41; RH 20-11/68	Ja	Nein	
223	18.PD	22.10.41		3	47.AK		PGr.2	RH 27-18/154, Anl. 63	Ja	Ja	696
224	18.PD		22.6.–24.7.41	21	47.AK	4.A	PGr.2	RH 21-2/637a, Bl. 175	Ja	Ja	713
225	183.ID	16.10.41		2	20.AK	4.A		KTB 183. ID v. 16.10.41; RH 26-183/27	Ja	Nein	
226	183.ID	21.10.41		1	20.AK	4.A		Gefangenenübersicht 183. ID v. 21.10.41; RH 26-183/62	Ja	Nein	
227	183.ID	17.10.41		5	20.AK	4.A		Bericht des IR 343 v. 18.10.41; RH 26-183/64	Ja	Nein	
228	197.ID		9.8.–15.8.41	1	7.AK		PGr.2	RH 24-7/139, Bl. 178	Ja	Ja	947
229	198.ID		1.9.–29.9.41	2	3.AK		PGr.1	RH 21-1/151, S. 289	Ja	Nein	
230	198.ID	18.07.41		3	30.AK	11.A		Ic-Abendmeldung XXX. AK v. 23.7.41; RH 20-11/68	Ja	Nein	
231	2.A		10.8.–24.8.41	63	HGr Mitte	2.A		RH 20-2/1092, Anl. 394	Ja	Nein	
232	2.A		3.7.–9.7.41	18	HGr Mitte	2.A		RH 20-2/1090, Anl. 202	Ja	Ja	239
233	2.A		8.9.–21.9.41	12	HGr Mitte	2.A		RH 20-2/1093, Anl. 502	Ja	Nein	
234	2.A		25.8.–7.9.41	2	HGr Mitte	2.A		RH 20-2/1092, Anl. 460	Ja	Nein	
235	2.A		26.7.–9.8.41	36	HGr Mitte	2.A		RH 20-2/1092, Anl. 350	Ja	Nein	
236	2.A		22.6.–5.7.41	106	HGr Mitte	2.A		RH 20-2/1090, Anl. 216	Ja	Ja	239
237	2.A		6.7.–24.7.41	36	HGr Mitte	2.A		RH 20-2/1091, Anl. 268	Ja	Nein	
238	2.A	19.08.41		1	HGr Mitte	2.A		TB (Ic) AOK 2 v. 19.8.41; MFB 4/41528, S. 151	Ja	Nein	
239	2.A		22.6.–5.7.41	112	HGr Mitte	2.A		RH 20-2/1090, Anl. 215	Ja	Nein	
240	2.A	26.08.41		1	HGr Mitte	2.A		TB (Ic) AOK 2 v. 26.8.41; MFB 4/41528, S. 158	Ja	Nein	
241	2.AK		22.6.–23.7.41	6	16.A	16.A		RH 24-2/303, S. 69	Ja	Ja	246
242	2.AK	04.10.41		1	16.A	16.A		RH 24-2/303, S. 160	Ja	Ja	243
243	2.AK		28.9.–4.10.41	1	16.A	16.A		Ic-Meldung des II. AK v. 5.10.41; RH 20-16/476a	Ja	Ja	151
244	2.AK		27.7.–2.8.41	6	16.A	16.A		Funkspruch des II. AK v. 2.8.41; RH 20-16/478b	Ja	Ja	145
245	2.AK	26.07.41		4	16.A	16.A		Ic-Morgenmeldung II. AK v. 26.7.41;RH 20-16/475b	Ja	Nein	
246	2.AK		22.6.–23.7.41	6	16.A	16.A		Ic-Abendmeldung des II. AK v. 23.7.41; RH 20-16/477a	Ja	Nein	
247	2.PD	09.10.41		1	40.AK	4.A	PGr.4	KTB 2. Pz.Div. v. 9.10.41; RH 27-2/2	Ja	Ja	623
248	PGr.2		25.8.–7.9.41	21	HGr Mitte		PGr.2	RH 21-2/637a, Bl. 168	Ja	Nein	

Nr.	Verband	Datum	Zeitraum	Ex.	Vorg.	A.	PGr.	Quelle	Nws.	Dpl.	zu Nr.
249	PGr.2		29.6.-30.6.41	2	HGr Mitte		PGr.2	RH 21-2/637a, Bl. 177	Ja	Ja	252
250	PGr.2		9.8.-15.8.41	12	HGr Mitte		PGr.2	RH 21-2/637a, Bl. 160	Ja	Ja	254
251	PGr.2		16.8.-22.8.41	11	HGr Mitte		PGr.2	RH 21-2/637a, Bl. 160	Ja	Ja	265
252	PGr.2		22.6.-19.7.41	37	4.A	4.A	PGr.2	RH 21-2/637a, Bl. 177	Ja	Ja	261
253	PGr.2		23.8.-29.8.41	2	HGr Mitte		PGr.2	RH 21-2/637a, Bl. 160	Ja	Ja	265
254	PGr.2		9.8.-15.8.41	12	HGr Mitte		PGr.2	RH 21-2/637a, Bl. 172	Ja	Nein	
255	PGr.2		26.7.-2.8.41	3	HGr Mitte		PGr.2	RH 21-2/637a, Bl. 160	Ja	Ja	685
256	PGr.2		20.7.-25.7.41	55	4.A	4.A	PGr.2	RH 21-2/637a, Bl. 160	Ja	Ja	263,1029
257	PGr.2		18.10.-31.10.41	12	HGr Mitte		PGr.2	RH 21-2/637a, Bl. 161	Ja	Nein	
258	PGr.2		6.10.-19.10.41	6	HGr Mitte		PGr.2	RH 21-2/637a, Bl. 163	Ja	Nein	
259	PGr.2		22.6.-19.7.41	37	4.A	4.A	PGr.2	RH 21-2/637a, Bl. 160	Ja	Ja	261
260	PGr.2		3.8.-8.8.41	11	HGr Mitte		PGr.2	RH 21-2/637a, Bl. 160	Ja	Ja	270
261	PGr.2		22.6.-19.7.41	37	4.A	4.A	PGr.2	Ic-Meldung PGr. 2 v. 27.7.41; RH 20-4/685	Ja	Nein	
262	PGr.2		22.6.-31.8.41	131	HGr Mitte		PGr.2	RH 21-2/637a, Bl. 160	Ja	Ja	249-56, 259ff.,263
263	PGr.2		20.7.-25.7.41	45	4.A	4.A	PGr.2	RH 21-2/637a, Bl. 176	Ja	Nein	
264	PGr.2		22.9.-5.10.41	13	HGr Mitte		PGr.2	RH 21-2/637b, Bl. 48	Ja	Ja	272
265	PGr.2		16.8.-29.8.41	13	HGr Mitte		PGr.2	RH 21-2/637a, Bl. 170	Ja	Nein	
266	PGr.2		15.12.-28.12.41	3	HGr Mitte		PGr.2	RH 21-2/638, Bl. 158	Ja	Nein	
267	PGr.2		29.8.-5.9.41	19	HGr Mitte		PGr.2	RH 21-2/637a, Bl. 169	Ja	Ja	248
268	PGr.2		3.11.-16.11.41	12	HGr Mitte		PGr.2	RH 21-2/637a, Bl. 158	Ja	Nein	
269	PGr.2		1.12.-14.12.41	7	HGr Mitte		PGr.2	RH 21-2/638, Bl. 158	Ja	Nein	
270	PGr.2		3.8.-8.8.41	11	HGr Mitte		PGr.2	RH 21-2/637a, Bl. 173	Ja	Nein	
271	PGr.2		17.11.-30.11.41	18	HGr Mitte		PGr.2	RH 21-2/638, Bl. 158	Ja	Nein	
272	PGr.2		20.9.-3.10.41	13	HGr Mitte		PGr.2	RH 21-2/637a, Bl. 165	Ja	Nein	
273	PGr.2		1.4.-25.4.42	1	HGr Mitte		PGr.2	RH 21-2/639.1, Bl. 355	Ja	Nein	
274	20.AK		9.8.-15.8.41	1	PGr.2		PGr.2	RH 21-2/637a, Bl. 172	Ja	Ja	254
275	20.AK	05.10.41		2	4.A	4.A		Ic-Morgenmeldung XX. AK v. 5.10.41; RH 20-4/677	Ja	Ja	281
276	20.AK		3.8.-8.8.41	1	PGr.2		PGr.2	RH 21-2/651, Bl. 172	Ja	Ja	277
277	20.AK		3.8.-8.8.41	1	PGr.2		PGr.2	RH 21-2/637a, Bl. 173	Ja	Ja	270
278	20.AK		22.6.-30.6.41	1	9.A	9.A		Ic-Meldung XX. AK v. 30.6.41; RH 20-9/251	Ja	Ja	1019
279	20.AK		15.3.-21.3.42	1	PGr.4		PGr.4	RH 21-4/285, Bl. 346	Ja	Nein	

Anhang   595

Nr.	Verband	Datum	Zeitraum	Ex.	Vorg.	A.	PGr.	Quelle	Nws.	Dpl.	zu Nr.
280	20.AK	08.10.41		1	4.A	4.A		TB (Ic) XX. AK v. 8.10.41; RH 24-20/74	Ja	Nein	
281	20.AK	05.10.41		6	4.A	4.A		TB (Ic) XX. AK v. 5.10.41; RH 24-20/74	Ja	Nein	
282	20.AK		8.8.–24.8.41	1	4.A	4.A		Ic-Tagesmeldung XX. AK v. 24.8.41; RH 20-4/674	Ja	Nein	
283	20.AK		9.8.–15.8.41	1	PGr.2		PGr.2	RH 21-2/652, Bl. 200	Ja	Ja	274
284	20.ID	22.06.41		1	39.AK	9.A	PGr.3	RH 24-39/171, Bl. 3	Ja	Ja	539
285	20.ID	23.06.41		1	39.AK	9.A	PGr.3	RH 24-39/171, Bl. 4	Ja	Ja	539
286	20.ID	08.07.41		2	39.AK	9.A	PGr.3	RH 24-39/174, Bl. 84	Ja	Ja	284f.
287	20.ID		16.7.–30.7.41	3	39.AK	4.A	PGr.3	RH 24-39/179, Bl. 72	Ja	Ja	539
288	20.ID	08.07.41		2	39.AK	9.A	PGr.3	RH 26-20/84, Anl. 163	Ja	Ja	286
289	20.ID	22.06.41		1	39.AK	9.A	PGr.3	RH 26-20/84, Anl. 14	Ja	Ja	284
290	20.ID	23.06.41		1	39.AK	9.A	PGr.3	RH 26-20/84, Anl. 16	Ja	Ja	285
291	20.ID	22.06.41		1	39.AK	9.A	PGr.3	RH 26-20/16, Anl. 211	Ja	Ja	284
292	20.ID	22.06.41		1	39.AK	9.A	PGr.3	RH 26-20/84, Anl. 15	Ja	Ja	284
293	20.PD	06.07.41		1	39.AK	4.A	PGr.3	TB (Ic) 20. Pz.Div. v. 6.7.41; RH 27-20/22	Ja	Ja	
294	20.PD		6.10.–19.10.41	1	57.AK	4.A	PGr.3	TB (Ic) 20. Pz.Div. v. 19.10.41; RH 27-20/189	Ja	Ja	539
295	20.PD	22.07.41		1	39.AK	4.A	PGr.3	TB (Ic) 20. Pz.Div. v. 22.7.41; RH 27-20/22	Ja	Ja	595
296	20.PD		5.7.–18.7.41	20	39.AK	4.A	PGr.3	TB (Ic) 20. Pz.Div. v. 18.7.41; RH 27-20/22	Ja	Ja	298
297	20.PD	23.10.41		1	57.AK	4.A	PGr.4	TB (Ic) 20. Pz.Div. v. 23.10.41; RH 27-20/189	Ja	Nein	
298	20.PD		20.10.–2.11.41	1	57.AK	4.A		TB (Ic) 20. Pz.Div. v. 3.11.41; RH 27-20/189	Ja	Nein	
299	20.PD	30.06.41		1	39.AK	9.A	PGr.3	TB (Ic) 20. Pz.Div. v. 30.6.41; RH 27-20/22	Ja	Ja	
300	20.PD	26.07.41		1	39.AK	4.A	PGr.3	TB (Ic) 20. Pz.Div. v. 26.7.41; RH 27-20/22	Ja	Ja	539
301	20.PD	28.02.42		1	20.AK		PGr.4	TB (Ic) 20. Pz.Div. v. 28.2.41; RH 27-20/189	Ja	Nein	
302	206.ID	07.09.41		1	6.AK	9.A		RH 24-6/241, Bl. 136	Ja	Nein	
303	206.ID	22.09.41		1	6.AK	9.A		RH 24-6/241, Bl. 203	Ja	Nein	
304	21.ID		2.8.–6.8.41	1	1.AK	16.A		Msg 2/2778, S. 10	Ja	Nein	
305	21.ID		21.9.–27.9.41	1	1.AK	16.A		Ic-Meldung des I. AK v. 27.9.41; RH 20-16/477b	Ja	Ja	149
306	213.SD		8.5.–31.5.42	2	Berück Süd			TB (Ic) 213. Sich.Div. Mai 42; RH 26-213/15	Nein	Nein	
307	213.SD	30.10.41		17	Berück Süd			RH 22/9, S. 29	Nein	Nein	
308	217.ID	01.07.41		1	26.AK	18.A		Ic-Abendmeldung 217. ID v. 1.7.41; RH 26-217/40	Ja	Ja	387
309	217.ID	09.07.41		6	26.AK	18.A		Ic-Abendmeldung 217. ID v. 9.7.41; RH 26-217/40	Ja	Nein	
310	217.ID	12.07.41		0	26.AK	18.A		Ic-Meldung 217. ID v. 12.7.41; RH 26-217/40	Ja	Nein	

Nr.	Verband	Datum	Zeitraum	Ex.	Vorg.	A.	PGr.	Quelle	Nws.	Dpl.	zu Nr.
311	22.ID	05.07.41		1	11.AK	11.A		TB (Ic) 22. ID v. 5.7.41; RH 26-22/66	Ja	Ja	70
312	221.SD		4.7.-11.7.41	16	Berück Mitte			RH 26-221/12a, Anl. 364	Ja	Nein	
313	221.SD	16.11.41		2	Berück Mitte			RH 22/226, Bl. 130	Ja	Nein	
314	221.SD		22.6.-3.7.41	2	7.AK/Berück Mitte	4.A		RH 26-221/12a, Anl. 364	Ja	Nein	
315	221.SD		15.12.41-12.3.42	51	Berück Mitte			TB (Ic) 221. Sich.Div. v. 15.12.41-12.3.42; RH 26-221/71	Ja	Nein	
316	221.SD	25.07.41		21	Berück Mitte			RH 26-221/12a, Anl. 439	Ja	Nein	
317	221.SD		12.7.-16.7.41	7	Berück Mitte			RH 26-221/12a, Anl. 364	Ja	Nein	
318	221.SD		22.6.-29.6.41	5	7.AK	4.A		RH 24-7/139, Bl. 320	Ja	Ja	965
319	23.AK	29.09.41		2	9.A	9.A		RH 24-23/238, Bl. 42	Ja	Nein	
320	23.AK	24.07.41		2	9.A	9.A		RH 24-23/238, Bl. 18	Ja	Nein	
321	23.AK	16.09.41		1	9.A	9.A		RH 24-23/238, Bl. 37	Ja	Nein	
322	23.AK	20.11.41		1	9.A	9.A		Ic-Morgenmeldung XXIII. AK v. 20.11.41; RH 20-9/255	Ja	Nein	
323	23.AK	10.07.41		6	PGr.3	4.A	PGr.3	RH 21-3/433, Bl. 30	Ja	Nein	
324	23.AK	08.10.41		1	9.A	9.A		RH 24-23/238, Bl. 45	Nein	Nein	
325	23.ID	28.07.41		1	7.AK	2.A		RH 24-7/139, Bl. 245	Ja	Ja	954
326	23.ID	03.07.41		1	7.AK	2.A		RH 24-7/139, Bl. 308	Ja	Ja	962
327	23.ID		22.6.-30.6.41	1	7.AK	4.A		RH 24-7/139, Bl. 319	Ja	Ja	239
328	23.ID	28.06.41		1	7.AK	4.A		TB (Ic) 23. ID v. 28.6.41; RH 26-23/46	Ja	Ja	330
329	23.ID	28.06.41		1	7.AK	4.A		RH 26-23/47, Bl. 85	Ja	Ja	328
330	23.ID	28.06.41		1	7.AK	4.A		RH 26-23/22, S. 27	Ja	Ja	327
331	23.ID		22.6.-30.6.41	1	7.AK	4.A		RH 26-23/47, Bl. 90	Ja	Ja	327
332	23.ID	28.07.41		1	7.AK	2.A		RH 26-23/47, Bl. 213	Ja	Ja	325
333	23.ID	03.07.41		1	7.AK	2.A		RH 26-23/47, Bl. 83	Ja	Ja	326
334	23.ID	27.07.41		1	7.AK	2.A		TB (Ic) 23. ID v. 27.7.41; RH 26-23/46	Ja	Ja	325
335	23.ID	02.07.41		1	7.AK	2.A		TB (Ic) 23. ID v. 2.7.41; RH 26-23/46	Ja	Ja	326
336	239.ID		1.10.-16.10.41	3	17.AK	6.A		Ic-Abendmeldung 239. ID v. 16.10.41; RH 26-239/24	Ja	Ja	192
337	24.AK		3.8.-8.8.41	8	PGr.2		PGr.2	RH 21-2/637a, Bl. 173	Ja	Ja	270
338	24.AK		16.8.-22.8.41	10	PGr.2		PGr.2	RH 21-2/637a, Bl. 171	Ja	Ja	265
339	24.AK		23.8.-29.8.41	2	PGr.2		PGr.2	RH 21-2/637a, Bl. 170	Ja	Ja	265
340	24.AK		29.8.-5.9.41	2	PGr.2		PGr.2	RH 21-2/637a, Bl. 168	Ja	Ja	248
341	24.AK		20.7.-24.7.41	8	PGr.2	4.A		RH 21-2/637a, Bl. 174	Ja	Ja	353

Anhang 597

Nr.	Verband	Datum	Zeitraum	Ex.	Vorg.	A.	PGr.	Quelle	Nws.	Dpl.	zu Nr.
342	24.AK		22.11.-28.11.41	6	PGr.2		PGr.2	RH 21-2/638, Bl. 163	Ja	Ja	271
343	24.AK		23.8.-29.8.41	2	PGr.2		PGr.2	RH 21-2/654, Bl. 213	Ja	Ja	339
344	24.AK		22.11.-28.11.41	6	PGr.2		PGr.2	Ic-Morgenmeldung XXIV. AK v. 29.11.41; RH 24-24/324	Ja	Ja	350
345	24.AK		20.7.-25.7.41	8	PGr.2	4.A	PGr.2	Ic-Meldung XXIV. AK v. 25.7.41; RH 24-24/327	Ja	Ja	341
346	24.AK		9.8.-15.8.41	10	PGr.2		PGr.2	Ic-Meldung XXIV. AK v. 16.8.41; RH 24-24/327	Ja	Ja	348
347	24.AK		22.8.-29.8.41	2	PGr.2		PGr.2	Ic-Meldung XXIV. AK v. 29.8.41; RH 24-24/327	Ja	Ja	343
348	24.AK		9.8.-15.8.41	10	PGr.2		PGr.2	RH 21-2/652, Bl. 228	Ja	Ja	338
349	24.AK		22.6.-5.7.41	26	PGr.2	4.A	PGr.2	RH 21-2/648, Bl. 77	Ja	Ja	351
350	24.AK		22.11.-28.11.41	6	PGr.2		PGr.2	RH 21-2/666, Bl. 163	Ja	Ja	342
351	24.AK		22.6.-19.7.41	26	PGr.2	4.A	PGr.2	RH 21-2/637a, Bl. 177	Ja	Ja	252
352	24.AK		29.8.-5.9.41	2	PGr.2		PGr.2	RH 21-2/655, Bl. 154	Ja	Ja	340
353	24.AK		20.7.-25.7.41	8	PGr.2	4.A	PGr.2	RH 21-2/637a, Bl. 176	Ja	Ja	263
354	24.ID	01.08.41		2	44.AK	17.A		RH 26-24/71, S. 29	Ja	Nein	
355	24.ID	21.12.41		4	54.AK	11.A		Ic-Zwischenmeldung 24. ID v. 21.12.41; RH 24-54/184	Nein	Nein	
356	24.ID		22.6.-9.7.41	3	4.AK	17.A		RH 26-24/72, Anl. 4	Ja	Ja	604
357	24.ID	20.08.41		3	44.AK	17.A		RH 26-24/71, S. 47	Ja	Nein	
358	24.ID	29.06.41		2	4.AK	17.A		RH 26-24/71, S. 9	Ja	Nein	
359	25.ID		22.6.-24.7.41	23	3.AK		PGr.1	RH 24-3/134, Anl. 76	Ja	Ja	522
360	251.ID	18.10.41		1	23.AK	9.A		RH 26-251/81	Ja	Nein	
361	251.ID		13.10.-17.10.41	1	23.AK	9.A		RH 26-251/104, Bl. 176 f.	Ja	Ja	360
362	251.ID	03.01.42		1	28.AK	18.A		TB (Ic) 251.ID v. 3.1.42, RH 26-251/82	Ja	Nein	
363	252.ID	06.09.41		2	53.AK	4.A		Ic-Meldung 252. ID v. 6.9.41; RH 24-53/147	Ja	Ja	827
364	252.ID	13.10.41		2	7.AK	4.A		TB (Ic) 252. ID v. 13.10.41; RH 26-252/129	Ja	Nein	
365	252.ID	27.07.41		4	Berück Mitte			TB Feldgend.Tr. 252 v. 3.7.-3.8.41; RH 26-252/160	Ja	Nein	
366	252.ID	08.07.41		1	43.AK	2.A		RH 26-252/73, Bl. 48	Ja	Ja	663
367	252.ID	24.06.41		1	43.AK	4.A		TB (Ic) 252. ID v. 24.6.41; RH 26-252/129	Ja	Ja	667
368	252.ID		3.11.-16.11.41	3	9.AK	4.A	PGr.4	RH 24-9/159, Bl. 52	Ja	Nein	
369	254.ID	03.07.41		1	38.AK	18.A		Ic-Abendmeldung 254. ID v. 3.7.41; RH 24-38/170	Ja	Ja	580
370	255.ID		22.6.-26.6.41	6	53.AK	4.A		KTB 255. ID v. 27.6.41, 00.30 Uhr; RH 26-255/24	Ja	Ja	371
371	255.ID		22.6.-1.7.41	10	53.AK	4.A		Ic-Meldung LIII. AK v. 1.7.41; RH 20-4/682	Ja	Ja	239
372	255.ID		6.7.-24.7.41	5	53.AK	2.A		RH 24-53/136, Bl. 36	Ja	Ja	237

Nr.	Verband	Datum	Zeitraum	Ex.	Vorg.	A.	PGr.	Quelle	Nws.	Dpl.	zu Nr.
373	255.ID		6.7.-24.7.41	5	53.AK	2.A		Ic-Meldung 255. ID v. 25.7.41; RH 24-53/146	Ja	Ja	372
374	255.ID	09.07.41		1	53.AK	2.A		Ic-Meldung 255. ID v. 9.7.41; RH 24-53/144	Ja	Ja	372
375	255.ID		22.6.-22.10.41	2	24./53./8./27.AK	4.A/9.A		RH 26-255/137, Anl. 5	Ja	Ja	371
376	256.ID		22.6.-30.6.41	1	9.A	9.A		Ic-Meldung XX. AK v. 30.6.41; RH 20-9/251	Ja	Ja	1019
377	257.ID		31.8.-13.9.41	1	11.AK	17.A		Ic-Abendmeldung 257. ID v. 12.9.41; RH 26-257/36	Ja	Ja	383
378	257.ID	12.09.41		1	11.AK	17.A		TB (Ic) XI. AK v. 12.9.41; RH 24-11/121	Ja	Ja	377
379	257.ID		31.8.-13.9.41	1	11.AK	17.A		Ic-Morgenmeldung XI. AK v. 13.9.41; RH 20-17/278	Ja	Ja	377
380	257.ID	25.03.42		2	44.AK	17.A		TB 257. ID v. 25.3.42; RH 26-257/40	Ja	Nein	
381	257.ID		22.6.-8.7.41	11	49.AK	17.A		RH 24-49/162, S. 98	Ja	Nein	
382	257.ID	13.09.41		1	11.AK	17.A		Ic-Abendmeldung 257. ID v. 13.9.41; RH 26-257/36	Ja	Nein	
383	257.ID		31.8.-13.9.41	4	11.AK	17.A		Notiz 257.ID/Ic auf Befehl XI. AK v. 12.9.41; RH 26-257/36	Ja	Nein	
384	257.ID		5.8.-8.8.41	5	52.AK	17.A		RH 26-257/10, Anl. 271a	Ja	Nein	
385	257.ID	27.06.41		5	49.AK	17.A		RH 26-257/9, Anl. 72	Ja	Ja	381
386	257.ID		1.10.-14.10.41	9	44.AK	17.A		Ic-Mittagsmeldung 257. ID v. 14.10.41; RH 26-257/36	Ja	Nein	
387	26.AK	07.07.41		9	18.A	18.A		Ic-Abendmeldung XXVI. AK v. 7.7.41; RH 24-26/128	Ja	Nein	
388	26.ID	04.09.41		1	6.AK	9.A		RH 24-6/241, Bl. 126	Ja	Nein	
389	26.ID	23.08.41		2	6.AK	9.A		RH 24-6/241, Bl. 72	Ja	Nein	
390	262.ID		1.7.-31.7.41	2	55.AK/6.A/51.AK/35.AK	6.A		Zsf. Vernehmungsbericht 262. ID Juli 41; RH 26-262/49	Ja	Nein	
391	262.ID		27.12.-31.1.42	2	35.AK	2.A		TB (Ic) der 262. ID v. 27.12.41-31.1.42; RH 26-262/51	Nein	Nein	
392	263.ID		9.8.-15.8.41	1	9.AK	4.A	PGr.2	RH 24-9/154, S. 36	Ja	Ja	399
393	263.ID		22.6.-30.6.41	1	9.AK	4.A		RH 24-9/155, Bl. 27	Ja	Ja	397
394	263.ID		10.7.-25.7.41	1	9.AK	4.A	PGr.2	RH 24-9/154, S. 25	Ja	Ja	1035
395	263.ID		25.9.-5.10.41	1	9.AK	4.A		RH 24-9/156, Bl. 85	Ja	Ja	1028
396	263.ID		10.7.-25.7.41	1	9.AK	4.A	PGr.2	RH 24-9/155, Bl. 34	Ja	Ja	394
397	263.ID		22.6.-30.6.41	1	9.AK	4.A		RH 24-9/154, S. 8	Ja	Ja	1026
398	263.ID		9.8.-15.8.41	1	9.AK	4.A	PGr.2	RH 24-9/155, Bl. 49	Ja	Ja	392
399	263.ID		10.8.-24.8.41	1	9.AK	4.A		RH 24-9/155, Bl. 58	Ja	Ja	1037
400	263.ID	19.07.41		1	9.AK	2.A		RH 24-9/158, Bl. 51	Ja	Ja	1032
401	267.ID		6.7.-24.7.41	3	53.AK	2.A		RH 24-53/136, Bl. 36	Ja	Ja	403

Anhang 599

Nr.	Verband	Datum	Zeitraum	Ex.	Vorg.	A.	PGr.	Quelle	Nws.	Dpl.	zu Nr.
402	267.ID	16.08.41		1	53.AK	2.A		RH 26-267/26, Anl. 107	Ja	Ja	414
403	267.ID	14.07.41		3	53.AK	2.A		RH 20-2/1098, Anl. 33	Ja	Ja	237
404	267.ID		22.6.–1.7.41	4	53.AK	4.A		Ic-Meldung LIII. AK v. 1.7.41; RH 20-4/682	Ja	Ja	239
405	267.ID	13.10.41		2	7.AK	4.A		RH 26-267/26, Anl. 208	Ja	Nein	
406	267.ID	17.08.41		1	43.AK	2.A		RH 26-267/26, Anl. 94	Ja	Ja	414
407	267.ID	14.08.41		2	43.AK	2.A		RH 26-267/26, Anl. 81	Ja	Ja	414
408	267.ID	14.07.41		3	53.AK	2.A		RH 26-267/26, Anl. 29	Ja	Ja	410
409	267.ID		22.6.–30.6.41	4	53.AK	4.A		RH 26-267/26, Anl. 16	Ja	Ja	404
410	267.ID	14.07.41		3	53.AK	2.A		Ic-Morgenmeldung LIII. AK v. 15.7.41; RH 24-53/141	Ja	Ja	401
411	267.ID	14.07.41		3	53.AK	2.A		Ic-Meldung 267. ID v. 14.7.41; RH 24-53/144	Ja	Ja	410
412	267.ID	14.10.41		4	7.AK	4.A		RH 26-267/26, Anl. 209	Ja	Nein	
413	267.ID		6.7.–24.7.41	3	53.AK	2.A		Ic-Meldung 267. ID v. 25.7.41; RH 24-53/146	Ja	Ja	401
414	267.ID		10.8.–24.8.41	5	53.AK	2.A		Ic-Meldung 267. ID v. 25.8.41; RH 24-53/147	Ja	Ja	819
415	268.ID	22.08.41		1	20.AK	4.A	PGr.2	Ic-Morgenmeldung 268. ID v. 22.8.41; RH 26-268/79	Ja	Ja	282
416	268.ID	10.08.41		1	20.AK	4.A		Ic-Morgenmeldung 268. ID v. 10.8.41; RH 26-268/79	Ja	Ja	274–282
417	268.ID	05.10.41		1	20.AK	4.A		TB (Ic) XX. AK v. 5.10.41; RH 24-20/74	Ja	Ja	281
418	269.ID	25.07.41		1	56.AK		PGr.4	RH 26-269/24, Anl. 12	Ja	Ja	419
419	269.ID	25.07.41		1	56.AK		PGr.4	RH 26-269/24, Anl. 11	Ja	Ja	420
420	269.ID		22.6.41–9.5.42	50	41./56./50./28. AK	PGr.4, 16.A		TB (Ic) 269. ID v. 29.3.41–9.5.42; RH 26-269/41	Ja	Ja	618, 650
421	269.ID	12.07.41		1	41.AK		PGr.4	RH 24-41/64, Bl. 51	Ja	Ja	420,618
422	28.AK	22.06.41		1	16.A	16.A		Ic-Abendmeldung XXXVIII. AK v. 22.6.41; RH 24-28/12	Ja	Ja	433
423	28.AK	23.06.41		2	16.A	16.A		RH 24-28/10, S. 2	Ja	Ja	433
424	28.AK	15.10.41		1	18.A	18.A		RH 24-28/109, S. 22	Ja	Nein	
425	28.AK	14.09.41		1	PGr.4			Ic-Morgenmeldung XXXVIII. AK v. 14.9.41; RH 24-28/109	Ja	Nein	
426	28.AK		22.6.–22.7.41	14	16.A	16.A		TB (Ic) XXVIII. AK v. 22.7.41; RH 24-28/10	Ja	Ja	438
427	28.AK	23.06.41		2	16.A	16.A		Ic-Morgenmeldung XXXVIII. AK v. 23.6.41; RH 24-28/12	Ja	Ja	433
428	28.AK		15.12.–31.12.41	1	18.A	18.A		RH 20-18/966, Bl. 4	Ja	Ja	
429	28.AK	25.09.41		1	18.A	18.A		Vernehmungsbericht XXXVIII. AK v. 27.9.41; RH 24-28/110	Ja	Ja	432
430	28.AK	14.07.41		1	16.A	16.A		Ic-Morgenmeldung XXXVIII. AK v. 14.7.41; RH 24-28/12	Ja	Ja	102
431	28.AK	21.07.41		1	16.A	16.A		Ic-Abendmeldung XXXVIII. AK v. 21.7.41; RH 24-28/12	Ja	Ja	434
432	28.AK	26.09.41		1	18.A	18.A		Ic-Morgenmeldung XXXVIII. AK v. 26.9.41; RH 24-28/109	Ja	Nein	

Nr.	Verband	Datum	Zeitraum	Ex.	Vorg.	A.	PGr.	Quelle	Nws.	Dpl.	zu Nr.
433	28.AK	23.06.41		2	16.A	16.A		Ic-Morgenmeldung XXVIII. AK v. 23.6.41; RH 20-16/475b	Ja	Ja	144
434	28.AK	21.07.41		1	16.A	16.A		Ic-Abendmeldung XXVIII. AK v. 21.7.41; RH 20-16/477a	Ja	Ja	438
435	28.AK		22.6.-22.7.41	14	16.A	16.A		Ic-Abendmeldung XXVIII. AK v. 23.7.41; RH 24-28/12	Ja	Ja	438
436	28.AK		15.11.-29.11.41	2	18.A	18.A		RH 20-18/964, Bl. 100	Ja	Nein	
437	28.AK		1.12.-14.12.41	2	18.A	18.A		RH 20-18/965, Bl. 128	Ja	Nein	
438	28.AK	23.07.41	22.6.-23.7.41	14	16.A	16.A		Ic-Abendmeldung XXVIII. AK v. 23.7.41; RH 20-16/477a	Ja	Nein	
439	28.AK	10.04.42		1	18.A	18.A		Ic-Abendmeldung XXVIII. AK v. 10.4.42; RH 20-18/1031	Ja	Nein	
440	28.AK	19.09.41		1	18.A	18.A		RH 24-28/109, S. 8	Ja	Nein	
441	28.AK	25.09.41		1	18.A	18.A		Vernehmungsbericht XXVIII. AK v. 27.9.41; RH 20-18/998	Ja	Ja	429
442	28.ID	11.07.41		1	8.AK	9.A		RH 26-28/16, Bl. 36	Ja	Nein	1006
443	285.SD	05.08.41		2	Berück Nord			Meldung des Sich.Rgt. 3 v. 5.8.41; BA-MA, RH 26-285/4	Ja	Nein	
444	285.SD		1.3.-13.3.42	1	Berück Nord			RH 22/259, Bl. 212	Ja	Nein	
445	286.SD	05.08.41		2	Berück Mitte			RH 26-286/2, Bl. 34	Ja	Nein	
446	286.SD		2.7.-21.7.41	2	Berück Mitte			RH 26-286/5, Bl. 7	Ja	Nein	
447	286.SD	29.06.41		1	4.A	4.A		Ic-Meldung 286. Sich.Div. v. 29.6.41; RH 20-4/682	Ja	Ja	239
448	286.SD	12.09.41		2	Berück Mitte			RH 26-286/2, Bl. 46	Ja	Nein	
449	286.SD	07.08.41		2	Berück Mitte			RH 26-286/2, Bl. 34	Ja	Nein	
450	286.SD	11.09.41		1	Berück Mitte			RH 26-286/2, Bl. 46	Ja	Nein	
451	29.AK	27.06.41		1	6.A	6.A		RH 24-29/76, Anl. 10	Ja	Nein	
452	29.AK	14.11.41		1	6.A	6.A		RH 24-29/77, Anl. 159	Ja	Ja	464
453	29.AK	31.07.41		1	6.A	6.A		RH 24-29/76, Anl. 21	Ja	Ja	463
454	29.AK		1.11.-16.11.41	2	6.A	6.A		TB (Ic) XXIX. AK v. 16.11.41; RH 24-29/77	Ja	Ja	460
455	29.AK	15.11.41		1	6.A	6.A		RH 24-29/77, Anl. 161	Ja	Ja	456
456	29.AK		1.11.-16.11.41	2	6.A	6.A		RH 24-29/77, Anl. 164	Ja	Ja	460
457	29.AK		1.1.-15.1.42	5	6.A	6.A		RH 24-29/47, Anl. 61	Ja	Ja	461
458	29.AK		16.1.-31.1.42	1	6.A	6.A		RH 24-29/47, Anl. 129	Ja	Ja	462
459	29.AK	12.04.42		1	6.A	6.A		RH 24-29/48, Anl. 354	Ja	Nein	
460	29.AK		1.11.-16.11.41	2	6.A	6.A		RH 20-6/563, Bl. 252	Ja	Nein	
461	29.AK		1.1.-15.1.42	5	6.A	6.A		RH 20-6/621, Bl. 255	Ja	Nein	
462	29.AK		15.1.-31.1.42	1	6.A	6.A		RH 20-6/626, Bl. 65	Ja	Nein	
463	29.AK	31.07.41		1	6.A	6.A		RH 20-6/523, Bl. 88	Ja	Nein	

Anhang 601

Nr.	Verband	Datum	Zeitraum	Ex.	Vorg.	A.	PGr.	Quelle	Nws.	Dpl.	zu Nr.
464	29.AK	14.11.41		1	6.A	6.A		RH 20-6/562, Bl. 129	Ja	Ja	460
465	29.ID		26.7.-28.7.41	1	47.AK	4.A	PGr.2	Bericht IR 15 zum Abschnitt 26.7.-28.7.41; RH 37/7074	Ja	Nein	
466	29.ID	05.11.41		1	47.AK		PGr.2	RH 26-29/58, S. 22 f.	Ja	Ja	695
467	29.ID	28.11.41		1	47.AK		PGr.2	RH 26-29/58, S. 22	Ja	Nein	
468	29.ID		22.6.-31.7.41	2	12./9./47.AK	4.A	PGr.2	RH 26-29/58, S. 22	Ja	Ja	713
469	290.ID		24.8.-30.8.41	1	10.AK	16.A		RH 24-10/283, Bl. 76	Ja	Ja	150
470	291.ID	22.09.41		1	38.AK	18.A		Ic-Morgenmeldung XXXVIII. AK v. 22.9.41; RH 24-38/168	Ja	Nein	
471	292.ID		22.6.-8.7.41	9	9.AK	4.A/2.A		RH 26-292/56, Anl. 22	Ja	Ja	475f.
472	292.ID		22.6.-6.8.41	16	9.AK	4.A/2.A		292. ID, Gefangene/Beute, v. 6.8.41; RH 26-292/55	Ja	Ja	474-476
473	292.ID		25.9.-5.10.41	4	9.AK	4.A		RH 24-9/156, Bl. 84	Ja	Ja	1028
474	292.ID		10.7.-25.7.41	7	9.AK	4.A	PGr.2	RH 24-9/155, Bl. 34	Ja	Ja	479
475	292.ID		22.6.-30.6.41	4	9.AK	4.A		RH 24-9/154, S. 8	Ja	Ja	1026
476	292.ID		1.7.-9.7.41	5	9.AK	2.A		RH 24-9/154, S. 15	Ja	Ja	1036
477	292.ID		1.7.-9.7.41	5	9.AK	2.A		RH 24-9/155, Bl. 27	Ja	Ja	476
478	292.ID		22.6.-30.6.41	4	9.AK	4.A		RH 24-9/155, Bl. 27	Ja	Ja	397
479	292.ID		10.7.-25.7.41	7	9.AK	4.A		RH 24-9/154, S. 25	Ja	Ja	1035
480	292.ID		22.6.-8.7.41	10	9.AK	4.A/2.A	PGr.2	Meldung Sdf. Arndt v. 12.7.41; RH 26-292/55	Ja	Ja	475f.
481	293.ID	30.06.41		1	35.AK	OKH		RH 26-293/44, Bl. 12	Ja	Ja	239
482	293.ID		6.7.-24.7.41	3	35.AK	2.A		RH 20-2/1101, Anl. 7	Ja	Ja	237
483	293.ID	10.09.41		2	43.AK	2.A		RH 20-2/1111, Anl. 49	Ja	Ja	233
484	293.ID	28.07.41		1	35.AK	2.A		RH 26-293/62, Bl. 53	Ja	Ja	561
485	294.ID	19.01.42		1	17.AK	6.A		Ic-Tagesmeldung 294. ID v. 31.1.42; RH 26-294/48	Ja	Ja	487
486	294.ID		1.2.-15.2.42	1	17.AK	6.A		RH 24-17/182, S. 62	Ja	Ja	210
487	294.ID	19.01.42		1	17.AK	6.A		RH 24-17/182, S. 47	Ja	Ja	190
488	294.ID		5.8.-20.8.41	1	4.AK	6.A		RH 20-6/532, Bl. 64	Ja	Nein	
489	294.ID		5.8.-20.8.41	1	55.AK	6.A		RH 24-55/69, S. 227	Ja	Ja	488
490	295.ID		1.9.-15.9.41	1	55.AK/17.A/52.AK	17.A		RH 26-295/16, S. 84	Ja	Nein	
491	295.ID		16.9.-30.9.41	2	52./4.AK	17.A		RH 26-295/16, S. 103	Ja	Nein	
492	295.ID		1.10.-15.10.41	2	4/44.AK	17.A		RH 26-295/16, S. 124	Ja	Nein	
493	297.ID	10.08.41		1	44.AK	17.A		Ic-Meldung 297. ID v. 10.8.41; RH 26-297/87	Ja	Ja	496
494	297.ID	03.07.41		2	44.AK	6.A		Ic-Meldung 297. ID v. 4.7.41; RH 26-297/87	Ja	Ja	670

602 Anhang

Nr.	Verband	Datum	Zeitraum	Ex.	Vorg.	A.	PGr.	Quelle	Nws.	Dpl.	zu Nr.
495	297.ID		15.10.-31.10.41	1	11.AK	6.A		TB (Ic) XI. AK v. 31.10.41; RH 24-11/121	Ja	Ja	500
496	297.ID		9.8.-23.8.41	3	44.AK	17.A		Ic-Meldung 297. ID v. 23.8.41; RH 26-297/87	Ja	Ja	672
497	297.ID	26.12.41		1	51.AK	6.A		Ic-Mittagsmeldung 297. ID v. 1.1.42; RH 26-297/92	Ja	Ja	773
498	297.ID	17.08.41		1	44.AK	17.A		MSg 2/2934, S. 28	Ja	Nein	
499	297.ID	13.08.41		2	44.AK	17.A		Ic-Meldung 297. ID v. 13.8.41; RH 26-297/87	Ja	Ja	496
500	297.ID		15.10.-31.10.41	1	11.AK	6.A		RH 20-6/558, Bl. 161	Ja	Nein	
501	298.ID	27.09.41		3	17.AK	6.A		TB (Ic) 298. ID v. 27.9.41; RH 26-298/43	Ja	Nein	
502	298.ID	08.07.41		1	29.AK	6.A		TB (Ic) 298. ID v. 8.7.41; RH 26-298/43	Ja	Ja	888
503	298.ID		22.6.-1.7.41	2	17.AK	6.A		RH 24-17/155, S. 116	Ja	Ja	513
504	298.ID	26.09.41		1	17.AK	6.A		RH 26-298/45, Anl. 352	Ja	Ja	501
505	298.ID	08.07.41		1	29.AK	6.A		RH 26-298/44, Anl. 50	Ja	Ja	502
506	298.ID	23.10.41		1	52.AK	6.A		TB (Ic) 298. ID v. 23.10.41; RH 26-298/43	Ja	Nein	
507	298.ID		5.9.-20.9.41	3	17.AK	6.A		RH 24-17/169, S. 42	Ja	Ja	206
508	298.ID	01.07.41		1	17.AK	6.A		RH 24-17/155, S. 113	Ja	Ja	503
509	298.ID	25.09.41		1	17.AK	6.A		TB (Ic) 298. ID v. 25.9.41; RH 26-298/43	Ja	Nein	
510	298.ID	24.09.41		3	17.AK	6.A		TB (Ic) 298. ID v. 24.9.41; RH 26-298/43	Ja	Ja	194
511	298.ID	23.09.41		2	17.AK	6.A		TB (Ic) 298. ID v. 23.9.41; RH 26-298/43	Ja	Ja	194
512	298.ID	01.09.41		1	17.AK	6.A		TB (Ic) 298. ID v. 1.9.41; RH 26-298/43	Ja	Nein	
513	298.ID		22.6.-1.7.41	2	17.AK	6.A		RH 20-6/515, Bl. 270	Ja	Ja	888
514	298.ID	30.06.41		1	17.AK	6.A		TB (Ic) 298. ID v. 30.6.41; RH 26-298/43	Ja	Ja	513
515	299.ID	12.11.41		1	29.AK	6.A		RH 26-299/124, Anl. 710	Ja	Ja	452
516	299.ID	14.11.41		1	29.AK	6.A		RH 26-299/123, Anl. 497/1	Ja	Ja	452
517	299.ID	22.06.41		2	29.AK	6.A		RH 26-299/118, Anl. 84	Ja	Nein	
518	3.AK		1.11.-15.11.41	2	PGr.1		PGr.1	RH 21-1/476, S. 111	Ja	Nein	
519	3.AK		16.10.-31.10.41	9	PGr.1		PGr.1	RH 21-1/476, S, 243	Ja	Ja	520
520	3.AK		16.10.-31.10.41	9	PGr.1		PGr.1	RH 21-1/476, S. 247	Ja	Nein	
521	3.AK		16.10.-31.10.41	9	PGr.1		PGr.1	RH 24-3/138, S. 105	Ja	Ja	519
522	3.AK		22.6.-24.7.41	81	PGr.1		PGr.1	RH 21-1/149, S. 47	Ja	Nein	
523	3.AK	23.06.41		1	PGr.1	6.A		RH 24-3/137, S. 301	Ja	Ja	530
524	3.AK	14.08.41		1	PGr.1		PGr.1	RH 24-3/135, S. 46	Ja	Nein	
525	3.AK		1.10.-15.10.41	12	PGr.1		PGr.1	RH 21-1/152, S. 226	Ja	Nein	

Anhang 603

Nr.	Verband	Datum	Zeitraum	Ex.	Vorg.	A.	PGr.	Quelle	Nws.	Dpl.	zu Nr.
526	3.AK		22.6.–24.7.41	1	PGr.1	6.A	PGr.1	RH 24-3/134, Anl. 76	Ja	Ja	529
527	3.AK	22.06.41		1	PGr.1	6.A	PGr.1	RH 24-3/134, Anl. 13	Ja	Ja	529
528	3.AK	23.06.41		13	PGr.1	6.A	PGr.1	RH 24-3/133, S. 4	Nein	Nein	530
529	3.AK	22.06.41		1	PGr.1	6.A	PGr.1	RH 24-3/133, S. 4	Ja	Ja	530
530	3.AK	23.06.41		1	PGr.1	6.A	PGr.1	RH 21-1/148c, S. 177	Ja	Ja	38
531	3.ID	30.08.41		1	56.AK	16.A		RH 24-56/146, Bl. 53	Ja	Nein	534
532	3.PD	27.01.42		1	48.AK	2.A		RH 24-48/206, Anl. 63	Ja	Ja	534
533	3.PD		22.6.–5.7.41	9	24.AK	4.A	PGr.2	Ic-Meldung 3. Pz.Div. v. 10.7.41; RH 24-24/331	Ja	Ja	351
534	3.PD	27.01.42		1	48.AK	2.A		RH 27-3/165, S. 110	Ja	Ja	718
535	3.PD	28.07.41		1	24.AK		PGr.2	3. Pz.Div. an Div.Gef.S.St. v. 28.7.41; RH 27-3/167	Ja	Nein	
536	PGr.3		1.10.–25.10.41	1	9.A	9.A	PGr.3	RH 21-3/743, Bl. 243	Ja	Nein	542
537	PGr.3	12.08.41		2	9.A	9.A	PGr.3	RH 21-3/437, Bl. 383	Ja	Nein	
538	PGr.3		22.6.–18.7.41	50	4.A	4.A	PGr.3	Ic-Morgenmeldung PGr. 3 v. 19.7.41; RH 20-4/683	Ja	Ja	541
539	PGr.3		22.6.–5.8.41	170	9.A	9.A	PGr.3	RH 21-3/423, S. 30	Ja	Ja	539
540	PGr.3			2	4.A	4.A	PGr.3	Ic-Abendmeldung PGr. 3 v. 17.7.41; RH 20-4/683	Ja	Ja	539
541	PGr.3	17.07.41		2	4.A	4.A	PGr.3	RH 21-3/430, Bl. 65	Ja	Ja	
542	PGr.3	17.07.41	5.7.–19.7.41	50	4.A	4.A	PGr.3	RH 21-3/430, Bl. 71	Ja	Nein	
543	30.AK		1.2.–28.2.41	8	11.A	11.A		TB Feldgend.Tr. 430 Februar 42; RH 24-30/233	Ja	Ja	151
544	30.ID		28.9.–4.10.41	1	10.AK	16.A		Ic-Meldung des X. AK v. 5.10.41; RH 20-16/477b	Ja	Ja	546
545	30.ID		7.9.–13.9.41	1	10.AK	16.A		RH 24-10/283, Bl. 106	Ja	Ja	147
546	30.ID	15.09.41		1	10.AK	16.A		Ic-Meldung des X. AK v. 15.9.41; RH 20-16/476a	Ja	Ja	44,151
547	30.ID		28.9.–4.10.41	1	10.AK	16.A		RH 24-10/283, Bl. 151	Ja	Ja	147
548	30.ID		14.9.–20.9.41	1	10.AK	16.A		RH 24-10/283, Bl. 116	Ja	Ja	
549	30.ID	24.06.41		1	10.AK	16.A		RH 19-III/474, Bl. 91	Ja	Nein	
550	31.ID		8.9.–21.9.41	1	53.AK	4.A		Ic-Meldung 31. ID v. 22.9.41; RH 24-53/147	Ja	Ja	821
551	34.AK		15.7.–31.7.41	1	4.AK/PGr.1		PGr.1	TB (Ic) Höh.Kdo. XXXIV v. 15.7.–31.7.41; RH 24-34/39	Ja	Ja	601
552	34.ID	11.07.42		2	43.AK	4.A		KTB 34. ID v. 11.7.42; RH 26-34/15	Ja	Nein	
553	34.ID	22.06.41		2	12.AK	4.A		Tgb. Meyer v. 22.6.41; MSg 1/619, S. 7 f. (Hinweis Förster)	Ja	Ja	597
554	35.AK		11.10.–17.10.41	5	PGr.2		PGr.2	RH 21-2/637b, Bl. 36	Ja	Ja	557
555	35.AK	24.10.41			2.A	2.A		RH 20-2/1119, Anl. 5	Ja	Ja	558
556	35.AK		18.10.–25.10.41	8	PGr.2		PGr.2	RH 21-2/637b, Bl. 26	Ja	Ja	558

Nr.	Verband	Datum	Zeitraum	Ex.	Vorg.	A.	PGr.	Quelle	Nws.	Dpl.	zu Nr.
557	35.AK		11.10.-17.10.41	5	PGr.2		PGr.2	RH 21-2/637a, Bl. 163	Ja	Ja	258
558	35.AK		18.10.-25.10.41	8	PGr.2		PGr.2	RH 21-2/637a, Bl. 162	Ja	Ja	257
559	35.AK		18.10.-25.10.41	7	PGr.2		PGr.2	RH 21-2/661, Bl. 224	Ja	Ja	558
560	35.AK	25.10.41		1	PGr.2		PGr.2	RH 21-2/661, Bl. 220	Ja	Ja	558
561	35.AK		25.7.-5.8.41	1	2.A	2.A		RH 20-2/1104, Anl. 60	Ja	Ja	235
562	35.AK	30.09.41		1	PGr.2		PGr.2	RH 24-35/120, Bl. 135	Ja	Nein	
563	35.AK	25.10.41		3	PGr.2		PGr.2	RH 24-35/120, Bl. 102	Ja	Nein	
564	35.ID		22.6.-30.6.41	3	5.AK	9.A		Ic-Meldung V. AK v. 30.6.41; RH 20-9/251	Ja	Ja	1019
565	36.ID	03.07.41		3	41.AK		PGr.4	RH 26-36/40, S. 9	Ja	Ja	569
566	36.ID	15.09.41		3	41.AK		PGr.4	RH 26-36/40, S. 33	Ja	Nein	
567	36.ID	04.07.41		1	41.AK		PGr.4	RH 26-36/40, S. 10	Ja	Ja	650
568	36.ID	15.09.41		1	41.AK		PGr.4	RH 24-41/64, Bl. 113	Ja	Nein	
569	36.ID	03.07.41		3	41.AK		PGr.4	RH 24-41/64, Bl. 41	Ja	Ja	650
570	36.ID	10.02.42		1	41.AK	9.A		RH 26-36/40, S. 58 f.	Ja	Nein	
571	36.ID	01.07.41		1	41.AK		PGr.4	RH 39/727, S. 2	Ja	Ja	650
572	36.ID	16.09.41		1	41.AK		PGr.4	RH 26-36/40, S. 33	Ja	Ja	568
573	38.AK	27.06.41		2	18.A	18.A		Ic-Abendmeldung XXXVIII. AK v. 27.6.41; RH 20-18/958	Ja	Nein	
574	38.AK	25.08.41		1	18.A	18.A		Ic-Abendmeldung XXXVIII. AK v. 25.8.41; RH 24-38/168	Ja	Ja	578
575	38.AK	06.09.41		1	18.A	18.A		Ic-Abendmeldung XXXVIII. AK v. 6.9.41; RH 24-38/168	Ja	Ja	577
576	38.AK	19.07.41		1	18.A	18.A		Ic-Abendmeldung XXXVIII. AK v. 19.7.41; RH 24-38/168	Ja	Nein	
577	38.AK	06.09.41		1	18.A	18.A		Ic-Abendmeldung XXXVIII. AK v. 6.9.41;RH 20-18/961	Ja	Nein	
578	38.AK	25.08.41		1	18.A	18.A		Ic-Abendmeldung XXXVIII. AK v. 25.8.41; RH 20-18/960	Ja	Nein	
579	38.AK	03.07.41		1	18.A	18.A		Ic-Abendmeldung XXXVIII. AK v. 3.7.41; RH 20-18/958	Ja	Nein	
580	38.AK	03.07.41		1	18.A	18.A		Ic-Abendmeldung XXXVIII. AK v. 3.7.41; RH 24-38/168	Ja	Ja	579
581	38.AK	27.06.41		2	18.A	18.A		Ic-Abendmeldung XXXVIII. AK v. 27.6.41; RH 24-38/168	Ja	Ja	573
582	39.AK		16.7.-30.7.41	6	PGr.3	4.A	PGr.3	RH 24-39/179, Bl. 72	Ja	Ja	539
583	39.AK	17.11.41		1	16.A	16.A		Ic-Meldung des XXXIX. AK v. 17.11.41; RH 20-16/478a	Ja	Ja	158
584	39.AK		1.12.-7.12.41	3	16.A	16.A		Ic-Meldung des XXXIX. AK v. 7.12.41; RH 20-16/476b	Ja	Nein	
585	39.AK		19.10.-25.10.41	3	16.A	16.A		Ic-Meldung des XXXIX. AK v. 26.10.41; RH 20-16/476a	Ja	Ja	155
586	39.AK		12.10.-18.10.41	2	16.A	16.A		RH 24-39/191, Bl. 94	Ja	Ja	589
587	39.AK		26.10.-1.11.41	7	16.A	16.A		Ic-Meldung des XXXIX. AK v. 2.11.41; RH 20-16/478a	Ja	Ja	156

Anhang 605

Nr.	Verband	Datum	Zeitraum	Ex.	Vorg.	A.	PGr.	Quelle	Nws.	Dpl.	zu Nr.
588	39.AK		14.9.–20.9.41	1	16.A	16.A		RH 24-39/187, Bl. 98	Ja	Ja	591
589	39.AK		12.10.–18.10.41	2	16.A	16.A		Ic-Meldung des XXXIX. AK v. 19.10.41; RH 20-16/476a	Ja	Ja	154
590	39.AK		1.11.–15.11.41	22	16.A	16.A		RH 24-39/193, Bl. 45	Ja	Nein	
591	39.AK		14.9.–20.9.41	1	16.A	16.A		Ic-Meldung des XXXIX. AK v. 21.9.41; RH 20-16/476a	Ja	Ja	147
592	39.AK		7.9.–13.9.41	2	16.A	16.A		Ic-Meldung des XXXIX. AK v. 14.9.41; RH 20-16/476a	Ja	Ja	148
593	39.AK		1.12.–7.12.41	3	16.A	16.A		RH 24-39/195, Bl. 128	Ja	Ja	584
594	39.AK		7.9.–13.9.41	2	16.A	16.A		RH 24-39/185, Bl. 23	Ja	Ja	592
595	39.AK		5.7.–19.7.41	40	PGr.3	4.A	PGr.3	RH 21-3/433, Bl. 40	Ja	Ja	539
596	39.AK		19.10.–25.10.41	1	16.A	16.A		RH 24-39/192, Bl. 40	Ja	Ja	585
597	4.A		22.6.–27.6.41	6	HGr Mitte	4.A		RH 20-4/672, S. 316	Ja	Ja	239
598	4.AK	15.08.41		3	6.A	6.A		RH 24-4/91, S. 110	Ja	Nein	
599	4.AK		5.8.–20.8.41	1	6.A	6.A		RH 24-4/91, S. 127	Ja	Ja	488
600	4.AK	18.02.42		1	17.A	17.A		Ic-Morgenmeldung IV. AK v. 18.2.42; RH 20-17/324	Ja	Nein	
601	4.AK		31.7.–13.8.41	1	6.A	6.A		Ic-Abendmeldung IV.AK v. 13.8.41; RH 20-17/278	Ja	Nein	
602	4.AK		15.9.–29.9.41	2	17.A	17.A		Ic-Morgenmeldung IV.AK v. 30.9.41; RH 20-17/278	Ja	Nein	
603	4.AK		16.11.–30.11.41	1	17.A	17.A		Ic-Abendmeldung IV. AK v. 1.12.41; RH 20-17/279	Ja	Nein	
604	4.AK		22.6.–9.7.41	4	17.A	17.A		RH 20-17/277, S. 65	Ja	Nein	
605	4.AK		14.8.–28.8.41	1	17.A	17.A		Ic-Morgenmeldung IV.AK v. 29.8.41; RH 20-17/278	Ja	Nein	
606	4.AK		30.8.–9.9.41	1	17.A	17.A		Ic-Abendmeldung IV.AK v. 9.9.41; RH 20-17/278	Ja	Nein	
607	4.GD			1	49.AK	4.A		RH 24-49/162, S. 273	Ja	Nein	
608	4.PD	06.08.41		1	24.AK		PGr.2	RH 27-4/114, Anl. 159	Ja	Nein	
609	4.PD	15.07.41		7	24.AK		PGr.2	Ic-Meldung 4. Pz.Div. v. 12.9.41; RH 27-4/116	Ja	Nein	
610	4.PD		5.9.–12.9.41	3	24.AK		PGr.2	Meldung K. 34 v. 11.9.41; RH 27-4/116	Ja	Ja	609
611	4.PD		5.9.–12.9.41	3	24.AK		PGr.2	Ic-Meldung 4. Pz.Div. v. 9.7.41; RH 24-24/325	Ja	Ja	349
612	4.PD		22.6.–9.7.41	4	24.AK	4.A	PGr.2	Notiz auf Ic-Meldung 10. ID v. 11.7.41; RH 24-24/331	Ja	Ja	351
613	4.PD	22.08.41		1	24.AK		PGr.2	RH 27-4/109, Bl. 23 f.	Ja	Ja	347
614	PGr.4	29.11.41		2	4.A	4.A	PGr.4	RH 21-4/282, Bl. 29	Nein	Nein	
615	PGr.4	22.09.41		1	4.A	4.A	PGr.4	TB (Ic/AO) PGr. 4 v. 19.9.–12-10.41; RH 21-4/589	Ja	Nein	
616	PGr.4		22.6.–8.7.41	101	HGr Nord		PGr.4	Funkspruch PGr. 4 v. 10.7.41; RH 21-4/271	Ja	Nein	
617	PGr.4		22.6.–8.7.41	101	HGr Nord		PGr.4	Funkspruch PGr. 4 v. 10.7.41; RH 21-4/271	Ja	Ja	616
618	PGr.4		8.7.–19.7.41	71	HGr Nord		PGr.4	Meldung PGr. 4 v. 25.7.41; RH 21-4/271	Ja	Nein	

Nr.	Verband	Datum	Zeitraum	Ex.	Vorg.	A.	PGr.	Quelle	Nws.	Dpl.	zu Nr.
619	40.AK		9.11.-15.11.41	2	9.AK	4.A	PGr.4	RH 24-9/160, Bl. 48	Ja	Ja	
620	40.AK	12.02.42		1	4.A	4.A		Vernehmungsbericht XXXXX. AK v. 12.2.42; RH 24-40/96	Ja	Nein	
621	40.AK		12.10.-20.10.41	6	PGr.4	4.A	PGr.4	RH 21-4/275, Bl. 96	Ja	Nein	
622	40.AK		9.11.-15.11.41	2	9.AK	4.A	PGr.4	RH 24-9/159, Bl. 48	Ja	Ja	
623	40.AK		5.10.-11.10.41	12	PGr.4	4.A	PGr.4	Ic-Morgenmeldung XXXXX. AK v. 12.10.41; RH 24-40/91	Ja	Ja	623
624	40.AK		5.10.-11.10.41	12	PGr.4	4.A	PGr.4	RH 21-4/275, Bl. 67	Ja	Ja	628
625	40.AK	17.04.42		1	4.A	4.A		FNBl. 10. ID v. 21.4.42; RH 26-31/43	Ja	Ja	
626	40.AK		12.10.-20.10.41	6	PGr.4	4.A	PGr.4	Ic-Morgenmeldung XXXXX. AK v. 21.10.41; RH 24-40/91	Ja	Ja	621
627	40.AK	19.11.41		2	9.AK	4.A		Ic-Abendmeldung XXXXX. AK v. 19.4.42; RH 20-4/705	Ja	Nein	
628	40.AK	19.04.42		1	4.A	9.A		TB (Ic) XXXXX. AK v. 27.8.-10.9.41; RH 24-40/88	Ja	Nein	
629	40.AK		27.8.-10.9.41	2	9.A	4.A	PGr.4	RH 21-4/275, Bl. 232	Ja	Nein	
630	40.AK		9.11.-15.11.41	2	9.AK	4.A	PGr.4	Ic-Meldung XXXX. AK v. 6.10.41; RH 24-40/91	Ja	Ja	634
631	40.AK		29.9.-5.10.41	1	PGr.4	4.A	PGr.4	Vernehmungsbericht XXXXX. AK v. 17.4.42; RH 24-40/96	Ja	Ja	628
632	40.AK	17.04.42		1	4.A	4.A		Ic-Tagesmeldung XXXXX. AK v. 17.11.41; RH 24-40/91	Ja	Ja	630
633	40.AK		9.11.-15.11.41	2	9.AK	4.A	PGr.4	RH 21-4/275, Bl. 38	Ja	Nein	
634	40.AK		2.10.-5.10.41	1	PGr.4	4.A	PGr.4	Ic-Morgenmeldung XXXXX. AK v. 20.11.41; RH 24-40/94	Ja	Ja	627
635	40.AK	19.11.41		2	9.AK	4.A	PGr.4	RH 24-9/156, Bl. 109	Ja	Ja	630
636	40.AK		9.11.-15.11.41	2	9.AK	4.A	PGr.4	TB (Ic) 403. Sich.Div. September 42; RH 26-403/7	Ja	Nein	
637	403.SD		1.9.-30.9.42	5	Berück Nord			TB (Ic) 403. Sich.Div. August 41; RH 26-403/4a	Ja	Ja	639
638	403.SD		1.8.-31.8.41	127	Berück Mitte			TB (Ic) 403. Sich.Div. März 42; RH 26-403/7	Ja	Nein	
639	403.SD		22.6.41-10.3.42	669	Berück Mitte			TB (Ic) 403. Sich.Div. Februar 42; RH 26-403/7	Ja	Ja	639
640	403.SD		1.2.-28.2.41	2	Berück Mitte			TB (Ic) 403. Sich.Div. Juli 41; RH 26-403/4a	Ja	Ja	639
641	403.SD		1.7.-31.7.41	62	Berück Mitte			TB (Ic) 403. Sich.Div. Oktober 41; RH 26-403/4a	Ja	Ja	639
642	403.SD		1.10.-31.10.41	65	Berück Mitte			TB (Ic) 403. Sich.Div. November 41; RH 26-403/4a	Ja	Ja	639
643	403.SD		1.11.-30.11.41	64	Berück Mitte			TB (Ic) 403. Sich.Div. September 41; RH 26-403/4a	Ja	Ja	639
644	403.SD		1.9.-30.9.41	118	Berück Mitte			RH 26-403/2, Bl. 91	Ja	Ja	642
645	403.SD	23.10.41		1				Ic-Meldung 403. Sich.Div. v. 9.7.41; RH 20-9/251	Nein	Ja	1018
646	403.SD		22.6.-5.7.41	5	9.A	9.A		RH 26-403/2, Bl. 45 f.	Ja	Ja	641
647	403.SD		22.6.-28.7.41	8	Berück Mitte			Ic-Morgenmeldung XXXXI. AK v. 14.8.41; RH 24-41/70	Ja	Nein	
648	41.AK	14.08.41		1	PGr.4		PGr.4	Ic-Abendmeldung XXXXI. AK v. 16.8.41; RH 24-41/70	Ja	Nein	
649	41.AK		9.7.-16.8.41	40	PGr.4		PGr.4		Ja	Ja	618

Anhang 607

Nr.	Verband	Datum	Zeitraum	Ex.	Vorg.	A.	PGr.	Quelle	Nws.	Dpl.	zu Nr.
650	41.AK		22.6.-8.7.41	97	PGr.4		PGr.4	Funkspruch XXXXI. AK v. 9.7.41; RH 21-4/272	Ja	Ja	616
651	41.AK	14.09.41		1	PGr.4		PGr.4	Ic-Morgenmeldung XXXXI. AK v. 14.9.41; RH 24-41/71	Ja	Nein	
652	42.AK		22.6.-9.7.41	1	2.A	2.A		RH 20-2/1097, Anl. 27	Ja	Ja	239
653	42.AK	19.08.41		1	18.A	18.A		Ic-Morgenmeldung XXXXII. AK v. 19.8.41; RH 20-18/960	Ja	Nein	
654	43.AK	02.07.41		1	4.A	4.A		Ic-Morgenmeldung XXXXIII. AK v. 2.7.41; RH 20-4/683	Ja	Ja	663
655	43.AK	14.03.42		1	4.A	4.A		Ic-Abendmeldung XXXXIII. AK v. 14.3.42; RH 20-4/702	Ja	Nein	
656	43.AK		17.11.-30.11.41	3	PGr.2		PGr.2	RH 21-2/638, Bl. 165	Ja	Ja	269
657	43.AK		17.11.-30.11.41	3	PGr.2		PGr.2	RH 21-2/638, Bl. 164	Ja	Ja	656
658	43.AK		3.11.-16.11.41	12	PGr.2		PGr.2	RH 21-2/638, Bl. 162	Ja	Ja	659,661f.
659	43.AK		8.11.-14.11.41	2	PGr.2		PGr.2	RH 21-2/638, Bl. 160	Ja	Ja	268
660	43.AK	03.07.41		1	2.A	2.A		RH 20-2/1096, Anl. 58	Ja	Ja	663
661	43.AK		15.11.-21.11.41	7	PGr.2		PGr.2	RH 21-2/638, Bl. 161	Ja	Ja	271
662	43.AK		22.11.-28.11.41	3	PGr.2		PGr.2	RH 21-2/638, Bl. 163	Ja	Ja	271
663	43.AK		22.6.-5.7.41	4	2.A	2.A		RH 20-2/1097, Anl. 1	Ja	Ja	239
664	43.AK		6.7.-24.7.41	2	2.A	2.A		RH 20-2/1101, Anl. 37	Ja	Ja	235
665	43.AK		8.11.-15.11.41	2	PGr.2		PGr.2	RH 21-2/664, Bl. 249	Ja	Ja	658
666	43.AK		15.11.-21.11.41	2	PGr.2		PGr.2	RH 21-2/665, Bl. 300	Ja	Ja	656
667	43.AK	30.06.41		1	4.A	4.A		Ic-Meldung XXXXIII. AK v. 30.6.41; RH 20-4/682	Ja	Ja	663
668	43.AK		11.11.-17.11.41	7	PGr.2		PGr.2	RH 21-2/664, Bl. 241	Ja	Ja	658
669	44.AK	06.02.42		1	17.A	17.A		Ic-Morgenmeldung XXXXIV. AK v. 6.2.42; RH 20-17/324	Ja	Nein	
670	44.AK	05.07.41		3	6.A	6.A		RH 20-6/515, Bl. 59	Ja	Ja	887
671	44.AK	06.02.42		1	17.A	17.A		RH 24-44/190, Anl. 92	Ja	Ja	669
672	44.AK		9.8.-23.8.41	3	17.A	17.A		Ic-Morgenmeldung XXXXIV. AK v. 23.8.41; RH 20-17/278	Ja	Nein	
673	44.AK	14.07.41		1	6.A	6.A		RH 20-6/518, Bl. 274	Ja	Nein	
674	44.AK		22.6.-2.7.41	1	6.A	6.A		RH 20-6/515, Bl. 256	Ja	Ja	884
675	44.AK	02.07.41		1	6.A	6.A		RH 20-6/515, Bl. 257	Ja	Ja	674
676	44.AK		21.9.-4.10.41	122	51.AK	6.A		RH 26-44/32, S. 25	Ja	Nein	
677	44.ID	17.08.41		1	6.A	6.A		RH 20-6/530, Bl. 147	Ja	Ja	678
678	44.ID		1.8.-31.8.41	3	17.AK	6.A		RH 24-17/168, S. 25	Ja	Nein	
679	45.ID		1.2.-12.3.42	2	55.AK	2.A		TB (Ic) 45.ID v. 1.2.-12.3.42; RH 26-45/92	Ja	Nein	
680	45.ID		22.5.-7.6.42	2	55.AK	2.A		RH 24-55/75, S. 241	Ja	Nein	

Nr.	Verband	Datum	Zeitraum	Ex.	Vorg.	A.	PGr.	Quelle	Nws.	Dpl.	zu Nr.
681	45.ID	23.05.42		1	55.AK	2.A		RH 24-55/75, S. 181	Ja	Ja	680
682	45.ID		6.7.-24.7.41	8	35.AK	2.A		RH 20-2/1100, Anl. 90	Ja	Ja	237
683	454.SD	04.10.41		1	Berück Süd			RH 22/8, S. 119 f.	Ja	Nein	
684	454.SD		1.11.-30.11.41	24	Berück Süd			RH 26-454/15, S. 3	Ja	Nein	
685	46.AK		26.7.-2.8.41	3	PGr.2		PGr.2	RH 21-2/637a, Bl. 179	Ja	Ja	263
686	46.AK		20.7.-25.7.41	3	PGr.2	4.A	PGr.2	RH 21-2/637a, Bl. 176	Ja	Ja	
687	46.AK	05.10.41		1	PGr.4	4.A	PGr.4	TB (Ic) XXXXVI. AK v. 5.10.41; RH 24-46/122	Ja	Nein	
688	46.AK		22.6.-19.7.41	9	PGr.2	4.A	PGr.2	RH 21-2/637a, Bl. 177	Ja	Ja	252
689	46.AK	27.07.41		1	PGr.2	4.A	PGr.2	RH 21-2/650, Bl. 17	Ja	Ja	685
690	46.AK	16.08.41		1	PGr.2		PGr.2	RH 21-2/652, Bl. 271	Ja	Ja	693
691	46.AK		9.8.-15.8.41	5	PGr.2		PGr.2	RH 21-2/637a, Bl. 172	Ja	Ja	254
692	46.AK	17.01.42		1	PGr.4		PGr.4	RH 21-4/285, Bl. 174	Ja	Nein	
693	46.AK		16.8.-22.8.41	1	PGr.2		PGr.2	RH 21-2/637a, Bl. 171	Ja	Ja	265
694	46.AK		22.6.-19.7.41	9	PGr.2	4.A	PGr.2	RH 21-2/649, Bl. 140	Ja	Ja	688
695	47.AK		1.11.-7.11.41	4	PGr.2		PGr.2	RH 21-2/663, Bl. 319	Ja	Ja	712
696	47.AK		25.10.-31.10.41	3	PGr.2		PGr.2	RH 21-2/637a, Bl. 161	Ja	Ja	257
697	47.AK		4.10.-10.10.41	1	PGr.2		PGr.2	RH 21-2/637b, Bl. 45	Ja	Ja	703
698	47.AK		20.9.-26.9.41	4	PGr.2		PGr.2	RH 21-2/637a, Bl. 166	Ja	Ja	272
699	47.AK	02.07.41		1	PGr.2	4.A	PGr.2	TB (Ic) XXXXVII. AK v. 2.7.41; RH 24-47/108	Ja	Ja	713
700	47.AK		27.9.-3.10.41	2	PGr.2		PGr.2	RH 21-2/637b, Bl. 55	Ja	Ja	702
701	47.AK		25.10.-31.10.41	3	PGr.2		PGr.2	RH 21-2/637b, Bl. 19	Ja	Ja	696
702	47.AK		27.9.-3.10.41	2	PGr.2		PGr.2	RH 21-2/637a, Bl. 165	Ja	Ja	272
703	47.AK		4.10.-10.10.41	1	PGr.2		PGr.2	RH 21-2/637a, Bl. 164	Ja	Ja	258
704	47.AK	07.03.42		1	PGr.2		PGr.2	TB (Ic) XXXXVII. AK v. 7.3.42; RH 24-47/113	Nein	Nein	
705	47.AK		23.8.-5.9.41	19	PGr.2		PGr.2	RH 21-2/655, Bl. 224	Ja	Ja	708,717
706	47.AK		6.12.-12.12.41	1	PGr.2		PGr.2	RH 21-2/638, Bl. 166	Ja	Ja	269
707	47.AK		13.12.-19.12.41	1	PGr.2		PGr.2	RH 21-2/638, Bl. 167	Ja	Ja	266
708	47.AK		29.8.-5.9.41	14	PGr.2		PGr.2	RH 21-2/637a, Bl. 169	Ja	Ja	248
709	47.AK	30.01.42		2	PGr.2		PGr.2	RH 21-2/638, Bl. 66	Ja	Nein	
710	47.AK		9.8.-15.8.41	3	PGr.2		PGr.2	RH 21-2/652, Bl. 323	Ja	Ja	715
711	47.AK		27.9.-3.10.41	2	PGr.2		PGr.2	RH 21-2/659, Bl. 225	Ja	Ja	702

Anhang 609

Nr.	Verband	Datum	Zeitraum	Ex.	Vorg.	A.	PGr.	Quelle	Nws.	Dpl.	zu Nr.
712	47.AK		1.11.-7.11.41	4	PGr.2		PGr.2	RH 21-2/638, Bl. 159	Ja	Ja	268
713	47.AK		22.6.-25.7.41	34	PGr.2	4.A	PGr.2	RH 21-2/637a, Bl. 176	Ja	Ja	263
714	47.AK		3.8.-8.8.41	2	PGr.2		PGr.2	RH 21-2/637a, Bl. 173	Ja	Ja	270
715	47.AK		9.8.-15.8.41	3	PGr.2		PGr.2	RH 21-2/637a, Bl. 172	Ja	Ja	254
716	47.AK		4.10.-10.10.41	1	PGr.2		PGr.2	RH 21-2/660, Bl. 344	Ja	Ja	703
717	47.AK		23.8.-29.8.41	5	PGr.2		PGr.2	RH 21-2/637a, Bl. 169	Ja	Ja	248
718	48.AK	27.01.42		1	2.A	2.A		RH 24-48/206, Anl. 104	Ja	Nein	
719	48.AK	28.03.42		1	2.A	2.A		Vorlage GFP 612/XXXXVIII. AK v. 28.3.42; RH 24-48/209	Ja	Nein	
720	48.AK	29.04.42		1	2.A	2.A		RH 24-48/213, Anl. 88	Ja	Nein	
721	48.AK		27.4.-10.5.42	2	2.A	2.A		RH 24-48/211, S. 7	Ja	Ja	723,720
722	48.AK		20.12.-26.12.41	1	PGr.2		PGr.2	RH 21-2/638, Bl. 168	Ja	Ja	266
723	48.AK	01.05.42		1	2.A	2.A		RH 24-48/209, Anl. 89	Ja	Nein	
724	48.AK	04.04.42		2	2.A	2.A		RH 24-48/209, Anl. 113	Ja	Nein	
725	48.AK		22.6.-16.7.41	20	PGr.1		PGr.1	RH 21-1/471, S. 58	Ja	Nein	
726	48.AK	26.02.42		2	2.A	2.A		RH 24-48/207, Anl. 66	Ja	Nein	
727	48.AK	03.01.42		1	2.A	2.A		RH 24-48/205, Anl. 345	Ja	Nein	
728	48.AK	11.01.42		1	2.A	2.A		RH 24-48/205, Anl. 131	Ja	Nein	
729	48.AK		12.3.-26.3.42	1	2.A	2.A		TB (Ic) XXXXVIII. AK v. 12.3.-26.3.42; RH 24-48/204	Ja	Nein	
730	48.AK		11.2.-26.2.42	2	2.A	2.A		TB (Ic) XXXXVIII. AK v. 11.2.-26.2.42; RH 24-48/204	Ja	Nein	
731	48.AK	28.07.42		1	PGr.1		PGr.1	RH 24-48/199, Anl. 15	Ja	Nein	
732	48.AK		22.6.-16.7.41	20	PGr.1		PGr.1	RH 24-48/198, Anl. 37	Ja	Ja	725
733	48.AK	30.06.41		7	PGr.1		PGr.1	Meldung GFP-Kdo. 626, v. 30.6.41; RH 24-48/198	Ja	Ja	734
734	48.AK	30.06.41		7	PGr.1		PGr.1	RH 24-48/198, Anl. 21	Ja	Nein	36
735	48.AK	27.03.42		1	2.A	2.A		RH 24-48/208, Anl. 92	Ja	Nein	
736	49.AK		19.11.-28.11.41	11	PGr.1		PGr.1	Ic-Meldung XXXXIX. AK v. 30.11.41; RH 24-49/174	Ja	Ja	739
737	49.AK		1.11.-15.11.41	6	PGr.1		PGr.1	RH 21-1/476, S. 111	Ja	Nein	
738	49.AK		16.10.-31.10.41	10	PGr.1		PGr.1	RH 21-1/476, S. 247	Ja	Nein	
739	49.AK		16.11.-30.11.41	11	PGr.1		PGr.1	RH 21-1/477, S. 203	Ja	Nein	
740	5.AK	06.07.41		1	9.A	9.A		Ic-Morgenmeldung V. AK v. 6.7.41; RH 20-9/251	Ja	Ja	743
741	5.AK	25.07.41		1	9.A	9.A		Ic-Tagesmeldung V. AK v. 25.7.41; RH 20-9/251	Ja	Nein	
742	5.AK	20.07.41		1	9.A	9.A		Ic-Tagesmeldung V. AK v. 20.7.41; RH 20-9/251	Ja	Nein	

610 Anhang

Nr.	Verband	Datum	Zeitraum	Ex.	Vorg.	A.	PGr.	Quelle	Nws.	Dpl.	zu Nr.
743	5.AK		22.6.-5.7.41	18	9.A	9.A		Ic-Morgenmeldung V. AK v. 9.7.41; RH 20-9/251	Ja	Ja	1018
744	5.AK	20.07.41		1	9.A	9.A		RH 24-5/104, Bl. 92	Ja	Ja	742
745	5.AK		22.6.-5.7.41	18	9.A	9.A		RH 24-5/104, Bl. 75	Ja	Ja	743
746	5.AK		22.6.-30.6.41	17	9.A	9.A		RH 24-5/104, Bl. 59	Ja	Ja	753,564 ,174,749
747	5.AK	19.09.41		3	9.A	9.A		RH 24-5/109, S. 30	Ja	Ja	176
748	5.AK		2.3.-9.3.42	8	PGr.4		PGr.4	RH 21-4/285, Bl. 318	Ja	Nein	
749	5.AK		22.6.-30.6.41	2	5.AK	9.A		Ic-Meldung V. AK v. 30.6.41; RH 20-9/251	Ja	Ja	1019
750	5.AK	20.09.41		3	9.A	9.A		RH 24-5/110, Bl. 115	Ja	Ja	747
751	5.AK		15.2.-21.2.42	1	PGr.4		PGr.4	RH 24-5/124, Bl. 5	Ja	Ja	756
752	5.AK	06.07.41		1	9.A	9.A		RH 24-5/104, Bl. 71	Ja	Ja	740
753	5.ID		22.6.-30.6.41	7	5.AK	9.A		Ic-Meldung V. AK v. 30.6.41; RH 20-9/251	Ja	Ja	1019
754	5.PD		7.12.-13.12.41	1	46.AK	4.A	PGr.4	TB (Ic) 5. Pz.Div. v. 14.12.41; RH 27-5/86	Ja	Nein	
755	5.PD		15.2.-21.2.42	1	5.AK		PGr.4	TB (Ic) 5. Pz.Div. v. 22.2.42; RH 27-5/86	Ja	Ja	764
756	5.PD		15.2.-21.2.42	1	5.AK		PGr.4	RH 24-5/124, Bl. 6	Ja	Ja	757
757	5.PD		1.2.-28.2.42	3	5.AK		PGr.4	RH 24-5/124, Bl. 10	Ja	Nein	
758	5.PD		1.3.-7.3.42	1	5.AK		PGr.4	RH 24-5/124, Bl. 12	Ja	Nein	
759	5.PD		6.10.-12.10.41	6	46.AK	4.A	PGr.4	TB (Ic) 5. Pz.Div. v. 12.10.41; RH 27-5/85	Ja	Nein	
760	5.PD		19.10.-25.10.41	3	46.AK	4.A	PGr.4	TB (Ic) 5. Pz.Div. v. 26.10.41; RH 27-5/85	Ja	Ja	764
761	5.PD		21.12.-27.12.41	1	46.AK	4.A	PGr.4	TB (Ic) 5. Pz.Div. v. 28.12.41; RH 27-5/86	Ja	Ja	758
762	5.PD		1.2.-7.2.42	2	5.AK		PGr.4	TB (Ic) 5. Pz.Div. v. 8.2.42; RH 27-5/86	Ja	Ja	757
763	5.PD		1.3.-7.3.42	1	5.AK		PGr.4	TB (Ic) 5. Pz.Div. v. 8.3.42; RH 27-5/86	Ja	Nein	
764	5.PD		1.2.-28.2.42	3	5.AK		PGr.4	TB (Ic) 5. Pz.Div. v. 28.2.41; RH 27-5/86	Ja	Nein	
765	5.PD		12.10.-18.10.41	2	46.AK	4.A	PGr.4	TB (Ic) 5. Pz.Div. v. 19.10.41; RH 27-5/85	Ja	Nein	
766	50.AK	26.07.41		1	16.A	16.A		Ic-Morgenmeldung des L. AK v. 27.7.41; RH 24-50/142	Ja	Ja	161,768
767	50.AK		3.8.-16.8.41	4	16.A	16.A		Ic-Morgenmeldung des L. AK v. 17.8.41; RH 24-50/142	Ja	Ja	152
768	50.AK	27.07.41		1	16.A	16.A		Ic-Morgenmeldung L. AK v. 27.7.41;RH 20-16/475b	Ja	Ja	766,161
769	50.ID		10.8.-16.8.41	1	54.AK	11.A		Ic-Morgenmeldung 50. ID v. 17.8.41; RH 24-54/178b	Ja	Ja	835
770	50.ID	11.09.41		1	11.A	11.A		Ic-Abendmeldung 50. ID v. 18.9.41; RH 20-11/125	Ja	Nein	
771	50.ID	14.08.41		1	54.AK	11.A		Ic-Mittagsmeldung 50. ID v. 14.8.41; RH 24-54/178b	Ja	Ja	769
772	51.AK		6.2.-20.2.42	1	6.A	6.A		RH 24-51/60, Anl. 153a	Ja	Nein	
773	51.AK		15.12.-31.12.41	1	6.A	6.A		RH 20-6/615, Bl. 138	Ja	Nein	

Anhang 611

Nr.	Verband	Datum	Zeitraum	Ex.	Vorg.	A.	PGr.	Quelle	Nws.	Dpl.	zu Nr.
774	51.AK		5.9.-20.9.41	6	6.A	6.A		RH 20-6/544, Bl. 81	Ja	Nein	
775	51.AK		5.9.-20.9.41	6	6.A	6.A		RH 20-6/545, Bl. 147	Ja	Ja	774
776	51.AK		11.1.-24.1.42	1	6.A	6.A		RH 24-51/59, Anl. 68	Ja	Nein	
777	51.AK	10.11.41		1	6.A	6.A		RH 20-6/561, Bl. 146	Ja	Nein	
778	52.AK		22.6.-8.7.41	2	17.A	17.A		Ic-Morgenmeldung LII. AK v. 9.7.41; RH 24-52/220	Ja	Ja	788
779	52.AK		15.10.-31.10.41	2	17.A	17.A		Ic-Morgenmeldung LII. AK v. 1.11.41; RH 24-52/222	Ja	Ja	787
780	52.AK		9.7.-18.7.41	1	17.A	17.A		Ic-Morgenmeldung LII. AK v. 19.7.41; RH 24-52/220	Ja	Nein	
781	52.AK		24.7.-8.8.41	4	17.A	17.A		Ic-Morgenmeldung LII. AK v. 9.8.41; RH 24-52/220	Ja	Ja	784
782	52.AK		1.9.-14.9.41	6	17.A	17.A		Ic-Tagesmeldung LII. AK v. 14.9.41; RH 24-52/221	Ja	Ja	785
783	52.AK	07.07.41		1	17.A	17.A		RH 20-17/277, S. 80	Ja	Ja	788
784	52.AK		24.7.-8.8.41	4	17.A	17.A		Ic-Morgenmeldung LII. AK v. 9.8.41; RH 20-17/278	Ja	Nein	
785	52.AK		1.9.-14.9.41	6	17.A	17.A		Ic-Abendmeldung LII. AK v. 14.9.41; RH 20-17/278	Ja	Nein	
786	52.AK		15.9.-29.9.41	4	17.A	17.A		Ic-Morgenmeldung LII. AK v. 29.9.41; RH 20-17/278	Ja	Nein	
787	52.AK		15.10.-31.10.41	2	17.A	17.A		Ic-Morgenmeldung LII. AK v. 1.11.41; RH 20-17/279	Ja	Nein	
788	52.AK		22.6.-9.7.41	2	17.A	17.A		RH 20-17/277, S. 66 f.	Ja	Nein	
789	52.AK	09.07.41		2	17.A	17.A		TB (Ic) AOK 17 v. 9.7.41; RH 20-17/769	Ja	Nein	
790	52.ID	04.07.41		4	53.AK	2.A		RH 26-52/59, Bl. 4	Ja	Nein	
791	52.ID		7.11.-13.11.41	2	13.AK	4.A		RH 26-52/62, S. 9	Ja	Nein	
792	52.ID	11.07.41		6	53.AK	2.A		RH 26-52/59, Bl. 5	Ja	Ja	805
793	52.ID	17.08.41	1.8.-9.8.41	13	53.AK	2.A		RH 26-52/60, Anl. 61	Ja	Ja	802
794	52.ID	17.08.41		2	53.AK	2.A		RH 26-52/60, Anl. 76	Ja	Ja	804
795	52.ID	07.11.41		1	13.AK	4.A		RH 26-52/62, Anl. 179	Ja	Ja	806
796	52.ID	03.09.41		3	53.AK	4.A		RH 26-52/61, Anl. 83	Ja	Nein	
797	52.ID	17.09.41		1	12.AK	4.A		RH 26-52/61, Anl. 88	Ja	Ja	799
798	52.ID	21.09.41		1	12.AK	4.A		RH 26-52/61, Anl. 104	Ja	Ja	799
799	52.ID		8.9.-22.9.41	6	12.AK	4.A		RH 26-52/61, Anl. 107	Ja	Nein	
800	52.ID	19.08.41		1	53.AK	2.A		RH 26-52/61, Anl. 82	Ja	Ja	807
801	52.ID		1.8.-9.8.41	13	53.AK	2.A		RH 24-53/136, Bl. 40	Ja	Ja	824
802	52.ID		1.8.-9.8.41	13	53.AK	2.A		Ic-Meldung 52. ID v. 9.8.41; RH 24-53/146	Ja	Ja	801
803	52.ID		6.7.-24.7.41	7	53.AK	2.A		Ic-Meldung 52. ID v. 25.7.41; RH 24-53/146	Ja	Ja	808
804	52.ID	17.08.41		2	53.AK	2.A		Ic-Meldung 52. ID v. 17.8.41; RH 24-53/146	Ja	Ja	807

Anhang

Nr.	Verband	Datum	Zeitraum	Ex.	Vorg.	A.	PGr.	Quelle	Nws.	Dpl.	zu Nr.
805	52.ID	12.07.41		6	53.AK	2.A		Ic-Morgenmeldung 52. ID v. 12.7.41; RH 24-53/143	Ja	Ja	825
806	52.ID	07.11.41		1	13.AK	4.A		RH 26-52/62, S. 8	Ja	Ja	791
807	52.ID		10.8.-24.8.41	14	53.AK	2.A		Ic-Meldung 52. ID v. 25.8.41, RH 24-53/147	Ja	Ja	819
808	52.ID		6.7.-24.7.41	7	53.AK	2.A		RH 24-53/136, Bl. 36	Ja	Ja	237
809	53.AK		8.11.-14.11.41	6	PGr.2		PGr.2	RH 21-2/664, Bl. 277	Ja	Ja	814
810	53.AK		18.10.-24.10.41	1	PGr.2		PGr.2	RH 21-2/637b, Bl. 26	Ja	Ja	812
811	53.AK		15.11.-21.11.41	2	PGr.2		PGr.2	RH 21-2/638, Bl. 161	Ja	Ja	271
812	53.AK		18.10.-24.10.41	1	PGr.2		PGr.2	RH 21-2/637a, Bl. 162	Ja	Ja	257
813	53.AK		15.11.-21.11.41	2	PGr.2		PGr.2	Ic-Abendmeldung LIII. AK v. 21.11.41; RH 24-53/141	Ja	Ja	811
814	53.AK		8.11.-14.11.41	6	PGr.2			RH 21-2/638, Bl. 160	Ja	Ja	268
815	53.AK	12.07.41		6	2.A	2.A		RH 20-2/1097, Anl. 126	Ja	Ja	825
816	53.AK		22.6.-8.7.41	14	2.A	2.A		RH 20-2/1097, Anl. 1	Ja	Ja	371,404
817	53.AK		25.7.-9.8.41	13	2.A	2.A		RH 20-2/1105, Anl. 29	Ja	Ja	235
818	53.AK	02.02.42		1	PGr.2		PGr.2	RH 21-2/638, Bl. 63	Ja	Nein	
819	53.AK		10.8.-24.8.41	19	2.A	2.A		RH 24-53/136, Bl. 47	Ja	Ja	231
820	53.AK		8.9.-21.9.41	4	4.A	4.A		Ic-Meldung LIII. AK v. 23.9.41; RH 24-53/147	Ja	Ja	821
821	53.AK		8.9.-21.9.41	4	4.A	4.A		RH 24-53/136, Bl. 51	Ja	Nein	
822	53.AK		15.11.-21.11.41	2	PGr.2		PGr.2	RH 21-2/665, Bl. 345	Ja	Ja	811
823	53.AK		8.11.-14.11.41	6	PGr.2		PGr.2	Ic-Morgenmeldung LIII. AK v. 15.11.41; RH 24-53/141	Ja	Ja	814
824	53.AK		24.7.-10.8.41	13	2.A	2.A		Ic-Morgenmeldung LIII. AK v. 10.8.41; RH 24-53/141	Ja	Ja	817
825	53.AK	12.07.41		6	2.A	2.A		Ic-Morgenmeldung LIII. AK v. 12.7.41; RH 24-53/141	Ja	Ja	808
826	53.AK		22.6.-5.7.41	14	2.A	2.A		Ic-Morgenmeldung LIII. AK v. 9.7.41; RH 24-53/141	Ja	Ja	371,404
827	53.AK		25.8.-7.9.41	2	4.A	4.A		Ic-Meldung LIII. AK v. 9.9.41; RH 24-53/147	Ja	Ja	830
828	53.AK		18.10.-24.10.41	1	PGr.2		PGr.2	Ic-Meldung LIII. AK v. 24.10.41; RH 24-53/147	Ja	Ja	810
829	53.AK		8.11.-14.11.41	6	PGr.2		PGr.2	RH 21-2/664, Bl. 278	Ja	Ja	809
830	53.AK		25.8.-7.9.41	2	4.A	4.A		RH 24-53/136, Bl. 49	Ja	Nein	
831	54.AK		24.7.-5.8.41	4	11.A	11.A		Ic-Abendmeldung LIV. AK v. 5.8.41; RH 20-11/81	Ja	Nein	
832	54.AK		15.9.-30.9.41	4	11.A	11.A		Ic-Abendmeldung LIV. AK v. 1.10.41; RH 20-11/138	Ja	Ja	832
833	54.AK		15.9.-30.9.41	4	11.A	11.A		Ic-Abendmeldung LIV. AK v. 1.10.41; RH 24-54/182	Ja	Ja	831
834	54.AK		24.7.-5.8.41	4	11.A	11.A		Ic-Abendmeldung LIV. AK v. 5.8.41; RH 24-54/179	Ja	Ja	
835	54.AK		6.8.-19.8.41	3	11.A	11.A		Ic-Meldung LIV. AK v. 19.8.41; RH 24-54/179	Ja	Nein	

Anhang   613

Nr.	Verband	Datum	Zeitraum	Ex.	Vorg.	A.	PGr.	Quelle	Nws.	Dpl.	zu Nr.
836	54.AK	30.09.41		2	11.A	11.A		TB (Ic) LIV. AK v. 30.9.41; RH 24-54/182	Ja	Nein	
837	55.AK		1.11.-15.11.41	3	6.A	6.A		RH 20-6/563, Bl. 187	Ja	Nein	
838	55.AK		1.10.-15.10.41	1	6.A	6.A		RH 24-55/71, S. 186	Ja	Ja	839
839	55.AK		1.10.-15.10.41	1	6.A	6.A		RH 20-6/554, Bl. 248	Ja	Nein	
840	55.AK	30.07.41		1	6.A	6.A		RH 20-6/523, Bl. 181	Ja	Nein	
841	55.AK		15.10.-31.10.41	10	6.A	6.A		RH 20-6/559, Bl. 333	Ja	Ja	849
842	55.AK	23.11.41		1	6.A	6.A		RH 20-6/564, Bl. 64	Ja	Ja	841
843	55.AK		15.10.-31.10.41	10	6.A	6.A		RH 24-55/71, S. 113	Ja	Ja	488
844	55.AK	13.08.41		1	4.AK	6.A		RH 24-55/69, S. 204	Ja	Ja	837
845	55.AK		1.11.-15.11.41	3	6.A	6.A		RH 24-55/71, S. 85	Ja	Ja	842
846	55.AK	23.11.41		1	6.A	6.A		RH 24-55/71, S. 72	Ja	Ja	849
847	55.AK		16.11.-30.11.41	1	6.A	6.A		RH 20-6/558, Bl. 172	Nein	Nein	
848	55.AK	31.10.41		1	6.A	6.A		RH 20-6/568, Bl. 274	Ja	Nein	
849	55.AK		16.11.-30.11.41	1	6.A	6.A		Fernspruch LVI. AK an v. 9.7.41; RH 21-4/272	Ja	Ja	616
850	56.AK		22.6.-8.7.41	4	PGr.4		PGr.4	RH 26-56/22b, Anl. 163	Ja	Ja	812
851	56.ID	22.10.41		1	53.AK			TB (Ic) 56. ID v. 25.5.42; RH 26-56/65	Ja	Nein	
852	56.ID	25.05.42		1	53.AK		PGr.2	RH 20-6/526, Bl. 173	Ja	Ja	204
853	56.ID	06.08.41		1	17.AK	6.A		RH 20-6/515, Bl. 250 f.	Ja	Ja	888
854	56.ID	02.07.41		1	17.AK	6.A		RH 21-2/638, Bl. 118	Ja	Ja	858
855	56.ID	08.12.41		1	PGr.2		PGr.2	RH 21-2/638, Bl. 122	Ja	Ja	860
856	56.ID	04.12.41		1	PGr.2		PGr.2	RH 24-17/155, S. 211	Ja	Ja	853
857	56.ID	06.08.41		1	17.AK	6.A		RH 21-2/638, Bl. 167	Ja	Ja	266
858	56.ID		13.12.-19.12.41	1	PGr.2		PGr.2	RH 24-17/168, S. 16	Ja	Nein	
859	56.ID	27.08.41		1	17.AK	6.A		RH 21-2/638, Bl. 165	Ja	Ja	269
860	56.ID		29.11.-5.12.41	3	PGr.2		PGr.2	RH 21-2/638, Bl. 121	Ja	Ja	860
861	56.ID	05.12.41		1	PGr.2		PGr.2	TB (Ic) 56. ID v. 31.5.42; RH 26-56/65	Ja	Nein	
862	56.ID	31.05.42		1	53.AK		PGr.2	TB (Ic) 56. ID v. 25.8.41; RH 25-56/19b	Ja	Nein	
863	56.ID	25.08.41		1	17.AK	6.A		RH 21-2/666, Bl. 322	Ja	Ja	861
864	56.ID	05.12.41		1	PGr.2		PGr.2	RH 25-56/19b, Anl. 117	Ja	Ja	205
865	56.ID		21.8.-4.9.41	3	17.AK	6.A		RH 21-2/667, Bl. 354	Ja	Ja	855
866	56.ID	09.12.41		1	PGr.2		PGr.2				

Nr.	Verband	Datum	Zeitraum	Ex.	Vorg.	A.	PGr.	Quelle	Nws.	Dpl.	zu Nr.
867	56.ID	30.06.41		1	17.AK	6.A		RH 26-56/18, Anl. 56	Ja	Ja	854
868	56.ID	05.12.41		1	PGr.2		PGr.2	RH 21-2/666, Bl. 323	Ja	Ja	856
869	56.ID	25.06.41		1	17.AK	6.A		RH 26-56/18, Anl. 56	Ja	Ja	939
870	56.ID	05.12.41		1	PGr.2		PGr.2	TB (Ic) 56. ID v. 5.12.41; RH 26-56/22b	Ja	Ja	864
871	56.ID	22.10.41		1	53.AK		PGr.2	Ic-Meldung 56. ID v. 22.10.41; RH 24-53/147	Ja	Ja	828
872	57.AK	21.07.41		1	PGr.3	4.A	PGr.3	RH 24-57/2, S. 219	Ja	Ja	539
873	57.AK	03.10.41		1	PGr.4	4.A	PGr.4	RH 24-57/63, S. 49	Ja	Nein	
874	57.AK	23.07.41		1	PGr.3	4.A	PGr.3	RH 21-3/437, Bl. 251	Ja	Ja	539
875	57.AK	21.07.41		1	PGr.3	4.A	PGr.3	RH 21-3/433, Bl. 296	Ja	Ja	539
876	57.ID		1.9.-31.10.41	3	52./55.AK	6.A		RH 26-57/57, S. 6	Ja	Ja	879, 843
877	57.ID		1.11.-31.12.41	2	55.AK/6.A	6.A		RH 26-57/58, S. 5	Ja	Nein	837
878	57.ID	28.01.42		2	6.A	6.A		TB Feldgend.Tr. 157 v. 28.1.42; RH 26-57/119	Ja	Ja	880
879	57.ID	18.10.41		1	55.AK	6.A		RH 24-55/71, S. 173	Ja	Ja	841
880	57.ID	18.10.41		1	55.AK	6.A		RH 20-6/555, Bl. 265	Ja	Ja	882
881	58.ID	26.06.41		2	38.AK	18.A		TB (Ic) 58. ID v. 22.6.-21.7.41; RH 26-58/86	Ja	Ja	581
882	58.ID	27.06.41		2	38.AK	18.A		Ic-Morgenmeldung 58. ID v. 27.6.41; RH 24-38/170	Ja	Ja	574
883	58.ID	25.08.41		1	38.AK	18.A		Ic-Abendmeldung 58. ID v. 25.8.41; RH 24-38/170	Ja	Ja	888
884	6.A		22.6.-2.7.41	12	HGr Süd	6.A		RH 20-6/489, Bl. 178	Ja	Nein	
885	6.A	10.07.41		10	HGr Süd	6.A		RH 20-6/489, Bl. 70	Ja	Ja	888
886	6.A		22.6.-23.6.41	4	HGr Süd	6.A		RH 20-6/489, Bl. 279	Ja	Ja	888
887	6.A	05.07.41		3	HGr Süd	6.A		RH 20-6/489, Bl. 127	Ja	Ja	888
888	6.A		22.6.-5.7.41	31	HGr Süd	6.A		RH 20-6/517, Bl. 85	Ja	Nein	
889	6.A	01.07.41		5	HGr Süd	6.A		RH 20-6/489, Bl. 184	Ja	Ja	888
890	6.AK	18.08.41		1	9.A	9.A		RH 24-6/237, Bl. 18	Ja	Ja	893
891	6.AK	18.08.41		1	9.A	9.A		RH 24-6/239, Bl. 14	Ja	Ja	895
892	6.AK	14.08.41		1	9.A	9.A		RH 24-6/240, Bl. 17	Ja	Nein	
893	6.AK	30.06.41		1	9.A	9.A		RH 24-6/236, Bl. 9	Ja	Ja	896
894	6.AK	13.08.41		10	9.A	9.A		Ic-Tagesmeldung VI. AK v. 14.8.41; RH 20-9/252	Nein	Nein	
895	6.AK	18.08.41		1	9.A	9.A		Ic-Tagesmeldung VI. AK v. 19.8.41; RH 20-9/252	Ja	Nein	
896	6.AK		22.6.-30.6.41	1	9.A	9.A		Ic-Meldung VI. AK an das AOK 9 v. 30.6.41; RH 20-9/251	Ja	Ja	1019
897	6.ID	07.07.41		1	6.AK	9.A		RH 39/98, S. 20	Ja	Ja	899

Anhang   615

Nr.	Verband	Datum	Zeitraum	Ex.	Vorg.	A.	PGr.	Quelle	Nws.	Dpl.	zu Nr.
898	6.ID	27.08.41		2	6.AK	9.A		RH 37/6732, Bl. 88	Ja	Nein	
899	6.ID		6.7.–18.7.41	2	6.AK	9.A		RH 26-6/63, S. 3	Ja	Nein	
900	6.PD	14.10.41		1	56.AK	9.A	PGr.3	RH 37/12, S. 116 f.	Ja	Nein	
901	60.ID	20.07.41		1	14.AK		PGr.1	Tagesmeldung A.Abt. 160 v. 20.7.41; RH 26-60/38	Ja	Nein	
902	60.ID		1.10.–15.10.41	10	PGr.1		PGr.1	RH 21-1/152, S. 226	Ja	Nein	
903	61.ID		8.10.–9.10.41	18	18.A	18.A		RH 26-61/155, Bl. 13	Ja	Nein	
904	61.ID	26.10.41		16	18.A	18.A		Ic-Abendmeldung 61. ID v. 26.10.41; RH 20-18/962	Ja	Nein	
905	61.ID	26.09.41		2	42.AK	18.A		RH 26-61/155, Bl. 12	Ja	Nein	
906	61.ID		15.10.–17.10.41	6	18.A	18.A		RH 26-61/155, Bl. 15	Ja	Ja	904
907	61.ID	27.07.41		2	26.AK	18.A		RH 37/7531, Bl. 20 f.	Ja	Nein	
908	61.ID	10.10.41		3	18.A	18.A		RH 26-61/155, Bl. 16	Ja	Nein	
909	61.ID	28.10.41		1	18.A	18.A		RH 26-61/155, Bl. 15	Ja	Ja	904
910	61.ID	11.10.41		2	18.A	18.A		RH 26-61/155, Bl. 15	Ja	Ja	904
911	61.ID	14.10.41		1	18.A	18.A		RH 26-61/155, Bl. 15	Ja	Ja	904
912	61.ID		21.10./22.10.41	3	18.A	18.A		RH 26-61/155, Bl. 15	Ja	Ja	904
913	61.ID	18.10.41		4	17.AK	6.A		TB (Ic) 62. ID v. 25.9.41; RH 26-62/82	Ja	Ja	920
914	62.ID	25.09.41		7	17.AK	6.A		TB (Ic) 62. ID v. 25.9.41; RH 26-62/82	Ja	Ja	920
915	62.ID	24.09.41		2	17.AK	6.A		TB (Ic) 62. ID v. 24.9.41; RH 26-62/82	Ja	Ja	920
916	62.ID		22.6.–1.7.41	5	17.AK	6.A		RH 20-6/515, Bl. 270	Ja	Ja	888
917	62.ID		22.6.–2.7.41	14	17.AK	6.A		TB (Ic) 62. ID v. 2.7.41; RH 26-62/82	Ja	Ja	934,925
918	62.ID	23.09.41		1	17.AK	6.A		TB (Ic) 62. ID v. 23.9.41; RH 26-62/82	Ja	Ja	920
919	62.ID		21.7.–3.8.41	5	17.AK	6.A		TB (Ic) 62. ID v. 3.8.41; RH 26-62/82	Ja	Ja	202
920	62.ID		21.9.–5.10.41	56	6.A	6.A		TB (Ic) 62. ID v. 5.10.41; RH 26-62/82	Nein	Ja	
921	62.ID	30.11.41		1	Berück Süd	6.A		TB (Ic) 62. ID v. 30.11.41; RH 26-62/82	Ja	Ja	936
922	62.ID		22.6.–11.7.41	14	17.AK	6.A		TB (Ic) 62. ID v. 11.7.41; RH 26-62/82	Ja	Ja	935
923	62.ID	23.07.41		1	17.AK	6.A		TB (Ic) 62. ID v. 23.7.41; RH 26-62/82	Ja	Ja	938
924	62.ID	02.07.41		9	17.AK	6.A		RH 20-6/515, Bl. 252	Ja	Ja	888
925	62.ID	02.07.41		9	17.AK	6.A		RH 24-17/155, S. 118	Ja	Ja	924
926	62.ID	20.11.41		1	Berück Süd	6.A		TB (Ic) 62. ID v. 20.11.41; RH 26-62/82	Ja	Nein	
927	62.ID	24.06.41		1	17.AK	6.A		RH 24-17/155, S. 91	Ja	Ja	211
928	62.ID			9	17.AK	6.A		RH 24-17/152, S. 28	Ja	Ja	924

616 Anhang

Nr.	Verband	Datum	Zeitraum	Ex.	Vorg.	A.	PGr.	Quelle	Nws.	Dpl.	zu Nr.
929	62.ID	25.06.41		1	17.AK	6.A		RH 24-17/155, S. 96	Ja	Ja	195
930	62.ID		21.8.-4.9.41	2	51.AK	6.A		TB (Ic) 62. ID v. 5.9.41; RH 26-62/82	Ja	Nein	
931	62.ID	23.11.41		3	Berück Süd			TB (Ic) 62. ID v. 24.11.41; RH 26-62/82	Nein	Ja	937
932	62.ID	19.11.41		3	Berück Süd			TB (Ic) 62. ID v. 19.11.41; RH 26-62/82	Ja	Ja	1082
933	62.ID	09.01.42		1	29.AK	6.A		RH 24-29/47, Anl. 58	Ja	Nein	
934	62.ID		22.6.-1.7.41	5	17.AK	6.A		RH 24-17/155, S. 116	Ja	Ja	916
935	62.ID		22.6.-11.7.41	14	17.AK	6.A		RH 24-17/155, S. 137	Ja	Ja	208
936	62.ID	01.12.41		1	Berück Süd			RH 22/3, S. 145	Nein	Nein	
937	62.ID	25.11.41		3	Berück Süd			RH 22/3, S. 143	Nein	Nein	
938	62.ID	23.07.41		1	17.AK	6.A		RH 24-17/155, S. 176	Ja	Ja	201
939	62.ID	25.06.41		1	17.AK	6.A		RH 24-17/163, S. 35	Ja	Ja	929
940	68.ID	23.05.42		1	44.AK	17.A		RH 24-44/198, Anl. 366	Ja	Nein	
941	68.ID		27.5.-28.5.42	2	44.AK	17.A		RH 24-44/198, Anl. 413	Ja	Ja	942
942	68.ID		27.5.-28.5.42	4	44.AK	17.A		RH 26-68/41, Anl. 35	Ja	Nein	
943	68.ID	23.05.42		1	44.AK	17.A		RH 26-68/41, Anl. 26	Ja	Ja	940
944	68.ID	31.05.42		2	44.AK	17.A		RH 26-68/41, S. 11	Nein	Nein	
945	68.ID	05.02.42		1	44.AK	17.A		RH 26-68/39, Anl. 11	Ja	Ja	669
946	7.AK	27.07.41		1	2.A	2.A		RH 20-2/1101, Anl. 74	Ja	Ja	957
947	7.AK		9.8.-15.8.41	1	PGr.2		PGr.2	RH 24-7/138, Bl. 230	Ja	Ja	966
948	7.AK		23.11.-29.11.41	3	PGr.4		PGr.4	RH 24-7/138, Bl. 9	Ja	Nein	
949	7.AK	28.06.41		1	4.A	4.A		Ic-Abendmeldung VII. AK v. 28.6.41; RH 20-4/682	Ja	Ja	959
950	7.AK	27.06.41		1	4.A	4.A		Ic-Morgenmeldung VII. AK v. 27.6.41; RH 20-4/682	Ja	Ja	597
951	7.AK	22.06.41		1	4.A	4.A		Ic-Abendmeldung VII. AK v. 22.6.41; RH 20-4/681	Ja	Ja	960
952	7.AK	26.7.-9.8.41		3	4.A	4.A		Ic-Abendmeldung VII. AK v. 26.8.41; RH 20-4/674	Ja	Nein	
953	7.AK		10.8.-24.8.41	1	4.A	4.A		Ic-Abendmeldung VII. AK v. 26.8.41; RH 20-4/674	Ja	Ja	947
954	7.AK		25.7.-27.7.41	4	2.A	2.A		RH 24-7/138, Bl. 262	Ja	Ja	957
955	7.AK	25.07.41		1	2.A	2.A		RH 20-2/1100, Anl. 108	Ja	Ja	957
956	7.AK	03.07.41		1	2.A	2.A		RH 20-2/1096, Anl. 53	Ja	Ja	962
957	7.AK		25.7.-27.7.41	4	2.A	2.A		RH 20-2/1101, Anl. 49	Ja	Ja	235
958	7.AK	25.07.41		1	2.A	2.A		RH 24-7/138, Bl. 268	Ja	Ja	954
959	7.AK		27.6.-5.7.41	3	2.A	2.A		RH 24-7/138, Bl. 307	Ja	Ja	239

Anhang   617

Nr.	Verband	Datum	Zeitraum	Ex.	Vorg.	A.	PGr.	Quelle	Nws.	Dpl.	zu Nr.
960	7.AK	22.06.41		1	4.A	4.A		RH 20-4/672, S. 337	Ja	Ja	597
961	7.AK	27.06.41		1	4.A	4.A		RH 24-7/138, Bl. 335	Ja	Ja	950
962	7.AK	03.07.41		1	2.A	2.A		RH 24-7/138, Bl. 322	Ja	Ja	959
963	7.AK		9.8.-15.8.41	1	PGr.2		PGr.2	RH 21-2/652, Bl. 117	Ja	Ja	966
964	7.AK	28.06.41		1	4.A	4.A		RH 24-7/138, Bl. 333	Ja	Ja	949
965	7.AK		22.6.-29.6.41	5	4.A	4.A		RH 24-7/138, Bl. 326	Ja	Ja	239
966	7.AK		9.8.-15.8.41	1	PGr.2		PGr.2	RH 21-2/637a, Bl. 172	Ja	Ja	254
967	7.ID	05.07.41		1	7.AK	2.A		Meldung II./IR 61 v. 5.7.41; RH 37/1306	Ja	Ja	959
968	7.ID	15.08.41		4	24.AK			Ic-Meldung 7.ID v. 15.8.41; RH 24-24/331	Ja	Ja	346
969	7.ID	26.07.41		2	7.AK	2.A		RH 24-7/139, Bl. 258	Ja	Ja	954
970	7.PD		16.7.-30.7.41	1	39.AK	4.A	PGr.3	RH 24-39/179, Bl. 72	Ja	Ja	539
971	707.ID	26.08.41		4	Berück Mitte			Tgb. v. Andrian v. 26.8.41; BayHStA-KA, NL 4/1 (Hinweis Lieb)	Ja	Nein	
972	71.ID	22.06.41		2	4.AK	17.A		TB (Ic) 71. ID v. 22.6.41; RH 26-71/33	Ja	Nein	
973	72.ID	01.11.41	24.8.-30.8.41	4	54.AK	11.A		Ic-Meldung LIV. AK v. 31.8.41; RH 20-11/107	Ja	Nein	
974	72.ID	01.11.41		1	30.AK	11.A		TB Feldgend.Tr. 172 v. 1.11.41; RH 26-72/159	Ja	Nein	
975	72.ID	16.11.41		1	30.AK	11.A		Ic-Meldung 72. ID v. 16.11.41; RH 26-72/87	Ja	Nein	
976	72.ID	23.07.42		1	30.AK	11.A		TB Feldgend.Tr. 172 v. 23.7.42; RH 26-72/164	Ja	Nein	
977	72.ID	14.08.41		1	54.AK	11.A		TB Feldgend.Tr. 172 v. 14.8.41; RH 26-72/159	Ja	Nein	
978	72.ID		15.10.-30.10.41	2	30.AK	11.A		Ic-Meldung 72. ID v. 30.10.41; RH 26-72/87	Ja	Ja	984
979	72.ID	04.10.41		1	30.AK	11.A		Ic-Meldung 72. ID v. 4.10.41; RH 26-72/87	Ja	Nein	
980	72.ID	18.02.42		1	11.A	11.A		Nachtrag Ia-Meldung 72. ID v. 18.2.42; RH 26-72/93	Nein	Nein	
981	72.ID		24.8.-30.8.41	4	54.AK	11.A		Ic-Morgenmeldung 72. ID v. 31.8.41; RH 24-54/178b	Ja	Ja	973
982	72.ID	16.08.41		1	54.AK	11.A		TB Feldgend.Tr. 172 v. 16.8.41; RH 26-72/159	Ja	Ja	835
983	72.ID	26.02.42		1	11.A	11.A		Nachtrag Ia-Meldung 72. ID v. 26.2.42; RH 26-72/93	Nein	Nein	
984	72.ID	14.08.41		1	54.AK	11.A		Ic-Meldung 72. ID v. 14.8.41; RH 24-54/178b	Ja	Ja	835
985	72.ID	14.02.42		1	11.A	11.A		Ic-Abendmeldung 72. ID 14.2.42; RH 20-11/237	Nein	Nein	
986	72.ID	26.07.41		4	54.AK	11.A		Ic-Meldung 72. ID v. 2.8.41; RH 24-54/178b	Ja	Ja	831
987	73.ID		15.9.-30.9.41	4	54.AK	11.A		Ic-Abendmeldung 73. ID v. 1.10.41; RH 24-54/182	Ja	Ja	832
988	73.ID		12.9.-26.9.41	1	54.AK	11.A		Bericht IR 213 v. 12.9.-26.9.41; RH 37/2837, S. 13	Nein	Ja	987
989	75.ID	15.11.41		1	29.AK	6.A		Ic-Morgenmeldung 75. ID v. 15.11.41; RH 26-75/117	Ja	Ja	455
990	75.ID		22.6.-8.7.41	1	55.AK	6.A		Ic-Abendmeldung 75. ID v. 8.7.41; RH 26-75/111	Ja	Ja	991

Nr.	Verband	Datum	Zeitraum	Ex.	Vorg.	A.	PGr.	Quelle	Nws.	Dpl.	zu Nr.
991	75.ID		22.6.-5.7.41	1	55.AK	6.A		RH 20-6/516, Bl. 118	Ja	Ja	888
992	75.ID		22.6.-5.7.41	1	55.AK	6.A		RH 24-55/69, S. 66	Ja	Ja	991
993	76.ID	25.09.41		1	4.AK	17.A		Ic-Abendmeldung 76. ID v. 25.9.41; RH 26-76/49.2	Ja	Ja	994
994	76.ID		14.9.-27.9.41	1	4.AK	17.A		Ic-Mittagsmeldung 76. ID v. 28.9.41; RH 26-76/49.2	Ja	Ja	602
995	78.ID	14.10.41		6	7.AK	4.A		Ic-Morgenmeldung 78. ID v. 14.10.41; RH 26-78/65	Ja	Nein	
996	78.ID		2.11.-8.11.41	1	9.AK	4.A		RH 24-9/156, Bl. 101	Ja	Nein	
997	79.ID		15.1.-31.1.42	2	17.AK	6.A		RH 24-17/182, S. 47	Ja	Ja	190
998	79.ID		1.2.-15.2.42	1	17.AK	6.A		RH 24-17/182, S. 62	Ja	Ja	210
999	79.ID		1.1.-15.1.42	3	17.AK	6.A		RH 24-17/182, S. 27	Ja	Ja	209
1000	79.ID		15.12.-31.12.41	2	17.AK	6.A		RH 24-17/182, S. 6	Ja	Ja	191
1001	8.AK		4.8.-3.9.41	39	9.A	9.A		RH 24-8/123, Bl. 114	Ja	Ja	1003
1002	8.AK		22.6.-30.6.41	12	9.A	9.A		RH 24-8/124, Bl. 39	Ja	Ja	1005
1003	8.AK		4.8.-3.9.41	39	9.A	9.A		RH 24-8/123, Bl. 108	Ja	Nein	
1004	8.AK		4.9.-3.10.41	28	9.A	9.A		RH 24-8/123, Bl. 121	Ja	Nein	
1005	8.AK		22.6.-30.6.41	12	9.A	9.A		Ic-Meldung VIII. AK v. 30.6.41; RH 20-9/251	Ja	Ja	1006
1006	8.AK		23.6.-3.8.41	91	9.A	9.A		RH 24-8/123, Bl. 102	Ja	Nein	
1007	8.ID	08.08.41		7	8.AK	9.A		Ic-Morgenmeldung VIII. AK v. 8.8.41; RH 20-9/252	Ja	Ja	1003
1008	8.ID	03.07.41		2	8.AK	9.A		RH 37/7588, Bl. 11	Ja	Ja	1006
1009	8.ID	08.08.41		7	8.AK	9.A		RH 24-8/124, Bl. 51	Ja	Ja	1007
1010	8.PD	25.10.41		1	39.AK	16.A		RH 39/680, Bl. 20	Ja	Ja	596
1011	8.PD	04.09.41		2	41.AK		PGr.4	RH 37/7188, Bl. 69	Ja	Nein	
1012	8.PD	05.08.41		1	PGr.4		PGr.4	RH 37/7188, Bl. 47	Ja	Nein	
1013	8.PD	14.09.41		1	39.AK	16.A		RH 37/7188, Bl. 84	Ja	Ja	1014
1014	8.PD		14.9.-20.9.41	1	39.AK	16.A		RH 24-39/187, Bl. 97	Ja	Ja	149
1015	86.ID		16.9.-20.11.41	2	8./27.AK	9.A		Siebert, Durchführung, S. 24; RH 26-86/7, Bl. 32	Ja	Ja	1004
1016	87.ID		20.10.-2.11.41	1	9.AK	4.A	PGr.4	RH 24-9/156, Bl. 97	Ja	Ja	1034
1017	87.ID		3.11.-16.11.41	1	9.AK	4.A	PGr.4	RH 24-9/159, Bl. 52	Ja	Nein	
1018	9.A		22.6.-5.7.41	29	HGr Mitte	9.A		AOK 9 v. 8.7.41 mit Notiz v. 12.7.41; RH 20-9/251	Ja	Ja	
1019	9.A		22.6.-30.6.41	22	HGr Mitte	9.A		Ic-Tagesmeldung AOK 9 v. 30.6.41; RH 20-9/251	Ja	Ja	1018
1020	9.A	19.03.42		1	9.A	9.A		TB GFP-Gruppe 580 März 42; RH 20-9/266	Ja	Nein	
1021	9.A		22.6.-9.12.41	2	HGr Mitte	9.A		Bericht Dulag 240/Abt. Ic Nr. 54/41 v. 9.12.41; RH 23/219	Ja	Nein	

Anhang 619

Nr.	Verband	Datum	Zeitraum	Ex.	Vorg.	A.	PGr.	Quelle	Nws.	Dpl.	zu Nr.
1022	9.AK		20.10.-2.11.41	1	PGr.4	4.A	PGr.4	RH 21-4/275, Bl. 190	Ja	Ja	1034
1023	9.AK		10.7.-25.7.41	10	PGr.2	4.A	PGr.2	RH 21-2/650, Bl. 179	Ja	Ja	1029
1024	9.AK		9.8.-15.8.41	2	PGr.2		PGr.2	RH 21-2/652, Bl. 156	Ja	Ja	1027
1025	9.AK		30.6.-8.7.41	6	2.A	2.A		RH 20-2/1097, Anl. 27	Ja	Ja	1030
1026	9.AK		22.6.-30.6.41	5	4.A	4.A		RH 24-9/155, Bl. 22	Ja	Ja	239
1027	9.AK		9.8.-15.8.41	2	PGr.2		PGr.2	RH 21-2/637a, Bl. 172	Ja	Ja	254
1028	9.AK		25.9.-5.10.41	5	4.A	4.A		RH 24-9/156, Bl. 87	Ja	Nein	
1029	9.AK		10.7.-25.7.41	10	PGr.2	4.A	PGr.2	RH 21-2/637a, Bl. 176	Ja	Nein	239
1030	9.AK		1.7.-9.7.41	6	2.A	2.A		RH 20-2/1097, Anl. 32	Ja	Ja	1035
1031	9.AK		6.7.-24.7.41	10	PGr.2	4.A	PGr.2	RH 20-2/1091, Anl. 271	Ja	Ja	
1032	9.AK	21.07.41		1	2.A	2.A		RH 20-2/1099, Anl. 128	Ja	Ja	237
1033	9.AK		17.12.-30.12.41	3	PGr.4	4.A	PGr.4	RH 24-9/159, Bl. 140	Ja	Nein	
1034	9.AK		20.10.-2.11.41	1	PGr.4	4.A	PGr.4	RH 24-9/159, Bl. 24	Ja	Nein	1029
1035	9.AK		10.7.-25.7.41	10	PGr.2	4.A	PGr.2	RH 24-9/158, Bl. 60	Ja	Ja	1030
1036	9.AK		1.7.-9.7.41	6	2.A	2.A		RH 24-9/158, Bl. 34	Ja	Ja	1027
1037	9.AK		9.8.-15.8.41	2	PGr.2		PGr.2	RH 24-9/158, Bl. 106	Ja	Nein	
1038	9.ID		1.12.-14.12.41	1	52.AK	17.A		RH 26-9/81, S. 99	Ja	Ja	787
1039	9.ID		15.10.-31.10.41	2	52.AK	17.A		RH 26-9/81, S. 76	Ja	Ja	786
1040	9.ID		14.9.-27.9.41	3	52.AK	17.A		RH 26-9/81, S. 53	Ja	Nein	
1041	9.ID		4.5.-17.5.42	9	4.AK	17.A		Partisanenjägertrupp 9. ID v. 4.5.-17.5.42; RH 26-9/89	Nein	Nein	
1042	9.ID	28.09.41		1	52.AK	17.A		RH 26-9/81, S. 55	Ja	Ja	786
1043	9.ID		15.10.-31.10.41	2	52.AK	17.A		Ic-Tagesmeldung 9. ID v. 31.10.41; RH 24-52/222	Ja	Ja	779
1044	9.ID		1.10.-14.10.41	1	44.AK	17.A		RH 26-9/81, S. 64	Ja	Nein	
1045	9.PD	17.07.41		1	14.AK		PGr.1	RH 27-9/81, S. 5	Ja	Nein	
1046	9.PD	11.01.42		1	48.AK	2.A		RH 24-48/205, Anl. 128	Ja	Ja	728
1047	9.PD	04.07.41		2	14.AK		PGr.1	RH 27-9/81, S. 3	Ja	Ja	138
1048	9.PD	19.07.41		1	14.AK		PGr.1	RH 27-9/81, S. 6	Ja	Ja	137
1049	9.PD	02.07.41		1	14.AK		PGr.1	RH 27-9/81, S. 2	Ja	Ja	138
1050	94.ID	02.09.41		1	4.AK	17.A		Ic-Morgenmeldung 94. ID v. 2.9.41; RH 26-94/63	Ja	Ja	1051
1051	94.ID	02.09.41		1	4.AK	17.A		Ic-Morgenmeldung IV.AK v. 2.9.41; RH 20-17/278	Ja	Nein	
1052	95.ID	07.03.42		1	55.AK	6.A		RH 26-95/42, Anl. 7	Ja	Nein	

620　Anhang

Nr.	Verband	Datum	Zeitraum	Ex.	Vorg.	A.	PGr.	Quelle	Nws.	Dpl.	zu Nr.
1053	96.ID	06.09.41		1	28.AK	16.A		KTB Bäckerei-Kp. 196 v. 6.9.41; RH 26-96/45	Ja	Nein	
1054	97.ID	11.09.41		2	52.AK	17.A		RH 26-97/100, S. 37	Ja	Ja	1056
1055	97.ID	11.08.41		1	49.AK	17.A		RH 26-97/100, S. 22	Ja	Nein	
1056	97.ID	11.09.41		2	52.AK	17.A		Ic-Tagesmeldung 97. ID v. 11.9.41; RH 24-52/221	Ja	Ja	782
1057	97.ID	23.05.42		1	44.AK	17.A		TB (Ic) 97. ID v. 23.5.42; RH 26-97/105	Ja	Nein	
1058	99.ID	27.06.41		1	6.A	6.A		TB (Ic) 99. ID v. 27.6.41; RH 26-99/20	Ja	Nein	
1059	99.ID	27.06.41		1	17.AK	6.A		RH 26-99/21, Anl. 29	Ja	Ja	1058
1060	Berück Mitte		1.1.-31.1.42	2	HGr Mitte			RH 22/248, Bl. 40	Ja	Nein	
1061	Berück Mitte		1.2.-28.2.42	2	HGr Mitte			RH 22/248, Bl. 72	Ja	Nein	
1062	Berück Mitte	10.08.41		2	HGr Mitte			RH 22/227, Bl. 19	Ja	Nein	
1063	Berück Mitte		22.6.-18.1.42	60	HGr Mitte			RH 22/251, Bl. 26	Ja	Nein	
1064	Berück Mitte		1.9.-30.9.41	2	HGr Mitte			RH 22/247, Bl. 70	Ja	Nein	
1065	Berück Mitte		1.11.-30.11.41	2	HGr Mitte			RH 22/247, Bl. 116	Ja	Nein	
1066	Berück Mitte	09.07.41		2	HGr Mitte			RH 22/227, Bl. 5	Ja	Nein	
1067	Berück Mitte		22.6.-8.9.41	15	HGr Mitte			RH 22/251, Bl. 76	Ja	Nein	
1068	Berück Mitte		22.6.-25.8.41	2	HGr Mitte			RH 22/251, Bl. 89	Ja	Nein	
1069	Berück Mitte		22.6.-21.8.41	125	HGr Mitte			RH 22/251, Bl. 96	Ja	Nein	
1070	Berück Mitte		22.6.-12.8.41	50	HGr Mitte			RH 22/251, Bl. 99	Ja	Ja	1069
1071	Berück Mitte		22.6.-26.7.41	30	HGr Mitte			RH 22/251, Bl. 115	Ja	Ja	1069
1072	Berück Mitte		1.12.-31.12.41	2	HGr Mitte			RH 22/247, Bl. 135	Ja	Nein	
1073	Berück Mitte	20.07.41		9	HGr Mitte			RH 22/226, Bl. 11	Ja	Nein	
1074	Berück Nord		1.12.41-31.1.42	2	HGr Nord			RH 22/259, Bl. 44	Nein	Nein	
1075	Berück Nord		16.10.-25.10.41	9	HGr Nord			RH 22/255, Bl. 176	Ja	Nein	

Anhang 621

Nr.	Verband	Datum	Zeitraum	Ex.	Vorg.	A.	PGr.	Quelle	Nws.	Dpl.	zu Nr.
1076	Berück Süd	02.03.42		1	HGr Süd			RH 22/199, S. 415	Ja	Nein	
1077	Berück Süd	29.12.41		1	HGr Süd			RH 22/199, S. 457	Ja	Nein	
1078	Berück Süd		1.2.-25.2.42	1	HGr Süd			RH 22/199, S. 409	Ja	Ja	1076
1079	Berück Süd		1.2.-25.2.42	1	HGr Süd			RH 22/199, S. 401	Ja	Nein	
1080	Berück Süd		1.1.-25.1.42	1	HGr Süd			RH 22/199, S. 469	Ja	Nein	
1081	Berück Süd		1.4.-25.4.42	7	HGr Süd			RH 22/199, S. 263	Ja	Nein	
1082	Berück Süd	20.11.41		3	HGr Süd			RH 22/9, S. 263	Ja	Nein	
1083	Berück Süd		1.3.-25.8.42	14	HGr Süd			RH 22/199, S. 6-9	Ja	Nein	
1084	Berück Süd		1.8.-25.8.42	2	HGr Süd			RH 22/199, S. 19	Ja	Ja	1083
1085	Berück Süd		1.7.-25.7.42	3	HGr Süd			RH 22/199, S. 84	Ja	Nein	
1086	Berück Süd		1.7.-25.7.42	3	HGr Süd			RH 22/199, S. 91	Ja	Nein	
1087	Berück Süd		1.6.-25.6.42	2	HGr Süd			RH 22/199, S. 135	Ja	Nein	
1088	Berück Süd		1.6.-25.6.42	8	HGr Süd			RH 22/199, S. 150	Ja	Nein	
1089	Berück Süd		1.5.-25.5.42	4	HGr Süd			RH 22/199, S. 194	Ja	Nein	
1090	Berück Süd		1.2.-25.2.42	1	HGr Süd			RH 22/199, S. 391	Ja	Nein	
1091	Berück Süd		1.5.-25.5.42	6	HGr Süd			RH 22/199, S. 206	Ja	Nein	
1092	Berück Süd		1.4.-25.4.42	2	HGr Süd			RH 22/199, S. 274	Ja	Nein	
1093	Berück Süd		1.3.-25.3.42	2	HGr Süd			RH 22/199, S. 325	Ja	Ja	1083
1094	Berück Süd		1.5.-25.5.42	1	HGr Süd			RH 22/199, S. 201	Ja	Nein	
1095	Berück Süd		1.3.-25.3.42	2	HGr Süd			RH 22/199, S. 341	Ja	Nein	
1096	IRGD	02.07.41		1	46.AK	4.A	PGr.2	Tagesmeldung IRGD v. 2.7.41; RH 20-4/683	Ja	Ja	688

Nr.	Verband	Datum	Zeitraum	Ex.	Vorg.	A.	PGr.	Quelle	Nws.	Dpl.	zu Nr.
1097	Korück		14.10.-19.10.41	1	11.A	11.A		TB OK I/853 v. 14.10-19.10.41; RH 23/72	Ja	Nein	
1098	Korück	01.08.41		1	9.A	9.A		RH 23/221, Bl. 446	Ja	Nein	
1099	Korück		6.7.-24.7.41	1	2.A	2.A		RH 20-2/1091, Anl. 271	Ja	Nein	
1100	Korück		17.8.-20.9.41	2	9.A	9.A		RH 23/220, Bl. 41 f.	Ja	Nein	
1101	Korück	27.09.41		1	11.A	11.A		TB OK II/939 v. 27.9.41; RH 23/71	Ja	Nein	
1102	Korück	20.03.42		3	11.A	11.A		TB der OK I (V) 287 v. 16.3.-31.3.42; RH 23/79	Ja	Nein	
1103	Korück	12.10.41		1	11.A	11.A		Bericht Feldgend.Abt. 683 v. 12.10.41; RH 23/72	Ja	Nein	
1104	Korück		28.10.-2.11.41	2	11.A	11.A		TB 3./Feldgend.Abt. 683 v. 28.10.-2.11.41; RH 23/72	Ja	Nein	
1105	Korück		16.4.-30.4.41	8	11.A	11.A		TB OK I (V) 287 v. 16.4.-30.4.42; RH 23/100	Ja	Nein	
1106	Korück	18.11.41		3	4.A	4.A		RH 23/127, Bl. 194	Nein	Nein	
1107	Korück	10.11.41		1	4.A	4.A		RH 23/127, Bl. 130	Nein	Nein	
1108	Korück	09.08.41		1	11.A	11.A		KTB Korück 533 v. 9.8.41; RH 23/62	Ja	Ja	1109
1109	Korück	09.08.41		1	11.A	11.A		Aktennotiz Korück 533/IIa v. 9.8.41; RH 23/68	Ja	Nein	
1110	Korück		1.3.-15.3.42	3	11.A	11.A		TB OK I (V) 277 v. 1.3.-15.3.42; RH 23/79	Ja	Nein	
1111	Korück	04.10.41		1	11.A	11.A		Bericht 1./Feldgend.Abt. 683 v. 4.10.41; RH 23/71	Ja	Nein	
1112	SSAH		22.6.-24.7.41	11	3.AK		PGr.1	RH 24-3/134, Anl. 76	Ja	Ja	522
1113	SST	20.09.41		1	2.AK	16.A		RS 4/1295, S. 73	Ja	Nein	

Tafel 11: Die Indizien über die Durchführung der Kommissarrichtlinien

Nr.	Verband	Datum	Zeitraum	Gefangene	Vorg.	A.	PGr.	Quelle
1	1.AK	01.12.41		1	18.A	18.A		RH 20-18/964, Bl. 80
2	1.AK	19.02.42		1	18.A	18.A		Ic-Abendmeldung I. AK v. 19.2.42; RH 20-18/1015
3	1.AK	07.03.42		1	18.A	18.A		Ic-Abendmeldung I. AK v. 7.3.42; RH 20-18/1016
4	1.GD	22.06.41		1	49.AK	17.A		Vernehmungsbericht 1. GD v. 22.6.41; RH 28-1/128
5	1.ID	02.09.41		1	38.AK	18.A		RH 26-1/104, S. 47
6	1.PD	17.08.41		1	41.AK		PGr.4	Feindlagebericht der 1. Pz.Div. v. 18.8.41; RH 27-1/135
7	10.ID	02.02.42		1	40.AK	4.A		Vernehmungsbericht 10. ID v. 2.2.42; RH 24-40/96
8	10.PD	07.08.41		1	46.AK		PGr.2	RH 24-46/122
9	10.PD	01.09.41		1	7.AK	4.A		TB (Ic) 10. Pz.Div. v. 1.9.41; RH 27-10/49
10	100.ID	29.06.41		1	52.AK	17.A		Ic-Tagesmeldung 100. ID v. 9.7.41; RH 24-52/220
11	100.ID	15.03.42		1	3.AK		PGr.1	RH 21-1/481, S. 83
12	101.ID	04.02.42		1	52.AK	17.A		Ic-Morgenmeldung 101. ID v. 4.2.42; RH 24-52/233
13	102.ID	24.02.42		1	23.AK	9.A		RH 26-102/63, Anl. 20
14	11.A	11.09.41		2	HGr Süd	11.A		FNBl. AOK 11 v. 11.9.41; RH 20-11/118
15	11.A	22.04.42		1	HGr Süd	11.A		Ic-Morgenmeldung AOK 11 v. 22.4.42; RH 20-11/277
16	11.A	06.09.41		1	HGr Süd	11.A		Ic-Meldung DHMR v. 6.9.41; RH 20-11/113
17	111.ID	16.04.42		1	52.AK	17.A		RH 26-111/41, Anl. 67
18	113.ID	27.07.41		2	51.AK	6.A		TB (Ic) 113. ID v. 27.7.41; RH 26-113/23
19	113.ID	13.08.41		1	51.AK	6.A		TB (Ic) der 113. ID v. 13.8.41; RH 26-113/23
20	113.ID	14.05.42		1	7.AK		PGr.4	TB (Ic) der 113. ID v. 14.5.42; RH 26-113/25
21	12.AK		12.8.-17.8.41	2	4.A	4.A		RH 24-12/20, Bl. 147 f.
22	12.AK		1.4.-30.4.42	1	4.A	4.A		RH 24-12/61, Bl. 9
23	12.AK	11.09.41		1	4.A	4.A		Ic-Meldung XII. AK v. 11.9.41; RH 20-4/675
24	12.AK	30.03.42		2	4.A	4.A		RH 24-12/61, B. 112
25	12.AK	24.07.41		1	4.A	4.A		RH 24-12/20, Bl. 143
26	123.ID	19.02.42		1	2.AK	16.A		TB (Ic) 123. ID v. 19.2.42; RH 26-123/147, S. 36
27	123.ID	18.04.42		1	2.AK	16.A		TB (Ic) 123. ID v. 18.4.42; RH 26-123/154
28	125.ID	25.09.41		1	11.AK	17.A		Brief Kp.Chef 6./IR 419 v. Anfang Oktober 41; MSg 2/4578
29	126.ID	15.09.41		1	1.AK	16.A		Ic-Meldung I. AK v. 15.9.41; RH 20-16/476a
30	126.ID	04.10.41		1	1.AK	16.A		TB (Ic) 126. ID v. 28.9.41; RH 26-126/115, S. 33
31	129.ID		25.1.-5.2.42	1	27.AK	9.A		RH 26-129/32, Anl. 5

624 Anhang

Nr.	Verband	Datum	Zeitraum	Gefangene	Vorg.	A.	PGr.	Quelle
32	13.PD		27.7.-2.8.41	1	3.AK		PGr.1	TB (Kdt.St.Qu.) 13. Pz.Div. v. 27.7.-2.8.41; RH 27-13/116
33	132.ID	16.09.41		1	34.AK	6.A		Vernehmungsbericht 132. ID v. 16.9.41; RH 26-132/37
34	137.ID	23.06.41		1	9.AK	4.A		Ic-Morgenmeldung IX. AK v. 23.6.41; RH 20-4/681
35	137.ID	17.02.42		1	57.AK	4.A		Ic-Abendmeldung LVII. AK v. 17.2.42; RH 20-4/701
36	14.ID	26.06.41		1	39.AK	9.A	PGr.3	RH 37/6976, Bl. 170
37	14.PD	26.07.41		1	3.AK		PGr.1	RH 27-14/1, S. 64
38	14.PD	20.09.41		1	14.AK		PGr.1	RH 27-14/24, Anl. 326
39	16.A	10.12.41		1	HGr Nord	16.A		TB (Ic) AOK 16 v. 10.12./11.12.41; RH 20-16/473
40	16.A	26.08.41		1	HGr Nord	16.A		TB (Ic) AOK 16 v. 26.8.41; RH 20-16/473
41	16.PD	18.07.41		1	48.AK		PGr.1	RH 24-48/199, Anl. 12
42	16.PD	23.09.41		1	48.AK		PGr.1	RH 37/6249, S. 34 f.
43	161.ID	19.09.41		2	5.AK	9.A		RH 24-5/110, Bl. 103
44	167.ID	14.10.41		1	53.AK	2.A		RH 46/679, S. 55
45	17.ID	15.04.42		1	20.AK		PGr.4	Vernehmungsbericht 17. ID v. 15.4.42; RH 26-17/70
46	18.A	21.07.41		1	HGr Nord			Schreiben AOK 18 v. 22.7.41; RH 20-18/953
47	18.A	19.07.41		1	HGr Nord			Schreiben AOK 18 v. 20.7.41; RH 20-18/953
48	18.A	03.08.41		1	HGr Nord	18.A		Vernehmungsbericht AOK 18 v. 9.8.41; RH 20-18/997
49	18.A	28.07.41		1	HGr Nord	18.A		Vernehmungsbericht AOK 18 v. 1.8.41; RH 20-18/997
50	18.ID	10.09.41		1	1.AK	16.A		RH 26-18/56, Anl. 6
51	19.PD		24.5.-31.5.42	4	43.AK	4.A		Ic-Tagesmeldung XXXXIII. AK v. 31.5.42; RH 20-4/707
52	2.A	16.11.41		1	HGr Mitte	2.A		TB (Ic) AOK 2 v. 16.11.41; MFB 4/41528, S. 241
53	PGr.2	08.12.41		1	HGr Mitte		PGr.2	RH 21-2/667, Bl. 367, 372
54	PGr.2	15.03.42		1	HGr Mitte		PGr.2	RH 21-2/678, Bl. 319
55	PGr.2	26.09.41		1	HGr Mitte		PGr.2	RH 21-2/658, Bl. 253
56	PGr.2	01.07.41		2	HGr Mitte		PGr.2	TB (Ic) PGr. 2 v. 1.7.41, Teil B; RH 21-2/640
57	PGr.2	22.06.41		1	4.A	4.A	PGr.2	RH 21-2/640, S. 10
58	PGr.2	07.08.41		1	PGr.2		PGr.2	RH 21-2/651, Bl. 241
59	20.ID	30.06.41		1	39.AK	9.A	PGr.3	RH 26-20/19, Anl. 358
60	20.PD	10.11.41		2	57.AK	4.A		RH 27-20/189, Anl. 20
61	221.SD	13.04.42		1	Berück Mitte			RH 26-221/73, Anl. 16
62	23.AK	10.08.41		2	9.A	9.A		Ic-Tagesmeldung XXIII. AK v. 10.8.41; RH 20-9/252

Anhang 625

Nr.	Verband	Datum	Zeitraum	Gefangene	Vorg.	A.	PGr.	Quelle
63	23.AK	23.07.41		1	9.A	9.A		Ic-Morgenmeldung XXIII. AK v. 23.7.41; RH 20-9/251
64	23.AK	10.02.42		1	9.A	9.A		RH 20-9/264, Bl. 344
65	23.ID	24.05.42		1	46.AK	4.A		TB (Ic) 23. ID v. 24.5.42; RH 26-23/48
66	23.ID	27.01.42		1	5.AK		PGr.4	Vernehmungsbericht 7. ID v. 28.1.42; RH 26-23/49
67	239.ID	23.09.41		4	11.AK		PGr.1	Ic-Abendmeldung 239. ID v. 23.9.41; RH 26-239/24
68	239.ID	24.01.42		1	6.A			Ic-Abendmeldung 239. ID v. 24.1.42; RH 26-239/25
69	24.AK	23.09.41		1	PGr.2		PGr.2	RH 21-2/658, Bl. 156
70	24.ID	14.07.41		1	4.AK	17.A		RH 26-24/71, S. 17
71	252.ID	27.11.41		1	9.AK	4.A		RH 24-9/156, Bl. 134
72	255.ID	19.08.41		1	53.AK	2.A		Gefangenenübersicht LIII. AK v. 14.8.-20.8.41; RH 24-53/210
73	26.AK	24.01.42		1	18.A	18.A		Ic-Meldung XXVI. AK v. 24.1.42; RH 20-18/1012
74	26.AK	18.08.41		1	18.A	18.A		Ic-Abendmeldung XXVI. AK v. 18.8.41; RH 20-18/960
75	268.ID	29.06.41		1	7.AK	4.A		RH 24-7/139, Bl. 327 f.
76	268.ID	04.08.41		1	46.AK		PGr.2	Ic-Tagesmeldung 268. ID v. 4.8.41; RH 26-268/79
77	268.ID	17.08.41		1	20.AK		PGr.2	Ic-Tagesmeldung 268. ID v. 17.8.41; RH 26-268/79
78	27.AK	20.11.41		1	9.A	9.A		Ic-Morgenmeldung XXVII. AK v. 20.11.41; RH 20-9/255
79	27.AK	14.05.42		1	9.A	9.A		Ic-Morgenmeldung XXVII. AK v. 14.5.42; RH 20-9/272
80	28.AK	30.04.42		1	18.A	18.A		Ic-Morgenmeldung XXVIII. AK v. 30.4.42; RH 20-18/1032
81	281.SD	07.07.41		1	Berück Nord			RH 26-281/2, Bl. 93
82	285.SD	29.08.41		2	PGr.4		PGr.4	Ic-Tagesmeldung 285. Sich.Div. v. 29.8.41; RH 21-4/272
83	285.SD	26.02.42		1	Berück Nord			TB (Ic) 285. Sich.Div. v. 26.2.42; RH 26-285/18
84	285.SD	10.07.41		1	Berück Nord			Bericht II./IR 322 an IR 322, o.D.; RH 26-285/4
85	29.AK	04.08.41		1	6.A	6.A		RH 20-6/525, Bl. 68
86	29.AK	17.05.42		1	6.A	6.A		RH 24-29/48, Anl. 445
87	29.AK	30.07.41		2	6.A	6.A		TB (Ic) XXIX. AK v. 30.7.41; RH 24-29/76
88	291.ID	02.08.41		1	42.AK	18.A		RH 26-291/13, S. 157
89	291.ID	22.06.41		1	18.A	18.A		RH 20-18/967, Bl. 63
90	291.ID	28.08.41		2	26.AK	18.A		RH 37/7042, S. 55
91	291.ID	25.06.41		1	18.A	18.A		RH 20-18/996
92	292.ID	03.10.41		1	9.AK	4.A		RH 24-9/154, S. 61
93	293.ID	22.04.42		2	35.AK		PGr.2	RH 46/532, Bl. 47

Nr.	Verband	Datum	Zeitraum	Gefangene	Vorg.	A.	PGr.	Quelle
94	295.ID	08.07.41		2	4.AK	17.A		RH 26-295/17, Anl. 45
95	295.ID	25.07.41		1	49.AK	17.A		RH 26-295/17, Anl. 71
96	295.ID	29.09.41		1	4.AK	17.A		Ic-Abendmeldung 295. ID v. 29.9.41; RH 26-295/17
97	295.ID	16.10.41		1	44.AK	17.A		Ic-Morgenmeldung 295. ID v. 16.10.41; RH 26-295/18
98	297.ID	30.09.41		1	55.AK	6.A		Ic-Abendmeldung 297. ID v. 30.9.41; RH 26-297/87
99	297.ID	25.06.41		1	44.AK	6.A		MSg 2/2934, S. 6
100	297.ID	19.11.41		1	11.AK	6.A		Ic-Tagesmeldung 297. ID an XI. AK v. 19.11.41; RH 26-297/87
101	297.ID	05.10.41		1	52.AK	17.A		Ic-Morgenmeldung 297. ID v. 5.10.41; RH 24-52/221
102	299.ID	22.06.41		2	29.AK	6.A	PGr.1	RH 37/7344, S. 3
103	299.ID	15.07.41		1	17.AK	6.A		RH 26-299/123, Anl. 556
104	3.AK	23.03.42		1	PGr.1		PGr.1	RH 21-1/482, S. 25
105	3.PD	22.06.41		1	24.AK	4.A	PGr.2	RH 27-3/170, Anl. 4
106	30.AK	28.10.41		1	11.A	11.A		Vernehmungsbericht XXX. AK v. 28.10.41; RH 26-22/68
107	30.AK	10.04.42		1	11.A	11.A		Ic-Morgenmeldung XXX. AK v. 10.4.42; RH 20-11/271
108	34.ID	22.06.41		1	12.AK	4.A		RH 26-34/10, S. 37
109	34.ID		1.12.-31.12.41	3	12.AK	4.A		RH 26-34/11, S. 121
110	35.ID	22.05.42		1	9.AK		PGr.3	Vernehmungsbericht 35. ID v. 22.5.42; RH 26-35/92
111	36.ID	07.12.41		1	56.AK		PGr.3	RH 26-36/40, S. 52
112	38.AK	09.09.41		1	18.A	18.A		Meldung Fla.Btl. 804 v. 9.9.41; RH 24-38/170
113	39.AK	01.08.41		2	PGr.3	4.A	PGr.3	RH 24-39/179, Bl. 71
114	4.A	22.11.41		1	HGr Mitte	4.A		Einsatzplan GFP 570 v. 22.11.41; RH 20-4/1130
115	4.A	30.03.42		2	HGr Mitte	4.A		Einsatzplan GFP 570 v. 30.3.41; RH 20-4/1132
116	4.AK	27.07.41		1	PGr.1		PGr.1	RH 24-4/91, S. 77
117	4.AK	25.07.41		1	PGr.1		PGr.1	RH 24-4/91, S. 72
118	4.AK	03.02.42		1	17.A	17.A		Ic-Morgenmeldung IV. AK v. 3.2.42; RH 20-17/324
119	4.AK	16.12.41		1	17.A	17.A		Ic-Morgenmeldung IV. AK v. 16.12.41; RH 20-17/324
120	4.GD	06.08.41		2	49.AK	17.A		Bericht 9./AR 94 über Feldzug 41/42; RH 41/260
121	4.PD	02.08.41		1	24.AK		PGr.2	Ic-Meldung 4. Pz.Div. v. 2.8.41; RH 24-24/325
122	4.PD	02.09.41		1	24.AK		PGr.2	RH 21-2/658, Bl. 251
123	4.PD	31.07.41		2	24.AK		PGr.2	Anruf PGr. 2 bei XXIV. AK v. 31.7.41; RH 24-24/325
124	4.PD	19.09.41		1	24.AK		PGr.2	RH 27-4/109, Bl. 29

Nr.	Verband	Datum	Zeitraum	Gefangene	Vorg.	A.	PGr.	Quelle
125	40.AK	29.11.41		1	PGr.4	4.A	PGr.4	RH 21-4/275, Bl. 289
126	40.AK	29.10.41		1	PGr.4	4.A	PGr.4	Vernehmungsbericht XXXX. AK v. 30.10.41; RH 24-40/91
127	40.AK	14.01.42		1	4.A	4.A		Ic-Meldung XXXX. AK v. 14.1.42; RH 20-4/698
128	43.AK	09.02.42		1	4.A	4.A		Ic-Morgenmeldung XXXXIII. AK v. 9.2.42; RH 20-4/700
129	43.AK	14.02.42		1	4.A	4.A		Ic-Meldung XXXXIII. AK v. 15.2.42; RH 20-4/700
130	44.AK	14.12.41		1	17.A	17.A		Ic-Morgenmeldung XXXXIV. AK v. 14.12.41; RH 20-17/324
131	45.ID	24.06.41		1	12.AK	4.A		Bericht 45. ID v. 22.6.-26.6.41; RH 26-45/154
132	45.ID	25.04.42		1	55.AK	2.A		RH 24-55/75, S. 85
133	454.SD	30.09.41		1	Berück Süd			RH 22/7, S. 235
134	46.AK	02.03.42		1	9.A	9.A		RH 20-9/264, Bl. 209
135	46.AK	20.09.41		1	PGr.2		PGr.2	RH 21-2/657, Bl. 226
136	46.ID		1.5.-20.5.42	1	42.AK	11.A		TB (Ic) 46. ID v. 1.5.-20.5.42; RH 26-46/51
137	46.ID	22.07.41		1	30.AK	11.A		TB (Ic) 46. ID v. 22.7.41; RH 26-46/48
138	46.ID	19.10.41		1	54.AK	11.A		Ic-Abendmeldung 46. ID v. 20.10.41; RH 24-54/183
139	46.ID	30.10.41		1	30.AK	11.A		TB (Ic) 46. ID v. 30.10.41; RH 26-46/48
140	46.ID		16.1.-31.1.42	4	42.AK	11.A		TB (Ic) 46. ID v. 16.1.-31.1.42; RH 26-46/51
141	46.ID	18.10.41		1	54.AK	11.A		Ic-Abendmeldung 46. ID v. 19.10.41; RH 24-54/183
142	46.ID		15.4.-30.4.42	2	42.AK	11.A		TB (Ic) 46. ID v. 15.4.-30.4.42; RH 26-46/51
143	47.AK	09.03.42		2	PGr.2		PGr.2	RH 21-2/676, Bl. 242
144	5.AK	03.11.41		1	PGr.4	4.A	PGr.4	RH 24-5/114, Bl. 295
145	50.ID	29.08.41		1	11.A	11.A		RH 26-50/25, S. 83
146	51.AK	30.01.42		1	6.A	6.A		RH 24-51/59, Anl. 87
147	51.AK	28.11.41		1	6.A	6.A		RH 20-6/566, Bl. 213
148	52.ID	07.02.42		1	57.AK	4.A		Ic-Abendmeldung 52. ID v. 7.2.42; RH 26-52/63
149	54.AK	04.03.42		1	11.A	11.A		Ic-Zwischenmeldung LIV. AK v. 4.3.42; RH 24-54/189
150	54.AK	26.02.42		1	11.A	11.A		Ic-Morgenmeldung LIV. AK v. 27.2.42; RH 20-11/248
151	54.AK	26.02.42		1	11.A	11.A		Ic-Zwischenmeldung LIV. AK v. 26.2.42; RH 24-54/189
152	56.AK	19.10.41		1	PGr.3	9.A	PGr.3	RH 21-3/439a, Bl. 28
153	6.ID	06.01.42		1	6.AK	9.A		RH 20-9/264, Bl. 572
154	6.PD	31.03.42		1	56.AK	9.A		Gefangenenübersicht SR 4 v. 31.3.42; RH 37/12
155	61.ID	07.08.41		7	42.AK	18.A		RH 26-61/155, Bl. 7

Nr.	Verband	Datum	Zeitraum	Gefangene	Vorg.	A.	PGr.	Quelle
156	7.ID	14.07.41		1	7.AK	2.A		Funkspruch Nr. 202 IR 61 v. 14.7.41; RH 37/1306
157	707.ID	26.09.41		2	Berück Mitte			Tgb. Andrian v. 26.9.41; BayHStA-KA, NL 4/1 (Hinweis Lieb)
158	71.ID	14.07.41		1	34.AK	6.A		TB (Ic) 71. ID v. 14.7.41; RH 26-71/33
159	72.ID	04.11.41		2	30.AK	11.A		RH 26-72/87, S. 7
160	78.ID	19.11.41		1	9.AK	4.A	PGr.4	Ic-Tagesmeldung 78. ID v. 20.11.41; RH 26-78/65
161	78.ID		21.9.-19.10.41	3	20./7./8.AK	4.A		TB (Ic) 78. ID v. 21.9.-18.10.41; RH 26-78/64
162	86.ID		23.8.-27.8.41	2	23.AK	9.A		RH 26-86/7, Bl. 20
163	86.ID		16.1.-26.2.42	3	46.AK	9.A		RH 26-86/48, Anl. 12
164	86.ID		16.9.-20.11.41	1	8.AK/27.AK	9.A		RH 26-86/7, Bl. 32
165	86.ID		27.8.-15.9.41	5	23.AK	9.A		RH 26-86/7, Bl. 23
166	86.ID		27.2.-15.4.42	1	46.AK/27.AK	9.A		RH 26-86/48, Anl. 12
167	87.ID	17.10.41		1	8.AK	9.A		RH 24-8/127, Bl. 218
168	9.A	07.05.42		1	HGr Mitte	9.A		FNBl. AOK 9 v. 7.5.42; RH 20-9/275
169	9.AK	03.08.41		2	PGr.2		PGr.2	RH 21-2/637b, Bl. 144
170	9.ID	18.07.41		1	44.AK	6.A		RH 26-9/81, S. 22 f.
171	9.ID	25.07.41		1	44.AK	6.A		RH 26-9/81, S. 28
172	9.PD	20.08.41		1	14.AK		PGr.1	RH 27-9/81, S. 14
173	93.ID	25.08.41		1	26.AK	18.A		RH 26-93/15, Bl. 47
174	94.ID	20.09.41		1	44.AK	17.A		Ic-Morgenmeldung 94. ID v. 21.9.41; RH 26-94/63
175	96.ID	03.09.41		2	28.AK	16.A		RH 41/311, S. 32
176	97.ID	08.12.41		1	4.AK	17.A		Ic-Abendmeldung IV. AK v. 8.12.41; RH 20-17/279
177	Berück	16.11.41		6	HGr Süd			RH 22/9, S. 223
178	Berück		9.7.-19.7.41	2	HGr Mitte			RH 22/227, Bl. 9
179	Berück	28.07.41		26	HGr Mitte			RH 22/226, Bl. 19
180	Berück	26.07.41		2	HGr Mitte			RH 22/226, Bl. 17
181	Berück	12.07.41		1	HGr Mitte			RH 22/226, Bl. 3
182	Berück		1.3.-25.3.42	3	HGr Süd			RH 22/199, S. 336
183	Berück		1.7.-25.7.42	6	HGr Süd			RH 22/199, S. 77
184	Berück	28.08.41		2	HGr Nord			RH 23/295, Bl. 114
185	Berück		1.4.-25.4.42	5	HGr Süd			RH 22/199, S. 269
186	Berück		1.6.-25.6.42	2	HGr Süd			RH 22/199, S. 144

Nr.	Verband	Datum	Zeitraum	Gefangene	Vorg.	A.	PGr.	Quelle
187	Korück		1.4.-15.4.42	1	11.A	11.A		TB OK I(V)287 v. 1.4.-15.4.42; RH 23/100
188	Korück	15.09.41		1	16.A	16.A		RH 23/295, Bl. 139
189	Korück	22.03.42		1	PGr.2		PGr.2	RH 21-2/678, Bl. 372 ff.
190	Korück		16.11.-20.11.41	1	11.A	11.A		TB OK II/915 v. 16.11.-20.11.41; RH 23/72
191	SSP	06.08.41		1	56.AK		PGr.4	RH 24-56/201, Bl. 131
192	SST	21.08.41		1	56.AK	16.A		RH 24-56/201, Bl. 161
193	SST	25.08.41		1	56.AK	16.A		RH 24-56/201, Bl. 183

ABKÜRZUNGSVERZEICHNIS

A.	Armee
A.Abt.	Aufklärungsabteilung
Abt. Ia	Führungsabteilung
Abt. Ib	Quartiermeisterabteilung
Abt. Ic	Feindnachrichtenabteilung
Abt. IIa	Adjutantur
Abt. III	Rechtsabteilung
Abt. IVa	Intendant
Abt. IVb	Arzt
Abt. IVc	Veterinär
Abt. IVd/ev.	Evangelischer Feldgeistlicher
Abt. IVd/kath.	Katholischer Feldgeistlicher
Adj.	Adjutant
A.G.S.St.	Armeegefangenensammelstelle
AK	Armeekorps
A.Na.Fü.	Armeenachrichtenführer
Anl.	Anlage
AO	Abwehroffizier
AOK	Armeeoberkommando
AR	Artillerieregiment
Arko	Artilleriekommandeur
AWA	Allgemeines Wehrmachtamt im OKW
Berück	Befehlshaber rückwärtiges Heeresgebiet
Bfh.	Befehlshaber
Bttr.	Batterie
Chefs.	Chefsache
Di.Na.Fü.	Divisionsnachschubführer
Div.	Division
d.R.	der Reserve
Dulag	Durchgangslager
DVO	Deutscher Verbindungsoffizier
Feldgend.Tr.	Feldgendarmerietrupp
FHO	Abteilung Fremde Heere Ost im OKH
FK	Feldkommandantur
Fl.Korps	Fliegerkorps
FNBl.	Feindnachrichtenblatt
Gef.S.St.	Gefangenensammelstelle
geh.	geheim
Gen. d. Inf.	General der Infanterie
Gen. d. Pz.Tr.	General der Panzertruppe
Gen.Lt.	Generalleutnant
Gen.Maj.	Generalmajor
Gen.St.Ch.	Generalstabschef
Gen.St.d.H.	Generalstab des Heeres
Gen.Qu.	Generalquartiermeister
GFM	Generalfeldmarschall

GFP	Geheime Feldpolizei
Gen.Kdo.	Generalkommando
Gen.St.Offz.	Generalstabsoffizier
GJR	Gebirgsjägerregiment
GKN	Gebirgskorps Norwegen
g.Kdos.	geheime Kommandosache
HFw.	Hauptfeldwebel
H.Gr.	Heeresgruppe
H.Gr.Kdo.	Heeresgruppenkommando
Höh.Kdo.	Höheres Kommando
Hptm.	Hauptmann
HQ	Hauptquartier
hs.	Handschriftlich
HSSPF	Höherer SS- und Polizeiführer
i.G.	im Generalstab
Inf.Div.	Infanteriedivision
IR	Infanterieregiment
K.	Kradschützenbataillon
Kav.Div.	Kavalleriedivision
Kdo.	Kommando
Kdr.	Kommandeur
Kdt.St.Qu.	Kommandant Stabsquartier
KG	Kommandierender General
Kgf.	Kriegsgefangener
Kgf.Bez.Kdt.	Kriegsgefangenenbezirkskommandant
KGR	Kriegsgerichtsrat
Korück	Kommandant rückwärtiges Armeegebiet
Kp.	Kompanie
KTB	Kriegstagebuch
lei.	leichte
Lt.	Leutnant
mot.	motorisiert
ms.	maschinenschriftlich
N.Abt.	Nachrichtenabteilung
Nsch.	Nachschub
O	Ordonnanzoffizier
o.D.	ohne Datum
OB	Oberbefehlshaber
Oblt.	Oberleutnant
Offz.	Offizier
OGefr.	Obergefreiter
OK	Ortskommandantur
OKH	Oberkommando des Heeres
OKW	Oberkommando der Wehrmacht
OTL	Oberstleutnant
Pi.Btl.	Pionierbataillon
PK	Propagandakompanie
Pz.Div.	Panzerdivision
Pz.Gr.	Panzergruppe
Pz.Gr.Kdo.	Panzergruppenkommando

Pz.Jg.Abt.	Panzerjägerabteilung
Pz.Rgt.	Panzerregiment
Radf.Btl.	Radfahrbataillon
R.Rgt.	Reiterregiment
RSHA	Reichssicherheitshauptamt
San.Kp.	Sanitätskompanie
Schtz.Brig.	Schützenbrigade
Schtz.Div.	Schützendivision
SD	Sicherheitsdienst
Sdf.	Sonderführer
Sich.Div.	Sicherungsdivision
Sich.Rgt.	Sicherungsregiment
SiPo	Sicherheitspolizei
SR	Schützenregiment
Stalag	Stammlager
TB	Tätigkeitsbericht
Tgb.	Tagebuch
Uffz.	Unteroffizier
VA	Vorausabteilung
VAA	Vertreter Auswärtiges Amt
WFSt	Wehrmachtführungsstab im OKW
WPr	Abteilung Wehrmachtpropaganda im OKW

QUELLEN- UND LITERATURVERZEICHNIS

1. Archivalien

Bestände des Bundesarchiv-Militärarchivs, Freiburg geordnet gemäß Kriegsgliederung vom 22. Juni 1941
Heeresgruppenkommando Nord
  RH 19-III/668, /165, /722, /382, /383, /416a, /416b, /417a, /417b, /388, /474, /718
XXIII. Armeekorps
  RH 24-30/46, /52, /238, /239, /241, /242, /243, /244, /456
254. Infanteriedivision
  RH 26-254/6, /12, /40, /41
  MSg 2/3295 (AR 254)
251. Infanteriedivision
  RH 26-251/12, /17, /81, /82, /83, /104
  RH 37/7175 (IR 451), RH 37/5054 (IR 459), RH 37/5057 (IR 471), MSg 2/3829 (IR 471)
206. Infanteriedivision
  RH 26-206/6, /7, /16
  RH 37/2869 (IR 312)
Generalkommando L. Armeekorps
  RH 24-50/3, /6, /142, /143, /144, /145, /147
86. Infanteriedivision
  RH 26-86/7, /8, /47, /48, /49, /67
Befehlshaber rückwärtiges Heeresgebiet Nord
  RH 22/254, /255, /259, /261, /271, /272a, /272b, /284
207. Sicherungsdivision
  RH 26-207/27, /14a, /14b
281. Sicherungsdivision
  RH 26-281/2, /3, /13, /14, /24
285. Sicherungsdivision
  RH 26-285/3, /4, /17, /18
Armeeoberkommando 18
  RH 20-18/53, /58, /59, /61, /63, /64, /65, /69, /70, /71, /75, /151, /152, /193, /950, /951, /953, /954, /955, /956, /957, /958, /959, /960, /961, /962, /963, /964, /965, /966, /967, /968, /969, /970, /971, /972, /973, /974, /975, /976, /977, /978, /979, /980, /981, /996, /997, /998, /999, /1000, /1011, /1012, /1015, /1016, /1008, /1031, /1032, /1196, /1206, /1210, /1220, /1238, /1245, /1246, /1153, /1440, /1443, /1450, /1452, /1465, /1526, /1625
I. Armeekorps
  RH 24-1/20, /54, /259, /260, /261, /265, /266, /293
11. Infanteriedivision
  RH 26-11/8, /10, /11, /56, /57, /58, /59, /64, /65, /76, /88
1. Infanteriedivision
  RH 26-1/5, /6, /8, /9, /60, /61, /85, /100, /101, /103, /104
  MSg 2/2728 (IR 1), RH 37/7586 (IR 43)
21. Infanteriedivision
  RH 26-21/19, /20, /23, /25, /26, /27, /28, /31, /137, /223

RH 37/7050 (IR 24), RH 41/697 (AR 21), RH 39/656 (A.Abt. 21), Msg 2/2778 (San.Kp. 21)

XXXVIII. Armeekorps
RH 24-38/25, /27, /28, /162, /163, /164, /168, /169, /170, /171, /71

58. Infanteriedivision
RH 26-58/21, /22, /24, /25, /26, /85, /86, /87, /116
RH 37/2787 (IR 154)

XXVI. Armeekorps
RH 24-26/206, /51, /62, /63, /125, /126, /127, /128, /129, /131, /133, /135, /136, /137, /138, /141, /218

61. Infanteriedivision
RH 26-61/23, /24, /25, /31, /48, /101, /102, /103, /153, /155
RH 37/7531 (IR 162), MSg 2/5415 (IR 162), RH 41/1085 (AR 161)

217. Infanteriedivision
RH 26-217, /32, /33, /34, /40, /41, /42, /43, /46, /54
RH 37/6992 (IR 389), RH 39/647 (Pz.Jg.Abt. 217)

291. Infanteriedivision
RH 26-291/11, /12, /13, /17, /93
RH 37/7408 (IR 504), RH 37/7040 (IR 504), RH 37/7086, (IR 504), RH 37/7042 (IR 504), RH 37/7409 (IR 506), RH 41/1105 (AR 291)

Korück 583
RH 23//277, /278

AOK 16
RH 20-16/1207, /21b, /45, /70, /97, /166, /473, /474a, /474b, /475a, /475b, /476a, /476b, /477a, /477b, /478a, /478b, /479a, /479b, /483, /485, /487, /496, /1214, /493, /497, /498, /625, /697, /701, /702, /1012, /1024, /1095

X. Armeekorps
RH 24-10/74, /75, /278, /279, /282, /283, /503

30. Infanteriedivision
RH 26-30/19, /22, /69, /95, /128
RH 37/7502 (IR 26), RH 37/6968 (IR 26), RH 39/559 (Pz.Jg.Abt. 30)

126. Infanteriedivision
RH 26-126/4, /25, /114, /115, /116, /117
MSg 2/5144 (AR 126), RH 46/414 (Pi.Btl. 126)

XXVIII. Armeekorps
RH 24-28/14, /15, /17, /18, /10, /11, /12, /13, /108, /109, /110, /111, /187

122. Infanteriedivision
RH 26-122/2, /3, /37, /38, /55, /59
RH 39/404 (A.Abt. 122)

123. Infanteriedivision
RH 26-123/2, /8, /11, /12, /143, /147, /149, /151, /152, /153, /154, /161, /162, /163, /164, /165, /198
RH 37/7088 (IR 416), RH 37/7089 (IR 418)

II. Armeekorps
RH 24-2/33, /74, /75, /77, /302, /303, /327, /328, /480, /596

121. Infanteriedivision
RH 26-121/3, /5, /6, /55, /56, /57, /58
RH 37/3095 (IR 405), RH 37/7551 (IR 407), RH 37/7382 (IR 408), RH 46/716 (Pi.Btl. 121)

12. Infanteriedivision
RH 26-12/20, /21, /22, /23, /201, /203, /210, /82, /83, /241, /248, /249, /131, /164

RH 37/943 (IR 48), MSg 1/2311 (IR 27), RH 39/577 (A.Abt. 12)
32. Infanteriedivision
　　RH 26-32/13, /14, /27, /84, /85, /86, /87, /88, /139, /146
253. Infanteriedivision
　　RH 26-253/12, /13, /20, /46
Korück 584
　　RH 23/362, /294, /295
Panzergruppe 4
　　RH 21-4/5, /8, /9, /10, /11, /12, /14, /25, /30, /261, /262, /263, /264, /265, /270, /271, /272, /589, /274, /275, /282, /284, /285, /292, /300, /334, /336, /366, /367, /440, /456, /465
LVI. Panzerkorps
　　RH 24-56/2, /6, /7, /8, /9, /146, /147, /149, /150, /151, /201, /206
290. Infanteriedivision
　　RH 26-290/5, /6, /7, /8, /89, /90, /91, /119
　　RH 37/7237 (IR 501), RH 37/7236 (IR 503)
8. Panzerdivision
　　RH 27-8/9, /12, /13a, /13b, /169, /170, /173, /201
　　RH 37/7188 (8. Schtz.Brig.), RH 41/254 (AR 80), RH 39/680 (Pz.A.Abt. 59), RH 39/681 (Pz.A.Abt. 59)
XXXXI. Panzerkorps
　　RH 24-41/6, /7, /63, /64, /65, /69, /70, /71, /72, /75
1. Panzerdivision
　　RH 27-1/29, /30, /52, /135, /136, /159
　　RH 46/495 (Pz.Pi.Btl. 37)
6. Panzerdivision
　　RH 27-6/17, /18, /23a, /23b, /24a, /24b, /112, /113, /114, /115, /127, /134
　　RH 37/6365 (6. Schtz.Brig.), RH 37/12 (SR 4), MSg 2/4461 (SR 4), MSg 2/5782 (SR 4), RH 39/620 (Pz.Rgt. 11)
269. Infanteriedivision
　　RH 26-269/11, /12, /13, /24, /41, /42, /43, /44, /45, /46, /54
　　RH 37/7391 (IR 490), RH 37/7392 (IR 490), MSg 2/4821 (IR 490), RH 37/3110 (IR 490), RH 37/3111 (IR 490)
36. Infanteriedivision (mot.)
　　RH 26-36/2, /4, /40, /41, /55
　　MSg 2/5394 (IR 87), RH 37/3244 (IR 87), RH 41/465 (AR 36), RH 39/727 (A.Abt. 36)
SS-Division »Totenkopf«
　　RS 3-3/7, /8, /9, /10
　　RS 4/1417, /1295
Korück Pz.AOK 4/Korück 593
　　RH 23/351, /352, /353
Heeresgruppenkommando Mitte
　　RH 19-II/386, /120, /387, /122, /123, /124, /391, /142, /409, /334
LIII. Armeekorps
　　RH 24-53/2, /3, /17, /18, /136, /141, /143, /144, /145, /146, /147, /155, /190, /210, /217, /211
293. Infanteriedivision
　　RH 26-293/6, /7, /44, /45, /62
　　RH 37/6546 (IR 510), MSg 2/2994 (IR 512), RH 46/532 (Pi.Btl. 293)
Höheres Kommando XXXV
　　RH 24-35/96, /120, /128, /135

52. Infanteriedivision
   RH 26-52/3, /10, /59, /60, /61, /62, /63, /64, /71, /72, /84
   RH 37/2790 (IR 181)
197. Infanteriedivision
   RH 26-197/4, /9, /18, /51
15. Infanteriedivision
   RH 26-15/54, /57, /62, /63, /85, /86
   RH 41/934 (AR 15)
112. Infanteriedivision
   RH 26-112/7, /8, /74, /75, /76, /77, /78, /79, /81, /95
   RH 37/6505 (IR 110), RH 37/6504 (IR 110), RH 37/7590 (IR 110), RH 39/426 (Pz. Jg.Abt.112), MSg 2/3667 (Di.Na.Fü. 112)
Befehlshaber rückwärtiges Heeresgebiet Mitte
   RH 22/224, /225, /226, /227, /228, /229, /230, /231, /243, /247, /248, /250, /251
403. Sicherungsdivision
   RH 26-403/2, /4a, /4b, /7
221. Sicherungsdivision
   RH 26-221/10, /11, /12a, /12b, /70, /71, /73, /85, /104
   RH 41/408 (AR 221)
286. Sicherungsdivision
   RH 26-286/2, /3, /5, /6, /14, /20
Armeeoberkommando 4
   RH 20-4/1226, /110, /114, /123, /258, /126, /169, /171, /172, /261, /1189, /666, /671, /672, /674, /675, /676, /677, /678, /679, /680, /686, /687, /681, /682, /683, /684, /685, /694, /693, /695, /696, /697, /698, /699, /700, /701, /702, /703, /704, /705, /706, /707, /718, /719, /720, /1176, /798, /1190, /876, /1040, /1164, /1006, /1129, /1130, /1132, /1110, /1119
VII. Armeekorps
   RH 24-7/36, /37a, /37b, /136, /137, /138, /139, /140, /141, /142, /143, /144, /145, /157, /217, /218, /251, /252, /253
258. Infanteriedivision
   RH 26-258/28, /35, /36, /85, /86, /87, /88, /92, /94, /128
   MSg 2/4394 (IR 458)
23. Infanteriedivision
   RH 26-23/18, /22, /23, /25, /46, /47, /48, /49, /72, /76, /89, /91
   RH 37/1907 (IR 68), RH 41/178 (AR 23), RH 39/650 (Pz.Jg.Abt. 23)
7. Infanteriedivision
   RH 26-7/12, /13, /14, /15, /20, /123, /772, /84, /88, /97, /101
   RH 37/1304 (IR 61), RH 37/1306 (IR 61), RH 41/703 (AR 7)
268. Infanteriedivision
   RH 26-268/10, /11, /12, /13, /14, /15, /79, /95
   RH 37/7287 (IR 468), RH 37/7639 (IR 468), RH 37/7033 (IR 499), RH 41/1008 (AR 268), RH 41/999 (AR 268), RH 39/431 (A.Abt. 268), RH 39/432 (A.Abt. 268), RH 44/483 (N.Abt. 268)
XIII. Armeekorps
   RH 24-13/39, /153, /154, /155, /157, /175, /203
17. Infanteriedivision
   RH 26-17/2, /3, /4, /7, /31, /69, /70, /71, /72, /52
78. Infanteriedivision
   RH 26-78/17, /21, /22, /24, /26, /27, /28, /32, /39, /63, /64, /65, /66, /67, /105
IX. Armeekorps

RH 24-9/41, /43, /45, /48, /57, /154, /155, /156, /158, /159, /160, /161, /163, /168, /200, /240
263. Infanteriedivision
   RH 26-263/54, /60
137. Infanteriedivision
   RH 26-137/2, /4, /6, /58, /60, /62, /66, /67, /68, /93, /104
292. Infanteriedivision
   RH 26-292/6, /7, /15, /51, /53, /54, /55, /56, /78
   MSg 1/1124 (IR 508)
XXXXIII. Armeekorps
   RH 24-43/8, /11
252. Infanteriedivision
   RH 26-252/58, /73, /74, /81, /91, /132, /160, /129
   RH 39/35 (A.Abt. 252), RH 39/728 (A.Abt. 252), MSg 2/4378 (A.Abt. 252)
134. Infanteriedivision
   RH 26-134/2, /5, /7, /110, /111, /113, /127
   RH 37/6410 (IR 439), RH 37/3250 (IR 445), RH 37/7363 (IR 446)
131. Infanteriedivision
   RH 26-131/4, /6, /7, /8, /9, /24, /34, /35
   RH 37/7627 (IR 432), RH 37/3097 (IR 434), RH 41/881 (AR 131), RH 41/1160 (AR 13),
   MSg 2/3149 (Pz.Jg.Abt. 131)
Korück 580
   RH 23/170
Korück 559
   RH 23/121, /123, /124, /125, /126, /127, /128, /130
Armeeoberkommando 9
   RH 20-9/11, /14, /20, /22, /23, /25, /29, /30, /31, /32, /33, /34, /40, /41, /42, /643, /247,
   /248, /251, /252, /253, /254, /255, /256, /261, /262, /264, /266, /271, /272, /273, /275, /276,
   /280, /323, /327, /329, /331, /630, /356, /385, /386, /422, /425, /426, /427, /486, /597
VIII. Armeekorps
   RH 24-8/40, /41, /44b, /44a, /123, /124, /126, /127, /129, /131, /155, /203, /204, /208,
   /217
161. Infanteriedivision
   RH 26-161/7, /8, /9, /10, /11, /48, /49, /50, /76
28. Infanteriedivision
   RH 26-28/16, /18, /35, /86
   MSg 2/4364 (IR 7)
8. Infanteriedivision
   RH 26-8/16, /17, /19, /20, /21, /22, /28, /31, /38, /43, /73, /74, /112
   RH 37/7588 (IR 84), RH 39/347 (Pz.Jg.Abt. 8), RH 44/59 (N.Abt. 8)
XX. Armeekorps
   RH 24-20/1, /3, /4, /6, /8, /15, /74, /75, /98, /136, /137
256. Infanteriedivision
   RH 26-256/12, /13, /20, /46, /67, /71
   RH 41/1111 (AR 256), RH 44/473 (N.Abt. 256)
162. Infanteriedivision
   RH 26-162/7, /9, /19, /52
XXXXII. Armeekorps
   RH 24-42/1, /43, /47, /147, /248, /249, /148, /202, /206
129. Infanteriedivision

RH 26-129/2, /3, /4, /28, /29, /30, /31, /32, /47
RH 37/7573 (IR 428), RH 41/396 (AR 129), RH 44/467 (N.Abt. 129)
102. Infanteriedivision
RH 26-102/3, /5, /6, /7, /12, /60, /61, /62, /63, /64, /79, /81, /83
MSg 2/3004 (A.Abt. 102), RH 44/444 (N.Abt. 102)
87. Infanteriedivision
RH 26-87/22, /23, /24, /26, /146, /156
MSg 2/5345 (IR 187), RH 41/1128 (AR 187)
110. Infanteriedivision
RH 26-110/2, /4, /5, /8, /37, /38, /39, /40, /41, /46, /52, /69, /57, /72
RH 44/466 (N.Abt. 110)
N 248/1, 2 (Div.Kdr.)
106. Infanteriedivision
RH 26-106/2, /3, /4, /8, /9, /41
RH 37/6758 (IR 239), RH 41/972 (AR 107), RH 39/389 (A.Abt. 106)
Korück 582
RH 23/233, /218, /219, /220, /221, /222, /224, /225, /228, /230, /265
Panzergruppe 3
RH 21-3/39, /40, /733, /735, /44, /46, /47, /65, /423, /424, /746, /428, /429, /430, /433, /437, /439a, /439b, /439c, /743, /740, /741, /779, /443, /744, /447, /550, /551, /611, /691, /568a
VI. Armeekorps
RH 24-6/5, /6, /26, /27a, /27b, /33, /34a, /34b, /235, /236, /237, /238, /239, /240, /241, /242, /243, /244, /245, /248, /249, /278, /320, /321, /323, /328, /332, /334, /342, /350, /358
26. Infanteriedivision
RH 26-26/3, /4a, /4b, /6, /7a, /35, /58, /59, /60, /61, /70, /71
RH 37/7406 (IR 78), RH 44/227 (N.Abt. 26)
6. Infanteriedivision
RH 26-6/2, /5, /8, /62, /63, /64, /65, /81, /86
RH 37/185 (IR 18), RH 37/190 (IR 18), RH 37/6732 (IR 37), RH 37/6896 (IR 37), RH 37/7303 (IR 58), RH 37/7304 (IR 58), RH 39/98 (A.Abt. 6), RH 39/565 (A.Abt. 6)
XXXIX. Panzerkorps
RH 24-39/34, /169, /172, /171, /173, /174, /175, /176, /177, /178, /179, /180, /181, /182, /183, /184, /185, /186, /187, /188, /189, /190, /191, /192, /193, /194, /195, /261
20. Infanteriedivision (mot.)
RH 26-20/9, /11, /15, /16, /17, /18, /19, /83, /84, /85, /86, /87, /88, /89, /103, /128, /132, /145
RH 37/6123 (IR 76)
14. Infanteriedivision (mot.)
RH 26-14/9, /10, /12, /59, /60, /69, /78
RH 37/6976 (IR 11), RH 37/6979 (IR 11), RH 37/6977 (IR 11), RH 37/6978 (IR 11), RH 37/7610 (IR 101)
20. Panzerdivision
RH 27-20/1, /2, /3, /4, /5, /8, /22, /108, /189, /194, /195, /196, /197, /219
RH 37/7545 (SR 59), MSg 2/4294 (SR 112)
7. Panzerdivision
RH 27-7/45, /46, /47, /64, /155, /156, /157, /158, /159, /204
RH 41/708 (PzAR 78)
V. Armeekorps

RH 24-5/18, /19, /23, /40, /103, /104, /109, /110, /112, /113, /114, /119, /124, /198
5. Infanteriedivision
    RH 26-5/7
    MSg 2/5790 (IR 56), RH 37/948 (IR 56), RH 37/2140 (IR 75), RH 37/7591 (IR 75), RH 46/824 (Pi.Btl. 5)
35. Infanteriedivision
    RH 26-35/35, /37, /88, /89, /90, /92, /94, /140, /170, /171
    RH 37/7180 (IR 109), RH 37/7180 (IR 109), MSg 2/4975 (IR 109), RH 39/375 (A.Abt. 35)
LVII. Panzerkorps
    RH 24-57/2, /5, /6, /63, /65, /66, /67, /94
18. Infanteriedivision (mot.)
    RH 26-18/9, /10, /11, /55, /56, /57, /58, /59, /61, /100
    RH 41/919 (AR 18)
19. Panzerdivision
    RH 27-19/23, /26, /46, /47, /48
    MSg 1/646 (Kdr.), RH 39/588 (Pz.Rgt. 27), RH 41/1207 (AR 19), RH 44/222 (N.Abt. 19)
12. Panzerdivision
    RH 27-12/1, /2, /4, /48, /49, /50, /51, /52, /53, /54, /55, /75
Korück 590
    RH 23/336, /337, /341
Panzergruppe 2
    RH 21-2/62, /80, /81, /82, /94, /96, /927, /103, /929, /898, /900, /903, /640, /642b, /642a, /637b, /637a, /638, /639,1, /639,2, /902, /643a, /643b, /646, /647, /648, /649, /650, /651, /652, /654, /655, /656, /657, /658, /659, /660, /661, /662, /663, /664, /665, /666, /667, /668, /669, /670, /671, /672, /673, /674, /675, /676, /677, /678, /679, /680, /681, /682, /683, /684, /759, /777, /770, /790, /819, /821, /867a, /867b, /913
XXXXVI. Panzerkorps
    RH 24-46/6, /7, /10, /13, /122, /123, /142, /162
10. Panzerdivision
    RH 27-10/26, /27, /49, /50, /51, /52, /57, /69, /101, /104, /105
    RH 37/136 (10. Schtz.Brig.), RH 37/7263 (SR 69), RH 37/7264 (SR 69), RH 39/99 (Pz. Rgt. 7), RH 39/104 (Pz.Rgt. 7), RH 46/745 (Pz.Pi.Btl. 49)
Infanterieregiment »Großdeutschland«
    RH 37/6392, /6329, /6337, /6330
SS-Division »Reich«
    RS 3-2/3, /5
    RS 4/1286, /1287
XXXXVII. Panzerkorps
    RH 24-47/2, /3, /4, /7, /12, /108, /113, /120, /143, /135
    MSg 2/1147, 1148 (KG)
29. Infanteriedivision (mot.)
    RH 26-29/6, /7, /43, /58, /59, /60, /87
    RH 37/7073 (IR 15), RH 37/7074 (IR 15), RH 37/7368 (IR 71), RH 41/1016 (AR 29)
167. Infanteriedivision
    RH 26-167/7, /9, /10, /42, /43, /44, /66, /83
    RH 37/6053 (IR 315), RH 37/6052 (IR 315), RH 37/6566 (IR 315), RH 37/6834 (IR 339), RH 41/1007 (AR 238), RH 46/679 (Pi.Btl. 238)
17. Panzerdivision

RH 27-17/1, /18, /33, /36
RH 39/384 (Pz.Rgt. 39)
18. Panzerdivision
RH 27-18/1, /3, /4, /10, /12, /13, /14, /15, /16, /20, /34, /167, /152, /153, /154, /156, /157, /158, /159, /174
XII. Armeekorps
RH 24-12/16, /17, /19, /20, /59, /60, /61, /95
31. Infanteriedivision
RH 26-31/23, /43, /44, /80
RH 37/2143 (IR 82)
45. Infanteriedivision
RH 26-45/16, /19, /20, /91, /46, /92, /48, /118, /119, /121, /146, /154
34. Infanteriedivision
RH 26-34/7, /10, /11, /12, /15, /41
MSg 2/4539 (IR 80), RH 37/6271 (IR 107), MSg 1/619 (AR 34)
XXIV. Panzerkorps
RH 24-24/64, /66, /72, /71, /102, /320, /321, /324, /325, /327, /328, /331, /332, /338, /383, /422
10. Infanteriedivision (mot.)
RH 26-10/8, /9, /10, /68, /69a, /69b, /70a, /70b, /71, /72, /75, /104, /477
RH 37/6906 (IR 41)
3. Panzerdivision
RH 27-3/14, /18, /29, /165, /166, /167, /170, /171, /175, /176, /179, /180, /181, /182, /226, /227, /229, /230, /231
MSg 2/5353, 5354 (SR 394), MSg 2/3859 (SR 394), RH 39/708 (Pz.Rgt. 6), MSg 2/4651 (Pz.A.Abt. 1)
4. Panzerdivision
RH 27-4/9, /10, /13, /14, /109, /110, /111, /112, /113, /114, /115, /116, /121, /124, /139, /160
RH 46/831 (Pi.Btl. 79)
1. Kavalleriedivision
RH 29-1/3, /4, /5, /50, /51, /53
RH 40/49 (R.Brig. 1), RH 40/59 (R.Rgt. 2), RH 40/11 (R.Rgt. 22), RH 44/386 (Kav. N.Abt.86)
267. Infanteriedivision
RH 26-267/7, /9, /11, /25, /26, /27, /28, /31, /48, /51
MSg 2/5818 (IR 497)
255. Infanteriedivision
RH 26-255/15, /18, /19, /20, /21, /22, /24, /26, /135, /136, /137, /138, /139, /140, /145, /168, /179, /199
Korück 532
RH 23/20, /22, /24, /29, /27
Heeresgruppenkommando Süd
RH 19-I/66, /277, /274, /276, /275, /71, /262, /254, /73, /74, /123, /124, /263, /243, /244, /129, /145, /250
99. leichte Infanteriedivision
RH 26-99/2, /5, /20, /21, /25
4. Gebirgsdivision
RH 28-4/4, /7, /45, /47, /76, /82, /104

MSg 2/6738 (GJR 13), RH 37/2161 (GJR 91), MSg 2/4863 (GJR 91), RH 41/260 (GAR 94)
125. Infanteriedivision
RH 26-125/2, /3, /4, /27, /28, /33
MSg 1/974 (IR 419), MSg 2/4578 (IR 419)
113. Infanteriedivision
RH 26-113/2, /4, /5, /23, /24, /25, /37
RH 37/7582 (IR 268), MSg 2/4743 (IR 268)
132. Infanteriedivision
RH 26-132/5, /6, /34, /35, /36, /37, /38, /39, /40, /41, /42, /63
LI. Armeekorps
RH 24-51/9, /12, /18, /54, /55, /56, /57, /58, /59, /60, /61, /68
79. Infanteriedivision
RH 26-79/14, /16, /17, /21, /26, /30, /100, /101, /141
RH 37/6734 (IR 208), RH 39/36 (A.Abt. 179)
95. Infanteriedivision
RH 26-95/7, /11, /13, /41, /42, /43, /72, /107
MSg 1/1633 (Div.Kdo.)
RH 37/4970 (IR 278)
Befehlshaber rückwärtiges Heeresgebiet Süd
RH 22/2, /3, /4, /5, /6, /7, /8, /9, /169, /170, /171, /18, /19, /22, /24, /27, /28, /187, /188, /199
213. Sicherungsdivision
RH 26-213/3, /4, /6, /8, /15, /21
444. Sicherungsdivision
RH 26-444/10, /11, /17
RH 41/408 (II./AR 221)
454. Sicherungsdivision
RH 26-454/5, /6a, /10, /15, /27, /28
RH 41/408 (III./AR 221)
Armeeoberkommando 6
RH 20-6/87, /92, /93, /94, /95, /96, /97, /475, /487, /488, /489, /490, /491, /492, /493, /494, /495, /506, /512, /513, /514, /515, /516, /517, /518, /519, /520, /521, /522, /523, /524, /525, /526, /527, /528, /529, /530, /531, /532, /533, /534, /535, /536, /537, /538, /539, /540, /541, /542, /543, /544, /545, /546, /547, /548, /549, /550, /551, /552, /553, /554, /555, /556, /557, /558, /559, /560, /561, /562, /563, /564, /565, /566, /567, /568, /569, /570, /571, /572, /573, /574, /575, /576, /592, /611, /612, /613, /614, /615, /616, /617, /618, /619, /620, /621, /622, /623, /624, /625, /626, /627, /628, /629, /630, /631, /632, /633, /634, /635, /636, /637, /638, /639, /640, /641, /642, /643, /644, /645, /646, /647, /711, /750, /752, /753, /754, /906, /969
XVII. Armeekorps
RH 24-17/32,/35, /37, /41, /152, /153, /154, /155, /156, /163, /168, /169, /170, /181, /182, /183, /188, /226, /260
56. Infanteriedivision
RH 26-56/16a, /16b, /18, /19b, /20, /22b, /23, /64, /65, /88, /90, /107
62. Infanteriedivision
RH 26-62/33, /38, /39, /40, /42, /45, /62, /82, /83, /118
RH 37/7281 (IR 183), RH 37/6234 (IR 190), RH 41/1069 (AR 162)
MSg 2/3914 (Erinnerungen 62. Inf.Div.)

XXXXIV. Armeekorps
RH 24-44/24, /28, /32, /33, /183, /184, /185, /188, /189, /190, /191, /192, /193, /194, /195, /196, /197, /198, /229, /250
9. Infanteriedivision
RH 26-9/8, /16, /17, /24, /81, /82, /85, /86, /87, /88, /89, /124
RH 37/6421 (IR 36), RH 37/6422 (IR 36), RH 37/6509 (IR 116), RH 52/615 (Di.Na.Fü. 9)
297. Infanteriedivision
RH 26-297/15, /31, /32, /84, /85, /86, /87, /88, /90, /91, /92, /96, /97, /98, /127
RH 39/659 (A.Abt. 297), MSg 2/2934 (A.Abt. 297), MSg 2/2935 (A.Abt. 297)
LV. Armeekorps
RH 24-55/2, /3, /4, /5, /69, /71, /73, /75, /76, /107
168. Infanteriedivision
RH 26-168/5, /7, /8, /9, /12, /40, /41
RH 41/331 (AR 248), RH 41/413 (AR 248), RH 41/414 (AR 248), RH 41/415 (AR 248), RH 39/429 (Pz.Jg.Abt. 248), RH 39/430 (Pz.Jg.Abt. 248), RH 39/638 (Pz.Jg.Abt. 248), RH 44/353 (N.Abt. 248), RH 44/354 (N.Abt. 248), RH 44/355 (N.Abt. 248), RH 52/530 (Di.Na.Fü. 248)
Korück 585
RH 23/318, /319, /320, /321
Panzergruppe 1
RH 21-1/463, /50, /52, /53, /54, /55, /56, /470, /147, /148a, /148b, /148c, /148d, /149, /150, /151, /152, /471, /157, /158, /474, /475, /476, /477, /478, /479, /481, /482, /483, /484, /403, /435, /437, /446, /448, /162, /327, /464, /328, /335, /329, /485, /434, /330, /200, /283, /380
XIV. Panzerkorps
RH 24-14/33, /36, /37, /51, /63, /129, /130, /193
9. Panzerdivision
RH 27-9/2, /4, /5, /6, /81, /36, /37, /53
RH 37/7490 (SR 10)
16. Panzerdivision
RH 27-16/38, /44, /58
RH 37/6252 (SR 64), RH 37/6249 (SR 64), RH 41/1214 (AR 16), RH 46/601 (Pz.Pi.Btl. 16), MSg 1/2735 (Pz.Pi.Btl. 16)
SS-Division »Wiking«
RS 3-5/3
RS 4/1297
III. Panzerkorps
RH 24-3/1, /2, /3, /290, /35, /37, /39, /40, /41, /133, /134, /135, /136, /137, /138, /141, /142, /143, /71, /284, /285
14. Panzerdivision
RH 27-14/1, /2, /19, /20, /23, /24, /25, /26, /27
MSg 2/5807 (N.Abt. 4)
298. Infanteriedivision
RH 26-298/6, /16, /18, /19, /20, /21, /29, /43, /44, /45, /78
44. Infanteriedivision
RH 26-44/18, /19, /20, /31, /32, /33, /55, /58
MSg 2/5384 (IR 132), RH 37/7158 (IR 134), RH 37/7159 (IR 134)
XXIX. Armeekorps
RH 24-29/8, /34, /23, /25, /76, /77, /78, /46, /47, /48, /125, /126

299. Infanteriedivision
RH 26-299/28, /29, /30, /117, /118, /119, /120, /121, /122, /123, /124, /125, /126, /127, /128, /129, /130, /166, /169
RH 37/6323 (IR 529), RH 37/7344 (IR 530), RH 37/7341 (IR 530)
111. Infanteriedivision
RH 26-111/2, /3, /4, /5, /6, /7, /28, /29, /30, /31, /32, /33, /34, /35, /36, /37, /38, /39, /40, /41, /42, /43, /57, /58, /59
N 385/2 (Div.Kdr.)
RH 41/1075 (AR 117)
XXXXVIII. Panzerkorps
RH 24-48/2, /3, /4, /5, /6, /196, /197, /198, /199, /200, /201, /202, /204, /205, /206, /207, /208, /209, /211, /212, /213, /323, /214
11. Panzerdivision
RH 27-11/16, /17, /85, /87, /88, /24, /90, /91, /111, /114, /133
RH 15/269 (SR 110)
75. Infanteriedivision
RH 26-75/36, /38, /39, /40, /45, /110, /111, /112, /113, /114, /115, /116, /117, /118, /119, /121, /122, /123, /124, /125, /126, /164, /167, /174
RH 46/605 (Pi.Btl. 175)
57. Infanteriedivision
RH 26-57/23, /26, /57, /58, /117, /59, /112, /115, /118, /119
MSg 2/5431 (IR 179)
16. Infanteriedivision (mot.)
RH 39/748 (K. 165)
25. Infanteriedivision (mot.)
RH 26-25/8, /11, /12, /68, /69, /70, /96, /107
RH 37/7059 (IR 35), RH 37/7118 (IR 119), RH 39/694 (Pz.Jg.Abt. 25), MSg 2/3782 (Pz.Jg.Abt. 25)
13. Panzerdivision
RH 27-13/1, /2, /5, /6, /11, /12, /13, /111, /112, /116, /130, /135
RH 39/518 (Pz.Rgt. 4), RH 37/6358 (SR 66), RH 37/7564 (SR 66), RH 37/7599 (SR 93), MSg 2/4301 (SR 93), Msg 2/5611 (SR 93), RH 39/523 (K. 43), RH 41/1176 (AR 13), RH 46/64 (Pi.Btl. 4)
SS-Division »Leibstandarte Adolf Hitler«
RS 3-1/48, /34, /24
RS 4/1262, /1214, /1234, /1217, /1249
Armeeoberkommando 17
RH 20-17/774, /20, /23, /26, /27, /28, /46, /51, /769, /276, /277, /278, /279, /280, /281, /282, /283, /321, /322, /323, /324, /332, /329, /340, /341, /342, /344, /349, /351, /540, /557, /568, /569, /709, /81, /83, /756
IV. Armeekorps
RH 24-4/33, /34a, /34b, /89, /90, /91, /92, /117
24. Infanteriedivision
RH 26-24/71, /72, /73, /117, /118, /127, /76, /75, /77
MSg 2/6749 (IR 31), RH 37/6519 (IR 32), RH 37/6520 (IR 32), RH 37/2317 (IR 102), RH 37/2318 (IR 102), RH 37/2319 (IR 102), RH 37/2320 (IR 102)
71. Infanteriedivision
RH 26-71/5, /33, /35, /64, /67, /70
262. Infanteriedivision
RH 26-262/9, /11, /49, /50, /51, /52, /53, /54, /91, /97

MSg 2/5520 (IR 462), RH 37/7542 (IR 482)
295. Infanteriedivision
RH 26-295/3, /16, /16D, /17, /18, /22, /23, /37
RH 37/7299 (IR 517)
296. Infanteriedivision
RH 26-296/12, /14, /91, /92, /93, /94, /95, /97, /98, /130
RH 37/7052 (IR 519), RH 37/3113 (IR 521), RH 41/354 (AR 296)
XXXXIX. Gebirgskorps
RH 24-49/7, /11, /13, /159, /160, /161, /162, /164, /165, /166, /171, /172, /173, /174, /175, /182, /253, /266
1. Gebirgsdivision
RH 28-1/20, /21, /22, /128, /131, /132, /133, /134, /135, /136, /139, /140, /141, /142, /143, /144, /145, /218, /222, /146, /147, /148, /149, /152, /226
RH 37/7205 (GJR 98), RH 41/430 (GAR 79), RH 41/251 (GAR 79), RH 44/288 (Geb. N.Abt. 54), RH 46/382 (Geb.Pi.Btl. 54), RH 46/381 (Geb.Pi.Btl. 54)
68. Infanteriedivision
RH 26-68/6, /39, /40, /41, /60
RH 37/7480 (IR 196), RH 39/438 (Pz.Jg.Abt. 168)
257. Infanteriedivision
RH 26-257/8, /9, /10, /35, /36, /37, /40, /41, /44, /62
RH 37/7574 (IR 477)
LII. Armeekorps
RH 24-52/2, /9, /10, /35, /217, /220, /221, /222, /224, /232, /233, /234, /259, /272
101. lei. Infanteriedivision
RH 26-101/3, /15, /64, /67, /89
RH 37/4906 (IR 228), RH 37/7500 (IR 228), MSg 2/3850 (AR 85), RH 46/792 (Pi.Btl. 101)
97. lei. Infanteriedivision
RH 26-97/3, /4, /6, /100, /101, /102, /103, /104, /105, /116
100. lei. Infanteriedivision
RH 26-100/3, /36, /37, /38, /39, /40, /41, /42, /43, /63
Höheres Kommando z.b.V. XXXIV
RH 24-34/31, /39, /47, /57, /58, /61
Korück 550
RH 23/36, /37
Armeeoberkommando 11
RH 20-11/10, /36, /37, /38, /39, /40, /41, /42, /43, /44, /45, /46, /47, /48, /49, /50, /51, /52, /53, /54, /55, /56, /57, /58, /59, /60, /61, /62, /63, /64, /65, /66, /67, /68, /69, /70, /71, /72, /73, /74, /75, /76, /77, /78, /79, /80, /81, /82, /83, /84, /85, /86, /87, /88, /89, /90, /91, /92, /93, /94, /95, /96, /97, /98, /99, /100, /101, /102, /103, /104, /105, /106, /107, /108, /109, /110, /111, /112, /113, /114, /115, /116, /117, /118, /119, /120, /121, /122, /123, /124, /125, /126, /127, /128, /129, /130, /131, /132, /133, /134, /135, /136, /137, /138, /139, /140, /141, /142, /143, /144, /145, /146, /147, /148, /149, /150, /151, /152, /153, /154, /155, /156, /157, /158, /159, /160, /161, /162, /163, /164, /165, /166, /167, /168, /169, /170, /171, /172, /173, /174, /175, /176, /177, /178, /179, /180, /181, /182, /183, /184, /185, /186, /187, /188, /189, /190, /191, /192, /193, /194, /195, /196, /197, /198, /199, /200, /201, /202, /203, /204, /205, /206, /207, /208, /209, /210, /211, /212, /213, /214, /215, /216, /217, /218, /219, /220, /221, /222, /223, /224, /225, /226, /227, /228, /229, /230, /231, /232, /233, /234, /235, /236, /237, /238, /239, /240, /241, /242, /243, /244, /245, /246, /247, /248, /249, /250, /251, /252, /253, /254, /255, /256, /257, /258, /259, /260, /261, /262, /262, /263, /264, /265, /266, /267, /268, /269, /270, /271, /272, /273, /274, /275, /276, /278, /279, /280, /281, /282, /283, /284,

/285, /286, /287, /291, /315, /334, /335, /337, /338, /370, /373, /381, /386, /387, /388, /391, /409, /413, /414, /417, /488, /489, /490, /517
22. Infanteriedivision
RH 26-22/17, /18, /65, /66, /67, /68, /69, /70, /72, /73, /74, /131, /134, /135, /137, /140
RH 37/7249 (IR 16), RH 37/7583 (IR 65), MSg 2/5571 (Fla.Btl. 22), RH 46/134 (Pi.Btl. 22), RH 46/661 (Pi.Btl. 22)
72. Infanteriedivision
RH 26-72/32, /85, /87, /88, /90, /92, /93, /99, /159, /160, /164, /182
RH 37/7558 (IR 105), RH 37/4893 (IR 124), RH 37/6608 (IR 124), RH 37/6606 (IR 124), RH 37/6740 (IR 124), MSg 2/5685 (IR 266), RH 37/6609 (IR 266)
XI. Armeekorps
RH 24-11/1, /29, /120, /121, /122, /123, /176, /183, /192, /204
239. Infanteriedivision
RH 26-239/17, /18, /19, /24, /25, /33, /38, /39
76. Infanteriedivision
RH 26-76/6, /11, /49.1, /49,2, /49,3, /49,4, /62, /63, /66
XXX. Armeekorps
RH 24-30/2, /42, /113, /114, /115, /116, /117, /118, /119, /120, /121, /122, /123, /125, /205, /209, /223, /233, /234, /236
198. Infanteriedivision
RH 26-198/6, /63, /64, /65, /66, /90, /94, /98
RH 37/7399 (IR 308), RH 37/7402 (IR 308), RH 37/7403 (IR 308), RH 37/7404 (IR 308), RH 41/620 (AR 235), RH 46/844 (Pi.Btl. 235)
LIV. Armeekorps
RH 24-54/176, /177, /178a, /178b, /179, /182, /183, /184, /187, /188, /189, /190, /193, /195, /196, /221, /224
50. Infanteriedivision
RH 26-50/25, /85, /86, /87, /112, /114, /125
MSg 2/4194 (IR 123), RH 37/7053 (IR 123), MSg 1/2398 (Pi.Btl. 71)
170. Infanteriedivision
RH 26-170/7, /8, /21, /30, /32, /34, /38, /46, /58, /95, /98
RH 37/4938 (IR 399), MSg 2/3834 (AR 240)
Korück 553
RH 23/62, /64, /65, /68, /69, /70, /71, /72, /77, /78, /79, /81, /91, /99, /100
OKH-Reserven
Armeeoberkommando 2
RH 20-2/160, /130, /140, /152, /153, /154, /161, /193, /199, /999, /1086, /1090, /1091, /1092, /1093, /1094, /1095, /1096, /1097, /1098, /1099, /1100, /1101, /1102, /1104, /1105, /1106, /1107, /1108, /1109, /1110, /1111, /1112, /1113, /1114, /1115, /1116, /1117, /1118, /1119, /1120, /1121, /1122, /1123, /1124, /1125, /1126, /1127, /1128, /1129, /1149, /1150, /1151, /1152, /1153, /1176, /1381, /1591, /1604, /1650, /1732, /1641, /1622
MFB 4/41528
XXXX. Armeekorps
RH 24-40/18, /20, /82, /85, /87, /88, /90, /91, /94, /96, /107
60. Infanteriedivision (mot.)
RH 26-60/26, /37, /38, /39, /40, /71
MSg 2/4633 (IR 120), RH 41/723 (AR 160), RH 12-5/v. 457 (Pi.Btl. 160)
46. Infanteriedivision
RH 26-46/10, /48, /49, /51, /78, /81
RH 37/3002 (IR 72), RH 37/2064 (IR 72), RH 37/1981 (IR 72), RH 37/6314 (IR 72)

73. Infanteriedivision
RH 26-73/30, /31, /80, /89, /99
RH 37/2837 (IR 213), RH 37/2838 (IR 213), RH 37/6799 (IR 213), RH 37/4904 (IR 213)
93. Infanteriedivision
RH 26-93/15, /16, /38, /39, /40, /52, /60, /88
MSg 2/2488 (IR 270), MSg 2/2456 (IR 272), RH 37/3256 (IR 272), MSg 2/5265 (AR 193)
96. Infanteriedivision
RH 26-96/11, /12, /33, /44, /45
MSg 2/5465 (IR 284), RH 41/311 (AR 196)
98. Infanteriedivision
RH 26-98/11, /12, /89, /90, /91, /93, /131
MSg 2/3818 (IR 282), RH 37/7108 (IR 282)
260. Infanteriedivision
RH 26-260/29, /40, /51, /77, /96
RH 41/879 (AR 260), MSg 2/5752 (A.Abt. 260)
94. Infanteriedivision
RH 26-94/9, /10, /21, /62, /63, /64, /105
RH 41/1161 (AR 194)
183. Infanteriedivision
RH 26-183/27, /64, /61, /62, /124, /127
RH 37/7414 (IR 330), RH 37/7416 (IR 330), RH 37/3067 (IR 343), RH 37/3068 (IR 343), MSg 2/882 (AR 219)
5. Panzerdivision
RH 27-5/27, /28, /29, /30, /85, /86, /87, /131, /133, /134
RH 37/170 (SR 14), RH 37/6527 (SR 14), RH 37/6516 (SR 14), MSg 1/870 (SR 14), MSg 2/5294 (K. 55)
294. Infanteriedivision
RH 26-294/10, /11, /14, /48, /90
2. Panzerdivision
RH 27-2/2, /24, /46, /47, /84
RH 39/654 (Pz.Rgt. 3)
707. Infanteriedivision
RH 26-707/2, /15
713. Infanteriedivision
RH 26-713/2, /3, /4, /6
Armeeoberkommando Norwegen
RW 39/1, /6, /7, /8, /9a, /9b, /16, /18, /124, /19, /20, /22, /23, /24, /25, /21
Armeeoberkommando Norwegen/Befehlsstelle Finnland
RH 20-20/1, /2, /4, /124, /126, /127, /128, /129, /134, /132, /133, /135a, /135b, /136, /137, /139, /190, /203, /204, /306
Gebirgskorps Norwegen
RH 24-19/10, /11, /32, /303, /145, /146, /147, /148, /149, /150, /157, /214
2. Gebirgsdivision
RH 28-2/8, /11, /16, /48, /49, /50, /51, /53, /54, /92, /97
3. Gebirgsdivision
RH 28-3/5, /6, /23, /24, /25, /26, /45, /54
702. Infanteriedivision
RH 26-702/4, /5, /20

199. Infanteriedivision
RH 26-199/3, /16
Höheres Kommando XXXVI
RH 24-36/27, /31, /33, /46, /126, /127, /128, /178, /179
169. Infanteriedivision
RH 26-169/17, /19, /20, /42, /94, /95, /96, /97, /98, /99, /100, /101, /137, /140
SS-Division »Nord«
RS 3-6/2a, /4, /5, /7, /8, /9, /22, /29, /30

2. Gedruckte Quellen und Literatur

ABSOLON, RUDOLF, Sammlung wehrrechtlicher Gutachten und Vorschriften, 22 Bde., Kornelimünster, 1963-1984.
ALTRICHTER, FRIEDRICH, Der Reserveoffizier. Ein Handbuch für den Offizier und Offiziersanwärter des Beurlaubtenstandes aller Waffen, Berlin, 1941.
ANDERSON, TRUMAN O., »Die 62. Infanterie-Division. Repressalien im Heeresgebiet Süd, Oktober bis Dezember 1941«, in: Vernichtungskrieg. Verbrechen der Wehrmacht 1941-1944, hg. v. HANNES HEER, KLAUS NAUMANN, Hamburg, 1995, S. 297-314.
ANDRESS, HANS-JÜRGEN, Einführung in die Verlaufsdatenanalyse. Statistische Grundlagen und Anwendungsbeispiele zur Längsschnittanalyse kategorialer Daten, Köln, 1992.
ANGRICK, ANDREJ u. a., »›Da hätte man schon Tagebuch führen müssen.‹ Das Polizeibataillon 322 und die Judenmorde im Bereich der Heeresgruppe Mitte während des Sommers und Herbstes 1941«, in: Die Normalität des Verbrechens. Bilanz und Perspektiven der Forschung zu den nationalsozialistischen Gewaltverbrechen, hg. v. HELGE GRABITZ, KLAUS BÄSTLEIN, JOHANNES TUCHEL, Berlin, 1994.
ARNOLD, KLAUS JOCHEN, Die Wehrmacht und die Besatzungspolitik in den besetzten Gebieten der Sowjetunion. Kriegführung und Radikalisierung im ›Unternehmen Barbarossa‹, Berlin, 2004.

BARTOV, OMER, Hitlers Wehrmacht. Soldaten, Fanatismus und die Brutalisierung des Krieges, Reinbek, 1995.
BARTOV, OMER, »Von unten betrachtet: Überleben, Zusammenhalt und Brutalität an der Ostfront«, in: Zwei Wege nach Moskau. Vom Hitler-Stalin-Pakt bis zum ›Unternehmen Barbarossa‹, hg. v. BERND WEGNER, München, 1991, S. 326-344.
BEESE, DIETER, »Kirche im Krieg. Evangelische Wehrmachtpfarrer und die Kriegführung der deutschen Wehrmacht«, in: Die Wehrmacht. Mythos und Realität, hg. v. ROLF-DIETER MÜLLER, HANS ERICH VOLKMANN, München, 1999, S. 486-502.
BENZ, WOLFGANG, HERMANN GRAML, HERMANN WEISS (Hrsg.), Enzyklopädie des Nationalsozialismus, 3. Aufl., München, 1998.
BOLL, BERND, »Generalfeldmarschall Erich von Lewinski, gen. von Manstein«, in: Hitlers militärische Elite, hg. v. GERD R. UEBERSCHÄR, Bd. 2: Vom Kriegsbeginn bis zum Weltkriegsende, Darmstadt, 1998, S. 143-152.
BOLL, BERND, HANS SAFRIAN, »Auf dem Weg nach Stalingrad. Die 6. Armee 1941/42«, in: Vernichtungskrieg. Verbrechen der Wehrmacht 1941-1944, hg. v. HANNES HEER, KLAUS NAUMANN, Hamburg, 1995, S. 260-296.
BOLL, BERND, »Wehrmacht vor Gericht. Kriegsverbrecherprozesse der Vier Mächte nach 1945«, in: Geschichte und Gesellschaft 24 (1998), S. 570-594.

BÖHLER, JOCHEN, Auftakt zum Vernichtungskrieg. Die Wehrmacht in Polen 1939, Frankfurt a.M., 2006.
BONWETSCH, BERND, »Der ›große vaterländische Krieg‹ vom deutschen Einfall bis zum sowjetischen Sieg«, in: Handbuch der Geschichte Russlands, hg. v. GOTTFRIED SCHRAMM, Bd. 3: 1856-1945. Von den autokratischen Reformen zum Sowjetstaat, Stuttgart, 1992, S. 910-1008.
BONWETSCH, BERND, »Die Repression des Militärs und die Einsatzfähigkeit der Roten Armee im ›Großen Vaterländischen Krieg‹, in: Zwei Wege nach Moskau. Vom Hitler-Stalin-Pakt bis zum ›Unternehmen Barbarossa‹, hg. v. BERND WEGNER, München, 1991, S. 404-423.
BRÖCKLING, ULRICH, Disziplin. Soziologie und Geschichte militärischer Gehorsamsproduktion, München, 1997.
BROWNING, CHRISTOPHER, Ganz normale Männer. Das Reserve-Polizeibataillon 101 und die ›Endlösung‹ in Polen, Hamburg, 1993.
BUCHBENDER, ORTWIN, Das tönende Erz. Deutsche Propaganda gegen die Rote Armee im Zweiten Weltkrieg, Stuttgart, 1978.
BUCHBENDER, ORTWIN, REINHOLD STERZ, Das andere Gesicht des Krieges. Deutsche Feldpostbriefe 1939-1945, München, 1982.
BUXA, WERNER, Weg und Schicksal der 11. Infanteriedivision, Kiel, 1952.

CHALES DE BEAULIEU, WALTER, Der Vorstoß der Panzergruppe 4 auf Leningrad 1941, Neckargemünd, 1961 (Die Wehrmacht im Kampf Bd. 29).
CHIARI, BERNHARD, »Zwischen Hoffnung und Hunger. Die sowjetische Zivilbevölkerung unter deutscher Besatzung«, in: Verbrechen der Wehrmacht. Bilanz einer Debatte, hg. v. CHRISTIAN HARTMANN, JOHANNES HÜRTER, ULRIKE JUREIT, München, 2005, S. 145-154.
CHOR'KOV, ANATOLIJ G., »Die Rote Armee in der Anfangsphase des Großen Vaterländischen Krieges«, in: Zwei Wege nach Moskau. Vom Hitler-Stalin-Pakt bis zum ›Unternehmen Barbarossa‹, hg. v. BERND WEGNER, München, 1991, S. 425-442.
COLTON, TIMOTHEE J., Commissars, Commanders an Civilian Authority. The Structure of Soviet Military Politics, Cambridge, 1979.
CÜPPERS, MARTIN, Wegbereiter der Shoah. Die Waffen-SS, der Kommandostab Reichsführer-SS und die Judenvernichtung 1939-1945, Darmstadt, 2005.

DALLIN, ALEXANDER, Deutsche Herrschaft in Russland 1941-1945. Eine Studie über Besatzungspolitik, Düsseldorf, 1958.
DIECKMANN, CHRISTOPH, »Der Krieg und die Ermordung der litauischen Juden«, in: Nationalsozialistische Vernichtungspolitik 1939-1945. Neue Forschungen und Kontroversen, hg. v. ULRICH HERBERT, Frankfurt a.M., 1998, S. 292-329.
DRESSEN, WILLI, »Kommissarbefehl«, in: Enzyklopädie des Nationalsozialismus, hg. v. WOLFGANG BENZ, HERMANN GRAML, HERMANN WEISS, 3. Aufl., München, 1998, S. 547 f.

ERICKSON, JOHN, The Soviet High Command. A Military-Political History 1918-1941, London, 1962.

FOERSTER, ROLAND G., »Einleitung«, in: ›Unternehmen Barbarossa‹. Zum historischen Ort der deutsch-sowjetischen Beziehungen von 1933 bis Herbst 1941, hg. v. DERS., München, 1993, S. 9-11.
FÖRSTER, JÜRGEN, »Hitlers Entscheidung für den Krieg gegen die Sowjetunion«, in: Das Deutsche Reich und der Zweite Weltkrieg. Bd. 4: Der Angriff auf die Sowjetunion, Stuttgart, 1983, S. 3-37.

FÖRSTER, JÜRGEN, »Das andere Gesicht des Krieges. Das »Unternehmen Barbarossa« als Eroberungs- und Vernichtungskrieg«, in: ›Unternehmen Barbarossa‹. Zum historischen Ort der deutsch-sowjetischen Beziehungen von 1933 bis Herbst 1941, hg. v. ROLAND G. FOERSTER, München, 1993, S. 151-161.

FÖRSTER, JÜRGEN, »Geistige Kriegführung in Deutschland 1919 bis 1945«, in: Das Deutsche Reich und der Zweite Weltkrieg. Bd. 9.1: Die Deutsche Kriegsgesellschaft 1939 bis 1945. Politisierung, Vernichtung, Überleben, München, 2004, S. 469-640.

FÖRSTER, JÜRGEN, EVAN MAWDSLEY, »Hitler and Stalin in Perspective. Secret Speeches on the Eve of Barbarossa«, in: War in History 11 (2004), S. 61-103.

FÖRSTER, JÜRGEN, »Zum Rußlandbild der Militärs 1941-1945«, in: Das Russlandbild im Dritten Reich, hg. v. HANS-ERICH VOLKMANN, 2. Aufl., Köln, 1994, S. 141-163.

FÖRSTER, JÜRGEN, »Die Sicherung des ›Lebensraumes‹«, in: Das Deutsche Reich und der Zweite Weltkrieg. Bd. 4: Der Angriff auf die Sowjetunion, Stuttgart, 1983, S. 1030-1078.

FÖRSTER, JÜRGEN, »Das Unternehmen ›Barbarossa‹ als Eroberungs- und Vernichtungskrieg, in: Das Deutsche Reich und der Zweite Weltkrieg. Bd. 4: Der Angriff auf die Sowjetunion, Stuttgart, 1983, S. 413-447.

FÖRSTER, JÜRGEN, »Das Unternehmen ›Barbarossa‹. Eine historische Ortsbestimmung, in: Das Deutsche Reich und der Zweite Weltkrieg. Bd. 4: Der Angriff auf die Sowjetunion, Stuttgart, 1983, S. 1079-1088.

FÖRSTER, JÜRGEN, »Verbrecherische Befehle«, in: Kriegsverbrechen im 20. Jahrhundert, hg. v. GERD R. UEBERSCHÄR, WOLFRAM WETTE, Darmstadt, 2001, S. 137-151.

FÖRSTER, JÜRGEN, »Hitlers Verbündete gegen die Sowjetunion 1941 und der Judenmord«, in: Verbrechen der Wehrmacht. Bilanz einer Debatte, hg. v. CHRISTIAN HARTMANN, JOHANNES HÜRTER, ULRIKE JUREIT, München, 2005, S. 91-97.

FÖRSTER, JÜRGEN, Die Wehrmacht im NS-Staat. Eine strukturgeschichtliche Analyse, München, 2007.

FÖRSTER, JÜRGEN, »Hitlers Wendung nach Osten. Die deutsche Kriegspolitik 1940-1941«, in: Zwei Wege nach Moskau: Vom Hitler-Stalin-Pakt bis zum ›Unternehmen Barbarossa‹, hg. v. BERND WEGNER, München, 1991, S. 113-132.

FREI, NORBERT, Vergangenheitspolitik. Die Anfänge der Bundesrepublik und die NS-Vergangenheit, München, 1996.

FRIEDRICH, JÖRG, Das Gesetz des Krieges. Das deutsche Heer in Rußland 1941 bis 1945. Der Prozeß gegen das Oberkommando der Wehrmacht, München, Zürich, 1993.

FRITZ, STEPHEN G., Hitlers Frontsoldaten. Der erzählte Krieg, Berlin, 1998.

GERBET, KLAUS (Hrsg.), Generalfeldmarschall Fedor von Bock. Zwischen Pflicht und Gehorsam. Das Kriegstagebuch, München u. a., 1995.

GERLACH, CHRISTIAN, »Hitlergegner bei der Heeresgruppe Mitte und die ›verbrecherischen Befehle‹«, in: NS-Verbrechen und der militärische Widerstand gegen Hitler, hg. v. GERD R. UEBERSCHÄR, Darmstadt, 2000, S. 62-76.

GERLACH, CHRISTIAN, Kalkulierte Morde. Die deutsche Wirtschafts- und Vernichtungspolitik in Weißrußland 1941 bis 1944, 2. Aufl., Hamburg, 2000.

GERLACH, CHRISTIAN, »Verbrechen deutscher Fronttruppen in Weißrußland 1941-1944. Eine Annäherung«, in: Wehrmacht und Vernichtungspolitik. Militär im nationalsozialistischen System, hg. v. KARL HEINRICH POHL, Göttingen, 1999, S. 89-114.

GESSNER, KLAUS, Geheime Feldpolizei. Zur Funktion und Organisation des geheimpolizeilichen Exekutivorgans der faschistischen Wehrmacht, Berlin [Ost], 1986.

GILLESSEN, GÜNTHER, »Die Ausstellung zerstört nicht eine Legende – sie baut eine neue auf«, in: Wehrmachtsverbrechen. Eine deutsche Kontroverse, hg. v. HERIBERT PRANTL, Hamburg, 1997, S. 164-171.

GOLOVCHANSKY, ANATOLY u. a., ›Ich will raus aus diesem Wahnsinn‹. Deutsche Briefe von der Ostfront 1941-1945. Aus sowjetischen Archiven, Reinbek, 1993.
GRAML, HERMANN, »Massenmord und Militäropposition. Zur jüngsten Diskussion über den Widerstand im Stab der Heeresgruppe Mitte«, in: Vierteljahrshefte für Zeitgeschichte 54 (2006), S. 1-24.
GUDERIAN, HEINZ, Erinnerungen eines Soldaten, Heidelberg, 1951.
GÜRKE, NORBERT, Grundzüge des Völkerrechts, 2. Aufl., Berlin, Wien, 1942.
GÜSGEN, JOHANNES, »Die Bedeutung der katholischen Militärseelsorge in Deutschland von 1933-1945«, in: Die Wehrmacht. Mythos und Realität, hg. v. ROLF-DIETER MÜLLER, HANS ERICH VOLKMANN, München, 1999, S. 503-524.

HAASE, NORBERT, GERHARD PAUL (Hrsg.), Die anderen Soldaten. Wehrkraftzersetzung, Gehorsamsverweigerung und Fahnenflucht im Zweiten Weltkrieg, Frankfurt a.M., 1995.
[HALDER, FRANZ,] Generaloberst Halder, Kriegstagebuch. Tägliche Aufzeichnungen des Chefs des Generalstabes des Heeres 1939-1942, hrsg. vom ARBEITSKREIS FÜR WEHRFORSCHUNG, Bd. 2: Von der geplanten Landung in England bis zum Beginn des Ostfeldzuges (1.7.1940-21.6.1941), bearb. v. Hans-Adolf Jacobsen, Stuttgart, 1963; Bd. 3: Der Rußlandfeldzug bis zum Marsch auf Stalingrad (22.6.1941-24.9.1942), bearb. v. Hans-Adolf Jacobsen, Stuttgart, 1964.
HARTMANN, CHRISTIAN, Halder. Generalstabschef Hitlers 1938-1942, Paderborn u. a., 1991.
HARTMANN, CHRISTIAN, »Massensterben oder Massenvernichtung? Sowjetische Kriegsgefangene im ›Unternehmen Barbarossa‹. Aus dem Tagebuch eines deutschen Lagerkommandanten«, in: Vierteljahrshefte für Zeitgeschichte 49 (2001), S. 97-158.
HARTMANN, CHRISTIAN, »Verbrecherischer Krieg – verbrecherische Wehrmacht? Überlegungen zur Struktur des deutschen Ostheeres 1941-1944«, in: Vierteljahrshefte für Zeitgeschichte 52 (2004), S. 1-75.
HARTMANN, CHRISTIAN, »Wie verbrecherisch war die Wehrmacht? Zur Beteiligung von Wehrmachtsangehörigen an Kriegs- und NS-Verbrechen, in: Verbrechen der Wehrmacht. Bilanz einer Debatte, hg. v. CHRISTIAN HARTMANN, JOHANNES HÜRTER, ULRIKE JUREIT, München, 2005, S. 69-79.
HASSELL, ULRICH VON, Vom andern Deutschland. Aus den nachgelassenen Tagebüchern 1938-1944, Frankfurt a.M. u. a., 1964.
HEINEMANN, WINFRIED, »Der militärische Widerstand und der Krieg«, in: Das Deutsche Reich und der Zweite Weltkrieg. Bd. 9.1: Die Deutsche Kriegsgesellschaft 1939 bis 1945. Politisierung, Vernichtung, Überleben, München, 2004, S. 743-892.
HEER, HANNES (Hrsg.), ›Stets zu erschießen sind Frauen, die in der Roten Armee dienen‹. Geständnisse deutscher Kriegsgefangener über ihren Einsatz an der Ostfront, Hamburg, 1995.
HEER, HANNES, Tote Zonen. Die deutsche Wehrmacht an der Ostfront, Hamburg, 1999.
HEER, HANNES, KLAUS NAUMANN, Vernichtungskrieg. Verbrechen der Wehrmacht 1941-1944, Hamburg, 1995.
Heeresdruckvorschrift 92: Handbuch für den Generalstabsdienst im Kriege, 2 Bde., Berlin, 1939 (Nachdruck Köln 1988).
HEPP, MICHAEL (Hrsg.), Der Nürnberger Prozeß. Microfiche-Edition, München, 1981 [IMT].
HERBERT, ULRICH, »Vernichtungspolitik. Neue Antworten und Fragen zur Geschichte des ›Holocaust‹«, in: Nationalsozialistische Vernichtungspolitik 1939-1945. Neue Forschungen und Kontroversen, hg. v. DERS., Frankfurt a.M., 1998, S. 9-66.

HILBERG, RAUL, Die Quellen des Holocaust. Entschlüsseln und Interpretieren, Frankfurt a.M., 2002.

HILLGRUBER, ANDREAS, »Die ›Endlösung‹ und das deutsche Ostimperium als Kernstück des rassenideologischen Programms des Nationalsozialismus«, in: Vierteljahrshefte für Zeitgeschichte 20 (1972), S. 133-153.

HILLGRUBER, ANDREAS, »Der Ostkrieg und die Judenvernichtung«, in: Der deutsche Überfall auf die Sowjetunion. ›Unternehmen Barbarossa' 1941, hg. v. GERD R. UEBERSCHÄR, WOLFRAM WETTE, 2. Aufl., Frankfurt a.M., 1991, S. 185-205.

HILLGRUBER, ANDREAS, »Das Rußland-Bild der führenden deutschen Militärs vor Beginn des Angriffs auf die Sowjetunion«, in: Das Russlandbild im Dritten Reich, hg. v. HANS-ERICH VOLKMANN, 2. Aufl., Köln, 1994, S. 125-140.

HILLGRUBER, ANDREAS, Hitlers Strategie. Politik und Kriegführung 1940-1942, Frankfurt a.M., 1965.

HOFFMANN, JOACHIM, »Die Sowjetunion bis zum Vorabend des deutschen Angriffs«, in: Das Deutsche Reich und der Zweite Weltkrieg. Bd. 4: Der Angriff auf die Sowjetunion, Stuttgart, 1983, S. 38-97.

HOFFMANN, JOACHIM, »Die Kriegführung aus der Sicht der Sowjetunion«, in: Das Deutsche Reich und der Zweite Weltkrieg. Bd. 4: Der Angriff auf die Sowjetunion, Stuttgart, 1983, S. 713-809.

HUBATSCH, WALTHER, 61. Infanteriedivision. Kampf und Opfer ostpreußischer Soldaten, Kiel, 1952.

HÜRTER, JOHANNES, Ein deutscher General an der Ostfront. Die Briefe und Tagebücher des Gotthard Heinrici 1941/42, Erfurt, 2001.

HÜRTER, JOHANNES, FELIX RÖMER, »Alte und neue Geschichtsbilder von Widerstand und Ostkrieg. Zu Hermann Gramls Beitrag ›Massenmord und Militäropposition‹«, in: Vierteljahrsheft für Zeitgeschichte 54 (2006), S. 301-322.

HÜRTER, JOHANNES, Hitlers Heerführer. Die deutschen Oberbefehlshaber im Krieg gegen die Sowjetunion 1941/42, 2. Aufl., München, 2006.

HÜRTER, JOHANNES, »Kriegserfahrung als Schlüsselerlebnis? Der Erste Weltkrieg in der Biographie von Wehrmachtsgeneralen«, in: Erster Weltkrieg – Zweiter Weltkrieg. Ein Vergleich, hg. v. BRUNO THOSS, HANS-ERICH VOLKMANN, Paderborn, 2002, S. 759-771.

HÜRTER, JOHANNES, »Konservative Mentalität, militärischer Pragmatismus, ideologisierte Kriegführung. Das Beispiel des Generals Georg von Küchler«, in: Karrieren im Nationalsozialismus. Funktionseliten zwischen Mitwirkung und Distanz, hg. v. GERHARD HIRSCHFELD, TOBIAS JERSAK, Frankfurt a.M., New York, 2004, S. 239-253.

HÜRTER, JOHANNES, »Nachrichten aus dem ›Zweiten Krimkrieg‹ (1941/42). Werner Otto v. Hentig als Vertreter des Auswärtigen Amts bei der 11. Armee«, in: Internationale Beziehungen im 19. und 20. Jahrhundert. Festschrift für Winfried Baumgart zum 65. Geburtstag, hg. v. WOLFGANG ELZ, SÖNKE NEITZEL, Paderborn u. a., 2003, S. 361-387.

HÜRTER, JOHANNES, »›Es herrschen Sitten und Gebräuche, genauso wie im 30-jährigen Krieg‹. Das erste Jahr des deutsch-sowjetischen Krieges in Dokumenten des Generals Gotthard Heinrici«, in: Vierteljahrshefte für Zeitgeschichte 48 (2000), S. 329-403.

HÜRTER, JOHANNES, »Auf dem Weg zur Militäropposition. Tresckow, Gersdorff, der Vernichtungskrieg und der Judenmord. Neue Dokumente über das Verhältnis der Heeresgruppe Mitte zur Einsatzgruppe B im Jahr 1941«, in: Vierteljahrshefte für Zeitgeschichte 52 (2004), S. 527-562.

HÜRTER, JOHANNES, »Die Wehrmacht vor Leningrad. Krieg und Besatzungspolitik der 18. Armee im Herbst und Winter 1941/42«, in: Vierteljahrshefte für Zeitgeschichte 49 (2001), S. 377-440.

JACOBSEN, HANS-ADOLF, »Kommissarbefehl und Massenexekutionen sowjetischer Kriegsgefangener«, in: Anatomie des SS-Staates. Bd. 2: Konzentrationslager. Kommissarbefehl. Judenverfolgung, hg. v. HANS BUCHHEIM u. a., Freiburg, 1965, S. 163-279.
JACOBSEN, HANS-ADOLF, JOCHEN LÖSER, DANIEL PROEKTOR, SERGEJ SLUTSCH (Hrsg.), Deutsch-russische Zeitenwende. Krieg und Frieden 1941-1995, Baden-Baden, 1995.
JAHN, PETER, REINHARD RÜRUP (Hrsg.), Erobern und Vernichten. Der Krieg gegen die Sowjetunion 1941-1945, Berlin; 1991.
JANSSEN, KARL-HEINZ, »Walther von Brauchitsch. Der überforderte Feldherr«, in: Die Militärelite des Dritten Reiches. 27 biographische Skizzen, hg. v. RONALD SMELSER, ENRICO SYRING, Berlin u. a., 1995, S. 83-98.
JARAUSCH, KONRAD H., GERHARD ARMINGER, MANFRED THALLER, Quantitative Methoden in der Geschichtswissenschaft. Eine Einführung in die Forschung, Datenverarbeitung und Statistik, Darmstadt, 1985.

KIRSIN, JURIJ J., »Die sowjetischen Streitkräfte am Vorabend des Großen Vaterländischen Krieges«, in: Zwei Wege nach Moskau. Vom Hitler-Stalin-Pakt bis zum ›Unternehmen Barbarossa‹, hg. v. BERND WEGNER, München, 1991, S. 389-403.
KLEIN, PETER (Hrsg.), Die Einsatzgruppen in der besetzten Sowjetunion 1941/42. Die Tätigkeits- und Lageberichte des Chefs der Sicherheitspolizei und des SD, Berlin, 1997.
KLINK, ERNST, »Die militärische Konzeption des Kriegs gegen die Sowjetunion. Die Landkriegsführung«, in: Das deutsche Reich und der zweite Weltkrieg. Bd. 4: Der Angriff auf die Sowjetunion, Stuttgart, 1983, S. 190-277.
KLINK, ERNST, »Die Operationsführung«, in: Das deutsche Reich und der zweite Weltkrieg. Bd. 4: Der Angriff auf die Sowjetunion, Stuttgart, 1983, S. 451-651.
KNOPP, GUIDO, Die Wehrmacht. Eine Bilanz, München, 2007.
KOENEN, GERD, Der Russland-Komplex. Die Deutschen und der Osten 1900-1945, München, 2005.
KOHL, PAUL, ›Ich wundere mich, daß ich noch lebe‹. Sowjetische Augenzeugen berichten, Gütersloh, 1990.
KOLKOWICZ, ROMAN, The Soviet Military and the Communist Party, Princeton, 1967.
KRAUSNICK, HELMUT, »Kommissarbefehl und ›Gerichtsbarkeitserlaß Barbarossa‹ in neuer Sicht«, in: Vierteljahrshefte für Zeitgeschichte 25 (1977), S. 682-738.
KRAUSNICK, HELMUT, HANS-HEINRICH WILHELM, Die Truppe des Weltanschauungskrieges. Die Einsatzgruppen der Sicherheitspolizei und des SD 1938-1942, Stuttgart, 1981.
Kriegstagebuch des Oberkommandos der Wehrmacht (Wehrmachtführungsstab). Bd. 1: 1. August 1940 – 31. Dezember 1941, hg. v. HANS-ADOLF JACOBSEN, Frankfurt a.M., 1965 [KTB OKW].
Kriegstagebuch des Oberkommandos der Wehrmacht (Wehrmachtführungsstab). Bd. 2/1-2: 1. Januar – 31. Dezember 1942, hg. v. ANDREAS HILLGRUBER, Frankfurt a.M., 1963 [KTB OKW].
KROENER, BERNHARD R., »Der ›erfrorene Blitzkrieg‹. Strategische Planungen der deutschen Führung gegen die Sowjetunion und die Ursachen ihres Scheiterns«, in: Zwei Wege nach Moskau. Vom Hitler-Stalin-Pakt bis zum ›Unternehmen Barbarossa‹, hg. v. Bernd Wegner, München, 1991, S. 133-148.
KROENER, BERNHARD R., »Generationserfahrungen und Elitenwandel. Strukturveränderungen im deutschen Offizierkorps 1933-1945«, in: Eliten in Deutschland und Frankreich im 19. und 20. Jahrhundert. Strukturen und Beziehungen. Bd. 1, hg. v. RAINER HUDEMANN, GEORGES-HENRI SOUTOU, München, 1994, S. 219-233.
KROENER, BERNHARD R., »Die personellen Ressourcen des Dritten Reiches im Spannungsfeld zwischen Wehrmacht, Bürokratie und Kriegswirtschaft 1939-1942«, in: Das Deutsche Reich und der Zweite Weltkrieg. Bd. 5.1, S. 693-1002.

KROENER, BERNHARD R., »Auf dem Weg zu einer ›nationalsozialistischen Volksarmee‹. Die soziale Öffnung des Heeresoffizierkorps im Zweiten Weltkrieg«, in: Von Stalingrad zur Währungsreform. Zur Sozialgeschichte des Umbruchs in Deutschland, hg. v. MARTIN BROSZAT, München, 1988, S. 651-682.

KÜHNE, THOMAS, Kameradschaft. Die Soldaten des nationalsozialistischen Krieges und das 20. Jahrhundert, Göttingen, 2006.

KÜHNE, THOMAS, »Der nationalsozialistische Vernichtungskrieg und die ›ganz normalen‹ Deutschen. Forschungsprobleme und Forschungstendenzen der Gesellschaftsgeschichte des Zweiten Weltkriegs. Erster Teil«, in: Archiv für Sozialgeschichte 39 (1999), S. 580-662.

LATZEL, KLAUS, Deutsche Soldaten – nationalsozialistischer Krieg? Kriegserlebnis – Kriegserfahrung 1939-1945, Paderborn u. a., 1998.

LATZEL, KLAUS, »Wehrmachtsoldaten zwischen ›Normalität‹ und NS-Ideologie, oder: Was sucht die Forschung in der Feldpost?«, in: Die Wehrmacht. Mythos und Realität, hg. v. ROLF-DIETER MÜLLER, HANS ERICH VOLKMANN, München, 1999, S. 573-588.

LIEB, PETER, »Täter aus Überzeugung? Oberst Carl von Andrian und die Judenmorde der 707. Infanteriedivision 1941/42«, in: Vierteljahrshefte für Zeitgeschichte 50 (2002), S. 523-557.

LEHMANN, ALBRECHT, Gefangenschaft und Heimkehr. Deutsche Kriegsgefangene in der Sowjetunion, München, 1986.

LEMHÖFER, LUTZ, »Gegen den gottlosen Bolschewismus. Zur Stellung der Kirchen zum Krieg gegen die Sowjetunion«, in: Der deutsche Überfall auf die Sowjetunion. ›Unternehmen Barbarossa‹ 1941, hg. v. GERD R. UEBERSCHÄR, WOLFRAM WETTE, 2. Aufl., Frankfurt a.M., 1991, S. 67-83.

LOHSE, GERHART, Geschichte der rheinisch-westfälischen 126. Infanteriedivision 1940-1945, Bad Nauheim, 1957.

LONGERICH, PETER, »Vom Massenmord zur ›Endlösung‹. Die Erschießungen von jüdischen Zivilisten in den ersten Monaten des Ostfeldzuges im Kontext des nationalsozialistischen Judenmords«, in: Zwei Wege nach Moskau: Vom Hitler-Stalin-Pakt bis zum ›Unternehmen Barbarossa‹, hg. v. BERND WEGNER, München, 1991, S. 251-274.

LÖWE, HEINZ-DIETRICH, GOTTFRIED SCHRAMM, »Die Streitkräfte«, in: Handbuch der Geschichte Russlands. Bd. 3: 1856-1945. Von den autokratischen Reformen zum Sowjetstaat, hg. v. GOTTFRIED SCHRAMM, Stuttgart, 1992, S. 1664-1708.

MALLMANN, KLAUS-MICHAEL, VOLKER RIESS, WOLFRAM PYTA (Hrsg.), Deutscher Osten 1939-1945. Der Weltanschauungskrieg in Photos und Texten, Darmstadt, 2003.

MANSTEIN, ERICH VON, Verlorene Siege, Bonn, 1955.

MARTINEZ, MATIAS, MICHAEL SCHEFFEL, Einführung in die Erzähltheorie, München, 1999.

MAWDSLEY, EVAN, Thunder in the East. The Nazi-Soviet War 1941-1945, Oxford, New York, 2005.

MERRIDALE, CATHERINE, Iwans Krieg. Die Rote Armee 1939 bis 1945, 2. Aufl., Frankfurt a.M., 2006.

MESSERSCHMIDT, MANFRED, »Der verbrecherische Befehl im Kontext der ›Kriegsnotwendigkeit‹«, in: 22. Juni 1941. Der Überfall auf die Sowjetunion, hg. v. HANS SCHAFRANEK, ROBERT STREIBL, Wien, 1991, S. 63-74.

MESSERSCHMIDT, MANFRED, »Ideologie und Befehlsgehorsam im Vernichtungskrieg«, in: Zeitschrift für Geschichtswissenschaft 49 (2001), S. 905-926.

MESSERSCHMIDT, MANFRED, Die Wehrmacht im NS-Staat. Zeit der Indoktrination, Hamburg, 1969.

MESSERSCHMIDT, MANFRED, »Die Wehrmacht im NS-Staat«, in: Deutschland 1933-1945. Neue Studien zur nationalsozialistischen Herrschaft, hg. v. KARL-DIETRICH BRACHER, MANFRED FUNKE, HANS-ADOLF JACOBSEN, Düsseldorf, 1992, S. 377-403.

MESSERSCHMIDT, MANFRED, »Wehrmacht, Ostfeldzug und Tradition«, in: Der Zweite Weltkrieg. Analysen, Grundzüge, Forschungsbilanz, hg. v. WOLFGANG MICHALKA, München, 1989, S. 314-328.

MESSERSCHMIDT, MANFRED, »Völkerrecht und ›Kriegsnotwendigkeit‹ in der deutschen militärischen Tradition seit den Einigungskriegen«, in: German Studies Review 1983, S. 237-269.

MILLOTAT, CHRISTIAN E.O., Das preußisch-deutsche Generalstabssystem. Wurzeln, Entwicklung, Fortwirken, Zürich, 2000.

MOLDENHAUER, HARALD, »Die Reorganisation der Roten Armee von der ›Großen Säuberung‹ bis zum deutschen Angriff auf die UdSSR (1938-1941)«, in: MGM 55 (1996), S. 131-164.

MÜLLER, ROLF-DIETER, GERD R. UEBERSCHÄR, Hitlers Krieg im Osten 1941-1945. Ein Forschungsbericht, Darmstadt, 2000.

MÜLLER, ROLF-DIETER, »Das Scheitern der wirtschaftlichen ›Blitzkriegsstrategie‹«, in: Das Deutsche Reich und der Zweite Weltkrieg. Bd. 4: Der Angriff auf die Sowjetunion, Stuttgart, 1983, S. 936-1029.

MÜLLER, ROLF-DIETER, »Von der Wirtschaftsallianz zum kolonialen Ausbeutungskrieg«, in: Das Deutsche Reich und der Zweite Weltkrieg. Bd. 4: Der Angriff auf die Sowjetunion, Stuttgart, 1983, S. 98-189.

MÜLLER, ROLF-DIETER, Der Zweite Weltkrieg 1939-1945, Stuttgart, 2004.

MUSIAL, BOGDAN, ›Konterrevolutionäre Elemente sind zu erschießen‹. Die Brutalisierung des deutsch-sowjetischen Krieges im Sommer 1941, Berlin, 2000.

NAUMANN, KLAUS, »Wenn ein Tabu bricht. Die Wehrmachts-Ausstellung in der Bundesrepublik«, in: Mittelweg 36 5 (1996), H. 1, S. 11-22.

NEITZEL, SÖNKE, Abgehört. Deutsche Generäle in britischer Gefangenschaft 1942-1945, Berlin, 2005.

NEKRITSCH, ALEXANDER, Genickschuß. Die Rote Armee am 22. Juni 1941, Wien, Frankfurt, Zürich, 1969.

NEUGEBAUER, KARL-VOLKER (Hrsg.), Grundkurs deutsche Militärgeschichte. Bd. 2: Das Zeitalter der Weltkriege 1914 bis 1945. Völker in Waffen, München, 2007.

NEUGEBAUER, KARL-VOLKER (Hrsg.), Grundzüge der deutschen Militärgeschichte. Bd. 1: Historischer Überblick, Freiburg, 1993.

NOLTE, ERNST, Der Faschismus in seiner Epoche. Die Action francaise. Der italienische Faschismus. Der Nationalsozialismus, München, 1963.

OGORRECK, RALF, Die Einsatzgruppen und die ›Genesis der Endlösung‹, Berlin, 1996.

OHLER, NORBERT, Quantitative Methoden für Historiker. Eine Einführung, München, 1980.

OLDENBURG, MANFRED, Ideologie und militärisches Kalkül. Die Besatzungspolitik der Wehrmacht in der Sowjetunion 1942, Köln, 2004.

OTTO, REINHARD, Wehrmacht, Gestapo und sowjetische Kriegsgefangene im deutschen Reichsgebiet 1941/42, München, 1998.

OVERMANS, RÜDIGER, »Die Kriegsgefangenenpolitik des Deutschen Reiches 1939 bis 1945«, in: Das Deutsche Reich und der Zweite Weltkrieg. Bd. 9.2: Ausbeutung, Deutungen, Ausgrenzung, München, 2005, S. 729-875.

OVERMANS, RÜDIGER, Deutsche militärische Verluste im Zweiten Weltkrieg, München, 1999.

PAUL, GERHARD, Ungehorsame Soldaten. Dissens, Verweigerung und Widerstand deutscher Soldaten (1933-1945), St. Ingbert, 1994.
PHILIPPI, ALFRED, FERDINAND HEIM, Der Feldzug gegen Sowjetrussland 1941 bis 1945. Ein operativer Überblick, Stuttgart, 1962.
POHL, DIETER, »Die Kooperation zwischen Heer, SS und Polizei in den besetzten sowjetischen Gebieten«, in: Verbrechen der Wehrmacht. Bilanz einer Debatte, hg. v. CHRISTIAN HARTMANN, JOHANNES HÜRTER, ULRIKE JUREIT, München, 2005, S. 107-116.
POHL, DIETER, »Schauplatz Ukraine. Der Massenmord an den Juden im Militärverwaltungsgebiet und im Reichskommissariat 1941-1943«, in: Ausbeutung, Vernichtung, Öffentlichkeit. Neue Studien zur nationalsozialistischen Lagerpolitik, hg. v. NORBERT FREI, SYBILLE STEINBACHER, BERND C. WAGNER, München, 2000, S. 135-173.
POLIAN, PAVEL M., »First Victims of the Holocaust. Soviet-Jewish Prisoners of War in German Captivity«, in: Holocaust and Genocide Studies 15 (2001), S. 1-32.
PRANTL, HERIBERT (Hrsg.), Wehrmachtsverbrechen. Eine deutsche Kontroverse, Hamburg, 1997.

RAUH, MANFRED, Geschichte des Zweiten Weltkrieges. Bd. 2: Der europäische Krieg 1939-1941, Berlin, 1995.
RASS, CHRISTOPH, Menschenmaterial. Deutsche Soldaten an der Ostfront. Innenansichten einer Infanteriedivision 1939-1945, Paderborn, 2003.
RASS, CHRISTOPH, »Verbrecherische Kriegführung an der Front. Eine Infanteriedivision und ihre Soldaten«, in: Verbrechen der Wehrmacht. Bilanz einer Debatte, hg. v. CHRISTIAN HARTMANN, JOHANNES HÜRTER, ULRIKE JUREIT, München, 2005, S. 80-90.
RASS, CHRISTOPH, »Ozarichi 1944. Entscheidungs- und Handlungsebenen eines Kriegsverbrechens«, in: Krieg und Verbrechen, Situation und Intention. Fallbeispiele, hg. v. TIMM C. RICHTER, München, 2006, S. 197-206.
REITLINGER, GERALD, Ein Haus auf Sand gebaut. Hitlers Gewaltpolitik in Rußland 1941-1944, Hamburg, 1962.
RICHTER, TIMM C., »Handlungsspielräume am Beispiel der 6. Armee«, in: Verbrechen der Wehrmacht. Bilanz einer Debatte, hg. v. CHRISTIAN HARTMANN, JOHANNES HÜRTER, ULRIKE JUREIT, München, 2005, S. 60-68.
RICHTER, TIMM C., »Die Wehrmacht und der Partisanenkrieg in den besetzten Gebieten der Sowjetunion«, in: Die Wehrmacht. Mythos und Realität, hg. v. ROLF-DIETER MÜLLER, HANS-ERICH VOLKMANN, München, 1999, S. 837-857.
RINGSHAUSEN, GERHARD, »Der Aussagewert von Paraphen und der Handlungsspielraum des militärischen Widerstandes«, in: Vierteljahrshefte für Zeitgeschichte 53 (2005), S. 141-147.
ROHDE, HORST, »Politische Indoktrination in höheren Stäben und in der Truppe. Untersucht am Beispiel des Kommissarbefehls«, in: Die Soldaten der Wehrmacht, hg. v. HANS POEPPEL, W.-K. PRINZ VON PREUSSEN, K.-G. VON HASE, 6. Aufl., München, 2000, S. 124-158.
RÖMER, FELIX, »Das Heeresgruppenkommando Mitte und der Vernichtungskrieg im Sommer 1941. Eine Erwiderung auf Gerhard Ringshausen«, in: Vierteljahrshefte für Zeitgeschichte 53 (2005), S. 451-460.
RÖMER, FELIX, »›Im Kampf festgestellte Greuel dürften auf das Schuldkonto der politischen Kommissare kommen.‹ Die Befolgung des Kommissarbefehls im Kontext der Brutalisierung des deutsch-sowjetischen Krieges 1941/42«, in: Krieg und Verbrechen, Situation und Intention. Fallbeispiele, hg. v. TIMM C. RICHTER, München, 2006, S. 185-195.
RÖMER, FELIX, »›Im alten Deutschland wäre solcher Befehl nicht möglich gewesen.‹ Rezeption, Adaption und Umsetzung des Kriegsgerichtsbarkeitserlasses im Ostheer 1941/42«, in: Vierteljahrshefte für Zeitgeschichte 56 (2008), S. 53-99.

RÖMER, FELIX, »Truppenführer als Täter. Das Beispiel des Majors Günter Drange«, in: Von Feldherren und Gefreiten. Zur biographischen Dimension des Zweiten Weltkrieges, hg. v. CHRISTIAN HARTMANN, München, 2008, S. 69-80.

SCHULTE, THEO J., The German Army and Nazi Policies in Occupied Russia, Oxford, 1989.
SEARLE, ALARIC, »Revising the ›Myth‹ of a ›Clean Wehrmacht‹: Generals' Trials, Public Opinion, and the Dynamics of Vergangenheitsbewältigung in West Germany, 1948–60«, in: Bulletin of the German Historical Institute London, Vol. XXV (2003), No. 2, S. 17-48.
SENSCH, JÜRGEN, Statistische Modelle in der Historischen Sozialforschung I: Allgemeine Grundlagen. Deskriptivstatistik. Auswahlbibliographie, Köln, 1995.
SIEBERT, DETLEF, Die Durchführung des Kommissarbefehls in den Frontverbänden des Heeres. Eine quantifizierende Auswertung der Forschung, unpubliziertes Manuskript, 2000.
SMELSER, RONALD, ENRICO SYRING (Hrsg.), Die Militärelite des Dritten Reiches. 27 biographische Skizzen, Berlin u. a., 1995.
STEIN, GEORGE H., The Waffen-SS. Hitler's Elite Guard at War 1939-1945, London, New York, 1966.
STEINBACH, PETER, »Der Nürnberger Prozeß gegen die Hauptkriegsverbrecher«, in: Der Nationalsozialismus von Gericht. Die alliierten Prozesse gegen Kriegsverbrecher und Soldaten 1934-1952, hg. v. GERD R. UEBERSCHÄR, Frankfurt a.M., 1999, S. 32-44.
STEINKAMP, PETER, »Die Haltung der Hitlergegner Generalfeldmarschall Wilhelm Ritter von Leeb und Generaloberst Erich Hoepner zur verbrecherischen Kriegführung bei der Heeresgruppe Nord in der Sowjetunion 1941«, in: NS-Verbrechen und der militärische Widerstand gegen Hitler, hg. v. GERD R. UEBERSCHÄR, Darmstadt, 2000, S. 47-61.
STREIM, ALFRED, Die Behandlung sowjetischer Kriegsgefangener im ›Fall Barbarossa‹. Eine Dokumentation, Heidelberg u. a., 1981.
STREIT, CHRISTIAN, »Die Behandlung der sowjetischen Kriegsgefangenen und völkerrechtliche Probleme des Krieges gegen die Sowjetunion«, in: Der deutsche Überfall auf die Sowjetunion. ›Unternehmen Barbarossa‹ 1941, hg. v. GERD R. UEBERSCHÄR, WOLFRAM WETTE, 2. Aufl., Frankfurt a.M., 1991, S. 159-183.
STREIT, CHRISTIAN, Keine Kameraden. Die Wehrmacht und die sowjetischen Kriegsgefangenen 1941-1945, 3. Aufl., Stuttgart, 1991.
STIEFF, HELLMUTH, Briefe, hrsg. u. eingel. v. Horst Mühleisen, Berlin, 1991.
SYDNOR, CHARLES W., Soldaten des Todes. Die 3. SS-Division ›Totenkopf‹ 1933-1945, Paderborn u. a., 2002.

TESSIN, GEORG, Verbände und Truppen der deutschen Wehrmacht und Waffen-SS im Zweiten Weltkrieg, 16 Bde., Osnabrück, 1977-1997.
Trials of War Criminals before the Nuernberg Military Tribunals under Control Council Law No. 10, Vol. 10: The High Command Case, Washington, 1951.
Trials of War Criminals before the Nuernberg Military Tribunals under Control Council Law No. 10, Vol. 11: The High Command Case, the Hostage Case, Washington, 1950.

UEBERSCHÄR, GERD R., »Hitlers Entschluss zum ›Lebensraum‹-Krieg im Osten. Programmatisches Ziel oder militärstrategisches Kalkül?«, in: Der deutsche Überfall auf die Sowjetunion. ›Unternehmen Barbarossa‹ 1941, hg. v. DERS., WOLFRAM WETTE, 2. Aufl., Frankfurt a.M., 1991, S. 13-43.
UEBERSCHÄR, GERD R., »Der Polizeioffizier Klaus Hornig. Vom Befehlsverweigerer zum KZ-Häftling«, in: Zivilcourage. Empörte, Helfer und Retter aus Wehrmacht, Polizei und SS, hg. v. WOLFRAM WETTE, Frankfurt a.M., 2004, S. 77-93.

UEBERSCHÄR, GERD R., »Das Scheitern des ›Unternehmens Barbarossa‹. Der deutsch-sowjetische Krieg vom Überfall bis zur Wende vor Moskau im Winter 1941/42«, in: Der deutsche Überfall auf die Sowjetunion. ›Unternehmen Barbarossa‹ 1941, hg. v. DERS., WOLFRAM WETTE, 2. Aufl., Frankfurt a.M., 1991, S. 85-122.
UEBERSCHÄR, GERD R., WOLFRAM WETTE (Hrsg.), Der deutsche Überfall auf die Sowjetunion. ›Unternehmen Barbarossa‹ 1941, 2. Aufl., Frankfurt a.M., 1991.
UHLIG, HEINRICH, »Der verbrecherische Befehl. Eine Diskussion und ihre historisch-dokumentarischen Grundlagen«, in: Vollmacht des Gewissens, Bd. 2., hg. von der Europäischen Publikation e. V., Frankfurt a.M., Berlin, 1965, S. 287-410.
UMBREIT, HANS, »Die Verantwortlichkeit der Wehrmacht als Okkupationsarmee«, in: Die Wehrmacht. Mythos und Realität, hg. v. ROLF-DIETER MÜLLER, HANS-ERICH VOLKMANN, München, 1999, S. 743-753.

VANSELOW, ERNST, Praxis des Völkerrechts, Berlin, 1931.
Verbrechen der Wehrmacht. Dimensionen des Vernichtungskrieges 1941-1944, hg. vom HAMBURGER INSTITUT FÜR SOZIALFORSCHUNG, Hamburg, 2002.

WARLIMONT, WALTER, Im Hauptquartier der Deutschen Wehrmacht 39-45. Grundlagen, Formen, Gestalten, 3. Aufl., München, 1978.
WEHLER, HANS-ULRICH, Deutsche Gesellschaftsgeschichte, Bd. 3: Von der ›Deutschen Doppelrevolution‹ bis zum Beginn des Ersten Weltkrieges 1849-1914, München, 1995.
WEGNER, BERND, Hitlers Politische Soldaten. Die Waffen-SS 1933-1945. Leitbild, Struktur und Funktion einer nationalsozialistischen Elite, 4. Aufl., Paderborn, 1990.
WEINBERG, GERHARD L., »Rollen- und Selbstverständnis des Offizierkorps der Wehrmacht im NS-Staat«, in: Die Wehrmacht. Mythos und Realität, hg. v. ROLF-DIETER MÜLLER, HANS-ERICH VOLKMANN, München, 1999, S. 66-74.
WEISS, HERMANN, »Geheime Feldpolizei«, in: Enzyklopädie des Nationalsozialismus, hg. v. WOLFGANG BENZ, HERMANN GRAML, HERMANN WEISS, 3. Aufl., München, 1998, S. 479 f.
WELZER, HARALD, Täter. Wie aus ganz normalen Menschen Massenmörder werden, 4. Aufl., Frankfurt a.M., 2006.
WETTE, WOLFRAM, »Babij Jar 1941. Das Verwischen der Spuren«, in: Kriegsverbrechen im 20. Jahrhundert, hg. v. GERD R. UEBERSCHÄR, DERS., Darmstadt, 2001, S. 152-164.
WETTE, WOLFRAM, »Die propagandistische Begleitmusik zum deutschen Überfall auf die Sowjetunion am 22. Juni 1941«, in: Der deutsche Überfall auf die Sowjetunion. ›Unternehmen Barbarossa‹ 1941, hg. v. GERD R. UEBERSCHÄR, DERS., 2. Aufl., Frankfurt a.M., 1991, S. 45-65.
WETTE, WOLFRAM, »Fall 12. Der OKW-Prozeß (gegen Wilhelm Ritter von Leeb und andere)«, in: Der Nationalsozialismus vor Gericht. Die alliierten Prozesse gegen Kriegsverbrecher und Soldaten 1934-1952, hg. v. GERD R. UEBERSCHÄR, Frankfurt a.M., 1999, S. 199-212.
WETTE, WOLFRAM, »Juden, Bolschewisten, Slawen, Rassenideologische Rußland-Feindbilder Hitlers und der Wehrmachtgeneräle«, in: Präventivkrieg? Der deutsche Angriff auf die Sowjetunion, hg. v. BIANKA PIETROW-ENNKER, 2. Aufl., Frankfurt a.M., 2000, S. 37-55.
WETTE, WOLFRAM, »›Rassenfeind‹. Antisemitismus und Antislawismus in der Wehrmachtpropaganda«, in: Die Wehrmacht im Rassenkrieg. Der Vernichtungskrieg hinter der Front, hg. v. WALTER MANOSCHEK, Wien, 1996, S. 55-73.
WETTE, WOLFRAM, Die Wehrmacht. Feindbilder, Vernichtungskrieg, Legenden, Frankfurt a.M., 2002.

WETTE, WOLFRAM, »›Es roch nach Ungeheuerlichem‹. Zeitzeugenbericht eines Panzerschützen über die Stimmung in einer Einheit des deutschen Ostheeres am Vorabend des Überfalls auf die Sowjetunion 1941«, in: 1999 (4/1989), S. 62-73.
WETTE, WOLFRAM (Hrsg.), Zivilcourage. Empörte, Helfer und Retter aus Wehrmacht, Polizei und SS, Frankfurt a.M., 2004.
WILHELM, HANS-HEINRICH, »Heinz Guderian. ›Panzerpapst‹ und Generalstabschef«, in: Die Militärelite des Dritten Reiches. 27 biographische Skizzen, hg. v. RONALD SMELSER, ENRICO SYRING, Berlin u. a., 1995, S. 187-208.
WILHELM, HANS-HEINRICH, »Motivation und ›Kriegsbild‹ deutscher Generale und Offiziere im Krieg gegen die Sowjetunion«, in: Erobern und Vernichten. Der Krieg gegen die Sowjetunion 1941-1945, hg. v. PETER JAHN, REINHARD RÜRUP, Berlin, 1991, S. 153-182.
WILHELM, HANS-HEINRICH, Rassenpolitik und Kriegführung. Sicherheitspolizei und Wehrmacht in Polen und in der Sowjetunion 1939-1942, Passau, 1991.
WIRSCHING, ANDREAS, »›Man kann nur Boden germanisieren‹. Eine neue Quelle zu Hitlers Rede vor den Spitzen der Reichswehr am 3. Februar 1933«, in: Vierteljahrshefte für Zeitgeschichte 49 (2001), S. 517-550.

ZAYAS, ALFRED M. DE, Die Wehrmacht-Untersuchungsstelle. Deutsche Ermittlungen über alliierte Völkerrechtsverletzungen im Zweiten Weltkrieg, 2. Aufl., München, 1980.
ZIEMANN, BENJAMIN, »Fluchten aus dem Konsens zum Durchhalten. Ergebnisse, Probleme und Perspektiven der Erforschung soldatischer Verweigerungsformen in der Wehrmacht 1939-1945«, in: Die Wehrmacht. Mythos und Realität, hg. v. ROLF-DIETER MÜLLER, HANS ERICH VOLKMANN, München, 1999, S. 589-613.
ZYDOWITZ, KURT VON, Die Geschichte der 58. Infanteriedivision 1939-1945, Kiel, 1952.

PERSONENREGISTER

Altstötter, Hauptmann 142
Ansat, John 167, 176 ff., 183
Antonescu, Ion 195
Arnim, Hans Jürgen von 473

Binder-Krieglstein, Hauptmann 128
Blumentritt, Günther 53
Bock, Fedor von 72, 205, 542
Brauchitsch, Walther von 55, 72, 74, 82, 84 f., 87, 208, 226, 239, 263 f., 421, 471
Brennecke, Kurt 532
Briesen, Kurt von 285, 292
Broich, Friedrich Freiherr von 471 f.
Bruns, Rolf 130, 193 ff.
Buschenhagen, Erich 14

Castell, Hauptmann Graf zu 477
Choltitz, Dietrich von 471 f.
Cochenhausen, Conrad von 57, 61
Cölln, Major von 126 f.
Crüwell, Ludwig 472 f.

Dehrmann, Oberstkriegsgerichtsrat 119
Drange, Günther 39, 440

Eicke, Theodor 148
Engel, Gerhard 15

Falkenhorst, Nikolaus von 124, 378, 380
Förster, Otto-Wilhelm 168 ff., 238, 264 f.

Gersdorff, Rudolf Christoph Freiherr von 107 f., 335, 458, 534
Geyer, Hermann 255 f.
Göring, Hermann 124
Groeben, Peter von der 399
Groscurth, Helmuth 507
Guderian, Heinz 55, 132
Gulich, Oberleutnant 155
Gustedt, Rittmeister von 144

Habicht, Theodor 149 f., 155 f., 220 f., 430
Hagemann, Paul 184
Halder, Franz 35, 40, 53, 57, 66 ff., 75, 82 f., 202 ff., 214, 426, 471, 474
Hasse, Oberst 550
Hassell, Ulrich von 72
Hauser, Paul 14
Heim, Ferdinand 113 f., 163
Heinrici, Gotthard 56, 146 f., 218, 267, 272

Heitz, Walther 55, 170 f.
Helmdach, Erich 117 f., 253 f., 466, 487, 538
Heuduck, Hauptmann von 131
Heydrich, Reinhard 69
Himmler, Heinrich 69 f.
Hitler, Adolf 39, 41, 52 ff., 61, 64, 66 ff., 116 f., 130, 133, 159 f., 189, 205, 242, 472, 500, 533, 535 f.
Hoepner, Erich 130, 165 f., 195
Hossbach, Friedrich 151
Hoth, Hermann 35, 53 ff., 60, 66 ff., 133 f., 159 ff., 219, 265, 293, 500, 502, 528

Jeckeln, Friedrich 436
Jessel, Major 421
Jollasse, Erwin 515

Keune, Hauptmann 110
Kielmansegg, Johann Adolf Graf von 174
Kleikamp, Helmut 109 f.
Kleinheisterkamp, Matthias 148
Kleist, Ewald von 104, 133
Kleist, Kriegsgerichtsrat 130, 194 f.
Kluge, Günther von 40, 53, 254
Koch, Fritz 164
Krantz, Rudolf 192 f.
Krebs, Hans 137
Küchler, Georg von 54, 87, 105, 122 f., 161 ff., 229, 298, 550
Kuntzen, Adolf 68, 134 f., 159

Langner, Hauptfeldwebel 242
Lanz, Hubert 252
Laternser, Hans 14
Lattmann, Erich 72 f., 75, 83, 112, 119 f.
Leeb, Wilhelm Ritter von 14, 75, 280, 514
Lemelsen, Joachim 56 f., 99, 139, 212, 220 f., 241, 245 ff., 251 f., 290, 412, 417, 527
Linstow, Hans-Ottfried v. 184
Lißel, Oberleutnant 155
Loeper, Friedrich-Wilhelm von 88, 139 ff.

Mackensen, Eberhard von 165, 233, 259 f.
Manstein, Erich von 14, 49, 280, 514
Marschall, Oberst 454 ff., 460
Meier-Welcker, Hans 101
Mieth, Friedrich 182 ff.
Mittermaier, Joachim 44
Moser, Willi 186,
Müller, Eugen 71 ff., 75, 82, 84, 112, 119 ff., 192, 325, 333 ff., 421, 452, 532 f., 538, 548, 550

Nielsen, Hauptmann 242

Oberländer, Theodor 542 f.
Obstfelder, Hans von 221, 262 f.

Paltzo, Rudolf 112 ff., 127
Paulus, Friedrich 14
Pertzborn, Hauptmann 109 f., 304, 513 f.
Pilster, Oberleutnant 273, 305, 416
Prange, Hauptmann 154

Ranck, Werner 330
Reichenau, Walther von 33, 54, 58, 104, 112 ff., 163 ff., 186, 262, 492, 506
Reinecke, Hermann 459
Reinhardt, Georg-Hans 14, 166, 345
Rodrian, Leutnant 414
Roeder, Major von 460
Roques, Franz von 110
Rundstedt, Gerd von 14, 423
Ruoff, Richard 135

Sayn-Wittgenstein-Berleburg, Oberleutnant 174
Scheibe, Oberleutnant Werner 468
Schenkendorff, Max von 104, 108 f.
Schmidt, Major 260 f.
Schmidt, Rudolf 15, 44, 68, 159, 265 f., 268, 271, 506 f., 531 f.

Schobert, Eugen Ritter von 54, 123 f., 195 f.
Schwedler, Viktor von 135
Stalin, Iosif V. 67, 223, 231 f., 418 f., 477
Stapf, Otto 179 ff., 183, 254 f., 467 f., 521
Stieff, Hellmuth 53
Strauß, Adolf 166 f., 262, 264, 542
Stülpnagel, Karl-Heinrich von 122, 135, 192 f., 307, 479

Thoma, Wilhelm Ritter von 470 ff., 474
Thüngen, Karl Freiherr von 270, 273 f., 543, 547
Treuenfels, Major von 456 ff.

Uckermann, Walter Freiherr von 128, 188 ff.
Unger, Oberstleutnant 380

Voelter, Helmuth 126, 163
Vogler, Hauptmann 127

Wagner, Eduard 69 f., 74, 82 f., 452, 541, 543
Wahle, Carl 472
Warlimont, Walter 280, 514
Winter, August 109
Wittmer, Major 453 f.
Wodrig, Albert 135
Wuthmann, Rolf 188

REGISTER DER KOMMANDOBEHÖRDEN UND VERBÄNDE

Die Fußnoten sind einbezogen, werden aber in den Seitenzuweisungen nicht gesondert gekennzeichnet.

Oberste Führung

OKW: 60, 66 ff., 89, 157 f., 268, 309 ff., 314, 427, 452 f., 489, 533, 535, 541
OKH: 32, 34 f., 40, 48, 53, 66 ff., 89, 106 ff., 111 f., 152, 180, 204, 213 f., 222 f., 226 f., 254, 263 f., 268, 272, 275 ff., 333 ff., 421, 425 ff., 452 f., 455, 459 f., 487, 489 f., 500, 533, 536 f., 541 f., 543 f., 550
RSHA: 67, 69 ff., 453, 455, 459, 541

Heeresgruppenkommandos

HGr. Kdo. Nord: 73, 82 ff., 105 f., 110 f., 125, 202 f., 206 ff., 215, 421, 532 f., 538
HGr. Kdo. Mitte: 40 f., 86, 105 ff., 125, 157, 182, 202 f., 207 ff., 335, 385 f., 458, 487 ff., 520, 532 ff.
HGr. Kdo. Süd: 73, 99, 105 f., 109 f., 125, 202 f., 206 ff., 210, 213, 215, 261, 304, 423

Armeeoberkommandos

AOK 2: 43, 45, 49, 89, 115 ff., 205 f., 218, 243, 252, 280, 300, 329, 335 f., 366, 381 ff., 391, 422, 424, 432 f., 450, 489, 493 f., 532 f., 549
AOK 4: 33, 40, 43, 50, 53, 57, 63, 69, 73, 82, 87, 93, 106 f., 115 ff., 204, 221 f., 234 f., 243, 253 f., 272, 318, 327, 329, 334, 336 f., 366, 391, 410, 425, 464, 466, 487, 538, 540, 548
AOK 6: 54, 60 f., 73, 82, 86, 91 f., 97, 99, 101, 104, 110, 112 ff., 115 ff., 120 f., 124 ff., 129, 132, 153, 163 ff., 205, 222, 229, 243, 252, 259 ff., 263, 278, 282 f., 289, 300, 303, 330 f., 334, 336 f., 340, 347, 366, 377, 391, 393, 409 f., 417 f., 420, 494 f., 545 f.
AOK 9: 34, 40, 45, 86, 106 f., 109, 115 ff., 118 f., 124, 127 f., 166 f., 209, 228, 233, 242 f., 262, 282, 292 f., 298, 334 f., 337, 340, 342, 352 f., 366, 391, 410, 419, 433, 462, 465, 485 f., 495, 528 f., 537 f., 542
AOK 11: 27, 32, 43, 54, 63, 115 ff., 123 f., 129, 195 f., 231, 243, 278, 294, 298, 300, 330, 336, 366, 391, 415, 417, 424, 454, 544 f.
AOK 16: 11 f., 70, 72, 82 f., 115 ff., 121, 124, 128, 146, 152 f., 158, 188 ff., 224, 229, 243 f., 301, 319, 330, 334 ff., 351, 366, 391, 437, 440, 478, 483 f., 492, 526 f., 529 ff., 547 f.
AOK 17: 45, 53, 60, 99, 110, 115 ff., 122, 125, 135, 192 f., 230, 232, 243, 278, 303, 330, 334, 366, 391, 415, 424, 433, 437, 443 f., 461, 478 f.
AOK 18: 54, 58, 73, 99, 105, 110, 115 ff., 121 ff., 128 f., 152, 161 ff., 207, 229, 243, 278, 288, 298, 306, 335 ff., 366, 391, 421, 452, 478, 508, 533, 550
AOK 20: 25, 70, 89, 115 ff., 124, 243, 378 ff., 453

Panzergruppenkommandos

PzGr. 1: 32, 45, 47, 104, 129 ff., 152, 202, 205, 231, 243 f., 301, 327 f., 334, 361, 366, 386, 391, 420, 423, 542 f.
PzGr. 2: 44, 55, 99, 129 ff., 198 f., 202, 205, 216, 230, 243 f., 245 f., 265 f., 268, 271, 286, 304, 320 f., 328, 336, 342, 349 f., 351 f., 362, 366, 383 ff., 391, 433, 435 f., 477 f., 489, 506, 526, 543, 545

PzGr. 3: 35, 53, 60, 73 f., 82, 84, 129 ff., 134 f., 159 ff., 202, 204 f., 210, 219, 243, 263, 266 f., 281, 286 f., 291, 293, 296, 336 f., 339, 366, 391, 410 ff., 414, 418, 433, 443, 469 f., 485, 490 f., 493, 527 ff., 536 f., 543, 548 f.
PzGr. 4: 18, 35, 41, 49, 73, 86, 98, 120, 129 ff., 152, 165 f., 193 ff., 206 f., 235, 243, 276, 278, 281, 299, 335 f., 340, 366, 391, 418, 433, 487

Armeekorps

I. AK: 38, 41, 122, 229 f., 351, 482 f., 529 f., 548 f.
II. AK: 134, 244, 316, 346, 351, 433, 447, 492, 530
III. AK: 40, 46 f., 56, 58, 91, 116, 153, 163 ff., 209, 215, 233, 259 f., 290, 310 f., 361, 411 f., 415, 423, 425, 431 f., 443, 490, 536, 538
IV. AK: 90 f., 135, 239, 276 f., 333, 339, 342, 354, 413, 417, 431, 434, 449, 490, 494
V. AK: 135, 235, 289, 339, 341, 353, 432
VI. AK: 45, 82, 116, 130, 146, 158, 167 ff., 210, 222, 238, 264 f., 287, 304, 314, 325, 330, 333, 352 f., 412, 447 f., 450 f., 495
VII. AK: 33, 43, 108 f., 134, 137, 313, 324, 424, 432, 503
VIII. AK: 55, 98, 136, 170 f., 230, 249, 282, 289 f., 297, 303, 331, 333, 353, 392, 397, 423, 493, 500
IX. AK: 184 f., 204, 209 f., 255 f., 266, 277, 281, 286, 295, 297, 299, 335 f., 346, 349 f., 416, 475, 484 f., 489, 503, 537, 539
X. AK: 59, 124, 153, 266, 336, 346, 348 f., 354, 418, 444, 543
XI. AK: 283, 294, 299, 349, 539 f.
XII. AK: 222, 243, 265, 271, 431, 437, 443, 447, 449 f., 493 f., 496 f., 515
XIII. AK: 53, 82, 343, 432, 438, 497
XIV. AK: 132
XVII. AK: 45, 92, 95, 110, 136, 163, 244, 256, 286, 289, 335, 337, 339 ff., 353 f., 397, 431, 434
IXX. AK: 378 ff.
XX. AK: 44, 92 f., 95, 115, 118 f., 281, 295, 325, 337, 353, 432, 470
XXIII. AK: 34, 94, 120 f., 125, 136, 153, 325, 444, 522, 537, 540
XXIV. AK: 82, 142 f., 223, 231, 270, 274, 276, 349, 352, 354, 362, 420, 423, 431, 435, 465, 472, 474, 478 f.
XXVI. AK: 60, 87, 97, 119, 122, 136, 230, 267, 286, 293, 298 ff., 303, 314, 411, 424, 431
XXVII. AK: 533 ff., 537, 549
XXVIII. AK: 244, 264, 281, 289, 336, 344, 349, 449, 527
XXIX. AK: 101, 116, 163, 221, 239, 244, 262 f., 277, 281, 303, 312, 314 f., 335, 349, 362, 429, 431, 437, 479, 482, 512
XXX. AK: 36, 48, 115 f., 285, 290 f., 425, 496
XXXIV. AK: 120, 125 f., 262, 282, 303, 335, 423
XXXV. AK: 182, 296, 349, 351 f., 437, 444, 449, 461, 463, 494, 496
XXXVI. AK: 378 ff.
XXXVIII. AK: 95, 110, 115, 119, 123, 129, 134, 210, 243, 283, 294, 298 f., 341, 343 f., 413, 449
XXXIX. AK: 15, 47 f., 92, 131, 134, 281, 294, 297, 299, 302 f., 328, 336 f., 339, 347 f., 350, 412, 418, 420, 464, 491, 495, 530 ff., 534, 549
XXXX. AK: 40, 126, 231, 248 f., 258 f., 271, 306, 340 f., 347, 413, 433, 440, 481, 486 ff., 495, 528
XXXXI. AK: 49, 86, 136, 152, 166, 230, 289 f., 295, 299, 314, 345, 361, 431, 490
XXXXII. AK: 127 f., 134, 337
XXXXIII. AK: 63, 93, 146 f., 218, 242 f., 255, 267, 289, 299, 324, 329, 337, 349, 356, 425, 432
XXXXIV. AK: 63, 99, 120 f., 163 ff., 243, 337, 339, 354, 437, 439, 479, 507
XXXXVI. AK: 55, 91, 99, 131, 136 f., 239, 244, 254, 276, 435, 477, 539 f.
XXXXVII. AK: 33, 55, 56 f., 83, 93, 96, 99, 131 f., 134, 139, 212, 217 f., 220 f., 223, 226, 230, 241, 244 ff., 251 f., 290, 302, 313, 315, 339, 354, 412, 417, 422, 431, 435, 443, 470, 474, 480, 506, 527, 537, 544
XXXXVIII. AK: 45, 99, 103, 132 f., 152, 163, 248, 266, 268 ff., 283, 286, 327, 329, 336, 339, 341, 361, 432 f., 444, 464, 473, 490, 507, 509
XXXXIX. AK: 53, 58, 94 f., 144, 252, 281, 302, 313, 334, 342, 425, 463
L. AK: 128, 294, 314, 351, 464 f., 478

LI. AK: 126 f., 212, 216, 236 f., 260 f., 295, 325, 335, 362, 397, 413, 415, 482, 545 f.
LII. AK: 28, 49, 99, 110, 192 f., 285, 292, 295, 313, 334, 411, 441, 476, 478, 494
LIII. AK: 49 f., 107, 109, 125, 244, 281, 299, 329, 336, 354 f., 362, 397, 411, 420 ff., 424, 450 f., 465, 494, 497, 533
LIV. AK: 36, 43, 231, 243, 329, 336, 342 f., 421 f.
LV. AK: 45, 281, 299, 314, 316, 334 f., 347, 349, 355, 357, 362, 417, 443 f., 478, 481, 540
LVI. AK: 49, 234, 354, 522
LVII. AK: 83, 100, 132, 134 f., 229, 286, 413, 418, 432 f., 490

Divisionen

1. Geb.Div.: 92, 95, 211 f., 221, 252, 281 f., 291, 298, 414, 429, 508, 536, 538
1. Inf.Div.: 49, 61 f., 204 f., 211, 214 f., 288, 297, 325, 341, 500, 512, 547
1. Kav.Div.: 93, 231, 237, 244, 291, 349, 354, 362, 471 f.
1. Pz.Div.: 33, 281
2. Geb.Div.: 379 f.
3. Geb.Div.: 124, 379 f.
3. Inf.Div.: 341, 354, 429
3. Pz.Div.: 59, 62, 64, 95, 143, 227, 239, 242 ff., 248 f., 268 ff., 276, 279, 349, 362, 415 ff., 420, 461, 465 f., 478, 522
4. Geb.Div.: 64, 233, 342
4. Pz.Div.: 230, 235, 244, 349, 352, 362, 429, 435, 465, 478 f., 506 f., 524
5. Inf.Div.: 95, 150, 154 f.
5. Pz.Div.: 341
6. Inf.Div.: 38 f., 49 f., 168, 231, 277, 313, 338, 404, 430, 444, 492, 512, 516 ff.
6. Pz.Div.: 42, 59, 62, 96, 115, 130, 143, 147, 152, 172 ff., 209, 211, 243, 290, 313, 325, 416, 448
7. Inf.Div.: 59, 64, 90, 243, 306, 439
7. Pz.Div.: 86, 95, 132, 218, 299, 512
8. Inf.Div.: 48, 100, 118, 139, 158, 170 f., 302, 492
8. Pz.Div.: 143, 210, 286, 291, 295, 350, 493
9. Inf.Div.: 55, 154, 164, 218 f., 224, 331, 337, 479, 495, 545
9. Pz.Div.: 45, 244, 323, 339, 431, 464
10. Inf.Div.: 42, 50, 55 f., 88, 98 f., 101 f., 131 f., 139 ff., 148, 235, 244, 283, 298, 349, 354, 357, 362, 414, 417, 429, 433, 444, 490
10. Pz.Div.: 33, 46, 61, 91, 131, 151, 210, 244, 260, 439, 453
11. Inf.Div.: 152, 161, 225, 228, 230, 424
11. Pz.Div.: 40, 244, 290, 341, 472 f.
12. Inf.Div.: 92, 144, 148 ff., 155 f., 220 f., 229, 244, 311 f., 315, 346, 429 f., 433
12. Pz.Div.: 47 f., 66, 232, 243, 348, 350
13. Pz.Div.: 145, 217, 244, 433 f.
14. Inf.Div.: 90, 143, 230
14. Pz.Div.: 62, 65, 216, 244, 302, 414, 416, 422 f., 431, 500, 512
15. Inf.Div.: 209, 236
16. Inf.Div.: 244
16. Pz.Div.: 60, 213, 229, 233 ff., 243 f., 287, 341, 423, 430, 465
17. Inf.Div.: 48 f., 90, 100, 438
17. Pz.Div.: 144, 244, 350, 352, 431, 470 f., 473 ff., 480
18. Inf.Div.: 58, 91, 418
18. Pz.Div.: 61, 96, 138, 217, 244, 266, 270, 273 f., 339, 423, 515, 543, 547
19. Pz.Div.: 95 f., 151, 222, 229, 233 f., 323
20. Inf.Div.: 28, 59 f., 63, 143, 214, 220 f., 228, 242 f., 284, 294, 328, 420, 495 f.
20. Pz.Div.: 94, 130 f., 273, 305, 341, 356, 414, 416, 434, 470 f.
21. Inf.Div.: 60, 96, 120 f., 416
22. Inf.Div.: 36, 144 f., 260, 288, 296, 437, 471, 500, 509, 512
23. Inf.Div.: 43, 229, 235 f., 284 f., 432, 516

Register der Kommansobehörden und Verbände

24. Inf.Div.: 354, 461, 490
25. Inf.Div.: 46 f., 59, 232, 244, 297, 445, 450, 495, 510
26. Inf.Div.: 145 f., 157, 161, 168
28. Inf.Div.: 66, 155, 408
29. Inf.Div.: 37, 59, 61 f., 92, 96, 131, 157, 244, 325 f., 354, 356, 402 f., 412 f., 417, 426, 440
30. Inf.Div.: 90, 139, 147, 151, 153, 244, 284, 303 f., 341, 348
31. Inf.Div.: 95, 151, 244
32. Inf.Div.: 228, 244, 314
34. Inf.Div.: 151, 244, 281, 296, 540
35. Inf.Div.: 61, 167, 209 f., 217, 234 ff., 249, 252, 281, 286, 290 f., 296 f., 304, 412, 416, 548
36. Inf.Div.: 38, 42, 63, 99, 130, 194, 210, 228, 288, 431, 442, 478, 492
44. Inf.Div.: 96, 138, 151, 165, 244, 335, 354, 393, 413, 415, 494, 510
45. Inf.Div.: 83, 94, 117, 230, 244, 443, 497 f.
46. Inf.Div.: 214, 232, 281
50. Inf.Div.: 300, 538 f.
52. Inf.Div.: 232, 343, 354, 362, 420 ff., 465, 497
56. Inf.Div.: 236, 342, 354, 417, 448, 539
57. Inf.Div.: 44, 64 f., 94, 99, 121, 209, 240, 244, 449
58. Inf.Div.: 221, 224, 234, 243, 425, 449, 538, 540
60. Inf.Div.: 40, 280, 403 f., 510
61. Inf.Div.: 62, 230, 238, 492, 511
62. Inf.Div.: 59, 61, 96, 341, 393, 429, 510 f.
68. Inf.Div.: 33 f., 232, 242, 303, 331, 415, 445
71. Inf.Div.: 115, 221, 228, 243
72. Inf.Div.: 30, 218, 267, 289, 295, 339, 341 ff., 421 f., 433, 437, 444, 461, 464, 496, 540
73. Inf.Div.: 36, 38, 43, 280 f., 291, 312 f., 509
75. Inf.Div.: 222 f., 238 f., 244, 263, 291, 334, 347, 357
76. Inf.Div.: 95, 123, 290, 349, 354, 441, 449
78. Inf.Div.: 41, 63, 103, 143, 174 f., 412, 416, 502 f., 536
79. Inf.Div.: 45, 212, 325, 339, 492, 546
86. Inf.Div.: 378, 399, 421, 424, 445, 534 f., 538 f., 549
87. Inf.Div.: 167, 313
93. Inf.Div.: 215, 329, 522
94. Inf.Div.: 126, 472
95. Inf.Div.: 34, 36, 40, 212, 218
96. Inf.Div.: 107 f., 216, 220, 223 f., 265, 429
97. Inf.Div.: 95, 139, 143 f., 425
98. Inf.Div.: 129, 217, 240 ff.
99. Inf.Div.: 95 f., 126, 220, 230, 238, 261, 331, 431, 433, 494
100. Inf.Div.: 49, 281, 287, 291, 306, 334, 412, 424, 429, 476
101. Inf.Div.: 60, 217, 272, 355, 411, 417, 513
102. Inf.Div.: 58, 118, 167, 176 ff., 182 ff., 187, 257 ff., 261, 337, 404, 445, 468 f., 485 f., 495
106. Inf.Div.: 341
110. Inf.Div.: 61, 127 f., 215, 238, 296, 330, 454, 489, 538 f., 542
111. Inf.Div.: 36, 116 f., 130, 138, 153, 179 ff., 182 ff., 187, 244, 254, 281, 313, 331, 467 f., 504 ff., 521 f., 526
112. Inf.Div.: 98, 181 ff., 187, 230, 233, 287, 355 f., 402 f., 424 f., 430, 433 f., 439, 518 ff.
113. Inf.Div.: 63, 93, 211 f., 233, 261, 291, 510 f., 522
121. Inf.Div.: 91, 101, 145, 190, 244, 315 f., 447, 512
122. Inf.Div.: 96, 244, 279, 289
123. Inf.Div.: 11 f., 95, 124, 232, 244, 288, 292, 351, 429
125. Inf.Div.: 285, 292, 297
126. Inf.Div.: 32, 94, 116 f., 124, 144, 146, 189 f., 244, 418
129. Inf.Div.: 92, 143
131. Inf.Div.: 61, 122, 147, 235, 536
132. Inf.Div.: 96, 436, 509

134. Inf.Div.: 56 f., 60 f., 221, 233, 240, 431
137. Inf.Div.: 349, 452, 497
161. Inf.Div.: 45, 342
162. Inf.Div.: 58, 66, 94, 222
167. Inf.Div.: 30, 235, 244, 298, 355, 411, 450 f., 494
168. Inf.Div.: 154, 261 f., 290, 292, 302, 415
169. Inf.Div.: 40, 115, 243, 297, 379, 381, 465
170. Inf.Div.: 424 f.
183. Inf.Div.: 242, 429
197. Inf.Div.: 422 f., 535
198. Inf.Div.: 63, 282, 297 f., 509
206. Inf.Div.: 232, 448
207. Sich.Div.: 110
213. Sich.Div.: 95, 110, 145, 444, 456
217. Inf.Div.: 31, 140, 227, 259, 287, 289, 293, 295, 303, 335
221. Sich.Div.: 43, 95, 104, 108 f., 143, 331, 362, 445, 447
239. Inf.Div.: 54, 61, 65, 98, 123, 196, 219, 293, 501 ff., 511
246. Inf.Div.: 342
251. Inf.Div.: 101, 128, 139, 153, 155, 424, 433, 437, 496, 537
252. Inf.Div.: 341, 444
253. Inf.Div.: 27, 95, 150, 152, 214, 244, 260 f.
254. Inf.Div.: 128 f.
255. Inf.Div.: 92, 102, 142 f., 213, 244, 302, 464, 509 f.
256. Inf.Div.: 281, 296
257. Inf.Div.: 56, 58, 60, 62, 95, 216, 228, 294 f., 324, 424, 429, 437, 494
258. Inf.Div.: 117, 230, 239, 306, 329
262. Inf.Div.: 61, 65, 99, 115, 214, 277, 290 f., 311, 415, 512
263. Inf.Div.: 278, 404, 484 f.
267. Inf.Div.: 33, 49, 244, 339, 429
268. Inf.Div.: 44, 92, 337, 478
269. Inf.Div.: 39, 44, 99, 105, 116, 143, 166, 194 f., 222, 228, 242, 287, 290, 298, 302, 339, 440, 490, 493, 496
281. Sich.Div.: 110
285. Sich.Div.: 110, 493
286. Sich.Div.: 107, 109, 143, 403, 416, 440 f., 446, 455, 488 f.
290. Inf.Div.: 228, 243
291. Inf.Div.: 217, 300, 444 f., 494
292. Inf.Div.: 184 f., 230, 289 f., 464, 475
293. Inf.Div.: 61, 107, 215 f., 276, 281 f., 287, 296, 314, 339, 490
294. Inf.Div.: 339, 510
295. Inf.Div.: 262, 288, 313, 354, 413, 431, 438, 507
296. Inf.Div.: 65, 94, 261, 279, 300, 492 f.
297. Inf.Div.: 150, 153 f., 164, 217, 262, 354, 422, 439, 441, 478, 503 f.
298. Inf.Div. 66, 92, 153, 244, 256, 300, 313, 353 f., 415 f., 424, 431, 434, 448, 464
299. Inf.Div.: 51, 62 f., 185 ff., 218, 225, 235, 244, 301, 335, 342, 429, 448, 492, 510
403. Sich.Div.: 56, 109, 296, 328, 353, 360 f., 363, 372 f., 443, 446, 454 f., 457 f., 468 f., 540
444. Sich.Div.: 110
454. Sich.Div.: 110, 120, 192 f., 333, 447, 449, 455, 511
707. Inf.Div.: 326
Infanterieregiment „Großdeutschland": 61, 234, 239 f., 244
SS-Division „Leibstandarte Adolf Hitler": 244
SS-Division „Nord": 40, 94, 379, 381
SS-Division „Reich": 244, 254, 412, 436
SS-Division „Totenkopf": 148, 243, 302, 346, 404
SS-Division „Wiking": 244
Div.Stab 442: 248

Rückwärtige Stäbe und Gefangeneneinrichtungen

Berück Nord :105, 110 f., 445, 455, 457, 494, 542, 544
Berück Mitte: 104 f., 108 f., 222, 339, 421 f., 445, 447, 455 ff., 485 f., 488, 498, 535
Berück Süd: 105, 109 f., 129, 327, 436, 513 f.

Korück 582: 119, 440, 462, 465
Korück 583: 123
Korück 584: 301
Korück 553: 129, 325, 437, 449, 462, 498
Korück 559: 218, 301, 438, 443 f., 546
Korück 590: 524

A.G.S.St. 7: 462
A.G.S.St. 8: 462, 465
A.G.S.St. 12: 462
A.G.S.St. 21: 458, 460

Dulag 100: 454, 476
Dulag 126: 454, 457 ff.
Dulag 127: 454, 457
Dulag 131: 460
Dulag 155: 455 ff.
Dulag 180: 461 f.
Dulag 185: 453 ff.
Dulag 230: 457, 460
Dulag 240: 456
Dulag 241: 454

Stalag 309: 379 ff., 465
Stalag 322: 381

Geheime Feldpolizei

GFP beim Berück Süd: 327
GFP-Kommando beim XXIX. AK: 277, 437
GFP-Kommando beim XXXIX. AK: 328, 495
GFP-Gruppe 560: 438
GFP-Gruppe 570: 327, 421, 438, 464, 466, 540
GFP-Gruppe 580: 433
GFP-Gruppe 612: 327, 433, 464
GFP-Gruppe 626: 327, 416
GFP-Gruppe 639: 328
GFP-Gruppe 647: 439
GFP-Gruppe 703: 328
GFP-Gruppe 706: 451, 456
GFP-Gruppe 708: 451, 456
GFP-Gruppe 719: 456
GFP-Gruppe 720: 451, 456
GFP-Gruppe 721: 328, 445, 451, 456
GFP-Gruppe 725: 326 f., 451, 456, 540
GFP-Gruppe 730: 451 , 456
GFP-Gruppe 739: 451, 456

BILDQUELLENVERZEICHNIS

Bayerische Staatsbibliothek, München: 15;

Bundesarchiv, Koblenz: 14 (Bildsign. 146-2008-0275), 18 (146-1974-099-15);

Bundesarchiv-Militärarchiv, Freiburg/Br.: 2, 3, 4, 5, 6, 7, 10, 17;

Deutsch-Russisches Museum, Berlin-Karlshorst: 13;

Militärgeschichtliches Forschungsamt, Potsdam: 1 (aus: Das Deutsche Reich und der Zweite Weltkrieg, Bd. 4: Der Angriff auf die Sowjetunion, Beiheft, Stuttgart 1983);

Museum des Großen Vaterländischen Krieges, Minsk: 11 (aus: Hamburger Institut für Sozialforschung, Hg., Vernichtungskrieg. Verbrechen der Wehrmacht 1941 bis 1944. Ausstellungskatalog, Hamburg 1996);

Sammlung Volker Rieß, Ludwigsburg: 12 (NL Gottlob Wezel. Aus: Deutscher Osten 1939-1945. Der Weltanschauungskrieg in Photos und Texten, hg. von Klaus-Michael Mallmann, Volker Rieß und Wolfram Pyta, Darmstadt 2003);

Ullstein Bild, Berlin: 8, 9, 16.

Karten: Institut für Zeitgeschichte, München

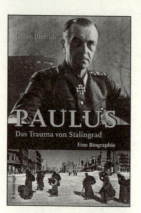

Torsten Diedrich

Paulus

Das Trauma von Stalingrad

Eine Biographie

2008. 580 Seiten, Festeinband mit Schutzumschlag
ISBN 978-3-506-76403-4

Die Tragödie von Stalingrad hat einen Namen: Die erste Biographie des Generalfeldmarschalls Paulus.

»Das stille Sterben...«

Feldpostbriefe von Konrad Jarausch aus Polen und Russland 1939–1942

Herausgegeben von *Konrad H. Jarausch* und *Klaus Jochen Vogel*

2008. 388 Seiten, zahlr. bisher unveröffentlichte Photos, Festeinband mit Schutzumschlag
ISBN 978-3-506-76546-8

Björn Michael Felder

Lettland im Zweiten Weltkrieg

Zwischen sowjetischen und deutschen Besatzern 1940–1946

2008. 405 Seiten, Festeinband
ISBN 978-3-506-76544-4
= Krieg in der Geschichte, Band 43

Verlag Ferdinand Schöningh GmbH & Co. KG

Postf. 2540 · D-33055 Paderborn
Tel. 05251 / 127-5 · Fax 05251 / 127-860
e-mail: info@schoeningh.de · www.schoeningh.de